黄遵宪年谱长编

Chronological Biography of Huang Zunxian

上 册

林振武　郑海麟
魏明枢　郭真义　编著

图书在版编目(CIP)数据

黄遵宪年谱长编/林振武等编著. —北京:中华书局,2019.7
(国家社科基金后期资助项目)
ISBN 978-7-101-13865-8

Ⅰ.黄… Ⅱ.林… Ⅲ.黄遵宪(1848~1905)-年谱
Ⅳ.K825.6

中国版本图书馆 CIP 数据核字(2019)第 076741 号

书　　名	黄遵宪年谱长编(全二册)
编　　著	林振武　等
丛 书 名	国家社科基金后期资助项目
责任编辑	李闻辛
出版发行	中华书局
	(北京市丰台区太平桥西里 38 号　100073)
	http://www.zhbc.com.cn
	E-mail:zhbc@zhbc.com.cn
印　　刷	北京瑞古冠中印刷厂
版　　次	2019 年 7 月北京第 1 版
	2019 年 7 月北京第 1 次印刷
规　　格	开本/710×1000 毫米　1/16
	印张 49¾　插页 4　字数 1000 千字
印　　数	1—1500 册
国际书号	ISBN 978-7-101-13865-8
定　　价	198.00 元

国家社科基金后期资助项目出版说明

后期资助项目是国家社科基金设立的一类重要项目,旨在鼓励广大社科研究者潜心治学,支持基础研究多出优秀成果。它是经过严格评审,从接近完成的科研成果中遴选立项的。为扩大后期资助项目的影响,更好地推动学术发展,促进成果转化,全国哲学社会科学工作办公室按照"统一设计、统一标识、统一版式、形成系列"的总体要求,组织出版国家社科基金后期资助项目成果。

全国哲学社会科学工作办公室

目　录

序一	1
序二	5
凡例	1

谱前 …………………………………………………… 1
　嘉应州 …………………………………………………… 1
　攀桂坊 …………………………………………………… 5
　黄氏 ……………………………………………………… 6
　嘉应黄氏 ………………………………………………… 7
　嘉应黄遵宪家族世系表 ………………………………… 8
　先世 ……………………………………………………… 10

黄遵宪年谱长编卷一（1848年—1876年） ………… 15
　清宣宗道光二十八年戊申（1848年）　一岁 ………… 16
　道光二十九年己酉（1849年）　二岁 ………………… 19
　道光三十年庚戌（1850年）　三岁 …………………… 20
　文宗咸丰元年辛亥（1851年）　四岁 ………………… 21
　咸丰二年壬子（1852年）　五岁 ……………………… 23
　咸丰三年癸丑（1853年）　六岁 ……………………… 24
　咸丰四年甲寅（1854年）　七岁 ……………………… 25
　咸丰五年乙卯（1855年）　八岁 ……………………… 26
　咸丰六年丙辰（1856年）　九岁 ……………………… 26
　咸丰七年丁巳（1857年）　十岁 ……………………… 28
　咸丰八年戊午（1858年）　十一岁 …………………… 30
　咸丰九年己未（1859年）　十二岁 …………………… 31
　咸丰十年庚申（1860年）　十三岁 …………………… 33
　咸丰十一年辛酉（1861年）　十四岁 ………………… 33

穆宗同治元年壬戌(1862年) 十五岁 …………………………… 34
同治二年癸亥(1863年) 十六岁 …………………………… 35
同治三年甲子(1864年) 十七岁 …………………………… 36
同治四年乙丑(1865年) 十八岁 …………………………… 37
同治五年丙寅(1866年) 十九岁 …………………………… 46
同治六年丁卯(1867年) 二十岁 …………………………… 48
同治七年戊辰(1868年) 二十一岁 ………………………… 53
同治八年己巳(1869年) 二十二岁 ………………………… 57
同治九年庚午(1870年) 二十三岁 ………………………… 61
同治十年辛未(1871年) 二十四岁 ………………………… 70
同治十一年壬申(1872年) 二十五岁 ……………………… 72
同治十二年癸酉(1873年) 二十六岁 ……………………… 78
同治十三年甲戌(1874年) 二十七岁 ……………………… 81
德宗光绪元年乙亥(1875年) 二十八岁 …………………… 95
光绪二年丙子(1876年) 二十九岁 ………………………… 100

黄遵宪年谱长编卷二(1877年—1894年) …………… 107

光绪三年丁丑(1877年) 三十岁 …………………………… 108
光绪四年戊寅(1878年) 三十一岁 ………………………… 115
光绪五年己卯(1879年) 三十二岁 ………………………… 146
光绪六年庚辰(1880年) 三十三岁 ………………………… 186
光绪七年辛巳(1881年) 三十四岁 ………………………… 223
光绪八年壬午(1882年) 三十五岁 ………………………… 249
光绪九年癸未(1883年) 三十六岁 ………………………… 275
光绪十年甲申(1884年) 三十七岁 ………………………… 279
光绪十一年乙酉(1885年) 三十八岁 ……………………… 286
光绪十二年丙戌(1886年) 三十九岁 ……………………… 296
光绪十三年丁亥(1887年) 四十岁 ………………………… 299
光绪十四年戊子(1888年) 四十一岁 ……………………… 321
光绪十五年己丑(1889年) 四十二岁 ……………………… 323
光绪十六年庚寅(1890年) 四十三岁 ……………………… 328
光绪十七年辛卯(1891年) 四十四岁 ……………………… 353

目录

  光绪十八年壬辰(1892年) 四十五岁 ································ 365

  光绪十九年癸巳(1893年) 四十六岁 ································ 374

  光绪二十年甲午(1894年) 四十七岁 ································ 387

黄遵宪年谱长编卷三(1895年—1898年) ······································ 397

  光绪二十一年乙未(1895年) 四十八岁 ······························ 398

  光绪二十二年丙申(1896年) 四十九岁 ······························ 439

  光绪二十三年丁酉(1897年) 五十岁 ·································· 481

  光绪二十四年戊戌(1898年) 五十一岁 ······························ 520

黄遵宪年谱长编卷四(1899年—1905年) ······································ 605

  光绪二十五年己亥(1899年) 五十二岁 ······························ 606

  光绪二十六年庚子(1900年) 五十三岁 ······························ 622

  光绪二十七年辛丑(1901年) 五十四岁 ······························ 655

  光绪二十八年壬寅(1902年) 五十五岁 ······························ 666

  光绪二十九年癸卯(1903年) 五十六岁 ······························ 700

  光绪三十年甲辰(1904年) 五十七岁 ································ 707

  光绪三十一年乙巳(1905年) 五十八岁 ······························ 724

征引书目 ·· 737

附录：黄遵宪之生平事迹 ·· 749

后记 ·· 771

序 一

嘉应学院林振武、郑海麟、魏明枢、郭真义教授编著《黄遵宪年谱长编》告葳，嘱我写几句话。四位作者中，郑海麟教授是我的朋友，我们在学术上多有交流。其他三位似乎未曾谋面。不过，2015年我曾访问过嘉应学院，并且在郑海麟陪同下瞻仰梅州黄遵宪故居人境庐。在人境庐内，我还发现了2005年中国史学会与中国社会科学院近代史研究所主办的"黄遵宪与近代中国"国际学术讨论会开幕式后的合影，郑海麟和梅州学者出席了那次学术讨论会。

黄遵宪是晚清的一位著名外交家和政治家和诗人。他在科举道路上并不顺利，只考上了举人，终生与进士无缘；他做的官也不算大，在外交方面担任过驻日本使馆、驻英国使馆参赞，做过驻美国旧金山总领事、新加坡总领事，在行政事务方面，也只有道台官衔，署理过湖南按察使。后来光绪皇帝任命他以道台带卿衔担任驻德国公使。德国正要图谋胶州湾，深怕他到德国识破其计谋，阻止其行。光绪又任命他为驻日本国公使，因为他在戊戌维新时期积极提倡维新变法，戊戌政变后被免除了这个职务，回到广东嘉应州老家办理教育，1905年3月终老乡里。

黄遵宪辞世已过百年，在黄遵宪所企盼富强的中国这块大地上，已经发生了巨大而深刻的社会变化，我们已经进入中国特色社会主义新时代。国家日益接近国际活动舞台的中心。我们比以往任何时候都更加接近中华民族伟大复兴的梦想。2010年，我国国民经济总产值已稳居世界第二位，今天已经超过日本两倍。进入21世纪后，中国积极致力于与世界各国建立不同形式的伙伴关系。中国倡议和推动的"一带一路"建设，成为开放包容的国际合作平台，受到广泛欢迎，一百多个国家和国际组织积极支持并参加到这个平台中来。中国还主办"一带一路"国际合作高峰论坛、二十国集团领导人杭州峰会、亚太经合组织北京会议、金砖国家领导人厦门会晤等主场外交，积极参与和引领全球治理进程，为改革完善全球治理体系，推动国际秩序和国际体系朝着更加公正合理、普惠均衡的方向发展贡献中国智慧。中国正从经济全球化的积极参与者变成更具有国际影响力的推动者。

今天中国的国际地位、海外华侨华人的正常活动和利益保障、国家科学文化事业的飞跃发展，与黄遵宪所处的时代已不可同日而语了。黄遵宪时代已经进入历史教科书，供后人研究总结，成为激励后人为改变中国面貌而努力奋斗的动力。这个时候，我们回顾百年前黄遵宪所处的时代、他的思想和作为，研究黄遵宪的生平事迹及其在近代中国的历史地位，编撰黄遵宪年谱长编，是有意义的。

借这个机会，我想对黄遵宪的历史贡献提出几点个人的认识，敬请各位指教。

第一、黄遵宪活动的主要年代是19世纪70年代至20世纪初。这时候，列强加在中国身上的不平等条约体系已经形成并且很牢固，中国已经形成了半殖民地半封建社会。从近代中国的历史发展特点来说，中国社会总体来说是处在向下"沉沦"的时代。在这样的时代条件下，社会充满了各种矛盾。一部分先进的中国人从列强的侵略中思考对策，寻求中国的出路。黄遵宪是从西方寻求出路的先进的中国人之一。他的思想轨迹，表现了从地主阶级改革派向资产阶级改良派转变的特点。正是这种转变，体现了"沉沦"中的中国社会向上发展的积极因素。

第二、黄遵宪是开始掌握近代国际观念，主张维护国家主权，保护华侨华人权益的爱国的外交官。黄遵宪在驻外使领馆工作十多年，注意了解有关各国情况，增强现代国际观念，注意保护国家利益。黄遵宪初次出使，抵达驻日公使馆的时候，日本正在加速吞并琉球的步伐。琉球虽然不是中国领土的一部分，但与中国有几百年的藩属关系，也就是说，有相当紧密的利益关系。黄遵宪与驻日公使何如璋共同提出"琉球三策"，认为"琉球既灭，行及朝鲜"；"琉球迫近台湾，我苟弃之"，"他时日本一强"，"台、澎之间，将求一夕之安而不可得"，力主积极保护琉球。这种见解是值得重视的，后来事实证明也是正确的判断。但是，却未被李鸿章等朝臣采纳。随后琉球被日本吞并，成为日本的冲绳县。日本因此举大大增强了西南海域的控制权，中国则失去了东南海疆的自然屏障。2013年5月8日，我在《人民日报》发表文章，提出了悬而未决的琉球问题到了可以再议的时候了。提出这个认识的根据之一，正是黄遵宪、何如璋他们的琉球交涉以及此后中日之间关于琉球地位的谈判。

黄遵宪担任驻美国旧金山总领事期间，正值美国排华高潮愈演愈烈，在美华工就业受到种种限制和刁难，华人被殴打，华人洗衣店被掠夺、烧毁。黄遵宪曾提出对付美国排华对策，不为清朝廷所接受。据《清史稿》黄遵宪传记载，旧金山某地方官借口卫生理由，把众多华工拘禁起来，塞满了监狱。黄遵宪到监狱考察，命从人丈量监狱容积，然后向美国地方官指出，难道监狱比华工住所还要卫生吗？当局哑口无言，只得释放华工，为在美华侨争得合法权益，改善了他们的处境。此事过后二十多年，梁启超访美，当地华侨还在称道此事。研究者认为，黄遵宪是近代中国驻美外交官中唯一能做保护华侨工作的人。今天，中美贸易摩擦正酣，在美华人华侨的安全利益受到保障，不可能出现百年前的情况了。

黄遵宪调任新加坡任总领事，那时候，新加坡兼辖槟榔屿、马六甲和附近各岛，是英国的海峡殖民地。那里人口中华人近半数，共五十余万。黄遵宪考察了南洋华侨情况，看到华侨"拳拳本国之心"，其服饰"仍守华风"，生活"亦沿旧俗"。他们对各省筹赈筹防，多捐巨款。但他们却"不欲回国"。黄遵宪了解到国内海禁尚未废除，国内存在对华侨勒索、敲诈、打击、诬陷的积弊。为此，他建议"申明新章，豁除海禁"，扫除对待华侨的种种不良做法。他的建议被政府主管当局采纳，南洋华侨至今十分感谢和怀念他。

甲午战争爆发后，黄遵宪离任回国。他出面主持与日本领事交涉苏州、杭州开办租界的谈判。他鉴于鸦片战争以来沿海开埠丧失治外法权的教训，答应可以把苏州、杭州市政建设尽可能搞好，但拒不允诺治外法权，力图保护国家权益。此事虽因他故未成，他这种办外交的思想和作为无疑是正确的，在当时就得到好评。与当时许多糊里糊涂办外交的人来说，黄遵宪的确是一个时刻注意维护国家主权的具有爱国主义思想的外交家。他还总结自己外交工作的经验，提出挪展、渐摩、抵制诸法。这样用心办理外交，并且对经验加以总结，在清代外交官中是不多见的。

第三，《马关条约》签订后，黄遵宪痛感"一腔热血，无地可洒"，难忍国家"净土化为腥膻"，逐步走上变革社会的道路。1895年，他先后在上海和北京加入由康有为和梁启超设立强学会。1896年，创办上海《时务报》，宣传变法图存主张。同年，黄遵宪受光绪帝召见，回答"泰西政治何以胜中国"时，他坦陈"泰西之强，悉由变法"。随后，黄遵宪任湖南长宝盐法道，署湖南按察使。他在湖南与巡抚陈宝箴，以及维新人士谭嗣同、唐才常、梁启超等合作，推行新政。湖南成为率先进行维新活动的省份。戊戌政变后，黄遵宪以"推崇西教""诋毁朝政""创为民主民权之说"等罪名，被撤消使日大臣的任命，并被革职"放归"原籍。

第四、黄遵宪是晚清著名的爱国诗人，又是最早撰写日本明治维新历史的史学家。他诗作丰富，结集的代表作有《日本杂事诗》和《人境庐诗草》，广为传播。首倡"我手写我口，古岂能拘牵"，高擎诗界革新的旗帜，把新事物、新理想融入旧风格，被梁启超誉为"近世诗界三杰"之冠。黄遵宪使日期间，怀着了解驻在国的使命感，结交日本友人，网罗旧闻，参考新政，收集丰富资料，写出一部反映日本历史，特别是明治维新后的日本历史的《日本国志》。该书 1887 年成书，抄送总理衙门和李鸿章等人，可惜没有得到重视。甲午失败以后，人们才注意到它的价值，如果早一点传播，也许两亿两白银的赔款就不一定这样记录于史册了。

今天人们没有忘记黄遵宪。在那个时代条件下，黄遵宪的职衔不高，每一任职，都虚心学习，认真办事，处处从维护国家利益着想。他对历史做出了自己的贡献。黄遵宪是一个值得纪念的历史人物。他留给我们的许多宝贵纪录，值得历史学家研究和总结，以丰富我们对中国近代史的认识，作为 21 世纪中国人的借鉴。

《黄遵宪年谱长编》，以年系月，逐日记载黄遵宪生平事迹，网罗旧闻，不遗余力。每年起始，增补当年国内外大事，以明了谱主所处的时代环境，很有创意。黄遵宪故乡的学者悉心编撰这部年谱长编，用力甚勤，对谱主所作诗歌，颇多爱惜，不使遗漏，也许为谱主当年自己编辑《人境庐诗草》所不及，这是可以理解的。

受托写序，实不敢当，谨赘言于此，请编者、读者指正！

张海鹏

2019 年 6 月 3 日

于北京东厂胡同 1 号

（本序作者系中国社会科学院学部委员、原中国史学会会长、原中国社会科学院近代史研究所所长。）

序 二

1982年3月,在梅州市举行的"黄遵宪研究学术交流会"上,与会学者便有人提出建议,希望编纂一部《黄遵宪年谱》或《黄遵宪年谱长编》。"嘉应黄遵宪",名贯中外,嘉应学院为今日本地域最高学府,由学院组织人力去编纂公度先生(昔时乡人的称呼)的年谱,责无旁贷。但由于主客观条件所限,延至2013年,编纂之事,始行启动,于兹六年,《黄遵宪年谱长编》终底于成,长编之刊世,对"黄学"研究而言,斯诚盛事。

年谱之兴,始于宋代,但年谱长编体裁之采用,当不早于上世纪30年代之前。1932年,中国国民党党史史料编纂委员会刊印《总理年谱长编初稿》,征求党内外人士签注异议,补充遗漏,收集后用油印印存会中,此为年谱长编体裁之发端。1958年,台北世界书局出版丁文江所编的《梁任公先生年谱长编初稿》,其后,1983年上海人民出版社出版经删补的丁文江、赵丰田合编的《梁启超年谱长编》,长编体裁,由是引起国内学界的重视,对近代重要历史人物,踵事增华,续有佳构问世。为何著者愿采用长编体裁作谱呢?盖年谱之作,糅合传记、编年为一体,年经月纬,记叙谱主之世系、家庭、生平事迹,学术思想,范围有限。年谱长编则不然,它涵盖面广,除包罗编写年谱内容之资料外,其他如各种论著所载谱主之事,兼及与谱主有关的史事,按次排列收入,以供精修年谱之用,范围至广。梁启超《中国历史研究法补编》中所论年谱作法,主张将考证与批评,以及凡是不能放进年谱正文之资料,都可作为附录。他作"补编"时,尚未有"年谱长编"问世,故有此说。有了长编体裁,所有入"附录"的资料,都可收入作正文,这便是年谱长编较年谱优长之处。它既是资料书,又是专著,是学者乐于采用长编编纂年谱的原因,《黄遵宪年谱长编》之作,意亦同此。

黄遵宪研究之所以被称为"黄学",不是毫无根据的。从本年谱长编所附参考资料,包括先生本人著作,他人所编(撰)的传记、年谱、重要论文,以及不同程度涉及先生的相关史料、论著,可以看出谱主作为一个乡邦文化名人的历史地位与学术品位。

"黄学"研究,如果从梁启超撰写《嘉应黄先生墓志铭》开始,已经百余年,概而言之,它经了兴起、发展、繁荣三个时段。上世纪初至30年代,学界初步对先生作传、诗歌研究和资料整理,如1913年胡思敬著《戊戌履霜录·黄遵宪传》,上世纪初梁启超在《饮冰室诗话》中推崇先生是"近世诗人能熔铸新思想以及旧风格者"。二十年代初,胡适发表《五十年来中国之文学》一书,开文学史专篇论述先生诗歌的先河。1936年钱仲联出版《人境庐诗草笺注》附录《黄公度先生年谱》。同年六月与次年三月,周作人在《逸经》杂志上先后发表论《日本杂事诗》《人境庐诗草》二文。此一时段,国外学者亦有研究先生的论文刊出。如铃木虎雄在《支那学》第9卷第1号发表《读人境庐诗后》一文;东京东方文化学院的丰田穰在《中国文学月报》(1937年8月)发表《关于人境庐诗草》,二文就先生诗歌等问题,有所论列。此后十余年间,国家多故,国内对先生的研究,归于岑寂。

1951年6月,王瑶在《人民文学》发表《晚清诗人黄遵宪》一文,肯定先生是爱国诗人。嗣后,国内各种论著,对先生诗作,多予以积极评价。1972年,境外吴天任出版《黄公度先生传稿》,1985年又出版《清黄公度先生遵宪年谱》,二书之出,使治"黄学"者耳目一新。此前的1972年,新加坡郑子瑜出版《人境庐丛考》,或谓此书乃世界第一部"黄学"专著。进入八十年代以后,有关先生之资料(论著、书信、禀文)相继被发现,研究论著迭出。日本蒲地典子于1981年出版《中国的改革——黄遵宪与日本模式》。同年,钟叔河辑注校点《黄遵宪日本杂事诗广注》由湖南人民出版社刊世。1988年郑海麟在北京三联书店出版《黄遵宪与近代中国》。此一时段有关先生的出版物,尚有1981年钱仲联整理的《人境庐杂文钞》,同年朱传誉主编的《黄遵宪传记资料》,1991年郑海麟、张伟雄整理的《黄遵宪文集》等书;一批相关论著,也不断发表出来。

进入新世纪后,"黄学"研究出现一片繁荣景象:2002年,嘉应学院黄遵宪研究所选编的《黄遵宪研究资料选编》(两册),由香港天马图书有限公司出版;2005年,陈铮在中华书局出版了两巨册的《黄遵宪全集》(清史项目),此书乃迄今所见黄遵宪资料之集大成者;2006年,郑海麟出版《黄遵宪传》;2007年,王晓秋出版《黄遵宪与近代中日文化交流》;2010年,加拿大施吉瑞出版《人境庐内:黄遵宪其人其诗考》。经过百余年来海内外"黄学"研究者的先后辛勤付出,有关先生的史料、年谱传记、思想学说及其践行的研究,已蔚为大观,将之选择性地条分缕析系诸各该时序项下,编为较完善的年谱长编,以作为黄遵宪研究的资料总汇与学术史,对百余年来"黄学"发展过程作一概括性总结,条件已经具备。据我所知,这也是本年谱长编参与诸人的本愿。积跬步以达百里,今书稿蒇事,是否能适学界要求,就等待读者的评判了。

本年谱长编分四卷,即分四个时期。第一卷记1848年至1876年间事,即先生28岁前的生活、学业、成长与思想形成阶段。第二卷记1877年至1894年间事,即中举、入世,先后在日本、旧金山、伦敦、新加坡从事外交活动,从一个抱持经世致用的传统士子,历练成为具有改革思想的先驱。第三卷记1895年至1898年间事,涵盖甲午战败后奉调回国办理江南五省积存教案及苏杭两地开埠谈判事宜。随后,即积极推动、参与变法各事。第四卷记1899年至1905年间,从放归乡居至去世各事,着重在兴办新式学堂、思考国家前途问题留下的九封书信所表达的主张。

在颇长的时间里,学界对黄遵宪研究,主要是研究"新派诗"(先生自诩)诗人黄遵宪在文学史上的地位问题。黄诗有许多亮点,主张"我手写我口"最为人所乐道,以至称他为"海内能以诗开新世者"。写诗,以诗言志,以诗纪事,先生终其一生不辍,《日本杂事诗》《人境庐诗草》《新嫁娘诗》等诗篇,时间跨度约四十年,吟咏唱和,人地包含中外,覆盖朝政、史事、友朋交接、乡俗,其广泛与深刻,相较并世诗家,实罕出其右者,宜乎诗评、诗话之称誉如潮也。

在本年谱长编第一卷中,从新旧史料和研究者的分析,可以看到谱主青少年时代,走的仍是传统士子通过求学博取功名的途径,但它所处的时空环境(如岭东民众在中西交通频繁之际带来的精神、物质文明的冲击等),使之对科举制度持怀疑和批判态度,在批评汉学、宋学的基础上,以今文经学经世致用为基本理念,归宗孔子,又掺进西方思想,已与传统儒学不同,属于新学一类,故长编的编者认为,以谱主之经历,可视作"近代新学的重要代表之一"。先生从29岁至47岁的十余年间,主要是在驻外使领馆任职,作为一名中层外交官,经历多次重要交涉,表现出色。亲历其境,参比中外,思想已多与西方接轨,深知国家不改革不足于并立世界强国之林。他随使日本之初,明治开始维新尚不及十载,但崛起之势,已引起世界各国注意。先生有感于此，先后写出《日本杂事诗》与《日本国志》，力图通过该二书在国内朝野的传播，向国人提供图强范本。登高望远，用心良苦，但他毕竟在官场上缺乏权势，故成效不彰。值得注意的是，先生通过历练，形成自己的外交思想，就对待东北亚国际格局而言，甲午之前，他虽然认识到日本扩张的野心，但仍坚持中、日、朝合作防俄主张。中、日、朝合作之事难行，但不可否认他在促进中日民间文化交流中的作用，致被学者称为中日友好标志性的代表人物。此外，他在外交和文化方面的成就，还成为客家人中第一位具有国际知名度的外交官，其护侨、保侨的业绩，在华侨、华人中的影响尤其深远。

本年谱长编第三卷所收资料，主要是有关先生参与戊戌变法的内容，重点在积极推动创办《时务报》，协助湘抚陈宝箴推行新政（举凡创设时务学堂、组织南学会、督办保卫局、创办《湘学报》等，皆与先生有关），湖南成为全国在变法中成效最显著的省份。光绪帝以先生的维新主张、办事能力以及此前驻外的杰出贡献，于1898年8月11日任命为驻日公使，但尚未到任，政变作，解除任命，被迫回籍。本谱编者认为，先生最早提出仿照日本模式（明治维新）进行变法的思想，并身体力行，实为变法运动主将之一，其结论是可以接受的。

放归以后的先生，心情逐渐平复下来。一身虽然不膺官命，但心存宫阙，则未尝或已。李鸿章、李兴锐等地方大吏，曾希望他出来服务，他以时机不合，事无可为，未应。乡居夷简，但他在生命的余年，仍奋斗不息，甚至可谓异彩纷呈：召集子弟讲学；拓辟修葺人境庐；继续写诗和修改诗稿；支持编纂州志；进行客家历史文化研究；和丘逢甲等新知旧雨交往；与北方老友如严复、陈三立、夏曾佑等互通情愫；纠集地方人士设"犹兴会"，作为同人教学之所；又设嘉应兴学会议所；派门弟子留学，筹办东山初级师范学堂，为州中新教育之始基。从1902年开始，他恢复与流亡日本的梁启超通信，经梁氏在其所办的杂志上发表。在这些函札中，他表达了自己对国家未来的设想。尤可注意者有数端：一，提出讲学为救国不二法门，昌言进德，编新式教科书，用传统伦理，益以爱国、合群、自治、尚武各条，以及理化实业各科，以制时宜。二，主张"先以民族主义""继以立宪政体"，宣言"二十世纪之中国，必改为立宪政体"。三，主张变更文体，语文结合，使用新造字，实为文字改革与白话文运动的先声。四，针对梁氏拟撰《曾国藩传》，他认为对曾氏"事事足敬""然事事皆不可师"。五,已具有革命意识,谓对革命"吾以为当避其名而行其实",这是先生最后之政治态度。表达这种主张的同年,中国同盟会在东京成立,先生亦归道山。此后一段岁月,神州大地,风飙云扰,黄钟与瓦釜齐鸣,所有一切,先生已不能闻问了。

《黄遵宪年谱长编》的编者,征引一批国内外新见史料,包括多件地方史料,含考古、民俗、友朋函札等,与《全集》文字互相补充、印证,并与当世学者之创获相结合,比较分析,故此书之出版,内容充实,饶有新意,可喜可贺,值得一读。诚然,一部几十万字的大书,虽几经磨勘,恐亦难免出现瑕疵,书出以后,希望编者能将各方读者的意见收集起来,在新版中加以订正、增补。

长编书稿成型之际,承蒙编者信任与厚爱,曾寄我校读一过;今已阅数年,行将付梓,又邀我为之作序。我对公度先生的生平事迹和诗文词论著,研究不深,虽然写过几篇有关文章(见2018年版拙著《步云轩史学集录》),但仅浅尝而已,要对长编全书真切把握到位,予以介绍,为读者导读,则良非易事。不过,一来盛情难却,却之亦不恭,再者,我属于先生遗泽享受者之一,于情于义,理应向先生表达谢意与敬意。事缘1904年4月,先生在一通家书中告知外出学习的子弟,谓:"年来所亟亟以求者,意欲以普及之教育,使人人受教,法在先开师范学堂,二年后师范卒业生已多,通州可遍设蒙小矣。东山书院两横屋已修好,惟扩充之屋,明年乃能毕工,第未知吾身体强弱何如耳!"这里所说的,是先生将嘉应州城东门外三里许状元桥边的东山书院,整修为东山初级师范学堂,已修好的两横屋是原有的东楼东斋、西楼西斋;扩充之屋,是连通的东新楼东新斋、西新楼西新斋(此楼斋为爪哇华侨捐建,建成时间稍后)。果然,师范学堂开设后,嘉应学风日盛。1913年,以梅州中学学潮故,经先生幼子黄季伟等建议,东山书院原址由陈春舫、叶菊年、叶宜伟(剑英)等师生,新创私立东山中学。若无先生经之营之,东山中学当莫由于此建校立业也。1950年,东山中学改为省立。桥卧清波,山含紫气,百年黉舍,奕世重光。今昔异势,但开辟之功,未可或忘。饮水思源,凡东山学子,皆应感谢先生振兴嘉应学风、开创近代新式教育之弘愿与践行。我于1951年考入东中,肄业六年。在学期间,课习寝馈于斯者居泰半。一生踪迹,由此起步。今兹先生之年谱长编刊世,谨藉序缅怀前修盛德,并祝愿家乡梅州教育事业日益发达,为国家造就更多优质人才,以服务社会,此亦公度先生当日之所馨香祷告者也。

李吉奎
2019 年 5 月 28 日

(本序作者系中山大学历史系教授。)

凡 例

一、本书以记述谱主的生平事迹和思想活动为主，兼收学术界对谱主的研究成果。为了彰显谱主的时代地位和历史地位，也记录与谱主有关的人、事和思想，包括谱主的生活背景、交往朋友、所对应的历史重大事件的前因后果，与谱主相近或相反的时代思潮。

二、本书按谱主生活、事业的不同阶段分为四卷：1848年—1876年为第一卷，1877年—1894年为第二卷，1895年—1898年为第三卷，1899年—1905年为第四卷。

三、本书纪元，统用阴历，后附阳历。每年以篇首标明清帝年号以及岁次干支。谱主年龄用虚龄计算，即1848年出生当年为一岁，1849年为二岁，以此类推。

四、本书陈述谱主事实，以时间为序，按事情先后，分日辑述。具体日期不详者，系于该年、该月之后，或置于适当的地方。

五、所选材料力求以较善版本为底本，考以其他版本。黄遵宪诗歌《人境庐诗草》以钱仲联的《人境庐诗草笺注》（上海古籍出版社1981年版）为底本，参考1911年日本排印本。《日本杂事诗》以钟叔河的《黄遵宪日本杂事诗广注》（湖南人民出版社1981年版）为底本，参考王韬的原本和长沙富文堂定本。集外诗以陈铮编《黄遵宪全集》（中华书局2005年版）为底本，参考北京大学中文系近代诗研究小组编《人境庐集外诗辑》（中华书局1960年版）。黄遵宪的文章、函电以陈铮编《黄遵宪全集》（中华书局2005年版）为底本，参考郑海麟、张伟雄编《黄遵宪文集》（日本京都中文出版社1991年版）和吴振清等编《黄遵宪集》（天津人民出版社2003年版）。所选录材料均加以说明性或论介性的文字，显现谱主在有关年月中主要活动，表现谱主之言行思想及其事业。

六、本书按年在谱主行状前附谱主思想、活动相关的国内外大事简记。与谱主有直接关系的，则另立专条。

七、凡记事有不同说法的，经考订后取其一说，其余说法也作适当介绍。

八、由于谱主在家乡和海外生活的时间较长,有很多家乡和海外的朋友,相互之间影响大,所以本书采用地方材料、海外材料与正史相结合,相互参照。

九、反复使用的引文,注释采取简略的方式,如陈铮编《黄遵宪全集》(中华书局 2005 年版)略为《全集》,钱仲联编《人境庐诗草笺注》(上海古籍出版社 1981 年版)略为《诗草笺注》,郑海麟、张伟雄编《黄遵宪文集》(日本京都中文出版社 1991 年版)略为《文集》,北京大学中文系近代诗研究小组编《人境庐集外诗辑》(中华书局 1960 年版)略为《集外诗辑》。

十、谱主所撰诗歌,有部分是先有题无诗,或者是吟而未记,而后补作,本谱按事件发生的时间排列,但在书中注明后来补作。

十一、本书引录谱主著述,错字用符号( )括注,并用符号〔 〕进行修正,脱漏字用符号□表示,有不同说法,或者考证不确定有疑问的,则以页下注加以说明。

谱　前

丁文江在《梁任公先生年谱长编》中说过："一个人的性格,是左右他一生事业的主因,而一个人的善恶优劣……的禀赋,多半是因袭他的先人和幼年的家庭环境所造成。"(丁文江、赵丰田编:《梁任公先生年谱长编》,第1页,中华书局2010年版。)罗香林认为,"年谱作为人的专史之最高级者,语其作法,须于所谱人物之特殊环境,如家庭教育、社会风俗,及人之家世族戚、师友渊源、出处关系等,能有相当考证,然后乃能排比撰述"。(朱传誉主编:《黄遵宪传记资料》第一册,第63页,天一出版社1979年版。)黄遵宪是嘉应州攀桂坊黄姓客家人,为了更好理解黄遵宪的思想、事业,有必要将他的家乡、家世在谱前先作一简略的介绍。

嘉应州

嘉应州位于粤东北,东北邻福建,西北接江西寻乌,西面连惠州、河源,东南接揭阳、潮州,约东经116度06分,北纬24度33分。《大清一统志》记载:"嘉应直隶州,在广东省治东七百里。"考古发现,早在新石器时代,嘉应就有人类活动。1940年至1946年间,考古学家麦兆良对粤东地区开展了大范围的考古调查工作,并在五华发现春秋夔纹陶罐。秦始皇时,嘉应属于南海郡。嘉应首次独立建县是在南齐(479年—502年),南齐设程乡县,因纪念本地乡贤程旻而命名。"程旻,邑之义化人。性嗜书,恬于荣达。素以忠信结人,人服其行谊。有不平者不诣官府,辄质成于旻,为之辨是非曲直,咸心服而退。或望其庐,立自刻责者。"(程志远等整理:《程乡县志》,第146页,广东省中山图书馆1993年版。)"后人思其德,名其里曰'程乡',因以名县云。"(广东省地方史志办公室辑:《(乾隆)嘉应州志》,第304页,岭南美术出版社2009年版。)南汉乾和三年(945年)程乡升为敬州。宋开宝四年(971年),因敬州犯宋太祖赵匡胤的祖父赵敬之讳,改敬州为梅州,是为梅州一名使用之始。明朝李士淳认为,梅州是因梅绢而得名,梅绢是浈水人,汉初从高祖破秦有功,封于粤,即今程乡地,故号其水为梅源,溪曰梅溪。(程志远等整理:《程乡县志》,第3页,广东省中山图书馆1993年版。)《光绪嘉应州志》载,梅州之得名,以其地有梅口镇(松口镇)、梅溪水(即梅江)而得名。梅州古代多梅,沿江两岸有"梅花十里"之说。南宋杨万里有诗咏梅州梅花云:"一行谁栽十里梅?下临溪水恰齐开。此行便是无官事,只为梅花也合来。"今梅州人多持此说。明洪武二年(1369年)废梅州,复置程乡县,隶属广东潮州府。清雍正十年(1732年)广东总督鄂弥达向朝廷奏报,将惠州府兴宁、长乐二县,潮州府程乡、平远、镇平三县,建置嘉应州,直隶广东布政司,称之为"嘉应五属","雍正十一年三月十四日题,本月十六日(军机处)奉旨依议,钦定州名为嘉应"。嘉应州于清雍正十一年(1733年)正式设置,包括今天梅州市的大部分地区。"本朝雍正十一年,改为嘉应州。辖兴宁、长乐、平远、镇平四县,直隶广东布政司。"(广东省地方史志办公室辑:《(乾隆)嘉应州志》,第197页,岭南美术出版社2009年版。)1911年辛亥革命后,由革命党人复改为梅州。

嘉应州是客家人聚居的地方,是历史上客家民系的最终形成地、聚居地和繁衍地。客家人是由北方中原汉族南迁而形成,罗香林《客家源流考》认为,客家先祖自东晋以后开始南迁,远者到达今江西的中部和南部,近者到达颍、淮、汝、汉诸水间。在唐末黄巢起义以后及五代时期再迁入闽、赣二省边的汀、赣二州,于五代、宋初形成民系,宋元之际开始自汀、赣迁入广东。嘉应的客家人,多从福建而来。黄遵宪《己亥杂诗》有诗云:"筚路桃弧展转迁,南来远过一千年。方言足证中原韵,礼俗犹留三代前。(今之州人,皆由宁化县之石壁乡迁来,颇有唐、魏俭啬之风,礼俗多存古意,世守乡音不改,故土人别之曰"客人"。)"(《诗草笺注》下,第810页。)

客家有三大文化元素:客家话、围龙屋、客家山歌。作为一个民系,客家最重要的特点是他们的语言,客家话是客家人认同的主要依据,所以有研究者称客家为"方言群体"。(陈志华、李秋香:《梅县三村》,第27页,清华大学出版社2007年版。)《光绪嘉应州志》记载:"嘉应州及所属兴宁、长乐、平远、镇平四县,并潮州府属之大埔、丰顺二县,惠州府属之永安、龙川、河源、连平、长宁、归善、博罗一州七县,其土音大致皆可相通……广州之人谓以上各州县人为客家,谓其话为客话……大埔林达泉著《客说》,谓客家多中原衣冠之遗,或避汉末之乱,或随东晋、南宋渡江而来。凡膏腴之地,先为土著占据,故客家所居,地多硗瘠,其语言多合中原之音韵。(广东省地方史志办公室辑：《广东历代方志集成》《（光绪）嘉应州志》，第121页，岭南美术出版社2009年版。）围龙屋是客家建筑的典型代表，其整体布局是一个大圆型，以太极图为整体造型，天圆地方，依山傍水。围龙屋前半部为半月形池塘，后半部为半月形的房舍建筑，正中为方形的主体建筑。有"三栋二横"一围层，也有"三栋四横"二围层。客家山歌是用客家方言吟唱的民间歌谣，内容广泛，语言朴素生动，歌词善用比兴，韵脚齐整。每以方言设喻，或以作韵，如果不熟悉土俗，即不知其妙。黄遵宪谓："土俗好为歌，男女赠答，颇有《子夜》《读曲》之意。"（《全集》上，第76页。）又谓客家山歌是自然天成、天籁之音，非人力所能为。

客家民系有许多特色，其中崇文重教、妇女勤劳最为典型。嘉应客家人才济济，由于地处山区，谋生艰辛，宋代开始，客家人就有以读书为业者，到清代更是人才辈出。清代进士徐旭曾在《丰湖杂记》中写道："客人以耕读为本，家虽贫亦必令其子弟读书，鲜有不识字、不知稼穑者。"（谭元亨主编：《客家经典读本》，第51页，华南理工大学出版社2010年版。）由于读书人多，参加科举考试的士子也很多，故取得功名的读书人冠于岭南。嘉庆二十年广东学政彭邦畴《重修梅州试院记》有云："梅州隶粤之东路，自宋以后，代产伟人，稽旧志户口州属则一万五千七百有奇，兴宁则二千一百有奇，长乐则四千六百有奇，平远则二千九百有奇，镇平则二千八百有奇。我朝深仁厚泽，百余年间，休养生息，繁衍未艾，而州之应童子试者不下万余人，合之志乘，所载之数，士得三之一焉，故梅之文学以冠于岭南特闻。"（广东省地方史志办公室辑：《广东历代方志集成》《（光绪）嘉应州志》，第598页，岭南美术出版社2009年版。）客家妇女勤劳，是客家民系又一特色，客家妇女不仅要操持家务，更要从事农业生产，上山采樵。因为要从事强度大的体力劳动，所以客家妇女不缠足。光绪《嘉应州志》卷八中写道："州俗土瘠民贫，山多田少，男子谋生各抱四方之志，而家事多任之妇人。故乡村妇女，耕田、采樵、缉麻、缝纫、中馈之事，无不为之。挈之于古，盖女工男工皆兼之矣。自海禁大开，民之趋南洋者如鹜。始至，为人雇佣，迟之又久，囊橐稍有余积，始能自为经纪。其近者或三四年、五七年始一归家，其远者或十余年、二十余年始一归家。甚有童年而往、皓首而归者。当其出门之始，或上有衰亲，下有弱子，田园庐墓概责妇人为之经理。或妻为童养媳，未及成婚，迫于饥寒，遽出谋生者，往往有之。然而妇人在家，出则任田园樵苏之役，入则任中馈缝纫之事。古乐府所谓'健妇持门户，亦胜一丈夫'，不啻为吾州之言也。其或番银常来，（俗谓往南洋者为番客，故信曰番信，银曰番银。）则为之立产业，营新居，谋婚嫁，延师课子，莫不井井有条。其或久赋远游，杳无音信，亦多食贫攻苦，以俟其归，不萌他志。凡州人之所以能远游谋生，亲故相因依，近年益倚南洋为外府，而出门不作惘惘之状者，皆赖有妇人为之内助也。向使吾州妇女亦如他处缠足，则寸步难移，诸事倚任婢媪，而男子转多内顾之忧，必不能皆怀远志矣。"（广东省地方史志办公室辑：《广东历代方志集成》《（光绪）嘉应州志》，第151—152页，岭南美术出版社2009年版。）清初嘉应州人黄香铁所著《石窟一征》中说："村庄男子多逸，妇女则井臼、耕织、樵采、畜牧、灌种、纫缝、炊爨无所不为。天下妇女之勤者，莫此若也。盖天下妇女，劳逸尚分贵贱贫富，吾乡即绅士素封之家，主母与婢妾种作劳逸均之。且天下妇人，即勤劳亦或专习一事，吾乡则日用饮食皆出其手，不独田工女工已也。"（黄香铁：《石窟一征》，第161—162页，广东蕉岭县地方志编纂委员会2007年版。）在《己亥杂诗》，黄遵宪有如下描写："妇女皆勤俭，世家巨室亦无不操井臼、议酒食、亲缝纫者。中人之家，则无役不从，甚至务农业商，持家教子，一切与男子等。盖'客人'家法，世传如此。五部洲中最为贤劳矣。"（《诗草笺注》下，第815页。）梅县妇女不但不缠足，"头不缠锦，足不裹帛"。（程志远等整理：《程乡县志》，第17页，广东省中山图书馆1993年版。）而且直到明代末期，梅县"男女饮酒混坐，醉则歌唱"，或者"饮酒则男妇同席，醉或歌，互相答和"。（陈志华、李秋香：《梅县三村》，第28页，清华大学出版社2007年版。）在客家地区，女性甚至参加宗族的一切祭祀活动。这些在其他汉族地区是很少见的。

客家地处山区，崇山峻岭居其半。土地贫瘠，物产不丰富，粮食长年不能自给，经济落后，稍有天灾，就会发生饥荒。《程乡县志》记载，嘉应"地瘠民贫，安土食力，惟是山苗溪毛、川鳞、泽羽与。夫竭妇子终岁之勤而得之者，不过谷粟、布缕、鸡犬、果蔬，仅足日用之需而已。时偶不若力一不勤，未免冻馁。土物是爱，在程民，为尤急志物产。"（程志远等整理：《程乡县志》，第14—15页，广东省中山图书馆1993年版。）明末清初，甘薯、花生传入嘉应，农产品产量大幅增加。黄遵宪《己亥杂诗》云："絮棉吹入化春衣，渡海山薯足疗饥。一任转输无内外，物情先见大同时。"加上年轻人下南洋、经商等因素，18世纪以后，嘉应开始逐渐发展起来。黄遵宪有诗云："海国能医山国贫，万夫荷耒转金轮。最怜一二虬髯客，手举扶余赠别人。（州为山国，土瘠产薄。

海道既通,趋南洋谋生者,凡岁以万计,多业采锡,遇窖藏则暴富。近则荷兰之日里,英吉利之北蜡、槟榔屿、法兰西之西贡,皆有赍至百数十万者。总计南洋华商,"客人"居十之三。"(《诗草笺注》下,第817—818页。)施吉瑞指出:"就客家人的开放意识和冒险精神而言,他们与广东省的其他居民很相像。广东人在过去的几个世纪都一直被北方人称为'南蛮',但也正是他们从18世纪开始,在物质和文化方面都渐渐地繁荣兴盛起来。当清王朝的首都北京还徜徉在古典文化的午后余晖之中,中国长江流域以南的广大地方对于革新的态度则显得更为开放和明朗。在黄遵宪出生一个世纪之前,一直相对落后的广东成为了那些志在超越因循守旧的艺术家以及拒绝受制于正统束缚的文人们的活动中心。"(施吉瑞著、孙洛丹译:《人境庐内:黄遵宪其人其诗考》,第4页,上海古籍出版社2010年版。)

攀桂坊

攀桂坊位于江北梅州城区东,南临梅江,东有周溪河穿过,西是从虹桥头来的护城河,北至东较场原关帝庙和旺巷口。攀桂坊最早的文字记录为南宋,据《程乡县志》记载,南宋时福建宁化人、乡贡进士侯安国到梅州教书,见攀桂坊风俗淳美,举家定居于此。"侯安国,福建宁化人。由宋乡贡进士,教授梅州,见风俗醇美,遂隶籍于城东攀桂坊居焉。初,梅州僻处岭南,经学草昧,自安国倡教,文风日盛。"(程志远等整理:《程乡县志》,第147页,广东省中山图书馆1993年版。)元天历二年(1329年),乡贡进士杨丰在攀桂坊竖立一座坊表,冠以"攀桂坊"三字,取蟾宫折桂之意。攀桂坊是梅州著名的人文秀区,人才辈出,历史上梅县翰林有十八人,攀桂坊就占了三个。出自攀桂坊的进士有十四人,举人贡生不下百人。攀桂坊培育出多名嘉应著名诗人,清代梅县三大诗人有两位出自攀桂坊:李黼平、黄遵宪。道光年间被广东诗坛称为"梅州三秋"的也有两"秋"出自攀桂坊:李秋田光昭、杨秋衡炳南。此外还有清代岭东三大女诗人之一的叶璧华。

明末,黄文蔚(黄氏第十六世祖贞创公)从嘉应州梅南迁居到攀桂坊,在五塘头建立黄屋,是攀桂坊黄氏家族的始屋,即下市黄氏老祖屋。"祖屋建筑坚实雄伟,门坪宽阔,置有石墩可树旗帜;建有照壁,立于池塘前,整座建筑甚为壮观。"(黄延盛:《广东嘉应州攀桂坊黄氏家史》,郑海麟、黄延康编撰:《黄伯权传记》，第103—104页，培富印刷1997年版；张永芳、李玲编：《黄遵宪研究资料选编》上，第5页，香港天马图书有限公司2002年版。）雍正年间，攀桂坊黄姓第十九世祖黄润白手起家，建起三堂六横的巨大围龙屋禄善堂。后来黄遵宪的曾祖母李太夫人又在禄善堂后侧东南，扩建了一座两层六十二间房的德赞楼。"此楼建筑格式，别具一格，东西两侧都有房门，关闭后自成一小屋，互不干扰。"（黄延盛：《广东嘉应州攀桂坊黄氏家史》，郑海麟、黄延康编撰：《黄伯权传记》，第105页，培富印刷1997年版；张永芳、李玲编：《黄遵宪研究资料选编》上，第7页，香港天马图书有限公司2002年版。）德赞楼建立后，黄家又在旁建立荣禄第，黄遵宪曾祖黄学诗、祖父黄际升、父亲黄鸿藻均封赠荣禄大夫。黄遵宪光绪十一年（1885年）九月从旧金山回乡后，于荣禄第旁亲自设计改造一座书斋，仍沿用旧名"人境庐"。形成黄家三大建筑群，攀桂坊黄屋建筑面积达六千多平方米。

黄　氏

　　黄遵宪在光绪二十八年（1902年）所作《〈攀桂坊黄氏家谱〉序》云："黄以国为氏，或谓出于金天氏，自台骀封于邻川后，为沈、姒、蓐、黄诸国；或谓出于高阳氏，自伯翳赐姓嬴后，为江、黄诸国。三代以前，荒远难稽，其散居河北者，亦不可考。惟郑樵《通志》称黄氏嬴姓，陆终之后，封于黄。今光州定域①西有黄国故城，为楚所灭，子孙即氏黄。其说可信，此即吾宗之所自出也。"（《全集》上，第287—288页。）

　　邓名世在《古今姓氏书辩证》卷十五说："黄，出自嬴姓。少昊金天氏裔子曰昧，为水官，号玄冥师，生台骀，能业其官，宣汾、洮，障大泽有功。颛顼嘉之，封诸汾川，其后为沈、姒、蓐、黄四国，以国为姓。"（王力平点校：《古今姓氏书辩证》，第222页，江西人民出版社2006年版。）唐林宝《元和姓氏纂》："黄，陆终之后，受封于黄，为楚所灭，以国为氏"。郑樵《通志·民族略》、宋本《广韵》，都依此说。"黄姓之源，始于颛顼高阳氏曾孙陆终之后。有南陆公兄弟三人，公居其二，食邑于黄，遂因地而赐姓焉。"（广东梅州客家联谊会办公室、梅州市地方志编委会办公室编：《客家姓氏渊源》第一集，第103页，1989年版。）

---

① 定域，当为定城。

黄氏迄今四千余年，历一百数十代。汉时尚书令黄香居江夏，成为当地望族。唐末、五代时，黄氏随王潮军队从光州固始入闽之漳州等地，定居后，繁衍子孙散居邵武、汀州各地。北宋时，黄氏第一百一十九世中有一俊杰名黄岳，令子孙迁赣、闽、粤开基立业，被尊为峭山公。黄岳（936—1033），宋初登进士第，授江夏太守，官至侍制直学士兼刑部尚书。有三妻二十一子，子孙二百余人。黄岳以生齿繁盛，留三妻份下各一位长子侍养故里，其余皆命择胜地而分居各处州县乡里。北宋咸平四年（1001年）正月初二，黄岳命子吟八句诗而别。诗云："骏马登程往异方，任从胜地立纲常。年深外境犹吾境，日久他乡即故乡。且夕莫忘亲命语，晨昏须荐祖宗香。惟愿苍天垂保佑，三七男儿总炽昌。"（广东梅州客家联谊会办公室、梅州市地方志编委会办公室编：《客家姓氏渊源》第一集，第103页，1989年版。）此后黄氏不断迁徙，遍布各地。

嘉应黄氏

　　入嘉应的黄氏祖先从第一百二十七世开始。黄遵楷在《先兄公度先生事实述略》云："及五代时，我始迁祖某，由光州固始从王潮入闽，散居于邵武、汀州各属，宋元之间，再迁梅州。"（《全集》下，第1573页。）第一百二十八世黄僚是在嘉应的黄氏祖先中有影响的人物，嘉应黄姓多以黄僚为开基始祖。"僚，字海虎，号良臣。登进士，官至琼州太守。生子四：庆吉、庆华、庆荣、庆寿。初任大理寺丞，后擢太守，俸满归田，道由梅州经过，见山水清秀，随立宅焉。居西厢五马坊水巷口，籍莆第一里。"（广东梅州客家联谊会办公室、梅州市地方志编委会办公室编：《客家姓氏渊源》第一集，第107页，1989年版）。

　　入嘉应的黄氏祖先经十余代到明末，有裔孙名黄文蔚，从梅南分出，落籍于嘉应城东攀桂坊，故攀桂坊黄氏族谱列黄文蔚为始迁祖。"明末，始迁祖文蔚公自梅南迁于城东攀桂坊，世为攀桂坊人。"（黄遵楷：《先兄公度先生事实述略》，《全集》下，第1573页。）

嘉应黄遵宪家族世系表

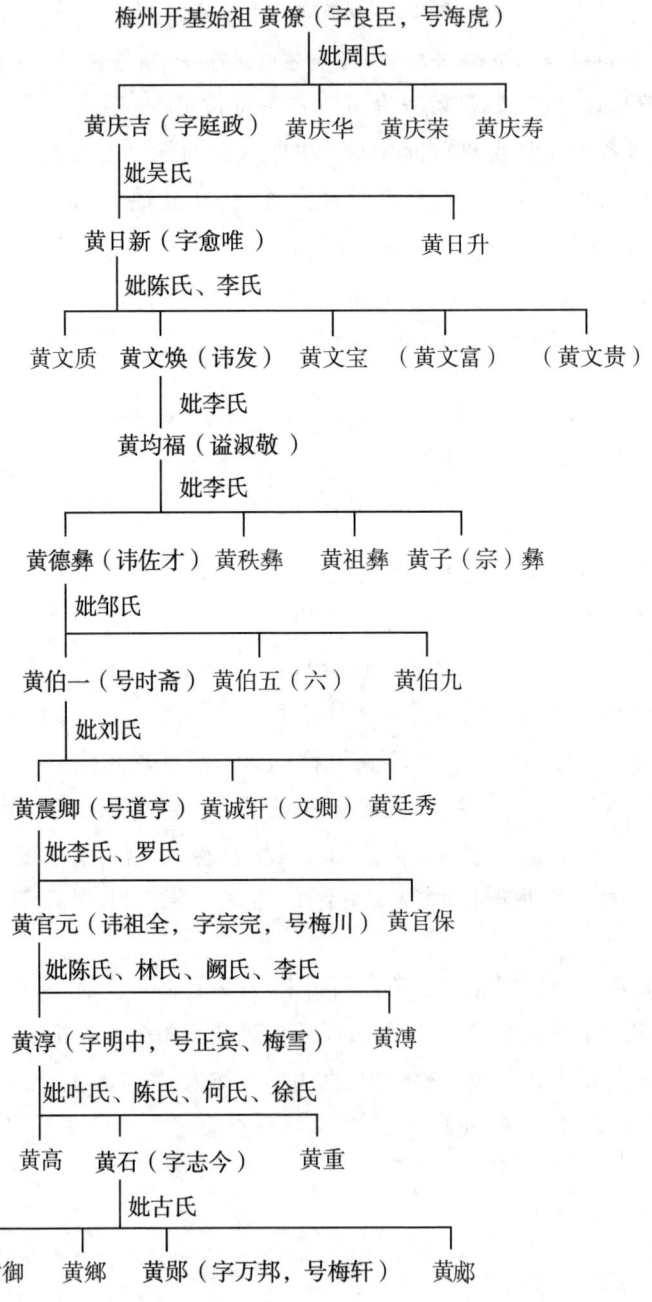

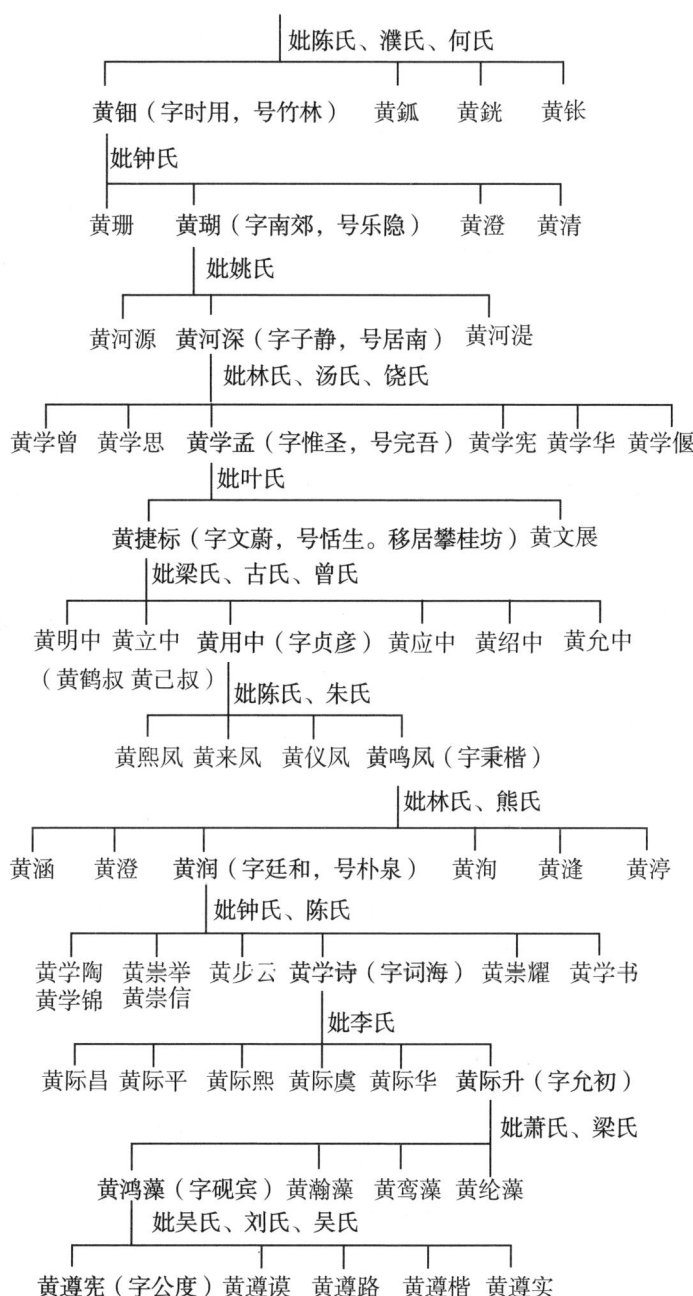

(资料来源:刘奕宏、黄智:《寻韵攀桂坊:品读客都人文胜地的前世今生》,第194—196页,广东高等教育出版社2012年版。)

先　世

黄遵宪高祖黄润(1733年—1829年),字朴泉,下市禄善堂黄屋开基祖,白手起家成为典当商人。黄遵宪在《高祖朴泉府君述略》中说:"高祖朴泉时,家贫甚。朴泉竹笠草履,包饭趁墟,为人书牛契。时外国银钱,甫行闽、粤间,朴泉能以色之美恶、声之浮沉、质之精粗,鉴别真伪。设一案坐廛市间,市散然后归。如是数年,渐积渐富。至三十而设典肆,暮年典肆凡四五所。"(《诗草笺注》下,第1172页。)朴泉公高龄,寿百岁,五代同堂。清乾隆五十年(1785年)朝廷颁发圣旨:"朕仰承天眷,上年喜得五世玄孙,嘉应骈臻,恩赐宜渥。因令各省督、抚,查明所属绅士、庶民,有身及五代同堂者,加恩赏赉。"(稽璜等撰:《皇朝通典》第57卷,第20—21页,浙江书局光绪八年版。)嘉应州同时享有"百年上寿,五代同堂"的家庭有二:一是黄遵宪的高祖黄朴泉之家,二是松口梁奇辅妻陈氏之家,都得到加恩赏赉。朴泉公神牌位写道:"钦旌五代同堂,讳润,字桂柏,谥孝创,百寿朴泉黄公。"(黄广昌:《嘉应州"五代同堂"两大家》,《梅州日报》,2005年7月1日。)朴泉公有子十人,清末繁衍至二百口,其中有八位举人、一位进士。

高祖夫人钟氏,是嘉应西阳直坑钦赐进士钟錩的孙女,勤劳贤惠,深受族人赞誉。黄遵宪在《高祖妣钟太淑人述略》说:"年十四,以童养媳来归朴泉公。既入门,井臼缝纫,操劳如成人。逮府君设典肆,内事悉以任之。"(黄延盛:《广东嘉应州攀桂坊黄氏家史》,郑海麟、黄延康编撰:《黄伯权传记》,第104页,培富印刷1997年版;张永芳、李玲编:《黄遵宪研究资料选编》上,第6页,香港天马图书有限公司2002年版。)

黄遵宪曾祖黄学诗(约1772年—1840年),字词海,朴泉第六子,经商为业,封赠中宪大夫。再封赠中议大夫。又封赠荣禄大夫。

曾祖夫人李氏(1773年—1858年),名淑配,小名梛姑,后世称为德赞婆,是城内翰林院检讨李象元①的裔孙,隆准大耳,面长方如男子相。十八

---

① 李象元(1661年—1746年),程乡(今梅州市梅城金山)人。少年勤奋攻读,清康熙三十年(1691年)中进士,为清代嘉应州授翰林院之第一人。"李象元,字伯猷。秉性正直,持躬谨慎而气度谦和,接人以礼。康熙辛未庶常授翰林院检讨。本朝五十年来州属登第者,自象元始。家故儒素,攻苦力学通籍,后尤精研性命之理。"(程志远等整理:《乾隆嘉应州志》上,第291页,广东省中山图书馆古籍部1991年版。)

岁归学诗,治家严谨,是夫君的贤内助。初封宜人,继赠恭人,又赠夫人、一品夫人。"辅相词海府君,事无不咨商而行。词海公已殁,乃就养于云南嵩明州。居一二年,不乐,归。府君所遗商业,或居或卖,店伙辈必来禀命,由太夫人断行之。太夫人治家严,虽所爱,或不顺遂,辄怒责,或呼杖。诸孙妇十六七人,不许插花,不许掠耳鬓,不许以假发拖长髻尾。晨起如厕,必遍历孙妇室外。诸孙妇必于未明时严妆竟,闻太夫人履声,即出垂手立户外问安。或未见,辄问病耶？睡耶？咸惕息不敢违。"(《全集》上,第269页。)李氏知书达理,持家有方,黄遵宪小时由李氏照看,"遵宪生周岁,引与同寝,甫学语。即教以歌诗"。深得李氏宠爱,"太夫人于诸子钟爱吾祖,于诸孙爱吾父母,手抱遵宪语于众曰：人必以我为偏爱,然此儿必副吾所望,他日笑我未迟也"。(《诗草笺注》上,第431—432页。)黄遵宪对李氏感情特深,这在其《拜曾祖母李太夫人墓》一诗中有真切的反映。

黄遵宪祖父黄际升(1809年—1891年),字允初,词海第六子,继承祖业经商,《光绪嘉应州志》记载："黄际升,字允初,性和易,处事练达,同治乙丑三四月大饥,米斗至千五百钱。际升初与州人士捐资为义仓,至是议者欲按户散赈,际升坚持不可,曰：州人虽贫,然爱惜声名,今日赈则故家寒士不得分润者多矣,且仓米无几,如此恐不足数日粮。粮尽何以为继,计不如煮粥,碗三钱,人得六钱,足支餐一日矣,收其赀又可续籴,此名曰卖而实赈也,从其言,全活甚众。"(广东省地方史志办公室辑：《广东历代方志集成《(光绪)嘉应州志》,第438页,岭南美术出版社2009年版。)

黄际升自幼警敏颖悟过人,先随兄长读书,后奉父命弃儒从商。咸丰初,林则徐部属领兵道经嘉应①,忽一日通知知州文晟,要州府于次日准备三千人的午饭。知府仓卒不知所措,向黄际升求援,际升献上一计,由他出资三百万发给士兵,然后在街巷鸣锣。"州官买饭供兵吃",于是百姓争出热饭、鱼肉蔬菜,陈放广场,解决了三千士兵的吃饭问题,知州大为称赞。(刘佑平：《中华姓氏通书·黄姓》,第207页,海南出版社1993年版。)黄际升处事干练,有谋略,"旧例纳粮必罄纳,乃给收票,贫户一次纳不足额,积欠愈多,胥吏转因其欠以为利,州人病之。公言于壮烈公,无论纳多寡,先给小票,清

---

① 今案：或曰是林则徐领军过嘉应,林则徐奉旨往广西镇压太平军,于道光三十年十月十九日病殁于广东普宁行馆,此行并未经嘉应州域,此领军者当是其部属。

数则汇易大票,咸乐便之。其处事大率类此。此外则与州人士设立义仓,筹赈饥贫。咸同之间,流寇窜扰,则募勇练团,屡保危城。晚岁誉望益隆,族党姻邻,遇事辄就咨询排解,得公一言,满座尽欢,嫌疑咸释"。(吴天任:《黄公度先生传稿》,第16页,香港中文大学出版社1972年版。)

黄遵宪在《先祖荣禄公述略》一文记载,黄际升侍奉长辈,细心孝顺:"府君讳际升,字允初,先曾祖第六子也。幼随诸兄读书,警敏,善属文。二伯祖早夭,曾祖以襄理乏人,命之弃儒而业商。逮曾祖没,曾祖母李太夫人就养于云南,府君奉以行。驱驰蚕丛鸟道间,山行板舆,水行安舻,有呼唤,未尝不在前,遇安息,则咫尺不相离也。居云南二年,太夫人不乐,府君又奉以归,凡历一万六七千里,费时一年有奇,太夫人胥忘其劳。府君已归,仍业商,以辰出,以酉入,就太夫人问今日安否、饥耶寒耶。凡官文臧否,政之得失,士夫之贤不肖,必罄举以告。某村某乡相斗殴,有何鬼神,语连蜷不休,或引述小说家言,附会今事。又令儿孙辈背诵《千家诗》《三字经》,给以儿童戏物,引作笑乐。伺太夫人倦,乃相率退,盖二十余年如一日。"(《全集》上,第272页。)

黄遵庚、黄干甫在《黄遵宪生平事迹》记载:"他的祖父黄际升,字允初,经营先人遗下的商业,家庭生活颇为优裕。其为人极为练达、急公好义,常对劳动人民的疾苦表示同情和援助,而对当地的不肖官吏敢于讥弹反抗,州人称道不衰,是一个开明的士绅。"(《全集》下,第1585页。)

黄际升身体强壮,清光绪十三年(1887年)黄遵宪全家拜祭李太夫人墓时,黄际升已经七十九岁,仍然步履矫健,身躯挺直。黄遵宪在《拜曾祖母李太夫人墓》一诗中这样描述:"儿今年四十,大父七十九。所喜颇聪强,容颜类如旧。周山看松柏,不要携杖走。拜跪不须扶,未觉躬伛偻。"(《诗草笺注》上,第438页。)

黄际升原配梁氏(1807年—1841年),年二十来归际升,有三子,诰赠一品夫人。"元配梁夫人,汲县知县念祖公之孙女,监生重熙公之女也,世承诗礼,以柔顺闻,年三十四卒。"(《全集》上,第273—274页。)允初公继配萧氏,续配梁氏。

黄遵宪父亲黄鸿藻(1839年—1891年)[①],字砚宾,号逸农,黄际升长

[①] 黄鸿藻出生于1839年。施吉瑞在《人境庐内:黄遵宪其人其诗考》一书中说其出生于1828年,蒋英豪在《黄遵宪师友记》一书中说其出生于1829年,均误。黄遵宪在《先祖荣禄公述略》一文记载黄鸿藻在咸丰六年(1856年)中举,时年十八岁。又黄鸿藻是黄际升第六子,黄际升出生于1809年,1829年其年仅二十岁,不可能生下第六个儿子。

子,清咸丰六年(1856年)中举,先后担任过户部主事、广西思恩府知府等官。"黄遵宪的父亲黄鸿藻是这个家族第一个成功通过科举考试的人,在他1856年中了举人之后,开始了一段漫长而成绩卓著的官场生涯,尤其是中法战争中他及时地向驻守在广东南部和越南北部的中国军队供应粮饷,这使他饱受赞扬。"(施吉瑞著、孙洛丹译:《人境庐内:黄遵宪其人其诗考》,第5页,上海古籍出版社2010年版。)

黄遵庚、黄干甫在《黄遵宪生平事迹》记载:"他的父亲黄鸿藻,字砚宾,号逸农,是际升公的长子,清咸丰丙辰科并补行乙卯科的举人,由户部主事改官知府,分发广西省任用,先后督办南宁、梧州等处厘务。适值中法战争爆发,我国军队大量开出镇南关(今睦南关①),粮饷所需,急如星火。他筹划调拨,解决了军队的给养问题,清廷即任他为思恩府知府。在任上,他教养兼施,政声卓著,后由广西巡抚李秉衡保举加三品衔、升用道。"(《全集》下,第1585页。)黄鸿藻一生官位不高,但是抱负不凡,常自勉道:"士大夫平日读书养气,当自任以天下之重。一旦值国家大计,在所必争,则批鳞犯颜,不顾祸福,稍一瞻望,便贻千古之讥。若区区一小政之得失,一庸臣之进退,连章入告,以市恩而沽名,即其心无他,亦不免自视过轻矣。"(黄鸿藻:《逸农笔记》卷八,第7—8页,光绪十四年,梅州剑英图书馆藏。)

光绪十五年(1889年)冬,黄鸿藻任思恩府知府,期间"办农桑,修书院,教养兼施,政声卓著"。(广东省地方史志办公室辑:《广东历代方志集成》《(光绪)嘉应州志》卷十三人物志,第438页,岭南美术出版社2009年版。)黄遵宪在《先考思恩公述略》一文中写道:"到省后,选委要差。壬午充文闱外监试,己丑充文闱内监试,是冬檄署思恩府知府。思恩为王文成公旧治,有阳明书院,久倾圮矣,府君修复之,乞中丞请于朝,以文成公例入祀典。又请御书扁额,得'教衍云岩'四字,悬于书院。府君以朱陆学派,异流同源,因主张良知之说,举其平苗徭之功以劝勉,思人复知向学。及去任,遂以府君画像供座侧焉。广西土瘠产薄,安阳马中丞丕瑶创兴蚕利,府君一意奉行,先祖复贻书督之。府君与绅士约以种桑多寡课殿最,遣人往潮州购种分布。时以微服巡行塍野间,与老农村妪课晴话雨,笑语为乐。不数月,蔚然成林。中丞大喜,语僚属曰:'以儒术饬吏治,黄太守之谓矣。'又手书柱铭以赠云:

---

① 现改名友谊关。

'学道能精明世故,性天内见涵养工夫。'盖纪实也。"(《全集》上,第276页。)黄鸿藻多才多艺,平易近人,口若悬河,常常高朋满座,"性和易,能鼓琴,尤善铜弦琴。好客喜剧谈,时杂以诙谐,音吐清亮,隔屋若相酬接"。(吴天任:《黄公度先生传稿》,第17页,中文大学出版社1972年版。)

黄鸿藻为官清廉,他在广西多次身任要职,管理厘务,负责军队后勤供给,然一介不取,"然处膏脂不能自润,宦粤西十年,卒之日,余囊不及三百金也"。(《全集》上,第277页。)著作有《逸农笔记》《思恩杂著》《退思书屋诗文稿》等。

黄鸿藻娶妻妾吴氏和刘氏二房,黄遵宪是吴氏所出,吴夫人于道光八年(1828年)七月二十三日生,于光绪九年(1883年)正月初十卒。"夫人姓吴氏,庠生词英公之女。年十□,归我父砚宾先生。先王母梁夫人早弃养,曾祖母李太夫人年七十,老病辗转胥俟人。太夫人子孙蕃多,男女内外数十人,顾独爱吾祖与父。及吾母来,又最钟爱焉。日昧爽起,吾祖父偕入问夜安否,而吾母为之栉沐,为之盥洗。每食,吾祖进饭,吾父奉羹,吾母则掇箸,或以匕饲之。医来,则吾祖延医,而吾父调药,吾母量水。夜寝,吾母登榻上为按摩抑搔,吾祖吾父率诸孙辈围坐其下,嬉笑欢谑,时引述小说家言及乡曲琐事,刺刺不休。既而悄悄不应,则知太夫人已熟寝矣。乃相率退,休户枢,使无声,褰裳蹑履,车轮曳踵,拂动甚微。盖十数年如一日。太夫人每谓吾祖:'俗语有之,爱此裙、惜此带,是固然矣。顾吾爱新妇。实以新妇贤且孝,非爱汝辈故推及之也。'"(《全集》上,第267—268页。)

黄遵宪同胞兄弟姐妹六人,二弟遵模,字采汀,广西候补知府。三弟遵路,字公望,州庠生。四弟遵楷,字牖达,光绪己丑科举人,大挑知县,署福建厦门同知,曾任驻日本神户领事,精通国际金融贸易。长妹珍玉,次妹碧玉。庶弟妹三人,刘氏所出。庶弟遵实,字实甫。庶妹二人:芳玉和佩玉。

黄遵宪年谱长编卷一

（1848年—1876年）

说明：

本卷记述道光二十八年至光绪二年（1848年—1876年）黄遵宪二十九岁以前的主要事迹。

黄遵宪生于西方列强加剧侵略中国和太平天国与清王朝对峙的时期，这是一个内忧外患的时代。咸丰六年（1856年），英、法联合发动了第二次鸦片战争，战争的结果是签订了《天津条约》和《北京条约》，还有中俄《瑷珲条约》等和约，中国丧失了一百多万平方公里的土地，鸦片贸易合法化，列强势力扩张到中国沿海各省。

道光三十年十二月初十（1851年1月11日，）洪秀全率众在广西桂平县金田村誓师起兵，太平天国革命正式爆发。三年后，太平军攻克南京，并进行北伐和西征。在太平天国革命形势的影响下，嘉应州松源堡的王讨食四亦竖旗起义，于咸丰八年（1858年）二月攻打州城。次年三月，太平军石镇吉部由福建入广东，攻占嘉应州，知州文晟殉职。同治四年（1865年），太平军最后一支军队在汪海洋率领下，在嘉应与左宗棠的率领的清军进行最后的决战，黄遵宪目睹了这次战役。战争给黄遵宪家庭造成很大的经济损失，家道中落。这使黄遵宪虽然对苦难中的农民有深深的同情，但是一生都坚持反对用激烈的手段来变革政治制度。

嘉应地处粤北山区，但是客家人长期有下南洋的传统，对外面的世界有感性的认识，风气开放。第一次鸦片战争后，清政府在外交上不断失利，使黄遵宪产生了研究外交的兴趣，他二十三岁初游香港，第一次领略西方文明。时因天津教案，黄遵宪开始大量阅读有关西方知识的报刊图书，如《万国公报》的前身《中国教会新报》，和江南制造局出版的有关西学的著述，究心时务。

客家人崇文重教，诗风尤盛。黄遵宪自小接受私塾教育，走一条传统的以科举求功名之路，十六岁进学，二十岁中秀才，二十五岁拔贡，二十九岁中举。但他很早就对科举制度持怀疑和批判态度，早在二十一岁时，就用诗歌的形式批判科举制度。对清代两大学术流派宋学和汉学都持批评态度，喜经世致用之学，而归宗孔子。黄遵宪喜欢作诗，其诗才很早就表现出来，青年时期就创作了大量的诗歌，并且希望能够改良诗歌，二十岁就很大胆提出"我手写我口"的别创诗界的主张。

清宣宗道光二十八年戊申（1848年） 一岁

【国内外大事】正月（2月），美国旧金山发现金矿，引发淘金热，中国移民抵达旧金山。"第一批中国移民是二男一女，于1848年乘坐'铁鹰号'轮船到达美国。两名男子直接奔赴矿区，那位妇女到传教士查理·吉勒斯皮家当佣人。"（宋李瑞芳著，朱永涛译：《美国华人的历史和现状》，第19页，商务印书馆1984年版。）从道光三十年至光绪六年（1850年—1880年），在美国西部的开发中，筑铁路、开矿、大面积整治洼涝地等重大工程都大量利用廉价华工。据估计，赴美华工累计达三十万人。对美国西部的开发作出了巨大的贡献。洪秀全写成《原道觉世训》，提出"天下凡间人民虽众，总为皇上帝所造所生，所以天下总一家，凡间皆兄弟"，是太平天国重要革命理论。

三月二十四（4月27日），黄遵宪生于嘉应州城东攀桂坊（今梅州市梅江区下市）黄屋禄善堂老屋西头第四房。

黄遵宪生日有两种说法：一是三月二十四日说，二是四月二十七日说。三月二十四日说是由黄遵楷提出的，四月二十七日说是钱仲联提出的。黄遵楷在《先兄公度先生事实述略》提出："先兄生于道光戊申三月二十四日。"（《全集》下，第1583页。）钱仲联在《黄公度先生年谱》中说："先生生日为四月二十七日，为先生族弟由甫所告知。由甫根据宗谱所登记。"（《诗草笺注》下，第1167页。）并且指出，黄遵楷之子在其七十八岁所写纪念其伯父公度冥诞诗时，也书四月二十七日。黄由甫（黄遵庚）曾经问黄遵宪之女，亦云是四月二十七日。黄遵庚、黄干甫在《黄遵宪生平事迹》中也提出："黄遵宪于清宣宗道光二十八年戊申四月二十七日（1848年5月29日）生于广东嘉应州（今梅州市）城东门外东街堡攀桂坊的怡怡堂家中。"（《全集》下，第1585页。）

吴天任指出，其实三月二十四日说和四月二十七日说两说都没有错误，因为三月二十四日说的是阴历，四月二十七日说的是阳历。但是，他认为，应该用三月二十四日说，因为当时没有通行阳历，而且《钱谱》所有日日都用阴历，没有理由只是生日用阳历。（吴天任：《清黄公度先生遵宪年谱》，第3页，台湾商务印书馆1985年版。）管林在《黄公度先生年谱质疑》一文中指出，据中国科学院紫金山天文台历算组编的《新编万年历》（科学普及出版社1963年版），道光戊申（二十八年）三月二十四日，即公元1848年4月27日。（管林：《黄公度先生年谱质疑》，《学术研究》，1982年第2期。）目前梅州黄氏的祖屋德赞楼的文物介绍采用的是四月二十七日说。

黄遵宪出生地点是禄善堂老屋西头第四房，《己亥杂诗》有云："五十年前事未忘，白头诸母说家常。指渠堕地呱呱处，老屋西头第四房。"（《诗草笺注》下，第823页。）黄遵宪出生时，黄屋有二大建筑群，一是祖屋禄善堂，二是新建的德赞楼，德赞楼虽然动工时间早，但是启用较迟，屋名以李太夫人谥称命名。李太夫人逝于咸丰八年即1858年，黄遵宪时年十岁。① 黄遵宪诗中的老屋是禄善堂。黄延盛认为老屋即德赞楼，（黄延盛：《广东嘉应州攀桂坊黄氏家史》，见张永芳、李玲编：《黄遵宪研究资料选编》上，第7页，香港天马图书有限公司2002年版。）但是此时德赞楼未启用。黄伯权认为是禄善堂，是全屋中最西北角一间，所以称老屋，是因为黄遵宪已经自建新居。（郑海麟、黄延康编撰：《黄伯权传记》，第48页，培富印刷1997年版。）

黄遵宪出生时，五代同堂。"时先生曾祖母李太夫人犹在堂，年七十五；祖父允初年四十；父砚宾年二十；母吴太夫人年二十一。"（《诗草笺注》下，第1168页。）

黄遵宪字公度，据蒋英豪《黄遵宪师友记》统计，一生用过的名号达四十八款，比较著名的有：观日道人②、东海黄公③、外史氏④、公之它⑤、风波民⑥、

---

① 现黄遵宪纪念馆的荣禄第和人境庐是黄屋的第三大建筑群，是后来建造的。
② 观日道人是黄遵宪任驻日使馆参赞时用的别号。
③ 黄遵宪居日本时戏署，见《海行杂感》自注。
④ 黄遵宪在《日本国志》中用的自称。
⑤ 丘逢甲《岭云海日楼诗钞》卷七《三用韵奉答诗》自注云："人境庐主自署公之他。"又见于黄遵宪《致汪康年函》（光绪二十三年二月二十一日）自署。
⑥ 黄遵宪晚年写成的《己亥杂诗》第一首："我是东西南北人，平生自号风波民。百年过半洲游四，留得家园五十春。"

人境庐主人①、东海公②、水苍雁红馆主人③、法时尚任斋主人④、黄公老⑤、布袋和南⑥、拜鹃人⑦、岭东故将军⑧、老少年国之老少年⑨，等等。光绪三十一年(1905年)，梁启超说："先生著述百余万言，其数年来与鄙人通信则亦十数。壬寅本报中所载师友论学笺，题东海公、法时尚任斋主人、水苍雁红馆主人者，皆先生之文也。"(梁启超：《饮冰室诗话》，第105页，人民文学出版社1959年版。)

黄遵宪之父黄鸿藻敬仰东汉人黄宪。(字叔度，75年—122年)。范晔《后汉书·周黄徐姜申屠列传》记载时人对黄宪的评价是"叔度汪汪若千顷陂，澄之不清，淆之不浊，不可量也"。(范晔：《后汉书》，第1744页，中华书局1965年版。)故为之取名遵宪，以公度字之。

黄遵宪夫人叶氏，诰封夫人。"先生娶叶氏，诰封夫人。"(梁启超：《嘉应黄先生墓志铭》，《全集》下，第1571页。)黄遵宪未娶妾，据黄延毓(黄遵宪孙)引其母所讲黄遵宪在幼年时故事："黄遵宪在幼年时，得悉下列事实，引起了很大的不安。一次正当曾祖父的小妾分娩，曾祖母站在其门口大声叫喊，祈请鬼神降殃给新生的婴儿。黄遵宪知道曾祖母对家庭是何等尽心深爱的，但因她的妒忌就可以变成这样的不仁，如象是另一个人。这段插曲的出现震动了他。所以他誓不娶妾。"(黄延缵：《与〈人境庐诗草〉研究有关的黄遵宪家族部分史实述评》，《岭南文史》，1986年第2期。)在日本时，黄遵宪曾经有过买日人小妾的念头，但未果。

黄遵宪有四子二女八孙："子四人：长子冕，家名履端，字伯元。次子鼎崇，家名履和，字仲雍。三子履刚。四子璇泰，家名履丰，字季伟。履刚早殇。女二人：长当椟，次当荪。孙八人：延豫、延绰，冕出。延凯、延毓、延

---

①黄遵宪别署，见《清议报》。
②黄遵宪别署，见《新民丛报》。
③是光绪二十八年(1902年)七月黄遵宪在《新民丛报》发表文章的署名。其《贺新郎》词说："凤泊鸾飘也，况眼中苍凉烟水，此茫茫者……无复寻春试马，又渐渐夕阳西下……天可无情何可诉，只合埋忧地下……"写得苍凉凄楚，意谓处江湖之远，平生怀抱无法施展。"水苍"指此。"雁红"为"雁来红"的简称，它类似鸡冠花的一种植物，"吴人呼为'老少年'"。(李时珍：《本草纲目》上，第615页，人民卫生出版社1999年版。)黄另有"老少年国之老少年"的别号，可知"雁红"即"老少年"之意。
④是黄遵宪光绪二十八年(1902年)十月在《新民丛报》发表文章的署名。
⑤黄遵宪朋友之间用。
⑥黄遵宪《致梁启超书》(光绪二十八年八月二十二日、十一月一日)自署，和南为僧人合掌敬礼之意。过去许多论著作布袋和尚，实误，详见《全集》前言注释一。
⑦《新小说》第七号载黄遵宪《五禽言》，署名拜鹃人。
⑧黄遵宪《军中歌》《旋军歌》作者署名，发表于梁启超所编《新小说》第一号，光绪二十八年(1902年)出版。
⑨黄遵宪自署，见《致梁启超书》(光绪二十八年十一月)。

武、延缵，鼎崇出。延绪、延超，璇泰出。延武、延缵、延绪、延超，皆在先生亡后出生者。"(《诗草笺注》下，第1167页。)

道光二十九年己酉(1849年)　二岁

【国内外大事】四月十五(5月7日)，广州人民坚持七年之久的反入城斗争取得胜利。《南京条约》签订后，英国人要求进入广州城，广州人民掀起反入城斗争。英军在香港增添兵船，测探外海内河各口之水路。徐广缙、叶名琛则调集兵勇，严守炮台，增加陆路兵力。广州居民在士绅、在籍候选道许祥光倡导捐资下，集众十万，协助守城。至三月十四日，英人贴出告示，"布告各国夷商，现已罢议进城，大家安心贸易"。至是，进城之议遂寝。(文庆等：《筹办夷务始末》道光朝，第六册，第3179页，中华书局1964年版。)秋，徐继畬《瀛寰志略》问世。全书共十卷，约十四万五千字。全面而扼要地介绍了世界各国的地理沿革、政情民俗、经济状况。首先介绍了东西半球的概况，之后按亚洲、欧洲、非洲、美洲的顺序依次介绍了世界各国的风土人情，共介绍了一百多个国家和地区。该书与魏源的《海国图志》同为中国较早的世界地理志。

弟黄遵楷出生。黄遵楷(1849年—1916年)，字采汀，黄遵宪在笔谈中说他"颇善雕刻，工音乐，盖天姿卓绝，而不喜读书，好武事"。晚年任嘉应保良局局董，与同盟会会员产生冲突，后遇刺身亡。(蒋英豪：《黄遵宪师友记》，第74—75页，上海书店出版社2002年版。)

客家人有婴儿喂乳至三岁的习惯，在黄遵楷出生后，兄弟争乳，黄遵宪年长，经常由李太夫人照看。黄遵宪《拜曾祖母李太夫人墓》诗云："明年阿弟生，弟兄日争乳。太婆向母怀，伸手抱儿去。"(《诗草笺注》上，第427页。)

张士驹出生。张士驹(1849年—1870年)，字心谷，为黄遵宪之胞姑丈，与黄遵宪为总角之交，少有文名。

三月二十一(4月13日)，温仲和出生。温仲和出生的时间和年龄目前有两种说法，一是《客家名人录》说他是1837年出生，终年六十六岁。(黄伟经：《客家名人录》，第401—404页，花城出版社1992年版。)二是《梅县客家杰出人物》说是1848年出生，终年五十六岁。(梅县地方志办公室、梅县地方志学会编：《梅县客家杰出人物》，第31—32页，2007年版。）丘逢甲在《温柳介先生墓志铭》中说："君生道光二十九年己酉三月二十一日，卒光绪三十年甲辰八月十三日，年五十六。"(广东丘逢甲研究会：《丘逢甲集》，第842页，岳麓书社2001年版。）丘逢甲与温仲和是好友，其说当可信。温仲和字慕柳，号柳介，广东嘉应州松口堡人，光绪十五年（1889年）丙戌科进士，翰林院庶吉士，散馆，授翰林院检讨，才学广博，为人谦虚恭让。对天文、气象、算学、理化、经史、地理颇有研究，且精诗文，善书法。（梅县地方志办公室、梅县地方志学会编：《梅县客家杰出人物》，第32页，2007年版。）同治六年（1867年）与黄遵宪同应院试入州学，友谊甚笃。光绪二十年（1903年），温到潮州金山书院讲训诂学，后任潮州金山书院院长、潮州中学堂总教习，开创岭东考据学的风气。曾任《嘉应州志》总编撰，历时八年编成《光绪嘉应州志》。著有《求在我斋集》《三礼汇纂》《读春秋公羊札记》等。

时嘉应州知州文晟倡修嘉应州城墙，并疏通南门外河，重修南门外观澜亭。

夏，王韬应英国传教士麦都思之邀，到上海墨海书馆工作。王韬《漫游随录》记："己酉六月……承麦都思先生遣使再至，贻书劝行，因有沪上之游。"（王韬：《漫游随录·扶桑游记》，第9页，湖南人民出版社1982年版。）黄遵宪年轻时读过王韬的文章，"黄遵宪早岁诗作《香港感怀》十首是根据王韬《香港略论》写成的"。（蒋英豪：《黄遵宪师友记》，第185页，上海书店出版社2002年版）。光绪五年（1879年）黄遵宪与王韬相识，过从甚密。

道光三十年庚戌（1850年）　三岁

【国内外大事】正月二十六（3月9日），清文宗显皇帝奕詝即位，以明年为咸丰元年。七月十九（8月26日），天地会众两千余人包围广西平乐府修仁县城，经激战，城陷。修仁距省城桂林仅三百余里，全省震动。（陈桦：《清史编年》第八卷，第593页，道光朝，中国人民大学出版社2000年版）。十一月十二（12月15日），林则徐病逝。先是，九月十三日，复诏林则徐为钦差大臣，赴广西会同郑祖琛、向荣等镇压天地会起事。林则徐于十月初二日抱病启程，十一月十二日在潮州普宁县（今广东普宁北）行馆病逝。"谕内阁：钦差大臣林则徐于驰往广西途中，因过度劳累，旧疾复发，在广东潮州普宁县病逝。著加林则徐太子太傅衔，照总督例赐恤，历任一切处分，悉予开复,予祭葬,谥文忠。"(陈桦:《清史编年》第八卷,第602页,道光朝,中国人民大学出版社2000年版。)十二月初十(1851年1月11日),洪秀全率众在广西桂平县金田村誓师起兵,太平天国革命正式爆发。"强大的金田团营(约有二万余人)与政府发生直接冲突是势所难免的。在打了几次胜仗后,1851年1月11日洪秀全三十八岁生日这一天,拜上帝会的领袖们宣布成立太平天国。"(费正清、刘广京编:《剑桥中国晚清史》上,第303页,中国社会科学出版社1985年版。)

黄遵宪长妹黄珍玉出生。(据《钱谱》。)珍玉同治五年(1866年)配同里张润皋。

因连年生弟妹,争乳现象更为严重,黄遵宪基本由曾祖母李太夫人照看,同起卧。黄遵宪少小聪明,深得曾祖母钟爱,李太夫人喜欢以女儿妆打扮小曾孙。黄遵楷在《先兄公度先生事实述略》云:"先兄少聪颖,先曾祖母孙曾数十人,特钟爱之,甫学语,即教以诵诗识字,亲属多衔之。"(《全集》下,第1573页。)李氏口授客家童谣和《千家诗》,黄遵宪很快就能够全部背诵。黄遵庚、黄干甫《黄遵宪生平事迹》云:"遵宪出生的时候,他的曾祖母李太夫人尚康健在堂。她是一个知书识礼极为慈祥的老人,时已七十多岁,对初生的曾孙遵宪非常疼爱,亲自教养,无微不至,对遵宪的儿童生活起了极大的作用。当遵宪在襁褓之中牙牙学语的时候,便教他唱《月光光》①《麻雀子》②等儿歌。遵宪齿牙伶俐,唱得流畅,而且记忆力很强。及至三岁,她又教念《千家诗》。遵宪能一字不讹,仅一年的光景,已能把《千家诗》背诵。这是遵宪诗歌生活的启蒙时期。"(《全集》下,第1586页。)

文宗咸丰元年辛亥(1851年)　四岁

【国内外大事】二月二十一(3月23日),洪秀全在广西武宣东乡登极,称天王。(罗尔纲:《太平天国史稿》,第4页,中华书局1955年版。)本年,英国从广

---

①《月光光》是客家地区广泛流传的童谣,歌词各地略有差别,梅县流传的歌词是:"月光光,秀才郎;骑白马,过莲塘;莲塘背,种韭菜;韭菜花,结亲家;亲家面前一口塘,打条鲤嘛八尺长;大头拿来熬汤食,尾巴拿来入学堂。"
②《麻雀子》是客家地区广泛流传的童谣:"麻雀子,尾巴长,讨了老婆唔认娘。娘是路边草,还系老婆好。娘是路边青,还系老婆亲。"

州口岸诱拐中国苦力出洋,运 3508 人去加利福尼亚,从厦门口岸运 1438 人去悉尼,另有 200 人去火奴鲁鲁。(陈翰笙主编:《华工出国史料汇编》,第二辑《英国议会文件选译》,第 830 页,中华书局 1980 年版。)

嘉应大旱,自开春至四月初八始下雨,早稻歉收。

张榕轩出生。张榕轩(1851 年--1911 年),名煜南,是广东嘉应州松南乡南下村人,"张榕轩、张耀轩昆仲,是我国近代著名华侨实业家和爱国侨领,潮汕铁路创办人"。(黄伟经:《客家名人录》,第 338 页,花城出版社 1992 年版。)潮汕铁路是中国近代第一条商办铁路。张榕轩年少时只身往南洋荷属苏门答腊谋生,初投大埔籍华侨巨商张弼士振勋门下任职员,后自立门户,在荷属苏门答腊棉兰经营商业、垦殖业及开办银行等,光绪二十年(1894 年)黄遵宪任中国驻新加坡总领事时,举荐张榕轩为清朝驻槟榔屿副领事。

八月(9 月),黄遵宪入学开蒙,黄遵宪读书的年龄,《钱谱》认为,虽然黄遵宪在《拜曾祖母李太夫人墓》诗中言三岁,实为四岁。今案:客家计算年龄,有虚岁实岁之分。虚岁以出生时为一岁,过春节后就二岁,实岁是足岁。黄遵宪是道光二十八年(1848 年)四月出生,到咸丰元年(1851 年)八月,虚岁是四岁,实岁是三岁,所以说三岁或四岁均可。塾师李学源,字伯陶,州庠生,时馆黄家。是其隔邻盘龙桥李屋人,日课《三字经》《百家姓》。"李氏故里与吾家有连,伯陶先生尝馆吾家,为遵宪开蒙。"(《全集》上,第 285 页。)黄遵宪《拜曾祖母李太夫人墓》诗云:"三岁甫学步,送儿上学堂。知儿故畏怯,戒师莫严庄。"(《诗草笺注》上,第 427 页。)黄遵宪与李学源感情很深,晚年家居时仍然时有拜访,曾随李学源谒其九十八岁的母亲,见《己亥杂诗》。黄由甫记:"普通开学多在正月,李太夫人特取八月。嘉应俗语有八月蛇开眼之迷信传说,预祝聪明之兆。"(《诗草笺注》下,第 1168 页。)

黄遵宪年幼时非常聪明,"他四岁进私塾念书,塾师是乡邻学行兼优的州庠生李伯陶先生,教书认真严肃。李太夫人请先生对遵宪勿过严厉,让他有一点自由。李先生见遵宪年龄虽小,但特别聪慧,即教他念'四子书',并念朱注,且要背诵,遵宪亦能应付裕如"。(《全集》下,第 1586 页。)

本年,黄基中举。黄基(1831 年—1890 年)是黄遵宪的堂叔父,十四岁中秀才,二十岁中举,同治二年(1863 年)中进士,任礼部主事。诗书画、天文、数学均佳,与宋湘并称嘉应州两大书法家,有《万事好庐诗钞》传世。

《嘉应州志》谓:"出其绪余,皆足专门名家。"黄遵宪把他比为前程无量的大鹏,评其诗曰"貌袭杜陵,神追乐天"。又称"公之书法,最为精能","一字三绢,尺幅寸金"。黄基对《易》学亦有深入研究,黄遵宪称其"虚中言命,姑布善相。灼龟之卜,憾龙之葬。九宫白黑,六壬虚旺。公以意揣,辄效不妄"。(梅县地方志办公室、梅县地方志学会编:《梅县客家杰出人物》,第18—20页,2007年版。)

咸丰二年壬子(1852年)　五岁

【国内外大事】二月初一(3月21日)美船"罗伯特·包恩"号私运华工(猪仔)四百一十人,自厦门赴美国旧金山。途中华工暴动,一百四十七人死难。(常加祐:《美船"罗伯特·包恩"号暴动事件华工总数和死难人数辨正》,《华侨历史》,1987年7月。)十二月十七(1853年1月25日),曾国藩自原籍起程赴省城帮办团练(二十一日抵长沙)。(曾国藩:《曾国藩全集》奏稿一,第40页,岳麓书社1994年版。)曾国藩在湖南以礼部侍郎身份帮同湖南巡抚督办团练,创建湘军。本年,魏源《海国图志》百卷本成稿。《海国图志》道光二十二年(1842年)出版五十卷本,道光二十八年(1848年)增补到六十卷本。这是中国近代史上最早的一部由国人自己编写的有关世界各国情况介绍的巨著。

九月十一(10月23日),陈三立生。陈三立(1852年　1937年),字伯严,号散原,江西义宁(今修水县义宁镇桃里竹㙷)人,近代同光体诗派重要代表人物,"维新四公子"之一,被誉为"中国最后一位传统诗人"。光绪二十一年(1895年)黄遵宪在上海与之相识,二人交谊很深。

梁国瑞生。梁国瑞,字辑五,嘉应州上市(今梅州市梅城西区)人。少有文名,光绪十五年(1889年)己丑恩科举人。纳资光禄寺良酝署署正,从六品京官,掌供备羊、酒,并备酿酒所用器物,供用宫廷日用羊肉及牛乳。得主稿。国瑞"孝于亲,友于兄弟,与人交温温然,外和内介,不可干以私,每处一事,辄以不称其职为虑"。(张继善:《梅县历代乡贤事略》,第96页,1935年梅县县立图书馆印行。下同。)梁国瑞是《光绪嘉应州志》倡修者,与黄遵宪是姻亲。蒋英豪谓"其弟梁国璿娶黄遵宪次妹黄碧玉,其三女梁招荣1891年配黄遵宪次子黄鼎崇。其子梁通才1893年娶黄遵宪次女黄当荪。其子梁毓渠娶黄遵宪侄女黄南芗"。(蒋英豪:《黄遵宪师友记》,第104页,上海书店出版社2002年版)。但据梁广基所编《梅州梁氏贻谷楼鹤和楼十九—二十世名单初稿》言,梁通才和梁毓渠均是梁国瑞的侄子,并非其子。梁通才是梁国璋之子,梁毓渠是梁国琛之子。

咸丰三年癸丑(1853年)　六岁

【国内外大事】二月初十(3月19日),太平军攻克南京,二月二十日(3月29日),天王洪秀全由水西门坐黄轿入南京城,仪卫甚盛,改督署名为天王府,改南京为天京。(中国史学会主编:《中国近代史资料丛刊·太平天国》第四册,第705页,中华书局1996年版。)二月二十一(3月30日),美国加利福尼亚州议会通过议案,对外籍矿工征收赋税,时外籍矿工多为华人。六月十八(7月23日),曾国藩派江忠淑募新宁勇千人,知县朱孙诒募湘乡勇千二百人,合前署盐法道夏廷樾、编修郭嵩焘、训导罗泽南所带兵勇千四百人援南昌。"国藩念营将积敝不可用,纯用书生为营官,率皆生员、文童,以忠诚相期奖。"此为曾国藩湘军出省作战之始。(王闿运:《湘绮楼诗文集》,第二册,第585页,岳麓书社1996年版。)八月初五(9月7日),上海小刀会刘丽川(粤人)、李咸池(闽人)、陈阿林、林阿福、潘起亮等起事,占领县城,杀知县袁祖德,逮捕苏松太道吴健彰,建立政权,称大明国(后改太平天国),布告安民。十二月二十二(1854年1月20日),美国副领事金能亨通告美商,宣布上海为自由港。通告宣称:"顷奉美国驻华公使训示,略称:目前中国当局既准许其他国家的船只进入本港,不向中国海关报关,也不付税,则美国船只离港向本领事馆呈缴单据时,毋需附呈中国海关的结关单。"(中国科学院上海历史研究所筹备委员会:《上海小刀会起义史料汇编》,第355页,上海人民出版社1958年版。)

二月(3月),嘉应农民起义。白渡宋阿棠、黄曾兴二、南口陈贤郎及李坑李狐狸等组织三合会,以红巾裹头为标记,拜会起义,官军先后征剿,黄曾兴二被俘牺牲,余部转战江西投入太平军石达开部。

十二月初十(1854年1月8日),严复生。严复(1854年—1921年)字又陵,又字几道,晚号壄老人,福建侯官(今福州市)人,中国近代启蒙思想家、翻译家,系统地将西方的社会学、政治学、经济学、哲学和自然科学介绍到中国。黄遵宪与严复于光绪二十二年(1896年)在天津相识,称严复"真可爱,谈吐气韵,通西学之第一流也"。

本年,嘉应知州文晟倡修《嘉应州志》,因故未成,编成《嘉应州志增补考略》四十卷。

咸丰四年甲寅(1854年)　七岁

【国内外大事】正月十六(2月13日),英国外相克拉兰敦训令新任驻华公使兼香港总督包令进行修订中英条约谈判,要求修订的主要内容:广泛地进入中华帝国的整个内地,以及沿海各城;扬子江的自由航行;实行鸦片贸易合法化等。(马士:《中华帝国对外关系史》第一卷,第451页,商务印书馆1963年版。)正月二十八(2月25日),曾国藩率湘勇自衡阳出师,水陆一万七千人,建旗东下,并发布《讨粤匪檄》,略称:"粤匪窃外夷之绪,崇天主之教……举中国数千年礼义人伦诗书典则,一旦扫地荡尽。此岂独我大清之变,乃开辟以来名教之奇变……本部堂奉天子命,统师二万,水陆并进,誓将卧薪尝胆,殄此凶逆。"(曾国藩:《曾国藩全集》奏稿一,第98—99页,岳麓书社1994年版。)六月十八(7月12日),上海新设海关开始稽征关税,由英、美、法三国司税官主之。外人管理海关制度从此正式建立。日本开始由锁国转为开放,《海国图志》适逢其时,成为日本人了解世界的钥匙,大受欢迎。这年有十五部《海国图志》传入日本,其中七部被朝廷留用,另外八部被允许出售。从咸丰四年到咸丰八年(1854年—1858年)间。形形色色的《海国图志》翻刻本竟达二十多种。(熊月之:《西学东渐与晚清社会》,第263页,上海人民出版社1994年版。)现代日本学者井上清说过,幕府末期的一些日本学者和文人,如横井小楠,他们的思想起了革命,倾向开国主义,其契机是读了中国的《海国图志》。

七月初三(7月27日),嘉应长乐县水寨三点会(天地会分支)首领李正春等,响应太平天国洪、杨的号召,率领农民两千余人,攻陷县城。后又与长乐县役孔阿福结合,联络会众万余,转攻兴宁城。兴宁知县张鹤龄急调永和、龙田、城南等团勇围剿镇压,会众溃散,被毙被俘者逾千人,事后遭杀戮者六百余人。

咸丰五年乙卯(1855年)　八岁

【国内外大事】正月至四月(2月—5月),林凤祥、李开芳所部先后为清军所败,太平天国北伐遂以失败告终。二月(3月),广东开平、新宁等地发生土客大械斗,相持十二年之久,死亡达两万三千人以上,还有两万人在离乱中染上瘟疫致死。大量客家人逃亡,流落他乡。秋,捻党各股在雉河集会盟,宣布起义,称号大汉,公推张乐行为大汉盟主。张乐行发布告示,痛斥清政府地方官"视民如仇",阐明起义的目的是:"救我残黎,除奸诛暴,以减公愤。"并宣布"禁止抢掠,严缉奸淫","贫民衣粮,不准扒运"。(尹福庭:《清史编年》第九卷,咸丰朝,第340页,中国人民大学出版社2000年版。)

三弟黄遵路生。(据《钱谱》。)黄遵路(1855年—1889年)字公望,同治十三年(1874年)入州学,光绪十五年(1889年)精神病发作自杀身亡。同年,黄遵宪作三弟公望铭词。

本年,美国培理舰队第二次前往日本,罗森充当汉文翻译,他是鸦片战争后第一位赴日进行文化交流的中国人,有《日本日记》。罗森在日期间,广交日本各界人士,与许多日本文人、学者、僧人接触,不少日本人也主动与之交往、笔谈,表达"景仰中国文物之邦之意",打听中国的情况,罗森向日本人介绍了中国科举取士的方法和中国太平天国运动的情况,纠正了日本流传的诸如太平天国战争是"明清战争""太平军即小刀会""清朝皇帝已遁朝鲜"之类的谬传。

咸丰六年丙辰(1856年)　九岁

【国内外大事】正月二十九(3月5日),西林教案发生。先是,法国天主教神甫马赖非法从广州潜入广西西林县传教,与当地民众发生冲突,新任知县张鸣凤下令将马赖、白小满、曹贵绑赴刑场斩首,其余不法教徒各论罪有差。(邢凤麟、海阳:《关于马神甫事件》,《社会科学战线》,1983年6月。)二月二十四(3月30日),俄国与英、法、土耳其、撒丁联军之间的克里米亚战争结束,俄国战败,交战双方于是日缔结《巴黎和约》。沙俄控制地中海、独霸巴尔干的计划暂时受挫,遂将侵略的主要矛头转向中国。(余绳武等:《沙俄侵华史》第2卷,第117页,人民出版社1978年版。)三月二十四(4月28日),美国加利福尼亚州议会制定移民税则,规定按照每人150美元的标准向带领外国移民入境的船主征税。四月(5月),美国新任驻华公使伯驾到达广州,借口中美《望厦条约》届满十二年,照会两广总督叶名琛,再次提出"修约"要求。其要点为:外国公使驻京;中国全境开放,无限扩大贸易;外国人可以在华自由传教;改造中国司法机关。六月十四(7月15日),美使伯驾晤闽浙总督王懿德,投交国书,内有中美互派大使、驻扎京师之请。王懿德"以汪洋大海,相隔甚远,彼此均有不便。且都城内外,均非夷酋驻扎之地,所请恐难准行",拒之。(文庆等:《筹办夷务始末》咸丰朝,第三册,第521页,上海古籍出版社2008年版。)八月初三(9月1日),天京事变发生。是日深夜,北王韦昌辉率三千人返抵天京,与先已入城之秦日纲突然包围东王府,诛杀杨秀清,"杨秀清的亲属和所属官兵男女被杀死的计有二万多人"。(罗尔纲:《太平天国史稿》,第243页,中华书局1955年版。)太平天国由盛转衰。九月初十(10月8日),广东水师千总梁国太带兵搜查泊于海珠炮台附近之走私船只"亚罗号"划艇,拘捕海盗嫌疑犯梁明太、梁建富等十二名水手。英领事巴夏礼闻讯,立即带人前来试图拉走被捕人犯,遭到梁国太等拒绝。巴夏礼遂抓住这个机会制造事端,当天即写信给英使包令,同时照会两广总督,函称:"停靠在海珠炮台附近河中悬挂着英国旗的英国绿壳船'亚罗'号,今晨突被一群……中国官吏强行登上,他们把差不多所有的水手都捆绑带走……而且除这种暴行之外,严重地侮辱地把国旗扯曳下来。"要求立即释放所有人犯,并进行书面道歉。(中国史学会主编:《中国近代史资料丛刊·第二次鸦片战争》第六册,第48页,中华书局1996年版。)九月二十五日(10月23日),英国驻华海军司令西马糜各厘率领舰队突入内河,占领炮台。九月二十九日(10月27日),英军炮轰省城及总督衙门,进犯广州,正式发动第二次鸦片战争。

黄遵宪刻苦读书,黄遵庚、黄干甫《黄遵宪生平事迹》称:"到九岁时,遵宪对读书益加努力,常读至深夜,其母一再催促才就寝。本年他已念完了'五经'及《唐诗三百首》等。"(《全集》下,第1586页。)

本年,黄遵宪父亲黄鸿藻中举。《光绪嘉应州志·艺文志》:鸿藻咸丰丙辰科并补乙卯科举人。黄遵宪《拜曾祖母李太夫人墓》诗云:"儿年九岁时,阿爷报登科。"(《诗草笺注》上,第433页。)

咸丰七年丁巳(1857年)　十岁

【国内外大事】五月十一日(6月2日),翼王石达开因天王洪秀全猜忌异姓,受安王洪仁发、福王洪仁达挟制,并有图害之意,达开不自安,于是日率众出京,在赣、浙、闽、湘一带作战。十一月十四(12月29日),英法联军攻陷广州,占领观音山及北门内外各炮台。两广总督叶名琛被俘,解往印度加尔各答。本年,世界经济危机爆发,这是资本主义历史上第一次具有世界性的普遍生产过剩危机。

嘉应大旱,二月至五月不雨,斗米千钱,饥民请赈,哗于州署,不期而集者千人。秋大水。冬麦虫生。粮食歉收,州城粮价飞涨,斗米1200钱,饥民千人自发聚集于州署前请求赈济。

黄遵宪初学诗,新塾师为举人宋正章。(参见宋邵青:《黄遵宪传》,第11—12页,作家出版社2005年版。)嘉应一州,诗风极盛,读书人学作诗,极为平常。百步之内,野老村夫有能诗善对者。南宋末文天祥在梅州抗元,最终壮烈殉国,梅州人感其忠义,诵其诗,奉若"宗贤""乡贤",乃至"神明"。从明朝正统年间起,先后在梅州城内建造"凌风楼""双忠书院"等纪念之。明朝开始,嘉应诗人辈出,与客家山歌遥相呼应,读书人吟诗,村姑歌唱。清代诗风盛极一时,黄遵宪有言:"嘉道之间,文物最盛,几于人人能为诗。置之吴、越、齐、鲁之间,实无愧色。"(《全集》上,第287页。)有《梅水汇灵集》《梅水诗传》等文献传世。

塾师以嘉应神童蔡蒙吉的诗句"一路春鸠啼落花"为题,教他学习作诗。黄遵宪的诗有"春从何处去,鸠亦尽情啼"之句,出语不俗,使塾师刮目相看。次日,塾师又以杜甫"一览众山小"句命题,黄遵宪以"天下犹为小,何论眼底山"①等句答题。

---

① 黄遵楷在《先兄公度先生事实述略》记载出题者不是塾师而是李太夫人,并言:"先曾祖母喜曰:此儿志趣远大,他日将穷四极而步章亥,吾宁毋爱乎!"章亥是古代传说中善走的人,黄遵宪《逐客篇》有"远步想章亥,近功陋卫霍"句。黄遵宪晚年回忆:"一路春鸠啼落花,十龄学步语牙牙。"(《诗草笺注》下,第823页。)在自注中说明是塾师出题。

黄遵庚、黄干甫《黄遵宪生平事迹》记："他十岁学作诗,塾师以宋代梅州(宋代时嘉应州称梅州)诗人蔡蒙吉的诗句'一路春鸠啼落花'为题①,叫全体学生写诗,他写下'春从何处去,鸠亦尽情啼'的句子。塾师为之惊奇,以为是偶然碰着的,翌日再以'一览众山小'为题②,叫遵宪再写。遵宪不假思索,破题直写'天下犹为小,何论眼底山'。塾师叹为天才,也引起了乡中士子的称赞。因此塾师特别将经史词章及八股时文,灌注遵宪,期之为'金马玉堂'的人物。经过一个时期,遵宪已有独立研究学问的能力了。"(《全集》下,第1586页。)香港《星岛晚报》1965年6月5日副刊"观人于微"栏,亦有述黄遵宪此事,题为"相貌五秀格饱学多才",称塾师见其赋句,讶为不凡。乃至黄遵宪家为之看相,下云:"据塾师对他的父母说:'公度的相貌,是个五秀格,将来必非池中物。且他额高而广,少年应举,驿马高耸,宜向外发展,中运必作大官,光大门闾。惟唇掀略短,恐难过六十之寿耳。'塾师和他看相之言,后来果然真的准确。"(吴天任:《黄公度先生传稿》,第22页,香港中文大学1972年版。)

蔡蒙吉,嘉应州松源堡金星村人,"蒙吉生而颖悟,八九岁能背诵五经……年十二应童子科,赐进士出身,授迪功郎;再试铨衡复中第一,加三资,授从政郎、韶州司户兼司法"。(程志远等整理:《乾隆嘉应州志》上,第264页,广东省中山图书馆古籍部1991年版。)南宋宝祐四年(1256年)十二岁应童子科,考取进士,官授从政郎、义兵总督等职。南宋德祐元年(1275年)秋,元兵侵宋,蒙吉任梅州义兵总督,次年冬,战败殉国,时年三十二岁。文天祥收复梅州后,嘉其忠勇,为文祭之,棺敛其尸,还葬于饶塘堡(今梅县桃尧镇)练坑。

黄遵宪还有一师是张其翩,字凤孙,嘉应城东留余堂人,岁贡生,著有《桐华馆诗钞》,学识渊博,性格平和,设馆授徒,主持黄遵宪家私塾"桐华馆",是黄遵宪的恩师。《梅水诗传》卷四说"出其门下者多通达之士,若黄生公度京卿、聂生仲芳抚部、鄢生小山中书,其尤著者也"。(郭真义等编:《梅水诗丛》上,第358页,广东人民出版社2015年版。)

黄遵宪少有大志,光绪二十八年(1902年)他在致梁启超的信中说:"自吾少时,绝无求富贵之心,而颇有树勋名之念。"(《全集》上,第437页。)时

---

① 出自蔡蒙吉《游王寿山》:"王寿山头石径斜,不知何处有仙家?烟霞踏遍芒鞋破,一路春鸠啼落花。"
② 出自杜甫《望岳》:"会当凌绝顶,一览众山小。"

黄遵宪与同乡张心谷、黄锡璋均以早慧知名，里中称为三才子。

十六岁的张弼士渡海到印尼的雅加达。客家人下南洋的历史可以追溯到汉代，"中国与东南亚各国交通始于汉代。在早期的中国与东南亚各国关系发展下，华人才有出国侨居的可能。唐宋时代，华人移居国外日多，至明代更盛"。（朱杰勤：《华侨史》，第9页，广西师范大学出版社2011年版。）

陈元焯生。陈元焯（1857年—1912年），字再苾，繻尚，同治十二年（1873年）拔贡，广东嘉应长乐（今五华）人，黄遵宪好友。

咸丰八年戊午（1858年）　十一岁

【国内外大事】三月十三（4月26日），加利福尼亚州议会明令禁止华人进入加利福尼亚州境内。四月十六（5月28日），黑龙江将军奕山与俄国东西伯利亚总督穆拉维约夫签订《瑷珲条约》。五月（6月），《中俄天津条约》《中美天津条约》《中英天津条约》《中法天津条约》相继签订。五月初九（6月19日），日方代表井上清直、岩濑忠震登上停泊在江户湾小柴冲的"波瓦坦"号，与哈里斯等共同出席签约仪式，日本与美国签订《日美友好通商条约》。日本同意在近期内开放神奈川、长崎、新潟、兵库等港口，并在开放港口划定外侨居地，在其周围开设游览区；承认外国人为进行商业活动而在江户、大阪停留；还规定了领事裁判权。条约虽以自由贸易为原则，但规定了许多不平等条款。荷、俄、英、法等国闻风而至，先后与日本订立了通商条约（称为《安政条约》），取得自由贸易权、关税率协议权、领事裁判权等一系列殖民特权，日本在贸易、关税、司法等方面丧失国家主权。

二月（3月），嘉应州松源堡王讨食四起义。二月十三日（3月27日）进攻嘉应州城，二十二日在葵岭与官军激战。三月二十一日（5月4日），王讨食四、曾兰奎、何振秀、郑庚麻、何摄三等相继被俘牺牲。"咸丰戊午春王讨食四纠结外匪竖旗拜会，希图滋事。"有数千人，官军应对不利，大败，土匪进攻州城，沿途大肆劫掠，官军招募潮勇，在葵岭决战。时战况不利，团练首领本欲鸣金收兵而误鼓，潮勇大进，大破土匪。（广东省地方史志办公室辑：《广东历代方志集成》《（光绪）嘉应州志》，第584页，岭南美术出版社2009年版。）

二月初五（3月19日），康有为生。康有为（1858年—1927年），原名祖诒,字广厦,号长素,广东省南海县丹灶苏村人,清末资产阶级改良派领袖,后为保皇派首领。光绪二十一年(1895年)黄遵宪在上海与之相识。

七月二十六(9月3日),黄遵宪曾祖母李太夫人殁于家,享年八十五岁。李太夫人"以三子际熙得曾孙,钦旌五代同堂,赏银缎如制。初封宜人,继赠恭人,又赠夫人、一品夫人"。(《全集》上,第270页。)

十月二十六(12月1日),黄遵宪幼弟黄遵楷出生。黄遵楷于光绪十二年(1886年)中举,福建补用知县,宣统三年(1911年)参与《人境庐诗草》校核,并为该书题跋。"在黄氏同胞兄弟四人中,遵楷与遵宪关系最为亲密,大概因为两人皆同属举人出身的缘故。在诸兄弟中,遵宪亦视遵楷最有希望和最有出息,每有要事皆与之相商。遵楷年甫弱冠,即随兄东渡扶桑,在日本公使馆充学生,随侍公度左右,得兄之教最多……遵宪的许多重要诗文稿,皆交由遵楷保存,《人境庐诗草》最终也是由遵楷协助校刊付梓的。遵宪归道山后,第一个为他作传记的就是遵楷。"(郑海麟:《黄遵楷研究》,第45页,日本京都中文出版社1996年版;郑海麟:《黄遵宪传》,第423—424页,中华书局2006年版。)

咸丰九年己未(1859年) 十二岁

【国内外大事】四月初九(5月11日),洪秀全封洪仁玕为开朝精忠军师顶天扶朝纲干王,总理朝政。洪仁玕根据自己近几年在香港、上海等地学到的西方知识,结合太平天国部分实际问题,写成《资政新篇》一文,共六千多字,经洪秀全批准正式刊刻颁行。《资政新篇》是中国第一个近代化纲领。两江总督何桂清任命英国人李泰国为总税务司,"协助"管理中国海关事务。

正月(2月),太平天国翼王石达开进攻闽、粤、赣,石镇吉部到达大埔。"正月,发逆伪翼王石达开挟众十余万,自湖南分股,一由江西信丰窜粤之和平、龙川,一由福建龙岩永定窜粤之大埔,窜大埔者,其贼目为石镇吉。"(广东省地方史志办公室辑:《广东历代方志集成》《(光绪)嘉应州志》,第585页,岭南美术出版社2009年版。)

二月初二(3月6日),太平天国将领石镇吉、石镇常率五六万人,由大埔进抵松口、白渡,初四日围攻嘉应州城,经十二天激战,十六日占领州城。时任嘉应知州的文晟战死,嘉应州城死亡人数达四千余人。"二月初四日,发逆围城,晟极力守御,于十六日卯时,贼由地道燃发火药,轰塌西城门,率众贼丛围,鳞伤遍体,力竭遇害,同时男妇死者四千余人。"(广东省地方史志办公室辑:《广东历代方志集成》《(光绪)嘉应州志》,第329页,岭南美术出版社2009年版。)

黄遵庚、黄干甫《黄遵宪生平事迹》记:"清咸丰九年(1859年)二月初四日,太平天国的石镇吉率军攻嘉应州城,十六日城破,迄至四月初一日,石军才弃城,转进兴宁县。时遵宪十二岁,家中损失奇重,但他安贫乐道,仍努力攻读。"(《全集》下,第1586页。)

三月初一(4月3日),太平军离开嘉应,转攻兴宁,"三月辛未初一日,贼退出嘉应,由兴宁罗浮司窜江西"。(谢国珍:《嘉应平寇纪略》,第204页,1879年刻本。)罗香林《胡晓岑先生年谱》记:"是岁,三月,太平军分支石达开所部石镇吉,率众陷嘉应州本州,知州文晟叔来死之。三日,石镇吉等弃州城,窜兴宁县城,久攻不克,北窜江西,兴宁围解。"(广东省兴宁县政协文史委员会编:《兴宁文史》第十七辑,第121页,1993年版。)《光绪嘉应州志》记:总督黄宗汉驻扎惠州,方调兵赴援,连日迭获胜仗,贼弃城,悉由连平、韶州入湖南,合石达开大队以去。(广东省地方史志办公室辑:《广东历代方志集成》《(光绪)嘉应府志》,第585页,岭南美术出版社2009年版。)

黄遵宪作《王右军书兰亭序赋》,得到乡先辈和老师张其翰的高度称赞。黄遵楷《先兄公度先生事实述略》记:"年十二,作《王右军书兰亭序赋》,乡先辈张榕石老人手书其牍曰:昔欧阳公有云:'三十年后,世人知有子瞻,不知有老夫。'前贤畏后者,他日请念之。"(《全集》下,1573页。)

张其翰,字凤曹,在广西任知府期间,有贼寇攻桂林,仓促间应战,以八十人在半道设伏,大破数千贼人,"其翰貌奇伟性侃直,善饮,能诗赋,所著有咏花书屋赋钞……晚年号榕石老人"。(广东省地方史志办公室辑:《广东历代方志集成》《(光绪)嘉应州志》,第43页,岭南美术出版社2009年版。)或记,"张其翰,字凤曹,晚号榕石老人,广东嘉应州(梅州市)人。道光二年(1822年)举人,黄遵宪乡先辈。官广西知府、署右江道。主张讲求'当世之务'"。(蒋英豪:《黄遵宪师友记》,第246页,上海书店出版社2002年版。)性侃直,善饮,能诗能书,书学二王,所著有《咏花书屋赋钞》《仙花吟馆文稿》《左氏撷腴》《经说语要》等书数十卷。

咸丰十年庚申(1860年)　十三岁

【国内外大事】五月十三(7月1日),美人华尔得上海巨商、四明公所董事、候选道杨坊及上海道吴煦之助,雇募旅居上海的外国人组成洋枪队,自任统领,照洋法操练,期以保卫上海。军需由杨坊负责供给。八月二十二(10月6日),英法联军攻占北京,火烧圆明园。九至十月,中英、中法、中俄《北京条约》签订。十二月初十(1861年1月20日),清政府成立总理各国通商事务衙门,又称总署、译署,最初主持外交与通商事务,后来扩大管理办工厂、修铁路、办学校、派留学生等,成为清政府的重要决策机构。十二月十四(1月24日),据恭亲王等复奏,借夷剿贼,流弊滋多。咸丰帝命曾国藩、薛焕等,"就现有兵力设法攻剿逆匪,毋再观望";"至法夷枪既肯售卖,并肯派匠教习制造,著曾国藩、薛焕等酌量办理。即外洋师船现虽不暇添制,或仿夷船制造,或将彼船雇用,诱之以利,以结其心,而我得收实济。若肯受雇助剿,只可令华夷两商自行经理,于大局或可有利无弊,并著该督抚斟酌试行"。

汪康年生。汪康年(1860年—1911年),浙江钱塘人。光绪二十年(1894年)进士,是清末资产阶级维新派著名人士。早年曾入张之洞幕,执教两湖书院。中日甲午战争后,汪康年愤国是日非,昌言变法图存。光绪二十二年(1896年)在上海与黄遵宪共办《时务报》,后因意见相左,时有争论。

咸丰十一年辛酉(1861年)　十四岁

【国内外大事】正月初十(2月19日),沙皇俄国进行改革,农奴取得法律上的人身自由。七月十七(8月22日),咸丰帝崩于热河避暑山庄。八月初一(9月5日),湘军攻陷安庆。曾国藩创办中国近代第一个军工厂安庆军械所。九月三十(11月2日),慈禧太后发动祺祥政变。"载垣、端华、肃顺著即解任,景寿、穆荫、匡源、杜翰、焦祐瀛著退出军机处。派恭亲王会同大学士、六部、九卿、翰、詹、科、道将伊等应得之咎,分别轻重,按律秉公具奏。至皇太后应如何垂帘之仪,著一并会议具奏。特谕。"(故宫博物院明清档案部:《清代档案史料丛编》,第一辑,第 102 页,中华书局 1978 年版)。十月初九(11 月 11 日),爱新觉罗·载淳登极,以次年为同治元年。

张耀轩生。张耀轩(1861 年—1921 年),原名鸿南,嘉应州松南乡南下村人。著名华侨实业家、荷属棉兰(今印尼)华侨领袖。

穆宗同治元年壬戌(1862 年) 十五岁

【国内外大事】正月初十(2 月 8 日),慈禧太后那拉氏以同治帝名义发布上谕,正式宣布了清廷"借师助剿"的决策。正月二十四(2 月 22 日),李鸿章秉曾国藩意旨,招募淮勇,成数营,为淮军建军之始。五月十九(6 月 15 日),越南阮朝与法国、西班牙签订《同法国和西班牙的友好条约》(即《第一次西贡条约》)。根据条约,越南割让嘉定省、定祥省、边和省三省和昆仑岛给法国,开放土伦、巴叻、广安三港和湄公河及其支流,向法国和西班牙赔款 400 万法郎。六月十五(7 月 11 日),北京同文馆成立。七月二十八(8 月 23 日),曾国藩上《复陈购买外洋船炮折》,提出:"购买外洋船炮,则为今日救时之第一要务。"(曾国藩:《曾国藩全集》奏稿中,第 126 页,河南人民出版社 2016 年版。)十一月(12 月),华蘅芳与徐寿父子试制成中国第一台蒸汽机,曾国藩于当天日记中写道:"窃喜洋人之智巧我国亦能为之,彼不能傲我以其所不知矣!"

正月初四(2 月 2 日),苏州儒生王韬化名黄畹上书太平天国忠王李秀成部将刘肇钧,论攻取上海事。后来事发,所上条陈落入清军手中,李鸿章以"通贼"罪下令通缉,王韬不得已而出逃,闰八月十一(10 月 4 日),王韬搭乘一艘英国邮轮"鲁纳号"秘密离开上海前往香港。(王韬:《弢园老民自传》,第 124 页,江苏人民出版社 1999 年版。)

黄遵宪父黄鸿藻往京师,官户部主事、贵州司行走。黄遵宪《二十初度》云:"皎皎长安月,漫漫京洛尘。出门今六载,万里望吾亲。"(《全集》上,第 188 页。)同治九年(1870 年)《诗五大舅之西宁诗以志别》云:"遵宪有阿爷,离家九年矣。人言长安近……不知几千里。"(《全集》上,第196页。)又《为小子履端寄翁翁》云:"婆婆言翁翁,出门九年矣。"(《全集》上,第201页。)推知是年往京师。

黄遵宪学诗有成。"余年十五六,即学为诗。"(《诗草笺注》上,自序第3页。)黄遵宪十岁开始学诗,此时已能作诗。时张其翱在黄遵宪家私塾桐华馆为师。

黄遵宪师张其翰于壬戌之秋在咏花书屋招饮赏菊,作忘年会。而后时以诗社招邀,见黄遵宪辄呼为小友。(《全集》上,第195页。)

同治二年癸亥(1863年) 十六岁

【国内外大事】正月二十二(3月11日),李鸿章奏请仿京师同文馆办法,于上海设外国语言文学学馆,开办时正式命名为上海"学习外国语言文字同文馆",简称"上海同文馆"。同治六年(1867年)改为上海"广方言馆"。是其创办洋务之始。二月初六(3月24日),捻军首领张乐行于皖北酉阳集被俘死难。四月二十七(6月13日),石达开兵败大渡河被俘。五月十二(6月27日),在成都被杀。十月二十三(12月3日),两江总督曾国藩委派容闳出洋购买机器。

黄遵宪次妹黄碧玉生。(据《钱谱》。)

四月二十五(6月11日),张之洞中式进士第三名探花,授翰林院编修。张之洞(1837年—1909年),字孝达,号香涛,是晚清洋务派重要人物、晚清四大名臣之一,曾经三次保荐黄遵宪。光绪十二年(1886年)任两广总督时欲命黄遵宪巡察南洋诸岛,未果。黄遵宪堂叔黄基亦于是科中式,与张之洞同榜。

黄遵宪此年进学,以张芝晖为师,"张芝晖,字岳生,诸生,岳生诗笔清瘦,酷肖其人,年三十始青一衿,生平藉馆谷以为生,黄君公度曾出其门下"。(《梅水诗传》卷六,第45页。郭真义等编:《梅水诗丛》上,第482页,广东人民出版社2015年版。)

光绪二十八年(1902年)黄遵宪与梁启超书云:"吾年十六七,始从事于学。"进行科举考试的准备,黄遵宪晚年回忆:"记少年应童子试时,每呈课艺,必屏息窗外,候先生改正乃始就寝。"(《全集》上,第349页。)黄遵宪以治学未获名师亲授,有所遗憾。在与梁启超的信中说:"平生最不幸者,生于僻陋下邑,无师无友,踽踽独行。中国旧学,初亦涉猎,然不喜宋学,又不喜汉学,故无一成就。"(《文集》,第194页。)黄遵庚、黄干甫《黄遵宪生平事迹》记:"十六岁时,他开始专心钻研孔孟的学说,鄙弃宋人的义理和汉人的考据。"(《全集》下,第1586页。)

嘉应一州,非无名师。即如阮元督粤时,吴石华兰修为学海堂八学长之一,助阮编刻《皇清经解》,被称为"经学博士"。又如李黼平绣子,充阮元西席,其所著《毛诗绅义》,亦入刻《皇清经解》。另时亦有嘉应学子外出求学,如温仲和,师从陈兰甫(先后任学海堂学长、菊坡精舍山长。)百步之内,必有芳草,黄遵宪深致谦抑者,当有缘由。梁启超对此有所评论:"先生读书有精识远见,不囿于古,不徇于今。"并且称赞道:"顾知其为学也,不肯苟焉附古人以自见,上自道术,中及国政,下逮文辞,冥冥乎入于渊微。"(梁启超:《日本国志后序》,《全集》下,第1566页。)黄遵宪的学术渊源,康有为认为是自学,谓"其与故国中原文献至不接也……不假师友,自能博群书,工诗文,善著述"。(康有为:《黄公度诗集序》,《诗草笺注》上,康序第1页。)并感叹"何其异哉!"此说诚可议,实际上黄遵宪之学,应属清今文经学的一支,以经世致用思想为主,以西学融汇其中,即王国维所说的新学,"国初之学大,乾嘉之学精,而道咸以来新"。(王国维:《沈乙庵先生七十寿序》,《观堂遗墨》卷下。)所以黄遵宪是近代新学重要代表。

同治三年甲子(1864年) 十七岁

【国内外大事】五月二十(6月23日),广州同文馆开馆,以美人谭顺为教习。学生年龄一般为十四岁至二十岁,学制三年,学习的科目主要有英语、汉语和算学。九月初七(10月7日),乌里雅苏台将军明谊、塔尔巴哈台参赞大臣锡霖、领队大臣博勒果素与俄使札哈罗夫、巴布科夫于塔尔巴哈台议定《勘分西北界约记》,历时三年之塔城勘界谈判结束。

六月十六(7月19日),清军攻破江宁。巡抚曾国荃督师攻占太平天国都城天京,并由杨岳斌、彭玉麟、曾国荃联名以八百里驰奏清廷报捷。嘉应的知识分子对太平天国的覆灭多持喜悦态度,兴宁胡曦有诗记之,罗香林《胡晓岑先生年谱》:"六月,曾国藩弟国荃,领湘军等,破江宁,太平天国亡。先生闻悉,作大帅诗云:大帅威名压九州,风云蛇鸟望中收。钟山一片红旗出,既报王师破石头。"(广东省兴宁县政协文史委员会编:《兴宁文史》第十七辑,第124页,1993年版。)

七月(8月),嘉应大水,洪水之大,自乾隆四十年后首次出现。

八月三十(9月30日),太平天国侍王李世贤率军占广东平远,即自镇平、大埔进福建。《光绪嘉应州志》记载:"同治三年甲子,官军克复金陵,发逆余党汪海洋、李世贤、丁大洋、林伯焘,窜扰江闽粤三省边界,众号百万,所至辄陷城邑,州属之平远、长乐皆先后失守,镇平失守者且三,贼氛扰及州境之白渡、松口、松源、隆文、桃源等处。"(广东省地方史志办公室辑:《广东历代方志集成》《(光绪)嘉应州志》,第586页,岭南美术出版社2009年版。)

十一月二十八(12月26日),丘逢甲生。丘逢甲(1864年—1912年)字仙根,台湾苗栗客家人,祖籍嘉应州镇平(今蕉岭)。光绪十三年(1887年)中举,光绪十五年(1889年)进士,授工部主事。光绪二十一年(1895年)《马关条约》割让台湾,丘逢甲在台湾组织义军反抗日军,任义勇军统领。失败后携带家眷内渡广东嘉应州。光绪十五年(1889年)在北京与黄遵宪相识,诗歌唱和,相交尤深。

陈展云中举。陈展云(1847年—?)字雁皋,广东镇平人,曾仟广西阳朔、天河知县,黄遵宪早年好友,经常交流诗歌创作。

本年底,黄遵宪作《别岁》一诗,感叹人生光阴似箭,这是黄遵宪现存诗中最早的诗作:"我别旧岁去,曾吟别岁诗。光阴一弹指,行与今岁辞。今岁复旧岁,年年互相离。今人复旧人,年年互变□①。人生一百年,离别一百回。顾此须臾景,何用行迟迟。东家梅花开,西家柳絮飞。春风入帏来,岂非我相知。恋恋亦何益,去矣勿复思。"(《全集》上,第185页。)

同治四年乙丑(1865年)　十八岁

【国内外大事】闰五月初六(6月28日),薛福成陈万言《上曾侯相书》,

---

① □似为"移"字。

曾国藩重之,留聘入幕府。八月初一(9月20日),李鸿章会同曾国藩奏陈《置办外国铁厂机器,并局制造,并饬派京营弁兵分起到厂学习折》,拟购买上海虹口洋人机器铁厂一座,改名为江南制造总局,海关道丁日昌、总兵韩殿甲以旧有两西洋炮局,一并归入总局。

二月十三(3月10日),谭嗣同生。谭嗣同(1865年—1898年),字复生,号壮飞,湖南浏阳人,与陈三立、谭延闿并称"湖湘三公子"。清末百日维新著名人物,维新四公子之一,是中国近代资产阶级著名的政治家、思想家。光绪二十三年(1897年),谭嗣同在黄遵宪主持的南学会中主讲天文一门,是《湘报》的主要负责人。

四月(5月),嘉应大饥荒,千文铜钱仅能买米六升余(合今6.5千克)。五月(6月),传染病流行,路有死尸。黄遵宪祖父黄际升与州人士捐资救济,全活甚众。

闰五月初二(6月24日),太平军转战嘉应州,攻破石峰、白渡清军军营。清将康国器所部出龙川,太平军撤回镇平。时鲍超霆字营叛卒从兴宁来,与太平军会师。太平军军势重振。《光绪嘉应州志》记:"乙丑五月,汪海洋入粤。李福泰驻嘉应,命诸将严守营垒,勿浪战。"(广东省地方史志办公室辑:《广东历代方志集成》《(光绪)嘉应州志》,第586页,岭南美术出版社2009年版。)

七月初三(8月23日),太平军侍王李世贤被刺身亡。永定之战,李世贤未死,潜走山路,昼伏夜行,于六月二十八日辗转至广东镇平汪海洋军中。汪海洋大惊,但仍"率同党郊迎,并马同入县城"。李世贤旧部见彼归来,欢呼雀跃,纷纷泣诉汪海洋猜狠之状。李世贤地位原本高于汪海洋,幼天王殁后,彼实为江南太平军首领。汪海洋擅杀无辜,心中不安,恐李世贤治罪,于当日夜密遣人杀李世贤于酣卧之中。(杨东梁等:《清史编年》第十卷,第213页,同治朝,中国人民大学出版社2000年版。)

黄遵宪学业进展很快,其桐华馆塾师张其翎十分高兴,写诗志怀:"我生本清贫,疗饥藉文字。假馆江夏家,相去室尤迩。森森列门墙,网罗尽杞梓。教训贵因材,但尽吾职尔。中有鸾凤姿,出群无与比。亭亭玉树间,首先屈一指。超然本寡俦,誉之非溢美。(谓黄生遵宪。)具此远到才,坐待风云起。此时着一鞭,后程卜万里。成言我在先,泾渭分彼此。期许定不诬,发靭从此始。欲学窃未能,勖哉二三子。"(张其翃:《乙丑训徒黄氏书塾写怀》,《梅水诗传》卷四,第89页;郭真义等编:《梅水诗丛》上,第360页,广东人民出版社2015年版。)

清军与太平天国军队在嘉应州对阵,黄遵宪作《拔自贼中述所闻》四首,钞本题作《军中歌》,凡六首,此为前四首。描述所见太平军的情况:

"红巾系我腰,绿纱裹我头。男儿重横行①,阿嫂汝莫愁。"

"朝倾百斛酒,暮饱千头羊。时时赌博簺,夜夜迎新娘。"

"今日阿哥妻,明日旁人可。但付一马驮,何用分汝我。"

"四更起开门,月黑阴云堆。几时踏杀羊,老虎来不来?"(《诗草笺注》上,第18—19页。)

本年,黄遵宪又作《古从军乐》七首,描述在嘉应所见清军,对清军将领的贪墨和清军军纪败坏、杀民邀功现象颇有微词:

"男儿为名利,敢以身殉贼。东南有穷寇,兵氛幸未息。腰间三尺刀,一日三拂拭。欲行语耶娘,耶娘色如墨。去矣上马去,笑看黄金勒。"

"前营接后营,云有十万兵。军书数十卷,罗列兵姓名。其中十三四,余糈吞余□。朝廷方筹饷,主将金满籝。"

"前营卢雄呼,后营筝琶鸣。隔河列万帐,萧萧马无声。寇来冲我军,坚壁不与争。借问主将谁,酣醉正未醒。从来整以暇,乃称善用兵。"

"昨日贼兵移,我军尾其后。道有妇女哭,挟以上马走。夫婿昨伤死,还遗行怀酒。耶娘欲牵衣,手颤不敢救。今日报战功,正赖尔民首。"

"百人驱一贼,贼势少退却。辄惧困兽斗,不复穷追索。普天同王土,岂有分厚薄。我辈思立功,且以邻为壑。"

"纵寇如养鹰,用兵如脱兔。寇来我先遁,寇去我不顾。昨夜出掠野,卒然与贼遇。喧称奏凯归,斩馘以百数。急磨盾鼻墨,明日驰露布。"

"露布如流星,飞入甘泉宫。天子坐明堂,下诏嘉尔功。貂冠孔雀翎,头上光熊熊。破格求将材,国恩有独隆。寄语屠狗辈,故友今英雄。"(《全集》上,第186页;《集外诗辑》,第2—3页。)

又作《军中歌》二首,此为钞本《军中歌》中第五、六首。略表其尚武精神:

"将血拭刀光,刀光皎如雪。不愿砍人头,只愿剃贼发。"

---

① "重横行",钞本作"好结果"。钞本是1891年黄遵宪在出使伦敦时期编定的四卷本《人境庐诗草》,他曾抄写多份分送好友。此本在20世纪30年代由周作人发现,学界称"钞本"。

"能识《千字文》,不如一石弓。寄语屠狗辈,故友今英雄。"(《全集》上,第187页;《集外诗辑》,第3页。)

十月中旬(11月),黄遵宪与同邑叶氏结婚。婚后数日,太平军汪海洋部由福建入广东,攻陷嘉应州城。"清同治四年(1865年),遵宪18岁,于十月间与叶夫人结婚。二人为表亲,系李太夫人生前指配定婚的。正燕尔新婚期间,忽太平天国康王汪海洋率军攻破嘉应州城,遵宪偕同全家事先避往大埔县三河圩,继而避往潮州府城。"(《全集》下,第1587页。)

十月十三(11月30日),汪海洋所部从连平翻越山岭,袭击兴宁与和平,于十月二十一(12月8日)突然攻占嘉应。罗尔纲《太平天国史稿》记,汪部于乙好十五年五月①,入广东境,破清军于镇平,进攻嘉应州。十月,突袭嘉应州,克之,"清军还救不及。左宗棠檄各路清军来围,嘉应州城环水,南面叫河南,海洋驻重兵防守。又南叫小密、芹菜洋,地都险要,清军独缺围,不扎一营。海洋就从芹菜洋倾城出战,大败清军。左宗棠急扼三河坝,以防海洋进攻潮州"。(罗尔纲:《太平天国史稿》,第377页,中华书局1955年版。)

十一月间(12月),黄遵宪全家三十口乘舟离乡避祸,先在大埔三河坝,黄遵宪有诗八首,题南安寺壁,记录了太平军两次进入嘉应州所带来的战乱:

"六月中兴洗甲兵,金陵王气复升平。岂知困兽犹能斗,尚有群蛙乱跳鸣。一面竟开逋寇网,三边不筑受降城。细民坚壁知何益,翘首同瞻大帅旌。"

"《南风》不竞死声多,生不逢辰可若何!人尽流离呼伯叔,时方灾难又干戈。诸公竟以邻为壑,一夜喧呼贼渡河。闻说牙璋师四起,将军翻用老廉颇。"

"星斗无光夜色寒,一军惊拥将登坛。争功士聚沙中语,遇敌师从壁上观。谁敢倚公为砥柱,可怜报国只心肝。东南一局全输却,当局翻成袖②手看。"

"七年创痛记分明,无数沙虫殉一城。(己未三月,贼破嘉应,知州文壮烈公

---

① 据太平天国《天历》,1851年是太平天国辛开元年,到1865年是十五年,本年为乙丑年,太平天国改丑为好,故称乙好十五年。
② "袖",钞本作"就"。

晟死之,从而殉者万余人。)逐鹿狂奔成铤走,伤禽心怯又弦惊。爷娘弟妹牵衣话,南北东西何处行?一叶小舟三十口,流离虎穴脱余生。"(《诗草笺注》上,第13—17页。)

以下四首见钞本卷一:"偏隅下邑四无援,一任长蛇恣并吞。三月迁延寻死地,一城启闭失生门。流离琐尾无家别,蕉萃餰饥①未死魂。是贼是民同赤子,天阴鬼哭总烦冤。"

"诸将南征气各豪,越人无力贼同袍。竟如三面张禽网,不会诸侯筑虎牢。登屋人惊流矢及,关城官既凿垣逃。黄人恃楚曾无备,一夕哀鸿四野号。"

"寒风瑟瑟夜飞沙,尽室相依水一涯。鹳鹆来巢公在野,鸱鸮毁室我无家。亲朋生死纷传说,天地苍茫敢怨嗟!已作战场(糜)〔糜〕烂地,便归何处种桑麻?"

"凄凉石马吊荒邱,(三河有翁仁夫墓。)谁识茫茫一客愁?可恨此邦难与处,曾非吾土强登楼。边才难得古人往,小丑犹存壮士羞。剩有白莲余孽在,莫贻宵旰九重忧。"(《全集》上,第185—186页;《集外诗辑》,第1页。)

由于在大埔生活不顺利,又沿大埔三河坝乘船逃至潮州,半道遇盗贼袭击,几乎不支,船家建议让予盗贼财物,由于逃难途中,财物无多,所以拼死抵抗,盗贼不得已退去,全家惊魂未定,终到潮州。黄遵宪有《潮州行》一诗,记录此次虎口余生的经历:

"人生乱离②中,所谋动乖忤。一夕辄三迁,踪迹无定所。自从居三河,谓是安乐土。世情谁念乱,百事恣凌侮③。交交黄鸟啼,此邦不可处。一水通潮州,且往潮州住。是时北风寒,平江荡柔橹。行行将近城,炊烟密如缕。行舟忽不前,有盗伏林莽。起惊贼已来,快橹飞如雨。舟人急系舟,挥戈左右拒。翻惧力不敌,转逢彼贼怒。扣舷急相呼,不如任携取。流离患难来,行箧无几许。但饱群贼囊,免更遭劫虏。一声霹雳炮,杀贼贼遽去。虎口脱余生,惊喜泣相语。回看诸弟妹,僵伏尚如鼠。起起呼使坐,软语相慰抚。扶床面色灰,谬言不畏惧。吁嗟患难中,例受一切苦。须臾达潮州,急觅东道主。剪纸重招魂,招魂江之浦。"(《诗草笺注》上,第19页。)

---

① "餰饥",当为"调饥"。
② "乱离",钞本作"离乱"。
③ "凌",钞本作"陵"。

居潮苦闲,有行走之思,黄遵宪与张士驹时往临眺黄香铁之菘韭楼,"吾家香铁先生菘韭之舍,余与心谷辟乱在潮,时往临眺"。(《全集》上,第195页。)

十二月十二(1866年1月28日),太平军与清军左宗棠部会战于嘉应州城东塔子凹,康王汪海洋受重伤,是晚死于城内。罗尔纲《太平天国史稿》对此役有详细的记载:"清军诸路皆败。海洋长驱迫赶……及海洋督前队大进,清军火枪环集,海洋果中弹,清军趁机反攻,太平军败走,海洋回到嘉应州城,伤重死。"(罗尔纲:《太平天国史稿》,第377—378页,中华书局1955年版。)

汪海洋战死后,仍有余部二十多万众,由偕王谭体元率领,于十二月二十二晚突围,十二月二十四,在丰顺白沙坝遭清军伏击,偕王谭体元和太平军将领何明亮等先后被俘牺牲,周王汪麻子阵亡,被清军收降、斩杀的太平军将士计五六万人,太平天国最后一支军队被消灭。清军将所俘太平军将领皆斩之,"俘寇将七百三十四,皆斩之,拔良民男女万余人,阵斩群寇可计数者万六千,自寇起至破灭,未尝见斩刈如此之易"。(王闿运:《湘绮楼文集》,第690页,第二册,岳麓书社1992年版。)

黄遵宪作《喜闻恪靖伯左公至官军收复嘉应贼尽灭》三首,钞本有三,刊本存二,但是内容不同。记载太平军在嘉应覆没后喜悦而又不忍的心情:

"诸侯齐筑受降城①,狂喜如雷堕地鸣。终累吾民非敌国②,(嘉庆间剿办白莲教匪,仁宗诏曰:"自古只闻用兵于敌国,未闻用兵于吾民,如蔓延日久,是贼是民,皆吾赤子,何忍诛戮。"显皇曾手书此诏,普告臣下云。)又从据乱转升平③。黄天当立空题壁④,赤子虽饥莫弄兵。天下终无白头贼,中原群盗漫纵横。"

"恢恢天网四围张⑤,群贼空营走且僵。举国望君如望岁,将军擒贼先擒王。十年窃号留余孽⑥,六百⑦名城作战场。今日平南驰露布⑧,在天灵爽慰先皇。"(《诗草笺注》上,第21—23页。)

---

①钞本作"万营箫鼓奏和声"。
②钞本作"竟为鲸鲵作京观"。
③钞本作"尽除狐兔剩芜城"。
④钞本作"黄巾各遣乃归里"。
⑤钞本作"黄沙嶂里月昏黄"。
⑥钞本作"自从大地遭奇劫"。
⑦"六百",钞本作"无数"。
⑧钞本作"十六年来今殄灭"。

"沙虫扰攘各西东,风后吹尘一扫空。盆子盗名终草寇,楚材崛起各英雄。中兴江汉宣重武,万里车书复大同。夜半阴符今不读,纷纷诸将已成空。"(《全集》上,第187页;《集外诗辑》,第4页。)

人境庐诗草存诗从本年开始。张堂锜《黄遵宪诗歌写作年表》将此时间定为上年。人境庐诗草存诗的时间《钱谱》初版和《吴谱》都定为此年,《钱谱》再版时改为上年,所根据的材料都是人境庐诗草第一卷第一题的《感怀》:"惟念大乱平,正当补弊偏。"对于大乱平的标志,史学家当然以天京的陷落为准。但是,对嘉应地方百姓来说,汪海洋部的覆灭更有深刻的意义。

黄遵宪作《感怀》诗四首,是其青年时期政治和学术观点的首次表述。张应斌认为:"1865年公度还写了批判旧文化的《感怀》。公度在批判清政府、批判太平天国外,还批判旧文化,这一年是公度批判精神初露锋芒的一年。"(张应斌:《黄遵宪青年时期的思想》,《嘉应学院学报》,2008年第4期。)

"世儒诵《诗》《书》,往往矜爪嘴。昂头道皇古,抵掌说平治。上言三代隆,下言百世俟。中言今日乱,痛哭继流涕。摹写车战图,胼胝过百纸。手持《井田谱》,画地期一试。古人岂我欺,今昔奈势异。儒生不出门,勿论当世事。识时贵知今,通情贵阅世。卓哉千古贤,独能救时弊。贾生《治安策》,江统《徙戎议》。"

"有清膺天命,仁泽二百年。圣君六七作,上追尧舜贤。熙隆全盛时,盖如日中天。惟闵外戚患,干戈藩镇权。煽虐奄人毒,炀灶权臣奸。百弊咸汤涤,土道同平平。迩者盗潢池,神州浡腥膻。治久必一乱,法弊无万全。谓由吏惰窳,亦坐民殷阗。当世得失林,未可稽陈编。儒生拾古语,谓当罪己愆。(庚申之役,有上疏请下罪己诏者。)显皇十一载,忧虞怵①深渊。拔擢尽豪杰,力能扶危颠。惟念大乱平,正当补弊偏。且濡浯溪笔,看取穹碑镌。"

"吁嗟两楹奠,圣殁微言绝。战国诸子兴,大道几灭裂。劫灰出秦燔,六籍半残缺。皇皇孝武诏,群言罢一切。别白定一尊,万世循轨辙。遗书一萌芽,众儒互拾掇。异同晰《石渠》,讲习布绵蕝。戴凭席互②争,五鹿角娄折。"

"洎乎许郑出,褒然万人杰。宋儒千载后,勃窣探理窟。自诩不传学,

---

① "怵",钞本作"剔"。
② "互",钞本作"生"。

乃飘思孟说。讲道稍僻违，论事颇迂阔。万头趋科名，一意相媚悦。圣清崇四术①，众贤起颜颃。顾阎辟初涂，段王扬大烈。审意②得古训，沉晦悉爬抉。读史辨豕亥，订礼分祖袭。上溯考据家，仅附文章列③。儒于九流中，亦只一竿揭，矧又某氏儒，涂径各歧别。均之筐篚物，操此何施设。大哉圣人道，百家尽囊括。至德如渊骞，尚未一间达。区区汉宋学，乌足尊圣哲。毕生事钻仰，所虑吾才竭。"(《诗草笺注》上，第1—9页。)

黄遵宪青年时期在政治上以改良为基本主张，其改良思想的内容有三：一是承认清政府统治的合法性，认为清政府政治仁慈，功勋卓著："有清膺天命，仁泽二百年。圣君六七作，上追尧舜贤。"二是反对用激烈的手段进行变革，黄遵宪对太平天国运动一直持否定态度。三是认为清政府的统治并非尽善尽美，主张进行政治的改良。"治久必一乱，法弊无万全。谓由吏惰窳，亦坐民殷阗。当世得失林，未可稽陈编……惟念大乱平，正当补弊偏。"

黄遵宪在学术上以经世致用为基本主张。其观点包括：一是主张实学，反对空谈，强调通经致用，知晓世事："儒生不出门，勿论当世事。识时贵知今，通情贵阅世。"二是反对汉学的为考据而考据的学术："上溯考据家，仅附文章列。儒于九流中，亦只一竿揭。矧又某氏儒，涂径各歧别。均之筐篚物，操此何施设。"三是反对宋学空言性命："宋儒千载后，勃窣探理窟。自诩不传学，乃飘思孟说。讲道稍僻违，论事颇迂阔。"

黄遵宪学术上一开始就显示经世致用的思想倾向，对清代两大学术流派宋学和汉学都持批评态度，认为宋人的义理、汉学的考据均非孔门之学。"区区汉宋学，乌足尊圣哲。毕生事钻仰，所虑吾才竭。"洪士伟在《日本杂事诗序》指出："先生志在匡时，娴于外事。"(钟叔河辑校：《日本杂事诗广注》，第29页，湖南人民出版社1981年版。)陈衍在《石遗室诗话》认为黄遵宪"志在用世，有经世才"。(《诗草笺注》下，第1281页。)章太炎说："公度意言经世。"(徐复校点：《章太炎全集》[四]，第170页，上海人民出版社1985年版。)施吉瑞认为："黄遵宪的经世致用观点以及对朱熹形而上学的厌恶要归功于他对清初'汉学'思想家的学习和借鉴……黄遵宪在对朱熹否定之后是对顾炎武及

---

①"术"，钞本作"儒"。
②"意"，钞本作"音"。
③钞本此句作"固在文学列"。

其同道者阎若璩(1636年—1704年)、段玉裁(1735年—1815年)和王念孙(1744年—1815年)解释儒家经典的赞赏。"当然,黄遵宪对汉学也有所批判,"尽管黄遵宪是如此称赞顾炎武及其同道,但是他对汉学也绝不是无保留的肯定,他认为这些汉学思想家的哲学研究也使得他们在一定程度上忽略了儒家思想的实际应用"。(施吉瑞著、孙洛丹译:《人境庐内:黄遵宪其人其诗考》,第7页,上海古籍出版社2010年版。)

清代经世致用思潮有两个源头:一是明末清初的实学;二是清今文经学。明末清初经世致用之学大兴,形成了一股有影响的实学社会思潮。代表人物有顾炎武、黄宗羲、王夫之等。他们在总结明亡经验教训的基础上,深感明季学风的空疏不实,对国家、民族造成了极大的灾难,"书生徒讲义理,不揣时势,未有不误人国家者"。要求学术反虚就实,提倡经世致用的真学问和"以实为宗"的新学风。他们学风的特点是:务当世之务,匡济时艰,反对脱离社会实际;勇于任事,不尚空谈。

清代复兴今文经学,利用春秋公羊学以阐发其政治主张,故又称作公羊学派,首倡于乾隆年间的庄存与,奠基于嘉、道之际的刘逢禄,因庄、刘两人皆为江苏常州人,所以又称常州学派。大致以鸦片战争为界,有前、后期公羊派之分。前期主要代表人物为庄存与、刘逢禄、龚自珍、魏源等人;后期主要代表人物为皮锡瑞、廖平、康有为等人。鸦片战争后,社会危机加深,公羊学派更为风行。谈改制,议变法,为一时大势所趋,他们以经邦济世、匡扶社稷自命。今文家龚自珍融会论学与论政,讥切时弊。魏源编成《皇朝经世文编》,把经世见解提升到学术的高度,成为经世思潮复兴的标志。

黄遵宪之学兼容并蓄,而以经世致用为宗,他对明末清初经世致用思想很熟悉,在黄遵宪的藏书中,有顾炎武的《日知录》《天下郡国利病书》《音学五书》,黄宗羲的《黄梨洲全集》《黄梨洲先生南雷文约》,王夫之的《船山遗书》《船山诗草》,中间许多地方经过黄遵宪的朱笔圈点。

自龚自珍、魏源以来,今文经学的影响益张,黄遵宪的经世致用思想很大程度来自于此。施吉瑞认为:"黄遵宪犀利的智慧与19世纪前半段由龚自珍(1792年—1841年)和魏源(1794年—1857年)开启的文学讽刺的复兴一脉相承。黄遵宪早期在很大程度上受到龚自珍诗文的影响,但同时他也受到了魏源作品的启发,更明显的是到了后期他对于异域文明的兴趣多半来自魏源对外国地理的精深研究。"(施吉瑞著、孙洛丹译:《人境庐内:黄遵宪其人其诗考》,第7—8页,上海古籍出版社2010年版。)在黄遵宪的藏书中,有魏源的《皇朝经世文编》《圣武记》,康有为的《新学伪经考》,还有《皇朝经世文续编》《皇朝经世文三编》《最新经世文编》。黄遵宪在《日本国志书成志感》一诗中,有"改制世方尊白统,《罪言》我窃比《黄书》(《王船山集》有《黄书》。)"句。(《全集》上,第116页。)通三统、张三世是今文经学的中心思想和学术语言,托古改制是今文经学的政治标识,从这首诗来看,黄遵宪似有意将自己的学术看成是继明末清初经世致用思想和今文经学经世致用思想的集大成者。

同治五年丙寅(1866年) 十九岁

【国内外大事】正月十九(3月5日),总署恭亲王奕䜣等与英国驻华公使阿礼国、法国驻华署理公使伯洛内于北京议定《招工章程》二十二款,以保障出国华工之利益。六月初三(7月14日),从左宗棠请,筹设福州船厂。是为中国专造现代轮船之始,也是中国最早的海军学校,同年,严复入学读书。十月初六(11月12日),孙文诞生于广东省香山县翠亨村。十一月初五(12月11日),清廷从恭亲王奕䜣等奏,于同文馆添设天文算学馆,招取满汉五品以下京外各官,延聘西人教习,以为自强之计。

正月(2月),战乱结束后,黄遵宪乘船回到嘉应,到家后,发现黄家毁于兵祸,房屋被烧掉三分之一,财物遭劫掠,经济损失惨重,有《乱后归家》四首,描述了一家人既欢乐又心有余悸的心情:

"遂有还家乐,跳梁贼尽平。举家开笑口,一棹出江城。儿女团圞坐,风波自在行。惊魂犹未定,夜半莫呼兵。"

"即别潮州去,还从蓬辣归。累人行箧少,滞我客舟迟。颠倒归来梦,惊疑痛定思。便还无处所,已喜免流离。"

"一炬成焦土,先人此敝庐。(曾王父所建筑。)有家真壁立,无树可巢居。小妇啼开箧,群童喜荷锄。苔花经雨长,狼藉满家书。"

"便免颠连苦,相依此一窝。窗虚添夜冷,屋漏得天多。豺虎中原气,蛟螭海上波。扫除勤一室,此志恐销磨。"(《诗草笺注》上,第24—26页。)

黄遵庚、黄干甫《黄遵宪生平事迹》记:"是年十二月,清军克复嘉应州城。翌年,遵宪偕同全家,由潮州返嘉应州。江山如故,家境全非,他家经过两次兵灾,使累叶丰饶、生活优裕的家庭骤然贫落下去。"(《全集》下,第1587页。)

经过两次战乱,战火的破坏使黄家骤以贫薄,家道中落。黄遵宪先妣吴夫人墓志:"吾家累叶丰饶,自己未、乙丑两经寇乱,骤以贫薄。"是年,长妹黄珍玉适同里张润皋,黄遵宪写《送女弟》诗三首为妹送行,描述了当时家中经济困难的窘境,还描述了客家妇女勤劳的美德,勉励妹妹。诗中表述了黄遵宪客家源流和特色的一些观点:

"阿爷有书来,言颇倾家赀①。箱奁四五事,莫嫌嫁衣希②。阿母开箧看,未看先长欷。吾家本富饶,频岁遭乱离。累叶积珠翠,历劫无一遗。旧时典衣库,烂漫堆人衣。今日将衣质,库主知是谁?扫叶添作薪,烹谷持作糜。尺布尚可缝,亲手自维持。行行手中线,离离五色丝。一丝一泪痕,线短力既疲。即此区区物,艰难汝所知。所重功德言③,上报慈母慈。"

"中原有旧族,迁徙名客人。过江入八闽,展转来海滨。俭啬唐魏风,盖犹三代民。就中妇女劳,尤见风俗纯。鸡鸣起汲水,日落犹负薪④。盛妆始脂粉,常饰惟綦巾⑤。汝⑥我张黄家,颇亦家不贫。上溯及太母,劬劳无不亲。客民例操作,女子多苦辛。送汝转念汝,恨不男儿身。"

"阿母性慈爱,爱汝如珍珠。一日三摩挲,未尝离须臾。今日送汝去,执手劳踟蹰。汝姑哀寡鹄,哀肠多郁纡。弟妹尚稚幼,呀呀求乳雏⑦。太母持门户,人言胜丈夫,靡密计米盐,辛勤种瓜壶。一门多秀才,各自夸巾裾。粥粥扰群雌,申申詈女嫛⑧。汝须婉以顺,朝夕承欢娱。欢娱一以承,我心一以愉⑨。待汝一月圆,归来话区区。"(《诗草笺注》上,第27—31页。)

本年,黄遵宪填《南汉宫词》七首:

"日射龙鳌晓色红,百官封事入深宫。君王沉醉销金里,闻说先交女

---

① 钞本作"言予手拮据"。
② 钞本此二句在下文"线短力既疲"句之后,此处则作"寄汝十匹绢,颇既倾家赀"。
③ "德言",钞本作"言德"。
④ 钞本此句下有"截髦留客饭,破甑方生尘"二句。
⑤ 钞本此句下有"织缣不得息,故衣自补纫"二句。
⑥ "汝",钞本作"如"。
⑦ 钞本此句下有"大父年六十,乡里尊大儒。数年清白吏,空囊剩诗书"四句。
⑧ "女",钞本作"汝",误。
⑨ "心",钞本作"公"。

侍中。"

"晚风凉透杏红衫，袖底深藏玉笋尖。为折花枝偷试手，低头却怕候窗监。"

"一篆香烟袅碧纱，禁门深锁静无哗。簪□①小字当窗写，谁是风流曹大家。"

"绝妙春宫士女图，地衣簇锦暖红铺。怪他鱼鸟浑无赖，都识风流学媚猪。"

"春暖鸳衾恋晓眠，浑忘今日斗花天。不能偷出楼罗历，累我输将买燕钱。"

"紫罗衫子郁金裙，传出珠鞍取次分。闻说荔枝湾不远，君王今日宴红云。"

"绿酒红灯别样春，深宫夜宴笑声新。御厨颁出金钱蚬，传旨无分门外人。"（《全集》上，第187—188页；《集外诗辑》，第5页。）梁启超有言："公度集中，诗多词少，然亦曾为数十首。"（梁启超：《饮冰室诗话》，第128页，人民文学出版社1959年版。）

本年，黄遵宪作《邻妇叹》，描述邻妇的悲惨生活，控诉官吏的逼促："寒霜凄凄风肃肃，邻妇隔墙抱头哭。饥寒将奈卒岁何，哭声呜呜往以复。典衣昨得三百钱，不堪官吏相逼促。纷纷虎狼来上门，手执官符如火速。哀鸣不敢强欢笑，笑呼阿兄呼阿叔。只鸡杯酒供一饭，断绝老翁三日粥。虎狼醉饱求无已，持刀更剜心头肉。自从今年水厄来，空仓只有数斗谷。长男远鬻少女嫁，剖钱见血血漉漉。官吏时时索私囊，私囊不许一钱蓄。小人何能敢负租，而今更无男可鬻。明日催租人又来，眼见老翁趋入狱。呜呼！眼见老翁趋入狱，遥闻长官高堂上，红灯绿酒欢未足。"（《全集》上，第188页；《集外诗辑》，第5—6页。）

同治六年丁卯（1867年）　二十岁

【国内外大事】二月十五（3月20日），大学士倭仁上折，反对设立天文算学馆。折云："天文、算学为益甚微，西人教习正途，所损甚大……窃闻立

---

① "□"疑为"花"字。

国之道,尚礼义不尚权谋;根本之图,在人心不在技艺。"(王学珍、张万仓编:《北京高等教育文献资料汇编1861—1948》,第11页,首都师范大学出版社2004年版。)五月(6月),僧格林沁被捻军击毙,清廷令曾国藩剿捻。十二月十一(1868年1月5日),东捻军在江苏扬州瓦窑堡失败,赖文光被俘牺牲。

正月二十五(3月1日),与兴宁胡曦相识。罗香林《胡晓岑先生年谱》记胡曦结识黄遵宪的时间是正月二十五:"正月初四日,送辉兄玉侄赴嘉应州应试。廿四晚,抵州。廿五,晤镇平陈雁皋于八户祠,遂与订交。并识本州黄遵宪公度。"(罗香林:《胡晓岑先生年谱》,广东省兴宁县政协文史委员会编:《兴宁文史》第十七辑,第127页,1993年版。)黄胡二人一见如故,订为莫逆之交,终生不改。

胡曦(1844年—1907年),字晓岑,广东兴宁人,别号壶园,新派诗诗人,一生淡泊名利,无意举业,勤于著述,与黄遵宪为拔贡同年(同治十一年,即1872年)。"先生的诗文,与嘉应黄公度先生、镇平陈雁皋先生相流通。三人的诗文,尤其是诗,几乎黄、陈二先生的诗没有一首不寄给先生看,而先生的诗亦没有一首不寄给黄、陈二先生看,三人常常邮书往返,互相评品推敲,情谊异常亲切热烈。"(胡毓寰:《记晓岑先生》,广东省兴宁县政协文史委员会编:《兴宁文史》第十七集,第22页,1993年版。)其诗多写新事物,又多新名词。黄遵宪曾鼓励他出而应世,他则宁愿长期在故里从事教育和乡土文学整理工作,淡薄自甘。一生著述四十余种。其重要著作有《湛此心斋诗集》《湛此心斋文集》等。丘逢甲光绪二十五年(1899年)《与兰史》云:"岭东诗人,鄙意当以黄公度首屈,胡晓岑(名曦)次之。公度海内知者尚多,若晓岑山村寂寞,过问者稀。"(黄志平、丘晨波主编:《丘逢甲集》,第799页,岳麓书社2011年版。)

二月十五(3月20日),在嘉应州参加院试,黄遵宪和胡曦、温仲和均考中秀才。学使为杜耀川,赋题为李白诗句"小时不识月"。黄遵宪晚年有诗记之。黄遵宪所作《小时不识月赋》,据钱仲联《人境庐杂文钞前言》云:此赋见于"清末人所钞录的律赋"。赋末有佚名评语:"端庄流丽,情文相生,令人一读一击节。"(钱仲联:《人境庐杂文钞》上,《文献》,1981年第4期。)

"碧宇光澄,青春梦绕。旧事茫茫,予怀渺渺。月何分于古今,人犹忆乎少小。举头即见,依然皓魄团团;总角何知,漫道小时了了。

"昔李青莲神仙骨格,诗酒生涯。偶琼筵之小坐,向玉宇而翘思。清影堪邀,且喜三人共盏;韶华易逝,那堪两鬓已丝。未知过客光阴,几逢圆月;每望广寒宫阙,便忆儿时。

"细数前尘,尚能仿佛。灯共人篝,果从母乞。

"鬓边之玉帽斜欹,膝下之彩衣低拂。骑来竹马,长干之侣欢然;梦入绳床,湘管之花鄂不。

"偶绮阁之春嬉,见玉阶之月色。忽流满地之辉,莫解中情之惑。几时修到,竟如七宝装成;何处飞来,不用一钱买得。只昨夜高擎珠箔,偶尔招邀;似春风吹入罗帏,未曾相识。

"何半钩兮弯环,复一轮兮出没。羌珠斗之光凝,更星潢之艳发。相逢倍觉依依,怪事辄呼咄咄。倘使层梯取得,愿登百尺之台;只应香饼分来,误指中秋之月。

"问天不语,愈极模糊。屡低头而思起,奈欲唤而名无。阿姊聪明,搴帘学拜;群儿三五,捉影相娱。几从华屋秋澄,凝眸谛视;每见银河夜转,拍手欢呼。

"如此心情,犹能揣度。曾圆缺之几回,已容颜之非昨。恐蟾兔其笑人,竟江湖之落魄。偶然今夕重逢,愿有新诗之作。想当日铜鞮争唱,都如宵梦一场;箕几番玉镜高悬,未及少年行乐。

"因慨夫老大依人,关山作客。桃园春色之宵,牛渚秋江之夕。谢公别处,客散天青;宛水歌中,沙寒鸥白。历数流踪,都成浪迹。空学浣花老友,儿女遥怜;只同中圣浩然,风流自适。

"孰若髻挽青丝,头峣紫玉。捉花底之迷藏,向墙阴而踯躅。银床高卧,翻疑地上霜华;翠袖同看,未解闺中心曲。可惜流光弹指,此景难追;即今皎魄当头,童心顿触。

"盖其别翻隽语,故作疑团。真粲花之有舌,拟琢玉以成盘。早岁香名,艳说谪仙位业;扁舟午夜,饱看采石波澜。仰公千载,对月三叹。我自惭绿鬓华年,曾无才调;恨未识锦袍仙客,相与盘桓。"(《全集》上,第232—233页。)

黄遵宪青年时期对科举制度不满,但是又不得不参加科举考试,其心情苦闷。黄遵庚、黄干甫《黄遵宪生平事迹》记:"这时候,遵宪的心情非常苦闷,尤其使他终日不能忘怀的,就是自己的'出路'问题。清代读书人惟一的'出路',就是做官,谋取官职,就要参加科举考试。但他早视八股时文如同废纸,把试院的场所等于士子受罚的监牢,无奈家道中落,如不参加考试,就无办法以求'出路',遂于清同治六年(1867年)参加嘉应州的院试,获取秀才。当时的学使是杜联学士(浙江省人)。"(《全集》下,第1587页。)

三月二十四(4月28日),黄遵宪二十岁生日,感叹人生,写下《二十初度》诗四首,思念亲人,表达了虽然际遇不佳,但仍然努力进取的情怀:

"堕地添丁日,时平万户春。我生遂多事,臣壮不如人。离乱艰难际,穷愁现在身。摩挲腰下剑,龙性那①能驯。"(《诗草笺注》上,第33页。)

"皎皎长安月,漫漫京洛尘。出门今六载,万里望吾亲。阿母忙开酿,山妻笑买春。捧觞遥北向,稽祝八千椿。"

"我翁须发白,六十到平顶。自小承怜惜,将何解隐忧!十年兵革乱,终日稻粱谋。画肚知何策,人间富可求!"

"无数童骏乐,匆匆忽已过。诗书抛废半,岁月乱离多。夜夜阴符②策,朝朝弹铗歌。人生近三十,万事莫蹉跎。"(《全集》上,第188页;《集外诗辑》,第6页。)

时值春天,春雨绵绵,春花怒放,黄遵宪写了四首诗,题为《春阴》,描写春天的景色:

"一带园林尽未真,轻云如梦雨如尘。空庭帘卷犹疑暝,远树花迷不见春。"

"积润微生虚白室,浪游□误踏青人。今年花柳都无色,似听梁间语燕瞋。"

"一春光景总成阴,省识天公酝酿心。燕子不来庭悄悄,鸟儿徐熟昼沉沉。"

"漫天红雨飞无迹,隔水朱楼望转深。还是去衣还是酒,今番寒事费沉吟。"

"乞来不是好风光,悔向东皇奏绿章。轻暖轻寒无定着,成晴成雨费评量。"

"半是柳絮吹无影,一树梨花静有香。怪底鸡鸣惊午梦,起来翻道晓风凉。"

---

①"那",钞本作"岂"。
②阴苻,应该是阴符,指《阴符经》,《阴符经》是古代著名权谋术数之书,传说是轩辕黄帝所写,唐李筌作注后盛行于世。

"近连小苑远前湾,总是重阴曲曲环。画境要参浓淡格,云容都在有无间。"

"对花□□人何处,中酒情怀境大闲。为倩笛声吹唤起,一弯新月上前山。"(《全集》上,第189页;《集外诗辑》,第7页。)此诗《集外诗辑》和《全集》均编为八首七绝,钱锺书认为,应该是四首七律。(见钱锺书:《谈艺录》,第348页,中华书局1984年版。)

夏,黄遵宪至惠州,游丰湖,写下《游丰湖》诗三首,描述了惠州西湖美丽的景色,丰湖又称西湖,《大清一统志》:"惠州西湖在府城西,一名丰湖。"抒发人生志向:

"西湖吾未到,梦想或遇①之。蒙蒙水云乡,荷花交柳枝。今日见丰湖,万顷青琉②璃。持问老东坡,杭颖谁雄雌。浃旬困积暑,泼眼惊此奇。恍如图画中,又疑梦寐时。人生为何事,毕世狂奔驰。黄尘没马头,劳劳不知疲。嗟我不能仙,岂能免人羁。要留一片地,自谋老来私。悠悠湖上云,耿耿我所思。下与鸥鹭盟,上告云天知。"

"浓绿泼雨洗,森森竹千个。亭亭立荷叶,万碧含露唾。四围垂柳枝,随风任颠簸。中有屋数椽,周遭不为大。罗山峙其西,丰湖绕其左。关门不见山,凿穴叠石作。前檐响礧硾,后屋旋水磨。扶筇朝看花,入夜不一坐。亭午垂湘帘,倦便枕书卧。偕妇说家常,呼儿问书课。敲门剥啄声,时有老农③过。君看此屋中,非他正是我。行移家具来,坐待邻里贺。"

"斜阳照空林,徘徊未忍去。多恋究多累,掉头未可住④。我生二十年,初受尘垢⑤污。家计竭中干,俗状作先驱。飞鸟求枝栖,三匝方绕树。大海泛浮萍,归根定何处? 渺茫发大愿,天意肯轻付。况今千里来,担簦期一遇。行锁矮屋中,蒸甑热毒注。密如营窠蜂,困似涸辙鲋。走雷转肠鸣,渴水乞沫响。谁能出尘世,一脱束缚苦。回头望此湖,万顷迷烟雾。梦魂时一游,且记湖边路。"(《诗草笺注》上,第34—37页。)

八月(9月),黄遵宪赴广州参加乡试,未中。据罗香林《胡晓岑先生年谱》,

---

① "遇",钞本作"过"。
② "琉",钞本作"玻"。
③ "老农",钞本作"野僧"。
④ 此四句钞本作"东坡偶南迁,掉头不肯住。芷湾为饥来,旋又为官去。山灵揖我言,此皆如寄寓。子能早来游,与子同且梦"八句。
⑤ "垢",钞本作"埃"。

胡曦是年中秀才,六月底到广州参加乡试,七月十一日到广州,八月初八入围,应首场。所以黄遵宪也当是在八月到广州。

九月二十八(10月25日),张元济生。张元济,字筱斋,号菊生,浙江嘉兴海盐人。光绪壬辰(1892年)进士,曾任总理各国事务衙门章京,后主持商务印书馆。光绪二十二年(1896年),黄遵宪与之在北京相识,曾经同游崇效寺看牡丹。

十月二十五(11月20日),王韬得到朋友的邀请和资助,开始了他在欧洲的游历。他取道新加坡、槟榔屿、锡兰、亚丁、开罗,出地中海,经意大利墨西拿抵达法国马赛,又从马赛转搭火车经里昂到达巴黎,在巴黎游览卢浮宫等名胜,并拜访索邦大学汉学家儒莲,随后继续搭火车到加莱港口,转搭渡轮过英吉利海峡到英国多佛尔港,最后又到了伦敦。他还应邀前往牛津大学、爱丁堡大学作学术演讲,介绍孔子的仁爱之道。这是有史以来第一位中国文人在牛津大学演讲的记录。王韬在演讲中说:"三百年前,英人无至中国者;三十年前,中国人无至英土者。今者,越重瀛若江河,视中原如堂奥,无他,以两国相和,故得至此。"演讲后有人提问:中国孔子之道与泰西所传天道若何?王韬应之曰:"孔子之道,人道也。有人此有道,人类一日不灭,则其道一日不变。泰西人士论道必溯原于天,然传之者,必归本于人。非先尽乎人事,亦不能求天降福,是则仍系乎人而已。"(王韬:《漫游随录·扶桑游记》,第99—100页,湖南人民出版社1982年版。)

同治七年戊辰(1868年)　二十一岁

【国内外大事】正月十五(2月8日),日本明治政府在兵库县向各国公使宣告"王政复古",废除幕府制。3月14日,日本天皇颁布五条誓文昭令维新,日本维新开始。从1868年开始的日本明治维新是一场政治革命,维新志士推翻德川幕府,将大政归还天皇,脱亚入欧,实行殖产兴业、富国强兵、文明开化三大政策,促进日本的现代化和西方化。二月二十五(3月18日),英人傅兰雅受江南制造局之托,向英国订购英文书籍,后傅氏受聘于该局,专译西书。六月初九(7月28日),中美议订《续增条约》(即《蒲安臣条约》),其中规定:两国人民前往对方国家,或长住或入籍,"总听其自便,不得禁阻为是;中国人至美国,或经历各处,或常行居住,美国必照相待最优之国人民在美所享权益,俾中国人一体均沾"。(黄月波等编:《中外条约汇编》,第131页,文海出版社1964年版。)此后,美方在香港设立招工公司,遂有数万华工涌入美国。六月二十八(8月16日),直隶提督刘铭传、福建提督郭松林、山东布政使潘鼎新、鸿胪寺少卿袁保恒围西捻梁王张宗禹于山东茌平南镇一带,捻军败,张宗禹携八骑至徒骇河边,不知所终。西捻至此失败。七月十九(9月5日),《教会新报》(周刊)于上海刊行。林乐知为主笔,慕维廉、艾约瑟助之。此报专言宗教,故销路不畅。后改为《万国公报》,人境庐内藏有《万国公报》四册。

二月十二(3月5日),黄遵宪长子黄冕字伯元,家名履端。生,举家欢乐,有诗二首记之:"刚是花生日,春风蔼一庐。爱防牛折齿,惭咏《凤将雏》。急喜先求火,痴心到买书。长安传一纸,欢慰定何如?"(《诗草笺注》上,第39页。)

"震壁啼声惊,重闻语笑哗。纷纷忙锦葆,艳艳炫灯花。家庆孙生子,童心我作爷。青青看两鬓,未敢少年夸。"(《全集》上,第189页;《集外诗辑》,第8页。)

十一月三十(1869年1月12日),章炳麟太炎生于浙江余杭。黄遵宪与章炳麟在办《时务报》时相识,黄遵宪对章炳麟评价很高,但是不满意章炳麟过于古雅的文风,章炳麟对此颇有微词。

黄遵宪自幼喜诗,黄遵楷《先兄公度先生事实述略》:"平生嗜好,以诗为最。尝曰:诗可言志,其体宜于文,(以五经论:《易》以言理,《春秋》以经世,《书》以道政事,《礼》以述典章。皆辞达而止,是皆文字。惟《诗》可谓之文章。)其音通于乐,其感人也深。"(《全集》下,第1582页。)约于此时,黄遵宪写了《杂感》诗五首,提出"我手写我口①,古岂能拘牵"的诗歌革命的主张,批评诗坛泥古

---

① 此诗句有两种写法,一是"我手写我口",二是"我手写吾口",左鹏军认为,"我手写吾口"是钱仲联《人境庐诗草笺注》商务印书馆1936年11月版本中首次提出,并在同书附录的《黄公度先生年谱》的"同治七年戊辰(1868年)"条下作相同的记录。其后,古典文学出版社1957年9月出版的该书修订本继续延用这一说法。至上海古籍出版社1981年6月出版《人境庐诗草笺注》的第三次修订时,钱仲联将前两种版本的"我手写吾口"改为"我手写我口",但未做关于这一改动的任何说明。而同书的《黄公度先生年谱》中"同治七年戊辰(1868年)"条下所记仍然是"我手写吾口"。但是,钱仲联主编、上海书店1991年4月出版的《中国近代文学大系·诗词集》和钱仲联编著、江苏古籍出版社1993年出版的《近代诗钞》,选录《杂感》诗时,这句均写作"我手写我口"。而《人境庐诗草》最早、最重要的几种版本,包括周作人发现、存于北京大学图书馆的《人境庐诗草》四卷钞本,宣统三年(1911年)刊行于日本的《人境庐诗草》十一卷本,商务印书馆1931年3月出版的黄遵宪长孙黄能立重校本,《杂感》诗中此句均作"我手写我口",故此诗句应该以"我手写我口"为准。(左鹏军:《是"我手写我口"还是"我手写吾口"》,《语文月刊》,1999年第5期。)

复古之风气,讽刺封建儒生泥古保守弊病,形象地叙说古今时势不同的哲理,呼吁学术风气的根本转变,并批评科举制度:胡适认为《杂感》"可以算是诗界革命的一种宣言"。(胡适《五十年来中国之文学》,《胡适文存二集》,第136页,上海亚东图书馆1924版。)钱仲联认为:"公度《杂感》诗……二十余岁时所作,非定论也。"有论者曰:"这首诗所表现的新的文化价值观念,是青年黄遵宪发出的文化观点宣言书,而这种新颖文化观点的形成则与当时的社会条件和思想渊源有关。黄氏生活的岭南地区在近代最早遭受资本主义的侵略,各种社会矛盾较之内地更加尖锐;同时也更多地接触资本主义文化而受到影响。这种环境在近代造就了不少倡导新思想的著名人物。再从文化领域批判腐朽学风说,鸦片战争前后的龚自珍、魏源已首开其端,黄遵宪则是继承了他们的进步观点并在新的条件下加以发展。"(陈其泰:《近代文化觉醒与〈人境庐诗草〉》,《学术研究》,1987年第5期。)"少小诵《诗》《书》,开卷动龃龉。古文与今言,旷若设疆圉。竟如置重译①,象胥通蛮语。父师递流转,惯习②忘其故。我生千载后,语音杂伧楚。今日六经在,笔削出邹鲁。欲读古人书,须识古语古。唐宋诸大儒,纷纷作笺注。每将后人心,探索到三五。性天古所无,器物目未睹。妄言足欺人,数典既忘祖。燕相说郢书,越人戴章甫。多歧道益亡,举烛乃笔误。"

"大块凿混沌,浑浑旋大圜。隶首不能算,知有几万年。羲轩造书契,今始岁五千。以我视后人③,若居三代先。俗儒好尊古,日日故纸研。六经字所无,不敢入诗篇。古人弃糟粕,见之口流涎。沿习甘剽盗,妄造丛罪愆。黄土同抟人,今古何愚贤?即今忽已④古,断自何代前?明窗敞流离,高炉爇香烟。左陈端溪砚,右列薛涛⑤笺。我手写我口,古岂能拘牵。即今流俗语,我若登简编。五千年后人,惊为古斓斑。"

"造字鬼夜哭,所以示悲悯。众生殉文字,蚩蚩一何蠢。可怜古文人,日夕雕肝肾。俪语配华叶,单词画蚯蚓。古近辨诗体,长短成曲引。洎乎制义兴,卷轴车连轸。常恐后人体,变态犹未尽。吁嗟东京后,世苶文益振。文胜失则弱,体竭势已窘。后有王者兴,张网罗贤俊。决不以文章,此

---

① "译",钞本作"驿"。
② "惯习",钞本作"习惯"。
③ "人",钞本作"君"。
④ "已",钞本作"既"。
⑤ "薛涛",钞本作"衍波"。

语吾敢信。但念废弃后,巧拙同泯泯。欲求覆酱瓿,已①难拾灰烬。我今展卷吟,徒使后人哂。"

"周公作《礼》《乐》,谓矫世弊害。秦皇焚《诗》《书》,乃使民聋瞆。宋祖设书馆,以礼罗措大。吁嗟制艺兴,今亦五百载。世儒习固然,老死不知悔。精力疲丹铅,虚荣逐冠盖。劳劳数行中,鼎鼎百年内。束发受书始,即已缚杻械。英雄尽入彀,帝王心始快。岂知流寇乱,翻出耰锄辈。诵经贼不避,清谈兵既溃。儒生用口击,国势几中殨。从古祸患来,每在思虑外。三代学校亡,空使人材坏。"

"谓开明经科,所得学究耳。谓开制策科,亦只策士气。谓开词赋科,浮华益无耻。持较今世文,未易遽轩轾。隋唐制科后,变法屡兴废,同以文章名,均之等废契。譬如探筹策,亦可得茂异。狗曲出何经,驴券书博士。所用非所习,只以丛骂詈。亦有高材生,各自矜爪觜。祖汉夸考据,媚宋争义理。彼此互是非,是非均一鄙。茫茫宇宙间,万事等儿戏。作诗一长吟,聊用自娱喜。"(《诗草笺注》上,第40—50页。)

本年,黄遵宪收集客家山歌,作《新嫁娘诗》五十二首,以时间的推移为线索,叙述一个新嫁娘从少女到新嫁娘、少妇、年轻母亲的过程,形象生动,妙趣横生,语言清新流转,宛如一幅客家乡情长卷,艺术地再现了嘉应独特的婚嫁礼俗。此诗《诗草笺注》不载,1925年11月7日的《京报·文学周刊》第41期《中国文学研究》首次发表四十八首,董鲁安辑。高崇信等校点的《人境庐诗草》(北京文化学社出版)以附录的形式收入,有四十九首。1957年11月28日新加坡《星州日报》刊出五十首。《集外诗辑》收五十一首,1989年出版的《梅州文史》第一辑刊载了黄秉良加注的《黄遵宪的"新嫁娘"诗》,收诗五十二首。张永芳《黄遵宪佚作〈新嫁娘诗〉版本对勘》(《嘉应大学学报》2001年第5期)将《集外诗辑》和《梅州文史》第一辑所载的《新嫁娘诗》进行比对,认为黄秉良的注本略胜一筹。《全集》据张文所载收录诗五十二首。如诗中描述少女怀春:"脉脉春情锁两眉,阿浓刚及破瓜时。人来偶语郎家事,低绣红鞋佯不知。"描述新娘出嫁:"烛影花光耀数行,香车宝马陌头忙。红裙一路人争看,问是②谁家新嫁娘。"描述洞房花烛:"洞房四壁沸笙歌,伯姊诸姑笑语多。都道一声恭喜也,明年先抱小哥哥。"描述新婚情深:"鸳鸯被底久向衾,美满恩情值万金。深闭翠屏无个事,私将锦带结同

---

① "已",钞本作"既"。
② "问是",客家话,意为问一下,打听下。

心。"描述少妇怀胎:"私将香草佩宜男,自顾腰围自觉惭。形迹怕教[①]同伴睹,见人故意整罗衫。"描述喜得贵子:"报产麟儿乍寝床,一时欢笑到重堂。锦绷抱向怀中看,道似阿爷还似娘。"(《全集》上,第189—194页;《集外诗辑》,第8—12页。)

同治八年己巳(1869年)　二十二岁

【国内外大事】五月二十七(6月7日),广东土、客宿隙未除,谕令两广总督瑞麟、广东巡抚李福泰督饬道员齐世熙悉心经理,务使日久相安。先是,广东鹤山客民纠党入高明县境,经总兵郑绍忠先将高明客民举事者"剿平",移扎鹤山,分别剿抚。瑞麟等复派员将客众按名酌给川资,分遣雷州、廉州等府妥为安插。因虑土、客宿隙未除,遂有是谕。

张心谷卒于潮州,由甫曰:心谷为公度之胞姑丈,与公度为总角交,少有文名。姑母之年,小公度二岁,避乱在潮州,草草成婚,卒年二十一。(《诗草笺注》上,第52页。)黄遵宪痛失好友,非常悲伤,搜其遗稿及其先人稿,均不可得。作诗六首哭之:《诗草笺注》收三首。"匆匆[②]事业了潮州,竟认潮州作首丘。哀泣一家新故鬼,此邦与汝定何仇?(君之生之婚之卒暨双亲之殁,皆在潮州。)"

"半盂麦饭　炉香,终有人来拜墓堂。(将为君立嗣。)只恨锦囊无剩稿,《广陵散》绝并琴亡。(君殁后,余搜其遗稿及其先人稿,均不可得。)"

"一队同游少年辈,两年零落九原多。频频泪到心头滴,便恐明朝两鬓皤。"(《诗草笺注》上,第52—54页。)

《人境庐集外诗辑》有六首,内容与《诗草笺注》不同:

"日暮昏鸦噪上门,惊闻噩耗痛难言。不留一个天何酷,归去三生石尚存。乱离干戈丛万恨,死生文字泣孤魂。九重阊阖茫茫远,仰首呼空为诉冤。"

"麻衣如雪泣仓皇,惨惨孤儿事何伤。托命庸医身太贱,未名文苑史无光。田园寥落穷难忍,嫂妹零丁死不忘。珍重《墨庄》诗一卷,而今付与阿

[①]"怕教",客家话,意为"怕被"。
[②]"匆匆",钞本作"一生"。

谁藏。(尊公锡生先生有《墨庄诗草》于家藏。)"

"一生事业了潮州,竟认潮州作首邱。绣葆春开汤饼会,画屏云护凤凰楼。(尊人主讲榕江书院,生君于潮州。乙丑寇变,君与余家俱辟乱潮州,家姑遂于此归君。)繁华往事归青冢,蕉悴劳人不白头。哀泣一家新故鬼,此邦与汝定何仇!(君之双亲,前后没于潮州。)"

"缠绵到死尚余情,何竟凌虚撒手行。天意昙花容一见,人言业果种前生。春行冬令知非福,鬼抱仙才枉负名。二十一年真梦耳,可怜梦亦未分明。"

"黄鹄声哀孰忍听,素帷少妇太伶仃。出门惘惘才三月,在抱呱呱剩一星。坐使苦心容蝼蚁,终将遗泽付螟蛉。只鸡斗酒平生语,我若能文再补铭。"

"竹马同骑感昔游,髫龄意气更无俦。菊花新酒开诗社,(余与心谷及家锡璋兄,均以早慧知名,里中称为三才子。先凤曹师于壬戌之秋,在咏花书屋招饮赏菊,作忘年会。尔后时以诗社招邀,见辄呼为小友。)菘韭余香吊故楼。(吾家香铁先生菘韭之舍,余与心谷辟乱在潮,时往临眺。)一闪光阴真掣电,他生缘分更浮沤。思初道古嗟无辅,大鸟孤鸣孰唱酬?"《全集》上,第195页;《集外诗辑》,第14—15页。)

十一月(12月),应梁诗五之约,与石社诸友游南溪。黄遵宪有诗记之:"仲冬十一月,风寒日色薄。梁子贻我书,中有游山约。我虽驽弱姿,情绪颇不恶。行邀二三子,行行出南郭。磊磊南溪石,溪浅水半涸。其水迂以回,其石瘦如削。初入了无奇,屡转势益弱。山势到穷荒,天盖懒雕琢。忽然意想外,斗辟奇洞壑。一石十丈高,练影从空落。飞泉射人面,森森寒气作。一水窅然深,掷□□□□。掷石响水底,蛟龙梦顿觉。怒激水鸟飞,势欲与人搏。悚然舍此去,□□□□□。上顾石崖险,去天只一握。上无藤萝援,下有荆棘缚。苍苔石壁深,探手试扪摸。冷气湿人臂,滑绿不可捉。侧身我先登,以手不以脚。乍若蛇蜿蜒,又若蟹郭索。摩挲至绝顶,竦身力一跃。眼花强下窥,乃悔铸此错。一笑傲诸子,举手向空拍。愿招飞仙人,下此营楼阁。虎豹夜守炉,可以炼丹药。又疑此鬼谷,黑气阴漠漠。隔岭一石洞,何人手扃钥?其旁千百石,槎牙露芒角。往时秋水来,汝屈如尺蠖。水落尔自出,胡为目灼灼。我来纵观览,徐行足彳亍。谓此非人境,鬼神所寄托。忽喜何处村,午鸡鸣喔喔。且住待诸子,心疑歧路各。传响空谷中,似闻声诺诺。须臾诸子来,面面色骇愕。深知奇无穷,此心已畏却。急觅别岭归,草露湿芒屩。荦确石径微,相扶尚颠扑。归来相视笑,此游乐不乐。"(《全集》上,第194页;《集外诗辑》,第13—14页。)

梁居实(1843年—1911年),字诗五,一字仲遂,嘉应州人,与黄遵宪家有亲戚关系,梁居实长黄遵宪五岁,黄遵宪称梁居实为大舅。蒋英豪记:"光绪十五年(1889)举人。他是黄遵宪的远房亲戚,黄遵宪继祖母梁太夫人的从堂弟,梁国瑞侄。与黄遵宪同为石社社友,有数十年深交。黄遵宪在日本时荐他到公使馆任职,并为何如璋家庭教师。他尝参与'笔谈'(40)①。黄遵宪《日本国志》初稿写成,曾请他修改及作序。他又曾到新加坡。与丘逢甲友善,倡议创岭东同文学堂。1903年任驻日使馆参赞兼商务委员,1905年任长崎正领事官,次年随杨枢出使德、比、日诸国任使馆参赞。后主讲广州应元、菊坡等书院。1904年,黄遵宪资助杨惟徽、黄篑孙到日本留学,曾托他主管二人经费。"(蒋英豪:《黄遵宪师友记》,第105—106页,上海书店出版社2002年版。)黄、梁两人自幼过从甚密,情同手足,常常一起诗文唱和。梁居实曾经主讲广州菊坡书院、应元书院,协助温仲和编撰《光绪嘉应州志》,晚年黄遵宪与梁居实都回到嘉应办学。

此时黄遵宪在家收集客家山歌,今存十五首:黄遵宪所收山歌后在驻外使馆写定,于光绪十七年(1891年)寄给胡晓岑。据罗香林所藏《山歌》写本(《逸经》1937年3月)共十五首。诸本所收略有不同。今合《诗草笺注》九首、《全集·人境庐诗辑补》所收六首,凡十五首。

诗序云:"土俗好为歌,男女赠答,颇有《子夜》《读曲》遗意。采其能笔于书者,得数首②。"

诗云:"自煮莲羹切藕丝,待郎归来慰郎饥。为贪别处双双箸,只怕心中忘却匙。"

"人人要结后生缘,侬只今生结目前。一十二时不离别,郎行郎坐总随肩。"

"买梨莫买蜂咬梨,心中有病没人知。因为分梨故亲切,谁知亲切转伤离。"

---

①笔谈(40)即1880年2月14日黄遵宪与源桂阁、曾根俊虎、张滋昉、石川鸿斋等人在东京的笔谈。
②钞本作"得十数首"。

"催人出门鸡乱啼,送人离别水东西。挽水西流想无法,从今①不养五更鸡。"

"邻家②带得书信归,书中何字侬不知。等侬亲口问渠去,问他比侬谁瘦肥。"

"一家女儿做新娘,十家女儿看镜光。街头铜鼓声声打,打着中心只说郎。"

"嫁郎已嫁十三年,今日梳头侬自怜。记得初来同食乳,同在阿婆怀里眠。"

"自剪青丝打作条,亲手送郎将纸包。如果郎心止不住,看侬结发不开交。"

"第一香橼第二莲,第三槟榔个个圆,第四夫容五枣子,送郎都要得郎怜。"(《诗草笺注》上,第54—59页。)

《人境庐集外诗辑》收有六首:

"送郎送到牛角山,隔山不见侬始还③。今朝行过记侬恨,牛角依然弯复弯。"

"阿嫂笑郎学精灵,阿姊笑侬假惺惺。笑时定要和郎赌,谁不脸红谁算赢。"

"做月要做十五月,做春要作四时春。做雨要做连绵雨,做人莫做无情人。"

"见郎消瘦可人怜,劝郎莫贪欢喜缘。花房胡蝶抱花睡,如何安睡到明年。"

"人人曾做少年来,记得郎心那一时。今日郎年不翻少,却夸新样好花枝。"

"人道风吹花落地,侬要风吹花上枝。亲将黄蜡粘花去,到老终无花落时。"(《全集》上,第196页;《集外诗辑》,第16页。)

张元济生长于广东(其母为清远客家),其《岭南诗存跋》谓:"瑶峒月夜,男女隔岭相唱和,兴往情来,余音袅娜,犹存歌仙之遗风。一字千回百折,哀厉而长,俗称山歌,惠、潮客籍犹甚。"(《诗草笺注》上,第55页。)客家山

---

① "今",钞本作"人"。
② "家",钞本作"里"。
③ "始还",钞本作"自还"。

歌对黄遵宪的诗歌创作影响很大,钱仲联称:"他的家乡嘉应州,是诞生山歌的摇篮。月明之夜,男女隔山唱和,以山歌为表情的工具。一字千回万转,哀厉而长。他生长在这样的环境里,自小就受到山歌的熏陶。"(《诗草笺注》上,前言第11页。)胡适说:"我常想黄遵宪当那么早的时代何以能有那种大胆的'我手写我口'的主张……我们可以说,他早年受了本乡山歌的感化力,故能赏识民间白话文学的好处。"(胡适:《五十年来中国之文学》,《胡适文存二集》,第136页,上海亚东图书馆1924版。)

同治九年庚午(1870年) 二十三岁

【国内外大事】五月二十三(6月21日),天津教案发生。有四处英国礼拜堂被烧毁。混乱中,群众殴毙外国职官、教士和修女计二十人。其中包括法人十三名、比利时人二名、俄国人三名、意大利和英国人各一名。五月二十五(6月23日),谕命直隶总督曾国藩往天津查办事件,将民教启衅一案,持平办理。(文庆等:《筹办夷务始末》同治朝,第八册,第35页,上海古籍出版社2008年版。)六月二十一(7月19日),普法战争爆发,战争至次年5月10日结束,法国战败。普鲁士完成德意志统一。八月二十五(9月20日),李鸿章抵天津,接替曾国藩办理教案。

黄遵宪长女当樱生。有诗记之:"拜佛拈花后,居然见汝生。系丝谁健妇,争①乳奈雏兄。觅果年来事,游山嫁毕情。一齐到心坎②,杯酒醉还倾。"(《诗草笺注》上,第60页。)

黄遵宪在家,作《吾庐》《知音》二首,感叹知音难觅,意近而心远:"士患声名早,人从阅历深。新交欣得剑,古调爱弹琴。狂妄忧天泪,迂疏入世心。吾庐风雨好,搔首一长吟。"(《全集》上,第197页;《集外诗辑》,第18页。)"士患声名早,文从阅历深。为争鸡鹜食,羞作凤凰吟。狂妄忧天泪,迂疏入世心。抚琴无限事,何处觅知音?"(《全集》上,第197页;《集外诗辑》,第19页。)

黄遵宪爱书,喜欢购书,由于经济不宽裕,时有遗憾,乃作《买书》三首寄怀:"古人爱后人,念无相饷遗。白头老著书,心传后人知。古人不并世,已恨

---

① "争",钞本作"分"。
② "到心坎",钞本作"思忆到"。

我生迟。犹赖一卷书,日与古人稽。我生最爱此,旁人呼为痴。明知难遍读,虽多亦奚为。但念如良友,不可须臾离。见虽无多言,别当长相思。"

"我家梅水东,亦有屋三椽。分为东西头,藏书于其间。少小不知爱,悔不读十年。中间劫火焚,字字成云烟。今日欲买书,又恨囊无钱。有如嗜酒人,无福居酒泉。道旁逢麴车,辄复口流涎。流涎终不得,默默我自怜。凡物当其无,乃知事艰难。"

"一切身外物,皆非我生有。我意招之来,偶然入我手。未必贤子孙,世世能相守。二百三百年,得此兕甲寿。但念我竟痴,爱书如爱友。我年若满百,亦共周旋久。此中有因缘,不得谓之偶。所以我买书,市廛竟日走。交臂或忽失,无心或又取。"(《全集》上,第198—199页;《集外诗辑》,第22页。)

六月(7月),黄遵宪至惠州,重游丰湖,游朝云墓、丰湖书院,作诗六首:《庚午六月重到丰湖志感》一首①,《朝云墓》诗二首②,《过丰湖书院有怀宋子湾先生》一首③,《丰湖棹歌》二首,描绘了西湖美丽风光,缅怀曾在惠州丰湖书院任过山长的客家乡贤前辈宋湘。

其中《丰湖棹歌》二首云:"(游湖归来,惓惓在心,又作此歌,以志不忘。)

"不辨风声与水声,船头小坐爱波生。贪看树底斜阳好,又要舍舟湖上行。"

"十分累得野僧忙,山茗才供果又尝。若问客从何处至,宋先生是我同乡。"(《全集》上,第197页;《集外诗辑》,第20页。)

秋,黄遵宪再次到广州参加乡试,作闱中号舍题壁诗三首,抒发考前忐忑不安的心情。

"又此风光又此秋,秋毫难扫黛眉愁。梦中嫁了金龟婿,蓦地惊人屋打头。"

"悄悄深垂一桁帘,困人天气思恹恹。不知时世妆何似,刚要安花又

---

① 其《庚午六月重到丰湖志感》云:"湖光潋滟柳阴阴,又作堤边叉手吟。客与名山同惜别,人逢旧雨渐交深。何时葛令移家住,犹是菀裘养老心。自拣黄柑亲手种,他年看汝绿成林。"(《诗草笺注》上,第61页。)

② 《朝云墓》诗二首:"小住湖山也不孤,有人冰玉伴林逋。当时我若随公谪,捧砚摊笺愿作奴。""彩云久散墓犹青,苔藓花中剩旧铭。参得六如真谛透,转嫌多事六如亭。"(《集外诗辑》,第19页。《全集》上,第197页。)

③ 《过丰湖书院有怀宋子湾先生》云:"滇云燕雪久驰驱,万里归来此托居。我识公心在诗草,人言仙迹寄蓬壶。□□□□□□,笠屐游踪似大苏。黄犊买来田二顷,可怜无分卧江湖。"(《集外诗辑》,第20页。《全集》上,第197页。)

手拈。"

"团团小扇扑轻罗,酷暑熏人得且过。只怕西风太轻薄,重阳寒雨叶声多。"(《全集》上,第199页;《集外诗辑》,第22—23页。)

八月十五(9月10日),黄遵宪在科场结识罗文仲,两人一见如故。时值中秋佳节,黄遵宪交卷后与罗文仲、梁诗五登上贡院的明远楼赏月,一时诗兴大发,慷慨高歌,诗中表达了对科举制度的不满和个人的抱负。《钱谱》记:广东贡院中堂前一楼,额曰"明远"。八月十五夕,举子交卷早者,群聚其上,作赏月之举。(《诗草笺注》上,第98页。)三年后,黄遵宪作长诗一首纪念此事,表达了"要抟扶摇羊角直上九万里"的豪情壮志。诗云:"万蚕食叶蚕声酣,三条红烛光炎炎。忽然大声出邻屋,偷窥有客掀襕衫。狂吟高歌彻屋瓦,两目虎视方眈眈。此人岂容交臂失,闯然握手惊雄谈。问名识是将家子,《金版》《玉匮》素所谙。是时发策问兵事,胸中武库胥包含。我方掀帘促膝坐,昂头有月来屋檐。此人此月此楼岂可负此夕,辄邀吾友同追探。巍巍明远楼,高插南斗南。钲声鼓声宵戒严,我来不避官吏嫌。蹑衣径上梯百尺,凭栏要到塔七尖。天风吹衣怕飞去,汝我左右相扶搀。纤云四卷天不夜,空中高悬圆明蟾。沉沉矮屋两行瓦,昨者煮海今堆盐。回头却望望东海,蒙蒙烟气团蔚蓝。其余人家亿万户,水波不动澄空潭。三更夜深风露重,下土万蚁齐黑酣。大千世界共此月,今夕只照人两三。虽然无肴无酒不得谋一醉,犹有惊人好句同掀髯。别来此月几圆缺,三人两地同观瞻。匆匆三年忽已过,秋风重磨旧剑镡。羊城相见执手笑,追述往事同呢喃。男儿竟作可怜虫,等此蓄缩缠窠蚕。少珊少珊我且与汝登越王之高台,白云往来驾两骖。试寻黄屋左纛旧霸业,《阴符》发箧温《韬》《钤》。不然泛舟南海南,乘风破浪张长帆。要借五十犗饵钓此巨鳌去,刳腹脔肉供口馋。使君于此自不凡,何苦徒作风月谈。要抟扶摇羊角直上九万里,埋头破屋心非甘。噫嘻乎,埋头破屋心非甘!"(《全集》上,第81页。)

黄遵宪叔父黄琴是科中式,黄遵宪则考试报罢落第,情绪低落,对科举取士制度持怀疑态度,作《榜后》诗五首:

"满城风雨叶声干,瑟瑟秋深酿小寒。千佛经摊名细读,三山路远到良难。诸公自作违心论,此事谁曾①冷眼看?昨日今宵又明岁,一齐情绪入

---

① "此事谁曾",钞本作"当局谁能"。

心肝。"

"两鬓青青默自怜,不知迟我又何年？折磨少受庸非福,文字无灵敢怨天。入世畏人讥小草,在山容我作清泉。长安万里吾亲舍,只愧趋庭未有缘。"

"人人科第羡登仙,制义抡才五百年。子集论文删帖括,祖宗养士费官钱。伤心曲学徒阿世,屈指中兴得几贤。安用毛锥嘻一掷,有人纳粟出输边。"

"入时妆束果如何①,子细思量未揣摩②。自慰天生终有用③,似闻人道④愧登科。只赢好友栖依久⑤,已算名场阅历多⑥。依旧青衫⑦依旧我,光阴人墨又相磨。"

"书在肩挑剑在囊⑧,槐花空作一秋忙⑨。明知⑩难慰操蹄⑪祝,敢谓从今⑫韫椟藏。早岁声华归隐晦,旁人得失议文章。且图一棹归来去⑬,闻道东篱菊已黄。"此诗《全集》与《集外诗辑》不同,引文用《集外诗辑》。（《全集》上,第199—200页;《集外诗辑》,第23—24页。）

居留省城期间,黄遵宪因研究天津教案,开始阅读有关西方知识的报刊图书,包括传教士在中国举办的刊物,如《万国公报》的前身《中国教会新报》及江南制造局所出之书能得者尽读之,黄遵宪之究心时务自此开始。黄遵庚、黄干甫《黄遵宪生平事迹》:"他在省时,为研究我国天津教案事件,特购取《万国公报》⑭阅读,又购北洋制造局翻译的各种书籍,悉心钻研,从此他对时务极为关心。"（《全集》下,第1587页。）

---

①"入时妆束果如何",钞本作"无穷事愿付蹉跎"。
②"子细思量未揣摩",钞本作"转瞬韶华极易过"。
③"自慰天生终有用",钞本作"署行看人夸其庆"。
④"似闻人道",钞本作"厚颜宁我"。
⑤"只赢好友栖依久",钞本作"转移风气终非易"。
⑥"已算名场阅历多",钞本作"阅历名场既算多"。
⑦"依旧青衫",钞本作"依旧青衿"。
⑧"书在肩挑剑在囊",钞本作"又踏槐花一次忙"。
⑨"槐花空作一秋忙",钞本作"未知此愿几时偿"。
⑩"明知",钞本作"满车"。
⑪"蹄",钞本误作"啼"。
⑫"敢谓从今",钞本作"待价何能"。
⑬"且图一棹归来去",钞本作"出门一笑吾归矣"。
⑭时无《万国公报》,应该是《中国教会新报》,《中国教会新报》1874年才改为《万国公报》,此回忆有误。

秋末，黄遵宪自省城回家，曾赴番禺，游潘仕成园林海山仙馆，何绍基描述海山仙馆："园景淡雅，略似随园、邢园，不徒以华妙胜，小艇亦仿吴门蒲鞋头样。"(《诗草笺注》上，第 62 页。)作《游潘园感赋》："神山左股割蓬莱，惘惘游仙梦一回。海水已干田亦卖，主人久易我才来。栖梁燕子巢林去，对镜荷花向壁开。弹指须臾千载后，几人起灭好楼台！①"(《诗草笺注》上，第 62 页。)

归家途中，道经香港，黄遵宪第一次领略西方文明，积诗十首，"这组诗追述了香港沦丧的屈辱历史，表达了黄遵宪对域外异质文明的观感"。(黄升任：《黄遵宪评传》，第 66 页，南京大学出版社 2006 年版。)施吉瑞认为："诗中就表达了自己面对英属殖民地香港，面对中国主权被威胁所激发的义愤填膺之情。"(施吉瑞著、孙洛丹译：《人境庐内：黄遵宪其人其诗考》，第 61 页，上海古籍出版社 2010 年版。)在诗中，黄遵宪对香港城市发展和繁华印象深刻，对清政府割让香港深以为耻，诗中还描述了香港的鸦片贸易和西方一些礼仪习惯。蒋英豪认为，"此组诗深受王韬(1828 年—1897 年)记述香港的散文《香港略论》(约作于 1865 年—1866 年)影响，二者内容相同、重叠者极多，黄遵宪写此诗时，可能是右手执笔，左手执《香港略论》的"。(蒋英豪选注：《近代诗人咏香港》，第 42 页，中华书局 1997 年版。)黄遵宪曾先后五次到香港。

"弹指楼台现，飞来何处峰？为谁刈蔾藿？遍地出芙蓉。(以鸦片为肇祸，开港后进口益多。)方丈三神地，诸侯百里封。居然成重镇，高垒蛊狼烽。"

"岂欲珠崖弃，其如城下盟！帆樯通万国，壁垒逼三城。虎穴人雄据，鸿沟界未明。(割地以后，每以海界争论。)传闻哀痛诏，犹洒泪纵横。(宣庙遗诏，深以弃香港为耻。)"

"酋长虬髯客，豪商碧眼胡。金轮铭武后，(香港城名域多利，即女主名也。)宝塔礼耶稣。火树银花耀，毡衣绣缕铺。五丁开凿后，欲界亦仙都。"

"盗喜逋逃薮，兵夸曳落河。官尊大呼药，(官之尊者，亦称总督。)客聚众娄罗。王面镌金宝，蛮腰跨革靴。斑阑衣服异，关吏莫谁何。(港不设关。)"

"沸地笙歌海，排山酒肉林。连环屯万室，(地势如环，故名上中下三环。)尺土过千金。民气多膻行，夷言学鸟音。黄标千万积，翻讶屋沉沉。"

"便积金如斗，能从聚窟消。蛮云迷宝髻，脂夜荡花妖。龙女争盘镜，鲛人斗织绡。珠帘春十里，难遣可怜宵。"

---

① 钞本此二句作"多少公卿诗稿在，书廊一一长莓苔"。

"《博物》张华志,千间广厦开。摩挲铜狄在,怅望宝山回。大鸟如人立,长鲸跋浪来。官山还府海,人力信雄哉!"

"流水游龙外,平波又画桡。佛犹夸国乐,奴亦挟天骄。御气球千尺,驰风马百骁。街弹巡赤棒,独少市声嚣。"

"指北黄龙饮,从西天马来。飞轮齐鼓浪,祝炮日鸣雷。(凡他国军舰初至,必然炮二十一响,以敬地主,西人名曰祝炮。)中外通喉舌,纵横积货财。登高遥望海,大地故恢恢。"

"遣使初求地,高皇全盛时。(乾隆四十八年,英遣使马甘尼来朝,即乞地为言。)六州谁铸错,一恸失燕脂。凿空蚕丛辟,嘘云蜃气奇。山头风猎猎,犹自误龙旗。"(《诗草笺注》上,第63—74页。)

黄遵宪从香港到汕头,过潮州返嘉应。旅汕期间,有诗寄梁诗五,叙述离别思念。"策策秋声木叶干,百端萧瑟入心肝。颠风断渡铃能语,古月悬天镜独看。未到中年哀乐备,无多同调别离难。巡檐绕室行千遍,刚对孤灯又倚阑。"(《诗草笺注》上,第76页。)

黄遵宪将至潮州,又有诗寄梁诗五。"片帆遥指凤凰城,屈指家山尚几程。以我风尘憔悴色,共君骨肉别离情。一灯缩缩栖鸦影,四垒萧萧战马声。回首六年离乱事,梦余犹觉客心惊。(乙丑冬月避乱居潮州,寇退乃返。)"(《诗草笺注》上,第77页。)

九月十一(10月5日),黄遵宪二叔黄翰藻卒,时黄遵宪在潮州,闻之即返,到家后有诗《到家哭仲叔墨农公》悼之。诗序云:"遵宪举子报罢,至潮州,闻叔去世,即驰归,于月之晦日到家。荒荒忽忽,今又两月,含泪濡墨,追述此篇。闰月二十九日。"(《全集》上,第200—201页;《集外诗辑》,第25—26页。)黄遵宪《叔父问琴先生述略》云:"先祖生三子,相友爱无间言。叔父尝语遵宪曰:吾赖诸兄弟相提携,相扶持,以逮成立。吾三人乃若一体。庚午九月十一日,余得第,日晡而报至,汝二叔父乃于是时卒于家。后一月得汝父书,拳拳问此事,亦同时发。可知吾兄弟之神魂相通也。"(《诗草笺注》下,第1174页。)

黄遵宪居家无事,作《为小子履端寄翁翁》,描述儿女情况,寄给远在北京的父亲。诗云:"太翁且勿去,抱我门前戏。阿卓阿香姑,嘻嘻笑相依。大家都呼翁,如何我不是?摩挲太翁须,太翁笑不止。太翁不肯言,我问婆婆去。婆婆言翁翁,出门九年矣。翁翁出门时,尔娘未来此。手指头上铃,言是翁所赐。待翁归来时,教尔罗拜跪。履端今三岁,读诗未识字。小妹阿当樛,牙牙已出齿。翁翁俱未见,已见想欢喜。昨日翁来书,浓墨写红纸。我闻爷爷道,明年将归里。翁翁莫诳言,早早束行李。儿有新红袍,人人都道美。何时着上身,翁翁罗拜跪。"(《全集》上,第201页;《集外诗辑》,第27页。)

黄遵宪与萧兰谷、梁诗五到花埭纳凉,留诗《到花埭纳凉同萧兰谷梁诗五》六首,描写秋天美丽的景色。(《全集》上,第198页;《集外诗辑》,第20页。)

梁诗五到西宁学署看望担任训导的父亲梁墨林,咸丰元年(1851年)举人,时任青海西宁训导。并任学博,(《诗草笺注》上,第135页。)黄遵宪有诗四首送别,倾诉离别的愁绪,借此思念多年未见的父亲:

"欲雨不成雨,蓬门柳阴阴。攀枝别故人,使人何以任。不恨相别易,转恨相结深。别离亦常情,交深恨难禁。门前乌桕树,鸟飞辞故林。中有同栖鸟,鸣声愁人心。此去山水远,梦魂何处寻!且复斯须坐,莫令马骎骎。"

"骎骎马将去,牵衣告我语:'家有老祖母,年已七十五。阿兄自外归,才得三日聚。阿弟病消渴,腰瘦一尺许。欲不舍此行,何以将我父。亲在南海头,家在南溪坞。此去行役艰,归亦行役苦。'人生足别离,小别何足数。融融酒正绿,潇潇夜初雨。且为一夕欢,共君醉后舞。"

"遵宪有阿爷,离家九年矣。人言长安近,往来如尺咫。举头望白云,不知几千里。此身不能飞,眷眷无时已。今日送子去,使我愁如水。我自行路难,君自出门喜。眼见一月间,得以随杖履。"

"我思杖履随,温温笑语多。冷斋夜深时,春风漾微和。旧学加邃密,新诗细吟哦。不知较畴昔,相去复几何?努力各自爱,毋使叹蹉跎。"(《全集》上,第196—197页;《集外诗辑》,第17—18页。)

嘉应州自太平军战乱结束以来,已经六年,山州窘乏,难言恢复建设。黄遵宪二次乡试报罢,心殊郁闷。读书之余,广视古今,于是有《铁汉楼歌》之作,缅怀先贤刘安世。诗中描述刘安世铮铮铁骨,得罪奸臣,被贬梅州的惊险历程,歌颂刘安世视死如归的大义凛然精神。

刘安世(1048年—1125年),字器之,北宋魏(今河北大名)人,号读易老人,世称元城先生。《宋史》卷三百四十五《刘安世传》载:"刘安世字器之……父航……终太仆卿……登进士第,不就选。从学于司马光,咨尽心行己之要,光教之以诚,且今自不妄语始……迁起居舍人兼左司谏,进左谏议大夫……安世仪状魁硕,音吐如钟。初除谏官,未拜命,入白母曰:'朝廷不以安世不肖,使在言路。倘居其官,须明目张胆,以身任责,脱有触忤,祸谴立至。主上方以孝治天下,若以老母辞,当可免。'母曰:'不然,吾闻谏官为天子诤臣,汝父平生欲为之而弗得,汝幸居此地,当捐身以报国恩,正得罪流放,无问远近,吾当从汝所之。'于是受命。在职累岁,正色立朝,扶持公道。其面折廷争,或帝盛怒,则执简却立,伺怒稍解,复前抗辞。旁侍者远观,蓄缩悚汗,目之曰'殿上虎',一时无不敬慑。"刘安世是广东古八贤之一,他在梅州创建了第一所书院(后世称之为元城书院),开建了梅州书院之先河。明末清初嘉应乡贤李二何在《松江书院序》中说:"开辟全潮之山川者,昌黎韩公;开辟梅州之山川者……元城刘公也。"南宋梅州开始建铁庵纪念刘元城,《(嘉靖)潮州府志》记:"铁汉楼,宋刘元城尝安置于此,数年不以险阻动心,苏轼以为铁汉,宋人建以表其节。知州杨应己慕其人,仍建铁庵,铭之旧州治内,今圮。相传城东南隅有元城书院,后人以祀刘元城,名曰铁汉祠,后废不可考。明崇祯十一年,知县陈燕翼①塑像祀之北城楼上,名曰铁汉楼。"(郭春震:《潮州府志》卷一,第18页,嘉靖二十六年刻本。)

《铁汉楼歌》云:"湿云漠漠山有无,登城四望遥踟蹰。颓垣败瓦不可踏,劫灰昏黑堆城隅。剔苔剔藓觅碑读,字缺半亦形模糊。公无遗像有精气,恍惚左右神风趋。忆公秉政宣仁日,自许稷契君唐虞。英名卓卓惊殿虎,辣手赫赫锄城狐。同文狱起事一变,先生遂尔南驰驱。洞庭寒夜走蛟蜃,潇湘清昼啼猩鼯。臣心万折必东去,一生九死长征途。岂知章蔡恨未雪,谓臣虽死犹余辜。如飞判使暗挟刃,来取逐客寒头颅。梅州太守亦义士,告语先生声呜呜。先生湛然色不变,崛强②故态犹狂奴。有朋箠挞细料理,对客酣饮仍歌呼。呜呼先生真铁汉,品题不愧眉山苏。一楼高插北城角,中有七尺先生躯。铁石心肠③永不变,腾腾剑气光湛卢。荔丹蕉黄并罗列,无有远迩群南膜。军书忽报寇氛炽,官民空巷争逃逋。先生独坐北楼北,双眼炯炯张虬须。跳梁小鼠④敢肆恶,公然裂毁无完肤。迩来凋瘵渐苏息,无人收拾前规模。东坡已往仲谋死,起人忠义谁匡扶?金狄摩挲事如昨,铅水清泪流已枯。我来凭吊空恻怆,呀呀屋上啼寒乌。"(《诗草笺

---

① 陈燕翼,字仲谋,福建侯官人。进士,崇祯八年(1635年)知程乡县,建五忠祠与铁汉楼。
② "强",钞本作"起"。
③ "铁石心肠",钞本作"铁心石肠"。
④ "鼠",钞本作"丑"。

注》上,第 77—81 页。)

黄遵宪在家,为张贞子题梅花生日图:"春风昨夜入江城,亲①送瑶仙下玉京。清气②得来花自好,主人一笑我同生。家家煮酒为公寿③,岁岁④天寒订此⑤盟。谁谱鹤南飞一曲⑥,隔墙玉笛正飞声⑦。"(《全集》上,第 201 页;《集外诗辑》,第 27 页。)

岁暮,黄遵宪在家,作诗二首,描写穷人的窘迫:"催租吏乍敲门去,问债人还载酒过。妻要赎衣儿索饼,一贫百事负心多。"

"岁又将阑奈尔何,一年好景半销磨。纸窗竹屋孤灯坐,寒雨梅花蜡屐过。客懒几回无语□,家贫百事负心多。仰天大笑挛衣起,且读《南山种豆歌》。"(《全集》上,第 201 页;《集外诗辑》,第 28 页。)

是年,黄遵宪作《人境庐散曲》,题州牧彭翰孙南屏《磊园诗事图》。

(好事近)"余事也劳劳,趁官暇,吟情越高。大家拍手笑,相招,觅得诗天一角。"

(山花子)"诗天一角,休嫌小,当时迹已萧条。剔繁芜,砍薜雪消,洗荒凉,砌草人高,看吹过,春风一遭。东边西边烟插苗,前头后头脂坏苞。泼眼花光,远近遮要。"

(驮环著)"尽经营得巧,尽经营得巧。靠石安花,引水供鱼,结巢留鸟。一曲红阑稳抱。恰好茶炉酒盏,早安排几多诗料。看剪灯,篷窗人悄,听击钵,朱梁韵绕。新旧调,短长谣,总笔底生花,与春争闹。"

(近仙客)"唤小吏把诗钞,尽日垂帘忙不了。这诗兴,月儿青天样高,胜西园,雅集图描。不信看这幅新奇稿。"

(红芍药)"者一个拥著锦袍,那一个系著银毫。者一个欹斜纱帽,那一边手写芭蕉,那一边看花索笑。算中间烛影红摇,便分现东坡貌。"

(菊花新)"俺想起尚书红杏气偏豪,便占住名园暮与朝,清福此中销,做一个闲鸥先导。"

---

① "亲",钞本作"吹"。
② "清气",钞本作"清风",似误。
③ "家家煮酒为公寿",钞本作"前身明月论清福"。
④ "岁岁",钞本作"每岁"。
⑤ "此",钞本作"旧"。
⑥ "谁谱鹤南飞一曲",钞本作"更谱南飞仙鹤曲"。
⑦ "隔墙玉笛正飞声",钞本作"呼儿撕笛奏和声"。

（驻马听）"满眼蓬蒿，二百年来事尽消，风花过眼，雨水融痕，雪泥散爪。花神返去来难召，楚弓复得谁难料。难得诗豪，辟荒芜重迹著江南老。"

（会河阳）"听说江南，邮程未遥，有南国水土环绕。心焦，怕竹笋香肥，莼羹味饱。动乡思，使君归了。须信这里的风光好，莫将那故里的酸咸较。"

（红芍药）"仰高行，似斗与枃，哦新韵，似玉和瑶。只为着生春手，便妙把甘棠万家种了。清闲赢得我逍遥，呼奚奴落花静扫。听花间趿履声高，一齐来领先生教。"

（尾声）"长官似此清应少，宰相传家福自饶，须补上、芍药金围带一条。（彭翰孙上代曾任宰相。）"（《全集》上，第231—232页。）

同治十年辛未（1871年） 二十四岁

【国内外大事】七月初三（8月18日），曾国藩与李鸿章会奏：派委刑部主事陈兰彬、江苏同知容闳选带聪颖子弟，前赴泰西各国肄习技艺。七月二十九（9月13日），李鸿章与日使伊达宗城在天津签订《中日修好条规》及《通商章程》《海关税则》。标志中日两国正式建立近代外交关系。《中日修好条规》第四条规定，两国均可派秉权大臣，并携带眷属随员，驻扎京师。条约使日本获得对朝鲜的有利地位，井上清指出："公元1871年政府与中国清政府缔结了友好通商条约，其目的之一是，通过与朝鲜的'上国'中国清政府缔结条约，便于提出日本地位也在朝鲜以上。"（井上清著、闫伯纬译：《日本历史》，第299页，人民出版社2013年版。）十一月（12月），琉球事件发生。琉球国一渔船在海上遇飓风漂至台湾牡丹社，船上六十六名渔民与当地高山族居民发生冲突，有五十四名琉球渔民被杀，其余十二名生存者由中国政府送回琉球。

春，黄遵宪岁试第一名，补廪膳生。学使为定远何地山侍郎。

岁试是明代提学官和清代学政每年对所属府、州、县生员、廪生举行的考试。分别优劣，酌定赏罚。凡府、州、县的生员、增生、廪生皆须应岁考。《明史·选举志一》："提学官在任三岁，两试诸生。先以六等试诸生优劣，谓之岁考。一等前列者,视廪膳生有缺,依次充补,其次补增广生。一、二等皆给赏,三等如常,四等挞责,五等则廪、增递降一等,附生降为青衣,六等黜革。"(张廷玉:《明史》,志第四十五,选举志一,第1687页,中华书局1974年版。)

廪膳生员,科举制度中生员(秀才)名目之一。廪生是成绩最好的生员,名额有限,公家发给生活补助,清代每年发廪饩银四两。

《吴谱》记,据刘筱云言,同治末年,黄遵宪为州学生员,广东学政吴江殷述斋_{寿彭},按临嘉应州,得黄遵宪所作《佛手柑赋》,大为赏识,选入所刻广东试牍中。然据吴天任考证,殷述斋任广东学使的时间是咸丰六年五月至八年八月,时黄遵宪只有九至十一岁,还没有入州学,所以刘筱云可能误记。(吴天任:《清黄公度先生遵宪年谱》,第14页,台湾商务印书馆股份有限公司1985年版。)

黄遵宪居家,作《春暮》一首咏春:"落红委地多于雪①,嫩绿成荫淡似烟②。门外春归都不管,雨③声灯影抱书眠。"(《全集》上,第203页;《集外诗辑》,第30页。)

又作《春夜怀萧兰谷光泰》怀念故人:"深巷曾无车马喧,闭关我自枕书眠。平生放眼无余子,与汝论交过十年。既觉梦都随雨去,半开花欲放春颠。隔墙红遍千株树,何日能来看木棉?"(《诗草笺注》上,第95页。)

梁诗五夫人生重病,黄遵宪写诗慰问:"中年儿女更情长,宛转重吟妇病行。终日菜羹鱼酱外,帖书乞米药抄方。"(《诗草笺注》上,第96页。)此诗《集外诗辑》所记不同,见《集外诗辑》第30页。

黄遵宪有怀念梁诗五诗多篇。其一云:"月下梧桐影,徘徊夜不眠。近忧深望岁,小立每观天。检历惊春尽,离群在客(光)〔先〕。吾庐吾自爱,尤爱在山泉。"

其二云:"宪也贫非病,君贫妇病兼。一饥犹可忍,九死复何堪?身世拘蓑笠,光阴误米盐。熟知文有忌,尔我更何嫌!"(《全集》上,第203页;《集外诗辑》,第30页。)

其三云:"万族求饶益,营营各一途。俗情日纷扰,吾道便愁孤。波静鱼依藻,枝高凤在梧。昨书言过我,翻又费招呼。"(《诗草笺注》上,第97页。)

---

① "落红委地多于雪",钞本作"柳花已化浮萍去"。
② "嫩绿成荫淡似烟",钞本作"梅雨还催荔子然"。
③ "雨",钞本作"鸟"。

梁诗五夫人病重,终告不治,黄遵宪有诗悼之:"画阁垂帘别样深,回廊响屧更无音。平生爱尔风云气,倘既消磨不自禁。"(《诗草笺注》上,第97页。)此诗《集外诗辑》所记不同:"画阁垂帘别样深,回廊响屧更无音。十年惜暖禁寒意,一片营斋作奠心。唧唧怕听黄口语,凄凄无复《白头吟》。平生爱尔风云气,倘既消磨不自禁。"(《全集》上,第204页;《集外诗辑》,第33页。)

梁诗五从西宁学署归家,黄遵宪有诗四首,叙述思念之情:"去年柳条青,惜君作别离。今年槐花黄,喜君相因依。相聚复相别,别时泪如縻。不怨人别促,所怨归迟迟。江湖风波寒,有鱼南北飞。贻我一千纸,字字皆心脾。上言崇明德,下言长相思。相思复相思,握手君来归。"

"宪有慈父母,自小承爱怜。有过亦包容,不肯刻求全。而君知我深,日夕绳我愆。况有隐微恶,尊亲所难言。君乃具苦心,百样相周旋。骤谏未即改,渐摩使之然。岂非君恩德,竟居父母间。所愧宪不德,未能见善迁。我虽如石顽,君当如金坚。"

"陶公居南郊,为人有素心。已以赏奇文,亦以闻良箴。我家与君家,十里隔山林。每一相从过,眷眷惜分阴。当其作别离,辄复情难禁。为兰贵同心,为苔责同岑。岂自无他人,惟子知我深。为君除敝庐,待君张鸣琴。空谷深复深,何时来足音!"

"已无裘与马,亦复无金龟。沽酒谋一欢,呼童典春衣。尔我贫贱交,百事君所知。我家我父母,日食惟粥糜。君言饮馔丰,此来非所宜。夜雨黄粱熟,新霜野蔬肥。所图一夕欢,愿君勿复辞。感君为林宗,再拜进一卮。"(《全集》上,第203—204页;《集外诗辑》,第31页。)

同治十一年壬申(1872年) 二十五岁

【国内外大事】二月十二(3月20日),曾国藩去世。三月二十三(4月30日),英国人美查在上海创办《申报》。《申报》前后总计经营了七十七年,共出版两万五千六百期。因《申报》见证、记录晚清以来中国曲折复杂的发展历程,被人称为研究中国近现代史的"百科全书"。七月初八(8月11日),首批三十名赴美留学幼童由陈兰彬、容闳率领自上海启行,前往美国。此即为中国选派留学生之始。九月(10月),日本天皇封琉球国王尚泰为琉球藩主,列入华族。外务省通知西洋各国驻东京公使,把琉球说成是日本领土的一部分,并派特使就琉球事件向清政府提出抗议。本年,陈启沅在其家乡南海县西樵简村创办继昌隆缫丝厂,这是中国第一家民族资本的近代企业。

十一月(12月),黄遵宪取拔贡生。黄遵宪取拔贡的时间黄遵楷记为同治十二年即1873年,罗香林《胡晓岑先生年谱》也列于1873年,钱仲联据《同治十一年广东拔贡同年全录》与《光绪嘉应州志·选举表》定为本年。吴天任《清黄公度先生遵宪年谱》从钱说。学使为定远何地山侍郎,其幕宾是周琨。与黄遵宪同时考取拔贡生的还有胡曦、陈再芗。

清制,生员长久不能中举,便逐步由附生升增生,由增生升廪生,由廪生选贡生。贡生分拔贡(每十二年考选一次)、岁贡(每年选一次,按在学时间依次选补)、恩贡(无定期)、优贡(无定期)、副贡(每三年举选一次,由乡试取得副榜的生员中选送)。生员当了贡生,可以到京师的国子监读书,也有了做官的资格。拔贡生经过朝考,即可直接充任京官、知县或州县教职。

周琨,字朗山,广东学政使何廷谦地山幕宾。黄遵宪应试拔贡生,周在院中见文,非常赏识黄遵宪的才能,誉之为"过岭以来所见士,君一人耳"。(《诗草笺注》上,第94页。)赠黄遵宪长诗一首,在赠诗的识语中写道:"客岁校阅观风文字,定为老宿。及观英年标格,不意浩瀚磅礴之气,而波澜老成。统观词赋,知胸次轶伦超群,有减灶更炊气概。他年功名志节,定有本末。然宜敛才就范,自当标新领异,风利不得泊矣。仆壮不如人,落落寡合,枨触奇气,豪情乃发。有心人自同怀抱,将勿许为天涯知己也。爰濡毫伸纸,长歌奉赠,伏希赐和。定远朗山弟周琨拜草并识。"(《诗草笺注》上,第85页。)

诗曰:"名山无平峰,沧海无浅流。古来豪杰士,岂与九民俦。六经已往道脉留,文起四代淫哇休。帖括小道见根柢,金黄光焰腾千秋。丘山力重回万牛,苍冥气薄横九州。陶冶经史谢雕锼,发抒情性余歌讴。后起有志才殊尤,颓波肯与随沉浮。读书怀古元精搜,落笔耻作穿窬偷。浊浪颎洞撼巨舟,老木卷曲枝相樛。昂藏意气腾骅骝,崛强抱负蟠蛟虬。初疑老苍近白头,却视标格惊青眸。宗工铁网珊瑚收,遗珠时得象罔求。每出古鼎沉沧州,忍使断木流渠沟。国家桢干需嘉猷,屠夫不任盘根投。假道将凭璧马酬,登云须与阶梯谋。高明道在克以柔,过刚易折市不售。太阿百炼湛霜湫,广寒七宝修琼楼。黑蹲深丛鹰脱鞲,神勇足敌千貔貅。明堂重器珍琳璆,安危得借诸侯筹。纵□遇合迟渭叟,手携冰雪消繁忧。躬植圭璧凝清修,举皆深造非浮游。鲰生数奇广不侯,强弓寸挽鸣弦弪。险阪九折摧双辀,壮心千里骋八驺。酒酣耳热歌声遒,剑光出匣摩蒯缑。马衔鼓浪生灵愁,功名李郭谁匹逑?絮楹素抱嚅呢羞,当年铁汉犹思刘。(君有《铁汉楼诗》甚健。)奇士磊落逢荒陬,立鹤迥出千人稠。词翰定追韩与欧,勋业宜步海与丘。(刚峰、文庄二公。)我已潇洒成闲鸥,白云流水心悠悠。梦想时入罗浮幽,梅花翠羽空啁啾。清吟且涤冰雪瓯,同志欲直横流钩。看拚扶摇羊角直上九万里,回头下视枪榆鸠,噫嘻俗艳真蜉蝣!"(《诗草笺注》上,第84—85页。)

在拔贡放榜后,黄遵宪与周朗山有数面之缘。"壬申十一月,拨萃榜已发,于院中誊试,得一副本。日西斜,有短衣古服、须眉稀疏者出,曰:'孰黄生者?'余曰:'宪是也。'则相视而笑,默默不得语,久而曰:'此别何时再见矣?'余约于槐黄时。乃愀然曰:'明经不第,不值一钱。余又将乘辕改北,背城借一也。'旋即出其所赠诗。次日谒师后,邀余见,昌言于众曰:'过岭以来所见士,君一人耳。'又就诗中跋引伸之,无多语也。匆匆作别,差池不见。"(《诗草笺注》下,第1175页。)

黄遵宪和诗一首①,略述个人抱负,感激周朗山的知遇之恩,希望群策群力,共谋大计:"噫嘻乎儒生读书不识羞,动夸虎头燕颔径取万户侯。万户侯耳岂足道,乌知今日裨瀛大海还有大九州②。贱子生长南方③陬,少年寂寂车前驺。当时乳虎气食牛,众作蝉噪嗤嘤啁④。小技虫雕羞刻镂⑤,中间离乱逢百忧⑥。红尘蔽天森戈矛,我时上马看吴钩⑦。呜呼不能用吾谋,驹伏辕下鹰在鞲。看人貂蝉出兜鍪,幡然一笑先生休。矢人为矢辀为辀,兰台漆书吾箕裘。且⑧呼古人相绸缪,打头屋小歌声遒。亦手帖括⑨吟呦

---

① 张堂锜《黄遵宪诗歌写作年表》将此诗列于1871年,但1871年黄遵宪犹未认识周朗山,故应列于1872年。
② 此四句钞本作"男儿不能并吞囊括大九州,犹当虎头燕颔径取万户侯。"
③ "方",钞本作"荒"
④ "嗤啁",钞本作"啁嗤"。
⑤ 钞本下有二句:"毛锥一掷冥足用,膈下老死宁毋羞。"
⑥ 钞本下有二句:"徘徊怪鸟鸣鹎鹠,烦苦新鬼啼骷髅。"
⑦ 钞本下有四句:"左手并矕右援桴,誓师一战将沉舟,挥戈三刻能逾沟,军门上书借箸筹。"
⑧ "且",钞本作"日"。
⑨ "亦手帖括",钞本作"何不一卷",下有"若周若秦若汉魏,若韩若柳若苏欧。帖括几人称善讴,归唐金黄方熊刘。当其下手穷冥搜,经腴史隽一笔裒。迩来承学懒且偷,乃使面目同俳优"。

嗳,时文国小原莒邹,要知假道途必由。习为谐媚为便柔,招摇过市希急售。盗窃名器为奸偷,平生所耻羞效尤。谤伤争来撼树蜉,非笑亦有枪榆鸠。立志不肯随沉浮,一齐足敌众楚咻。皇皇使者来轩轺,玄珠出水黝然幽,珊瑚入网枝相樛①。不才如宪亦兼收,一头放出千人稠。其旁一客为马周,炯炯秋水横双眸。谓生此文无匹俦②,即此已卜公侯仇。嘻嘻吾文原哑呕,公竟许我海与丘。感公知己泪一流,以公才气命不犹。文不璜珮鸣琅璆,武不龙虎张旌斿,时时酒酣摩䩞鞯,萧条此意将白头。至今不愿为闲鸥,乘风犹来海上游。海波正寒风飕飕,中有蝮蛇从鸧鹜,盲云怪雨无停留,老蛟欲泣潜鱼忧。何物小魅不匿瘦,公然与龙为仇雠。苍梧回首云正愁,公从仙人来十洲。公其为龙求蟠虬,左挹洪崖右浮丘。招邀群策同力勠,号召百族相聚谋。铁锁重使支祁囚,赤文绿字光油油。重铭瑶宫修琼楼。呜呼此愿何时酬!"(《诗草笺注》上,第83—91页。)

黄遵宪又作《寄和周朗山》五首③,其二云:"拍手引鸾凤,来从海上游。大鹏遇希有,两鸟忽相酬。金作同心结,刀期绕指柔。各平湖海气,商榷共登楼。"(《诗草笺注》上,第93页。)

黄遵宪还有诗九首,寄和周朗山:

"出手柯亭笛,无端变徵声。爱才如共命,托分本三生。怪我头犹黑,夸人眼独明。(君得余文,夸为过岭以来得士惟一人,以此颇为朋辈妒嫉。)感恩兼惜别,万绪忽纵横。"

"性不因人热,家犹怪叔痴。问君何所见,一面竟心知。大节深期许,奇缘剧别离。鼓琴舟独往,烟水怅情移。"

"相送不相见,无情水自流。欲行犹下榻,此去不同舟。咫尺千重隔,苍茫独立愁。罗浮风雨暗,无分梦同游。"

"淮海飘零客,孤蓬此去时。平生原寡合,相遇况多歧。江水摇兰枻,秋风动桂枝。感君知我意,拔尔更为谁?"

"出手柯亭笛,无端变徵声。因缘才一见,文字本三生。问姓惊穷老,论交识性情。不胜惆怅意,何喜到科名。"

"拍手引鸾凤,来从海上游。有文过屈宋,摸索到曹刘。得失两心印,

---

①"樛",钞本作"谬"。
②钞本下有"颠天峨冠进鸿畴,燕然勒铭张皇猷"二句。
③张堂锜《黄遵宪诗歌写作年表》将此诗列于1871年。

仓皇一面谋。似君湖海气,许我共登楼。"

"宪也书生耳,终年独抱经。摩挲双鬓绿,徒倚一灯青。入世嫌□气,论诗爱性灵。平生飞动意,一烛转愁生。"

"一笑吟髭捻,怜才意转痴。共论文海外,都忘客天涯。古意深怀抱,新知剧别离。鼓琴舟独往,烟水又情移。"

"地北天南始,孤蓬此去时。一生能只友,相遇况多歧。江水摇兰枻,秋风动桂枝。感君知我意,知尔更为谁?"(《全集》上,第202—203页;《集外诗辑》,第29页。)

周朗山于本年冬北归,十一月二十四(12月24日),舟到兴宁,有诗五首给黄遵宪:"一别在今日,茫茫相见时。那知有情泪,不得洒临歧!潭水犹情浅,神山易合离。归舟何意绪,回首念钟期。"

"遇合常相左,吾生事可知。文章关性命,丘壑见岭奇。叔度波千顷,柯亭笛一枝。美人隔天末,幽怨寄江蓠。"

"大地为情界,因缘即种愁。子卿工赋别,宋玉易悲秋。桑下经三宿,桃源阻再游。谁令明月缺,凄切是琼楼。"

"蕊榜题名日,承欢梓舍新。春光生第内,喜气拂行尘。我已离家久,何堪异别频。夜谈闻旧雨,相送最情亲。"

"订约翻成误,逢船问姓名。(相约以漏三下,未及时而星轺已发矣。)作合谁为尔?分携亦偶然。五千里外客,十八洞中仙。书帛鸿能寄,诗篇鹤藉传。江淮流到海,萍聚是何年。"(《诗草笺注》上,第39页。)并有书给黄遵宪,详述生平学术,意以传志见托。

黄遵宪得诗不乐,谓周朗山的诗过于凄凉,"行至兴宁,又寄余数诗。余得之不乐,曰:'朗山诗凄凉掩抑,乃至于此,吾惧其将死矣!'"(《全集》上,第239页。)

十二月初八(1873年1月6日),黄遵宪有致周朗山函,提出诗歌创作的范围、原则等问题。黄遵宪此时已经积诗一百多首,积累了一定的创作经验,继"我手写我口"的观点后,首次系统提出诗歌理论,强调诗歌应该率其真而不从古人,应反映新的时代、新的生活,要把所见所闻笔之于诗。所写的作品,要有自己的精神面貌和独特风格。"朗山先生足下:腊月八日上一书,系以诗,当达左右矣。今仅录宪所学为诗一百有奇,有空白未书者,缘属稿未定,向畏诗名,未出示人。此一百中多九十,少暇,又不及细为点窜,而求教之心甚急,即命人缮写,其未妥者遂竟阙之也。

"遵宪窃谓诗之兴,自古至今,而其变极尽矣。虽有奇才异能英伟之士,率意远思,无有能出其范围者。虽然,诗固无古今也,苟出天地、日月、星辰、风云、雷雨、草木、禽鱼之日出其态以(尝)〔当〕我者,不穷也。悲、忧、喜、欣、戚、思念、无聊、不平之出于人心者,无尽也。治乱、兴亡、聚散、离合、生死、贫贱、富贵之出而〔有〕我者,不同也。① 苟能即身之所遇,目之所见,耳之所闻,而笔之于诗,何必古人? 我自有我之诗者在矣。夫声成文谓之诗,天地之间,无有声,皆诗也,即市井之谩骂,儿女之嬉戏,妇姑之勃豀,皆有真意以行其间者,皆天地之至文也。不能率其真,而舍我以从人,而曰吾汉、吾魏、吾六朝、吾唐、吾宋,无论其非也,即刻画求似而得其形,有②则肖矣,而我则亡也。我已忘我,而吾心声皆他人之声,又乌有所谓诗者在耶? 汉不必《三百篇》,魏不必汉,六朝不必魏,唐不必六朝,宋不〔必〕唐,惟各不相师而后能成一家言。必执一先生之说,而媛媛姝姝,则删诗至《三百篇》止矣,有是理哉?③ 是故论诗而依傍古人,剿说雷同者,非夫也。

"吾今日所遇之时,所历之境,所思之人,所发之思,不先不后,而我在焉。前望古人,后望来者,无得与吾争之者。而我顾其情,舍而从人,何其无志也? 虽然,吾身之所遇,吾目之所见,吾耳之所闻,吾愿笔之于诗,而或者其力有未能,则不得不藉古人而扶助之,而张大之,则今宪所为,皆宪之诗也。先生顾其情,性性意气,可得其大概。至笔之于诗,则力有未能,则藉古人者,又后此事。惟先生教之!"(《全集》上,第291—292页。)

黄遵宪在家,作《无题》四首:

"通辞未敢托微波,掩抑弦弦诉奈何。东海有鱼怜涸辙,南山无鸟枉张罗。低头自作停针语,羞面难为却扇歌。黄檗成林千万里,阿侬争奈苦心多。"

"自家亲制嫁衣裳,玉尺声催压线忙。天上白榆原隔水,江干黄竹是空箱。东邻未许分灯火,北斗难持挹酒浆。食取缠头争买笑④,终羞人羡倚门倡。"

---

① 以上"朗山先生足下"至"不同也"文字,所见各种版本均缺。
② 所据底本作"有",疑为"肖"。
③ "必执一先生之说"至"有是理哉",他本均缺。
④ 此句钞本作"削尽竹萌劳十指"。

"平时不作叩头虫，不信丹砂看守宫。两意三心难作主，六张五角忽相逢。金蟾秋冷翻奔月，铜雀春深不锁风。昨夜玉人亲教我，琼箫吹彻韶难工。"

"无端风送叶声干，细雨灯前耐小寒。磨折信□今日尽，笑啼教觉此心酸。枝头鹊绕空三匝，冰上狐疑正两难。除却彭郎谁宋玉，三年人已隔墙看。"（《全集》上，第204页；《集外诗辑》，第32—33页。）

黄遵宪在家，作《红牙》一首：

"红牙解按相思曲，铁障能解施议围。横扫千人好才调，沈郎腰瘦不胜衣。"（《全集》上，第205页；《集外诗辑》，第34页。）

本年，胡晓岑在邑城，作《莺花海》四卷，首仿山歌风格为之，此书后为黄遵宪所推崇。

同治十二年癸酉（1873年）　二十六岁

【国内外大事】王韬《普法战纪》（十四卷本）出版，在中国、日本引起轰动。曾国藩称王韬为"未易之才"。李鸿章"许以识议闳远，目之为佳士"。光绪四年（1878年），日本军部将《普法战纪》颁行全国。是年，康有为十七岁，"始见《瀛寰志略》《地球图》，知万国之故，地球之理"。（康有为：《我史》，第6页，江苏人民出版社1999年版。）

正月二十六（2月23日），梁启超生于广东新会。黄遵宪与梁启超在光绪二十二年（1896年）相识于上海，共同创办《时务报》。"他是黄遵宪一生最赏识的人，黄氏称他为'旷世奇才'。"（蒋英豪：《黄遵宪师友记》，第108页，上海书店出版社2002年版）。

三月十九（4月15日），周朗山以病卒于佛山舟中。

七月（8月），黄遵宪至广州，以拔贡应本省乡试，不中，有诗三首写给其老师余蓉初，描述三次考试均不中的忧愤："又被风吹九下天，神山将近忽回船。半生遇合如公少，四海论文道我贤。千里黄河翻九曲，一鸣大鸟待三年。饱闻慰藉殷殷语，两鬓摩挲只自怜。"

"金陈以外数方韩，二百年来括目看。一己屈伸关系小，斯文风气转移难。有人用我思投笔，无地求仙且炼丹。闻道《郁轮袍》一曲，飞升早已上云端。"

"平生三战既三北,颇道文章未足凭。弹指流年三十近,惊心知己一人曾。鸡虫得失纷无已,牛斗神灵竟不能。自笑谋身尚无策,忧时感愤又填膺。"(《全集》上,第206—207页;《集外诗辑》,第37页。)

在广州期间,黄遵宪游历省城,作《羊城感赋》六首,后来补作。"本诗对比广州的历史和现状,揭露外国侵略者连续发动两次战争给广州造成的恶果,赞扬了坚决抗敌的英勇军民,讥评了清政府求和妥协的行径和误国官员"。(钟贤培等:《黄遵宪诗选》,第11页,广东人民出版社1994年版)。

诗云:"早潮晚汐打城门,玉漏声催铜鼓喧。百货均输成剧邑,五方风气异中原。舵舟与轿山川险,帕首靴刀府帅尊。今古茫茫共谁语,越王台下正黄昏。"

"手挽三江尽北流,寇氛难洗越人羞。黄巢毒竟流天下,陶侃军难进石头。(金陵未克以前,左帅致书曾文正公,谓当从广东进师。文正不谓然。左帅有言,于此始于此终,粤贼当灭于粤。后其言竟验。)铤鹿偶然完首尾,烂羊多赖得公侯。欃枪扫尽红羊换,从此当朝息内忧。"

"际海边疆万里开,臣佗大长信奇才。平蛮看竖擎天柱,朝汉同登浴日台。南极星辰原北拱,东流海水竟西回。喁喁鹨鲽波涛阻,独有联翩天马来。"

"慷慨争挥壮士戈,洗兵竟欲挽天河。苦烦父老通邛笮,难禁奸民教尉佗。沃庙火焚氛更恶,鲛人珠尽泪犹多。纷纷和战都非策,聚铁虽坚奈错何!"

"战台祠庙岿然存,双阙嵯峨耸虎门。谁似伏波饶将略?犹闻蹈海报君恩。要荒又议珠崖弃,霸业弥思蘦屋尊。最是凋零苏武节,无人海外赋《招魂》。"

"木棉花落絮飞初,歌舞冈前夜雨余。阁道莺声都寂寞,市楼蜃气亦空虚。骑羊漫诩仙人鹤,驱鳄难除海大鱼。独有十三行外柳,重重深护画楼居。"(《诗草笺注》上,第104—113页。)

黄遵宪与胡晓岑同寓省垣仙湖街,重阳后始回。黄遵宪在广州期间,怀念四弟黄遵路[①],有诗二首:"雏雁毛羽成,各各南北飞。与君为兄弟,义

[①]《钱谱》记:"公度从弟由甫曰:此乃寄遵路者。公度同母弟三人,依次序,公度长,遵模次之,遵路第三,遵楷第四。称遵路为四弟者,依照同祖父父母弟排列。"(《诗草笺注》上,第115页。)

兼友与师。师严或伤和,肝鬲君所知。阶前百尺桐,浓绿侵须眉。树根两坐石,一平一欹崎,我坐拾落叶,君立攀高枝。此读彼吟哦,形影常相随。有时隔屋语,亦复穴壁窥。当时忘此乐,亦已乐不疲。人生欢聚时,何知苦别离。"

"匏瓜系不食,壮夫是所羞。出门望长安,远在天尽头。贡士亲署名,行作万里游,念此当乖离,恩情日绸缪。今年槐花黄,挂帆来广州。亦谓此恨浅,待我过深秋。秋风亦已过,别恨终悠悠。欲归不得归,飘蓬迹沉浮。登高插茱萸,重阳风飕飕。以汝异乡思,知我游子忧。千里远相隔,已恨归滞留。何况万里别,益以十年愁。"(《诗草笺注》上,第115—116页。)

九月(10月—11月),黄遵宪在广州获悉周朗山病逝,悲伤之至。九月十六日(11月5日),作《寄和周郎山诗跋》:内谓:"……今年来省,急询其行踪,则已于三月病归自肇庆,竟于十九日卒于佛山之舟中。问其柩,知未反。余即携纸钱一束,展拜其殡,盖明日将发引矣。一棺萧然,泣且无泪。朗山有灵,殆感吾二人因缘之悭,犹欲待余一哭欤?呜乎!附录于此,志知己之感。执笔未下,又不知涕泗之何从也!"(《全集》上,第239页。)于是,作《哭周朗山》二首:"仓皇一别意怦怦,洒血成诗作赠行。生死交情真业果,飘零身世尽浮萍。同时交臂翻相失,再见无缘况后生。期副墓铭珍重意,报公文苑传中名。(寄余一书,详述其生平学术,意以志传见托。)"

"一副生平知己泪,几年零落九原多。得君大有凌云气,谁料仍为《薤露》歌。穷苦文章关注命,江湖舟楫坠风波。《招魂》赋些知何益,枉自呼天唤奈何!"(《全集》上,第206页;《集外诗辑》,第35页。)

重阳后,黄遵宪归家,居家无俚,作《游仙词》八首:

"新声屡奏《郁轮袍》,混入群仙亦足豪。夜半寥阳呼捉贼,九天高处又偷桃。"

"招摇天市闹喧哗,上界年年卜榜花。贯索(困)〔囷〕仓齐及第,群仙校对字无差。"

"贝宫瑶阙矗千层,欲上天梯总未能。但解淮王炼金术,便容鸡犬共飞升。"

"上清科斗字①犹存,检点琅函校旧文。亲写绿章连夜奏,微臣眼见异

---

① 指蝌蚪字。

风闻。"

"臣朔当年溺殿衙,颇烦王母口赍嗟。金盘玉碗今盛矢,定比东方罪有加。"

"星宫昨夜会群真,各自然犀说旧因。不识骑驴张果老,是何虫豸是前身。"

"新翻妙曲舞《霓裳》,何故人间遍播扬?分付雏龙慎防逻,不容撕笛傍红墙。"

"懊侬掷米不成珠,十斛珠尘又赌输。至竟如何施狡狯,亲骑赤凤访麻姑。"(《全集》上,第205页;《集外诗辑》,第34—35页。)

又作《戏作小游仙诗》一首:

"一局商山忽赌输,瀛洲玉袜近来无。乘槎下与龟鼋语,要借龙宫十斛珠。"(《全集》上,第205页;《集外诗辑》,第35页。)

黄遵宪次子黄鼎崇出生。(据《钱谱》。)

同治十三年甲戌(1874年)　二十七岁

【国内外大事】正月初五(2月21日),王韬主持的《循环日报》在香港创刊,以"强中以攘外,诹远以师长,变法以自强"为宗旨,是为中国人自办成功的最早的中文日报[①]。正月二十七(3月15日),越南阮朝派大臣黎俊与法国海军少将杜伯蕾签订了《法越和平同盟条约》(即《第二次西贡条约》),条约规定:法国承认越南的独立,不再臣服于中国,一旦越南需要征剿贼寇,法国愿意无条件援助。越南的税收、海关由法国专家组织。三月(4月),日本派陆军中将西乡从道率军三千人在台湾南部登陆,发动侵台战争,清政府一面与日本交涉,一面命福州船政大臣沈葆桢为钦差大臣,率军赴台,布置防务。九月二十二(10月31日),恭亲王奕䜣与日本代表大久保利通在北京签订了《台事专约三款》,另附"会议凭单"一件。主要内容为:日军退出台湾;中国允给"抚恤"银十万两,日本在台修道、建房等件,中国留用,需偿银四十万两;中国承认日本侵台为"保民义举",给日后日本正

---

① 林语堂1936年在芝加哥以英文出版的《中国报刊与舆论史》一书中推崇王韬为"中国新闻报纸之父"。

式兼并琉球以口实。十月二十五日(12月3日),日军全部撤离台湾。

早春,黄遵宪居家,成《人境庐杂诗》十首。黄宅"人境庐"初建时间不详,或曰是1884年始建,时黄遵宪住"在勤堂","诗中写的景色,亦应是作者故居'在勤堂'的景色。"(钟贤培等:《黄遵宪诗选》,第389页,广东人民出版社1994年版。)似误。据黄遵庚《六十年之我》载,其父黄鸾藻光绪十一年(1885年)去世后,从信宜运回停柩于人境庐。(黄遵庚:《六十年之我》,第1页,且斋藏本。)从黄遵宪诗中看,时人境庐已有楼,门前有树,树外有亭。

"春风吹庭树,树树若为秋。忽作通宵雨,来登近水楼。湿云攒岫出,叠浪拍天流。不识新波长,沙边有睡鸥。"

"门前几株树,树外一亭茅。唼絮鱼行水,衔①鹄鸟恋巢。月随②瓜架漏,花入③药栏交。难怪陶徵士,移居乐近郊。"

"亦有终焉志,其如绿鬓何!云闲犹作雨,水止亦生波。春暖先鸦起,湖宽让鲫多。门前亲种柳,生意未婆娑。"

"出屋梧桐长,都经手自栽。十年劳④树木,百尺看⑤成材。莽莽⑥风云会,深深⑦雨露培。最高枝上月,留待⑧凤皇来。"

"紫藤花压架,开落到如今。旧雨伤黄土,残春怅绿阴。寻香犹悄悄,埋玉故深深。庭下闲叉手,多余恋旧心。"

"叶叶蕉相击,丛丛竹自鸣,萧萧传雨意,摵摵误秋声。露湿寒蛩寂,枝摇暗鹊惊。幢幢灯影暗,独坐到微明⑨。"

"初日照高楼,迟迟树影收⑩。苔痕缘壁漫⑪,花气到⑫帘留。春软鸡同

---

① "衔",钞本作"携"。
② "随",钞本作"从"。
③ "入",钞本作"与"。
④ "劳",钞本作"勤"。
⑤ "看",钞本作"渐"。
⑥ "莽莽",钞本作"坐待"。
⑦ "深深",钞本作"时深"。
⑧ "待",钞本作"看"。
⑨ 钞本此二句作"沉沉庭院静,坐到夜三更"。
⑩ 钞本此二句作"微雨止复作,疏烟淡不流"。
⑪ "漫",钞本作"上"
⑫ "到",钞本作"隔"

粥,风和鹊亦柔①。书声墙外过,有弟住东头。"

"耐冷斋头客,(西宁学署斋名,时诗五客此。)鳏鱼不寐余。知君长独坐,念我近何如? 哀乐中年感,艰难远道书。杨梁诸子好,踪迹亦萧疏。"(《诗草笺注》上,第118—123页。)

"扶筇访花柳,偶一过邻家。高芊如人立,疏藤当壁遮。絮谭十年乱,苦问长官衔。春水池塘满,时闻阁阁蛙。"

"无数杨花落,随波半化萍。未知春去处,先爱子规声。九曲阑回绕,三叉路送迎。猿啼兼鹤怨,惭对草堂灵。"(《全集》上,第207页;《集外诗辑》,第37页。)

春,黄遵宪在家,与梁诗五游阴那山,阴那山是嘉应首屈一指的胜景名山,位于今广东省梅县区雁洋镇,距今梅州市区四十多公里。人称粤东群山之祖。与罗浮、南华鼎峙齐名,并称"粤东三胜"。山中有千年古刹灵光寺,为广东四大名寺之一。有《约诗五游阴那山时余将有京师之行》诗四首②:

"名山好友两相当,结习平生各未忘。尘世几人多暇日,山灵于我况同乡。明年草绿王孙去,后路槐花举子忙。竹杖芒鞋青笠子,且容今日一徜徉。"

"出门西笑望长安,颇畏人间行路难。出世总嫌泉水浊,有山须共故人看。海天南北愁分手,尔我行藏此倚阑。免俗未能相祝慰,杏花红处更同鞍。"

"看山容易入山迟,世事茫茫那可知。未了岂徒婚嫁事,得闲且作钓游时。有灵山水惊知己,过眼云烟费去思。老我菟裘终在此,愿君莫漫作文移。"

"邓庄桂子留人处,潘馆荷花映日时。每借看山图聚首,况当来日属分离。长安今雨相知几,出岫浮云恋旧迟。某水某山共游处,留供别后话相思。"(《全集》上,第206页;《集外诗辑》,第36页。)

春,黄遵宪启程赴京应试。黄遵庚、黄干甫《黄遵宪生平事迹》记:"遵宪二十七岁北上,应清廷召集全国'拔贡'的考试,由海道赴天津,秋抵京师。清制,'拔贡'在廷试一等的,授为小京官;二等的授为候补知县,被取

---

① 钞本此二句作"虚室白无影,孤灯红欲愁"。
② 张堂锜《黄遵宪诗歌写作年表》将此诗列于1873年。

录的人,要精书小楷,他因而未获授。但他在京认识了许多知名之士,往来最密切的是广西赖鹤年(字云之,后官四川布政使)、广东兴宁胡曦(字晓岑,是他拔贡的同年)。"(《全集》下,第1587—1588页。)

按照当时科举考试的规定,凡秀才在北京落籍的,或者已取得"监生""贡生"头衔的,都可以参加顺天府的乡试。

由于科场三次失利,黄遵宪北上时,作《将之京师应廷试感怀》四首。有论者评曰:"诗中既有时光流逝、功名未立的感叹,也有强烈的自信和积极进取的精神,鄙薄科举考试和希望通过考试施展抱负之间形成尖锐的冲突,故盘纡结郁,沉郁劲健。"(曹旭:《黄遵宪诗选》,第17页,中华书局2008年版。)"巍峨百尺矗金台,西望长安笑口开。浮海船如天上坐,叩关人向日边来。三千多士纷齐集,十二周星又一回。多少文章台阁体,此中可有济时才?"

"六百年来作帝家,人人鼓掌说京华。也将鴃舌南蛮语,来品胭脂北胜花。诸将声名问河朔,承平人物溯乾嘉。即今走马诸年少,西抹东涂亦足夸。"(《全集》上,第207页;《集外诗辑》,第38页。)

"二十余年付转车,自摩髀肉问何如?暂垂鹏翼扶摇势,一学蝇头世俗书。荡荡天门争欲上,茫茫人海岂难居。寻常米价无须问,要访奇才到狗屠。"(《诗草笺注》上,第123页。)

第四首题为《出门》:"出门①杨柳万条春,送我临歧意未申。得失鸡虫何足道,文章牛斗可能神。②无穷离合悲欢事,从此东西南北人。手版脚靴兼帕首,任风吹堕软红尘。(前辈戏语:西湖风月,不如东华软红香土。)"(《诗草笺注》上,第125页。)

黄遵宪北上应廷试前,将所作诗在嘉应州四处抄送,许多朋友有诗来送行,族中长辈黄祖培有《再赠公度》诗:"公度袖诗来相见,自言生平无所愿。此行但得七品官,饱吃黄虀与古战。读书必兼才学识,下笔乃括经史传。区区八股敲门砖,直须覆瓿焚其砚。我闻此语色焉骇,急翻诗稿读之遍。钧天奏罢又霓裳,玉皇端冕云中殿。有时警似著风旐,有时丽于集雨霰。有时跳掷古蛟螭,有时歌吹春莺燕。当其言情真挚处,沁人心脾尤缱绻。忽然絮语忽悲啼,是何哀感均顽艳。吁嗟奇才岂易得,家有阿连可无恨。一朝囊笔走长安,四海声华操左券。所恨长君逾十载,抛掷青春随闪

---

① "出门",钞本作"江头"。
② 钞本此二句作"多恋颇留儿女态,不才敢现宰官身"。

电。撑肠文字不宿饱,眯目琳琅空震眩。中有临歧别我句,移宫换羽音节变。流连车笠百年心,挥叱云雷三尺剑。曲高无徒必使和,毋乃逼人以自炫。破例将观一得长,婉言谓留他日念。欲藏余拙碍难却,放胆挥毫资喷饭。已愧交情脱宝刀,聊申永好吟秋扇。天生材力原有定,底事未全关锻炼。平时无佛易称尊,敢对夷光夸盼倩。譬如遇敌避三舍,焉能薄险发一箭。暗思愤激张吾军,旋怜国小惮征缮。蓦地心兵挟长生,周有宗盟请覆验。晋楚齐秦岂不大,鲁出伯禽次当先。否则两贤不相厄,君去中原主坛坫。鸿沟分割父母邦,让与老兄当一面。"(黄祖培:《再赠公度》,张煜南、张鸿南辑刊,刘燕勋、张芝田编订:《梅水诗传》卷六,第95—97页,光绪二十七年,郭真义等编:《梅水诗丛》上,第501页,广东人民出版社2015年版。)

黄祖培,字凤五,清咸丰辛酉副榜,补戊午科副榜。祖培学问渊博,精于制艺,刊有《读我书斋制艺》行世。并设馆授徒,生徒极盛,经他指点登科第者甚众,如温慕柳、罗黼月、黄钧选等,是嘉应颇有名气的八股文专家,是黄遵宪的本家。(《光绪嘉应州志》,卷二十三,第436页。)

家乡友人萧鄂华字颖初,岁贡生,娴于词赋。亦有诗送行:"君如汗血马,权奇骤难羁。我本非神骏,伏枥安敢悲。羡君万里行,到天信有期。况复骋雄俊,安行日未欹。(公度时方弱冠。)所望向空阔,中途力鞭驰。勿便收玉勒,从此挂青丝。(自谓得官后不复再谈八股矣。)闻道冀州土,古有相马师。驽骀显骐骥,定受伯乐知。诡遇不足道,调习亦所宜。(谓宜兼及制艺,再图进取。)勉劝天闲贵,毋谓人用卑。识途非老马,一笑姑置之。"(萧鄂华:《赠黄公度学博北上廷试》,郭真义等编:《梅水诗丛》上,第583页,广东人民出版社2015年版。)

黄遵宪北上的时间和伴友,《钱谱》和《吴谱》有不同的说法。《钱谱》认为黄遵宪北上到达北京的时间是秋天,没有与胡曦同行。《吴谱》认为,黄遵宪应该是春天就到京师,是与胡曦同行。理由是:"无论轮舟赴京,决不至费时如许之久;而拔贡入京廷试(亦称朝考),原有限期,据商衍鎏《清代科学考试述录》①第一章第四节五贡条,嘉庆七年,各省拔贡俱限令于五月内到京,六月初旬朝考,相沿至清末未改。又据罗香林撰胡晓岑先生年谱同治十三年条,'与友人黄遵宪等由海道赴津入京,朝考报罢,都中过夏,住

---

① 今案:应是《清代科举考试述录》之误。

宣武门外闻喜庵'。俱可见先生等是年夏已抵京应考。"(吴天任:《清黄公度先生遵宪年谱》,第20页,台湾商务印书馆股份有限公司1985年版。)

　　黄遵宪北上应廷试前,多次写信约胡曦同行,由于邮件丢失,二人最终没有同行。胡曦《湛此心斋诗集·燕草序》云:"同治十三年,朝考入都……黄子公度屡约同行,竟以邮寄屡失,遂舛期日。"黄遵宪途中有与胡晓岑书云:"长路漫漫溯江浦,此间不可无君语。"

　　四月初八(5月23日),黄遵宪北上从嘉应到汕头,再到广州。在汕头时,首次整理其诗作,编成《人境庐诗草》二卷,并作序一篇:"此诗两卷,盖《人境庐诗草》之副本也。十年心事,大略具此。已别命书人缮写,携之行囊。然予有戒心,虑妙画通神,忽有肱箧之者,故别存之,以当勇夫之重闭。诗固不佳,然亦征往日身世之阅历,亦验他日学问之进退。将来相见,风雨对床,剪烛闲话,出此一本,公度自证之,吾弟又共证之,亦一快也。什袭珍重,等闲不遽以示人。"(《全集》上,第68页。)

　　黄遵宪至广州,然后乘轮船从海道北上天津,再从天津乘车赴北京,抵天津时,有诗四首记之:"遥指天河问析津,茫茫巨浸浩无垠。华夷万国①无分土,人鬼浮生共转轮。敌国同舟今日事,太仓稊米自家身。大鹏击水南风劲,忽地吹人落软尘。"

　　"来牛去马看频频,独立苍茫此水滨。避面青山难见我,打头黄土信②扞人。东西市舶无分界,南北藩封此要津。七十二沽秋色满,不堪吹鬓半胡尘。③"(《诗草笺注》上,第126页。)

　　"算曾过海踏金鳌,虽不能仙亦足豪。七十二沽寻扼塞,八千余里怅波涛。神仙渐觉蓬瀛近,地脉潜分泰岱高。外侮内讧氛甚恶,十年前事首频搔。"

　　"平平海已不扬波,中外同家久议和。地到腹心犹鼾睡,人来燕赵易悲歌。劳劳且耐泥涂辱,郁郁尤添块垒多。稍喜虎牢城戍固,诸侯剑佩早森罗。"(《全集》上,第207—208页;《集外诗辑》,第38—39页。)

　　黄遵宪抵津后,便赴北京,时京津间有运河,黄遵宪乘骡马车,颇觉新鲜,留下沿途所见诗数篇。

---

①"万国",钞本作"绝域"。
②"信",钞本作"尽"。
③钞本此四句作"登车慷慨肠空热,行路寻常貌岂真。莫漫他年入图画,疲驴破帽过天津"。

《早行》一首:"堤长已历八九折,柝击犹闻四五更。凉风吹衣抱衾卧,残月在树啼乌声。东方欲明未明色,北斗三点两点星。腐儒饥寒苦相迫①,驱车自唱行行行。"(《诗草笺注》上,第131页。)

又有《武清道中作》五首②:"始识风尘苦,吾生第一回。斗星随北指,云气挟东来。走竟偕牛马,臣初出草莱。海天千万里,南望几徘徊。"

"天到荒寒地,山犹懒刻镂。沙蒙惟见日,树瘦尽如秋。长路漫漫苦,斜阳渺渺愁。岭南好时节③,不为荔支留。"

"绿树如云拥,门前百尺桐。吾家正溪北,有弟住墙东。尽室团圞乐,行人梦寐中。茫茫百端集,到此意何穷。"

"唐魏风同俭,幽并气不豪。龙衣将瓦覆,牛矢压墙高。忧患家多口,荒凉地不毛。最怜罗马拜,中妇乞钱号。"

"居者与行者,劳劳同一叹。天恩才咫尺,民气不衣冠,地况穷荒远,人兼琐尾残。监门图一幅,谁上九重看。"(《诗草笺注》上,第128—131页。)

燕赵多慷慨悲歌之士,作《慷慨》二首:刊本存一首,其二见《集外诗辑》,第39页。"慷慨悲歌士,相传燕赵多。我来仍失志,走问近如何?到处寻屠狗,初番见橐驼。龙泉腰下剑,一看一摩挲。"(《诗草笺注》上,第132页。)

诗境凄凄,施吉瑞评论说:"北方农村的黑夜加重了黄遵宪的恐慌,他担心自己的京师之行又是一段失败的求官之旅。"(施吉瑞著、孙洛丹译:《人境庐内:黄遵宪其人其诗考》,第15页,上海古籍出版社2010年版。)

到京后,生活环境变化,黄遵宪思念家乡和朋友,作《月夜》一首:"梧桐庭院凤凰枝,六尺湘帘跪地垂。长记绮窗相对语,二三更后夜凉时。"(《诗草笺注》上,第133页。)

又作《代柬寄诗五兰谷并问诸友》六首,刊本存四首:"入梦江湖远④,撑胸⑤天地宽。长安人踏破,有客独居难。短榻鸣虫寂⑥,孤灯落叶寒⑦。不

---

① "迫",钞本作"逼"。
② 《大清一统志》载:武清县在顺天府东南一百二十里。
③ "好时节",钞本作"时节好"。
④ 钞本此句作"梦里湖山远"。
⑤ "撑胸",钞本作"胸中"。
⑥ "鸣虫寂",钞本作"鸣吟壁"。
⑦ "落叶寒",钞本作"叶打门"。

禁儿女语,琐屑写君看①。"

"万树秋风起,吾心吹不归。袖留孤刺在,书自②百城围。大海容鸥住,高云看③鸟飞。酒痕和泪渍,时一检青衣。"

"亲健都寄福,芳兰各自花。云扶王父杖,(余祖年六十六矣。)酒暖冷官衙。(诗五尊人官西宁学博。)巢燕长依母,栖乌又有家。(诗五近方续娶。)上堂如照镜,莫叹鬓丝华。"

"覆地桐阴绿,中为人境庐。刚柔分日课,兄弟各头居。草草常留饭,匆匆亦读书。近来仍过我,见我衮师无。(端读书矣,阿和想亦学步也。)"(《诗草笺注》上,第133—136页。)时黄遵宪长子黄冕七岁,次子黄鼎崇二岁。

"相去八千里,离怀何可宣。旧时此风雨,独我不家园。短榻虫吟壁,孤灯叶打门。不禁儿女语,重复对君言。"

"百战艰难后,中兴颂太平。从风荤粥至,不日柏梁成。箭待天山定,图争王母呈。长安居亦易,此日正时清。"

"梦里湖山远,胸中天地宽。长安人踏破,有客独居难。(《金华子》:'有乡贡进士黄居难,字乐地,能为诗,欲比白居易也。')士杂幽并气,诗除郊岛寒。阿蒙三日别,刮目待君看。"(《全集》上,第208页;《集外诗辑》,第39—40页。)

四、五月间(5月—6月),黄遵宪在北京寓嘉应会馆。黄遵楷《先兄公度先生事实述略》:"时先君供职农曹,遂留侍京寓。"(《全集》下,第1573页。)五月初胡曦到京,寓嘉应会馆侧的宣武门外闻喜庵,黄遵宪与胡曦、赖鹤年过从甚密。六月,廷试未售。罗香林《胡晓岑先生年谱》记:"与友人黄遵宪等,由海道赴津,入京,朝考,报罢。"(广东省兴宁县政协文史委员会编:《兴宁文史》第十七辑,第134页,1993年版。)

胡曦《湛此心斋诗集·燕草序》云:"同治十三年,朝考入都,至京孑然一身,时既五月初旬矣。冰窖停车,见诸故人,共饮端午。遂蹴居宣武门外闻喜庵,邻嘉应会馆。公度昕夕过谭,论文甚乐也。六月报罢,寓斋过夏。八月去京,公度数贻之以诗。"(钱仲联:《岭南新派诗人胡曦》,香港《大公报》,1966年4月3日。)

六月十四(7月27日),黄遵宪夜与胡曦闲话。胡曦有诗二首云:"暂欲西风理敝裘,堂余万柳独荒丘。邹枚客谢江南赋,宣魏人看塞上侯。我

---

① 钞本此句作"重复对君言"。
② "自",钞本作"且"。
③ "看",钞本作"羡"。

辈风尘且过夏,历朝亭障苦防秋。寥天雁阵吾归路,爱尔江湖得自由。""云泥尺五孰城南,古树当门绿到檐。无数星辰天在上,有缘香火佛同参。隔墙过酒情非两,走笔传笺月近三。尚学老僧因问讯,浮舟沧海客能堪。"(胡曦:《燕草甲戌稿》,题为《六月十四夜与公度闲话》。)

六月十六(7月29日),黄遵宪偕胡曦金城河看荷花。胡曦《燕草甲戌稿》有《六月十七日偕公度金城河看荷花》一题,有题无诗。胡曦有长歌贻黄遵宪云:"长安六月车尘红,火云吁气张毒龙。有客来自扶桑东,科头高卧人海中。正谊明道儒者宗,道德其始功名终。名究何名功何功?古人不作吾反躬,思之思之鬼神通。雕红镂翠剪刻工,花儿市头炫鬻丰。献歌卖笑耳目充,梨园子弟都其容。蠕蠕可怜男儿虫,闻闻见见侍母同。隔墙黄子抱古衷,自剪秋水张双瞳。豪气斩马驱长虹,观书卓荦招太冲。上下人物千秋胸,敲冰煮荈诗催筒。落月在树灯呼笼,往往谈笑干喉咙。此乐曾未输侯封,氍毹过夏吾何恍。昨宵酒肠芒角雄,更携巨刃摩苍穹。豪情忽来道心空,老佛枯眠僧闷钟。(余寓闻喜庵。)树头明星窥房栊,(寓厅有古树出檐甚可爱。)六更更鼓声逢逢。颓然一觉日挂铜,忽报诗来眼蒙眬。打门下走惊周公,督我速和如临戎。如春蓬蓬,昔者与子联欢悰。如瓦合范金在熔,联翩文戏嗤驽骢。矮檐短暑天残冬,烛光昏眼风眯缝。克敲敢诩铭其弓,稍免不舞讥氍毹。仙湖之水秋溶溶,去年益喜相于喁。(癸酉秋试,同寓省垣仙湖街。)文心沉潼心香供,忽哭头脑人冬烘。乡离客合如燕鸿,你我笑倒行匆匆。凋年急景艰邮筒,行路黄金歌懊侬。今年过海驱长风,波涛万顷酣笙镛。眼中缥缈千芙蓉,手抱古琴问鸿蒙。恨不共你吞云梦,神山仙人渺无踪。我师成迷又不逢,我且归去子不从。一行一藏殊駏蛩,子家梅水梅之峰。门前百尺多梧桐,结庐人境音为跫。吾家百里距子家,北门古巷连衢同。此时荔熟蕉花浓,诗情热迸乡心浓。中年暂逼人事丛,高堂苞枛供餐饔。女儿犬鸡栖庙宫,绸缪风雨难懈松。子承子舍欢融融,(尊人官京师。)令弟况复文慧聪。曦也有弟非颛蒙,所怜失学稀钻攻。此事遂废无茧蛹,此心抱歉劳反慵。行矣孔璋忧忡忡,眼见阻隔波万重。噫戏乎!农者不士士不农,吾道未必归终穷,努力相期明德崇。"(广东省兴宁县政协文史委员会编:《兴宁文史》第十七集,第388—390页,1993年版。)

在京期间,黄遵宪曾将嘉应诗人宋湘的《红杏山房诗钞》二卷赠送胡曦。该诗集中《游君山》一诗上面有黄遵宪的批注:"吾家有先生手书斗方。此诗云:'君山一点似湖云,只比湖云青几分。终古湖云吹不散,四围湖水带如裙。岳阳城郭孤烟断,黄帝笙钟上界闻。见说茶香兼笋白,自从来过岳将军。'此当是初草,而不衫不履,疏散殊妙。此较整炼,然神减矣。"胡对黄遵宪的这段评语,既表赞同,又提出自己不同的看法,与黄遵宪切磋。后来,胡将《游君山》一诗选入他所编辑的《梅水汇灵集》,采纳了黄遵宪的意见,将宋湘《游君山》诗（嘉庆庚辰春刊本。）中"沧海割来蓬岛股,清湘拖到练光裙"一句,改用初稿中"终古湖云吹不散,四围湖水带如裙"。并在诗后附注中写道:"甲戌都中过夏,一夕,与黄公度论先生诗,适公度有先生手书此卷在壁。公度谓承联刻本改作'沧海割来蓬岛股,清湘拖到练光裙',风韵较减。余则谓初稿'烟中断'三字易'中流见'为有实际;又收句'见说茶香兼笋白,自从来过岳将军'亦远逊此。改之渐近自然矣。两人并以为然。湘烟亦有根据。"（胡曦:《梅水汇灵集》卷四,第21页。）

夏,黄遵宪在北京廷试时初识冯骥声,互相交流诗作。冯骥声字少颜,海南琼山人,其诗作多咏新事物,形式上追求诗体的自由解放,有《抱经阁诗文集》。黄遵宪很欣赏他的《五指山歌》,冯曾为《人境庐诗草》题跋,对黄遵宪诗作赞赏有加。

八月（9月）,赖鹤年出都,赖鹤年,广西浔州府人,同治十二年拔贡,后中进士,官至四川布政使。此年赖到北京应试,朝考第一,殿试以人言试律题误为青莲句黜落。（《诗草笺注》上,第139页。）黄遵宪有长歌送别:"结客须结少年场,占士能占男子祥。为云为龙将翱翔,担簦跨马毋相忘。苍梧之水悠且长,中有浔山山苍苍。前有龙（翰臣）、吕（月沧）后朱（伯韩）、王（定甫）,灵芝继起殊寻常。浑金璞玉其器良,皇皇使者铁网张。摩挲三之贡玉堂,凤凰飞飞上高冈。立足未稳天风刚,吹尔敛翼下八荒。长安纨裤多清狂,阔眉广袖时世妆。日醉杜曲歌韦娘,红裙翠襦围银觞。朝朝暮暮乐未央,子独闭门寻羲皇。青鞋破帽暗无光,时或彳亍书贾坊。邂逅揖我谓我臧,子之外家吾故乡。通明移家趋华阳,至今乡音犹未忘。西风牵手情话长,比邻胡二工文章。因我识子摅肝肠,桃笙棋褥铺绳床。敲冰煮茗焚清香,左陈钟鼎右缥缃,往往道古称先王。繁星窥户月在墙,甲夜至丙言尤详。子言少孤早罹殃,机声灯影宵啼螀。阿母责读声琅琅,每至《蓼莪》泣数行。去年雏凤新求凰,左敖右翱招由房,和鸣锵锵期育姜。倚门停闱久相望,不可以留行束装。

春明门外多垂杨,寒雨乍断露始霜。今日送子天一方,贫士缩瑟①无酒浆。只用好语深浅商,子足暂刖庸何伤。归与兄弟谋稻粱,问字之酒束脩羊。男唯女俞欢重堂,明年槐黄举子忙。呦呦鹿鸣谐笙簧,行听子歌承筐将。人生相见殊参商,吁嗟努力毋怠皇!"(《诗草笺注》上,第139—144页。)

因黄遵宪前在天津诗中别有"疲驴破帽过天津"句,胡曦据其诗意绘疲驴入出京图送赖鹤年。胡曦《燕草甲戌稿》之《送别赖云芝同年鹤年出都即次题疲驴出京图韵》自注:"公度诗有'疲驴破帽过天津'句,余即其诗意,绘图索题。"

八月初十(9月20日),黄遵宪与胡曦登陶然亭,胡曦有诗,题为《八月十日同公度登陶然亭》。

八月二十二(10月2日),胡曦出都,此前有诗别黄遵宪与钟赤华,题为《八月二十日出都别公度赤华》四首。

黄遵宪送别胡曦,作《狂歌示胡二晓岑曦》:"飞鸟不若鹙凤,游鳞不若蟊龙。虚誉不若疑谤,速拙不若缓工。高台落日多悲风,我剑子剑弓子弓。与子拍手青云中,但须塞耳甘耳聋。苍蝇营营无万数,下士大笑声滃滃。"(《诗草笺注》上,第136—137页。)

九月初九(10月18日),赖、胡二友既出京,黄遵宪无与可言者,一时颇为寂寞,作《重九日雨独游醉中作》:"吹面风多冷意酣,潇潇寒雨滴重檐。宵来一醉长安市,竟夕相思大海南。遍插茱萸偏我少,无端萍梗为谁淹?②故山岁岁登高去,蟹熟鲈香酒压担。"(《诗草笺注》上,第138页。)

九月十五(10月24日)夜,胡曦在上海,有对月忆黄遵宪诗,题为《九月十五夜沪上对月忆公度》。

九月二十二(10月31日),胡曦在上海候船回汕头,独居闷甚,乃寄书黄遵宪③云:"二十二日,话别戒涂,经冰窖,适杨君等已先行,遂驱车出广安门,摩挲城阙,辄复感叹,回首觚棱金爵楼阁,五云如在天上,而西山苍翠,二十里外犹来亲人,若故人遣之以送我者。嘻,西山不见,故人远矣。二更后,抵张家湾,见三友。当夜风多秋老,野阔星大,舆夫道迷旷渺,不辨南北。弟与相甫和衣倾卧车中,若茧蚕。抵寓,仆蹇驴疲,衣尘三斗,离怀

---

①"缩瑟",钞本作"瑟缩"。
②钞本此二句作"吾党几人类狂简,大家与世异酸咸"。
③罗香林《胡晓岑先生年谱》将此信列于1876年。

萧瑟,益难言已。行次店壁,多有题墨,久欲从泥爪中得知言一二,而丑怪恶薄,殊不成诗,率遭涂垩糊纸,风雅道乘,相率为伪,此事且为圬人笑矣。二十三日午抵河西务,驿壁多书某年月某尖此。(按:"尖"字殊不典,而古人市虚之称皆谓之务,河西之名殆本此欤。)廿四日抵津门紫竹客舍,二十六日下轮舟,二十七日启行出沽,一路风神绝驶,已于九月朔抵沪上。此间汕舟不至者半月,独居闷甚,适有戚友入京道此,藉询家事甚悉,欣稔堂上两老人动履安善,弟辈小儿辈皆好,别家十月万里,行人得此稍纾意绪耳。"(《湛此心斋遗诗·弓园吟草合刊》[附录],标点为作者所加。)

黄遵宪独自居京师,孤独无伴,偶有寻慰藉者,以解寂寞,有信给胡曦:"京师鞠部甲天下,与子别后,寂寥无从医,辄尝一至其地。其中色艺双绝者,真不乏人。长裙随风,清唱入云,乃有枚生《七发》、傅君《舞赋》未足形容其要眇者。此月中已二三往焉。"不久,黄遵宪自责"宴安耽毒",于学问事业有害,下决心痛改前非,继续埋头读书。在给胡曦的信中说:"遵宪别子后,仍读书,皆率吾故常,无足述。惟吾所谥为宴安耽毒者,此时中日已绝交矣。自前月一日至月尽,已了此事……夜间近亦下手,此稍足以博一喜也。五日又书。"(胡曦:《沪上与公度笺》引自广东省兴宁县政协文史委员会编:《兴宁文史》第十七集,第41—42页,1993年版。)

又有书曰:"吾辈读《国风》,凡守此'好色不淫'四字耳。吾固疑吾即色即空之境不能到也。前者与足下往冰窖,同车而归,疑过狭曲巷中。吾告足下,车中之言,不可忘也。十丈藕花吟舫,已有以辑之否?"(罗香林:《胡晓岑先生年谱》引自广东省兴宁县政协文史委员会编:《兴宁文史》第十七辑,第41—42页,1993年版。)

据黄遵楷《先兄公度先生事实述略》记:黄遵宪在京师,得到同乡先辈何如璋、邓承修、钟孟鸿的推重,"乡先辈何子莪太史如璋,邓铁香承修、钟遇宾孟鸿两侍御,尤推重之"。(《全集》下,第1573页。)

何如璋,字子峨,广东大埔县湖寮双坑村人,同治七年(1868年)中进士,并被选为庶吉士,散馆后授职翰林院编修,潜心时务,常往返天津、上海之间,与中外人士商谈,向各国传教士询问西方国情政务等。进入翰林院后,对外事愈发留心,知识愈加丰富,成为通晓洋务的佼佼者,颇受李鸿章赏识,曾对人曰:"不图翰林馆中亦有通晓洋务者也。"光绪三年(1877年),何如璋晋升为翰林院侍讲,加二品顶戴,经李鸿章推荐,充出使日本大臣,为中国首任驻日公使。

邓承修,字铁香,号伯讷,归善县(今惠阳)淡水人。咸丰十一年(1861年)中举,历任刑部郎中、浙江道、江南道、云南道监察御史,鸿胪寺卿,总理各国事务衙门大臣。"邓承修,字铁香,广东归善人。举咸丰十一年乡试,入赀为郎,分刑部。转御史,遭忧归……与张佩纶等主持清议,多弹击,号曰'铁汉'。"(赵尔巽等撰:《清史稿》卷四百四十四,列传二百三十一,第12457页,中华书局1998年版。)任御史时,是朝中清流派,忠言直谏,弹劾不避权贵,曾经弹劾李鸿章之兄、两广总督李瀚章,满族权贵崇勋,广州知府冯端本等,时人称为"铁汉",有"铁笔御史"之称。生平工诗,尤善书法,行书、楷书皆擅,书法瘦硬,有"铁画银钩"之誉。晚年主讲丰湖书院,著有《语冰阁奏疏》。何如璋与邓承修均是黄遵宪父亲黄鸿藻的好友。

钟孟鸿,字遇宾,广东镇平(今蕉岭)人,道光二十四年(1844年)进士,官至监察御史,以廉直著称。书法亦颇有名气,与黄遵宪父黄鸿藻亦是好朋友,黄钟二家是世交,后为姻亲,钟孟鸿之孙实君娶黄遵宪之长女当樛为妻。黄遵宪在京时,受父命,执师礼,到钟孟鸿门下请教,钟孟鸿报书黄鸿藻云:"令郎才气不可一世,吾无以教之,只能与之略谈处世之道而已。"(蒋英豪:《黄遵宪师友记》,第265页,上海书店出版社2002年版。)

十月初九(11月17日),胡曦回到嘉应,次日晚回到兴宁家。

岁末,黄遵宪与一同北上应廷试的故乡友人张思诰字瑞崖,官县尉。善笔札,工填词,诗尤雄丽。寒夜叙谈,张思诰有诗曰:"羔裘不耐夜寒严,坐拨炉灰数漏签。客里诗多灯下就,闲中愁半梦回添。瘦羸倦觉霜盈栈,冻雀无声月在帘。破睡工夫先借煖,商量还是酒杯拈。"(张思诰:《寒夜同公度、简堂》,张煜南、张鸿南辑刊,刘燕勋、张芝田编订:《梅水诗传》卷八,第23—24页,光绪二十七年。)

十一月初五(12月13日),在京观剧,黄遵宪有《金缕曲》,词云:"(吾家山谷作绮语,秀师呵其应堕拔舌地狱,涪翁笑曰:"空中语耳。"聊藉以解嘲。)便作沾泥絮,也相随、花娇莺啭,凭风飞起。吹得一池春水皱,明晓干卿甚事?早弹尽千丝红泪。刚是飞琼身一见,剩绕梁三日箫声媚。都压倒,众桃李。呼天宛转天应醉,更好绝乱头粗服,病恹恹地。不必真个消魂也,今日魂都消矣。还说甚人天欢喜。许借昆仑仙枕卧,便丁歌甲舞从头起。迷离眼,请君视。"此词初见于1928年3月30日出版的《清华周刊》第二十九卷第八号。(吴振清、徐勇、王家祥编校：《黄遵宪集》上，第357页，天津人民出版社2003年版。）罗香林《校注重印人境庐诗草述评》记，胡曦有云："余素不好倚声，同年黄子度，词笔不减藏园，辄喜为之。乙亥二月，接都中来书及近作，中有十一月五日观剧，戏作金缕曲一阕。"（朱传誉主编：《黄遵宪传记资料》第一册，第67页，天一出版社1979年版。）

十一月二十六（1875年1月3日），张思诰出都返乡，临行，有诗四首赠别黄遵宪等友人，其一："满天寒色掩春明，悯悯登途赋远征。万里辞归刚十月，一灯团坐夜三更。襟怀磊落真前辈，肮脏风尘愧后生。聊阁美人迟暮感，酒边邀月话离情。"其二："羁旅光阴草草过，故园亲友更如何。梧桐秋雨追清话，（公度桐华馆，予曾附读其中。）兰叶春风忆浩歌。客里羡君开子舍，山中迟我筑吟窝。江南见说多红豆，此去相思恐更多。"其三："费尽河间姹女钱，东风桃杏嫁无缘。鸳鸯旧谱惭料理，鸥鹭新盟定后先。每事因人终碌碌，听谁康了又年年。夜深弹罢冯谖铗，一度思量一怃然。"其四："一声羌管雁南飞，潦草樽前酒力微。簿尉功名犹我误，关山风雪几人归。吴中宾馆开王俭，洛下缁尘厌陆机。帽影鞭丝行且止，帝京回首思依依。"（张思诰：《出都留别黄砚宾年伯、公度同年、简堂仲弟》，张煜南、张鸿南辑刊，刘燕勋、张芝田编订：《梅水诗传》卷八，第24—25页，光绪二十七年。）归途中，经由黄村至曲沟，道中口占四首，寄与黄遵宪，其一曰："长鞭驱马出都门，清酒离筵带宿醺。今夕故人应系念，计程知我住黄村。（甲戌十一月廿六日出都，是夕宿黄村，只行四十里。）"其二曰："此行先喜住扬州，廿四桥边载酒游。一角芜城万株柳，春风何处古迷楼。（途中沈彦征观察先抵扬州暂住。俟履任时始渡江。）"其三曰："大风吹得帽檐斜，莽莽红尘掩客车。画稿不成诗思涩，只凭清梦入京华。"其四曰："固安城北带长河，烟火凄凉客感多。添写行程新日记，冰坚时节渡滹沱。（汉光武渡兵处。）"（张思诰《由黄村至曲沟道中口占寄公度》，张煜南、张鸿南辑刊，刘燕勋、张芝田编订：《梅水诗传》卷八，第25—26页，光绪二十七年，郭真义等编：《梅水诗丛》上，第634—635页，广东人民出版社2015年版。）

本年，黄遵宪有《为萧少尉步青作》一诗："（萧公，平远人。任河南永城县丞。咸丰五年，城破，妻女侄妇同时殉难。分祀昭忠、节烈祠。）守土筅官先败北，防河诸将亦笼东。哦松射鸭闲官耳，一死犹能作鬼雄。"（《诗草笺注》上，第146页。）

黄遵宪在京期间，曾为叔父黄鸾藻问琴办理捐官事宜，黄鸾藻得选信宜教谕。

德宗光绪元年乙亥(1875年)　二十八岁

【国内外大事】正月十六(2月21日),马嘉理案发生。同治十三年(1874年),英国再次派出以柏郎上校为首的探路队,探查缅滇陆路交通。2月21日,在云南腾越地区的蛮允附近与当地的少数民族发生冲突,马嘉理与数名随行人员被杀。《清史稿·邦交志》:光绪元年正月乙卯,英翻译官马嘉理,被戕于云南。是为"马嘉理事件",或称"滇案"。正月二十(2月25日),光绪帝即位。"钦奉慈安端裕康庆皇太后、慈禧端佑康颐皇太后懿旨,皇帝龙驭上宾,未有储贰,不得已以醇亲王奕譞之子载湉承继文宗显皇帝为子,入承大统为嗣皇帝。"(朱寿朋编:《光绪朝东华录》第一卷,第2页,中华书局1958年版。)二月十八(3月25日),颁赏琉球国入贡使臣毛精长等缎匹并赏赐该国王缎匹文绮如例。琉球王国自明太祖洪武五年(1372年)称臣入贡中国,五百年来受册封、奉正朔,定期朝贡,从无间断,此次则为该国贡使最后一次来华,以后则为日本所阻。(潘向明:《清史编年》第十一卷,光绪朝,第7页,中国人民大学出版社2000年版。)五月初六(6月9日),命前江苏巡抚丁日昌即赴天津,帮同北洋大臣李鸿章办理海防事务。七月初三(8月3日),英使威妥玛在天津与李鸿章谈判马嘉理案。七月二十八(8月28日),派郭嵩焘为出使英国大臣,许钤身为副使,是为中国派遣常驻外使节的开始。八月二十一(9月20日),江华岛事件发生。是日,日本军舰"云扬号"未经许可,擅行闯入朝鲜仁川附近水域测量航路,并以寻找淡水为名派舢板向江华岛炮台靠近,遭到炮台鸣炮警告,该舰舰长井上良馨少佐即下令发炮攻击,将炮台打毁,复派陆兵登岸攻陷永宗城,劫掠一空,又放火焚毁,然后退回舰上,是为"江华岛事件"。日方谓之"云扬号事件"。九月初八(10月6日),规定吴淞铁路由中国买下,俟价款二十八万五千两交讫,此路即与洋商无涉。

时黄遵宪在北京与叔父黄基同住,黄基任礼部曹官。黄遵宪《祭家箕山叔文》称:"十五年前,我居京都,公官礼曹,同一蜗庐。"(《全集》,第271页。)

四月(5月),薛福成请山东巡抚丁宝桢代奏《应诏陈言疏》,就变法自强问题建策,朝野震动。秋,薛福成应李鸿章之邀入北洋戎幕,任李鸿章文案。

本月,日本派兵进驻琉球,五月日本大正官正式通告琉球,嗣后禁止向中国朝贡、受清朝册封,须奉行明治年号,实行日本年中仪礼、刑法等。七月日本专使松田要求琉球必须停止朝贡,并在琉球设立日本正式政府机关和军队警察。同时向琉球发布命令:禁止入贡中国;不准接受中国册封;撤销福州琉球馆;琉球今后与中国的贸易和交涉概由日本外务省管辖。琉球自明洪武十五年(1372年)隶属中国,按期进贡,从未间断。明万历三十年(1602年)起也向日本萨摩诸侯称藩。

七月(8月),黄遵宪随父亲抵天津,有《和钟西耘庶常德祥津门感怀诗》八首①,传诵一时。"诗篇描述了英法联军入侵京津的浩劫,联系清王朝的衰落和祖国的危难,说出了关于学习西学、加强武备、抗击侵略者的一些想望。"(钟贤培等:《黄遵宪诗选》,第24页,广东人民出版社1994年版。)这是黄遵宪继香港领略西方文明后,又一次对西方文明的认识和评论。钟德祥,字西耘,号愚公,广西宣化人,光绪丙子(1876年)进士,由庶常授职编修,历江南道御史,善词,有《睡足斋词钞》。

"雷动星驰入贡车,舌人环列护交闾。但占风雨都来享,偶断苞茅便问诸。宅北曾分羲仲命,(康熙中用汤若望、南怀仁为钦天监,皆西人。)绥南远赐赵佗书。(康熙二十五年,俄罗斯边鄙之人,扰我黑龙江,圣祖由荷兰使舶赐其国王书,乃遣使画疆,以外兴安岭为界。)盟津八百争朝会,犹记征祥纪白鱼。"

"八荒无事息兵车,七叶讴吟洽里闾。岂谓浮云变苍狗,竟教明月蚀詹诸。骊山烽火成焦土,牛耳牲盘捧载书。秋草木兰驰道静,白龙微服记为鱼。"

"六月中兴赋《出车》,金陵王气复充闾。华夷共主皆思服,尧舜如天尚病诸。荡寇重编归汉里,和戎难下绝秦书。只应文物开王会,珥笔曾夸太史鱼。"

"狼胆遗种等高车,万族相从到尾闾。魑魅入林逢不若,虾蟆吞月鉴方诸。昔闻靺鞨歌西乐,今见佉卢制左书。始受一廛壕镜地,有明师早漏多鱼。"

"执梃降王走传车,先擒月爱后东闾。难言赤狄初何种,终痛庭坚祀忽

---

① 张堂锜《黄遵宪诗歌写作年表》将此诗列于1876年。

诸。两帝东西争战国,九州大小混方书。唱唱鹈鲽来无路,久已纵横海大鱼。"

"电掣重轮走水车,风行千里献比间。移山未要嗤愚叟,捧土真能塞孟诸。黑齿雕题征鬼箓,赤文绿字诩天书。寻常弓矢疑堪用,闻道潮人驱鳄鱼。"

"鸾声阁道碾安车,元老相从话跂间。未雨绸缪彻桑土,御冬旨蓄备桃诸。借箸幸辟同文馆,警鼓惊传奔命书。相戒鲂鲔休出入,吞声私泣过河鱼。"

"东西南北走舟车,虎穴惊看插邑间。七万里戎来集此,五千年史未闻诸。《考工》述物搜奇字,鬼谷尊师发秘书。教训十年民力盛,倘排犀手射鲸鱼。"(《诗草笺注》上,第160—169页。)

这时,适丰顺丁日昌驻天津,朱寿朋《光绪朝东华续录》云:"光绪元年七月壬戌,谕军机大臣等:英国马嘉理一案,威妥玛在津与李鸿章叠次晤面,已有旨派李鸿章、丁日昌将此案与之商议。"黄遵宪以世侄身份晋谒丁日昌,慷慨纵谈国事,丁日昌目为奇才。是年十一月,丁任福建巡抚,邀黄遵宪入幕赞襄,黄遵宪因将应顺天乡试而不果往。王韬《日本杂事诗序》云:"公度,岭南名下士也,今丰顺丁公尤器重之,亟欲延致幕府。而君时公车北上,以此相左。"(钟叔河辑校:《日本杂事诗广注》,第25—26页,湖南人民出版社1981年版。)丘逢甲《致黄公度书》亦云:"先师在日,说士常甘;遗稿尚存,推公甚至,非经手检零编,即公亦不知冥冥中尚有此知己。"(丘晨波、黄志平主编:《丘逢甲文集》,第270页,花城出版社1994年版。)

丁日昌,字禹生,又作雨生,号持静。广东丰顺人。"以廪贡生治乡团,数却潮州寇。选琼州府学训导。录功叙知县,补江西万安,善折狱。"(赵尔巽等撰:《清史稿》卷四百四十八,列传二百三十五,第12513页,中华书局1998年版。)

秋,黄遵宪随父黄鸿藻往山东烟台漫游,曾大病一场。烟台为南北通商要区,海舶往来,习闻外事。时中英议约于此。黄遵宪感怀时局,以海禁大开,外人足迹如履户庭,非留心外交,恐难安内。"其明年,先君馆谷烟台,复随侍出京。"(《全集》下,第1573页。)时黄鸿藻虽为京官,由于经济不宽裕,在烟台的潮州会馆兼任师爷。黄遵庚、黄干甫《黄遵宪生平事迹》记:"清代做京官的人,如非高官或家道富裕,其生活都较穷困,黄鸿藻自不能例外。当时烟台的潮州同乡会馆聘请黄鸿藻为老师,以照顾其生活。其后鸿藻回京供职，遵宪仍暂居潮州会馆读书，并代其父照料会馆事务。"（《全集》下，第1588页。）

时胡曦在潮州，得黄遵宪自烟台书，有诗云："黑水重洋一纸来，故人消息在烟台，三秋剧病全无患，（来书言秋间一病几殆。）一第浮名共不才。我值古瀛望牛斗，梦移东海变蓬莱。眼中风雨纷离合，起舞鱼龙莫浪猜。"（胡曦：《湛此心斋诗集》，乙亥稿。）

胡曦在潮州复黄遵宪书云："月底得手书，欢喜无量，酖毒既去，工夫当益以进，甚善，甚善。读至'羯鼓挝蒲，姓名匿艾'诸语，愈为莞尔。韩子云：'物不得其平则鸣'，谓之习气未除，不恤也。国风四字，应时警省。曦窃尝分之曰内外欲，不肖于声华靡丽，天性颇不相近，外欲之却稍敢自信，惟矜躁之累结习之，存内欲宜痛自湔洗者，不敢不勉。老兄知我以谓然否？

"次汕一宿，即买舟于十月一日抵郡，到韩山遇丈又见雁皋、雁云丈，时时道老兄不置，亦兼及仆也。初九日晡抵州，藉悉令弟公望得隽，为之甚喜。时极拟一晤令弟，适文场已毕，入城访应试友，都已星散。只一宿，次早即改陆买舆匆匆归。令弟未及晤，萧梁诸君亦未晤，计弟未出都以前，已两月不递家信，八月飓信所伤实多，弟固知家中悬盼实甚，弟亦焦灼不堪矣。途中回忆赠兄狂歌所怜失学诸语，既已为兄一喜，又复增弟一慨，不识弟名未成，其愧何如矣。晚抵里门，实十月之十日也。

"'费尽黄金还费泪'简斋诗也，此行归来，只得此七个字。所幸者，堂上两老人起居安善，举室亦好。七月间复举一子，凤志再索而得。即为先伯子嗣，咳名时，家中已以命之，寡嫂茕茕十二年，及今庶几一喜也。

"'俗子推不去，可人费招呼'，足下句也。语虽刻露，实获我心，近者只向古人讨论，所读者《日知录》及唐宋古文，亦从事制举业，近始下手读四书，阮氏十三经校勘尚能一借，曦贫，别无善本，此邦人尤鲜善本也。

"芷湾先生《不易居集序》云：八十老亲，尚操砚田以活不肖之妻子，仰天刺心，何堪告人。不肖此时此际，抚膺疾□，殆为过之，可告者，吾兄耳。读书外亦学静坐，然此心静于一时，未能静于两时耳。疾未尝较舒也，敬终不愈则亦宋徐绩（见郎瑛《七类稿》。）明贺时泰（见《四库提要·子部·儒家存目二》。）已矣，茫茫四顾，我劳如何。

"执事询吾何所造述，吾今犹未能窥道万一，向所牙牙学语，芜杂冗驳，曾何足云。曦私心急欲成就者，方志一书，虽小犹大耳。其体例俱宜与史相准,未始不关才学与识也。然亦只宜别成一册,使后日有所表的,若从而改弦更张,必多訾謷,即使取信一时,而后日訑訑痴辈出,又从而更改之,则苦心皆为伧楚湮没矣。况从来能用深心之人,固已确知其少也。一隅虽小,吾已长于斯,亦不宜以拿陋无文负却桑梓,除此以外,弟此事亦颇难,必取备数十种书,即我目之所及,以证彼仅属耳闻者,折衷一是庶有以关其口而不贻后人以疑也。曾见州志,犹吾大夫,老兄将来,亦当留意。

"窃谓读书不外一'慎'字,读书慎,下笔亦慎,坚以持之,笃以守之,直视为身心性命之,故必无一事敢苟且。顾亭林先生谓古人著书以少为贵,盖言慎也,能慎必达,能慎必诚。已达且诚,朱子所谓文与道合者或在斯矣,此又与老兄讲德,数月以来,归而稍觉有得者也。功过格二册,并付与兄。言如郗鉴见王导意满口重,不自知其繁冗与不足也。赤华仍住南学否?简唐行止何如?念念。老兄读书养志,致足乐也。为曦并叩老伯道履,曦再拜。察核敬,请钧安。"(胡曦:《湛此心斋诗集》,乙亥稿,郭真义:《晚清粤东客籍诗人群体研究》,第170—171页,当代中国出版社2004年版。)

本年,黄遵宪作《乌之珠歌》四首①,借咏马歌颂忠义精神诗序云:"毅皇帝马,领侍卫某所进,西安将军所购也。宫车晏驾,马悲鸣于景山林树之间,卒以不食毙。微臣闻而感焉。"

诗云:"北风雨雪门不开,景山暂作金粟堆。《黄竹歌》停八骏杳,一马鸣诉悲风哀。此马远自流沙至,铁花满身黑云被。将军甫奏天马徕,雄姿已有凌云意。凤臆麟身人未知,内官频促黄门试。天颜一顾喜出群,便入天闲登上驷。春郊三月杨柳丝,九衢夹道飞龙旗,卧瓜吾仗引金钺,霓幢羽葆随黄麾。乌皮靴声地橐橐,龙纹盖影云迟迟。十五善射作前导,亲王贝勒相追随。中一天人御飞鞯,蹑电追风尘不动,黄鞯朱氀錽金鞍,顾影不鸣更矜宠。路旁遥指衣黄人,侧睐龙媒神亦悚。沙平风软四蹄轻,不闻人声惟马声。银花佩盼露黄带,红绒结顶飘朱缨。少年天子万民看,望尘不及人皆惊。銮仪校尉独惆怅,轻车步辇空随行。从官争费千金产,苦索飞龙求上选。奚官善相阿敦调,有此神骏无此稳。一朝忽泣天花雨,日惨云冥愁楚楚。都是攀髯不逮人,并鲜慰情胜无女。万花溅泪柳愁含,御床不扫空垂帘。六宫共抱苍梧痛,万国还惊白柰簪。多时不见宫中驾,一马悲嘶

---

①《新民丛报》第三十六号载此诗及诗序。

夜复夜。自蒙拂试众人惊，奚啻黄金长声价。青丝络头伏道旁，反因受宠丛讥骂。何如死殉侍昭陵，风雨灵旗驰石马。先皇御宇十三年，金床玉几少晏眠，黄巾甫平白帽扰，战马每岁从周旋。望骓礼拜木兰返，十年往事犹目前。中兴未集弓剑闷，岂独此马哀呼天！即今兵革犹未息，群胡化鬼扰西域。王师出关万虎貔，众马从人同杀贼。汝独一死报君恩，呼嗟龙性固难测。乌珠乌珠努力肯饱食，谅汝立功能报国。"(《诗草笺注》上，第147—156页。)

本年，黄遵宪又作《田横岛》，赞美西汉田横及其五百部属视死如归的精神，慷慨悲歌："生王头，死士垄，一毛轻等丘山重。臣头百里走见王，王自趋前头不动。五百人头共一丘，人人视头同赘疣。背面事仇头亦羞，横来横来大者王小者侯，臣戴头来王勿忧。呜呼死士垄，乃为生王头。"(《诗草笺注》上，第158页。)

光绪二年丙子(1876年)　二十九岁

【国内外大事】二月初二(2月26日)，日本逼使朝鲜与之订立《江华条约》。宣称"朝鲜为自主之邦，保有与日本平等之权"，并规定日本得派使臣驻朝鲜京城(汉城)；朝鲜在京畿、忠清、全罗、庆尚、咸镜等五道之中对日开放通商口岸两处；日本船只得在朝鲜任何港口避风或购买需要之物；朝鲜国之沿海岛屿、岩礁应准日本航海业者自由测量以编制图志；两国商民得任意贸易，官吏不得干涉；日本国人在朝鲜口岸侨居地犯罪而与朝鲜人有关者，归日本官吏审理。闰五月初九(6月30日)，中国第一条办理营业的铁路吴淞铁路通车。六月初八(7月28日)，派大学士、直隶总督李鸿章为全权大臣，往烟台与英使威妥玛会商事务。十月十八(12月3日)，中国近代第一位驻外使节郭嵩焘自上海启行，赴英就任。"马嘉理事件最重要的后果便是派遣使团赴英国道歉，使团变成了中国派驻海外的第一个中国使馆。郭嵩焘是李鸿章的朋友，时年六十，思想开明……当他于1877年2月8日向维多利亚女王呈递了清帝的道歉信以后，便在伦敦设立了中国公使馆。两年后，在巴黎、柏林、西班牙、华盛顿、东京和圣彼得堡也设立了使馆。到1880年时，中国才姗姗来迟地进入了国际大家庭。"(费正清，刘广京编：《剑桥中国晚清史》，下，第104页，中国社会科学出版社1985年版)。本年，李圭

《环游地球新录》出版。奉命参加美国建国百年纪念博览会的李圭在途中曾经访问日本，他先后到了日本长崎、神户、大阪、横滨等地，给他印象最深的是日本处处效法西方，进步迅速。他对明治维新的看法是："窃谓日本一国，当咸丰初年仍是大将军秉政，君位几同虚设，国势极不振。近年来，崇尚西学，效用西法，有益之举毅然而改者极多，故能强本弱干，雄视东海，而大将军遂不专其国政。"（李圭：《环游地球新录》，第126—127页，湖南人民出版社1980年版。）

黄遵宪在烟台，眼界大开。黄遵楷《先兄公度先生事实述略》："烟台为南北通商要区，海舶往来，习闻外事。时云南马格里案已结，议约于烟台。先兄感怀时局，以海禁大开，外人足迹如履户庭，非留心外交，恐难安内。"（《全集》下，第1573—1574页。）

黄遵宪在烟台拜访了广东同乡张荫桓及福建龚易图。张、龚两公对写诗均极感兴趣。是年五月，适福建大水灾，《福建通志》："光绪二年，五月十六日起，省会连日大雨如注。至十九日，上游山水涨发，由水口直冲洪山桥。西门一带低洼之处，不逾时间，水已没顶。其余城中街衢，水深三五尺至八九尺不等。"（《诗草笺注》上，第171页。）

黄遵宪看了一些记载福建水灾的材料，写下《福州大水行同张樵野丈荫桓龚霭人丈易图作》，描写灾民的惨状，非常动人，极得张、龚两公赞赏。诗云："黑风吹海海夜立，倏忽平底生波涛。囊沙拥①水门急闭，飞浪已越②城墙高。漂庐拔木无万数，安得江揵淮阳包。众头攒动乍出没，欲葬无椁栖无巢。攀崖缘壁幸脱死，饥肠雷吼鸣嗷嗷。中丞视民犹③己溺，急起冒突挥露桡。鸱鸮毁室商救子，鱼鳖满城资渡桥。况闻移粟苏喘息，自雍及绛来千艘。流离琐尾得安宅，无复登屋声三号。天灾流行国代有，难得官长劳民劳。海疆东④南正多事，水从西来⑤纷童谣。曲突徙薪广恩泽，愿亟靖海安天骄。"（《诗草笺注》上，第170—171页。）

黄遵宪写下《将应顺天试仍用前韵呈霭人樵野丈》诗四首，描写自己坎坷的遭遇、深切的感受和建功立业的渴望："平生揽辔澄清志，足迹殊难出

---

① "拥"，钞本作"壅"。
② "越"，钞本作"北"。
③ "犹"，钞本作"如"。
④ "东"，钞本作"西"。
⑤ "水从西来"，钞本作"行筹王母"。

里间。万一铅刀堪小试,可容韫椟便藏诸。觚陵①魏阙宵来梦,简练《阴符》夜半书。一第区区何足道,频番缘木妄求鱼。"

"辙乱旗翻屡败车,行吟憔悴比三闾。未知吾舌犹存否,终望臣饥得食诸。辛苦低头就羁靮,功名借径寄诗书。若论稽古荣车服,久已临渊不羡鱼。"

"旁午军书议出车,沿边鹅鹳列为间。眼看虎落环瓯脱,心冀燕仇雪望诸。四海同袍征士气,频年赠策故人书。荷戈亦是男儿事,何必河鲂始食鱼。"

"齐东燕北走舟车,三载南云望倚闾。宦学无成便归去,父兄有命敢行诸。伤禽恶听连环弹,老蠹愁翻旧校书。碧海擘鲸公手笔,倘分勺水活枯鱼。"(《诗草笺注》上,第173—177页。)

张荫桓,广东南海人,字樵野。"性通侻,纳赀为知县,铨山东……光绪二年,权登莱青道。"(赵尔巽等撰:《清史稿》卷四百四十二,列传二百二十九;第12435页,中华书局1998年版。)张荫桓对黄遵宪颇为赏识,后来两人关系密切。《诗草笺注》卷八《题樵野丈运甓斋话别图》诗云:"宪也初识公,同客齐之罘。哦诗商旧学,漉酒酤新笭,抵掌当世务,时时摩䐊猴。"自注云:"时以滇南苗人杀马嘉利事,合肥傅相与威妥玛会议于此。""黄遵宪与张荫桓为粤籍同乡,均持节出洋。他们谙熟西学,志同道合,在戊戌维新中积极倡导变法,与晚清政局变迁颇有关系。许多迹象表明,戊戌年春张荫桓向光绪帝推荐《日本国志》,密荐黄遵宪,为其在朝最大的支持者。"(马忠文:《黄遵宪与张荫桓关系述论》,引自王晓秋、陈应年主编:《黄遵宪与近代中日文化交流》,第73页,辽宁师范大学出版社2007年版。)

龚易图,字蔼仁,号含晶,福建闽县(今福州)人。咸丰九年(1859年)进士,由庶吉士出任云南知县,擢登莱青道兼东海关监督。后又任广东布政司、湖南布政司等职,四十多岁被罢官回乡。他亦是黄鸿藻的朋友。

与张荫桓、龚易图诗文往来,黄遵宪在诗中表现出批评科举制度、经世济民的志向,并且阐述自己虽然科场不顺利仍然参加考试的苦衷。《述怀再呈霭人樵野丈》:

"呜呼制艺兴,今盖六百年。宋元始萌蘖,明制皇朝沿。十八房一行,群蚁趋附膻。诸书束高阁,所习唯《兔园》。古今昏不知,各各张空拳②。

---

① "陵",钞本作"棱"。
② "拳",钞本作"弮"。

士夫一息气,奄奄殊可怜。黼黻承平时,无贤幸无奸。小丑一窃发,外患纷钩连。但办口击贼,天下同拘挛。祖宗养士恩,几费大官钱。徒积汗牛文,焉用扶危颠。到此法不变,终难兴英贤。中兴名世者,岂不出其间。"

"汉家耀武功,累叶在西北。车书四万里,候尉三重译①。物腐虫蠹生,月盈詹诸蚀。鼠盗忽窃发,犬戎敢相逼。惜哉臣年少,不及出报国。中兴六月师,群阴归殄灭。臣虎臣方叔,持节布威德。如何他人睡,犹鼾卧榻侧。白气十丈长,狼星影未匿。群狐舞天山,尊者阿古柏。公与秦晋盟,隐若树一敌。王师昨出关,军容黑如墨。猎猎桀犬吠,尚迟有苗格。东南鬼侯来,昼伏夜伺隙。含沙射人影,鬼蜮不可测。虎威狐辄假,鸱视鼠每吓。今年问周鼎,明年索赵璧。恫疑与虚喝,悉索无不力。荡荡王道平,如行入荆棘。普天同王臣,咸愿修矛戟。荷戈当一兵,吾亦从杀贼。"

"两汉举贤良,六朝贵门第。设科不分目,我清重进士。孔孟生今日,必就有司试。岂能无斧柯,皇皇行仁义。宪也少年时,谓芥拾青紫。五岳填心胸,往往矜爪嘴。三战复三北,马齿加长矣。破剑短后衣,年年来侮耻。下争鸡鹜食,担囊走千里。时时发狂疾,痛洒忧天泪。群书杂然陈,所志非所事。枘凿殊方圆,如何可尝试?今上元二年,诏书下黄纸。帝曰尔诸生,尔其应大比。纷纷白袍集,臣亦出载贽。既不莘野耕,又难漆雕仕。龙门虽则高,舍此何位置。抡才国所重,得第亲亦喜。绕床夜起舞,何以为臣子?"(《诗草笺注》上,第178—186页。)

经郑藻如引见,黄遵宪拜见了时在烟台与英国公使威妥玛商议马嘉理案的李鸿章,黄遵宪《李肃毅侯挽诗》自注:"光绪丙子,余初谒公,公语郑玉轩星使,许以霸才。"(《诗草笺注》下,第1064页。)

七月二十六(9月13日),中英烟台条约签订。"甲申,李鸿章与英使威妥玛会议条款三端,专款一条成,是为烟台条约。"(朱寿朋编:《光绪朝东华录》第一卷,第253页,中华书局1958年版。)中国就云南马嘉理案表示惋惜,向英国偿款银二十万两,增开宜昌、芜湖、温州、北海四处为通商口岸;英国可派探路队由北京经甘肃、青海或四川等地进入西藏,或由印度来藏。

黄遵庚、黄干甫《黄遵宪生平事迹》:"遵宪平素极关心时务。关于马嘉里案,湖广总督李瀚章和刑部侍郎薛焕到云南审问凶手时,丧权辱国,笑话

---

①"译",钞本作"驿"。

百出，且罔杀无辜苗民。他极为愤慨，写下五言诗《大狱四首》。对办理外交的人昏庸不学，以致误国殃民之事，他更为疼心，因而产生了将来想在外交界担任艰巨任务的决心。"(《全集》下，第1588页。)

黄遵宪作《大狱》诗四首，后来补作。记李鸿章处理马嘉理案并且签订烟台条约事，诗中指出清政府的责任，对妄自尊大、盲目排外持批评态度。

"国耻诚难雪，何仇到匹夫？既传通道檄，翻弃入关缟。事竟成狙击，危同捋虎须。阴谋图一逞，攘外计何愚！"

"万里滇南道，空劳秉节臣。就令戎伐使，已累汉和亲。况坐王庭狱，惟诬化外人。在旁鹰眼睨，按剑更生嗔。"

"洗血拚流血，鲸鱼海上横。人方投袂起，我始奉书行。重镇劳移节，群儿虑劫盟。怀柔数行诏，悔过复渝平。"

"休唱攘夷论，东西共一家。疏防司里馆，谢罪使臣槎。讵我持英簜，容人击副车。万方今一概，莫自大中华。"(《诗草笺注》上，第189—194页。)

秋，黄遵宪回京，有书给胡曦。

八月(9月)，黄遵宪中式顺天乡试第一百四十一名举人。主考为工部尚书满洲魁华峰龄、户部左侍郎吴江殷谱经兆镛、兵部右侍郎仁和夏子松同善、理藩院右侍郎满洲麟芝庵书。据光绪二年丙子科顺天乡试同年录，头场题"抑为之不厌"至"云尔已矣"、"居上不骄"至"足以兴"、"禹稷当平世"至"孔子贤之"、"秋风起兮白云飞"(得辞字)。二题场"蒙以养正"二句、"圮父薄违"三句、"观其流泉"、"齐人救邢"、"昔者仲尼与于蜡宾"。(《翁同龢日记》光绪二年丙子八月十一、十三记，翁同龢：《翁同龢日记》第3卷，第1269页，中西书局2012年版。)又按夏同善年谱，揭晓于九月十一日。黄遵宪入赀以五品衔拣选知县用，(吴天任：《清黄公度先生遵宪年谱》，第25页，台湾商务印书馆1985年版。)孔祥吉从黄遵宪准备接受光绪皇帝的召见而准备的履历单中发现，黄遵宪入赀为知府是在任新加坡总领事后。"由黄氏履历单可以证实，黄遵宪的报捐知府，并非是在光绪二年八月后，而是在黄氏到国外之后很长时间才报捐的。以情理而论，光绪二年黄遵宪作为刚刚中式的举人，似乎不可能如此急不可耐地'入赀为知府'的。"(孔祥吉：《黄遵宪若干重要史实订正》，《清史研究》，2010年第2期。)又入赀为道员。(《清史稿》本传。)黄遵宪为举人，自不能援拔贡例得官，新科举人亦尚不符大挑例，故其为知县、道员，均出捐纳。

八月十三(9月30日)，命许钤身、何如璋分别充出使日本国正副使，

"光绪二年八月十三日内阁奉上谕:前经简派二品顶戴直隶候补道许钤身出使英国,著改派该员充出使日本国钦差大臣。翰林院编修何如璋著以翰林院侍讲升用并赏加三品衔,充出使日本国副使。钦此。"(故宫博物院文献馆编印:《清光绪朝中日交涉史料》上册,卷一,第13页,文海出版社1970年版。)

十二月初二(1877年1月15日),清政府任命何如璋为日本钦差,赏加二品顶戴,另选张斯桂充任其副使。"改派许钤身往福建船政局差委。何如璋充出使日本国钦差大臣,张斯桂副之。"(朱寿朋编:《光绪朝东华录》,第一卷,第337页,中华书局1958年版。)

黄遵宪中举后,师长和亲友都希望他将来做一个"状元宰相"的人物。但他别有抱负,亟欲摆脱科举制度的束缚,想到外国从事外交工作,以发展他的才能。事有凑巧,适本年十二月,何如璋任出使日本大臣,想得一能干的助手为参赞官,因素悉黄遵宪年富力强,才具有为,且洞悉时务,和自己又有世谊,即走商黄遵宪,得到赞同。于是何奏保黄遵宪为参赞官。黄遵宪在《日本国志·自序》中说:"丙子之秋,翰林侍讲何公实膺出使日本大臣之任,奏以遵宪充参赞官。"(《全集》下,第819页。)

黄遵庚、黄干甫《黄遵宪生平事迹》记:"按清制,使外大臣的参赞官,是要有实职的人员才能充任。当时遵宪系新科举人,没有实职。但照清例,举人如不参加会试,可向吏部报请为拣选知县。遵宪遂依例办理,再出资少许,加了一个五品衔,就以这样的资格为出使日本做参赞官的。"(《全集》下,第1588—1589页。)

与此同时,被任命为出使美国的陈兰彬字荔秋,晚清大臣、学者,首任中国驻美公使。也极力邀请黄遵宪同往美国。家人本希望黄遵宪能继续在科举考试中考取更高的功名,以谋求仕途,然而,黄遵宪却毅然走上了驻日使节这一时人所不愿就道的职业。

黄由甫称:"先生于何如璋为世侄辈,如璋未奉使日命以前,枢府先征如璋意,如璋因习闻先生谈时务之言论,乃商请先生同行。先生尤肯,如璋始向枢府表示受命。同时奉命使美之粤人陈荔秋,亦极欲请先生同行。砚宾公止之,以为美利坚不知在何地,且需数十日海程。日本较近,且随何世伯往,更放心云。时先生之亲旧师长,皆不以先生之出洋为然。盖望其登进士,入翰林,为玉堂金马人物也。取先生拔贡之广东学政何廷谦,尤深不以为然。"(《诗草笺注》下,第1181页。)

对于黄遵宪从事外交官生涯的原因,有学者认为黄遵宪"在北京滞留期间,他对清政府高层的顽固保守派有了很多了解,也许他那时已经意识到,如果自己继续留在国内,他的革新思想必然导致他被分配到一些并不重要的秘书的岗位上。而早年的香港之行也激发起他对西方文明的强烈兴趣,通过阅读翻译成中文的西方书籍,他对外面的世界也有了很多了解,因此,他非常希望有机会亲眼见识一下外面的世界。"(施吉瑞著,孙洛丹译:《人境庐内:黄遵宪其人其诗考》,第22页,上海古籍出版社2010年版。)

此时黄遵宪已经试毕在南归途中,接到任命,遂折回与嘉应同乡友人张思敬和陈元焯话别,并留有诗文,内中表达了其对东渡扶桑的期盼:

"马首欲东王事亟,乘辕改北故人归。别君泥醉杯中酒,独我愁看身上衣,万绪一时齐扰扰,三年同客更依依。平安寄语吾家去,为道腰支近稍肥。"

"平生四海论人物,早有张陈在眼中。一举云霄希有鸟,频年尘土可怜虫。试思科第定何物,长此羁贫却恼公。归问白眉吾好友,可能追逐共云龙。"(《诗草笺注》上,第195—196页。)

黄遵宪在济南,作《书龚蔼人方伯乌石山房集田横岛齐侯坟二诗后》三首:"(之罘岛有齐哀墓,盖田氏得齐,逃死于此,土人为造冢,因呼为齐王坟。原诗有"要知杜宇魂归日,曾向田横岛上翔"之句,并推其意,作此三诗。)爽鸠氏后又蒲姑,吊古茫茫问故墟。难怪牛山频雪涕,不知无死乐何如。"

"海中孤岛外荒坟,秋草萧萧覆白云。等是兴亡数行泪,后人独有祭横文。"

"过去而今更未来,万年浩劫总成灰。他时匹马漳南过,再访黄初受禅台。"(《全集》上,第208—209页;《集外诗辑》,第40—41页。)

黄遵宪年谱长编卷二

（1877年—1894年）

说明：

本卷记述光绪三年至光绪二十年（1877年—1894年）黄遵宪二十九岁至四十七岁主要事迹。

黄遵宪中举后，随何如璋到日本任中国驻日使馆参赞，开始了其长达十多年的外交生涯，足迹遍及亚洲、欧洲、北美洲。在日本的前后六年是其成就最大的时期，黄遵宪完成了其思想的转变，从一个具有传统经世致用思想的士子，变成一个具有资本主义改革思想的先驱。在此时创作的《日本杂事诗》、《日本国志》（初稿）集中表现了其学习西方的"日本模式"思想，并且在光绪二十四年（1898年）的变法运动中得到不完全的实践。他广泛结交日本友人，向他们介绍中国文化，诗歌唱和，也用诗歌和史书的形式，把日本的历史文化和最新的发展介绍到中国，为中日文化交流作出了杰出的贡献。

光绪八年（1882年），黄遵宪得到郑藻如的推荐，任旧金山总领事，在任四年是黄遵宪作为外交官受到最多称赞的时期，他为华侨争取权益，整顿华侨会馆，为保护华侨作了大量的工作。相对地说，黄遵宪在伦敦就显得平淡，两年多的时间，负责下行之文批札及例行公牍和负责湖广总督张之洞创办汉阳铁厂的炼铁设备采购任务，馆务清简。他身体欠佳，没有在日本时广交朋友、以文会友的雅兴；也没有看到他像郭嵩焘那样，到英国议会听开会辩论，参观监狱、学校、博物馆、天文馆、植物园、兵营、邮电局、工厂等，只是在修改旧作和怀念故人。光绪十七年（1891年），黄遵宪奉调新加坡总领事，他的工作热情再度高涨，他详察南洋各岛情形，查访华侨疾苦，向清政府建言开放海禁，保护华侨商人利益，维护华侨商路安全，提高华侨文化修养。

日本的崛起及其对亚洲的扩张是这一时期国际外交关系的重要变化，俄国对亚洲的扩张也使中国、朝鲜倍感压力，防俄还是防日成为清政府内部争论不休的问题。黄遵宪一开始就参与了中日琉球交涉,对日本的崛起及其扩张有深刻的认识,但他仍然坚持中、日、朝合作,共同防俄。

黄遵宪在海外的丰富经历为其诗歌创作提供了大量的素材,他把新名词、新事物入诗,把其早年的诗歌改革思想表现出来。他的《日本杂事诗》不仅在国内得到广泛的传播,在日本也有很多读者。他在外交和文化方面的成就使他成为嘉应客家人中第一位具有国际影响的人物。

光绪三年丁丑(1877年) 三十岁

【国内外大事】八月二十七(10月3日),李鸿章派唐廷枢等在滦州设立开平矿务局,官督商办,是中国第一个采用机器的大型煤矿。本年,旅美华人达三十万人。梁启超《新大陆游记》附记《华工禁约》记:"及光绪元二年,仅旧金山一埠已有七万余人。仅新宁一县已有十七万人在美云。其时旅美华人,总计,当不下三十余万人。"(梁启超:《梁启超全集》第三卷,第1207页,北京出版社1999年版。)本年至次年间,中国北方发生近代最严重的一次大面积荒灾,以山西、河南为中心,旁及周边七省,仅山西一省,待赈饥民就达五六百万之众。南洋华侨捐款二十多万赈灾。

正月初三(2月15日),旧萨摩藩士族推举西乡隆盛为首领,以清君侧名义发动内战,这是由旧士族武装叛乱引起的大规模内战,又称萨摩兵乱。战争以旧士族武装的失败告终。此战巩固了明治新政权,为日本资本主义发展创造了有利的国内环境。对于萨摩兵乱,何如璋在《使东述略》中有记载:"寇首西乡隆盛者,萨人也,刚狠好兵。废蕃时,以勤王功擢陆军大将。台番之役,西乡实主其谋。役罢,议攻高丽,执政抑之。去官归萨,设私学,招致群不逞之徒。今春,以减赋锄奸为名,倡乱鹿儿岛,九州骚然。日本悉海陆军赴讨,阅八月始平其难,费帑至千万。顷国主下令减租,其事甚美。"(吴振清编:《何如璋集》,第71页,天津人民出版社2010年版。)

年初,琉球国王派遣紫巾官向德宏来华陈述日本阻贡经过,乞求清廷救援。使团三十九人,于1876年10月25日出发,次年2月28日到福州,晤闽浙总督何璟、福建巡抚丁日昌,投递国王密咨,陈述日本阻贡事,要求赴京陈情。

春,副使张斯桂至北京,与何如璋相约治装。以日本萨摩兵乱,暂缓行期,陛辞的日期拖延到七月二十一日。

三月初三(4月16日),黄遵宪有《上巳日寄家书书后》一诗抒发思乡情愁,盼望早日任职:

"出门惘惘三年久,寄信频频五十封。入世来争鸡鹜食,隔天遥阻马牛风。云横大庾家何处,船引神山路未通。等是欲归归未得,雪泥踪迹任西东。"(《全集》上,第209页;《集外诗辑》,第41页。)

三月二十四(5月7日),以届而立之年,黄遵宪作《三十初度》:"学剑学书无一可,摩挲两鬓渐成丝。爷娘欢喜亲朋贺,三十年前堕地时。"(《诗草笺注》上,第197页。)

五月十四(6月24日),朝廷命驻日使臣何如璋相机办理日本阻止琉球入贡事,上谕云:"日本何以无故梗阻?是否借端生事,抑或另有别情?著总理各国事务衙门即传知出使日本大臣何如璋等,俟到日本后,相机妥善办理。"(故宫博物院文献馆编印:《清光绪朝中日交涉史料》上册,卷一,第21页,文海出版社1970年版。)五月,浙闽总督何璟及福建巡抚丁日昌将日本阻贡事上奏朝廷,并且建议清廷"饬知出使东洋侍讲何如璋等,于前往日本之便,将琉球向隶藩属,该国不应阻贡,与之剀切理论,并邀集泰西驻倭诸使,按照万国公法,与评曲直"。(故宫博物院文献馆编印:《清光绪朝中日交涉史料》上册,卷一,第21页,文海出版社1970年版。)

黄遵宪在京,张荫桓来访,时直隶旱灾,广东则水灾,张作《直东旱甚吾粤乃苦霪霖感事简黄公度》一首。(《铁画楼诗钞》卷二。)黄遵宪作《张樵野廉访以直北苦旱岭南乃潦诗见示次韵和之》感叹民生艰难,盼望有名相为国分忧:"十年离乱干戈后,可又灾荒动客愁。雨亦怨咨何论旱,春来萧瑟尚如秋。桑林恳祷神应鉴,漆室哀吟泪早流。燮理阴阳名相事,当朝谁为至尊忧。"(《全集》上,第209页;《集外诗辑》,第41页。)

七月二十一(8月13日),何如璋与张斯桂陛辞,"七月壬戌,由军机颁到敕书、国书。二十一日甲戌,偕张副使陛辞。八月四日丙戌,出都赴通州,走北运河"。(吴振清编:《何如璋集》,第68页,天津人民出版社2010年版。)

八月十九(9月25日),舟抵上海,入吴淞,泊虹口。时黄遵宪由烟台到天津,自天津赴上海与何如璋会合。黄遵宪拍一半身小照,题诗分赠各亲友:"如此头颅如此腹,此行万里亦奇哉!诸公未见靴尖趯,待我扶桑濯足来。"(《诗草笺注》上,第197页。)又作诗与妻道别:"十年欢聚不知愁,今日分飞独远游。知否吾妻桥上望,(日本东京有吾妻桥。)淡烟疏柳数行秋。"(《诗草笺注》上,第198页。)

十月初六(11月10日),何如璋等人到达江宁,请南洋大臣沈葆桢派兵船护送到日本。

十月十九(11月23日),何如璋向朝廷上奏出使日本的具体日期及随同人员。

十月二十二(11月26日),傍晚,何如璋率同副使及黄遵宪与随员等,于傍晚登"海安"兵轮,由上海启程赴日本。"十月十九日庚子,拜折具报出洋日期,并奏带随使人员。癸卯,偕张副使登程。同行有参赞黄令遵宪、正理事范丞锡明、副理事余舍人瓗,及翻译随员沈贰尹鼎钟、沈牧文荧、廖教习锡恩等十余人,共带跟役二十六名。傍晚,上'海安'兵船。"(吴振清编:《何如璋集》,第69页,天津人民出版社2010年版。)日本左藤保教授在《黄遵宪关系日本残存资料初探》一文中,综合日本官方记录所载,指出中国使馆人员一行超过六十人,除何如璋所记的使馆官员五人外,有翻译随员十四人,眷属十人和仆役三十余人。眷属有何其毅、张鸿淇、张德耀、黄遵楷等。今案:黄遵楷赴日本,黄遵宪所记未尝言及。

十月二十三(11月27日),舟出吴淞。黄遵宪有《由上海启行至长崎》二首描述从上海到日本所见所闻。后来补作。诗云:"浩浩天风快送迎,随槎万里赋东征。使星远曜临三岛,帝泽旁流遍裨瀛。大鸟扶摇抟水上,神龙首尾挟舟行。冯夷歌舞山灵喜,一路传呼万岁声。"

"满城旭影曜红旗,神武当年此肇基。竿木才平秦世乱,衣冠创见汉官仪。中原旧族流传远,(长崎多有胜朝遗老后裔。)四海同家聚会奇。此土此民成此国,有人尽日倚栏思。"(《诗草笺注》上,第199—201页。)

十月二十六(11月30日),抵日本长崎港。受到日本方面按照国际惯例的欢迎,"施炮二十一声,桅换日章。日本成兵,亦挂龙旗,炮如其数。互相为敬,西人所谓仪炮是也"。(吴振清编:《何如璋集》,第70页,天津人民出版社2010年版。)次日,何如璋偕黄遵宪一行人视察了聚居近千名中国商人的"唐馆"及到天后宫上香。汉官威仪,东人见所未见,观者如堵。

十月二十八(12月2日),何如璋等游览了当地的北园与孔庙。二十九日,出长崎,晚泊平户港。

十月三十(12月4日),"海安"兵船从平户港出发,经过长门海峡,二日后,船达小豆岛,何如璋偕黄遵宪及教习廖锡恩等人登岛,"岛中居民数十家,耕水渔山,自成村落"。(吴振清编:《何如璋集》,第72页,天津人民出版社2010年版。)因与当地人语言不通,未作久留,旋即返回登船。十一月初三,出小豆岛,到达神户,并停泊于此地。当晚,琉球国臣马兼才拜见,痛哭陈述日本阻挠琉球进贡中国,不准接受中国册封及废藩等事宜,说日本的这一举动无异于要吞并琉球,因此其奉琉球国王的旨意请求何如璋等人帮助。黄遵宪光绪八年(1882年)《续怀人诗》中有"怀马兼才",其注云:"时复摇手,虑有倭人闻之。既出一纸,则国王密敕,内言今日阻贡,行且废藩,终必亡国。令其救于使臣者也。"(《全集》上,第130页。)黄遵庚、黄干甫《黄遵宪生平事迹》记:"及至深夜的时候,忽然有衣冠不整、形容憔悴的人闯入轮中,伏地痛哭,时复摇手,恐被日人听见,其语音又极难懂。然后他由胸前取出一纸呈阅,才知道他是琉球国王的密使马兼才,系奉国王命请求我国使臣援助其国抗拒日本的压迫。"(《全集》下,第1589页。)

十一月初四(12月8日),何如璋偕黄遵宪等登岸视察商情,在此地的华商准备了仪仗驺从,仪式之隆重引来日本的兵库县知事及外务省官员也前来问候,当地"日人间有从西京、大阪百十里来观者。西人亦欢携妇孺,途为之塞"。当地"连夕沿岸张灯以千万计,东人每户皆悬画日旗,儿童奔走亦多手执小旗"。(吴振清编:《何如璋集》,第73页,天津人民出版社2010年版。)"家家户户都挂起国旗,夜晚点起灯笼。日本小学生们手中摇着小旗,排队沿道欢迎",甚至有好多日本人,特地从京都、大阪等地赶到神户,来瞻望中国大官的服装与威仪。后有报纸评论说:"这情况与十八年后明治二十八年三月二十一日李鸿章到马关求和时所受的待遇相比,使人真不免有隔世之感。"(吴天任:《黄公度先生传稿》,第75页,香港中文大学1972年版。)

十一月初五(12月9日),由铁道赴大阪,游石城、天满宫诸胜,晚宿于自由亭。初六日晨,由铁道入西京;游日皇故宫、华顶山各胜,晚乘火车回神户。

十一月初七(12月11日),游熊内村观瀑布及访楠公神社于凑川。次日,乘船离开神户,于十一月十二(12月15日)的中午抵达横滨。三日后上岸,因闻商人言中华会馆湫隘,不足以容,遂寓出张所,租借宾馆以做停宿之所。何如璋派黄遵宪赴东京,具函拜见外务卿,并约觐见日皇的日期,东京距横滨七十里,有铁道,往返便捷,当晚返回。"丁卯日,晴。黄参赞先赴东京,见外务卿,并具函通殷勤,约相见。"(吴振清编:《何如璋集》,第76页,天津人民出版社2010年版。)

在此期间,何如璋及黄遵宪一行人前往宫崎,登伊势山,游览横滨内港等地。十一月二十二,外务省来文,定于十一月二十四觐见日皇。是日,黄遵宪随何、张两使赴皇宫见日皇,呈递国书。何如璋率同副使张斯桂、参赞黄遵宪入谒,行三鞠躬进退礼,日皇喜受书。对于觐见日皇的情景可见何如璋《使东述略》所记:"余前趋,副使后随,参赞赍国书旁立。使臣口宣诵词毕,参赞捧授国书,使臣捧递日主。"(吴振清编:《何如璋集》,第76页,天津人民出版社2010年版。)"日本汉学者皆谓自隋唐通好以来,千有余载,及是使者始奉皇帝国书,待以邻交之礼,书之史册,实为至荣。"(《全集》下,第969页。)

十一月二十八(1878年1月1日),为日本及泰西各国元旦,黄遵宪等随例趋贺。使团到横滨后,何如璋频遣人赴东京择馆,或东或西,或宽或仄,或道远,或地卑,均不如式。(吴振清编:《何如璋集》,第77页,天津人民出版社2010年版。)

十二月初七(1月20日),陈元焯以黄遵宪之诗寄胡曦,附书一封:"尝与公度纵观人物,谓兴宁多富室,有一胡晓岑,而使之一穷至此。呜乎,吾知其与矣。公度极欲晓岑出山。家食虽吉,诚恐邓禹笑人。晓岑熟思之。初七夜。"(罗香林:《胡晓岑先生年谱》,广东省兴宁县政协文史委员会编:《兴宁文史》第十七辑,第140页,1993年版。)

十二月十三(1月15日),何如璋遣黄遵宪复往东京租馆,"晚,公度回,云馆在芝山,为月界僧院。院外万松森植,无嚣尘;唯屋属东式,稍湫隘耳。"(吴振清编:《何如璋集》,第77页,天津人民出版社2010年版。)二十一日,使团移寓东京芝山月界僧院,院舍二所。黄遵宪所居室,"木而不石,四面皆玻璃,风作则颠摇鼓动,如泛一叶之舟于大海中"(《全集》上,第12页。)

黄遵宪抵日,作《裘马》一首,怀念故人:"裘马翩翩最少年,狂飞绿酒写红笺。贪论今夜长安月,遍走城南尺五天。对酒当歌忽别离,拈花一笑亦因缘。凭君东望吾西望,隔海相思总渺然。"(《全集》上,第209页;《集外诗辑》,第42页。)

本年冬,与日人交往渐多,有石川鸿斋字君华,号鸿斋,又号芝山外史。日本三河丰桥人。石川氏善诗文,又工山水、篆刻,编辑《日本八大家文读本》,收集古贺精里等八人散文,石川鸿斋屡向清使馆随员沈文荧询问文法,且以日本历代名家所为诸文乞评,黄遵宪与沈等人作出诸多评论。

所评文中，有古贺精里，名朴，字淳风，号精里，通称弥助。日本肥前左贺郡古贺村人，锅岛藩士古贺忠能之子。古贺精里是日本江户时代儒学大师和文坛领袖，其初喜阳明之学，后信朱子学说，宽政八年（1796年）被幕府聘为昌平坂学问所儒官，与柴野栗山、尼藤二洲并称为"宽政三博士"。《赠茶博士某序》一篇，意在批判日本茶道恶习。古贺精里文章指出"赏茶之有仪，不过闲适一事而已。其始尤俭"，追求的是"畅情适意"，"寓趣于茶，以乐余闲"，但近世则对于赏茶场所、器具、礼节等诸方面皆极尽奢华，至"侈滥滔天而不可救"。对此，黄遵宪眉批曰："俭犹有弊，况奇技淫巧乎？"文章认为，近世茶道奢华之风是"败家亡国之衅，由而起，是末流之极弊也"。黄遵宪眉批称："曲尽茶家之恶弊，非精于斯道者不能知也，想淳风氏亦好窳器缺钟者。"在文末，黄遵宪有总批："叙述茶事甚详，而抉剔弊窦，曲尽情状，文似太史公。"

黄遵宪又批佐藤一斋，名坦，字大道，号一斋，通称舍藏，日本美浓岩邑人，日本江户后期著名儒学家。《奉送述斋林公赴津岛迎接韩使序》一文谓："和人狃于丰臣之胜，而不知强弱有时，吾恐他日必有轻妄坏事者，夫越海以图远，得之，亦不易守，况不必得乎？"日本江户后期，幕府儒官林述斋受命赴津岛迎接前来朝贺的韩使，佐藤氏《奉送述斋林公赴津岛迎接韩使序》一文送行。林述斋此行要使朝鲜"益坚其服事之心"，故"人或有语以兹行任大责重"，而林述斋却莞尔曰："鲜人萎苶易与耳，况乎伏国家威德以莅之，何难之有？"表现出目无韩人的高傲。序言对林述斋的"自信"极为赞赏，黄遵宪之批评，即针对上述文字。

批赖襄名襄，字了成，号山阳，别号三十八峰外史，日本安艺人。江户后期著名儒学家、诗人和历史学家，著有《日本政记》《日本外史》等。《上乐翁公书》白少将乐翁遣人至赖氏家，求览赖氏所著之《日本史》。赖氏写此信，以苏辙《上韩魏公书》时之心境自比，表述修史之良苦用心。曰："步武老成，不让古人。"又曰："山阳天姿卓绝，惜学力未至，加以酿酿，不难摩魏叔子之叠，升苏长公之堂。"

批赖襄《平氏跋》曰："文章精妙，几如听优人平语，弦管迭奏，时时入人心脾。"赖氏此文，意在公正评价平氏。文章认为平氏虽为僭乱之臣，但天庆之乱，乃"相门骄傲，壅塞上下所致也"，亦是由于"帝滥授名爵，以济其私，而长其负功邀上之心"的结果。同时赖氏以为，乱起于平氏，而讨灭之者亦出于平氏，故"平氏于王家，功罪相偿"。

批赖襄《北条氏跋》曰："'张皇太甚'八字，唯山阳见得到，说得出。然比之青山氏论丰臣，悬若霄壤。以守为战，度德量力，足以自强而御侮。彼启贪心，勤远略，自贻困弊者，不思之甚也。山阳一代伟人，其识议非寻常所能梦见。后段所论，虽世世由之可也。"又曰："胜败在人不在器，推之天下皆然。徒效人之器，而人才不足，国帑空虚，自守且不足，安能胜人乎？"赖氏《北条氏跋》一文，客观评价北条氏幕府历代功罪，纠正旧史对其之溢美。文章最后将北条氏与丰臣氏相较，指出："丰臣氏能不辱国体，胜足利氏万倍。然至与明战，张皇太甚，内自困弊，虽攻守势异，不及北条氏远矣。北条氏之策，守则土著不烦征发，军须不扰轻费，委任将帅，不自中掣之。其战则凭陆诱寇走舸逆战，短兵急接，皆可以为后世之法。"赖氏从北条氏之策中最后得出结论："盖是时，我未有火器相敌，吾以是知兵之胜败，在人不在器，我长技自有在焉，可恃也。"黄遵宪之批评，即针对上述文字。

批斋藤拙堂名谦，字有终，号拙堂，又号铁研学人，通称德藏，日本伊势洞津藩士。其治学初奉朱子，后博采诸家，精古文，通史传，诗宗盛唐。其著作《拙堂文话》八卷对日本汉文学有重大影响。《下岐苏川记》曰："笔墨之妙，几如读郦道元《水经注》。"斋藤氏《下岐苏川记》是一篇记游文字。记述其游览下岐苏川之所见所闻，描摹具体，层次分明。

批安积艮斋名信，字思顺，号艮斋，日本陆奥人，曾仕于二本松侯，后为幕府儒员。安积氏是日本江户末期著名诗人和儒学家。《洲崎八景卷序》曰："八景本庸俗犬声，安积氏能铺叙，落落大方，极有识力。"此文是安积氏为画卷"洲崎八景"所题写之序言。内容乃述画卷之由来，状画中景色之美。

批安积艮斋《文论》曰："皆自道其心得之言，故言之亲切。若优孟衣冠，安有此理明辞达之文！"安积氏《文论》一文，论作文之法，认为作文之法，辞达而已，不必摹拟古人，须务求能自撼胸臆，出机轴而成一家言。只要"道以主之，气以行之"，自然"秩乎其有序"，"粲乎其有章"，"洋洋乎其有体，且有要也"。若一味摹拟，"虽其文能类秦汉、似韩柳"，但"亦优孟衣冠，不足尚也"。

批盐谷宕阴名世弘，字毅侯，号宕阴，通称甲藏，日本江户人，曾任日本昌平黉教授。是日本幕末时期著名儒学家。《请修史书》曰："盐子本神明于文，尤征史才，《昭代记》既见一斑矣。"盐谷氏在文中以刘基请辞宰相，明太祖不敢勉强为例，谓人各有能有不能，恳求执事成全其修史之志。

批盐谷宕阴《送安井仲平东游序》曰："盐子学力天资皆胜，用工既深，故所言语语剀切。"盐谷氏序文称赞仲平氏学习之刻苦，毅力之坚韧，才华之出众，谓"当今之学徒，其在庠校，孜孜勤苦者有矣，及退庠则倦焉。退庠而不倦者有矣，及畜妻子则衰焉。畜妻子而不衰者有矣，及获禄位则废焉，获禄位而不废者有矣，逢一患婴一灾则挫焉"。而仲平氏却是一个"能退庠而不倦，畜妻子而不衰，获禄位而不废，逢灾患而不沮不挫"的人。

批盐谷宕阴《楠公神铃记》曰:"古厚典雅,无不神与古会。"文中所记神铃乃日本中纪著名武将楠木正成所铸之神器,用以驱邪平乱。文章叙述神铃之形状、来由,并由此引发关于人心正邪、鬼神报应的议论。

批安井息轩名衡,字仲平,日本江户末期著名儒学家,幕府儒臣。《鬼神论》(下)曰:"扶桑近世文章,最以息轩氏为巨擘。其论事皆切中肯綮,而深入奥窔。无儒生迂腐之谭,无策士纵横之习,真若可坐而言,起而行者,理足故也。"安井息轩《鬼神论》有上、下两篇。下篇主要分析日本浮屠之害炽烈的原因,指出其危害及虚妄。最后归本于圣人之贵神道。

批安井息轩《锦山神祠改建记》曰:"纵横跌宕,神似昌黎。"锦山神祠是为纪念日本四百年前武将加藤清正而建的神社。文章历诉加藤清正的历史功绩,赞扬其"至大至刚,物莫能屈之"的忠正之气,并介绍了神祠改建的原因和经过。(以上俱见石川鸿斋《日本八大家文读本》,坂上半七版,日本明治十六年四月。郭真义、郑海麟:《黄遵宪题批日人汉籍》,第2—10页,中华书局2009年版。)

本年冬,黄遵宪出行,道经日本南海道播磨峡,见两岸相接,而山清雅,令人移情。黄遵宪《九月十一夜渡苏彝士河》诗注有云:"日本南海道播磨峡中,亦两岸相接,而山清雅,令人移情,丁丑冬过此。"(《全集》上,第128页。)

光绪四年戊寅(1878年)　三十一岁

【国内外大事】七月二十七(8月25日),清廷派曾纪泽为出使英法两国钦差大臣,代郭嵩焘。赏候选道李凤苞二品顶戴,署理出使德国钦差大臣,代刘锡鸿。十月二十四(11月18日),御史曹秉哲奏,请仿用西法开采,以利器用。称近来各省开设机器等局,需用煤铁甚多,请由内地仿照西法用机器开采、转运、鼓铸、制造,既省买价,并浚财源,可招徕殷商,听其开办,酌量征收厘税等语。上谕:"所称是否可行,著李鸿章体察情形,斟酌妥善,奏明办理。"(《光绪朝东华录》,四年十月庚子。)本年,左宗棠开始筹设兰州机器织呢局,饬该省善后局拨银二十万两,函嘱胡光墉在上海定购德国织呢机器,运来兰州,开办机器织呢局。本年,薛福成上《创开中国铁路议》。略谓:"今泰西诸国况富争强,其兴勃焉,所恃者火轮舟车耳。轮舟之制,中国既仿而用之有明效矣,而轮车之制不行,则中国终不能富且强也。"

本年,黄遵宪在中国驻日本公使馆任参赞。

黄遵宪既至日本,日本人士,执贽求见者,户外屡满。(王韬《日本杂事诗序》,《全集》上,第4页。)夏晓虹论曰:"因德川时代实行锁国政策,海外交通基本断绝,极少有中国人士到达日本。崇仰汉学的日本文人,只好向偶然在长崎登岸被捕获的清朝人请教诗文;不可得时,来自朝鲜的使节也成为诸儒往复赠答请益的对象。更有人利用商船航行中国之便,'曲托贾竖,邮呈诗文于中国士大夫,得其一语襃奖,乃夸示同人,荣于华衮'。在此情势下,传来清朝决定在日本设立使馆的消息,自然令人兴奋,'凡汉学家,皆企踵相望'。"(夏晓虹:《黄遵宪与日本明治文化》,《学术界》2000年第1期。)黄遵宪广泛接触日本人士,或笔谈,或招饮,或出游,殆无虚日,有名可据者达八十多人。过从尤密者,有源桂阁、宫岛诚一郎、增田贡、冈千仞、石川鸿斋、青山延寿、龟谷省轩、松井强哉、关义臣、重野安绎、小森泽、副岛种臣、三浦安、加藤樱老等人。(详见笔谈遗稿,《全集》上,第553—811页。)黄遵宪当年在日本期间,曾留下了大量珍贵的笔谈资料。1943年,日本学者实藤惠秀、丰田穣在大河内辉耕的帮助下,在埼玉县野火止平林寺第一次看到了当年黄遵宪与其父大河内辉声(源桂阁)等人的笔谈记录。据初步清理统计,原稿为九十六卷九十四本,尚存七十三卷七十一本。20世纪60年代初,实藤惠秀根据这批笔谈遗稿,整理编译了《大河内文书——明治日中文化人的交游》,于1964年由日本东京平凡社出版。同时,实藤惠秀还与新加坡华裔学者郑子瑜合作,将这批笔谈遗稿中与黄遵宪有关的部分特别择出,予以抄录、标点、整理、校订,编成《黄遵宪与日本友人笔谈遗稿》一书。该书整理编纂工作于1965年完成,后由日本早稻田大学东洋文学研究会于1968年出版。这是第一部整理出版的黄遵宪与日本友人的笔谈记录。

正月三十(3月3日),日本友人源桂阁号桂阁,祖居大河内,故又称大河内辉声或源辉声。原是日本世袭高崎藩主,明治维新后废藩置县,任高崎知事,因不赞成新政而辞官归乡,以后长期闲居东京墨江畔。源辉声精通汉诗、汉学,嗜爱翰墨,广交文士,尤其喜欢与旅居日本的中国人、朝鲜人,特别是中国公使馆的官员用汉文笔谈,并以此为乐。到清使馆拜访,黄遵宪与沈文荧等与之笔谈。(戊寅笔话第二十七话,《全集》上,第562—564页。)实藤惠秀在《黄遵宪与源桂阁初次笔谈》中说:"源桂阁(即大河内辉声)访问中国公使馆的希望,到了戊寅(一八七八)二月五日(阳历,以下同)终于达成了。至于初次和黄遵宪会面笔谈起来的日子却是三月三日。"源桂阁日后成为使馆众多官员的好友。其后述与清使馆官员交往曰:"庆应年间,余结交于西洋人,讲习其艺术,窥其所为,无事不穷其精妙者,大喜其学之穷物理,以能开人智。明治初,余解组挂冠占栖墨江,自是后,以无用于世,乃改辙,结交清人,相识日深,情谊月厚,而其交游之妙,胜于西洋人远矣。盖西洋人,神气颖敏,行事活泼,孜孜汲汲,罩思于百工器用制造也。至清国人,则不然,百官有司,庙谟之暇,皆以诗赋文章,行乐雅会,善养精神,故性不甚急也。今兹余又缔交于钦差大使何子莪、张鲁生,暨随员黄公度、廖枢仙、沈梅史等,陶然心醉,于是来往无虚日,谈笑戏谑,以至彼我相忘,所谓倾盖如故者非耶。"(《芝山一笑后序》,王宝平:《晚清东游日记汇编》第一册,第61页,上海古籍出版社2004年版。)

二月初四(3月7日),源桂阁带着其部属松井强哉到使馆拜访公使何如璋及副使张斯桂,然后到黄遵宪房间,沈文荧、廖锡恩在座,彼此相与笔谈。黄遵宪介绍中国教育的特色是诸经之外,最重史。又有诗戏沈文荧家有年止十四的少妾,"一样风光一样春,东来偏爱踏红尘。呢喃乳燕长相对,忘却登楼看柳人"。(戊寅笔话第三十话,《全集》上,第565—567页。)

二月十二(3月15日),黄遵宪偕同僚沈文荧、王治本、王藩清,翻译官潘仕邦等拜访源桂阁,大家相与笔谈,然后到木下川村梅庄赏梅,登植半楼宴饮,有绝句。(戊寅笔话第三十七话,《全集》上,第567—569页。)

二月二十(3月23日),源桂阁到使馆找沈文荧,黄遵宪同何如璋、沈文荧、廖锡恩与青山延寿字季卿,号铁枪,日本水户人,日本"尊王"史学家,诗人、儒学家。著有《皇朝金鉴》《大日本史地理志稿》《读史杂咏》《读史偶记》《铁枪诗集》《铁枪文集》等。进行了笔谈,青山延寿介绍其所著《大日本史》有十一志略已经就绪,兵志、刑法志已经刻成,并向众人介绍新井臼石的《日本史论赞》和熟悉日本近代史的赖山阳。(戊寅笔话第四十二话,《全集》上,第570—578页。)

三月初一(4月3日)下午一时,源桂阁到使馆,向黄遵宪借书信夹,并与黄遵宪笔谈。(戊寅笔话第四十八诂,《全集》上,第579—583页。)

三月初三(4月5日),黄遵宪为日本诗人小野长愿日本近汇人,原以其故国地名横山为氏,故世称横山先生。后复本姓小野,名卷,字怀之,又字舍予公,晚年又更名长愿,字侗翁、湖山,号狂狂。人们亦常称其仙六、侗之助等等。其人不修边幅,性狂戆直,善饮酒赋诗,忧世不已。其交游满都下,无日不佳招。曾在日本丰桥藩供职藩黉督学。之诗集《湖山楼诗稿》撰写评语,高度评价其诗歌才华,评语称:"闻湖山老人名久矣,今始读其诗,诗于古人无所不学,亦无所不似。其中年七律,沉着雄健,剧似老杜,尤为高调。每读至佳处,或歌或舞,或喜或涕,或沉吟竟日,不能已已。天风海涛,万籁俱寂,伯牙抱琴,孤立海上,先生殆将移我情乎?"对集中《镰仓杂感》十二首及前后各四章《惜春词》尤为激赏,谓"十二首苍凉盘郁,雄浑老到,其格力皆自古人来。以我朝论,则赵瓯北之《洛中怀古》、张船山之《宝鸡题壁》似之"。《镰仓杂感》十二首,其一云:"云涛万里望悠悠,怅触人间何限愁。帝位空高天北极,世风渐下水东流。金汤海内无双固,兵马关中第一州。今日与谁论往事,残阳独上野僧楼。"又谓"前后《惜春词》皆清丽而凄婉,袁子才论吴梅村诗所谓'就使吴儿心木石,也应一读一缠绵'者也"。小野氏曾在江户作《惜春词》四章,其一曰:"楼前杨柳绿斜斜,楼后山樱正落花。春似佳人偏易老,樽无美酒奈难赊。何时书剑酬初志,所在江山即是家。词客从来多薄命,茶烟禅榻了生涯。"又赞其《登岳》诗为"诗格高,笔力雄,比七子之学唐,犹当驾乎其上"。《登岳》诗系癸卯七月六日,小野氏夜宿岳顶石室中,早起看到地与日光相映之奇观,作诗三章纪之,诗云:"鹤驾鸾骖何所羡,短筇支到白云边。豪怀不觉地球大,放眼真知天体圆。绝顶寒风无六月,阴崖积雪自千年。腰间我有一瓢酒,欲醉玉皇香案前。""茫茫八极静尘氛,独立飘然思不群。月窟星宫应咫尺,十洲三岛漫纷纭。赤乌夜跃东瀛水,金气秋流大麓云。高宿峰头支醉枕,钧天广乐梦中闻。""青莲一去逸才稀,谁复登高能赋诗。世界三千归掌握,鹏程九万可风追。人间草木未生处,天上神仙来会时。为报东西漫游客,不攀大岳莫言奇。"(以上俱见小野长愿:《湖山楼诗稿》,光绪八年日本游焉吟社出版。郭真义、郑海麟:《黄遵宪题批日人汉籍》,第12—20页,中华书局2009年版。)

三月初七(4月9日),源桂阁再访使馆,黄遵宪与之笔谈。(戊寅笔话第五十二话,《全集》上,第583—587页。)

三月十二(4月14日),源桂阁访黄遵宪,约请使馆人员二日后往墨江旗亭宴饮,并赏樱花。(戊寅笔话第五十六话,《全集》上,第587—589页。)

三月十三(4月15日),源桂阁打发人力车夫给黄遵宪送来一函,邀请何如璋与黄遵宪出游,函曰:"昨扰府,辱赐清茗,一吃之下,却为笔谈之兴,不意文辞勃起,终扯风流之话,春日之长,觉甚短矣。兹问何公使等登旗亭之事有允许否?倘使公使向导于无意往之处,固仆所不甘焉。而如雨则如何?虽塘上樱花,雨中亦有景致;驷马驶泞,复不便。乃至如细雨则无妨乎?具请指示。仆自有所命庖厨。匆匆不宣。伏候刻安。肆月仲五日。"后又有缀言曰:"如君及枢公等万一不来,则弟来往促焉。昨日所赐之清茗,叫做如何?甘味温润,只觉两腋习习,故有此问也。"黄遵宪回函曰:"昨日辱访,所云旗亭之饮,以告公使,公使云:'无所不可。'敢以复达。楹联遵命涂就,鄙陋不足陈览观,甚愧也。桂阁贤侯阁下。弟遵宪谨启。明日当晴,细雨亦不妨也。又及。"(戊寅笔话第五十七话,《全集》上,第589—590页。)

三月十四(4月16日),黄遵宪及众人依约赴源桂阁旗亭之邀,赴会者除黄遵宪外,包括钦使何如璋,副使张斯桂,随员廖锡恩、王治本、王藩清,翻译潘仕邦,日人加藤樱老名熙,号友邻。明治维新后任京都大学中博士。等。

大家在墨堤漫步赏樱花,上植半楼宴饮,听"大神乐",众人赋诗相庆。黄遵宪诗曰:"长堤十里看樱桃,裙屐风流此一遭,莫说少年行乐事,登楼老子兴尤高。"(戊寅笔话第五十八话,《全集》上,第590—599页。)何如璋、张斯桂、王治本、源桂阁等均有诗。直到晚上九点,大家才尽兴而散,何如璋称此为"海外看花第一遭"。

三月十六(4月18日),源桂阁访清使馆,黄遵宪与之笔谈,谈及子弟教育,黄遵宪介绍:"敝邦教子弟者,先充其学识,立其根本,而后始教以作文。"(戊寅笔话第五十九话,《全集》上,第599—603页。)当晚,黄遵宪与公使何如璋及子何其毅,使馆随员廖锡恩等人携魏通事游香岛,竟将马车缓走花丛中,适月色朦胧,淡香疏影,于梅花外别开境界。回车憩茶寮,遇一群女郎,款门殷殷,食以百果之饭。(戊寅笔话第六十话廖锡恩语,《全集》上,第603—605页。)

三月十七(4月19日),日本友人宫岛诚一郎,字栗香、栗芗。日本羽前米泽藩士。十三岁能作汉诗。及长,参与日本倒幕维新。1878年任修史馆书记官。其与大久保利通关系密切,对君主立宪问题特别关心。1880年3月与长冈护美、曾根俊虎、柳原前光,中村正直等共创兴亚会。1881年任贵族院议员。著有《养浩堂诗集》。访使馆,笔谈中,黄遵宪有曰:"窃谓今日之西学,其富强之术,治国者诚不可不参取而采用之。然若论根本,圣贤之言,千秋万岁应无废时也。即如近日尊王之举,论者谓发于赖子成之推重楠公,故其子首建此议,是言不为无因。"又曰:"圣贤之理,人同此心。所谓地之相距千有余里,若合符节者。贵国人亦然。不过得孔孟所论议,益明其理耳。仆岭南人,文物始盛亦在唐宋后,较之贵国虽为同土,被圣人之教盖未之能先。尝窃论之,欧罗巴富强之法近既及亚细亚,孔孟之说将来亦必遍及欧罗巴。"笔谈中宫岛将其赏茶花时所作的一首绝句给黄遵宪,黄遵宪和诗一首:"芳树千枝花影斜,纷纷裙屐亦豪奢。衣冠诧是西来法,爱看侬家懒看花。"(与宫岛诚一郎等笔谈遗稿,《全集》上,第715—718页。)当日下午三时许,源桂阁与表哥一起到滨畸御苑游玩,忽遇雨,避雨至清使馆,黄遵宪与之笔谈,源桂阁向黄遵宪介绍说德川氏的徽章是葵叶而不是葵花。(戊寅笔话第六十话,《全集》上,第603—605页。)

三月二十三(4月25日),黄遵宪与沈文荧闲坐,思念日本友人源桂阁,遂相互联句成《摸鱼儿》一词。(与源桂阁笔谈遗稿,《全集》上,第606页。)词曰:"试问他、旧时巢燕(黄),雕梁犹认芳苑(沈)。墨江春水波摇绿,终日画帘高卷(黄)。花似霰(沈)。却正是、江南草长飞莺乱(黄)。凭阑望远(沈)。谁得似清闲,蓬壶方丈,携住神仙眷(黄)。　沧桑事,人世衣冠都换(沈)。惊看海水清浅(黄)。当年关左谊謦鼓,曾向沙场征战(沈)。君不见(黄)。班师后、宫袍侍宴芙蓉殿(沈)。相逢恨晚(黄)。且射虎归来,旗亭夜饮,斗北横天半(沈)。"(《全集》上,第 228 页。)

三月二十四(4 月 26 日),黄遵宪和沈文荧在公使馆与源桂阁笔谈,黄遵宪将前日所填《摸鱼儿》一词赠源桂阁。(戊寅笔话第六十四话,《全集》上,第 605—609 页。)

三月二十七(4 月 29 日),源桂阁携带许多绢到使馆,欲请使馆诸人为之写联幅,黄遵宪等与之笔谈,黄遵宪请源桂阁询问有无可造屋的废址,大约离东京一二里,三四千坪,地势高爽处即可。(戊寅笔话第六十六话,《全集》上,第 609—613 页。)

三月二十九(5 月 1 日),源桂阁到黄遵宪住处拜访,沈文荧在座,随后一起到沈氏房间笔谈。黄遵宪评价"明人于词律全不解",其所云平仄皆无依据。沈文荧介绍他与黄遵宪看梅花时联句作《满庭芳》。(戊寅笔话第六十八话,《全集》上,第 613—615 页。)

本月,元老院议员宫本鸭北以樱花盛开招饮长华园,黄遵宪即席赋诗:"阳春三月春风颠,群花齐放争春妍。东海龙君善游戏,夜呼雏龙起耕烟。此龙生性最狡狯,吐涎喷沫化为樱花万万千。黑江一岛最奇胜,皓皓如雪覆其巅。城北落落十数树,亦复烂熳春风前。平生泼眼诧创见,自诩奇福夸宿缘。鸭北主人固豪仕,座中诸子皆英贤。使星如月光光曜,我亦末座随星躔。今夕何夕开琼筵,酒酣起舞乐蹁跹。古称方丈三神山,谓此土是岂其然。蓬莱清浅虽屡变,此花独王垂千年。(东人呼樱花为花王。)我喜此花对花语,归将置汝罗浮巅。梅花雪白荔子丹,众花罗列堪比肩。南强北胜奚足狡,不如跻汝群仙班。呼龙挈花便西去,宠以辎軿乘以船。海中蛟螭足妖怪,护以霓幡安且便。龙兮龙兮努力载花去,我将上奏玉皇夸汝贤。"(《全集》上,第 209 页,《集外诗辑》,第 42 页。)

本月,宫本鸭北邀请何如璋、张斯桂、黄遵宪以及日本汉学家重野成斋、中村敬宇等,聚饮于巢鸭别墅长华园。席上,众人互有唱酬,黄遵宪有诗:"绕榭山花红欲然,林中结屋屋如船。人来蓬岛无宾主,境比桃园别洞天。近事披图谈斗虎,(谓英、俄二国因突厥事。)旧游濡笔纪飞鸢。(曾使高丽。)登楼北望方多事,未许偷闲作散仙。"(《诗草笺注》上,第229页。)

四月初五(5月6日),源桂阁差人送还所借黄遵宪之壁衣,并赠送钦使何如璋一部《前贤故实》,赠送黄遵宪一套《名家文抄》,同时给何如璋及黄遵宪各附一函。其致黄遵宪函曰:"公度仁兄阁右:奉借之壁衣,即摹造了,乃奉返。尊物盖弟誓以四月三十日,而期日迟缓,真个报然!如弟则屡促其匠,匠惶惧,奉令而制之;谁料匠造之复未熟,故致此罪,幸宥刑。此书全部叫做《名家文抄》,谨呈阁下,幸赉清览。匆匆不一。伍月初陆日,辱爱生源辉声。"(戊寅笔话七十二话,《全集》上,第617页。)

四月初八(5月9日),何如璋父母七十大寿,黄遵宪代出使俄国全权大臣崇厚及驻英大使郭嵩焘作寿文曰:"国家威德远播,磅礴四海,古所谓梯航纳赆,重三四译而后至,或羲、轩以来未被声教者,皆结盟约,遣信使,通往来。日本密迩近邻,且为同文之国,天子尤慎其选。丙子八月,乃以翰林侍讲子峨何君膺其任。先是朝议推使才,子峨以亲老欲辞,其尊人淑斋先生贻书训勉之,子峨乃得慷慨秉节,乘槎而东。昔殷员外使回纥耳,昌黎既亟称其人无离别之色幾微见于颜面。况海外万里之役,比回纥倍为险远,垂白老亲,乃寄书戎行,且以一心奉公相劝,自非真知轻重大丈夫而能之乎?

"子峨到日本一年,置吏保商民,风流令行,百事具举,华彝太和。将于己卯四月,置酒于堂,以祝亲寿。人皆称子峨之才之德,余知其得于庭训者为多也。以余闻尊公及母夫人,皆事亲孝,治家严,凡钱谷布帛之入,推诸昆弟无不均;臧获婢妾,待之无不慈;自家庙祭田以及党庠乡序,秩然无不举。盖一以忠信之言,笃敬之,行将之。子孙循循奉教,皆以善闻里党。子峨更推而行之蛮貊,而亦无不行也。且先生固非徒宽大长者,其处物公方,乡之人尤为敬惮,后进中子弟有所就争质,必理谕势导,俾人人得当而去。族居数千人,从无一讼牒达于令长;乡邻有斗者,必多方劝阻止之。所贵乎天下士,能为人排难解纷耳,处则治一乡,出则治天下,无二道也。今欧罗巴合纵连横,日寻干戈,甚于战国。往往一介行李,遂固盟好而弭兵戎。子峨他日必能资父事君,以折冲尊俎之间也。子峨勉乎哉!

"子峨本文学侍从之臣,雍容和雅。其待人也,宽中而直柔,无亲疏贵贱如一。旌麾所临,环门者踵相接。吾知此一举也,捧筐篚,陈壶浆,跻公堂而酌兕觥者，我中土之人也。具枣栗，进几枝，汉学之士咸挟诗献图，且有书佉卢之字、奏靺鞨之乐而来者，西人之子、东人之子也。於戏，荣矣！《诗》有之曰：'王事靡盬，不遑将父。''王事靡盬，不遑将母。'《诗》又有之曰：'骁骁征夫，每怀靡及。'盖古大夫之行役，往返跋涉，皆在道途，不遑启处，势固然欤！今之遣使驻节于他邦，得以交邻之暇，和乐燕恺，开筵以祝亲寿，公谊明而私恩亦尽，是又《四牡》《皇华》之诗人所不及躬其盛者也。厚以不才，亦从诸公后出使俄罗斯。诸公以厚犹子与子峨齐年，能悉其家世，驰书征余文。余文何足道，吾望子峨以报国恩者养亲志而已。抑吾闻日本为古蓬莱方壶，地中多仙草神芝，能延年。芝长，子峨其为余访而得之，介此文以献于其亲可也。钦差出使俄国全权大臣太子太保内大臣吏部左侍郎总理各国事务大臣奉天将军兼总督通家愚弟崇厚顿首拜撰。钦差出使英法二国大臣赏戴花翎兵部左侍郎总理各国事务大臣前署广东巡抚翰林院编修愚弟郭嵩焘顿首拜书。大清光绪四年，岁在著雍摄提格，律中南吕之月，日缠寿星之次，大清光绪纪元五年，青龙在屠维单阏，律中蕤宾之月，释迦诞日。"（《全集》上，第240—241页。）

四月初九（5月10日）晚，黄遵宪赴冈千仞本名庆辅、启甫，字天爵，日本仙台下级藩士。曾任日本仙台藩议局议员，东京府立中学教员，文部省编修寮、修史馆编修，东京书籍馆干事等职。明治初年辞职归家，因钦慕中国西晋诗人左思"振衣千仞冈"的浩荡英风，遂改名千仞，字振衣，号鹿门。其自幼受中国文化影响，熟悉四书五经等中国典籍，系日本著名汉学家和史学家。处谈话，归使馆后，与沈文荧联句，咏听清乐，调寄《买陂塘》。（与源桂阁等笔谈遗稿，《全集》上，第617—618页。）词曰："柳棉飞、缘阴清润，旧时王谢池馆（沈）。偷闲半日游裙屐，水榭飞觞竞劝（黄）。啼鸟唤（沈）。早吩咐、奚奴先把锦囊齐展（黄）。毫丝脆管（沈）。听越艳吴姬，粤歌楚调，一霎按筝阮（黄）。　清歌起，都把红牙敲遍。落花帘外香满（沈）。人未倦（黄）。怕万里、乡心振触春愁撩乱（沈）。蓬山不选（黄）。对松涛竹籁，斜阳影里，余韵晚风卷（沈）。"（《全集》上，第228页。）

四月初十（5月11日），源桂阁闻知使馆随员沈文荧会前来家中拜访，适石川鸿斋亦到来，便差人去请黄遵宪到家中一叙，黄遵宪外出，未曾到访。（戊寅笔话七十七话，《全集》上，第617页。）

四月上旬（5月），何如璋上总署及李鸿章函论琉球事，何如璋到日本后，多次接见琉球官员向笃忠、毛凤来等，研究琉球与日本往来文件。两函内容大同小异，寄送李鸿章函于四月二十八日到。函中分析了日本国情,列举了其四大不利条件,断言日本未敢马上挑起侵华战争。主张力争琉球,并提出解决琉球问题之三策:上策是遣兵船责问琉球,征其入贡,示日本以必争;中策是明约琉球,令其夹攻,示日本以必救;下策是反复辩论,徐为开导,若不听命,或援万国公法以相纠责,或约各国使臣与之评理。并且认为:"琉球一岛,远不如高丽之拱卫神京,屏藩海外。若俄垂涎于彼,保护颇难,非先事预筹,弭之于未形不可。若阻贡之事,中土虽弱,犹胜日本。彼虽狂惑,尚未敢妄开边衅。琉球苟灭,后患滋深,是不争正所以萌边患。谓今不言,度势审理,均非甚便。"函中详细论述琉球事件的严重后果:"阻贡不已,必灭琉球;琉球既灭,次及朝鲜……况琉球迫近台湾,若专为日属,改郡县、练民兵,资以船炮,扰我边陲,台、澎之间,将求一夕之安而不可得。是为台湾计,今日争之患犹纡,今日弃之患更深也。则虽谓因此生衅,尚不得不争,况揆之时势,决未必然乎?"(《与总署总办论球事书》,吴振清编:《何如璋集》,第94—96页,天津人民出版社2010年版。)何如璋《与总署总办论球事书》及其他相关公文是否为黄遵宪主稿,目前学术界尚存在不同意见,李庆认为,琉球三策主要是何如璋的思想。(李庆:《〈琉球三策〉作者考》,《复旦学报》[社会科学版]1995年第4期。)但也有认为是黄遵宪参与谋划,据黄遵庚、黄干甫《黄遵宪生平事迹》言:"何使莅任伊始,事必躬亲,但对事多谋善变,每每举棋不定。某日,遵宪对何使说:'世伯,你对事处理的方法不如我。'何使愕然,徐问:'公度,你今日何自负如此?请说其故。'遵宪答:'世伯凡对一事,每五分钟内,必变其主意,变到四五次时,已不知自己哪样的主意才对。我则不然,每对一事,必先在各方面考虑周详,即决定办法,毋须一再更改。'何使闻言,欣然首肯者再,嗣后关于一切公事,统交遵宪主办,何使仅略过目而已。"又言:"整个琉球交涉期间,遵宪代何使作书密报清廷总理衙门,痛陈日本谋夺琉球之危害,并提出具体办法,往返数十函,不下十余万言,力主对日强硬。"(《全集》下,第1589—1590页。)黄遵庚之言是否系溢美之词,可以认为并非如此:其一,黄遵宪作为参赞之职,就是草拟公文,加之何如璋与副使张斯桂不和,对世交之子黄遵宪多所倚重,亦符合常理,其二,黄遵楷是随兄使日的人员之一,作为当局者,其言当有所本。其三,从现存笔谈遗稿,可以看到何、黄两人关系极为密切,对琉球、朝鲜等重要事物都一起讨论,其中还有直接证据:据《戊寅笔话》所载,"梅史(沈文荧):'今日要发奏折,乃将今年所办之事奏皇上,此事黄主稿,廖写之,而弟封之。'"(《全集》上,第675页。)因此,编者认同梁启超所言:"先生于光绪初参何子峨星使(如璋)幕府使日本,其时正值琉球事作,何使所与总署及北洋文牍,吾近顷乃获见全案。凡往返数十函,殆十余万言,皆力主强硬手段,策日本当时国势,谓我若坚持,彼必我屈,洞若观火,纤悉周备。其出先生之手者,十七八也。而政府不能用。"(见梁启超:《饮冰室诗话》,第104页,人民文学出版社1959年版。)盖黄遵宪自丁丑在神户晤琉球密使马兼才之后,对琉球问题即已深加注意,筹谋妥善应付日本之策。

四月十二(5月13日),源桂阁又访黄遵宪,在黄遵宪房间相互笔谈。黄遵宪问源桂阁在日本是否可娶妾,源桂阁回答:"凡敝邦士大夫之风,其富或志高者,乃不使其女儿为姜妇;至其贫且识卑者,乃许之。"黄遵宪介绍说,中国不能有妻娶妻。并且希望能够买一妾,他日带回国内。(戊寅笔话七十八话,《全集》上,第619—625页。)

四月二十九(5月30日),李鸿章复函何如璋,认为琉球弹丸之地,孤悬海外,中国受琉球朝贡本无大利,"若再以威力相角争小国区区之贡,务虚名而勤远略,非惟不暇,亦且无谓"。(《复何子峨》,《李鸿章全集》第七册,第4370页,时代文艺出版社1998年版。)

五月初九(6月9日),李鸿章将何如璋函转达总署,认为上、中二策"似皆小题大做,转涉张惶",而下策可行,"言之不听时复言之,日人自知理绌,或不敢遽废藩制改郡县"。所以,"此虽似下策,实为今日一定办法"。(《密议日本争琉球事》,《李鸿章全集》第七册,第4367页,时代文艺出版社1998年版。)

五月十四(6月14日),宫岛诚一郎在其家养浩堂开宴,与会者除黄遵宪外,还有何、张正副两公使,随员沈文荧,日本友人重野安绎字士德,号成斋,日本鹿儿岛人,日本第一位文学博士,近代日本汉学家和史学家,与三岛中洲、川田瓮江齐名,被称为明治时期"汉文三大家"。在明治时代西风劲吹的局势下,其力排"重洋轻汉"之风,活跃于汉诗文社——旧雨社、丽泽社等,并在大阪设立汉学校"成达书院",广育人材,为维持明治汉文文运作出了巨大贡献。幕末曾学于蕃校造士馆及江户昌平坂学问所,后任蕃校教员。维新后出仕文部省,于明治八年(1875年)入修史局负责编修《大日本编年史》。创建东京大学国史学科,奠定国史学发展基础。、三浦安、青山延寿、宫岛之弟小森泽长政等人。席中各有赋诗,黄遵宪赋诗曰:"舌难传语笔能通,笔舌澜翻意未穷。不作佉卢蟹行字,一堂酬唱喜同风。"(宫岛诚一郎笔谈遗稿,《全集》上,第722页。)三浦安以家妓侑酒,一名阿滨,一名阿梅,最小者曰阿爱。(何如璋:《袖海楼诗草》上卷,吴振清编:《何如璋集》,第23页,天津人民出版社2010年版。)席中宫岛请在席诸人为三位家妓各咏一诗,黄遵宪咏阿滨诗曰:"金钗环侍席当中,绿酒微醺烛影红。我向水滨频细问,旁人莫笑马牛风。"咏阿梅诗曰:"一曲江城唱落梅,当筵共醉酒千杯。霓裳缟袂翩迁舞,莫认人间筝笛来。"咏阿爱诗曰:"双鬟便既值千金,最小娇姬弱不禁。醉后欲倾东海水,一齐并入爱河深。"(与宫岛诚一郎等笔谈遗稿,《全集》上,第722—723页。)

五月十六(6月16日),源桂阁与石川鸿斋到公使馆访沈文荧不遇,旋到黄遵宪处笔谈,黄遵宪向石川探询日本人物史事甚详。黄遵宪曰:"贵国典章,闻《礼仪类典》五百余册,恨非汉文,《大日本史》之十二志又未刊行,有何书可以供读否? 敢问。"又曰:"《大日本史》有纪传而无表志。欲考典章,必于志乎。仆急急欲得如史志诸书览之,恨其不知也。""各史所引书目多和文者,仆意欲得汉文者耳。"可见黄遵宪此时已开始撰写《日本国志》的准备工作,然以读不懂和文而焦虑苦恼。笔谈中,石川告黄遵宪,谓其已将与使馆诸君酬唱之诗辑为一卷,名曰《芝山一笑》,请黄遵宪急急赐一诗。黄遵宪让石川将诗稿留下,五日间必有以应命。笔谈间黄遵宪再次提出买妾的愿望,说:"东京妇人,有能击剑者否? 有能豪负侠气如男子者否? 有能通汉文者否? 兼是三者,美恶老少不足计也,为仆谋之。"(戊寅笔话一〇一话,《全集》上,第625—635页。)

几天后,黄遵宪过答石川鸿斋,有《过答拜石川先生》诗曰:"望衡对宇比邻居,相见常亲迹转疏。今日芒鞋初过语,半帘花影一床书。"(《全集》上,第213页。)石川氏因韵赋一律呈曰:"蓬庐漏湿似原居,为恕闲人礼法疏。巨济参禅难脱俗,伯时画佛谒求誉。樽中有酒强留客,厨下无鱼手摘蔬。只耻清谈佣兔管,雌黄补过抹文书。"

而黄遵宪应命为《芝山一笑》所作之诗,乃一调笑石川氏之长篇,诗题曰:"石川先生以张星使之误为僧也,来告予曰:'近者友人皆呼我为假佛印,愿作一诗以解嘲。'因戏成此篇,想阅之者更当拍掌大笑也。"诗曰:"谓僧为官非秃鹙,谓官为僧非沐猴。为官为僧无不可,呼马应马牛应牛。先生昨者策杖至,两三老僧共联袂。宽衣博袖将毋同,只少袈裟念珠耳。师丹固非老善忘,鲁侯亦岂儒为戏。知君迹僧心亦僧,不复拘拘皮相士。先生闻当喜欲狂,自辩非僧太迂泥。若论转轮三世事,安知后世与前世。若论普渡一切心,彼亦弟子此弟子。吾闻先达曾戏言,莫如为僧乐且便。世间快意十八九,只恨酒色须逃禅。入室有妻案有肉,弃冠便作飞行仙。昨闻大邦布令甲,宗门无用守戒法。周妻何肉两无忌,朝过屠门夕拥妾。佛如有知亦欢喜,重愿东来度僧牒。溯从佛法初来东,稻目以后争奉崇。造经千卷塔七级,赐衣百袭粟万钟。帝王且作三宝奴,(圣武自称三宝奴。)何况碌碌卑三公。是时君即欲把臂,佛门虽大僧不容。例君为僧既过誉,君乃辩说何愚蒙。君既挂冠弃高爵,知君不难错就错。种种短发何必留,不知呼刀便尽削。芝山左右半莲社,卜邻结伴恣欢谑。他时虎溪共君笑,人误我僧我亦乐。"黄遵宪在编定《人境庐诗草》时,对此诗作了较大的改动,诗题改为《石川鸿斋英偕僧来谒张副使,误谓为僧,鸿斋作诗自辩,余赋此诗以解嘲》。诗文改为:"谓僧为官非秃鹙,谓官为僧非沐猴。为官为僧无不可,呼马应马牛应牛。先生昨者杖策至,两三老衲共联袂。宽衣博袖将毋同,只少袈裟念珠耳。师丹固非老善忘,鲁侯亦岂儒为戏!知公迹僧心亦僧,不复拘拘皮相士。先生闻当喜欲狂,自辩非僧太迂泥。但论普度一切心,安识转轮三世事。吾闻先达曾戏言,莫如为僧乐且便。世间快意十八九,只根酒色须逃禅。入宫有妻案有肉,弃冠便作飞行仙。昨者大邦布令甲,宗门无用守戒法。周妻何肉两无忌,朝过屠门夕拥妾。佛如有知亦欢喜,重愿东来度僧牒。溯从佛法初来东,稻目以后争信崇。造经千卷塔七级,赐衣百袭粟万钟。帝王亦称三宝奴,上皇尊号多僧徒。七道百国输正税,民膏民血供浮屠。将军柄政十数世,争挽强弓不识字。斯文一脉比传灯,亦赖儒僧延不坠。西方菩萨东沙门,天上地下我独尊。尊君为僧固君福,急掩君口听我言。九方何必分黄骊,两兔安能辨雄雌。鸿飞宁记雪泥迹,马耳且任东风吹。"(《诗草笺注》上,第213—214页。)在《芝山一笑》中,石川鸿斋另有诗《呈公度黄君》曰:"弊政维新张纪纲,唯忧学术属洪荒。黄公今日过蓬岛,捧履吾将效子房。""默对礼终嗤哑然,寒暄无语共俱怜。一根雇得毛锥子,写尽苔纹十幅笺。"(以上见石川鸿斋:《芝山一笑》,见王宝平主编:《晚清东游日记汇编》第一册,第66页,上海古籍出版社2004年版。)

六月初三(7月2日),黄遵宪与何如璋、沈文荧、宫岛诚一郎笔谈,谈到日本兴起的自由民权运动及其领导人坂桓退助。谈到取用西法,黄遵宪认为,"是事万万不可求急效。当先多设学校以教之,后定取士之法以用之,则平民之智识渐开,而权亦暂伸矣"。"若以素日不学无术之人遽煽自由之说,又大国武风侠气渐染日久,其不为乱者几希。故仆谓教士取士为今日莫急之务。如铁道等事,其次焉者也。"(与宫岛诚一郎笔谈,《全集》上,第724—726页。)可知黄遵宪初到日本之时,其于明治维新之法,仍颇不理解。(《钱谱》本年条下引黄遵宪《壬寅论学笺》语,言黄遵宪此时认同西法,似误。)黄遵宪闲暇之余,潜心研读《红楼梦》。源桂阁在光绪四年十月三日(日年戊寅十月廿八日)的笔谈遗稿中有记曰:"公度很忙,还要在《红楼梦》上加圈子。"(《全集》上,第

668页。)

六月初五(7月4日),总署就琉球事上奏朝廷,支持李鸿章的意见,本日奏云:"伏查琉球孤悬海岛,地瘠民贫,二百余年恪守藩服,今以逼近日本为所迫胁,国势濒危,若竟弃之而不为覆庇,势必为日本所并……惟若先遣兵船责问及明约琉球夹攻,实嫌过于张皇,非不动声色办法,又日本于台湾事结后尚无别项衅端,似不宜遽思用武。再四思维,自以据理诘问为正办……现拟由出使大臣经据琉球对陪臣面述事为发端,使日本不致迁怒寻仇,别生枝节。"(故宫博物院文献馆编印:《清光绪朝中日交涉史料》上册,卷一,第24—25页,文海出版社1970年版。)

六月初七(7月6日),源桂阁到使馆访沈文荧,会黄遵宪来,时天气热,黄遵宪却穿着夹衣,遂相互笔谈。黄遵宪在源桂阁扇面题词:"纱窗凉雨夜萧萧,红豆青灯对影描。相见时难相别易,十分孤负可怜宵。"(戊寅笔话一一○话,《全集》上,第636—638页。)

六月二十一(7月20日),源桂阁差人送来两把团扇及十数盏鸥灯,并附函何如璋曰:"子峨慈爹大人阁下:儿前日虔呈寸楮,具陈奉借《红楼梦》一书之事,谁图爹不在家,小价空归了。伏冀现时切请公度兄而贷焉。如不贷,则照前日所陈之罚法而处焉。团扇(二柄)奉呈子峨、鲁生两公使。鸥灯(十四个)右奉呈少爷、张子敬二君,冀命贵僮奉送焉。此灯之用,或悬轩,或提手,或放池,更各妙,请试焉。七月二十日,乃六月二十一。"黄遵宪代何如璋回函致谢曰:"团扇、鸥灯均收到,当以转呈两公使。《红楼梦》送备清览。即请桂阁贤侯大安。六月廿一日黄遵宪顿首。"(戊寅笔话一二○话,《全集》上,第639页。)

六月二十八(7月27日),黄遵宪致函宫岛诚一郎,函曰:"昨辱访,以事冗未及倒屣。迨趋晤,而车驾既去,为之怅然。堂上寿诗,谨既制就,钞草呈览。仆拙于此事,虑不足尘观也。大著暇日评之,稍迟再能奉璧。暑热珍重。宫岛先生执事。黄遵宪顿首。六月廿八日。"(《全集》上,第293页。)并附黄遵宪为宫岛诚一郎之父母所作的寿诗:"东海翁媪八十余①,腰脚强健壮不如。子孙罗列多(官)〔宦〕达,开颜大笑乐只且。华堂置酒当清夜,明月吐光照碧虚。宾客骈阗盈车骑,一时豪俊纷琼琚。手引金卮跪称寿,银灯炫耀红芙蕖。君子燕饮欢无极,令我仿佛游华胥。蓬莱方壶果何处,此间毋乃仙人居。群真跨凤朝天阙,筴铿退隐在

---

① 实为七十二岁。

乡间。车马服食同人世，闲来闭户还著书。年年渐觉容颜少，白发变黑面皱舒。枕函自宝养生论，不向商山采芝茹。"

七月初三(8月1日)，日本友人冈千仞等邀黄遵宪及沈文荧饮于长酡亭，席间品谈日本人物，笔谈至晡。黄遵宪高度评价赖山阳文章，冈千仞对黄遵宪嘲石川之长篇高度评价，喻为苏韩手段。(与冈千仞笔谈遗稿，《全集》上，第786—792页。)

七月十一(8月9日)，宫岛诚一郎来使馆访黄遵宪及沈文荧、廖锡恩，大家用笔谈讨论诗歌创作。黄遵宪闻青山延寿坠马伤背，向宫岛探询伤情如何。黄遵宪还对宫岛言及欲于东京娶一闺中女为妾，请宫岛作謇修。宫岛曰："新桥酒楼，有一名妓竹者，频说公度之事，何必要找娶一闺女？"黄遵宪答曰："仆欲娶为妾，不欲艺者。良家子肯嫁外国人为妾否？"宫岛答："良家子素不许嫁外人，且兄等期满归国，便掷弃之耳。"(与宫岛诚一郎等笔谈遗稿，《全集》上，第727—730页。)

七月十二(8月10日)，清使馆举办万寿贺筵，源桂阁等日本友人应邀参加，黄遵宪与之笔谈。(戊寅笔话一三二话，《全集》上，第639—654页。)

七月十九(8月17日)，宫岛诚一郎复函黄遵宪："日来契阔，公私多冗，未果过访，请恕请恕。前日惠赠寿诗，珠玉满纸，一诵瑯然。家君喜气溢于眉端。谨拜其赐。倾呈白绢，请莫惜一挥腕力。薄纸一束，美浓之产，幸博一粲可也。向所呈拙著，请有暇则赐批评。余付拜晤。气候不顺，为文珍重。黄遵宪先生。八月十七日。"(《全集》上，第293页。)

数日后，黄遵宪收到宫岛诚一郎来信，回函如下："高轩两辱过访，皆不及寨裳趋迓，歉然此心。寿诗遵命上帙，惟诗俚字劣，不足博堂上之粲，愧甚愧甚。卜邻不远，暇当走谒。栗芗先生文几。遵宪再拜。"(《全集》上，第294页。)并附黄遵宪为宫岛诚一郎之父母所作的寿诗，因六月廿八之寿诗误以宫岛诚一郎之父母为八十大寿，实为七十二，故略加修改。

七月二十六(8月24日)，黄遵宪致函宫岛诚一郎，盛赞其文："久未见，此心耿然。前得华简，并赐美浓纸，拜受谨谢。仆日来患痔，不便据几，大著是以阁置未阅。日来稍愈，捧读数过，如陈琳能愈头风，大暑中更如服清凉散也。此卷不如下卷之佳，窃谓少加删订，亦可出而寿世。仆于此道本属茫然，辱爱之故，谬加评点，乞恕乞恕。何公使评并以寄阅。近日颇忙，若欲索序，徐徐可乎？心绪甚劣。稍暇当走高斋，作半日谭，一破积闷。"(《全集》上,第294—295页。)

七月下旬(8月),黄遵宪病痔十余日,不能坐,又时患呕吐,许多招饮,均不能赴。(《戊寅笔话》第一四四话,《全集》上,第645页,亦可参见黄遵宪七月二十六日致宫岛诚一郎函,《全集》上,第72页。)

八月初七(9月3日),何如璋到日本外务省,就日本禁阻琉球向中国朝贡事向日本外务卿寺岛宗则提出口头抗议。前后两次交涉均没有结果。

八月初十(9月6日),黄遵宪与源桂阁、石川鸿斋等笔谈,黄遵宪谓:"《红楼梦》乃开天辟地、从古到今第一部好小说,当与日月争光、万古不磨者。恨贵邦人不通中语,不能尽得其妙也。""论其文章,直与《左》《国》《史》《汉》并妙。"源桂阁亦向黄遵宪推介日本古典小说《源氏物语》,谓其作意与《红楼梦》相似,黄遵宪云:"《源氏物语》,亦恨不通日本语,未能读之。"又赞美日本戏剧"尽态极妍,无微不至,仆亟喜观之,恨未知音耳"。(戊寅笔话第一四四话,《全集》上,第648页)

八月十五(9月11日),源桂阁拜访黄遵宪,黄遵宪与之笔谈。未几,黄遵宪与沈文荧外出探望坠马受伤的日本友人青山延寿。(戊寅笔话一四七话,《全集》上,第653—654页。)

九月(9月—10月),黄遵宪又病痢且十日,自谓自六月以后,身体即时时不适,精神亦弱。(戊寅笔话第一五二话,《全集》上,第661页。)

九月初二(9月27日),源桂阁到华养院访王治本,相互笔谈间,黄遵宪差人给王治本送来纸条曰:"今日为出门定日(西人礼拜五),外务书记宫本小一前来拜,应回候。既约枢翁、梅翁,阁下即易衣同去是祷。此卜黍园仁兄大人阁下。弟遵宪顿首。"源桂阁疑黄遵宪假托名于访宫本,其实去醉酒楼狎妓,有意随王治本同往以探究竟。不久,黄遵宪一人坐车至华养院,源桂阁潜往窥视,见黄遵宪与王治本所雇之女子阿滨在一小房间私谈。(戊寅笔话一五〇话,《全集》上,第654—656页。)

九月初九(10月4日),源桂阁对黄遵宪云,欲由《红楼梦》以学中国语言。黄遵宪盛赞《红楼梦》之语言成就,谓:"编《红楼梦》者乃北京旗人,又生长富贵之家,于一切描头画角零碎之语,无不通晓,则其音韵腔口,较官话书尤妙。然欲学中国音,从官话书学起,乃有门径。譬如学日本语,不能从《源氏物语》诸说入门也。"(戊寅笔话第一五一话,《全集》上,第656—658页。)盖黄遵宪对《红楼梦》之推崇,于此可知。黄遵宪在笔谈中说自己所作诗文，皆随手录写，随手散失，常常不存稿，也不喜欢自抄自刻以送人。"若支那人如日本之存诗文，则虽使焚稿成灰以填东海，犹可超而渡也。"(《全集》上，第658页。)

九月初十(10月5日)，琉球毛凤来、马兼才等向荷兰、法国、大清国驻日使馆上书请愿，请求三国公使"劝谕日本，使琉球国一切照旧"。(孙晓光等：《琉球救国请愿书整理和研究》，第20页，新华出版社2018年版。)

九月十二(10月7日)，何如璋向日本外务卿寺岛宗则提出外交照会，抗议日本政府阻止琉球向中国进贡事件，内谓："……自明朝洪武五年，臣服中国，进贡列为藩属……定例二年一贡，从无间断。又琉球国于我咸丰年间，曾与美利坚合众国、法兰西、荷兰国立约，约中皆用我年号历朔文字，是琉球为服属我朝之国，欧美各国无不知之。今忽闻贵国禁止琉球进贡我国，我政府闻之，以为日本堂堂大国，谅不肯背邻交、欺弱国，为此不信不义无情无理之事……本大臣驻此数月，查问情事，窃念我两国自立《修好条规》以来，倍敦和谊，条规中第一条即言'两国所属邦土，亦各以礼相待，不可互有侵越'，自应遵守不渝，此贵国之所知也。今若欺陵琉球，擅改旧章，将何以对我国？且何以对与琉球有约之国？"(王芸生《六十年来中国与日本》，第1卷，第160—161页，北京三联书店1979年版；郑海麟：《黄遵宪传》，第28页，中华书局2006年版。)11月21日，寺岛乃借口其中"谅不肯背邻交、欺弱国，为此不信不义无情无理之事"等语是所谓"暴言"，要求道歉并撤销照会，否则拒与再商此事。琉球问题交涉因而陷于僵局。

九月十三(10月8日)，黄遵宪与日本友人源桂阁、龟谷省轩等笔谈。黄遵宪在笔谈中说自己病痢已有十日。(戊寅笔话一五二话，《全集》上，第656—661页。)

九月十八(10月13日)，黄遵宪应横滨郑氏之招。郑氏一再邀请，以黄遵宪病辄迁延，既三易期。(与源桂阁等笔谈遗稿，《全集》上，第661页。)

九月二十(10月15日)，日本友人增田贡到使馆拜访，与黄遵宪等人笔语至晡而去。增田贡询问潮州的韩愈庙、鳄鱼和万安桥。黄遵宪称入秋后稍觉神爽，并询问增田贡有无《会典则例》一书。(与增田贡等笔谈遗稿，《全集》上，第797—800页。)

九月二十二(10月17日)，源桂阁访清使馆，黄遵宪等与之在客厅笔语谈笑。黄遵宪谈到"适以上海轮舟来，多文书函札，故谈未及半而散"。

说明时中日之间联系紧密。笔谈中王治本谈到日本大禁鸦片，中国使馆亦禁，请大家不要谈论鸦片之事。(戊寅笔话一五五话，《全集》上，第661—665页。)

本月，黄遵宪为宫岛诚一郎《养浩堂诗集》卷三题写跋语，内称："是卷格律渐细，风骨亦渐老，情深韵远，调逸气遒。兴每到好处，使人悲欢啼笑，百端交集。乐府尤多名篇。雨中无事，读此数篇乐府，剧爱之，谬为效颦，删润数语，生硬崛强。复阅一过，面赤不已，先生不笑为汉儿多事，强知星宿乎？《忠度宿花》《曾我夜袭》《三郎斫樱》《丹漆涂》此数诗，仆所最心赏者。戊寅九月，岭南黄遵宪公度跋。"(见宫岛诚一郎《养浩堂诗集》，万安库藏版，明治壬午年。)《养浩堂诗集》卷三，收入宫岛诚一郎自安政己未(1859年)至文久壬戌(1862年)古今体诗七十八首，卷后有何如璋、张斯桂、黄遵宪、沈文荧、王韬及一署名柴油衲者，共六人的题跋。

黄遵宪跋语中所云最心赏者，所谓《忠度宿花》，诗题为《忠度宿花图》，咏日本平忠度之故事，诗的内容为："日已收，路其悠，须磨浦上何处投。浓艳如云春满树，有枝可栖容小住。一树花，一首歌，长使芳魂迷须磨。"黄遵宪批语曰："简至。"所谓《曾我夜袭》，诗题为《曾我兄弟夜袭图》，咏日本曾我兄弟之复仇故事，诗的内容为："雷雨锁岳天如墨，时不可失在今夕。双蛇一闪凛生风，奋身斫入阵云黑。多年卧薪志不酬，父仇才报身为囚。兄弟就戮不足恨，恨无人斩鬼武头。鬼武鬼武旋为鬼，莫敖馁兮三世耳。我祖人杀孙报仇，尔祖杀人孙绝祀。"黄遵宪批语曰："阴风袭人，神来之笔。"所谓《三郎斫樱》，诗题为《后备三郎斫樱歌》，咏日本后备三郎题写白樱十字诗的故事，诗的内容为："柝声警夜夜昏黑，竦身独立樱树侧。满怀忠愤无由诉，月色沉沉花影寂。勾践范蠡等人耳，君能有为亦若是。三郎三郎虽郎当，我若负君共花死。掷刀一哭题此歌，尔花非贼奈花何。"黄遵宪批语曰："沉挚之至，音节绝妙，如出铁崖、西涯手。乐府展转，生意往往有，此亦东坡所谓想当然耳。"所谓《丹漆涂》，其原诗有序介绍此诗所咏之事，序曰："嘉永六年，北亚米利加合众国使船始到相模国，浦贺凑邦人相戒，争制甲，丹漆为腾贵，识者大笑之。一时有童谣：'甲胄可拒弹丸，汝颜亦可涂丹漆。'言其无智谋策略。余为赋之记事。"原诗云："若丹漆何，丹漆无多。使有丹漆如水火，释甲同唱太平歌。我甲箭不穿，君胄斩弥坚。纷纷各自夸勇力，寇来海上难生还。呜呼！岂知洋炮山可摧，一轰其奈猛如雷。君以其甲论胜负，君面几与甲同厚，面亦涂丹与漆否？"黄遵宪批语曰："音节意境皆绝妙，盖得力于西涯乐府及近代尤西堂、赖山阳咏史诗深矣。"

十月初二(10月27日)，黄遵宪与使馆众人一起赴日人关义臣号湘云外史,日本明治功臣,男爵,曾任租税局长、会计局长、高等法院陪集裁判官、大审院评定官、贵族院议员。明治初年曾游历广东,回国后与广东南海诗人李长荣隔海唱和,李氏死后,关义臣编成《海东酬唱集》(1879年)出版。之招请,相互笔谈,黄遵宪有题伞盖铭:"亦方亦圆,随意萧然。朝朝暮暮,可以游仙。替笠行露,伴蓑钓烟。举头见此,何知有天?"并言自己作字素未临帖,生三十年,未尝一日伏案学书。(戊寅笔话第一五九话,《全集》上,第665—668页。)

关义臣基于"以文章之盛衰,观世代之变迁"的动机,编有《日本名家经史论存》十五卷,收历代日本名家汉学经史论四百二十五篇。关义臣想到"他山之石,可以攻玉,况汉土本工于文章,邦人效焉为之","当时诸家,亦欲就正汉人","前辈之虚怀求益如此,方今两国往来,公使以下,驻扎累岁,其人名官硕学"。因此,便将文稿"乞之批评,以就删正"。黄遵宪与使馆同僚皆对书中文章有所题品。黄遵宪有诗曰:"夕阳忽西匿,严寒多积阴。今日不作乐,使人生忧心。饮酒炙肥牛,相携发狂吟。醉乡固安乐,岂有路崎嵚。忽闻隔座语,神州殆陆沉。斯人如不出,苍生忧实深。(谓副岛种臣。)且饮三百杯,明月既在林。"(《全集》上,第210页;《集外诗辑》,第44页。)

黄遵宪评其中安井衡《性论》(中)有云:"圣人之言,至中且庸,所谓愚夫妇可以与知与能。而圣人有所不能尽也。孟子所言,往往高远,然其意欲激世砺俗,所以为大贤。宋儒之言,又高远焉,有必非愚夫妇可与知与能者。文中谓宋儒求孟子大过,末谓性必源于教,验诸乡人所能为,皆学问有得之言。捧读一篇,如与解事人语,使人称快者再。"安井衡《性论》分上、中、下三篇,中篇批评宋儒论性之说的逻辑混乱。文章指出:"宋儒病孔孟之不合,察乎人性,又时有不善者,于是歧而二之,曰本善之性、曰气质之性",一方面认为人"本然之性,是孟子所谓性善",另一方面又以人"其有不善,特气质之性,人欲所汩焉耳"。这种论性之说虽然周延,但是,"所谓气质之性,必不能无偏驳之患,克其偏去其驳,然后本然之性复全"。这样的说法,实质上"是荀卿性恶之见"。因此,文章认为,宋儒论性之说,虽然本乎孟轲氏,但其意则陷乎荀卿氏,这都是"不善读孟子而深求之过"。黄遵宪之批评,即针对上述文字。

评安井衡《鬼神论》(上)有云:"语多精粹,气甚宽博,所谓以韩苏之文,达程朱之理,盖几几乎近之。"安井氏《鬼神论》分上、下两篇,上篇论鬼神观念的本质及神道的作用。

又评安井衡《鬼神论》(下):"此篇是辟佛语,于日僧之横肆诬妄,痛快言之,而末归本于圣人之贵神道。作者目击当时之弊,故不觉其言之详。

宋司马氏《论佛经》曰：'其微言不能出吾书，其诞妄者吾不取也。'是为至言。儒者每喜辟佛，然宋儒所言明心见性，几几乎援儒入墨，故浮屠氏不惧其说，而最恨昌黎。因昌黎之说果行，则火其书、庐其庐、人其人，彼无殆遗种也。日本僧徒之横，盖百倍中土。文不辩其源，而极抉其弊，以矛陷盾，善于立辞。文气亦条畅，曲达可取。"安井氏《鬼神论》下篇主要分析日本浮屠之害炽烈的原因，指出其危害及虚妄。最后归本于圣人之贵神道。

评薮悫号孤山，日本肥后人，德川时代著名儒学家、史学家、汉诗人，有《孤山先生遗稿》十六卷传世。《六国论》云："老生常谈。论理无可驳，然遂谓不割地亦亡，合纵亦亡，终不能塞纵横家之口。天下事未有能舍势而论者也。今欧罗巴一大战国也，俄则虎狼秦也，然使各国皆曰吾行仁义，不合纵以制其方张之势，能敌之乎？仆每谓处今日时势，当以孔孟之道，行苏张之术。此语未审有当否？"古人论六国亡于秦的原因，"不过曰其失在割地、赂秦与不合纵"。薮悫《六国论》据此提出分析，认为六国的灭亡是因为未行"仁义"之道。黄遵宪之批评，即针对上述文字。

对古贺焘字溥卿，号谷堂，系江户时代儒学大师古贺精里的长子，古贺焘自幼随父习朱子学，酷爱中国文化，广闻博识，对中国春秋时代诸子经集、《史记》《资治通鉴》等都有研究，汉文、汉诗亦多有佳作，是日本江户后期著名汉学家。《始皇论》评云："始皇焚书，六经俨然固在，是不可为罪。至欲尽焚今日之书，是当分别于弃取，苟充其说，则将胥一国而习欧罗巴蟹行文，今其效既略可睹矣。论不尚矫激。取快一时，非圣贤之言也。"古贺氏《始皇论》主要论秦始皇之功过。文章认为秦始皇坑儒是"暴之大甚，灭绝人伦，虽至断而不足取也"。至于焚书，则"暴断相半"，在"孔子没而百家兴"，"荧惑聪明，变乱人心者，云扰波涌、叫聒不已"的时候，秦始皇果断地将百家学说付之一炬，"使荧惑变乱之祸十省七八"，"其功不可掩"。

评堀玄达日本江户时代初期儒学者、医师。《汉高帝论》则谓："见识甚卓。暧暧姝姝，守一先生之说以自夸诩者，无是议也。"堀氏此文认为，汉高帝在国器无主、生民涂炭之时，以三尺剑平天下大难的行为，正是真正儒者所应有的行为，其对张良、曹参等真正有才能的儒者，亦始终用之，因此，文章提出自己的观点：高帝只是不屑与迂阔之徒共事，而其一生所为未尝不合儒者之事。

又有古贺朴《曹参论》一文，篇首有大段比喻，以说明人们对孔、老之道得失的错误认识：饥荒之年，有人以蒹稗而得以缓死，遂疑五谷之不如蒹稗，但蒹稗终不可以养人，只是人们忙于救急而认识不到这一点。古贺氏以蒹稗比黄老之道，以五谷喻儒家之道，黄遵宪在这段比喻文字上有眉批曰:"工于设喻,苏氏作文之秘钥,其源则出于《国策》《孟子》。"黄遵宪又对篇中有一段议论为政之道的文字批评曰:"非唯工文,又达治体,以汉土论,则陆宣公之论事也,魏叔子之议古也。以日本论,则赖山阳也。"此段议论为政之道的文字为:"汉高之时,天下厌秦之苛虐,望宽厚长者而归之,如水赴壑,三章之约,已足以结民心而得天下。及其即帝位也,事事反亡秦之为,民出于涂炭之中,始乐其生矣。萧何之时,正宜修养生息之机,而黄公之言,偶投其隙,是以其政之绩,如此易易也。设使黄公之道用之纲纪紊乱、官吏懈弛之时,鲜不复败矣。子产之治郑以法,武侯之治蜀以严,皆知此理,而张弛之而已。"黄遵宪又对篇末一段文字批评曰:"至哉!言乎泰西儒者,亦言五大部洲,唯孔子所言,为万世可法而无弊。末流不知,指宋人之空谈、唐人之小诗,而曰'汉学',是犹陈红腐之粟,以为不可食,而遂欲废五谷也。"篇末此段文字为:"然则孔老之道,宜并存而待用者欤?曰:不然。武帝之失,非儒学之罪,而不善用儒学之罪也。其所用儒者谁居?公孙弘、严朱辈而已耳。其为学者何居?内多欲、外施仁义而已耳。是呼,孔氏之道,张弛动静,无措不宜,可以充亿兆之腹,使其餍饮肥健以跻寿域,而不可一日无者。今一不幸,而坏于言人人殊之齐儒;再不幸,而坏于曲学阿世之公孙弘,乃陈红浥腐糠蛀糅杂之五谷,人唾而去之,唯恐其害已,不亦宜乎。呜呼,使夫不知时有张弛,儒有邪正,疗饥以堇稗,而不复察老稚羸困者之致弊,其势将废树艺之功,以良田污莱为事之当然,是学者之深耻,有意世道者,可不念哉?"文末,黄遵宪总批曰:"孔夫子有言:'宽以济猛,猛以济宽。'孔子又言:'时中。'治国之道,在审其时而张弛之而已。汉高之时,天下苦秦一段,语语中肯。文气亦矫健磊落,设喻又佳,骎骎乎入三苏之室矣。"

点评安积信《武帝论》云:"今英吉利,以商业稍衰,治国颇欲崇俭,盖知此意。而效法泰西者,乃或倡为奢不害事之论,其不为泰西人齿冷者几稀。"安积氏《武帝论》一文,首先分析了统治者的克俭与奢侈对天下治乱的影响,提出了"天下之治,常生乎俭,而乱多起于奢"的观点。针对文中对汉武帝的批评,黄遵宪又曰:"民为邦本,食为民天,故治国必先务农。彼以通商兴国者,以国中财用不足,不得已而为此也。"接着文章批评汉武帝好大喜功的骄奢行为:对内大修土木,迷信方术,滥赏无算;对外穷兵黩武,以致使天下穷困。只好通过"榷盐铁,算舟车,卖爵更币"等手段依靠商人去掠取财富。在文末,黄遵宪有数语总评此文:"论皆陈陈相因语,然在今日,则为救时之良药。"

又评赖襄《霍光论》,针对开篇论点,黄遵宪有批曰:"此篇精悍之气,见于眉宇。"史称霍光"自内侍至元帅,二十余年,谨慎详审,未尝过失",甚至谨慎到"每出入殿门,止进有常处,不失尺寸"。文章开篇即一反传统观点,提出自己的观点:"霍光者,不忠之臣也。奚以谓之,曰:'以其有过。'"针对开篇论点,黄遵宪有批曰:"偏至之论,固亦动人。"文章接着从理论上解释自己的观点:"大臣匡国,宜谨于大,小虽不谨,可也。何也?不必分心于小,而专用诸大。大斯不过,何必拘拘然操细节修曲谨为。操细节修曲谨为者,必昏于大,昏则不谨,不谨则过,苟过于大,恶能匡国。"黄遵宪对此文的总评云:"论史之文,义理文章俱佳者为上乘。其专尚义理,则南宋诸儒是也。至专尚文章,但图自圆其说,取快己意,于事之是非,不复敢究。三苏作史,亦不免此弊。赖氏此篇,自题戏作,亦犹是也。然行笔固倜傥可喜。"

评室直清号鸠巢,日本江户中期儒学者,有《鸠巢文集》传世。《刘向论》称:"文章义理,两无可取,删之可也。"室直清《刘向论》,批评东汉刘向好为荒诞迂怪之说,起到惑人心、害正道的不良作用,与神仙之流相去不远,因此得出"其学不正"的结论,最后呼吁"君子必慎其所学"。

黄遵宪又评冢田虎名大峰,日本儒学折衷学派的代表人物,有《随意录》等著作传世。《王莽曹操论》,针对此文论王莽、曹操篡国之异同,黄遵宪有批曰:"操、莽同为汉贼,操则奸雄之尤者也。先生此论,操之奸亦难逃匿。"文章开篇论王莽、曹操篡国之异同。认为两人"有篡窃同实,而荣辱异名者,王莽曹操是也","莽独蒙乱贼之名,遂以见斩杀","操则负割据之名,果以传位号"。对其中有关王莽篡位之评论,黄遵宪批曰:"虽莽当时谦恭下士,未始无意,然其事亦由诸臣推戴而成。是莽之罪,诸臣不能无咎焉。"文章认为,王莽篡位,"其罪不啻在莽,当时群臣,辅辐相员,乃使莽以成其奸也"。又曰:"书曰自为、自领、自立,皆足诛操之心矣。"文章接着认为,曹操与王莽群臣拥戴的情况不同,曹操是自为大将军,自领兖州牧,自领冀州牧,自为丞相,自立为魏公。黄遵宪之批评,即针对此辩解。又曰:"为臣者,而令帝不任其愤,其罪可胜诛哉!"文章提到,"自献帝都许,宿卫兵侍,莫非曹氏党旧姻戚,遂杀皇后伏氏,灭其族及二皇子,立己女为贵人,以为皇后。于此帝不任其愤"。黄遵宪之批评,即针对曹操这些行为。对文章提及曹操死后,曹丕自称天子之事,黄遵宪批评曰:"父则犹有畏心,而子则居然为之,尤而效之,尤其甚也。"针对文章认为,曹操的成功,主要在于其"挟天子以令天下",黄遵宪有评语曰:"操所以能过孙、刘者,正在此举;而操之不敢篡窃者,亦畏孙、刘为敌耳。"

室直清有《扬雄论》一文,黄遵宪点评:"所谓应声虫,删之可也。"室氏此文批评扬雄作为汉臣,面对汉贼王莽,不但不亟引而去,亦不舍生取义,相反却"忘仇事贼而恬不知耻",是"失节之甚",是"无羞恶之心"的"非人"。

对伊藤维桢号仁斋,京都堀川人,十七世纪日本儒学史上古学派大师,对《论语》推崇备至,称之为"最上至极宇宙第一书",有《语孟字义》《论语古义》等著作。《论诸葛孔明非王佐之才》一文,则直言:"论王道甚谬。然诸葛公,要是王、霸杂用人。可删。"伊藤氏先指出王、霸之差别:"王者以德不以力,霸者以力不以德,以力不以德,故天下皆敌,以德不以力,故天下无敌。"并以此立论,认为孔明在汉末大乱之时,专急复汉业而不有意安天下之民,不合王者之心,欲亡魏吞吴而不是敬以事之,忠信以待之,非王道之作为,并以其自比管仲、乐毅,推出王道非其所好,从而得出孔明非王佐之才的结论。黄遵宪对此文观点颇不以为然。

黄遵宪评赖襄《荀彧论》,认为:"彧为操谋士中第一人。彼昭等急欲推操为天子,为自己图功名,而不计当时之不服,更不计后世之议操;彧则必为之文其奸,使操受其实,不居其名。论者为彧赞操之诈,是能洞察二贼之心而摘其状。"赖襄《荀彧论》中有解释荀彧反对推曹操为天子的原因,是其"深赞操之诈术",是为了替曹操"文其奸","彧盖以为曹氏所以能至此者,以挟天子。今其业垂成,而四方未服,乃骤见僭迹,则人心不悦,群雄得以藉口,非计之宜也。故当会议之际,公言挠之,使人谓已与操素所谋如此,以为操文其奸"。黄遵宪之批评,即针对上述文字。针对文章认为操受九锡,是取空名而弃实利的不智之举的看法,黄遵宪批评曰:"操受九锡,是操之奸不及彧处。终其身不能混一天下,未始非受僭窃之名,而失人心之归也。"文章曰:"夫昭等所劝者,天下之名也,而彧所规者,天下之实也。九州而有其六,小大之政,莫不己出,九锡备物,于我何有哉!取僭逾之空名,而遗退让之实利,操之不能全服天下,实出于此,是彧之所惜而不能不言也。"黄遵宪之批评,即针对这段分析。针对文章认为,曹操并非不知荀彧一切为自己着想,但其最终仍然要杀荀彧的原因,是出于权谋者的算计的看法,黄遵宪批评曰:"彧之为操谋,至矣,尽矣。而其自谋,则吾不知也。奸雄心腹,晓跃然纸上。"文章曰:"犹盗必有党以济事,事将济,而利有所分,则必忌之。党之密者,被忌愈甚。吾深谋秘计,彼莫不知,而彼之所算,每出吾所不及,他日乌保其不图我。图人者,疑人图已,其情然也。"黄遵宪之批评,即针对这段分析。针对文章认为后世论者把荀彧德行比之管仲、伯夷,是不深究其情的肤浅之论看法,黄遵宪批评曰:"此可谓处必死之地。然操之杀杨害孔,未始非彧之谋,彧之见杀也,宜哉。昧昧者之论,反为彧与操所笑,先生辨之是也。"文章曰:"操家本出宦竖,故恶有门望者,杨氏、孔氏,皆以此被除。况彧先世台司阀阅之隆,出杨、孔右，操之收用，不得不以令仆待之，而觉其势之渐逼己也。其智过之而其势逼之，是或所以为操杀也。而后之君子不深究其情，或以为盖晚节，或以为节过管仲，道似伯夷。噫，盗贼为同类所弊，而得比于伯夷，吾不可以不辨。"黄遵宪之批评，即针对这段分析。

黄遵宪又评安积信《鲁肃论》，谓"权不过一守户之犬耳，何能知天下事哉！"文章指出了孙权对鲁肃捐荆州行为的误解："孙权尝论鲁肃曰：'子敬劝吾借玄德地，是其一短。又使关羽专荆州，而子敬云，帝王之起，皆有驱除。羽不足忌。此内不能辨，外为大言耳。'冤哉，权之论也。"黄遵宪之批评，即针对这段文字。认为鲁肃捐荆州行为"是肃之妙策，高出于公瑾上，彼吕陆不足与论也"。文章指出"肃之捐荆州而资玄德，即将以有所大取也"，黄遵宪之批评，即针对这一议论。《鲁肃论》分析了鲁肃捐荆州之策的效用，认为孙权虽幸败曹操于赤壁，但"操之心未尝须臾忘吴，特其所畏者，以刘备与之戮力焉耳"。对此一认识，黄遵宪批曰："操之不敢复赤壁之仇者，正在于此。故谓守户之犬。"对于文章最后提出的鲁肃"以荆州资刘备，相与并力协谋，欲图中原，非夫规规焉争一州者比也"的结论，黄遵宪其有批语曰："能消赤壁后之兵祸，而保全一时民命者，皆肃之功也。其欲合刘而取中原，以复汉室，乃其志之大者矣。彼拘拘争尺寸之地为得失，犹井蛙之见耳。"

评赖襄《邓艾钟会论》，对作者表达的对邓艾、钟会谋反之事的怀疑，黄遵宪有批语曰："吾亦疑之，然艾、会二人，智有余而识不足，皆有取败之道。至一入蜀而二人俱叛，不待辨其叛状，而二人俱杀，此中可以察司马之奸计矣。史之可信者少也。"赖氏首先表达了对史称邓艾、钟会谋反之事的怀疑，并认为史官所言，并不可信："吾读史全邓艾、钟会之事，未尝不疑其迹也。夫自古功臣谋反而诛者，如韩信、彭越之类，不为少矣；然功成而数年，乃至于不免，其心迹可推而知也。今也，艾、会克敌，降旗仅出，而槛车在后，版籍未阅，而城门夜惊，是其际必有故矣。而史官晋人也，一切以反书之，岂可遽信哉！且使艾、会有异谋，则当其握兵出外之日，将养寇以内向，何以冒万死、逾绝险，以犯不可必胜之敌哉！"黄遵宪之批评，即针对这些史实的辨析。对文章最后发出的关于艾、会被人算计还不自知的感叹，黄遵宪点评曰："二子可谓不智之甚者矣！王、杜二人有才有识，固不同于艾、会。"

黄遵宪评古贺朴《王猛论》，告以："仆未东来，闻人言赖山阳为日本文人第一，及读其文，果然不谬。然此篇与《曹参论》，即亦何减山阳。"又曰："论事则入木三寸，弄笔则如环无端。中幅末段论矜伐之病，尤沉着透快。"

古贺氏在文中深刻批判了苻坚的矜伐之病。批评王猛，只知告诫苻坚"鲜卑、氐、羌之不当亲，晋之不当伐"，却未能纠正其矜伐之心，最终使苻坚败于晋，灭于鲜卑、氐、羌。

黄遵宪指太田元贞《谢安论》一文谓："魏冰叔有言：'论不偏至，不足有救时。'此篇亦矫激之谭，读者知其意可也。"历史上许多操经世实用之学者，其学却导致国家衰弊，谢安"其人则旷荡，其学则玄虚"，却能使国家内外安靖。太田元贞《谢安论》从正反两面，表述了自己对所谓经世实用之学的怀疑，从而提出"忘世者能经世，而无用之学能为大用"，"天下之治在人而不在政，在德而不在制度"的观点。

黄遵宪评薮悫《岳飞论》曰："似封事，不似史论。然步伐止齐，因为节制之师。"对于岳飞朱仙镇班师之举，前人认为可以理解，因为在当时诸帅班师的情况下，即使岳飞孤军深入，亦胜负难料。薮悫《岳飞论》针对这一观点发表议论，从六个方面分析论证，说明岳飞当时若不班师，一定能收复汴京，从而得出结论：岳飞朱仙班师之举，是为了奉命而忘了复仇大义，是捐大义守小节的行为，不值得肯定。

黄遵宪评中井积德字处叔，通称得三，号履轩，日本大阪人，日本德川时代儒学家，有《左传雕题》《周易逢源》《论语逢源》等著作。《明太祖论》："明祖规模，实不亚汉、唐、宋开基之主。使明祖竟立燕王，则功臣皆保首领以殁矣。惜夫！"中井氏此文，主要批判朱元璋大肆屠戮功臣的行为。文章认为，朱元璋的功业，虽堪与汉高唐宗并称，但其包量不逮汉高之阔大，行已不逮光武之信义，假仁不逮唐宗之修饰。文章还认为，建文之难，主要是由于明太祖杀戮功臣太多，以至建文帝无人可用。其他的原因与此相比，皆枝叶而不足论。

评太田元贞号锦城，日本儒学考证学派代表人物，有《中庸原解》《论语大疏》《九经谈》等大量著作传世。《明怀宗论》指出："怀宗不知人，以至亡国，论最确凿。然明之亡，亡于神、熹二代，怀宗亦不幸当此。虽然，怀宗岂得自谓非亡国之君哉？"《明怀宗论》主要论述明怀宗亡国的原因。文章认为，"明不灭于武宗之淫虐昏乱，而灭于怀宗之勤俭务治"，原因有二：一是怀宗主政之时，正是明朝气数已尽的时候，故怀宗一世的勤俭不能以挽回既绝之元气；二是由于怀宗不知人，不能去谗远佞，任贤不贰。

评汤浅元祯号常山，日本江户时期儒学者，曾出仕于池田家，有《常山纪谈》等著作。《方孝孺论》云："以方孝孺为不学无术，论似奇，实确。峨冠博带，矜言圣贤，询以时务，茫然不知，是皆不学无术者也。虽然，方氏之忠，固犹伟人也哉。"《方孝孺论》认为，方孝孺之为学，人人称之，且从容就死。而汤浅元祯在此文中却认为其不学无术，且不获其死所。说方孝孺不学无术，原因有二：一是建文帝即位二月，孝陵之土未干，诸王猜望，燕王心在观衅之时，却大变祖宗成宪，坐实了建文不孝之罪名。二是燕王造反,朝廷军队连遭败绩之时,方孝孺汲汲乎建议改殿名,给燕王提供了"辨言乱旧章"的叛乱借口,使帝曲燕直。说方孝孺不获其死所,是因为在大势已定之时,其未能脱胄弛燕师而死,而是拱手逃隐,虽然最终亦能从容就死,但于名节不无亏损。

评太田元贞《明清革命论》云:"明末贤才至多,如孙传庭、史可法。即洪承畴、吴三桂,力皆足以制流寇者。以怀宗为不知人,实确有所见。十七年中,辅相至四十余人,无知人之明,概可见矣。"又曰:"我朝得天下之正,武功文德,直媲唐虞,无论汉唐宋明,文中言非唯天命,亦曰人事,可与《生命论》参看。古所谓夷狄,今吴楚之南皆是,勿论更远。有礼教伦常,即非夷狄,反是则夷之狄之,不以地域分也。"太田元贞《明清革命论》批评明神宗怠政,批评熹宗屠害天下名贤君子,尤其是以曹文诏、袁崇焕等人的遭遇,批评怀宗的意忌信谗,无知人之明。指出:明朝亡于怀宗的励精图治,看似亦"非人力之所能为"的天意,实有其必然。文章最后颂扬清朝的功德,提出"王位无常家,唯有德得之",不应以"华夷天人之辨"去看待的主张。黄遵宪之批评,即针对上述文字。

评物茂卿即狄生徂徕,江户人,日本江户中期著名儒学家。其本姓物部,名双松,字茂卿,号徂徕,其创办的学塾号称萱园。狄生徂徕是中国文化的崇拜者,因模中国风习,自称物茂卿,其亦因对中国文化的极度崇拜而遭日人非议。有《辨道》《辨名》《论语征》《大学解》《中庸解》等大量儒学著作传世。《学则》,指出其:"刻意摹子,理浮而气散,删之可也。四则言较精粹。"物茂卿《学则》共五篇,分别说明为学过程中应注意的五个方面问题,即要处理好东与西、古与今、名与物、论世与唯物、立大与从小的关系。

评冢田虎《劝学解》则云:"命意立局,虽能自出机杼,然平铺直叙而无剪裁,且多冗长拖遢之处。不选可也。"时人对冢田虎劝学成效及所传学问提出质疑,冢田虎强调劝学是自己作为一个儒者的天职,接着举古代圣贤劝学不已,而贤者无几的事例,说明虽然其徒很少能进于学,但即使不成九仞之山,亦将有覆一篑之功,不能说其劝学是劳而无功。

对柴邦彦《论学弊》评论云:"东国士实为中土所罕见。其弊至此,诚可伤心。举论语解一端,亦可谓道其所道,非吾所谓道也。"《论学弊》批评当时日本儒学之弊,认为近世新说,或自视聪明,舍本取末;或以偏概全,以古非今;或穿凿附全,自以为是;或不学习,动有著作,不学无术,误人子弟。黄遵宪之评论,即针对上述文字。

评木下业广号犀潭,肥后人,幕末儒学者,曾任昌平黉教官。《观物三则》,其一云："易之数起于奇偶，其始基于无极，无极生太极，太极生两仪，两仪生四象，四象生八卦，衍之则为六十四卦，极之千万亿兆，而数不穷，无非从奇偶而生也。作者得明其理，故言之凿凿。就一气相生言，奇数为阳，阳为天、为父，故曰父之统也。偶数为阴，阴乃阳之配也。张后句疑有脱讹。"《观物三则》其一云："参天两地，奇偶老少之说备，而一二三四五六七八九十之义明矣。而吾又有观乎一，气之生生也。凡天下之物生于对待，对待生于感应，感应生于动静，动静生于一，故曰一。故神一，气之动而感也，静之应出焉，而为之对。"评其二云："结意精到。"评其三云："'执柯以伐柯，睨而视之'之义。指点明晰。"总评云："三则各有精意，而首则较胜。"

黄遵宪认为安井衡《文论》："文稍蔓衍。然安井氏要为有得之言。"安井氏《文论》论作文之道，认为文章有本有末。"气如烈焰，势如浩河，波澜以拓之，抑扬以激之……是求于末者也。"而"仁以贯之，忠以翼之，参之情义……是求于本者也"。作文必须"本既得矣，又必求之末"。

评赖襄《属文说》云："赖子成策士之文，固自工纵横捭阖之术。"赖氏《属文说》言文章用字如大将之用兵。

对于大槻清崇名清崇，号磐溪，仙台藩士，幕末维新时期儒学家、诗人。《论语编者》，黄遵宪认为："'从来诸儒视《论语》甚卑'，是为凿空臆说。《论语》必出于孔门弟子之手，求其人以实之，则凿矣。末以知命君子、不愠君子为联络章法，是后世文章家论文之法，古无此说经体也。"文章历数有关《论语》编者的不同说法，指出《论语》的编者是谁这一问题之所以众说纷纭，是由于"从来诸儒视《论语》之书甚卑，以为漫录杂纂的后人语录之类，而不复置察于编者苦心所在"。作者认为《论语》编次精密，应是出于一人之手。（以上详见关义臣：《日本名家经史论存》，温故堂藏版，日本明治戊寅十月。）《日本名家经史论存》中有使馆诸人亲笔题辞及序，署"光绪戊寅秋日"，知其中题批，即产生于此次聚会。（郭真义、郑海麟：《黄遵宪题批日人汉籍》，第26—52页，中华书局2009年版。）

十月初三（10月28日），源桂阁到华养院访王治本，适逢黄遵宪及沈文荧均在座，众人相互笔谈，黄遵宪谈到"往上海之船以礼拜三开"。（戊寅笔话一六〇话，《全集》上，第668—669页。）

十月二十二（11月16日），源桂阁差人给黄遵宪及廖锡恩送来便函，内谓："右二名[①]来自群马县，昨宿敝庐，切请以拜观公署各位芝眉，而笔谈

[①] 即指山田则明、宫部襄。

数番。辉声即诺,以本日午时与同藩士松井强哉、高本正贤相伴,趋公署,伏冀幸赐公使并诸贤之谒。则明现掌学务,襄现掌警察官,又垂爱。黄公度、廖枢仙两君座下。源辉声顿首。"随后,源桂阁带着山田、宫部、松井、高木四人到黄遵宪房间,相互笔谈。傍晚,众人到卖茶楼聚饮。黄遵宪谈到"近者士风日趋于浮薄,米利坚自由之说,一倡而百和,则竟可以视君父为敝屣。所赖诸公时以忠义之说维持世教耳"。笔谈中黄遵宪自诉:"仆生平未尝一游花柳地,以为如佛所谓味如嚼蜡者。及来日本,以为东国佳丽之所萃,又每每呼之侑酒,是又学孔子之无可无不可也。"又戏作一诗和源桂阁云:"酌酒同倾三百杯,豪游如此亦奇哉。琼楼玉宇高寒处,齐卷窗帘待月来。"(戊寅笔话一六八话,《全集》上,第669—675页。)笔谈中黄遵宪还戏作诗二首咏日本艺妓,其一:"楼头风月总常新,小饮围炉爱买春。弹到三弦求凤曲,问侬谁是意中人。"其二:"待来竟不来,姗姗何其迟?思君如银烛,更阑多泪垂。"

　　黄遵宪藏有沈周山水图一幅,委托源桂阁依图意制"大痴境"匾额一幅,十月二十四(11月18日),源桂阁携风月堂糖果到公使馆找王治本,欲邀王治本同往黄遵宪处抄写山水图上之诗,同时赠黄遵宪新掘女优坂东辰次小照。王治本以无暇推托。源氏遂往沈文荧处邀沈同往,或请沈氏从黄遵宪处暂借图画来抄写,沈氏亦以事忙请其改期。源氏遂旋复往王治本房间,差人送便函及女优照片致黄遵宪,函曰:"弟欲赠'大痴境'三大字之额,而愿抄写那沈石田之诗,且观其全图景致,现乞之于梅翁,梅翁道黄公写信,无寸暇。虽然,弟今日特来,在欲抄写此诗而已,如辱一见,则幸甚也。想尊房匆忙,如然,则使贵价携桼园处,刻抄写奉返,希勿烦弟之愿。黄老爷阁下。源辉声顿首。"黄遵宪遂将画及复函交来人带往,黄遵宪之复函曰:"前辱赐酒席,感谢!欲作一诗,匆匆不果也。今日实无寸暇可以陪话,石田画即送一览。观'大痴境'三字大佳,代隶是盼。遵宪复。"图画上沈周的题诗为:"画在大痴境中,诗在大痴境外,恰好二百年来,翻身出世作怪。沈周。"(戊寅笔话一六九话,《全集》上,第675—676页。)沈周,字启南,号石田,明代文学家、画家。此诗是沈周自题,非黄遵宪所作。

　　十月二十七(11月21日),与源桂阁、石川鸿斋笔谈,言及日本阻贡事件时,源桂阁问曰:"现琉球军已退,倭军锐锋,想君难当,非暂休兵养气,讵笔战之为?"面对日人挑衅性提问,黄遵宪正色曰:"琉球小国,从古自治,近为贵国小儿辈(执政之流。)所欺凌。彼臣服我朝五百余年,欲救援之。"又曰："近来太政官乃告琉球阻我贡事,且欲干预其国政,又倡言于西人,既与我言明归日本,专属鼠偷狗窃之行,可耻孰甚?"日人欲窥黄遵宪与琉球人笔谈内容,黄遵宪亦严词拒绝曰："方与贵国议此事,他日事结,亦无不可观。此事不欲告日本人,少留日本情面也。"(戊寅笔话第一七〇话,《全集》上,第678页。)爱国之情溢于言表。笔谈中黄遵宪请石川鸿斋将《国史略》的部分内容翻译为汉文。同日,日本外务卿寺岛宗则回复何如璋照会,故意回避阻贡事实,反指何如璋照会系"假想之暴言",要求何如璋向日方道歉。(米庆余:《琉球历史研究》,第183页,天津人民出版社1998年版。)

其时,日本福泽谕吉提倡"脱亚论",废汉学倡西学之风日炽,黄遵宪与其国士大夫游,每谓日本维新,伟成明治中兴事业者,实赖汉学尊王攘夷之说以成之,何可废。闻者翕服。(黄遵楷:《先兄公度先生事实述略》,《全集》下,第1574页。)由是,本月中,黄遵宪为日人长三洲荧《中学习字本》撰序,以助汉学在日本之推广,其序曰："尊宪来东,士夫通汉学者十知其八九,顾未见长三洲荧。顷儿玉士常持其书乞序。余素不晓书,然读其中吉田寅次之文,为之三叹也。吉田者,亦节烈士,德川氏之季,以非罪毙江户狱中者。日本传国二千余年,一姓相承,五洲未有。自将军擅政,太阿倒持,如周之东,君拥虚位。德川氏末造,二三有志之士,慨然思尊王复古,天下毫杰,靡然从之,一唱而和百,粉首碎身,无所顾恤,卒覆幕府,以蔚成明治中兴之业。何也?盖圣贤之书,忠孝之道,习之者众,人人有忠君爱上之心,固结而郁发,不可抑遏,以克收其效也。若国政共主之治,民权自由之习,宁有此乎?书固小道,然孔孟之道,即于是乎寓。吾愿习字者益思精其义而察其理也。吉田往矣,长氏、儿玉氏皆汉学者流,试持吾言,问今之士大夫谓何如?大清光绪四年戊寅十月。嘉应州黄遵宪序。"(《全集》上,第241—242页。)

十一月初六(11月29日),源桂阁差人送书法匾额及函于黄遵宪,函曰："横额一。额钉一连。右奉呈哂纳,冀快令尊价揭楼中烟景最佳处,则幸甚!仆顷感冒恶风,不能出户,乃驰小价房吉携而进,并希赐锦回。黄大老爷阁下。英历十一月二十九日。源辉声顿首。"匾额上书"大痴境"三大字,旁跋书:"公度黄君所藏沈石田山水一幅,上题曰:'画在大痴境中,诗在大痴境外。'大痴者,黄公望也。按《丹青志》云:'石田氏每营一一障,长林巨壑,小市寒墟,高明委曲,风趣洽然,使夫览者若云务生于屋中,山川集于几上,是殆得大痴之传者矣。'今黄公度君与大痴姓相同,名相似,而豪放逸迈之气亦复相类,得此石田之神品,悬诸座右,朝夕玩赏,恍聚今古名士晤对一室中也。丁丑冬,君随使来我邦,越戊寅九月,购置于霞关西署中君之楼居,远眺则芙蓉之高岫,竹坌之曲湾;近望则茜陵之村霭,麹巷之炊烟。长林巨壑,愈出愈奇;小市寒墟,越深越妙。目力所穷,风情无限,则楼外之烟云直与画中之山水相吻合,是真景,非画景也。石田若预知此地之胜景而摹此画也? 亦预知公度君之爱是画,而题是句也? 此其中殆有夙因焉。余喜隶'大痴境'三字以赠。伏乞公度仁兄大人粲政。"黄遵宪回函源氏曰:"拜谢,敬领,当悬高楼中。陈列皆中、东两土之物,无一欧罗巴错杂其中,阁下愿之乎? 此复,桂阁贤侯阁下,十一月六日。遵宪。"(戊寅笔话一七三话,《全集》上,第683—684页。)

本日,何如璋再次照会日本,据理辩解,说明照会并无悖理之处,双方各执一理,呈僵持状态。

十一月初八(12月1日),黄遵宪在使馆与源桂阁笔谈,感谢其赠送匾额,并赞其书文俱佳。(戊寅笔话一七四话,《全集》上,第684—685页。)

十一月十四(12月7日),宫岛诚一郎访使馆,黄遵宪等与之笔谈,介绍两国饮食。黄遵宪介绍中国烹饪"味厚而浓",宫岛认为日本食味太过淡泊,无足食者。(宫岛诚一郎等笔谈遗稿,《全集》上,第730—731页。)

十一月十五(12月8日),何如璋奏请分设驻日本通商口岸横滨、神户、长崎等处领事馆。

十一月二十二(12月15日),源桂阁访清使馆,何如璋向源桂阁介绍中国官制。黄遵宪在房间与之笔谈,黄遵宪谓源氏其所赠匾额已悬之楼上,邀其前往一观。(戊寅笔话一七八话,《全集》上,第685—687页。)

十一月(12月),新上任的驻美使臣陈兰彬上奏请派领事驻旧金山保护华侨:"臣等查华人侨寓美国各邦共约十四余万;在金山一带已有六万之多。近年土人及外来洋人积不相能。现未结之案计有二百余起;监禁者三百余人,交涉事几于无日无之。臣等呈递国书后,应即知照该外部,派设中国领事,妥为保护。"(王彦威、王亮辑编:《清季外交史料》第2册,第280页,湖南师范大学出版社2015年版。)

本年秋,黄遵宪开始《日本杂事诗》之写作。(《日本杂事诗自序》,《全集》上,第5页。)黄遵宪"既居东二年,稍与其士大夫游,读其书,习其事。拟草《日本国志》一书,网罗旧闻,参考新政。辄取其杂事,衍为小注,弗之以诗,即今所行《杂事诗》是也"。(《日本杂事诗自序》,《全集》上,第6页。)

本年,黄遵宪为日本友人青山延寿之史学著作《皇朝金鉴》撰写序言,明确提出学习西方思想和原则,是黄遵宪变革思想的一大进展。序曰:"日本之史,以汉文纪事者,莫善于《大日本史》,而其书实出水户藩士之手。水户藩号多贤,有青山云龙氏者,世以史学鸣。其伯子延先,继《日本史》后,为《纪事本末》一书,而史体益备。余来日本,即闻青山氏名,后得与其季子延寿交。延寿官于史馆,平生所著述,多涉国史,与之征文考献,无能出其右者。顷复出其所著《皇朝金鉴》,索序于余。其书分类排纂,采辑古来明君良相、名儒大贤之事迹可为法鉴者,盖《世说》《言行录》之体也。今欧米诸国,互相往来。世之论者,好远骛博,辄惊其强盛,以为事事皆可取法,而以己国为鄙僿无足道。虽孩童妇女,亦夸拿破仑,誉华盛顿。老师宿儒,昧昧姝姝,守一先生之说者,遽斥为固陋。此其说似矣。虽然,余窃以为天下者,万国之所积而成者也。凡托居地球,无论何国,其政教风俗,皆有善有不善。吾取法于人,有可得而变革者,有不可得而变革者。其可得而变革者,轮舟也,铁道也,电信也,凡所以可以务财、训农、通商、惠工者皆是也。其不可得而变革者,君臣也,父子也,夫妇也,凡关于伦常纲纪者皆是也。日本立国二千余年,风俗温良,政教纯美,嘉言懿行,不绝书于史。吾以为执万国之史以相比较,未必其遂逊于人。则以日本之史,教日本之人,俾古来固有之良,不堕于地,于世不无裨益,则亦何事他求哉?抑吾闻各国学校所以教人者,莫重于国史。米利坚立国仅百年,于地球最为新国,其学校亦以米国史为重。圣人有言:'切问近思,理固然也。'若夫译蟹行之字,钞皮革之书,今日之日本,正不乏人,余老友青山先生固不肯为,亦不能为也。"(《全集》上,第265页。)

本年,日本友人藤川三溪名忠献,字伯孝,通称求马、将监,号三溪,日本赞岐人,高松藩士。是日本"尊王"史学家、儒医。素有勤王之志,维新战争时从军。曾任太政官权少史、修史馆御用挂。著有《春秋大义》《维新实记》《三溪诗钞》等。以其经学论著《春秋大义》向黄遵宪求序。黄遵宪为之序阐述其经世致用思想,推崇《春秋》尊王攘夷,以尊王攘夷解释日本明治维新之成功。曰:"日本藤川三溪以所著《春秋大义》求序。余读其书,识议明通,断制精确,一字一义,必求其当。余既条举所见,系之简端,复发策而序之曰:尊《春秋》者,莫先于孟子。孟子自称为窃取其义,而一则曰《春秋》天子之事,再则曰其事则齐桓、晋文,盖专以此事求《春秋》也。孔子之言曰：我欲托之空言，不如见诸行事之深切著明。《春秋》之事，诚天下万世是非之准、得失之林矣。彼说经者徒以辞求，穿凿附会，愈失而愈远，至以断烂朝报疑《春秋》为无用，亦未尝比其事而观之耳。《春秋》之事，莫大乎尊王攘夷，汉土之读书者尽知之。而推而行之日本，其致用也远，其收效也尤速。日本自源、平以来，将军主政，太阿倒持，七百余载，玉步未改，俨有二君，王章弁髦，不尊已甚矣。迨乎德川末造，欧米诸国接踵而来，皆以兵威劫成盟约，红髯碧眼，羊狠虎视，族类不同，语言亦异。于是举国之人，以其从古未通，骇然不知为何物，群名之曰夷，纷纷竞起倡尊攘之说。豪杰之士，或陷狱以死，或饮刃以殉，碎身粉骨有不恤者，为尊攘也；麑岛关镰战者再，弹丸雨飞，流血成海者，为尊攘也；七卿西奔，二藩合纵，锦旗东指，声罪黜霸，为尊攘也。凡所以鼓动群伦，同德同力，卒覆幕府，以成明治中兴之业，皆《春秋》尊攘之说有以驱之也。何其奇也！夫《春秋》之事夥矣，而后世儒者谓专在尊攘，此亦南渡以来，愤宋室孱弱，有为之言，求之《春秋》，未必悉当。而日本行之，其效乃如此。此亦如直不疑之引经断狱，其谓子为君则非，其缚太子则未尝不是也。嗟夫！通经所以致用也，苟实事求是，归于有用，则虽郢书燕说，而亦无不可，又何必一字一义之必求其当也哉？以余闻藤川子固抱用世之志者也，故书此说以归之。"（《全集》上，第264页。）

本年，黄遵宪有诗纪西乡隆盛事，西乡隆盛，日本江户时代末期萨摩藩武士、军人、政治家，他和木户孝允（桂小五郎）、大久保利通并称"维新三杰"。明治维新成功后，坚持"征韩论"，遭反对后辞职回到鹿儿岛，兴办名为"私学校"的军事政治学校，后发动反政府的武装叛乱，史称西南战争，兵败而死。有《西乡星歌》，后来补作。叙述西乡隆盛尊王攘夷之事迹，及其反对暴政、兵败身死的过程，诗中赞美西乡隆盛是旷世雄才，但对其"征韩论"表示反对。诗序云："西乡隆盛既灭，适有彗星见于日本西南境，国人遂名之为西乡星。"诗曰："人不能容此嵚崎磊落之身，天尚与之发扬蹈厉之精神。除旧布新识君意，烂烂一星光射人。人人惊呼伯有至，昨为大盗今为厉。海上才停妖鸟鸣，天边尚露神龙尾。神龙本自西海来，蹈海不死招魂回。当时帝星拥虚位，披发上诉九天阊阖呼不开。尊王攘夷平生志，联翩三杰同时起。锦旗遥指东八州，手缚名王献天子。河鼓一将监众军，中宫匝卫罗藩臣。此时赤手同捧日，上有一人戴旒冕，是为日神之子天帝孙。下有八十三州地，满城旭彩辉红轮。乾坤整顿兵气息，光华复旦歌维新。

"无端忽唱征韩议,汝辈嫦阿难计事。参商水火不相能,拂衣大笑吾归矣。归来落拓不得志,牵狗都门日游戏。鼻端出火耳后风,指天画地时聚议。夜半拊床欲为帝,奋梃大呼投袂起。将军要问政府罪,胡驱吾辈置死地?三千万众我同胞,忍令绞血输血税。死于饥寒死于苛政死于暴客等一死,徒死何如举大计。一时啸聚八千人,各负长刀短铳至。赤囊传警举国惊,守险力扼熊本城,雷池一步不得过,天网所际难逃生。十二万军同日死,呜呼大星遂陨地!将军之头走千里,将军之身分五体。聚骨成山血作川,噫气为风泪如雨。此外喑呜叱咤之声势,化为妖云为沴气。骑箕一星复归来,狼角光芒耀天际。吁嗟乎!丈夫不能留芳千百世,尚能贻臭亿万载。生非柱国死非阎罗王,犹欲醋血书经化作魔王扰世界。英雄万事期一快,不复区区计成败。长星劝汝酒一杯,一世之雄旷世才。"(《诗草笺注》上,第202—211页。)

本年,司法省官员鹤田元缟父亲八十大寿向黄遵宪乞寿诗,黄遵宪有诗曰:"仙家占得旧桃源,一室雍和古谊敦。马援贻书垂雅训,于公治狱大名门。东方君子国多寿,南极老人是独尊。左指蓬壶右玄圃,捧觞想见笑言温。"(《全集》上,第209页;《集外诗辑》,第43页。)

黄遵宪庶妹芳玉生。(据《钱谱》。)

父黄鸿藻由户部主事改知府,分发广西。从叔黄基以进士分礼部主事,同时改江苏候补知府。(《全集》上,第276页。)

光绪五年己卯(1879年) 三十二岁

【国内外大事】二月二十三(3月15日),清廷在檀香山设商董,行领事官之事。日前,驻美使臣陈兰彬致函总署,谓太平洋上岛国檀香山(今美国夏威夷州),"咸丰初年时仅有华民千余人,今已有七八千人在彼贸易或耕种、畜牧,现据已在该岛经商多年之同知陈国荣(广东香山县人)等联名禀请在该岛设立领事官以保护华民;惟檀香山与我尚非有约之国,不便设立领事,可否发给陈国荣商董谕帖,饬令随时稽查约束该岛华民"等语。总署因于是日奏称,"拟同意陈兰彬意见,并由该使臣就近发给谕帖,行领事官之事"。从之。(潘向明:《清史编年》第十一卷,光绪朝,第137页,中国人民大学出版社2000年版。)本年秋冬,薛福成《筹洋刍议》十四篇经李鸿章送总署后,在海内外广泛流传,成为近代早期改良主义之代表作。本年,王韬《扶桑游记》、王之春《谈瀛录》出版,是近代早期中国人研究日本的作品。

本年,黄遵宪在中国驻日本公使馆任参赞。

正月(2月),黄遵宪为日本著名汉医浅田宗伯之著作《先哲医话》作跋,高度评价日本汉医对中医经典的收集和保存。清朝驻日公使馆设置之后,因为公使及公使馆员们习惯于传统的中医治疗方法,所以在生病时总是延请浅田宗伯、远田澄庵等汉方医生治疗。由于这层关系,这些汉方医生经常出入清公使馆。森立之、今村了庵及浅田宗伯等温知社的领袖也经常应邀出席公使馆的诗酒宴会。内称:"《先哲医话》上下二卷,日本信浓人浅田宗伯撰。考文渊阁著录之书,凡医家类九十七部,一千五百三十九卷,列于存目者又九十四部,六百八十一卷。证之内外,药之气性,方之佐使,无不备也。然未有辑医论以成话者,医之有话,实自宗伯始。

"夫医者,意也。病有万变,医无一定。自《和济局方》专主燥烈香热之品,而刘守真救以寒凉,至于张子和举一切病以汗、吐、下三法治之,东垣兴而重固脾,丹溪出而重滋阴,景岳作而重补阳。夫古之人覃精研思,竭毕生之心力以从事。当夫纵心孤往,必熟察天时之寒热,地气之燥湿,世运之治乱,人身之强弱,一旦豁然贯通,或凉或热,或补或伐,如良相治国,名将用兵,投之所向,无不如意。其一偏之论,皆其独得之秘也。或不察所由来,媛媛姝姝,守一先生之说,物而不化,是何异契舟求剑以为剑在是乎?至鉴其无效,转谓古方适足以误人,如陈起龙、黄元御诋諆先哲,不遗余力,抑又慎矣!盖先医真积力久而有所独得,单词片语,皆精微之意行乎其间,虽涉一偏,学者能优而柔之,餍而饫之,复神而明之,用均无不效,又况其言之纯粹以精者乎!

"是卷搜罗名言,间附评论,皆折衷精当。托始于后藤艮山,艮山盖唱复古之说者,而末卷多纪茝庭之论,于读经之审,运用之妙,尤三致意焉,非唯举先哲之法以示人,且示人以救法之方。浅田氏于此,何其力勤而用心苦也。日本之知汉医,自新罗、百济来,逮隋唐而盛。其后李、朱之说大行,丹水友松首倡复古,医学昌明至于今。此书所录,自享元至文政凡十三人,取其尤著者耳。

"浅田氏名惟常，号识此，一号栗园，旧幕府医官，今隐居不仕，以医名五大洲，著医书三十余种，斯其一也。顷疗余疾，因得读其书。他日归，将致之医院，以补《金匮石室》之缺云。大清光绪五年王正月，岭南黄遵宪公度跋并书。"（《全集》上，第242—243页。）

二月初十（3月2日），因宫岛诚一郎与日本明治政府的亲密关系，何如璋特派遣黄遵宪和沈文荧拜访宫岛诚一郎，谈论有关琉球问题。彼此间"笔话颇剧"，宫岛觉得"答辩太苦"。（据刘雨珍：《宫岛诚一郎文书中的琉球交涉史料》一文中引宫岛诚一郎《养浩堂私记》卷二之记载。文见中国史学会、中国社会科学院近代史研究所编：《黄遵宪研究新论》，第359页，社会科学文献出版社2007年版。）在笔谈中，黄遵宪有谓："郡县之说，新闻纸所言不足尽凭。然贵政府若有事于球，非蔑球也，是轻我也。我两国修好条规第一条即言：'两国所属邦土，务各以礼相待，不可互有侵越。'条规可废，何必修好？故必绝聘问，罢互市。吾辈不得不归也。"又曰："凡事须彼此计较。若吾为此事，贵政府宁默尔乎？不能默尔而又不从吾言，尚何理论？吾辈且归，至于后事，未可知。或万一，当执鞭弭与君周旋也。""台湾之役，谋国者费多少苦心，为亚细亚大局而后议和。早知如此，不如遂一决裂。我政府有函来，言此悔之折骨。（谓深悔是事草率言和也。）我国近始遣使交邻，此事而遂置之，何以为国？足下试为吾辈筹画，岂有遇此事犹腼面在此与贵国及他邦往来者乎？""我政府隐忍台役，即为维持亚洲大局起见。近日李爵相且驰书朝鲜，告以日本之可亲，俄人之可畏。且欲合纵两大，驱逐诸小，勿辱欧人之辱也。今贵国必欲绝好，吾亦无可奈何，不得已而应之。言及此，岂惟慨叹，实痛哭流涕之事也。"（与宫岛诚一郎笔谈遗稿，《全集》上，第732—734页。）黄遵宪既据理力争，又示之以不惜撤使罢互市之决心，以期日本能知所进退。

二月十七（3月9日），宫岛将与黄遵宪等的笔谈内容呈递给日政府右大臣岩仓具视，岩仓态度未有改变，告之宫岛曰："庙堂之议，今日已定。今若踟蹰此事，则先年大久保之施行，亦不成前后顺序，如此则除断然废藩、如内地一般施政外，别无他策。此笔谈非谈寻常文事，于国事颇有巨大干系，作为内部机密，惟可示以主管参议一人，烦请誊写一部。"对此，宫岛要求岩仓为其保守秘密："若此事外露，则有失清人交际之道，万请予以保守机密。"（据刘雨珍：《宫岛诚一郎文书中的琉球交涉史料》一文中引宫岛诚一郎《养浩堂私记》卷二之记载。文见中国史学会、中国社会科学院近代史研究所编：《黄遵宪研究新论》,第360页,社会科学文献资料出版社2007年版。)

二月十八(3月10日),日本政府派遣松田道之率警察和军队奔赴琉球。

二月二十(3月12日),黄遵宪与日本友人冈千仞笔谈,言及东京即将举行的祭孔大典,黄遵宪曰:"然窃谓三皇五帝礼乐不相沿袭,正不必泥古。今天下万国礼俗不同,然而其发于中者,诚敬之心,未尝不一也。但使尽其诚敬之心,虽使今日欧米之人行其礼俗,群拜于殿下,先圣在天之灵亦必受飨。大国自德川氏崇儒重道,林氏世为学官,其所定之礼式必不谬。即少有差误,谓之不合于我则可,谓之不纯于礼则不可也。"又曰:"孔子之道,其大如天,不可分国而尊之。孔子鲁人,若分国师之,则晋秦齐卫亦不必师。有是理乎?今欧米尊事耶苏,未闻斥为罗马人而各尚其国学也。宋元以来儒者诚不免拘迂,然万不可以此并议孔子。人同此心,心同此理。天不变,道必不变也。先生有见于此,亟为此举,以为转移教化之权,功可谓大矣。往昔大久保在时,与之论造士之方。吾谓去国学汉洋学之名,仁义道德之说取之汉学,而勿事其拘陋泥古之习;行政立事、造器务材惠工之法取之泰西,而去其奔竞纵侈之习;其他衣冠风俗因于日本,舆地史书专求日本,而相戒去其轻浮之气、见之小心,则庶几其可乎。大久保君拍掌称快者再。故亟亟议学校读书先以《论语》《孟子》为本。惜乎其遽邃难而死也。"又曰:"仆考耶苏之学,尽同于墨子。昌黎有言:孔必用墨,使登圣人之门,要当是一贤人。其妄诞不经之说,则以当时泰西人尚野蛮,不为神奇,不足以坚其尊信之心(回教亦如此。)耳。然考其大旨,多有与吾儒相合者。在当时野蛮中忽出此人,可谓天纵聪明。至于今日,传教之士竞竞然奉之如天,敬之如地,则可笑也。耶苏之教施之未经开化之国则可行,必欲施于东洋诸国圣贤早出之邦,抑又愚矣。"笔谈中,冈千仞对黄遵宪曰:"仆读先生《杂事诗》,草一篇文,未脱稿,他日净写以请正。他日修文辞净书以呈。若得附卷末以传,大幸。唯刻之之日,不删后半,必触人忌,而删之则抹杀作者苦心所在。"(与冈千仞笔谈遗稿,《全集》上,第793—796页。)而冈千仞所称之文,即其《书日本杂事诗后》一文也,文曰:"清国大使馆于增上寺,余与重野、藤野二氏往见,黄君公度出接,以笔代舌,一面如旧。尔后文酒订交,棹舟墨陀,载酒东台,唱和征逐,殆无虚月。君器识宏远,不妄言笑,尤用心我邦风俗政治治乱沿革之迹。无论《六国史》《日本史》,近世诸儒所撰著,一再涉猎,皆尽其原委。尝赋诗一百五十首,纪日本杂事。每篇注典故,博引旁证,涉数十种,日东建国上下千年,略见其概。方今缔约各邦,皆设使馆、发使臣,督贸易争讼、睦邻修好事,簿书烦多,事体极重。而君在馆二裘葛,簿书余暇,又能讲究我风俗政体、古今图书,咏为诗歌。其言曰:中土人寰海咫尺,付之不问,所以致今日之势。故余在使馆,每获一事,咏为韵语,使足未出其域者,得坐谙日东沿革典故。嗟乎!何其用心之深且远也。抑我邦外务尤重其选,非有学问通达海外事情者,不敢任之。而其载旌节使各国者,未闻有其人编著一书,以叙其风俗政体,使足未出其域如余辈者,得坐谙海外沿革典故,如君此撰者。呜呼!各国使馆得其人与否,国势伸缩之所关。君此撰,有足以自警者。因书其后以告用心外事者。"(冈千仞《藏名山房初集》卷六,冈百世刊印本,日本大正九年二月十八日版。)

二月二十三(3月15日),日本东京开汤岛圣庙,拜观孔子像,黄遵宪与何如璋、张斯桂、沈文荧等人一起前往观礼。(与宫岛诚一郎笔谈遗稿,《全集》上,第735页。)

三月(3月—4月),宍户玑任日本驻中国公使,《清史稿·交聘年表》:日本驻使宍户玑,光绪五年闰三月任,八年卸任。黄遵宪作《送宍户玑公使之燕京》诗中回顾中日友好的历史,期望宍户玑能够促进中日邦交:"《海外》《大荒经》,既称带方东。是有君子国,挂剑知儒风。唐宋时遣使,车书万里同。缁流唱金经,武士横雕弓。内国既多事,外使不复通。迩者海禁开,乘时多英雄。捧盘从载书,隔海飞艨艟。益知唇齿交,道谊在和衷。子今持使节,累叶家声隆。博学等黄备,抱德追菅公。冠垂华花枝,手撚梅花红。(世所传《菅原道真奉使大唐图》,手持梅花二枝。考日本史,道真虽奉使命,实未来华。)同行二三子,亦如贯珠鬉。子能弥阙失,竹帛铭汝功。今日送子去,东西倐转蓬。扶桑遥回顾①,旭影多朦胧。仰瞻阙庭高,我心亦忡忡。"(《诗草笺注》上,第256页。)

三月初七(3月29日),日本友人增田贡诣清使馆,黄遵宪与之笔谈。黄遵宪向增田贡介绍湘军水师将领彭玉麟、文人俞樾和王韬,并介绍王韬将访日本。(与增田贡笔谈遗稿,《全集》上,第800—801页。)

三月初九(3月31日),黄遵宪有函致宫岛诚一郎,招约于五日后聚

---

①"遥回顾",钞本作"回顾遥"。

饮,函曰:"过日辱访,积闷为之一舒。仆于我三月十四日(太阳历四月五日)午后一时,具薄酒粗肴于小楼中,乞高轩见过。如惠然肯来,谨扫床榻而俟。春风正暖,早樱既红,笔舌互语,觥筹交飞,坐无车公,使人不乐也。勿吝玉趾,是所祷幸。我三月九日。黄遵宪顿首。"函毕,黄遵宪又缀言曰:"宫岛栗香先生执事:德行自藤惺窝、文章自物徂徕以下诸公,乞条其名字、籍贯、所著之书,一一以告。汉学宋学又当分别,文章则文与诗亦分举为妙也。暇乞践诺是感。遵宪又启。"(《全集》上,第296页。)

三月十三(4月4日),日本发布废琉球藩,建冲绳县令。十四日(4月5日),宫岛诚一郎与浅田宗伯、小野愿、宫本鸭北、冈本监辅、蒲生重章等应黄遵宪之邀赴宴。由于前一日日本废琉球藩建冲绳县之事让黄遵宪怏怏不乐,因此,宴席上黄遵宪有郭璞绝笔之语。上举三月初九黄遵宪致宫岛诚一郎函后有宫岛记录文字:"四月五日应黄公度招饮,到永田町使馆。此日来饮者,浅田栗园俗称宗伯、小野湖山、宫本鸥北小一、冈本文平监辅、蒲生重章及我也。先是,政府以昨四日废琉球藩建冲绳县之令,故公度怏怏不乐,有郭璞绝笔之语。"(《全集》上,第296页页末注。)

三月十五(4月6日),何如璋呈请李鸿章,要求归国参加总署与日使宍户玑的辩论。李鸿章《论日本废琉球》中言:"昨接子峨三月十五日函称,宍户既经到京,拟请召使臣归论此事。"(《李鸿章全集》第七册,第4390页,时代文艺出版社1998年版。)同日,日本政府任命锅岛直彬为冲绳县首任县令。(据刘雨珍:《宫岛诚一郎文书中的琉球交涉史料》一文中引宫岛诚一郎《养浩堂私记》卷二之记载。文见中国史学会、中国社会科学院近代史研究所编:《黄遵宪研究新论》,第360页,社会科学文献出版社2007年版。)

三月十九(4月10日),何如璋就琉球事件与日政府交涉无果,即愤然告以事无可商,当即行归国。遂再函总署,主张"一面明饬沿海诸省严防边备,一面撤回使臣"。至是,总署将以上情形具折奏闻,以为"仍以据理辩诘为正办"。(潘向明:《清史编年》第十一卷,光绪朝,第139页,中国人民大学出版社2000年版。)

三月下旬(4月),因黄遵宪《日本杂事诗》急欲脱稿,有函致宫岛诚一郎,催促宫岛尽快将交予改削之诗稿归还,黄遵宪函曰:"前奉上拙著,想既改削,今再奉一本,有暇乞早速赐教为幸。仆急于脱稿,将寄回故乡之友也。今日不相见,惆怅不已。蹲地书此,以达鄙怀。梅史所作序已就,画谱以璧。遵宪顿首"函毕,又缀言曰:"栗香先生执事:前卷速赐还是祷。"

(《全集》上,第297页。)

三月二十五(4月16日),宫岛访黄遵宪,黄遵宪与之笔谈中告以:"此卷既钞就五十首,今日即以呈上。方校讹字未毕也。今日本欲走尊斋呈此诗。仆有一不情之求,望阁下于数日中即为改正。缘公使归不远,改正之后,即欲钞别本携还敝国也。未审能允许否?"(与宫岛笔谈遗稿,《全集》上,第736页。)可知黄遵宪对《日本杂事诗》之校订之事颇为着急,黄遵宪此中所谓"公使归不远"之语,乃指何如璋有要求归国参加总署与日使宍户玑辩论之议也。

三月二十八(4月19日),清廷获悉日本吞灭琉球消息,命南洋大臣沈葆桢等实力筹办南洋防务。谕曰:"琉球久属中国,日本竟敢阻其入贡,夷为郡县。狡焉思启,情殊叵测,亟应妥为预备,力图自强,以固藩篱。著沈葆桢、吴元炳①将南洋防务事宜悉心区划,实力筹办,固不可稍涉张皇,亦不得稍涉大意,并著随时探明该国情形,密速具奏。"(潘向明:《清史编年》第十一卷,光绪朝,第139—140页,中国人民大学出版社2000年版。)

三月底(4月),黄遵宪之《日本杂事诗》脱稿,乃撰后记,曰:"此诗征引日本书籍,不能不仍用其年号。《日本史》,中土少传本,惟近世李氏申耆《纪元篇》、林乐知《四裔年表》,虽偶有误,尚可考其世也。余别作《中东年表》附《日本志》。诗中所有年号、世系,今不复详注。光绪飞龙纪元五年春三月,遵宪自识。"(《全集》上,第7页。)

闰三月初五(4月25日),总署请饬出使日本大臣何如璋暂勿归国。何从之。

闰三月初九(4月29日),王韬受日本友人寺田望南名宏,字士弘,号望南,日本明治—大正时期汉学家、藏书家。与黄遵宪,王韬等友善。曾参与"皕宋楼"藏书东渡之事。**邀请**,由上海登轮东渡,作为期四个月的扶桑之游。(王韬:《漫游随录·扶桑游记》,第178页,湖南人民出版社1982年版。)王韬《普法战纪》出版后,风靡日本。1878年春,日本人龟谷行、栗本鼒庵、佐田白茅会饮,席中栗本鼒庵有言,如果能够请王韬到日本,他愿意为东道主。佐田白茅说,其友寺田望南曾经到中国,与王韬善,所以栗本鼒庵托寺田邀请王韬。(王韬:《漫游随录·扶桑游记》,第311页,湖南人民出版社1982年版。)

闰三月十六(5月6日),黄遵宪有函致宫岛诚一郎,曰:"昨以失眠头

---

① 时任江苏巡抚。

痛,未及侍宴,感惭疚奚似。《日本杂事诗》复承赐阅,感甚感甚。《栗香诗稿》既再校一本,回读已诗,自惭形秽,几欲拉杂摧烧之耳。今再送上一本,乞尽一夕工夫削之,明日相见,两以相易。午后四时(诺我三时则更妙。)必当趋高斋。但谭诗雅会,坐不可无美人。当携一译人来约君,并辔上新桥酒楼,呼小小雏伶,使唱'黄河远上',不亦可乎。承诺则仆当为主,幸速赐报。栗芗先生执事。闰月十六日。遵宪上。"(《全集》上,第297页。)

闰三月十七(5月7日),黄遵宪与宫岛诚一郎依约于卖茶亭聚饮,相与笔谈。(与宫岛诚一郎笔谈遗稿,《全集》上,第739页。)

闰三月二十(5月10日),总署就琉球改县一事向北京日本公使宍户玑提出抗议,抗议书传回东京后,日本外务卿寺岛宗则竟说,琉球的废藩置县是日本国的内政问题,与中国无关。

闰三月二十五(5月15日),宫岛邀黄遵宪再于卖茶亭聚饮。(与宫岛诚一郎笔谈遗稿,《全集》上,第740—742页。)

闰三月二十八(5月18日),王韬到东京,晤何、张二使,参赞黄遵宪及翻译杨枢,晚饮于西洋酒楼,日本文士来集者六人:重野安绎、龟谷行、冈千仞、佐田白茅、小牧昌业、寺田士弘。(见王韬:《漫游随录·扶桑游记》,第197页,湖南人民出版社1982年版。)黄遵宪遂与王韬订交。

闰三月三十(5月20日),午后,黄遵宪拜访王韬,并有函致冈千仞,言及前晚与王韬等聚饮之情形,曰:"前夕聚饮,淋漓酣恣,大乐大乐。顾聚诸名士于一堂,以仆厕末坐,殊自惭形秽耳。大著急于奉璧,百忙不及著圈点,谨志数语于后,冒昧狂妄,多罪多罪。闰三月三十日。黄遵宪。"(《全集》上,第298页。)

本月,黄遵宪为友人石川鸿斋所编《日本文章轨范》作序,强调变革的紧迫性,提出学习他人需要择其善者,序曰:"天下事变,至于今日而既极矣。事变极则法无不备。然因他人之法,必择其善者立为轨范,使有所率而循焉,有所依而造焉,而学者乃不迷于所向。吾读五经四子之文,欲执一法以求之,曾不可得。古无所谓文,乃无所谓轨范耳。然自汉魏来逮于近世,萃天下贤智之士,以求工文章,无虑数十百家。不善者无论矣,其善焉者,各就其性情之所偏近,学问之所偏到,此长彼短,此是彼非,吾不知所择而一一学之,则驱车于蚁封马垤,且执鞭扬扬,欲与康衢大道同其驰骋,其败绩压覆也,必矣。杯盘也,爵罍也,不立之模而抟泥火中,鼓风而陶之,不为髡垦薛暴者又几希矣！甚矣文之不可无轨范也。石川鸿斋,日本高才博学之士,外而汉籍,内而和文,于书无所不读。近者撰日本名文若干篇,命曰《轨范》,以示学者,仿谢氏《文章轨范》之例也。嗟夫！学他人之法,不择其善者,而芒芒昧昧,竭日夜之力以求其似,不求其善,天下之事,无一而可,岂独文章也哉！大清光绪五年闰三月,岭南黄遵宪公度撰。"(《全集》上,第243—244页。)

四月初一(5月21日),黄遵宪作《樱花歌》。后来补作。诗中赞美樱花,描述日本樱花节游人赏花的欢腾情景。赞美幕府时代的和平生活,批评欧美的炮舰外交及其对和平的破坏。诗曰:"鸰金宝鞍金盘陀,螺钿漆盒携巨罗。伞张胡蝶衣哆啰,此呼奥姑彼檀那。一花一树来婆娑,坐者行者口吟哦。攀者折者手挼莎,来者去者肩相摩。墨江泼绿水微波,万花掩映江之沱。倾城看花奈花何,人人同唱樱花歌。道旁老人三嗟咨,菊花虽好不如葵。即今游客多于鲫,未及将军全盛时。将军主政国尚武,源蹶平颠纷斗虎。德川累世柔服人,渐变战场成乐土。将军好花兼好游,每岁看花载箫鼓。三百诸侯各质孥,争费黄金教歌舞。千金万金营香巢,花光照海影如潮。游侠聚作萃渊薮,真仙亦迷脂夜妖。合歌万叶写白纻,缠头每树悬红绡。七月张灯九月舞,一年最好推花朝。喷云吹雾花无数,一条锦绣游人路。明明楼阁倚空虚,玲珑忽见花千树。花开别县移花来,花落千丁载花去。十日之游举国狂,岁岁欢虞朝复暮。承平以来二百年,不闻鼙鼓闻管弦。呼作花王齐下拜,至夸神国尊如天。当时海外波涛涌,龙鬼佛天都震恐。欧西诸大日逞强,渐剪黑奴及黄种。芙蓉毒雾海漫漫,我自闭关眠不动。一朝轮舶炮声来,惊破看花众人梦。我闻桃花源,洞口云迷离。人间汉魏了不知,又闻净土落花深四寸。每读《华严》经卷神为痴。拈花再拜开耶姬。上告丰苇原国天尊人皇百神祇,仍愿丸泥封关再闭一千载,天雨新好花,长是看花时。"(《诗草笺注》上,第231—238页。)

宫岛诚一郎拜访黄遵宪,相与笔谈,黄遵宪对琉球交涉与中日关系因此遭到破坏颇为痛心,叹曰:"嗟夫！使大久保尚在,则琉球一事必不至此。此事虽发于若人,然能发之,必能收之。仆与何大使每论及此,为之咨嗟太息,而又以叹今之无人也。仆为此言盖有所因。大久保自吾辈来,眷眷相交,颇有唇齿相依之谊。渠若不死,必兴汉学,必联两国之交,能使是事化于无形。渠未死前数日过敝署,颇露心腹语。且自言不学无术,从前遇事求治太急云云。故其死也,何大人甚痛之。"笔谈中黄遵宪言,使馆曾准备在日本开一和文和语学校,招日本学生二十人,中国学生二十人,聘请四个老师授课,但是琉球事件使此事搁置。(与宫岛诚一郎笔谈遗稿,《全集》上,第742—743页。)

四月初四(5月24日),黄遵宪与王韬等于砾川后乐园燕集。五日,日本友人增田贡访王韬于筑地精养轩,黄遵宪在焉,相与笔谈。随后,黄遵宪与王韬,以及日本友人重野安绎、增田贡、寺田望南等同游砾川后乐园,黄遵宪有诗曰:"泓峥萧瑟不可言,周遭水木围亭轩,初夏既有新秋意,褰裳来游后乐园。主人者谁源黄门,弊屦冠冕如丘樊。夷齐西山不可得,欲以此地为桃源。左携舜水右淡泊,想见时时顾空尊。呜呼源平霸者起,太阿倒持皈将军。黄门懿亲致自异,聊借薇蕨怀天恩。一编帝纪光日月,开馆彰考非为文。高山九郎好痛哭,相继呼天叩帝阍。布衣士,二三子,其力卒能使天王尊。即今宾主纷□尊,一堂款晤都温温。岂知当时图后乐,酒觞未举泪有痕。遗碑屹然颓祠古,夕阳丛鸦噪黄昏。欲起朱子使执笔,重纪米帛贻子孙。(明治二年赐源光国子孙米帛)"(《全集》上,第803页。)据现存与增田贡等笔谈遗稿,黄遵宪此诗,题作《陪诸君游后乐园有感而作乞均正》,同游后乐园者王韬、增田贡等人均有和作。(见《全集》上,801—804页。)但在黄遵宪编定《人境庐诗草》时,诗题为《庚辰四月,重野成斋(安绎)、岩谷六一(脩)、日下部东作(鸣鹤)、蒲生絅斋(重章)、冈鹿门(千仞)诸君子约游后乐园,即源光国旧藩邸,感而赋此》据笔谈遗稿,诗应作于己卯四月,而非庚辰四月,黄遵宪记作"庚辰四月",当是其编定《人境庐诗草》时记忆有误。诗作内容黄遵宪也在编定《诗草笺注》时作了好几处改动,改定后的诗为:"泓峥萧瑟不可言,周遭水木围亭轩。夏初若有新秋意,褰裳来游后乐园。主人者谁源黄门,脱弃簪绂甘丘樊。夷齐西山不可得,(园有夷齐庙。)欲以此地为桃源。左挈舜水右澹泊,想见往往倾空尊。呜呼源平霸者起,太阿倒持归将军。黄门懿亲敢异议,聊借蕨薇①怀天恩。一编帝纪光日月,开馆彰考非为文。高山九郎好痛哭,相继呼天叩帝阍。布衣文学二三子,协②力卒使天皇尊。即今宾客纷裙屐,一堂笑语言温温。岂识当时图后乐,酒觞未举泪有痕。丰碑巍然颓祠倒,夕阳归鸦噪黄昏。愿起朱子使执笔,重纪竹帛贻子孙。"(《诗草笺注》上,第252—255页。)王韬即步黄遵宪原韵和作诗曰:"鲰生东游拙语言,叔度霞举何轩轩。幸陪游屐来此间,惟名士乃传名

---

① "蕨薇",钞本作"薇蕨"。
② "协",钞本作"其"。

园。园为源公之创①,生薄冕绂潜丘樊。野史亭开勤荟萃,有异遗山于金源。惟公好士古无匹,时招俊彦倒醑樽。公学所造冠诸子,自足拔戟成一军。舜水先生寄高躅,眷念家国怀君恩。我来访古心慷慨,谁欤后起扶斯文。平泉绿野此仿佛,径留苔藓侵阶闼。泰西通市法一变,坐令西学群推尊。乾纲独秉太阿利,岂复跋扈如桓温。园中题字出遗老,摩挲犹有前朝痕。阴森古木坐浓绿,时未向晚日已昏。饮罢驱车偕子去,霸才谁是江东孙。"(《全集》上,第804页。)增田贡亦步原韵作诗曰:"园号取于宋相言,宁知又引清使轩。池塘竹树依然在,孰与洛阳留名园。义公桃李常在门,角巾私第脱笼樊。夷齐庙畔清风起,石梁如虹竟泉源。物换星移修外好,鹿鸣一唱酒满樽。江东豪士岭南俊,旗鼓骚坛两将军。延陵东里缟纻契,金兰相应亦君恩。鸟啼鱼跃日如岁,薰风细细水成文。灌木郁葱含烟雾,幽趣恰如叩禅阁。一斗百篇笔落纸,可知联翩文士尊。自今来多占佳境,好使池边钓石温(栏上注:故诗来多钓石温)。盘桓偕体后乐意,不用先忧多泪痕。今日东西订雅集,付与画图传子孙。"(与增田贡等笔谈遗稿,《全集》上,第804页。)

笔谈中诗歌唱和,黄遵宪有诗:"神山风不引回船,且喜浮槎到日边。如此文章宜过海,其中绰约信多仙。司勋最健言兵事,宗宪先闻筹海篇。(君著有《普法战纪》诸书甚富。)团扇家家诗万首,风流多被画图传。"(见王韬:《漫游随录·扶桑游记》,第211—212页,湖南人民出版社1982年版。)

四月初七(5月27日),日本将琉球国王尚泰移居东京。(据刘雨珍:《宫岛诚一郎文书中的琉球交涉史料》一文中引宫岛诚一郎《养浩堂私记》卷二之记载。文见中国史学会、中国社会科学院近代史研究所编:《黄遵宪研究新论》,第360页,社会科学文献出版社2007年版。)同日,何如璋致函李鸿章,主张将中日琉球交涉事件交美国调处。李鸿章《议请美国前总统调处琉球事》中言:"接子峨四月初七来信,拟有数条办法,内有专请美国调处一条,正与钧旨及鄙意相合。"(见《李鸿章全集》第七册,第4404页,时代文艺出版社1998年版。)

四月初八(5月28日),美国前总统格兰忒来华游历,是日抵天津,与直隶总督李鸿章晤见。

本日,黄遵宪与王韬宴饮后清谈。

---

①似脱一字。

四月十二(6月1日),格兰忒抵北京,与恭亲王等会见,恭亲王请格兰忒调处中日琉球争端。

本日,梅史招饮楠亭,黄遵宪、王韬、梁诗五和几位日本友人同饮。

四月十三(6月2日),美国前总统格兰忒受李鸿章委托,从北京出发往日本,居中调停中日琉球交涉事件。(据刘雨珍:《宫岛诚一郎文书中的琉球交涉史料》一文中引宫岛诚一郎《养浩堂私记》卷二之记载。文见中国史学会、中国社会科学院近代史研究所编:《黄遵宪研究新论》,第360页,社会科学文献出版社2007年版。)同时,由于黄遵宪在中日琉球交涉中的强硬态度,日本《朝野新闻》刊登出伪托黄遵宪之名而作的专言琉球交涉之诗,后又有和其韵之诗作诋毁中国,黄遵宪一笑置之。

四月二十(6月9日),日本友人蒲生重章将所著《近世伟人传》仁集第三编呈交黄遵宪阅读,黄遵宪阅后于其第四篇序言之后手书一函,以作题辞,函曰:"蒲生子闇先生左右:赐《伟人传》第三编,感谢,感谢!惟读题鄙人所跋诸语,汗下如雨矣。开宗明义安井氏一传,仆尤服其卓识。安井氏学识,仆读其集,以为不可多得之英杰,与门人论共和一书,尤可以泣鬼神而格天地。仆代何公使作序一篇,即引此为言,未及脱稿,不意先生之先获我心也。四编既将上木,当敬题数语,冀附骥以行。月来百忙,昨得书,迟至今日乃复,幸谅之。己卯四月廿日,黄遵宪顿首。"《近世伟人传》是蒲生重章所著之人物传记,记述日本近代"有伟功于中兴维新之际"的人物事迹。全书分为仁、义、礼、智、信五集,每集分为五编,每编分上、下二卷,故整部《近世伟人传》,计有五集二十五编五十卷,各编均有众多名士的题跋、批语、序言。(蒲生重章:《近世伟人传》,青天白日楼藏版,日本明治十年至明治二十年间作。)而在此前,黄遵宪已读完其第三篇,而在该篇后,亦有题辞曰:"昔苏老泉之文,深刻若酷吏,纵横若策士。而欧阳公铭其人,以谓纯明笃实之君子。余戏子闇,亦复如是。光绪己卯,黄遵宪公度书《近世伟人传》第三编后。"(蒲生重章:《近世伟人传》,青天白日楼藏版,日本明治十年至明治二十年间作。郭真义、郑海麟:《黄遵宪题批日人汉籍》,第157—164页,中华书局2009年版。)

四月二十二(6月11日),黄遵宪与王韬剧谈,王韬致函余元眉中翰云:"此间黄公度参赞撰有《日本杂事诗》,不日付诸手民,此亦宦游中一段佳话。"(王韬:《漫游随录·扶桑游记》,第239页,湖南人民出版社1982年版。)

四月二十三(6月12日),格兰忒由京返津,再晤李鸿章,询球一事原委。李答琉球自前明洪武年间臣服中国,至今已有五百余年,日本于前数年派员至琉球那霸港驻扎,阻其入贡中国;今春复派兵赴该国,掳其世子、大臣至东京,改其国为冲绳县。格氏问:"中国是否意在争贡?"李曰:"贡之有无,无足计较,惟琉王向来受封于中国,今日本无故废灭之,违背公法,实为各国所无之事。总署大臣曾与日本使臣宍户玑辩论,而该使乃谓我系修好而来,不能与闻此事;何公使向日本外务省商办,则称此系内务,外务省不问。"李又曰:"我有几层道理要奉告,第一层,琉球向来臣事中国,又与美国立有通商章程,今日本如此办法,固与中国万下不去,即美国亦不好看;第二层,美国与中国通商,必须由太平洋过横滨至上海,日本如此强行无理,难保不到失和地步,一经失和开兵,则横滨等口美商船只断难顺行,是日本灭琉球,不但与中国启衅,直将扰乱华美通商大局;第三层,贵前总统声名洋溢,此次游历中东,适遇有事,若能从旁妥协调处,免致开衅,不但中国感佩,天下万国闻之,必皆称道高义,否则未免声名稍减。"格氏谓:"我最怕各国失和动兵,如能善言调处息事,大家皆有益处。"(《与美国格前总统晤谈节略》,见《李鸿章全集》第七册,第4405—4406页,时代文艺出版社1998年版。)

四月二十五(6月14日),前福建巡抚丁日昌上《条陈海防事宜折》,议奏琉球问题办法,请饬朝鲜与泰西各国通商,借以牵制日本,"高丽不得已与日本立约,则不如统与泰西各国立约"。(中国科学院近代史研究所史料编辑室:《中国近代史资料丛刊·洋务运动》第二册,第395页,上海人民出版社1961年版。)

四月二十六(6月15日),黄遵宪致函王韬,表达慰问之意,并请其修改日本杂事诗,函曰:"紫诠先生大人阁下:前把臂得半日欢,觉积闷为之一舒。承赐《弢园尺牍》,归馆读之,指陈时势,如倩麻姑搔痒,呼快不置。昔袁简斋戏赵瓯北,谓启胸中所欲言者,不知何时逃入先生腹中,遵宪私亦同此。但宪年来愤天下儒生迂腐不达时变,乃弃笔砚而为此,始得稍知一二。而先生言之二十年前,冠时卓识,具如此才,而至今犹潦倒不得志,非独先生一人之不幸也,为太息者久之!

"比来笔砚稍安否?有贤主人周旋其中,想不至寥寂。然信美非吾土,想登楼一望,时动秋思。二十九日,宪与杨星垣为主,乞阁下同往旗亭一酌。未申之交,谨候高轩,好联辔偕往也。虽无旨嘉,然唤取红巾翠袖搵英雄泪,亦或可一泄吾辈胸中磊落不平之气耳。

"日本文士想识面者日多,然颇有明季社会习气,相轻相抵,动辄骂人。前十数日,《朝野新闻》有伪为弟诗者,诗专言球事。后又有和其韵以毁我国者。仆皆一笑置之而已,然可见其好言生事也。仆所著《日本杂事诗》本欲刊布之,以告中人之不知外事者。然惧其多谬,故私以请正一二素交君子,而不谓遂致流传。其中云云或有触忌讳者,现在两国交际正在危疑之时,宪甚不欲以文字召怨。存重野先生处者,宪托言急欲上木,向其索还,尚有一本未以归我,阁下来乞顺便抽归。此诗脱稿后,欲求先生改正之,未审赐诺否? 梅雨连绵,胸辄作恶。布纸述怀,不自觉其语之刺刺不休也。惟为国为道自爱。不庄。小弟遵宪顿首。四月廿六日。"(《全集》上,第298—299页。)信中附有黄遵宪赠王韬"神山风不引回船……"一诗。(吴振清:《黄遵宪致王韬书札》,《文献季刊》,2004年第4期。)

盖黄遵宪自与王韬订交后,两人便"联诗别墅,画壁旗亭,停车探忍冈之花,泛舟捉墨川之月,游屐追陪,殆无虚日"。两人"相交虽新,而相知有素,三日不见,则折简来招"。(王韬:《日本杂事诗序》,《全集》上,第5页。)

五月十三(7月2日),是日俗传为关壮缪生日,在日本横滨的华人举行庆祝,何、张二星使、黄遵宪、王韬等前往,黄遵宪与王韬同席。

五月十四(7月3日),琉球紫巾官向德宏秘密来华乞援,是日抵津叩谒李鸿章,面呈禀文。称"生不愿为日国属人,死不愿为日国属鬼,虽糜身碎首亦所不辞"。请中国"立与问罪之师",以救琉球"倾覆之危"。(《李鸿章全集》第八册,第4432页,时代文艺出版社1998年版。)

五月十五(7月4日),美国前总统格兰忒抵日本东京。二十五日(7月14日),何如璋遣黄遵宪将中日琉球交涉有关文件译送格兰忒。

五月十七(7月6日),黄遵宪折简招饮,王韬、何子纶、杨枢同至卖茶亭。席中黄遵宪对王韬说:"沧海数千里外,乃得素心人啜茗乐谈,胸中磊魂忽觉消尽。月来乍闻秋风,时有纯羹鲈鱼之思,今夕乃不复思乡。"众人相与诵"月移花影上阑干"之句。(王韬:《漫游随录·扶桑游记》,第261页,湖南人民出版社1982年版。)

五月二十四(7月13日),黄遵宪与王韬、沈文荧和日本友人共七人在上野公园"八百善亭"煮茗清谈,促膝共坐。

五月二十八(7月17日),宫岛诚一郎再次来到公使馆,使馆随员沈文荧在与其笔谈中谈及格兰忒来日之事,谓:"彼驻北京一月,我政府与彼议球事。彼来贵邦,为我作排解,仆辈俟之。"笔谈中沈文荧不小心透露出的清廷托格兰忒调停中日琉球交涉之信息,宫岛内心大喜,其在《养浩堂私记》中记曰:"以上笔谈事件,颇为紧要,就中美国格兰忒受清国之托,为其周旋球事,实乃紧要中之紧要,若非沈氏之雅量,绝不至对外泄漏。若黄遵宪为其机要枢纽之人,从未透露过有关格兰忒调停之片言只语。"随后,宫岛将情报报告日本右大臣岩仓具视。"岩仓右府大喜,曰:今格兰忒将琉球之事奏陈圣上,又忠告政府,然不知其乃受清廷之请愿而为其周旋。今得此言,实需仔细考虑,则我须先采取措施。"日本明治政府乃指派伊藤博文、西乡从道、吉田清成为接待使,陪同格兰忒游历日光、箱根等地,期间伊藤等人劝说格兰忒放弃支持中国之立场。(据刘雨珍:《宫岛诚一郎文书中的琉球交涉史料》一文中引宫岛诚一郎《养浩堂私记》卷二之记载。文见中国史学会、中国社会科学院近代史研究所编:《黄遵宪研究新论》,第361页,社会科学文献出版社2007年版。)同日,黄遵宪致函冈千仞,约其相见,函曰:"得缄,适日来百务丛集,故无以报命。仆两趋高斋,俱未得晤。明十八日午后三四时之间,仆将命车趋谒,幸少候,将作半日畅谈也。仆于水曜、木曜日最暇,然往往他出。他日若辱访,先期告我,当倒屣迎也。鹿门先生执事。黄遵宪笺。五月二十八日。"(《全集》上,第299页。)

五月(6月—7月),日本友人三河石川英为黄遵宪《日本杂事诗》作跋云:"国家中叶与唐结好,其时派遣唐大使者,类皆高材博学之士,故晁衡、吉备得与李青莲、王摩诘相倡和,而鸿胪馆宾非工文者不得与选。三韩、百济信使时通,往往斗险韵之诗,夸奇僻之字,笔谈交战,后世传诵。盖所以修好结援,举赖乎文章已。顾唐宋遣使,往多来少。逮夫武门柄政,即出聘之车亦不复遣,典礼废坠千余年。以顷海禁大开,始复修好于大清,命使者再。今上明治天皇十年,大清议报聘,凡汉学家,皆企踵相望。而翰林院侍讲何公,实膺大使任。入境以来,执经者、问字者、乞诗者,户外屦满,肩趾相接,果人人得其意而去。英以不才,常往来宾馆,与沈梅士、黄公度二君交最深。一日相与论人物,余语公度曰:'如子之才,大国有几人?'公度怫然曰:'是何言欤?若仆者诚所谓车载斗量,不可胜数者也。子不知今之遣使异于古耶?今之遣使以政事不以文章,故朝廷不复撰诵诗专对之士,以仆不学,亦厕其末。'余闻之瞠目不能答。既而公度出所著《日本杂事诗》见示,则上自神代,下及近世,其间时世沿革,政体殊异,山川风土服饰技艺之微,悉网罗无遗。而词彩绚烂,咀英嚼华,字字征实,无一假借。夫左思赋三都,十年而成。延寿作南北史,累世而后就。公度来日本未及二年,而三千年之史、八大洲之事详确如此,自非读书十行俱下,能如此乎？近世学者,心艳西法,言欧罗巴、米利坚则盛夸其学,曰文明大国,语及汉土,反以为人材远不古若,而梦梦者竟议秦无人。嗟夫！彼九州之大,几十倍我。即生长其土,尚不及知其人而悉数之,况远隔海外揣摩影响之谭乎？即今所遣使,与之论日本事,既非吾当世浅见寡闻之士所能及,英以是知大国之人之不可与也！明治十二年夏五月,日本三河石川谨跋。"(钟叔河辑校:《日本杂事诗广注》,第241—242页,湖南人民出版社1981年版。)

六月初一(7月19日),应源桂阁之邀,黄遵宪、王韬等往观墨江烟火。

六月初五(7月23日),琉球紫巾官向德宏再谒李鸿章,上禀呼吁清廷对日兴师问罪。(王芸生:《六十年来中国与日本》第一卷,第166—167页。生活·读书·新知三联书店1979年版。)

六月初十(7月28日),清使馆照会日本外务卿,驳斥其来文中以废琉球置冲绳县为日本"内政"的说法:"贵国之列在版图者,自称内政可也；琉球孤悬海中,从古至今,自为一国。即封贡于我,为我藩属,其国中之政教禁令,亦听其自治。论其名义,则于我为服属之国,论其政事,则琉球实为一国,而来文忽曰内政,本大臣实所不解也。"强调"琉球之事,我国理应与闻"。(《清国公使致寺岛外务卿》,《日本外交文书》,第12卷,第180—181页。)

六月十一(7月29日),美国前总统格兰忒随员杨越翰自日本致函李鸿章,谈调处琉球争端之事。函云,据日人称何如璋不熟悉交涉体例,前行文外务省措辞不妥,有羞辱日本之意,是以不便回复,置之不理,如果中国肯将此文撤销,日本亦愿商议。

六月十四(8月1日),格兰忒致函李鸿章,表示不愿再作调停。(俞政:《何如璋传》,第40页,南京大学出版社1991年版。)同日,黄遵宪为宫岛诚一郎之父书大幅寿诗,并附函宫岛曰:"久别得来书,方知高轩两见过。未及倒屣,惭甚。《蠖堂诗钞》尚未细读,迟缓乞勿罪。《日本杂事诗》托友净书,行将刊木,以省抄书之苦。他日当奉送一通也。暑热幸自爱,得暇再趋领雅教。寿诗书就,谨以璧。六月十四日。黄遵宪。"(见《全集》上,第300页。)

六月十五(8月2日),日本友人中村敬宇将日本东京女子师范学校教员迹见花蹊、武村耕霭等及生徒依黄遵宪之嘱而绘就之巨幅绢画呈送黄遵宪,并缀一诗曰:"书法来中夏,俊逸贵高雅。泰西巧写生,但觉气韵寡。有耕霞女史,能事兼二者。进境何可量,精神常倾泻。婀娜女弟子,丰姿生笔下。相与绘群芳,五色灿如也。岭南黄赞府,下交情不假。征画感虚怀,因之各力写。吾亦妄涂乌,题诗愧庸野。工拙且休论,欲附骚人社。"(中村敬宇:《黄公度先生以绢嘱绘于东京女子师范学校教员及生徒,各经写就,并缀俚言,伏希鉴政》见《敬宇诗集》卷之二,1926年刊,载富士川英郎等编《日本汉诗》第十八卷,1988年12月汲古书院刊。)黄遵宪有函复之,曰:"伻来,奉到尺书并素绢。此书此画可称双绝,将永藏箧笥为子孙宝,岂第屏幛生辉已也。诗称耕霞女史兼中东西能事,果然不谬。画家有南北合法,今更上一筹矣。乞先寄声致谢,容日将觅土物,附以拙诗,亲诣学校谢之。梅雨连绵,凉燠不完,惟珍卫为祷。卜日当偕二三友人来观学校,再图良晤。不宣。中村敬宇先生左右。黄遵宪顿首。"(《全集》上,第300页。)

六月十七(8月4日),何如璋会见格兰忒随员杨越翰。(俞政:《何如璋传》,第40页,南京大学出版社1991年版。)随后,何如璋会见美国驻日公使平安,平安向何如璋转述他与格兰忒商议的一个方案:"查琉球各岛本分为三部,今欲将中部归球,立君复国,中、东两国各设领事保护之;其南部近台湾,为中国要地,割隶中国;其北部近萨摩,为日本要地,割隶日本。未知贵国允否?"何如璋回答:"本国意在存球,惟期球祀不绝而已。"(俞政:《何如璋传》,第40页,南京大学出版社1991年版。)

六月二十二(8月9日),宫岛诚一郎来访使馆,与黄遵宪笔谈,黄遵宪言及《日本杂事诗》已脱稿,将寄香港排印。(与宫岛诚一郎笔谈遗稿,《全集》上,第744页。)

六月二十三(8月10日),日本明治天皇会见格兰忒,就琉球问题交换意见。同日,何如璋将平安转述的解决琉球争议的方案函告李鸿章。(俞政:《何如璋传》,第40—41页,南京大学出版社1991年版。)

七月初一(8月18日),宫岛诚一郎再次访问使馆,探询格兰忒调停中日琉球交涉过程中与清廷互动之情况。次日,陪同格兰忒游历的伊藤博文等返回东京,又多次拜访格兰忒下榻之延辽馆,反复陈述日方对琉球问题之态度。初三(8月20日),宫岛诚一郎"面见岩仓右府,详谈沈文荧之密语,且听其机密之政略"。(据刘雨珍:《宫岛诚一郎文书中的琉球交涉史料》一文中引宫岛一郎《养浩堂私记》卷二之记载。文见中国史学会、中国社会科学院近代史研究所编:《黄遵宪研究新论》,第362页,社会科学文献出版社2007年版。)同日,黄遵宪有函致王韬邀饮,函曰:"紫诠仁兄大人阁下:得惠书,知初三、初四皆有他局,不得暇。今特驾飙车来迓,乞即辱临,以同谋一欢。海外知交,宪与阁下亦一大奇事,乃数千里之归,不获一具杯酌为礼宴,岂非大憾!惟勿却勿延为幸。即请文安。不尽。弟遵宪顿首。"(《全集》上,第301页。)

七月初二(8月19日),因王韬即将回国,黄遵宪招饮酒楼送行,同席五人。时梁诗五亦将回粤东应秋试。

七月初四(8月21日),日本友人在中村楼为王韬送行,何、张二星使,黄遵宪等百人到会,有诗数十篇。

七月初五(8月22日),午后,黄遵宪赴源桂阁墨水之宴,饯王韬。王韬失约不来,黄遵宪与日本友人增田贡清酌于千秋楼,笔语至二更。黄遵宪称赞增田贡的《清史揽要》,"举世方尚西学,阁下独考究我史,可谓平然能自树立"。并指出《清史揽要》中的一些史实错误。(与增田贡笔谈遗稿,《全集》上,第804—805页。)

本日,清政府令李鸿章以个人名义劝告朝鲜对外开放。"各国既欲与朝鲜通商,倘藉此通好修约,庶几可以息事,俾无意外之虞。唯该国政教禁令亦难强以所不欲,朝廷不便以此意明示朝鲜。""著李鸿章查照本年五月间丁日昌所陈各节,作为该督之意转致朝鲜。"(中研院近代史研究所:《清季中日韩关系史料》第二卷,第305页,中研究近代史研究所1972年版。)

七月初六(8月23日),王韬归国,黄遵宪与诸友相谋饯行于二洲桥畔,席中增田贡有诗赠众人,其赠黄遵宪诗曰:"澄空如镜夕阳开,百尺江楼凉气催。欲洗岭南炎热想,莲峰白雪入栏来。"(与增田贡笔谈遗稿,《全集》上,第806—807页,见王韬《扶桑游记》。)黄遵宪、沈文荧送王韬至铁道。王韬所以逃亡海外,据黄遵宪所言,系王韬某次由长江上游,乘船赴沪,与人纵谈太平天国与清军之得失,谓太平军如能得洋人通约,买其枪炮,举军北伐,大事必成。会有太平军某王与韬同舱者,闻而奇之,坚邀韬同赴江宁,韬以情殷势迫,不能峻却,乃为草一条陈,上之李秀成。李鸿章于破苏州后,得此条陈,深恶之,下令如获韬,就地正法。韬遂远走香港。太平天国事平已久,黄遵宪在日本得遇韬,已与韬善,终为电鸿章,代为缓颊。鸿章意解,韬得还归上海。(据正先:《黄公度——戊戌维新运动之领袖》,《逸经》第10期。见朱传誉主编:《黄遵宪传记资料》第一册,第31页,天一出版社1979年版。)

七月初九(8月26日),李鸿章致书朝鲜前太师李裕元,认为日本必图朝鲜,密劝朝鲜与西洋各国立约通商,藉以牵制日本,备御俄国。函云:"为今之计,似宜以毒攻毒、以敌制敌之策,乘机次第亦与泰西各国立约,藉以牵制日本。"(吴晗:《朝鲜李朝实录中的中国史料》第十二册,第5249页,中华书局1980年版。)李裕元以朝鲜贫瘠物产不丰,担心"今要制敌而我先受敌,要攻毒而我先中毒"为由,婉拒了李鸿章的提议。(吴晗:《朝鲜李朝实录中的中国史料》第十二册,第5251页,中华书局1980年版。)

七月十一(8月28日),黄遵宪有函致王韬,叙别后思念之情,并谈及《日本杂事诗》的出版。函曰:"紫诠先生大人阁下:相聚不多日,匆匆告归,此怀何可言。新桥握别之时,莼鲈秋思,归心忽动。贾阆仙诗云:'此心曾与木兰舟,直到天南海水头。'为公诵之。先生此行,名山胜水,醇酒妇人,如到极乐国。归装后,得文诗积寸,亦一快事。惟宪不能无怅然。

"宪与阁下虽新相知,而钦仰高谊已久。星使尤爱重公,意欲罗致幕府。顾以南岛属藩之事,波澜未平,行止靡定,虽经上书当路,极推君才,而此间属员有额,方且告归请撤,未便增设。濒行再三挽留,意盖有在,及阁下述中丞有书劝归之言,乃不复启口。既虑此间小局,阁下未肯俯就,又念时方多事,以君之才,苟有用世志,诚不难凌云奋飞,一蹴千里。惟宪私心窃冀亟欲得阁下共处朝夕,时领教益,今既不能,因是独介介耳。

"宪著《日本杂事诗》凡百五十余首,今抄清稿呈上,有便尚乞痛加斧削,乃付手民。苟得附大著丛书中,则附骥名显,尤为荣幸。款式拟同《海陬冶游录》,甚善。惟诗中小注应如何排印,统乞卓裁。又诗中新僻之字,如䰞灵,如棋雅等,及日本伊吕波假字,恐须别刊,务求费神。宪意欲得二百五十部。前托交阁下十金,知万不敷,乞早函示,以便邮来。《扶桑游记》,沈君略润色,仍即以交锄云山人。阁下此来,东国文士齐声赞叹无异词。鸡林之市白香山诗,百济之乞萧子云书,古人无此清福也,健羡健羡。归舟风浪如何?极以为念。此函到日,想阁下亦到港矣。干甫先生,宪读其文,重其人,乞代达意。西望轸郁,蓁苓在怀,惟珍重,为道、为国、为文,千万自爱,不尽欲言。己卯七月十一日。弟遵宪顿首谨白。"(《全集》上,第301页。)

七月十五(9月1日),黄遵宪作《都踊歌》,描述日本东京男女恋爱婚姻民俗:后来补作。梁启超认为这是黄遵宪少有的艳诗:"《人境庐集》中,性情之作,纪事之作,说理之作,沉博绝丽,体殆备矣;惟绮语绝少概见,吾以为公度守佛家第七戒也。顷见其《都踊歌》一篇,不禁抚掌大笑曰:此老亦狡狯乃尔!"(梁启超:《饮冰室诗话》,第34页,人民文学出版社1959年版。)诗序云:"西京旧俗,七月十五至晦日,每夜亘索街上,悬灯数百。儿女艳妆靓服为队,舞蹈达旦,名曰都踊。所唱皆男女猥亵之词,有歌以为之节者,谓之音头。译而录之,其风俗犹之唐人《合生歌》,其音节则汉人《董逃行》①也。"诗云:"长袖飘飘兮髻峨峨,荷荷！裙紧束兮带斜拖,荷荷！分行逐队兮舞佺佺,荷荷！往复还兮如掷梭,荷荷！回黄转绿兮揆莎,荷荷！中有人兮通微波,荷荷！贻我钗鸾兮馈我翠螺,荷荷！呼我娃娃兮我哥哥,荷荷！柳梢月兮镜新磨,荷荷！鸡眠猫睡兮犬不呵,荷荷！待来不来兮欢奈何,荷荷！一绳隔兮阻银河,荷荷！双灯照兮晕红涡,荷荷！千人万人兮妾心无他,荷荷！君不知兮弃则那,荷荷！今日夫妇兮他日公婆,荷荷！百千万亿化身菩萨兮受此花,荷荷！三千三百三十二座大神兮听我歌,荷荷！天长地久兮无差讹,荷荷！"(《诗草笺注》上,第248—250页。)

七月十六(9月2日),美前总统格兰忒离日归国,琉球调处没有结果。(据刘雨珍:《宫岛诚一郎文书中的琉球交涉史料》一文中引宫岛诚一郎《养浩堂私记》卷二之记载。文见中国史学会、中国社会科学院近代史研究所编:《黄遵宪研究新论》,第361页,社会科学文献出版社2007年版。)

七月十七(9月3日),宫岛诚一郎来访黄遵宪,黄遵宪与之笔谈时指责曰:"贵政府处琉球不当理,恐我国加兵刃,献媚外国,辱国无大于此云云。"(与宫岛诚一郎笔谈遗稿,《全集》上,第746页。)

七月二十一(9月7日),黄遵先有函致王韬谈《日本杂事诗》刊刻之事,并询及王韬游日作品,函曰:"紫诠先生大人阁下:前奉书并寄呈《日本杂事诗》。星使语宪曰:'紫翁磊落人,以琐屑事烦之,毋乃过与？'宪默然不能语,继而思有不得已者在。出门万里,平生故人贻书督责,欲少述一二,竭九牛之力且不能毕抄,故不能不刻。泰西通例,使馆书记例不得在任刻书,盖虑其中有刺讥,亦古人居国不非大夫之义也。此欲刻而不能于东京刻之也。乞老先生谅之而已。卷一之下,因匆卒抄就,多有谬误,今条举别纸,求交与校对者,千万拜恳。重野为作序、石川为作跋,后再寄来。先生曾诺赐序,未审能宠锡之否？固所愿也,抑非敢冀也。此书到日,到港当既久。凉燠之交,凡百珍重。不尽所怀。干甫先生均此致意。七月二十一

---

① 应为《董逃歌》。《董逃行》为汉相和歌词清调曲,其辞与《都踊歌》无相似之处。《董逃歌》是汉灵帝时京都流传的歌曲,与《都踊歌》相似。(《诗草笺注》上,第249页。)

日。弟遵宪顿首谨白。"函毕,黄遵宪又于篇末再缀言曰:"《扶桑游记》何如?'未雨先缠绵'(改语句,调近俗且索然无味,弟与之争,即谓"谬"当作"绵"。)句,梅史改之,真乃点金成铁,精光顿减。当梅史下笔诗此语,弟尝与争。即其他云云,弟意亦谓应删不应改。先生天才秀涌,如海如潮,当其即席挥毫,文不加点,失于繁复,不及检核者亦容有之,偶加删简,未必不佳。至点窜字句,则人心不同,如其而然,即使老杜执笔,亦不可改谪仙人诗,况余子乎?此卷之欲加删简者,本未能免俗之见。举花柳冶游过于放浪者,稍稍律之可耳,何必及其他哉!故仆读是书,此节之外不敢赞一辞。其有旁及者,弟以欺锄云诸公意谓删诗不尽关郑风耳,盖世情可笑之甚者,谬谓精当,犹此意也。先生试取原本观之,弟有一语赞其改笔否?梅史因丁艰夺情,吏部行驳文来,近既归去。少此一人犹可言也,瀚涛之太夫人亦仙逝,亦匆匆束装而去。同行十九人,弟最所爱赏者,风流云散,此信其何以堪。知念并及。廿一夜三鼓,公度又书。"(《全集》上,第302—303页。)

七月二十二(9月8日),美国前总统格兰忒函告李鸿章,大意是,到日本后屡次会晤其内阁大臣,将恭亲王与李中堂所托琉球之事妥商办法,使中日两国不至失和。闻从前两国商办此事有一件文书,措辞太重①,使其不能转弯,日人心颇不平,如此文不肯撤销,以后恐难商议;如肯先行撤回,则日人悦服,情愿特派大员与中国特派大员妥商办法。譬如两人行路,各让少许,便宜自过去,无须他人帮助。(《李鸿章全集》第九册,第4448页,时代文艺出版社1998年版。)

本日,驻日使臣何如璋亦致函总署,谓格兰忒与美国驻日公使平安相商,拟向日本建议,将琉球各岛分作三部,中部归琉球立君复国,中日两国各设领事保护,其北部归日本,南部归中国。惟"所拟办法,未知日本能否就范"。(《清季外交史料》卷十六,第21页。)

本月,总署以同文馆聚珍版印行黄遵宪之《日本杂事诗》,凡二卷,共一百五十四首,全为七言绝句,每诗均有注。叙述风土,记载方言,错综事迹,感慨古今,或一诗但记一事,或数事合为一诗。(王韬:《日本杂事诗序》,《全集》上,第5页。)另据《钱谱》引王仲厚《黄公度诗草外遗著佚闻》云:"氏驻日稍久,以其采访所得,托诸吟咏,而止述之重野、冈、青山、蒲生四人,且时为校评诗稿,拾其遗而补其

---

① 今案:指光绪四年(1878年)九月十二日驻日使臣何如璋致日本外务省照会。

阙焉。至光绪五年己卯岁(公元一八七九年),集成一百五十四首,每首附以自注,名曰《日本杂事诗》。《日本杂事诗》既成,因即呈送北京总理各国事务衙门附设之译学馆审核,时严复主事,以是书之有重大意义也,乃急用同文馆聚珍版刊行之,是为《日本杂事诗》之'原本',后世名曰'官本'。书凡二卷:上卷四十一页,下卷四十二页,均以双面计,每页九行,每行二十三字,因聚珍版素称精致,故印出美丽可观。《钱谱》案:光绪五年,严复自英国留学毕业,到福州船政学堂任教习。第二年,调任北洋水师学堂总教习,并不在译学馆,王仲厚所述有误。初刻本之《日本杂事诗》,其内容题材分为国势、天文、地理、政治、文学、风俗、服饰、技艺、物产等九类,以诗夹注的形式对日本进行了系统而形象的描述。刘雨珍认为,《日本杂事诗》的书名和体制实际上来源于《南宋杂事诗》,而它更深的渊源则是以外国尤其是以日本为题材的竹枝词。(刘雨珍:《黄遵宪〈日本杂事诗〉源流述论》,《日本研究论集》,1999年第1期。)日本南山大学蔡毅教授在《黄遵宪的"诗界革命"与明治"文明开化新诗"》(《亚细亚文化交流研究》第5号,关西大学亚细亚文化交流研究中心编,2010年2月。)一文中指出,《日本杂事诗》是向众多日本学者请教才完成的,并且,黄遵宪提出的诗界革命也明显受到日本"文明开化新诗"的影响。关于《日本杂事诗》的版本,管林在其研究中指出,《日本杂事诗》在中国和日本先后有十七种版本。吴振清等人在编校整理《黄遵宪集》时指出,据他们所知,《日本杂事诗》有近二十种版本。《日本杂事诗》原本收诗一百五十四首,光绪十六年(1890年),黄遵宪在伦敦改定本收诗二百首。光绪二十四年(1898年)长沙富文堂刊本(第十版)黄遵宪曾跋云"此乃定稿,有续刻者,当以此为据"。本谱引用诗文,原本用同文馆聚珍版,定本即以长沙富文堂刊本为据,参考钟叔河辑校《日本杂事诗广注》湖南人民出版社1981年版。概而言之,主要有以下四方面内容:

(一)概述日本的地理和历史文化。《日本杂事诗》按照"略古详今"的原则,概述了日本从远古"神代史"到明治维新的历史发展轨迹,开篇第一首("原本"序号,下同)就对日本的地理位置和历史沿革进行了总括式的介绍:"立国扶桑近日边,外称帝国内称天。纵横八十三州地,上下二千五百年。"在注文中,黄遵宪对日本的地理位置、国土面积、区域划分、户籍人口、历史传统、国号纪元等内容进行了补充介绍:"日本国起北纬线三十一度,止四十五度;起偏东经线十三度,止二十九度。地势狭长,以英吉利里数计之,有十五万六千六百零四方里。全国濒海,分四大岛、九道、八十三国。户八百万口,男女共三千三百万有奇。一姓相承,自神武纪元至今岁己卯明治十二年,为二千五百三十九年。内称曰天皇,外称曰帝国。隋时,推古帝上炀帝书,自名'日出处天子'。"黄遵宪在第十六首中描绘了一幅日本山水画:"巨海茫茫浸四围,三山风引是耶非?蓬莱清浅经多少,依旧蜻蜓点水飞。"对日本其他的重要地方和山水名胜如北海道、东京、富士山、琵琶湖、镰仓大佛等黄遵宪都有介绍。如第二十三首描绘了富士山的雄姿:"拔地摩天独立高,莲峰涌出海东涛。二千五百年前雪,一白茫茫积未消。"又第十七首诗咏怀京都的历史沧桑:"翠华驰道草萧萧,深苑无人锁寂寥。多少荣花留物语,白头宫女说先朝。"在诗的注文中,黄遵宪考证了耶马台国及迁都东京的历史:"神武起日向,建都橿原,即畿内太和境。后迁徙不一,多在大和。(日本读大倭、大和音为耶马台,故《魏志》称为耶马台国。以日本为国号自孝德始。)至桓武帝,都平安城,为今西京,定鼎千余年矣。明治二年乃迁东京,銮舆西幸,偶一驻跸而已。"《日本杂事诗》还特别重视介绍在日本历史上产生过重大影响的人物,比如第二十八首诗歌颂了日本民族英雄楠正成:"南朝往事久灰尘,岁岁樱花树树春。手挈铜铃拜遗像,呜呼碑下吊忠臣。"在诗的注文中,黄遵宪写道:"楠正成者,南朝殉难之臣。日本比之文文山、岳少保。源光国题其碑曰'呜呼忠臣楠子之墓'。墓在凑川,有樱花数百树,手泽所留,重于大璧;尚有神铃、塑像,能文者皆纪之。"

(二)概述中日友好往来和文化交流的历史。《日本杂事诗》中记述中日两国友好往来和文化交流的有四十多首。第五首黄遵宪追溯了中日之间源远流长的关系:"避秦男女渡三千,海外蓬瀛别有天。镜玺永传笠缝殿,尚疑世系出神仙。"并在注中说明徐福真有其人,东渡果有其事,第九首记述了中古以来中日两国的交往及中国文化对日本的影响:"女王制册封亲魏,天使威仪拜大唐。一自覆舟平户后,有人裂诏毁冠裳。"诗的注文指出:"日本典章文物,大半仿唐。当时瞻仰中华,如在天上,遣唐之使,相望于道。"这说明中日两国两千多年的交往主流是友好的。中日交往中也有矛盾和冲突,蒙古入主中原后,元世祖曾武力征讨日本,但没有取得成功,"至是,日人有轻我之心矣。"近代中日外交关系以1871年《中日修好条规》的签订为开端,使中日两国之间的交往进入了一个新时期。第十首记述的乃黄遵宪所亲历的这一历史事件:"载书新付大司藏,银汉星槎夜有光。五色天章云灿烂,争夸皇帝问倭皇。"黄遵宪主张中日两国友好往来、共同发展,谓"迩以泰西诸国弛禁成盟,念两大同在亚细亚,同类同文,当倚如辅车,于同治辛未,遣大藏卿伊达宗城来结好。至光绪三年,朝议遣使修报,恭赍国书,践修旧好,载在盟府。彼国臣民,多额手相庆"。近代以前,日本从文字语言、学术思想、哲学宗教,到文学诗词、书法绘画、舞蹈音乐、服装服饰、建筑雕塑、本草医药、工艺技术,等等,都深受中国文化的影响。日本原无文字,汉字传入后成为通用文字,故有中日两国"同种同文"之说。通常认为,直至唐代留学中国的空海和尚回到日本后,才在汉字的基础上创造出日本假名文字。第六十四首记述的正是这段历史:"《论语》初来文尚古,《华严》私记字无讹。老僧多事工饶舌,假字流传伊吕波。"中国的文化艺术传到日本后,在那里流传下来,而在本土有些却失传了,第一五五首写的"兰陵王破阵乐",就是一个例证:"金鱼紫袋上场时,鼍鼓声停玉笛吹。乐奏太平唐典礼,衣披一品汉官仪。"黄遵宪在注文中对他在日本目睹的"兰陵王破阵乐"作了描述,"日本唐时遣使习典章制度,此二曲盖得之于唐。乐作时,伶人十数,披裲裆衣,跪坐席外,旁列乐器,先击鼓。鼓停,舞者四人出,笙、簧、管、籥诸乐杂作。一人吹笛,抑扬抗坠,极和而缓。舞止,乐亦止。"这种乐舞在中国已失传,黄遵宪没想到能在异邦得以一睹其风采,因而感到非常兴奋,感慨地说:"千年之乐,不图海东见之。《后汉书》谓礼失求之野,不其然乎?"在中日文化交流史上,明末流亡日本的学者朱之瑜(1600年—1682年)是一个对日本思想文化产生过重要影响的人物。第七十一首写道:"海外遗民竟不归,老来东望泪频挥。终身耻食兴朝粟,更胜西山赋采薇。"在这首诗里,黄遵宪一方面对朱舜水的民族气节表示敬仰,另一方面对其在中日文化交流方面的贡献予以褒扬。明治维新是一场"西化"改革运动,但黄遵宪认为"尊王攘夷"思潮孕育于汉学之中,因此汉学有功于明治维新,第七十三首颂扬汉学之功:"叩阍哀告九天神,几个孤忠草莽臣。断尽臣头臣笔在,尊王终赖读书人。"黄遵宪认为:"自德川氏崇儒术,读书明大义者,始知权门专柄之非。源光国作《日本史》,意尊王室,顾身属懿亲,未敢昌言。后有布衣高山彦九郎、蒲生秀实者,始著论,欲尊王攘夷,议起哗然,以尊王为名,一倡和百。幕府严捕之,身伏萧斧者不可胜数。然卒赖以成功,实汉学之力也。何负于国,欲废之邪?"

(三)介绍日本的文化礼俗与风土民情。黄遵宪驻日期间,游历了日本许多名胜古迹和名山大川,实地考察了日本社会的文化礼俗和风土民情,"耳目所历,皆笔而书之",诸如日本人民的衣食住行、礼仪礼节、宗教信仰、祭神祈福、婚嫁丧葬、歌舞宴乐等,都一一歌咏之,由此展示了一幅幅色彩斑斓的异域风俗画。如第三十四首描写黄遵宪随公使何如璋参加日本新年朝会大典盛况:"肘挟毡冠插锦貂,肩盘金缕系红绡。前趋客座争携手,俯拜君前小折腰。"黄遵宪特别留心这次朝会上展现的礼仪和服饰,"朝会皆大礼服,以兔冠为礼,冠或肘挟,或手执。冠制皆狭长,前后锐而中尖,以白黑羽为饰;皆毡衣革履,有勋爵者蹙金线于袖,自肩至腰,斜披以红缘白绫,以系勋章。文武臣皆佩剑。新年朝贺,邻国公使皆在列。见客趋而前,皆握手通殷勤。入朝进退皆三鞠躬,无拜跪礼矣。明治六年,始易服色,然官长居家,无不易旧衣者"。明治维新以后,日本的礼仪、服饰均以"西化"为取向,"易服色"成为一项重要的改革措施。服饰的变化不仅体现在盛典上,也反映在普通民众的身上。第一四一首写日本女子的衣着装束,写得别致、很有情调:"六尺湘裙贴地拖,折腰相对舞回波。偶然风漾中单露,酒晕无端上颊涡。"日本的宗教文化发达,《日本杂事诗》对此记载颇详,从远古图腾崇拜的滥觞,到中古佛教神道的盛行,再到近代天主教的传播,都有吟咏。比如第八十五首写神道:"三千神社尽巫风,帐底题名列桂宫。蚕绿橘黄争跪拜,不知常世是何虫。"神道是日本的独特宗教文化,但到了近代同样面临着异质文化的冲击,"日本惟重神教,故拒耶稣教极严。近士大夫多习耶稣教者矣。未知比常世之虫何如也"。黄遵宪对于宗教并不认同,而多持批判态度。大和民族好宴饮、善歌舞,黄遵宪对日本的民间歌谣非常重视,《日本杂事诗》吟咏这方面题材的诗作不少,比如第一六二首介绍了具有日本文化特色的"和歌":"弦弦掩抑奈人何,假字哀吟伊吕波。三十一声都怆绝,莫披万叶读和歌。"樱花是日本的国花,每年三月,花如海,人如潮,观赏樱花成为日本人最重要的节日,举国为之欲狂。《日本杂事诗》有多首诗吟咏樱花,比如第一二二首:"朝曦看到夕阳斜,流水游龙斗宝车。宴罢红云歌绛雪,东皇第一爱樱花。"黄遵宪还饶有兴趣地对樱花的品种、最出名的樱花产地作了介绍,他与载歌载舞的日本人民一起沉浸在赏花的欢乐中,"墨江左右有数百树,如雪如霞,如锦如荼。余一夕月明,再游其地,真如置身蓬莱中矣"。然而,花无百日红,樱花总是要凋谢的,诗人又不免要为"樱花泪雨"而伤感了:"殿春花事到将离,云似人愁水似思。一尺落花和泪雨,手添香土吊梅儿。"①这首诗意境凄清而美丽,笼罩着浓浓的忧伤,其注文说:"墨江左右堤,樱花数百树。木母寺旁,有一坟名'梅儿'。相传古有美人梅若,以三月十五日化去。是日遇雨,都俗谓之'泪雨'。名流赏花,必吊其坟。"花儿易谢,烂漫的樱花就要在风雨中凋谢了,爱花的人儿不禁要生出深深的怜惜之情。更何况,美人已逝,那美人不也像樱花一样吗?花犹如此,人何以堪?正是"云似人愁水似思"!樱花承载着日本文化的精神气质,也难怪黄遵宪对樱花如此恋恋不舍,"十分难别是樱花"。他后来还写有《樱花歌》等诗作,成为其诗卷中脍炙人口的名篇,日本友人龟谷省轩就惊叹道:"阁下之书,叙樱花之美,儿女之妍,使读者艳想。此书一行,好事之士,航海〔而来〕者〔必〕年多于一年。"(《与日本友人大河内辉声等笔谈》〔光绪六年三月一日,1880年4月9日〕,《全集》上,第709页。)

(四)介绍明治维新及日本社会的近代化进程。明治维新是日本从传统社会向近代社会转变的关键时期,《日本杂事诗》着重记述了日本明治维新后政治、经济和文化方面的新变化,约有四十多首,内容极为丰富,对日本王政复古、废藩置县、官制改革、租税改革、刑法改革、引进西学、遣使欧美等重大改革事件均有所涉及。其目的在于通过对日本明治维新的介绍,为中国改革提供借鉴。德川幕府末期,日本的闭关锁国政策被美、俄等资本主义国家以武力打破,国内的政治运动由"尊王攘夷"逐步演化成"倒幕维新",由此拉开了明治维新的序幕。第十二首记述了日本遣使欧美、仿西法实行维新的历史大变革:"玉墙旧国纪维新,万法随风候转轮。柠轴虽空衣服槃,东人赢得似西人。"黄遵宪在诗的注文中说道:"既知夷不可攘,明治四年乃遣大臣使欧罗巴、美利坚诸国。归,遂锐意学西法,布之令甲,称曰维新。媺善之政,极纷纶矣,而自通商来,海关输出逾输入者,每岁约七八百万银钱云。然易服色,治宫室,焕然一新。"德川幕府政权被推翻后,以天皇为中心的新政权建立起来了,此后随着自由民权运动的兴起,政体问题又成为明治维新后各派政治力量角力的焦点。第六首则记述了王政复古之后倡议设议院的情形:"剑光重拂镜新磨,六百年来返太阿。方戴上枝归一日,纷

---

① 原本无此首,定本为第一二四首。

纷民又唱共和。"对此,黄遵宪在认识上似乎表现出矛盾性,在注文中其热情盛赞说:"明治元年德川氏废,王政始复古。伟矣哉,中兴之功也!"但紧接着笔锋一转,又认为:"而近来西学大行,乃有倡美利坚合众国民权自由之说者。"又似乎对"民权""自由""共和",心存疑虑。这也许就是"新旧同异之见,时露于诗中"的一种体现。第三十一首介绍日本官制改革,设太政官统行政、立法、司法三权:"国造分司旧典刊,华花莫别进贤冠。而今指令诸台省,押印唯凭太政官。"第三十二首则着重介绍了日本仿"欧罗巴制"设置地方议院的情况:"议员初撰欣登席,元老相从偶跻间。岂是诸公甘仗马,朝廷无阙谏无书。"其注文说:"太政官权最重。后设元老院,国有大事,开院议之。府县于明治十一年始选议员,以议地方事,亦略仿西法上、下议院之意。此固因民之所欲而为之,规模犹未定也。旧有弹正台,后废。西法多民出政而君行政,权操之议院,故无谏官。日本君主之国,而亦无之。"黄遵宪还介绍日本效仿西方建立的警视制度,第四十三首:"花棒横持当佩刀,严妆竞日彻夜宵。烛龙报警人家火,楼上悬钟早乱敲。"在经济领域,明治政府积极推行"殖产兴业",大力发展资本主义经济,为实现"富国强兵"奠定物质基础。《日本杂事诗》对此也有反映,第四十一首记述了日本开矿铸钱、对外通商的情况:"铸山难得矿常开,永乐钱荒不再来。海外有商争利薮,国中何地筑谺台。"在这里,黄遵宪虽然关注到日本对外通商的情况,但似乎表现出一丝的担心:"日人近方锐意通商,自丝茶外,输出物品远及于欧罗巴,得利与否,未可知耳。""文明开化"是实现"富国强兵"和"殖产兴业"的重要基础和保证,明治政府通过大量吸收、引进西方资本主义的科学技术、文化教育、思想风尚和社会生活方式,推动了日本社会的近代化进程。第五十四首介绍了日本大力引进西学、发展近代新式教育的情况:"削木能飞诩鹊灵,备梯坚守习羊垪。不知尽是东来法,欲废儒书读墨经。"黄遵宪在诗后自注云:"学校甚盛,唯专以西学教人。余考泰西之学,墨翟之学也。"教育改革是明治维新的重要内容,1872年明治政府颁布了《学制令》和《太政官有关学制之布告》,前者规划了近代学制的蓝图,后者则全面阐述了新教育政策,由此推动了日本全国范围的教育改革的普遍展开,新式教育迅速发展起来,各种专门学校如雨后春笋般涌现,有士官学校、师范学校、女子师范学校和各类技术学校,明治政府还向国外派遣留学生。这种情形给黄遵宪留下了极为深刻的印象,他一方面对"学校甚盛"表示赞叹,但另一方面又对"唯专以西学教人"颇为不满。总体而言,黄遵宪对日本模仿西学的师范学校和女子教育等新式教育是表示肯定的,他认为各类新式学校,"所读皆有用书,规模善矣!"他还说:"余尝纵观其地,而叹其善。闻东人好博骛广,不能专精,然可以想见泰西学校之盛也。德意志国花之安,译有《德国学校论略》,自言无人不学,无地无学,无事无学。郭筠仙侍郎言泰西人材悉出于学校。呜呼! 其信然矣。"黄遵宪对近代资本主义国家普及义务教育深以为然。《日本杂事诗》还特别重视明治维新后出现的新事物、新风尚、新变化,对新闻纸、博物馆、博览会、统计表、西式医院、电气报、写真、改穿西服,等等,都作了介绍。比如,第一七五首就介绍了照相技术,反映出维新后社会风尚的变化:"镜影娉婷玉有痕,竟将灵药摄离魂。真真唤遍何曾应,翻怪桃花笑不言。"维新后,日本还学习欧美国家建立起不少博物馆,这也是推行"文明开化"的重要举措。第四十七首写博物馆:"博物千间广厦开,纵观如到宝山回。摩挲铜狄惊奇事,亲见委奴汉印来。"黄遵宪介绍说:"博物馆,凡可以陈列之物,无不罗而致之者,广见闻,增智慧,甚于是乎赖。"黄遵宪还着重介绍了在博物馆展出的一方镌有"汉委奴国王"五个字的金印,"考《后汉书》,建武中元,委奴国奉贡朝贺,光武赐以印绶。盖即此物也"。这方金印在1784年发掘于日本九州福冈县,是证明中日关系史的重要文物。(有关金印的简介,可参见汪向荣:《古代中日关系史话》,第69—84页,中国青年出版社1999年版。)

综上所述,《日本杂事诗》以组诗的形式全面记述了日本的历史文化和明治维新以来社会变化的情形,其涉及的范围极为广泛。从纵的方面来看,《日本杂事诗》对日本的社会发展史、汉学史、西学史、中日关系、西日关系等都有所涉及;《日本杂事诗》虽然是采取诗歌方式来介绍日本,实则重在纪事。诚如周作人所说,"《杂事诗》一编,当作诗看是第二着,我觉得最重要的还是看作者的思想,其次是日本事务的纪录"。(周作人:《风雨谈》,第104页,河北教育出版社2002年版。)从横的角度看,《日本杂事诗》对日本的地理山川、文化习俗、历史人物,特别是对明治维新以后日本在政治、经济、军事和文化教育等方面发生的变化,都作了概述。惟对当时甚嚣尘上的福泽谕吉的脱亚入欧论未尝道及,未知是何原因。《日本杂事诗》中也使用了不少具有现代意识的新名词①。除了共和、联盟、议员、维新、新闻等具有明显革新意味的词语之外,还直接移用日语中的当用汉字或日语中的音译词,如芝居、落语、檀那、奥姑等。

《日本杂事诗》刊行问世获得了巨大成功,一时天下争购,洛阳纸贵。"除诗的题材新奇和构思新颖外,作为向中国介绍日本新事物的诗集和在日本的中国人咏日本事物的诗集,博得日中双方文人的高度评价,因而日中两国的书店争相出版。"(佐藤三郎:《明治时代前期中国人的日本研究书刊》,张永芳、李玲编:《黄遵宪研究资料选编》下,第645页,香港天马图书有限公司2002年版。)冈千仞有《书〈日本杂事诗〉后》一文,高度评价《日本杂事诗》:"清国大使馆于增上寺,余与重野、藤野二氏往见,黄君公度出接,以笔代舌,一面如

---

① 据蒋英豪统计,在《日本杂事诗》中,涉及新词近五百个。(蒋英豪:《黄遵宪〈己亥杂诗〉中的新语词》,中国社会科学院近代史研究所、中国史学会:《黄遵宪研究新论——纪念黄遵宪逝世一百周年国际学术讨论会论文集》。)

旧。尔后文酒订交,棹舟墨陀,载酒东台,唱和征逐,殆无虚月。君器识宏远,不妄言笑,尤用心我邦风俗政治治乱沿革之迹。无论《六国史》《日本史》,近世诸儒所撰著,一再涉猎,皆尽其原委。尝赋诗一百五十首,纪日本杂事。每篇注典故,博引旁证,涉数十种,日东建国上下千年,略见其概。方今缔约各邦皆设使馆、发使臣,督贸易争讼、睦邻修好事,簿书烦多,事体极重。而君在馆二裘葛,簿书余暇,又能讲究我风俗政体、古今图书,咏为诗歌。其言曰:中土人寰海咫尺,付之不问,所以致今日之势。故余在使馆,每获一事,咏为韵语,使足未出其域者,得坐谙日东沿革典故。磋乎!何其用心之深且远也。抑我邦外务,尤重其选,非有学问通达海外事情者,不敢任之。而其载旌节使各国者,未闻有其人编著一书,以叙其风俗政体,使足未出其域如余辈者,得坐谙海外沿革典故,如君此撰者。呜呼!各国使馆得其人与否,国势伸缩之所关。君此撰,有足以自警者。因书其后以告用心外事者。"(郑海麟:《黄遵宪遗墨》,《近代中国》第九辑。)狄葆贤《平等阁诗话》曾评云:"黄公度先生……雅好歌诗,为近来诗界三杰之冠。所著人境庐诗集,余未得读,所及见者,则曩在湘时持赠《日本杂事诗》二卷,兹摘录十绝句云云。写物如绘,妙趣横生,以悲悯之深衷,作婵嫣之好话。旗亭画壁,孰为曼声歌之。"施吉瑞评论说:"《日本杂事诗》也是黄遵宪创作的第一部广泛地反映外国文明的诗集,一经发行,在日本和中国热衷中国古典诗歌的读者中引起强烈反响。"(施吉瑞著、孙洛丹译:《人境庐内·黄遵宪其人其诗考》,第24页,上海古籍出版社2010年版。)戊戌变法期间,梁启超在《西学书目表》中将《日本杂事诗》与《日本国志》一道,推荐为了解外国的必读书籍之一。

八月二十六(10月11日),宫岛诚一郎访黄遵宪,黄遵宪、沈文荧与之笔谈,谈及清廷驻俄大臣崇厚与俄国议决返还伊犁之事,黄遵宪曰:"吾国之事,非入局中者不知其艰辛。不如贵国之易于作事、易于收效也。譬如以手举二三斤物则从容,举数十斤则竭蹶矣,此理易明。请期之十数年后,君观其效。今政府皆知富强,然不能欲速也。日本欲以本国之事律我国,宜其枘凿也。"又曰:"吾国既古,士人气质多开明,易于倡祸。故须缓缓为之,使人人知此事当为,则易矣。吾国沿边诸地与外人交接,知其事者,百之一耳。故一时不能强不知者习之也。"(与宫岛诚一郎笔谈遗稿,《全集》上,第747页。)

八月二十九(10月14日),凌晨,清公使馆发生属员杀人事件,被杀之人是公使的随役,平时温和寡言,合署上下皆爱怜,凶手也自戕身死。《东京日日新闻》《邮便报知新闻》等刊发了此消息,黄遵宪因此"两日忙迫殊甚"。(与宫岛诚一郎笔谈遗稿注释,《全集》上,第748页。)

九月初一(10月15日),宫岛诚一郎访使馆,与黄遵宪笔谈,言及两天前使馆属员杀人事件。笔谈中黄遵宪介绍中国民居建筑和生活费用情况,言"国中之富者不在官而在商,不在城而在乡,敝国居乡之人每有数百万家产者"。并解释了太平天国内乱的起因,"敝国三十年内寇之乱,不知者以为内政不修,而不知太平过久之故也。查明以前户口极盛时不过四千万人,而今日至四亿万。物产不足以养民,故生此极乱。而外出洋者,每每数百万人也"。(与宫岛诚一郎笔谈遗稿,《全集》上,第748—749页。)

九月初八(10月22日),琉球耳目官毛精长到清廷总署求救。十日,毛精长又到礼部求救。陈述了琉球的惨状,请求速派问罪之师前往琉球。(孙晓光等:《琉球救国请愿书整理与研究》,第33—41页,新华出版社2018年版。)本月中旬,何如璋致函李鸿章,主张撤使罢互市以抗议日本吞并琉球。(俞政:《何如璋传》,第44页,南京大学出版社1991年版。)

本月,黄遵宪为宫岛诚一郎《养浩堂诗集》卷五题写跋语,谈及诗歌创作理论,跋曰:"此卷诗格益高,诗律益细,即随意挥洒之作,亦皆老苍无稚弱气,可称佳者。诗之为道,性情欲厚,根柢欲深。此其事似在诗外,而其实却在诗先,与文章同之者也。至诗中之事,有应讲求者:曰家法,曰句调,曰格律,曰风骨,是皆可学而至焉。若夫兴象之深微,神韵之高浑,不可学而至焉者。优而柔之,咏而游之,或不期而至焉,或积久而后至焉,或终身而不能一至焉。粟香之诗,得之于天者甚厚。有才人学人穷年莫能究者,而栗香以无意得之。然其蓄积于诗之先,讲求于诗之中者,有所未逮也。谬论请细思之。光绪己卯秋九月于霞关使馆,黄遵宪记。"(《全集》上,第244页。宫岛诚一郎:《养浩堂诗集》,万安库藏版,明治壬午年。)《养浩堂诗集》卷五,收有宫岛诚一郎自明治戊辰(1868年)至明治己卯(1879年)年间古今体诗九十五首,卷后有黄遵宪、张斯桂、何如璋三人题跋。

十月二十三(12月6日),黄遵宪有函致宫岛诚一郎,约其聚饮,函曰:"前承招饮,闻名公美人聚于一堂,病不果往,至今引为憾事。多日未得晤,思君不已。今卜于我月廿八日(即阳历十二月十一木曜日也。)午后三时,薄治土馔,乞先生辱临一叙。吾土烹调之法,过时则失饪,先生所素知者,并望高轩如期而至,勿珊珊来迟也。天益寒,惟自爱。此颂日佳,兼盼赐复。光绪五年十月廿三日。遵宪。"(《全集》上,第304页。)

十月二十四(12月7日),黄遵宪复函王韬,感谢其对《日本杂事诗》之刊印所给予的帮助,函曰:"紫诠先生大人阁下:遵宪顿首顿首。九日辰奉到惠书,祗悉一是。迟迟未及复者,闻行旌犹在揭阳,又闻大力者将挟之而出,至今犹未知先生行止之何若也,企想无已。拙著既承排印并蒙俯赐校核,感惭尤不可言。若见其未妥者,但如阁下之意随手改削之可也。此种诗岂值得为之校订哉!何大臣所著,弟以来谕奉告,彼云俟改削后再以寄呈。至前日之馈金,阁下以为多出十元者,即为仆刻书之费,如何?尊著《扶桑游记》闻尚未告竣。有友人蒲生子作《佳人传》,今以一帙寄呈。临楮匆匆,鄙俚不文。即请大安,惟祈垂察。弟遵宪顿首。十月廿四日。"函毕,又缀言曰:"别有寄洪干甫一信,付新闻一纸,祈阅后再交,并求卓裁。前惠既刻之《杂事诗》,惟国造分司旧典刊中小注,以参议分任之误作区。日本宽永钱诚有孔有轮廓。弟见其货币史钱图,是不过百分之一耳。又及。"(《全集》上,第304—305页。)

十月二十六(12月9日),黄遵宪又具函冈千仞邀饮,函曰:"伏启:我月之廿八(即阳历十二月十一,此月第二木曜也。)午后三时,谨于敝斋薄治肴馔,屈高轩枉过一叙。如惠然肯来,并望如时勿迟。吾土烹调之法,过期则失饪,故尤盼早降也。多日未晤,薄寒日深,惟为道自爱。相见再一豁积愫。我十月二十六日。遵宪。"(《全集》上,第305页。)

十月二十九(12月12日),黄遵宪之从弟黄由甫遵庚生。

十一月初三(12月15日),王之春芍堂访黄遵宪于使署,"得读其《日本杂事诗》,采录风土甚详"。(王之春:《谈瀛录》,第26页,岳麓书社2016年版。)十月初,王之春奉沈葆桢奏派,驰赴日本游历,借以考察其政治及其风俗之厚薄,国势之强弱。(王之春:《谈瀛录》,第13页,岳麓书社2016年版。)

十一月初四(12月16日),王之春作《题参赞黄君公度〈日本杂事诗〉后》四首:"神仙自昔说瀛洲,我亦乘楂泛斗牛。安得慧人加累译,一从蛮语解啁啾。""洒落丰仪黄叔度,汪洋万顷浩无涯。怀中握有灵珠在,写出生花绝妙词。""八十三州夸版籍,二千年后裂冠裳。不凭周处编风土,数典谁知祖已忘。""自从长庆购鸡林,香爇随园直到今。他日新诗重谱出,应看纸价贵兼金。"(王之春:《谈瀛录》,第27—28页,岳麓书社2016年版。)

十一月初五(12月17日),宫岛诚一郎访黄遵宪,将其送沈文荧归国时之席上和诗请黄遵宪改正,诗云:"河梁攀柳立多时,不堪相对说别离。与君再会知何日,悲风淅沥寒云垂。弃我去者可奈何,欲往从之姚江湄。沧溟万里波浩荡,归帆饱风逐斜曦。沈子雄才建安笔,蓬莱长留辞赋奇。离歌一曲不回顾,空将明月照相思。"黄遵宪评价此诗音节意境,骎骎乎入古人之室矣。唯结句无意,少弱。建议将结句改为"三山风紧辄引去,欲倾海水量相思"。宫岛诚一郎担心如此则诗中"风"字太多而犯忌,黄遵宪曰:"古诗复不忌字而忌意,即举此诗不犯复处言之,'悲风淅沥',言饯别之景也。'归帆饱风',想别后之景也。'三山风紧'又为隐括之辞,古意不犯复,尤为隽妙。若犯复字而犯复意,遂不成诗。"同时,黄遵宪亦将自己送沈文荧诗征求宫岛意见,黄遵宪送沈文荧诗曰:"我欲赠君鶃丸之宝刀,愁君锋芒逼人豪。我欲赠君雁皮之美纸,怜君忧患识字始。我欲赠君蓬莱方壶长春之草不死药,神仙今日亦何乐。鸡虫得失何足道,蛮触并吞徒扰扰。为君荡尽东海波,尘世纷纭终不了。海波茫茫夕阳红,回头旭影多朦胧。十年相见重话旧,再把子剑看子弓。新桥儿女长折柳,欲折赠君君岂受。西风萧萧吹马首,不如且醉此杯酒。"宫岛赞黄遵宪此诗为妙篇杰作,并将其《养浩堂诗集》之一卷请黄遵宪痛删之,黄遵宪曰:"此卷亦大有好诗。魏叔子与其兄论诗文,其兄曰:'必篇删其章,章删其句,句删其字,乃可为简练。'叔子笑曰:'不如删题之为愈也。'仆删足下之诗,紫诠笑谓余曰:'如子言,则天下可删之诗多,虽不作可也。'仆亦应之曰:'若可删,自然不作可也。'"(宫岛诚一郎:《十二月七日同重野成斋藤野海南冈鹿门龟谷省轩诸子饯沈梅史于蛎滩楼梅史有诗诸子和其韵余亦效颦以送别》,《养浩堂诗集》卷五,万安库藏版,明治壬午年;与宫岛诚一郎等笔谈遗稿,《全集》上,第754页。)《养浩堂诗集》中结句"离歌一曲不回顾,空将明月照相思"已依黄遵宪意见改成"三山风紧辄引去,欲倾海水量相思"。

十一月初六(12月18日),黄遵宪、何如璋与日本友人石川鸿斋、龟谷省轩等笔谈。黄遵宪认为日本文人存在一些弊病:"一曰不读书,一曰器小,一曰气弱,一曰字冗。"如果这些弊病能够全部除去,则善。黄遵宪认为日本山水灵秀清奇,未必不如中国,但是博厚高大之处或不及。所以日本的游记、画跋、诗序都写得很好,但是像曾国藩的《曾文正文集》这样的文章日本是没有的。黄遵宪向日本友人介绍了《日本国志》的写作情况,说书稿还需要一年时间才能脱稿,为目十二,成书约五六十卷。"仆之此书,期于有用,故详近而略古,详大而略小,所据多布告之书,及各官省年报也。"龟谷氏向黄遵宪谈及日本汉诗作者中"近来纤靡成风",表示欲联络同好,"矫之以宋唐","一振颓风,以扶大雅"。希望得黄遵宪之助,黄遵宪云:"何敢当此?愿得随诸君子之后,力著一鞭耳。"黄遵宪论析诗歌创作中作家性与习之作用,谓诗风纤靡之主要原因在于习,即作家之取法与学习状况,因此建议日友多读杜甫、韩愈等大家之作,"广其识","壮其气"。更主张诗歌风格多样化,谓"诗之为道至博且大;若土地焉,如名山大川,自足壮大;则一丘一壑,亦有姿态,不可废也"。黄遵宪又论及生活与艺术方面之问题,谓唐时日僧空海访唐,归日后书法艺术大进。石川鸿斋希望能如空海游历中国,"得观天台、雁宕、西湖、嘉陵",谓"妄以想像写江南风景,其实心不安。若一游,写其真,亦必胜前时乎"。黄遵宪曰:"空海云云,稍似英雄欺人语。然核其理,则太史公所谓游名山大川以壮其气也。此理自不可诬。"(己卯笔话第八十八话,《全集》上,第688—697页。)

十一月初七(12月19日),黄遵宪致函宫岛,诫其将笔谈记录焚毁,以免自己对他人之评论使其无容身之地,并请其带税所笃三来相见。函称:"今日所云云,皆肺腑之言。因虑其人来此,学无所成,而反入下流,则仆辈负君,君负故人,故不惮委曲以相告也。然笔谈数纸,乞焚弃,勿以示人。盖隐恶亦君子盛德,若宣扬之,则巨鹿无容身之地也。重以嘱托。税所氏已友吉井君,又友阁下。仆读其书,知亦一有心人,阁下又誉其子。若不嫌弟陋,请由阁下诱之来,一见其人。若喜文字,仆为之删改,是仆之所能尽力者也,敢不黾勉为之,以酬阁下厚待友人之意。居此学语,恐终无益。仆辈无多暇日,既不能为之教习,又不能时时省察其所为,使勿为损友所累。是仆之未能尽力者也。阁下归后,仆达之公使,公使亦如仆意。谨再驰书,缕述鄙衷。大著必当细读。辱过爱,实惭愧之至。惟自爱。不宣。光绪五年长至前三日。黄遵宪。"函毕,黄遵宪又有缀言:"栗芗先生阁下。再启:闻吉井氏与伊地知侍讲皆君子人,见时为我达意。他日必当因阁下而趋谒也。又启。"(《全集》上,第305—306页。)

十一月初八(12月20日),日本友人宫岛诚一郎来访黄遵宪,欲介绍其故人之子税所笃三到清使馆学中文。因使馆"所用译人××氏为冶游,屡加禁戒,仍复怙恶不悛",黄遵宪担心"税氏子若来此,吾辈不得长暇与之言",自己"亦不得通和语,未能长督责之"。且税氏之来则与××同住,黄遵宪担心其最后为损友所累。故黄遵宪对宫岛详细言及了自己的想法。(与宫岛诚一郎笔谈遗稿,《全集》上,第755—756页。)

十一月十五(12月27日),宫岛诚一郎携税所笃三到清公使馆见黄遵宪,黄遵宪与之笔谈。黄遵宪称赞税子沉毅笃实,自是佳子弟。又向宫岛介绍中国史书通行的版本,以及中国制果之法和养鱼之法,并对比中日大米、鱼、鸡的价格。还谈及前日东京失火之事。(与宫岛诚一笔谈遗稿,见《全集》上,第756—759页。)同日,黄遵宪致函日本友人森春涛,告以阅读森氏之子森槐南《补春天传奇》之后的感受,黄遵宪函曰:"承示令郎《补春天传奇》,迩来百忙,束高阁者凡一月。岁暮风雨,竹屋灯青,离怀骤生,不可收拾。乃展卷细读,一字一句,皆有黄绢幼妇之妙,愈读愈不忍释手矣。父为诗人,子为词客,鹤鸣子和,可胜健羡。昔袁随园以诗名天下,而不惯作词,及其子阿通著《捧月饮水词》,几几与阿翁争衡。先生殆将步其武乎?仆年十五六时,极喜倚声,并及南北曲。长而知为雕虫小技,乃废弃不作。然积习未忘,至今尚见猎心喜。文章既小道,词曲又为诗之余。郎君天才秀发,不愧'浓笑书空作唐字'之誉。仆既为击案叹赏,益望先生更以其大者远者教之也,恃爱唐突,幸勿得罪。得书求赐复,虑寄书邮之浮沉也。己卯长至后五日。"(转引自张伯伟:《关于〈补春天〉传奇的作者及其内容》,《文学遗产》1997年第4期。)此函未收入《黄遵宪全集》。函末署"己卯长至后五日",该年长至系十一月十日,可知此函作于十一月十五日。黄遵宪《续怀人诗》其七有注云:"森槐南,鲁直之子,年仅十六,兼工词,曾作《补天石传奇》示余,真东京才子也,别后时时念之。"《补天石传奇》应为《补春天传奇》之误。他在《致宫岛诚一郎函》中亦云:"江湖诗人如小野湖山、森槐南,想来无恙。仆于日本文士,相知者甚多,不能偻指一数。特举一老辈一后生,以况其余,见俱为我致意。"可见黄遵宪对森槐南甚为赞赏。(郭真义、郑海麟:《黄遵宪题批日人汉籍》,第55页,中华书局2009年版。)

十一月十六(12月28日),源桂阁访清使馆,给黄遵宪留函,邀请礼拜日同行访友,黄遵宪回复即往横滨,未能奉陪。(己卯笔话第九十二话,《全集》上,第699页。)

本月,王韬所延聘的香港《循环日报》主笔洪士伟为黄遵宪《日本杂事诗》撰序,高度评价《日本国志》,序曰:"公度先生,岭南名下士也,情挚而品端,才赡而学博。己卯之岁,吾友王君紫诠广文为东洋之游。王君向固与予结文字之缘而敦苔岑之契者,即抵东洋,获晤先生,谈及贱名,过蒙推许。

先生谬采虚声,远通尺素,并示以所著《日本杂事诗》二卷,云将付梓。回环雒诵,恍觉身到扶桑旸谷之区,遍历三山,得以览其名胜,阅其形势,而备知其国政土风也。

"因思诗歌之作,代有传人。古者𬨎轩所采,太史所陈,类皆藉以验风俗之盛衰,考政事之得失。自时厥后,竞尚辞华,冀追风雅,组织愈工,意旨愈晦。非不标新竞秀,各自名家;然求其指事敷陈,足资考证,不失古人遗意,往往罕觏焉。盖诗自《三百篇》后,分门别类,体制迥殊。河梁赠答,不可施于庙堂;温李新声,难以用诸咏古。登临则宜李杜,风月则宜王孟,属辞比事则宜元白,岩栖谷饮则宜陶韦,随园前辈早已言之。故即有沉博绝丽之才,精微独造之诣,亦难别分流派,独倡宗风。然叙事则取其详,摘辞则取其洁,寓褒讥于温柔敦厚,蕴经济于诡俶新奇。俾诵之者如听邹衍之谈天,如睹伏波之聚米,则真所谓扫除绮习,空所依傍者矣。

"先生以南国之隽才,作东瀛之参赞。时当中外通好,遣使往来。朝廷念日本与边境毗连,华人多往贸易,声灵久播,用切怀柔,特简何子峩侍读持节往临,而以张鲁生太守副之。先生志在匡时,娴于外事,遂以入幕之郗超,为乘风之宗悫,资其硕画,睦彼邻邦。先生于遄征之际,览其山川,询其民物,溯其肇造之始,悉其沿革之由。耳有所闻,鲜更可数;目有所见,犀照无遗。爰于公余,编为韵语。又虑略而不详,阅多费解,特变诗人之例,为史氏之书。事纪以诗,诗详以注。夫古人著作,类多有所感触,忧愤抑郁,爰寄诸长言咏叹之中。先生负有为之才,值可为之地,有所展布,自足以扶时局而建殊勋,固非古人所可同语也。兹托诗歌以资海外掌故,殆思之深而虑之远乎!方今海宇宴安,远人麇至,边陲藩服,气象顿殊,则谂远情、师长技,必将月异而岁不同。若复拘文牵义,守故蹈常,安能远抚长驾,使幽暗之乡,荒徼之域,同效壤奠,共乐升平欤?先生之成此,若谓提唱风雅,鼓吹休明,俾椎跣之伦,潜移默化,成为风俗,于以乐同文之治,而输效顺之诚,抑亦意中事也。他日撑犁知戴,海波不扬,槃木译歌,塞风永靖,则归义之章,奉圣之乐,非先生其孰能图王会而耀册府也哉!光绪五年春王正月,乡愚弟洪士伟拜序。"(《全集》上,第3—4页。)王正月:指夏历正月,周历以建子之月(即夏历的十一月)为岁首。王韬本年三月东游,初识黄遵宪,并向黄遵宪介绍洪士伟,黄遵宪因而向其求序,十月二十四有信致洪。

十一月二十(1880年1月1日),黄遵宪致函王韬,谈及海防事,希望丁日昌能够主持海防事。本年五月,丁日昌上奏清廷,对海防等问题提出十六条建议。指出日本"三五年不南攻台湾,必将北图高丽",呼吁朝野内外要齐心协力,急谋自强,认识到"民心为海防根本",只有老百姓的生计有着落,元气得到恢复,才能众志成城,海疆安如磐石。函曰:"紫诠先生大人执事:十月下旬曾肃寸缄,当达记室。发缄之明日,即奉到赐函;诗五来又得一书,知潮州之行既返文斾。中丞说,士之甘礼贤之优固为当世所难,然非以少陵之才,亦未必能堂上指画、军中吹笙,作如此逢迎也。中丞欲挟与俱出,闻之距跃三百。他日牙旌独建,左提右挈,昨日之一山人高据三八座上者,犹不过饮酒欢乐,且将见羽扇纶巾,指挥如意矣。海防一节,千难万难,诚如尊语。顾以今日司农之竭蹶,急切何能办到?诚愿得如丁公者主持其间,延揽英豪,造就将士。天下事得人则理,虽旦暮未能收效,而但使规模既具,逐渐经营,鸠工庀材,终有成功之日。仆辈日引领望之而已。榛苓西望,翘首为劳。海风多寒,千万为国为道为斯文自爱。临楮匆匆,不布所怀。命购之书,条具别纸,顺以呈上。弟遵宪顿首。十一月二十日。"(《全集》上,第306—307页。)

本月,黄遵宪读完蒲生重章《近世伟人传》仁集第四编,于编末亲笔书跋语云:"'叩阍哀告九天神,几个孤忠草莽臣。断尽臣头臣笔在,尊王终赖读书人。'余之此诗,盖为蒲生秀实、高山彦九郎诸人作也。日本自德川崇儒,读书明大义者,始知权门专柄之非。源光国作《日本史》,意欲尊王,顾身属懿亲,未敢昌言。其后蒲生、高山诸子,始公然著论废藩。尊王攘夷之议起,一倡百和。幕府严捕之,身伏萧斧者不可胜数。然卒赖以成功,实汉学之力也。余读子闇《伟人传》,以君平为冠,喜引为同心。子闇此书,为近世功利说深中于人心,欲以道德维持之,故举诸君子以为劝。今四编告成,犹初意也。他日与子登富士之山,泛琵琶之湖,寻烟云缥渺、水波浩荡之处,我读君书,君读我诗,更相与酾酒,呼诸子之灵而吊之曰:'尔其上告神武、崇神在天之灵,以护斯文乎!'吾知精魂义魄,旷世相感,必有被萝带荔、披发而下太荒者矣。光绪己卯十一月,岭南黄遵宪公度。"(《全集》上,第244—245页。蒲生重章:《近世伟人传》,日本明治十年至明治二十年间青天白日楼藏版,可参见郭真义、郑海麟:《黄遵宪题批日人汉籍》,第164—165页,中华书局2009年版。)

十二月初九(1880年1月20日),黄遵宪有便函致日友冈千仞,为未能及时替其著作点评致歉,内谓:"两辱惠临,未及倒屣,且惭且惧。弟近来百忙,大著经读一过,尚未加墨。容日阅好,将自行赍到高斋,并畅叙衷曲也。严寒,幸为道自爱。我五年腊月九日。遵宪。"(《全集》上,第307页。)

十二月十九(1月30日),黄遵宪为冈千仞诗作长编评语:此文与九月所作《养浩堂诗集》跋有重复。"诗之为道,性情欲厚,根柢欲深。此事似在诗外,而其实却在诗先。(舍是无以为诗。)至诗中应讲求者,曰家法,曰格律,曰句调,曰风骨,凡此皆可学而至者也。若夫神韵之高浑,兴象之深微,此不可造而到焉者。优而柔之,渐而渍之,餍而饫;或一蹴即至焉,或积久而后至焉,或终其身而不能一至焉,盖有天限,非人力之所能也。先生沉浸酣郁,其书满家,而中经乱离,惓惓君国,又深有风人之旨蕴蓄于中者,固可谓深且厚矣。此卷抚时感事,慷慨悲歌,不少名篇。顾炼格间有未纯,造句间有未谐;树骨甚峻,而亦过于露立,过于怒张,则讲求于诗之中者,尚有所未至也。从事于学所能至者,而徐而俟之,他日造就,盖未可量也。譬犹龙驹凤雏,骨相既具,而神采未足;又譬犹名花异卉,苞蕊既含,而烂漫犹待。宪虽不才,拭目企之矣。已卯腊月十九日,黄遵宪安评。"(《全集》上,第245页。)

十二月二十(1月31日),黄遵宪访冈千仞不遇,致函表达遗憾。函曰:"仆在使馆,万事劳形,复以余闲待客,清暇著书,是以卒卒鲜暇晷。每戏谓梅士曰:若如子清福,长得与诸大雅文酒流连,何乐如之。大著阁一月未动笔,亦职是之故。知我谅我,不责以讥慢,幸甚。今日与石川子偕访高斋,满拟作半日清谭,一洗积闷,差池不遇,怅然而归,至今犹郁郁也。严寒手栗,惟为道为斯文自爱。冈鹿门先生执事。光绪五年腊月廿日。遵宪。"(《全集》上,第308页。)又有书致宫岛诚一郎:"大著拜读一过。此卷尚少名篇。以工部诗圣,亦以中年以后为佳,可知少作未易存耳。《四库目》论陆放翁,讥其作诗太多,故伤冗滥。通人当知其意。无俟仆喋喋也。百忙草此,惟自爱。不宣。栗芗先生左右。黄遵宪十二月廿日。"(《全集》上,第308页。)

十二月二十二(2月2日),源桂阁来访使馆,向黄遵宪询问有关在其家设《日本杂事诗》最初稿冢之事,源桂阁曰:"君言,将诗稿糊涂者瘗之于敝园,敝园已竖碑镌字,而未得其稿,如使之而止,则使后世传误也。幸并出抛下。仆之来,欲言此事也。"黄遵宪答曰:"择日于梅花开时践此约可耳。"(《全集》上,第700页。)盖黄遵宪之著《日本杂事诗》,稿凡四易而始成,一日携其初稿出示源桂阁,源氏叹服不置,欲为珍藏于其家,黄遵宪不愿意,希望得一净土埋藏此卷,源氏建议埋于其家中园林。因此书稿被埋藏于东京隅田川畔源氏桂林阁之园中,立石碑以志始末,碑为圆柱形,周六英尺二英寸,高四英尺,其出地面部分计三英尺,碑之阳面,由黄遵宪亲题"《日本杂事诗》最初稿冢",旁书"公度应桂阁属"等字,阴面则源氏所作《葬诗冢碑阴志》也,其文曰:"是为公度葬诗冢也。公度姓黄氏,名遵宪,清国粤东嘉应州举人,明治丁丑随使来东京,署参赞官。性隽敏旷达,有智略,能文章,退食之暇,披览我载籍,咨询我故老,采风问俗,搜求逸事,著《日本杂事诗》百余首。一日过访,携稿出示,余披诵之,每七绝一首,括记一事,后系以注,考记详核,上自国俗遗风,下至民情琐事,无不编入咏歌,盖较《江户繁昌志》《扶桑见闻记》,尤加详焉,而出自异邦人之载笔,不更有难哉!余爱之甚,乞藏其稿于家,公度曰:否,愿得一片清净壤,埋藏是卷,殆将效刘蜕之文冢、怀素之笔冢也乎?余曰:此绝代风雅事,请即以我园中隙地瘗之,遂索公度书碑字,命工刻石。工竣之日,余设杯酒,邀公度并其友沈刺史、杨户部、王明经昆仲等,同来赴饮,酒半酣,公度盛稿于囊,纳诸穴中,掩以土,浇酒而祝曰:一卷诗兮一抔土,诗与土兮共千古。乞神佛兮护持之,葬诗魂兮墨江浒。余和之曰:咏琐事兮着意新,记旧闻兮事事真。诗有灵兮土亦香,我愿与丽句兮永为邻。沈刺史等皆有和作,碑隘不刊。明治己卯九月桂阁氏撰并书。广群崔刻。"(据钟仲联《黄公度先生年谱》光绪五年条引王仲厚《黄遵宪公度诗草外遗著佚闻》一文所录;《诗草笺注》下,第1187—1188页。)从光绪五年十二月二十二日黄遵宪与源桂阁笔谈遗稿可知,源桂阁己卯九月新作《葬诗冢碑阴志》中所谓"酒半酣,公度盛稿于囊,纳诸穴中,掩以土,浇酒而祝"乃想象之辞,立碑在前,葬诗稿在后也。源桂阁去世后,其子迁居他处,将诗冢移至京都北部的平林寺(在埼玉县)。1938年,东方文化研究所铃木由次郎教授找到此冢,拍照刊登在《东方文化杂志》,铃木虎雄博士撰文追述这件事的经过,发表在《支那学》九卷第一号。(郑子瑜:《日本东京所见有关黄遵宪的遗物》,引自朱传誉主编:《黄遵宪传记资料》第四册,第259页,天一出版社1980年版。)

十二月二十三(2月3日),黄遵宪致函王韬,谈及琉球外交,感谢王韬承印《日本杂事诗》。函曰:"腊八后七日奉书并《杂事诗》二本,想能邀澄鉴矣。廿一日得读手教,祇悉种切。翻译球案之人,果非出贵馆手,由延请而来者,彼或别有所为而然。先生经许其谢金,昨告星使,谓此金不便使先生食言,仍当如数寄来。惟乞将原文及《朝野新闻》并敝署所译者示之,问其何故独删此节,俟其答词,再以寄来耳。(本谓本署初次照会失于无礼,议撤议激言者屡矣。自杨越翰新闻一出,反谓其行文无礼,乃缄口不复道。此盖中间人补救之力亦不鲜也。此事本无关轻重。台湾一案亦定议后互撤照会,惟彼国必欲挑此,恐中土之迂腐无识者,反谓以文字启祸,则悠悠之口,难与争辩耳。日本之处心积虑灭球久矣,使者之争非争贡也,意欲借争贡以存人国也。本系奉旨查办之件,曾将此议上达枢府,复经许可而后发端。此中曲折,局外未能深知,敢为先生略言之。)《杂事诗》既承印就,感荷何可言!前寄同文馆刻本,外间绝少,仍乞速为装钉掷寄。(既经印就,则无庸照同文馆本改刊。惟卷首"广东黄遵宪",因对日人言,故举其省,实则于著书之体未审合否?应否改作嘉应?先生教之。)此间踵门请索者,户限为穿。彼士大夫皆知窝芷仙(即日本人称先生姓字之音。)俯为校刊,声价顿增十倍,今乃知古人登龙之言非虚谬。左太冲赋藉皇甫一序而行,亦信不诬也。彼国士夫相见者辄问先生起居,宪俱为达意。日本比来屡见火灾。国会开设之议,倡一和百,几遍国中,政府顾尼之,不得行。纸币日贱,(数日中每洋银百元,值纸币百四十矣。)民心嚣然,盖几有不名一钱之苦。漏卮不塞,巨痛如此,可慨也!夫日本似不足为患,然兄弟之国,急难至此,将何以同御外侮?虎狼之秦,眈眈逐之。彼其志曷尝须臾忘东土哉!祸患之来,不知所届,同抱杞忧,吾辈未知何日乃得高枕而卧也?严寒,惟为国为道自爱。潦草不庄,为忙故也,幸恕幸恕。"(《全集》上,第309页。)

十二月二十四(2月4日),黄遵宪有函复日本友人冈千仞,函曰:"得缄,背汗雨下,虽严寒,若盛暑中。以仆之固陋,为村塾冬烘先生尚不可,而先生顾许为一字师,殆引昌黎'师不必贤于弟'之言乎?善戏而近谑矣。书言欲于纪元节屈驾枉顾,幸甚!谨当倒屣迎也。吾土新年,多同贵邦风俗,客中凡百不备,亦无礼之足观,仍不过献一茶、具一点心耳。呵呵。惟自爱。不宣。鹿门先生执事。黄遵宪。己卯后立春日。"(《全集》上,第310页。)

本月,黄遵宪有与宫岛诚一郎论诗之笔谈,宫岛有新年新诗,请黄遵宪改正,笔谈中黄遵宪再次阐述了其在《养浩堂诗集》跋和为冈千仞诗作长篇评语中的诗论,并言"严沧浪谓诗有别肠。余谓譬如饮酒,其一斗而醉,一石而醉,多得之于天,而非人所能为"。黄遵宪还向宫岛介绍中国古籍。(与宫岛诚一郎笔谈遗稿,《全集》上,第760—761页。)

上野近郊胜地,上野公园是东京五大公园之一。有不忍池,面积数十亩,园内有许多樱花树。黄遵宪每喜晚游。本年,黄遵宪有《不忍池晚游诗》十五首纪其事。后来补作。诗中描写不忍池美丽的景色,笔涉湖柳、炉烟、山水、梅竹、樱花,旁及日本历史习俗,并且钩起其乡思。诗序云:"上野有不忍池,亦名西湖,近郊胜地也。余每喜晚游,长夏暑热,或夜深始归。得诗十数首。"

诗云:"开门看雨梦才醒,一抹斜阳映画屏。随著西风便飞去,弱花无力系蜻蜓。"

"蜃楼海气隐重城,浩浩风停远市声。四壁晚钟齐接应,分明不隔一牛鸣。"

"红板长桥雁柱横,两头路接白沙平。前呼后拥萧萧马,犹记将军警跸声。"

"如此江山信可怜,欢虞霸政百余年。黄粱饱饭红灯上,小户家家弄管弦。"

"百千万树樱花红,一十二时僧楼钟。白头乌哭屋梁月,此是侯门彼佛宫。(王师东下,以上野为战场,故近处王侯邸第、梵王宫殿,大半荒废矣。)"

"羯鼓冬冬舞折腰,银钉衔璧酒波摇。炉香袅处瓶花侧,不挂当时黑鞘刀。(东人屋侧以隙地为供炉插花之所,旧时士夫皆佩双刀,宴饮时则悬于壁,今废此仪矣。)"

"薄薄樱茶一吸余,点心清露挹芙蕖。青衣擎出酒波绿,径尺玻璃纸片鱼。"

"鸦背斜阳闪闪红,桃花人面薄纱笼。银鞍并坐妮妮语,马不嘶风人食风。(西人携眷出游者,每并辔齐行。)"

"万绿沉沉嘒一蝉,迷茫水气化湖烟。无端吹坠丰湖梦,不到丰湖已十年。"

"绝远穷荒海外经,风灾鬼难渡零丁。谁知大地山河影,只一微尘水底星。"

"蒙蒙隔水几行竹,暗暗笼烟并是梅。微影模糊声荦确,是谁携屐踏花来。"

"柳梢斜挂月如丸,照水摇摇颇耐看。欲写真容无此镜,不难捉影捕风难。"

"不耐茫茫对此何,花如吉野月须磨。如鱼邪虎乌乌武,树底时时人唱歌。(吉野之樱,须磨之月,为东方名胜之最。)"

"三更夜深月上棂,荷花遥遥透微馨。炉烟帖妥窗纱静,不解参禅也读经。"

"山色湖光一例奇,莫将西子笑东施。即今隔海同明月,我亦高吟《三笠辞》。(仲麻吕使于唐,将还,从明州上舟,望月作歌,世传为绝唱《三笠山辞》是也。)"(《诗草笺注》上,第221—227页。)诗中有云:"无端吹坠丰湖梦,不到丰湖已十年。"今案:黄遵宪在庚午年重到丰湖,至本年为十年。

本年,日本陆军官学校举行开校典礼,黄遵宪有诗赋呈日本有栖川炽仁亲王,颂扬军事教育,《日本国志·兵志》:"有教士官者曰士官学校,曰户山学校,皆以少将一人为学校校长,又置佐尉官并大小教官,分司教习。"提出亚洲联合主张,诗曰:"为将不知兵,是谓卒予敌。不教驱之战,岂能出以律。桓文节制师,苏张纵横策。制胜非有他,所贵在练习。日本二千年,本以武立国。幕府值季世,犬戎迭相逼。贤豪争勤王,蔚成中兴辟。环顾五部洲,沧海不可隔。函关一丸泥,势难复闭壁。勇夫且重闭,岂曰偃兵革。天孙茅缠稍①,高丽铁铸的。古岂无利器,今合借他石。近年欧罗巴,兵法盖无匹。广轮四海图,上下千年籍。择长以为师,悉命译人译。广厦千万间,多士宅尔宅。群萃而州处,乃受观摩益。使指固借臂,伏足固借翼。得一良将才,胜百连城璧。是日营门开,军容荼火赫。贤王代临雍,客卿咸就席。组练简一千,距跃习三百。拐马熟连环,飞炮鸣霹雳。亦有轻气球,凌风腾千尺。隼人兴相扑,余技及刺击。粲粲西人服,竦立咸屏息。王告汝多士,勖哉宜勉力。刃当摩厉须,锥乃脱颖出。千日可不用,兢惕在朝夕。王告汝多士,豺虎在有北。养汝民脂膏,为民出锋镝。汝能捍城民,俾汝公侯伯。多士曰唯唯,拜手受诏敕。使者睹兹礼,欢欣目屡拭。念余捧载书,相见藉玉帛。同在亚细亚,自昔邻封辑。譬若辅车依,譬若掎角立。所恃各富强,乃能相辅弼。同类争奋兴,外侮自潜匿。解甲歌太平,传之千万亿。"(《诗草笺注》上,第241—247页。)

本年,黄遵宪作《宫本鸭北以旧题长华园诗索和》:"绕榭山花红欲然,林中结屋屋如船。人来蓬岛无宾主,境比桃源别洞天。近事披图谈斗虎,(谓英、俄二国因突厥事。)旧游濡笔纪飞鸢。(曾使高丽。)登楼北望方多事,未许偷闲作散仙。"(《诗草笺注》上,第229页。)

本年,黄遵宪开始《日本国志》之写作。(《日本国志自序》,《全集》上,第

---

① "茅",钞本作"矛";"稍",钞本作"稍"。

819页。)

本年,黄遵宪有题驻日本使馆门联:"放眼楼头,看海水南流,夕阳西下;寄怀天末,咏京华北望,零雨东归。"(张永芳:《黄遵宪新论》,第194页,中国社会科学出版社2004年版。)

光绪六年庚辰(1880年) 三十三岁

【国内外大事】三月十一(4月19日),日本驻天津领事官竹添进一郎致书李鸿章,否认美国前总统格兰忒曾提出过"三分琉球"方案。(俞政:《何如璋传》,第45页。)四月初六(5月14日),美国政府派海军少将薛斐尔乘兵舰到朝鲜釜山,要求立约通商,朝鲜拒绝。薛斐尔转请日本政府居间介绍,未果。八月十四(9月18日),李鸿章请设天津至上海间电报线,得到清廷批准,由户部拨款十四万两,委托丹麦大北电报公司承修,次年十二月竣工,是中国电报事业之开端。十一月初二(12月3日),前直隶总督刘铭传奏请试办铁路,李鸿章议奏支持,提出"铁路之兴,大利约有九端,而国计、军谋两事尤属富强切要之图"。(中国史学会主编:《中国近代史资料丛刊·洋务运动》第6册,第147页,上海书店出版社2000年版。)

本年,黄遵宪仍任驻日使馆任参赞。

正月初五(2月14日),黄遵宪料龟谷省轩在曾根俊虎家中,遂携《日本杂事诗》访曾根,且将诗卷赠龟谷省轩并索其序。恰遇源桂阁与石川鸿斋亦往访,于是众人相与笔谈,梁诗五也在。黄遵宪闻石川是陆军教导团教师,问其教之读何书,生徒有几人,石川答所讲《孙子》及八大家文集、《孟子》,学生有六百人。黄遵宪认为,根据今日的时势,当改《孟子》曰:"义战者受上赏,连诸侯者次之,辟草莱、任土地者又次之。"(与源桂阁笔谈遗稿,《全集》上,第703—704页。)

正月十八(2月27日),黄遵宪将新到同文馆聚珍版印行之《日本杂事诗》赠宫岛诚一郎,并附函:"前辱枉顾,不及倒屣,惭愧惭愧。《日本杂事诗》既印就,但寄来不多,今奉赠一部。索诗者盈门,仆无以应,幸秘之。是诗征引典籍,谬误实〔多〕,又虑言者无心,听者有意,或以为中含讥讽,则与居国不非大夫之义太相乖谬,尤非仆所愿。辱相知,深望涵复之为幸。粟香先生执事。正月十八日。黄遵宪顿首。"(《全集》上,第310页。)随后,黄遵宪又与宫岛相约笔谈,笔谈中,黄遵宪向宫岛询问日本开国会的情况,也颇为关注日本友人对《日本杂事诗》之反应,请宫岛修改《日本杂事诗》中的谬误之处。宫岛介绍日本友人对此书的评价是:"先生见我邦之事无大小不遗,实大方之手腕也。友人皆敬服此一部而来。"笔谈中宫岛亦请黄遵宪为其删订诗集。(与宫岛诚一郎笔谈遗稿,《全集》上,第761—763页。)

正月三十(3月10日),黄遵宪致函宫岛诚一郎,说明依嘱删订其《养浩堂诗集》的情况,并告知税所笃三在清使馆学习中文之情形。函曰:"大著首卷今奉还。此卷多仆未见者,而各公之评既尽态极妍,故不多赘。题上所着圆点,不知出谁手,删之可也。"又称:"税所子与令郎从舍弟学语,仆之初意感阁下及告吉井君雅谊,故不忍却耳。今舍弟日习西国言语及汉文,实无余暇兼顾。若舍己而芸人之田,想阁下不强人以所难也。兴亚会张滋昉先生久住北京,其语言胜舍弟百倍,又专力于教习者,必能多得益。祈阁下语税所子及令郎往先生处学,以后不必再来矣。拜恳之。"(《全集》上,第310—311页。)

本月,黄遵宪与何如璋、曾根俊虎、宫岛诚一郎等人在东京成立兴亚会,以期振兴亚洲,加强亚洲人团结,以抗欧美列强东进,维持亚洲国家独立。(东亚同文会编:《对支那回顾录》第二卷,第298—305页,东京原书房1968年版。)

二月初一(3月11日),王韬为黄遵宪之《日本杂事诗》作序,盛赞此书为"必传世之作":"海外诸邦,与我国通问最早者,莫如日本。秦汉间方士,恒谓海上有三神山,可望而不可即;而徐福竟得先至其境,宜乎后来接踵往者众矣,然卒不一闻也。隋唐之际,彼国人士往来中土者,率学成艺精而后去。奇编异帙,不惜重价购求。我之所无,往往为彼之所有。明代通商以来,往者皆贾人子,硕望名流从未一至。彼中书籍,谈我国之土风、俗尚、物产、民情、山川之诡异、政事之沿革,有如烛照犀燃。而我中国文士所撰述,上自正史,下至稗官,往往语焉而不详,袭谬承讹,未衷诸实,窃叹好事者之难其人也。

"咸丰年间,日本定与美利坚国通商,泰西诸邦先后麇至。不数年而日人崇尚西学,仿效西法,丕然一变其积习。我中朝素为同文之国,且相距非遥,商贾之操贸迁术前往者,实繁有徒。卫商睦邻,宜简重臣,用以熟刺外情,宣扬国威。于是何子峨侍讲、张鲁生太守实膺是任,而黄君公度参赞帷幄焉。公度,岭南名下士也,今丰顺丁公尤器重之,亟欲延致幕府。而君时公车北上,以此相左。既副皇华之选,日本人士耳其名,仰之如泰山北斗,执贽求见者户外屦满。而君为之提唱风雅,于所呈诗文,率悉心指其疵谬所在。每一篇出,群奉为金科玉律,此日本开国以来所未有也。

"日本文教之开,已千有余年。而文章学问之盛,于今为烈,又得公度以振兴之,此千载一时也。虽然,此特公度之余事耳。方今外交日广,时变益亟,几于玉帛兵戎,介乎两境。使臣持节万里之外,便宜行事,宜乎高下从心。而刚则失邻欢,柔则衰国体,所谓折冲于樽俎之间,战胜于坛坫之上者,岂易言哉!今公度出其嘉猷硕画,以佐两星使于遗大投艰之中,而有雍容揖让之休,其风度端凝,洵乎不可及也。又以政事之暇,问俗采风,著《日本杂事诗》二卷,都一百五十四首。叙述风土,纪载方言,错综事迹,感慨古今;或一诗但纪一事,或数事合为一诗,皆足以资考证。大抵意主纪事,不在修词,其间寓劝惩,明美刺,存微旨;而采据浩博,搜辑详明,方诸古人,实未多让。如阮阅之知郴州,曾极之宦金陵,许尚之居华亭,信孺之官南海,皆以一方事实,托诸咏吟。顾体例虽同,而意趣则异。此则扬子云之所未详,周孝侯之所未纪。奇搜《山海》以外,事系秦汉而还。仙岛神洲,多编日记;殊方异俗,咸入风谣。举凡胜迹之显湮,人事之变易,物类之美恶,岁时之送迎,亦并纤悉靡遗焉,洵足为巨观矣。

"余去岁闰三月,以养疴余闲,旅居江户,遂得识君于节署。嗣后联诗别墅,画壁旗亭,停车探忍冈之花,泛舟捉墨川之月,游屐追陪,殆无虚日。君与余相交虽新,而相知有素,三日不见,则折简来招。每酒酣耳热谈天下事,长沙太息无此精详,同甫激昂逊兹沉痛,洵当今不易才也。余每参一议,君亦为首肯。逮余将行,出示此书,读未终篇,击节者再。此必传之作也,亟宜早付手民,俾斯世得以先睹为快。因请于公度,即以余处活字板排印,公度许之,遂携以归。旋闻是书已刻于京师译馆,洵乎有用之书,为众目所共睹也。排印既竟,即书其端。若作弁言,则我岂敢。光绪六年二月朔日,遯窟老民王韬拜手撰。"(《全集》上,第4—5页。)

二月初二(3月12日),宫岛诚一郎访黄遵宪,二人笔谈,讨论对宫岛《养浩堂诗集》之删改情况。(与宫岛诚一郎笔谈遗稿,《全集》上,第763—764页。)

本月中下旬(3月—4月),王韬以活字版重印黄遵宪《日本杂事诗》于香港循环报馆。

二月十二（3月22日），黄遵宪托人给王韬寄呈一函及边银二十五元。（光绪六年二月致王韬函，《全集》上，第311页。）

二月十七（3月27日）①，黄遵宪访蒲生重章，酒酣之下在其家为其《近世伟人传》仁集第四编题辞："子闇自题曰：'蓬蓬布世三千部，支得饥寒可涉年。'今日余访其庐，谭次及此，余戏曰：'如此诚为良田矣。'子闇谓此书之利，如渊明种秫，为饮酒计耳；虽然，亦尝出以救亲友之穷者。余谓《唐书·杜甫传赞》'残膏剩馥，沾丐他人'，不过称其工文。若子书，真乃不愧斯语也。酒酣，相与大笑而散。光绪六年二月十七日，黄遵宪公度醉书于青天白日楼中。"（《全集》上，第245页。蒲生重章：《近世伟人传》，日本明治十年青天白日楼藏版。）

二月十九（3月29日），嘉应黄钧选来使馆，携来王韬信函并《日本杂事诗》诸件。黄遵宪回函道谢："紫诠仁兄先生大人阁下：本月十二日由朗卿寄呈一函，外边银二十五元，想收到矣。十九日舍弟均选来署，带到惠函并《杂事诗》诸件，一一照收。拙诗宠以大序，乃弟生平未有之荣，感谢实不可言。不敷刻资，后即寄图十分来。松田所刻之图，坊友约以半月后，且云寄书大阪，云其板久未印，今再新印，故迟迟也。成斋诸书既着人送交，适于青山延寿家见之，并一一为达高意。鹿川亦见面，云其父望眼欲穿，得之不啻喜从天降也。想二公不日即有复音。角松扇当亲交。自子沦归，不解语，有四五月不相见，当重游赠之，并索其写真。干甫先生之序，仆何修得此，先生道谢，容再图报耳。匆匆中不能多及，即请道安。弟遵宪顿首。"（《全集》上，第311页。）

三月初一（4月9日），黄遵宪删改完宫岛诚一郎《养浩堂诗集》卷一，并在该卷末题写跋语："严沧浪云：'诗有别肠。'余谓譬如饮酒，有一滴入唇面辄发赪者，有一斗一石而醉者，有千钟百榼而醉者，其度量相去远甚，而要皆得之于天，不可勉为，故古人亦谓酒有别肠也。诗之为道，或白头老宿，学殖甚富，而月锻季炼，垒问钝滞之气，终身未除。栗香此卷皆少作，虽树骨未峻，炼格未纯，而其运笔之妙，吐属之佳，一见而知为诗人。间有似宋元晚唐人处，亦不必自古人得来，而不觉神与古会。盖其得之于天者厚

---

①《全集》时间定为4月6日。

矣。江郎采笔,当在君处,才子才子!庚辰三月朔日,黄遵宪公度识。"(《全集》上,第246页。宫岛诚一郎:《养浩堂诗集》,日本明治十五年万安库藏版。)

同日,黄遵宪与何如璋、张斯桂一起到源桂阁家中赏樱花,石川鸿斋、龟谷省轩、冈千仞等友人亦在,在乐水阁笔谈,龟谷省轩赞黄遵宪之《日本杂事诗》"胸储二酉,华驱风云,其所考证,凿凿中窍"。黄遵宪谓:"仆东来后,故友邮简云集,皆询大国事者,故作诗以简应对之烦。"龟谷省轩称"《杂事诗》刻于贵邦,想洛阳纸价为之贵",黄遵宪称,"敝邦人见之,以为见所未见,书(诗)之工拙不暇问也"。黄遵宪认为,文章之佳,由于胸襟器识。寻章摘句,于字句求生活,是为无用之人。谈话中黄遵宪评论孔子是"大成之圣,实为上下十二万年,纵横七万余里,不能再有之人;其教人无所不备,不止《诗》《书》《六艺》已也。宋儒之学,为孔门别支,推其极不过学孟子耳,彼不知圣人为何等人也"。(与源桂阁笔谈遗稿,《全集》上,第708—713页。)

三月初八(4月16日),冈千仞给黄遵宪送来《法兰西志》一书,黄遵宪复函志谢:"《法兰西志》拜察。大著文,适公使出门,故不及取出。或今晚,或明日,当遣作赉呈也。"同日晚,黄遵宪便将冈千仞交其点评之著作送还,并题数语以赠:"大作奉还,仆亦廖赘数语,想不鄙弃也。《法兰西志》,他日必当以寄丁公,备采择。匆匆不多及,惟自爱。"(《全集》上,第312页。)同日,将香港循环报馆重新刊印的《日本杂事诗》一册赠增田贡,并附函称:"《日本杂事诗》一册,谨尘清览。仆东渡以来,故乡亲友邮简云集,辄就仆询风俗,问山水,故作此诗以简应对之烦。王紫诠见之,携其稿去,遂付手民,非仆志也。仆以外国人述大邦事,定不免隔靴搔痒之诮。别风淮雨,讹谬丛杂,幸绳正之。又其中措辞未当,或听者有意,以为讥诮,则于居国不非大夫之义更相乖谬,尤非仆之所愿,亦恳恳指正,钦荷无已。容暇趋谒。手此,顺祝近好。不宣。增田岳阳先生左右。光绪六年上巳后五日。黄遵宪谨白。"(《全集》上,第312—313页。)

在美国前总统格兰忒居中调停中日琉球交涉事件失败后,格兰忒之助理杨越翰将黄遵宪递送的有关文件交美国《哈拉报》发表,并为此著文评论,指出:中国致日本的照会"无甚不合",而日本致中国照会"乃实为无礼",并且自相矛盾。同时文章还责日本"骄傲过甚",兼"愚而无礼"。《哈拉报》刊载的中日琉球交涉文书及杨越翰文章引起了东西方各国的强烈反应,在国际舆论上重挫了日本气焰。(郑海麟:《黄遵宪传》,第29页,中华书局

2006年版。)黄遵宪为此颇为兴奋,三月十五日,致函王韬,说述此事件之经过:"前寄呈干甫先生一函,及《横滨日报》照刻《纽约哈拉报》数纸,缘原本系美统领随行幕友杨越翰以寄哈拉报馆者。琉球争端初起,由星使与外务卿议论数回。彼极拗执,乃始行文与辨。日本于此一节自知理绌,无可解说,乃别生一波,谓此间初次照会措辞过激,不欲与议。彼原不过借此以延宕啰唣耳。嗣统领东来,本署将屡次彼此行文,逐一详审译呈,统领以为无他。杨越翰将一切情节寄刊报馆,独于日本外务与我之文,一讥其骄傲过甚,再讥其愚而无礼。其是否出统领意虽不可知,然彼之为此,盖主持公道,谓我与彼文无甚不合,而彼与我文乃实为无理,所谓以矛陷盾者也。此报一出,闻纽约报馆卖出数万份,而欧洲诸国照刻者亦多。因是而五部洲人皆知日本之待我极为骄慢,皆群起而议其短。因美国系中间人,中间人之言,皆信之也。报到横滨,横滨西报即为照刻,而《东京邮便新闻》《朝野新闻》亦一一照刻。虽东人见之不悦,而语出他人,无所用其忌讳。故杨越翰讥消日本之语,亦一一具载。

"弟初以为我国各报馆必有译出汉文者,久而寂然,窃疑为未见,故敢以一通径达贵馆也。果蒙不弃,录塞余白。乃陆续接到贵报于中间录刻来去之文,将原报所有讥弹日本语概为删去。始而深讶,不知何故,继乃念阁下及干甫先生均未能深通西文,翻译人口诵之时,隐匿不言,即无从笔之于书,不足怪也。原报流传既久,敝署既将原文及译文寄呈总署及伯相,均承其命人将原文再译,与敝署所译意悉相符。贵馆译而删去,于公事原无甚得失,弟不知贵馆译人是西人抑是东人?抑我国人?不知彼出何心而有意为此?读所译汉文,神采飞动,非出公手,即是洪公。是二公亦受其欺矣。狂瞽之言,敢达清听。今将敝署译汉并日本新闻寄呈,至原文具在,请复校之。《鹿门笔话》均寄呈清览。得信之后,望即以八十部还弟,弟此间既乌有矣。弟意尊馆存本必多,仍可加寄一二百部来东,必能尽卖。(定价三十五钱,价殊不贵,若分钉上下二本,似可定作四十钱或四十五钱)。事须及热,幸勿迁缓,千万拜祷。(鹿门自作书后文一篇,龟谷省轩、蒲生子闇皆有序,其他东京文人多欲作序跋者,他日汇齐,当再补刻。)角松折扇既交去。弟自子纶归,不通语,久不上旗亭。昨为此扇特设一局,而角松适他出,招之不来。弟亲送其家,其母出见,泥首至地,至再至三,具言为角松谢王郎殷勤。又述角松思念,云自经品题,声价顿增,王郎数首诗,渠赖以一生食着不尽。弟闻之他人,言亦如此,可知其诚恳矣。托书肆在阪购图,昨来告云,是板久不印行,须有人定购数十部方印,故迟误至此。弟思地图一事,晚出为佳,不必定需松田氏所著,另乞他命,或由弟择购。俟复缄,即驰寄。手此,即请近安。干甫先生同此。弟遵宪顿首。三月十五日。"(《全集》上,第313—314页。)

四月初十(5月18日),黄遵宪致函王韬,谈中俄伊犁交涉,崇厚因擅自与沙俄签订《里瓦几亚条约》致使大片国土流失,崇厚因此被革职拿问之事:"紫诠先生大人阁下:数日中叠奉到三月下浣所发三函,崇论闳议,信足以推倒豪杰、开拓心胸。其中所论,如谓藉各使维持,遣旧人续议,皆与鄙见不谋而合,殊自幸孺子之可教也。使臣下狱,无益于事,徒贻他人以口实,洵然洵然。而阁下所谓不可解诸事,亦一一不诬。虽然,以弟近日所闻,乃知其中有不得已者在也。

"弟闻遣使之初,特出懿旨,枢府诸公告其由陆路驰往,与左侯会商而后去。而彼谓严寒酷冷,难以冒犯霜露、跋涉山川,卒由海道。泰西所谓头等公使,虽曰代君行事,然受命而出,乃得专行,即议定之后,亦必俟政府画诺而后能钤印画押。崇公之去,朝旨命之索伊犁,未尝令其结条约也。及将约稿寄回,又屡次驰书告以万不可许。而崇公一概不听,擅自启程,此即泰西之头等公使,亦万万无此事。彼徒以骄矜之气,为桀黠所愚,遂使天下事败坏决裂至于如此,可胜叹哉!

"俄为劲敌,当路诸公素所深知,故虽明知万不可行,尚欲含濡隐忍以待他时。而台谏诸人连章交劾。未经宣布之前,留中章疏既有七分,其后攘臂奋袂、慷慨言事者至于无日无之。朝廷以不得已始下之议,而崇厚之罪实不能为之讳。又有一二人据理以争,负气过甚,非枢廷诸君所能屈服,于是拱手而听其议罪,而崇厚乃下狱矣,乃议斩候矣。

"嗟夫!通商以来,既三十余年,无事之日,失每在柔;有事之时,失每在刚,此又其一也。

"中土士夫,其下者为制义、为试帖,其上者动则称古昔、称先王,终未尝一披地图,不知天下之大几何,辄诋人以蛮夷,视之如禽兽。前车之覆既屡屡矣,犹不知儆戒,辄欲以国为孤注,视事如儿戏,又不幸以崇厚之愚谬诞妄,益以长浮气而滋浮论,至于有今日,尚何言哉!尚何言哉!今日事既至此,苟使声明崇厚之罪,而不定案,告于天下,曰朝廷遣使,只命索还伊犁,乃崇厚所结条约,举属伊犁一地之外之事,(据国书,则索伊犁事尚未之及,故外人谓全权不得其实也。)实为违训越权条约云云,实难曲从,则内以作敌忾同仇之气,外以示我直彼曲之义,然后急脉缓受,虚与委蛇,徐徐再议。俄人虽横,彼亦无辞,犹为计之得者,此弟所以读阁下所作诸论,为之五体投地,拜服不已也。天佑圣清,必无战事。闻丁中丞有欲出之信。东南半壁,倚此一人,西望企祝,无有已时。时事孔棘,同抱杞忧,引笔伸纸,不自觉视缕如此,聊以当与先生一夕话耳,幸勿示人。匆匆不庄,惟为国自爱。不宣。弟遵宪顿首,四月十日。"(《全集》上,第314—315页。)

四月十六(5月24日),赴日游历的江西吉安莲花厅同知李筱圃到公使馆拜访,黄遵宪与何如璋、张斯桂以及英文翻译杨枢一起参与座谈。十八日(5月26日),何如璋派马车接李筱圃到公使馆赴宴,黄遵宪与之同席。(李筱圃:《日本纪游》,见罗森等:《早期日本游记五种》,第100—102页,湖南人民出版社1983年版。)

四月十九(5月27日),致函宫岛,告知自己所询问的有关日本朝会、祭祀仪式之事,"即以现行仪式编纂见教"即可。(《全集》上,第316页。)

本月,黄遵宪继续编写《日本国志》,对有关日本朝会、祭祀二事不甚了解,与宫岛诚一郎笔谈,请求帮助。笔谈中黄遵宪介绍《日本国志》须至年尾乃能脱稿,分十三目,约三十卷。并说书稿是"独力为之",但是脱稿后由"何大使润色之"。宫岛"徐应编纂之"。(与宫岛诚一郎笔谈遗稿,《全集》上,第764—765页。)

本月,黄遵宪删改完宫岛诚一郎《养浩堂诗集》卷二,并在卷末题写跋语曰:"小诗风调绝伦,闲适之入篇最多名句,短章古诗佳者,别有隽逸古峭之致。盖是时多读晚唐宋人及乐府诗,故所得如此。长古亦有乳虎初生气象。庚辰四月。广东黄遵宪拜读谨跋。"(见宫岛诚一郎:《养浩堂诗集》,明治壬午年万安库藏版;郭真义、郑海麟:《黄遵宪题批日人汉籍》,第79页,中华书局2009年版。)

本月,何如璋与张斯桂为争调随员之事大有意见,关系紧张。(杨守敬自述,郗志群整理:《邻苏老人年谱》,光绪六年条,见《杨守敬集》第一册,第16页,湖北人民出版社1988年版。)

五月初一(6月8日),宫岛诚一郎来访,黄遵宪"以明日有往沪之船,文书丛集"而无暇接访,为此,黄遵宪有函致宫岛表示歉意,并约明日当随何如璋一起回访。(《全集》上,第316页。)

五月初二(6月9日)，黄遵宪回访宫岛，相与笔谈，谈及前日火灾。(与宫岛一郎笔谈遗稿，《全集》上，第766页。)

五月初四(6月11日)，黄遵宪与宫岛笔谈，表示会将宫岛的作品带到箱根拜读，黄遵宪准备在箱根住二十余天，并解释到箱根的原因是"久厌城市，欲一游山林耳"。并说近来精力都在编《日本国志》，没有诗作。(与宫岛诚一郎笔谈遗稿，《全集》上，第767页。)

同日，何如璋致函总署，通报美国欲与朝鲜通商，曾在釜山托日领事介绍未成。(中研院近代史研究所编：《清季中日韩关系史料》第二卷，第335页，中研院近代史研究所1972年版。)

五月初十(6月17日)，宫岛诚一郎在其家(麹町平川邸养浩堂)办招贤之会，嘉宾众多，黄遵宪与焉。(与宫岛诚一郎笔谈遗稿，《全集》上，第770页。)同日，冈千仞送来日本书籍及自著，黄遵宪因事外出，未能接访，次日(十一日，6月18日)，致函冈千仞表达歉意，谓："昨获惠书及大著，两日以俗冗他出，未及复，乞恕。来书'凤纹赏牌'云云，真绝妙好辞，非吾子不能作是语，愧非仆所敢当耳。仆来大国，阅人多矣。然于文最爱吾子，(尚有一土井聱牙，未及见其人，昨闻其死，为之怅然!)于诗最爱龟谷省轩。虽不敢谓天下公论，然私意如此，不能随他人为转移也。昔《法言》书成，君山以为必传，仆为扬子之桓谭，敢为左太冲之皇甫士安乎？虽然，既辱高命，不敢不序。仆于明日作箱根之游，大著当携往山中读之，半月后归寓，即当奉缴。仆若有异同之见，亦当一一签商。他日趋高斋，再把樽酒，重与细论文也。阴雨不时，惟为道为斯文自爱。光绪六年五月十一日，黄遵宪白。"(《全集》上，第316—317页。)

五月十五(6月22日)，黄遵宪致函王韬，谈及《日本杂事诗》在日本的发行情况，函曰："紫诠先生大人左右：四月底得惠书并《杂事诗》，径即以贰百六部送交成斋。此月六日又奉到一缄，知虞臣所赍物都既交到。不腆微物，乃辱言谢，益使人面热汗下矣。虞臣取去书，后当购物奉寄，万不敢屡渎也。见成斋云《杂事诗》今寄来者，必能卖却。唯日本书坊文芸堂近又有翻本，且加以圈点旁训，为日本浅学者所便。再行排印，恐不能与之争矣。(成斋初云：此事书坊实为无理，向者陆军省翻刻《普法战纪》，成斋告以现有书在伊处发卖者，陆军省因是不卖。然查日本政府发行版权条例，无不许翻刻外国人著书之条，则彼为有辞，故难强阻也。)成斋处卖书金既经催索，未得复函。承示大著近日出板,景星庆云,天下皆以先睹为快。辱命弁言,弟万不敢。惟俟熟读后,再当涤笔敬书其后耳。蒲生子《伟人传》四编既刻成,今邮来一部,请查收。弟月来患喉痛,颇为困累,复书迟迟,职是之故。比稍愈,明日当作箱根之游,约十余日方归也。匆忙作此,春蚓秋蛇,几不成字,幸曲谅之。天渐暑,望自爱,千万千万!弟遵宪顿首。五月十五日。"(《全集》上,第317页。)

五月十六(6月23日),黄遵宪赴日本箱根游历。前揭致王韬函有云:"明日当作箱根之游,约十余日方归也。"另光绪六年六月五日(7月11日)与宫岛诚一郎笔谈遗稿(《全集》上,第772页。)内有宫岛问黄遵宪语:"兄往箱根在何日?而其还(在)〔在?〕何日?"黄遵宪答以:"六月廿三日往,七月十日归。"箱根山号称日本东海道第一险要,海拔不足两千米,地势险峻,风景秀丽,山顶有温泉,为日本有名的游览胜地。

五月二十二(6月29日),何如璋致函总署,报告竹添进一派充天津领事,传闻将赴韩一行。伊犁事俄有添兵备战之说。(中研院近代史研究所编:《清季中日韩关系史料》第二卷,第412页,中研院近代史研究所1972年版。)

五月二十七(7月4日),黄遵宪在箱根山中删改宫岛诚一郎《养浩堂诗集》卷四,并在卷末题辞:"栗香之诗,无市儿龌龊态,无腐儒寒酸态,无武夫粗犷态,无儿女婉昵态,无下吏鄙俗态,无村人陋野态。每读过,使人神怡。风人之诗也。光绪庚辰五月廿七日在箱根山中新浴初起,展读赘此。岭南黄公度。"(宫岛诚一郎:《养浩堂诗集》,明治壬午年万安库藏版;郭真义、郑海麟:《黄遵宪题批日人汉籍》,第82页,中华书局2009年版。)

黄遵宪在游历箱根期间,阅读了冈千仞的《藏名山房集》和中川雪堂的诗集《雪堂诗钞》,对其中的诗文,进行了认真的点评。《藏名山房集》中黄遵宪有批语署时间为"光绪庚辰五月二十九日在宫下楢屋浴起附赘此",可知黄遵宪点评《藏名山房集》即在其游箱根期间。(冈千仞:《藏名山房初集》,冈百世刊印本,日本大正九年二月十八日版。)又据光绪六年五月十日(6月17日)与宫岛诚一郎笔谈遗稿(《全集》上,第772页。)可知,中川雪堂与宫岛诚一郎为同乡,在黄遵宪作箱根之游前六天(光绪六年五月十日,即1880年6月17日),六十五岁的中川雪堂在宫岛诚一郎家中经宫岛氏介绍与黄遵宪相识,其《雪堂诗钞》当是此时交黄遵宪携往山中阅读评点。

黄遵宪评《藏名山房集》卷一《楠正成论》曰:"余读日本史,见古之以英雄称者,多轻举妄动,无坚忍不拔之操,独德川家康为深沉雄伟,故其功业亦非他人所及。此文责楠公以轻死,与余同心。行文亦健举,似苏氏父子。"《楠正成论》批评日本著名武将楠正成在1336年凑川战役中兵败自杀的行为不可取,认为像楠正成这样一位"以一身系存亡者",应该"如文天祥、史可法诸人于宋明季世,挽回澜于将倒,存危统于垂亡",不应"不复思溃围,举而暴进狶突,以死为快"。

黄遵宪评《德川家康论》曰:"揭德川氏心术,可谓无遁情。而当时丰臣秀吉实已深知之,但恨力不能铲除,自唤奈何耳。临死握手,托以五岁儿,亦明知其必取,而始为嗣子可辅之言。以丰太阁之英雄而自愧不如,德川氏果非常人哉!论者所称平天下之乱,开三百年太平,亦不谬,要当与此论并存。"冈千仞在文中揭露批判德川家康的阴险狡诈,心术诡秘,认为虽然"德川家康平天下之乱,开三百年之太平",其功业"非织田、丰臣二氏所能及",但"就其情而论,则织田、丰臣二氏,固有不屑家康之所为者也"。

黄遵宪评《论丰臣氏征韩》曰:"作者竟谓我朝西拓万里而不用兵于日本,由此丰臣氏一役耳。此为隔靴搔痒矣。向见青山延寿有《丰太阁论》亦作此语,而其言更夸诞,书生之见,每每如是。"文末,黄遵宪批曰:"丰臣氏征韩,将驱立功诸将死于锋镝耳。此文所论未中肯綮。"冈千仞以丰臣征韩攻朱明王朝,是效忽必烈覆赵宋的行为,不必师出有名。丰臣氏之所以最后未能成功,错在过分杀戮,身边又无能臣辅助。

黄遵宪评《与石泽二水书》曰:"若使当时主战,亦终归和局。不过,战败议和,所缔条约,更不堪言耳。此则大槻氏之言是,而鹿门氏非者也。至其论宋学处,极妙。"因石泽二水屡荐冈千仞于大槻督学,求补学职,冈千仞写此信说明自己的学问和政见与大槻氏不同,予以推辞。

黄遵宪评《与某论冉求仲由书》曰:"德行颜渊一节,谓只就厄于陈蔡时说,自是确然。然据以谓圣门之列四科者,不止此数人,则可疑;诸贤为不称其实,则未足也。批驳处极有条理,具见读书用心。虽然,蒙①窃以为圣门诸子未可轻议。由、求之为政事才,实不容疑也。《论语》一书称二子之为政事才者,不一而足,盖夫子尝称道之,此足取信于天下万世矣。作者所疑聚敛附益,及仕卫殉难二节,揣圣门大贤,断不至病民以媚季氏,为自好者所不为。陈氏厚施,民歌舞之,卒移齐祚。求之为此,或别有深心,欲使季氏敛怨,即以尊公室,未可知也。求以治赋称,抑或国用不足,欲以取之民者散之民,亦未可知也。夫子所谓鸣鼓而攻,或非夫子之言,或夫子有为言之。蒙考《论语》一书,实不出一手。自仲尼没,而儒之党派各分,弟子各就其所闻以记。汉之经生,分门别户,齐论鲁论,各有源流,观《汉书·艺文

---

① 蒙,自我谦称。

志》可知。即或求也并无此事，记者以误传，经生亦以误授，亦未可知也。此不容疑也。谓仲由死卫，为无见幾之明，此近于据成败以论英雄。且夫子知其必死，无一贬语，而后人反加訾议，是智过夫子矣。亦不容疑也。至谓二子无政绩足记，(有治蒲三善事，不得谓无一足纪也。)书缺有间，所流传于今日者，千万之一耳。且古人朴实，无盗名欺世之心，不如后人之墓志家传，连篇累牍，赖赖不休，固未易使其政绩传于后世。圣门七十二贤，其无事可记者，居十之八。宋明以后，从事孔庙之儒者，蒙读道学诸传，其所称述，往往近于圣人无一瑕疵。蒙不敢信宋后儒者，而疑孔门诸贤也。此又不容疑也。谓春秋时待士极优，因责求、由不见用于世。不知若叔向，若子产，或出公族，或出世家。(《左传》所谓羊舌氏世其家。)至管夷吾举于士，则千古称鲍叔之荐贤、桓公之知人矣，皆未便与由、求疏远单寒之士同语也。以孔子之圣，而栖栖皇皇，不得展其志，又何论由、求？此又不容疑也。作者又疑由、求不应仕季氏。当时政权，半由季氏，二子不仕鲁则已，苟仕鲁，舍季氏其谁氏？明季赞议许澄不应仕元，谓为失身胡虏，不知许氏践元之土，食元之粟，当时君天下者为元，苟不仕元，其将谁仕？季氏虽非元比，而论者所责，则同此迂阔矣。蒙又比之，当德川氏盛时，二百余藩，奔走恐后，究其实，则僭霸耳。然苟责此二百余年之臣，谓为无君，奚为而可！季氏所为，尚不如德川氏之手握政权，而谓二子呈媚僭窃之家，尽力乱贼之门，则可谓不论其世也。此又不容疑也。读古人书，当观其大，当论其世。心有所疑者，则当博考旧说，融会而贯通之。圣人为万世一人，其门弟子之贤，亦必非后人所能及。蒙读朱注，于诸贤短处指摘不遗余力，每讥其妄。故今读此篇，不自觉其言之烦碎也。山中无书，不获征引，以证成吾说。然断之以理，亦似可以共信。质之吾□□□□□□□□□□鹿门以为何如？蒙不学，虽谬妄，亦万不敢自居于师。谅之，恕之！光绪庚辰五月二十九日在宫下楢屋浴起附赘此。岭南黄遵宪。"冈千仞文中主要针对他人对其"轻议圣人"的责难提出辩驳。文章认为，虽然冉求、仲由二人分别以长于治民和军事自许，孔子亦表示认同，但观其二人，并无杰出的表现。因此，文章提出四点质疑：一是冉求、仲由不但无政绩足以传述，反以不善政闻名，为什么二人位列政事科？二是孔子与冉求、仲由朝夕相处，对二人性行得失，造诣深浅不可谓不了解，为什么从不"轻许可人"的孔子会推重二人？孔子说得上能知人，能教人吗？三是当时列国待士极优厚，如管晏、叔向、子产等能做到上有补于家国，下有益于人民的人很多，而在孔子的门徒中却找不到一个这样的人，孔子所教的是何道？冉求、仲由所学的是何说？四是出处行藏，学者大节，这正是孔子所看重的，冉求、子由投奔季氏，"汲汲自售于僭窃之家，尽力于乱贼之门"，却仍在孔子三千弟子中被推为为政事才者，是何原因？

黄遵宪评《复鹈目生书》曰："圣贤学问，一一皆归实际，可见诸施行。宋明诸儒之学，为儒家旁门别派，存其说可也，深信之，真有坏学术而误家国者，今其效既略可睹矣。篇中论宋儒处极有见地。至专以立志不变求圣人，则犹似未能知其大也。行文亦兀奡可喜。"鹈目生曾有信给冈千仞，一方面责冈氏不应在"海外麻乱，豪杰争鹿"之日"决意勇退"，另一方面说自己今后七八年"将研究经学，肆力于文章"，请冈氏"教以浚源务本之方"。冈千仞这封复信主要针对以上两点展开。

黄遵宪评《代公议人答罚奥羽诸藩如何得其当下问》曰："此策实可行。从古封事可见诸施行者无几，盖纸上之谭，局外之见，每多窒碍也。论俄人处，尤征卓识深心。"本文是冈千仞任仙台藩议局议员期间，代表藩议局起草的策论，回答的是天皇应如何惩罚奥羽诸藩的问题。

黄遵宪评《上英香港总督燕制军书》曰："俄之耽耽虎视非一日矣，其未遽东向者，欲俟西略既定，然后逞其志耳。我亚洲各国舍自强无以立国，舍合纵无以御侮。此文指陈形势极中肯綮。其谓俄苟得志东方，非英之福，本于西人均势之说，亦极有见地。嗟乎，安得人人共知此意哉？朝鲜为亚细亚要冲，有若欧洲土耳其，而其国为旧习所囿，最为可忧。"文章主要内容是向英国香港总督燕制军分析东洋各国形势，指出"俄之强大，万国所忌，若一旦附以东洋诸国，此隼而牙、虎而翼者"，是"大英他日之大患"，从而向燕制军提出请求，希望他能协助游说西方各国，保持万国均势之局面。

黄遵宪评《送佐田少警视使于欧洲序》曰："西法有必不可学者，有可学可不学者，有急急应学者。论物产之富，人才之众，风教之美，吾皆胜于彼。所不及彼者，汽车、轮舶、电线及一切格致之学、器用之巧耳。彼抉其所长以务财训农，以通商惠工，以练兵讲武，遂坐收富强之效以凌轹我。彼百战积累，不知费几许金钱、几许岁月而后能者，吾学之而旦夕可成，此盖天之所以启我也。于此而犹不图奋发，是甘于自弱矣。噫！矫健磊落，光烛星辰而上，气引江河而下，此题古人所未有，而文乃不懈，而及于古。"该文分析了欧美各国崛起的过程，认为欧美诸国的强大，"皆积百战奋发之功"，并因此提出学习西法、改革求变的主张。

黄遵宪评《万国史记序》曰："余与冈本监辅相知最深，其书成，举以示余。余恨其无志、无表,不足以考治乱兴衰之大者,因为之发凡起例,冈本氏大以为然。何星使喜其书,亦惜其杂采西史,漫无别择,谓其叙述我国处,词多鄙陋不足取信。顾以汉文作欧米史者,编辑宏富,终以此书为嚆矢。书综记万国,序上称三古,可谓一纵一横,论者莫当。余从前亦欲作此书,自草条例,凡为列国传三十卷。为志十二:曰天文,曰舆地,曰宗教,曰学术,曰食货,曰货殖,曰武器,曰船政,曰兵法,曰刑律,曰工业,曰礼俗;为表十七:曰年表,曰今诸侯表,曰疆域表,曰鄙远表,曰土产表,曰货殖表,曰税表,曰国债表,曰民数表,曰教表,曰学表,曰职官表,曰兵表,曰船表,曰炮台表,曰电线表,曰铁道表。顾以其书浩博,既非一朝一夕所能竟,又非一手一足所能成。积稿压架,东西驰驱,卒未成书。今观冈本氏所著,益滋愧也。光绪庚辰五月识。"在这篇文章中,冈千仞从宏观上将西洋历史分为上古、中古、近古三个阶段,认为"上古概皆野蛮","专事搏噬,无复人理",及至基督教兴起才"蛮风一变","及阁龙①捡出西大陆"后,方"知识顿进,学术大开,技艺日精一日",进而总结出"人民初生,榛榛狉狉。与禽兽无大异,及其经年岁渐久,讲明物理,扩充天良,聪明日开,世运岁进,此万国常态"的历史进化论观点。

  黄遵宪评《爱国丛谈序》曰:"知人贵论世,旧日尊攘之徒,其中浮鄙者,所谓攘夷意在尊王,尊王意在覆幕府,覆幕府在图富贵,诚不乏人。而忠肝义胆之士,实亦指不胜屈,时局一变,变为用夷。苟使数子者不死,其知机识时,亦必倾心外交,力学西法无疑也。此论极为有见。虽然,如佐久间象山之流,能于群言纷乱之时,力主开港,则尤为不可及哉!"《爱国丛谈》是日人佐治召南所撰之史书。冈千仞在这篇序言中认为,正是由于有德川光国等人尊王攘夷的号召,才激起上下同仇敌忾与英法决胜的士气,亦才使国人认识到"西洋各国之难与力争"的现实,从而才有今天与西方议和以及学习西方文明的局面。

  黄遵宪评《外史前编序》曰:"司马公在北宋,则帝魏。朱子在南宋,则帝蜀。所处之地则然。赖山阳之为《外史》,既露尊王微意,顾未敢昌言耳。若处今日,则何待言?非虑所不及也。然后来者能补正义,意固甚善。"本文是冈千仞对赖山阳所编《外史》的评论。冈千仞认为,"赖氏果师《春秋》,则宜首揭大统,大书特书,以表达一统之义"。冈千仞对近藤瓶城所编《外史前编》能弥补赖氏《外史》之不足,给予了肯定。(以上皆见冈千仞:《藏名山房初集》,冈百世刊印本,日本大正九年二月十八日版。)

---

① 今案:即哥伦布。

最后，黄遵宪还为《藏名山房集》撰写序言:"天下万事万物,有迹可循者,皆后胜于前,独文章则今不如古,近古又不如远古。盖文章所言之理,今人所欲言者,古人既言之,掇拾其唾余,窃取其糟粕,欲与古之人争衡,必有所不能。文章家之足自立者,其惟史乎?吾今日目之所接,耳之所遇,身之所遭,皆吾之所独,古之人莫得僭越之。文章家之史之大者,为古所绝无,其惟今日五大部洲之史乎!自欧米诸国接踵东来,举从古未通之国,从古未闻之事,一旦发泄之。问其政体,则以民为贵,以共和为政,以天下为公;问其学术,则尽水火之用,竭天地之蕴,争造化之功;问其国势,则国债库藏,动以亿数,徂练之师,陆则枪炮以万数,水则轮舶以百数;问其战争,则伏尸百万,流血千里,其甚者,寻干戈二三百载,不得休息。以及百丈之船,万钧之炮,周环地球;顷刻呼吸之电音,腾山蓦涧,越林穿洞;日行数千里之火车,飞凌半空之气球,凡夫邹衍之谭天,章亥之测地,齐谐之志怪,极古人所谓怪怪奇奇者,莫不有之;极古人荒唐寓言之所不及者,又有之。苟以是笔之于书,则夫欧米诸国,从百战百胜,艰难劳苦,以通东道者,皆适以供吾文章之用也,岂不奇哉!昔人论史迁文,谓非独史才,亦网罗者博,有以资之。今五洲万国二千年之事,岂啻倍此。吾意数十年后,必有一学兼中西者,取列国之事,著之于史,以成古今未有之奇书。而不意东来日本,乃几几得之于冈子千仞。冈子向官编修,曾译米、法二志行于世。所为文章,指陈形势,抒写议论,类不受古人牢笼。余每读其文,未尝不叹为方今良史才也。往余与冈子相遇于昌平馆,冈子卒问余曰:"子每言不能为文,果何能?"余奋笔书曰:'能知五部洲之事。嘻!夫非曰能之,吾欲尽熟彼事,而后治吾文也。'今若俄、若英、若德、若奥、若意,皆纵横寰海,以强盛闻。冈子尚有志译其书,余不将橐笔鼓箧、捐弃百事而从之游也乎!"(《全集》上,第250页。冈千仞:《藏名山房初集》,冈百世刊印本,日本大正九年二月十八日版。)

本月,黄遵宪为日本著名汉医浅田宗伯之诗集《仙桃集》作序,光绪五年(1879年,)经浅田宗伯的治疗而病愈的黄遵宪为表达自己的感谢之情,将一幅中国制的黑色道士巾,或称乌角巾,赠送给浅田宗伯。中国历史上曾有东汉郭林宗为避党锢之难戴着折角巾周游郡国以及东晋时代陶渊明的漉酒巾的故事,道士巾本身也被视为一种超脱俗世的高洁志向的象征。本年正月,以清川玄道为首的温知社领导在浅田宗伯家集合,清川玄道将自己戴道士巾的感怀诗拿出来给大家看,浅田宗伯、今村了庵及在场的同道们纷纷和韵。浅田宗伯将当时的唱和诗命名为《仙桃集》,请黄遵宪作序。《仙桃集》原件为一幅长卷,现由日本当代著名的汉方医生矢数道明先生收藏。该卷题有二十一位温知社干部的诗作,卷首绘有道士巾和仙桃图,并有浅田宗伯之子浅田棕园抄录的黄遵宪《仙桃集序》。(陈捷:《黄遵宪与日本汉方医学保存运动》,《中国典籍与文化》,2009 年第 5 期。)序曰:"古之人有以巾闻于世者,一为郭林宗之折角巾,一为陶渊明之漉酒巾。乃今又得之浅田先生之道士巾。先生疗余疾,余赠以巾。先生大喜,招其同志饮酒赋诗,属而和者数十人。数十人者又仿其巾而模造之,于是浅田巾之名名于通国。夫以先生之高风亮节,隐居不仕,亲戚情话,琴书消忧,所谓天子不得臣,诸侯不得友,其于二子,殆庶几焉。

"顾东汉之末,宦官窃权,党锢狱起,知名之士,多被其害。林宗褒衣博带,周游群国,特委蛇以避难耳。而陶靖节值晋亡宋兴,其不为五斗米折腰,欲为胜国之顽民,不欲为新室之勋臣耳。余读其《述酒》诸诗,于沧桑之变,盖三致意焉。则取巾漉酒,亦借以浇其胸中之块垒已也。先生年少不陷于党祸,至今日则时方太平,优游足乐,弹冠而出可也,束带而立亦可也,夫何慕于二子而以黄冠为?先生顷衷其诗属余序,余以此意质之。先生方左执卷,右执杯,折巾一角,呼童漉酒,科头箕踞,大笑而不答。既而曰:'子毋足知我!且饮酒。'光绪庚辰夏五月,岭南黄遵宪公度撰。"(《全集》上,第247页。)

六月初(7 月),王韬致函黄遵宪,略谈俄事,主张联英美以制俄:"前奉瑶华,知文斾有箱根之游,两旬始返,当时即有复缄。计此际驺从,当已言旋矣。未知山水之乐何如?途中不寂寞否?香海一至夏令,烈日当空,若张火伞。炎云出岫,多作奇峰。居者殊不可耐,必逮九月始得凉飙。韬体肥惮暑,每思得清流成顷,浓荫四围,支枕高卧,惜徒神往于墨川、忍冈间耳。

"俄事近无实耗,惟遣师调舶,络绎不绝于道,其意在水陆并发。然以韬所闻,俄人海面用兵之权,英可联通商诸国为止遏。盖沿海各直省,皆泰西通商埠头所在,兵端一开,贸易情形必至大有窒碍。通商诸国以英为巨擘,而美与普次之。若纵横海面,则以英、美执牛耳焉。英诚能联美以止俄,俄人当不敢逞。沿海各口,俄人兵舶既不能骚扰,然后我得专力于西北,而御俄于陆。俄虽强,胜负之数未可知也。

"戈登已来此间,意将为排难解纷地,其言曰:'此来特为保欧、亚两洲升平之局。'然则将说俄欤?抑说我欤?前日威公使亦曾居间相劝,然但欲我之俯从,而未及俄之改约,则亦仅得其一偏。戈登今日其将助中以说俄,则恐人微言轻,俄尽可拒之不理,徒足取辱耳;若助中国而亲统戎行,则俄亦劲敌,非前时发逆比。况以仓卒之师与俄决一战,我恐未必能操胜券也。韬谓戈登之来,莫如说泰西通商诸国,互相联络,以拒俄人用兵于海面,藉保各国贸易。此最为上策。俄人在西北悬军深入,调兵转饷,事事非易。俄既不能战于海,而但战于陆,自当知难而退。戈登若能出此,是真能保升平之局矣。俄人跋扈飞扬,在欧洲中如无道之虎狼秦,诸国莫不畏忌,势同孤立。若俄得志于中国,固非诸国之福也。戈登之说,当易进也。此亦执万国公法以相周旋也。俄人今日之举,固有所藉口,诸国亦不能止之也。惟止于海面听之于陆,则以不止为止。殊勋之建,时哉勿失!

"或谓'英人近日徒恃虚声,殊无实际。试观俄人昔日伐土,英辄言相助,今日选兵,时日简将,几于艨艟络绎,旌旆飞扬,卒至俱成画饼,逮土兵败地蹙,成城下之盟,英与墺反裂其土地而有之,因以为利。彼于同洲之土有关于利害者,尚行诡道如此,复何爱乎我中国而必欲与俄为难?设使英人止俄用兵于海上,俄能从之,固中国之幸。若俄不从,与英龃龉,则将以中国为战场,中国之祸不更烈哉?'不知止俄之役,非英一国所能为,当联络通商诸国,以请于俄耳。且亦非徒以空言也,必先以水师战舰调集来华,以自保卫,然后进说耳。左侯帅镇抚新疆,折冲御侮,自当绰有余裕。惟是幅员初定,元气未复,内地转输,途辽势阻,一旦加以大敌当前,似形掣肘。前者军中乏食,赖俄人为之供给,若使俄人画疆闭粜,不给之虞可以立见。此又不可不先为之备也。奋笔狂谈,无当万一,阁下付之一笑可也。"(李天纲编校:《弢园文新编》,第270—271页,中西书局2012年版。)

六月初四(7月10日),黄遵宪结束游历箱根之旅,回到使署,黄遵宪在游历箱根期间,将所见所闻形之于诗,有《游箱根》诗四首:

"危途远盘纡,径仄鸟迹绝。一步不敢前,双足若被刖。人呼兜笼来,纵横宽尺八。脚手垂郎当,腰背盘曲折。舆人出裸国,皮绉龟兆裂。螭蛟绣满身,横胸施绛袜。两肩乍抬举,双杖互扶挈。前枝后更撑,仰攀俯若跌。有如蚁旋磨,又似蛇出穴。趺趺上竹鲇,蠢蠢爬沙鳖。噫风竹筒吹,汗雨蒸甑泄。劳倦时一歌,乡音鸟嘲哳。烟树绕千回,风花眩一瞥。峭壁俯绝壑,旁睨每挢舌。四山呼无人,一堕便永诀。畏途宁中止,弛担娄更迭,直穷绝顶高,始觉天地阔。"

"群峰插云中,结屋峰头住。蒙蒙万云海,凭空无寸土。开窗起看云,迷茫若无睹。一云忽飞来,一云不肯去。一云幻作龙,盘旋绕屋柱。关窗急遮拦,攒隙细如缕。须臾塞破屋,真气满庭户。解装张行囊,呼童共捞取。大风卷地来,团作黑烟聚。隐隐闻雷声,乍似婴儿怒。遥知百万家,已洒三尺雨。我方跂脚眠,梦骑赤龙舞。直倾天河水,远向并①豫注。侧身起西望,梦堕②云深处。(时山西、河南大旱。)"

"举国无名川,一湖何滉瀁。环抱三百里,下窥五十丈。神武开辟来,亘古无消长。氿泉日穴出,狱流失归向。一碧湛空明,万象绝依傍,昂头只日月,两轮互摩荡。我来驾一舟,杳茫迷所往。谓是沧溟游,乘风破巨浪。何图众山顶,乃泛海荡荡。关东昔豪杰,割地争霸王。汤池据③此险,漆城莫敢上。迩来司农官,又作填海想。凿脉干此湖,可得千沃壤。纷纷校得失,尧桀我俱忘。且作烟波徒,容与打双桨。"

"群山若堂防,依岩各构屋。家家争调水,曲笕引修竹。泠泠滴檐角,汩汩出岩腹。晓鸦犹未兴,已有游人浴。东屋鸣琴弦,西屋斗棋局。南屋垂钓竿,北屋罗简牍。蛟毫展凉簟,鹤氅被轻服。点白茶始尝,堆红果初熟。蕃舶从海来,蒲萄泛新渌。洪崖揖浮丘,萧史媚弄玉。鸡犬亦飞升,熊鱼得所欲。人生贵行乐,矧此神仙福。缠腰更骑鹤,辟俗还食肉。平生烟霞心,奈此桑下宿。行携《桃源图》,归我箕筲谷。"(《诗草笺注》上,第260—267页。)

六月初五(7月11日),宫岛诚一郎听闻黄遵宪已从箱根归来,便前来使馆拜访,彼此笔谈。(与宫岛诚一郎笔谈遗稿,《全集》上,第772页。)

六月初八(7月14日),增田贡致函黄遵宪,告知使馆雇员野崎剑四天前假托何如璋名义从自己手中骗走《史记》与《日本外史》二书之事,增田贡函曰:"向赐《杂事诗》卷,阅之玉石混淆,冠履齐列,奇想如泉之不竭,可谓士衡之才患才矣。寻诣馆答惠,偶属不在,随又闻有函山之行。因循至今,有三秋之感。意温泉之治适否?时方断梅,新暑透葛,台候岳重可庆。而

---

① "并",钞本作"雍"。
② "堕",钞本作"在"。
③ "据",钞本作"剧"。

会有咄事之生，不得不敢告。过辰十日之午，贵室使令野崎剑来，说阁下之近况，且致何大使象胥巨鹿某之书曰：'大使有命，愿借《史记》《日本外史》。某多务，不能自诣，幸恕。'仆与某不相识，而大使则屡接。故召剑，亲授以二部，且属曰归则寄受证来。既而寂然回柬，巨鹿某亦无音耗。诘朝复送翰让某，某始谢曰：'剑向有罪，放之。'于是愕然，悟陷其术中，不堪忿愤。昨晨寄某曰：'剑之宅地番号必载在馆籍，疾告之，余誓捕剑以正罪。'而至今日未得消息。未如是，则虽某亦可疑矣。剑虽我邦人，藉馆命白日行剽，可谓污鸿号，其为罪也大。而某之书真伪虽暧，留在仆之手，足以为左券。顾非某白剑之假冒，则或受嘱唆之嫌。虽然，其恬然吝于告宅号、贯籍，亦咄怪矣。故质之阁下，并烦报（旁注：告）剑之宅号，且窃问某为人之正否。是事于名分（旁注：义）。亦不可不宽假。我旧藩之律，士之子弟苟有涉偷之事，则其父兄赐剑命自裁。今士风虽衰，有志者亦不可不磨励也。斯语幸致大使，则亦有使译人寅畏之教乎？敢告下执事，以俟复命。明治十三年七月十四日。增田贡再拜黄公大赞阁下。"（《全集》上，第318页。）

黄遵宪当即回函曰："多日未面，得惠书，方知曾辱枉顾。以箱根之游，未获倒屣，歉如何之。承示为小儿欺骗事，使人怒。是子以冶游荒荡，逐去既两月。从前在此时，亦未尝遣其将告命。阁下试思，《外史》《史记》之书，敝馆何用需借？而竟以是诬阁下，可谓胆大妄为也。承询其宅号、贯籍，是人在此时仆所知者，条具于左，祈鉴察。惟勿以琐故介怀。我六年六月八日，阳历七月十四午后二时半。黄遵宪。"（《全集》上，第318页。）

六月十六（7月22日），黄遵宪邀友人冈千仞、龟谷省轩等于龟清楼小酌。（光绪六年六月十五日致冈千仞函，《全集》上，第319页。）

六月十九（7月25日），黄遵宪致函王韬，缕述别后之情形，介绍箱根风景，并谈及《日本国志》撰写情况。函曰："紫诠先生大人阁下：弟近日归自箱根，获读五月中所发二函、六月初所发一函，前后凡四五千言，其揣摩时势之谭，尤为批隙导窾，洞中要害。弟昨评冈鹿门一文，谓古人论事之文多局外之见、纸上之谭，可见诸施行者，百无一焉。乃今读先生所议，多可坐而言起而行者，真识时之俊杰哉！

"来书仍欲东游，彼都人士皆引领而望矣。此间瓜代之期，计在九月。日本同文之国，续任使事者，必仍是台阁诸公。若得有消息，旧日今尹必举先生名以告。想马周之名应无人不识也。窃意东瀛学士推重先生，若得文旌常驻此国,譬如猛虎在山,百兽震恐,大可以消患未萌,于两国和好收效甚大。弟苟可以竭力,敢不勉为之?

"弟以三年居东,行赋曰归。念日本山水素称蓬壶,屐齿不一至,虑山灵贻笑;而村乡风景,亦窃欲考风而问俗,故恣意为汗漫之游。居箱根山中凡二旬,而温泉七所,仅一未至,山路险峻,止通一线。而箱根驿有大湖在万山顶,宽仅十余里,深至五十丈,乃知古人比之函谷,称为关东咽喉之地,盖真不啻金汤之固也。随后尚欲游日光、走上州、过北海、抵箱馆,他日归途,更由陆达西京,经南海诸国,访熊本城,问鹿儿岛而后返。但恨文笔孱弱,不足以自达其所见耳。

"弟以不才滥膺今职,曾无片长可以告人。顷随何星使后,共编《日本志》,而卷帙浩博,明年乃能卒业。俟此事毕,若天假之缘,得游欧罗巴、美利坚诸洲,归再与先生抵掌快谭,论五大洲事,岂不快哉!相见何日?思之黯然。命办诸事,条具别纸,即希澄鉴。炎暑,幸自爱。不宣。小弟黄遵宪顿首。六月十九日。"函末有缀言,曰:"一、前命购地图,今展转觅得松田直所刻原本七份,谨以五份赠先生,余二部乞代送洪干甫先生。区区微物,即求哂纳,不胜欣幸。一、前命索问《扶桑游记》中卷,函到之日,尚未刊刻,弟一再催问,今日始竣功,由锄云翁交十部来,今谨寄呈,幸察收。一、所寄成斋二缄,锄云、桂阁、白茅各一缄,均一一转交矣。一、《众教论略》四编、《伟人传》四编、《清史逸话》均无刻本,俟后再寄。一、此次托代带书缄之何虞臣兄,乃星使同族。星使需寄家《杂事诗》,而弟处既无有,敢乞以十八部交渠。前借成斋代买之件,若未寄来,即在其中扣减;若既在道,则此十八部之价,他日由弟代为先生购书籍可也。一、寄来影像三十二纸,内有角松一影,乞为哂收。紫诠先生大人惠鉴。遵宪谨白。"(《全集》上,第319—320页。)

本月底,黄遵宪有函致王韬,谈读《扶桑游记》第三卷的相关感受,函曰:"大著《扶桑游记》第三卷,由栗本匏庵交重野氏转命弟删。弟先于日报中读之,旋告之曰:此文简古,如风水相遭,自然成文,其天机清妙,读之使人意怡;所载诗尤多名篇,可不烦绳削也。(上、中二卷,弟意谓其层出复见处,由于一时不及校读,此自可删;而梅史乃并及其他,仆当时即谓不可也。)而成斋述匏庵意,屡强不已,弟因取归再读,见'阶下小蛇'数语,乃知栗本之意在此也。盖家康主政,传之子孙垂三百年,深仁厚泽,极为其臣民所尊敬。而栗本氏为幕府旧臣,维新之后尚以怀恋旧恩,不忍出仕,彼读此戏语,心有不惬耳,因谬为删之。此外,唯高丽钟铭下,'此足见高丽之臣于明,不臣于日',亦为删去。缘高丽于日本,在隋唐之前有纳贡称藩之事,后即不尔。自丰臣氏一役之后,彼此往来皆以敌体,其为我藩属,日本人亦无不知之;而近年以威逼势劫,立通商约,内曰朝鲜为自主国,此为日人第一得意之笔。而论者犹或曰:彼明明中国属邦,何能认之为自主?若臣属日本之语,日本全国人无作此语者,此不须辨,故亦从删,未审有当尊意否?此第三卷,闻尚未付排印。读来函,知上卷、中卷,阁下各需十册,弟自当购以转送。

"前次何虞臣向索《杂事诗》十八部,阁下不愿受值,弟拜读赐多矣,谨当借此名花献老佛耳。下届有便即寄来。

"存栗本、重野二处之书,弟未往箱根前即函告二君,所有书价即总须汇寄。归来又将尊函转达,一再催索,既无复函,殊不可解。直至今日,栗本始着人送来日本纸币四十元零,并附一单,今以呈上,俟数日问重野处有金送到,再行汇换洋银(本日价每洋银一元值纸币一元三十七钱。)汇寄;若无交来,亦当先寄也。

"《日本杂事诗》由弟手交重野成斋者,初则九十四部,后又二百八十六部,共三百八十部。昨检查阁下来函,亦系此数。云四百部,当系一时误记矣。

"前承惠赐《康熙字典》及《鸿雪因缘记》,于五月五日奉到。上次呈函未及声谢者,缘当时转交友人,欲卖之也。日本近岁自学西法后,读书稽古之士日益少。观栗本氏处存书,以阁下重名,所著书犹如此之难,他可知矣。此二书敬谨拜登。谢谢。《蘅华馆诗录》即刻就,有目之士皆以先睹为快。弟计是书当较易销售,有便或先寄百部交成斋可也。所寄美人影,来书中有一老翁,弟思之不解;继思当购诸图时并购《虾夷图》十数纸,或未及别而白之,误遗一纸其中,唐突西施,罪过罪过!弟宪再启。"(《全集》上,第321—322页。)

本月,黄遵宪还为友人城井锦原日本诗人。所编《明治名家诗选》撰序,该书选取了明治时期二十五位日本诗人的诗作共六百二十九首,分上中下三卷,于明治十三年(1880年)十一月三十日由清樾书屋出版。序曰:"居今日五洲万国尚力竞强、攘夺搏噬之世,苟有一国焉,偏重乎文,国必弱。故论文至今日,几疑为无足轻重之物;降而为有韵之声诗,风云月露,连篇累牍,又益等诸自郐无讥矣。虽然,古者太史巡行郡国,观风问俗,必采诗胪陈,使师瞽诵而告之于王。《春秋》为经世之书,孟子谓其因诗亡而作。昔通人顾亭林之言曰:'自诗之亡,而斩木揭竿之变起。'盖诗也者,所以宣上德、达民隐者也。苟郁而不宣,则防民之口,积久而溃,壅决四出,或酿成巨患焉。然则诗之兴亡,与国之盛衰,未尝不相关也。

"自余随使者东来,求其乡先生之诗。卓然成家者,廖落无几辈。而近时作者,乃彬乎质,有其文。余尝求其故,则以德川氏中叶以后,禁网繁密,学士大夫每以文字贾祸,故嗫嚅趑趄,几不敢操笔为文。维新以来,文网疏脱,捐弃忌讳,于是人人始得奋其意以为诗。余读我友城井氏之所选,类多杰作。其雍容揄扬,和其声以鸣国家之盛者,固不待言;偶有伤时感世之作,而缠绵悱恻,而其意悉本乎忠厚,当路者亦未尝禁而斥之,是可以觇国运矣。以余闻欧罗巴固用武之国也,而其人能以诗鸣者,皆绝为当世所重。东西数万里,上下数千年,所以论诗者,何必不同。尚武者不能废文,强弱之故,得失之林,其果重在此欤!抑有为之言,不必无用;而无用之用,又自有故欤!后有辀轩采风之便,其必取此卷读之。大清光绪六年六月,岭南黄遵宪公度序。"(《全集》上,第249—250页。)

七月初五(8月10日),宫岛诚一郎为黄遵宪誊录《朝会祭祀现行假例》,誊录完成后,宫岛即诣公使馆见黄遵宪,恰黄遵宪外出不遇,宫岛留下《朝会假例》而去。(宫岛诚一郎:《日记》明治十二年八月十日条,《全集》上,第322页注。)

七月初六(8月11日),朝鲜遣修信使金宏集一行抵达日本东京,以协调日朝之间外交悬案,包括仁川开港、米谷禁输和改正海关税则。盖因中日琉球纠纷引起朝鲜李朝政府对日本之警惕,《江华条约》内容无法落实。金宏集到达东京之初,日本外务省即提出劝告,要其自重,勿历访各国使馆。(田保桥洁:《近代日鲜关系之研究》上卷,第744页,文化调查委员会1963年版。)但金宏集不听劝告,"多日相持,不即应之",坚持要与清使馆接触,前后六次访问中国驻日使馆。(韩国文教部国史编纂委员会编:《修信使日记》第二卷,第150页,探求堂1971年版。)

七月初八(8月13日),黄遵宪致函宫岛,感谢其为自己编写《朝会祭祀现行假例》,赞其中内容"详密整赡"。(光绪六年七月八日致宫岛诚一郎函,《全集》上,第322页。)

七月十五(8月20日),何如璋得知朝鲜修信使金宏集因坚持接触清使馆而与日本政府争执之事,即命黄遵宪前往与之见面,金宏集与黄遵宪笔谈。黄遵宪曰："朝廷与贵国休戚相关，忧乐与共。近来时势，泰西诸国日见凌逼，我两国尤宜益加亲密。""方今大势，实为四千年来之所未有，尧舜禹汤之所未及料，执古人之方以药今日之疾，未见其可。"又曰："朝廷之于贵国，恩义甚固，为天下万国之所无。然思所以保此恩义使万世无疆者，今日之急务在力图自强而已。"金宏集同意黄遵宪对时局的看法，希望得到中国的保护，赞成黄遵宪自强主张，说："'自强'二字，至矣尽矣，敢不敬服。"（与朝鲜修信使金宏集笔谈遗稿，《全集》上，第808—809页。）

七月十六（8月21日），金宏集应约到中国驻日使馆拜会何如璋。笔谈中何如璋问金宏集此行目的，金宏集回答说，"使事概为报聘，书契中有定税一事而已"。黄遵宪见状说："钦使何公于商务能悉其利弊。于日本事能知其情伪。有所疑难，望一切与商。我二国如同一家，阁下必能鉴此。"金宏集表示"大小事专仰钦使指导"，并且希望一见黄遵宪的《日本杂事诗》和《日本国志》，黄遵宪答应赠送《日本杂事诗》数部，并请金宏集把朝鲜与日本所定条约的汉文稿送一份到中国使馆。（吴振清编：《何如璋集》，第289页，天津人民出版社2010年版。）

七月十七（8月22日），金宏集在日驻朝公使花房义质的陪同下访问明治政府各大臣。偕花房文质，历见三大臣、参议及各部卿。（韩国文教部国史编纂委员会编：《修信使日记》第二卷，第150页，探求堂1971年版。）

七月十八（8月23日），何如璋、张斯桂前往金宏集寓所回访，何如璋向金宏集介绍了均势外交，"若一国与强国邻，惧有后患，则联各国，以图牵制"。建议朝鲜与日本订立"妥善章程"。（吴振清编：《何如璋集》，第290—291页，天津人民出版社2010年版。）

七月二十一（8月26日），金宏集又再次拜访清使馆，与何如璋笔谈，何如璋力劝朝鲜对外通商，并详细介绍西方的关税保护办法，并谈及防俄问题。笔谈中何如璋建议朝鲜联美，认为"愚见俄事颇急，现海内各国，惟美系民主之国，又国势富实，其与列国通好，尚讲信义，不甚图占便宜"。（吴振清编：《何如璋集》，第291—292页，天津人民出版社2010年版。）

七月二十四（8月29日），日驻朝鲜公使花房义质邀金宏集等人于飞鸟山暖依村庄（涩泽氏别业）聚饮，黄遵宪陪同何如璋参与了聚会，众人"欢饮挥毫。正午来会，到晚始散"。宫岛诚一郎在会上兴奋地说："今日之会系三国集一堂，旷古所稀。是为兴亚之始。"（与宫岛诚一郎笔谈遗稿，《全集》

上,第773页。)黄遵宪有暧依村庄题额,记这次聚会:"满堂宾客,三国之产,更无一人,红髯碧眼,纸笔云飞,笙歌雨沸,皆我亚洲,自为风气;人生难得,对酒当歌,今我不乐,复当如何,纵横战国,此乐难得,奚怪有人,闭关谢客。"(《全集》上,第234页。)

七月二十五(8月30日),日本明治天皇接见金宏集,金宏集正式向日外务省交涉两国间有关通商、关税等问题。(韩国文教部国史编纂委员会编:《修信使日记》第二卷,第150—151页,探求堂1971年版。)同时,何如璋认为在与金宏集接触的过程中,虽然对朝鲜如何在强国之间图存的策略进行了"危言巽语"的开导,亦使金宏集有所觉悟,但"复虑言语未通,不能尽意",其中亦有碍于身份难以尽言者,因命黄遵宪作《朝鲜策略》进行详细阐析。何使致总署函称:"因命参赞黄遵宪作《朝鲜策略》,设为问答论难之辞,发去以防俄,而防俄在亲中国、结日本、联美国,以图自强。"(中研院近代史研究所编:《清季中日韩关系史料》第二卷,第342页,中研院近代史研究所1972年版。)

七月(8月),美国遣使安吉立及修约使臣帅腓德、笛锐来华,请与中国大臣议事,讨论在美华人问题。

七、八月间(8月—9月),王韬有函致黄遵宪,谈及中俄关系,并且介绍西印度群岛亟待开发。函曰:"鸿仪久隔,鲤讯遥通,伏读瑶华,心长语重。古之人初无一面之雅,而未见则相思,既见则相契。苔岑不能闷其性,金石无以渝其诚。如阁下者斯近之矣。何意暮年得此至友,东瀛之游为不虚矣。阁下品质醇粹,学问宏深,矫然如天半朱霞,云中白鹤,令人可望而不可即。及久与之交,亲与之接,乃觉温乎其容,蔼乎其言,而其情固一往而深也。

"范季韩自游夏岛归,槃桓此间,殆将匝月,聆其缅述岛中土风俗尚,不禁神往。此真世外桃源,想不数十年趋者如鹜,厚者浇,醇者漓矣。闻西印度群岛棋布星罗,类多未属于欧洲诸国。其民人既无君长,亦无酋目,不识不知,自乐其天。捕鱼弋鸟,自食其力,虽近赤道,而亦有山水清嘉、气候温淑者。苟徙中国贫民于此,教之开垦,教之树艺,更教之以中国文字语言,设塾教其子弟,训之以孝悌,示之以礼义,加意为之,经营不十年,其效有可睹也。是虽黑子弹丸,亦海外之扶余也,特惜中国无好事者耳。

"俄事尚无确音,但闻沿海各省纷纷备兵耳。窃谓平时宜先之以淬厉,临事宜应之以从容。否则草率苟且,不独无补于战务,反恐贻误夫大局。俄人近日调兵选将,遣舶备师,艨艟络绎乎海上,旌旆飞扬乎境中,几于如火如荼,不可逼视,此《兵志》所云先声以夺人也。要以恫喝之故智耳,战未必成也。即出于战,亦未能若是之速也。盖朝廷已重简使臣前往议约,俄虽倔强,要必静俟其至。以所议之从违,决此时之和战。安有使未出境而敌已称兵,揆之万国公法是理乎?此欧洲列邦之所不许也。即使戎兵相见,当在明春。杞人之忧正无已时。"(《与黄公度太守》,李天纲编校:《弢园文新编》,第267页,中西书局2012年版。)函中提到"朝廷已重简使臣,前往议约",曾纪泽使俄是六月十九日,故此函大概写于七、八月间,故系于此。

八月初二(9月6日),黄遵宪拜访金宏集,向其递上《朝鲜策略》,并解释说:"仆平素与何公使商略贵国急务,非一朝一夕,今辄以其意见书之于策,凡数千言。知阁下行期逼促,恐一二见面不达其意,故迩来费数日之力草,虽谨冒渎尊严上呈,其中过激之言,千万乞恕,鉴其愚而怜其诚是祷。"黄遵宪建议朝鲜不必禁止大米出口日本,可以税收来调节,市值值百收十。日本大米不能自给,长期依赖进口,朝鲜是日本重要的大米进口国。黄遵宪在《日本国志》考:"日本人民凡三千四百万口,假一日一口须米四合,一岁所需之米,凡四千九百六十四万石,此斤数凡一百零一亿七千六百二十万斤。若一岁不登,缺十分之一,即缺十亿零七百六十二万斤。自明治六年以后,输出之米颇占巨额,共三亿余万斤。然较之前算,不足额不过三分之一耳。明治二三年间,岁偶歉收,村僻细民多有以草根树皮果腹者,然仰给外米,尤七亿余万斤。"(《全集》下,第1510页。)并且断言,今日情形,日本万万不能图朝鲜。认为今日朝鲜尚欲闭关,可谓不通达时务之甚。(与朝鲜修信史金宏集笔谈活动遗稿,《全集》上,第811—813页。)《策略》以"广东黄遵宪私撰"的名义提出,洋洋洒洒六千多言,就朝鲜在列强之中图存之策略进行了详细的阐述。有论者曰:"1880年9月6日,时任清政府驻日公使馆参赞的黄遵宪在东京向即将归国复命的朝鲜政府访日修信使金弘集转交了自己撰著的《朝鲜策略》,内容为论说朝鲜'今日之急务'为'防俄',而'防俄之策'为'亲中国、结日本、联美国,以图自强',计约六千余字。这是近代中国早期有关东亚国际局势及中韩关系的一份具有国际影响的分析报告,也是近代时期由中国人提出并具有重大国际影响的一份朝鲜对外政策建议书,其影响所及,不仅关系到19世纪末中朝关系,还关系到近代中日韩关系以及近代朝鲜的内政外交。"(权赫秀:《关于黄遵宪〈朝鲜策略〉版本及其原文校勘》,《韩国研究论丛》,第十七辑。)《朝鲜策略》版本有黄遵庚传抄本、《日本外交文书》本①、《修信使日记》本②。《修信使日记》本为金宏集送呈朝鲜国王的正本。权赫秀

---

①《日本外交文书》(第十三卷)收录。
②金宏集《修信使日记》中收录。

将三种本子互校后,发现《日本外交文书》本脱、错、漏最多,此本只可供参考,不可供研究引用。1991年,郑海麟《黄遵宪文集》发表黄遵庚传抄本,《全集》所录的《朝鲜策略》,是1962年广东省文史研究馆编的《黄遵宪文钞》,没有根据三个版本进行校勘。2007年,权赫秀根据中、日、韩七个不同的《朝鲜策略》版本进行校勘。(见权赫秀:《关于黄遵宪〈朝鲜策略〉版本及其原文校勘》,《韩国研究论丛》,第十七辑。)

《朝鲜策略》的中心思想是劝朝鲜对外开放,奉行"亲中国,结日本,联美国",以防止俄国扩张的国策;对内实行自强改革,学习西方科学技术,发展经济,开展对外贸易,加强军备。黄遵宪首先指出,朝鲜地处亚细亚战略要地,为国际社会必争,形势危殆:"朝鲜一土,实居亚细亚要冲,为形势之所必争。朝鲜危,则中东之势日亟。俄欲略地,必自朝鲜始矣。"而在众强环伺中,俄国将是朝鲜最危险的敌人,"嗟夫!俄为虎狼秦,力征经营三百余年,其始在欧罗巴,继在中亚细亚,至于今日,更在东亚细亚,而朝鲜适承其敝。然则策朝鲜今日之急务,莫急于防俄"。如何防止俄国是朝鲜必须面对的外交大问题,面对强大的俄国,朝鲜"小固不可以敌大,寡固不可以敌众,弱固不可以敌强",所以必须采取对外开放的政策。黄遵宪设计的防俄之策是"曰亲中国,结日本,联美国,以图自强而已"。其具体措施是:"于亲中国则稍变旧章,于结日本则亟守条规,于联美国则急缔善约,而即奏请陪臣常驻北京,又遣使居东京,或遣使往华盛顿,以通信息;而即奏请推广凤凰厅贸易,令华商乘船来釜山、元山津、仁川港各口通商,以防日本商人之垄断,又令国民来长崎、横滨,以习懋迁;而即奏请海陆诸军袭用中国龙旗为全国徽帜,又遣学生往京师同文馆习西语,徃直隶淮军习兵,往上海制造局学造器,往福州船政局学造船,凡日本之船厂、炮局、军营,皆可往学。"此外,朝鲜必须主动与西方诸国结约通商,争取挽回较多的自主权,限制外国的领事裁判权,使朝鲜在列强的均势下求得共存。

黄遵宪提出,当时之世,弱肉强食,许多国家如印度、土耳其、缅甸已经先后败亡,要保持国家民族的独立,必须对内实行自强改革,黄遵宪在《朝鲜策略》中提出如下几项措施:一是学习西方科学技术:"凡西人之天文、算法、化学、矿学、地学,皆可往学。或以釜山等处开学校,延西人教习,以广修武备。诚如是,朝鲜自强之基基此矣。"二是扩展对外贸易。具体做法是要戒鸦片,不用洋货,发展自身生产能力,学会经营和竞争,加强关税管理,杜绝金银外流。"朝鲜一国虽曰贫瘠,然其地产金银、产稻麦、产牛皮,物产固未尝不饶。吾稽去岁与日本通商之数,输入之货值六十二万,输出之货值六十八万,是岁得七八万矣。苟使善为经营,稍稍拓充,于百姓似可得利,而关税所入,又可稍补国用,此又自强之基也。"三是训练新军,充实国防。在釜山等通商口岸开设新式学校,邀请西人教习,学习现代军事技术。四是采用西方科技开矿,发展商品经济。"苟使从事于西学,尽力以务财,尽力于训农,尽力于惠工,所有者广植之,所无者移种之,将来亦可为富国。又况地产金银,人所共知,若得西人开矿之法,随地寻觅,随时采掘,地不爱宝,民无游手,利益更无穷也。此又自强之基也。"(以上引文见权赫秀:《关于黄遵宪〈朝鲜策略〉版本及其原文校勘》,《韩国研究论丛》,第十七辑。)黄遵宪《朝鲜策略》在朝鲜朝野争论甚剧,日本方面则服膺黄遵宪的远见卓识。《策略》先是在横滨的法文报馆全文译载,随即转译为日文,编者案语评论:"论黄某之官职,不如李鸿章远甚;而李鸿章之识见,又不如黄某远甚。虽然,我日本五尺童子,早经知之。惜乎堂堂大国,至今仅有一人焉。而又未必其果能见诸施行也。"(《日本外交文书》,第 805 页,引自张静、吴振清:《黄遵宪〈朝鲜策略〉与近代朝鲜的开放》,《南开学报》[哲学社会科学版],2007 年第 2 期。)日本历史学家信夫清三郎认为,《朝鲜策略》给朝鲜和清帝国带来很大的影响,李鸿章也受此影响。(信夫清三郎:《日本外交史》上,第 190 页,商务印书馆 1980 年版。)

八月初三(9 月 7 日),金宏集到中国驻日使馆辞行,何如璋特意提起黄遵宪的《朝鲜策略》,希望听到金宏集的意见。金宏集表示近日太忙,要得暇细读。何如璋指出俄国海军大臣率领的十五艘军舰已经屯泊珲春,形势紧张,再次建议朝鲜实行联合日美抗俄的外交政策。(吴振清编:《何如璋集》,第 296—297 页,天津人民出版社 2010 年版。韩国文教部国史编纂委员会编:《修信使日记》第二卷,第 187 页,探求堂 1971 年版。)

八月初四(9 月 8 日),金宏集一行离开日本东京返回朝鲜。使行日程记:八月初四还发。(韩国文教部国史编纂委员会编:《修信使日记》第二卷,第 150 页,探求堂 1971 年版。)

八月二十三(9 月 27 日),黄遵宪因无暇赴廿八日之约而致函宫岛诚一郎,约次日前往拜访。次日(二十四,28 日),黄遵宪又具函宫岛,误以其所云廿八为阳历之日,顷知乃阳历十月二日,遂取消本日拜访的约定,仍依前约。(《全集》上,第 323 页。)至当日午后四时,因有荻原西畴到宫岛家拜访,宫岛虽已接黄遵宪废今日之约的信函,但仍使人邀黄遵宪来会,彼此笔谈品评纪晓岚、苏东坡等文人作品。宫岛也向黄遵宪介绍赖山阳情况。黄遵宪介绍广州说:"岭南广州城中富丽而整洁,日本实无此况。然城中居民及三百万,求有山林之趣,亦不可多得也。"(与宫岛诚一郎笔谈遗稿,《全集》上,第774—776页。)

八月二十八(10月2日),黄遵宪寄函并附《扶桑游记》下卷十本与王韬。(光绪六年九月十日致王韬函,见《全集》上,第325—326页。)同日,朝鲜国王召见从日本归来的修信使金宏集,金宏集向国王呈上黄遵宪所撰之《朝鲜策略》,金宏集在汇报中劝说国王采纳《朝鲜策略》中的各项建议,特别是防俄与自强两项。(韩国文教部国史编纂委员会编:《修信使日记》第二卷,第155—159页,探求堂1971年版。)金宏集在回答国王询问时解释自强曰:"非但富强为自强,修我政教,保我国民,使外衅无从以生,此实自强之第一先务也。"(吴晗辑:《朝鲜李朝实录中的中国史料》第十二册,第5256页,中华书局1980年版。)

本月,黄遵宪有函复王韬,询问杞忧子(郑观应)及其著作,本年,郑观应编定刊行《易言》一书,主张向西方学习,翻译西方书籍,采用机器生产,鼓励民办开矿、造船、铁路等,并且首次提出在中国实行君主立宪制度。评论近期中俄外交情事,函曰:"读贵报有《杞忧子〈易言〉书后》二篇。是公著述,偶曾一读,心仪其人,访其姓名,仅知为岭南人,姓郑。尊处有《易言》稿本,肯赐一读否?深山穷谷,不无奇才,在上之人拔而破格用之耳!西邻之责,自星使续往,递国书,谒君皇,一一如礼,其外务既许改议,事机似乎稍缓。尊处传闻异辞,月日歧异,不尽得实。俄船东来,皆驶往珲春,现泊长崎者只有一号耳。专派之大员乃彼国海军卿,亦往珲春。观其意乃欲经画东面,设常备兵,编五营制,故携夫人俱来,且挈水雷艇,空其船载茶而归。在新驾波者,复截止不遣,皆可知其意不在战,特万万不可因此而弛备也。南藩一案,荩画周详,皆为亚细亚大局,曷任钦佩。顾此事彼亦甚悔。闻方派员请修好释嫌。至如何妥结,须俟两国政府协议而定。彼族近情,内忧甚深,故亟亟有求于我也。至于助俄云云,道路传闻之言,为识者所不道,知先生既深悉矣,不赘。"(《全集》上,第324页。)

九月初八(10月11日),根据朝鲜高宗之命,重臣领议政李最应、领府事李裕元、判府事韩启源在左议政金炳国家召开会议,讨论黄遵宪之《朝鲜策略》。讨论中众大臣均基本同意《策略》中内容,但又担心国人不信。(日本学习院东洋文化研究所编:《高宗实录》第十七卷,第24—25页,学习院东洋文化研究所1967年版。)会后,众大臣将议论结果报告高宗,其称"庙堂献议"或"诸大臣献议"。其要点有:"'亲中国'乃二百年来尽诚之所为,黄遵宪重新'劝亲'用意何在?实未可解。""近年已与日本讲信修睦。因此,'结日本'之说别无问题,但'京城驻馆'及'仁川开港'等要求,似颇感难处。""今天下各国无不合纵以诅俄国轻蔑之威,况我国处在海路要冲,孤立无据,其所联好者,非不良策。作为柔远之道,'联美国'也未为不可。但两国相隔数万里,因此我国不能相通。至于泊船投书,则见书而好言答之。盖此论以我国安危有于大清、日本故,如是才悉为言,虽在我国不可寻常看过。"(韩国文教部国史编纂委员会编:《修信使日记》第二卷,第189—199页,探求堂1971年版。)李最应在回答高宗提问时对俄国威胁深感忧虑:"大抵俄国僻在深北,性又忌寒,每欲向南。而他国之事,则不过兴利而已。俄人所欲,则在土地人民。而我国白头山北,即俄境也。虽沧海之远,一帆风犹可往来……方今俄人备兵船十六只,而每船可容三千人云矣。若寒后则其势必将向南矣。"(吴晗辑:《朝鲜李朝实录中的中国史料》第十二册,第5257页,中华书局1980年版。)

九月初十(10月13日),黄遵宪致函王韬,谈及琉球事,并对国内某些官员昧于外交情形略有微词:"子诠尊兄先生大人阁下:八月廿八日肃具一缄,附《扶桑游记》下卷十本,海鱼天雁,未审泳飞得达否?极以为念!昨初三日复奉到手书,并附方观察函,祗悉一切。此案近闻既由彼族授使臣全权在京会议,其若何结局,即使馆且不得参议,更无论局外。万国通例,非使臣秉受全权,不能议事。闽中诸公欲援中国千百年前苏、张游说之例,以行之今日,其于外交茫昧若此,实可笑怜!然其人知重先生,此一节尚足取耳。呵呵!还君臣而复疆土,此事谭何容易,然终不能不于各执一说中折衷以期一是,彼此退让则妥结矣。此事无用忧劳也。西邻之言,近状若何?多惠德音,至以为祝。弟遵宪谨复,九月十日"。(《全集》上,第325—326页。)

九月十五(10月18日),针对日本政府在琉球交涉中提出的"分岛改约"方案,即琉球南部邻近台湾的宫古、八重山二岛分与中国管辖,但中国方面则应允许日本商人得以入内地自由通商。何如璋奉命向琉球君臣征询意见,琉球国王不愿在南二岛立小王子。

九月二十五日(10月28日),总署与日本公使宍户玑议立专条,规定在次年二月将南二岛交割中国,以便将来复立琉球国。

九月二十六日(10月29日),詹事府右庶子陈宝琛具奏反对总署琉球处置方案,主张"暂用羁縻排宕之法"。

十月初一(11月3日)，张之洞就中日琉球之争奏陈对日主张，"今日当移防俄之师防日，绝市以困之，日本必不敢犯南、北洋，所防惟台湾……相持一年，日本穷矣"。(吴剑杰编著:《张之洞年谱长编》上册，第64页，上海交通大学出版社2009年版。下同。)

十月十六(11月18日)何如璋致函总署，中俄万一有事，日本舆论多劝其政府严守中立；朝鲜有意与美国结约通商可否代为周全。(中研院近代史研究所编:《清季中日韩关系史料》第二卷，第437—439页，中研院近代史研究所1972年版。)

十月十七(11月19日)下午，朝鲜政府派密使李东仁到清使馆见黄遵宪，"其人通日本语言，亦能笔谈，坐定寒暄数语毕，即解衣襟取出红绫包裹之一纸，见有巨印三颗。内云：今为严密探侦事，特委李东仁前往航海云云。又取出圆式如盒之木具一，上有火印。彼云此即朝鲜国王密诏。其圆木，乃符验也"。李东仁还对黄遵宪言，黄遵宪上《朝鲜策略》后，"朝鲜朝议现今一变"，"国王现命前修信使金宏集致书何公使，劝令美国前来结好"。何如璋向总署和北洋大臣上《主持朝鲜外交议》等函件，建议在朝鲜即将与列强缔约通商之际，由清政府派员到朝鲜主持与各国通商事宜，并且提出上中下三策。上策是"凡国内之政治，及外国之条约，皆由中国为之主持"。李鸿章与总署并未同意此建议。(中研院近代史研究所编:《清季中日韩关系史料》第二卷，第439—441页，中研院近代史研究所1972年版。)

十月十八(11月20日)，朝鲜密使李东仁再次到清使馆见何如璋，要求协助朝鲜与美国修好。(中研院近代史研究所编:《清季中日韩关系史料》第二卷，第437—439页，中研院近代史研究所1972年版。)

十月二十五(11月27日)，何如璋致函六弟子襄，函云："球案已定议，系以其地分属中、日。以中国旧习言之，则以存国为重，如此办理未免过徇日人。而由西人论之，则以今日时势，国土过小，终难久存，以两属之土分隶两国，颇属公平。"(吴振清编:《何如璋集》，第150页，天津人民出版社2010年版。)

十月(11月)，朝鲜兵曹正郎刘元植上疏国王，攻击黄遵宪及其《朝鲜策略》有违朝鲜国教，要求加以禁止。反对"结日本、联美国"的防俄国策，主张应更重视耶稣教的传教问题。疏中说："读到《朝鲜策略》中所谓'耶稣，天主之学，犹吾教之有朱、陆'之处，自不觉发竖胆掉，心寒骨辣。以修信使言之,若见此种凶惨之句,理应声言面责,以示遵贤崇道、卫正斥邪之意,焉可安而受之?以馆学言之,对此书此句,岂可视若茶饭,缄口无闻乎?此等文字,骚扰人心,感染邪道,故应除此潜伏之凶徒,快雪舆论之郁愤。"(柳根在:《黄遵宪的〈朝鲜策略〉对旧韩末政局的影响》,《韩国学论文集》第九辑,第120页。)刘元植上疏后被处于刑罚并发配远地。

十一月初五(12月6日),黄遵宪闻知友人宫岛诚一郎之父亲身体欠安,致函慰问:"前得惠书,知尊公先生偶尔违和,即拟趋诣华邸,敬叩起居。而诸事丛杂,卒未得暇,惭甚愧甚。顷闻尊公既安好,贺贺。所委生田君日记,仆一再诵读,识议明通,词意高简。东来见游记多矣,此为最善。顾系评于眉,体近俗猥。仆当为之作一序也,见面代达此意,仆亦欲见其人。《养浩堂诗集》既上木否?所求公使序,仆知既脱稿,想二三日当奉上耳。天日严冷,凡百珍重自爱,并祝尊公先生万福。光绪六年十一月五日。遵宪。"(《全集》上,第326页。)

函中所云宫岛交黄遵宪点评之"生田君日记",即指《畿道巡回日记》,系生田水竹名精,日本鹤田藩士,著名汉学家、史学家。所撰之游记,以日记体记述其在日本各畿道的游历见闻。黄遵宪为之作序,有环游世界之遐想,序文如下:"天下万事万物,皆托于地。举凡山川之夷险,物产之盈虚,民生之聚散,皆与国之盛衰相关,故善为国者,莫善于治地。地如此广莫也,万事万物之傅焉者,如此其纷繁也,必非不出户庭所能周知,故善志地者,莫善于记游。古人志地之书,以《三坟》《八索》为最古,书皆不传。传者若《禹贡》,若《山海经》,皆身所经历叙述闻见之书也。然自东汉以后,词章日盛,山水方滋,学士大夫排日纪游之作,自马第伯《封禅仪》以下,无虑数十家,类皆模山范水,雕镂词章,夸丘壑之美,穷觞咏之乐。其尤雅者,亦不过流连旧墟,考订故迹,以供名流词客之清谭耳。求如李文公之《来南录》,孙文定之《南行记》,盖不可多得也。

"自余来日本,知日本士大夫喜游,天性又善属文,故所见游记最多。然大都文人习气,无益于用。顷者生田水竹以《畿道巡回日记》见示,书凡数万言,于所闻见,能见其大。其叙事质而不俚,立论庄而不腐。余乃不禁为之熟读而三叹也。日本之为国,独立大海中,生田子所未至,独二州耳,然足迹限于一隅。方今轮船、铁路,纵横交错于五大部洲,生田子苟无事,何不裹数年之粮,西穷禹域,南访交趾,至澳大利亚折而西,泛舟过印度,达麦西,经波斯,入欧罗巴中原,遍历俄、德、意、法、英诸大国,然后越大西洋,吊华盛顿之所都,寻阁龙之所辟土,复绕太平洋而归。苟以其山川、物产、民俗笔于书,必更有可观。生田子未老,且有济胜之具,其亦有意于此乎?嗟夫!余倘能屏弃百事,遍游天下,舍生田子其谁从哉!"(《全集》上,第266页;郭真义、郑海麟:《黄遵宪题批日人汉籍》,第270—271页,中华书局2009年版。)

十一月十六(12月17日),朝鲜前司谏院许元栻上疏反对《朝鲜策略》,认为仁川一开港,火轮船朝载夕发,不数年,京师百姓就会陷入饥饿之地。为防俄而联美是杞人忧天,派遣留学生亦是失策。(柳垠在:《黄遵宪的〈朝鲜策略〉对旧韩末政局的影响》,《韩国学论文集》第九辑,第120页。)又有安东进士李应接等率乡间老儒数百人伏阙上书,请禁外交。

十一月十八(12月19日),黄遵宪得宫岛诚一郎之父逝世消息,致函吊唁,(黄遵宪十一月十八日致宫岛诚一郎、小森泽长政函,《全集》上,第326—327页。)并致赠挽联:"七十古来稀,况板舆迎养,牙笏胪欢,有子并推天下士;大仙往何处,想柱杖蓬峰,悬瓢松岛,此身仍作地行仙。"(《全集》上,第234页。)

十一月二十九(12月30日),何如璋收到朝鲜前修信使金宏集之来函,函中谓黄遵宪所赠《朝鲜策略》"代为筹划,靡不用极",朝鲜政府"莫不感诵大德,异声同欢","现众论虽未可曰通悟,殊不比往时矣"。(中研院近代史研究所编:《清季中日韩关系史料》第二卷,第452页,中研院近代史研究所1972年版。)

十二月(1881年1月),朝鲜派员密谒何如璋,谓该国欲与美国立约,请中国代为主持。何如璋即致函总署请及早决计。

十二月二十八(1月27日),宫岛诚一郎为父守丧之期结束,携弟小森泽长政前往使馆见黄遵宪,感谢黄遵宪在其父丧期间亲往吊唁并致赠吊文并挽联。黄遵宪介绍何如璋将于阳历三四月间归国,并且说到自己还没有奉政府归国之命。(与宫岛诚一郎笔谈遗稿,《全集》上,第776—777页。)

本年,黄遵宪以《日本杂事诗》寄赠友人胡曦,胡氏报之诗,即《公度以所撰〈日本杂事诗〉见赠偶赋》。另有《感事寄怀黄子公度时尚羁日本差次》八首,诗云:"生金生粟费平章,负贩乘车巧作场。昨诏司徒却崔烈,宣仁新政最辉光。"

"海国金绳五部开,军储应悔旧轮台。中朝闻纳千金疏,我且高谈到

"岳家旧法蕲杨么,蠢尔飙轮火沸涛。铁炮空花自开落,几同神弩算终操。"

"东宙要盟使节颓,闭关漫速火车来。中原一发悬孤掌,天假长城万里才。"

"虬髯痴想扶余长,吓草蛮书亦浪豪。万国犹然废公法,斗量车载已吾曹。"

"东南大局旧非今,筹海图编费讨寻。史笔敢摹权与诈,雄才我不数梅林。"

"眼空天下奇山水,儿女纤词久破除。渊颖大才吾绝爱,迩来可有谕倭书。"

"胜国封章讥石洞,尚书痴访古蓬莱。自无徐福东行事,秦汉凭君问冷灰。"(胡曦:《湛此心斋诗集》,庚辰稿。)

本年,黄遵宪有诗送冈千仞游北海道。冈千仞有感于"北海道十一州,土地之肥沃,物产之富饶,足称天府者,而其地广漠,北邻俄罗斯,不可一日忽之也",遂于本年走遍北海道全道。临行前一天,黄遵宪与重野安绎、龟谷行、小牧昌业、安达清风、杨守敬等人饯之于柳桥水阁,冈氏有诗赋以留别,诗云:"柳桥南畔枕江楼,亚字朱栏映碧流。歌舞当筵皆妙选,宾朋满座悉名流。半川凉色催吟兴,几曲新声动别愁。今夕犹同故人醉,明朝去泛北溟舟。"(冈千仞:《发都前日,重野安绎、龟谷行、小牧昌业、安达清风诸子设筵于柳桥酒楼,清国黄遵宪、杨守敬二君亦来会,赋以留别》,《北游诗草》卷一,日本明治十四年刊本,见富士川英郎等编:《日本汉诗·纪行》第四卷,日本平成五年二月汲古书院刊。)在饯别之酒筵上,黄遵宪赠诗于冈氏,诗中有"归来倘献富强策"之句,并对冈氏说:"仆于贵邦事,筹之已熟,他日可以致富强者,赖北海一道尔。"冈氏有感于黄遵宪之言,答之以诗,诗云:"圣朝今日急边筹,置府新开十一州。何直土膏饶稻麦,由来地势扼咽喉。货源穿矿采煤炭,农隙放原肥马牛。况是戎心不可厌,北门重镇足深忧。"(见《北游诗草》卷一,日本明治十四年刊本,富士川英郎等编:《日本汉诗·纪行》第四卷,日本平成五年二月汲古书院刊。)

本年,内田九成以其所著《名人书画款识》托友人原苇清风向黄遵宪索题,黄遵宪乃仿渔洋山人论诗绝句作诗十一首,并详注以答:

"搜潜剔秘溯权舆,《木难》《珊瑚》入网初。纸笔竟同金石重,尚功以后又新书。(集录书画之书,以南齐谢赫之《古画品录》、梁庾肩吾之《书品》为最古。唐张怀瓘之《书断》《画断》,宋米芾之《书史》《画史》,后人亦最珍之。然皆各自成书。明朱存礼之《珊瑚木难》,赵琦美之《铁网珊瑚》,始合书画为一。我圣祖仁皇帝钦定《佩文斋书画谱》,集千古大成。然诸书皆〔溯〕源流,述师法,辨真赝,传作者事略及历代题跋鉴藏。未有汇录款式,自成一书者。此书仿薛尚功《历代钟鼎彝器款识》之体,辑为二卷,分门别类,盖艺林之别枝也。)"

"黄泥剥蚀土花斑,读到呜呼涕尚潸。只恨韦编三绝暇,不将笔削署尼山。(家书所重,北碑南帖。碑之有款识,《西岳华山庙碑》,后题云"郭香察书",斯为最古。碑之古者,若"殷比干墓""乌呼有吴延陵君子之墓",相传为孔子书。而论者又或疑之。若有款识,不至后世金石家聚讼纷如也。)"

"癸庚字剩蟠夔鼎,甲午文留《瘗鹤铭》。考史备参年月日,细循纸尾读《黄庭》。(金石家所录古钟鼎彝器,多具年月日、姓名,盖古人最重彝〔鼎〕,不曰"永用享",则曰"子子孙孙永宝用"。备志之,所以重之也。惟阁帖所收,款识多阙。零缣剩楮,收自后人。在作书者,初未志年月、姓名以传之后世也。书家款识之详,自王右军始,后之善书者喜仿之。而考据家得借以证史传之讹,亦不无裨益也。《瘗鹤铭》无款识姓名,不知出谁手。然文中有"得于壬辰,化于甲午",因得知为陶华阳书。)"

"锦赠金褾某某图,未容画里任鸦涂。初从画苑标题目,隐约犹从石罅摹。(古人图画,多指事为之。三代时,周明堂四门墉有尧舜之容、桀纣之象,有周公相成王、负斧扆、朝诸侯图。秦汉以下,见于史者,若《纣醉踞妲己图》,屏风图画列女,类皆指事象物之作。然《汉书》:"金日䃅〔磾〕,上诏图画于甘泉,署曰休屠土閟氐。"武梁祠画像今犹存,自伏羲、黄帝以下有七十余幅,具古人姓氏,或附以赞。盖古人写物图貌,意在法戒,故详其所画之事,而《画史》姓名,举皆阙略,则未尝十此争名也。自白描山水之法兴,而画家遂有宗门。迨宋徽宗设画苑,命题考试,以"古木无人径,深山何处钟"写意,而图不能无名。缘是而争胜,枯木竹石,寒江芦雁,各有名氏纪谁某矣。然据《博物要览》称:"古画上无名款者,多画苑进呈卷轴。"又《古画论》云:"古人题画,书于引首。"引首即赠。赠,卷首帖绫,又谓之玉池。可知画苑图名犹书于卷首,不著于画中。《画尘》所谓"元以前多不用款,或隐之石罅,恐伤画意"是也。近世画家,无不题款,每系于诗,且有布置疏密,于此见巧者。画虽小道,款犹细事,其源流既屡变矣。)"

"外孙齑臼始曹娥,后起辞工数老坡。诗到题图文附尾,强添蛇足略嫌多。("黄绢幼妇外孙齑臼"为书画题跋之祖。至宋,苏东坡最工此体,故有以苏氏题跋汇集成书者。夫子读《易》,系以《文言》。文章家之有题跋,古矣,移而入书画,初不过曰某校上,曰某人拜观。逮《书品》《画断》出,乃有以雌黄语附之纸尾者。然犹皆简而文也。自流俗沽名，意在标榜，于是图画征诗，连篇累牍。自书贾射利，欲增声价，得一书画，或假名流跋，或伪古人题，赝鼎溢充，续貂强附。转使书画跋一体，为文章家一大宗。宜乎贻笑通人，魏冰叔欲删题图诗，黄梨洲诮为批尾世界也。)"

"锦砂红错墨横斜，笔妙居然萃一家。宛似交柯联碧树，竟同双手出黄华。(魏黄初元年《受禅表》，王朗文，梁鹄书，钟繇镌，此书之合作者。陈宣城王命顾野王画古贤，王褒书赞，此书画之合作者。宋王晓人物，李成作树石，此书画之合作者。此皆笔精墨妙，各擅绝技，故偶一为之，当时辄皆叹绝。近来雅流喜以乌丝[兰]〔阑〕画界，分征书画；聚头扇盛行，亦都以两面分写。譬之志碑者此文而彼铭，联诗者倡予而和汝；袭裟百衲，合之未尝不美也。余尝以绢素乞耕霞、花蹊诸女弟子合作巨幅，中村敬宇为题曰："婀娜诸弟子，丰姿生笔下。相与绘群芳，五色粲如也。"伊世珍《琅嬛记》："有黄华者，双手能写二牍，或草或楷，挥毫不辍，各自有意。")"

"不无狂素老逾颠，亦有童乌早与玄。齿长几何亲自署，未容绛县苦疑年。(款识自署年齿者，宋元以后多有之。大抵暮年操笔，老而益工，则往往志作书之年以自表，若阁帖所收释怀素草书《千字文》是也，亦有弱冠弄翰，不异成人笔势。传称羲之年十二作书，卫夫人见其有老成之智，因流涕曰："此子蔽吾书名矣。"《书断》称，晋皇甫定年七岁，善史书，从兄谧深奇之。若夫题跋书画，此体尤多，甚有临摹一帖，题识再三者。而中年人得意之书，识之于款，此体罕觏。岂非得之白叟黄童，尤为难能可贵欤!)"

"压角香名手自裁，文人都让扫眉才。簪花格与回文锦，合作新编号《玉台》。(苏若兰《回文图诗》为古今女子第一绝技。此卷所收朱淑真书，即跋是图也。又卫夫人《群史帖》末署云"李氏卫稽首和南"，此亦女子之署款者。墨迹旧藏明项子京家，我朝宜兴程氏刻石曰《玉台名翰》，盖假徐陵《新咏》以名之。卫夫人书，名簪花格。)"

"花甲寻常见不鲜，岁华纪丽俗先刊。他时莫付麻沙板，恐有齐东误牡丹。(此书卷末附录干支日月异称，亦标新领异之一助也。顾亭林《日知录》曰："山东人刻《金石录》，于李易安后序'绍兴二年玄黓岁壮月朔'，不知'壮月'之出于《尔雅》，而改为牡丹。"又《日知录》称，古人不以甲子名岁，其甲至癸、寅至丑二十二名，古人用以纪日，不以纪岁。岁则自有阏逢至昭阳为岁阳，摄提格至赤奋若十二名为岁名。以甲子纪岁，乃自新莽始。据此，则岁阳、岁名乃本名。而此卷称为异名，误矣。附识于此。)"

"帝王署字试旁搜，别有婆娑凤尾修。若补花名书一卷，许多画鸭唱青头。(今人署款，有自花其名以防伪者，谓之花押。六朝以来，士夫文书，署名多用此体。《齐书》：斛律金不能作字，齐神武指屋角示之。厍狄干署"干"字，乃逆上书之，时人号为穿锥是也。《魏志》：司马懿将统兵拒蜀，许允等谋因其人，请帝杀之。已书诏，优人于帝前唱"青头鸡"。"青头鸡"者，鸭也，欲帝速押诏书也。可知帝王亦自书押。又《晋书》：凡章奏皆批"诺"。"诺"字中"若"字有凤尾婆娑之形，故曰凤尾诺。《北史·齐后主纪》：穆提婆等卖官，乞书诏。后主连判文书二十余纸，各作"依"字。《北齐书》称"各作花字"，是画诺署依，亦皆花其体矣。此皆款识一类。尚可补此一门，广为搜辑也。）"

"试点雌黄细讨论，旁流亦自号专门。句须丁尾翻删却，展读无烦洛诵孙。（古人读书亦有款识，以分章断句。《（乐）〔礼〕记》："三年视离经辨志。"《汉书》："读书止，辄乙其处。"皆是也。《庄子》："句有须，丁有尾。"可知古人读书，每以笔涂乙以为标记。日本刻书，时以假字及一二甲乙诸字附之字里行间，以便倒读，物茂卿谓之"句须丁尾"，此书汇粹古人款识而刻之，于坊间俗体弃而不用，殊觉大方可喜也。）"（《全集》上，第210—212页；《集外诗辑》，第44—48页。）

本年，黄遵宪料中日琉球交涉已难有可为，作《流求歌》后来补作。《饮冰室诗话》题下注"庚辰"。回顾中国与琉球藩属关系的历史，诉说自己的悲愤之情，其歌曰："白头老臣倚墙哭，颓髻斜簪衣惨绿。自嗟流荡作波臣，细诉兴亡溯天蹴。天孙传世到舜天，海上蜿蜒一脉延。弹丸虽号蕞尔国，问鼎犹传七百年。大明天子云端里，自天草诏飞黄纸。印授遥从赤土颁，衣冠幸不珠崖弃。使星如月照九州，王号中山国小球。英簜双持龙虎节，绣衣直指凤麟洲。从此苞茅勤入贡，艳说扶桑蚕如瓮。酋豪入学还请经，天王赐袭仍归赗。尔时国势正称强，日本犹封异姓王。只戴上枝归一日，更无尺诏问东皇。黑面小猴投袂起，谓是区区应余畀。数典横征贡百牢，兼弱忽然加一矢。鲸鲵横肆气吞舟，早见降幡出石头，大夫拔舍君含璧，昨日蛮王今楚囚。畏首畏尾身有几，笼鸟惟求宽一死。但乞头颅万里归，妄将口血群臣誓。归来割地献商於，索米仍输岁岁租。归化虽编归汉里，畏威终奉吓蛮书。一国从兹臣二主，两姑未免难为妇。称臣称侄日为兄，依汉依天使如父。一旦维新时事异，二百余藩齐改制。覆巢岂有完卵心，顾器略存投鼠忌。公堂才锡藩臣宴，锋车竟走降王传。刚闻守约比交邻，忽尔废藩夷九县。吁嗟君长槛车去，举族北辕谁控诉？鬼界明知不若人，虎性而今化为鼠。御沟一带水溶溶，流出花枝胡蝶红。尚有丹书珠殿挂，空将金印紫泥封。迎恩亭下蕉阴覆，相逢野老吞声哭。旌麾莫睹汉官仪，簪缨未改秦衣服。东川西川吊杜鹃，稠父宋父泣鹡鸰。兴灭曾无翼九宗，赐姓空存殷七族。几人脱险作逋逃,几次流离呼伯叔。北辰太远天不闻,东海虽枯国难复。毡裘大长来调处,空言无施竟何补?只有琉球恤难民,年年上疏劳疆臣。"(《诗草笺注》上,第 322—335 页。)

本年,黄遵宪作《大阪》一诗,描写大阪风景。诗云:"黑面猴王今已矣,尚余石垒迭城濠。江山入眼花光媚,楼阁凌虚海气豪。横列东西青雀舫,旁通三百赤栏桥。昨宵茗宴今花会,多少都人载酒邀。"(《诗草笺注》上,第 259 页。)

又作《宫本鸭北索题晃山图即用卷中小野湖山诗韵》一诗:"地球浑浑周八极,大块郁积多名山。汪洋巨海不知几万里,乃有此岛虱其间。关东八州特秀出,落落晃山天半悬。乱峰插云俯水立,怒涛泼地轰雷闐。坐令三百诸侯竭土木,胘民膏血供云烟。下有黑狮白虎踆踆踠踠伏阙下,上有琼楼玉宇高处天风寒。中间一人冕旒拟王者,今古护卫僧官千。呜呼将军主政七百载,唯汝勋业差可观。即今霸图寥落披此卷,尚足令我开笑颜。古称海上蓬莱方壶圆峤可望不可即,我曰其然岂其然?"(《诗草笺注》上,第 270 页。)

又作《送秋月古香种树归隐日向故封即用其留别诗韵》:"昨日公侯今老农,飘然挂冠归旧封。忙时蜡屐闲扶筇,空山猿鹤长相从。舰棱帝阙春梦浓,醒来忽隔天九重。天风吹袂云荡胸,云胡不乐心溶溶。人生一别难相逢,落月屋梁思子容。他时子倘思吾侬,鸡鸣西望罗浮峰。"(《诗草笺注》上,第 273 页。)

本年至明年间,黄遵宪获读卢梭、孟德斯鸠著作,确立其改良主义思想。黄遵宪改良主义思想形成的时间学界有不同看法。杨天石以光绪五、六年(1879年—1880年)间黄遵宪致王韬的手札为据,认为其在与王韬认识时即已"逐渐走上改良主义道路",从地主阶级改革派转变成为资产阶级改良派,并说当时的一些信件"显示了黄遵宪改良主义思想立场的确定"。(杨天石:《读黄遵宪致王韬手札》,《史学集刊》,1982 年第 4 期。)张海元认为,黄遵宪改良主义思想的确立,是在写作《日本国志》前后,而不是在日本与王韬结交之时。"黄遵宪之所以由地主阶级改革派向资产阶级改良派转变的原因,首先在于他有忧国忧民、济世补偏的思想基础;其次是他在多年的外交生涯中,广泛接触了西方的新思想、新事物、新知识,更重要的,作为其思想转变契机的,却是卢梭、孟德斯鸠的资产阶级学说。"(张海元:《黄遵宪改良主义思想的形成及时限质疑》,《中山大学学报》,1987 年第 3 期。)黄遵宪青年时期接受经世致用思想影响,批判科举制度,主张政治改良"补弊偏"。后多次外出游历,接受西学,逐渐接受洋务派思想,到日本后,一直处在日本旧学家的包围中,受他们的影响较深,因而"新旧同异之见,时露于诗中",基本观点仍然是洋务派的中体西用。如光绪四年(1878 年)十月,黄遵宪在为日本友人所写的《〈中学习字本〉序》中,把日本的"明治中兴"归功于"圣贤之书、忠孝之道",认为由于"人人有忠君爱上之心,固结而郁发,不可抑遏,以克收其效也。若国政共主之治,民权自由之习,宁有此乎?"(《全集》上,第 241—242 页。)同年,黄遵宪为日本友人青山延寿之史学著作《皇朝金鉴》撰写序言,认为"吾取法于人,有可得而变革者,有不可得而变革者。其可得而变革者,轮舟也,铁道也,电信也,凡所可以务财、训农、通商、惠工者皆是也。其不可得而变革者,君臣也,父子也,夫妇也,凡关于伦常纲纪者是也"。(《全集》上,第 265 页。)在写作《日本杂事诗》的过程中,黄遵宪思想开始转变,对日本明治维新学习西方的改革是持赞成态度的,如第十二首记述了日本遣使欧美、仿西法实行维新的历史大变革:"玉墙旧国纪维新,万法随风倏转轮。杼轴虽空衣服粲,东人赢得似西人。"黄遵宪在诗的注文中说道:"既知夷不可攘,明治四年,乃遣大臣使欧罗巴、美利坚诸国。归,遂锐意学西法,布之令甲,称曰维新。嫓善之政,极纷纶矣。而自通商来,海关输出逾输入者,每岁约七八百万银钱云。然易服色,治宫室,焕然一新。"但是,对其中的一些政治措施特别是设议院仍然心有疑问,第六首则记述了王政复古之后倡设议院的情形:"剑光重拂镜新磨,六百年来返太阿。方戴上枝归一日,纷纷民又唱共和。"黄遵宪在注文中热情盛赞说:"明治元年,德川氏废,王政始复古。伟矣哉,中兴之功也!"但紧接着笔锋一转,又认为:"而近来西学大行,乃有倡美利坚合众国民权自由之说者。"又似乎对"民权""自由""共和",心存疑虑。光绪六、七年之间,黄遵宪读到了卢梭、孟德斯鸠的著作,从而引起了思想上的一次急剧变化。他在光绪二十八年(1902 年)致梁启超的信中回忆说:"明治十二、三年时,民权之说极盛。初闻颇惊怪,既而取卢梭、孟德斯鸠之说读之,志为之一变,以谓太平世必在民主,然无一人可与言也。"在中国,把"开议院"作为一种政治主张提出,是认识西学、学习西方的突破点。陈旭麓说:"多年来,大家区分早期改良派与洋务派说了好些条,我以为只有是否承认议院制这一条是分界线。"(陈旭麓:《近代史思辨录》,第 56 页,广东人民出版社 1984 年版。)驻旧金山三载后,黄遵宪思想又一变,"乃知共和政体万不可施于今日之吾国。自是以往,守渐进主义,以立宪为归宿"。

本年,黄遵宪庶妹佩玉生。(据《钱谱》。)

光绪七年辛巳(1881 年) 三十四岁

【国内外大事】正月二十六(2 月 24 日),曾纪泽与俄外务大臣在圣彼得堡签署中俄《改订条约》及《改订陆路通商章程》。(潘向明:《清史编年》第十一卷,光绪朝,第204页,中国人民大学出版社2000年版。)

本年,黄遵宪仍任驻日使馆参赞。

正月初三(2月1日),何如璋致总署函,报俄海军卿仍在长崎疗养,密探俄船别无动静。朝鲜国王及廷臣已有意外交,录呈金宏集卓挺植来信,若得朝廷寄信劝论事必有成。(中研院近代史研究所编:《清季中日韩关系史料》第二卷,第451页,中研院近代史研究所1972年版。)

正月初七(2月5日),黄遵宪有函致宫岛诚一郎,感谢其赠送糖果。(《全集》上,第327页。)

本月,朝鲜中枢府知事李容肃致函李鸿章,肯定《朝鲜策略》,谓:"黄参赞《策略》,节节窍要,于是乎廷议回悟。"(中研院近代史研究所编:《清季中日韩关系史料》第三卷,第462页,中研院近代史研究所1972年版。)

二月初六(3月5日),清政府否决总署同日驻华公使宍户玑商订的分岛方案。(潘向明:《清史编年》第十一卷,光绪朝,第205页,中国人民大学出版社2000年版。)

二月初八(3月7日),朝鲜国王李熙发布谕旨,选派赵世永、鱼允中、朴定阳等一批朝廷重臣,率领一支由六十四人组成的代表团,以私人出国游览的形式出访日本,对日本的政治体制、军事、外交、海关税收等事务进行全面考察,为本国即将举行的变革进行先期调研,这就是所谓的"朝士视察团"或"绅士游览团"的派出。"朝士视察团"于五月初七到达对马岛,八月二十五从长崎启程回国,受到了日本朝野上下的隆重欢迎。代表团许多成员明显受到黄遵宪《朝鲜策略》影响,如鱼允中主张结好中国,移植中国的洋务运动,在考察日本、中国归来后,更是提出了"东道西器"的改革思想。

二月二十六(3月25日),以朝鲜庆尚道礼安儒生李晚孙为首的守旧儒生,联名上《岭南万人疏》,攻击黄遵宪之《朝鲜策略》,谓"伏见修信使金弘集所赍来黄遵宪私拟一册而流传者,不觉发竖胆掉,继之痛哭流涕也"。"尤可痛者,彼遵宪者,自称以中国之产,而为日本说客,为耶稣善神,甘作乱贼之嚆矢,自归禽兽之同科。古今天下,宁有是理?"疏中反对"以夷制夷"之策,盖黄遵宪之《朝鲜策略》,虽受到朝鲜政府认同,但在民间,守旧儒生皆强力反对。高宗对此疏批复:"辟邪卫正,何待尔等言乎?至若他国人私拟文字,初不足深究,而尔等又误看而抉摘矣。若借此而又烦疏举,是谤讪朝廷,岂何待之以士子,而不之严处乎?"(吴晗辑:《朝鲜李朝实录中的中国史料》第十二卷,第5259—5262页,中华书局1980年版。)

嗣后,又有江原道儒生洪在鹤等上疏呼应,不仅辱骂黄遵宪、金宏集和李最应,而且有侮辱国王之语。最终,朝鲜国王震怒,将李晚孙流放,洪在鹤处死,(伊原泽周:《论黄遵宪与金宏集》,中国史学会、中国社会科学院近代史研究所编:《黄遵宪研究新论》,第366—402页,社会科学文献出版社2007年版。)事件方告平息。六月二十日,黄遵宪在与宫岛诚一郎笔谈谈到李晚孙时"复叹其人殊有忠爱之气,以为可惜在不达时变耳"。

三月初七(4月5日),清廷任命二品顶戴、记名道员黎庶昌为出使日本国大臣。(潘向明:《清史编年》第十一卷,光绪朝,第207页,中国人民大学出版社2000年版。)时黎庶昌尚在伦敦,计归国引见后至日本,与何如璋交接之期尚远。(杨守敬自述、郗志群整理:《邻苏老人年谱》辛巳年条,《杨守敬集》第一册,第17页,湖北人民出版社1988年版。)

三月二十三(4月21日),朝鲜黄载显、洪时中二人上疏,攻击黄遵宪《朝鲜策略》只是"疑似之信息",要求将《中西闻见》《万国公法》《申报》以及《朝鲜策略》等著作一一搜出,付之一炬。高宗将奏章交廷议,结果二人被发配。(柳根在:《黄遵宪的〈朝鲜策略〉对旧韩末政局的影响》,《韩国学论文集》第九辑,第120页。)

本月,黄遵宪为友人浅田宗伯所辑之日本古代医学故事集《牛渚漫录》撰序,阐述西学墨源论,并指出东方文化与西方文化的区别,序曰:"余尝以为泰西格致之学,莫能出吾书之范围。或者疑余言,余乃为之征天文算法于《周髀》盖天,征地圆地动之说于《大戴礼》《易乾凿度》《书考灵曜》;征化学之说于《列子》《庄子》;征光学之说于《墨子》,征电气之说于《亢仓子》《关尹子》《淮南子》;征植物、动物之说于《管子》《抱朴子》,闻者始缄口而退。晚近士夫喜新骛奇,于西人之医事,尤诧为独绝。见其器用之利,解剖之能,药物之精,辄惊叹挢舌,谓为前古之所未有,转斥汉医为迂疏寡效,卑卑无足道。噫嘻!何其不学之甚也!

"余考古之俞跗能割皮解肌,结筋搦髓,华佗于针药所不能及者,辄使饮麻沸散破腹取病,复为缝腹,傅以神膏,此皆西人所谓穷极精能者,而古之汉医于二千余年之前,固既优为之。若吾之望气察色,见垣一方,变化不测,洞阴究阳,则为西医之所无。然则汉医何遽不若西医乎?司马温公之论佛法,谓其精微不能出吾书。余谓西学无不如此,特浅学者流,目不识古，以己所未闻，遂斥为乌有，可谓蚍蜉撼树，不自量之甚也。

"日本浅田先生为汉医，于举世心醉西法之时，坚守故说，百折不变，盖先生学问该博，多读古书，故实有所见而云然也。先生于刀匕余暇，曾汇辑古人关涉医事之说，名为《牛渚漫录》。余受而读之，非惟医家诸说尽拔其萃，而于天地间万事万物之理，即此一篇，亦可以旁推而交通之。嗟夫！西人之学，每偏于趋新；吾党之学，每偏于泥古。彼之学术技艺，极盛于近来数十年中，古不及今，其重今无足怪也。吾开国独早，学术技艺，数千年前已称极盛，吾之重古人，古人实有其可重者在也。不究其异同，动则剿袭西人知新之语，概以古人所见，斥为刍狗，鄙为糟粕。乌乎，其可哉！余故读是编而叹息久之。大清光绪七年春三月，岭南黄遵宪公度撰。"(《全集》上，第258—259页；郭真义、郑海麟：《黄遵宪题批日人汉籍》，第278—279页，中华书局2009年版。)

四月(5月)，黄遵宪为中川雪堂名英助，日本著名经史学家和诗人，光绪六年五月初十(1880年6月17日)与黄遵宪相识。之《雪堂诗钞》作点评。《雪堂诗钞》其中有《题二乔图》诗，黄遵宪评曰："端庄流丽，刚健婀娜，似此绝妙好辞，带以红牙板按拍，使美人歌之。座有周郎，定应狂喜。"原诗为："翡翠帐暖沉檀香，大乔小乔各倚床。隔窗海棠春月淡，银烛迢迢照兰房。大乔半睡云鬟亸，睫重于山支颊坐。含露芙蓉带雨桃，一朵宝钗偏欲堕。小乔绣倦对月时，双蛾轻颦似有思。纨扇半遮春花面，含娇凝睇点玉脂。郎有奇策谁敢敌，东风吹火烧赤壁。阿瞒百万七分休，枉思铜雀锁春色。"

评其中之《铜雀台怀古》："哀感顽艳，如陆士衡《吊魏武文》。"原诗为："君不见魏武创业时，群雄蜂骇交驱驰。左提右挈程与郭，旌旆一麾尽靡披。诛吕驱袁如扫稿，压刘跨孙开鸿基。大汉之鼎轻如叶，九州之七如拾遗。天禄已固谁不服，万里肃然护鼎足。高台峥嵘擘青云，铜雀映日漳水曲。莲炬光摇夜宴阑，珠帘日上绮筵燠。罗帏锦幕琉璃屏，娇娥三千美夺玉。谁知富贵如转轮，三马同槽梦更真。只瓦不存星霜换，峨峨杰构付一尘。唯有青山独依旧，水色山光愁杀人。"

评《天狗舞》："铁崖乐府，格老气苍。继之者东阳，善于拗处取曲，拙处取巧，使人啼笑无端兴感齐集，盖于乐府，叹观止矣。尤西堂明史乐府，赖山阳日本乐府，尤工着色。此作庶几似之。"原诗为："天狗舞，攫枪吐。镰府实为怨之府。葵犬饱肉新郎来，白旗一动战骨堆。海神得剑潮水涸，东鱼立枯委尘埃。东鱼虽枯猕猴在，其奈君王再有亢龙悔。"

又评其中之《出塞》二首曰："微嫌太似老杜，不能出《出塞行》范围。固然,非庸手所能为也。"原诗为:"十八出蓟北,四十初归家。归家未数月,驱将赴交河。出家日已远,日日执干戈。仰望暮云南,惨然涕滂沱。何日灭骄虏,兜鍪换笠蓑。仗矛月明前,空忆马伏波。""丈夫在世间,身当不徒朽。三十佩金印,腰间曳紫绶。烟尘西北起,召募蓟门走。千金买宝刀,其利铁可剖。亲戚及闾里,送行拥巷口。酒酹牵我袂,乃我同袍友。戒我莫多杀,只斩天骄首。"

评其中之《秋晴》称:"闲情幽致,可入画图。"原诗为:"独弄秋晴立小园,残鸦啼树已黄昏。暮山烟灭天寥廓,林罅徐升月一痕。"

评其中之《养蚕词》谓:"古趣可掬。"原诗为:"蚕将老,食叶多,满堂促促风雨哗。条桑小姑手胼胝,守箔大姑鬓鬖髿。稚儿不解蚕事急,桑葚染衣向人夸。朝采桑,夕采桑,大麦将秋畏日长。蚕三眠起可上簇,姑妇相呼家家忙。喜见满箔团团雪,绵茧如拳丝茧栗。鼎中汤跳丝方长,缫车索索风雨掣。阿妹啼呼诉长饥,阿姐未改寒时衣。谁图贵人身上锦,缕缕蚕妇苦中丝。"

评其中之《苦热作夏白纻》一首:"神清意浓,温李上乘。"原诗为:"兰汤浴罢凭高楼,紫抹珠帘西日收。梧桐濯濯受新月,满庭坠露多于秋。湘裙不耐峭凉至,手抚胸雪有余思。麝煤染唇香动人,映月细写回文字。"

对《感秋》五首评为:"五诗意远情深,似查初白。"原诗为:"才残清暑已难留,云物凄凉入素秋。按剑空谈毛遂勇,捶床长叹子房筹。风铃不语幽蛩咽,冰练无声银汉流。耿耿疏灯孤影寂,沉吟遥夜倚高楼。""万里秋光入望月,夕阳将落草虫鸣。山从白雨晴边出,烟自幽林缺处生。长铗横腰弹夜月,短衣露肘剔孤檠。百年光景终如此,碧海何当掣怒鲸。""西山斜日照茅轩,独弄柔毫坐晚暄。常慕鲁连持峻节,窃希虞诩试盘根。叶深银杏藏新子,水落盆池记旧痕。风袭衣棱天色冷,闲看归鸟度遥原。""纷纷荣辱岂为观,馋腹多年愧素餐。亲爱钻皮生羽翮,谤谗刊垢索痕瘢。仰天歌啸舒幽愤,临水徘徊洗肺肝。露浥虫声庭草白,四邻岑寂夜阑干。""檐铎丁冬响仲秋,闲翻细帙坐高楼。繁星明灭知云曀,瘦竹玲珑觉露稠。岁富山村酒价贱,令严街柝声遒。涓埃未报明君泽,且按舆图认八洲。"

评其中之《观诸土角抵》:"转折遒健,笔笔飚举。"原诗为:"治不忘乱古所美,武以济文何二理。春讲大铳秋讲马,枪戟弓刀足绝技。桓桓满城熊虎士,以其余暇试角抵。孟秋将尽天始凉,角抵之例是为常。设场花溪佐氏址,整整土豚置中央。数里旷原人鼎沸,来观之者如堵墙。东西对偶各自取,一喝蹶起双斗虎。观者不挥两把汗,发尽上指面如炬。喊声震天迸万雷,忽然一虎倒西陲。堤松相应成喝采,后班将进黑尘埃。呜呼!昔者龙战虎争际,北越将士皆刚锐。遗风绵绵今尚存,可以想吾永天世。四海升平二百年,人惯文恬卑武艺。君不见河中搏战殪彦六,四郡如崩入封内。"

集中有《光春琶湖骑渡图》,针对"战袍度水云龙跃,霜蹄高蹴浪花轻"

二句黄遵宪批曰："从'素练风霜起'得来也。'轻'字微趁韵。"此为一首题画诗，原诗曰："满堂凛然杀气生，画出一幅神觥觥。对此人尽竖毛发，如闻当年叱吒声。战袍度水云龙跃，霜蹄高蹴浪花轻。可怜英雄终古恨，系马徐步入孤城。骁勇不须说黥彭，死非其主犹有荣。丈夫岂必云台上，湖上留得千载名。"

评《登云梦楼》曰："清气往来，非涤笔冰瓯雪碗中，未易有此。"原诗为："人间何处扫春愁，赤汤温泉有此楼。登临辄觉骨已换，岳阳之奇何足俦。金泽山高当栏峙，万松翁郁拥巍峨。松溪鹄溪连其南，势如波涛望逦迤。一丝樵路挂层巅，负薪担花皆可指。村屋带花山麓攒，倚门人似招我俟。渺渺大湖照颜明，蔚蓝春水接天生。盘云俊雕落寒影，倚山古寺铿钟声。晚风度处碧鳞蹙，渔舟一一望岸行。天为我晴拂烟雾，日为我留不忍暮。此时神仙亦来游，洞箫声响凤凰羉。手举大杯立栏干，九霄长风不足御。诗篇裁得云汉章，休说是得江山助。噫嘻！年年何限倚楼人，未闻先忧后乐言谆谆！"

对集中所收《咏时事》诗十一首，点评曰："北条氏之破元兵，幸而获胜耳。自古交邻柔远之道，本无一定，相时而施。陆宣公之《论边事书》详哉言之矣。然诗特奇妙。"原诗为："相公柔抚不扬威，无论洋夷饱德归。百计无如条约好，埠头闲却佛郎机。""侮弄何须假象胥，一声天炮是苞苴。相公度量大如海，不屑当年裂册书。""积货成山八百街，场场任汝择其佳。大君不学齐公泣，干羽雍雍舞两阶。""万里踏涛寻旧盟，殷勤何以系交情。洋船入港君休走，唯载巾帼不载兵。""洋中山峙鲁西船，海啸滔天没下田。觉破太郎千岁梦，腥风吹满九重泉。""威名到处止儿呱，百万明兵眼底无。今日九原应冷笑，诸公何事足忧虞？""风动旌旗气象森，满场壮士炮烟黔。近听幕议归容忍，不奋王师敌忾心。""溪壑深深不可埋，瞒人犹解说和亲。牙军八万富熊虎，不问神州浣房尘。""人心向背见王师，斩木揭竿足有为。三令五申唯忍耻，不知士气奋何时。""闻说同心利断金，何忧国势到如今。庙堂倚赖秦丞相，御侮谁禁丑虏侵。""马革中原当裹尸，丈夫草木岂同萎。五郎淬刃青如雪，试拭灯前人定时。"

黄遵宪还高度评价《吾妻山瀑布歌》，云："开篇飘然而来，神秀骨健，而全诗则貌拟昌黎而神似谪仙，叹观止矣。"原诗为："吾妻之山多名瀑，或在层巅或绝谷。四十八瀑尤超卓，宛如百川有四渎。山灵不欲娱俗目，云烟深锁玉韫椟。太平之瀑悬山腹，下瞰眼晕千寻矗。万雷争吼撼坤轴，十里犹闻响辘辘。炎瀑怒喷飞霖霂，斜阳倒射炎煜煜。相生相雄不相触，喜看匹练秋阳暴。高汤飞泉两岸蹙，怒沫高跳溅灌木。天姥三级下岩足，碎如飞霰发可沐。岂知益焚禹刊毒，参天树中画一幅。号为曳布洁可服，织成霜布晒晴簏。白丝贯云盈杯柚，鬐沸界破空山绿。吾土山水足清福，七瀑之侧温泉浴。燕瀑悬虬耳稔熟，如写其真笔或秃。君不见帝私白也才万斛，枉使瀑布称庐岳。"

至于《题放翁江月歌图》,则曰:"渣滓去而清光来,可谓诗杂仙心。"原诗为:"蒹葭风起洒钓船,残暑将消江爽然。大月徐上扫水烟,清光涌溢绀碧天。黄金只当为酒捐,一醉陶陶枕舷眠。满胸逸气自翩翩,任他世人呼顽仙。白发曾无复青年,一邱枯坟有谁怜?先生知己在何边,千秋陇西李青莲。"(以上俱见中川雪堂:《雪堂诗钞》,聚远楼藏版,日本治十八年三月;郭真义、郑海麟:《黄遵宪题批日人汉籍》,第232—247页,中华书局 2009 年版。)

四月(5月),黄遵宪为中川雪堂之《雪堂诗钞》作题跋,内称:"其秀媚如伏水之桃,其明艳如芳山之樱,其古雅如月濑之梅,其淡宕如西湖之波,其缥缈如松岛之云,其雄奇如华严之瀑,其烂漫如墨堤之春。彦和所谓诗杂仙心,人间烟火之气莫能侵染,非山川清淑所钟,而能有是耶?光绪七年夏四月,后学黄遵宪读毕谨注。"(见中川雪堂:《雪堂诗钞》,聚远楼藏版,日本明治十八年三月;郭真义、郑海麟:《黄遵宪题批日人汉籍》,第 247 页,中华书局 2009 年版。)

五月十二(6月8日),清廷批准裁撤"出洋肄业总局",留美学生一律撤回。上年十一月,因有人奏留美幼童毫无管束,抛荒学业,且有私入耶稣教者,旨令李鸿章、陈兰彬等查明出洋局劣员,分别参撤,学生中之私入洋教者即行撤回。嗣据驻美使臣陈兰彬奏称,"外洋风俗,流弊多端,各学生миниляпь儒书,德性未坚,尚未究彼技能,先已沾其恶习,即使竭力整顿,亦觉防范难周,亟宜将该局裁撤"。因是得旨:"如所请行。"(潘向明:《清史编年》第十卷,光绪朝,第 211—212 页,中国人民大学出版社 2000 年版。)容闳《西学东渐记》记:一八七六年,陈兰彬以全权公使之资格,重履美土,荐吴子登任监督。吴子登对留学生"处处吹毛求疵,苛求其短,顾有所不满意,又不明以告予,惟日通消息于北京,造种种谣言"。谓留学生读书时少而游戏时多,效美人入各种秘密社会,有为宗教者,有为政治者,学生绝无敬师之心。此等学生,若更令其久居美国,必致全无其爱国之心。他日纵能学成回国,非特无益于国家,亦且有害于社会,故吴子登建议从速解散留学生事务所,撤回留美学生。(容闳:《西学东渐记》,第 101—104 页,湖南人民出版社 1981 年版。)黄遵宪闻知,有感而作《罢美国留学生感赋》,后来补作。诗中强调中国国势孱弱,列强环伺,必须师四夷,批评撤回留学生政策。也指出留学生中存在的一些加入洋教、忘本的问题。诗曰:"汉家通西域,正值全盛时。南至大琉球,东至高句骊,北有同盟国,帝号俄罗斯。各遣子弟来,来拜国子师。皇帝临辟雍,皇皇汉官仪。《石经》出玉篋,宝盖张丹墀。诸王立横卷,百蛮环泮池。於戏盛德事,慨想轩与羲。自从木兰狩,国弱势不支。环球六七雄,鹰立侧眼窥。应制台阁体,和声帖括诗。二三老臣谋,知难济倾危。欲为树人计,所当师四夷。奏遣留学生,有诏命所司。第一选隽秀,其次择门楣。高门掇科第,若摘颔下髭。黄背好八股,肯令手停披。茫茫西半球,远隔天之涯。千金不垂堂,谁敢狎蛟螭。惟有小家子,重利轻别离。纥干山头雀,短喙日啼饥。但图飞去乐,不复问所之。蓝缕田舍奴,蓬头乳臭儿。优给堂飧钱,荣颁行装衣。舟中东西人,相顾惊复疑。此乃窭人子,胡为来施施。使者挈乘槎,四牡光骓骓。郑重诏监督,一一听指麾。广厦百数间,高悬黄龙旗。入室阒无人,但见空皋比。便便腹高卧,委蛇复委蛇。借问诸学生,了不知东西。各随女师去,雏鸡母相依。鸟语日啾啁,庶几无参差。就中高才生,每有出类奇。其余中不中,太半悲染丝。千花红毵毵,四窗碧琉璃。金络水晶柱,银盘夜光杯。乡愚少所见,见异辄意移。家书说贫穷,问子今何居?我今膳双鸡,谁记炊粢㸑。汝言盘无粮,何不食肉糜?客问故乡事,欲答颜忸怩。嬉戏替庋冈,游宴贺跋支。互谈伊优亚,独歌妃呼豨。吴言与越语,病忘反不知。亦有习袄教,相率拜天祠。口嚼天父饼,手翻《景教碑》。楼台法界住,香华美人贻。此间国极乐,乐不故蜀思。新来吴监督,其僚喜官威。谓此泛驾马,衔勒乃能骑。征集诸生来,不拜即鞭笞。弱者呼詈痛,强者反唇稽。汝辈狼野心,不如鼠有皮。谁甘畜生骂,公然老拳挥。监督愤上书,溢以加罪辞。诸生尽佻达,所业徒荒嬉。学成供蛮奴,否则仍汉痴。国家糜金钱,养此将何为?朝廷命使者,去留审所宜。使者护诸生,本意相维持。监督意亦悔,驷马舌难追。使者甫下车,含怒故诋諆。我不知许事,我且食蛤蜊。监督拂衣起,喘如竹筒吹。一语不能合,遂令天地暌。郎当一百人,一一悉遣归。竟如瓜蔓抄,牵累何累累。当其未遣时,西人书交驰。总统格兰脱,校长某何谁。愿言华学生,留为国光辉。此来学日浅,难言成与亏。颇有聪颖士,利锥非钝槌。忽然筵席撤,何异罄带褵。本图爱相助,今胡弃如遗?相公答书言,不过别瑕疵。一旦尽遣撤,哗然称为欺。怒下逐客令,施禁华工来。溯自西学行,极盛推康熙。算兼几何学,方集海外医。天士充日官,南斋长追随。广译《奇器图》,诸器何夥颐。惜哉国学舍,未及设狄鞮。矧今学兴废,尤关国盛衰。十年教训力,百年富强基。奈何听儿戏,所遣皆卑微。部娄难为高,混沌强书眉。坐令远大图,坏以意气私。牵牛罚太重,亡羊补恐迟。蹉跎一失足,再遣终无期。目送海舟返,万感心伤悲。(美国留学生于辛巳年裁撤,奏请派往者曾文正公,募集学生者丰顺丁日昌,率往者吴川陈兰彬,后派出使大臣、前监督高州区谔良、新会容增祥,后监督南丰吴嘉善,其僚友为金某。初率学生继派副使为新会容闳,哈佛学堂,亦其手造云。)"(《诗草笺注》上,第304—318页。)

五月十四(6月10日),黄遵宪差人送函给宫岛诚一郎,随函附所题批好的中川雪堂之《雪堂诗钞》一册、笔二枝、书一通,黄遵宪托宫岛阅后代为封固妥寄。(《全集》上,第328页。)

五月二十八(6月24日),何如璋致总署函,报泊长崎俄兵船已陆续西还。朝鲜来东委员朴定阳等来见,此行专为考察政治,设关课税事。七、八月间朝鲜金宏集将来日本就商。(中研院近代史研究所编:《清季中日韩关系史料》第三卷,第507页,中研院近代史研究所1972年版。)

本月,郑藻如以三品官衔大臣出使美国、日斯巴尼亚、秘鲁三国。郑藻如(1824年—1894年),字志翔,号豫轩,又名玉轩。香山(今中山)濠头乡濠头村人。次年,推荐黄遵宪任旧金山总领事。

本月,安井息轩之门生松本丰多将安井氏盐松纪游诗手录而存之者,名《读书余适》,请黄遵宪作序,黄遵宪欣然应之,称其学体大思精,曰:"从古硕学之士,必有二三著述为生平精意所寄者,而出其余力,又往往缀为杂文①,以发抒事理,考证②古今。在作者或不甚爱惜,然承学之士,每欲为之永其传,诚以出自名儒,断非浅植者流所能为也。余考杂说之书,《四库》著录凡八十余部,其出于高材鸿儒之撰述者,十居其五;而出于门生后进之所编辑者,又十居其五。盖博雅君子,积学既深,即随手掇拾,不必求工而书自足传。至亲所受业之人,即其师之遗簪弃履,尚什袭珍藏之不暇,况于其书,其郑重而欲传之,固其宜也。

"余未渡东海,既闻安井息轩先生之名;逮来江户,则先生殁既二年,③不及相见。余读其著作,体大思精,殊有我朝诸老之风,信为日本第一儒者。物茂卿、赖子成辈,恐不足比数也。先生之书,既风行于世,顷其门人松本丰多氏,复举其《读书余适》见示,盖先生盐松纪游之作,而松本氏④手录而存之者也。余受而读之,纪事必核,择言必雅,譬如狮子搏兔,虽曰游

---

① 《人境庐杂文钞》作"而又往往出其余力,缀为杂文"。
② 《人境庐杂文钞》作"订正"。
③ 《人境庐杂文钞》作"一年"。
④ 《人境庐杂文钞》作"松氏"。

戏,未尝不用全力。又譬之画龙者,烟云变灭,不得睹其全体,而一鳞一甲,亦望而知其为龙也。学问之道,固视其根柢何如,能者不能以自掩,不能者亦不能以袭取,信哉! 往岁余友曾以息轩遗文命余序,余深愧才学不称,执笔而复搁者再。今松本氏促余序此编,惴惴然而后下笔,犹自觉有举鼎绝膑之态也。大清光绪七年夏五月,岭南黄遵宪公度序。"(《全集》上,第259—260页;郭真义、郑海麟:《黄遵宪题批日人汉籍》,第280—281页,中华书局2009年版。)

本月,日本友人蒲生重章为黄遵宪《日本杂事诗》作序,内谓:"黄君公度既来日本之一年,余始与订交。又半载,出其所著《日本杂事诗》示余曰:'仆以他邦人,述大邦事,知不免隔靴搔痒之诮,且措词未善,或误以为有所刺讥,则与不非大夫之义相背,尤非仆志。子其为我纠缪而正之乎?'余受而读之。上下三千年间,政体风俗,山川名胜,以洎服饰方言,时好技艺之微,一一胪载,无遁无饰,如观掌上纹,何其博而详也! 虽然,其博而详,为有目之共睹,人人皆知之也。独至其立论之正,寓意之远,时隐约于字里行间,则非骤读之所能窥也。如曰:'方戴上枝归一日,纷纷民又唱共和。'如曰:'群公衮衮攘夷策,独幸尊王藉手成。'如曰:'断尽臣头臣笔在,尊王终赖读书人。'如曰:'杼轴虽空衣服粲,东人赢得似西人。'如曰:'破产争求番舶物,只赢不买阿芙蓉。'凡维新以来政事之变迁,皆爬罗剔抉,先获我心,真如倩麻姑搔痒,快甚矣,隔靴云乎哉! 夫诗也者,所以道政事、观民风者也。今地球万国,互相往来,彼政教之善者,每采译其书,以补吾偏,以救吾弊,况我与汉土同文之国乎! 公度随其国大使,驻我东京,举凡睦邻修好之道无不尽,世皆称为谦谦君子人。兹即其所见,发之于诗,盖念兄弟之国,辅车相依,不忍如秦越人之视肥瘠。其言微而显,婉而成章,所谓言者无罪,闻者足戒者也。吾邦人读而爱其言善矣,即以为刺讥,而赖此诗发奋自励,比之他山之攻错。虽非公度立言之旨,邦之荣怀裨益,不既多乎! 若束之高阁,弃而不观,吾如之何矣。噫嘻! 大日本明治十四年辛巳榴花月,蒲生重章子闇撰。"(蒲生重章:《裘亭文钞》中,明治三十一年青天白日楼藏版。郑海麟:《黄遵宪遗墨》,《近代中国》,第九辑。)

本月,黄遵宪妹碧玉适上市梁汝琨国璿。(郑海麟:《黄遵楷研究》,第17页,日本京都中文出版社1996年版。)

六月十三(7月8日),黄遵宪致函王韬,言及自己因归期不远,故穷昼夜之力加速《日本国志》撰写，并谈及《朝鲜策略》在朝鲜的影响。函称："紫诠先生大人左右：月来叠奉惠函，欢若面语，复承颁赐《火器说》一本、(何、张二星使处均即转呈，皆致意道谢)小照一影。别来倏忽二年，颜容都觉如旧，弟悬置座右，陈读大作，便如见先生鼓掌快谈当世务旁若无人时也，喜甚喜甚！比来眠食何似？海隅酷暑，作何消遣？驰系无已。

"弟近以归期不远，所作《日本志》亟欲脱稿，辄随何公穷昼夜之力讨论此事。是书大概详今略古、详近略远，然卷帙浩繁，未易料理，固是猝猝少暇，友朋往来大都谢绝。然今年遂能毕此事否，仍未敢知也。中土士大夫于外国事类多茫昧。昔辽主告宋人曰：'汝国事我皆知之，我国事汝不知也。'即今日中外光景。日本年来依仿西法，类为依样葫芦。弟之穷年屹屹为此者，欲使吾国人略知东西事耳。

"此间光景略如常。南藩一事，悬而未了，以彼饷绌国虚，万不敢更生他衅，然欲求立国复君，则非撤使罢市不足以持之也。

"朝鲜近有委员十数人东来，多系贵族高官。去岁八月，有修信使金宏集来此，弟为之代作策论一篇，文凡万言，大意以防俄为主，而劝以亲中国、结日本、联美国。诚以今日世变，终不能闭关而治，与其强敌环攻威逼势劫而后俯首听命，不如发奋图强，先择一较为公平之国，与之立约。朝鲜之在亚细亚实由欧洲之土耳其，苟此国亡，则中东殆无安枕之日，故不惮为之借箸而筹也。金君携回此稿以奏其主，国王甚为感动，一时舆论亦如梦初觉。自去岁至今，改革官制，设有交邻、通商各司，又分派学生到北京、到津讨论兵事。此次所遣委员亦为探察一切。看其国势，不久殆将开关矣。至李万孙，乃国中之一老儒，其所上疏皆不识时务之言，不足以为怪也。

"前读新闻，昨承赐书，意以弟之受冤被诬，拳拳欲为代辩，具感雅意。惟此事既有成效，不必争此虚名，且中土士大夫如李万孙又不少，若知弟之为朝鲜谋，恐又有执人臣无私交，又属国不可外交之说以相纠绳者，是止谤反以招尤也。惟先生鉴谅之。所陈一切，暂勿布散为幸。

"托交重野成斋各函均转交，曾无片纸见复。弟往其家，未见面亦不答拜，作如此模样，殊不可解。日本人情最薄，分手辄同陌路，是其土风固然。此间办理交涉有年，深知其狡诈反复、弃信无耻，独不料置身名流者亦复如是，良可叹也！鹿门似稍有血气。然先生委弟代卖之书，弟以使馆人不便发出，曾托其代任，彼亦辞谢，亦可知矣。成斋之事，弟既再无他法，只好听之。栗本氏处存书,昨日均交到弟处,其单开卖去九元余,为《扶桑游记》扣去七元,然则弟去岁所代寄尊处之《游记》,乃彼所托卖,非彼所赠送也,而当初曾不声明,亦堪一噱耳。此书俟后再以寄到。

"此间新任黎君交代之期当在秋仲。弟俟瓜期满后,即欲束装返国,或先行回籍,则当来天南邂窟一访高躅,亦未可知也。《蘅华馆诗录》闻书肆有翻刻之本,为石川洪斋所点训,旁注以伊吕波,弟尚未见,未知既印成否也。拨冗书此,不觉烦絮。即请文安,惟鉴不具。小弟黄遵宪谨上。七年六月十三日。"(《全集》上,第328—329页。)

六月十九(7月14日),宫岛诚一郎给黄遵宪及何如璋送来风月堂果子一函,黄遵宪代何如璋复函致谢。(《全集》上,第330页。)

六月二十(7月15日),黄遵宪访宫岛诚一郎,盖因所撰《日本国志》十既成七八,中有海军一门,所载《船舰表》恐有错误,意欲烦宫岛代询其弟小森泽长政。小森泽长政在日本海军任职。笔谈中,黄遵宪谈及对上疏攻击自己的朝鲜儒生李晚孙的看法,谓:"仆尝读李万孙论,既赏其文章,复叹其人殊有忠爱之气,以为可惜在不达时变耳。前见韩人议论及此,仆劝韩廷拔用此人。自来倡锁港之论者,一变即为用夷之人。今日贵国显官即有前日放火焚英使馆脱走之人,固知李万孙辈将来大可用也。"(与宫岛诚一郎笔谈稿,《全集》上,第781页。)

六月二十二(7月17日),黄遵宪致函宫岛诚一郎,详细列举撰《日本国志》需向小森泽长政咨询之问题,函曰:"栗芗先生执事:前趋高斋,快慰积悰。日来渐热,惟珍重为祝。仆所撰《日本志》将近脱稿,中有海军一门,因海军尚无年报,拉杂采辑,虑不免有误,且尚有一二询请之事,因念令弟小森泽君今官海军,仆亦叨有一面之识,不揣冒昧,敬以奉恳。谨此敬问时祉。小森泽先生祈代问好。光绪七年六月二十二日。遵宪。"函末,黄遵宪条具所要咨询之事:"一、今送到海军船舰表共四纸,中有错误者祈为改正,有疏漏者祈为补入。一、问海军兵学校规则,明治四年正月十日太政官布告者,今犹用否?若有新规则,可以借示否?一、海军新设规程局,敢问所司何事?一、问海军兵卒(专指下卒。)规则可借示否?兵卒每月俸一元七十钱,有等第否?一、问海军每岁经费何项用多少?可示其大概否?"(《全集》上,第330—331页。)

六月二十三(7月18日),为答谢宫岛诚一郎前几天赠送风月堂果子,黄遵宪有所回馈,并附函称:"屡辱嘉贶,愧无可报。欲觅土产,则久客他邦,箧中更无长物;欲购之廛市,则所谓'羽毛齿草,君地生焉'。顷有朝鲜游客惠物数种,敢以转献,物不必佳,但道远难致,庶几以表此情,哂纳为幸。光绪七年六月廿三日。黄遵宪。"(《全集》上,第331页。)

本月,黄遵宪为宫岛诚一郎之《养浩堂诗集》撰序,称赞其诗清新俊逸,叹为天才,序曰:"余每读少陵怀谪仙诗曰:'何时一樽酒,重与细论文。'未尝不叹良朋聚首为人世不易得之事也。夫文字之交,臭味相同,得一奇则共赏,得一疑则共析,比之亲戚之情话,骨肉之团聚,其乐有甚焉者;然而此乐正不数数觏也。今之人抗心希古,长吟远慕,每恨与古人生不同时。既同时矣,而两地暌隔,一秦一越,终身不相闻,不知谁某者容亦有之。即幸而彼此缔交,而渭北春树,江东暮云,惜别怅离,不得相见,其嘅想又当何如!余与栗香,一居东海,一居北海,所谓风马牛不相及者也。自余有随槎之行,居麹町者四载,乃衡宇相望,昕夕过从。自是以来,墨堤之赏樱,西湖之折柳,龟井之看梅,春秋佳日,裙屐觞咏,未尝不相见,相见未尝不谈诗。栗香之诗,清新俊逸,余叹为天才。既为之校阅四五过,复系以评语累千万言。余生平交友遍天下,南北东西,大都以邮筒往复,商量旧学而已。不意于异国之人,乃亲密如此,窃自诧此缘为不薄矣。昔江辛夷一书客耳,赖子山阳至度越阡陌远往长崎,待之九十日,卒以阻风,船不果至,空结遐想。余才虽不逮古人,而比之古人为幸良多。虽然,余亦倦游,行且归国,他时持此一卷,诵'重与细论文'之句,栗香其亦同此情乎!光绪七年夏六月,岭南黄遵宪公度撰。"(《全集》上,第261页;宫岛诚一郎:《养浩堂诗集》,万安库藏版,明治壬午年。)

七月初三(7月28日),何如璋致总署函,言日本报载宍户玑访前外务大臣寺岛宗则商琉球案近三小时之久。朝鲜东来委员分门考察军事税务工矿各项。有洪英植、鱼允中专负考究外交利害,来此笔谈谓美国如再来叩关,必不至却书拒斥。(中研院近代史研究所编:《清季中日韩关系史料》第三卷,第509页,中研院近代史研究所1972年版。)

七月初八(8月2日),宫岛诚一郎复函黄遵宪,就《日本国志》海军一门托其咨询小森泽长政一事说明情况,并感谢黄遵宪此前赠送的朝鲜土产,宫岛函曰:"公度先生执事:前日蒙高轩枉顾,敬领清谭,快慰素怀。日来暑炽,惟珍重为祝。曩者辱赐韩名产,一一登拜。以公私事多,为欠趋拜。所示海军船舰表并兵学较规则其余数件，仆已领命。弟小森泽长政现奉职东海镇守府，常在横滨总辖诸舰。阁下所云，仆已转致。顷弟从横滨来，曰所云件件仔细检查，此等之事，固当明告者。但秘史之职，事无大小，非受省卿之命，则不能私告。若转照之本省书记，则知之亦甚容易耳。俄、德二公使亦有此公问，已经一一明告。弟之言如此，便以告阁下。顷玉辇东巡，弟长政亦将乘扶桑舰到北海道以迎玉辇，其日在近。所示之事，阁下欲明知之，速如前议可也。雨晴直当趋高馆，先驰寸兔以告。不宣。明治十四年八月二日。宫岛诚一郎再拜。"（《全集》上，第331—332页。）

七月十二（8月6日），黄遵宪拜访宫岛诚一郎，仔细了解海军公函详情，并云："前日奉尊书，具领贵意。谨当别具公函，乞海军省明示可也。惟前呈船舰表，幸以见还，庶可附之公函中。"（与宫岛诚一郎笔谈遗稿，《全集》上，第782页。）

闰七月（8月—9月），黄遵宪《日本国志》初属稿，"《地理志》附数图，（一、兵制分管之图；一、学校分区之图；一、裁判所分设之图；一、物产图。）既定体制、拟草稿，遂托陆军参谋部木村某以精铜刻板，与之订约，并交去百金。木村者，陆军绘图素出其手。忽为人告讦，谓其卖国，以险要形胜输之中国使署，遽锒铛入狱，扃禁甚严。"（光绪二十三年三月二十一日致汪康年函，《全集》上，第405页。）光绪七年闰七月十二日（明治十四年九月五日），日本《东京日日新闻》曾报道此事，云日本陆军参谋部少佐木村某替黄遵宪绘有日本全国小地图数种，图中有六管镇台并分营炮台位置各界等，并委托铜板师青野才手雕刻制板，因而被告下狱。日本陆军裁判所以泄漏军事秘密判决木村"闭门半年后停官"。（见佐藤三郎：《近代日中交涉史研究》第148页，吉川弘文馆1984年版。）数日后，其妻子始闻其实，来署哭诉。其时大山岩方官陆军卿，与黄遵宪素好，黄遵宪"译言著书之故，并以约底送阅，乃邀释放，然其事遂作罢论矣"。（光绪二十三年三月二十一日致汪康年函，《全集》上，第405页。）

闰七月初八（9月1日），李裕元上书朝鲜国王，支持李晚孙，认为黄遵宪《朝鲜策略》不足取信，其疏曰："夫我国之与泰西诸国，声气不相同，〔天〕主教本来邪教，隔在沧溟万里之外，虽有咫尺强敌之患，其将以为恃乎！以臣愚见，已知李书黄册，俱是挟杂，不足取信。"（吴晗辑：《朝鲜李朝实录中的中国史料》第十二卷，第5263页，中华书局1980年版。）

闰七月二十四（9月17日），就日本友人、同人社文学杂志社长中村敬宇拟将黄遵宪所作《牛渚漫录序》刊载于其杂志中而函询之事,黄遵宪复函同意,并进一步阐析其文中所谓泰西术艺尽出于汉学的观点,函曰:"拜复:捧读惠示,欲以仆所作《牛渚漫录序》附录于同人社杂志中。仆于文章,非所究心,此篇尤为鄙陋,乃蒙先生甄采,华衮之荣,无以逾此,敢不遵命。仆向读《墨子》,以谓泰西术艺,尽出其中。至《尚同》《兼爱》《尊天》诸篇,则耶稣之说教,米利坚之政体,亦橐括之。自明利玛窦东来吾国,始知西学,当时诧为前古未闻,不知二千余年之前已引其端。乃知信昌黎一生推许孟子,而有孔必用墨、墨必用孔之言,盖卓有所见也。仆曾钞出《墨子》中与西教相合者数节,今以敬呈。先生学综汉洋,幸为仆断其是否,感荷无既。残暑尚炽,千万为道、为斯文自爱,不宣。光绪七年闰月廿四日。再启:《墨子》一书,文多明畅,独《经上、下》二篇,词意深奥,未易句读,是以学人引之者甚寡。我朝毕秋帆尚书有校正《墨子》,颇为详确,然亦未能尽通其说。仆不自揣度,辄为训释。今举仆诗所引其最不可通者,注列一二,先生幸指正之。'均,发均县,轻重而发绝,不均也;均,其绝而莫绝':言以发县物,轻重均,则发不绝;发若绝,则不均之故也;使均矣,而发有绝焉者,是发不胜物之故。论轻重相均,则无绝理,故曰:'其绝也莫绝。''一,少于二而多于五,说在建住':一为初数,五为满数。建一以为基,可以生二生三生万。五之数已满,则住矣。故曰:'一多于五。''非半弗斲':斲,犹剖也。《经说下》曰:'半犹端也,前后取,则端为中也。'意谓剖数之一半,为可得两端,则算法较捷。'圜,一中同长;方,柱隅四谨':言树一物于中,而周围之长相等,则为圆。谨,毕秋帆曰当作维。谓四维之隅有柱焉,则为方。'圆规写殳,方柱见股':殳,尖形,谓圆虽以规成,实则由殳而生,即算学家所谓非尖不能成圆也。方,虽以四隅之柱定,而非股则不能成方,即算学家等边之说也。"(《全集》上,第332—333页。)

八月十八(10月10日),中村敬宇之《同人社文学杂志》第六十二号刊出黄遵宪之《牛渚漫录序》、《日本杂事诗》"削木能飞诩鹊灵"一诗并长注、黄遵宪《钞出墨子中与西学相合者》文,以及《黄参赞答社长中村敬宇书》。黄遵宪所作《钞出墨子中与西学相合者》,分"尚同""兼爱""尊天明鬼""守御""机器"五项,摘录《墨子》中的有关篇章段落。中村敬宇于文中有批语曰:"余未读《墨子》,忽得公度先生此抄本,始惊其见识卓然,真有不可磨灭者焉。沈归愚评东坡《荀卿论》曰:'此论出而后人不敢复推荀卿矣。'文人之笔,重于丘山如此。昔者孟子以杨、墨比洪水猛兽,盖亦有所见也。然余不能保其无失于过激也,不能保其无门户之见也,不能保其不没敌人之善也。夫以东坡之笔,压倒荀卿,而有余矣;岂以孟子之雄辩,而难乎扑灭杨、墨耶。"(《同人社文学杂志》第62号,转引自夏晓红:《黄遵宪与王韬遗留日本文字述略》,《诗骚传统与文学改良》,第231页,浙江文艺出版社1998年版。)

八月二十九(10月21日),黄遵宪校阅完宫岛诚一郎自撰之《养浩堂诗集》例言六则,在页末附缀数语,将《例言》交还宫岛。缀语曰:"养浩堂诗例言,仆细加校阅,遂至删易过多,惶悚之至,乞宽容,而是正之为幸。诗序,仆乞杨惺吾书之。惺吾书法,胜仆百倍,今既书就,即以奉缴。光绪七年八月二十九日,黄遵宪。"(宫岛诚一郎:《养浩堂诗集》,万安库藏版,明治壬午年。)

本月,黄遵宪阅读斯文学会出版物《斯文一斑》19世纪后期,日本社会一方面是"人人竞讲欧美之学,户户争读英法之书",另一方面则是"世之汉学者流依然不通时务,妄自尊大,徒玩虚文,不图实益"。针对此一现状,在左大臣岩仓具视的支持下,1880年6月6日日本成立近代历史上规模最大的儒学团体——斯文学会,试图摒弃汉学家之弊端兼振兴日本儒学。斯文学会的事业分为办学校、开讲座、出书刊三项,而《斯文一斑》便是学会出版物之一,该刊物从1881年开始,共出版了十三集。第七、八、九集,阅后分别在书末都题下批语。

对其第七集批云:"精思卓识,非一孔之儒所能知。宋儒以诸葛公为儒者,特即其淡泊明志,宁静致远数语,谓有合于圣人之道,是执宋学之儒者以论古人耳。余观武侯治蜀,体国经野,纤悉必具,有三代之风。古之儒者体用兼备盖如是,而宋人得其性命之谭尊之为儒,不知此种儒者,即司马先生所谓不识时务之儒生俗士,即武侯谓论宋言计动引圣人之流,孔明固不愿居是名也。夫乐毅下齐七十余城,功业有足多者,其忠事燕惠,尤为战国第一流人。至管子本天下才,圣人称之曰仁,且曰'微管仲,吾其左衽',所以称之者至矣。考武侯治蜀,务则训农,如仲之治齐,其《出师表》'鞠躬尽瘁,死而后已'之语,与报燕惠王书相仿佛。武侯一生事业,莫能出管、乐之右,其自比管、乐,可谓自知明矣。宋儒重性命而轻事功,以管、乐为卑卑不足道。而既尊孔明为儒,乃不得不以自比管、乐为疑。是皆宋儒偏迂之见,乌足以知孔明哉!"

在第八集中,有一附录,黄遵宪有评语曰:"至论至论,非唯程门,即宋之最纯粹如朱子者,其所谓虚灵不昧之心,简静无为之学,皆禅家者流之说,求之孔门三千子微言,未尝有是也。余尝慨印度一土,物产富饶,人民智慧,然自古以来未尝以强国称,且屡亡其国,为异种别教之民所兼并、所吞噬,则以佛教之虚无寂灭,中于人心,其势必流于孱弱也。嗟夫宋人之于儒,号为得不传之学,使天下贤智之士靡然相从,其实乃剿袭佛家破坏之说以互相煽惑。程朱已矣,至于今日,学士大夫之聪明犹受其锢蔽,陷弱而不知返,可哀也夫!"附录云:"程氏之门学者多矣。其终身沉沦不遇者固无可睹,若夫负望立朝,独有杨、尹二子,排和议,斥邪说,不为不直,而至经纶开济事业,则无足道者。(朱子曰:龟山虽负重名,亦无煞活手段。又曰:当危急时,人所属而着数如此,所以使世上一等人笑儒者以为不足用,正坐此耳。又曰:绍光初,和靖入朝,满朝□想,如待神明。)然亦无大开发处。盖其平生退处静养,务取自适,而于世故物情不免隔膜之患。故大抵持□有余而格致不足,笃行高义,表暴一世,而临事应变,气息奄奄,声实相戾。要之,佛理涂塞而事功废,虚寂为崇而才干衰。有宋一代之弊所由来久矣!"

黄遵宪评第九集曰:"儒生泥古不通世变,多不知礼意。文折衷古今,善于断制,可谓五鹿岳岳,朱云折其角矣。光绪七年八月敬读。"(以上见《全集》上,第261—263页;郭真义、郑海麟:《黄遵宪题批日人汉籍》,第285—287页,中华书局2009年版。)

九月初六(10月28日),何如璋致总署函,报日本各参议皆树党相争,与将来朝局大有关系。琉球案件请指示以便办理。朝鲜年来稍觉奋发自新,谅将来终可收效。(中研院近代史研究所编:《清李中日韩关系史料》第三卷,第518页,中研院近代史研究所1972年版。)

九月初九(10月31日),宫岛诚一郎来访清使馆,黄遵宪与何如璋一起与之笔谈。黄遵宪谈到日本将于明治二十三年(1890年)开国会,认为君民共治的政体,实胜于寡人政治。(与宫岛诚一郎笔谈遗稿,《全集》上,第783页。)

十月(11月),黄遵宪在大雪中独游墨江酒楼,墨江是日本胜地,郑子瑜言:东京浅草区源桂阁的大厦附近,有隅田川,也叫墨田川,或称之为墨江,是历史上有名的胜地。(朱传誉主编:《黄遵宪传记资料》第一册,第280页,天一出版社1981年版。)其时,城井锦原将其在八月游江岛以东坡"兹游奇绝冠平生"句为韵而作的七篇古风诗送予黄遵宪索和。其诗曰:"孤岛如涌出,倚来石栏危。海雨起鹏背,天风吹我髭。胸中礧魂气,郁勃见于兹。""残夜月生魄,反照入水楼。栖鹘时一声,惊飞掠檐头。忆得苏玉局,曾作金山游。""一夜飞霹雳,擘来大松枝。须臾暴雨霁,天怒不移时。偏喜此神助,使吾诗语奇。""老僧语喃喃,诱我看古碣。不知何世物,苔蚀字磨灭。如读石鼓文,点画八九绝。""维昔左中将,义兵靖国难。投剑退海潮,进军从此岸。当面岩石耸,如其突而冠。(海中有岩,呼曰'乌帽子'。)""远隔歌吹地,一院松风清。忆昔陶弘景,山中养性情。我亦往此里,欲以了生平。""岩下有仙窟,怪异不可名。中藏炼丹书,字迹难分明。我欲偷将去,勃然白云生。"(城井国纲:《辛巳八月游绘岛,以东坡"慈游奇绝冠平生"句为韵,得短古七篇》,《绘岛唱和》,明治十七年二月清樾书屋藏版。)黄遵宪归后即得城井锦原游江岛诗,有步其韵之作七首曰:"江楼高瞰水,朱栏欲倚危。凄风飒入座,冷若霜侵髭。响停万家屐,更无人在兹。""浩浩白无际,回光照层楼。红日匿不出,寒威积楼头。借问羲皇鞭,子今何处游?""寒樱冻欲僵,槎牙撑枯枝。随风雪飘荡,有如花落时。人言花时好,我云雪亦奇。""上云压重檐,下云埋断碣。远望木母祠,楼台半明灭。长堤万枝树,树树鸟飞绝。""烛龙睡不起,阴火潜木难。江声悄无波,微茫失涯岸。独有富士山,傲然虎而冠。""我起拔剑舞,秋水一何清。舞罢雪儿歌,宛转若为情。快呼三百杯,块垒浇不平。""天公好游戏,诡幻不可名。蒙黑世界中,倏然放光明。愿天更雨襦,户户春温生。"黄遵宪之《大雪独游墨江酒楼归得城井锦原游江岛诗即步其韵》,抄本原题前有"辛巳十月"四字。(《全集》上,第215页。)

十一月初四(12月24日),朝鲜领选使金允植上疏,主张开放、练兵,发展制造业。

十一月初九(12月29日),黄遵宪闻王韬有恙,致函问安,函曰:"闻尊体违和,不知近愈否?实喘,恐用重补,吃鹿茸或能收效,何不一为之。此间瓜代果留,未有消息,不知何日得束装旋里,访先生天南遯窟中,抵掌畅谈也。手此,即请著安。日寒幸珍重。匆匆不布所衷。小弟遵宪顿首。十一月九日。"(《全集》上,第333—334页。)

十二月十二(1882年1月31日),黄遵宪致函宫岛诚一郎,约十六日(即阳历2月4日)与何如璋一起赴其宅拜访。(《全集》上,第334页。)

十二月十六(2月4日),黄遵宪与何如璋一起如约拜访宫岛诚一郎,另有日本友人胜海舟、吉井三峰前来助兴。宴席之中,吉井三峰将所持短刀作赠与黄遵宪作离别后之留念之物,黄遵宪兴极,起席挥毫:"天下英雄君操耳,高谈雄辩四筵惊。红髯碧眼正横甚,要与诸君为弟兄。明治十五年春二月,遵宪。"(与宫岛诚一郎笔谈遗稿,《全集》上,第784页。)

十二月二十六(1882年2月14日),新任钦使黎庶昌抵达东京,何如璋当日即与其交卸使篆,并将任内经手文卷,及署中铺陈器具、用存经费银两,次第移交新使接收。(何如璋光绪八年元月四日致何子襄函,吴振清编:《何如璋集》,第166—167页,天津人民出版社2010年版。)

十二月三十(1882年2月17日),宫岛诚一郎赠黄遵宪莳绘文函一通、莳绘朱碗十只、陶杯三组以作留念,并附函黄遵宪告别,函曰:"公度先生阁下:任满而归国乎?五载辱交,殊领佳教,感谢何已。乃今之别,惟有黯然魂消耳。仆之欲贶足下久矣,奈此间少佳物,无以为礼,惭愧无已。兹呈菲薄,聊表惜别之情,不见却,幸甚。书不尽意,顿首。诚一郎。"(与宫岛诚一郎笔谈遗稿[附录],《全集》上,第785页。)

本年,黄遵宪母吴太夫人随黄鸿藻宦粤西,暨往南宁,在道得疾,遂致不起。(《全集》上,第267—268页。)

本年,黄遵宪为冈千仞《北游诗草》冈千仞曾于上年走遍北海全道,并将所见所闻,笔之于诗,名曰《北游诗草》。撰序,称其诗雄健磊落,曰:"冈君将游北海,余饯之柳桥水阁。酒酣,赋赠一律,有'归来倘献富强策'句。君大悦,曰:'能道吾志。'盖北海一道,为日国北疆,实为豺虎所垂涎。君生东北,固悉外情,屡著论,论开拓防御之方。戊辰王师北征,藩主以为奥羽盟主,没收封土,改封二十八万石。君献策曰:'门阀世臣,诸失邑土者,移住北海,为国家辟草莽,可以谢罪于天下。'两伊达、片仓诸氏皆然之,率臣隶往拓其地,驱熊罴,除荆棘,郁然成都邑。君此游,阅历其地,一一赋诗咏之。归京日,出稿示余。其诗雄健磊落,写物状,纪风土,无一徒作者,使读者如身游其地,目击其状,而于北门锁钥不可一日忽之者,一篇中三致意焉。夫儒生迂阔寡效,为世所诟病也久矣,独日国屡收其效,尊王废藩之论,既出于一二儒生。而北海一道,莫大版图,无穷利益,举从古明君名相所未及经营者,一韦布之士,乃有以倡其议而奏其功。今读君诗,尤足以感发。吾知后此执耒耜、操牙筹而往者日多,或将为日国之印度、之澳大利亚,亦终不可知。儒生空言无补,得君其亦可一雪此言也乎!伊达氏即今年劝业会所得第一名誉赏牌者也。大清光绪辛巳春,岭南黄遵宪公度撰。"(《全集》上,第260页。冈千仞:《北游诗草》,日本明治十四年刊本,见富士川英郎等编:《日本汉诗·纪行》第四卷,日本平成五年二月汲古书院刊。)

黄遵宪对《北游诗草》中诗作,多有点评,评冈千仞出发北游时之留别诗曰:"依约风流,所谓韵流墨中,声动简外者。"冈千仞出发北游时,黄遵宪、杨守敬及冈氏日本友人设筵于柳桥酒楼。冈氏有诗赋以留别,诗云:"柳桥南畔枕江楼,亚字朱栏映碧流。歌舞当筵皆妙选,宾朋满座悉名流。半川凉色催吟兴,几曲新声动别愁。今夕犹同故人醉,明朝去泛北溟舟。"

评冈千仞《观招魂碧血碑》曰:"笔笔老苍,无一懈字。"冈氏"观招魂、碧血二碑,有感于己巳之战,赋长古一篇"。

评冈千仞《示田村显允》诗曰:"笔老气苍,具有古大家规模。"冈氏自室兰至有珠,看到"村里四达,田畦郁然"的景象,赋诗一首致田村显允。

评《自白老至札幌记游》诗曰:"三首皆有唐人气息。九僧、江湖之委琐,公安、竟陵之纤仄,盖皆未梦见此境也。"冈氏自白老至苫小枚,自千岁至岛松,自岛松至札幌,均有诗记述所见。

评《酿酒场歌》曰:"意境颇似瓯北、船山诸公,特洗练功未能及耳。"札幌有锯材场、酿酒场、制丝场、碾粉场、锻铁场、畜牧场等,皆请洋人传授方法,其中酿酒、锯材、畜牧三场,皆冈千仞生平未见,故各题有一长句。

评《赴沧海楼招饮》诗曰:"渔洋山人论七律,谓弓力拽满,古无几人,此作可谓力健矣。"友人招冈氏饮于沧海楼,冈氏赋诗云:"陆沉王土一千年,谁开荒芜亲率先。廷尉潜踪久尚说,齐明远略史空传。可将防御忽边海,况又播培足沃田。大息皇家新事业,版图早已限星躔。"

评《伊达君邀饮赋呈》曰:"气骨皆不犹人。"冈氏与友人赴伊达氏之邀饮,席上赋诗曰:"嗟我伊达氏,维昔封东土。尔来六百祀,未曾懈御侮。一朝抗朝命,干戈连奥羽。遂负天下罪,坐是削封户。君是一藩望,世为邑土主。深悔匆扰际,大辱及乃祖。北海十一州,终古委斥卤。拟辟熊罴窟,以隶我王府。庶几尽万一,以谢我君父。斤斧伐荆棘,褴缕冒风雨。效力榛莽地,不敢说艰苦。旷漠石狩川,始可营屋宇。圣朝嘉苦节,赏其继祖武。顾我伊达氏,世勋天所佑。请君励操节,勇往事进取。"

评《飞蝗行》曰:"矫健处似老坡,而沉着盘郁处有杜意。"冈氏北游途中,听到"蝗虫丛集,牧场殆尽"的消息,深为焦虑,作此《飞蝗行》。

评《过源藏小酌》诗曰:"若不经意而笔老神恬,此事自关天分。"冈氏在友人引导下参观黑川山田垦地,拜访前一年冬天迁往此处的源藏龟田藩士,有诗。

集中有《望羊蹄山》诗,冈氏望羊蹄山磅礴于天半,思齐明帝远略,想到德川氏作《日本史》时将虾夷列入《外国传》,认为这种处理是失体的,遂作诗咏自己的感受。黄遵宪针对冈氏认为德川氏失体的观点评道:"学者泥古人之论以绳今日,固不可。执今日之事以责古人,亦不可。当水户义公编《日本史》,北海全道,未入版图,故应列《外国传》。"

评《来年来歌》曰:"观此所咏,似由虾夷可至满洲,此与'僵尸化石'同一诞妄。鹿门自负有识,而以齐东野语入诗,浮夸之念中之也。"冈氏经过雷电山,想起松前藩人《唐太日记》中记载的一件关于雷电山得名的故事:雷电山,是日语"来年来"的转语。

评《赋示吉田温》诗曰:"轮囷郁勃,有干霄直上之势。"冈氏经过长万部,观开进社垦地,赋诗一首与吉田温。

评《日本刀歌》曰:"卷中古诗,风骨遒上,唯嫌生硬之句往往伤气。此篇则百炼钢化为绕指柔,光芒四射,又复纯粹。名作也。"有客出一古刀向冈氏求诗,冈氏一见,知其为神物,赋《日本刀歌》以赠。

评《秋田城》曰:"气甚深稳。"冈氏《秋田城》诗云:"八郎泻上雁鸿翔,挟道老松森作行。城郭依然古侯国,民风不改小仙乡。阴云十月雨交雪,秋色千山树饱霜。犹忆义旗誓天日,贼军百万压封疆。"

评《观仙台城遗址》曰:"别有幽愁暗恨,读之能移人情。"冈氏与友人观仙台城阙遗址,想到仙台城是取韩翃仙游观句而来,喻指城楼"壮丽无比",现在却荒废一片,有感而作诗曰:"废垒丛榛栖老狐,空墙残日噪昏鸦。孤臣无限黍离泪,不觉泪痕衣袖濡。"

评《小梅林亭饯别同人》曰:"入之山谷集,恐不可辨。"冈氏与诸同人饯于小梅林亭,赋诗留别,诗云:"饯别旗亭酒几巡,彤云欲雪暗遥津。胸怀又作恶三日,共是中年以后人。"

评《拜常磐祠有感》曰:"苍凉沉着,诗不负题。"冈氏在水户拜常磐祠,思烈公伟绩,有感赋诗云:"常磐社接好文亭,丹垩祠堂罗曲棂。防御策成寒虏胆,膺惩议奏竦宸听。其如逖口铄金石,愈见丹心炳日星。死恨君臣为国尽,不看玉帛会王庭。"

评《观奇石》诗曰:"屈折都能如意,足征气魄之大。"冈氏结束北游归京后,家兄与侄前来探视,冈氏拿出两块化石和一个石斧展示,并赋诗庆祝此行无恙。

本年,黄遵宪读蒲生重章《近世伟人传》义集初编上卷,题批语曰:"若夫觞酌凌波于前,箫筦发音于后,足下鹰扬其体,凤叹虎视,谓萧曹不足侪,卫霍不足侔也。光绪七年。子闇先生雅正。黄遵宪。"(《全集》上,第263页。郭真义、郑海麟:《黄遵宪题批日人汉籍》,第172—173页,中华书局2009年版。)

本年,日本书法家成濑温为黄遵宪人境庐门楣署额。成濑温,字子直,号大域,是日本著名书法家,通称九太郎。明治天皇敕书唐碑"圣教序",曾赐予其御砚一方,故又号"赐砚堂主人"。

本年,徐寿朋晋斋、吴广霈翰涛随郑藻如出使美、日日斯巴尼亚、秘三国,道出日本，黄遵宪饮之金寿楼，吴广霈有诗，黄遵宪和韵以赠，诗曰："铜琶高唱大江东，不许闲愁恼乃公。四海霸才能有几，（翰涛《赠王豢园诗》云"落落寰中两霸才"，又云"纵交深叹霸才稀"。）今宵欢乐又偕同。狂呼酒盏看樊素，醉拭刀铓辨正宗。离别寻常休怅怨，男儿志本在飞蓬。"（《诗草笺注》上，第321页。）

本年，黄遵宪作《近世爱国志士歌》，后来补作。此诗以五言绝句的形式，介绍了高山正之、蒲生秀实、林子平、梁孟纬、渡边、华山、佐久间启、吉田松阴等十余位为倒幕维新的变革大业历经艰辛的爱国志士，歌颂了明治维新以来提倡尊王的英雄事迹，希望以此激励中国爱国人士。诗序云："日本自将军主政凡五百年，世不知有王。德川氏兴，投戈讲艺，亲藩源光国作《大日本史》，立将军传，略仿世家、载记及藩镇列传之列，世始知尊王之义。后源松苗作《日本史略》，赖襄作《日本外史》，益主张其说。及西人劫盟，幕府主和，诸藩主战，于是议尊王，议攘夷，议尊王以攘夷。继知夷之不可攘，复变而讲和戎之利。而大藩联衡，幕府倾覆，尊王之事大定矣。家康初政，颇欲与外国通商。继而天草教徒作乱，遂一意锁港，杜绝内外。下令逐教士，炮击外船。甚至漂风难民，亦不许回国，处以严刑。识者深忧之，而未敢昌言也。外舶纷扰，屡战屡蹶。有论防海者，有议造炮舰者，有欲留学外国者，德川氏皆严禁之。唱尊王者触大忌，唱通番者犯大禁，幕府均下令逮捕。党狱横兴，株连甚众。而有志之士，前仆后起，踵趾相接，视死如归。死于刀锯，死于囹圄，死于逃遁，死于牵连，死于刺杀者，盖不可胜数。卒以成中兴之业，维新之功，可谓盛矣。明治初年，下诏褒奖，各赠阶赏恤。今举其尤著者十数人，著于篇，以兴起吾党爱国之士。"

诗云："今日共尊王，九原君知否？化鹤倘将来，摩挲柳庄柳。（山县昌贞，字柳庄，甲斐人。著《柳子》十三篇，首曰《正名》，谓"名不正则言不顺，今以二千余年之神统，三千万众之共主，而屈于一武人，名之不正孰甚焉"。后与竹内武部聚徒讲武。有上告者，告其考究江户险要，遂论死。）

"草莽臣正之，望阙辄哭谒。眼枯泪未枯，中有杜鹃血。（高山正之，字仲绳，上野人。读史则泣，语王室式微则泣，访南朝诸将殉难之迹则泣，世名之"泣痴"。每至京师，必至二条桥遥望阙稽首曰："草莽臣正之昧死再拜。"拜毕又泣。后西游久留米，自刃于旅寓。）

"怒鞭尊氏像，泣述《山陵志》。可怜默默斋，犹复《不恤纬》。（蒲生秀实,字君平,下野人。作《山陵志》,以寓尊王,作《不恤纬》,以寓攘夷。路过东寺,见足利尊氏像,大声数其罪,鞭之数百,乃去。上书幕府,几陷重法,由是自号"默默斋",不敢论事矣。)"

"拍枕海潮来,勿再闭关眠。日本桥头水,直接龙动天。(林子平,仙台人。好游,屡至长崎。接西人,考外事。尝谓自江户日本桥抵于欧罗巴列国,一水相通。彼驾巨舰,履大海如平地,视异域如比邻;而我不知备,可谓危矣。著《三国兵谈》及《三国通览》二书,欲合日本全国为一大城。幕府命毁其板,锢诸其藩。)"

"文章亦小技,能动处士议。武门两石弓,不若一丁字。(梁孟纬,字星岩,美浓人。少治陆、王之学,工诗,与赖山阳齐名。外舰迭来,歌哭一寓于诗。戊午党狱,唱尊王者悉被缚。幕吏以星岩为其巨魁也,数其罪。时星岩已卧病,乃收其妻景婉,并下于狱。景婉亦能诗。)"

"锁港百不知,惟梦君先觉。到今鴃舌声,遍地设音学。(渡边、华山二人与高野长英等共译西书。英舰护送漂民归,幕府议曰:"彼以护送为名,而阴图传教通商,意殊叵测,断不可以一二细民弛禁。"华山等腹非之,乃作《鴃舌小记》《薯论私记》《慎机论》,长英亦著《梦物语》,皆驳攘夷之非。幕府遂下令搜捕,严锢之。)"

"只一衣带水,便隔十重雾。能知四国为,独君识时务。(佐久间启,字象山,松代人。喜读西书,凡铳炮及筑垒、造舰诸技,皆研究其术。尝创意制迅发铳,日比旧法铳利三倍。当时萨、长、肥、土诸潘议防海者,多师象山云。为门人吉田松阴画策航海,事发,并下狱,久之乃释。时水户藩士结党连名,请宣布攘夷诏。象山独主开港,将上书诣山阶亲王,陈其利害,为暴客刺死。)"

"丈夫四方志,胡乃死槛车?倘遂七生愿,祝君生支那。(吉田矩方,字松阴,长门人。受兵学于佐久间象山。象山每言今日要务,当周航四海,庶不致观人国于云雾中。会幕府托和兰购兵舰,象山又曰:"仰给于外,不如遣人往学之为愈也。"幕府不纳。矩方闻之感愤。时墨舰泊浦贺港,象山实司警卫事,乃密谋夜以小舟出港近墨船,伪为渔人堕水者。墨人救之,乃固请于墨将披理,求附载。披理奇其才,以犯禁故,仍送致幕府,请勿罪。幕府锢之其藩,密书寄象山曰:"知时务如先生,今之俊杰也。今之诸侯,何者可恃?神州恢复,如何下手?茫茫八洲,置身无处。丈夫死所,何处为宜?乞告我。"矩方卒被刑。维新以来,长门藩士之以尊王立功者,多其门人。在狱中,又尝引楠正成语草《七生灭贼说》,其英烈可想也。)"

"宁死不帝秦,竟蹈东海死。当时互抱人,今亦骑箕尾。(僧月照,西京清水寺住持也。美舰泊浦贺,孝明帝敕令修禳灾法,赐以御书。月照出入公卿门,日谋勤王之事。幕府尤忌之。遂改姓易装,偕西乡隆盛避难于萨摩。闻追捕又至,又走日向,泊舟御舟浦。会望夜,天月霁朗,开宴吟赏。酒酣作歌示隆盛,遂相抱投海。时戊午十一月也。同舟平野国臣等争入海拯之,而月照遂死。隆盛后立功,为维新三杰,与当路不协,愤愤起兵,今亦死。)"

"手写御屏风,美哉犹有憾。君看红旗扬,神风扫夷舰。(浮田一蕙,名可为,京师人,班画苑寄人。美舰之来,命其子八郎编入长洲队伍。既而和成,一蕙不胜愤。有乞画者,辄作《神风覆舰图》以与之。曾写御屏风,后上书论事。孝明询其人,则画人也。孝明叹曰:'屏风所画,皆古来中兴事,朕对之实有惭色矣。'戊午党狱,一蕙父子亦拘系,寻押送江户。大学头池内某与八郎有旧交,同在狱,一日同鞫,池内意游移。及还囚室,怒骂之曰:'汝非人也!大丈夫宁为沟中瘠,乌可屈节以事权贵哉!'久乃释之。)"

"鸡鸣晓渡关,乌栖夜系狱。长歌招和魂,一歌一声哭。(黑川登几,常陆村农黑泽信助之妻也。少习国学,善和歌。戊午党祸兴,幕府锢水户藩齐昭。或语登几曰:'子亦忧国之士,宜韬晦避祸。'登几曰:'吾虽巾帼,当走京师,以雪君冤。'乃伪为巡诣诸国神佛者,已抵京,幕吏捕之,登几慨然曰:'妾忧腥膻污我神州,故求之神佛耳,岂为藩主夤缘要路哉!'乃系之狱。后八年,朝廷下褒辞曰:'汝一弱女子,乃尽力王事,始终不变,艰险备尝。特赐米十石以养之。')"

"宗五汝宗五,呼天诉民苦。恨不漆头颅,留看民歌舞。(佐仓宗五郎,下总国农人,为佐仓主堀田某封内民。堀田氏厚敛,民不能堪。农夫二百余人合谋上诉。宗五郎曰:'此事宜死生以之。'至江户,诉于堀田氏邸,诉于阁老久世和州,皆不允。宗五又曰:'将军近日将谐东台庙,吾冒险为之,事终必成。'及期,乃缚诉疏于长竿头,潜匿下谷三枝桥下,将军乘大舆喝道来,宗五跃出投疏,卫士缚之。将军以责堀田氏。堀田氏乃轻税。而以越诉,故处宗五郎及其妻磔死,其子斩。既而堀田氏家多祟,乃为建祠,曰山口大明神,每岁以二月三日、八月三日祭之。)"(《诗草笺注》上,第274—290页。)

又作《赤穗四十七义士歌》。后来补作。1701年,因接待天皇特使,幕府令赤穗地方官浅野负责,浅野不熟悉礼仪,与同僚吉良发生流血冲突,被幕府赐死。浅野家臣发誓复仇,1703年底,四十七名赤穗浪人杀死吉良,被幕府下令集体切腹,他们成为忠义的象征,受到当地百姓的拜祭。诗中描述了四十七名赤穗义士的英雄事迹,歌颂了赤穗义士前仆后继、视死如归的牺牲精神。诗序云:"日本元禄十四年三月,天皇敕使聘于将军。将军命内匠头浅野长矩接伴。十四日,延使报谢诏命。仪未行,长矩卒拔刀击高家上野介、吉良义英。义英走仆不死。目付官就讯争故。长矩对:'自奉命接伴,上野介每以非礼见遇,是以及事。'将军大怒,命囚长矩,责之曰:'卿以愤争故,临国大礼,公然挥刃,以私怨灭公法。

其赐死。'其弟大学头长广,收尸葬之泉岳寺。报至赤穗,长矩老臣大石良雄,聚众言曰:'上野介尚在,吾曹唯有枕城而死耳。'共刺血盟誓,遣使告于长矩外亲户田氏定曰:'内匠头有罪伏法,臣等谨服命矣。惟不共戴天之仇,俨然朝列,臣等无颜立于人世,敢含刃骈死,以殉孤城。请以此意报之目付官。'氏定答书曰:'苟报之目付,达于公朝,恐将不利于大学头。'众乃更议。及收城使至,复请曰:'浅野氏自胜国以来,世世蒙国恩。今大学头现在,愿赦罪继其家。'官使曰:'诺。'良雄复语众曰:'城亡与亡,乌敢以大学故而图存。虽然,舍此岂遂无死所哉!'各泣别去。明年三月,良雄等先后变姓名入江户,佯为贩夫,僦居义英第侧,以伺利便。义英畏仇,一夕三迁,莫测其踪迹。而尝以茶事为嬉,所喜茶人某,每会必与。大高忠雄乃佯为富商,从学茶燕法。十二月十日夜,义英将集饮于家,良雄等得茶人语,遂聚众举事。按第图,定部分。众皆戴铁兜,衷锁甲,外为救火吏服,担弓枪、长梯、大椎从之,神崎则休向导。夜四更至。至则挡门缘屋,乘高呼曰:'内匠头家士为报仇来,敢出拒者斩。弱无力者,坐不动者,置之。'欢呼入室,每室烧烛,遍搜不能得,乃捕劫一人,导至寝所。有义英席卧被尚暖,众知其逃匿不远,更四出旁搜。间光兴至房侧,闻喋喋有耳语声,破户呼曰:'得无在是耶!'众发矢奋枪薄之。房乃藏茶具者,有人乱掷物以拒。武林隆重揭烛,见一人著白衬衣在隐所,方拔刀欲起,隆重挽进,斫而殪之。额及背有枪痕,喜曰:'此非亡主所手击者哉!'乃吹螺啸聚,以竿悬首,拥往泉岳寺长矩墓所。良雄预作具名书二通:一留义英外厅,一遣人赍诣弹正官仙石久尚第,自明其报仇,非抗国法。良雄等既至寺,以橐盘盛义英首,又出匕首,置碑趾上,锋刃外向。四十七士自呼名拜谒,环跪墓前,读祭文曰:'去年三月十四日之事,臣等卑贱疏远,不与知其状。然窃料我公与吉良、上野君,必有积怨深仇,非得已也。不幸仇人未得,而身死国除,遂以一朝之愤,而亡百年之业。臣等食君之禄,应死君之事,苟靦颜视息,他日蒙耻入地,将何面目见我公乎!臣等自谋此事,弃妻子,捐亲戚,奔走东西,不遑宁处,凡一年又二百七十日于兹矣。常虑溘先朝露,所志不遂,重为世笑。赖天之明,君之灵,昨夕四更,往攻吉良氏,臣等幸得藉手以毕先公未了之志。此匕首,昔公在时割所爱以赐臣者,今谨以奉上,请公以此甘心仇人,以洗宿恨。'读毕,起取盘上首,以匕首击之三。复相聚大哭。既出,见寺僧曰:'某等之事毕矣。'仙石久尚以事闻,将军命分囚之四诸侯邸。明年二月四日,就所拘之邸,令以屠腹死。命曰:'前者浅野内匠,所犯大不敬,论死如法。而吉良、上野介以无罪原而不问。生杀皆出上旨,汝等乃诬以主仇,结徒聚众,执持弓矢,擅杀朝臣,大逆不道,其赐自尽。'众皆稽首曰:'自分应处极刑,乃赐剑自裁,此朝廷之仁也,某等死瞑目矣。'乃悉葬之长矩墓侧,各为立碑。府下吊祭者填凑成市,数月不已,咸称四十七义士,各搜辑其姓氏、年甲遗事,刊录成帙。所遗手泽,争宝藏焉。"

诗云:"四十七士人同仇,四十七士心同谋。一盘中供仇人头,哀哀燕雀鸣啁啾。泥首泣诉围松楸,臣等无状恐为当世羞,君虽有臣不能为君持干掫,君实有弟不获传国如金瓯。君亦有国民,不敢兴师修戈矛,犹复靦颜视息日日偷。臣等非敢国法仇,伏念国亡君死实惟仇人由。当时天使来,奉命同会酬,环门观礼千人稠。彼名高家实下流,(高家世以知礼名,接伴官每事问之。)骂我衣冠如沐猴,笑我朝会嗁秃鹙。我君怒如鲠在喉,拔剑一发不复收,乌知仇人不死翻贻家国忧。臣等闻变行叹复坐愁,或言死拒或言死请无能运一筹。同官臭味殊薰莸,一国蒙戎如狐裘。最后决意报仇同力勷,洒血书誓无悔尤。

"四十七士相绸缪,蹈间伺隙忽忽岁一周。昨夜四更月黑至鸺鹠,众皆衷甲撑铁兜。长梯大椎兼利锒,或逾高埔或逾沟。开门先刃铃下驺,大呼转斗如貔貅。彼仇人者巧藏驱,如橼银烛遍宅搜。神恫鬼怒人焉廋,闯然首出霜锋抽。彼盘之中血髑髅,先公犹识伧父面目不?此一匕首先公所赐绕指柔,请公含笑试吴钩,勿复赍恨埋九幽。臣等事毕无所求,愿从先君地下游。国家明刑有皋繇,定知四十七士同作槛车囚。不愿四十七士戴头如赘疣,唯愿四十七士骈死同首丘。将军有令付管勾,纲舆分置四诸侯。明年赐剑如杜邮,四十七士性命同日休。一时惊叹争歌讴,观者拜者吊者贺者万花绕冢每日香烟浮,一裙一屐一甲一胄一刀一矛一杖一笠一歌一画手泽珍宝如天球。自从天孙开国首重天琼锌,和魂一传千千秋,况复五百年来武门尚武国多赍育俦。到今赤穗义士某某某四十七人一一名字留,内足光辉大八洲,外亦声明五大洲。"(《诗草笺注》上,第291—300页。)

本年,因宗室宝廷在出典福建乡试期间,途中在江山船买妾二人,上书自劾去官。黄遵宪作《九姓渔船曲》。后来补作。徐珂《清稗类钞》:"九姓渔船,惟浙东有之。人有谓为陈友谅部曲之子孙凡九姓,不与齐民结婚,以鱼为业。"诗云:"白石青溪波作镜,翩翩自照惊鸿影。本来此事不干卿,偏扰波澜生古井。

使君五马从天来,八闽张罗网贤才。何图满载珊瑚后,还有西施网载回。
西施一舸轻波软,原是官船当娃馆。玉女青眸隔牖窥,径就郎怀歌婉转。
婉转假郎倚郎坐,不道鲁男真不可。此时忍俊未能禁,此夕消魂便真个。
门前乌柏天将曙,搴帷重对双星诉。君看银潢一道斜,小星竟向鹊桥渡。
鹊桥一渡太匆匆,割臂盟寒忍负侬。不愿邮亭才一夕,宁将歌曲换三公。
纷纷礼法言如雨,风语华言相诖误。欲乞春阴巧护花,绿章宁向东皇诉。
略言臣到庚宗宿,大隄花艳惊人目。为求箧室梦泉丘,敢挈阿娇贮金屋。
弹章自劾满朝惊,竟以风流微罪行。如何铁石心肠者,偏对梨涡忽有情。
雅娘传语鸩媒妒,侬家世世横塘住。相当应嫁弄潮儿,不然便逐浮梁贾。
张罗得鸟虽有缘,将珠抵鹊宁非误。祸水真成薄命人,微瑕究惜《闲情赋》。
刚说高飞变凤凰,无端打散惊鸳鸯。金钗敲断都由我,团扇遮羞怕见郎。
永丰坊柳丝丝绿,抛却一官剩双宿。莫将破甑屡回头,且唱同舟定情曲。"
(《诗草笺注》上,第384—385页。)

光绪八年壬午(1882年) 三十五岁

【国内外大事】二月二十八(4月15日),前福建巡抚丁日昌卒。四月初六(5月22日),朝美《通商条约》十四款签字,随后,英、德、法、俄等国纷纷援例签约,朝鲜开始与西方国家交往。六月初九(7月23日),朝鲜壬午事变发生,汉城军队因政府欠饷哗变,围攻当政的闵妃集团和日本公使馆。杀死当政大臣,包围日本公使馆,七名日本人被杀,日本公使花房义质自焚公使馆,逃往仁川。当政之闵妃化装潜逃民间,大院君李昰应重掌政权。起义月余后失败,闵妃重新执政。日本强迫朝鲜签订《济物浦条约》和《朝日修好条规续约》。事变发生后,清廷派提督丁汝昌偕道员马建忠前往察看情形,并移大院君李昰应至保定。

正月初一(2月18日),黄遵宪得郑藻如之荐,奉调任旧金山总领事。《清史稿·职官志》:总领事,从四品奏补。致函多位日本友人,约两天后设宴告别:"谨启:鄙人首途在即,念此邦贤士大夫辱与交游,实有拳拳惜别之意。兹卜于阳历月廿日在上野八百善谋一别筵,同坐皆素交。望于是日午后三时高轩辱临,不胜祷切。光绪八年元旦。黄遵宪谨白。"《全集》上,第正月初三(2月20日),黄遵宪于上野八百善设宴与日本友人告别,此日应招来者,宫本小一鸭北、向山荣横村、杉浦诚梅潭、鹫津毅堂、龟谷省轩、大沼枕山、小野湖山、森春涛及其子泰次郎、蒲生重章、井上陈政、宫岛诚一郎及杨守敬。译官巨鹿赫太郎为通事。(《全集》上,第334页。)蒲生重章有序送别黄遵宪云:"余尝读《晋书》,至于羊祜、陆抗方对境构兵之时,使命常通,以酒药相遗,饮之而不疑,服其宏怀雅量矣。岁戊寅,清国黄公度奉使来我邦,留寓五年,与吾辈诗酒征逐,欢然不疑,如旧相识,余又服其宏怀雅量矣。然今清国与我邦交际日笃,非如晋吴窥衅相阋也。公度之欢然不疑,固宜矣。余第钦其人君子不让羊、陆也耳。公度博学能文,尝作《日本杂事诗》,俾余序之。其书讽喻恳到,蔼然君子之言,于交际和亲事,盖三致意焉。今兹壬午任满,转任米国领事官。将发,余因言此以为别,且告曰:公度至米国,亦当有米国杂事诗之著,书成请寄一本,余虽不肖,将复序之。时大日本明治十五年某月,蒲生重章撰。"(蒲生重章:《送黄公度转任米国领事官序》,《裹亭文钞》中,明治三十一年青天白日楼藏版。)森春涛、森泰次郎亦有诗送别黄遵宪,森春涛赠别诗曰:"岭南遥寄雁边愁,身住仙云三阅秋。明日回头太平海,古蓬莱是古并州。"(森春涛:《春涛诗钞》第十五卷,明治四十五年五月刊,收入富士川英郎等编:《日本汉诗》第十九卷。)从诗的内容看,显然是为送别而作。但诗题曰《送黄吟梅转任桑港领事赴米国》,遍查史料,并未见黄遵宪曾用黄吟梅之字号者。在水越成章所编《翰墨因缘》(明治十七年刊)及蒲生重章《裹亭文钞》(明治三十一年青天白日楼藏版)等日人汉籍中,确有日本人与黄吟梅交往的记载,从中可知黄吟梅,名超曾,字吟梅,号金鳌钓徒,苏州府崇明县人,与黄遵宪同时在日本,与日本名士交往密切,但其并无外交官经历。桑港者,系日本人对圣弗朗西斯科之简称,华人称为三藩市,今通称旧金山。故诗题所云黄吟梅,应为黄公度即将转任旧金山总领事之误。森泰次郎赠别诗曰:"沧海月白凉纷纷,旗章波织星汉文。天鸡一声碧树晓,空水缥渺吹星云。云之君兮拖霞佩,红日射浪老鱼拜。依稀人在扶桑东,扶桑犹隔蓬岛外。蓬岛暂且留旌旆,天风浩浩随白鸥。阆苑新传紫阁诏,月槎更复凌沧洲。烟涛茫茫云幻灭,鲛人手擎一丸月。灵鼍按鼓敲柁楼,老蜃嘘气现宫阙。中有织绡娘子邀,倩君诗句题冰绡。云母玲珑透空薄,铿然宝瑟风飘摇。侍女隆隆磨麝墨,醉笔署来水精国。夜阑漏滴玻璃寒,屏外蜡烟如虆直。"(森槐南:《槐南集》卷一,明治四十五年刊,载于富士川英郎等编:《日本汉诗》第二十卷。)黄遵宪有诗五首,留别日本友人,其一:"远泛银河附使舟,眼看沧海正横流。欲行六国连衡策,来作三山汗漫游。唐宋以前原旧好,弟兄之政况同仇。如何瓯脱区区地,竟有违言为小球。"其二:"占此江山亦足豪,凌虚楼阁五云高。人饶春气花多媚,山入波流地尚牢。六代风流余蜡屐,百家磨炼惜名刀。廿年多少沧桑感,尽日凭栏首重搔。"其三:"海外偏留文字缘,新诗脱口每争传。草完明治维新史,吟到中华以外天。王母环来夸①盛典,《吾妻镜》在访②遗编。若图岁岁西湖集③,四壁花容百散仙④。"其四:"海水南旋连粤峤,斗星北望指京华。但烦青鸟常通讯,贪住蓬莱⑤忘忆家。一日得闲便山水,十分难别是樱花。白银宫阙吾曾至,归与乡人信口夸。"其五:"沧溟此去浩无垠,回首江城意更亲。昔日同舟多敌国,而今四海总比邻。更行二万三千里,等是东西南北人。独有兴亚一腔血,为君户户染红轮。"(《奉命为美国三富兰西士果总领事留别日本诸君子》,《诗草笺注》上,第337—342页。)黄遵宪此五首留别诗,其开篇即题咏"唐宋以前原旧好,"今则"竟有违言为小球"事,可知琉球交涉失败乃黄遵宪在日使署期间最为心痛事。而"海外偏留文字缘",则自信《日本国志》《日本杂事诗》等文字当流传千古。

又有《留别宫本鸭北》一诗:"长华园里好亭楼,每到花时载酒游。今岁花开应入梦,愿风吹梦落并州。"(《全集》上,第216页;《集外诗辑》,第50页。)

正月初四(2月21日),何如璋拜折清廷,奏明卸篆日期。(吴振清编:《何如璋集》,第167页,天津人民出版社2010年版。)

本日,宫岛诚一郎为何如璋、黄遵宪饯别,胜海舟、古井三峰等出席,宫岛诚一郎有步黄遵宪诗韵送别黄遵宪诗五首。诗云:"渤海初浮星使舟,知君参赞果名流。五年帷幕纡筹策,万里江山纵胜游。文酒唯须修旧好,戈矛何敢咏同仇。明朝又向东洋去,一举鹏抟大地毬。""凤以文章呼俊豪,连城有价格尤高。老成方见波澜妙,结构须知根柢牢。劲比穿岩李广镞,快如剪水并州刀。驽骀难及追风骏,把笔逡巡髻独搔。""幸然文字结奇缘,衣钵偏宜际此传。霞馆秋吟明月夜,麴街春酌早樱天。佳篇上梓人争诵,新史盈箱手自编。恰爱过江名士好,翩翩裙屐若神仙。""自昔星槎浮海到,看他文物盛京华。相将玉帛通千里,可喜车书共一家。使客纵观新制度,词人争

---

① "夸",钞本作"书"。
② "访",钞本作"考"。
③ 钞本此句作"难忘雅集西园会"。
④ 钞本此句作"古代衣冠满座仙"。
⑤ "莱",钞本作"壸"。

赏好樱花。墨江春色东台景，分与天工著意夸。""莫说天涯与地堧，电机通信意相亲。连衡画策希兴亚，唇齿论交贵善邻。十室由来犹有士，中原到处岂无人。期君早遂经时志，海陆兼营两火轮。"《养浩堂诗集》，见《诗草笺注》上，第337—338页。）

正月初五（2月22日）午后二时，何如璋赴日本皇宫向日本天皇辞行，随往各大臣、参议及各国使馆辞行。（吴振清编：《何如璋集》，第167页，天津人民出版社2010年版。）

正月初九（2月26日），黄遵宪邀宫岛诚一郎等宴饮。（《全集》上，第335页。）

正月初十（2月27日），因首途尚迟数日，黄遵宪遂又致函宫岛诚一郎，约二三日后前往拜访，函曰："昨日盛宴为欧米交际之所无。鄙人无似，亦辱附末座，感幸不已。当作一长歌纪之，俾史氏大书特书，比于齐桓冠裳之会也。醉中似闻君言，欲携雪津先生辱访，厚意感甚。惟鄙人寓居湫隘嚣尘，不足容高轩。鄙人首途尚迟数日，顷既将雪津氏大著评就，索题觚亭及纪梦诗亦皆草成，二三日后当拨冗来京，再偕吾子往谒佐公，作半日清谭，如何？匆匆草布，余俟面罄。不宣。光绪八年正月十日。黄遵宪谨白。"（《全集》上，第335页。）函中所谓"二三日后当拨冗来京"，盖因使馆已让与新任，黄遵宪已搬出横滨客寓候船。（吴振清编：《何如璋集》，第167页，天津人民出版社2010年版。）至谓雪津氏"索题觚亭及纪梦诗亦皆草成"者，纪梦诗待考，所题觚亭诗为"占得江山美，觚亭足胜游。高人欣对宇，老子许登楼。海气鳌头日，天风鹏背秋，他时回首望，认此作并州"。（《为佐野雪津常民题觚亭》，《诗草笺注》上，第343页。）

正月十七（3月6日），日本友人在二州桥上大张别筵，与何如璋及黄遵宪等道别，黄遵宪有函致诸友人表示感谢，函曰："谨启：二州桥上大张别筵，荷承诸君子招致鄙人，命陪末座，虽七子宠武，无以逾此。高情厚谊，既铭之肺腑矣。今日高木君来，复承惠赠珍品。琼瑶之馈，至再至三。感谢之忱，莫可言喻。谨拜登受，肃此鸣谢。即颂文祺。光绪八年正月十七日。黄遵宪。"（《全集》上，第335页。）

正月十八（3月7日），黄遵宪将需交予狄原氏的匾额函件，以及致青山氏的书一束、函一件送至宫岛诚一郎处，托其转致。（《全集》上，第336页。）

本日，黄遵宪致函冈千仞，对离别之前无缘话别表达遗憾，并嘱以未尽之事，函曰："冈鹿门先生执事：顷得六日惠书，知与信卿烦（荀）〔郇〕厨以待钧选,甚感盛情。然初与阁下约土曜日进京,后得阁下书,知是日无暇,是以钧选于进京时不敢趋谒,而日曜日则未复进京也。万里远别,无缘得一席话,彼此亦复惘然。信卿所嘱书,仆既于土曜日携存公署吴静轩处,今附名纸,请饬人持以往取是幸。手此布复。(赠信卿者,何公使诗一章,仆文一幅,杨星垣一幅。)光绪八年正月十八日。黄遵宪。"(《全集》上,第336页。)

本日,黄遵宪由日本横滨展轮,赴美国旧金山总领事任。(《海行杂感》序言,见《全集》上,第106页。)旧金山总领事负责的区域包括整个美国、加拿大的西部、南美的西部以及彼时独立的夏威夷王国。随员黄钧选同行。冈千仞有序送别黄遵宪:"孟子曰:一乡之善士,友一乡之善士。天下之善士,友天下之善士。大丈夫欲为一乡之善士,则止矣。苟欲为天下之善士,则非得天下之善士而友之不可也。今也不论中日二域,欧美各国无不可交通,而士期大成者,仅接疆内人士,自谓友天下之善士,抑亦陋矣。今上皇帝诏各藩征八道梗命者,天下大定,乃命大臣奉使大清及欧美各国,修善邻之谊。于是大清命何、张二大臣报聘,馆辇下,监通商事务,公度黄君以参赞从之。君才兼文武,学涉古今,暇则与辇下名士,为文酒之游。不以余不敏,为可与谈,往来游从,欢然莫忤。君尤用心于当世之务,每谈及五洲之大势,反复讨论,不得其说则不措。嗟乎!余欲得域外之善士而友之也久矣,曷料时势一变,亲与中土名士一堂把臂,与论域外之大势也。今兹壬午二月任满,转监美国商务,东发有日,征余言。余观今之讲当世之务者,谁不言诵其诗、读其书,尚友古人于千载之上乎?而今所谓欧美各国,三代圣人之所不知,诗书百家之所不载。然则今之讲当世之务者,止诵孔孟读诗书,尚友古人于千岁之上而已,可乎?今君执美国,与三十二联邦名贤往来游从,闻其所未闻,见其所未见,则其有得于当世之务,果为如何!余闻美国学问工业駸駸乎日进,汽轮轨道横绝东西,七昼夜始达西部,宇内无此大工业也。君过此,必将有所喟然而叹,慨然而赋矣。"(冈千仞:《送清国黄君公度赴任美国序》,《藏名山房初集》卷二,冈百世刊印本,日本大正九年二月十八日版。郑海麟:《黄遵宪遗墨》,《近代中国》第九辑,1999年。)

二月初八(3月26日),黄遵宪抵达美国旧金山①。《萨克拉门托每日联合新闻》(*Sacramento Daily Record-Union*)以《中国总领事》为题报道:

---

①《钱谱》将这一时间定为二月十二日,是根据黄遵宪《海行杂感》序言"二月十二日到"。(《诗草笺注》下,第1191页。)

"旧金山,3月26日——新任中华总领事黄遵宪(原文写作 Wong Jim Him)乘坐'东京号'(City of Tokio)从中国/日本出发,今天抵达旧金山。他接替了陈树棠,后者将乘坐'东京号'回国。黄遵宪大约三十五岁,面露智力高超之相,谈吐谦恭,举止优雅,之于其职位表现得体。在过去的四年,他驻在横滨担任中国驻日公使馆参赞。他此番从横滨至今抵埠,从他四年前出任使馆参赞后,迄今再未回家。当然,他可以代表当局表态中国政府不反对在其赴旧金山上任途中美国国会两院通过的华人法案。他表示该法案已经得到了批准。他的领事证书一旦从华盛顿的公使那里到来就可以马上展开工作,这大约需要一周的时间。"(施吉瑞著、孙洛丹译:《金山三年苦:黄遵宪使美研究的新材料》,《中山大学学报》[社会科学版],2016年第1期。)

航海二十余日舟中无事,成诗《海行杂感》十四首,后来补作,《新民丛报》第二十七号载此诗有十六首,《诗草笺注》录十四首,《集外诗辑》二首。其一:"东流西日奈愁何?荡以天风浩浩歌。九点烟微三岛小,人间世要纵婆娑。"

其二:"神瀛大海善谈天,卯女童男学远仙。倘遂乘桴更东去,地球早辟二千年。"

其三:"叠床恰受两三人,奁镜盂巾位置匀。寸地尺天虽局蹐,尽容稊米一微身。"

其四:"青李黄甘烂漫堆,蒲桃浓绿泼新醅。怪他一白清如许,水亦轮回变化来。(食果皆购自欧、美二洲,储锡罐封固,出之若新摘者。水皆用蒸气,一经变化,无复海咸矣。)"

其五:"中年岁月苦风飘,强半光阴客里抛。今日破愁编日记,一年却得两花朝。(船迎日东行,见日递速,于半途中必加一日,方能合历。此次重日,仍作二月初二,故云。)"

其六:"打窗压屋雨风声,起看沧波一掌平。我自冒风冲雨过,原来风雨不曾晴。"

其七:"星星世界遍诸天,不计三千与大千。倘亦乘槎中有客,回头望我地球圆。"

其八:"每每鸳鸯逐队行,春风相对坐调筝。才闻儿女呢呢语,又作胡雏恋母声。(同舟西人,多携眷属。有俄罗斯公使夫妇,每夕对坐,弹琴和歌,其声动心。)"

其九:"偶然合眼便家乡,夜二三更母在床。促织入门蛛挂壁,一灯絮絮话家常。"

其十:"是耶非耶其梦耶? 风乘我我乘风耶? 藤床簸魂睡新觉,此身飘飘天之涯。"

其十一:"一日明明十二时,中分大半睡迷离。黄公却要携黄孀,(余居东时,曾戏刊一印曰"东海黄公")。遮眼文书一卷诗。"

其十二:"家书琐屑写从头,身在茫茫一叶舟。纸尾只填某日发,计程难说到何州。"

其十三:"拍拍群鸥逐我飞,不曾相识各天涯。欲凭鸟语时通讯,又恐华言汝未知。"

其十四:"盖海旌旗辟道开,巨轮擘浪炮鸣雷。西人柄酌东人酒,长记通盟第一回。(日本与泰西立约,实自嘉永癸丑美将披理以兵劫盟始。所率军舰七艘,由太平洋东来。同舟日本人有读《披理盟纪行》者,将至时,犹能指其出师处也。)"(《诗草笺注》上,第344—349页。)

还有二首为:"一气苍茫混渺冥,下惟水黑上天青。妄言戏造惊人语,龙母蛇神走百灵。""寥寥旷旷浩无边,一缕蒙蒙荡黑烟。惊喜舵楼齐拍手,满船同看两来船。"(《全集》上,第216页;《集外诗辑》,第51页。)

三月(4月),美国议院设例禁止华工。同治十二年(1873年),美国发生经济危机,新兴的加州企业遭受沉重打击,大量工人失业。光绪二年(1876年),加州发生旱灾,许多农场主破产,大量农民流离失所。加州的经济支柱采金业,也因矿源的枯竭而产量锐减。危机使贸易不振,工事顿乏,工人工资暴跌。由于中国工人工价低廉,资本家益用中国工人,导致美国工人与中国工人之间产生矛盾。美国的种族主义情绪蔓延,美国政客纷纷通过炒作限制华工问题来赢得选票。19世纪70年代初,美国国会中形成了一个由西海岸各州参议员组成的反对华工的核心集团。三月十九(5月6日),美国国会通过旨在阻止中国移民的《排华法案》。《排华法案》的表决中,众议院的表决结果是二〇一票赞成,三十七票反对,五十一票弃权;参议院在二十九人缺席的情况下,表决结果是三十七票赞成,十五票反对。两天后,阿瑟总统签署了《排华法案》。年初,美国国会受理了共和党参议员约翰·米勒(John F. Miller)提交的排华法案,排华主义者和反排华主义者在国会审议中进行了激烈辩论。排华主义者攻击华人的主要依据是华人有严重的恶习和不良影响;难于同化美国的生活和美国的伦理道德标准;华工挣低工资同美国工人抢"饭碗"等。种族主义者把华人看作是文化落后、生活堕落和不可能接受合众国理想、传统和习俗的人们,指责中国人是不能被同化的人,对美国文明造成威胁。该法案主要内容包括:第一,十年内禁止华工进入美国,包括技术工人、非技术工人和矿工。第二,工人以外的所有中国人入境,须有中国政府所发的英文证书,内载有关该中国人各项事项,并证明该人按照条约规定有入美的权利。第三,美国联邦法院或州法院,一概不准中国人取得美国国籍,同时美国制定的法律不得与此法案相冲突。第四,此法案通过后,凡非法入境的中国人,都可以美国法院的命令驱逐出境。《排华法案》产生了恶劣的影响,"据统计,仅从1882年8月到1885年7月的三年时间里,被迫离开加州和死亡的华工就达50174人"。(李长久、施鲁佳:《中美关系二百年》,第42页,新华出版社1984年版。)《排华法案》实施后,中国移民美国人数迅速减少,1882年中国移民美国人数为39579人,1883年为8031人,1884年为279人,1885年为22人,1887年仅有10人。排华政策一直执行到1943年,整整持续了半个多世纪之久。黄遵宪事先已得知消息,并拟定对策,但上报后无下文。黄遵楷《先兄公度先生事实述略》云:"先是美国嘉厘宽尼省之埃利士工党,嫉华工勤能而值贱,不足与竞,拟设新例以排斥之。适中美约期满,美特遣使三人来华,议改约事;道出日本。先兄廉得其情,谓三使者有袒华人、有袒工党、有中立者,揣其用意,不过曲循民情,藉以分谤。中国若坚持却之,使袒华人者得所藉口以中国之不愿;商约不改,则新例自不能行。"(《全集》下,第1576页。)《排华法案》既已公布执行,黄遵宪乃感而赋五古长诗《逐客篇》:后来补作。感叹中国国势之弱,回顾华工对美国发展的贡献,对美国种族主义者污蔑华人和排华极为悲愤。"《逐客篇》为五言古诗,是黄遵宪的'诗史之诗'代表作之一,全诗揭露了美国排华运动的实质,真实地反映了在美华工的悲惨遭遇。"(黄升任:《黄遵宪评传》上,第150页,南京大学出版社2006年版。)诗序云:"华人往美利坚,始于道咸间。初由招工,踵往者多,数至二十万众。土人以争食故,哗然议逐之。光绪六年,合众国乃遣使三人,来商订限制华工之约。约成,至八年三月,议院遂藉约设例,禁止华工。感而赋此。"

诗云:"呜呼民何辜,值此国运剥。轩顼五千年,到今国极弱。鬼蜮实难测,魑魅乃不若。岂谓人非人,竟作异类虐。茫茫六合内,何处足可托?华人渡海初,无异凿空凿。团焦始蜗庐,周防渐虎落。蓝缕启山林,丘墟变城郭。金山蟹埤高,伸手左右攫。欢呼满载归,群夸国极乐。招邀尽室行,后脚踵前脚。短衣结椎髻,担簦蹑草屩。酒人率庖人,执针偕执斫。抵掌齐入秦,诸毛纷绕涿。后有红巾贼,刊章指名捉。逋逃萃渊薮,趋如蛇赴壑。同室戈娄操,入市刃相斫。助以国网宽,日长土风恶。渐渐生妒争,时时纵谣诼。谓彼外来丐,只图饱囊橐。地皮足一踏,有金尽跳跃。腰缠得万贯,便骑归去鹤。谁肯解发辫,为我供客作。或言彼无赖,初来尽祖腯。

喜如虫扑缘,怒则兽噬搏。野蛮性嗜杀,无端血染锷。此地非恶溪,岂容食人鳄。又言诸娄罗,生性极龌龊。居同狗国秽,食等豕牢薄。所需日百钱,大齍难比较。任彼贱值佣,我辈坐胲削。眼见手足伤,谁能忍毒蠚。千口音谡谡,万目瞠灼灼。联名十上书,上请王斟酌。骤下逐客令,此事恐倍约。万国互通商,将以何辞却?姑遣三人行,藉免众口铄。掷枭倘成卢,聊一试蒲薄。谁知糊涂相,公然闭眼诺。嘻嘻六州铁,谁实铸大错?从此悬厉禁,多方设扃钥。丸泥便封关,重门复击柝。去者鹊绕树,居者燕巢幕。关讥到过客,郊移及游学。国典与邻交,一切束高阁。东望海漫漫,绝远逾大漠。舟人呼印须,津吏唱公莫。不持入关繻,一来便受缚。但是黄面人,无罪亦箠掠。慨想华盛顿,颇具霸王略。檄告美利坚,广土在西漠,九夷及八蛮,一任通邛笮。黄白红黑种,一律等土著。逮今不百年,食言曾不怍。吁嗟五大洲,种族纷各各。攘外斥夷戎,交恶詈岛索。今非大同世,只挟智勇角。芒砀红番地,知汝重开拓。飞鹰倚天立,半球悉在握,华人虽后至,岂不容一勺。有国不养民,譬为丛驱爵。四裔投不受,流散更安着?天地忽局蹐,人鬼共咀嚼。皇华与大汉,第供异族谑。不如黑奴蠢,随处安浑噩。堂堂龙节来,叩关亦足躩。倒倾四海水,此耻难洗濯。他邦互效尤,无地容飘泊。远步想章亥,近功陋卫霍。芒芒问禹迹,何时版图廓?"(《诗草笺注》上,第350—362页。)

《排华法案》颁布后,加州议会通过"方尺空气"法例,规定每人卧室须有五百立方呎的空气,违者罚款或监禁。美吏常以此为借口关押中国劳工,黄遵宪闻知,亲到监狱实地丈量面积,责问监狱是否比华人住所更不卫生和更加拥挤,美吏不得不释放在押中国劳工。施吉瑞认为,这则由梁启超讲述的轶事很显然是综合了事发之后的种种传闻而最终定型的。事件中涉及的警官有权按照当时的法律规定拘捕华人,但他绝不会在听了与他毫不相干的一位中国官员的一番言论后就释放了华人"罪犯"。任何熟悉黄遵宪在职期间的旧金山报纸媒体人士都会意识到,如果事件真的像梁启超叙述的那样,那么该事件会在当时占据优势的种族主义英文报纸中迅速激起空前的不友好的评论,但是并没有这样的状况发生,依旧是连篇累牍的华工被拘捕、被罚款的新闻报道。(施吉瑞著、孙洛丹译:《金山三年苦:黄遵宪使美研究的新材料》,《中山大学学报》[社会科学版],2016年第1期。)但是,当时确实普遍存在许多华人因住房狭窄被拘禁和罚款的事实,时称"拉房"。诸如《旧金山纪事报》(San Francisco Chronicle)1885年8月7日第三版《旧金山快讯》(Jottings about Town)就讲述了十个中国人因居住过密被捕的新闻。老华侨司徒美堂谈到美吏的"拉房"及黄遵宪设法保护华侨时说:"因为'拉房',华侨常常要从窗口跑掉;有不少人就这样跌死了。被拉走的人,最初只有用钱赎。"后来,华侨就联合起来抵抗。当美吏夜里拉人时,"黄公度没有别的办法,就告诉各堂负责人说:拉走的人们,要保留他们的职业,不要开除他们。这批被拉走的人,因为出狱后工作仍有保障,不致失业就不再花钱赎自由;对'拉房'采取了消极抵抗的办法,要拉就拉,要关就关,反正不给钱,弄得美国流氓当局毫无办法"。(郑海麟:《黄遵宪传》,第134页,中华书局2006年版。)黄遵宪保护华侨,有美人不满,一次黄遵宪与傅烈秘一说是金山领事,一说是中华会馆的律师。到海关接华船,"有工人群集,一人出一手枪指余辈云:'如敢引华人入境,当以此相赠。'君手摸靴中铳,复笑谓之云:'汝敢否!'"(《诗草笺注》上,第585—586页。)

三月初九(4月26日),加利福尼亚发生虐杀华工之恶性案件,华工马典房屋被巨绳牵倒,其人被从楼上推坠死亡,黄遵宪对此案颇为关注。依现有材料,黄遵宪在《上郑钦使第十九号》(光绪八年八月三日)中首次提及此案。施吉瑞发现马典不是人名,而是个地名,是对Martinez(马丁内斯)的中文翻译,是伯克利东北部一个舒适的小镇,在连接色逊湾(Suisun Bay)和圣帕罗湾(San Pablo Bay)的水路上,而它本身就属于著名的旧金山湾的北部。彼时的马丁内斯是加州渔业的中心,在那里勤劳的华人渔民被视作对当地渔民(多是来自南欧的移民)的威胁,从而引发了1882年4月26日的骚乱。骚乱中一名华人渔民遇害,许多华人的财产毁于一旦。(施吉瑞著、孙洛丹译:《金山三年苦:黄遵宪使美研究的新材料》,《中山大学学报》[社会科学版],2016年第1期。)时华人在美国处境恶劣,有论者曰:"自从华人大量抵达合众国以来,即十九世纪六十年代以迄最近,在个人的及团体的方面,他们受到身体攻击、抢劫和杀害者,案件达数百之多。未有外国人在美国受难如中国人所遭受者,比在他们在合众国之遭遇,则在庚子年前中国虐待外国人之事,堪称温和矣。殴打、戕害、枪击之加诸彼等者,在一八五五年至一八七六年之二十年中,几乎成为极单调之常事。"(朱传誉主编:《黄遵宪传记资料》第一册,第41页,天一出版社1979年版。)

三月十六(5月3日),黄遵宪致函美国加州康特拉科斯塔县议会,对四月底发生在马丁内斯的当地暴民夜袭中国渔民事件进行抗议,要求严惩肇事者,赔偿经济损失:"驻旧金山总领馆,1882年5月3日。致尊敬的康特拉科斯塔县议会先生们,我想正式提请诸位注意,5月17日①周三晚间发生在马丁内斯的暴乱,提请诸位注意当时该地中国居民所遭遇的暴行。

"对于暴乱的发起者和煽动者,事实上有一些传言,据说其中包括了某

---

① 这个日期显然是错误的,因为这封信是5月3日写的。可能是粗心的抄写员抄错了原件。

些县府官员。身为县治安官的县警长,其职责是依法搜捕罪犯,将其绳之以法;他却拒绝这样做;除非有人申诉,或是将搜捕令放在他手上让他去执行。他声称侦察工作与他无关,他只依据搜捕令行事。如果他翻查一下法律规定的警长职责,我们不相信他还会持这种观点。

"在受到暴徒袭击的中国人中,八人身受重伤,其中一人伤重而亡。而且,这些暴徒尚不满足于让很多不幸的、毫无防备的人遭受严重的身体伤害,还抢劫、掠夺他们,带走和损坏的财物价值超过两千美元。

"这群目无法纪之徒的头领声称他们的行为是正当的,他们想把那些人赶出镇子。根据美国的法律和条约,他们无权这样做。如果中国人在其居住地制造麻烦,法律会提供充分的补救措施。

"不过,我们不太相信这一卑劣暴行中肇事方的说法。如果他们的动机如其所言,那么,就很难理解他们为何要诉诸谋杀和抢劫——刑法中最令人发指的两类罪行——来达到他们的目的。

"因此,我们敦请贵县赔偿财产损失,给予受到贵县居民伤害的那些人以合理赔偿;敦请警方逮捕肇事者,将其绳之以法。此致。大清皇帝陛下总领事黄遵宪、领事傅列秘谨上。"(施吉瑞、刘倩:《金山三年苦:黄遵宪在旧金山》,华南师范大学学报[社会科学版],2018年第3期。)

三月二十四(5月11日),《旧金山纪事报》刊登了中国人违反立方空间法的报道:"周二晚间警方拘捕的中国人中,有二十一人违反了立方空间法,八人露宿门厅。昨天所有人均被警察法庭处以十天监禁,或缴纳十美元罚金。昨天中国人也表明他们受益于自由联盟,即利用陪审团庭审阻扰法庭,违反立方空间法的四十一人昨天也要求同样权利。"(施吉瑞、刘倩:《金山三年苦:黄遵宪在旧金山》,华南师范大学学报[社会科学版],2018年第3期。)

四月十二(5月28日),中国驻美使馆临时代办徐寿朋就马丁内斯事件向美国国务卿提出抗议,要求惩罚凶手,依照条约保护加州华人:"中国公使馆,1882年5月29日。先生,我很荣幸地通知您,我收到了中国驻旧金山领馆黄先生的来信。他在信中申诉说,旧金山以南三十五英里处的马丁内斯镇上有中国鱼贩于4月26日夜间遭到暴徒的恶意攻击,他们包围中国民居,强行破门而入,抢劫并破坏住户财物。住户们被从楼上的窗户扔下来,八人受伤,其中一人伤重而亡。

"总领事请求我把这些事实摆在您面前,希望您积极与加州当局沟通,要求他们对州内华民予以正当保护,防止这类暴行再次发生。

"有鉴于此,我非常恭敬地请您注意如下事实,即加州的爱尔兰人对中国人的不友好态度众所周知。我们还记得,4月27日旧金山报界刊登的一则电报称该市已通过决议,'抵制'中国人和所有那些与中国人打交道的人。当时,我以为只要中国人安分守己,就算受到威胁也不会出现任何突发事件。因此,马丁内斯传来抢劫和谋杀的消息是出人意料的。

"如果无视该事件,最令人担忧的是凶徒将会益发肆意妄为、罔顾法律。因此我吁请逮捕涉案人员,将其绳之以法;并恳请您与有关当局积极沟通,下达相关指令,依照条约保护加州华人,以免日后发生进一步的暴行或虐待。

"先生,请接受我最崇高的敬意,临时代办徐寿朋。"(施吉瑞、刘倩:《金山三年苦:黄遵宪在旧金山》,华南师范大学学报[社会科学版],2018年第3期。)

七月(8月),加州议例局议成洗衣店新例七款,其中最为苛刻的条款是:华人业洗衣者,"惟必须到议局领取牌照"。针对加州议例局限禁华人洗衣业之苛例,黄遵宪积极延请律师控辩,维护华工权益。又传令洗衣店仍照前时联合章程料理。旧金山华工,以洗衣、餐馆两业为最盛。早在1873年,加州议例局便立苛例:"凡洗衣馆或洗衣馆事务处所雇佣之男子及其东主司事经纪等,以及凡与此业有关涉之人,每人每季须抽例银一十五元。"(朱杰勤:《十九世纪后期中国人在美国开发中的作用及其处境》,《历史研究》,1980年第1期)黄遵宪在光绪八年十月二十九日上郑藻如第二十八号禀有云:"前驳洗衣馆苛例,现将译汉判词刊印……西历八月中,本处议例局又议成洗衣店新例七款……"(《全集》上,第479页。)可知黄遵宪第一次控辩洗衣馆苛例案,系在本年"西历八月"。黄遵宪认为此例是"借领照之名,苛刻挑剔,加以驱逐",与律师麦嘉利商榷,准备届时妥为经理。(《上郑钦使第二十九号》,《全集》上,第479页。)

七月十三(8月26日),有一巴拿马华商名曰阿胜者,道经旧金山换船回华,当时如巴拿马、古巴、秘鲁等国无直开回华的轮船,所以华工必须经由旧金山换船回国。海关依限禁华工之新例阻其登岸,《排华法案》中有在"美之华人如商贾、教习、学生、游人等仍准往来于美境","政府应予保护"。(陈翰笙:《华工出国史料汇编》[第一辑:中国官文书选辑],第1391页,中华书局1985年版。)但在实际执行时,美国官吏往往故意刁难,百般设碍,严重影响了合法华人的来去自由。黄遵宪闻知,一方面电禀郑藻如,另一方面商之律师,控辩于法庭。(《上郑钦使第十九号》,《全集》上,第464—465页。)

七月二十三(9月5日),具禀郑藻如,汇报了其整合华侨会馆的相关情况,自咸丰后,华侨在旧金山陆续建立六个会馆,由于缺乏章程,管理不善,乏善可陈。禀文谈到中华会馆与总会馆现议合报而为一,向郑藻如详细介绍了自己所能了解的各邑会馆今昔之情形,还介绍了自己调停华侨会馆内部矛盾的情况。其中华侨会馆事叙述甚详:"再禀者:金山一处,自咸丰年间始陆续创建会馆有六:曰三邑,曰阳和,曰冈州,曰宁阳,曰人和,曰合和。合和复于光绪五年歧而为四:曰肇庆,曰恩开,曰余风采堂,曰谭怡怡堂。会馆均系购地自造。馆中各有董事一名或二名,通事一名。其所办之事,则每次船来,各馆初到之客,馆人为之招呼行李,租赁居所。遇有事端,董事等为之料理,亦有病故无依亲之骸骨,为之捡运俾葬于故里者,(此一事亦有不归会馆办理,各邑自立善堂代为营运者。)其经费所出,则初到之客挂名于簿,俟其回华,向收数元或数十元(各馆章程不一,从前多系十数元。)以供支应。从前金山矿务正盛,华工不多,华人之旅里者,均各有积蓄,捆载而归,于会馆应出之项亦乐于输将。而会馆复与轮船公司商定,凡会馆未经收费,未给予出港纸,则轮船公司不卖与船票。因是回华之人,竟无避匿不捐此款者,沿袭日久,均习为固然矣。

"然而,各馆办事向少章程,所收银数亦无可稽考。董事、通事得其人,则办理较善;否则,族大豪强者盘踞其间,不肖之徒或购产业,从中渔利,藉充私橐。各馆除建会馆及供给董事等薪水外,亦未尝有一二善举足以餍众望而快人口者。

"会馆之名称曰公司。公司者洋人科股经商之名也。洋人知各馆敛钱而未见有医馆、书塾之设,老病贫民流离于道路者,会馆又不为收恤,因疑各会馆〔系?〕贩佣之所,以谓华工日多,均由会馆代出盘川,从而克扣剥削以为利。从前屡经地方官提传各馆董事审问,虽讯无佐证,而谤詈不休。习教之人,因会馆供神,向不愿隶于会馆,而耶稣馆教规亦于回国之人敛钱作为馆费,以会馆收钱之有妨于己也,则益煽布流言,以蛊惑洋人。洋人益信其言,故会馆之名声坏。

"光绪六年二月,嘉利科尼省设立一例,凡轮船、铁路公司,不得无故阻止搭客,不卖船票。因是轮船公司不以会馆出港纸为凭,任凭各人购票,会馆收资遂失所依倚。而近年以来,矿衰工贱,获利较难,回华之人非必有钱,故亦有不愿出资者,各会馆因将此款酌为核减。现在三邑收银五元,

(馆者亦在。)阳和收银六元,(曾经出过一次者不再收。)宁阳收银八元,冈州收银八元、肇庆、恩开、余风采、谭怡怡、人和(曾经出过者不再收。)各收银十三四元、十五六元。(各馆向规,老病贫民均免收。)向来每馆于每人交出五毫为六公司费用,而光绪六年春,议延律师,各会馆复于所收银内,每人提出二元,合共二元五角,交总会馆支销。(各会馆提拨此款时,并非加收,均系于本馆所收之内提出,惟该馆向章有曾经出过一次不复再收者,此二元五角因系交出总会馆,仍须向收。)年来,各馆亦较有规模,于所收数目,均有进支单刊布众览,故各董事除所得薪水外,别无侵吞亏空之弊。到此。饬令各董事随时调处是非。各董事各顾体面,亦多竭力办公,为人信服,风气亦颇为少变。此自有会馆至今之实在情形也。

"伏查从前之会馆进项较大,而不以公众捐资办公众善事,各馆实有不能辞其责者。其声名之坏虽不如外人所传,然亦实有以面谤之处,无怪乎人人恶。于此而欲预其事,本应加以裁抑,惟各馆创设,近者十数年,远者三十年,有馆舍以办公,亦或有产业以出息,(就中有向来经理得宜,如三邑、阳和,皆有产业,可值数万,每岁可收息数千。冈州会馆,则以庙中供神灵应,每岁投充司祝,可得数千。余亦各有一馆为该馆之业。)根深蒂固,非伊朝夕,欲尽举而裁撤之,势固有所不能。

"至于今日之会馆,进项既微,(现在回华之人不交馆费,会馆并不能勒收,然幸而旧章相沿,各工视为固然,仍多收缴者。)而每人交出二元二毫,以供延聘律师,拿办凶犯之需。各馆董事亦能为人理处争端,于事颇著成效。○○之意,乃转欲暂为维持。凡办一事,必准情度势而后能行,势不能改弦而易辙,惟当握其枢而潜转之,就其隙而弥补之,但使会馆所收之钱、所用之人有益于公,要无妨听其自立。近来资送贫病老民一事,为向来所有,○○四面游说,方劝励回,系怂惠华人有益之事,亦欲挽救会馆既坏之名,而归功于各董各商,兼使此辈藉以增重,诚能奋勇为善,于公事大局不无裨补。惟查此次会馆除三邑一馆现有款项外,(此事系三邑会馆倡办,该馆除捐送船票外,每人尚各给予三元,前禀漏未声叙。又,轮船公司因系捐送,船价从而减损,地方之收年税者,○○经请其优免,亦喜免收。附陈于此。)其他各馆均系东挪西借,或指会馆所出以为还项,或借善堂他款以应急需,即可知会馆之并无余蓄,欲更令其出专款奉公,诚恐非易。况现在有限华工,往来之人日少,款项必随而日绌,将来各馆有无变局,此刻未敢预知。亦惟酌度情形,随时商办,以冀其有益而已。所有各邑会馆情形,谨缕陈宪鉴,伏求察核。又禀。"(《上郑钦使第十八号》,《全集》上,第461—464页。)

八月初三(9月14日),黄遵宪具禀郑藻如,详细介绍巴拿马华商阿胜一案法庭辩论的进展,"当堂听审者数十人,官与律师驳诘甚力,合堂屡为哄然"。谈到美国司法制度的一些特点:"美国政体,议例官、行政官、司法官各持其一,往往有议员议定,总督签行之事,而一司法得驳斥而废之。故审官、(审官不由民选,有任之终身者)律师最为人所敬畏,其政体然也。"也介绍了南美太平洋战争中智利击败秘鲁后秘鲁华侨受影响之情形,"近日自巴拿马来之商人名刘荫洲,在秘鲁七八年,据述智军所获之地,其要隘处皆屯以精兵,悉张挂智国国旗,所有赋税、讼狱等事,皆归智国官办理"。还介绍了华工马典被虐杀一案的具体进展,"现在该处地方官查拿凶犯颇属尽力,自因外部行文之故。惟此案尚未审结,闻将移嘉省臬署审讯,俟将来如何审断,再行禀陈"。(《上郑钦使第十九号》,《全集》上,第464—466页。)

八月(9月),多家金山华商回国后因无处领取护照,碍于限禁华工之新例无法赴美,久候于香港,故一百三十余家华商联盖图章,求黄遵宪转禀郑藻如早日设官给照,黄遵宪因即缮具公牍转呈。(《上郑钦使第二十号》,《全集》上,第468页。)

八月十二(9月23日),巴拿马华商阿胜被阻入境一案判决:商人无须护照,亦准登岸。黄遵宪旋将判词寄给郑藻如,同时分寄秘鲁、檀香山、域多利、巴拿马各轮船公司,以便船主揽载过境之华商。(《上郑钦使第二十号》《上郑钦使第二十一号》,《全集》上,第466—468页。)

八月十五(9月26日),黄遵宪上郑藻如禀文,说明巴拿马华商阿胜一案判决后华商入境不再受到刁难的情形等事,内称:"巴拿马华商一条,前经官断,准令登岸,前禀已详呈大概,惟久待判词,未经批出。至本月十二日,审官始将判词宣布。因系巡察使与按察司会审,故二人各有判词。查按察司哈门所断:凡自他国来此之华商,均无须执照,准其上岸,且谓由此前往英属墨西哥等国,如不久即回,即不领护照,亦听其往来自便。巡察使费卢所断大意:一则谓中美续修条,所谓准其整理酌中定限者,系专指续往承工者而言,其贸易、游历人等,本系声明往来自便,俾受优待各国最厚之利益。今新例于第六条乃云华商须凭执照方准入境。考新例亦专为限制华工而设,新例条中未明文意,皆可引条约善为解说,盖国会立例断无违背条约之理也，华商既准往来自便之人，自可无须执照；一则谓中国发给商人执照，原不过藉以表明此人系不在限制之内者，故藉之为凭据，并非为禁止彼等前来。彼等如未持执照，其所执职业亦可以言语证明。而其批词末段又明言，以本官之意，按照新例，华商来美须凭护照，然未行新例之前，其人不在中国，（意谓其人既在外国，即其家即在外国。又其人曾来美国，则其所托之业、所识之友亦在美国，故可无须中国官给照。此语含有续约文意，据律师麦嘉利士又云：泰西律法，以其人寓居之所即认为其人住家之所，律意本如此也。至行例以后，新来客商则必须持照。）则彼等来美无须执照。○○读其批词，似乎所包甚广，非特由域多利、檀香山、秘鲁、古巴前来之商人无须持照，即前在美国、现返中国，再由中国来美，似亦可无须持照。当经详细查询，复函问律师麦嘉利士是否如此。本月接麦嘉利士复函，谓按照判词，则华商于未行新例之前曾在外国居住者，如再由中国来，虽未领取中国执照，照新例而行，彼等亦可前来美国云云。据此，则华商之自他国前来及曾居美国再来者，均无须持照。是新例于商人领照一节，几几废其半矣。现以判词及麦律师复函告轮船公司，轮船公司即许寄电前往香港，令船主搭载此项曾居美国之商人矣。伏查此案初议提讯，原因税关接户部来电仍复扣留，无可如何。而税关钞示户部电文乃系令其查照巡察使费卢所断船工一案办理。（当户部寄电时，华盛顿尚未知船工一案费卢如何判断也。）窃念户部寄电不告以主意，转令其查照审官所断，是直以审官为折衷是非之准。今华商提讯即系户部主意，似于两国交谊似无干碍。又念巴拿马等处中国无官，无从给照，而华商之来往者甚多，讼而不胜，不过仍照新例，无照不许上岸；讼而获胜，则或藉判词以驳新例，以后不须持照，大可为商人开一方便之门，当即先与律师商榷，复查该商所携带之汇票，所认识之友人，所住居之铺店，均确有业商的据，始行提讯。现经官断，华商由他国来者，均无须执照，适符初愿，良足欣幸。而判词更谓曾居美国之人来美亦无须执照，则更始愿所不及者也。此案判词经半月始行宣布，闻费卢脱稿屡改，盖一经成案，即可据以废新例，故郑重如此。而哈门判词中，复胪陈华商出入口货税之数，谓商务优于他国，不应阻滞其人。且谓新例以刻薄行之，乃系下等人举动。自新例以来，所蒙之耻辱，亦赖以一洒，差强人意。现拟将判词洋文刊布，分交各轮船公司，寄与各国，以便各处船主搭载，俟详细译就后再函告各处华商，令其知悉。兹谨先将洋文呈览，律师麦嘉利士复函并以附呈。"《上郑钦使第二十号》，《全集》上,第466—468页。)

八月二十三(10月4日),黄遵宪与公使馆随员欧阳明商议,认为应请郑藻如将巴拿马华商案判词持见美国外交部,"托其转交户部,请户部饬知各处税关一体遵办",以便更好地保护华侨权益。(《上郑钦使第二十一号》,《全集》上,第468页。)

八月二十四(10月5日),黄遵宪将与欧阳明商议之建议,具禀郑藻如,同时还在禀文中汇报郑藻如所交办之在当地设华侨议学等事宜的进展情形。禀文中,黄遵宪还向郑藻如介绍朝鲜"壬午事变"后的形势:"再禀者,朝鲜近状,承示总署来电,知已妥结,极为忻慰。闻此事,丁、马诸公所携兵船先日本入境,朝鲜大院君闻大兵到境,款接优隆。七月十三日,马君设宴邀大院君饮,酒酣起宣上谕,遽以兵二百余人拥之登船,丁军门伴守之,随即展轮驰往天津,一面复分派各兵守护王宫及诸城门,出示安民,现已一律安堵。此举智勇非常,甚快意。惟赔偿日本之款,殊惜其过多耳。

"自花房公使复率兵舰前往,大院君亦遣使迎接。花房请谒国王,国王曾一见之。十三日,大院君被掳去。十七日朝鲜与日本定约,凡七款:一、朝鲜国自定约日起,限二十日将逞凶首犯拿办,与日本官会审;二、日本被害之人,朝鲜妥为营葬,并给与抚恤家族银五万元;三、朝鲜国偿日本国费用银五十万元,每年交十万元;四、自今日本使馆派兵防护,一年撤退。所有修缮使馆并建筑兵营费用,由朝鲜措办;五、朝鲜特派大员充使往日本谢罪;六、元山津、东莱府、仁川港。(按:皆通商地方。)商民游历里数,自今扩为五十里,(按:原约十里。)二年之后,扩为数百里;又二年之后,以扬华津为通商地方;七、日本公使、领事并其属员家属,朝鲜给以护照,许其内地各处游历,各地方官见此护照,即妥为保护云云。观此约章,直与从前泰西各国要挟东方者无异。日本自得此约,喜出望外,而一二识者亦颇有议其政府,谓不应受此偿金,且谓今日威逼朝鲜,朝鲜积恨愈深,将来必不免祸患。此言深有益于亚洲大局。然而中国、朝鲜之人畏日本过甚,不悉其内情,殊可惜也。此事谅钧署一时未详,故敢以缕陈。马、丁诸公告谕措词甚得体,并钞呈钧览。○○又禀。"(《上郑钦使第二十一号》,《全集》上,第468—470页。)

八月二十八(10月9日),黄遵宪缮具禀文,向郑藻如介绍巴拿马华商案判决后华人入境大为改善的情况,"自经巡按使、臬司审断,谓商人无须护照亦准上岸。本月廿六日,有华商七名,自巴拿马搭船到此,(有自秘鲁来者,有自智利来者,有自巴拿马来者。)均未持照。此间铺户到署询问,当即由德律风告知税关,请其遵照官断办理。税关行派人查询。其查询之法,系关其寓居何国、作何买卖、由彼处出港携凭否?一一问明之后,饬令本埠铺户递一结状,证明其人系属商人,即于廿七日早,一概俱令上岸矣。此为第一次无照放行之始"。并汇报近期发生的华人治安案件以及以前发生的洋人虐杀华人马典一案的最新进展。(《上郑钦使第二十二号》,《全集》上,第470—471页。)

九月初五(10月16日),黄遵宪将巴拿马华商阿胜案判词的汉文译件抄呈郑藻如,并缮具禀文反映自己所了解的有关秘鲁华商内部矛盾,禀文曰:"寓秘华人不睦,○○初未闻知,后询之华商,则丑诋会馆各人,然亦云欲访各事,则彼辈闻见较广。再询之自巴拿马来之刘荫洲,则云伊寓秘十年,是处商家势如抟沙,近年联合一远安公所,亦复无人理事。然商人各有身家,遇有事端,究属可靠。至中华会馆之董事,各人初亦业佣,后积有资财,变而为商,论其身分,本不足以餍众望,惟奋力为公,亦不无益处,若诋毁之词,则出于爱憎者之口,不可尽信云云。○○思其所言,似颇平允。观会馆所禀,谓是处有土客之分,有商工之别,各怀意见,固昭然若揭;惟托其打探各情,业经函嘱,不便再更,且只系托其探事,未托其办事,似亦无妨耳。承示偶患目疾,不审痊愈否?企念之甚!"(《上郑钦使第二十三号》,《全集》上,第471—472页)

九月初七(10月18日),檀国(夏威夷)驻日本公使柯分拿偕其领事来见黄遵宪。(《上郑钦使第二十四号》,《全集》上,第473页。)

九月十五(10月26日),黄遵宪又缮具禀文,向郑藻如报告自己上任以来为归国华人发放护照之情形,以及经金山至域多利、檀香山,巴拿马、秘鲁等处之华商领取所颁护照后入关仍有阻碍之情况,还介绍了与檀国驻日公使柯分拿见面之情形。(《上郑钦使第二十四号》,《全集》上,第472—474页。)

九月十六(10月27日),黄遵宪对前日之禀附文,补充说明华商假道入境遇阻的交涉详情,文曰:"再禀者:由域多利前来之华商,○○初见关长,既面允其上岸,不意仍复扣留。据其幕客朱霖云:若有商人出证来者系属商人,便即放行。○○谓:护照中明云是商,何须更觅商人作证?如果不允,当提之审讯,听凭官断耳。旋与律师商量,告以此事,一则领事发照系各国通例;二则按例第六条,商人照由中国朝廷给发,领事亦系中国朝廷所派之官,且既奉钦使命,有发给此照之权;三则按例第四条,税关只给工人执照,华商由此往域多利、巴拿玛,如不领领事照,该处船主若不搭载,何以再来?律师麦嘉利士大亦云此案必胜,万无不准之理。当即将呈禀作就,拟于本日提讯。乃本早税关忽又将商人放行。傅领事又往见关长些卢云,谓以后见照仍复留难,则不如将此案审讯。关长乃复云:'吾再思之,毋庸提审,此后见有领署所发之商人执照,即令放行可也。'此事算既了结矣。再:禀中所云五百十八张之照,本日向税关抄到户部来电,知既一概允准,无须再与商议。兹将原电并译文钞呈钧鉴。(或云寄电系外部大臣之名,原文寄呈,并求一查。)再请崇安。○○又禀。九月十六日。"(《上郑钦使附二十四号》,《全集》上,第474—475页。)

九月十八(10月29日),黄遵宪见报载新闻,知以往所发护照,已获美政府认可,乃缮具禀文,向郑藻如说明。禀文曰:"本日又见新闻,知此项行例以前之照,户部曾于西历十月二十号(即中历九月十日)会议行知税关,谓此照理应准行,其辞意与费卢、哈富文所判巴拿马华商案大意相同。观其所谓奉行新例,不能违约,又似乎续修条约以前,曾在美国之各项人等,以后再来,即无执照亦许上岸。今将汉、洋文并呈,求为查询示明为幸。至商人来往执照,关长既面云不再留难,应否再与户部声明,尚求酌裁。"(《上郑钦使第二十五号》,《全集》上,第475页。)

十月初二(11月12日),有前在美国之华商三名复来者,入境时受阻,黄遵宪代为控辩。初六日(11月16日),黄遵宪缮具禀文,向郑藻如详细汇报巴拿马华商案后华人入境是否需要护照的不同情形,禀文中谈及外交官员优厚的待遇,"每月薪水按五百两库平支报,优遇之隆,有逾常格",以及引进棉种回国事宜。(《上郑钦使第二十六号》,《全集》上,第475—477页。)同禀又提及初二日三名华商入境受阻之事的控辩结果云:"再禀者:自巴拿玛案审断以后,据巡察使费卢所断,谓新例所云护照,非指定例时其人曾居美国者而言。○○读其批词,似乎前在美国、现由中国复来之商人,似亦可无须执照。当据以问律师麦嘉利士大。律师复函谓,此项商人,实可无须执照。○○当将判词及律师复函告知轮船公司,轮船公司即寄电往香港,令轮船搭载。近见户部致税关函,亦有本署断得于续修条约之时其人在美、未行新例之前既返中国,可无需按照新例领照呈验等语。○○以为有此项人等自香港再来,谅可免留难矣。本月初二日级滴轮船到埠,有前在美国之华商三名复来者,巡查关吏始云放行,后复阻留,○○初拟寄电求宪台商之户部,继念户部既明明有函告知税关,而税关乃竟不遵办。(关长适他出,由幕友查霖主政。)彼必有辞以蛊惑户部者,恐由户部行查,反致不免窒碍。又念此商人系来自广东,按照新例,以领照为便。禀由宪台商之户部,如彼谓该商何不领照,又虑难以回答。为此二端,决意以提讯为便。本初五日经臬司哈富文审断,又复放行。(律师具禀之时,哈富文即谓税关办事竟不遵照臬司所断及户部来函,殊不可解。)审讯之时,税关律师非立提亚仍极力驳诘。哈富文即以巴拿马案中所驳各节重复申述,谓税关不应阻难。断定之后,同船尚有华商二人,即经税关询问证人,一概上岸矣。"(《上郑钦使第二十六号》,《全集》上,第477页。)

十月初十(11月20日),在黄遵宪促成下,中华会馆与总会馆合为一馆。是日复各绅商会饮,各商皆甚为欢惬,黄遵宪替会馆聘请常年律师麦嘉利,"麦氏为人正直,日后替华人诉讼出力不小"。(郑海麟:《黄遵宪传》,第137页,中华书局2006年版。)

十月二十九(12月9日),黄遵宪致禀郑藻如,汇报经巴拿马华商案后来往华商入境比以往顺利的情形,"自巴拿马华商一案,不特从外国来美无须执照,而臬司断词即更推及于华商曾寓美国者再来,亦无须护照。自阿拉壁船载来华人,不持有领事执照者准令上岸,而户部布告更推及于换约之时华工之在美国者再来,亦准上岸。此外,则华商由美国出口往来,领有领事执照,税关亦准放行。凡此各条,皆较前方便"。介绍了驳正限禁华工新例的美国巡察使费卢,"巡察使费卢既于两月前归华盛顿,漏未禀明。限禁华工新例驳正各节,最以此公为得力"。认为"此公秉正不阿,甚负物望,亦望宪台与之往来,彼必愿为勷助"。并针对新例中华商不许假道的规定提出自己的变通之法,及重新议立新例限制华人洗衣馆后自己采取的应对措施,亦介绍了虐杀华人之马典案审理情况,禀文最后汇报了承命从美国引进优良棉种至国内的交收情况:"再禀者:承命寄来棉种二箱,一寄香港梁鹤巢兄,一寄上海郑陶斋兄。又承寄来五箱寄上海招商局,均陆续收到。本月二十七日,东京船开行,即为转换提单,并由○○加用信函,分别妥为寄去矣。第二次所寄之五箱,据汽车公司交到浮收运费一十三元七角九分。除支取驳运各款外,尚余银元九元六角五分,现将清单另函寄交翰屏兄收查。附此禀明。"又说到新近有关华侨会馆整合的情形:"再禀者:前禀中华会馆与总会馆合为一馆,现既于十月初十日举行,将总会馆匾额撤除。是日复招各绅商会饮,各商皆甚为欢惬。前于庚辰年,旧中华会馆各绅劝捐延聘律师费,共捐得银一万余元,除是年支销各款外,余银五千余元。该商等初以此款专系商捐,故另行存储,不许动支。本年聘律师麦嘉利士大,初虑总会馆所收回华银,不能敷用,届时当向该商拨支。现在两馆既经合并,○○劝令各商将是款交出,该商等旋于十月二十日集众交出,共银六千二百七十余元,经照新章交与各会馆铺户轮流管理,以备公用。所有合并会馆一事,除缮呈公禀外,附此禀陈。至合和会馆一事,有一二小人簧鼓其间,尚未办妥,并以声明。"(《上郑钦使第二十八号》,《全集》上,第477—480页。)

十一月三十(1883年1月8日),黄遵宪缮具禀文致郑藻如,询问有关新例中"不许华工假道"一节与美政府交涉的情况,向郑藻如汇报了金山限制洗衣业新例履行后的应对措施,"查华人来美佣工,除开矿、造路及供厨役外,其足以夺西人生业者,莫如洗衣馆,分散各邑,随处多有。即金山一埠论,业此者既有五六千人。而洗衣馆堆积衣服,易于燃火,用水过多,或不干净,业工之人又间或歌呼达旦,喧扰居邻,亦不免有招忌面恶之处,因屡为人控。去年曾设一例,非砖屋不能开馆;本年又设一例,非有近邻十二名实业土人荐引,不能营业,均经驳除。此次新例七款,如第五款之'晚十点钟后、早六点钟前不能做工';如第六款之'不许容留传染病人',原应遵行;即三、四款之'防火灾、修水渠',意亦不谬。惟必须议局领取牌照,诚虑借领照之名,苛刻挑剔,加以驱逐,故仍不能不与争讼。现业饬洗衣馆,仍照前时联合章程料理,并烦律师预为经画,刻已到行例之期,不日即应审判。○○之意,如果幸而驳除,仍当令洗衣馆妥立章程,自行检点,庶冀免再兹事端也"。以及自己从律师处了解的马典案内中详情,还谈了自己对如何在保护华人入境妇女权利的同时又限制拐诱妇女至金山为娼的具体建议。"按钵当臣即系与英属域多利相连,近闻有华妇十余人,由香港载至域多利。该处华商控于英官,指为娼妇,虽经官审无凭,而新闻传说谓该娼妇实系欲来美国者,故户部派官并及此节。查新例限禁华工,原未谋及妇人,近日钵仑华妇一案,既经户部允行,且谓妇人权利与其一律,似华工在此,其妻女均可以来。惟是金山妇女,娼妓多于良家。此处三合会党,每有一娼妇来,讹索分肥,往往哄斗,甚至有拐诱掳掠者。而疍户穷民及无赖奸商,以重利所在,(一妇女到金山可卖千余金,香港之梁泰记亦贩卖营业。本年正、二月载来妓妇,即系伊贩来者。闻其人旧日稍有身家,本年因箱馆坏船事贻累,益至无所不为。﹚百计营谋。○○常念此事,论限禁新例,实不愿其并禁妇人。而论金山情形,又实不愿娼妓假借而来,至滋事故。前呈拟驳新例,说帖中拟俟中国设官发给护照之时,凡有妇女欲来美国者,饬令金山铺户取具保结,由总领事查验,发给凭单。其人持取凭单,方能向发照官员请领执照,如此可以杜拐骗而省事端,是否可行。尚求训示。"《上郑钦使第二十九号》,《全集》上,第481—482页。﹚

十二月初一(1月9日),黄遵宪到皇宫酒店拜会日本亲王有栖川炽仁,未遇。次日复往,赠以一诗,及土特产,并送别有栖川炽仁亲王。《炽仁亲王日记》记曰:明治十六年(光绪八年)一月九日(农历十二月初一):"清国桑港总领事黄遵宪面谒。"一月十日(农历十二月初二):"清国领事黄遵宪见送。"《炽仁亲王日记》,东京大学出版社1976年版。《全集》上,第483页。﹚亲王原本是要参加俄国亚历山大三世即位仪式,但未如愿。于是在游历欧洲后,又到美国访问华盛顿特区,他从美国东部乘坐列车抵达旧金山,入住当地最为豪华的皇宫酒店,期间黄遵宪曾两次拜访亲王,第二次有诗。亲王后乘"北京"号轮船回日本。(施吉瑞著、孙洛丹译:《金山三年苦:黄遵宪使美研究的新材料》,《中山大学学报》﹝社会科学版﹞,2016年第1期。﹚

十二月初三(1月11日),黄遵宪缮禀致郑藻如,报告秘鲁华人内部矛盾冲突之情形:"又询悉是处华商之有名望,咸称有永安昌之刘家露、广利号之叶简卿、黎省三等,(后乃知此数人即系远安公所之值理。﹚故当时寄函,外书中华会馆列位,内即书刘、叶等名。现又据该馆古德函称,司笔写信人名黎普煌,号朗轩,系与刘、叶诸君集议延请者,可知此人并非向在会馆至招众恶之人,不知何以尚各怀意见。现经宪台谆切劝谕,谅当各顾大局矣。至该馆情形,八月中黎省三归国过此,甚为丑诋;其后询问刘荫洲、区伟卿各人,又颇为持平之论,谓殊不尽然。"又说明与有栖川炽仁见面情况:"再,承示日本有栖王亲王道过华盛顿等,此其人到此寓巴黎斯酒馆,○○亦穿一裹圆袍、对襟马褂、小帽往拜,未遇。昨接其来函,云:'初二日晨有暇,在馆拱候,亟欲一见'云云。复往见面,甚为款洽,并述及在伦敦曾见曾侯,在华盛顿曾见宪台,甚为忻慰等语。濒辞,复索○○手书,因赠以一诗并馈土物,于本日前往送行。其在日本颇立功业,兼充左大臣,(即军机大臣。﹚亦为民望所归,人素温厚。此间新闻或讥其骄傲,大约简于酬应,则有之也。附此禀复。又，檀香山所派驻日公使近复由日本归来，询其行踪，据称未到天津，俟此次归国后，将再启程前往天津。云日本亦派一公使，名杉孙七郎，偕往檀岛，云系往贺檀主、檀后新宫之礼。而新闻或言檀使欲招日本工人，日本未允。杉使往檀，乃系查察檀岛如何情形，再行定议云云，未卜信否。"同禀亦回答了郑藻如询问的有关问题："再，承询寄香港、上海棉花水脚及寄秘鲁汇水，前复翰屏兄，烦其转禀，想邀鉴察。又承命择寄金山洋文新闻。从前金山新闻均由经领事署转寄钧署，惟本年每将新闻择译，因遂有抽出遗忘未寄者，现经妥嘱江的古庐报馆按时寄去。每岁并信资共六元七角，因综购一年，故价较廉，经由○○支付矣。"最后，黄遵宪报告了整合华侨会馆的进展："再禀者：中华会馆合并以来，当即查照会馆规条，将各会馆董事派充中华会馆董事，又另派绅董六十名，所以多派者，因遇有事端，则各饬令各乡望族长妥为料理，易于措手故也。○○因念此间铺户时有更易，即绅董亦时有更易，故未便将选派绅董各名禀呈。兹谨将所到名单呈览。又，合和会馆一事，○○以该会馆分而为四，骤增无益用项，致有亏空，而该会馆馆舍又并未分拆，将来议分，终必争竞。因陆续遍传各姓父老三十余名当署询问，当经佥称允办。惟肇庆会馆有一黄秀瑚，不愿举行。(此人最为狡猾，向居金山，专以鱼肉小民为业。从前议分会馆，即系经伊一人播弄而成。闻彼与肇庆会馆密议分馆之后，谢伊千金，现只收到三百余元。○○知其如此，预为笼络，百方劝说，而彼终不愿者，则以实利所在，不能不力争也。闻锦棠兄云：前任时所有匿名帖，多系伊撰布者。)八月间，谕饬冈州董事陈文泉等，妥为联合。○○初意俟合和会馆合并以后，再合中华会馆。乃陈文泉因伊另有私事，延未经理，黄秀瑚复乘间蛊惑，到处谣诼，甚至谤毁中华会馆新章，谓将伊会馆斥之在外。虽不为众论容，而肇庆馆中一二姓亦有受其愚弄，先允而后悔者。因将中华会馆联合妥，将合和一事暂置后图。现拟于日间再行传齐该馆绅董，当众晓喻。如果多不愿合者，则此事作为罢论；如果三馆佥愿，惟肇庆馆不愿，则或将三馆先行合并；又或肇馆愿者亦居十居其六七，则实未便以公众之事竟容一二人抗阻，再当设法禀请办理。谨此禀明，再请钧安。"（《上郑钦使第二十九号》，《全集》上，第482—484页。）

本月中旬，有一华工由香港至域多利来旧金山，依新例应准其登岸，不意美国税关仍然阻留。十九日晚，黄遵宪就此事电请郑藻如察核商度。二十日午后，美国税关接政府电，即许此华人登岸。二十五日，黄遵宪禀郑藻如,报告华工入境遇阻一事已解决,并介绍了洗衣馆新例实行后对华人的影响以及新近发生的华工内部械斗事件,"在嘉省之轩佛地方,因番禺杨某家养小猪,蹂躏新宁李某菜园,当经彼此口角互殴,旋至各集徒党哄争,刀枪林立,竟似械斗,所幸未曾伤人。而彼此两造各禀巡捕,各出票拿禁十余人。附近各埠,闻风响应,互相帮助,几酿大变。此间闻信后,惧其分邑树敌,愈闹愈大,立遣中华会馆司务赵文功并三邑会馆通事周邦礼前往调停,并给予一函,剀切劝谕。现在既于十九日照公议办妥,两造共订约,各将被拿之人保出,现在既经息事矣"。(《上郑钦使第三十号》,《全集》上,第484—485页。)前中美续约中有两国商定不准贩运鸦片的条款,郑藻如对此条款之意颇为疑惑,曾密示黄遵宪探明原委,黄遵宪遂在禀文中作了解释:"再,密禀者:伏承密示洋药一事,敬谨读悉。查中美续约第二款,内开'中国与美国彼此商定不准贩运洋药'等语。本年二月底,○○甫经接任,正值议院议立华工新例,其时税关接户部电报,饬令将华人运来洋药暂勿报税,应俟户部颁发章程,饬华商遵行。乃嗣后接户部定章,自西历八月一号,(限禁华工例于八月四日举行。)不许华商运洋药入口。然他国商人运来如故,久之而美国船、美国商运来亦如故,(盖条约只禁华商运洋药入美国,且只禁美国船、美国商运洋药入中国,未尝禁美国商运洋药入美国也。)华人之为洋药一切贸易者亦如故。○○颇为疑惑。复将约中英文详加询问,则系将中国商民不准贩运洋药入美国口岸作一节,美国商亦不准贩运洋药入中国通商口岸,并由此口运往彼口,亦不准作一切买卖洋药之贸易,又作一节。○○以是始知美国立约之意,并非惧美人沾染,欲行禁令,徒以方订整理华工之约,欲借美国不运洋药入中国一语,以见好于中国耳。

"本年西历十二月四号,本省议例局绅议立一例,凡贩卖鸦片者,须在此巡捕局领取牌照,每季卖烟三千元以上者,纳照费四十元,三千元以下者,纳照费二十元。议此例时,正在新旧议绅前后接任之际,当有局绅托人密询华商,如华商肯出银一千圆,则此例便不能议成。华商惧开讹索之端,效尤日甚,不肯答应,此议遂成。(十二局绅,签名者七人,四人不允,一人不在场。)○○窃念此事,彼国不议禁而议加收牌照银,此例一行,每岁华商又吃亏数千圆。顾华商在此贩烟一事,不免招恶,又碍难使律师控告驳除,因与傅领事默商消弭之法。傅领事乃往见本府知府,(局绅议例,须经府官批准。)先论及此例之不合,复告以议绅议此,本为索钱不遂云云。府官乃谓如此殊属不公,次日遂将例批驳。谓经由巡捕领取牌照,向无此例,故不准行。不意局绅即日又集众公议,(在西历正月六号、正月八号,即新局绅接任矣。)因又设法要诘一二局绅,遂不能成议,现既作为罢论矣。此事甚赖傅领事之力也。"(《上郑钦使附三十号》,《全集》上,第485—486页。)

其时,上海美商拟用机器纺织绸缎,经沪海关禁止,美国驻华公使杨越翰乃照会总署,指为违约。总署欲与美外部辩论,要求郑藻如等了解华商在美购买土货制造销售的情况,郑藻如密谕黄遵宪调查。十二月三十日,黄遵宪禀郑藻如,说明调查的情况,并对此事详细阐述了自己的看法:"伏读第三十号密谕,以上海美商拟用机器纺织绸缎,经沪关禁止,而美使杨越翰照会总署,指为违约。总署欲与外部论说,因饬查金山华商购买土货制造销售若何情形。各敬读祗悉。伏查华商在此制洋鞋者约有数十家。(亦有东主是洋人者,然多华人自为之,惟制洋衣者,则多系洋人为东。)制吕宋烟者约有百家,均系购买土货制造销售。他国不得而知,就美国而论,尚无禁他国商民购土货制物在本地销售之例。伏念此事,在他国则可,在中国则不可;在中国地方容外国商民以手艺改造土货销售犹可,用机器则万万不可。何也?西人之于商务,考求日精。其业商者流,类皆能竭尽智能,以争锥刀之利,故虽许外国商人购土货制物在本地销售,而本国商人各挟其雄资以相兢,断不至将利权拱手让人。华商富厚既不如西商,人而分门别户,各业其业,势如抟沙,团结又万不能敌西人纠股公司之力之大①又况泰西通例,凡外国商民,均归地方官管辖。商人有落地税,有牙帖税,官皆得而约束之。只有本国利权许本国人独占之事,断无本国商人反不如外人优待之理。今中外和约,税权既不能自主,洋商又无从管辖,如子口税等事,久听其纵横。通商至今三十余年,外国之货入口侵灌,至令吾民失业者,既不知凡几,而西人贪欲不已,乃更欲操中国货物之权利。然使仿照中国之法,以手艺制物,则中国商民,工贱耐劳,犹可以争。兹欲以机器制造织绸缎之不已,将进而缝衣裳;缝衣之不已,将进而制靴帽,乃至一切以人工制造之物,均可以机器夺之。中国商工恐将尽失其业,流离失所。总署坚持不许,所以为吾华吾民计者,至深远矣。

"然现以此事商之外部,骤谓中国不许外人购土货制物在本地销售,则

---

① 今案:重点号是原黄遵宪所加,下同。

似与通商通例有所未符,彼必以为逆耳之言,而反訾议。展转筹思,虑难启口。惟所幸中美条约并未载及,即美使所引法、比等约,所载准其工作等字,自不能指机器。引此为解,此节尽甚可据以相争。以○○愚虑,未便举行之,实况所及,似宜专以不许机器制土货为词,缕陈情况,专与言情,或易动听。(未便举行之实况。)查各国机器初兴,亦时有工人纠众忿争之事,今中国风气未开,岂容遽许他人以机器夺吾民之业?此局若开,诚虑小民滋事。华工来此,胼手胝足,拮据劳苦,所获无多,而土人尚生妒忌,至有限禁之例。今美国以机器制吾土货,则是以安坐易得之利,反夺吾华工胼手胝足拮据劳苦之业,反观对镜,其理亦易明,亦人情之所同,而理有所不可者也。

"再承钧谕,谓以自主之权论,亦非别国所应强迫,实为扼要。查公法中,各国待外人有指明某项事业要与土著有间,有不令外人擅为者。在雅典,则有重征外人货税,令外民讼事,须由土人具结作保。在佛兰西,则有外人遗产归入国土内库。在美国,亦有内江内河不许外人轮船揽载等条,诸如此类亦有之。现已设词托人细查。中国本有自主之权,即谓以机器制土货在本地销售,不许外人为之,亦公法不能议也。

"总之要之,今日通商专尚势力,势均力敌,则口舌易于收效。然势力即有所不逮,事关于伸自主之权,保公众之益,即令彼辈合而谋我,吾终竟坚持不许,彼亦无如我何。盖今日局面亦断不至以商务而失和也,是在坚持定见而已。此事关系甚巨,办理亦良非易,所陈诚恐无当于万一,望宪台深思熟筹,与总署及各公使妥商,务其大局幸甚。

"尝读海关输出入册,见中国溢出金银,岁近二千万,常谓必须以国全力保持商务,而后乃能国不患贫,平生志愿,区区在斯。(宪台深思熟筹,与总署及各公使妥商,务期阻断,大局幸甚。)兹承谕及,恳恳愚诚,不自觉其烦渎若此。伏祈密存而详训之。是所企祷。"(《上郑钦使第三十一号》,《全集》上,第487—488页。)

本年,黄遵宪在旧金山各银行调查华侨寄回国内的款项,"在旧金山期间,他向市内各银行调查,发现该地华侨寄回广东的款项,在过去四年中,每年最多的为一百六十万元,最少的为一百万元,平均每年约一百二十万元。这些数字,仅仅是从旧金山寄回去的汇款,而从古巴、秘鲁、西贡、新加坡以及其他较大华侨中心的汇款更大出数倍。黄作出结论:海外华侨每年汇款总额,与中国每年外流白银的总数相等"。(蒲地典子撰,陈子铭、陈世伊译,黄延缵校:《黄遵宪在美国加利福尼亚州》,《岭南文史》,1987年第1期。)

光绪九年癸未(1883年) 三十六岁

【国内外大事】四月十三(5月19日),刘永福黑旗军破法兵于纸桥,斩其主将李维业。七月二十三(8月25日),法国迫使越南签订《顺化条约》,越南承认并接受法国的保护权,越南的外交事务,包括与中国的关系,由法国掌管。十一月十三(12月12日),法国军队向中国驻越南山西的军队发起进攻,中法战争爆发。

正月初十(2月17日),黄遵宪母吴太夫人殁于广西梧州,年五十六。黄遵宪以国事靡暇,不获奔丧。

正月十三(2月20日),黄遵宪上郑藻如第三十二号禀文,说明就预防华工假道潜匿之弊而采取之措施,述及自己对美国"户部章程"所谓"如果带领华工多人取道行走或有确供,即可作为凭据,准其假道"此一条款的理解,提出"熟念此事,凡假道华工求领事给照者,难以专信其口供,遽行给照,仍须有所据以为凭。所据之项,仍莫善于直抵所往之船车票"。并且总结了近期发放护照之情况。(《上郑使第三十二号》,《全集》上,第488—490页。)

正月十八(2月25日),黄遵宪就郑藻如所询之事,包括"假道章程"第三款;"中国照章所给之照,应否饬知金山领事";"中国所给出洋执照,如遇其人系取道美国者,应否添入取道一层,抑竟不添"等事禀明。(《上郑钦使第三十三号》,《全集》上,第490—491页。)

正月二十(2月27日),黄遵宪就控驳洗衣馆新例的进展情况,金山华人社会治安情况,金山当地每年发生命案数十起,多寻仇斗杀之案。以及总领事馆就杜绝娼妓、整顿匪类等事与美国外交部沟通之情形上郑藻如禀文。(《上郑钦使第三十四号》,《全集》上,第491—492页。)

正月二十九(3月8日),黄遵宪以前篇禀文所陈各条,尚有未尽之事、未达之意,故又具第三十五号禀文补充说明:"一、洗衣馆新例,因问官二人意见不符,故将全案移交华盛顿之上等裁判所审判。第闻华盛顿之上等裁判所案件繁多,以各属移案到日期,分别先后。尝有一案耽搁经年未能判断者。当未经判断之时,所有不遵新例各洗衣馆,仍可出票拘究,诚虑纷扰无穷。现据律师商榷，设法出票，另拿一未遵新例之人，令其入监拘押，律师即为是人修办驳词，寄呈华盛顿。盖如此，则上等裁判所之审官应为此次拘押之人，将案移前，早日判结也。律师复将两案驳词刊刻成帙，分寄华盛顿之司法各官。其驳词大意系指斥新例为不符合国例，不合条约，引例甚多，词甚博辩。因卷帙繁重，一时未能译出，今先将洋文寄呈钧览。

"一、前陈议禁娼妓一事，查各国繁盛之区，无不有娼寮妓院，虽各设禁条，亦有未能除绝之者。论为政大体，原不在乎汲汲于此。第以金山华妇，娼妓多于良家，又有三合会员讹索分肥，往往滋事。前光绪三四年间，美国驻华参赞何天爵曾对总署言及，谓欲严禁娼妓。近年以来，每有华妇来者，必经香港美国领事取具铺户保结，又令妇人影像，以一张存领事处，以一张寄税关核对查明，方能上岸。（此节现已废止不行，不知系美国所定之例，抑系领事自拟办法也。）又闻美国国例，亦有'凡船由外国进口，如查明该船所载如有有伤风化各事，应饬令原船载回'等语，则此事自应由中国议禁为便。议禁亦应外部所闻。第与之声明，华妇来者由中国官给照为凭，一经外部订明，便成定局，所有中国官员眷属及随带雇用人等应以何为便，或华商家属随别国来者，应以何为便，此外有无窒碍，事不厌思，仍望宪台熟筹而行。

"一、前陈驱逐恶人一事，美国参赞何天爵亦曾对总署言及禁止逃犯来此，但只言禁其前来，未及驱之回籍。兹议由领事查明，驱逐于他国，地方行领事法令，准之各国通例，原有未符，诚虑未易办到。但此事实于两国均有大益，不得不竭力图之。今进言于外部，如虑彼以其人犯罪，尽可控告地方官为词，则或告以此种恶匪多系中国乱党逃避来此，犯罪原在中国，不在美国；如又虑彼以在美国既不犯罪，亦可毋庸驱逐为词，则可或告以此种匪徒素不安分，在此连盟结党，凡凶杀扰乱之事，实多系其暗中主谋，又难于指实其罪状；如又虑彼以逐回中国治罪，有伤仁爱为词，则又或告以中国内难久平，此种乱党早经赦宥，今亦不过逐回，并不再行惩办等语。总之，紧就限制华工一事，连类言之，谓凡美国所指华人为伤风化、有碍平安者，不在各工，而在此种人，但能驱逐数人，两国均必有裨益，或者较易动听。盖限制工人以驱逐恶匪，均之未符万国通例，彼可行，此又安在其不可行也？若外部终未肯从，即又与之约，试办数年，亦无不可。○○于此事蓄念最久，前以假道一事，未经妥议，不敢多及。今复倾臆缕陈，以备采择。是否有当万一，统求酌夺训示，不胜企幸。"《上郑钦使第三十五号》，《全集》上，第

492—494页。)

二月初六(3月14日),有一法国绅富名柯士架者,从秘鲁来见黄遵宪,自述在其游历至秘鲁时见各华商,请其道经华盛顿,代求郑藻如早日持节前往,且谓驻秘有智利将军连治,如果郑藻如移驻,与该将军商权一切,即可保护商民,黄遵宪遂于当日缮具公文向郑藻如通报,并及嘉省议员倡议驱逐服刑华工回国、"自来华人犯罪,经嘉省地方官定案禁于桑困顿岛中者,约计有三百二十余人。近因嘉省管库入不敷出,议行节用。有议员倡议将此项犯事人概行驱逐回华,大可省费。顷虽未议成,颇闻事有端倪。议员并云此项犯事人既经出境,不许其领照再来,亦不至于废法。盖亦由限制华工之例而牵连并及,且必有限制华工之例,乃可以行之无碍者也。由是以观,前议驱逐恶人一事,或能允从,亦未可知。"古巴华工假道之地纽阿连议例以防传染病而不许外国船载人入口等新情况,禀文还报告了金山华商购买土货销售店数、人数等项若干情况。"现查别吕宋烟者约有一万一千人,制洋靴者约有二千六百余人,制洋衣者约有二千余人。统计此项,华人为东主者居三之二,洋人为东主者居三之一。其资本多少难以确查。"(《上郑钦使第三十六号》,《全集》上,第494—495页。)

二月初十(3月18日),郑藻如奏请清廷,以美国纽约地方华人日众,宜设官保护,拟派江苏试用通判欧阳明为驻纽约领事官。清廷从之。(潘向明:《清史编年》第十一卷,光绪朝,第259页,中国人民大学出版社2000年版。)

二月二十四(4月1日),黄遵宪就发放假道华工入境护照之具体操作办法向郑藻如具禀说明,"一、给发假道凭照,所拟联环互保之法,系指并无直抵船车票及无人认识者言之。现在所发假道凭据,凡由域多利、巴拿马来往者,均查明其所携车船票给发。惟前往檀香山到此欲上岸者,并饬令铺户担保然后给发。(盖以往檀之人所购船票比到金山船价反贱,而檀岛工值又较贱于金山,一经上岸,多欲逗留不去者。不得不加以详慎也。)刻下前往檀岛人数甚多,多未请领此项执照,实缘上岸不过游玩,既经离船,房租食用均需自备,故此种穷民多不欲上岸也。再,近日往檀岛者,卑宜积船载来十六人,北京船载来□十四人,日昨阿拉碧船载到五百七十五人。查粤省于此往□□设为厉禁,香港亦有禁,每船只许载二十人,此次竟载多人者,轮船公司所卖船票并不声明往檀,到此始另换船票也。以后如此办法,恐或源源而往矣。惟曾经派员查询各工,佥称自备资斧,并无拐诱贩卖者,要自来便阻滞。附此禀明。

"一、前陈往来工人,如有拐诱贩卖诸弊,尽可设法扣留。若果该工人自称系被人拐诱贩卖,一经领事知照地方官,地方官必立行提讯,审明必立行释放,盖泰西各国于贩奴一事设为厉禁。公法家有云:'异邦人携带奴婢入境,不得仍以奴婢待之。'又云:'即贩奴船只遭风飘入例禁蓄奴之国,苟非有特设条约,则公法不能保其奴之不逃,亦不能为事主追还'云云。可知此一事,领事尽可设法料理,以后遇有假道之人,随时极力稽查,谅可防绝此弊也。

"一、假道华工或有先后出境而税关未及查明,或按期出境而其人不通西语,未及缴照,均为事理所有。所以预言及之者,诚虑将此种既经出境之人疑为逗留,致多口舌也。现拟亦将此节向税关言明。至承询应否与税关商明彼此各关如何稽查之法,窃查现章既已严密,似乎不便更与设法矣。

"一、此次假道章程,每有船到,领署必须派员往询,即就船上缮发凭照。(因未领凭照之先,税关不肯放其人上岸也。)或该华工等一时未有直抵船车票及未有人认识,又须再往,殊为烦费。现拟一法,凡船到有欲假道者,报明领署,领署即将假道人知照税关,并饬洋仆协同关役到船,将其人带到领署,然后询明年岁、量度、身材等项,缮发执照,交给本人,并将抄单由领署交到税关。如此无须在船给照,较省奔走;此处关长已经允行。此虽系私商办法,将来纽约谅亦可依此而行也。"(《上郑钦使第三十七号》,《全集》上,第496—497页。)

十二月二十四(1884年1月21日),黄遵宪叔父黄问琴殁于信宜县儒学署,年五十。

本年,黄遵宪忧朝鲜之命运,作《朝鲜叹》,诗曰:"有北有北鄂罗斯,展翼巨鹫张牙狮,欲囊卜合鞭四陲。梦中伸脚直东下,谅尔无过土耳其。吁嗟乎朝鲜!吾为朝鲜危。(一解。)雌王宝剑猴王刃,迩来又唱征韩论,踌躇四顾权且忍。有人欲杀西邻牛,宰肉平分先一分。吁嗟乎朝鲜!何以待日本?(二解。)四夷交侵强邻逼,皇皇者华黯无色,保藩字小有何力!黄龙府又黑龙江,方醢小龙供鸟食。吁嗟乎朝鲜!汝毋恃上国。(三解。)前有檀君后卫满,夜郎自大每比汉,几经内属几外叛。黄幄拜天九叩头,受降又留百世患。吁嗟乎朝鲜!恨不改郡县。(四解。)尊汉如天使如父,前儿在子求保护,四邻环伺眈眈虎。不能鸡口作牛后,高下句骊定谁土。吁嗟乎朝鲜!奈何不自主?(五解。)山中之天海中市,中央如砥可辟世,列强画作局外地。嬴颠刘蹶百兴亡,任我华胥闭门睡。吁嗟乎朝鲜!安得如瑞士!(六解。)峨冠博带三代前,蜷伏蠖息海中间,犹欲锁港坚闭关。土崩瓦解纵难料,不为天竺终波兰。吁嗟乎朝鲜!朝鲜吾忍言?(七解。)(《全集》上,第216页;《集外诗辑》,第51—52页。)梁启超《饮冰室诗话》云此诗"盖癸未年作"。

光绪十年甲申(1884年) 三十七岁

【国内外大事】二月十一(3月8日),法国军队进犯在越南北部北宁的中国军队,十五日,北宁失守。五月十三(6月6日),法越签订《和平条约》(又称《第二次顺化条约》),最终确立法国对越南的殖民统治权。六月十六(8月6日),法军进犯基隆,刘铭传率军大败之,伤毙法军百余人,是为基隆大捷。七月初三(8月23日),法军袭马尾,福建水师九舰沉毁,清师败绩。七月初六(8月26日),清政府对法宣战,饬沿海督抚严密防守,如法舰入口,即行轰击。船政大臣、前出使日本大臣何如璋因马尾之战败绩,获罪戍边。

二月(3月),寓居英属哥林比亚省即加拿大不列颠哥伦比亚省。域多利之华裔黄彦豪、徐金礼、冯锦淳、马心铭等人求见黄遵宪,禀请协助筹备域多利中华会馆,加拿大立国(1867年)之前,英国是宗主国,清廷与加拿大的外交关系都通过英国办理。光绪元年(1875年),清廷开始在英国派驻公使,加拿大华人若有事务需要跟加拿大政府交涉,可通过两个渠道,一是由维多利亚的中华会馆通知驻英使节,另一是通过驻美国加州三藩市的清廷总领事。禀文曰:"具禀寓居英属哥林比亚域多利埠商民铺户等,为忧患日迫金吁垂怜设法保护事:窃英属哥林比亚省域多利各埠,自通商以来,地方日辟,商工日多,现华商贸易铺户约百数十间,其筑路挖金制鱼各佣作华工约计万六七千人,该国官人向皆厚待华人,惟境连美国,近年染其苛刻之习,亦遂时形争食之嫌,光绪(五)〔四?〕年曾立苛例议,要抽华人丁税银四十元①,当经商民等禀求金山前陈总领事设法办理后,华使英郭大臣行文英国政府驳辩,又经商民等控于按察司署,幸得废除该例,安息数年,不料该议院又于今年议立苛例,禁止华人前往,既在该地者,又要抽丁税银拾元,并有禁限贸易工作居处种种刻虐之例议,

---

① 1878年9月2日,不列颠哥伦比亚省立法议会通过了《华人税法案》(Chinese Tax Act),对十二岁以上的华人每年每人征收四十元人头税。

欲次第施行，此外患日迫之大端也。华人在该地者，向皆安份营生，迩年人数众多，习染日恶，其狡黠无赖者，结党横行，往往串通番人，鱼肉乡里，其老弱失业者，饥寒贫病，往往转死沟壑，周恤无人，加以娼赌日多，包庇攻击日滋祸患，此内忧日迫之大端也。忧患交迫，若不及时整理，势必至商工交困，绝万数千人谋生之门，商民等愚拙无能，夙夜彷徨，罔知所措，屡集中再三筹议，咸谓祛外患必先驳除苛例，消内忧必先禁绝华娼，欲求忧患永无，则又必设立中华会馆以联络众情，又必请设领事驻扎以办理交涉，凡此四端，似皆目前之急务，因不揣冒昧，共推商民黄彦豪、徐金礼、冯锦淳、马心铭等四人据情越赴台阶，吁恳训示，若者可行，若者不能行，若者急行，若者宜缓行，又或四端之外，别有急需举行之事，统求饬传彦豪等进署面示一切，彦豪等亦得进一知半解以备咨询，并求指示举行之大略，俾等回告大众，次第奉行。窃念商民等不幸远寓英疆，不获庇于仁宇，今者越国扰渎，揆诸分土治民之义，即挥诸门外，夫复何辞。伏念大人爱民如子，畛域无分，莅往金山，仁声远播，于今三年，域埠事务或奉明谕而和解，或感声威而消弭者何止一端，惟平昔已受保护之恩，今日乃敢呼水火之救，大人能尽海涵之量，商民实沾涸辙之波，缕缕愚情，无任激切屏营待命之至。谨禀总领事黄大人台前衡鉴训示。计译洋文例一本、拟设中华会馆章程一扣。光绪十年二月。"于是，黄遵宪遂派主事黄锡铨、通事戴永祥前往域多利指导。

(李东海：《加拿大华侨史》，第177—178页，加拿大自由出版社1966年版。)

六月(7月)，日本友人宫岛诚一郎托金子弥平曾参与创建兴亚会,曾任日本驻北京公使馆随员。带信函及著作来见，十六日，黄遵宪为此复函于宫岛诚一郎，函中对美国种族主义厌恶之情跃然纸上。函谓："栗香先生执事：前者金子弥君来，获读手书，并示大著。不朽盛事，亲睹其成，且羡且妒。书辞勤恳，雒诵再三，如挹风采，使人益增别离之情。

"仆自别阁下以来，于今三年矣。美为文明大国，向所歆羡，及足迹抵此，乃殊有所见不逮所闻之叹。碧眼红髯，非我族类，视我亚洲人比之，自郐以下，不足复讥。此邦人不可与处，是以读《黄鸟》之诗，不欲郁郁久居此地也。

"追忆前与阁下诸君子文酒相从，何等欢燕。自中村楼一别，遂如七子赋诗，饷飨赵孟，此后不可复见。旧欢杳然，如隔天末，想阁下亦同此怅怅也。

"仆遭家鞠凶,去年之春,忽倾慈荫,王事靡盬,不遑将母,或牵或挽,不得遽归。而自遭此变后,心情抑郁,冷如死灰。笔砚之事,大都损弃,久稽音敬,职是之故,谅邀鉴也。

"诸事不足以道,惟近闻我国创建铁道,若数年之间,南北东西,纵横万里,均有是道,则捷转运而利征调,可富可强,不复受外人欺侮。兴亚之机,莫要于此。阁下闻之,当亦欢笑也。

"旧日朋好,见时代仆致意。仆视日本,实有并州故乡之思,见贵邦人,如见吾乡人,拳拳之心,望因阁下达诸公为幸。有便幸惠德音。匆匆不宣,千万自重。我光绪十年六月十六日,黄遵宪自金山总领事署书。"(《全集》上,第338页。)

本月,英属哥林比亚省域多利中华会馆成立,黄遵宪亲临域多利主持揭幕礼,并转呈驻英钦差大臣备案。(李东海:《加拿大华侨史》,第176页,加拿大自由出版社1966年版。)

八月初九(9月27日),域多利中华会馆以慈善团体向英属哥林比亚省政府注册立案,其英文名称为"Chinese Consolidated Benevolent Association",首任总理为Lee Yau Kain(李祐芹)。(李东海:《加拿大华侨史》,第176页,加拿大自由出版社1966年版。)

九月初四(10月22日),归善邓承修铁香保奏黄遵宪,有"久困下僚"之语。《诗草笺注》卷九《己亥杂诗》自注曰:"邓铁香鸿胪,于光绪九年保奏使才,已有'久困下僚'之语。"依现存清宫档案,此事系发生在光绪十年九月初四日,黄遵宪记忆有误。其奏章称:"分发省分候补知府黄遵宪,广东举人,学识恢远,留心时务,于各国情势,尤极了然,可备使才。"奏章递上后,军机大臣奉旨:"著于《记名档》中存记。"(孔祥吉:《黄遵宪若干重要史实订证》,《清史研究》,2010年第2期)

十月(11月),系美国总统选举之期,合众党即民主党。欲留前任姬利扶兰,即时任纽约州州长格罗弗·克利夫兰,克利夫兰曾经两任美国总统,但光绪十一年(1885年)是他首次当选,第二次当选是在光绪十九年(1893年)。黄遵宪的诗是后来补作,误记。而共和党则举布连。即共和党候选人布莱恩。两党哄争,卒举姬利扶兰。黄遵宪有《纪事》诗纪之。

诗曰:"吹我合众笳,击我合众鼓,擎我合众花,书我合众簿。汝众勿喧哗,请听吾党语。人各有齿牙,人各有肺腑。聚众成国家,一身比尺土。所举勿参差,此乃众人父。击我共和鼓,吹我共和箛,书我共和簿,擎我共和花。请听吾党语,汝众勿喧哗。人各有肺腑,人各有齿牙,一身比尺土,聚众成国家。此乃众人父,所举勿参差。此党夸彼党,看我后来绩。通商与惠工,首行保护策。黄金准银价,务令昭画一。家家田舍翁,定多十斛麦。凡我美利坚,不许人侵轶。远方黄种人,闭关严逐客。毋许涸乃公,鼾睡卧榻侧。譬如耶稣饼,千人得饱食。太阿一到手,其效可计日。彼党斥此党:空言彼何益。彼党訐此党:党魁乃下流。少作无赖贼,曾闻盗人牛。又闻挟某妓,好作狭邪游①。聚赌叶子戏,巧术妙窃钩。面目如鬼蜮,衣冠如沐猴。隐慝数不尽,汝众能知不?是谁承余窍?竟欲粪佛头。颜甲十重铁,亦恐难遮羞。此党訐彼党,众口同一咻。某日戏马台,广场千人设。纵横乌皮儿,上下若梯级。华灯千万枝,光照绣帷撤。登场一酒胡,运转广长舌。盘盘黄须虬,闪闪碧眼鹘。开口如悬河,滚滚浪不竭。笑激屋瓦飞,怒轰庭柱裂。有时应者者,有时呼咄咄。掌心发雷声,拍拍齐击节。最后手高举,明示党议决。演说事未已,复辟纵观场。铁兜绣裲裆,左右各分行。宝象黄金络,白马紫丝缰。橐橐安步靴,林林耸肩枪。或带假面具,或手执长枪。金目戏方相,黑脸画鬼王。仿古十字军,赤旆风飘扬。齐唱爱国歌,曼声音绕梁。千头万头动,竟进如排墙。指点道旁人,请观吾党光。众人耳目外,重以甘言诱。浓绿茁芽茶,浅碧酿花酒。斜纹黑普罗,杂俎红氆氇。琐屑到钗钏,取足供媚妇。上谒士雕龙,下访市屠狗。墨尿与侏张,相见辄握手,指此区区物,是某托转授。怀中花名册,出请纪谁某。知君有姻族,知君有甥舅。赖君提挈力,吾党定举首。丁宁复丁宁,幸勿杂然否。四年一公举,今日真及期。两党党魁名,先刻党人碑。人人手一纸,某官某何谁。破晓车马声,万蹄纷奔驰。环人各带刀,故示官威仪。实则防民口,豫备国安危。路旁局外人,各各捵眼窥。三五立街头,徐徐撚颔髭。大邦数十筹,胜负终难知。赤轮日可中,已诧邮递迟。俄顷一报来,急喘竹筒吹。未几复一报,闻锣惊复疑。抑扬到九天,啼笑奔千儿。夜半筹马定,明明无差池。轰轰祝炮声,雷响云下垂。巍巍九层楼,高悬总统旗。吁嗟华盛顿,及今百年矣。自树独立旗,不复受压制。红黄黑白种,一律平等视。

---

① 1884年7月21日纽约州水牛镇《邮电晚报》发表一则题为《一件丑闻》的新闻,指摘克利夫兰曾邂逅一年轻寡妇,并和她有一私生子。新闻发表后,舆论哗然。

人人得自由,万物咸遂利。民智益发扬,国富乃倍蓰。泱泱大国风,闻乐叹观止。乌知举总统,所见乃怪事。怒挥同室戈,愤争传国玺。大则酿祸乱,小亦成击刺。寻常瓜蔓抄,逮捕遍官吏。至公反成私,大利亦生弊。究竟所举贤,无愧大宝位。倘能无党争,尚想太平世。"(《诗草笺注》上,第365—378页。)美国总统选举中的弊端引发黄遵宪对资产阶级共和制度的思考,并且思想发生转变,即从一个民主共和制度的拥护者变成君主立宪派。黄遵宪是在光绪六、七年间接受资产阶级改良主义思想的,其契机是读了卢梭和孟德斯鸠的著作,但是,卢梭和孟德斯鸠的思想有明显的不同,卢梭是十八世纪资产阶级启蒙思想家,其在《社会契约论》一书中提出天赋人权和主权在民的思想,成为现代民主制度的基石。他认为一个完美的社会是为人民的"公共意志"(公意)所控制的,主权是公意的运用,不可转让,不可分割,主张人民有权推翻破坏社会契约、践踏"人权"、违反"自然"的封建专制政体,建立由最聪明的少数人为领导,充分体现人民"共同意志"的国家,实际上是主张建立资产阶级的民主共和国。卢梭的理论引发了震惊世界的法国大革命,法国国家格言"自由、平等、博爱"便来自《社会契约论》。孟德斯鸠是法国十八世纪资产阶级思想家,其著作《论法的精神》,明确提出了"三权分立"学说,奠定了近代西方政治与法律理论发展的基础。孟德斯鸠站在新兴资产阶级的立场上,对封建专制主义进行了无情的揭露和深刻的批判,主张进行社会改革,建立以"开明君主"为首的君主立宪制,用三权分立的办法来限制君主的权力。孟德斯鸠特别强调法的功能,认为法律是理性的体现,提倡自由和平等,但同时又强调自由的实现要受法律的制约。在日本时期,黄遵宪读了两人的著作后,未将孟德斯鸠引为同调,而是接受了更为激进的卢梭的主张,从对"民权自由之说""颇惊怪",突变为把"民主国"视为理想的国度。派驻美国三载后,思想发生一变,"乃知共和政体万不可施于今日之吾国,自是以往,守渐进主义,以立宪为归宿"。有论者认为,"时值美国国会立法排斥华工(公元一八八二年五月),而加州排华最烈,所以这四年中遵宪'政务麇密',辛苦备尝。当时美国种族歧视之甚,政风的污浊和总统选举时政党斗争的暴乱,则使他对于民主的乐观的希望消失"。(王德昭:《黄遵宪与梁启超》,引自朱传誉主编:《黄遵宪传记资料》第一册,第72页,天一出版社1979年版。)光绪二十八年五月黄遵宪致梁启超函中云:"及游美洲,见其官吏之贪诈,政治之秽浊,工党之横肆,每举总统,则两党力争,大几酿乱,小亦行刺,则又爽然自失。"(《全集》上,第429页。)

十二月二十二(1885年2月6日),加利亨波县吪李架排华事件。寓居吪李架华人因自相争斗,误用手枪击毙洋人一名,伤一洋童之足,凶手逃脱,洋人聚众驱逐该埠华人出境,并且抢劫华人财产,造成五万二千多元的损失。黄遵宪随即与华商商量,延请律师控诉,要求追回财产。

本年，黄遵宪有感法国逐步吞并越南并因此引起中法战争，作五古长诗《越南篇》。后来补作。诗中感叹清朝在列强进迫下逐渐失去海外三属藩琉球、朝鲜、越南，国家割地赔款，国难不已。回忆乾隆全盛时期的中国国威，盼望有二三英雄豪杰来拯救时艰。诗云："於戏我大清，堂堂海外截。封贡三属藩，有若古三蘖。流求忽改县，句骊不成国。右臂既恐断，两足复悲刖。今日南越南，戎夏又交捽。芒芒吊禹迹，眼见日乖剌。溯当始祸萌，事由一身眕。无端犯王师，妄持虎须捋。天威震迭久，又恐张挞伐。当有袄教僧，教以求佛法。铤鹿急难择，饮鸩姑止渴。尔时路易王，挟强逞饕餮。假威许蒙马，染指思食鳖。虽逢国步艰，鞭长远莫及。南北万里海，从此生交涉。道咸通商来，来往寄番舶。偶思许田假，遂挟秦权喝。搏兔逞狮威，含鼠纵鸱吓。可怜雒雄王，蠢蠢正似鸭。丰岐初王地，手捧土一撮。弱肉供强食，一任鸾刀割。神弩不能飞，天柱亦随折。尾击须弥翻，掌鸣太华擘。山河寸寸金，攫取到手滑。新附裸狼腨，今复化鬼蜮。海口扼尔吭，定知国难活。同治中兴初，滇南扰回鹘。购运佛郎机，苦嫌鸟里阔。时有西域贾，请从间道达。直溯富良江，万里若庭阔。一符挟万枪，绝无吏纠察。归言取九真，无复烦兵卒。但鸣一声炮，全国归铃辖。豕蛇荐食心，闻此益坚决。遂以法王法，运彼广长舌。到今割地约，终画花名押。缅稽白雉来，初见於越纳。眉珠窃弩归，每每附南粤。颛臾等附庸，思摩当一设。或随降王挺，或拜夫人节。中间贤太守，龙度推士燮。远地日归化，常朝非荒忽。唐初设都护，穷海益震慴。安南仅道属，何尝称国别。陵夷五季乱，渐见蛮夷猾。曲矫与吴丁，拥兵日狷獗。方叹黎侯微，又歌李华发。陈氏甫代齐，虞公复不腊。中朝节度名，初未敢抹杀。帝号聊自娱，后乃纵僭窃。壮哉英国公，桓桓仗黄钺。三擒名王归，悬首在观阙。龙编入鳞册，得地十七八。复古郡县治，南人咸大悦。狼子多野心，豨勇复冒突。疆场互彼此，王命迭予夺。逮明中叶后，中干国力竭。置君无定棋，遣将多覆辙。遂议珠崖弃，坐视金瓯缺。巍峨鬼门关，从此论异域。夜郎妄比汉，更有吠尧桀。黎莫新旧阮，此亡彼兴勃。版图二千年，传国数十叶。雁去复雁来，狐埋更狐搰。蛮触虽屡争，同种出骆越。得失共一弓，磨击非两铍。而今入法界，尽将汉帜拔。吁嗟铜柱铭，真成交趾灭。乾隆全盛时，四海服鞭挞。忽有黎大夫，求救旄邱葛。兴灭字小邦，皇皇大义揭。出关万熊黑。一月奏三捷。元夜失昆仑，忽而全师蹶。猿鹤与沙虫，万骨堆一穴。尔时金川平，国威震穷发。方统羽林军,大会长杨猎。西北五单于,渭桥伏上谒。当此我武扬,何难国耻雪！雕剿索伦兵,人人肃慎笴。倘命将军行,径取此獠杀。废藩夷九县,明正蹊田罚。赤土与朱波,左提复右挈。凯乐奏《兜离》,文化拓苍颉。或者南天南,尽将海囊括。胡为奸庈谋,转信中行说。金人作化身,非人就是物。桃根将李代,一意防虫啮。是何黎邱鬼,变态极诡谲。谓秦岂无人,尔蛮何太黠！妄称佛诞日,亲拜天菩萨。化身魔波旬,竟许日三接。直从仇庈中,跻之亲王列。哀哀马革尸,弃置情太悋。赝鼎纳神奸,于吏更污蔑。明明无敌兵,忽当小敌怯。岂其十全功,势成强弩末？抑当倦勤年,乐闻有苗格？每论武皇功,怪事呼咄咄。噫嘻大错铸,奚啻九州铁。迩来百年事,言之更蹙頞。国小亦一王,乃作无赖贼。乌艚十总兵,豢盗纵出没。国饷藉盗粮,公与海寇结。嗣后红巾乱,更作狼鼠窟。外人诘庇盗,遇事肘屡掣。王师迭出关,徒作驱鱼獭。闻今越南王,自视犹滕薛。君臣共鼾睡,忘是他人榻。无民即无地,地维早断绝。黄图转绿图,旧色尽涂抹。譬如黑风船,永堕鬼罗刹。何时楚南土,复编史《梼杌》。滇粤交犬牙,天地画瓯脱。舐糠倘及米,剥肤恐到骨。不见彼波兰,四分更五裂。立国赖民强,自弃实天孽。不见美利坚,终能脱羁绁。我来浪泊游,仰视鸢跕跕。神祠铜鼓声,海涛共鸣咽。精卫志填海,荆卿气成蜺。安得整乾坤,二三救时杰。共倾中国海,洒作黄战血。地编归汉里,天纪亡胡月。"此诗据梁启超《饮冰室诗话》,题下注"甲申",为光绪十年所作。(《全集》上,第217—218页;《集外诗辑》,第51—55页。)

　　本年,太平洋铁路全部完工,华工被大量解雇,有七八千华人集中在域多利和二埠(即新西敏寺,New Westminster),在黄遵宪的协助下,域多利中华会馆集资救济华工,租船把老弱者遣送回国。(梁丽芳:《黄遵宪、康有为、梁启超与加拿大华人文学》,《华文文学》2013年第3期。)梁文把时间列为1985年冬,但黄遵宪在1885年中已经回国,此事应发生于1884年冬。

　　本年,姚文栋《日本地理兵要》出版。姚文栋(1853年—1929年),上海人,举人,光绪八年至十二年(1882年—1886年)间,随使日本公使黎庶昌到日本,任使日随员。他将日本陆军省出版的《兵要日本地理小志》一书译为汉文,希望"印给外海水师各营"。日本陆军省的《兵要日本地理小志》一书中没有对本国军队的记录,姚文栋收集记录当时日本陆军步、骑、炮、工兵各营驻地及人数以及军、师管区,近卫军,常备兵,预备兵,后备兵,国民军的人数,依中国地方志之体例编成《兵制》一章,收入《日本地理兵要》中,还逐一记述对中国威胁最大的日本海军舰船。日本学者实藤惠秀说姚文栋是黄遵宪第二,"初代公使何如璋的参赞黄遵宪,二代公使黎庶昌的随员姚文栋,均多日本学者友人,且均用心研究日本国情,除此前后二人外,后来好像不见再有其类似的人"。(实藤惠秀:《姚文栋与黄遵宪》,引自朱传誉主编:《黄遵宪传记资料》第四册,第250页,天一出版社1980年版。)

光绪十一年乙酉(1885年) 三十八岁

【国内外大事】正月三十(3月16日),福泽谕吉在《时事新报》上发表《脱亚论》,倡导日本要"脱亚入欧"。二月十四(3月30日),法军镇南关惨败消息传至欧洲,法国民众上街游行,要求费茹理政府下台,次日,法相费茹理及其阁僚均辞职。二月十九(4月4日),中法停战协定签定。三月初四(4月18日),李鸿章与日本参议伊藤博文签订《天津会议专条》,共三款:中日两国同时从朝鲜撤兵;日后朝鲜若有变乱或重大事件,两国或一国派兵,彼此应先行知照,事定仍即撤回;两国均不代朝鲜练兵。四月二十七(6月9日),李鸿章与法国公使巴德诺在天津签订《中法新约》。五月二十(7月2日),日本外务卿井上馨提出中日共同防俄进入朝鲜的八条意见(即所谓"井上八条")。九月初五(10月12日),清政府下诏将福建巡抚改为台湾巡抚,常川驻扎,是为台湾建省之始,以刘铭传为台湾首任巡抚。

二月初八(3月24日),冯子材大破法军于镇南关外,毙法军千余,是为镇南关大捷。《清史稿·冯子材传》记此役云:"法悉众分三路入,子材语将士曰:'法军再入关,何颜见粤民?必死拒之!'士气皆奋。法军攻长墙亟,次黑兵,次教匪,炮声震山谷,枪弹积阵前厚寸许。与诸军痛击,敌稍却。越日复涌至……子材指麾诸将使屹立,遇退后者刃之。自开壁持矛大呼,率二子相荣、相华跃出搏战。诸军以子材年七十,奋身陷阵,皆感奋,殊死斗。关外游勇客民亦助战,斩法将数十人,追至关外二十里而还。"许同莘《张文襄公年谱》载:"子材谓诸将曰:'法再入关,有何面目见粤民,何以生为。'以帕裹首,赤足草履,持矛大呼跃出,率其二子相荣、相华搏战。子材年已七十,诸军见之,皆感奋,合力死斗……阵斩头目数十,歼法兵千余,追出关外二十里而还。"(吴剑杰编著:《张之洞年谱长编》上册,第137页。)黄遵宪作《冯将军歌》咏其事:后来补作。诗中歌颂冯子材抗法的英雄事迹,期待有更多的后继英雄保家卫国。

"冯将军,英名天下闻。将军少小能杀贼,一出旌旗云变色。江南十载战功高,黄褂色映色翎飘。中原荡清更无事,每日摩挲腰下刀。何物岛夷横割地,更索黄金要岁币。北门管钥赖将军,虎节重臣亲拜疏。将军剑光方出匣,将军谤书忽盈箧。将军卤莽不好谋,小敌虽勇大敌怯。将军气涌高于山,看我长驱出玉关。平生蓄养敢死士,不斩楼兰今不还。手执蛇矛长丈八,谈笑欲吸匈奴血。左右横排断后刀,有进无退退则杀。奋梃大呼从如云,同拚一死随将军。将军报国期死君,我辈忍孤将军恩。将军威严若天神,将军有令敢不遵。负将军者诛及身,将军一叱人马惊。从而往者五千人,五千人马排墙进。绵绵延延相击应,轰雷巨炮欲发声,既戟交胸刀在颈。敌军披靡鼓声死,万头窜窜纷如蚁。十荡十决无当前,一日横驰三百里。吁嗟乎!马江一败军心慑,龙州拓地贼氛压。闪闪龙旗天上翻,道咸以来无此捷。得如将军十数人,制梃能挞虎狼秦。能兴灭国柔强邻,呜呼安得如将军!"(《诗草笺注》上,第379页。)张堂锜《黄遵宪诗歌写作年表》把黄遵宪的《冯将军歌》列于1884年,并且注冯子材于1884年大败法军于镇南关,似误。

二月十七(4月2日),寒食节,黄遵宪想到母亲客死他乡已有近三年,吴太夫人于光绪九年正月初十殁于广西梧州,年五十六。至今未能归葬,而自己又因王事靡暇,不获奔丧,不禁百感交集,作《感怀》诗。后来补作。诗曰:"下阻黄垆上九天,白云望断眼空悬。蒙蒙零雨又寒食,浩浩长流总逝川。万里游惟图一饱,三年泪忍到重泉。此身俯仰都惭愧,鞅掌犹言我独贤。"依《人境庐诗草》编次及诗中"蒙蒙寒雨又寒食"和"三年泪忍到重泉"句,此诗应写于本年寒食节时,即二月十七日。(《诗草笺注》上,第393页。)最终,黄遵宪因亡母葬期在迩,获准返乡,定于八月十二日由旧金山启程。

仲春,黄遵宪因父亲之同僚多向其求索《日本杂事诗》,黄遵宪以所印之本,均系活字版,购之书肆,不可复得,乃请父亲以译署本招募手民,付之剞劂。(《日本杂事诗》自序,《全集》上,第5页。)

三月二十五(5月9日),上海名士童鸥居士李士棻因黄遵宪赠金而在《申报》发表《寄谢黄公度太守》诗,此诗是因黄遵宪托王韬赠金于李,李感而有作。诗序述之綦详:"三月中旬,偕王弢园兄游龙华寺,近寺一带,桃花尚有三分可观。适□叟得公度由日本金山寄来一书①,附十二金为寿。书

---

① 黄遵宪此时早已离开日本,远赴美国,出任驻旧金山总领事。李氏不明就里,仍凭旧时印象为说。而此一错误,在同年夏日排印的李氏《天补楼行记》中已经改正过来。

尾有曰：'忠州李芋仙先生，老名士也。闻其游沪不甚得意，请于十二金中划四金代交芋老，为一醉之资。虽素未谋面，而叹慕芋老已非一日，当不以唐突见却也。'予乃细询公度之为人。叟曰：'其人多才而好善。惟其有才，所以爱重才人；惟其服善，所以愿交善士。'予曰：'仆游于名场凡五十年，遍交九州内外人士，投桃报李，无日无之。未有一面未睹，寄资助饮，雅如公度者，得不乐斯陶，陶斯咏？'诗即不工，亦所以永好也。乃就僧窗脱稿，附叟复书，达公度一览。他日江海相逢，乐于无（着）〔著〕、天亲，益见文字因缘，非寻常所能及已。"李士棻，号芋仙，别号二爱仙人、钝榜状元，为曾国藩弟子。以拔贡生出为彭泽县令，好酒善诗，"意气飞扬，而于民社事却不甚措意"。诗云："老名士有值钱时，（"名士真能值几钱"，予题句也。）惭愧虚声海外驰。叔度汪洋千顷量，谪仙烂漫百篇诗。闲同遁叟餐香积，（饭于昱峰大师方丈。）远荷清流致酒资。世视旧交行路等，（予尝赴友之急，几经倾囊；成人之美，不惮说项。而其人既享盛名，又沾厚禄，富于予服官之日远甚，竟未有以一字问予近状者。）谁如刘孔结新知。"（夏晓虹：《黄遵宪与早期〈申报〉关系追踪》，《南京师范大学文学院学报》，2007年第1期。）

六月（7月），域多利中华会馆同仁闻知黄遵宪即将返国，厚赠隆仪。光绪十一年六月二十六日黄锡铨致域多利中华会馆函有云："总领事拟于八月先行回国。承列公过爱，厚赠隆仪，俟收领后，当再伸谢。"（李东海：《加拿大华侨史》，第157页，加拿大自由出版社1966年版。）黄遵宪在任旧金山总领事期间，关心加拿大华侨，协助侨商创立中华会馆，促进华侨文化发展，故加拿大华侨极为感激。关于黄遵宪与加拿大域多利华侨诗人的交往，李东海在《加拿大华侨史》有简要的描述："遵宪非但勤政爱民，且为多才多艺之君子也。当其在金山大埠时，尝联络刘云樵、李韶初（佑美）、陈瀚池、黄雪香、雷达三与侨寓维多利之李慎之（弈德）、卢仁山、林赞卿、徐畏三、刘小五等吟和唱酬，创金山联玉，以发扬祖国文化。"（梁丽芳：《黄遵宪、康有为、梁启超与加拿大华人文学》，《华文文学》2013年第3期。）金山中华会馆绅商民也上书郑藻如，感谢黄遵宪"维持保抱之功"，和郑藻如的"提挈指挥之力"，并赠送礼品。（吴振清、徐勇、王家祥编校：《黄遵宪集》下，第561页，天津人民出版社2003年版。）

七月二十（8月29日），域多利侨胞对黄遵宪关怀侨瘼，爱护备至，特致送万民伞及德政牌，以壮其行色，并志留念。二十一日，黄遵宪回函域多利中华会馆。感谢侨胞之隆情，函曰："敬覆者：昨阅贵会馆来函，知华人年税十元之例，既蒙臬司判断删除，实为众梓友欣幸。至抽收华工入口银五十元之例议，自加拿大议院，彼国政府未尝不知此例之非宜，只欲平哥林比亚之土人之心,以保护我华商人等已在英属之利益,不得不出于此;较诸美国全行禁绝,又波累及于商人者,固有苛恕之别。此例纵华人有所不甘,然在域埠想无控驳之法,即诸君历试艰难,欲求土客之相安,谅亦不再行控诉矣。唯已在英属华商工人等,出口复来,以何为妥当凭据?新来之华商学习游历传教人等,又以何为妥当凭据?方不致混入工人,致遭抽税。此两层弟处未得闻悉,望诸公详考例文,预筹妥法,使行之可久而无弊,是为至要。弟因先慈葬期在迩,近已蒙使宪准予销差。兹定于八月十二日由金启程,昨承梁泽周兄递到尊处芳版,并蒙赐万名伞、德政牌,尊函所称更复揄扬过情,接诵之下,愧赧交集。弟屡自念远离贵埠,时存保护桑梓之心,而鞭长莫及,辄付诸莫可如何,乃既蒙谅其短拙,更复锡以多珍,璧返无由,只得敬受。远荷高情,无以为报。近闻贵会馆将次第成功,兹特敬拟一联,由邮局付来,以志盛举,以表贺忱。如不以为草拙,悬诸楹前,如与诸君时相见于数万里海外,为幸多矣!另肃衔柬并鸣谢忱,摹壁谦版,统希察鉴。贵处一切情形,弟于两月前详悉。奉郑宪,复蒙郑公抄函转达曾侯矣。金山总领事系派欧阳锦堂前来署理,钧选弟则调署纽约领事。知念并及,行色匆匆,诸不多及。手肃即请列绅董暨同乡仁兄大人均安。惟均照不另。乡愚弟黄遵宪顿首。七月二十一日。"(李东海:《加拿大华侨史》,第154—155页,加拿大自由出版社1966年版。)函中提及黄遵宪为域多利中华会馆新馆址落成而撰之联曰:"敦孝友睦姻任恤之六行;上和亲康乐平安为一书。"(楹联至今仍在,为梓木黑漆箔金式。)

七月二十四(9月2日),怀俄明州洛士丙冷城发生大规模排华惨案,死伤数十人。洛士丙冷是怀俄明州的一个矿区小镇,一直以来,白人矿工因华工工资低廉而心怀不满,9月2日,因白人矿工要求增加工资罢工,华工拒绝参加,白人矿工向华工居住区发动攻击,华工在事件中死二十八人,重伤十八人,经济损失达十四万美元。

八月十一(9月19日),黄遵宪由金山展轮,乞假归国。黄遵宪本年十月二十六日致陈再芗函有云:"弟自八月十二由金山展轮,九月十四始达香港旋奉家尊谕往梧州,复有粤西之行。"函未收入《全集》,2011年春季岭南名书画拍卖会曾展示。但施吉瑞发现,黄遵宪应该是把日期记错了,"然而,在19世纪乘汽轮出行可不像今天坐飞机那么靠谱,我们要把黄遵宪的启程之日往前推一天,因为1885年9月19日的《旧金山纪事报》明确的记载——'"北京号"今天出发前往中国'。'北京号'是黄遵宪搭乘的惟一可能开往中国的客船,也只有'北京号'能让他在太平洋上过中秋"。(施吉瑞著、孙洛丹译:《金山三年苦:黄遵宪使美研究的新材料》,《中山大学学报》[社会科学版],2016年第1期。)对黄遵宪在美三年的工作,施吉瑞有这样的评论:"尽管黄遵宪当时的处境非常艰难,但他并没有停止为华人争取利益。在助手傅烈秘的协助下,他开始了针对排华立法的合法斗争,并在市、州、联邦政府逐级展开,取得了一些重要的胜利。他成功地将唐人街原本反目的不同社团整合成统一的中华会馆。他帮助那些多种族结合的家庭,这些人饱受反通婚法律及怀有敌意的公众的压力。他迫使加州政府同意华人孩子也可以进入公立学校接受教育,并在唐人街创建第一所华人公立学校。在那样一个所有公立医院都不接受华人病人、华人得重病只能暴尸街头的年代,黄遵宪协助购买了用于在旧金山开办第一所华人医院的土地。"(施吉瑞著、孙洛丹译:《金山三年苦:黄遵宪使美研究的新材料》,《中山大学学报》[社会科学版],2016年第1期。)归舟中,黄遵宪题写折扇二十二柄,寄赠域多利中华会馆诸董事。黄锡铨于光绪十一年十一月二十五日致域多利中华会馆函有云:"家兄公度于九月中到香港,即先到梧州府省亲,昨接来信,并寄到写好折扇二十二柄,嘱弟寄赠诸君,并云此扇系在归舟所写,贵会馆董事大名记忆不齐,是以先写此数,容到家寻出名单,补写寄赠云云。"(李东海:《加拿大华侨史》,第157页,加拿大自由出版社1966年版。)

  八月十五(9月23日)夜,黄遵宪在太平洋舟中望月,有感作歌:"茫茫东①海波连天,天边大月光团圆,送人夜夜照船尾,今夕倍放清光妍。一舟而外无寸地,上者青天下黑水。登程见月四回明,归舟已历三千里。大千世界共此月,世人不共中秋节。泰西纪历二千年,只作寻常数圆缺。舟师捧盘登舵楼,船与天汉同西流。虬髯高歌碧眼醉,异方乐只增人愁。此外同舟下床客,梦中暂免供人役。沉沉千蚁趋黑甜,交臂横肱睡狼藉。鱼龙悄悄夜三更,波平如镜风无声。一轮悬空一轮转,徘徊独作巡檐行。我随船去月随身,月不离我情倍亲。汪洋东海不知几万里,今夕之夕惟我与尔对影成三人。举头西指云深处,下有人家亿万户。几家儿女怨别离,几处楼台作歌舞。悲欢离合虽不同,四亿万众同秋中。岂知赤县神州地,美洲以西日本东,独有一客欹孤篷。此客出门今十载,月光渐照鬓毛改。观日曾到三神山,乘风竟渡大瀛海。举头只见故乡月,月不同时地各别。即今吾家隔海遥相望,彼乍东升此西没。嗟我身世犹转蓬,纵游所至如凿空,禹迹不到夏时变,我游所历殊未穷。九州脚底大球背,天胡置我于此中?异

---

① "东",钞本作"大"。

时汗漫安所抵,搔①头我欲问苍穹。倚栏不寐心憧憧,月影渐变朝霞红,朦胧晓日生于东。"(《八月十五夜太平洋舟中望月作歌》,《诗草笺注》上,第395—399页。)该诗继承古典诗歌望月怀人的写法,将写景、叙事、议论、抒情浑成一体,曾传颂一时,成为当时创作的样板,丘逢甲的《七周洋看月放歌》、梁启超的《二十世纪太平洋歌》、高旭的《海上大风潮起作歌》,都明显受到此诗的影响,有论者认为是黄遵宪走向世界新派诗的代表作。随后,"归舟行太平洋,明日到日本矣。五更起,坐舵楼中待日出,极目所际,惟见水耳。俄顷,有万道虹光,上下照映,而日出矣,大如五车轮,顷刻已圆,势极迅疾"。(《诗草笺注》下,第828页。)道过日本,旧地重游,感慨万千,有诗志感曰:"旧游重到一凄然,电掣光阴又四年。老辈渐闻歌薤露,沧波真易变沧田。出关符传行人玺,横海旌旗下濑船。今日荷戈边塞去,可堪雪窖复冰天。(谓何子峨钦使。)"(《归过日本志感》,《诗草笺注》上,第399—401页。)时何如璋因马尾战败,被贬戍张家口,在戍三年。舟离日本后,遇狂风暴雨,黄遵宪有诗纪之:"极天唯海水,水际忽云横。云气随风走,风声挟雨行。鹏垂天欲堕,龙吼海齐鸣。忽出风围外,沧波万里平。"(《舟中骤雨》,《诗草笺注》上,第401—402页。)

九月十四(10月21日),舟抵香港,面对沦为殖民地之香港,黄遵宪感叹曰:"水是尧时日夏时,衣冠又是汉官仪。登楼四望真吾土,不见黄龙上大旗。"(《到香港》,《诗草笺注》上,第401—402页。)

九月十五(10月22日),黄锡铨接纽约领事之任。黄锡铨本年十一月二十五日有致域多利中华会馆函。(李东海:《加拿大华侨史》,第157页,加拿大自由出版社1966年版。)

九月二十二(10月29日),驻美公使郑藻如电报怀俄明州洛士丙冷城发生大规模排华惨案详情。"美国土人焚杀华人多命,藻闻报,饬蔡参赞乘夜面请外部,发电调兵弹拿凶"。(瞿巍:《中美洛案赔偿交涉考》,《华侨华人历史研究》,2009年第3期。)

本月中,黄遵宪自香港抵广州《人境庐诗草》卷八《题樵野丈运甓斋话别图》自注云:"乙酉九月,遵宪归自美国。"(《诗草笺注》下,第738页。)时海疆始解严,有诗:"秋风独上越王台,吊古伤今几霸才。表里山河故无恙,(因越南事,今始解严。)逍遥天海此归来。沧波淼淼八千里,圆月匆匆一百回。自抚头颅看

---

① "搔",钞本作"昂"。

髀肉,侧身东望重徘徊。"(《到广州》,《诗草笺注》上,第402—403页。)抵广州后,即往广西梧州省父,时黄鸿藻任梧州厘务督办,舟过肇庆时,于舟中作歌曰:"稳卧孤篷底,迷茫夜气微。使星正西向,零雨怅东归。灯影侵孤枕,波声荡四围。行藏无一是,万事付沾衣。"(《肇庆舟中》,《诗草笺注》上,第403页。)船过肇庆,将至梧州,黄遵宪想起母亲客死父亲任所,至今未能归葬,心情悲痛,有诗志怀:"洒尽灯前泪,偏沾身上衣。呼天惟负负,恋母尚依依。吹树风何急,寻巢鸟独飞。殷勤看行箧,在日寄当归。"(《将至梧州志痛》,《诗草笺注》上,第403—404页。)

十月(11月),《日本杂事诗》在广西梧州高博厚堂重刊竣工。据王仲厚《黄公度诗草外遗著佚闻》云:"《日本杂事诗》仍分二卷,较之原刻本,上卷减为三十八页,下卷减为三十六页;而每页单面,则增为十行,每行字数如故。"(见《人境庐丛考》,商务印书馆新加坡分馆1959年版。)黄遵宪从两万里外来梧省亲,适睹其成,乃于梧州父亲任所为之撰自序,序曰:"此篇草创于戊寅之秋,脱稿于己卯之春。日本名宿若重野成斋(安绎)、冈鹿门(千仞)、青山铁枪(延寿)、蒲生子闇(重章)诸君子皆手加评校,丹黄烂然,溢于简端。余为之易稿者四。缮录既毕,上之译署。译署以聚珍版印之。其后香港循环报馆、日本凤文书坊又各缩为巾箱本。东人喜读中人之诗,中人又喜闻东国之事,一时风行,遝迄流布。余在外九年,友朋贻书询外事者,邮简络绎。余倦于酬答,辄以此卷应之。

"家大人服官粤西,同寮中亦多求索者。顾所印之本,均系活字版,购之书肆,不可复得。乙酉春仲,家大人榷税梧州,乃以译署本召募手民,付之剞劂。余从二万里外来梧省亲,适睹其成。

"窃自念古今著述无虑千百家,今人皆不及古人,独于纪述外国之书,则世愈近者书愈佳。盖古人多传闻疑似之词,而今则舟车所通,足迹所至,得亲读其书,与其国士大夫互相质难,以求其是,所凭藉者不同故也。虽然,今之地球万国,风气日开,闻见日广,今日所诧为新奇奥僻者,安知更历数十年不又视为故常,斥为浅陋乎?则是篇也,谓之为椎轮可也,谓之为刍狗亦可也。光绪十一年十月。公度黄遵宪自叙于梧州榷舍。"(《全集》上,第5—6页。)随后,黄遵宪与弟黄遵楷一起扶母柩踏上返回故乡嘉应州的路程。(黄延盛:《广东嘉应州攀桂坊黄氏家史》,郑海麟、黄延康编撰:《黄伯权传记》,第109页,培富印刷1997年版。)归途中再过肇庆,游七星岩,有诗纪之:"归帆正借好风吹,却为看山误我期。急水渐趋江合处,奇峰横出路穷时。欲寻柯斧仙何处,(肇庆有烂柯山,云即王质观棋之处。)久困津梁佛亦疲。返景入林人坐久,昏鸦何事独归迟?"(《游七星岩》,《诗草笺注》上,第404—405页。)

十月二十(11月26日),黄遵宪抵广州,稍作停留。二十六日,黄遵宪闻知陈荔芬科举复不得第,于客寓致函安慰:"再芬仁兄大人同年执事:弟于七月中旬曾呈一缄,近有应京兆试自北归者,询知此函已达钺典,并悉近况安善,良用忻慰。弟自八月十二由金山展轮,九月十四始达香港,旋奉家尊谕前往梧州,复有粤西之行。于本月廿日到省,往来二万三千余里,仰藉遥庇,诸事安吉,堪以告慰。弟到港尚未见北榜名录,到梧州始悉吾兄又不得第,为之大呼负负。闻闱艺羽毛丰满,竟不能助大鸟三年之鸣,可谓咄咄怪事。弟记丁丑秋仲别吾兄诗有'报国文章公等在'之句,胡意今日阁下又将作外吏也。捐事不审果办否?今践前约,由上海汇来现银贰佰两交梁辑五兄,倘需此项,可以问支。如或无需,即存辑五处为他项用可也。程仪见闱榜后即行汇来。以梧州之行又不免小有耽阁,然近闻觐卿、英石皆云阁下办捐尚未定见,迟迟有待,当亦不至耽误也。原寄手约未免客气,此刻存金山箧笥中,并未随身,容日后检出再缴。手此即颂文安。客中匆匆,不庄不备,幸谅之。弟遵宪顿首。十一年十月廿六日寄于羊城客寓。"函未收入《全集》,2011年春季岭南名家书画拍卖会曾展示,函用"人境庐制笺",大吉羊寓底,有印。随后,黄遵宪由广州启程返乡。舟行至潮州,夜宿城下,有诗曰:"九曲潮江水,遥通海外天。客程余百一,江路故回旋。犬亦乡音吠,鸥依岸影眠。橹声催欸乃,既有晓行船。"(《夜宿潮州城下》,《诗草笺注》上,第406页。)又因近乡情切,归心似箭,乃续作一诗云:"一行归雁影零丁,相倚双凫睡未醒。人语沉沉篷悄悄,沙光淡淡竹冥冥。近家乡梦心尤亟,拍枕涛声耳厌听。急趁天明催橹发,开门斜月带残星。"(《夜泊》,《诗草笺注》上,第406—407页。)黄遵宪回乡后,有诗记其激动欣喜的心情:"人人相见各开颜,载得春风入玉关。邻里关心问筐箧,儿童拍手唱刀环。且图傍岸牵舟住,竟说乘槎犯斗还。海外名山都看遍,杖藜还看故乡山。"(《远归》,《诗草笺注》上,第407—408页。)久别家乡,万里归来,乡人争相询问海外情形,黄遵宪赋诗志感曰:"欢迎海客远游归,各认容颜半是非。六合外从何处说,十年来渐故人稀。糟床争送墙头酒,针线愁牵身上衣。旧识新交遍天下,可如亲戚话依依。"(《乡人以余远归争来询问赋此志感》,《诗草笺注》上,第408页。)

黄遵宪又作《今夕》,以应乡人询问:"相逢都怪鬓毛苍,今夕重依灯烛光。已去年华一弹指,无穷心事九回肠。云中蜃气楼台幻,海外龙堆道路长。身世茫茫何可说,呼儿炊饭熟黄粱。"(《诗草笺注》上,第408—409页。)

十一月初八(12月13日),黄遵宪葬母于嘉应州城西门外之湖阳唇,奉父命,撰墓志曰:"夫人姓吴氏,庠生词英公之女。年十□,归我父砚宾先生。先王母梁夫人早弃养,曾祖母李太夫人年七十,老病辗转胥俟人。太夫人子孙蕃多,男女内外数十人,顾独爱吾祖与父。及吾母来,又最钟爱焉。日昧爽起,吾祖父偕入问夜安否,而吾母为之栉沐,为之盥洗。每食,吾祖进饭,吾父奉羹,吾母则掇箸,或以匙饲之。医来,则吾祖延医,而吾父调药,吾母量水。夜寝,吾母登榻上为按摩抑搔,吾祖吾父率诸孙辈围坐其下,嬉笑欢谑,时引述小说家言及乡曲琐事,刺刺不休。既而悄悄不应,则知太夫人已熟寝矣。乃相率退,休户枢,使无声,褰裳蹑履,车轮曳踵,拂动甚微。盖十数年如一日。大夫人每谓吾祖:'俗语有之,爱此裙、惜此带,是固然矣。顾吾爱新妇,实以新妇贤且孝,非爱汝辈故推及之也。'

"吾家累叶丰饶,自己未、乙丑两经寇乱,骤以贫薄。吾父方官京师,俸微不足以赡。夫人乃典簪珥,治地一畦,杂种蔬菜,枝叶苞实,颖粟秀好,四时而不断。又以隙地为鸡栖豚栅,俾令孳息,夫人则指挥诸媳,定为功课:长者司庖,则次者灌园,少者视猪。如是轮流,无有闲暇。夫人手抱诸孙,时时巡察,甚且晨锄夕饲,身亲其业,以为劝率。丝履布袜,悉自营作。间或课女红为帉帨行縢,刺作花鸟草虫之形,呼令小婢卖之廛市。当是时也,吾家物无弃材,人无游手,堂皇庖湢,必整以饬。久而家人辈感化习熟,无烦督责,至争以手所蕃植者,割鲜献新,供甘旨以相夸美。以故日用所需,取诸宫中而具足。男钱女布,婚嫁稠叠,胥无阙礼,而六姻三族,岁时馈遗,丰约咸适,又能余财周恤窘乏,而人皆忘其贫矣。夫人体气素强,至是以焦劳拮据,日渐羸瘦。时不孝遵宪辈均已长成,顾专令读书,不许问家人生产。偶请其节劳,则笑应曰:'我乐此不为疲耳。'或作激励之语,谓:'汝辈苟贤,吾岂屑为此?但使他日得一碗寻常茶饭,无事操作,于愿遂足,何论今也。'呜呼!岂知今日甫得微禄,而遂不能逮养耶?痛哉!痛哉!

"夫人于道光八年七月二十三日生,于光绪九年正月初十日卒,春秋五十有六。先是,光绪七年春,随吾父宦粤西,暨往南宁,在道得疾,遂至不起。赴至家,上自继姑及妯娌姑妹,下逮婢妪,相向哭,皆失声,族戚邻里,叹息有泣下者。自夫人亡,吾父每语不孝兄弟辈曰:'自吾试礼闱,官农曹,在京廿余年,得以晏然无内顾忧者,汝母力也。'吾祖亦曰:'吾行年七十有七,宗妇戚女中之能治家有贤声者,固不乏人,然实未见有处事执礼妥当详慎如汝母者。'呜呼! 此可以知夫人之贤矣。

"吾祖名际升,诰封通奉大夫。吾父名鸿藻,咸丰乙卯科举人,今官广西知府。夫人生四子:长即不孝遵宪,由拔贡生中丙子科举人,以出使外国,充日本参赞官、美国总领事官,积劳洊升二品衔,分省补用道;次遵谟,江西试用县丞;次遵路,庠生;次遵楷,监生,州同衔。女二人:长适张润皋;次适梁国琨。孙四人:履端、履和、履垣、履通。遵宪之初适异国也,启夫人,谓男儿志四方,何论中外,因遂远行。及遭丧,遵宪方在金山,既不克视汤药,亲含殓,又以王事靡盬,不获奔丧。哀恳再四,至光绪十一年八月,允假归,始择十一月八日卜葬于州西门之湖阳唇。奉吾父命,为文志诸幽。于是追述懿德,泣志一二,既以诏后世子孙,永勿敢忘。亦以示知言君子,俾知有实征,无溢美云。长男遵宪泣志。"《先妣吴夫人墓志》,《全集》上,第267—269页。)

十一月二十五(12月30日),黄钧选致函域多利中华会馆,说明收到黄遵宪来信,已写好折扇二十二柄,准备送给会馆董事。

十二月十七(1886年1月21日),黄遵宪叔父黄鸾藻在信宜教谕任上去世,殁后一无所有,得信宜士绅及同寅杨教谕办理身后事,黄家派人将柩运回,停棺于人境庐。(黄遵庚:《六十年之我》,第1页,且斋藏本。)

十二月二十一(1月25日),胡曦复书黄遵宪,黄遵宪归家后,曾寄书胡曦。内谓:"不见公度久矣,老兄今岁,出乎得虑,为我辈吐气一喜。曦近日由山中回,读来书,稔悉三年万里,乘风归来,举尽室哥哥嫂嫂、兄兄妹妹,博重闻欢笑,此定人生不可多得之境,则为之甚喜也。东洋之行,足下以孟坚兰台东观之才,翻然学定远侯,万里食肉,班家兄弟,合为一手,我公度自此远矣。虽然,仆愿足下更有进于是也。仆年来馆谷不丰,但为家园中专课子弟一二,藉以侍奉起居,堂上老人,当亦顾之色喜耳。簪儿质量性似凝重,明年已于本塾中择师上学。小鸾颇慧黠,顾尚小耳。履端读书否? 聪明望更出阿翁上也。昔陈泽州有言,朱十一早日归田,得多读数千卷书,为大智慧。此何等事,仆敢公然言之。天寒岁晚,人事交迫,所得止此,其他一切,不足道也。弟曦顿首。"(朱传誉主编:《黄遵宪传记资料》第四册,第283页,天一出版社1981年版。)

光绪十二年丙戌(1886年) 三十九岁

【国内外大事】二月二十五(3月30日),两广总督张之洞奏请派员周历南洋各岛保护华侨事宜。四月,郑藻如因患半身不遂卸任,由张荫桓接替其职务。五月(6月),日本发行海军公债一千七百万元,建造兵船五十四艘,其中的"三景舰"是针对中国"定远""镇远"而设计的三艘军舰。六月初十(7月11日),慈禧太后宣示明年正月归政。是年,曾纪泽在伦敦以英文发表《中国先睡后醒论》一文,被东西报刊广为转载。

春夜,黄遵宪久客归来,招乡人饮,众客排闼,争相辩诘。一唱十随和,此默又彼聒。醉喝杯箸翻,笑震屋瓦裂。气氛热烈异常,黄遵宪向乡人介绍日本、太平洋、美国见闻,有诗记其盛况:"春风漾微和,吹断檐前雪。寒犬吠始停,众客互排闼。出瓮酒子釂,欹壁烛奴热。花猪间黄鸡,亦足供餔餟。团坐尽乡邻,无复苛礼设。以我久客归,群起争辩诘。初言日本国,旧是神仙窟。珊瑚交枝柯,金银眩宫阙。云余白傅龛,锦留太真袜。今犹骖鸾来,眼见非恍惚。子乘仙槎去,应识长生诀。灵芝不死药,多少秘筐篋。或言可伦坡,索地始未获。匝月粮俱罄,磨刀咸欲杀。天神忽下降,指引示玉牒。巨鳌戴山来,再拜请手接。狂呼登陆去,炮响轰空发。人马合一身,手秉黄金钺。野人走且僵,惊辟鬼罗刹。即今牛货洲,利尽西人夺。金穴百丈深,求取用不竭。又言太平洋,地当西南缺。下有海王宫,蛟螭恣出没。漫空白雨跳,往往鱼吐沫。曾有千斛舟,随波入长舌。天地黑如盘,腥风吹雨血。转肠入轮回,遗矢幸出穴。始知出鱼腹,人人庆复活。传闻浮海舟,尽裹十重铁。叠床十八层,上下各区别。牛羊豕鸡狗,万物萃一筏。康庄九达间,周庐千户辟。船头逮船尾,巡行认车辙。其人好楼居,四窗而八达。千光璧琉璃,五色红鞣鞨。杰阁高入云,明明月可掇。出入鬼仙间,多具锁子骨。曾见高绲伎,行绳若飞越。犁鞬善眩人,变态尤诡谲。常闻海客谈,异说十七八。太章实亲见,然否待子决。诸胡饱腥膻,四族出饕餮。钉盘比塔高,硬饼藉刀截。菜香苜蓿肥,酒艳葡萄泼。冷淘粘山蚝,浓汁爬沙鳖。动指思异味,谅子固不屑。古称美须眉,今亦夸白皙。紫髯盘蟠虬,碧眼闪健鹘。子年未四十,髼髼须在颊。诸毛纷绕涿,东涂复西抹。

得毋逐臭夫,习染求容悦。子如夸狄强,应举巨觥罚。谬称夜郎大,能步禹迹阔。试披地球图,万国仅虮虱。岂非谈天衍,妄论工剽窃。一唱十随和,此默彼又聒。醉喝杯箸翻,笑震屋瓦裂。平生意气颇,滔滔论不歇。到此穷诘屈,口钳舌反结。自作沧溟游,积日多于发。所见了无奇,无异在眉睫。《山经》伯翳知,《坤图》怀仁说。足迹未遍历,安敢遽排评。大鹏恣扶摇,暂作六月息。尚拟汗漫游,一将耳目豁。再阅十年归,一一详论列。"(《春夜招乡人饮》,《诗草笺注》上,第409—421页。)

正月初七(2月10日),接替郑藻如任美、日、秘三国出使大臣的张荫桓复奉寄谕,因留驻旬日,改订船期。(《张荫桓日记》,第3页,上海书店出版社2004年版。)

本月,黄遵宪乘船到潮州,仅数时,以前乘木船从嘉应州到潮州,需时一天。后改电船,仅四小时。有感而作《下水船歌》:"电光一制光闪天,洪波直泻无回旋,饥鹰脱鞲兔走穴,驰轮下阪箭离弦。君看我舟疾如驶,世间快事那有此。潮头拍拍鸥乱飞,舟人叫绝篙师喜。一山当头一对面,倏忽两山都不见。群山转瞬眼欲花,况又山头云万变。江随山转气益骄,蹴沙啮石波横跳。山虽百折舟一直,拍耳惟觉风刁刁。风声水声相鼓荡,舷倾桅侧终无恙。风乘我耶我乘风,便凌霄汉游天上。年来足迹遍五洲,浮槎曾到天尽头。长风破浪奚足道,平生奇绝输此游。忽闻隔岸唱邪许,纤夫努力力如虎。百丈横牵上濑舟,三朝三暮见黄牛。"(《诗草笺注》上,第423—425页。)

二月初三(3月8日),张荫桓与两广总督张之洞面定会奏稿,(《张荫桓日记》,第3页,上海书店出版社2004年版。)并著广东巡抚倪文蔚豹岑驰檄召黄遵宪至广州,命仍充旧金山总领事。黄遵宪以限禁华工之例,祸争未已,虑不胜任,力辞。(《人境庐诗草》卷八《题樵野丈运甓斋话别图》自注,《诗草笺注》下,第738页。)

二月初八(3月13日),张荫桓一行在香港登舟赴任,黄遵宪未同往。(《张荫桓日记》,第4页,上海书店出版社2004年版。)

本年初,台湾巡抚刘铭传设招商局于新加坡,需派员赴南洋"考察商务,招徕华侨,以筹兴物产"。(潘向阳:《清史编年》第十一卷,光绪朝,第448页,中国人民大学出版社2000年版。)

本月,两广总督张之洞命黄遵宪巡察南洋诸岛,黄遵宪因《日本国志》甫创稿本,一直因政务靡密,无暇卒业,深感弃置可惜,故谢绝张之洞邀请。

于是，家居有暇，乃闭门发箧，重事编纂。(《日本国志叙》，见《全集》上，第819页。)为此，有《闭关》诗写其家居著书生活："郁郁松阴外，深深一闭关。暂游二万里，小住两三间。云懒随龙卧，风微任鸟还。墙头山自好，何必谒神山。"(《闭关》,《全集》上，第114页。)

黄遵宪闭门从事编纂《日本国志》时，有族弟黄绍岐少初，黄遵宪之族弟，黄遵宪任新加坡总领事期间，曾召其至新加坡，任星洲同济中医院院长，积劳卒于任所。(钟皎光：《梅县女教育家梁浣春女士传》序，《梅州文献汇编》第十一集，第179页，梅州文献社1980年版。)助其校勘，个中艰辛，黄绍岐有诗二首述之，其一："点勘丹铅岁月饶，神山回首路迢迢。晓筹听彻鸡人报，忙到寅窗烛一条。"其二："百卷琅函取次开，仙人楼阁至今猜。东风梦熟瀛洲路，记取扶桑濯足来。"(《校日本志》，黄绍岐：《海天漫草》，光绪二十五年手抄本。)

本年，汪鸣銮任广东学政，访黄遵宪于人境庐。(据《钱谱》。)

黄遵宪季弟黄遵楷牗达入州学。(《黄遵楷年谱》，郑海麟：《黄遵楷研究》，日本京都中文出版社1996年版。)

为长子黄冕授室，娶同里张氏女，系黄遵宪曾祖母李太夫人之外曾孙女。《拜曾祖母李太夫人墓》有云："新婚外曾孙，是婆定婚媾，阿端年始冠，昨年已取妇。"(《诗草笺注》上，第438页。)

本年，黄遵宪作《小女》："一灯团坐话依依，帘幕深藏未掩扉。小女挽须争问事，阿娘不语又牵衣。日光定是举头近，海大何如两手围？欲展地球图指看，夜灯风幔落伊威。"(《诗草笺注》上，第422页。)小女当指次女当苏，时年十二。范当世评此诗曰："七律最难于伸缩自如，转变不测。吾于此二律，尤三复味之不厌也。"

又作《即事》："墙外轻阴淡淡遮，床头有酒巷无车。将离复合风吹絮，乍暖还寒春养花。一醉蓊腾如梦里，此身飘泊又天涯。打窗山雨琅琅响，犹似波涛海上槎。"(《诗草笺注》上，第422—423页。)吴德潚评此诗曰："无垂不缩，无往不复，开合动荡，自辟町畦，可谓绝技。"

黄遵宪在家著述期间，经济上不宽裕，不再担负供应祖父名下大家庭之责。黄遵宪一家自1859年和1865年两经兵燹，骤以贫薄。其父虽在京当官，而所得不足以赡养大家庭，其妻等均要劳动种菜以助家用。直至1876年黄遵宪奉派驻日使馆参赞，始得以月奉(约六百两)的大部分寄回家中，由祖父黄际升当家，为大家庭成员分飨之。黄遵宪在外九年，照例供给，尽其孝子贤孙之责。但是其家人多以有所恃而游手好闲，不求上进。1885年—1886年黄遵宪在家两年多，一心一意编纂《日本国志》,自比"王船山之著《黄书》"。这期间他目睹封建大家族中嫡庶之间、伯仲之间那种"故故摩儿顶,要图老人欢"的假象都已消失,嫉妒暗争,人不成器,事事皆痛心。他更以在家著书全无入息,将来出路仍极渺茫,故断然拒绝再担负供应祖父名下大家庭之责。因此曾草一短信给其祖父,内有"见家中情形,忠臣孝子唯有椎心泣血"一句,足见黄遵宪对封建制度下的大家族的失望。该信草成后,可能黄遵宪有感于事无补而伤老人之心,未发,故后人得在其家信堆中见之。(黄延缵:《与〈人境庐诗草〉研究有关的黄遵宪家族部分史实述评》,《岭南文史》,1986年第2期。)

光绪十三年丁亥(1887年) 四十岁

【国内外大事】正月十五(2月7日),光绪帝亲政礼成。二月初四(2月26日),驻美使臣张荫桓电总署,洛士丙冷一案,美总统准赔款十四万七千七百四十元。九月十六(11月1日),英国传教士韦廉臣等在上海成立"同文书会"(后改广学会),以中国海关总税务司赫德为首任董事长,传教士韦廉臣、李提摩太先后任总干事,发行《万国公报》。十二月十一(1888年1月23日)两广总督张之洞奏报派员赴南洋新加坡等处查看华民情形。张之洞上一年七月派副将王荣和由广州出发巡行,行程万里。报告称,新加坡有华民十五万,富甲各埠,该地所有实业,华人居其八,洋人仅得其二;马六甲、槟榔屿两处亦华商居多,生意繁盛;小吕宋有华民五万余人,贸易最盛,受害亦最深,亟宜在此设立总领事。

本年,黄遵宪居家,闭门编纂《日本国志》。

春,祖父黄际升年七十九,犹身体强健,率全家拜曾祖母李太夫人墓,黄遵宪作拜墓诗记其事。诗中铺陈儿时旧事,亲情世态,字里行间充满对曾祖母和母亲的无限怀念和哀思,生动逼真地塑造了李太夫人慈祥可亲的人物形象。

诗云:"郁郁山上松,呀呀林中乌。松有荫孙枝,乌非反哺雏。我生堕地时,太婆七十五。明年阿弟生,弟兄日争乳。太婆向母怀,伸手抱儿去。从此不离开,一日百摩抚。亲手裁绫罗,为儿制衣裳。糖霜和面雪,为儿作饹饦①。发乱为梳头,脚腻②为暖汤。东市买脂粉,靧面日生香③。头上盘

---

①"饹饦",钞本作"粔籹"。
②"腻",钞本作"垢"。
③"香",钞本作"光"。

云髻,耳后明月珰。红裙绛罗襦,事事女儿妆。牙牙初学语,教诵《月光光》①。一读一背诵,清如新炙簧。三岁甫学步,送儿上学堂。知儿故畏怯,戒师莫严庄。将②出牵衣送,未归踦闾③望。问讯日百回,赤足足奔忙。春秋多佳日,亲戚尽团聚。双手擎掌珠,百口百称誉。我家七十人,诸子爱渠祖。诸妇爱渠娘,诸孙爱渠父。因裙便惜带,将缣难比素。老人性偏爱,不顾人笑侮。邻里向我笑,老人爱不差。果然好相④貌,艳艳如莲花。诸母背我骂,健牸行破车。上树不停脚,偷芋信手爬。昨日探鹊巢,一跌败两牙。噀血喷⑤满壁,盘礴画龙蛇。兄妹昵我言,向婆乞金钱。直倾紫荷囊,滚地金铃圆。爷娘附我耳,劝婆要加餐。金盘脍鲤鱼,果为儿下咽。伯叔牵我手,心知不相干。故故摩儿顶,要图老人欢。儿年九岁时,阿爷报登科。剑儿大父傍,一语三摩挲⑥。此儿生属猴,聪明较猴多。雏鸡比老鸡,异时知如何?我病又老耄,情知不坚牢。风吹儿不长,那见儿扶摇。待儿胜冠时,看儿能夺标。他年上我墓,相携著宫袍。前行张罗伞,后行鸣鼓箫。猪鸡与花果,一一分肩挑。爆竹响墓背,墓前纸钱烧。手捧紫泥封,云是夫人诰。子⑦孙共罗拜,焚香向神告。儿今幸胜贵,颇如母所料。世言鬼无知,我定开口笑。大父回顾儿,此言儿熟记。一年记一年,儿齿加长矣!儿是孩提心,那知太婆事。但就儿所见,依稀记一二。太婆每出入,笼东拄一杖。后来杖挂壁,时见垂帷帐。夜夜携儿眠,呼娘搔背痒。展转千捶腰,殷殷春雷响。佛前灯尚明,窗隙见月上。大父搴帘来,欢笑时鼓掌。琐屑及乡邻,讥诃到官长。每将野人语,眩作鬼魅状。太婆悄不应,便知婆欲睡。户枢徐徐关,移踵车轮曳。明朝阿娘来,奉匜为盥洗。欲饭爷捧盘,欲羹娘进匕。大父出迎医,觍缕讲脉理。咀嚼分尝药,斟酌共量水。自儿有知识,日日见此事。几年举场忙⑧,几年绝域使⑨。忽忽⑩三十年,光阴迅

---

①"教诵《月光光》",钞本作"亲口授诗草"。
②"将",钞本作"朝"。
③"踦闾",钞本作"倚门"。
④"相",钞本作"状"。
⑤"喷",钞本作"唾"。
⑥"一语三摩挲",钞本作"举手笑呵呵"。
⑦"子",钞本作"祖"。
⑧"几年举场忙",钞本作"谓此好日月"。
⑨"几年绝域使",钞本作"老少永无异"。
⑩"忽忽",钞本作"岂知"。

弹指。今日来拜墓,儿既须满嘴。儿今年四十,大父七十九。所喜颇聪强,容颜类如旧。周山看松柏,不要携杖走。拜跪不须扶,未觉躬伛偻①。挂珠碧霞犀,犹是母所授。绣补②炫锦鸡,新自粤西购。一手搴领髭,一手振袍袖。打鼓唱迎神,红毡齐泥首。上头爇红香③,中间酹黄酒④。青箬苞黍粽,紫⑤丝络莲藕。大父在前跪,诸孙跪在后。森森排竹笋,依依伏杨柳。新妇外曾孙,是婆定昏媾。阿端年始冠,昨年已取妇。随兄擎腰扇,阿和亦十五。长樛次当孙⑥,此皆我儿女。青青秀才衣,两弟名谁某。少者新簪花,捧觞前拜手。次第别后先,提抱集贱幼。一家尽偕来,只恨不见母。母在婆最怜,刻不离左右。今日母魂灵,得依太婆否?树静风不停,草长春不留。世人尽痴心,乞年拜北斗。百年那可求?所愿得中寿。谓儿报婆恩,此事难开口。求母如婆年,儿亦奉养久。儿今便有孙,不得母爱怜。爱怜尚不得,那论贤不贤。上羡大父福,下伤吾母年。吁嗟无母人,悠悠者苍天!"(《拜曾祖母李太夫人墓》,《诗草笺注》上,第427—441页。)此诗编次在《寒食》前,知是在本年春。钱仲联《梦苕庵诗话》:"余最爱其《拜曾祖母李太夫人墓》长五古,曲折详尽,语皆本色,真公度所谓'我手写我口'者,运用乐府之神理,而全变其面貌,不足与皮相者道也。"(钱钟联:《梦苕庵诗话》,第7页,齐鲁书社1983年版。)胡适《五十年来中国之文学》:"人境庐诗草中最好的诗,自然要算拜《曾祖母李太夫人墓》一篇,此诗能实行他的'我手写我口,古岂能拘牵'的主张。"

又作《曾祖母李太夫人述略》,记其生平事迹:"年十八来归,辅相词海府君,事无不咨商而行。词海公已殁,乃就养于云南嵩明州。居一二年,不乐,归。府君所遗商业,或居或卖,店伙辈必来禀命,由太夫人断行之。太夫人治家严,虽所爱,或不顺遂,辄怒责,或呼杖。诸孙妇十六七人,不许插花,不许掠耳鬓,不许以假发拖长髻尾。晨起如厕,必遍历孙妇室外。诸孙妇必于未明时严妆竟,闻太夫人履声,即出垂手立户外问安。或未见,辄问病耶?睡耶?咸惕息不敢违。"(《全集》上,第269—270页。)

春,黄遵宪在家,作《遣闷》:"花开花落掩关卧,负汝春光奈汝何?天下

---

① "未觉躬伛偻",钞本作"尚能奠杯酒"。
② "补",钞本作"衣"。
③ "红香",钞本作"炉烟"。
④ "中间酹黄酒",钞本作"两旁列鼎卤"。
⑤ "紫",钞本作"红"。
⑥ "孙",钞本作"苏"。

事原如意少,眼中人渐后生多。声声暮雨萧萧曲,去去流光踏踏歌。今日今时有今我,茶烟禅榻病维摩。"(《诗草笺注》上,第441—442页。)

三月十一(4月4日)黄遵宪在家,作《寒食》:"几日春阴画不成,才过寒食又清明。霏霏红雨花初落,袅袅白波萍又生。栏外轻寒帘内暖,竹中微滴柳梢晴。浮云万变寻常事,一瞬光阴既娄更。"(《诗草笺注》上,第442页。)

黄遵宪在家,作《春暮偶游归饮人境庐》:"某水某山我故乡,今时今日好容光。频年花事春三月,独我蓬飘天一方。门外骊驹犹在道,堂前燕子稳栖梁。金盆月艳蒲萄绿,便拟狂飞千百觞。"(《诗草笺注》上,第426—427页。)

五月(6月),黄遵宪所著《日本国志》书成,《日本国志》的写作过程与出版,据王晓秋考证,黄遵宪从光绪四年(1878年)开始收集材料,光绪五年(1879年)正式动手编写,光绪八年(1882年)调离日本时刚写出草稿,光绪十三年(1887年)才完成全书。光绪十六年(1890年)交广州富文斋出版,直到光绪二十一年(1895年)才正式刊成问世。(王晓秋:《黄遵宪研究与近代中日文化交流》,中国史学会、中国社会科学院近代史研究所编:《黄遵宪研究新论》,第222页,社会科学文献出版社2007年版。)乃为序,说明写作的动机和基本过程:"《周礼》小行人之职,使适四方,以其万民之利害为一书,礼俗政事教治刑禁之顺逆为一书,以反命于王。其《春官》之外史氏,则掌四方之志。郑氏曰:'谓若晋之《乘》、楚之《梼杌》是也。'古昔盛时,已遣輶轩使者于四方,采其歌谣,询其风俗。又命小行人编之为书,俾外史氏掌之,所以重邦交、考国俗者,若此其周详郑重也。自封建废而为郡县,中国归于一统,不复修遣使列邦之礼,若汉之匈奴、唐之回纥,国有大事,间一遣使;若南北朝,若辽、宋、金、元,虽岁时通好,亦不过一聘问、一宴飨而已。

"道咸以来,海禁大开,举从古绝域不通之国,皆鳞集麋聚,重译而至。泰西通例,各遣国使,互驻都会,以固邻好而觇国政。内外大臣迭援是以为请,朝廷因遣使巡视诸国,至今上光绪元、二年间,遂有遣使驻扎之举。丙子之秋,翰林侍讲何公实膺出使日本大臣之任,奏以遵宪充参赞官。窃伏自念今之参赞官即古之小行人、外史氏之职也。使者捧龙节,乘驷马,驰驱鞅掌,王事靡盬,盖有所不暇于文字之末。若为之僚属者,又不从事于采风问俗,何以副朝廷咨诹询谋之意。既居东二年,稍稍习其文,读其书,与其士大夫交游,遂发凡起例,创为《日本国志》一书。朝夕编辑,甫创稿本,复奉命充美国总领事官,政务麋密,无暇卒业,盖几几乎中辍矣。乙酉之秋,由美回华,星使郑公既解任,继之者张公,仍促余往,而两广制府张公,又命遵宪为巡察南洋诸岛之行。遵宪念是书弃置可惜,均谢不往。家居有暇,乃闭门发箧,重事编纂,又几阅两载,而后书成。凡为类十二,为卷四十。

"昔契丹主有言:'我于宋国之事,纤悉皆知;而宋人视我国事,如隔十重云雾。'以余观日本士夫,类能读中国之书,考中国之事;而中国士夫,好谈古义,足已自封,于外事不屑措意。无论泰西,即日本与我,仅隔一衣带水,击柝相闻,朝发可以夕至,亦视之若海外三神山,可望而不可即,若邹衍之谈九州,一似六合之外荒诞不足论议也者,可不谓狭隘欤?虽然,士大夫足迹不至其地,历世纪载又不详其事,安所凭藉,以为考证之资,其狭隘也亦无足怪也。窃不自揆,勒为一书,以其体近于史志,辄自称为外史氏,亦以外史氏职在收掌,不敢居述作之名也。抑考外史氏掌五帝三王之书,掌四方之志,今之士夫亦思古人学问,考古即所以通今,两不偏废如此乎?书既成,谨志其缘起,并以质之当世士夫之留心时务者。光绪十三年夏五月,黄遵宪公度自叙。"(《日本国志叙》,《全集》上,第818—819页。)

《日本国志》"采书至二百余种",其资料来源包括中日两国的正史、野史、笔记、杂录,以及明治政府的布告、年报等。其中日本史籍有源光国的《大日本史》、赖山阳的《日本政记》《日本外史》、源松苗的《国史略》、蒲生秀实的《山陵志》《职官法》,以及《日本书纪》《续日本纪》《日本后纪》《续日本后纪》《文德天皇实录》《日本三代实录》《怀风藻》《扶桑集》《扶桑略记》《凌云集》《延喜式》《类聚三代格》《吾妻镜》《徂徕集》《江户繁昌记》等。如《国统志》《兵志》《刑法志》征引了源光国的《大日本史》和源松苗的《国史略》。《地理志》《物产志》《学术志》《礼俗志》和《工艺志》中大量征引内务省地理寮地志课编的《日本地志提要》、村濑之熙的《艺苑日涉》和青山延光的《国史纪事本末》三书。《邻交志》参考了渡边修次郎的《日本外交始末》。中国传统史籍如《史记》《汉书》等正史中有关日本的资料,还有杜佑的《通典》、马端临的《文献通考》、郑樵的《通志》、顾炎武的《日知录》《天下郡国利病书》中的相关资料也被广泛征引。黄遵宪写作《日本国志》时得到许多日本友人的帮助,许多日本汉学家和史学家如宫岛诚一郎、青山延寿、石川鸿斋、龟谷省轩、重野安绎、冈千仞等,他们大多曾在修史馆任职,有很高的史学修养,他们在史料收集、整理、翻译方面为黄遵宪提供很大的帮助。"费日力至八九年。为类十二,为卷四十,都五十余万言"(《日本国志》薛福成序,见《全集》上,第817—818页。)其总目为:凡例;卷首;中东年表;第一,国统志,凡三卷;

第二,邻交志,凡五卷;第三,天文志,凡一卷;第四,地理志,凡三卷;第五,职官志,凡二卷;第六,食货志,凡六卷;第七,兵志,凡六卷;第八,刑法志,凡五卷;第九,学术志,凡二卷;第十,礼俗志,凡四卷;第十一,物产志,凡二卷;第十二,工艺志,凡一卷;鸿篇巨制,告竣之日,黄遵宪有诗志感:后来补作。"湖海归来气未除,忧天热血几时摅。《千秋鉴》借《吾妻镜》,四壁图悬人境庐。改制世方尊白统,《罪言》我窃比《黄书》。(《王船山集》有《黄书》。)频年风雨鸡鸣夕,洒泪挑灯自卷舒。"(《日本国志书成志感》,《全集》上,第116页)。

在史学体裁上,《日本国志》采取"志"书的形式。志为传统史学的一种体裁,从《史记》"八书"中化出,班固《汉书》有志,即源于此。志书特点有二:一指偏远地方的历史。《周礼·春官·宗伯》第三:外史"掌四方之志",故有"史遍天下之大,志则录一邑之小"之说;二是强调会通。宋郑樵《通志》总序言:"会通之义大矣哉。"志书写作重资料,详今而略古,详近而略远。作为中国人所著的外国史书,《日本国志》有四个明显的特点:第一,黄遵宪采取尊重日本民族、两国平等相待的立场来写作。在书中"谨遵条约睦邻、国书称帝之意,参采中国、日本诸书,纪事务实,不为偏袒;曰皇曰帝,亦不贬损,所以破儒者拘墟之见,祛文人浮夸之习也"。第二,按照"详今略古,详近略远"的编撰原则,首先重在对日本明治维新的介绍。他在书的凡例中声明:"日本变法以来,革故鼎新,旧日政令百不存一。今所撰录,皆详今略古,详近略远,凡牵涉西法,尤加详备,期适用也。"第三,黄遵宪认为"事非表则不详",在《日本国志》中大量引用了日本政府各机关、各地方发布的各种公报、法令、统计。第四,黄遵宪模仿司马迁作《史记》加"太史公曰"的形式,在《日本国志》的每个志的前后或中间,以"外史氏曰"的名义发表自己的见解和议论。

《日本国志》作为一部日本通志,就时间断限而言,上起神武元年,周惠王五十七年,公元前660年。下迄明治十四年。清光绪七年,1881年。但就其内容而言,则重在对日本明治维新的介绍。黄遵宪对同治七年(1868年)明治维新以来日本的改革运动,尤其是典章制度的沿革变迁进行了系统梳理,重点对日本效法西方资本主义国家实行政治、经济、外交、军事、文化、教育等制度改革的过程进行了详细介绍,其中《职官志》《食货志》《兵志》《刑法志》《学术志》诸志,所载几乎全属明治元年(1868年)至明治十四年(1881年)期间各项制度的改革情形。《日本国志》对明治维新"革故"与"鼎新"

两大方面的介绍极为详尽。首先,为了从总体上清晰地描述明治维新"富国强兵""殖产兴业""文明开化"三大国策的施行过程,黄遵宪在《国统志》中,用整卷的篇幅,以大事记的形式,逐年逐月地分条列举明治维新前期的各项改革事项,提纲挈领,要言不烦,使人对明治维新的改革过程有一个总体认识。接着,《日本国志》主要从政治改革、经济改革、军事改革、法制改革、文教改革等几方面,对明治维新的具体改革措施,分门别类,进行全面而系统的介绍。由此可见,《日本国志》是一部体例完备、内容翔实的"明治维新史"。但是由于黄遵宪1882年初就离开日本,日本后来的改革措施和进展没有能够补足,所以也有学者认为是"半部明治维新史"。

带有社会达尔文主义色彩的变革史观是黄遵宪写作《日本国志》的历史理论,"势"与"变"的思想在"弱肉强食"的世界具有更大的紧迫性。贯注《日本国志》全书,从开宗明义第一卷到最后第四十卷,反复强调"势"和"夫物穷则变,变则通"的观点。自龚自珍以今文经学和《周易》变易观提出自改革思想后,近代中国面临三千年未遇的大变局成为社会的共识,据王尔敏的统计,在第一次鸦片战争后的19世纪后半期,提出变局言论的不下八十一人,(王尔敏:《中国近代思想史论》,第325页,社会科学文献出版社2003年版。)最早可见于道光二十四年(1844年)的一个文人秀才黄钧宰,他认为当时的社会是中外一家,是古今的一个变局。变革成为社会的主旋律。在变革哲学方面,早期主要是《周易》变易观、今文经学的"公羊三世说",稍后王韬提出"道器观"、张之洞有"体用论"等,一直都在中国传统文化中寻找变革的理论资源。黄遵宪到日本后,受到社会达尔文主义思想的影响,确立其变革思想,1877年美国生物学家毛斯最先把达尔文的生物进化论介绍到日本,并且风靡一时。"及阅历日深,闻见之日拓,颇悉穷变通久之理;乃信其改从西法,革故取新,卓然能自树立。"(《全集》上,第6页。)他曾对何如璋说:"中国必变从西法。其变法也,或如日本之自强,或如埃及之被逼,或如印度之受辖,或如波兰之瓜分,则吾不敢知。"(《全集》上,第158页。)黄遵宪的变革哲学是社会达尔文主义与传统的变易理论和柳宗元《封建论》中的"势"的思想相结合的产物,他对近代变易观的贡献有二:一是开始从西方文化中寻找思想资源,引入达尔文主义的"弱肉强食"的竞争观点理解历史。黄遵宪认为:"挽近之世,弱肉强食,彼以力服人者,乃不取其土地,不贪其人民,威迫势劫,与之立约,但求取他人之财以供我用。"(《全集》下,第1235页。)二是引入日本的历史发展事实,证明变革的普适性,把国人的眼光扩展到国外。郑海麟认为:"进化论历史观是《日本国志》史学思想的哲学依据。"其主要证据是,在《邻交志》中,黄遵宪提出"弱肉强食""相竞而强"的观点。(郑海麟:《黄遵宪传》,第183页,中华书局2006年版。)黄升任认为,"《日本国志》还以斯宾塞的社会进化论为理论武器"。(黄升任:《黄遵宪评传》上,第287页,南京大学出版社2011年版。)盛邦和认为:"以西方资产阶级进化论观点分析研究日本历史,是《日本国志》中史学思想的又一特色。"(盛邦和:《黄遵宪史学研究》,第102页,江苏古籍出版社1987年版。)虽然黄遵宪受到进化论思想的影响,但是在《日本国志》一书中黄遵宪并没有完整引入进化论思想。这个任务是严复完成的,严复在光绪二十三年(1897年)在《国闻报》发表《天演论》,把进化论介绍到中国,被国人接受,是近代变革哲学的一大突破。而黄遵宪的带有社会达尔文主义色彩的变革史观是介于传统变易理论与进化论之间的过渡环节。黄遵宪认为,明治维新的出现是时势发展的必然结果,根本原因在于日本面临着严重的"外患内忧",即西方列强的武力压迫与德川幕府的腐败统治相互作用,造成了"霸政久窃,民心积厌,外侮纷乘,内讧交作"的局势,"于是二三豪杰乘时而起,覆幕府而尊王室,举诸侯封建之权拱手而归之上,卒以成王政复古之功,国家维新之治"。(《全集》下,第892页。)他进一步分析说:"故夫日本今日之兴,始仆幕府,终立国会,固天时人事,相生相激,相摩相荡,而后成此局也。然而二三豪杰遭时之变,因势利导,奋勉图功,卒能定国是而固国本,其贤智有足多矣。"(《全集》下,第926页。)在黄遵宪看来,日本通过明治维新实现历史性转变是由历史发展大势决定的,所谓"固天时人事,相生相激,相摩相荡",这是不以人的意志为转移的。但这并不意味着否定历史人物的作用,相反,他认为正是由于维新志士"因势利导,奋勉图功",才最终开启了日本历史的新篇章,因而称赞"其贤智有足多矣"。明治维新的步步深入也是"势"之所趋。清同治七年(1868年)三月,明治天皇颁布维新诏令,以《五条誓文》为施政纲领,此后又通过奉还版籍、废藩置县、改革官制等一系列措施,大刀阔斧地革除幕府体制,并仿效欧美资本主义体制,逐步创建以天皇为中心的绝对主义政体。但这场自上而下的改革启动后,就在社会各阶层合力的作用下按其自身的趋势发展。对此,黄遵宪以为是"势"之必然:"故下之奉版籍以还朝权,势也;上之废阀阅而擢功能,亦势也。维新之始,收拾人心,既有万机决于公论之诏,士民之杰出者执此以为口实,争欲分朝权以伸民气,促开国会,势也;而政权所属,上不能专制于朝廷,次不能委寄于臣隶,又不得不采泰西上下议院之法,以渐变君民共主之局,又势也……假如德川氏之季,政出多门,此和彼战,议论未定,敌已渡河,仍复相忍为国,因循泄沓,惮于改革,恐日本已非己有矣。"(《全集》下,第926页。)随着改革的不断推进,各阶层之间的矛盾和利益冲突亦不断激化,由此引发了自由民权运动。在《国统志》中,黄遵宪从日本社会不同阶层之间的关系进行分析,认为自由民权运动的兴起和发展正是"势"之所趋:"尊王之说自下倡之,国会之端自上启之,势实相因而至相逼而成也……数年以来,叩阍求请促开国会者,纷然竞起,又有甚于前日尊王之说。余尝求其故焉,盖自封建以后,尊卑之分,上下悬绝。其列于平民者,不得与藩士通婚嫁,不得骑马,不得衣丝,不得佩刀剑,而苛赋重敛,公七民三,富商豪农,别有借派;间或罹罪,并无颁行一定之律,畸轻畸重,唯刑吏之意。小民任其鱼肉,含冤茹苦,无可控诉。或越分而上请,疏奏未上,刀锯旋加;瞻仰君门,如天如神,穷高极远,盖积威所劫,上之于下,压制极矣。此郁极而必伸者,势也。"(《全集》下,第929页。)在自由民权运动不断高涨的形势下,光绪七年(1881年),明治政府内部围绕着何时开设国会的问题,形成了以大隈重信为首的肥前(佐贺)派与伊藤博文为代表的萨长派之间的斗争,前者主张立即开设国会,实行立宪政体;后者及井上馨等人则认为"时机尚早",应逐步建立立宪政体。其时正值北海道开拓使出售官产事发,自由民权派借此攻击政府,由此引爆了"明治十四年政变"。政变的结果是明治天皇下诏罢免大隈重信的职务,停止出售北海道官产,以光绪十六年(1890年)为期开设国会,制定宪法,建立立宪君主政体。黄遵宪认为这种局势的出现同样是"势"之必然,是不可阻挡的,"前此已开府县会矣,窃计十年之间,必又开国会也。嗟夫! 以二千五百余岁君主之国,自今以往,或变而为共主,或竟变为民主,时会所迫,莫知其然。虽有智者,非敢议矣"。(《全集》下,第892页。)黄遵宪从自由民权运动的发展过程中认识到,从"君主之国"专制政体到"共主"即君主立宪政体,或到"民主"即民主共和政体是世界历史发展的必然趋势。黄遵宪还认为,与政治体制有密切关系的法律制度也是不断发展变化的。社会越发展,法律制度也就越严密,这是历史发展的必然趋势。他在《刑法志》中说:"余尝考中国之律,魏晋密于汉,唐又密于魏晋,明又密于唐,至于我大清律例又密于明。积世愈多,即立法愈密,事变所趋,中有不得不然之势,虽圣君贤相,不能不因时而增益。西人所谓民智益开则国法益详,要非无理欤?"(《全集》下,第1322页。)为此,他提出应借鉴西方资本主义国家的法律制度,对中国的传统法律制度进行改革。黄遵宪还从经济的角度来探讨社会发展演变的规律。他深入剖析了人口增长与经济发展、政治盛衰的关系,认为:"故极盛之后,百数十年必一乱。乱之所由生,亦势之所使。然非必纲纪之败坏、政事之阙失也。"(《全集》下,第1150页。)联系到中国明清以来由于人口激增而致使社会矛盾不断激化的情势,黄遵宪认为"乱之所由生亦势之所使然",因此只固守"以农为本"是不能解决问题的,而应像西方资本主义国家和日本一样,大力发展近代工商业,"逮夫今日,又不足以给,故山林薮泽不能封,矿穴宝藏不能秘,奇技淫巧不能禁,即其贸迁流散四出于海外者,亦不能止。非不知其不可,时势之所趋,有不得不然者在也。惟欧罗巴人知之,故悉驱游民,使治旷土;惟日本人今亦知之,故力辟虾夷,广兴农桑"。(《全集》下,第1150页。)由此黄遵宪批评那些守旧者"犹拘拘古制","亦未尝考古而准今"。希望中国虚心向日本学习,顺应"今万国工艺,以互相师法,日新月异,变而愈上"的世界发展大势,把握"物穷则变,变则通"的历史发展规律,(《全集》下,第1551页。)锐意改革,实现国家民族的独黄遵宪在《日本国志》中表达了他的世界意识。在儒家"家国天下"的思想模型中,传统的世界观是以"天朝大国"来体现的,它包括两方面的内容:一是中国是天下的中心,具有至高无上的地位,其他国家与中国的地位不是平等的;二是中国与世界的交往不是必须的,而是中国对他国的恩赐。黄遵宪从全球交往、列国竞雄为着眼点,敏锐地觉察出日本国内政局的激变与世界局势和中国息息相关,逐渐形成世界意识,认为中国与世界各国的地位是平等的,中国必须对世界开放,与世界交往。其在《邻交志》中明确地指出:"抑日本自将军主政七百余年,一旦太阿倒持之柄拱手而归之于上,要其尊王之说,即本于攘夷之论。攘夷之论所由兴,即始于美舰俄舶迭来劫盟时也。则其内国之盛衰,亦与外交相维系云。"(《全集》下,第932页。)清醒地认识到当今世界交往日益频繁,泥丸塞关的时代已一去不复返,因此要想适应世界大势的发展潮流,就必须结束闭关自守,而与列国结交往来。黄遵宪的世界意识和外交观念主要是通过对德川幕府闭关锁国政策的批判而表达出来的。万历十五年(1587年),丰臣秀吉发布驱逐基督教士令,为锁国政策之滥觞;万历四十四年(1616年),德川幕府首次发布命令禁止基督教在日传播,崇祯六年(1633年)后连续发布五次锁国令,三年后禁绝与葡萄牙来往,自此以后仅允许荷兰、中国、朝鲜在长崎一地贸易,标志着锁国政策的全面实施。日本的锁国政策无疑是与世界发展潮流背道而驰的,黄遵宪对此进行了批判:"自德川氏以禁教故,丸泥(阅)〔闭〕关,谢绝外客,子孙世守其法,胶柱拘泥,二百余载,无所见于外者无所羡于内,无所闻于内者,亦无所(又)〔见〕于外。当是时也,上以武断为政,下以卑屈为俗,熙熙穰穰,娱乐无事。而欧洲诸国,鹰瞵鹗视,强弱相并,轮一争战,则国步日进。北则有彼得加他邻,明毅果断,气吞南溟;西则有若拿破仑,雄才伟略,诸侯稽首。(闭)〔又〕西则有若华盛顿,艰苦卓绝,独立一洲。或英人吞并五印度,抚有而国;或俄人建万里铁道,以通浩罕。客船电线,争骛纷起,机巧夺天工,人智欺鬼神,凡西人兵威、宗教,几几乎弥纶地球而无所不至。而日本绝门自守,无见无闻,蒙然未之知也。直至坚船巨炮环伺于门,乃始如梦之方觉、醉之甫醒。虽曰锁港逐(不)〔客〕,国体如此,亦未始非地势使之然也。嗟夫!事变之极,开辟未闻。以日本四面濒海,古称天险,二千余载,户无外患。而自轮船铁道纵横于世,极五大洲之地,若不过弹丸黑子之大,各国恃其船炮又可以无所不达……古所恃以为藩篱者,今则出入若庭经矣。言念及此,地险足恃乎?"(《全集》下,第1010—1011页。)黄遵宪对世界发展大势有着深刻洞察,认为世界发展由闭关走向开放是不可逆转的潮流。他说:"余闻之西人,欧洲之兴也,正以诸国鼎峙,各不相让。艺术以相摩而善,武备以相竞而强,物产以有无相通,得以尽地利而夺人巧。自法国十字军起,合纵连横,邻交日盛,而国势日强,比之罗马一统时,其进步不可以道里计云。其意盖谓交邻之有大益也。"(《全集》下,第931页。)由于欧美列强大肆对外扩张,整个世界被卷入资本主义发展体系之中,这使黄遵宪认识到"事变之极,已至此极,虽使神圣复生,必不能闭关而治"。(《全集》下,第1236页。)在这种历史大变局之下,外交自然就成为近代世界各国所面临的最重要事务之一。《日本国志》设有《邻交志》五卷,详细考察了日本与中国、欧美的外交史,对明治维新以后日本政府"一意外交"更是予以特别关注。自咸丰三年(1853年)"黑船事件"后,美、俄、英、法、荷等列强强迫幕府签订了一系列不平等条约,使日本丧失了独立法权和关税自主权。明治政府成立后,强烈要求废除这些条约,遂于同治十年(1871年)派遣岩仓使节团赴欧美进行修改条约的交涉,这是明治初期对外交涉的重要事件。黄遵宪在《邻交志》中记述道:"其全国君臣上下所最注意者,在改正条约。维新之初,虽照行幕府旧约,已渐知领事管辖外人、税则不能自主之非。明治四年,特命右大臣岩仓具视为全权大使,〔参〕议木户孝允及大久保利通、伊藤博文为副使,专议改约,兼察各国政事、法律、商法、教养、兵制等事。"(《全集》下,第1001页。)这次修改条约的交涉虽因美国的反对而未果,但后来随着自由民权运动的不断高涨,日本国内要求修改不平等条约的呼声甚烈,日本政府坚持不懈地继续与欧美国家进行谈判。黄遵宪对此给予了高度评价,他说:"近世贤豪,志高意广,竞事外交,骎骎乎进开明之域,与诸大争衡。向使闭关谢绝,至今仍一洪荒草昧之国耳,则信乎交邻之果有大益也。"由此他总结出世界历史发展的一个重要规律,即"一统贵守成,列国务进取。守成贵自保,进取务自强。此列国之所由盛乎!"(《全集》下,第931—932页。)从这里可以看出黄遵宪具有近代的外交观念,这无疑是其世界意识的重要体现。

《日本国志》的核心思想是改革。仿效明治维新经验,在中国进行政治、经济、军事、文化教育等方面的改革是黄遵宪提出的"日本模式",也是贯串《日本国志》全书的一个中心思想。在政治改革方面,黄遵宪认为,设立议院、实施官制改革是明治维新政治制度改革的两大组成部分,以法治国是民主政治的保障,政党政治和社会团体是民主政治的重要内容。在《学术志》中,黄遵宪把西方议会制度作为政治改革的重要目标:"余闻东西之人盛称泰西者,莫不曰其国大政事、大征伐,皆举国会议,询谋佥同而后行;其荐贤授能,拜爵叙官,皆以公选;其君臣上下,无疾苦不达之隐,无壅遏不宣之情;其人皆乐善好施,若医院,若义学,若孤独园,林立于国中。其器用也,务以巧便胜;其学问也,实事求是,日进而不已。其君子小人,皆敬上帝,怵祸福;其法律,详而必行;其武备,修而不轻言战。"(《全集》下,第1399页。)仿效欧美资本主义制度建立立宪政体是日本明治时期政治改革的核心目标。同治十三年(1874年),板垣退助、副岛种臣、江藤新平等人联名发表《设立民选议院建议书》,反对专制,要求设立民选议院,由此揭开了自由民权运动的序幕,此后发展成为席卷日本全国、波及日本各阶层的政治改革运动。黄遵宪对自由民权运动给予了极大关注,深入地考察了其兴起缘由和发展过程,在《日本国志》中以很大篇幅从不同侧面作了评述。何谓立宪政体,黄遵宪认为:"立宪政体,盖谓仿泰西制设立国法,使官民上下,分权立限,同受治于法律中也。"(《全集》下,第924页。)《国统志》介绍了自由民权运动的出现,"七年一月,前参议副岛种臣等连署上表,请起民撰议院"。同时进一步解释说:"谓仿泰西制,立议院,撰地方民人之贤者俾议政事,以分官权也。其时大学头加藤宏之投书驳论,以为民智未开,计时未可。后两议聚讼哓哓,争讧日盛一日。"(《全集》下,第924页。)《职官志》又记述了当时关于开设民选议院的争论,"副岛、板垣之请起民撰议院也,谓方今政权上不在帝室,下不在人民,而独归于有司。此论一倡,众口嚣嚣,群欲仿西法以开国会"。(《全集》下,第1135页。)此后,日本不同政治派别在建立立宪政体的问题上发生了持久而激烈的争论,"十年以来,朝野上下之二说者,纷纭各执,即主开国会之说,为迟为速,彼此互争;或英或德,又彼此互争,喧哗嚣竞,哓哓未已。而朝廷之下诏已以渐建立宪政体许之民,论其究竟,不敢知矣"。(《全集》下,第930页。)光绪元年(1875年),日本召开了第一届地方官会议,通过了以区、户长会为府、县会的法案。在自由民权运动的推动下,设立地方议会的呼声日高,光绪四年(1878年),第二届地方官会议召开,讨论了《府、县会规则》《郡区町村编制法》《地方税规则》,后由元老院通过,由此初步确立了地方自治的法律制度框架。黄遵宪在《职官志》中对此作了评述,他从明治十二年府、县会议事录中发现日本的府、县会议制度还存在着诸多不足,如其权限受内务省制约,其所议专在征税筹款,并非完全政从民出,他甚至指斥议会为"设法之至巧"的"霸者之道",对其不足之处予以批判。但从总体上看,黄遵宪对这一新制度仍表现出极大的热情,肯定"府、县会议之制,仿于泰西,以公国是而伸民权,意甚美也"。(《全集》下,第1135页。)认为府、县会议是实行地方自治的有效途径,为立宪政体的建立奠定了坚实基础。黄遵宪坚信立宪政体代替封建专制符合历史的发展潮流,因此他满怀信心地预测日本"十年之间,必又开国会也"。(《全集》下,第892页。)

  黄遵宪对日本明治初期官制改革情形进行了深入考察,他指出:"维新以来,设官分职,废置纷纭。若各官省所隶之局,因革损益,随时变更,尤不可胜载。"从中他认识到官制改革是政体改革的重点,也是经济、军事、文教等制度改革的基础,因而对此特别加以留意,"其仿照西法为旧制所无者,特加详焉"。(《全集》下,第1104页。)《国统志》《职官志》详细记述了明治维新后日本仿效西法进行官制改革的情形,首先介绍同治七年(1868年)实行的"三职制",即设总裁、议定、参与,这是效仿西方国家三权分立进行的改革,黄遵宪认为把议政、行政分立是理想的制度。对光绪七年(1881年)设置的官制,如元老院、外务省、内务省、陆军省、海军省、文部省、农商务省、司法省、宫内省、警视厅等等,黄遵宪分条胪列,详考其沿革建制、职能权限、组织成员等情况,并加以评述。

黄遵宪特别重视法治,他通过对东西方的历史和社会制度的比较研究,认为与中国社会重道德轻法律相比,欧美各国极重法律,"而泰西论者,专重刑法,谓民智日开,各思所以保其权利,则讼狱不得不滋,法令不得不密。其崇尚刑法,以为治国保家之具,尊之乃若圣经贤传。然同一法律,而中西立论相背驰。至于如此者,一穷其本,一究其用故也"。具体而言,欧美资本主义国家以法立国,遵循三权分立、权力制衡原则,也就是"上有所偏重,则分权于下以轻之;彼有所独轻,则立限于此以重之,务使上下彼此权衡悉平,毫无畸轻畸重之弊"。在这样的制度设计下,个人的"权限"才会有保障,"以法治国"才得以实行:"余闻泰西人好论'权限'二字,今读西人法律诸书,见其反复推阐,亦不外所谓'权限'者。人无论尊卑,事无论大小,悉予之权,以使之无抑;复立之限,以使之无纵,胥全国上下同受治于法律之中,举所谓正名定分,息争弭患,一以法行之。余观欧美大小诸国,无论君主、君民共主,一言以蔽之,曰以法治国而已矣。"(《全集》下,第1322—1323页。)在中国中世纪传统社会里,法律不过是专制制度的附庸,权力支配法律,法律维护君权,君权凌驾于法律之上。显然,黄遵宪对"以法治国"的理解,是以欧美国家的政治制度和法治理念为参照系的,深受当时风靡日本思想界的孟德斯鸠、卢梭、穆勒等人思想学说的影响。从更深层的意义上看,他对"三权分立"和"以法治国"的推崇,隐含着对中国传统法治思想的批判。明治政府的法制改革是以西方资本主义国家为模式。关于日本法制改革的情况,黄遵宪介绍道:"近年王政维新,复设刑部省。明治三年十二月,乃采用明律,颁行《新律纲领》一书……八年五月,改设大审院、诸裁判所,其职务事务章程,及颁发《控诉规则》《上告规则》,乃稍稍参用西律。十年二月,又有更改自外交条约,称泰西流寓商民均归领事官管辖,日本欲依通例,改归地方官,而泰西各国,咸谓日本法律不完不备,其笞杖斩杀之刑,不足以治外人。于是日本政府遂一意改用西律,敕元老院依拟佛律,略参国制,以纂定诸律。至十四年二月遂告成颁行,曰《治罪法》,曰《刑法》。"(《全集》下,第1323页。)黄遵宪还在《日本国志》中专门辟出《刑法志》,以五卷的篇幅将《治罪法》四百八十条法律条文和《刑法》四百三十条法律条文,全部译成中文,同时对不易理解的法律条文和法律名词还加以注释。由于日本的《治罪法》和《刑法》主要是仿照法国法制定的,黄遵宪通过对《治罪法》和《刑法》的翻译和注释,比较系统地介绍了大陆法系的法律知识、法律原理。比如,"公诉"与"私诉"是近代法律诉讼的两种基本形式,黄遵宪在《治罪法》中介绍说:"公诉以证明罪犯依律处刑为主,检察官按律分别行之。"在注文中他进一步对"公诉"一词作了解释:"谓犯罪者亏损公益,扰乱治道,则检察官自为公众原告人,以护公益、保治道,故曰公诉。公诉者,自告发裁判所而言。"而所谓"私诉"是与"公诉"相对应而言的,"私诉以赔偿损害归还赃物为主,为照依民法,听被害者自便"。两者的区别在于"谓罪质有止害公益、扰治道,不系私益者,若谋反谋叛、伪造宝货是已;有公私俱害者,若斗杀伤强窃盗是已。至私诉,原系民事,要偿与不要偿,应听被害者自主。故与公诉求刑者有殊。赔偿归还,谓欠债者须赔偿,失物者须归还也"。(《全集》下,第1324—1325页。)再比如,罪刑法定原则是近代刑法的基本原则之一,黄遵宪在《刑法》中介绍说:"法律无正条,虽所为有不合者,不得遽行其罚。"他还进一步解释说:"刑法为一国公法,官民所共守,未有正条而遽罚之,似为非理。然而旧法条例未备,不得不别设,不应为一律,以备临时拟议;新法既删此条,并明示此语,所以防滥纵也。"(《全集》下,第1366页。)黄遵宪还介绍了明治政府仿效欧美体制建立起来的警察制度。黄遵宪在《职官志》中具体地考察了日本警察制度的机构设置、职能权限,指出"凡警察职务在保护人民:一去害,二卫生,三检非违,四索罪犯"。(《全集》下,第1131页。)他对中国的保甲制度和欧美的警察制度作了比较,认为警察制度是欧美国家行政制度的重要组成部分,在国家管理中发挥着巨大的作用,"余考欧洲警察之制,大抵每一万户则设一分署,一分署有警察数十人。其在通都大邑、广衢要路,则持棍而立者,远近相望,呼应相接,是故,国家出一政、布一令,则警察吏奉命而行,极之至纤至悉无不到。人民犯一法、触一禁,则警察吏伺其踪、察其迹,使不得或逃网法。地方有阙失,风俗有败坏,则警察吏指摘其失,匡救其恶而整理之。盖宣上德意以下行,察民过失以上闻,皆警察吏之是赖"。他甚至认为欧美国家之所以人民和乐、令行政举、秩序井然,全赖警察制度之功,由此提出"然则有国家者,欲治国安人,其必自警察始矣"。(《全集》下,第1132—1133页。)在中国近代史上,黄遵宪是第一个对日本和欧美的警察制度进行过深入考察研究的人,其远见卓识在当时无人能企及。有论者曰:"黄遵宪集警政理论与实践于一身,因此我们称他为中国近代警察制度的奠基人当是不为过的。"(参见韩延龙、苏亦工:《中国近代警察史》上,第17页,社会科学文献出版社2000年版。)后来他在湖南新政中之所以精心措意于创设保卫局,其思想渊源其实就是由此而来的。

近代民主是代议制民主,政党政治是近代民主制度的实现形式,黄遵宪是首次介绍西方政党政治到中国的人。在《礼俗志》中,黄遵宪介绍日本经过自由民权运动后,各政治团体纷纷转变为政党,其中有自由会(党)、共和党、立宪党、改进党、渐进党等,这些政党的组织形式是:"推一人或二三人为总理,次为副理,次为干事。"组织原则是:"凡入会者,书其姓名于籍。"议事原则是:各党皆定期举行会议,开会时"总理举其立其会之主义以告于众,众人者亦以次演述其所见……会中或论时事、驳政体,刊之新闻纸。苟他党有不合者,摘发而论之,则必往复辩论,务伸其说而后已"。(《全集》下,第1491—1492页。)

传统中国是一个二元社会,处于两极是民与政府,近代资本主义的产生和发展形成了一个公共领域,形成社会团体。黄遵宪非常重视社会团体在社会中的作用,他在《礼俗志》中认为,社会是由众人组成的,必须群策群力,团结起来的社会才有力量。"社会者,合众人之才力、众人之名望、众人之技艺、众人之声气,以期遂其志者也。"(《全集》下,第1491页。)"而世界以人为贵,则以人能合人之力以为力……举世间力之最巨者,莫如联合力。"(《全集》下,第1493页。)联合起来的团体组织能起到凝聚民众力量,从而推动社会发展的积极作用。西方国家迅速发展的一个重要原因就是民间力量的强大,各种非政府组织在社会上发挥重要作用,"余观泰西人之行事,类以联合力为之。自国家行政,逮于商贾营业,举凡排山倒海之险、轮舶电线之奇,无不藉众人之力以成事"。他说西方社会,"无一事不立会,无一人不结党,众人习知其利,故众人各私其党"。(《全集》下,第1493页。)虽有其中也有争权夺利、收买人心之类的弊病,但能团结众人的力量,形成集体力量。西方社会之所以能够横行世界,莫之能抗者,都是民间组织的功劳。

在经济改革方面,黄遵宪在《职官志》《食货志》《工艺志》《物产志》诸志中,对明治政府实施"殖产兴业"政策及其取得的成效进行了考察和评论,比较系统地阐述了他的经济改革思想。其主要思想有:经济改革的目标是"求富",即发展经济。发展工商业、开展对外贸易是求富的重要方法。修铁路,改善基础设施,应用现代科学技术是发展经济的基础,经济制度改革是发展经济的重要保障。

黄遵宪认为决定国家前途命运的最重要因素不在于军事力量,而在于经济实力。"求富"是西方各国的共同追求,也是世界发展的一大潮流。黄遵宪在《食货志》中指出,"日本维新以来,尤注意于求富,然闻其国用,则岁出入不相抵,通商则输出入不相抵。而当路者竭蹶经营,力谋补救,其用心良苦,而法亦颇善"。(《全集》下,第1139页。)认为可以从中观其得失,以为借鉴。在《物产志》中他又强调,国家之贫富、强弱,无不系乎"物产之盛衰",而当今海外各国,"汲汲求富","竭志尽力,与邻国争竞"，由此采取各种措施"繁殖物产"，促进商务，发展经济，甚至为保护本国经济利益而不惜动用武力。西方资本主义国家就是这方面的典型，"泰西百余年来，累世讲求，上自王公贵人，下至佣贩妇女，皆心知其意，上以是为保富之方，下以是为报国之务"。(《全集》下，第1494页。)

黄遵宪认识到殖产兴业对发展经济的重要性，他说："疆场之役，十战九败，不足虑也，若物力虚耗，国产微薄，则一国之大命倾焉、元气削焉。"他对日本明治维新以来"兢兢以殖产为亟务"深表赞赏，认为这是"知所先务"，值得国人学习和借鉴，所谓"有国家者，能勿念诸"。(《全集》下，第1494—1495页。)针对国内守旧人物以为开矿山有害"风水"、有损"国体"、矿工"聚众难散"等各种谬论，黄遵宪一一加以批驳，认为发展工矿不仅可以富国，还可以解决老百姓的生计问题，维护社会安定，"一经开坑，则开掘需人，冶铸需人，转运需人。小民藉手足之力资以谋生者，不知凡几。吾闻饥寒而盗贼者矣，未闻富足而盗贼者也"。(《全集》下，第1119页。)因而主张学习日本的经验，利用本国丰富的矿藏资源，大开矿利，加快近代工业发展。发展对外贸易是明治政府"殖产兴业"政策的重要组成部分。在《食货志》中，黄遵宪专设"商务"一卷，详细地介绍了日本开国后对外贸易的发展历史，其中编制了大量的统计表格，包括《金银输出入比较表》《新货币输出入超过表》《海关输出入总计各年比较表》，以及各类物产的输出品、输入品等表格，具体而精确地描绘出明治初期日本对外贸易的基本情况。

改善基础设施，应用科学技术是发展经济的基础，铁路是近代化的重要标志。黄遵宪认为："铁路之利，于漕务、矿务、赈务、税务为益无穷，而于用兵一事，尤为万不可少之举，必不可缓之图。识时务者，莫不谓然矣。"(《全集》下，第1123页。)针对当时国内不少人存有"铁路一兴，必有损于小民生计"的担忧，黄遵宪以英国为例，阐明铁路修建至"穷乡僻壤"，交通条件得以改善，非但不会"与民争利"，相反会促进工商业发展，"百物已无弃材，而运输来往，需役日众，民之赖转移执事以为业者乃益多"，这样会增加就业机会，促进生产发展。为此他专门制作了一张日本铁路里程及经营情况表，目的就是希望中国借鉴日本的成功做法，加快发展铁路交通，他相信"如是数十年，铁道交遍于国中，可计日待也"。(《全集》下，第1123页。)这对于推进中国的近代化进程将起到重要作用。

近代工业的发展与科技的进步是分不开的。黄遵宪注意到，西方国家非常注重发展实学,"今欧美诸国崇尚工艺,专门之学,布于寰区",而且特别注重近代科技的推广应用,"举一切光学、气学、化学、力学,咸以资工艺之用,富国也以此,强兵也以此。其重之也,夫实有其可重者在也"。西方资本主义国家近代工业突飞猛进正得益于此。明治维新后,日本以西方为榜样,也非常重视发展科技工艺,派遣官员、专家往世界各地考察新工艺、学习新技术,设立专门学校,培养技术人才,举办博览会,奖励技术革新,促进了近代工业的发展。相比较而言,中国士大夫则喜言空理,不求实事,而于实学不加重视,"于工艺一事,不屑讲求,所作器物,不过依样葫芦,沿袭旧式",这极大地阻碍了科技的进步和工业的发展。黄遵宪对此进行了批判,指出"今万国工艺,以互相师法,日新月异,变而愈上"。(《全集》下,第1551页。)呼吁向西方国家学习,大力提倡"工艺",以促进近代工业的发展。

黄遵宪认为,经济制度改革是发展经济的重要保障。他将西方国家的财经政策总结为六个重点方面:一是"审户口",二是"核租税",三是"筹国计",四是"考国债",五是"权货币",六是"稽商务",他认为"六者兼得,则理财之道得,而国富矣;六者交失,则理财之道失,而国贫矣"。(《全集》下,第1139页。)黄遵宪认为,理财的第一要义就是"审户口"。维新以来,明治政府意识到"编审户口,当务之急",在废藩置县的同时还推行了户籍制度的改革,将旧藩诸侯改称为"华族",藩士食世禄者称为"士族",同时废除"秽多""非人"之名,概称为"平民",并解除了各种人身限制。户籍改革为加强人口管理、促进经济发展打下了重要基础。黄遵宪认为税收是政府财政的最重要来源,"夫国之为国,非如人之一身一家之有恒产者可比,故欲以一国之财治一国之事,舍租税之外,更无他法"。(《全集》下,第1167页。)由于税收"悉征之于民",要求"取之有制",不能横征暴敛,因此必须健全国家的财税管理制度,其中最重要的就是预算、决算制度。黄遵宪指出:"余考泰西理财之法,预计一岁之入,某物课税若干,某事课税若干,一一普告于众,名曰预算。及其支用已毕,又计一岁之出,某项费若干,某款费若干,亦一一普告于众,名曰决算。"他十分推崇预算、决算制度的先进性,"其征敛有制,其出纳有程,其支销各有实数,于预计之数无所增,于实用之数不能滥。取之于民,布之于民,既公且明,上下孚信"。(《全集》下,第1187页。)这种预算、决算制度在西方国家得到普遍采用,日本的地税改革也仿效引进了预算、决算制度,"日本近仿泰西治国之法,每岁出入书之于表,普示于民"。黄遵宪称赞说:"此理财之法之最善者也"。(《全集》下,第1188页。)与此同时,黄遵宪对中国古代的赋税制度进行了批判。他指出,"秦汉以降,君尊而民远","为百姓者不知国用之在何所,但以为日竭膏脂以供上用",老百姓只有纳税的义务,对财税使用情况毫无知情权和监督权,而负责赋税征收的地方官吏更是从中横征暴敛、中饱私囊,致使老百姓以为"吾民膏血,徒以供上官囊橐",由此造成了"上下阻隔,猜疑横起,欲谋筹饷,势处至难"的局面。还对明治政府的国债作了考察和评述。黄遵宪认为,中国历来无国债之说,国债起源于西方国家,主要是为解决租税不足而产生的,即"重赋加征之不足,于是议借债";西方国家发行国债主要是为了解决军费来源、饥荒救济及公共设施建设、近代工业发展所需的资金问题。发行国债虽可筹集到政府所需款项,但如果国债过重则会带来许多不良后果,"夫有国家者,既不能如人之一身有恒产,有生计,亦不能竭国家所有而抵偿于人。负债既重,终不能不分其负担于人民,取偿于租税。租税过重,民不能堪,国必随弱"。黄遵宪还进一步分析了内债与外债的利害得失,他指出,内债虽有利有害,但其利害系于一国,而"外国债则利在一时而害贻于他日,且利在邻国,而害中于本邦",甚至会因外债过重而导致亡国,"近者如土耳其,如埃及,皆以负债之故,国库匮乏,岌岌可危,其覆辙可鉴也"。(《全集》下,第1197页。)在《食货志》中黄遵宪对货币制度改革作了考察,"王政维新,特于大阪设造币局,于明治四年始金银铜三货并铸",后来为维持新政的需要,明治政府又一度滥发纸币,造成严重的通货膨胀,致使"纸币日贱,物价日昂,贫民之谋生者日难于一日",由此也引发日本各界人士对其功过利弊的议论。黄遵宪援引这些言论指出,发行纸币是不可避免的,"制造纸币,乃出于不得不然",因为这是日本实行革故鼎新、推进近代化的需要,"若论纸币功过,则维持新政,征讨叛徒,整顿海陆军之兵,经营华、士族之产,创电信、铁道、矿山之业,为训农、通商、惠工之益,皆其功之大者也。然于腾贵本国物价,增加外品输入,使国民溺于骄奢、陷于困苦而不自觉,是则其害之大者也。盖国家蒙其益,而小民实受其害云"。(《全集》下,第1203页。)

　　黄遵宪非常重视人口对经济发展的重要影响。他指出:"国多游民,则多旷土,农一食百,国胡以富?群工众商,皆利之府,欲问地利,先问业户。"(《全集》下,第1139页。)黄遵宪从中外历史与现实状况出发,深刻地论述了人口增长与国家贫富、社会稳定之间的关系。他认为"古之时土满,今之时人满",也就是说过去地利未尽辟,物产未尽殖,天下皆有用之人,因此民寡者国弱,民众者国强;而当前土地不足以容众,物产不足以给人,天下多无用之民,因此民之众寡与国之盛衰没有必然联系。由于人口增长过快,劳动力过剩,民无恒产,"天下之不士不农不工不商者,比比皆是",结果极易产生各种社会矛盾,对社会稳定造成严重威胁。从中国的情况来看,人口压力问题显得尤为突出,明清以来,人口数量激增,人口与资源的比例严重失调,"为上者兢兢然以法维持之,仅及于无事,稍或懈弛,则大乱作矣"。(《全集》下,第1149—1150页。)黄遵宪建议清政府借鉴欧美和日本的做法,一方面应大力"移民垦殖","广兴农桑",促进农业生产,另一方面应倡导"群工众商",注重发展工商业,以化解由于人满为患而潜藏的严重的社会危机。

在军事改革方面,黄遵宪在《兵志》中对世界各国募兵制、征兵制的演变发展历史及各自优缺点,以及日本明治维新后陆海军的建制、规模、教习等,均作了详细介绍。他首先从世界发展大势的宏观视野,对各国的军事观念、军事制度进行比较,以阐明加强军备建设的战略意义。他说:"中国之论兵,谓如疾之医药,药不可以常服,所谓不得已而用兵也。"与此不同,"泰西之论兵,谓如人之有手足,无手足不可以为人,所谓兵不可一日不备也"。他认为在当今列国纷争、弱肉强食的时代,"弛备者必弱,忘战者必危",欧洲各国的历史就是例证,今日玉帛,明日兵戎,包藏祸心,不可猜测。在这种情况下,"非练兵无以弭兵,非备战无以止战"。黄遵宪还清醒地认识到世界形势发生了根本性的变化,与过去彼此隔绝、老死不相往来的局面不同,当今世界各国交往日益频繁,没有一个国家能闭关自守,自绝于世界潮流之外。有鉴于此,他明确指出:"然而事变之极,已至此极,虽使神圣复生,必不能闭关而治。无闭关之日,即终不能有投戈讲艺、解甲归田之日,虽百世可知也。"为此他大声疾呼:"今日之事,苟欲禁暴戢兵,保大定功,安民、和众、丰财,非讲武不可矣。"(《全集》下,第1236页。)黄遵宪对明治政府的兵制改革极为重视,他抄录了明治五年(1872年)十一月明治天皇关于改革兵制的诏书的内容,以及次年明治政府发布的《征兵令》的条文,并援引其中的话称赞"泰西诸国数百年来,所研究实践,编定兵制,法极精密"。同时,他又明确指出:"日本维新以来,颇汲汲于武事,而其兵制多取法于德,陆军则取法于佛,海军则取法于英,故详著之。观此亦可知欧洲用兵之大凡。"(《全集》下,第1236—1237页。)基于这种认识,他对适应当时世界发展大势的新式海军尤为重视,"逮乎近日,各国争强角力,日进日新,铁甲之不已,复益以铁城,直无异建铜墙铁壁于海中,而与人争地,宜乎无敌不摧、无城不克矣!"(《全集》下,第1313页。)他进而对当时世界上最强大的英国海军作了深入考察,认为英国海军之所以称雄世界,主要得益于其数十年来的锐意变革,"夫英之海军,固已强矣。然余观数十年以来,屡变屡迁,日新月异,苟泥守其旧制,乌能强盛如此乎?"具体而言,除船坚炮利之外,还有三方面的原因,一是"兵权统于将",二是"将材出于学",三是"器用储于国",从中他进一步认识到兵制改革的重要性。对日本仿效英国进行军事制度改革,黄遵宪予以高度评价,认为尽管目前日本的军事实力不能与英国同日而语,"然当今之时,列国环视,眈眈虎视,故虽艰难措据,亦复费二千万之金银,竭蹶经营,以成此一军,可谓知所先务矣"。他对日本举全国之力发展军备表示赞赏:"起数百年之衰废而变更旧制,要非容易。观于八年之间,改令三回,逐渐整顿,则当路诸君黜浮议而勤远略,汲汲图强,有足多矣!"(《全集》下,第1244页。)他还特意引用了1707年英国国会上书英皇的原话说,"欲英吉利安富尊荣,愿吾王于万机中,以海军一事为莫急之务,至要之图"。从这里可以看出,黄遵宪对日本兵制改革的考察,并不局限于日本本身,而是将之放置于世界列强竞雄的大背景下,与英、德、法等西方强国进行比较。黄遵宪这样做的根本用意,就是希望朝野上下认清"列国环视,眈眈虎视"的世界大势,高度重视军事制度改革,"今天下万国,鹰瞵鹗视,率其兵甲皆可横行,有国家者不于此时讲求兵制,筹一长久之策,其可乎哉!"(《全集》下,第1253页。)尤其应重视加强海军建设,为此他大声疾呼:"嗟夫,有国家者其念兹哉!其念兹哉!"(《全集》下,第1321页。)

在文教改革方面,黄遵宪在《学术志》中着重介绍了日本西学输入、文字改革和学制改革过程,其中对学制改革予以特别重视,从学校类别、课程设置、教学方法、学生人数等方面,对新的教育体制进行全面介绍,希望中国效法日本的做法,积极引进西学,推进教育改革,废除科举制度,兴办新式学校,培养各类人才,以适应近代化的需要。在《学术志》中,对日本新的教育体制进行全面介绍:"维新以后,壹意外交,既遣大使巡览欧美诸大国,目睹其事物之美、学术之精,益以崇尚西学为意。明治四年,设立文部省,寻颁学制,于各大学区分设诸校。有外国语学校,以英语为则。""有小学校,其学科曰读书,曰习字,曰算术,曰地理,曰历史,曰修身,兼及物理学、生理学、博物学之浅者,益以罨画、唱歌、体操诸事。有中学校,其学科亦如小学,而习其等级之高者、术艺之精者。有师范学校,则所以养成教员,以期广益者也。""有专门学校,则所以研究学术,以期专精者也。"有东京大学校,分法学、理学、文学三学部。法学专习法律,并及公法。理学分为五科:一、化学科,二、数学、物理学及星学科,三、生物学科,四、工学科,五、地质学及采矿学科。文学分为两科:一、哲学、政治学及理财学科,二、和汉文学科。其东京医学校并隶于本校。此外,有工部大学校,以教电信、铁道、矿山之术;有海陆军兵学校,以教练兵、制器、造船之术。有农学校,以教种植,商学校,以教贸易,工学校,以教技巧,女学校,以教妇职……凡学校,无论官立、公立、私立,皆受辖于文部,学规教则命文部卿监督。"朝廷既崇重西学,争延西人为之教师。明治六七年间,各官省所聘、府县所招,统计不下五六百人。"(《全集》下,第1411—1413页。)明治政府在移植欧美教育体制、兴办新式学校、大力普及国民教育的同时,还请进为数众多的外国教师,并向国外派遣留学生。此外,西学书籍被大量翻译进来,各类报纸也如雨后春笋般涌现。为适应普及教育的需要,还积极推行文字改革。对此,《日本国志》都作了具体介绍。明治政府在推行"文明开化"方面的卓著成效显然给黄遵宪留下了深刻的印象,他从中认识到普及教育、提高国民素质,乃是"国力强盛之本"。他感叹地说:"泰西诸国以互相师法而臻于日盛,固无论矣,日本蕞尔国耳,年来发愤自强,观其学校分门别类,亦骎骎乎有富强之势。"(《全集》下,第1415页。)黄遵宪之所以如此重视明治政府的教育改革,意在"以他山之石,可以攻错",希望中国效法日本的做法,积极引进西学,推进教育改革,废除科举制度,兴办新式学校,培养各类人才,以适应近代化的需要。黄遵宪对明治维新期间出现的"言文一致"运动作了深入考察和评论。明治政府为大力普及国民基础教育,积极推行文字改革和文体革新,掀起了"言文一致"运动。黄遵宪对此非常重视,在《学术志》中,黄遵宪考察了日本的文字、语言的演变和特点,肯定日本创造假名,使文字与语言相合,"有裨于东方文教者多矣"。"考日本方言不出四十七字中。此四十七字,虽一字一音,又有音有字而无义,然以数字联属而成语,则一切方言统摄于是,而义自在其中。盖语言文字,合而为一,绝无障碍,是以用之便,而行之广也。"(《全集》下,第1419页。)他主张中国的文字和文体也要改革。文字应该"愈趋于简,愈趋于便"。文体应该"明白晓畅,务期达意","适用于今、通行于俗"。他还希望能创造一种简易之法,"令天下之农工商贾、妇女幼稚皆能通文字之用"。不仅如此,黄遵宪还注意到西方文字演变与文学发展、宗教盛行的密切关系,他介绍道:"余闻罗马古时,仅用腊丁语,各国以语言殊异,病其难用。自法国易以法音,英国易以英音,而英法诸国文学始盛。耶稣教之盛,亦在举引《旧约》《新约》就各国文辞普译其书,故行之弥广。盖语言与文字离,则通文者少;语言与文字合,则通文者多,其势然也。"(《全集》下,第1420页。)他从中深刻领悟到"言文合一"的重要性和必然性,从而确立起文体革新的观念:"泰西论者,谓五部洲中以中国文字为最古,学中国文字为最难,亦谓语言文字之不相合也。然中国自虫鱼云鸟,屡变其体,而后为篆书,为草书。余乌知夫他日者不又变一字体,为愈趋于简,愈趋于便者乎……周秦以下,文体屡变,逮夫近世,章疏移檄,告谕批判,明白晓畅,务期达意,其文体绝为古人所无。若小说家言,更有直用方言以笔之于书者,则语言文字几几乎复合矣。余又乌知夫他日者不更变一文体,为适用于今、通行于俗者乎?嗟呼!欲令天下之农工商贾、妇女幼稚皆能通文字之用,其不得不于此求一简易之法哉?"(《全集》下,第1420页。)

黄遵宪为了提倡西学,采取了"西学墨源说","西学中源说"萌芽和产生于明末清初,此说最早见于黄宗羲的"中学失传而被纂于西人",后经王夫之、王锡阐的极力宏扬、阮元、梅文鼎的推波助澜,终清代而不息。从洋务运动到戊戌变法,此说大盛,薛福成、谭嗣同等均持此说。认为西学即"墨翟之法",而西法源于申韩,设官类乎周礼,行政近似管子,连近代西方化学、物理、数学的来源也能从周秦诸书中找到。在《日本国志》中,黄遵宪提出:"余考泰西之学,其源盖出于墨子。其谓人人有自主权利,则墨子之尚同也;其谓爱汝邻如己,则墨子之兼爱也;其谓独尊上帝,保汝灵魂,则墨子之尊天明鬼也。至于机器之精,攻守之能,则墨子备攻备突、削鸢能飞之绪余也。而格致之学,无不引其端于《墨子·经》上下篇。"(《全集》下,第1399页。)

此外,《日本国志》还全面系统地介绍了日本的民俗文化。在《礼俗志》中,黄遵宪对朝会、祭祀、婚娶、丧葬、服饰、饮食、居处、岁时、乐舞、游燕、神道、佛教、氏族、社会等民俗文化分门别类地详加介绍,展现了日本历史文化与生活习俗丰富多彩的图景。更值得称道的是,黄遵宪对日本民俗文化的介绍还有一个突出的特点,即在记述日本民俗文化发展演变的基础上,比较注重介绍明治维新以后日本社会习俗因受西方文化的影响而发生变迁的情况,从中探求社会进化和历史发展的规律。

由上可见,《日本国志》对明治维新的考察是极为系统全面的,包括了政治、经济、军事、文教等各项制度的改革实情,对于西方先进文明制度的向往之情,跃然纸上。但同时也应当指出,黄遵宪在随使日本时期对于明治维新的认识和理解还有模糊、矛盾的地方。比如,他在《日本国志·工艺志》中认为:"夫物穷则变,变则通,吾不可得而变革者,君臣也,父子也,夫妇也,凡关于伦常纲纪者皆是也;吾可得而变革者,轮舟也,铁路也,电信也,凡可以务财、训农、通商、惠工者皆是也。"(《全集》下,第1551页。)这里可以明显地看出他的思想中还保留着"中体西用"的痕迹,同时也说明他的思想尚未定型。以上对《日本国志》内容的归纳评论,参考了郑海麟《黄遵宪传》(中华书局2006年版)和黄升任《黄遵宪评传》(南京人民出版社2006年版)等的论述。《日本国志》书成后,1895年冬方由广州羊城富文斋出版,延迟八年多问世,李长莉撰文认为,主要原因是李鸿章对本书作了否定性评价,其次是总理衙门大员昏庸无识。而其根本则是皇权官僚士大夫体制的思想控制和言论约束机制。(李长莉:《黄遵宪〈日本国志〉延迟行世原因解析》,《近代史研究》,2006年第2期。)

《日本国志》是近代中国人自己编辑的第一部日本通史,第一次比较全面介绍了日本明治维新以来的情况,产生了很大的影响。狄葆贤在《平等阁诗话》中称誉《日本国志》一书"海内奉为镶宝。由是诵说之士,抵掌而道域外之观,不致如堕五里雾中,厥功洵伟矣哉!"(狄葆贤:《平等阁诗话》,第36页,凤凰出版社2015年版。)光绪二十六年(1900年),新加坡林文庆博士在一篇关于中国维新之先导者的文章中,把黄遵宪的《日本国志》称为"关于日本的维新运动历史的经典性文献"。并认为此书与康有为的著作"对于中国所产生的影响,正如福楼梯尔的史论之于法国一样",它们为维新党人

"开启道路"。(吴天任:《黄公度先生传稿》,第 371 页,香港中文大学 1972 年版。)有论者评论曰:"《日本国志》作为近代人研究日本的最有代表性的一部专著,问世后对近代中国人的日本认识起了很大的促进作用。如康有为著《日本变政考》、王先谦著《日本源流考》、王芸生编《六十年来中国与日本》以及近现代人论日本之书,无不参考和引用《日本国志》。"(郑海麟:《黄遵宪传》,第 324—325 页,中华书局 2006 年版。)

庶弟遵实实甫生。(据《钱谱》。)

三子黄履刚生。(据《钱谱》。)

本年,黄遵宪在家,作《夜饮》抒怀:"长风吹月过江来,照我华堂在手杯。莫管阴晴圆缺事,尽欢三万六千回。胸中五岳撑空起,眼底浮云一扫开。玉管铜弦兼铁板,与君扶醉上高台。"(《诗草笺注》上,第 443 页。)

光绪十四年戊子(1888 年) 四十一岁

【国内外大事】正月(2 月),驻美使臣张荫桓与美国政府订立《华侨事宜草约》六款,遭粤省旅美商人反对而未批准。八月二十六(10 月 1 日),醇亲王奕谡奏呈《北洋海军章程》十四章,以提督为全军统帅,标志北洋海军正式成立。九月(10 月),康有为在京应顺天乡试,未第,上万言书,极言时危,提出"变成法、通下情、慎左右"之事。书在都察院受阻,未能达于朝廷。"举京师之人,咸以康为病狂。大臣阻格,不为代达。"(梁启超:《戊戌政变记》,第 1 页,岳麓书社 2011 年版。)

正月初十(2 月 21 日),张之洞上折朝廷,请于嘉应州城建立左宗棠专祠。朝廷朱批,"著照所请,礼部知道"。(赵德馨主编:《张之洞全集》第二卷,第 64—65 页,武汉出版社 2008 年版。)

十月(11 月),黄遵宪携《日本国志》稿赴京,时前出使日本大臣何如璋期满释戍,回到广东,应两广总督张之洞之聘,到潮州主讲韩山书院。(俞政:《何如璋传》,第 163 页,南京大学出版社 1991 年版。)

十月十九(11 月 22 日),黄遵宪由香港抵上海,而何如璋则由上海到潮州,故两人差池不得相见,黄遵宪有诗表达遗憾之情,诗曰:"百年有几相逢日,一别重来十二年。海水萍踪仍此地,岁星荔实忽周天。长江浪击轰云炮,绝漠寒深大窖毡。公正南归吾北上,欲论近事恨无缘。(子峨先生自塞外赐环,由沪来潮,余方由港往沪,故差池不得相见。)"《十月十九日至沪初随何大臣如璋使日本即于是日由上海东渡今十二年矣》,《诗草笺注》上,第 445 页。)黄遵宪由海路北上,取道天津,将《日本国志》书稿及禀文上呈给北洋大臣李鸿章,希望能得到李鸿章对书稿的嘉许,"赐以训诲",并期望李鸿章能将书稿代呈总署。黄遵宪意在呈书自荐,藉以进身。(李长莉:《黄遵宪〈日本国志〉延迟行世原因解析》,文见中国史学会、中国社会科学院近代史研究所编:《黄遵宪研究新论》,第49—81页,社会科学文献出版社 2007 年版。)禀文称:"窃职道前于出使日本参赞官任内伏读总理各国事务衙门奏案,内开:'凡有关系交涉事件及各国风土人情,该使臣等当详细记载,随时咨报,数年以后,各国事机,中国人员可以洞悉,即办理一切,似不至漫无把握。可否请旨饬下东西洋出使大臣,将大小事件逐日详细登记,咨送臣衙门备案查核,以资考证'等因。奉旨:'依议。钦此。'具仰朝廷咨诹询谋、慎重邦交之至意。职道既居东二年,稍稍读其书,习其文,与其国士大夫游,详稽博考,略悉其事。窃谓日本与中国紧相邻接,击柝相闻,比欧美诸国尤为切要,而其国自德川将军主政以来,禁绝通商,锁港二百载,暨一战于马关,再战于(麂)〔鹿儿〕岛,乃隐忍成盟,联衡诸大,其变迁情势,与亚细亚诸国略相仿佛。而维新之后,如官职、国计、军制、刑罚诸大政,皆摹仿泰西,事事求肖,又足以观泰西政体。但能详志一国之事,即中西五部洲近况,皆如在指掌。窃不自揆,草为《日本国志》一书。逮由美回华,闭门著述,重事编辑,又阅二载,而后书成。凡为类十二,为卷四十,都五十余万言。其中若职官、食货、兵刑各志,确陈时政,伸为论说,亦五万余言。职道自奉使随槎,在外九载,尝慨中国士夫于外事不屑措意,通商五十年,惟《瀛寰志略》《海国图志》二书,椎轮创始,粗具大概,积岁已久,未有续书,即留心时务者,亦无所凭藉,以资考证。东西之人多谓中国士大夫昧于外务,职道心焉惜之。职道自维南越鄙人,薄材棉力,绝无学识,乃自忘固陋,经营拮据,前后八载,成此一书,实欲以拓中土之见闻,杜外人之讥议。区区微意,盖在于此。兹已缮录成帙,谨呈典签,赐以训诲,无任欣幸。职道此书,以总署前有奏案,伏俟中堂训谕后,拟赍之以呈总署。如钧旨以为不谬,可否俯赐大咨,移送总署,以备查考,敬候卓裁。"禀文依李鸿章咨文所录。(王立诚:《李鸿章、张之洞推荐〈日本国志〉的咨文》一文附录,文见中国史学会、中国社会科学院近代史研究所编:《黄遵宪研究新论》,第

46—47页,社会科学文献出版社2007年版。)黄遵宪将书稿和禀文上呈给李鸿章后,遂进京而待,期盼人书并进,一展其志。

秋,黄遵宪与蔡毅若在广州有一面之缘。蔡毅若,福建龙溪人,张之洞幕僚。幼年入广东同文馆肄业英文,后选送京师同文馆。

十一月十七(12月19日),清廷总署收到李鸿章推荐《日本国志》之咨文:"据二品衔分省先用道驻美总领事出使日本参赞黄遵宪禀称:……等情,到本阁爵大臣。据此,除批该道所著《日本国志》四十卷,本大臣详加披览,叙述具有条理,如职官、食货、兵刑、学术、工艺诸志,博稽深考,于彼国改法从西原委,订证尤为赅备,意在于酌古之中,为匡时之具,故自抒心得,议论恢奇,深协觇国采风之旨。虽日本摹仿泰西,仅得形似,未必志一国而能赅五部洲之形势,然于东瀛政教图经,言之凿凿,如在目中,亦有志之士矣。应如所请,即由本大臣备咨,并原书两函,驿寄总理各国事务衙门备览。明隆庆间黄少詹洪宪奉使朝鲜,都其先世实纪,归作《朝鲜国记》。今此书详赡过之,洵足与前贤颉颃也,等因。印发外,相应将原书二函咨送贵衙门,请烦查照备览,须至咨者。"(咨文见中研院近代史研究所档案馆藏"总理各国事务衙门清档",01—34—003—09—001—003—004,转引自王立诚:《李鸿章、张之洞推荐〈日本国志〉的咨文》一文附录,文见中国史学会、中国社会科学院近代史研究所编:《黄遵宪研究新论》,第46—47页,社会科学文献出版社2007年版。)

本年,黄遵宪之四子黄璇泰生。(据《钱谱》。)

光绪十五年己丑(1889年) 四十二岁

【国内外大事】正月十四(2月13日),翰林院掌院学士麟书代奏编修丁立钧《敬陈管见》一折,反对举办洋务,请饬李鸿章斥绝马建忠、张佩纶等人。四月(5月),两广总督张之洞以各省每年进口西洋所炼之铁需费甚昂,上年此项价款即用银二百八十万两,以银换铁,殊为不值。而洋铁所以畅销,因西国炼铁向用机器,工省价廉。为收归利权计,故致电驻英使臣刘瑞芬,嘱在英定购炼铁机器,运来广东,开办铁厂,自炼洋铁。(潘向明:《清史编年》第十一卷,光绪朝,第520页,中国人民大学出版社2000年版。)十一月初八(11月30日),两广总督李瀚章请饬湖广总督张之洞将前在广东所购炼铁、织布机器移往湖北。诏从李瀚章之请,命张之洞将所购机器带至湖北开办。

黄遵宪在京师，先后识满洲志伯愚锐詹事、满洲志仲鲁钧编修、宗室盛伯熙昱祭酒、顺德李仲约文田侍郎、萍乡文芸阁廷式编修、桐庐袁爽秋昶主事、长洲王㱾卿颂蔚主事、瑞金陈次亮炽主事、嘉兴沈子培曾植主事、成都杨虞裳宜治员外、福山王廉生懿荣编修、贺县于晦若式枚主事、灌阳唐春卿景崇侍读、台湾丘仲阆逢甲主事、番禺梁节庵鼎芬编修、瑞安黄仲弢绍箕编修、嘉兴许竹篔景澄星使等。《钱谱》案：袁昶《安般簃集》卷已，本年有《送黄公度再游欧西绝句》十首。是时袁昶方在京师，诗中有"蹙然访我碧鸡坊"及"又送新知捧紫泥"句，知黄遵宪本年始在京识昶。其余诸人，见于《人境庐诗草》卷六《岁暮怀人诗》中。沈子培、文芸阁、黄仲弢，本年皆在京师，考之《安般簃集》而知。黄遵宪与之订交，当在本年。怀人诗系黄遵宪庚寅冬在海外所作，其与诸公相识，自当在出国之前，疑皆在本年客京师时，志伯愚、梁节庵两人，系黄遵宪丙子顺天乡试同年，相知当更在先，姑类志于此。袁昶与黄遵宪尤契。述潘儒初、邓铁香语，许黄遵宪以国器，《人境庐诗草》卷十《三哀诗·哀袁爽秋京卿》云："识公十数年，相见辄倒屣。追述潘邓说，许我以国器。"又称黄遵宪《日本国志》"详实有体"。据《钱谱》引袁昶《送黄公度再游欧西绝句》第二首自注。此外，黄遵宪还与宝佩珩鋆有交往，宝鋆，曾任军机大臣，并充总理各国事务大臣、武英殿大学士，时已休致。曾作《上宝佩珩鋆相国》二首赠之，其一："毡裘大长拜诸夷，争说王商状貌奇。玉册早编贤圣籍，丹书曾作帝王师。喜看岁晚余苍桧，未用仙方饵紫芝。身历五朝文献备，请披一品集中诗。"其二："褒衣博带进贤冠，曾向凌烟阁上看。一柱久撑天下计，八方环问相公安。平泉春暖花常好，沧海波平水不澜。闻道园亭名独乐，尚忧边事慨才难。"（《全集》上，第218页。）

三月（4月），丘逢甲到北京会试，中第八十一名贡士，殿试中三甲第九十六名进士，钦点工部虞衡司主事。寓京期间，结识黄遵宪与温仲和等人。

五、六月间（6月—7月），此时，黄遵宪已抑郁闲居京城，饱受冷落半年之久，只好南下返回广州，向另一位洋务大员、两广总督张之洞求助，向张之洞呈上手头唯一一部《日本国志》书稿，希望得其大力推荐。（李长莉：《黄遵宪〈日本国志〉延迟行世原因解析》，文见中国史学会、中国社会科学院近代史研究所编：《黄遵宪研究新论》，第73页，社会科学文献出版社2007年版。）禀文称："窃遵宪自奉使随槎，在外九载。到日本后，周咨博访维新以后，如官职、国计、军制、刑罚诸大政，皆摹仿泰西。但能详志一国之事，即中西五部洲近况皆如指掌。窃不自揆，创为《日本国志》一书，凡为类十二，为卷四十，都五十余万言,其中若职官、食货、兵刑各志,胪举新政,借端伸论,又六万余言。黾勉经营,凡历八载,杀青已竟,复自展阅。不远千里,挟书自呈,欲得一言以为定论,可否俯赐大咨径送总理衙门,统候卓裁? 此书别无副本,道远邮寄,或致遗失,请即给咨,声明其书由该员自行赍呈。"(《全集》上,第339页。) 全集将此文定为光绪十三年,似误,此禀写作时间,应在光绪十五年,参之张之洞咨文档案可知。

四月十六(5月15日),薛福成被朝廷委任为出使英、法、义、比钦差大臣,以三品京堂候补,并赏给二品顶戴。

五月十八(6月16日),黄遵宪叔弟黄遵路以妄想狂症,言所住桐华书屋正厅西房第二间时见花妖入室,遂刃腹自杀。(黄伯权:《大事记》,郑海麟、黄延康编撰:《黄伯权传记》,第54页,培富印刷1997年版。)黄遵宪为铭辞曰:"吾闻君子之敬天命,犹孝子之奉亲闱。虽降荼毒,甘受不违。又闻达人之言命,斥造化为小儿,一任人世之殃庆祸福颠倒舛午,彼造物者曾不省訾。虽旨趣之各别,同渺茫而无归。人固无所逃死兮,死亦不必祈。第委心任运,而与化推移。胡志意之亢,气干之未衰,而自缩其期? 谓神仙为兵解,视蜕形犹委衣。事岂足信,亦非汝能几。谓勇士之赴义,甘鼎镬而如饴。无所为而为此,亦未必若是愚。谓妖梦幻妄之构于心,造于思,则向香以为朽,视白以为缁,本出于病迷。似则似矣,又胡为操刀之割,乃在无疾之时? 谓世为无鬼,鬼为无知,彼罔两倏忽,獝狂闪尸者,孰为设施? 又奚为双刃骈殉,萃此须臾,而不忒毫厘? 谓世为有鬼,鬼为有知,鬼死犹能为厉,岂人未死而鬼之敢欺? 且既已左弹而右鸮,香灭而兰萎,攫与俱往,其又将奚为? 以此问佛,佛多遁辞;以此问孔,孔曰未知。即起黄帝为士师而学断斯狱,亦不能剸其是非。理莫可诘,事则如斯。我作铭词,借舒吾悲。上以诘无可奈何妄言知命之贤圣,下以讯遭值事变不知纪极之何谁。"(《全集》上,第270页。)

六月(7月),黄遵宪得到张之洞推荐《日本国志》之咨文,再次携书入京,亲自上呈总署。二十八日(7月25日),清廷总署收到张之洞推荐黄遵宪《日本国志》之咨文:"现据二品衔分省补用道前出使日本参赞官黄遵宪禀称:'窃遵宪自奉使随槎,在外九载。到日本后,周咨博访维新以后,如官职、国计、军制、刑罚诸大政,皆摹仿泰西。但能详志一国之事,即中西五部洲近况皆如指掌。窃不自揆,创为《日本国志》一书,凡为类十二,为卷四十,都五十余万言。其中若职官、食货、兵刑各志,胪举新政,借端伸论,又六万余言。黾勉经营,凡历八载,杀青已竟,复自展阅,不远千里,挟书自呈,欲得一言以为定论,可否俯赐大咨径送总署,统候卓裁'等情,到本部堂。据此,查该道籍隶广东嘉应,随使日本最久,于该国情形向称熟悉,又能留心时事,搜访纂辑,遂有成书。详阅所呈《日本国志》,条例精详,纲目备举,寓意深远,致力甚勤。且于外洋各国风俗、政事,俱能会通参考,具见究深时务。查光绪甲申年贵衙门所刊姚文栋《日本地理兵要》所载兵籍,于陆军但存兵数,海军存舰名而已,视黄志通叙兵制,详略相去奚啻什伯。惟卫镇各军额数,彼此不同。按黄志称以明治十四年为断,《地理兵要》刻于甲申,为时较后,当是日本新定之额,宜以姚书为正。维新以后,废藩国为府县,然其国舆地纪载,习如旧制,山川形胜,仍用道国为主。黄姚所述,大略相同,黄志别为府县沿革表,以著日本近制,为姚书所缺。但姚例谓日本形势在海,故于该国滨海湾岛,搜列甚详,亦为地学之一体。二书皆有用之作,惟详备精核,则姚不如黄,实为出使日本者必不可少之书,自应代为咨呈,以备查核。又据该员禀称:'此书别无副本,道远邮递,或致遗失,请即给咨,声明其书由该员自行赍呈'等情,除饬该员将书自行呈递外,为此咨呈贵衙门,谨请察照核办施行。"(咨文见中研院近代史研究所档案馆藏"总理各国事务衙门清档",01—34—003—09—001—006—007。转引自王立诚:《李鸿章、张之洞推荐〈日本国志〉的咨文》一文附录,文见中国史学会、中国社会科学院近代史研究所编:《黄遵宪研究新论》,第47—48页,社会科学文献出版社2007年版。)张氏咨文中已声明咨文系交黄遵宪带呈总署,故今藏中研院近代史研究所档案馆《总理各国事务衙门清档》中张之洞推荐《日本国志》的咨文,系黄遵宪亲自交到总署的。因此,本年黄遵宪有二次入京之行。今存档案写明清廷总署收到张氏咨文时间为光绪十五年六月二十八日,据此判断,黄遵宪本年二次进京的时间系在六月初。向总署呈送咨文及书稿后,黄遵宪仍留京静候消息。黄遵宪虽积极在京官场活动,却不为当道所重视,一直杳无音讯。

冬,与黄遵宪交谊较深之袁昶任总理各国事务衙门总章京,出使大臣公牍商略,皆由其代陈各堂。适薛福成将出使英、法、义、比四国,袁昶在未告知黄遵宪的情况下,私下向薛福成推荐黄遵宪。据《钱谱》引《太常袁公行略》云:"己丑冬,用资劳转译署总章京。出使大臣公牍商略,向由总章京代陈各堂。薛叔耘、黎莼斋两星使,黄公度、徐仲虎两参赞,与公尤契。薛之使英,公密以黄荐而不语黄,知不欲以公义涉私情也。"(《诗草笺注》下,第1197页。)于是,黄遵宪被命以二品顶戴分省补用道充驻英二等参赞。(薛福成著、安宇寄校点:《出使四国日记》,

第2页,湖南人民出版社1981年版。)

薛福成出洋日期屡次延期,最后定在次年正月放洋,黄遵宪与其相约届时于香港守候,遂借机回乡一行。薛福成于本年四月被任命为英、法、义、比四国大臣。原拟于本年十月出洋,因患疟疾而推迟;又拟于十二月十四日放洋,又因欧洲当时正蔓延时疫,依前任出使大臣刘芝田建议,改为次年正月启程,黄遵宪则次年自香港登舟。(薛福成著、安宇寄校点:《出使四国日记》,第1—3页,湖南人民出版社1981年版。)黄遵宪离京返乡之时,袁昶有绝句十首送行:"行遍扶桑东复东,碧幢又引上空桐。驺谈九大洲非幻,都入编排日谱中。""匦有东瀛国别书,发凡辨体子元如。陋他岛索轻南北,事纬年经意不疏。""直须压倒吾妻镜,夷宣文人敛手推。始信山川能说者,林牙争重老刘才。""岭南不独生丹橘,海外从看舞白题。佛说西牛货洲好,汉家戊尉十年栖。""金穴中郎工摸金,岂知国计恤疲黔。仍将本富蚕耕重,莫得其皮枉用心。""翁山兀兀二樵畸,峤雅飘姚不可追。今得泓峥萧瑟手,正音一洗岭南诗。""孺初伯讷两孤标,说士期君器后凋。却望南云深不见,海山何处访团瓢?""蹙然访我碧鸡坊,漫叟于今漫作郎。稍待时清常挥去,与君挂席水云乡。""芋赋能令狌众狙,兰闉弹指到群胡。指扨即寓闲谈笑,绝倒壶邱摄郑巫。""故人持节大秦西,(同年叔芸星使。)又送新知捧紫泥。苍海不波川岳静,始知庙略舞千齐。"(据《钱谱》引袁昶《安般簃集》卷己。《诗草笺注》下,第1197页。)王颂蔚亦有五古二首送黄遵宪曰:"广南古奥区,魁奇所丛育。我友黄长睿,负才尤绝俗。劬古得谟觞,讨今图畿服。十上不得志,神驹耻趻踧。爱作汗漫游,西行指柳穀。在昔辽大石,曾收印都族。元祖见角端,亦著亲征录。两朝逞兵棱,皆至海西曲。沈(子惇)何(愿船)号方闻,迄未定员幅。烦君亟考实,归来共扬榷。大典图书渊,渔猎资来学。岁久渐沦芜,往往山岩伏。颇闻伦敦城,稿尚盈两屋,愿君勤搜访,寄我采遗目。(大典今存翰林院者,只八百余册。传闻英人购去,储博物院。)""宣庙昔季年,海氛始渐张。烟禁既大弛,三口遂通商。埠头日以辟,遍地斑兰裳。迩来设海部,相率谈自强。既购克虏炮,复置毛瑟枪。峨峨钢铁甲,靡千亿佛郎。利器不善用,适以赍盗粮。金钱日外溢,卮漏未渠央。生民剥膏血,坐是羸且尪。小夫骛执利,狗态而憋肠。器必尚服匿,食亦罗潼浆。舌人语粗解,著论已汪洋。邹衍书未读,便欲非三王。藉此弋声誉,取爵如烂羊。可怜好家居,都被纤儿撞。望君作砥柱,努力事修攘。管子权轻重,商务即滥觞。墨子著经说,起重理已详。礼失求诸野,制夷师夷长。(魏邵阳语。)要令重九译,事我皇哉唐。"(王颂蔚:《写礼庼遗著》,第 148—149 页,文海出版社 1968 年版。《诗草笺注》下,第 1197—1198 页。)

黄遵宪在返乡途中,作《由潮州溯流而上驶风舟行甚疾》及《夜泊高陂其地多竹》二诗表达即将再次出使的心情及对家乡的依恋,其诗曰:"借得南风便,无嫌上水船。千帆张鸟翼,一席尽鸥眠。树若迎人立,桅随倚枕偏。篙师相对语,今夕且神仙。"(《诗草笺注》上,第 446 页。)"一篷凉月冷于秋,万竹潇潇俯碧流。欲拟勾留留不得,明年何处梦黄州?"(《诗草笺注》上,第 446 页。)

本年,黄遵宪父黄鸿藻署广西思恩府事,办蚕桑,修书院,教养兼施,政声卓著。(据《嘉应州志》。)

本年,季弟黄遵揩中式本省乡试举人。(据《光绪嘉应州志》。)

本年,三子黄履刚殇。(据《钱谱》。)

光绪十六年庚寅(1890 年)　四十三岁

【国内外大事】二月(3 月),俄国大臣会议修建西伯利亚铁路办法,拟从东西两端同时开始。本年,康有为始开讲堂于长兴里,订立学规,著《长兴学记》。又在陈千秋、梁启超帮助下,刻成《新学伪经考》。本年,张之洞设立汉阳铁厂。

正月(1 月),黄遵宪将赴英伦,族弟黄绍岐有诗四首送行,其一:"捧檄东浮瀛海去,乘槎北泛美洲回。即今更抵西牛部,不数张骞凿空来。"其二:"著作竞夸大手笔,奇书历历志蓬莱。史龙汉虎两相厄,鼎峙何人负异材。"其三:"富强十策惠荒服,管氏原推天下才。终须借箸筹边略,讵独循声溢九垓。"其四:"蕊珠宫里名昔记,今又封章力挽推。从识世间有伯乐,不教伏枥老龙媒。"(黄绍岐:《赠公度兄》,见黄绍岐:《海天漫草》,光绪二十五年手抄本。)

正月十一(1 月 31 日),出使英、法、义、比四国大臣薛福成,自上海乘法国公司"伊拉瓦第"船放洋。黄遵宪则订明在香港守候。十四日,船抵香港。十六日,黄遵宪携次子黄鼎崇和一仆人,由嘉应州来,登舟,午正一刻开行,未初二刻出口。(薛福成著、安宇寄校点:《出使四国日记》,第 5 页,湖南人民出版社 1981 年版。)黄遵宪有《自香港登舟感怀》诗:"又指天河问析津,东西南北转蓬身。行行遂越三万里,碌碌仍随十九人。久客暂归①增别苦,同舟虽敌亦情亲。龙旗猎猎张旆去,徒倚阑干独怆神。"(《诗草笺注》上,第447页。)十九日,至安南西贡,黄遵宪有《过安南西贡有感》诗五首:

"沧海归来伏著书,平生豪气未全除。仰看跕跕飞鸢堕,转忆乡人下泽车。"

"高下连云拥百城,一江直溯到昆明。可怜百万提封地,不敌弹丸一炮声。"

"神功远拓东西极,圣武张皇六十年。不信王师倒戈退,翻将化外弃南天。"

"九真象郡吾南土,秦汉以前既版图。一自三杨倡议后,珠崖永弃不还珠。"

"班超投笔气如山,万里封侯出玉关。今岂无②人探虎穴,宝刀难染血痕殷。"(《诗草笺注》上,第448—450页。)

正月二十(2月9日),自西贡展轮出口。二十一日,过新加坡。二十七日,抵锡兰岛,登岸游开来南庙,薛福成记:"锡兰一岛,长二百五十英里,阔百五十英里,周围得二万五千平方英里。开来南庙距岸七英里,余与翻译随员等乘马车往游焉。庙有如来卧像一尊,长二丈外。僧云,百五十年前所塑。又侍者坐佛二尊,其一云系二千四百年前所塑。入庙者,皆脱帽献花为礼。此地当即古之狮子国,为释迦如来佛成道之所,或系涅槃之所,而非释氏生长之地也。"(薛福成著、安宇寄校点:《出使四国日记》,第19—20页,湖南人民出版社1981年版。)黄遵宪有五古长篇《锡兰岛卧佛》诗记其事:诗为黄遵宪回家后补作。为其诗集中最长之诗,诗中详细描绘了卧佛的形象及其传说,追述东南亚诸国历史,佛教的兴衰和传播过程。梁启超在《饮冰室诗话》中盛赞此诗:"南洋某报录其旧作一章,乃煌煌二千余言,真可谓空前之奇构矣……吾敢谓有诗以来所未有也。以文名名之,吾欲题为《印度近史》,欲题为《佛教小史》,欲题为《地球宗教论》,欲题为《宗教政治关系说》,然是固诗也,非文也,有诗如此,中国文学界足以豪矣。"(梁启超:《饮冰室诗话》,第4—5页,人民文学出版社1959年版。)"大风西北来,摇天海波黑。茫茫世界尘,点点国土墨。虽曰中国海,无从问禹迹。近溯唐南蛮,远逮汉西域。旧时《职贡图》,依稀犹可识。自明遣郑和,使节驰络绎。

---

① "久客暂归",钞本作"作客久归"。
② "岂无",钞本作"日有"。

凡百马流种,各各设重译。金叶铸多罗,玉环献摩勒。每以佛光明,表颂帝威德。苏禄率群臣,渤泥挈尽室。阇斑被绣缦,扶服拜赤帝。是虽蛮夷长,窃号公侯伯。比古小诸侯,尚足称蒲璧。其他鸟了部,争亦附商舶。有诏镇国山,碑立高百尺。以此明得意,比刻之罘石。及明中叶后,朝贡渐失职。岂知蕞尔国,既经三四摘。铁围薄福龙,大半供鸟食。我行过九真,其次泊息力。婆罗左右望,群岛比虮虱。咸归西道主,尽拔汉赤帜。日夕兴亡泪,多于海水滴。行行复行行,便到师子国。浩浩象口水,流到殑伽山。遥望窣堵波,相约僧跻攀。中有卧佛像,丈六金身坚。右叠重累足,左握光明拳。虽具坚牢相,软过兜罗绵。水田脱净衣,鬖云堆华鬘。大青发屈蟠,围金耳垂环。就中白毫光,普照世大千。八十种好相,一一功德圆。是谁摄巧匠,上登忉利天。刻此牛头檀,妙到秋毫颠。或言佛涅槃,波罗双树间。此即茶维地,斯语原讹传。惟佛有神力,高踞两山巅。至今双足迹,尚隔十由延。或言古无人,只有龙鬼仙。其后买珠人,渐次成市廛。此亦妄造语,有如野狐禅。实则经行地,与佛大有缘。参天贝多树,由此枝叶繁。独怪如来身,不坐千叶莲。既付金缕衣,何不一启颜？岂真津梁疲,老矣倦欲眠。如何沉沉睡,竟过三千年？吁嗟佛灭度,世界眼尽灭。最先王舍城,大辟禅师窟。迦叶与阿难,结集佛所说。尔来一百年,复见大会设。恒河左右流,犍槌声不绝。其后阿育王,第一信佛法,能役万鬼神,日造八万塔。举国施与佛,金榜国门揭。九十六外道,群言罢一切。复遣诸弟子,分授十万偈。北有大月氏,先照佛国月。四开无遮会,各运广长舌。汉家通西域,声教远相接。金人一入梦,白马来负笈。绳行复沙度,来往踵相蹑。总持四千部,重译多于发。华言通梵语,众推秦罗什。后分律法论,宗派各流别。要之佉卢字,力大过仓颉。南有狮子王,凿字赤铜鍱。当时东西商,互通人筏。但称佛弟子,能避鬼罗刹。遂使诸天经,满载商人箧。鸟喙萩子洲,畏鬼性骇怯。一闻地狱说,心畏睒摩杀。赖佛得庇护,无异栖影鸽。国主争布金,妃后亦托钵。尊佛过帝天,高供千白氎。乐奏梵音曲,讼听番僧决。向来文身人,大半著僧衲。达摩浮海来,一花开五叶。语言与文字,一喝付抹杀。十年勤面壁,一灯传立雪。直指本来心,大声用棒喝。非特道家流,附会入庄、列。竟使宋诸儒,沿袭事剽窃。最奇宗喀巴,别得大解脱。不生不灭身,忽然佛复活。西天自在王,高踞黄金榻。千百毡裘长,膜拜伏上谒。西戎犬羊性,杀人日流血。喃喃诵经声,竟能消杀伐。藏卫各蕃部，无复事鞭挞。即今奔巴瓶，改法用金桃。论彼象教力，群胡犹震慑。综佛所照临，竟过九州阔。极南到朱波，穷北逾靺鞨。大东渡日本，天皇尽僧牒。此方护佛齿，彼土迎佛骨。何人得钵缘，某日是箭节。庄饰紫金阶，供养白银阙。倒海然脂油，震雷响金钹。香云幢幡云，九天九地彻。五百虎狮象，遍地迎菩萨。谓此功德盛，当历千万劫。有国赖庇护，金瓯永无缺。岂知西域贾，手不持寸铁。举佛降生地，一旦尽劫夺。我闻舒五指，化作狮子雄。能令众醉象，败窜头笼东。何不敕兽王，俾当敌人冲？我闻㹻大力，手张祖王弓。射过七铁猪，入地千万重。何不矢一发，再张力士锋？我闻四海水，悉纳毛孔中。蛟龙与鱼鳖，众生无不容。何不口一吸，令化诸毛虫？我闻大千界，一击成虚空。譬掷陶家轮，极远到无穷。何不气一喷，散为鞞蓝风？我闻三昧火，烧身光熊熊。千眼金刚杵，头出烟焰红。何不呼阿奴，一用天火攻？我闻安息香，力能敕毒龙。尾击须弥山，波涛声汹汹。何不呼小婢，悉遣河神从？我闻阿修罗，横攻善见宫。流尽赤蚨血，藕丝遁无踪。何不取天仗，压制群魔凶？我闻毗琉璃，素守南天封。薜荔鸠槃荼，万鬼声喁喁。何不饬鬼兵，力助天王功？惟佛大法王，兼综诸神通。声闻诸弟子，递传术犹工。如何敛手退，一任敌横纵。竟使清净土，概变腥膻戎？五方万天祠，一齐鸣鼓钟。遥望西王母，虎齿发蓬蓬。合上皇帝号，万宝朝河宗。佛力遂扫地，感叹摧肝胸。佛不能庇国，岂不能庇教。奈何五印度，竟不闻佛号。古有《韦陀》书，云自梵天造。贵种婆罗门，挟此肆凌傲。凡夫钝根辈，分定莫能校。自佛倡平等，人各有业报。天堂与地狱，善恶人所召。卑贱众首陀，吹螺喜相告。亦有婆罗门，渐渐服教导。食屑鹙鸠行，夜行䴗鹛叫。涂灰身半裸，拜月脚左跷。各弃事天业，回向信三宝。大地阎浮提，慈云遍覆帱。何意梵志辈，势盛复鼓噪。灰死火复然，尾大力能掉。别创温都名，布以人皇诏。佛头横着粪，诃骂杂嘲诮。尽驱出家人，一一出边徼。外来波斯胡，更立祅神庙。千牛拜火光，万马拜日曜。嗣后摩诃末，采集各经要。一经衍圣传，一剑镇群暴。谓此哥罗尼，实以教忠孝。天使乘白马，口宣天所诰。从则升九天，否则杀左道。教主兼霸王，黄屋建左纛。继以蒙古主，挟势尤桀骜。以彼转轮王，力大谁敢较。迩来耶稣徒，遍传《新旧约》。载以通商舶，助以攻城炮。谓天只一尊，获罪无所祷。一切土木像，荒诞尽可笑。顶上舍利珠，拉杂付摧烧。竟使佛威德，灯灭树倾倒。摩耶抚钵哭，迦叶捧衣悼。像法二千年，今真末劫到。恶王魔波旬,更使众魔娆。天人八部众,谁不生悲恼?噫嗟五大洲,立教几教皇?惟佛能大仁,首先唱天堂。以我悲悯心,置人安乐乡。古分十等人,贵贱如画疆。惟佛具大勇,自弃铜轮王。众生例平等,一律无低昂。罪畏末日审,报冀后世偿。佛说有弥勒,福德莫可当。将来僧祇劫,普渡胥安康。此皆大德慧,倾海谁能量。古学水火风,今学声气光。辩才总无碍,博综无不详。独惜说慈悲,未免过主张。臂称穷鸽肉,身供饿虎粮。左手割利刃,右手涂檀香。冤亲悉平等,善恶心皆忘。愈慈愈忍辱,转令身羸尪。兽蹄交鸟迹,一听外物戕。人间多虎豹,天上无凤凰。虎豹富筋力,故能恣强梁。凤凰太文彩,毛羽易摧伤。惟强乃秉权,强权如金刚。吁嗟古名国,兴废殊无常。罗马善法律,希腊工文章。开化首埃及,今亦归沦亡。念我亚细亚,大国居中央。尧舜四千年,圣贤代相望。大哉孔子道,上继皇哉唐。血气悉尊亲,声名被八荒。到今四夷侵,尽撤诸边防。天若祚中国,黄帝垂衣裳。浮海率三军,载书使四方。王威镇象主,鬼族驯狼胧。归化献赤土,颂德歌白狼。共尊天可汗,化外胥来航。远及牛贺洲,鞭之如群羊。海无烈风作,地降甘露祥。人人仰震旦,谁侮黄种黄?弱供万国役,治则天下强。明王久不作,四顾心茫茫。"(《诗草笺注》上,第451—503页。)

二月初八(2月26日),黄遵宪在旅次与薛福成谈及美国限制华民之事,黄遵宪言:"前为旧金山领事时,查银行汇票总簿,华民每年汇洋银至广东者,多则一千五六百万圆,少则一千余万圆,四年扯算,每年洋银入中国者可一千二百万圆。然此仅就旧金山言之耳,他如古巴、秘鲁、西贡、新加坡及南洋诸巨岛,华民不下数十百万,其商佣所得之银输回中华者,奚啻数倍于是。盖近年通商,以出入货相准,华银每年流出外洋者,约二千余万两。惟出洋华民商佣所得,以之相抵,尚觉有赢无绌。近闻新金山有华民四五万,英人援美国之例,亦有限制苛待之意。此事终恐棘手,必不得已,只可另筹抵制之法。"(薛福成著、安宇寄校点:《出使四国日记》,第24页,湖南人民出版社1981年版。)

二月初九(2月27日),进苏伊士运河。十一日,入地中海。十六日,抵法国马赛。十八日,薛福成偕黄遵宪等由马赛乘火车。十九日,抵巴黎,易马车至使馆。(薛福成著、安宇寄校点:《出使四国日记》,第24—30页,湖南人民出版社1981年版。)

三月初四(4月22日),薛福成偕黄遵宪等随员由巴黎火车北站乘车,至加莱海口,易轮舟渡海峡,至英国之多佛尔海口。仍坐火车,抵伦敦之维多利亚车站,易马车至使馆。十七日,薛福成率参赞马清臣即马格里。暨黄遵宪,觐见英女王维多利亚于温则行宫,呈递国书。薛福成记:入宫"先赴朝堂,宴饮毕,礼官及弗尔克生引入便殿。余见君主鞠躬,黄参赞以国书递交余手,余宣读颂词,呈递国书,君主手受国书讫,宣读答辞,慰劳周至"。(薛福成著、安宇寄校点:《出使四国日记》,第60页,湖南人民出版社1981年版。)黄遵宪有《温则宫朝会》诗记其事:"万灯悬耀夜光珠,绣缛黄金匝地铺。一柱通天铭武后,三山绝岛胜方壶。如闻广乐钧天奏,想见重华《盖地图》。五十余年功德盛,女娲以后世应无。"(《诗草笺注》上,第506页。)

使馆中凡上行之文奏疏,薛福成自任之;下行之文批札及例行公牍,皆黄遵宪任之;平行之文总署及南北洋沿海督抚书函公牍,则许静山任之。海外公事大抵平行者多,故当时黄遵宪笔墨最简。(据《钱谱》引许珏《复庵遗集》卷五《佐轺续存》一。)黄遵宪除负责下行之文批札及例行公牍外,主要还负责湖广总督张之洞创办汉阳铁厂的炼铁设备采购任务。张之洞立意办钢铁厂始于光绪十五年(1889年)上半年仍在两广总督任内时。曾委托当时驻英公使刘瑞芬向英国谛塞德公司订购开铁矿和炼铁、炼钢及轧钢的设备。不久,张之洞调任湖广总督,遂将这些工厂迁到汉阳。黄遵宪《致蔡毅若观察书》云:"遵宪到英以来,检阅前卷,接理此事。"(《全集》上,第342页。)

三月二十九(5月17日),张之洞拟扩大汉阳铁厂规模,需增购设备而致电薛福成,告以:"前定炼铁炉机,日出百吨,今欲赶办钢轨,日出二百吨,将已定炉机参合添配,应加炉座卷轨机,各若干价值,连运保费共几何,请详查示复。"(赵德馨主编:《张之洞全集》第八卷,第62页,武汉出版社2008年版。)

四月初二(5月20日),晚十时,薛福成偕黄遵宪赴柏金韩模宫观跳舞会,十二时半回馆。(薛福成著、安宇寄校点:《出使四国日记》,第69页,湖南人民出版社1981年版。)

四月二十二(6月9日),张之洞致电薛福成,请代询纺纱机器价格。(赵德馨主编:《张之洞全集》第八卷,第67页,武汉出版社2008年版。)

六月二十七(8月12日),张之洞致电薛福成,请其催促英国谛塞德公司将订购贝色麻炼钢炉及碾轧机运华。(赵德馨主编:《张之洞全集》第八卷,第70页,武汉出版社2008年版。)对此,薛福成根据英国厂商的意见回复:"钢需铁炼。请示知矿铁之磷质、硫质有无、多少,做炉方免爆裂。"(赵德馨主编:

《张之洞全集》第八卷,第70页,武汉出版社2008年版。)"谛厂又云:铁矿磷质多难炼钢,另觅佳矿尤妥。"(薛福成:《出使公牍》卷十,光绪戊戌年刻本。)但未引起张之洞的重视。

黄遵宪对张之洞盲目购进设备颇为焦心,一方面"屡言之星使",另一方面致函负责建厂的蔡毅若,再一次提出"应先得铁矿、炭矿,将铁与炭寄到英国,请人明验,然后定式购器,觅地造厂","今矿质未知何如,铁路尚悬而无着,必先商榷应造之物"的建议:"毅若我兄大人执事:戊子之秋,羊城邂逅,饱聆雅教,感念不忘。尔后遵宪北之燕,南返粤,轮辕甫息,击楫遂行,踪迹及于四大洲,远游逮于四万里。劳劳鞍掌,竟疏音敬,想邀鉴谅也。

"闻南皮制府倚重大才,约往襄理。葛亮之如鱼得水,颜渊之附骥彰名,上下交推,两贤济美,可胜羡企。遵宪到伦敦来,知香帅创办炼铁局一事,造端宏大,命意深远,关心时局者,莫不拭目以待其成。遵宪反复熟筹,事有至难,所当搏以全力,济以坚贞,负重济远,乃克有效。既屡言之星使,今再为公陈之。

"设局之先,首在觅矿。虽有佳矿,若离局略远,则搬运难而经费巨,故局必与矿相亲附。矿质不同,有宜生铁者,有宜熟铁者,有宜铜者。同名曰钢,有宜此器,不宜彼器者。制炼之法既殊,炉鞴即随之而异,故必察矿性以定机器。熔铁所需,莫要于煤。苟有矿而无炭,则取材远地。道远则费重,费重则物贵,故炭必与矿相维系。炭质亦不同,有坚牢者,有柔脆者。遵宪往视英国矿局,见其炉或高至十二三丈,或低至四五丈,询其何故,则谓聚炭于炉,欲使火力内蕴,余威可以上烘,则炉愈高而炭愈省。然炭有美恶,其坚强者能积累数层以抵压力,若糜碎者则一经化灰,受铁压抑,或如蒸饼,或如积糟,或如烂泥,上下壅阏,气不相通,而铁不能化矣。故必审炭质以定炉式。西国各厂,类皆先得巨矿与炭之质,一再试验,俾精于化学者,评其性情,考其等第,而后谋设局之地,造器之模,参考成法,变通尽利,择善而为之。今此局本设粤地,迁移于楚,既未知矿与炭为何如,遽纷纷然购备诸器,而经理其事者,于造炉则酌度于不高不卑之间,于炼钢则调停为可彼可此之用,如不合宜,则糜费既多,收效转寡。此购买之难一也。

"遵宪前在日本,继在金山,如铸钱、造纸、作酒、造炮各局皆尝纵观,究未有如炼铁机器之壮观者。其为用也,有掐者,有持者,有掣者,有扪者,有拨者,有扬者,有按者,有搏者,有掀者,有筑者,有擘者,有挤者,有格者,有揥者,有擎者,有戞击者,有呼吸者,有牵引者,有输泻者;其为形也,有立者,有偃者,有欹者,有倚者,有排者,有累者,有盖者,有藉者,有注者,有喷者,有撑者,有拒者,有嵌者,有斗者,有似柱者,有似弓者,有似臼者,有似洼者,有似沟者;或庞然而大,或隆然而高,或岸然而长,重或二十余吨,厚至十余尺,槎牙纠蔓,缭曲散漫,奇形诡状,不能悉名。以泰西诸国道途之平坦,车栈之巨伟,器具之灵警,加以起重之机,拆卸之法,而其设局必观于水,必谋于野,而后便于运输,盖舟车之所不能胜,人力所不能为,有运行于数万里之海中,而不升转输于百余步之陆地者。(前购起重机器,曾电询香帅,未得复,星使以为可缓。而遵宪询之船厂,以谓有廿余吨之镦,非得起重机万不能运。尔时星使既往比利时,而船将展轮,并于函中先行叙明,而不虞其力之不足,仍至颠覆也。)况于武昌街之窄狭,店户之稠密,随处室碍,则虑其能至岸而不能入厂也。江流之迅急,水势之无定,一遇水落,则重舟不能入港,又虑其能达上海不能达汉口也。至于驳船之不能任重,工役之不能娴习,又其小也。(第二次船行,搬运各货,凡十四日乃毕。遵宪谓在英十四日,在中国必须一月。曾力请星使必与船厂定明展限,方可免逾时之罚。而马格里谓虽有此章,偶尔违限亦未必遂罚,竟不与言。)此运送之难又一也。

"建厂之先,首须择地。地必近水,所以利运济也。土必实(址)〔壤〕,所以防倾倒也。多开沟渠,所以淘汰也。多布轨道,所以便迁徙也。其它梁柱之属,砖瓦之类,多曰铁所以期坚,耐避焦热也。又不必尽用,所以防烘蒸也。盖一经开工,雷轰电击之声,风驰雨骤之势,其震荡之威,足以排墙裂柱,非万分巩固不足以御之。凡机器之方圆长短,缓急先后,位置所宜,排列有法,必审其器以画其地,即因其地而绘为图。今屋图既绘,尚不难按图而索。然一切机器为华人耳目之所未经,见之而不能名,名之而不知其用,势不能不借资于二三西匠以为之倡率。然奔走者多,指挥者少,语言不达,事事烦难。欲多募西匠,则为费太巨;欲选派华匠学习于西人,则需时过久。西匠之高手,颇有有学问有家业之人,即下等亦多识字,目染耳濡熟习于机器者,多知其用。而华人之为工匠者,类皆愚蠢粗拙,以力谋食者,寻常人巧既不能精,骤语以机器精微,则相视瞠目而不能发一语,虽华人聪明不逊西人,数年之后亦不难心知其意。而创(辨)〔办〕之初,仓猝召募,若驱乌合之众以从事战争,惴惴然惟败绩是惧。又况延订之西匠,或技巧不精,或鲁莽从事,一不合宜,则将凿容枘,以栈为楹,黄金虚掷,诸事瓦裂。此架造之难又一也。

"创办之初，欲造铁轨。然机器之巨，事件之繁，势难移造于矿铁最富之区。西人之造铁轨，以行汽车，即因汽车以运铁轨，盖亦积累而后成功，相因而后成事，非易易也。今所购炼钢之炉有二：西人谓贝色麻钢质厚而力坚，于任重宜，故宜造车轨；（无论炼熟铁、炼钢，必以熔生铁为根。今所定炉日熔生铁一百吨而已，不能造钢轨二百吨也。）西门士马丁钢质韧而力均，于耐久宜，故宜造船甲。（英国有一船厂，每船成，必经试验，记之于簿。业保险者视其簿以定价。其章程有云：凡造船用〔具〕〔贝〕色麻〔铜〕〔钢〕，不得保险。盖因其力不均称，时有瑕疵，易长蕲裂也。）今矿质未知何如，铁路尚悬而无着，必先商榷应造之物。通年以来，洋货盛行，大而〔园〕〔圆〕条方板以制巨器者，无论矣，乃至剃发之刀、缝衣之针、嵌物之钉，亦日增月盛，以其制精而价廉也。既开此局，诚宜一切仿造，以保商务而夺利权。然造端之始，必不能与已成之局絜长而较短。美国论经济者，凡本国创造之物，必设为保护之法。如一千八百十四五年美国甫造铁板，则重课英国铁板，至课税之数，浮于物价。盖外来之物骤贵，自造之货乃可畅销也。西人名曰保护税。今中国收税，无本国自主之权，有彼此互订之则，且往往有自造之货流通于内地，而课以进口关税者。外产内侵，难筹抵制。此制造之难又一也。

"既非一朝一夕之功，又非一手一足之烈，自宜同心合力，庶克有成。而中国大吏，习染既深，成见难化。有因其议非己出，而不欲附和者；有因其事不干己，而自愿旁观者；有诧为耳目所未经，不知所以措手者；有非其思议之所及，不知所以图效者；有因其经费难筹，不知所以为继者。枢府诸公，本无定见，因一人之奏议而行，或因一人之奏议而罢，中外各局，或作或辍者数矣。福州船局，左帅苦心经营，而吴仲宣诋为无成，凡百掣肘。吴淞铁路，群知其利矣，而沈文肃以二十万金购之，卒令毁坏，弃之无用。名臣尚尔，况其他乎？今既创此局，香帅始终其事，吾知其必成，假今香帅移督两江，或入参大政，继其任者，苟无同心，恐不难亏于一篑，弃之如泥沙也。既有成议，既有端绪，而承其后者既经订购，不过按期收货，如期给金，即有添购之器、改造之件，亦不过一稽核之烦，商订之劳，以图多一事不如省一事之便，则谓他日或至无用，亦非过虑、非激论也。此又办事之难，为中国通弊，而此事则尤甚者也。

"遵宪到英以来，检阅前卷，接理此事，以谓应先得铁矿、炭矿，将铁与炭寄到英国,请人明验,然后定式购器,觅地造厂,既与商人订购机器,又必须包装包建造,至安装机器能运行之日为止,可以省数事之难。芝田中丞原不欲办,嗣经香帅一再电请,知事不得已,然不将其事博访周咨,详举以告,遽匆匆定议,既一误矣。遵宪详举其难,并非惮其难而欲中止也。盖前此数难,咎在于此。今成事不必说,惟随时弥缝,随时补救已耳。而后此数难,正赖诸君竭力经营,苦心筹划,以期有济,此区区之心也。

"和戎以来,设局造炮,置厂造船,中外所措意,专以强兵为事,然皮之不存毛将焉附?遵宪在外十年,考求有素,以为今之中国,在兴物产以保商务。今香帅所创织布、炼铁二局,其意美矣。织布易于收效,今不必言。若炼铁一局,尤今之急务。西人以上古为金银世界,近今为铁世界,盖以万物万事无一不需此也。以中国之大,若直隶,若山西,若安徽,若福州,若粤东、西,即分设十数局犹不为多。然今日创设之初,万一无效,则他日指为前车之鉴,将裹足而不前,缄口而不敢议。故遵宪谓此一局,关系于亿万众之脂膏、数十年之国脉,至远且大。凡遵宪之所云云,既一再言之星使,并请其函告香帅。既有所怀,终不敢以位卑言微,甘自缄默,缕布腹心,幸阁下垂察焉。(如订延聘匠首一事,贺伯生前既定约矣。嗣延威德,遵宪以为必须责成谛塞德厂担保,乃免以贱工充役,致误事机。后谛塞德允为担保。购〔卖〕〔买〕起重机一事,当时曾电讯香师未复,星使以为可缓。遵宪以为有廿六吨之镦,香师所未知,若无起重器,万不可行,乃始定购。此言之可而见从者也。运载机器一事,遵宪以为其粗重笨拙,非亟用者,可用帆船,以省运费,即用轮船,亦须将每批应运之货,招人承运,择其价廉便己者而行。如头批运货,其运费可以自雇一船,而所运各货仍分别贵贱,某项值多少,某项值多少,殊为未允。而星使终以麦格雷葛船行曾有每百扣十之议,仍交伊装运。此言之而不听者也。其他类此。)"(《致蔡毅若观察书》,《全集》上,第339—343页。)黄遵宪此函,依内容看,应是在张之洞致电薛福成催运设备之后,故姑附于此。

  伦敦气候特寒,居伦敦期间,黄遵宪未脱棉衣,尤其六月,黄遵宪曾御袭。黄遵宪《己亥杂诗》第六十三首自注云:"居英伦一年,未脱棉衣;庚寅六月间,曾御袭。"(《全集》上,第160页。)"伦敦的天气湿冷多雾,使他感到很不适应,他后来所患的肺病就是在这个时候种下病根的。"(黄升任:《黄遵宪评传》,第160页,南京大学出版社2006年版。)光绪三十年(1904年)七月黄遵宪致梁启超的信中曾谈及其肺病之由来:"此患得于伦敦蒙雾中,经星坡、湖南二次病而增甚。"(《全集》上,第453页。)薛福成记:"伦敦惟四至八月天气较为清朗,九月以后直至三月,几于无日不阴,无日不雾;虽有所天气稍晴,而日为烟雾所遮,但见红轮晃漾,其光不甚明亮。"(薛福成著、安宇寄校点:《出使四国日记》,第177页,湖南人民出版社1981年版。)

七月(8月),将命黄遵宪为出使日本大臣,或沮之,遂罢。黄遵庚、黄干甫:《黄遵宪生平事迹》一文曰:"遵宪在清廷是军机处存记多次的人员,照清廷例,随时可派为出使外国大臣。他在伦敦期间,军机处拟派遵宪出使日本,已得到各大臣多数同意,独户部尚书、协办大学士阎敬铭,为讨好李鸿章,特指出李的儿子李经方为宜,事遂被阻。"(《全集》下,第1594页。)《钱谱》案:《清史稿·德宗纪》李经方奉使在本年七月,而阎敬铭则已在十五年三月回籍养病,至十八年三月病殁,本年不在京。此事难详考,故系于本年。

本月,黄遵宪改订《日本杂事诗》为定本二卷。《杂事诗》初刻本上卷七十三首,下卷八十一首,共一百五十四首,修订时删去八首,其中诗和注完全删去的有五首,诗删去而注部分移入定本的有三首。增加五十四首,计共有诗二百首,对诗歌注释修改四十二处。钟叔河认为:"光绪十六年,黄遵宪在伦敦修订《日本杂事诗》,删去了七首,增加了五十三首,其余的诗和注也颇多修改,于光绪二十四年由长沙富文堂重刻,称为'定本'卷一七十九首,卷二一百二十一首,共诗二百首。"(钟叔河辑注:《日本杂事诗广注》,第21页,湖南人民出版社1981年版。)据周作人的考证,《日本杂事诗》原本上卷七十三首,下卷八十一首,共一百五十四首。定本中上卷删二增八,下卷删七增四十七,计共有诗二百首。(周作人:《风雨谈》,第10页,河北教育出版社2002年版。)原本第十八、二十五、八十八、九十一、一〇七、一一五、一一七共七首被删除没有争议,争论产生于对第十三首和第一〇六首的不同判断。

《日本杂事诗》的"定本"和"原本"之间有很大的差异,王立群认为,黄遵宪在《日本杂事诗》出版十一年后开始对诗集进行有意识的修改,意味着他对日本的认识与评价与在日本担任使馆参赞时相比已经发生了变化。通过考察"定本"与"原本"之间的不同可以看出,通过担任驻日使馆参赞、驻美国旧金山总领事、驻英文化参赞等外交职务,黄遵宪的思想观念发生了巨大变化,近代民主观念逐步形成,对日本的认识也进一步深化;在"定本"中他有意避开了对日本的负面评价,塑造了一个近代中国的学习榜样。(王立群:《从"定本"和"原本"——〈日本杂事诗〉修订考》,《中国诗歌研究动态》第二辑,第96页。)

其删去者,依初刻本顺序,照录如下:被删除的诗歌主要是三种:一是因为诗歌艺术形象的塑造存在问题或与诗集中其他的诗歌有重复现象,如第二十五、八十八首;二是不具有明显的日本地域色彩或者没有强烈的时代特征,这一类诗歌共有四首,包括第十八、一〇七、一一五、一一七首;三是使用的日文音译过多,中国读者难于理解,如第九十一首,此诗每句皆镶嵌着日语的固有词汇,虽然这些词汇,对于现今通晓日语的人们来说,也许不难理解,但在当时,如果没有诗注中的详细说明,人们是很难读懂的。

第十三首："梧桐叶落闰难知,萱荄枝抽不计期。只记看花携酒去,明朝日曜得闲时。(自用西历,以三百六十五日为一年。二月止二十八日,一、三、五、七、八、十、十二皆三十一日。余则三十日。月不置闰,而日置闰。约四年一闰,闰则二月加一日。盖岁实三百六十五日,其小余为二五六三六一二,故四年必置闰也。其纪日用七政,以日、月、水、火、木、金、土为序,而系之曰月曜、火曜云。亦用安息日,于是日曜给假,当中历之房、虚、昴、星四宿也。)"

第十八首："夕阳红树散鸡豚,荞麦青青又一村。茅屋数家篱犬卧,不知何处有桃源。(初来泊平户时,循塍而行,夕阳红处,麦苗正青。过民家,有马铃薯,欲购之,给予值不受。民风纯朴,如入桃源。又闻长崎妇姑无勃谿声;道有拾遗者必询所主归之;商人所佣客作人,辄令司管钥,他出归无失者。盛哉此风!所谓人崇礼让、民不盗淫者耶?闻二三十年前,内地多如此。今东京、横滨、神户民,半狡黠异常矣。)"

第二十五首："海东倘是沃焦山,虹鞘霞车数往还。未许六丁冲铁壁,要留册府在人间。(亦有火山,遥望之黑烟盘盘,伊豆之大岛山也。国中常患火灾,以板屋故。巨室皆有土库,傅之以铁。)"

第八十八首："南沉难得鹧鸪斑,卧褥时时爇博山。最羡玉皇仙吏好,红云长拥麝香间。(不产香而喜薰香。富贵家每夕以薰被,亦喜用之栉发。禁中一局,有名麝香间者,华族位最贵直于此。)"

第九十一首："未知散步趁农闲,卖捌米寻屋小间。铭酒御茶闲话后,相邀一饱鸭南蛮。(街市曰未知,读若买基。铺店悬幌子居卖曰大问屋,贩卖曰卖捌所,贱卖曰大安卖,零卖曰小间物屋,易钱曰两替屋,酒曰铭酒[铭同名],茶曰御茶[御为日本通用之字,义若尊字。又日本书函,函外题名,必曰某某殿、某某样,亦尊之之词,皆不知何所仿也。附注于此]饭店曰御茶渍,草器曰荒物类,以油煎鱼虾曰天夫罗,鸡子曰玉子,和面以肉曰鸭南蛮,菜蔬曰八百屋,栗曰九里,和兰薯曰八里半,鱼饭曰寿志屋,鱼饼曰蒲鉾,烟筒曰喜世留,酱曰味噌。凡右所录,彼皆笔之书者,故略举一二。若语言之殊,则五方土音,亦各歧异。于菟谓虎,陬隅名鱼,译而录之,满纸侏偶矣,更无谓也。)"

第一〇七首："春来一路纸鸢风,抛堶清明细雨中。龙艇披云才泛绿,鸥灯贴水又争红。(新年儿童亦放风筝,或束羽为飞燕,以板拍之。清明有千秋抛靖之戏。中元节,家家燃灯,夜不关门;佛殿墓门,灯彻夜光明。东京两国桥,烟火所萃之地,画船箫鼓,游人如蚁。剪纸缚灯凫水面,谓之"鸥灯"。竞渡今无闻,然沙起云《日本杂咏》有竞渡诗,且称方言爬龙为"披龙",则龙舟旧亦有之,抑或在长崎邪?此外则六月十三日为牛王神胜会,骨董珍玩陈列满街。九月晦日迎送大明神,长崎儿童作唐人妆束,击鼓唱采茶歌。每月十八日为拜观音日,作祇园会。又闻西京七月有盆踊戏云。)"

第一一五首:"生来未敢学夫人,晓酒司茶事事亲。记得某侯年最少,花枝亲拣到侬身。(多用女仆,市有司媒者,书门曰"官许雇人",需则询之。旧藩时诸侯入朝,呼以司浣濯,供洒扫,亦或侍寝,相沿成风。又有女子名曰外妇,又曰权妻,亦计月输租,以养其家,朝秦暮楚,听人去留。或生子因买为妾,或留子去母,此真《战国策》所谓不嫁而嫁过毕也。鬟分两翼如鸦髻[名曰岛田髻],或如蜂腰[名无神髻],女也;作蛇盘髻为一撮,妇也。又以婉约善事人,故士夫家多女仆也。)"

第一一七首:"信州荞麦白如霜.阿郎颜色何相当。为郎不食非郎愿,无奈丝牵个样长。(男女赠答之词,淫思古意,殊有《子夜》《读曲》之遗。有谚语曰:"信州好荞麦,情郎好颜色。不食麦犹可,迟郎愁煞我。"盖信州产面,色白胜雪,世所珍贵,故为喻也。)"

定本新增五十四首诗,大量增加了在原本中所遗漏的对明治维新中的重大政治事件的描写,更全面地展现了明治维新以后日本所建立的公共服务保障体系,详细介绍了明治维新前后日本宗教及其祭祀礼仪,佛教和基督教传播和变化的情况,更全面地介绍了日本社会的文化和风俗,表现出在其后的近十年中黄遵宪对日本认识的深化以及思想观念所发生的巨大变化。第一、定本大量增加了在原本中所遗漏的对明治维新中的重大政治事件的描写。比如定本第七首描写了日本各个政党的创立:"呼天不见群龙首,动地齐闻万马嘶。甫变世官封建制,竞标名字党人碑。(明治二年三月,初改府、藩、县合一之制,以旧藩主充知事。而萨、长、肥、土旋上表请还版图。至三年七月,竟废藩为县。各藩士族亦还禄秩,遂有创设议院之请。而藩士东西奔走,各树党羽,曰自由党,曰共和党,曰立宪党,曰改进党,纷然竞起矣。)"定本第十四首则描写了日本采用西历的重大变革行为:"纪年史创春王月,改朔书焚夏小正。四十余周传甲子,竟占龟兆得横庚。(明治五年十一月九日诏曰:"太阳历从太阳躔度立月,有日子多少之差,无季候早晚之变;每四岁置一闰日,七十年后仅生一日之差,比太阴历实为精密。"遂祭告太庙,行改历礼。又诏以是年十二月三日为明治六年一月一日。盖自神武纪元,当周惠王之十七年辛酉,凡二千五百余年,历甲子四十余周,皆用夏时,及是废之矣。)"第二、定本增加的诗作更全面地展现了明治维新以后日本所建立的服务保障体系。明治维新以来,日本社会的公众服务保障体系逐步形成了,博物馆、医院、消防局、普察局、新闻媒体等一系列社会机构逐步建立起来。定本第四十五首反映了日本模仿西方所建立的新式监狱的情况："春风吹锁脱琅珰,夕鯆朝糜更酒浆。莫问泥犁诸狱苦,杀身亦引到天堂。(牢狱极为精洁,饮食起居均有常度。病者或给以酒浆。但加拘禁,不复械系。一切诸苦,并不身守。虽定罪处绞者,行刑时,或引教士及神官、僧人为之讽经,俾令忏悔,仍视以来生得到天堂云。)"第四十六首介绍日本警察系统的建立:"时检楼罗日历看,沉沉官屋署街弹。市头白鹭巡环立,最善鸠民是鸟官。(警视之职,以备不虞,以检非为。总局以外,分区置署。大凡户数二万以上,设一分署。六十户巡以一人。司扑揪者,持棒巡行,计刻受代,皆有手札录报于局长。余考其职,盖兼周官司救、司市、司暴、匿人、撢人、禁杀戮、禁暴氏、野间氏、修闾氏数官之职,后世惟北魏时设候官,名曰白鹭,略类此官。西法之至善者也。)"第三、定本详细介绍了明治维新前后日本宗教及其祭祀礼仪,佛教和基督教传播和变化的情况。第八十六首介绍日本本土宗教:"沐猴跳舞排猿女,吠犬喑声闹隼人。执盖膝行铃手引,一人独拜九天神。(日本最重祭礼,每岁于十一月举行新尝祭。祭日,门部纠察出入,隼人司分立朝集堂前,开门,乃发犬吠声入宫。大臣率中臣、忌部、御巫、猿女,左右前行。主殿官二人执烛,一人执营盖,二人执盖网,均膝行。掌典引铃前导。帝亲奏祭告文,臣下不得窥视。今其仪少杀,然典礼犹甚重也。详《礼俗志》中。)"第八十七、八十八首介绍祭祀礼仪:"青衫绿袄导双骑,鲛汁鱼羹列十台。锦袋悬榜文在手,共瞻天使祭陵来。(古山陵多不可考,惟四亲庙每岁遣使祭告。祭文纳之锦袋,或敕史捧于手,或随员挂于首。派警部四骑随从,二导前,二护后。所供神馔,例设十台,有鲛汁,有鱼羹。)""万众头攒日荫鬘,千行肃肃拜神官。何时重睹威仪盛,剑已飞天玺久刓。(古列于大祀者,为践祚大尝祭。每帝即位,预令所司卜定国郡为斋郡,命之供器具,供营缮,供调侍。祭日,千官毕集,举国若狂,今亦无此盛典矣。)"第八十一首介绍日本佛学:"佛阁沉沉覆黑天,黄标百万数堆钱。大师自主鸳鸯寺,梵嫂同参鹦鹉禅。(本愿寺号一向宗,僧亲鸾为教主。其法谓不必离俗,不必出家;但伸蓄妻子,茹荤酒,此心清净即为佛徒。日本之民,因是半为僧矣。明治六年,下令凡僧徒均许食肉、娶妻。僧妻曰库里,曰大黑。大黑,俗所称为司财之神也。维新后,僧徒田产多没入官,而势始衰矣。)"第八十四首介绍日本对基督教态度的转变:"万头骈刃血模糊,脚踏升天说教图。今日铸金悬十字,几人宝塔礼耶稣。(自天主教徒作乱于天草,罹于锋镝者,约三十万人。于是德川氏益严教禁,铸十字架耶稣像于铁板,令士民践蹂,以验其信否。又于通衢大道竖牌曰:"禁止切支丹宗门。"维新以后,徇各使之请,所有在地踏像、当道立木概行撤废。然日本信教者,要不甚众也。)"第四、定本全面地介绍了日本社会的文化和风俗,这部分作品主要集中在卷二中。包括日本人的饮食、服饰、娱乐休闲、传统民间艺术、节日庆典等,黄遵宪均以诗歌的形式将其表现得淋漓尽致。如介绍日本人的饮食:第一二三首:"抟花作饭胜胡麻,嚼蕊流酥更点茶。费尽挼莎才结果,果然团子贵于花。(有卖樱饭者,以樱和饭。有卖樱饼者,团花为馅,或煎或蒸,谚有"团子贵于花"之谣。卖樱茶者,点樱为汤,少下以盐,人谓可以醒酒。花枝或插于帽,或裹于袖,或系于带,游客归时,满城皆花矣。)"第一四九首:"琼芝作菜绿荷包,槐叶清泉尽冷淘。蔬笋总无烟火气,居然寒食度朝朝。(石花菜生海石上,一名琼芝,煮之成冻,用方匣以铜线作筛眼,纳菜于中,以木杆筑送,溜出如缕,冰洁可爱,华人所名为"东洋菜"者也。东人能食生冷,饭日一熟,以水或茶冷淘食之。笋脯果干,即便下箸。寻常人家,每间日或数日始一举火,不为怪也。)"第一五〇首:"何物坚鱼字所无,侯鲭御馔各登厨。儒生习礼疑蚔酱,口到今人嗜亦殊。(坚鱼,名加追沃,汉名未详,或书作鲣字。大者尺余,小九寸许,能调和百味。自王侯至黎庶,聂而为脍,卤而为脯,风而为䱒,渍而为醢,煎而为膏,函封瓮闭,苞苴千里,无日不享其用,而挺之用最广,岁时吉席,无此不成礼,饮馔调和,无此不成味。沿海皆有,土州、势州为最佳。《盍簪录》:"日僧兼好小说,记镰仓有鱼名鲣,耆老言此鱼从前不上鼎俎,仆隶下人不肯啖其首,今亦充膳羞。"可见当时不甚珍贵,距今四百年,而此鱼显晦如此。古今嗜好不同乃如此!)"介绍日本人的服饰:第一三六首"冠制"、第一三八首"角子"、第一四〇首"蓄须";日本人的娱乐休闲:第一〇六首"冶游"、第一二一首"犬射"、第一五七首"歌舞";日本人传统民间艺术:第一二六首"落语"、第一二八首"杂技"、第一五四首"猿乐";婚丧嫁娶:第九十三首"合愁歌"、第九十六首"妻屋"、第九十七首"丧事";节日庆典:第八十六首"新尝祭"、第八十七首"四亲庙祭"、第八十八首"大尝祭"等。

黄遵宪在定本中对《杂事诗》诗歌和注释有四十二处修改,主要分为两种情况:一是对知识性错误的订正。比如在第一首中,原注标明"日本国起北纬线三十度,止四十三度",在定本中改为"日本国起北纬线三十一度,止四十五度"。这是黄遵宪在《日本国志》的写作中伴随着材料的搜集而发现并更正的知识性错误。这种修改在诗集的修改中所占比重不大。二是表现出在其后的十多年中黄遵宪对日本认识的深化以及思想观念所发生的巨大变化。黄遵宪对日本文化起源问题原本的认识逐步趋于客观,不再处处将其归结于中国文化的影响。如在原本中,黄遵宪认为日本人是中国人的后裔这一事实是毋庸置疑的,对源光国、赖襄否认日本人源出中国的做法进行了严厉的批评,但是在定本中他删除了大段的批评性议论,对日本民族的起源问题表现出相对客观的态度。在原本中黄遵宪强调汉学在日本明治维新改革中发挥了举足轻重的作用,认为轻视汉学的做法非常不可取。但是在定本中他开始摆脱儒家成见,相当中肯地评价日本"弃儒学学西洋"的做法。在定本中,黄遵宪抛弃了对日本政治制度变革的本来就为数不多的批评,采取了全面肯定的态度。原本的第三十一首的注,介绍日本的官阶,主要侧重在古代,而定本则着重介绍明治维新以后的情况:"明治维新后,乃一一复古,斟酌损益,于汉制、欧罗巴制彬彬备矣。"又如,原本三十九首讲的是日本古代的盐税,而定本对诗和注文加以修改,注重介绍明治时期的税制。黄遵宪有意避开了对日本社会的负面评价,包括日本的扩张对中国产生的巨大威胁,以及社会激烈变革所带来的一些负面影响。

黄遵宪并撰自序曰:"余于丁丑之冬,奉使随槎。既居东二年,稍与其士大夫游,读其书,习其事。拟草《日本国志》一书,网罗旧闻,参考新政。辄取其杂事,衍为小注,弗之以诗,即今所行《杂事诗》是也。时值明治维新之始,百度草创,规模尚未大定。论者或谓日本外强中干,张脉偾兴,如郑之驷;又或谓以小生巨,遂霸天下,如宋之鹬,纷纭无定论。余所交多旧学家,微言刺讥,咨嗟太息,充溢于吾耳。虽自守居国不非大夫之义,而新旧同异之见,时露于诗中。及阅历日深,闻见日拓,颇悉穷变通久之理;乃信其改从西法,革故取新,卓然能自树立。故所作《日本国志》序论,往往与诗意相乖背。久而游美洲,见欧人,其政治学术,竟与日本无大异。今年日本已开议院矣,进步之速,为古今万国所未有。时与彼国穹官硕学言及东事,辄敛手推服无异辞。使事多暇,偶翻旧编,颇悔少作,点窜增损,时有改正,共得诗数十首;其不及改者,亦姑仍之。嗟夫!中国士夫,闻见狭陋,于外事向不措意。今既闻之矣,既见之矣,犹复缘饰古义,足已自封,且疑且信;逮穷年累月,深稽博考,然后乃晓然于是非得失之宜,长短取舍之要,余滋愧矣!况于鼓掌谈瀛,虚无缥渺,望之如海上三山,可望而不可即者乎!又况于排斥谈天,诋为不经,屏诸六合之外,谓当存而不论,论而不议者乎!觇国岂易言耶!稿既编定,附识数语,以志吾过。光绪十六年七月,黄遵宪自序于英伦使馆。"(钟叔河辑注:《日本杂事诗广注》,第23—24页,湖南人民出版社1981年版。)黄遵宪至英后,考察英政治,确立其政体师法英君主立宪制度的政治改革思想。黄遵宪对英国的君主立宪政体与美国的民主共和政体作了比较,他观察到英国实行君主立宪政体,政府政令由上、下议院议决后施行。官员的任命按考试制度考选,虽上悬一君主,但对实行资产阶级三权分立并不妨碍,社会秩序较之美国的共和制度要安定,社会发展采取循序渐进、有条不紊的改良,不至于出现如美国竞选总统时出现的行贿受贿、嚷乱行刺等弊病。于是他认为中国的国情适宜于行君主立宪政体,中国的改革应以英国为模式。他后来写信给梁启超说:"中国之变法,其政体当学法英国的君主立宪。"在英国,可以说使黄遵宪找到了自己的政治思想的最后归宿,"自是以往,守渐进主义,以立宪为归宿,至于今未改"。有论者曰:"黄遵宪初出国门,奉使日本,见到日本全面地模仿西法,当时他认为某些西法虽然是善法,中国也可以自这些良政中选取适于中国的制度施行,当时他还不能完全赞同日本全面地革旧布新,光绪十六年他随薛福成出使欧洲,目睹欧洲的政治和日本的新法相似,而日本因仿行西法而有惊人的进步,国势蒸蒸日上,他幡然领悟到中国如要强盛,也必须采取何日本相同的路线,在政治上须有一番革新方可。基本上,黄遵宪以为中国的政体应该采取英国的君主立宪政体,而在此基础上推动革新政治的措施。"(刘淑芬:《黄遵宪的思想》,引自朱传誉主编:《黄遵宪传记资料》第四册,第193页,天一出版社1980年版。)

夏,黄遵宪有怀友人诗若干首:其中《得梁诗五书》云:"廿年踪迹半天下,数尽新交总不如。四海几人真我友,万金一纸当家书。相期云汉高飞鹄,难忘江湖同队鱼。事事蹉跎落人后,可堪君尚逐前车。(余得拔萃后四年,举于乡,诗五亦如之。余常以此为戏。)"(《诗草笺注》上,第515页。)又有《忆胡晓岑》[①]诗云:"一别匆匆十六年,云龙会合更无缘。隔邻呼饮记同巷,积岁劳思各一笺。无数波涛沧海外,何时谈话酒杯前?太章走遍东西极,天外瀛洲别有天。"(《诗草笺注》上,第522页。)

八月二十八(10月11日),薛福成向朝廷呈《通筹南洋各岛设立领事保护侨民疏》,建议朝廷在南洋各岛设领事馆以保护侨民。(丁凤麟、王欣之:《薛福成选集》,第332—336页,上海人民出版社1987年版。)

九月初八(10月21日),张之洞电告薛福成:"大冶铁矿极旺,磷矿仅万分之八,加锰铁尽可炼钢,附近兴国州产锰铁甚旺。"薛福成复电:"谛厂又云,铁矿磷质多,难炼钢。"(吴剑杰编著:《张之洞年谱长编》上册,第291页。)

九、十月之交(10月—11月),伦敦有大雾,咫尺不辨,白昼燃灯,凡二十三日。(见《诗草笺注》卷九《己亥杂诗》自注。)薛福成《出使四国日记》卷五十,二月初二日记:"余在伦敦,连日大雾者已两阅月。"黄遵宪复有《伦敦大雾行》后来补作。记其情形。诗中描述雾都景观及近代工业污染。诗曰:"苍天已死黄天立,倒海翻云百神集。一时天醉帝梦酣,举国沉迷同失日。芒芒荡荡国昏荒,冥冥蒙蒙黑甜乡。我坐斗室几匝月,面壁惟拜灯光王。时不辨朝夕,地不识南北。离离火焰青,漫漫劫灰黑。如渡大漠沙尽黄,如探岩穴黝难测。化尘尘亦缁,望气气皆墨。色象无可名,眼鼻若并塞。岂有盘古氏,出世天再辟。又非阿修罗,搅海水上击。忽然黑暗无间堕落阿鼻狱,又惊恶风吹船飘至罗刹国。出门寸步不能行,九衢遍地铃铎声。车马鸡栖匿不出,楼台蜃气中含腥。天罗磕匝偶露缺,上有红轮色如血。暖暖曾无射目光,凉凉

[①] 张堂锜将此诗列于1891年,黄遵宪于1867年初识胡曦,1874年同往京师会试,别后一直未再见面,故"曰一别匆匆十六年"。此诗墨迹末署"光绪辛卯夏六月,自英伦使馆之搔痒处书寄"。

未觉炙手热。吾闻地球绕日日绕球,今之英属遍五洲。赤日所照无不到,光华远被天尽头。乌知都城不见日,人人反抱天堕忧。又闻地气蒸腾化为雨,巧算能知雨点数。此邦本以水为家,况有灶烟十万户。倘将四海之雾铢积寸算来,或尚不如伦敦城中雾。"(《诗草笺注》上,第509页。)这种湿冷多雾的气候,使黄遵宪身体很不适应,加之使务清简,黄遵宪颇为失落,有《重雾》诗述其心迹:"碌碌成何事,有船吾欲东。百忧增况瘁,独坐矗书空。雾重城如漆,寒深火不红。昂头看黄鹄,高举挟天风。"(《诗草笺注》上,第508页。)

  黄遵宪又仿乐府写下著名的《今别离》四首:诗中将工业社会出现的新事物与传统的游子思妇题材融为一体,分别咏了火车、轮船、电报、照相和东西球昼夜相反的自然现象。夏晓虹论曰:"黄遵宪在伦敦使馆中,曾怀着深深的乡情,追继《子夜歌》《读曲歌》遗风,忆写出一组家乡的《山歌》。那'催人出门鸡乱啼,送人离别水东西。挽水西流想无法,从今不养五更鸡'的嘉应州民歌,也催生出了被陈三立誉为'以至思而抒通情,以新事而合旧格,质古渊茂,隐恻缠绵,盖辟古人未曾有之境,为今人不可少之诗'的《今别离》四首。"(夏晓虹:《"今别离"与"新相思"》,《读书》,1989年第3期。)何藻翔在《岭南诗存》中说:"《今别离》四章,以旧格调运新理想,千古绝作,不可有二。"陈三立评此诗为"质古渊茂,隐恻缠绵,盖辟古人未曾有之境,为今人不可少之诗,作者神通至此,殆是天授"。(《诗草笺注》上,第517页。)

  其一:"别肠转如轮,一刻既万周。眼见双轮驰,益增中心忧。古亦有山川,古亦有车舟。车舟载离别,行止犹自由。今日舟与车,并力生离愁。明知须臾景,不许稍绸缪。钟声一及时,顷刻不少留。虽有万钧柁,动如绕指柔。岂无打头风,亦不畏石尤。送者未及返,君在天尽头。望影倏不见,烟波杳悠悠。去矣一何速,归定留滞不?所愿君归时,快乘轻气球。"

  其二:"朝寄平安语,暮寄相思字,驰书迅已极,云是君所寄。既非君手书,又无君默记。虽署花字名,知谁钤缂尾。寻常并坐语,未遽悉心事。况经三四译,岂能达人意!只有班班墨,颇似临行泪。门前两行树,离离到天际。中央亦有丝,有丝两头系。如何君寄书,断续不时至?每日百须臾,书到时有几?一息不相闻,使我容颜悴。安得如电光,一闪至君旁。"

  其三:"开函喜动色,分明是君容。自君镜奁来,人妾怀袖中。临行剪中衣,是妾亲手缝。肥瘦妾自思,今昔得毋同。自别思见君,情如春酒浓。今日见君面,仍觉心忡忡。揽镜妾自照,颜色桃花红。开箧持赠君,如与君相逢。妾有钗插鬓,君有襟当胸。双悬可怜影,汝我长相从。虽则长相从,别恨终无穷。对面不解语,若隔山万重。自非梦来往,密意何由通。"

其四:"汝魂将何之,欲与君相随。飘然渡沧海,不畏风波危。昨夕入君室,举手搴君帷。披帷不见人,想君就枕迟。君魂倘寻我,会面亦难期。恐君魂来日,是妾不寐时。妾睡君或醒,君睡妾岂知。彼此不相闻,安怪常参差。举头见明月,明月方入扉。此时想君身,侵晓刚披衣。君在海之角,妾在天之涯。相去三万里,昼夜相背驰。眠起不同时,魂梦难相依。地长不能缩,翼短不能飞。只有恋君心,海枯终不移。海水深复深,难以量相思。"(《诗草笺注》上,第516—521页。)

《今别离》四章写就后,黄遵宪将诗寄给家乡好友梁诗五,梁阅后复转交故乡诗友叶璧华。梁启超《饮冰室诗话》称:"黄公度集中,名篇不少。至其《今别离》四章,度曾读黄集者,无不首记诵之;陈伯严推为千年绝作,殆公论矣。"(梁启超:《饮冰室诗话》,第22页,人民文学出版社1959年版。)钱氏注《人境庐诗草》,指此四章分别为咏轮船火车、电报、相片、东西半球昼夜相反。也有论者认为:此诗"以轮船、火车之迅疾,表现近代人别离时离情别绪的突发与浓烈"。(曹旭:《黄遵宪诗选》,第95页,中华书局2008年版。)

十月(11月),黄遵宪为使馆同僚沈翊靖号逋梅所作《梅鹤伴侣图》题诗二首,其一:"等闲抛却万琼枝,来访仙槎海外奇。只恐旧时猿鹤怨,有人要作《北山移》。"其二:"频年愁病眼模糊,入手惊看好画图。翻扰罗浮故乡梦,不知梅既着花无。"(《庚寅十月为沈逋梅翊靖题梅鹤伴侣图时客英伦》,《全集》上,第219页。)

黄遵宪在伦敦照相,有诗题记:"人海茫茫着此身,苍凉独立一伤神。递增哀乐中年感,等是寻常行路人。万里封侯从骠骑,中兴名相画麒麟。虎头燕颔非吾事,何用眉头郁不申。"(《在伦敦写真志感》,《诗草笺注》上,第514页。)

十一月(12月),黄遵宪有《感事》诗三首,有感西方之繁荣强盛,担忧中国前途命运,是"表现诗人的爱国思想和社会改革思想的重要作品"。(钟贤培等:《黄遵宪诗选》,第86页,广东人民出版社1994年版。)其一:"酌君以葡萄千斛之酒,赠君以玫瑰连理之花。饱君以波罗径尺之果,饮君以天竺小团之茶。处君以琉璃层累之屋,乘君以通幰四望①之车。送君以金丝压袖之服,延君以锦幔围墙之家。红氍贴地灯耀壁,今夕大会来无遮。褰裳携手双双至,仙之

---

① "通幰四望",钞本作"油壁七香"。

人兮纷如麻。绣衣曳地过七尺,白羽覆髻腾三叉。襜褕乍解双臂袒,旁缀缨络中宝珈。细腰亭亭媚杨柳,窄①靴簇簇团莲华。膳夫中庭献湩乳,乐人阶下鸣鼓笳。诸天人龙尽来集,来自天汉通银槎。衣裳阑斑语言杂,康乐和亲欢不哗。问我何为独不乐,侧身东望三咨嗟?"

其二:"吾闻弇州西有西极国,积苏累块杳无极。又闻昆仑山高万余里,增城九重天尺咫。此皆钧天帝所都,聚窟亦属神仙徒。元洲长洲本幻渺,丹水赤水疑有无。又闻西方大秦国,远轶南海波斯胡。水晶作柱夜光络,绣缕织罽黄金涂。犁轩善眩虽略妄,张骞凿空原非诬。谈天足征邹子说,《盖地》亦列王母图。东西隔绝旷千载,列国崛兴强百倍。道通南徼仍识途,舟绕大郎竟超海。衣裳之会继兵车,趾行蠕动同一家。穆满辙迹所不到,今者联翩来乘槎。吁嗟乎!芒芒九有古禹域,南北东西尽戎狄。岂知七万余里大九洲,竟有二千年来诸大国。"

其三:"地球浑浑周八极,天设区域限西北。绳行沙度不可涉,黑风况畏罗刹国。咄哉远人来叩关,凿地忽通西南蛮。贾胡竟到印度海,师船还越大浪山。婆罗苏禄吾南土,从此汉阳咸入楚。长蛇封豕恣并吞,喁喁鹣鲽来无路。可仑比亚尤人豪,搜索大地如追逃。裹粮三月指西发,极目所际惟波涛。行行匝月粮且罄,舟人欲杀鬼夜号。忽然大陆出平地,一钓手得十五鳌。即今美洲十数②国,有地万里民千亿。世人已识地球圆,更探增冰南北极。精卫终偿填海志,巨灵竟有擘山力。华严楼阁虽则奇,沧海桑田究难测。堂堂大国称支那,文物久冠亚细亚。流沙被德广所及,却特威远蔑以加。宋明诸儒骛虚论,徒诩汉大夸皇华。谬言要荒不足论,乌知壤地交犬牙。鄂罗英法联翩起,四邻逼处环相伺。着鞭空让他人先,卧榻一任旁侧睡。古今事变奇至此,彼己不知宁勿耻。持被入直刺刺语不休。劝君一骋四方志。"(《诗草笺注》上,第523—529页。)

是时黄遵宪复有诗寄怀新加坡领事左秉隆:"古人材艺今俱有,却是今人古不如③。十载勋名辅英簜,一家安乐寄华胥。头衔南岛蛮夷长,手笔

---

①"窄",钞本作"穿"。
②"数",钞本作"四"。
③"不如",钞本作"所无"。

西方象寄书。闻说狂歌敲铁板①,大声往往骇龙鱼②。"(《寄怀左子兴领事秉隆》,《诗草笺注》上,第534页。)薛福成赴欧洲上任时,途经新加坡,薛福成《出使四国日记》第13页中有记云:"左君在此为领事九年,精明干练,熟谙洋语,与英官皆浃洽,办事颇称稳惬,盖领事中之出色者。"黄遵宪当是此时与之结交。此诗与《感事》三首编次均在《送承伯纯厚吏部东归》前,故姑且认定作于十一月。

十一月二十九(1891年1月9日),薛福成拜发保奖期满人员一折,其中吏部主事承厚③,请以员外郎补用,并加四品衔。(薛福成著、安宇寄校点:《出使四国日记》,第208页,湖南人民出版社1981年版。)

十二月(1月),承厚东归,黄遵宪送之以诗曰:"他日是非谁管得,当前聚散亦飘蓬。茫茫海水摇天绿,说到归心谅同同。"(《送承伯纯厚吏部东归》,《诗草笺注》上,第535页。)在伦敦生活的不如意以及看到同僚得以归乡,使黄遵宪愈加怀念以往的朋友。

十二月二十(1月29日),黄遵宪致函日本友人宫岛诚一郎,表达思念之情,并且介绍《日本国志》写作情况。函曰:"栗香先生足下:井上子德来,得读惠书,欢若面语。别来遂九年矣。杜老诗云:'九载一相逢,百年能几何。'况又仆客泰西,君居大东,踪迹阔绝,不可合并也乎!劳劳思君,不可言也。

"仆自先慈见背,遂于乙酉之秋由美利坚归国。扃门息影,闭户著书。前在东京草创《日本国志》,至是发箧,重事编辑,凡阅两载而后成书。凡为类十二,为卷四十。(曰国统志,凡三卷;曰邻交志,上编凡三卷,下编凡二卷;曰天文志,凡一卷;曰地理志,凡三卷;曰职官志,凡二卷;曰食货志,凡六卷;曰兵志,凡六卷;曰刑法志,凡五卷;曰学术志,凡二卷;曰礼俗志,凡四卷;曰物产志,凡二卷;曰工艺志,凡一卷。都五十余万言。)私谓翔实有体,盖出《海国图志》《瀛寰志略》之上。所恨东西奔走,无暇付梓,不获与诸君子上下其议论,讨论其得失耳。

"仆居麴町者四载,梦魂来往,时复恋恋。虽其后游美利驾,客英吉利、法兰西,此皆四部洲中所推为表海雄风、泱泱大国者,然以论朋友游宴之乐,山川风物之美,盖不逮日本远甚,仆竟认并州作故乡矣。春秋佳日,举头东望,墨江之樱、木下川之松、龟井户之藤、小西湖之柳、蒲田之梅、泷川之枫,一若裙屐杂沓,随诸君子觞咏于其间,风流可味。以是知我两国文字

---

① 钞本此句作"酒赋弦歌俱妙绝"。
② 钞本此句作"不知雅兴近何如"。
③ 承厚,满洲长白人,官吏部主事,随使欧洲,光绪庚寅冬十二月期满东归。

同,风俗同,其友好敬爱出于天然,岂碧眼紫髯人所能比并乎?

"维新以来,庙堂诸公洞究时变,步武西法,二十年来,遂臻美善。仆于《日本志》中极称道之。至于今年,遂开国会,一洗从前东方诸国封建政体。仆于三万余里海外闻之,亟举觞遥贺,况其国人乎,喜可知也。

"足下年来何所为,颇有造述否?诗稿日积,当如牛腰。《平经正弹琵琶诗》,竟供御览,《清平调》三篇,彼谪仙香名,不得专美矣。江户诗人如小野湖山、森槐南,想俱无恙。仆于日本文士,相知者多,不能偻指一一数。特举一老辈一后生,以况其余,见俱为我致意。

"自仆去后,闻使馆文字之饮,时相过从,又往往道念及仆,且喜且慰。伯行星使精英、法方言,又工文章,其学识明达,论者比之曾劼刚少司农。虽为傅相郎君,然朝廷特简,盖以才能,非以门第登庸也。并以附告。相见诚未知何日。临楮怅然,惟起居曼福为祝,不布所怀。黄遵宪再拜。腊月廿日自英伦使馆作。"函末,又缀言曰:"再,去岁在京,有持宫岛某名刺来谒。及延见,乃知为从前侍坐之童子大八郎也。头角崭然,能作华语,栗香为有子矣。又述及购物余金,欲以掷还。既悉此意,将来由子德君交到,再以布启。又及。"(《全集》上,第343—344页。)

嘉应女诗人叶璧华于岁末之际,获读黄遵宪《今别离》诗四章,"诵之数四"后"爱成一律,寄覆海天":"呵冻红窗袅篆烟,梅花压雪薄寒天。几人解慰客中况,一纸颁来海外篇。诒到知交文字重,吟成别意古今传。输君绮岁腰横剑,击楫中流奋祖鞭。"(叶碧华:《残腊消寒,无聊特甚,忽诗五袖到公度〈今别离〉诸作见示,诵读数四,足征文字之交,万里不隔,爱成一律,寄覆海天》,《古香阁诗集》卷下。)后反复吟哦,怅触千端,怅然,赋《金缕曲》词一首曰:"别恨悲今古,怅更番,婵娟花月,暗然南浦。万顷无情江上水,竟送片帆飞去。独坐在,奈何天里,解下鸳鸯双绣带,并回肠,莫系行人住。魂暗断,愁难诉。庭前百本临风树,最关心,离离红豆,雨朝风暮。惨碧帘栊春事老,浪掷韶光几度。更寂寂,瑶台云路,似水长宵寻梦会,拥寒衾,梦也无成处。湘枝洒,凝红雨。"(叶碧华:《金缕曲·别恨悲今古》,《古香阁诗集》卷下。)

岁末,黄遵宪作《岁暮怀人诗》三十六首,怀念了三十四个故人。最后三首怀念同一人。钱锺书认为黄遵宪《岁暮怀人诗》是效法龚自珍:"黄公度之《岁暮怀人诗》《续怀人诗》均师承定庵,只与渔洋题目相同。"(钱锺书:《谈艺录补订本》,第465页,中华书局1984年版。)其中怀师长辈六人,何子峨、中国首任驻日公使、黄遵宪上司,其是黄遵宪父亲黄鸿藻的好友,对黄遵宪倚重有加。**潘儒初**、官户部员外郎,曾许黄遵宪为国器。**邓铁香**、刑部郎中,朝中有名的清流派,以忠言直谏闻名,黄鸿藻的好友,曾许黄遵宪为国器。**张樵野**、光绪二年(1876年)在烟台任登莱青道时与黄遵宪相识,光绪十一年(1885年)任驻美公使,光绪十二年(1886年)曾邀请黄遵宪续任旧金山总领事,黄遵宪谢而未往。**龚霭人**、进士,官登莱青道,广东、湖南布政使,光绪二年(1876年)初识黄遵宪,是黄鸿藻的好友。**梁鼎芬**。光绪十三年(1887年)入张之洞幕,掌广雅书院及钟山书院。其诗曰:怀何子峨如璋:"三年秉节辉英荡,万里持戈老玉门。太息韩江流水去,近来心事共谁论?"怀潘儒初存:"卅年冷署付蹉跎,归去空山卧薜萝。写到哀辞哭金鹿,黄门老泪定无多。"怀邓铁香承修:"既死奸谀胆尚惊,四夷拱手畏公名。一篇荐士通天表,独尔怜才到鲰生。"怀张樵野荫桓:"释之廷尉由参乘,博望封侯自使槎。官职诗名看双好,纷纷冠盖逊清华。"怀龚霭人易图:"老去头陀深闭关。悔将游戏到人间。杨枝骆马今都去,负杖闲看乌石山。"怀梁星海鼎芬:"闻君近入焦山去,欲访要离伴伯鸾。一个蜗庐置何处,漫山风雨黑如磐。"

　　怀官场认识的朋友十六人,光绪十五年(1889年)黄遵宪在北京闲赋时广泛交友,认识大量官场朋友,其中一些朋友对黄遵宪的仕途产生重要的影响,如黄遵宪出任驻英二等参赞就是袁爽秋向薛福成推荐的。下列朋友都是黄遵宪光绪十五年(1889年)在北京相识的。**志伯愚**、进士,任乌里雅苏台参赞大臣。**盛伯熙**、进士,时任国子监祭酒,以崇尚风雅、奖掖后进闻名于世。**李仲约**、进士,任翰林院编修、武英殿编修,精金石学和史地之学。**文芸阁**、进士,帝党重要人物,与帝师翁同龢交往甚深,其祖父文晟曾任嘉应知州。**袁爽秋**、进士,历任总理各国事务衙门章京、会典官纂修、总理衙门大臣等职,工诗。**王钹卿**、进士,藏书家,官户部郎中,补军机章京。**陈次亮**、以举人任职户部,官至军机处章京,在经济方面造诣尤深。**沈子培**、进士,以刑部主事兼总理各国事务衙门章京,精西北史地之学,有一代儒宗之称。**杨虞裳**、举人,以刑部员外郎考取总理各国事务衙门章京,工山水书法。**王廉生**、进士,授编修,官南书房行走,精金石学,是较早发现和收藏甲骨文的学者。**于晦若**、进士,兵部主事,李鸿章幕僚。**汪柳门**、进士,工部尚书,光绪十二年(1886年)任广东学政,曾到人境庐拜访黄遵宪。**唐春卿**、进士,选庶吉士,改吏部主事,中法战争期间主动请缨,联合刘永福援越抗法。**黄仲弢**、进士,湖北提学使,张之洞幕僚。**许竹篔**、进士,先后担任驻日、驻法、驻俄大使。**陈乙山**。举人,任户部主事,诗人、画家。略列诗数首:怀文芸阁廷式:"岛夷史读《吾妻镜》,清庙节传《我子篇》。写取君诗图我壁,自夸上下五千年。"怀袁爽秋昶:"自笑壶丘慑郑巫,有时弹指说兰阇。四朝盟会文山积,排比成书有意无。"怀王甈卿颂蔚:"十载承明校石渠,搜罗《七录》更无余。传闻《大典》藏蛮貊,欲访人间未见书。"怀陈次亮炽:"天竺新茶日本丝,中原争利渐难支。相期共炼补天石,一借丸泥塞漏卮。"怀沈子培曾植:"怀仁久熟《坤舆志》,法显兼通佛国言。闻说荷囊趋译馆,定从绝域纪辎轩。"

怀驻日使馆同事一人,杨星垣。黄遵宪驻日期间同事,担任驻日使馆西文翻译,参与笔谈。其诗曰:怀杨星垣枢:"教儿兼习蟹行字,呼婢闲调鸠舌音。十载蓬莱作仙吏,公庭花落屋庐深。"

怀同年好友二人,赖云芝、同治十一年(1869年)拔贡,与黄遵宪同年,黄遵宪同治十三年(1874年)在京应试时与其多有往来。王紫诠。以秀才任墨海书馆编辑,光绪五年(1879年)访日时期与黄遵宪相识,后往来密切。其诗曰:怀赖云芝鹤年:"结客须结少年场,占士能占男子祥。二十年前赠君语,于今憔悴鬓微霜。"怀王紫诠韬:"走遍环球西复东,莼鲈归隐卧吴淞。可怜一副伤时泪,洒尽吞花卧酒中。"

怀客家乡里故友六人,丘仲阏、进士,工部主事,台湾客家人,祖籍嘉应镇平。温慕柳、进士,官翰林院检讨,嘉应松口人,同治六年(1867年)与黄遵宪同入州学。胡晓岑、嘉应兴宁人,秀才,诗人、书法家,同治六年(1867年)与黄遵宪同入州学,交往很深。陈再芗、嘉应长乐人,拔贡,黄遵宪青年时期的好友。陈雁皋、嘉应镇平人,举人,官广西阳朔、天河知府。刘少蕚。晚清秀才、嘉应客家诗人,曾参与大型地方诗歌选集《梅水诗传》的编辑工作,与黄遵宪友谊甚笃,曾为其校勘《人境庐诗草》稿本。其诗曰:怀丘仲阏逢甲:"赤嵌城高海色黄,乍销兵气变文光。他年番社编《文苑》,初祖开山天破荒。"怀温慕柳仲和:"百人同队试青衿,记得同歌宵雅三。上溯乾嘉数毛郑,瓣香应继著花庵。"怀胡晓岑曦:"高柳深深闭户居,看儿画扇妇钞书。著书注到萍蒲懒,恨不将身化作鱼。"怀陈再芗元焯:"拔萃簪花十五余,倾城看杀好头颅。不知今日灵和柳,犹似当年张绪无。"怀陈雁皋展云:"十洲三岛浮槎去,汗漫狂游久未还。输与清闲阳朔令,朝朝拄笏饱看山。"怀刘少蕚燕勋:"风雨更寒守一庐,墓门夜夜泣啼乌。多情人惯伤心语,更谱哀弦十斛珠。"

怀亲戚三人,钟子华、黄遵宪姻亲,黄遵宪长女适钟子华次子钟实君。梁诗五、嘉应州人,黄遵宪远亲,少年好友,有数十年深交。梁辑五、黄遵宪姻亲,嘉应州人,举人。其诗曰:怀钟子华颖阳:"石鼓摩挲拜孔林,每谈佛性说仙心。赤松辟谷知难学,要学先生戏五禽。"怀梁诗五居实:"十七年来又悼亡,续弦仍复谱求皇。鬒鬒四十罗敷喜,摩抚郎须细看郎。"怀梁辑五国瑞:"两两鸳鸯挟凤雏,调羹食性各谙姑。一家寿母红氍拜,最羡君家家庆图。"另有二首未注明怀念何人,诗曰:"新声五十瑟弦调,爱我诗曾手自钞。远隔蓬山思甲帐,此生无福比文箫。""悲欢离合无穷事,迢递羁危万里身。与我周旋最怜我,寒更孤烛未归人。"钱氏笺注《人境庐诗草》引黄遵宪堂弟黄由甫曰:"怀女友之作也,女已婚能诗,其夫家距公度家不及二里。公度在家著《日本国志》时,女时至公度处谈诗。"黄延缵不同意此说,认为《人境庐诗草》中的《岁暮怀人诗》最后三首均写赠亲家梁国瑞:"第一首,羡慕梁国瑞一家,反映自己家庭所不及;第二首,因与梁是挚交,对梁说出肺腑,对妻子没文化深感遗憾;第三首,反映对梁的怀念。"黄延缵认为这三首诗本属常情,但黄由甫却妄为加注于第二首,这就把写给梁国瑞的有感之作变而为"怀女友"了。(黄延缵:《与〈人境庐诗草〉研究有关的黄遵宪家族部分史实述评》,《岭南文史》,1986年第2期。)(以上引诗见《诗草笺注》上,第535—563页。)

  黄遵宪自本年起,始自辑诗稿。自谓四十以前所作,多随手散佚,庚辛之交,随使欧洲,愤时势之不可为,感身世之不遇,誓将自逃于诗忘天下,乃始荟萃成编,藉以自娱。(据梁启超:《饮冰室诗话》,第24页,人民文学出版社1959年版及《人境庐诗跋》。)

  本年,《日本国志》付刊于广州富文斋。《日本国志》初刻本及改刻本扉页皆署有"光绪十六年羊城富文斋刊版"字样,但实际上该年并未刊行。黄由甫曰:"刻成大约在乙未年。"据刘雨珍考证,初版时间是在光绪二十一年冬,即1895年底至1896年初。(刘雨珍:《黄遵宪〈日本国志〉论述》下,《日本研究论集》,2002年。)

  本年,黄遵宪在伦敦,曾致函何如璋,为其抱屈:"……彼公见小多疑,耰锄德色,锥刀争利,有如村间老妪举动,实不可以一朝居。不知此种人何以竟登荐剡,屡膺重任。此间积习,竟以报销充私囊,某公任此六年,挟银八万而归,承其任者不改,(每岁英使馆薪水三万两,其他亦如其数。)然尚不腹削,今更星星求利,惟日不足。每遇一事,出一金,珠算之声,滚盘不竭。我辈吃生米人,(左文襄之语也。)殊看不惯。近年中国政府亦知此为重任,而某公之卑鄙,此公之琐屑,并世当亦无多,而皆膺其选。西报传述,多有讥笑,徒辱国耳。安望其治事哉!若中国事事如此,天下事真不可为。公只求独善足矣,公前在日本,后在船政,他勿论,为国家省糜费无数,而修善获祸如此!遵宪念之,每为三叹。频年以来,遭际感轲,郁郁不舒。兼以前年家居,骨肉之间,两遭死丧,深为伤心。外顾世事,益增愤嫉;内顾身世,无足控搏,少年盛气,销磨殆尽。每欲杜门息影,谢绝人事,而俗务牵掣,众口嗷嘈,再委蛇数载,有下噀之田数顷,菟裘之筑十间,真当被发入山矣。公看遵宪能践斯语否?闻士果今岁董某馆事,有脩金数百,少年遂能襄理家务,此亦公之奇福。前数年来,每盼公复出,上为天下,下为其私。至遵宪近日心事,谓公即有机缘,亦可高卧。人生惘惘如梦,求及时行乐。乃是真实受用耳。公不斥其谬否?"本函是何如璋二男寿朋发现,记于其所撰《先府君子峨公行述》一文:"今夏归家,检叠书簏,得丈自伦敦致先府君书一通,所言不特可藉证府君居官之廉、谋国之忠,并见我国政治与社会从来腐败,凡认真办事之人,莫不怄气,令人阅之生无限感慨。"(吴振清编:《何如璋集》,第387—388页,天津人民出版社2010年版。)

本年,叔父黄基簀山卒,黄遵宪作祭文致哀。(《祭家簀山叔文》,《全集》上,第271页。)

本年,嘉应知府吴宗焯倡议再修《嘉应州志》。温仲和任主编,历时八年,于1897年完成。

光绪十七年辛卯(1891年)　四十四岁

【国内外大事】二月(3月),康有为在广州长兴里万木草堂设馆讲学。七月(8月),康有为撰《新学伪经考》在广州刊行,认为东汉以来经学,多出刘歆伪造,是新莽一朝之学,与孔子无涉,从而否定古文经学。该书出版后各省纷纷翻印,梁启超赞此书是当时"思想界之一大飓风",在社会上引起很大的震动,光绪二十年(1894年),遭朝廷焚毁。

二月初九(3月18日),祖父黄际升病殁于家,年八十三。父黄鸿藻由广西思恩府请开缺奔丧归,率眷自思恩府雇船经西江到广州,转船到惠州老隆,过五华歧岭再换梅江船返嘉应故里。祖父之丧在堂,曾依俗念佛经七日八夜,设五大斋及纸扎各物普渡,极一时之盛。(黄伯权:《大事记》,郑海麟、黄延康编撰:《黄伯权传记》,第13页,培富印刷1997年版。)黄遵宪撰《先祖荣禄公述略》曰:"府君讳际升,字允初,先曾祖第六子也。幼随诸兄读书,警敏,善属文。二伯祖早夭,曾祖以襄理乏人,命之弃儒而业商。逮曾祖殁,曾祖母李太夫人就养于云南,府君奉以行。驰驱蚕丛鸟道间,山行板舆,水行安舻,有呼唤,未尝不在前,遇安息,则咫尺不相离也。居云南二年,太夫人不乐,府君又奉以归,凡历一万六七千里,费时一年有奇,太夫人胥忘其劳。府君已归,仍业商,以辰出、以酉入,就太夫人问今日安否、饥耶寒耶。凡官之臧否,政之得失,士夫之贤不肖,必罄举以告。某村某乡相斗殴,有何鬼神,语连蜷不休,或引述小说家言,附会今事。又令儿孙辈背诵《千家诗》《三字经》,给以儿童戏物,引作笑乐。伺太夫人倦,乃相率退,盖二十余年如一日。

"太夫人年八十,老且病,男女孙曾十数人,然延医察病,尝药量水,惟府君率吾母亲其事,他人未尝与;即与,太夫人亦不甚喜也。病至弥留,神明乱矣,忽呼府君,摩顶数四,继乃张目,执府君手曰:'汝作我好儿孙,汝亦有好儿孙报汝也。'太夫人室供一佛像,府君每夕必烧香,朔望则茹素,具衣冠肃拜,或诵《心经》数十遍。继祖母梁,不得太夫人欢,府君怒,或施夏楚,累数月不交一语。及太夫人殁,未尝见府君拜神,其于继祖母,亦不闻有谴诃声,人益知其大孝。

"府君既以奉母故,不出乡里,而治事之才为众所推服。咸丰初,林文忠公奉命督师,有兵过州境,时知州文壮烈公晟于前夕半得檄曰:'明午具三千人食。'则大惊,夜漏未尽,遣人延府君,凌晨往。壮烈起迎曰:'奈何,仓卒何以备?'府君曰:'借典肆钱三百万,人给以百钱。'曰:'固然,然无炊具、无食具,何以了此事?'府君曰:'吾试为之。'日将午,炊烟起,遣人鸣锣号于众曰:'州官买饭供兵食!'则争出熟饭,又市鱼肉蔬菜,陈于广场,兵自购食,犹有余钱,咸扪腹帖耳去。壮烈叹曰:'黄老六天下才也。'

"旧例,纳粮必罄纳,乃给以收票,贫户纳不足额,则不给,积欠愈多,胥吏转因其欠以为利。府君言于壮烈公,创设粮房于堂皇侧,无论多寡,先给小票,清数则汇易大票,至今便利之。

"乙丑三四月大饥,斗米至千五百钱,府君先与州人士设立义仓,至是议者欲按户散赈,府君持不可,曰州人虽贫,而惜声名,重廉耻,今日赈,则以持筹领米为愧。旧家贫士,不得分润者多矣,且仓米无多,如此恐不足数日粮,粮罄又何以为继?计不如卖粥,碗三钱,人得钱六,足饱一日,收其资,可以继籴,此名曰卖,而实为赈也。从其言,全活者众。

"咸同之间,流寇窜扰,府君辄偕州人募勇团练,屡保危城,而府君不自以为功。

"府君晚岁,声望益重,族党姻邻,遇事辄就质府君。府君出一言,则满座尽欢,嫌疑悉释。有求为官吏缓颊者,辄曰:'子理直,何待言;不直,言之何益？讼则终凶，毋如息讼。'其倔强不理者，则诘责瞋骂，声若振霆，而理如破的，亦皆缩阻散去。遵宪知交遍海内外，亦见有二三治事才，而匆猝之间能肆应如此，则吾未之见也。

"寿八十三。元配梁夫人，汲县知县念祖公之孙女，监生重熙公之女也。世承诗礼，以柔顺闻，年三十四卒。继配萧夫人；继配梁夫人。子四人：长即吾父鸿藻，咸丰乙卯科举人，由户部改官广西知府、思恩府知府；次翰藻；次鸾藻，同治庚午科举人，信宜县训导：均元配梁出。府君初以长子由户部主事加级，屡遇覃恩，递封至中宪大夫。长孙遵宪，初由二品衔分省候补道，遵筹饷例，请封资政大夫；继以出使美国总领事官、出使英国参赞官积劳，特旨赏给三代从一品封典，诰封荣禄大夫。"（《全集》上，第272—274页。）

黄遵宪在伦敦春游，作《春游词》："垂柳含春春意多，几分婀娜几婆娑？车声怒马尘黄麹，桥影横虹水绿波。并坐竞夸中妇艳，缓归争唱少年歌。黄鸡白日堂堂去，欲唤玲珑奈老阿！"（《诗草笺注》上，第564页。）

黄遵宪在伦敦心情抑郁，作《郁郁》诗述怀。时黄遵宪在使馆馆务清简，又身体多病。"郁郁久居此，依依长傍人。梨花今夜雨，燕子隔年春。门掩官何冷，灯孤仆亦亲。车声震墙外，滚滚尽红尘。"（《诗草笺注》上，第565页。）

公务之余，黄遵宪开始编辑其《人境庐诗草》，删诗稿，犹存二三百篇。同治十三年（1874年），黄遵宪于汕头旅次首次整理其诗作，编成《人境庐诗草》二卷，并作序一篇。黄遵宪终其一生不愿视己为诗人，故四十岁前的诗稿多随手散佚。只是至庚辛之交（1890年—1891年），因"愤天下之不可救，誓将自逃于诗忘天下"，乃始荟萃《人境庐诗草》以自娱。本年，他在伦敦再次整理其诗作，编成四卷。

又欲作《客话献征录》一书，使之后进知水源木本，氏族所自出。而以俗语通小学，以今言通古语，又可通古今之驿，去雅俗之界，俾学者易以为力，并已掇拾百数十条。同时，又收集客家山歌十数首。（本年八月五日致胡曦函，见新加坡《南洋学报》第十七期。）撰《山歌题记》曰："十五国风，妙绝古今，正以妇人女子矢口而成，使学士大夫操笔为之，反不能尔。以人籁易为，天籁难学也。余离家日久，乡音渐忘，辑录此歌谣，往往搜索枯肠，半日不成一字。因念彼冈头溪尾，肩挑一担，竟日往复，歌声不歇者，何其才之大也？

"钱唐梁应来孝廉作《秋雨庵随笔》，录粤歌十数篇，如'月子弯弯照九州'等篇，皆哀感顽艳，绝妙好词，中有'四更鸡啼郎过广'一语，可知即为吾乡山歌。然山歌每以方言设喻，或以作韵，苟不谙土俗，即不知其妙。笔之于书，殊不易耳。

"往在京师，钟遇宾师见语，有土娼名满绒遮，与千总谢某昵好，中秋节至其家，则既有密约，意不在客。因戏谓：'汝能为歌，吾辈即去，不复嬲。'遂应声曰：'八月十五看月华，月华照见侬两家。（以土音读作纱字第二音。）满绒遮，谢副爷。'乃大笑而去。此歌虽阳春二三月不及也。

"又有乞儿歌，沿门拍板，为兴宁人所独擅场。仆记一歌曰：'一天只有十二时，一时只走两三间，一间只讨一文钱，苍天苍天真可怜！'悲壮苍凉，仆破费青蚨百文，并软慰之，故能记也。

"仆今创为此体，他日当约陈雁皋、钟子华、陈再芗、温慕柳、梁诗五分司辑录。我晓岑最工此体，当奉为总裁，汇选成编，当远在《粤讴》上也。"（《全集》上，第275页。）

本月，英属哥林比亚省域多利议院改立新例，增加华人入口身税，无论新旧，无论工商，一律征收。域多利中华会馆同仁思黄遵宪与侨胞感情弥笃，爱护备至，特函请黄遵宪敦促薛福成在英相机交涉。（李东海：《加拿大华侨史》，第147—148页，加拿大自由出版社1966年版。）

五月（6月），时任北洋海军提督的丁汝昌奏请总理衙门称："去冬奉令巡视南洋，见新加坡各岛流寓华民日增，惟未设领事之处，多受洋人欺凌剥削，故环求保护。拟请以新加坡领事改为总领事。其余各岛如槟榔屿、马六甲、柔佛、石兰莪、白蜡等华商繁多处。则设立副领事一员，以华民公正殷实者摄之，统辖于总领事。"（薛福成著、安宇寄校点：《出使四国日记》，第151页，湖南人民出版社1981年版。）

六月二十五（7月30日），就黄遵宪所托之域多利中华会馆要求交涉域多利议院增加华人入口身税苛例一事，薛福成向英国政府发出外交照会："为照会事：照得自光绪二年在伦敦设立中国使馆以来，本大臣之前任各大臣，曾辩驳英国属地数处看待寓居华民及往来该处华民之无理，除前任大臣办理葛龙巴一案得以办妥，废其可恶之例，其余各大臣所竭力办理者，皆不获成效，华民情形依然如故。因澳大利亚仍设分别之例，对禁华人入境，加拿大总政府之议院复设前葛龙巴议院所定违法之例，不过稍行改易式样而已。加拿大新设之例，名为一千八百八十六年禁止华人入境之例，其首段云系英君主所定，加拿大上下议院所允，例内备载所有中国国家屡次驳诘之条,如英国澳大利亚属地所立禁止华人入境之一式,中国国家所不悦于此等之例者,非在于限制之严、丁税之重,而在于专名为禁止华人入境之例,且明言为是禁止入境之人数,乃是禁止华人之入境。仅禁止华人此等之例,未免轻视中朝,不以友邦相待。本年二月二十四日及二十五日葛龙巴议院拟设加严之例,仅禁止华民赴加拿大。于辩论之际,拟将此例用以禁止日本人入境与华人同,后乃改回不提日本,此举非是议院爱日本人,谓日本人入境胜于中国人之入境,实恐载日本人于例内,触犯日本国家之怒耳。本大臣实不解此道理,何以议院计及日本国家与中国国家情形不同,及看待在属地之华民与看待在属地别国之民不同。各属地曾与中国有大买卖,属地之人所索条约所载,给与英民之权利,自昔至今,皆如愿以偿,若以后英国属地之人,仍欲得此利益,只能给与肯照条约及万国公法而行,与英国本国人一式遵依者方可耳。属地有时或欲设例禁止外国人民入口太多,此等轻视或相待如仇之例,总不得施于友邦之民,此乃澳大利亚及加拿大所立看待中国之例之情形,中国国家是以深为不悦,此事业经数次由本大臣之前任各大臣照会贵爵部堂,并由前任各大臣按照万国公法与两国合约细心核议,本大臣亦不必多为赘说,是以谨将以上数事为贵爵部堂言明,并达总理衙门之意,望英廷速将此事革除。中朝觉得此事,非仅轻视我中国,实是阻止两国人民日渐亲睦之情,此等用意,断不可施,应由两国国家设法更改也。相应照会,贵爵部堂请烦查照! 右照会英外部尚书侯爵沙。光绪十七年六月二十五日。"(李东海:《加拿大华侨史》,第148—149页,加拿大自由出版社1966年版。)

  本月,《人境庐诗草》编就,黄遵宪自撰《人境庐诗草序》,序曰:"余年十五六,即学为诗。后以奔走四方,东西南北,驰驱少暇,几几束之高阁。然以笃好深嗜之故,亦每以余事及之,虽一行作吏,未遽废也。士生古人之后,古人之诗号专门名家者,无虑百数十家,欲弃去古人之糟粕,而不为古人所束缚,诚戛戛乎其难。虽然,仆尝以为诗之外有事,诗之中有人;今之世异于古,今之人亦何必与古人同。尝于胸中设一诗境:一曰复古人比兴之体;一曰以单行之神,运排偶之体;一曰取《离骚》乐府之神理而不袭其貌;一曰用古文家伸缩离合之法以入诗。其取材也,自群经三史,逮于周、秦诸子之书,许、郑诸家之注,凡事名物名切于今者,皆采取而假借之。其述事也,举今日之官书会典方言俗谚,以及古人未有之物,未辟之境,耳目所历,皆笔而书之。其炼格也,自曹、鲍、陶、谢、李、杜、韩、苏迄于晚近小家,不名一格,不专一体,要不失乎为我之诗。诚如是,未必遽跻古人,其亦足以自立矣。然余固有志焉而未能逮也。《诗》有之曰:'虽不能至,心向往之。'聊书于此,以俟他日。光绪十七年六月在伦敦使署,黄公度自序。"(《全集》上,第68页。)此序1911年日本排印本、1931年商务印书馆本均不见。1926年吴宓读到此文,将之发表于《学衡》杂志第60期,此序方为世人所知。

七月初二(8月6日),黄遵宪将六月二十五致英政府之照会摘抄寄域多利中华会馆,并回函曰:"中华会馆列位阁下敬覆者:前接来函,系为贵埠议院于本年二月改立新例,加增华人入口身税,无论新旧,无论工商,一律征收等事,钦宪均已阅悉,并于上月行文英国外部辩论此事,兹将照会摘钞一阅。查光绪十年,弟在金山总领事任内时,贵埠议设整理华人之例极为苛刻。其时贵埠选派绅商四人前来金山,递禀请为设法料理。当经弟批,令联合众商,延聘律师,以便讼驳。时加那达政府复派外部来金,又经弟面述各节,刊布新闻。幸而此例不成,相安如故。当时弟将尊处来禀缮呈曾侯,接曾侯覆函内称:'此事极难在伦敦议论。一则中英条约未有言明华人寓英地者,应照最优待之国一律看待;二则英国管辖属地之权,不比中国管辖十八省,如加拿达,如新金山,本地均有半主之权,英廷权柄难以废该地律例。是以在英京商议,难以收功,不如就地由商民辩驳"之语。后于光绪十二年,弟既离金山之任,贵埠议成禁止华人之例行,至今年复议加增身税一百元各款。闻阿大洼政府议论,互有异同,幸未成议例。钦宪薛大人于保护华民之意,极为殷挚。又素知贵埠除鱼罐金矿之外,生意无多。车路既成,工人必多失业,实不堪此项重税。是以照会英廷,并将新金山之事相提并论,意在请其废除苛例。今特命弟函覆列位,并将照会摘录,祈传知各位知悉。以后倘有苛刻,仍须就地延聘状师先与辩论。其有寄使署之信,惟须照事直叙,不宜过文。又必须将洋文寄来,宁详毋略,是为祷盼。专此布复。即颂日祉。乡愚弟黄遵宪顿首。七月初二日。"(李东海:《加拿大华侨史》,第147—148页,加拿大自由出版社1966年版。)

本月,总署奏准设立新加坡总领事,驻扎新加坡,兼辖马六甲、丹徒斯群岛、槟榔屿、威利斯雷省、暨其属部科科斯群岛及白蜡、石兰莪、松盖、芙蓉、柔佛等地。并在槟榔屿兼威利斯雷省并丹定斯等处,设槟榔屿副领事一人。(故宫博物院明清档案部、福建师范大学历史系合编:《清季中外使领年表》,第

73页,中华书局1985年版。)新加坡总领事一职以黄遵宪调充。据薛福成《出使四国日记》,新加坡总领事之设,其过程大抵如下:光绪十五年冬,北洋海军提督丁汝昌奉令巡洋,抵新加坡各岛,目击流寓华民,交涉懋迁,尚称安谧,惟未设领事之处,多受洋人欺陵剥削,乎求保护,未便壅不以闻。查新加坡附近英属各岛,曰槟榔屿,曰马六甲,曰柔佛,曰芙蓉,曰石兰莪,曰白蜡,华商亦颇繁多,新加坡领事既无兼营各埠明文,亦遂无遥制各埠权势。因而建议以新加坡领事改为总领事,其余各岛设立副领事一员,统辖于总领事。光绪十六年五月十四日,总署奏准丁汝昌之建议,咨行薛福成酌度情形,试与英国外交部商议。九月十三日,薛福成就设立新加坡总领事事照会英国首相兼外交部长侯爵沙力斯伯里。十月十九日,沙力斯伯里照会薛福成,表示英廷愿给文凭与中国所派之领事官,但间有审量地方情形,刻下或有不能照给文凭者,须由英廷察看情景定夺办理。光绪十七年正月,薛福成就其前与英廷外部商定香港设领事、新加坡领事改为总领事官之事具折陈奏,奉旨交总署议奏。会有沮之者,总署遂久搁不复,而英廷外部乘机稍有翻异,谓香港设领事一事先试办一年准照,如不侵英官之权,可换给长年准照。适值时任新加坡领事左秉隆以亲老多病告假回籍,薛福成乃致电总署云:拟暂缓港事,请先准新加坡总领事,并发凭以便请英廷外部给准照。薛福成旋接回电云:新加坡总领事已奏准以黄遵宪充补云云。有论者认为,当时新加坡总领事一职,非大有可为的地方,黄遵宪志在匡时,张之洞曾电奏其回国效力,黄遵宪之所以未应张之洞之请,就任新加坡总领事,"其主要之目标,在于争取在香港设领事官之地步耳"。(高维廉:《黄公度先生就任新嘉坡总领事考》,朱传誉主编:《黄遵宪传记资料》第一册,第36页,天一出版社1979年版。)而此时,原任新加坡领事左秉隆以亲老多病告假回籍,拟调香港领事,急切盼望黄遵宪能尽早到任,有诗寄赠,诗末两句云:"已是秋风凉冷候,迟君不至益凄如。"(左秉隆:《次韵酬黄公度观察见寄》,见《勤勉堂诗钞》卷四,第129页,新加坡南洋历史研究会版。)

本月,黄遵宪长女当樛适镇平县钟实君。(黄伯权:《大事记》,郑海麟、黄延康编撰:《黄伯权传记》,第14页,培富印刷1997年版。)

八月初五(9月7日),黄遵宪即将启程到新加坡赴任前,将收集到的客家山歌十数首并奉怀诗一首寄胡曦,请改正评点后抄写掷还,并附函称:"晓岑先生同年执事:别来匆匆,一十六载,音问疏阔,亦非意所及。乙酉以后,弟蜷伏家居,闭门著书。以谓吾兄因事至州,必可作平原十日之饮。而足音竟尔阒如。尔时著述鲜暇,曾不修一纸敬候起居。想阁下必以厚禄故人见疑。而岂知其此心拳拳,未尝一日忘我良友也。在家时每询善况,敬承我兄安贫乐道,谢绝尘嚣,实有北窗高卧,自谓羲皇气象。往在京师,记阁下见语云:嘉庆癸酉拔萃榜,惟彭春洲先生一人。想志在高山,既有窃比老彭之意。

今阁下清风亮节，大雅不群，实能追前贤而与之颉颃。余子琐琐，奚足计哉！

"遵宪居日本五年，在金山四载，今又远客英伦。五洲者历其四，所闻所见，殊觉诡异。有《山海经》《博物志》所不详者。然一部十七史几不知从何处说起，异日相见，乃能倾囊倒箧而出之耳。

"惟出门俞远，离家俞久，而倦恋故土之意乃俞深。记阁下所作《枌榆碎事序》有云：'吾粤人也，搜辑文献，叙述风土，不敢以让人。'弟年来亦怀此志。尝窃以谓，客民者，中原之旧族，三代之遗民。此语闻之林海岩太守。既闻文芸阁编修述兰甫先生言，谓吾乡土音，多与中原音韵符合。退而考求，则古音古语，随口即是。（如母子，古音满以切，今天下皆读作有韵，独吾省犹存古音。）因欲作《客话献征录》一书，既使乡之后进知水源木本，氏族所自出。而以俗语通小学，以今言通古语，又可通古今之驿，去雅俗之界，俾学者易以为力。既掇拾百数十条（有极新者，□□广雅□核博雅如王伯申父子不识核字，而［客］人名挑为，□恰有此音。）惟成书尚不易，且须归乡里中，得如公辈，互相讨论，乃可成耳。遵宪奔驰四海，忽忽十余年，经济勋名，一无成就，即学问之道，亦如鹢退飞。惟结习未忘，时一拥鼻，尚不至一行作吏，此事遂废。删存诗稿，犹存二三百篇。今寄上奉怀诗一首，又山歌十数首，如兄意谓可，即乞兄钞一通，改正评点而掷还之。

"弟于十月可到新加坡，寄书较易也。此请文安。弟遵宪顿首。八月五日。"本文据吴振清：《罗香林所藏黄遵宪诗文手迹》，《文献季刊》2007年第4期校正。《黄遵宪全集》将此函拆为两段收录（见《全集》上，第344—345页、第345—346页，）而此函全文，罗香林于1960年所撰的《胡晓岑先生年谱》中已全文披露。（新加坡《南洋学报》第十七期。）

八月十八（10月20日），黄遵宪致函驻法国领事馆同僚联豫字建侯，相约在其赴新加坡总领事任途经法国时见面："建侯我兄大人执事：弟刻已定于九月二日自马塞启轮，此廿四日将由英来法，与诸君子盘桓数日，一豁积闷。已托益三于附近使馆觅一住处，以便过从。若于数日间改期，必再有函；如本日改期，必有电。但总之，不必劳驾来迓为祷。相见不远，一切面罄。手请勋安，弟期遵宪顿首。十八日。"（《全集》上，第345页。）

八月二十三（10月25日），何如璋病卒于韩山书院。（吴振清编：《何如璋集》，第399页，天津人民出版社2010年版。）

八月二十四（10月26日），黄遵宪离英赴新加坡总领事任。（《全集》上，第345页。)路经法国,登巴黎铁塔,即埃菲尔铁塔,该塔是1889年为庆祝法国大革命一百周年和在巴黎举行世界博览会而修建。塔身以二百五十万只铆钉相接,用钢铁七千吨。塔高法国三百迈突,当中国千尺,约三百二十米。有诗纪其事:"(塔高法国三百迈突,当中国千尺。人力所造,五部洲最高处也。)拔地崛然起,峻崢矗百丈。自非假羽翼,孰能躐屦上？高标悬金针,四维挂铁网。下竖五丈旗,可容千人帐。石础森开张,露阙屹相向。游人企足看,已惊眼界创。悬车倏上腾,乍闻辘轳响。(登塔者皆坐飞车,旋引而上。)人已不翼飞,迥出空虚①上。并世无二尊,独立绝依傍。即居最下层,(登眺之处,分为三层。其最下层高五十迈突,当中国十六丈四尺。)高已莫能抗。苍苍覆大圜,森芒列万象。呼吸通②帝座,疑可通胚腪。自天下至地,俯察不复仰。但恨目力穷,更无外物障。离离画方罫,万顷开沃壤。微茫一线遥,千里走河广。宫阙与城垒,一气作苍莽。不辨牛马人,沙虫纷扰攘。我从下界来,小大顿变相。未知天眼窥,么麽作何状。北风冰海来,秋气何飒爽。海西数点烟,英伦郁相望。缅昔百年役,(西历一千三百余年,法国绝嗣,英王以法王四世非立外孙,欲兼王法国,法人不允,遂开战争,凡九十余年,世谓之百年之役。)裂地争霸王。驱民入锋镝,倾国竭府帑。其后拿破仑,盖世气无两。胜尊天单于,败作降王长。欧洲古战场,好胜不相让。即今正六③帝,各负天下壮。等是蛮触争,纷纷校得丧。嗟我稊米身,尪弱不自量。一览小天下,五洲如在掌。既登绝顶高,更作凌风想。何时御气游,乘球恣来往。扶摇九万里,一笑吾其傥。"《诗草笺注》上,第566页。)

九月初二(10月4日),黄遵宪自马赛启轮赴新加坡。(《全集》上,第345页。)

九月十一(10月13日)夜,渡苏伊士运河,有诗二首,赞叹人工伟力。其一《苏彝士河》诗云:"龙门竟比禹功高,亘古流沙变海潮。万国争推东道主,一河横跨两洲遥。破空椎凿地能缩,衔尾舟行天④不骄。他日南溟疏辟后,大鹏击水足扶摇。(南美洲之巴拿马,方疏凿未毕。)"《诗草笺注》上,第572页。)其二《九月十一夜渡苏彝士河》曰:"云敛天高暑渐清,沉沉鱼钥夜三

---

① "空虚",钞本作"虚空"。
② "通",钞本作"近"。
③ "正",钞本作"五"。
④ "天",钞本作"气"。

更。侵衣雪色添秋冷,绕槛①灯光混月明。(夜渡此河,皆于船头置电灯,光照数十里,两岸沙堆,皎洁如雪。)大漠径从沙碛度,双轮徐碾海波平。忽思十五年前事,曾在蓬莱岛上行。(日本南海道播磨峡中,亦两岸相接,而山清雅,令人移情,丁丑冬过此。)"(《诗草笺注》上,第 574 页。)当晚,舟泊苏伊士运河北口波塞,遇大雨,有诗:"流沙亘千里,绝塞比龙堆。飞隼盘云去,明驼载水来。破荒三尺雨,出地一声雷。溽暑都销②尽,当风殊快哉!"(《舟泊波塞是夕大雨盖六月不雨矣》,《诗草笺注》上,第 574 页。)

九月三十(11 月 1 日),黄遵宪抵新加坡。柯木林《黄遵宪总领事笔下的新加坡》(《亚洲文化》第七期,1986 年新加坡版)云,黄遵宪十一月一日抵达新加坡,十日发表下车文告。今案:黄遵宪与胡晓岑手札云:"弟于十月可到新嘉坡。"黄遵宪来欧时自新加坡至苏伊士运河,行程凡十九日。准此推数,抵新加坡当在九月底十月初。故柯文所云十一月一日抵达新加坡,十日发表下车文告者,应系公历时间。

十月初九(11 月 10 日),发表下车文告。(柯木林:《黄遵宪总领事笔下的新加坡》,《亚洲文化》第七期,1986 年新加坡版。)黄遵宪甫一上任,因薛福成屡饬到任后,"留心访察堪以派充槟榔屿副领事者,总期人地相宜,任阙毋滥,据实禀报,以凭核办"。(薛福成:《出使公牍》,沈云龙主编:《近代中国史料丛刊》第 81 辑,第 149 页,文海出版社 1972 年版。)即详察南洋各岛情形,查访侨民疾苦之余,开始物色槟榔屿副领事的具体人选。黄遵宪初到南洋,兼以未谙英文英语,故特委命同乡南洋富商张振勋弼士与之同来襄办一切。(《叻报》1894 年 12 月 11 日第二版《再权总篆》。)

十一月初三(12 月 3 日),出使英、法、义、比四国大臣薛福成札发新加坡总领事官凭照并英君主准敕各一件。《钱谱》引薛福成《出使公牍》卷七《札新嘉坡总领事官黄遵宪给发英君主准敕》云:"为札发事。照得本年九月二十一日,承准总理衙门文开,发给驻札英国新嘉坡兼辖海门等处总领事黄遵宪文凭一分,递寄本大臣查照办理等因。当经照会英国外部,并将领事文凭送验,请给英君主准敕去后,兹据外部声称,将总领事官之凭照一纸附递,并将君主文凭给与黄遵宪领事官之权,一并寄上各等因。合行札发。札到,该员祗领,仍将收到日期申复,以便查核存案可也。务希该总领事于任内应办事宜,悉心经理,以副厚望。切切此札。计发准敕一件,附凭照一件。光绪十七年十一月初三日。"(《诗草笺注》下,第 1205 页。)黄遵宪随即将自己

---

①"槛",钞本作"舰"。
②"销",钞本作"消"。

考察南洋各岛情形禀告薛福成曰:"职道到任一月,详察南洋各岛情形,知英属新加坡等处,流寓华人日增,所有落地之产业,沿海之贸易,华人占十之七八,欧洲、阿剌伯、巫来由仅居十之二三。其往来贸易与内地互相关涉者,约有数端,一曰船舶。富商巨贾,有多至十数艘者,入境则地方有管辖之权,出海则领事有稽查之责。一曰财产。华人产业或在中国,或在外洋,两地暌隔,彼此鏐辖;又有一家公产,一人遗弃,互相并夺,至于倾家荡产,诉讼未休。一曰逃亡。或在中国作奸犯科而匿外国,或在外国侵吞奸骗而逃归中国;已得其主名,亲见其踪迹,竟以案无根据,莫能指控,仇雠侧目,行路饮恨。一曰拐诱。拐匪踪迹诡秘,而中外又两不相接,故无从缉获。一曰诬告。有空拳而出,捆载而归者,乡邻姻族,视为鱼肉,每每勒索讹诈,及不遂,则有富商而指贩卖猪仔者,以良民而诬为曾犯奸盗者。"(《文集》,第270—271页。)

十一月二十二(12月22日),黄遵宪家祠堂适新修堂宇及神龛,故行转火大礼。父黄鸿藻到祠堂拜祖,忽得感冒,似系急性肺炎,遂一病不起。(黄伯权:《大事记》,郑海麟、黄延康编撰:《黄伯权传记》,第13页,培富印刷1997年版。)

十一月二十五(12月25日)黄锡铨致函域多利中华会馆:"敬启者:同客一洲,东西各海,告别以后,音问顿疏。然以弟时念诸君,想诸君之时时念弟,亦必同情也。弟于九月十五日捿纽约领事之任,公私诸务,藉庇平顺,洋人尤相亲爱。家兄公度于九月中到香港,即先到梧州府省亲。昨接来信,并寄到写奸折扇二十二柄,嘱弟寄赠诸君,并云此扇系在归舟所写,贵会馆董事大名记忆不齐,是以先写此数,容到家寻出名单,补写寄赠云云。今仍托梁泽周兄代寄,到日祈晒纳。区区微物,原不足贵,特远道寄来,聊表别情,望收到后惠覆一函,以便转达家兄为荷。贵会馆想已落成?百事美备,可为贺慰。闻域埠自行限制华人之例,颇属刻虐。又闻车路散工之人,衣食无资,欲归无门。郑钦使常有问及,目下情形如何?望为详示。纽约亦设有中华会馆,公举新宁①李君洪钧司事,此处华人各有业艺,洋人无厌恶之心,比金山迥不同也。手泐布达。即希列位绅董乡台大人均照并候财祉均佳。愚弟黄锡铨顿首。十一月二十五日。"(刘奕宏:《黄遵宪热

---

① 今案:即指台山。

心保护加拿大华侨》,《梅州日报》,2014年5月21日。)

本月,黄遵宪将前任新加坡领事左秉隆创办的会贤社改名为图南社,取庄生"鹏之徙于南溟也,风之积也不厚,则其负大翼也无力,而后乃今将图南"之意,以其促进南洋华文教育。黄遵宪亲撰《图南社学规》:"一、每月于初一日由总领事署出题,初十日截卷,二十日发榜。二、社中取列一二等者,照从前旧章,由总领事捐廉十圆,以为奖赏;如佳卷增多,当另行筹加奖赏。三、此社无论何人均能报考,各于卷面填写姓名,其取列一二等者,于发榜后,领卷之时,并祈报明住址。四、诸生投卷之时,即领回收条一纸,以后领卷及领奖赏银,均以此收条为据。五、社中课卷现托黄墨林印刷,诸生应课者悉用此卷,以归划一。每卷定价收银二占,以为墨林堂作印刷之资。"(叶钟铃:《黄遵宪与图南社》,《亚洲文化》第15期,1991年新加坡版。)还亲撰《图南社序》阐明改社之目的,序曰:"吾尝读《易》,离为文明之象,而其卦系于南方。考之《诗》《书》所记,经传所载,《诗》之十五国,《春秋》之诸大国,其圣君名臣、贤士大夫,立德立言经纬天地者,大抵为北人,而圣人乃为是言者则何也?盖时会所趋,习俗递变,古今时地,日异而月迁,若今之句吴于越,周断发文身之邦,椎髻卉服之俗也,而数百年来,冠冕之盛,甲于天下。推而至于八闽、百粤,咸郁郁乎有海滨邹鲁之风。乃至粤之琼州、闽之台湾,颠颠独居大海之中,古所谓蛙龟之与处,鱼鳖之不足贪者,而魁梧耆艾、英伟磊落之士,亦出乎其中。盖天道地气,皆自北而南,而吾道亦随之而南,圣人之言,不其然欤!

"南洋诸岛,自海道已通,华民流寓者甚众,远者百数十年,颇有置田园、长子孙者。大都言华言,服华服,俗华俗,豪富子弟,兼能通象寄之书,识佉卢之字,文质彬彬,可谓盛矣!夫新嘉坡一地,附近赤道,自中国视之,正当南离。吾意必有蓄道德、能文章者应运而出,而寂寂犹未之闻者,则以董率之乏人,而渐被之日尚浅也。前领事左子兴观察,究心文事,创立社课,社中文辞多斐然可观。遵宪不才,承乏此间,尤愿与诸君子讲道论德,兼及中西之治法,古今之学术,窃冀数年之后,人材蔚起,有以应天文之象,储国家之用,此则区区之心,朝夕引领而企者矣。抑庄生有云:'鹏之徙于南溟也,风之积也不厚,则其负大翼也无力,而后乃今将图南。'今故取以名吾社,二三君子其共勉之。光绪辛卯十一月,黄遵宪叙。"(《全集》上,第274—275页。)

图南社成立后,黄遵宪亲任监督,按月课题奖励学人。一时文风丕振。对此,十二月初十(1892年1月9日)新加坡《星报》发表评论曰:"前读中国驻叻总领事黄公度观察之《图南社序》,遣词立意,固已超卓不群,而一种牖愚启蒙之心,及倡率文风之意,俱流溢于楮墨之间,又非徒循厥旧规,有举勿废,或因或革,务得其宜,庶几道一风同,丕骨之仁,由此而扩也。序内期望应课诸生甚切,无一毫轻视之心,但未知诸生果能刻意切磋以酬其望否耳。所恨者叻处南偏,距中国六千余里,文墨稍优之士,绝少南来,即或有之,亦不过鸿爪雪泥,偶一留迹,其余则半儒半道,文理顺通而已。故当日会贤所出各课,俱碱玉并见,若不能齐。然而丕振文风之心,因不以人才之有无而或异也。黄观察以名孝廉而加以阅历,其于分所应尽之事,必期力为重道尊王,尤属责无旁贷,所以特作是序,以鼓励诸生,岂仅有循左观察之遗风,视为可有可无之事哉。拭目俟之,将见文风蒸蒸日上矣。"(《黄公度观察奖励学童事喜而有说》,《星报》,1892年1月9日第一版,郑海麟:《黄遵宪与新、马华侨》,《文史知识》,2006年第3期。)

本月,为次子黄鼎崇授室,娶同里梁辑五之女,时黄遵宪祖父黄际升仍停柩在堂,故移禄善堂门楼厅东房为洞房。(黄伯权:《大事记》,郑海麟、黄延康编撰:《黄伯权传记》,第14页,培富印刷1997年版。)

十一月二十七(12月27日),黄遵宪父黄鸿藻去世,年六十三。族中诸长辈乃移祖父黄际升柩寄人境庐向河之花厅中,抬大坐椅将黄鸿藻之遗体由桐花书屋正厅靠西之正间,经小巷达本屋东边小巷转入上堂,中设孝帏,依例举丧。(黄伯权:《大事记》,郑海麟、黄延康编撰:《黄伯权传记》,第56页,培富印刷1997年版。)黄遵宪乞假百日,回籍治丧。总领事官事务,由翻译官那华祝三代理。(据《钱谱》引薛福成:《出使公牍》卷七《札新嘉坡总领事官黄遵宪翻译官那三代理领事酌给俸薪》。)

本年,黄遵宪曾夜登近海楼,有诗:"曾非吾土一登楼,四野风酣万里秋。烂烂斗星长北指,滔滔海水竟西流。昂头尚照秦时月,放眼犹疑禹画州。回首宣南苏禄墓,记闻诸国赋共球。"(《夜登近海楼》,《诗草笺注》上,第577页。)

光绪十八年壬辰(1892年)　四十五岁

【国内外大事】二月十五(3月13日),杨衢云、谢缵泰在香港开设会所。十月初二(11月20日)，张之洞创办的湖北织布局在武昌开机生产。是年，日本在英国订造一大型巡洋舰，名曰"吉野"。

正月(2月)，黄遵宪因父黄鸿藻殁而回籍治丧，撰《先考思恩公述略》曰："府君讳鸿藻，字砚宾，号逸农，先祖长子也。少俊颖，年十三丧母，哀毁如成人。曾祖母李太夫人奇爱之，携之往滇，及归，而闻誉隆洽，声俊一黉，小试诗文，无不能者。顾屡试不得志，（知州文壮烈公有子名星瑞，极赏府君文，屡试高等，至癸丑始进学。学使者，河南吴南池祭酒保奏。）益发愤力学，逮咸丰丙辰举于乡，（主试者王啸山侍御发桂。）时年十八岁矣。当是时，家业鼎盛，府君请于先祖，输资为郎，遂以主事分户部贵州司行走，资粮刀布，仍取之于家。

"府君日与都中贤士大夫游，文酒之会，欢宴无虚日，学业乃日进，若邓铁香鸿胪（承修），钟遇宾侍郎（孟鸿），何子莪宫詹（如璋），龚蔼人方伯（易图），秦文明廉访（焕其）尤著者也。或谑府君：'人言长安不易居，故宋有黄居难，今以君处境，当继白居易为黄居易矣。'然中更丧乱，家产荡尽，府君乃不得不分印结金以赡家，俸薄仍不足，复于天津、芝罘主潮人商业会馆。（潮人会馆例延乡宦作董事，雍正间曾奉谕令董事保护商人，其体制略如领事。）既久上春官不得第，益郁郁不乐，思改外官，而力未能也。

"岁戊寅，遵宪随使日本，俸稍厚，乃改知府分发广西。到省后，迭委要差。壬午充文闱外监试，己丑充文闱内监试，是冬檄署思恩府知府。思恩为王文成公旧治，有阳明书院，久倾圮矣，府君修复之，乞中丞请于朝，以文成公例入祀典。又请御书扁额，得'教衍云岩'四字，悬于书院。府君以朱陆学派，异流同源，因主张良知之说，举其平苗猺之功以劝勉，思人复知向学。及去任，遂以府君画像供座侧焉。广西土瘠产薄，安阳马中丞（丕瑶）创兴蚕利，府君一意奉行，先祖复贻书督之。府君与绅士约以种桑多寡课殿最，遣人往潮州购种分布。时以微服巡行塍野间，与老农村妪课晴话雨，笑语为乐。不数月，蔚然成林。中丞大喜，语僚属曰：'以儒术饬吏治，黄太守之谓矣。'又手书柱铭以赠云：'学道能精明世故，性天见涵养工夫。'盖纪实也。

"府君平生多顺境，咸同之间，发贼陷嘉应后，复聚歼于州，府君适居京，前后客京师二十年。庚申英法之难，府君又适归家。处乱世间，未尝见兵革，未尝厄水火，未尝遭风波。弱冠至老，居曾祖母丧外，未尝服缟素服。

家政概由先祖综理。逮先祖开八秩、开九秩,府君率子弟上寿,又于同僚中广征诗文。称觞之日,州人士之登堂者盖十人而九,冠盖填咽于道,彩帏锦帐溢于门楣,时论荣之。己丑撤棘,中丞宴两主试于独秀峰,甫行酒,乐作,时五弟遵楷得乡举,电报适至,中丞、主试各捧觞贺曰:'上有老父,下有佳子弟,福寿康强,政事文学,萃于一门,两省僚吏中,罕有其匹,此福信不易得也。'府君虽逊谢,意亦良慰。居思恩一年余,闻先祖讣,乃徒跣驰归。府君素强健,平生不服药,至是以积毁,每举哀辄喘,岁晚感寒疾,不数日遂卒。

"府君不事生产,南宁、梧州厘务,实粤西饷源。粤西毗连粤南,李扬才之乱,法兰西之难,王师联翩出关,飞刍挽粟,羽檄交驰,皆挹注于此。而府君受事,循环运转,算无遗策,不苛不滥,卒无失时,人始知其综核才。然处膏脂不能自润,宦粤西十年,卒之日,余囊不及三百金也。

"府君性和易,能鼓琴,尤善铜弦琴。喜剧谈,宾客满座,依依不少休,时杂以诙谐,文采葩流,枝叶横生,使听者忘倦。客不至,则遣小胥四处邀约,无贵贱老少,必强之来。音吐清亮,隔屋若相酬接。

"少时喜读书,往往于半里外,犹能闻其声。所著有《逸农随笔》《二笔》《三笔》《四笔》《五笔》,其说因果、寓劝惩,体例如《阅微草堂》,论诗文、述掌故,则《容斋随笔》之类。已刊行《退思书屋诗文稿》若干卷藏于家。子五人:遵宪、遵谟、遵路、遵楷、君实。"(《全集》上,第276—277页。)

四月(5月),黄遵宪假满回新加坡总领事任,妻叶氏及次子黄鼎崇夫妇随行。(据黄伯权:《大事记》,郑海麟、黄延康编撰:《黄伯权传记》,第57页,培富印刷1997年版。)回到新加坡后,黄遵宪依照"就地取材,须公正诚实,绅商派充"的标准,(王彦威纂辑、王亮编:《清季外交史料》卷九十一,第1615页,书目文献出版社1987年版。)具禀推荐张振勋出任槟城副领事。(据魏明枢:《张振勋担任槟城副领事的人脉关系考》,载房学嘉等主编:《张弼士为商之道研究》,第128页,华南理工大学出版社2012年版。)

本月,黄遵宪针对新加坡等处华人往来贸易中存在的船舶、财产、逃亡、拐诱、诬告等情形,详见光绪十七年十一月条所录黄遵宪致薛福成禀文。为保护华侨利益,向总署提出建议,其禀文曰:"新嘉坡等处流寓华人,日增繁盛,其往来贸易,与内地互相斗关涉者,有船舶、财产、逃亡、拐诱、诬告数端,自应设法革除。拟请此后遇有事端较大者,由总领事禀请出使大臣转咨闽粤督抚核办；其小事径咨各地方道府州县办理，以期中外官商，息息相通，互相关照保护。除批准分咨闽粤督抚外，呈请查核。"(《全集》上，第499页。)全集所标时间"五月十四日"系薛福成札饬时间，非黄遵宪禀文写作时间，据《钱谱》引薛福成《出使公牍》卷七《札新嘉坡总领事官黄遵宪设法严查华商船只贩私结会》，黄遵宪禀文写作时间应在总署批准其建议的时间(五月初六)之前。同时，针对新加坡往来华侨，常于登岸时被人劫杀之情况，黄遵宪乃照会英官，凡驶小艇者须商号担保，以一千元为质，严为防患。自后劫杀之风遂绝迹。据黄竞初《华侨名人故事录》(长沙，1940年刊本)载，星洲往来华侨，常于登岸时有劫杀事件发生。盖当旧金山、毛哩峙等埠，回到新加坡之火船，概无码头，抛锚海心，不再靠岸；搭客登陆，须雇小艇转驳，驶小艇者，每觊觎客人之财物；视有行旅充实之搭客，辄驶至僻静处，杀其人而劫其货，并弃尸海中以灭迹，莫由破案。黄至是，乃照会英官，凡驶小艇者，须商号担保，以一千元为质，严为防患。自后劫杀之风遂灭迹。(郑海麟：《黄遵宪与新、马华侨》，《文史知识》，2006年第3期。)

五月初六(5月31日)，黄遵宪致函女婿钟实君友人钟颖之子，前一年七月刚与黄遵宪长女当橒完婚。曰："实君贤甥执事：别来匆匆，忽半年矣。前者温厚吾、赖子垣两茂才来，询悉善况，知进德修业，孳孳不已，良用慰欢。今岁恩榜宏开，想时时温习举业。尊公学行，超越时流，即八比一道，亦精能深妙，殊绝于人。贤甥过庭之暇，以时即问，必多所裨益。鄙人于此事素少究心，海外奔走，益复茫茫。如有近作，冀抄示一二篇，藉觇文采。或者竭其一得，足相印证也。

"去年七月，本欲挈内子辈同诣尊宅，以王事有期，不克如愿，至今怅怅。小女今岁归宁日多，良以鄙人举家南徙，儿媳习皆少不更事，加以进学添丁，酬应纷烦，不能不藉小女代为维持，以求免族戚议责，想邀谅也，鄙人自丁酉①从海外归，以内子多疾，一切起居饮食，赖小女调护，故离别之后，时拳拳在心。小女亦素患脚软之疾，因所居卑隘，积受潮湿，移居楼上，稍就痊愈。未审近日如何？甚念！贤甥赴试，于何日起程？在省寓何所？如有佳寓，亦可与小儿同住，缘小儿初次出门，性又负气，诚虑其于应酬之事开罪于人。应得与甥同居，时以雅度化其褊狷，庶使鄙人心安也。

"此间地近赤道，暑针每在八十度外，时时用醍醐灌顶、冷水浇背之法，

---

① 今案：丁酉，是光绪二十三年(1897年)，《全集》编者已指出，彼时黄遵宪已在国内，不存在"从海外归"之说，故函中"丁酉"疑系"乙酉"之误，乙酉年黄遵宪由美乞假归国。

初颇不惯,今亦渐以安习矣。内人辈居此尚安好。久欲作书,每以事中辍,今日抽暇,草此数行。此间政务虽不烦,然亦无几时得暇。每念作秀才时,伏案吟诵,自主自由,此乐遂不可复得。'少壮真当努力,时一过往,何可攀援。'诚有昧乎其言之也。即问近佳,不宣。外舅制遵宪启。五月六日。"(《全集》上,第346—347页。)

本日,总署对黄遵宪之禀文做出批复。

五月十四(6月8日),出使英、法、义、比四国大臣薛福成将总署对禀文之批复转给黄遵宪,札饬设法严查华商船只贩私结会,要求"札到,该总领事即行遵照"。据《钱谱》引薛福成《出使公牍》卷七《札新嘉坡总领事官黄遵宪设法严查华商船只贩私结会》,全文为:"为札饬事。照得本年五月初六日,承准总理衙门咨复内开准咨称:据新嘉坡总领事黄遵宪禀称,新嘉坡等处流寓华人,日增繁盛。其往来贸易,与内地互相关涉者,有船舶、财产、逃亡、拐诱、诬告数端,自应设法革除。拟请此后遇有事端较大者,由总领事禀请出使大臣转咨闽、粤督抚核办,其小事径咨各地到府州县办理。以期中外官商,息息相通,互相关照保护。除批准分咨闽、粤督抚外,呈请查核等因。查该总领事所拟各条,为保护华民起见,自应饬令照办。至该处紧要事件,若必禀由使署转咨闽、粤督抚,辗转稽延,动须数月。设有要事,恐误机宜,自应一面禀明使署,一面径禀闽、粤督抚,消息更觉灵通,办理可无隔阂……合行札饬。札到,该总领事即行遵照。此札。光绪十八年五月十四日。"(丁凤麟、王欣之:《薛福成选集》,第445—446页,上海人民出版社1987年版。)

五月二十八(6月22日),薛福成对黄遵宪出巡南洋各岛及推荐张振勋出任槟城副领事之禀文作出批复:"据禀出巡南洋各岛,情形极为详晰,足见实事求是之意,至为欣慰。槟榔屿设副领事,既据称查有候选知府张振勋,智计过人,群相推重,足膺斯任,应俟与英外部商定后,即行札派以专责成。"(《批新嘉坡总领事官黄遵宪禀称出巡各岛由》,薛福成:《出使公牍》,沈云龙主编:《近代中国史料丛刊》第809册,第547页,文海出版社1972年版。)

八月二十七(10月17日),薛福成照会英国外交部,强调黄遵宪推荐之张振勋系槟榔屿副领事"合式之人"。(薛福成:《出使公牍》,沈云龙主编:《近代中国史料丛刊》第809册,第645页,文海出版社1972年版。)随后,英国外交部回函称,"接到新嘉坡及海门等处总督来函,称张振勋派为槟榔屿之副领事,无所不可"。(薛福成:《出使公牍》,沈云龙主编:《近代中国史料丛刊》第809册,第149页,文海出版社1972年版。)

十月二十二(12月10日),黄遵宪代表清廷向柔佛苏丹阿蒲峇加(Sultan Abu Baker)颁发一等一级双龙勋章,以表彰其对居住其领域内众多华人所示之慈意,并因其对中国最近大水灾表露之同情与善意而寄送物资,以赈济灾区诸难民。阿蒲峇加因此在其新落成的 TyerSall 举行招待会庆祝。(据宋旺相:《华人在星一百年》,转引自高维廉:《黄公度就任新嘉坡总领事考》,见朱传誉主编:《黄遵宪传记资料》第一册,第 40 页,天一出版社 1979 年版。)

十二月十七(1893 年 2 月 3 日),英国正式公告允准清朝政府在槟榔屿增设副领事。(张晓威:《晚清驻槟榔屿副领事的创设与首任副领事的派任》,《中国历史学会史学集刊》,2004 年第 7 期,第 243—284 页。)

本年,针对华民流寓日众,敲诈勒索财产之事频繁发生之情况,黄遵宪要求英殖民当局加强管理。时南洋有华民四十万之众,英设"华民政务司",管理华人事务,凡华人入境、华工订约与监护、华人习俗的调查、华人婚姻纠纷、民事争执等均由该司管理。但是"华民政务司"名为护卫华人,实则事事与华人为难,黄遵宪要求英总督加强管理。总督施密司谓华民不必尽用英律,嘱将大清律例财产各条抄出。黄遵宪为之抄出户律户役门凡八条,施督即译英文,札交各处承审官一体遵办。(《全集》上,第 500 页。)黄遵宪上薛福成禀文,该文内容系薛福成《出使四国日记续刻》卷八光绪十九年六月初六所记,系黄遵宪忆及发生之事,故以大清律例行之华民一事,因发生在黄遵宪禀文写作之前,故姑作光绪十八年附记于此。

本年,黄遵宪作有《续怀人诗》十六首,怀念了二十六个外国友人,其中日本友人二十人,美国友人二人,朝鲜友人二人,琉球友人二人。日本友人中有日本政治家三人,伊藤博文、明治维新后历任大藏少辅、工部大辅、内务卿等职,1885 年任首届总理大臣,黄遵宪在日本任职时与其相识。外交家榎本武扬、1882 年—1885 年任驻华公使、陆军高级将领。大山岩。黄遵宪在日本任职时其任陆军中将,参谋本部次长、部长,黄遵宪写作《日本国志》期间,曾以百金请陆军参谋少佐木村绘地图,木村被人诬告将国家机密出卖给中国政府,锒铛下狱,黄遵宪请大山岩出面斡旋,始得释放。其诗曰:怀日本伊藤博文:"创获奇香四百年,散花从此遍诸天。支那奇字来何处,絮问蔫菸说药烟。(君能通古今之事,多知谋,口含烟不辍。尝问余:"哥伦坡得南北美洲,始有淡巴菰,今四百年耳。而华人乃有蔫字、菸字,何故?"余言:"蔫本香草,菸为败叶,皆假借字。"君意释然。然唐译《毗耶那杂事律》云:"在王城婴病,吸药烟瘳损。佛言以两碗相合,置孔,引长管吸之。"其式如今阿拉伯人歙烟筒,但未知所用何药物耳。)"怀日本榎本武扬:"帕首靴刀走北门,竟从逋盗作忠臣。一腔热血兴亚会,认取当年蹈海人。"怀日本大山岩:"宪宪英英伟丈夫,不将韬略学孙吴。恨无舞袖回旋地,戏倒天吴拆海图。"

日本朋友十七人,包括浅田惟常、日本著名汉医,曾为黄遵宪治病,黄遵宪送他道士巾,他加以改造推广,名为浅田巾。黄遵宪曾为其三本著作写序。重野安绎、日本近代著名文学家、史学家,主编《大日本编年史》,黄遵宪对日本历史和明治维新的认识,颇受其影响,他曾为黄遵宪《日本杂事诗》校评诗稿,拾遗补缺。宫本小一、日本诗人,黄遵宪在日本时任外务省大书记官,与黄遵宪于公于私均有往来,黄遵宪现存与日本友人交往的诗,写给他的最多。大沼厚、日本诗人和汉学家。南摩纲纪、龟谷行、日本诗人和汉学家,黄遵宪曾请他修改《日本杂事诗》,并索其序。岩谷脩、诗人、书法家,历任一等编辑官、修史局监事等职。蒲生重章、诗人、经学家、大学教授,与黄遵宪往来密切,曾为《日本杂事诗》校评诗稿,拾遗补缺。青山延寿、诗人、尊王史学家、儒学家,其经常到中国驻日公使馆,黄遵宪与之相交甚深。小野长愿、日本著名诗人,俞樾称其在日本诸名家中"当首屈一指"。森鲁直、日本汉诗泰斗,1875年创办日本影响很大的汉文诗刊《新文诗》,与黄遵宪往来密切。冈千仞、日本诗人和汉学家,曾任东京书籍馆馆长,后办学,有弟子三千,黄遵宪曾就《日本杂事诗》向其请教,其为《日本杂事诗》校评诗稿,拾遗补缺。垆元邦、汉诗人,创七曲吟社。宫岛诚一郎、诗人,曾任修史馆书记官,与黄遵宪往来密切,其为《日本国志》的写作提供资料,修改《日本杂事诗》。秋月种树、日本书法名家。日下部东作。日本著名书法家、印学家,能诗文,有"东海书圣"之称号,其诗曰:怀日本浅田惟常:"不关魏晋兴亡事,自署羲皇上古人。白竹兜笼黄木屐,科头可用护寒巾。(君本德川氏遗臣,后遂不仕。维新后毡衣革履,君概置不用,独乘竹兜笼,以二人舁之行,不着帽。余赠以道士巾,则大喜。会亲友仿其式而模造之。)"怀日本重野安绎:"得诗便付铜弦唱,对局何曾玉袜输。绕鬓青青好颜色,绝伦还以旧髯无。(东人称君为二绝,一能诗,一善弈,一美髯也。)"怀日本宫本小一:"长华园里好亭楼,每到花时载酒游。岁岁花开频入梦,桑乾梦醒梦并州。(君官外部,有园曰长华,岁岁觞余于此。临别时为诵贾浪仙句,故云。)"有论者曰,黄遵宪此回忆有误,光绪八年黄遵宪离别日本时,宫本曾诵诗,黄遵宪在注中说明所颂为贾岛的诗,但其诗中"桑干梦醒梦并州"句是刘皂的《旅次朔方》"客舍并州数十霜,归心日夜忆咸阳。无端又渡桑干水,却望并州似故乡"。也有可能宫本既颂了贾岛的诗,也颂了刘皂的《旅次朔方》。怀日本大沼厚、南摩纲纪、龟谷行、岩谷脩、蒲生重章、青山延寿、小野长愿、森鲁直、冈千仞、垆元邦等诗人:"袖中各有赠行诗,向岛花红水碧时。只恨书空作唐字,独无炼石补天词。(大沼厚、南摩纲纪、龟谷行、岩谷脩、蒲生重章、青山延寿、小野长愿、森鲁直、冈千仞、垆元邦,皆诗人也。壬午春,余往美洲,设饯于墨江酒楼,各赋诗送行,多有和余留别韵者。森槐南,鲁直之子,年仅十六,兼工词,曾作《补天石传奇》示余。真东京才子也。别后时时念之。)"怀日本宫岛诚一郎:"一龛灯火最相亲,日日车声辗毂尘。绝胜海风三日夜,挐舟空访沈南蘋。(君住麹町,与使馆隔一街耳。每见辄论诗。昔画师沈南蘋客长崎,赖山阳闻其名走访之,阻风三日夜,及至,而南蘋已归,以为平生恨事。)"怀日本秋月种树:"已破家山剩故侯,秦筝赵瑟尚风流。可能网载西施去,不解风波不解愁。"怀日本岩谷脩、日下部东作:"曾观《菩萨处胎卷》,又访《那须国造碑》。直引蛇行横蟹足,而今安用此毛锥?(岩谷脩、日下部东作,皆工书法。日本谓西人为蟹行书,而伊吕波假名乃如画蛇。)"

美国友人二人。麦嘉缔、美国律师,黄遵宪为中华会馆聘请的常年律师,其为华人诉讼尽心尽力。傅烈秘、历任中国驻旧金山使馆副领事、领事,黄遵宪同事。其诗曰:怀麦嘉缔:"无端碌碌随官去,仍是铿铿说教师。黄面瞿夷金指爪,可曾嫁毕女先医?(麦嘉缔,本美国教师,张副使邀作随员,在宁波时,养金氏女习西医。近闻纽约考试得一等官医文凭。日本归时,已二十五岁,夷言夷服,言他日当为觅嫁黄种人云。)"怀傅烈秘:"几年辛苦赋同袍,胆大于身气自豪。得失鸡虫何日了,笑中常备插靴刀。(同官金山领事,初行限制华工例,余与傅君遇华船至,则出视。一日过海关,有工人群集,一人出手枪指余辈云:'如敢引华人入境,当以此相赠。'君手摸靴中铳,复笑谓之曰:'汝敢否!')"

朝鲜友人二人。金宏集、朝鲜左议政大臣,光绪六年(1880年)率领修信使团访日,与黄遵宪笔谈,受托将《朝鲜策略》进呈朝鲜国王。闵泳翊。朝鲜驻美使臣,在美国与黄遵宪有往来。其诗曰:怀朝鲜金宏集:"绕朝赠策送君归,魏绛和戎众共疑。骂我倭奴兼汉贼,函关难闭一丸泥。"①《人境庐诗草》1911年初版本诗后有此长注,钱本删除此注,夏晓虹对此有批评。(夏晓虹:《底本选择焉能如此马虎?》,《中华读书报》,2006年3月1日。)怀朝鲜闵泳翊:"褒衣博带进贤冠,礼乐东方万国看。尺二玺书旗太极,是王外戚是王官。(奉使美国时,在金山见之。其国书称大朝鲜国开国五百有几年。闵即王妃之弟云。)"

琉球友人二人。马兼才、琉球世族,黄遵宪在神户与其有一面之缘。向德

---

① 高崇信、尤炳圻校点《人境庐诗草》有下文:"光绪六年,曾上书译署,请将朝鲜废为郡县,以绝后患,不从,又请遣专使主持其外交。廷议又以朝鲜政事向系自主,尼之。及金宏集使日本,余为作《朝鲜策》,令携之归,劝其亲中国、结日本、联美国。彼国君臣集众密议,而闻者哗噪。或上书诋金为秦桧,并弹射及我,谓ি圣教而变夷言,盖受倭奴之指使,而为祆教说法云。"《全集》上,第130页。)

宏。琉球紫巾官。其诗曰：怀琉球马兼才："东方南海妃呼豨，身是流离手采薇。深夜骊龙都睡熟，记君痛哭赋《无衣》。（初使日本，泊舟神户，夜四鼓，有斜簪颓髻、衣裳褴褛者，径入舟，即伏地痛哭。知为琉球人。又操土音，不解所谓。）"①怀琉球向德宏："波臣流转哭涂穷，犹自低徊说故宫。中有丹书有金印，蛮花仙蝶粉墙红。（向、马皆世族，德宏一微官，然间关渡海，屡求救援，国亡后，誓死不归，或言今犹寓闽中云。王宫有花名蝴蝶红，亦德宏所言。）"（以上皆见《诗草笺注》上，第 578—587 页。）

本年，黄遵宪尚有《新嘉坡杂诗》十六首，描绘的四季如春的南洋景色和多姿多彩的风土民情，并录如下。

其一："天到珠崖尽，波涛势欲奔。地犹中国海，人唤九边门。南北天难限，东西帝并尊。万山排戟险，嗟尔故雄藩。"

其二："本为南道主，翻拜小诸侯。巧夺盟牛耳，横行看马头。黑甜奴善睡，黄教佛能柔。遂划芒芒迹，难分画州。"

其三："华离不成国，黔首尚遗黎。家蓄獠奴段，官尊鸭姓奚。（英官护卫司，用华文译其姓为奚，最贪秽。）神差来却要，天号改撑犁。《益地》图王母，诸蛮尽向西。"

其四："王屋沉沉者，群官剑佩磨。开衙尊鸟了，检历籍娄罗。巢幕红鹰集，街弹白鹭多。独无关吏暴，来去莫谁何。"

其五："裸国原狼种，初生赖豕嘘。吒吒通鸟语，袅袅学虫书。古贝张官伞，干兰当佛庐。人奴甘十等，只愿饱朱儒。"

其六："纣绝阴天所，黎鞬善眩人。偶题木居士，使拜竹土神。飞蛊民头落，迎猫鬼眼瞋。一经簪笔问，语怪总非真。"

其七："化外成都会，迁流或百年。土音晓鴂舌，火色杂鸢肩。马粪犹余臭，牛医亦值钱。奴星翻上座，舐鼎半成仙。"

其八："不着红蕖袜，先夸白足霜。平头拖宝靸，约指眩金钢。一扣能千万，单衫但裲裆。未须医带下，药在女儿箱。"

其九："绝好留连地，留连味细尝。侧生饶荔子，偕老祝槟榔。红熟桃花饭，黄封椰酒浆。都缦都典尽，三日口留香。（留连，果最美者。谚云：典都

---

① 高崇信、尤炳圻校点《人境庐诗草》有下文："时复摇手，虑有倭人闻之。既出一纸，则国王密敕，内言今日阻贡，行将废藩，终必亡国。令其求救于使臣者也。"（《全集》上，第 130 页。）

缦,买留连,留连红,衣箱空。)"

其十:"舍影摇红豆,墙阴覆绿蕉。问山名漆树,计斛蓄胡椒。黄熟寻香木,青曾探锡苗。豪农衣短后,遍野筑团焦。"

其十一:"会饮黄龙去,驮经白马来。国旗飏万舶,海市幻重台。宝藏诸天集,关门四扇开。红髯定何物,骄子复雄才。"

其十二:"远拓东西极,论功纪十全。如何伸足地,不到尽头天。宝盖缝花网,金函护叶笺。当时图职贡,重检帝尧篇。"(以上见《诗草笺注》上,第587—598页。)

其十三:"苍鹘开场日,黄貂伏腊时。偶循胡服□,杂用汉官仪。翠叶盘三尺,金花帽几枝。迷离看两兔,莫更笑龟兹。"

其十四:"杂坐州闾会,新婚嫁娶图。摊钱争叶子,迭鼓闹花奴。蕃舞工飞燕,家传爱牧猪。官符经买取,不复禁金吾。"

其十五:"赤道何相迫,行天日欲烧。山炎头大痛,水冷背频浇。见月牛犹喘,语冰虫不号。琉璃黄竹簟,食睡到凉宵。"

其十六:"草木南方志,虫鱼后郑笺。鳄灵时搅海,犀影竟通天。市锦珠流泪,堆盘贝作钱。漫山飞石燕,更唱尾涎涎。"(《全集》上,第219页;《集外诗辑》,第70页。)

光绪十九年癸巳(1893年) 四十六岁

【国内外大事】三月(4月),张之洞在湖北筹划建立铁厂、枪炮厂和织布局。十二月十七(1894年1月23日),总署准驻美使臣杨儒与美国签订《华工保护条约》。本年,郑观应《盛世危言》出版,主张变法图强,参照西方政治制度,立宪法、开议院,实行"君民共主"的君主立宪制度,并提出"商战"口号。该著作被重印二十余次,乃中国近代出版史上版本最多的书。陈炽撰成《庸书》,主张仿行西法,设立议院,改科举,兴学校。

本年,黄遵宪在新加坡任总领事。

正月二十(3月8日),薛福成给总署报告黄遵宪推荐张振勋出任槟城副领事之因由:"前据该员禀称选得绅士、候选知府张振勋,即槟榔屿之富商,在海门等处经商三十年,声望素著,若为槟榔屿及其属地威利司雷省,并丹定斯等处之副领事官,堪以胜任等情,禀请查核前来。"(薛福成:《出使公牍》,沈云龙主编:《近代中国史料丛刊》第809册,第147页,文海出版社1972年版。)

二月(3月),黄遵宪创设之图南社,影响日益扩大,每课收卷至百余本,其拔取前茅者,粤之中西报,上海之沪报,辗转钞刻,互相传诵,"南离文明,于兹益信"。(《叻报》,1893年3月31日第5版。)据叶钟玲《黄遵宪与图南社》一文云,图南社每月课题,均由黄遵宪出题课士,黄遵宪还自捐银十元作优秀获奖者之赏银。课题及得奖名单几乎每月见报。黄遵宪在新期间,共主持该社二十四期课题,包括中国问题十六题,内分政治五题、经济二题、军事二题、侨务七题。南洋问题二十三题,内分政治一题、经济三题、礼俗八题、医药三题、教育二题、新闻三题、评议一题、科技二题。

二月十六(4月2日),清廷以英属新加坡总督施密司及英国伦敦政府募款赈济苏皖灾民,上一年两省旱灾。命驻英使臣薛福成传旨致谢。(潘向明:《清史编年》第十一卷,光绪朝,第628—629页,中国人民大学出版社2000年版。)黄遵宪奉旨向新加坡总督致谢。

二、三月间(4月),黄遵宪患病,据陈育崧《记林文庆以狗肉起黄遵宪沉疴事》一文考,黄遵宪此病,非疟疾,而系肺病,病起于农历二、三月间(4月)。(朱传誉主编:《黄遵宪传记资料》第四册,第265页,天一出版社1981年版。)但是黄遵宪在病中曾服金鸡纳,而金鸡纳是治疗疟疾的特效药,所以黄遵宪此病应该是肺病和疟疾,病情较重。医生劝以出游,遂往槟榔屿、马六甲、北腊等处,假居华人山庄。所见多奇景,随意成吟,亦未录就,病起追忆之。潮州富豪佘家,于新嘉坡之潴水池边筑一楼,三面皆水。黄遵宪借此楼养疴。主人索楼名,黄遵宪因江南有佘山,名之曰"佘山楼"。此处杂花满树,无冬无夏,黄遵宪手摘莲菊桃李同供瓶中,别有奇趣。(《己亥杂诗》第六十首自注,《全集》上,第159—160页。)并因此作歌曰:后来补作。"南斗在北海西流,春非我春秋非秋。人言今日是新岁,百花烂熳堆案头。主人三载蛮夷长,足遍五洲多异想。且将本领管群花,一瓶海水同供养。莲花衣白菊花黄,夭桃侧侍添红妆。双花并头一在手,叶叶相对花相当。浓如栴檀和众香,灿如云锦纷五色。华如宝衣陈七市,美如琼浆合天食。如竞筘鼓调筝琶,蕃汉龟兹乐一律。如天雨花花满身,合仙佛魔同一室。如招海客通商船,黄白黑种同一国。一花惊喜初相见,四千余岁甫识面。一花自顾还自猜,万里绝域我能来。一花退立如局缩,人太孤高我惭俗。一花傲睨如居居,了更妩媚非粗疏。有时背面互猜忌,非我族类心必异。有时并肩相爱怜,得成眷属都有缘。有时低眉若饮泣,偏是同根煎太急。有时仰首翻踌躇,欲去非种谁能锄。有时俯水瞋不语,谁滋他族来逼处。有时微笑临春风,来者不拒何不容。众花照影影一样,曾无人相无我相。传语天下万万花,但是同种均一家。古言猗傩花无知,听人位置无差池。我今安排花愿否,拈花笑索花点首。花不能言我饶舌,花神汝莫生分别。唐人本自善唐花,或者并使兰花梅花一齐发。飙轮来往如电过,不日便可归支那。此瓶不干花不萎,不必少见多怪如橐驼。地球南北倘倒转,赤道逼人寒暑变。尔时五羊仙城化作海上山,亦有四时之花开满县。即今种花术益工,移枝接叶争天功。安知莲不变桃桃不变为菊,回黄转绿谁能穷?化工造物先造质,控抟众质亦多术。安知夺胎换骨无金丹,不使此莲此菊此桃万亿化身合为一。众生后果本前因,汝花未必原花身。动物植物轮回作生死,安知人不变花花不变为人。六十四质亦么麽,我身离合无不可。质有时坏神永存,安知我不变花花不变为我。千秋万岁魂有知,此花此我相追随。待到汝花将我供瓶时,远愿对花一读今我诗。"(《以莲菊桃杂供一瓶作歌》,《诗草笺注》上,第599—605页。)诗中表现了新加坡各民族杂处现象,借以表述诗人希望民族和平共处的愿望。梁启超评此诗:"半取佛理,又参以西人植物学、化学、生理学等诸说,实足为诗界开一新壁垒。"(梁启超:《饮冰室诗话》,第30—31页,人民文学出版社1959年版。)

三月(4月),黄遵宪应福建长乐籍新加坡华侨章壬宪之请,为其父章桂苑撰写墓志铭,铭曰:"公讳桂苑,通称芳琳,字明云,又字溪熙,姓章氏。自始祖二舍家于闽,世为长泰县人。及公之父,服贾南洋,又为新嘉坡人。曾祖义,祖雨水,父潮,皆以公贵,诰赠荣禄大夫。曾祖妣陈氏,祖妣王氏,妣颜氏,均诰赠一品夫人。自公父南来,以财雄边,门闾始大。子四人,公居长,遂世其业。

"英国通例,凡卖烟酤酒,皆严禁私贩,令富豪纳巨饷以充商,如中国盐引然。前后业此者,多设侦骑,张密网,搜牢摘覆,而罔市利,即残膏剩馥,客途所余,捕获亦置之法,甚则举平生仇怨,引绳批根,嫁祸以中伤之,轻则罚锾,重则监禁,赭衣之民,充塞囹圄。公任事十五年,一处以宽大之法,许卖戒烟丸,非私贩得,均勿罪,即踪迹得私,犹或亲造其庐告之曰:'汝事已败露,所藏匿者,幸即交余,余不汝疵瑕也。'故人人感愧,私贩几绝,而获利反优于人。公闻望日茂,群情翕服。国家屡试以事,而公亦罡罡竭思,忠以事上。

"其在英国，初举为海门新疆甲必丹，继充街弹，司审判，继充参事局员，继又充按察司会审监狱所巡察。公于检非违，议庶政，皆无徇无隐，无枉无纵，华民倚以为重。隶闽籍者，联名上书，公推为一乡祭酒，总督益优礼之。

"其在中国，则同治八年，福州筹防，公既输军实，复精购枪炮，凡旧式新法，皆绘图具说以上当道。光绪十年，法人构衅，今北洋大臣傅相李公饬令侦伺，公密设遥卒，遇敌船过境，辄短衣台监，审其船之广狭、入水之深浅、马力之虚实、炮之大小、煤之容积、兵之数目，以时电达。又请于英官守局外中立之例，严杜蠹民，毋得以军用资敌。傅相手书褒勉，有'忠勤可嘉'之语。

"频年顺直、山东水灾，前山东巡抚宫保张公、今津海关前登莱青道盛公，皆委令筹赈。公多方奖劝捐，涓滴一以归公，筹赈者咸愧谢弗及。

"公既拥厚资，性又好施，善举无不与，凡施医院、给孤独园、恤嫠会，自一族之义庄、同县之会馆，以及其他国之礼拜堂、博物馆、植物园，求者踵门，濡笔立应。义浆仁粟，络绎在道，至不可以数计。而其所尤乐为者：一为义学，槟榔屿公校、和兰女塾、葡萄牙幼学，皆赖公以成。近年又设养正书院，延华英名师六人，兼治中西学，生徒数百，公与公子壬宪独任其费；一为赈济，十数年来，晋、豫、苏、皖各行省告灾，公无役不从。即埃及洪水，印度大旱，公亦助巨款，远近钦慕。其既达于朝者，则光绪七年傅相李公奏给'乐善好施'字，于原籍律坊。十四年郑州河决，又奏赏戴花翎。十五年山东水灾，宫保张公奏称其好义急公。公初以捐助海防，闽督奖叙，以道员选用。既选次助赈，累加三级，随带一级，给二品封典，又特旨赏盐运使衔，给予三代从一品封典。夫人杨氏、麦氏，先后封赠夫人及一品夫人。子十一人，皆以公助赈移奖得衔：壬宪花翎、郎中加五级，壬全员外郎，均麦氏出；壬庆都察院都事，壬寿光禄寺署正，壬和大理寺评事，壬松太常寺博士，壬荣銮仪卫经历，壬焕中书科中书，壬光翰林院孔目，壬乾布政司都事，壬坤按察司知事。养子二，曰沧辉，曰耀棠。杨夫人出女三：招莲适同安候选同知林癸荣，次癸莲、赛莲，均未字。又养女曰清莲，适同安候选同知刘壬寅。孙一人，炳谟。

"公生于道光二十一年五月二十五日，卒于光绪十八年十二月二十五日，春秋五十有三。其明年四月，卜葬于新嘉坡之全昌园。孤子壬宪等以状乞余铭。

"自余奉使外国,由日本往美洲,所见如古巴、秘鲁,往泰西,所历如印度、亚丁,多有华民。及总领南洋,则群岛流寓,不下数百万,远者四五世,近者数十年,正朔服色,仍守华风,婚丧宾祭,各沿旧习。余私心窃喜。然其中渐染异俗,或解辫易服,蔑弃礼教,视其亲族姻连,若秦、越人之视肥瘠者,亦颇有其人。自公少时,居父母丧,即哀毁尽礼。所著《明云家训》,一以忠厚孝友为本。处己接物,恂恂如不能言。平生菲衣蔬食,有过儒素,而分人以财,教人以善,自一乡一邑,推而至于四海,达于五部,博施济众,曾无倦色。两国朝廷,深相引重,乃至印度、阿剌伯、巫来由诸族,闻公名,无不额手起敬者。岂非传所谓质直好义,在家必达,在邦必达者欤?余官新嘉坡,始获交于公。公才吏用,正资臂助。曾不一载,遽泚笔铭公,能无慨然!铭曰:禹域人众,居万国首,散居四海,无地不有。南离文明,毓秀钟灵,笃生贤豪,超出群英。拳拳一心,眷念宗国,为郑弦高,为汉卜式。得如公者,百数十人,如百足虫,足以威邻。凡我华民,视此阡隧。谁欤铭者?为总领事。诰授资政大夫钦命驻扎新嘉坡兼辖海门等处总领事官二品御候补班前先补用道丙子科举人癸酉科拔贡黄遵宪撰。例授文林郎拣选知县己丑恩科举人乙酉科拔贡生梁居实书。"(《皇清诰授荣禄大夫盐运使衔候选道章公墓志铭》,《全集》上,第278—280页。)铭中有云:"卒于光绪十八年十二月二十五日,其明年四月卜葬于新加坡全昌园。孤子壬宪等以状乞余铭",可知此铭文应作于光绪十九年四月以前,故姑附于三月中。

四月初九(5月24日),张振勋正式就任槟榔屿第一任副领事。(张晓威:《晚清驻槟榔屿副事的创设与首任副领事的派任》,《中国历史学会史学集刊》,2004年第7期,第243—284页。)

本月初,英国人、海关总税务司赫德,以新加坡华商走私鸦片往海南岛者极众,遂派力劳往晤新加坡总督施密司,要求责成中国领事执行新例,华商船只出港时须领三联单据,方准其土出口。施密司答应准其试办,"惟此等办法,倘或英廷不准,抑实得力商民有不便之处,即可作为罢论"。

四月十九(6月3日),黄遵宪拜访新加坡总督施密司,施密司称,"所谓华民走私烟土之事,业经细查,此等烟土皆系华船之人所购,而由商人具保税项,若是则不能准照所请行此领取三联单据方准出口之新章"。并答应由其致函赫德,"云此事不便举行之故"。

四月二十二(6月6日),黄遵宪再晤施密司,施密司又言赫德坚持要执行新章,并言"此次若再推却,则情面甚为难过,今且为之试办"。

黄遵宪遂依赫德要求,试行新章。不料历经一月之久,并无一人至领事馆领此三联单据,"盖时诸华人因闻欲设立新章之故,纷纷争购烟土,一时购至八九百箱之数。时有华船五六十艘预备载土出口,惟因此一事,遂不能准其行。船中人役共至千有余名,各人等乃共联禀到领事馆及英殖民当局之华民政务司,要求停止执行新章。在禀文未经核准时,有人语诸华人,谓此等新章,非由英京理藩院大臣及实得力国家所设,若控于案,此事可以即作罢论云云。诸船之人,一闻此说,即相与醵资,以谋抗拒"。黄遵宪尽力协调,为之匡救,最后应华商要求,决定在每箱烟土预缴四十元偿税的情况下批准商船出口。黄遵宪将华商预缴之税款四万元交琼商蔡文宝处暂行存贮,"候禀以详总署大臣核办"。

五月二十七(7月10日),黄遵宪偕翻译那三拜见新加坡总督施密司,向其通告相关情况。施密司言"诸华人若果出于本愿预缴税款,亦无违英国之律"云云。不料随后施密司归国,黄遵宪因公事致与英殖民当局华民政务司不合,而该司因无隙可乘于黄遵宪,故新加坡副华民护卫司奚氏(G. T. Hare)咬定黄遵宪贪赃,遂命蔡文宝将存放其处之税款径交新加坡府务司收贮,又向总督府颠倒是非告发黄遵宪,以致总督府将情通知英国政府,云黄遵宪此举乃强诸商人偿还税项[①]。

六月初六(7月18日),黄遵宪念大小白蜡及石兰峨之吉隆·地华人日增,良莠不齐,上禀薛福成,要求朝廷在这些地方增设领事,加强对当地华人的约束与保护,禀文称:"大小白蜡及石兰峨之古隆一地,产锡最旺,华人日增,气象方兴未艾,拟请大小白蜡共设副领事一员,吉隆设副领事一员。去岁吉隆出锡益多,集工益众,商贾麇集,货物云屯。英官方于大小白蜡之间建火车路,以资转运,数年之后,将成一大都会。华人之商于大小白蜡、吉隆者,多获厚利。一年之中,大小白蜡增工役数万,吉隆增工役二万有余。今岁佣工,由闽、越至新嘉坡者,已有三万六千,大抵散居于白蜡、吉

[①] 以上俱见黄遵宪光绪二十三年(1897年)初致前新加坡总督施公函(《全集》上,第398—400页。)此函英文本光绪二十三年(1897年)2月12日在上海英文报章 North China Gazette 刊出。中文则于光绪二十三年(1897年)2月24日在新加坡《叻报》刊出。光绪二十二年(1896年)清廷命黄遵宪为出使英国大臣,据悉赫德以此事为由加以阻挠。其后德国拒绝接纳黄遵宪为使德大臣,亦曾提及此事。光绪二十四年(1898年)政变后朝中官员弹劾黄遵宪,仍以此事提告。

隆者为多。流寓日众,良莠不齐,举凡财产、钱债、赌博、斗殴之事,虑其轻于犯法,易于启争,必设领事,可资约束而筹保护。此虽系英人保护之土,各国尚未设官,然此处寄寓只有华民,并无他族。是中国设官,更属名正言顺。先是总督施密司谓:白蜡、石兰峨等处皆华民,系英国保护之邦,不必尽用英律,因嘱将大清律例财产各条抄出。已为抄出户律户役门凡八条,施督即译成英文,札交各处承审官一体遵办,为英人绝无仅有之事。施督于华民保护甚周,其行政时有将就华民之处,趁其在位,赶设领事,此亦事机之不可失者也。"(《全集》上,第500页。)

本月初,黄遵宪服食金鸡纳霜过量,病情未见好转,遂养疴章园。园在小岛,屋据海石上,风定月明,洁无纤翳,惟狂风一吼,则飞浪往往溅入窗户间,如泛舟大海中。(《己亥杂诗》第五十九首自注,《全集》上,第159页。)病痛的折磨,公务的忙碌,让黄遵宪感触万端,于是作《眼前》与《寓章园养疴》诗述其心绪,其《眼前》诗曰:"眼前男女催人老,况是愁中与病中。相对灯青恍如梦,未须头白既成翁。添巢燕子双雏黑,插帽花枝半面红。不信旁人称岁暮,且忻生意暖融融。"(《诗草笺注》上,第606—607页。)又《寓章园养疴》曰:"海色苍茫夜气微,一痕凉月入柴扉。独行对影时言笑,排日量腰较瘦肥。平地风波听受惯。频年哀乐事心违。笠檐蓑袂桄榔杖,何日东坡遂北归?"(《诗草笺注》上,第607页。)

七月初(8月),黄遵宪病情加重,医生劝以出游,图南社六月课题榜示之日已到,黄遵宪无暇评定文章,遂于七月初一(8月12日)在《叻报》刊出《图南社课题告示》曰:"再六月课题应于今日榜示,惟仆前患疟疾后,复得他疾,至今未愈,加以近日筹办赈务,刻无暇晷,故未暇校阅文字。兹拟于日间假得山庄前往养疴,俟山中有暇,再与诸生详细校论,稍迟数日,再行发榜,诸生谅之。"(《叻报》,1893年8月12日第四版。)随后,黄遵宪遂外出养疴,先往槟榔屿,(《养疴杂诗》小引,《全集》上,第136页。)有谢姓者,邀黄遵宪住竹士居,居在万山顶,初用土人昇篮舆而往,至峻绝处,则引手攀援而上,如猿猱然;再用一人护其到山顶,绝巘俯海,一无所见,惟月初出时,若在黄遵宪襟带间。(《己亥杂诗》第六十一首注,《全集》上,第160页。)后又往马六甲、北腊等处,假居华人山庄,所见多奇景,黄遵宪将所见形之于诗。有《养疴杂诗》十七首。后来补作,张堂锜列为1894年,然1894年黄遵宪得林文庆治疗,身体已大为好转。其诗序云:"病疟经年,医生劝以出游,遂往槟榔屿、麻六甲、北蜡等处,假居华人山庄。所见多奇景,随意成吟,亦未录草,病起追忆之,尚得数十首。"

其一:"万山山顶树参天,树杪遥飞百道泉。谁信源头最高处,我方跂脚枕书眠。"

其二:"月黑风高树影沉,鸟噤虫息夜愔愔。柴门似有谁摇撼,晓起纵横虎迹深。"

其三:"树密山重深复深,穿云渡水偶行吟。欲寻归路无牛矢,转向无人迹处寻。"

其四:"高高山月一轮秋,夜半椰阴满画楼。分付驯猿攀摘去,渴茶渴酒正枯喉。"

其五:"钧天一醉梦模糊,喔喔鸡鸣病渐苏。南斗起看翻在北,不知仍是注生无?"

其六:"老妻日据灶觚听,邻有神符治病灵。佛祖不如天使贵,劝余多诵《可兰经》。"

其七:"波光淡白月黄昏,何物婆娑石上蹲?欲废平生《无鬼论》,回头却是黑昆仑。"

其八:"处裈残虱扫除清,绕鬓飞蚊不一鸣。高枕胸中了无事,如何不睡又天明?"

其九:"桃花红杂柳花飞,水软波柔碧四围。五尺短绳孤棹艇,小儿欢曳鳄鱼归。"

其十:"·溪春水涨瀰瀰,闲曳烟蓑理钓丝。欲觅石头无坐处,却随野鹭立多时。"

其十一:"竹外斜阳半灭明,卷帘欹枕看新晴。雨尘飘漾香烟袅,中有蛛丝屋角横。"

其十二:"单衣白袷帐乌纱,寒暖时时十度差。冬亦非冬夏非夏,案头常供四时花。"

其十三:颓墙残月竹冥冥,闪闪微灯三两星。绛帕白衣偏袒舞,时闻巷犬吠流萤。"

其十四:"灯红月白可怜宵,羯鼓如雷记里遥。异种名花新合乐,知谁金屋别藏娇。(中西流娼所生女,以父母异种,故皆色白发黑,非常美秀。富商多纳为姬妾,别营屋居之。夜半月高,弦索齐鸣,而击鼓唱歌,均沿用巫来由旧习,往往声闻数里。)"

其十五："千形万态树扶疏，欲唤无名口又茹。重译补笺新草木，马留名字蟹行书。"

其十六："一声长啸海天空，声浪沉沉入海中，又挟余声上天去，天边嘟唳一归鸿。"

其十七："荡荡青天一纸铺，团团红日半轮孤。波摇海绿云翻墨，谁写须臾万变图？"(《诗草笺注》上，第640—646页。)

又有长诗《番客篇》，后来补作。客家"俗谓往南洋者曰番客"。(《嘉应州志》。)咏其所见南洋华人生活，通过一位侨民婚礼场面的铺叙描写，多层次地展现了南洋华侨的生活景象和奇异习俗，描述了他们艰辛的创业历程和悲惨的人生遭际，赞扬了广大华侨眷恋祖国的赤子之情，"可称南洋华侨的诗史"。(吕慧鹃等:《中国历代著名文学家评传》第六卷，第82页，山东教育出版社2009年版)。诗云："山鸡爱舞镜，海燕贪栖梁。众鸟各自飞，无处无鸳鸯。今日大富人，新赋新婚行。插门桃柳枝，叶叶何相当。垂红结彩球，绯绯数尺长。上书大夫第，照耀门楣光。中庭寿星相，新筵供中央，隐囊班丝细，坐褥棋局方。两旁螺钿椅，有如两翼张。丹楹缀锦联，掩映蛎粉墙。某某再拜贺，其语多吉祥。中悬剥风板，动摇时低昂。遍地红藤簟，泼眼先生凉。地隔衬搜白，水纹铺流黄。深深竹丝帘，内藏合欢床。局脚福寿字，点画皆银镶。蚊帱挂碧绡，犀毗堆红箱。旁室铜澡盆，满储七香汤。四壁垂流苏，碎镜随风飏。华灯千百枝，遍绕曲曲廊。庭下众乐人，西乐尤铿锵。高张梵字谱，指挥抑复扬。弇口铜洞箫，芦哨吹如簧。此乃故乡音，过耳音难忘。蕃乐细腰鼓，手拍声镗镗。喇叭与毕栗，骤听似无腔。诸乐杂沓作，引客来登堂。白人絜妇来，手携花盈筐。鼻端撑眼镜，碧眼深汪汪。裹头波斯胡，贪饮如渴羌。蛮蛮巫来由，肉袒亲牵羊。余皆闽粤人，到此均同乡。嘻嘻妇女笑，入门道胜常。蕃身与汉身，均学时世妆。涂身百花露，影过壁亦香。洗面去丹粉，露足非白霜。当胸黄亚姑，作作腾光芒。沓沓鞭履声，偕来每双双。红男并绿女，个个明月珰。单衫缠白叠，尖履拖红帮。垂垂赤灵符，潋潋琲交珰。一冠攒百宝，论价难为偿。簇新好装束，争来看新郎。头上珊瑚顶，碎片将玉瑲。背后红丝绦，交辫成文章。新制绀绫袿，衣补亦宝装。平头鹅顶靴，学步工趋跄。今行亲迎礼，吉日复辰良。前导青罗伞，后引绛节幢。驾车四骊马，一色紫丝缰。薄纱宫灯样，白昼照路旁。海笛和云锣,八鸾鸣玱玱。帕首立候人,白鹭遥相望。到门爆竹声,群童喜欲狂。两三戴花媪,捧出新嫁娘。举手露约指,如枣真金钢。一镮五百万,两镮千万强。腰悬同心镜,衬以紫荷囊。盘金作绳带,旋绕九回肠。上下笼统衫,强分名衣裳。平生不著袜,今段破天荒。明珠编成履,千琲当丝缠。车轮曳踵行,蛮婢相扶将。丹书悬红纸,麒麟与凤凰。一双龙纹烛,华焰光煌煌。第一拜天地,第二礼尊嫜。后复交互拜,于飞燕颉颃。其他学敛衽,事事容仪庄。拍手齐欢呼,相送入洞房。此时箫鼓声,已闻歌鲦鲨。点心嚼月饼,钉座堆冰糖。啖蔗过蔗尾,剖瓜余瓜囊。流连与波罗,争以果为粮。赤足络绎来,大盘荐膻芗。穿花串鱼鲊,薄纸批牛肪。今日良宴会,使我攒眉尝。食物十八品,强半和椒姜。引手各抟饭,有粳有黄粱。蒲桃百瓶酒,破碎用斗量。呼么复喝六,拇战声琅琅。颇黎小海瓯,举白屡十觞。既醉又饱腹,出看戏舞场。影戏粉牵丝,幻人巧寻橦。蓝衫调鲍老,玉瞳辉文康。蹋鞠肩背飞,迅若惊凫翔。白打唱《回波》,引杖相击撞。金吾今弛禁,赌钱亦无妨。初投升官图,意取富贵昌。意钱十数人,相聚捉迷藏。到手十贯索,罔利各筹防。名为叶子戏,均为钱神忙。醉呼解酲酒,渴取冰齿浆。饮酪拣灌顶,烹茶试头纲。吹烟出菸叶,消食分槟榔。旧藏淡巴菰,其味如詹唐。倾壶挑鼻烟,来自大西洋。一灯阿芙蓉,吹气何芬芳。分光然石油,次第辉银釭。入夜有火戏,语客留徜徉。行坐纷聚散,笑谈呼汝卬。中一蒜发叟,就我深浅商。指问座上客,脚色能具详。上头衣白人,渔海业打桨。大风吹南来,布帆幸无恙。初操牛头船,旁岸走近港。今有数十轮,大海恣来往。银多恐飞去,龙圜束万镪。多年甲必丹,早推蛮夷长。左边黑色儿,乃翁久开矿。宝山空手回,失得不足偿。忽然见斗锡,真乃无尽藏。有如穷秀才,得意挂金榜。沉沉积青曾,未知若干丈。百万一紫标,多少聚钱缿。曷鼻土色人,此乃吾乡党。南方宜草木,所种尽沃壤。椰子树千行,丁香花四放。豆蔻与胡椒,岁岁收丰穰。一亩值十钟,往往过所望。担粪纵余臭,马牛用谷量。利市得三倍,何异承天贶。右坐团团面,实具富者相。初来锥也无,此地甫草创。海旁占一席,露处辟榛莽。蜃气嘘楼台,渐次铲叠嶂。黄金准土价,今竟成闾巷。有如千户侯,列地称霸王。善知服食方,百味作供养。闻有小妻三,轮流搔背痒。长颈猕猴面,此物信巨驵。自从缚马足,到处设鱼网。夥颐典衣库,值十不一当。一饮生讼狱,谁敢倾家酿。搜索遍筐箧,推敲到盆盎。自煎罂粟膏,载土从芒砀。鸡泊窃更鹜,颠倒多奇想。龙断兼赝鼎,巧夺等劫掠。积钱千百万,适足供送葬。君看末座客,挥扇气抗爽。此人巧心计,自负如葛亮。千里封鲊羹,绝域通枸酱。积著与均输,洞悉万物状。锦绣离云爵,妙能揣时尚。长袖善新舞,胡卢弃旧样。千帆复万箱,百货来交广。遂与西域贾,逐利争衰旺。即今论家资,问富过中上。凡我化外人,从来奉正朔。披衣襟在胸,剃发辫垂索。是皆满洲装,何曾变服著。初生设汤饼,及死备棺椁。祀神烛四照,宴宾酒三酌。凡百丧祭礼,高曾传矩彟。风水讲龙砂,卦卜用龟灼。相法学《麻衣》,推命本《硌碌》。礼俗概从同,口述仅大略。千金中人产,咸欲得封爵。今年燕晋饥,捐输颇踊跃。溯从华海来,大抵出闽骆。当我鼻祖初,无异五丁凿。传世五六叶,略如华覆萼。富贵归故乡,比骑扬州鹤。岂不念家山,无奈乡人薄。一闻番客归,探囊直启钥。西邻方责言,东市又相斫。亲戚恣欺凌,鬼神助咀嚼。曾有和兰客,携归百囊橐。眈眈虎视者,伸手不能攫。诬以通番罪,公然论首恶。国初海禁严,立意比驱鳄。借端累无辜,此事实大错。事隔百余年,闻之尚骇愕。谁肯跨海归,走就烹人镬。言者袂掩面,泪点已雨落。满堂杂悲欢,环听咸唯诺。到此气惨伤,箝鼓歇不作。橐橐拍板声,犹如痛呼噩。道咸通商来,虽有分明约。流转四方人,何曾一字着。堂堂天朝语,只以供戏谑。譬彼犹太人,无国足安托?鼫鼠苦无能,橐驼苦无角。同族敢异心,颇奈国势弱。虽则有室家,一家付飘泊。仓颉鸟兽迹,竟似畏海若。一丁亦不识,况复操笔削。若论佉卢字,此方实庄岳。能通左行文,千人仅一鹗。此外回回经,等诸古浑噩。不如无目人,引手善扪摸。西人习南音,有谱比合乐。孩童亦能识,识则夸学博。识字亦安用,蕃汉两弃却。愚公传子孙,痴绝谁能药?近来出洋众,更如水赴壑。南洋数十岛,到处便插脚。他人殖民地,日见版图廓。华民三百万,反为丛驱雀。螟蛉不抚子,犬羊且无羁。比闻欧澳美,日将黄种虐。向来寄生民,注籍今各各。《周官》说保富,番地应设学。谁能招岛民,回来就城郭?群携妻子归,共唱太平乐。"(《诗草笺注》上,第608—633页。)

养疴期间,黄遵宪具禀请驻英公使薛福成奏开海禁,康熙五十六年(1717年),颁布"禁海令",禁止与南洋贸易,有沿海居民不许出洋,违者以海贼论之禁令。有闽人蔡某,挟资回国,乡人勒索不遂,诬通海贼杀之。南洋闽籍侨民,相与归国为戒。以坚华侨内向之心,黄遵宪上薛公使禀文曰:"南洋各岛华民不下百余万人。约计沿海贸易、落地产业,所有权利,欧洲、阿喇伯、巫来由人,各居十之一,而华人乃占十之七。华人中如广、琼、惠、嘉各籍约居七之二。粤之潮州,闽之漳、泉,乃占七之五。粤人多往来自如,潮人则去留各半,闽人最殷富,惟土籍多而流寓少,皆置田园,长子孙。虽居外洋已百余年,正朔服色,仍守华风,婚丧殡祭,亦沿旧俗。近年各省筹赈筹防,多捐巨款,竞邀封衔翎顶以志崇章。惟筹及归计,则皆蹙额相告,以为官长之查究,胥吏之侵扰,宗党邻里之讹索,种种贻累,不可胜言。凡挟资回国之人,有指为逋逃者,有斥为通番者,有谓偷运军火接济海盗者,有谓其贩卖猪仔要结洋匪者,有强取其箱箧肆行瓜分者,有拆毁其屋宇不许建造者,有伪造积年契券藉索逋欠者。海外羁氓,孤行孑立,一遭诬陷,控诉无门,因是不欲回国。间有以商贾至者,不称英人,则称荷人,反倚势挟威,干犯法纪,地方有司莫敢谁何! 今欲扫除积弊,必当大张晓谕,申明旧例既停,新章早定,俾民间耳目一新,庶有裨益。"(文见1951年《南洋年鉴》第23页,转引自《钱谱》。《文集》,第273页。)

七月初十(8月21日),驻英薛公使依黄遵宪之禀文,奏请朝廷申明华民出洋禁例早废,发给外洋华民护照,俾其得筹归计。薛福成之奏疏称:顺治、康熙等朝虽曾厉行海禁,而自"道光二十二年来,陆续与东西洋诸国立约通商,海禁早弛,风气大开,前例已不废自废,不删自删。我国出洋之民数百万,粤人以佣工为较多,其俗虽贱视之,尚能听其往来自便;闽人多富商巨贾,其俗则待之甚苛,拒之过峻,往往拥资百万,十无一还。建议饬下总理衙门,复议保护出洋华民良法,并声明旧例已改,以杜吏民诈扰之端。由沿海各省督抚及出使大臣,分途切实晓谕,奉宣德意,俾众周知,并由各口领事官发给护照,以使乐土者熙熙而来,朝廷获藏富于民之益"。(丁凤麟、王欣之:《薛福成选集》,第494—497页,上海人民出版社1987年版。)奏上,旨交总署议奏。(潘向明:《清史编年》第十一卷,光绪朝,第637页,中国人民大学出版社2000年版。)

八月初四(9月13日),总署同意薛福成之议,准由驻外使臣或领事发给海外华民护照,任其回国治生置业,并听其随时出洋经商。总署奏称:"中外通商以来,华民佣工既任其出洋,则海禁旧例早已不弛而弛,惟当时未及广布明文,吏胥族邻因得窥罅滋扰、讹索诬陷。薛福成所奏种种积弊,自系实在情形,应请饬下刑部将私出外境之例酌议删改,由沿海各省督抚出示晓谕,嗣后凡良善商民,无论出洋久暂,婚娶生息,概准由使臣或领事官给予护照,任其回国治生置业,并听其随时出洋经商。"奏上,得旨:"如所请行。"(潘向明:《清史编年》第十一卷,光绪朝,第 637—638 页,中国人民大学出版社 2000 年版。)黄遵宪奏开海禁及严禁虐待归侨,有人谓是"乃中国保护归侨之首倡",为"公度先生在总领事任内最值得纪念的政绩"。(高维廉:《黄公度先生就任新嘉坡总领事考》,朱传誉主编:《黄遵宪传记资料》第一册,第 41 页,天一出版社 1979 年版。)

海禁已开,黄遵宪遂将旅新华人之姓名地址登记入册,制成护照,发予即将返国之华侨。为使闽籍人士得知领事馆此项新创之章程,黄遵宪发出谕单,指派若干闽籍客商为代表,代为转达。黄遵宪为归国华侨发放护照之谕单公布后,英殖民当局华民护卫司以中文发出公告,指责"中国总领事越权",认为所发谕单并非总领事职权之事,"如以谕单发给英籍华人,超越其合法之职权更甚,重申凡居住本地之华民,在其居留时间内,系受女皇陛下政府所管理与统治",绝不容中国总领事从中干预。黄遵宪援引国际公法力争,在广大华侨支持下,驳斥了对方的无理指责。(Song Ong-Sing, *One Hundred Years' History of the Chinese in Singapore*, London, 1923, P282.)

本月,黄遵宪之沉疴,西医久治未愈,延林文庆诊视,兼旬而病除。黄遵宪患肺结核,五心烦热,服食减损,西医诊断是第三期,请林文庆诊治,林文庆劝其常吃狗肉不必服药,身体逐渐恢复。(《赠林文庆匾及跋》,《全集》上,第 278 页。亦可参见陈育崧《记林文庆以狗肉起黄遵宪沉疴事》一文,文见朱传誉主编:《黄遵宪传记资料》第四册,第 265 页,天一出版社 1981 年版。)

十月初四(11 月 11 日),清廷赏四川布政使龚照瑗侍郎衔,以三品京堂候补,接替薛福成为出使英、法、义、比国大臣。(潘向明:《清史编年》第十一卷,光绪朝,第 643 页,中国人民大学出版社 2000 年版。)

本年,黄遵宪在新加坡倡建学校,鼓励华人设立商会,倡议禁赌禁娼,力图净化南洋华人世界风气。

本年,黄遵宪还与来自故乡的商人合营典当业,名"恒发当",盈利颇丰[①]。

[①] Noriko Kamach: *Reform in China*, pp. 186—187,言及黄遵宪在新加坡与友人、大埔籍新加坡商人何顺养等合营典当业事,其资料来源来自黄遵宪裔孙黄延毓。黄遵宪离开新加坡后,常差亲戚晚辈到新加坡,可能与其生意有关。今存黄遵宪长孙黄延豫所撰《家变始末记》(见黄仲雍编订《甲寅杂录》。)载在黄遵宪之妻叶氏去世之时,"因往新加坡调停五叔累欠事,未能亲视含殓"之语,据此可知,黄遵宪在新加坡经营当铺一事,应是可信。另,查何如璋现存书中,大量涉及家族经营当铺之事,并有言及拟在新加坡开设当铺之议,故编者疑与黄遵宪合营当铺之大埔籍新加坡商人何顺养,系何如璋家族成员。黄遵宪在新加坡合营当铺之事,一时难以确定其具体时间,暂且附于此年。

本年，次女珰荪出阁，适上市梁绶青通材，出阁时，披长背心曰缎珮，闻因黄遵宪官职始能用，为族中破例罕见者。（据黄伯权：《大事记》，郑海麟、黄延康编撰：《黄伯权传记》，第58页，培富印刷1997年版。）

本年，长子黄冕入庠即得秀才名，喜炮庆祝。（据黄伯权：《大事记》，郑海麟、黄延康编撰：《黄伯权传记》，第58页，培富印刷1997年版。）

光绪二十年甲午（1894年） 四十七岁

【国内外大事】正月初三（2月8日），朝鲜东学党起义，提出"驱逐倭夷""尽灭权贵"的口号。四月三十（6月3日），朝鲜政府请求清政府派兵代剿东学党起义。五月初三（6月6日），清政府派直隶提督叶志超和太原镇总兵聂士成率淮军精锐两千五百人左右在朝鲜牙山登陆，准备前往镇压。五月初六（6月9日），日本派先遣队四百人以保护使馆和侨民为借口，在朝鲜仁川登陆。五月，孙文由香港来天津上书李鸿章，建议以西国为楷模，改革教育，培养人才，发展实业，富国强兵。提出"人能尽其才，地能尽其利，物能尽其用，货能畅其流"之变法自强主张。六月二十三（7月25日），日本不宣而战，在朝鲜丰岛海面袭击了北洋水师的战舰"济远""广乙"，击沉了清军借来运兵的英国商轮"高升"，日本蓄谋已久的中日甲午战争爆发。七月初一（8月1日）明发上谕，对日宣战。同日，日本对华宣战。十月二十七（11月24日），孙文在檀香山组建第一个资产阶级革命团体兴中会。

本年，黄遵宪在新加坡任总领事。

正月（2月），海军提督丁汝昌率北洋舰队自香港南行，抵新加坡、马六甲、槟榔屿各埠。（据李鸿章：《定期巡阅海军折》，《李文公全集·奏稿》卷七十八。）北洋海军自光绪十四年四月会校以后，提督丁汝昌统率各舰于春、夏、秋三季在北洋各口往来操巡。本年春自香港南行，远至英荷所属之新加坡、马六甲、槟榔屿各埠，于二月杪还抵香港。编者酌其行程，抵新加坡等地之时间应在本年正月。黄遵宪率华民盛大欢迎，继而向薛福成建议以舰队保护海外侨商。（蒋英豪：《黄遵宪师友记》第34页，上海书店出版社2002年版。）

二月初八（3月14日），黄遵宪为感谢林文庆起其沉疴，向其赠送"功追元化"匾额,并在其中跋曰:"文庆君年甫逾冠,在伦敦大学校习内外科,均得乔第。余重其人,特节书《华佗传》赠之。癸巳之秋,余染沉疴,西医久治不效,延君诊视,兼旬而病除,一月而复元。《华佗传》所载剖腹摩膏及麻沸散,即今之西医。余既喜君以三万里外学成而归,上追二千年前绝业,洞见症结,手到春回,不独为君幸,兼为华人幸,故乐志之。总领事黄遵宪书。"(《全集》上,第277—278页。)《全集》将此日期记作1893年3月14日,应误。

三月(4月),黄遵宪邮致《日本国志》于巴黎,请序于出使英、法、义、比四国大臣薛福成,并云"方今研史例而又谙外国情势者,无逾先生,愿得一言以自壮"。薛福成将《日本国志》浏览一周后,啫为奇作,谓为数百年来鲜有为之者,欣而命笔为序曰:"东方诸国,足以自立、足以有为者,惟中国与日本而已。日本创国周秦之间,通使于汉,修贡于魏,而宾服于唐最久亦最亲。当盛唐时,日本虽自帝其国,然事大之礼益虔,喁喁向风,常选子弟入学,观摩取法,用能沾濡中国前圣人之化;人才文物,益彬彬焉,与高丽、新罗、百济诸国殊矣。唐季衰乱,日本聘使始绝,内变继作。驯至判为南北,裂为群侯,豪俊糜沸云扰,其迭起而执魁柄者,则有平氏、源氏、北条氏、足利氏、织田氏、丰臣氏、德川氏。七八百年之间,国主高拱于上,强臣擅命于下,凡所谓国政民风、邦制朝章,往往与时变迁,纷纭糅杂,莫可究诘。中国自元祖误用降将,黩武丧师。有明中叶,内政不修,奸民冒倭人旗帜,群起为寇,遂使日本益藐视中国,颟颟独居东海中,芒不知华夏广远。一二枭桀者流,辄欲冯陵我藩服,觭齕我疆圉,憪然自大,甚骛无道。中国拒之,亦务如坊制水,如垣御风,勿使稍有侵漏。由是两国虽同在一洲,情谊乖违,音问隔绝。近世作者如松龛徐氏、默深魏氏,于西洋绝远之国,尚能志其崖略,独于日本,考证阙如,或稍述之,而惝恍疏阔,竟不能稽其世系疆域,犹似古之所谓三神山者之可望不可至也。

"咸丰、同治以来,日本迫于外患,廓然更张,废群侯,尊一主,斥霸府,联邦交,百务并修,气象一新,慕效西法,罔遗余力。虽其改正朔,易服色,不免为天下讥笑;然富强之机,转移颇捷,循是不辍,当有可与西国争衡之势。其创制立法,亦颇炳焉可观。且与中国缔交遣使,睦谊渐敦,旧嫌尽释矣。自今以后,或因同壤而世为仇雠,有吴越相倾之势;或因同盟而互为唇齿,有吴蜀相援之形。时变递嬗,迁流靡定,惟势所适,未敢悬揣。然使稽其制而阙焉弗详,觇其政则瞢然罔省,此究心时务闳览劭学之士所深耻也。

"嘉应黄遵宪公度,以著作才,屡佐东西洋使职。(先)〔光〕绪初年,为出使日本参赞,始创《日本国志》一书,未卒业,适他调;旋谢事,闭门赓续成之。采书至二百余种,费日力至八九年,为类十二,为卷四十,都五十余万言。

"岁甲午,余葳英法使事,将东归,公度邮致其稿巴黎,属为之序。且曰:'方今研史例而又谙外国情势者,无逾先生,愿得一言以自壮。'余浏览一周,喟曰:此奇作也,数百年来鲜有为之者。自古史才难而作志尤难,盖贯穿始末,鉴别去取,非可率尔为也。而况中东暌隔已久,纂辑于通使方始之际乎?公度可谓闳览劬学之士矣。速竣剞劂,以饷同志,不亦盛乎?他日者家置一编,验日本之兴衰,以卜公度之言之当否可也。光绪二十年春三月,钦差大臣出使英法义比四国二品顶戴都察院左副都御史薛福成,序于巴黎使馆。"(《全集》下,第817页。)

本月,黄遵宪主持之图南社参与者日众,每日课卷多有从马六甲、槟榔屿等埠寄来者,黄遵宪为此特别延展截卷日期。(《叻报》,1894年5月7日第六版。)

四月(5月),黄遵宪为国内灾民捐助赈银。(《德宗实录》,卷三百三十八。)又为其故母建坊。

五月十六(6月19日),薛福成解任归国,道经新加坡,黄遵宪率翻译那二等迎候,旋以马车接至领事府憩息。夜设筵席,至十一点钟,薛福成始回船。(薛福成著、安宇寄校点:《出使四国日记》卷一,湖南人民出版社1981年版。)

本月,晋边奇荒,黄遵宪为之劝赈。光绪二十年(1894年)九月三日黄遵宪致子英函有云:"本年五月因晋边奇荒,出而劝振。"(《全集》上,第347页。)施则敬,字子英,江苏吴江震泽人,上海万国红十字会创办人之一,历办山东、顺直、江苏、河南、安徽等地赈务。

六月十九(7月21日),薛福成卒于上海。薛福成本年四月差竣回国,甫抵上海即病故。

七月初一(8月1日),中日正式宣战。清廷谕令李鸿章出使朝鲜,"以拯韩民于水涂炭",并著沿江沿海各将军督抚及统兵大臣"筹备江防"。(《光绪朝东华录》,第3441页。)由于中日战争日紧,张之洞以筹防需人,欲调黄遵宪返国。今学界多认为黄遵宪被召返国,乃在张之洞移署两江之时。但从编者新发现黄遵宪致张振勋函二通来看,黄遵宪在七月间,已着手推荐张振勋接替自己之总领事职,故至少应在张之洞移署两江之前的七月,应有调黄遵宪返国之议。黄遵宪遂推举时任槟榔屿副领事一职的张振勋接任新加坡总领事,而张振勋则推荐另一华侨富商张榕轩名煜南,广东嘉应州人,原在张振勋门下任职,后经张振勋悉心帮助,成为南洋巨富。接任其原任之槟榔屿副领事一职。但槟榔屿系英属殖民地,而张榕轩当时尚担任着荷属殖民地棉兰的甲必丹一职,张振勋基于与张榕轩的私谊,试图以不公开登报宣告的方式,让张榕轩在不辞荷属棉兰甲必丹职务的基础上兼任英属槟榔屿副领事,黄遵宪得闻后,深以为不妥,于是,在七月三十日(8月30日)紧急致函张振勋曰:"弼士仁兄阁下:顷奉惠书,藉悉一是。槟埠一席,荐举榕轩司马,诚为得人。惟榕轩不审能否于此三个月内暂驻槟埠,其和兰甲政一缺,是否暂行觅人代理?抑或两面兼顾,隐藏不言?查通行规则,由敝处知照地方官认明之后,尚须出示晓谕刊入官报。弟处仍须禀明星使咨呈总署。读阁下再启,似有不欲洋报传播之意。此事诚恐不能。如榕轩不能离甲政之任,恐滋不便。为此,驰缄布启,即乞阁下再行斟酌核示。总之此事明白宣布,则于榕轩有光。若含糊安置,虑阁下与弟均有不便。现拟稍迟数日再行照会,鹄候回示,濡笔以待。若由电复更妙。手此,即请大安!愚弟黄遵宪顿首,七月卅日。"(信函原件藏于张榕轩后人张洪钧先生处,其影印件载于饶淦中主编:《印尼张榕轩先贤逝世一百周年纪念文集》,第 126 页,日月星出版社 2011 年版)。

七月十一(8月11日),黄遵宪作《采访节孝示》一文,全文如下:"驻扎新加坡兼辖海门等处总领事府黄,为采访节妇,拟请旌表事。本总领事到任今三年矣,见我华人于政治、法律,悉遵地方官管治,而风俗礼仪,则仍守旧风。英国素尚宽仁,人人视为乐土,惟闻与绅士语及妇德,则接咨嗟太息,若负忧戚谓:南洋各岛,往往有琴瑟偶乖,遂对簿公庭,视夫如仇者;又有尸棺在殡,遂挟资改醮他人入室者。此皆人情之所深恶,内地所绝无。

"本总领事查《漳州府志》所载,有施世耀妻苗氏一事。《漳州府志》云:施世耀妻苗氏,马辰港夷女也。夫贾于其地娶焉。夫出卒,苗氏自缢死,族为招魂,设主祀之。

"《龙溪县志》所载,有郑氏戴娘一事。《龙溪县志》云:郑氏戴娘,番女也。父娶于番,生戴娘,携之归适余诏。诏卒,母怜其少,微□之,持不可,家中闻其梦中呓语,称引义拒母辞也。姑患肠结病,几殆,氏以计勾出之,病遂痊。氏初奁具颇赡,时亦恤其族党。后家日以落,族党无应者,弗较也。

"《海岛逸志》所载,有苏梅氏一事。《海岛逸志》云:漳城东门外深青社有苏綦者,经商南洋,娶妇苏梅氏。数载,以不获利而归,遂卒于家。南洋妇闻其讣,且知其家贫,亲老子幼,乃孑然帆海至闽,养姑教子,以终其身。

"此皆巫来由番族,尚能殉夫养姑,坚持节义;况于中国世家大族,先王之礼义,本朝之德教久被渐摩者乎。故本总领事以为风化之未纯,由于良莠之未分,彰昭之不及也。今与各绅董等会商,南洋各地无论何处,无论何族,如知有守节妇女,即可将事实开具,呈由本总领事代禀奏恩旌表。夫十步之内,必有香草,岂可因咨诹不及,谓贞节竟无其人?沧海之外,每憾遗珠,岂可因道里云遥,使王泽未由下逮?为此出示晓谕,凡我绅商人等,宜各周咨博访,据实直陈,上以邀朝廷绰楔之荣,下以表间阎彤管之美,本总领事实有厚望焉。所有章程开具于后:

"一、例载守节之妇,不论妻妾,自三十岁以前守节至五十岁;或年未五十身故,其守节已过十年者,均准旌表。

"一、例载京师暨各省府州县各建节孝祠,祠外建大坊,应旌表者题名其上;身后设位祠中。凡应得旌表,由地方官给银三十两建坊。如另奉有御赐诗章、匾额、缎匹,由内阁交部发提塘赍送督抚,行地方官给领。

"一、照例旌表节妇,须取具邻里甘结,由各府州县禀呈,各省由督抚、学政会题,送部核题。其在部呈请者,由部行查督抚,核实具复。今事在海外,不能不变通办理,凡有节妇拟由该姓之族长、该邑之绅耆,将事实禀报总领事,再由总领事备具册结,或禀请原籍督抚、南北洋大臣代奏,或禀请出使大臣具奏,再行斟酌办理。

"一、呈报节妇,须将该妇姓氏、伊夫名字、籍隶何省府州县、何年婚娶、伊夫何年身故、守节经几何年,一一开呈报明。其有事实者,并将事实详细载明。

"一、凡有呈报节妇者,不必誊写禀呈、拘定格式,即用寻常信纸将上条所载,一一开具便可。送呈惟须将某人呈送姓名开明,俟本总领事查。"(原文载《叻报》,1894年8月11日。谢仁敏:《黄遵宪〈总领事黄观察禀稿〉考释》,《历史档案》,2014年第3期。)这篇文告最早见于新加坡郑子瑜先生的《诗人黄公度羁马事迹考》一文,文中只摘录了部分片段,计一百四十三字。

本月,顺直水灾,黄遵宪仍又接办赈务。光绪二十年(1894年)九月三日致子英函有云："入秋以后，又因顺直水灾，惨过晋饥，仍又接办。"（《全集》上，第347页。）

八月初七（9月6日），黄遵宪致函张振勋，谈有关张榕轩接任槟榔屿副领事事宜。函曰："弼士仁兄大人阁下：顷接环章，藉悉一切。弟即刻缮具公牍，请总督照认张煜南（照来文英字。）为署理中国副领事。即行递去。查此事曾于去岁照会辅政司，照依理藩院认署理领事第三节而行。（即系薛公札文，前已照会阁下查照矣。）此次系照例办理，必然照准。然仍须待其覆文（寻常覆文均须五日。）方能行事。如阁下行期逼促，可先偕榕轩谒见参政司，告以此间已递公文。若尚可稍待数日，俟接到覆准公文，即行电告，再行往见更好。本拟电布，亦虑语焉不详，故又草此。即请大安，不宣。弟遵宪顿首八月七日。"（信函原件藏于张榕轩后人张洪钧先生处，其影印件载于饶淦中主编：《印尼张榕轩先贤逝世一百周年纪念文集》，第127页，日月星出版社2011年版）。

八月十六（9月15日），日军攻陷平壤，清军大败。黄遵宪有《悲平壤》诗纪其事，平壤之战，清军有二十九营约一万四千余人，日军有四队共一万五千人。八月十六日，日军发起总攻，双方激战，"日军三突之，清兵三退之"。左宝贵战死，叶志超下令部队撤离平壤，放弃辎重，轻装持械连夜而退，在混乱中死伤人数达两千人。六天中，清军在叶志超的统帅下狂退五百里。次日拂晓，日军攻占平壤，仅伤亡六百余人。战后，清廷下令严办叶志超，将他械送京师，由刑部定斩监候，后赦归。盛军统帅卫汝贵平日待兵刻薄寡恩，毫无约束，临敌节节退缩，贻误大局，次年一月被斩于北京菜市口。黄遵宪以甲午战争为题材的诗有八首。杨徽五《榕园续录》云此诗系先有其题，黄遵宪戊戌回乡家居时再补作。施吉瑞对这组诗有这样的评论："黄遵宪以清军在中日甲午战争中的失败为题创作的一组诗可以说是晚清讽刺文学中的精品，在这些诗中集中了所有黄遵宪成熟的讽刺诗的特点。"（施吉瑞著、孙洛丹译：《人境庐内：黄遵宪其人其诗考》，第172页，上海古籍出版社2010年版。）诗云："黑云革山山突兀，俯瞰一城炮齐发。火光所到雷碏磳，肉雨腾飞飞血红。翠翎鹤顶城头堕，一将仓皇马革裹。天跳地踔哭声悲，南城早已悬降旗。三十六计莫如走，人马奔腾相践踩。驱之驱之速出城，尾追翻闻饿鸱声。大东喜舞小东怨，每每倒戈飞暗箭。长矛短剑磨铁枪，不堪狼藉委道旁。一夕狂驰三百里，敌军便渡鸭绿水。一将囚拘一将诛，万五千人作降奴。"（《诗草笺注》下，第647页。）

八月十八（9月17日），日本联合舰队在鸭绿江口大东沟附近黄海海面与北洋舰队决战，时北洋水师有大小军舰十艘，日本联合舰队有军舰十二艘。中方军舰较坚固，日舰机动性占有优势。战斗从午后开始，历时五个多小时。北洋水师损失"致远""经远""超勇""扬威""广甲"五艘军舰,"来远"受重伤,死伤官兵约六百人。日本舰队"松岛""吉野""比睿""赤城""西京丸"五舰受重伤,伤亡近三百人。北洋舰队避入威海港,日本海军取得黄海制海权,黄遵宪作《东沟行》纪其事:"蒙蒙北来黑烟起,将台传令敌来矣,神龙分行尾衔尾。倭来倭来渐趋前,绵绵翼翼一字连,倏忽旋转成浑圆。我军瞭敌遽飞炮,一弹轰雷百人扫,一弹星流药不爆。敌军四面来环攻,使船使马旋如风,万弹如锥争凿空。地炉煮海海波涌,海鸟绝飞伏蛟恐,人声鼓声噤不动。漫漫昏黑飞劫灰,两军各挟攻船雷,模糊不辨莫敢来。此船桅折彼釜破,万亿金钱纷雨堕,入水化水火化火。火光激水水能飞,红日西斜无还时,两军各唱铙歌归。从此华船匿不出,人言船坚不如疾,有器无人终委敌。"(《诗草笺注》下,第649—650页。)

九月初三(10月1日),黄遵宪将在南洋为国内灾民筹集的赈银汇予施则敬,并附函曰:"子英仁兄大人阁下:久仰大名,时深倾慕。顷承惠示,如聆德音。阁下办赈十数年,乐善不倦,为数百万灾黎所托命,使五部洲闻风而兴起。遥企高风,快符下颂。弟承乏新嘉坡总领事之任,于兹三年。本年五月因晋边奇荒,出而劝振。入秋以后,又因顺直水灾,惨过晋饥,仍又接办。数月以来,前后共捐银一十三万余元,概由电汇寄合肥傅相察收。

"南洋诸岛,年来因土产失收,商务日绌,而此次集款之多,转为向来所未有。驽末早成,马力殆尽。弟所派捐册,均陆续收回。近接京都王袯卿同年函称,京都同人劝办义赈,属弟勉力措办,将款寄请阁下转递。弟于此时,殊难措手,惟念京师筹款较难,而救灾如火,又不便须臾稍缓,今即筹备银一千元,伸规银七百三十两,缮取汇丰银行汇单,请阁下代收。收到即乞妥寄京师同人义赈局连聪翁舍人文冲查收,并求复示。是所祷躬,专此奉恳。即请侍安。不宣。愚弟制黄遵宪顿首。九月三日。"(《全集》上,第347页。)

十月初五(11月2日),张之洞自湖广总督移署两江①。

十月十一(11月8日),张之洞抵江宁。同日,奏准调前任雷琼道朱采、驻新加坡总领事黄遵宪来江南差委,调广东总兵李先义率粤勇五六营来江南扼守。(吴剑杰编著:《张之洞年谱长编》上册,第395页。)张之洞电奏内称:"……候选道黄遵宪,现充新嘉坡总领事。该员才识闳远,熟悉日本情形。领事无甚要

---

① 今案:《钱谱》据陈声暨《石遗先生年谱》云张之洞移署两江在九月,而《清史稿·疆臣年表》则云移署在十月戊申,今依《清史稿》所纪。

事,仰恳圣恩将二员(注:另一员为前任雷琼道朱采)饬调迅赴江南,交洞差委,必于时局大有裨益。并请电救出使英国大臣电知黄遵宪,将总领事关防暂交委员代办,即日迅速回华,五六日可到粤。一面由臣电知该道速行。"(赵德馨主编:《张之洞全集》第四卷,第410页,武汉出版社2008年版。)

十月十三(11月10日),清廷准张之洞之议,同意调黄遵宪回国。《德宗实录》云:"甲冬十月丙辰谕,电寄张之洞,据电奏,调员差委等语,朱采、黄遵宪均著准其调用,其新加坡总领事,即由该督电知龚照瑗改派。"(《清实录》第56册,第537页,中华书局1987年版。)

十月十六(11月13日),黄遵宪致电张之洞:"遵宪蒙奏调差委,奉旨准往,即钦遵办理。约月底交卸,即行启程。谨禀谢。叩贺。职道遵宪。铣。"(《张之洞电稿》,第22册,《外洋来电一》,中国社会科学院经济研究所图书馆藏。本书此件引文均引自茅海建:《戊戌变法的另面:"张之洞档案"阅读笔记》,上海古籍出版社2014年版。)

十月二十四(11月21日),日本军队向旅顺口发起总攻,次日(十月二十五日),旅顺失陷,"我旅顺之防,经营凡十有六年,靡巨金数千万,船坞、炮台、军筹,冠北洋,乃不能一日守。门户洞开,竟以资敌。"(王芸生:《六十年来中国与日本》第二卷,第137页,生活·读书·新知三联书店1980年版。)日军在旅顺进行大屠杀,一直持续至二十七日,将市区居民杀戮殆尽,被杀者两万余人。街内血流成河,全城仅留三十六人,以白布作记号,用来搬运、掩埋为数约两万平民之尸体。日军此处残酷之暴行,遭到当时国际舆论强烈谴责,美国报纸谓"日本国为披着文明的外衣,实际是长着野蛮筋骨的怪兽"。黄遵宪有《哀旅顺》诗咏其事:"海水一泓烟九点,壮哉此地实天险。炮台屹立如虎阚,红衣大将威望俨。下有深池列巨舰,晴天雷轰夜电闪。最高峰头纵远览,龙旗百丈迎风飐。长城万里此为堑,鲸鹏相摩图一啖。昂头侧睨视眈眈,伸手欲攫终不敢。谓海可填山易撼,万鬼聚谋无此胆。一朝瓦解成劫灰,闻道敌军蹑背来。"(《诗草笺注》下,第653页。)

十一月初九(12月5日),黄遵宪发现有英船"阿必伦"满载军火,拟由新加坡赴日本,随即致电李鸿章,要求拦截查办。次日,李鸿章电责曰:"前有德公司船运华军火,被日领事扣留。现据报英船满载军火,过坡赴倭,何以不援例请英领事扣留?太无胆识。"同时,李鸿章又致电张之洞,云"北洋兵船不能远去",著张之洞"派一二船往港外捉阻"。十二日,张之洞致电李鸿章曰:"蒸电悉。捉阻军火船事,敝处已派一轮往,但恐赶不及。似以广东就近拦截为便。查粤尚有'元亨''利贞''戊己''金玉'四轮,请速电粤省,请筱帅派兵轮数号,令洋弁马驷带往,在香港外查拿为便,必可得力。祈速复。真。"(以上往来电文,俱见《全集》上,第348页。)

本月中旬(12月),黄遵宪即由新加坡解任回国。当黄遵宪解任回华之际,曾致新加坡总督施密司函及海峡殖民地,"藉申谢悃,言凡诸外国之人,寄居叨中所受国家益荫,我华人等亦均一律同沾,而国家复设保良局,以保护中国被拐之妇女,更整顿华佣之事,以期无弊"。(《全集》上,第398页。)归国之际,图南社诸生为感谢黄遵宪提倡教育之功,制万民伞一柄、德政牌四面相赠,并撰《恭颂黄公度观察大人德政文》,赞黄遵宪"创设图南社,课以策论,慨捐廉俸,鼓舞人心"。(《星报》,1894年11月27日第一版。)有门生潘百禄者,撰《送黄观察公度夫子返国》诗云:"图南文社广陈设,捐廉奖赏勉寒士。培育甄陶补残缺,遂令蛮貊文明开。无异岭表韩公来,赤箭青芝败皮豉。"(《星报》,1894年12月8日第一版。)

黄遵宪在新加坡期间,曾为新加坡琼州大厦天后宫题联:"入耳尽方言,听海客瀛谈,越人乡语;缠腰数豪富,有大秦金缕,拂菻珠尘。"(杜常善辑注:《中国近现代名家名联》,第140页,河南人民出版社1999年版。)

十一月二十三(12月19日),黄遵宪到达上海,电张督:"遵宪坐法船来,因修整机器,廿三晚甫到沪,廿七由沪来。宪谨禀。"(《张之洞存来往电稿原件》,第9函,所藏档号:182—380。)归途之中,"炎风朔雪",每日更换衣服,"到上海乃重裘矣"。(《己亥杂诗》自注,《全集》上,第160页。)

十一月二十四(12月20日),经美国驻华公使的调停,日本同意中国派全权大臣赴日议和。本日,清廷命总署大臣、户部左侍郎张荫桓与头品顶戴、兵部右侍郎、署湖南巡抚邵友濂前往日本议和。(吴剑杰编著:《张之洞年谱长编》上册,第403页。)在此前后,张荫桓奉以全权大臣使日之命,檄召黄遵宪,有所咨询。《人境庐诗草》卷八《题樵野丈运甓斋话别图》有云:"公复探虎穴,径驱车前驺。丝綍暗无华,云旌惨垂旒。谓我识途马,召我来咨谋。檄我千里船,揖我百尺楼。"(《全集》上,第147页。)张荫桓致电张之洞云:"上海张侍郎来电:新架坡总领事黄遵宪拟暂约来沪一晤,幸饬遵。桓。有。"(光绪二十年十二月二十五日午刻发,未刻到,《张之洞存来往电稿原件》,第12函,所藏档号:甲182—383;又见《张之洞存各处来电》,甲午第24册,所藏档号:甲182—129。)张之洞当即回电:"上海张钦差:黄道遵宪昨已面饬迅赴沪。洞。有。"(光绪二十年十二月二十五日申刻发,《张之洞电稿丙编》,第 45 册,所藏档号:甲 182—88。)黄遵宪于光绪二十年十二月二十九日电告张之洞:"张钦使云:准元旦附英船往倭。旨初令缓行,近复有旨促往。此事有美使居间,惟并非调处。彼所允者,接见华使,即派大员,两日即开议。如何要索,均未明言。国书载明'全权',另有'所议随时请旨'之谕。政府亦无定见。钦使之意,割地万不能许云。钦使留职少住。开春回宁,再详细面禀。宪。潮州馆。"(十二月二十九日巳刻发,申刻到,《张之洞存来往电稿原件》,第 12 函,所藏档号:甲 182—383;又见抄本《张之洞电稿》,第 8 册,《上海来电二》,中国社会科学院经济研究所图书馆藏。)张荫桓次日再发电张之洞:"密。黄道来,询悉起居。此行不及面别为怅。时事纷纭,已托黄道缕达。岁朝东渡,遥叩年禧。桓。艳。"(十二月三十日丑刻发,巳刻到,出处同上。)(茅海建:《张之洞与〈时务报〉〈昌言报〉——兼论张之洞与黄遵宪的关系》,《中华文史论丛》,2011 年第 2 期。)

十一月二十六(12 月 22 日),清廷所派议和大臣张荫桓、邵友濂被日本以"全权不足"为由拒之。(王莲英:《张荫桓与甲午中日战争谈判探微》,《北京科技大学学报》,2011 年第 2 期。)

十一月二十七(12 月 23 日),黄遵宪从上海径往江宁署江督张之洞处任事,张派其主持金陵洋务局。

十二月十五(1895 年 1 月 10 日),张之洞致电苏州奎俊、黄遵宪,望速拨银四十万两赴江宁。黄遵宪回国后,先到苏州,暂署江苏按察使职。张之洞电称:"江宁支应局除本省防营外,皆供北上诸军饷需……苏属较宁属为殷富,宁属捐借毫无眉目,不得不望之苏属。苏属借款续能到者当已将近六十万矣,望速拨解四十万来宁为祷。目下惟有借洋款,此外万无立筹巨款之法。"(吴剑杰编著:《张之洞年谱长编》上册,第 404 页。)

十二月十六(1 月 11 日),黄遵宪会见张之洞幕僚郑孝胥,议钞票事宜。郑以为黄遵宪尚多泛语,未能深究利弊。(中国国家博物馆编、劳祖德整理:《郑孝胥日记》第一册,第 462 页,中华书局 1993 年版。下同。)

本年,庶妹芳玉适同里李氏。

本年,唐才常获读《日本国志》钞本,高度评价:"世罕知日本,罕知日本变法之难……昔魏舍人源辑《海国图志》,网罗五洲,独于日本,阙焉不详。及近人所著《日本地理兵要》《日本新政考》《日本图经》,灿然大备,顾未一及其变法情形艰险万状。惟黄遵宪《日本国志》较他书为详备,而孤本流传,海内获见者盖寡,余窃憾焉。"(湖南省哲学社会科学研究所编:《唐才常集》,第 97 页,中华书局 1980 年版。)

黄遵宪年谱长编

Chronological Biography of Huang Zunxian

下 册

林振武 郑海麟
魏明枢 郭真义 编著

黄遵宪年谱长编卷三

（1895年—1898年）

说明：

本卷记述光绪二十一年至光绪二十四年（1895—1898年）黄遵宪四十八岁至五十一岁主要事迹。

由于中日甲午战争中清廷连续失利，张之洞急调以知晓日本国情著称的黄遵宪回国，光绪二十一年（1895年）初，黄遵宪从新加坡回到南京。回国之初，黄遵宪并未被张之洞重用，他办的第一项差事是主持江宁洋务局，办理江南五省堆积教案。由于其处理教案问题妥善，得到许多大员的重视。

《马关条约》签订后，准开沙市、重庆、苏州、杭州为通商口岸，中日双方进行具体的开埠交涉。黄遵宪刚办完五省教案，随即南洋大臣刘坤一委派他主持中日苏州开埠谈判。谈判中黄遵宪提出六条新章程的方案，得到总署和刘坤一等的支持，但是张之洞强烈反对，日方也不满足所获得的权益，不同意黄遵宪的方案。黄遵宪不得不退出谈判。

甲午战败使国内维新运动高涨，光绪二十一年（1895年）四月，康有为联合在京应试的各省举人一千三百人发动"公车上书"，提出"拒和""迁都""变法"，标志资产阶级改良派登上政治舞台。黄遵宪与汪康年合作在上海创办《时务报》，成为推进变法的最重要的舆论工具。《时务报》大力宣传西方资产阶级思想和维新变法的理论，在全国产生了很大的影响。"一时风靡海内，数月之间销行至万余份。"黄遵宪提出的"日本模式"被广泛接受，光绪二十一年（1895年）冬出版的《日本国志》成为维新派取法日本，实行变法的重要参考资料。

光绪二十一年（1895年），江西义宁人陈宝箴被任命为湖南巡抚。光绪二十三年（1897年）七月，黄遵宪被派任湖南长宝盐法道，兼署理湖南按察使。这时的湖南，可以说是维新运动的一个中心。主持省政的陈宝箴及其同僚黄遵宪、江标、徐仁铸等，都是有名的新派人物，黄遵宪又邀了梁启超来湘主讲时务学堂,谭嗣同也回省协助工作。"一时湖南出现新事很多,学会、学堂、报纸、轮船、铁路、矿务都次第兴办。"(钟叔河辑校:《日本杂事诗广注》,第16页,湖南人民出版社1981年版。)在陈宝箴的主持下,湖南进行了一系列地方政治的改革,如时务学堂、南学会、保卫局、迁善所、课吏馆等,湖南新政的改革内容涉及经济、政治、文教、军事(警察)等各方面,其中卓有成效的是创设时务学堂、组织南学会、督办保卫局、创刊《湘学报》等。以上各项新政措施大都与黄遵宪有关。湖南成为全国变法最有成效的省份。

光绪二十四年(1898年)六月二十四(8月11日),上谕命黄遵宪以三品京堂充出使日本大臣。但是,戊戌变法不幸成为党争的牺牲品,北京的失败波及黄遵宪,他被解除驻日公使的职务,以病免职回籍。

光绪二十一年乙未(1895年) 四十八岁

【国内外大事】正月十九(2月13日),李鸿章使日议和。日方借口清廷所派之议和全权大臣张荫桓等"全权不足",清廷改命大学士李鸿章使日议和。《清史稿·德宗纪》:"二十一年……春正月……辛卯,授李鸿章为头等全权大臣,使日本。"二月初四至五月初一,严复在《直报》连续发表《论世变之亟》等五篇文章,呼吁变法。二月十一(3月7日),张之洞致电伦敦龚照瑗说英押台保台。三月二十三(4月17日),日本强迫清政府订立《马关条约》,割让台湾、澎湖,赔款军费两万万两。《清史稿·德宗纪》:"三月……己亥,李鸿章与日本全权伊藤博文、陆奥宗光马关会议。和约成,定朝鲜为独立自主国,割辽南地、台湾、澎湖各岛,偿军费二万万,增通商口岸。"三月二十九(4月23日),三国干涉还辽。俄、德、法三国以"友善劝告"为借口,迫使日本把辽东半岛还给中国,并限定在十五日之内答复。日本在索加三千万两白银后,宣布放弃辽东半岛之永久占领。四月初八(5月2日),康有为联合在京应试的各省举人共一千三百名发动"公车上书","时以士气可用,乃合十八省举人于松筠庵会议,与名者千二百余人,以一昼二夜草万言书,请拒和、迁都、变法三者"。(楼宇烈整理:《康南海自编年谱》,第26页,中华书局1992年版。)标志资产阶级改良派登上政治舞台。闰五月初八(6月30日),康有为呈送《上清帝第四书》,提出"设议院以通下情"的政治主张。六月二十七(8月17日),康有为等在北京筹设强学会,创刊《万国公报》。

正月初三(1月28日),日军进犯山东威海。进犯日军共约三万五千人,驻守山东半岛的清军有四十余营,两万多人。此战历时近一个月,中经白马河前哨战、南帮炮台争夺战和刘公岛保卫战。初五,两军战于南岸,清军败绩。初九,威海守将戴宗骞战死。十八日,刘公岛陷落,丁汝昌及总兵刘步蟾皆死,美员浩威盗用丁汝昌名义致书向日本乞降。此战以威海卫海军基地的失陷和北洋海军的覆没而告结束。黄遵宪有《哭威海》诗纪其事。后来补作。全诗节奏急促,感情激烈,尖锐批评清廷内部不团结和见死不救之风。诗曰:"台南北,若唇齿。口东西,若首尾。刘公岛,中间峙。嗟铁围,薄福龙。龙偃屈,盘之中。海与陆,不相容。敌未来,路已穷。敌之来,又夹攻。敌大来,先捌背。荣成摧,齐师溃。南门开,犬不吠。金作台,须臾废。万钧炮,弃则那。炮击船,我奈何!船资敌,力犹可。炮资敌,我杀我。危乎危,北山嘴。距南台,不尺咫。十里墙,薄如纸。李公睡,戴公死。寇深矣,事急矣!麾海军,急上台。雷轰轰,化为灰。山号跳,海惊猜。击者谁,我实来。南复北,台乌有。船子子,东西口。天大雪,雷忽发。船蔽裂,龙见血。鬼夜哭,船又覆。地日蹙,龙局缩。坏者撞,伤者斗。破者沉,逃者走。噫吁戏,海陆军。人力合,我力分。如蠖屈,不得伸。如斗鸡,不能群。毛中虫,自戕身。丝不治,丝愈棼。火不戢,火自焚。遁无地,谋无人。天盖高,天不闻。四援绝,莫能救。即能救,谁死守?炮未毁,人之咎。船幸存,付谁某?十重甲,颜何厚!海漫漫,风浩浩。龙之旗,望杳杳。大小李,愁绝倒。岿然存,刘公岛。"(《诗草笺注》下,第655—656页。)

黄遵宪据北洋海军提督丁汝昌降敌之传闻,《清史稿·丁汝昌传》:"……南北岸已失,日舰入东口……军大震,竞向统帅乞生路……道员牛昶炳等相向泣,集西员计议。马格欲以众挟汝昌,德人瑞乃尔潜告曰:'众心已变,不如沉船夷炮台,徒手降,计较得。'汝昌从之,令诸将同时沉船,不应,遂以船降,而自饮药死,于是威海师燔焉。"作《降将军歌》。后来补作。诗中描述北洋水师降敌情景,悲愤交集。诗曰:"冲围一舸来如飞,众军属目停鼓鼙。船头立者持降旗,都护遣我来致词。我军力竭势不支,零丁绝岛危乎危。龟鳖小竖何能为,岛中残卒皆疮痍。其余鬼妻兵家儿,锅底无饭枷无衣。纥干冻雀寒复饥,六千人命悬如丝。我今死战彼安归,此岛如城海如池。横排各舰珠累累,有炮百尊枪千枝。亦有弹药如山齐,全军旗鼓我所司。本愿两军争雄雌,化为沙虫为肉糜。与船存亡死不辞,今日悉索供指麾。乃为生命求恩慈,指天为正天鉴之。中将许诺信不欺,诘朝便为受降期。两军雷动欢声驰,磷青月黑阴风吹。

鬼伯催促不得迟，浓薰芙蓉倾深卮。前者阖棺后舁尸，一将两翼三参随。两军雨泣咸惊疑，已降复死死为谁？可怜将军归骨时，白幡飘飘丹旐垂。中一丁字悬高桅，回视龙旗无孑遗。海波索索悲风悲，悲复悲，噫噫噫！"（《诗草笺注》下，第682—683页。）

正月初（1月），黄遵宪奉张之洞檄命，至江宁，闻有事相属。黄遵宪从新加坡回到江宁，初谒张督，谈话时，黄遵宪昂首足加膝，摇头而大语，张颇不满其表现，康有为《黄公度诗集序》记："闻公度以属员见总督张之洞，亦复昂首足加膝，摇头而大语。吾言张督近于某事亦通，公度则言吾自教告之。其以才识自负而目中无权贵若此。岂惟不媚哉，公度安能作庸人。"（《诗草笺注》上，康序第1—2页。）置之闲散。有诗《晚渡江》："扰扰悲生事，孤篷自往还。霞红眉欲笑，山绿鬓遥删。鱼底星辰睡，鸥边天地闲。号咷矶外水，莫更向人间。"（《诗草笺注》下，第682页。）

正月初四（1月29日），黄遵宪以道员充江宁洋务总办，张之洞《黄遵宪调鄂差委仍办南洋教案片》称："该员在新加坡总领事任内，经臣奏调，即委办金陵洋务局。"（《张之洞奏折原件》，第13函，所藏档号：甲182-314。）并负责办理江南五省堆积之教案。时张之洞正谋日事，想请蒲拉加"外国人，居上海。1895年初，郑孝胥向张之洞建议找蒲拉加当间谍，侦探日本情报，张之洞同意，并命郑孝胥负责联络，后来又命黄遵宪会同商定。见面后蒲拉加表示不敢担任间谍，事遂不成。"（蒋英豪：《黄遵宪师友记》，第142页，上海书店出版社2002年版。）到日本侦查信息，命王秉恩华阳（今四川双流）人。同治十二年（1873年）举人，光绪初，官广东提法使、广东按察使。张之洞对其深为器重，推荐其任广雅书局提调。会同黄遵宪商定蒲拉加事。（《郑孝胥日记》第一册，第468页。）

正月十一（2月5日），夜，黄遵宪往见郑孝胥、郑时为江苏试用同知，被张之洞委为洋务文案。邹元辩。或作邹元辨，即张之洞的幕府邹代钧。建议郑孝胥与黄遵宪去见蒲拉加，黄遵宪认为："夜见洋人未便，且帅不见，不如明日午后来议。"郑谓黄遵宪"状甚浊俗，烟气触人，其所言亦为已吸烟，故未便耳"。（《郑孝胥日记》第一册，第468页。）

正月十二（2月6日），午后，黄遵宪偕蒲拉加往见郑孝胥，郑同梁敦彦崧生一起出见。蒲言，不敢任日本侦探之事，事遂罢。（《郑孝胥日记》第一册，第468页。）

正月十九（2月13日），李鸿章使日议和临行前，托滞留沪上的张荫桓荐举"熟悉公法条约而有智略文笔者"，张氏复力举黄遵宪，后虽未成行，却见张氏对黄遵宪之推崇与器重。(顾廷龙、叶亚廉主编:《李鸿章全集·电稿》三,第445、451页,上海人民出版社1987年版。)祝秀侠在《黄公度先生生平及其人境庐诗》一文中说:"鸿章托樵野举荐熟悉国际公法有智略而能文之随员,樵野谓:盍电黄遵宪,熟倭掌故,文笔智略均佳。"(引自朱传誉主编:《黄遵宪传记资料》第一册,第63页,天一出版社1979年版。)

正月二十六(2月20日),午后,郑孝胥来拜访,未遇。(《郑孝胥日记》第一册,第470页。)

正月二十八(2月22日),午后,黄遵宪回拜郑孝胥,未晤,并转交郑瀚生给郑有关借钱之书信。(《郑孝胥日记》第一册,第471页。)

正月二十九(2月23日),午后,郑孝胥来拜访,谈良久。郑氏评价黄遵宪"其人甚黠,颇有才气"。(《郑孝胥日记》第一册,第471页。)

二月初六(3月2日),牛庄之战,吴大澂战败。吴大澂,初名大淳,字止敬,又字清卿,号恒轩,晚年又号窓斋,江苏省吴县(今苏州)人。"十八年,授湖南巡抚。朝鲜东学党之乱也,日本与中国开衅,朝议皆主战。大澂因自请率湘军赴前敌,优诏允之。二十一年,出关会诸军规复海城,而日本由间道取牛庄。魏光焘往御,战不利。李光久驰救之,亦败,仅以数骑免。大澂愤湘军尽覆,拔剑欲自裁,王同愈在侧,格阻之,同愈以编修参大澂军事也。光焘请申军法,大澂叹曰:'余实不能军,当自请严议。'"(《清史稿·吴大澂传》)。黄遵宪有《度辽将军歌》后来补作。记其与日军战争之失败:据黄由甫言,中日战争开始后,吴大澂时为湖南巡抚,吴好金石,适购得汉印,其文曰"度辽将军",大喜,以为万里封侯兆,遂慷慨请缨出关,故黄遵宪以汉印为线索作诗。"闻鸡夜半投袂起,檄告东人我来矣。此行领取万户侯,岂谓区区不余畀。将军慷慨来度辽,挥鞭跃马夸人豪。平时搜集得汉印,今作将印悬在腰。将军乡者曾乘传,高下句骊踪迹遍。铜柱铭功白马盟,邻国传闻犹胆颤。自从弭节驻鸡林,所部精兵皆百炼。人言骨相应封侯,恨不遇时逢一战。雄关巍峨高插天,雪花如掌春风颠。岁朝大会召诸将,铜炉银烛围红毡。酒酣举白再行酒,拔刀亲割生羱肩。自言平生习枪法,炼目炼臂十五年。目光紫电闪不动,袒臂示客如铁坚。淮河将帅巾帼耳,萧娘吕姥殊可怜。看余上马快杀贼,左盘右辟谁当前?鸭绿之江碧蹄馆,坐令万里销烽烟。坐中黄曾①大手笔,为我勒碑铭燕然。么麽鼠子乃敢尔,是何鸡狗何

---

① 黄曾,钱注曾是曾炳章(诸生,从大澂出征),黄未详。但据《王同愈日记》,黄、曾乃吴幕中的黄自元和曾广钧,钱注误。(顾廷龙编:《王同愈日记》,第141页,上海古籍出版社1998年版。)

虫豸？会逢天幸遽贪功，它它籍籍来赴死。能降免死跪此牌，敢抗颜行聊一试。待彼三战三北余，试我七纵七擒计。两军相接战甫交，纷纷鸟散空营逃。弃冠脱剑无人惜，只幸腰间印未失。将军终是察吏才，湘中一官复归来。八千子弟半摧折，白衣迎拜悲风哀。幕僚步卒皆云散，将军归来犹善饭。平章古玉图鼎钟，搜箧价犹值千万。闻道铜山东向倾，愿以区区当芹献。藉充岁币少补偿，毁家报国臣所愿。燕云北望忧愤多，时出汉印三摩挲。忽忆《辽东浪死歌》，印兮印兮奈尔何！"(《诗草笺注》下，第694—701页。)

二月十三(3月9日)，黄遵宪致书郑孝胥，请其作隶联。次日午后，郑孝胥即为黄遵宪书联，谓其纸太旧，已走油，不受墨。(《郑孝胥日记》第一册，第474页。)

二月十七(3月13日)，雨不止，黄遵宪送诗至郑孝胥家。所送诗不详，似系《日本杂事诗》。次日，郑孝胥作《题黄公度诗后》："吾道流沙外，君应继伯阳。高歌惊海若，奇事破天荒。世难成危局，劳生久异乡。沉吟一拊柱，雷电绕虚堂。"(《郑孝胥日记》第一册，第475页。)

二月十八(3月14日)，午后，郑孝胥入署禀辞，遂遇黄遵宪，谈良久。(《郑孝胥日记》第一册，第474页。)

二月二十七(3月23日)，局中同人公祭江宁沈文肃公祠，沈文肃即沈葆桢，字幼丹，福建侯官人。光绪元年(1875年)擢两江总督，五年(1879年)十一月卒于位，立功各省建专祠，谥文肃。江宁沈文肃公祠在龙蟠里，光绪六年(1880年)建。黄遵宪与焉。是日，传来日舰侵略澎湖的消息，因作《乙未二月二十七日公祭沈文肃公祠》：后来补作。诗中怀念沈葆桢保卫台湾的功绩。同治十三年(1874年)，日本借琉球事件入侵台湾，清廷令福建船政大臣沈葆桢为钦差大臣，率领轮船兵弁驰往台湾，并授予他处理日本侵台事件的军事外交大权。沈葆桢大力加强台湾防务，迫使日军和谈，退出台湾。黄遵宪借此抨击在甲午战争中战败投降的官员。"管弦合沓钟鼓喧，左炉右鼎腾香烟。翩然被发乘云下，知公未遂神龙蟠。凭阑东望大江去，旁通闽海百由延。增城赤嵌矗孤岛，下有膏沃千良田。柘浆茶荈作银气，红尘四合城郭阗。生番攫人食人肉，侧有饿虎贪垂涎。当时倭奴轶我界，公统王师居中权。大官婥妸主和议，公唾谓不值一钱。侧闻近者议输币，乃竭水衡倾铜山。南门管钥东流柱，摇摇竟如风旌悬。流求两属忽改县，举族北辕王东迁。公言尺寸不许让，兴灭继绝兼保藩。毡裘大长议分岛,公尚摇手谓不然。岂期舐糠遂及米,神州亦竟污腥膻。巍峨巨舰古未有,凿破混沌成方圆。《考工》作记智述物,云房石栈相钩连。后来汉帜成一队,椎轮筚路推公先。病中呢喃造铁甲,欲聚众铁城三边。东沟一战炮雷震,轰轰洞击七札穿。人船兵甲各糜化,虫沙万数鱼鳖千。威海刘岛据坚要,漆城剬上池难填。蠓息蜷伏不敢出,如引铁锁封喉咽。天骄横肆地险失,坐令虮蚁咸无援。曹蜍李志奄奄气,仰求敌国垂哀怜。言为众生乞生命,手书降表黄龙笺。恐公闻此气山涌,妄语诡公船犹全。就中邓林二死士,躬蹈烈火沉重渊。愿公遣使携葆羽,垂手接引援上天。金戈铁马英灵在,倘借神力旋坤乾。吁嗟公去十六载,今日何月时何年。捧觞再拜席未散,又闻奔命囊书传。(是日闻澎湖之警。)"(《诗草笺注》下,第661—667页。)

二月二十八(3月24日),黄遵宪致函梁鼎芬,论日本侵略台湾、澎湖及其意图。此函未署年、月。据函中云"台、澎究竟可危",因本月日本攻台、澎,而中日《马关条约》已于三月签订,故此信当写于本年本月。其函曰:"台、澎究竟可危,所以策贼必犯台者,割地之使马首东矣。欲以兵力据之,然后以简书定议,所以杜西人群犬之争也。嗟夫!巴濮楚邓吾南土也,恐遂为他人有矣。节庵我师同年。遵宪顿首。廿八。"(《全集》上,第359页。)

三月初一(3月26日),吴大澂回湖南巡抚任。《清史稿·德宗纪》:"三月壬申朔,命吴大澂回湖南巡抚任。"四月,吴回到湘。

三月初二(3月27日),黄遵宪致书梁鼎芬,请其评改《乙未二月二十七日公祭沈文肃公祠》等事。函曰:"闻既就钟山讲席,欢慰欣跃。容当执诗弟子礼上谒门墙也。沈文肃祠之会作一诗乞教,望评削掷还是幸。记少年应童子试时,每呈课艺,必屏息窗外,候先生改正乃始就寝。今犹仿佛此景也。诗征八十册既检收,多一目录,今奉缴,短四十二至四十六五卷,亦望补还。购书之价,容送上,求转寄焦山和尚,以了此重公案。哭邓鸿胪诗既抄副本珍藏,原稿不敢久稽。妄注数语,极知僭妄。手上,敬叩节庵先生同年道安。遵宪谨笺。三月二日。"(《全集》上,第349页。)本函未记年,但内云"沈文肃祠之会作一诗",故此函当写于光绪二十一年三月二日(1895年3月27日)。本年,黄遵宪与沈瑜庆、梁鼎芬、叶损轩、柯逢时、郑孝胥等同居江宁张之洞幕府,相互间交往甚密,常有诗酒唱和,探讨诗歌创作,交流时局看法。

三月初三(3月28日),与叶损轩大庄夜谈,有诗《偕叶损轩大庄夜谈》记之。诗曰："频岁华胥睡味酣，又扶残醉到江南。更无旧雨谁堪语，欲访名山奈未谙。花尚含苞春过半，月刚留影夜初三。丁当檐铁君休问，抽得闲身且絮谭。"（《诗草笺注》上，第660页。）叶损轩，闽县人，孝廉，时在张之洞幕府司文案。本年三月初五(3月30日)黄遵宪致梁鼎芬函中云："本欲上谒，因损轩同年遣使订晤，故不及来。"损轩遣使与黄遵宪"订晤"，而本诗中有"月刚留影夜初三"句，则此诗当系咏本夜相晤事。

三月初五(3月30日)，黄遵宪致函梁鼎芬，感谢其对诗作的评论。函曰："伏承诗教，感喜丛集。弟诗寸心得失，稍亦自知。然绝无先路之导，又未知同辈公论，但不至如方望溪之藏拙为高，安知不因诸君子教益而更有进境耶。深冀抄摘利病，一一宣示，乃云欲言而未敢，何言之谦也，恐不免负小子执业之意矣。诗征书价、雪芦画本，共十二元，今送上，乞转致为幸。本欲上谒，因损轩同年遣使订晤，故不及来。何日移居钟山讲院？念甚。手上，即请节庵先生同年吟安。遵宪顿首。三月五日。"（《全集》上，第349—350页。）

三月初十(4月4日)，与侯官沈瑜庆、上元陈谅山、叶损轩、梁鼎芬等同游莫愁湖。黄遵宪有诗纪之："官催军粮鸥呼急，(蔼仓主筹边防局。)夹抱文书雁行立，(损轩司制府文案。)众胥环门捉饕虱。(上元陈谅山。)忽然欲写游湖图，吹筒气喘长须奴，茶铛酒盏忙追呼。先生束卷置高阁，(节庵钟山院长。)我谢红髯言有约，急起同追半日乐。斜阳照阁空波明，柳丝半绿芦芽青，春光淡淡湖冥冥。花阴皂帽敲罗声，蹇驴磨痒徐徐行，回看湖月闻雨鸣。"（《全集》上，第220页；《集外诗辑》，第72页。）

三月十三(4月7日)，黄遵宪致函梁鼎芬，请其修改诗稿。函曰："和诗欲步后尘，竟不可以由句计，故知此事不能强为也。涂改点窜，幸即掷还。此诗而外，虽亲爱如公，未以此事相语。稿不可留，幸鉴此意。栖凤楼稿又奉到数十篇。风雨怀人，得此如面，喜慰不可言。手上节庵我师。遵宪顿首。三月十三。"（《全集》上，第350页。）

三月十七(4月11日)，日斜，与郑孝胥等赴梁鼎芬之约。黄遵宪还郑诗稿而题曰："纡徐淡妙，将来可自成一家，为国朝诗派所无。"郑于日记中复谓黄遵宪，"黄实粗俗，于诗甚浅，而谬附知音者也"。（《郑孝胥日记》第一册，第481页。）

三月二十一(4月15日)，黄遵宪致函梁鼎芬，评论其诗、字、文。函称:"节庵我师:字何以云不佳。然无款不得不奉回,乞题名再掷下。公之诗、之字、之文皆有性情流露于行间,所以可贵也。诗明日再缴。手复。宪顿。三月廿一。"(《全集》上,第350页。)原件信笺上印有"光绪二十一年人境庐主人制笺"字样,据此该函当写于同年三月二十一日。

三月二十三(4月17日),日本强迫清政府订立《马关条约》,割让台湾、澎湖,赔款军费二万万两。黄遵宪怒其对中国割地赔款之苛刻,担忧列强对中国的掠夺。条约签订不久,他曾有致建侯函论及其事。函曰:"新约既定,天旋地转。东南诸省所恃以联络二百余年所收为藩篱者,竟拱手而让之他人;而且敲骨吸髓,输此巨款,设机造货,夺我生业。吾辈幸为一卑官,不与闻其事;然射影已来,噬脐将及,其何以善其后耶?……时势至此,一腔热血,无地可洒,行且被发入空山,不忍见此干净土化为腥膻也。"(《全集》上,第350—351页。)作《马关纪事》诗五首。后来补作。激烈批评割地赔款、丧权辱国的《马关条约》,担忧列强瓜分的危机。"既遣和戎使,翻贻骄倨书。改书追玉玺,绝使复鞟车。唇齿相关谊,干戈百战余。所期捐细故,盟好复如初。"

"卅载安危系,中兴郭子仪。屈迎回鹘马,羞引汉龙旗。正劳司宾馆,翻惊力士椎。存亡家国泪,凄绝病床时。"

"括地难偿债,台高到极天。行筹无万数,纳币一千年。(辽、金岁币银二十万两,以今计之,合一千年乃有此数。)恃众忘蜂虿,惊人看雀鹯。伤心偿博进,十掷辄成鞭。"

"竟卖卢龙塞,非徒弃一州。赵方谋六县,楚已会诸侯。地引相牙犬,邻还已夺牛。瓜分倘乘敝,更益后来忧。"

"蕞尔句骊国,群知国必亡。本图防北狄,迁怒及西皇。患转深蝉雀,威终让虎狼。(朝鲜自主后,日本公使三浦某合党谋乱,扰及王宫,王避居于俄罗斯使馆半年。)弟兄同御侮,莫更祸萧墙。"(《诗草笺注》下,第676—681页。)

四月初五(4月29日),陈三立约饮两湖书院之水阁,黄遵宪与缪荃孙、叶浩如、夏曾佑、邹代钧、吴铁樵、梁衍若、梁鼎藩,字衍若,是梁鼎芬的三弟,时在湖北任督运粮道。汪康年等同席。陈三立缀跋黄遵宪之《人境庐诗草》,黄遵宪亦评定陈三立诗,彼此推挹。(马卫中、董俊珏:《陈三立年谱》,第175页,苏州大学出版社2010年版。)黄遵宪与陈三立、缪荃孙、汪康年等人在春夏间不时聚会,"煮酒论时事"。其中,黄遵宪与陈三立之间的交往更是亲密无间,在诗艺方面彼此推挹,互有赠诗。陈三立缀跋《人境庐诗草》,黄遵宪则认真阅读、评点陈三立的早年诗稿《诗录》,并在诗稿上手书大量批语,其批语全均在《诗录》第二册,批语形式包括总评和具体诗作批改两类。总评处于卷三前和卷四末,计三则。(陈正宏:《新发现的陈三立早年诗稿及黄遵宪手书批语》,《文学遗产》,2007年第2期。)二人相互酬唱及点评的时间主要在本月望日之前。陈三立在1931年的《赠黄公度跋》回忆:"光绪甲午冬,中东战后,嘉应黄公度君返自欧西,过武昌,赋赠一律,距今垂四十年矣。"(陈三立:《散原精舍诗文集》下册,第1146页,上海古籍出版社2003年版。)

约饮两湖书院乃陈三立发起之时局座谈会,陈三立曾致汪康年书,征求其意见。函曰:"和局恐有变动,见于刘督师电。而张、谭诸公又有申请西幸之奏,然款议各条究无确耗,必凭此乃可发议论。昨已发电询毛户部,属其电复,且看何如。合请黄公度拟择四五等日,于湖院举行。陪客为缪、夏、叶、吴、梁、邹诸人。如君无异说,即可日内发柬。菜不用燕窝,而稍用烧烤之类,可否?并酌之。"(上海图书馆编:《汪康年师友书札》第二册,第1981页,上海古籍出版社1986年版。)

四月十四(5月8日),陈三立作《人境庐诗草跋》,高度评价黄遵宪诗:"驰域外之观,写心上之语,才思横轶,风格浑转,出其余技,乃近大家。此之谓天下健者。乙未四月,义宁陈三立加墨讫敬识。奇篇巨制,类在此册。较前数卷自益有进。中国有异人,姑于诗事求之。乙未四月十四日,三立再识。"(陈三立:《散原精舍文集·集外文》,马卫中、董俊珏:《陈三立年谱》,第175页,苏州大学出版社2010年版。)

本月上半月,黄遵宪亦有评陈三立诗。《诗录》第二册卷三首页。"胸次高旷,意境奇雅,当其佳处,有商榷万古之情,具睥睨一切之概,葛君名士,此足当之。所用一种半虚半实之字,不拾人牙慧,具见怀抱。然亦时有未轩豁、未妥帖、未圆满、未浏亮、未匀称、未浑成之处。取古人名篇,写撮数十首,以供讽诵,即当改观。公谓何如?光绪乙未四月黄遵宪公度拜读敬识。"(陈正宏:《新发现的陈三立早年诗稿及黄遵宪手书批语》,《文学遗产》,2007年第2期。)

四月十五(5月9日),黄遵宪再评陈三立诗。《诗录》第二册卷四末。其文曰:"凡知友往还见于诗题者,尝欲自定一例。不称辈行。唐人最重氏族,以此自诩,人亦附和之。今则父子不相及、兄弟各异籍者有之矣。不必称官。唐之诗人,多有官职,(高适传所谓"诗人之达者,惟适一人",语不可解。如张九龄、张说皆丞相,白居易、元稹皆尚书,韩愈亦侍郎,何云不达也。)文酒酬酢,多属宦游。今则诗人不必官，官人不知诗，两不相涉矣。鄙意不如称名，或用通称之字而注名于下；屡见不一见者，名字不必拘。宴集人多，不必明为何人。题图诗何能尽删？其人其事，于图于诗有关系者存之，否则删之可也。质之伯严先生，以为何如？不得已而称官，以古官易今制，固不当然。当曰侍郎、尚书，不当曰吏部、户部；当曰员外、主事、编修、检讨，不当曰翰林某部也。外官如总督、巡检，出身如进士、举人，均当直书。惟有一、二难事：一为候补道、（吾意实官如兵备、督粮、巡盐均可直书。）候补知府，（实官知府，亦可直称或系以地。）一为廪膳生员、附学生员。生员犹可，候补甚难。辞穷则变，或以此种借用观察、秀才，未为不可。易苏州府为姑苏，固滋谈笑矣。然观察、秀才既为今日通称，似亦无害。盖措辞不当之咎，举世当之，于我无与也。伯严以为然否？乙未四月望日，遵宪妄书。"（陈正宏：《新发现的陈三立早年诗稿及黄遵宪手书批语》，《文学遗产》，2007年第2期。）

本日，黄遵宪又评陈三立诗。《诗录》第二册卷四末。"唐宋以来，一切名士才人之集所作之语，此集扫除不少。然尚当自辟境界，自撑门户，以我之力量，洗人之尘腐。古今诗人，工部最善变格，昌黎最工造语，故知诗至今日，不变不创，不足与彼二子者为并驾而齐驱。义理无穷，探索靡尽，公有此才识，再勉力为之，遵宪当率后世文人百拜敬谢也。四月望日，醉中宪又识。"下钤"公度"朱文印。（陈三立：《散原精舍诗文集补编·诗录第四》，马卫中、董俊珏：《陈三立年谱》，第175—176页，苏州大学出版社2010年版。）

夏，黄遵宪有评陈三立诗，兹录如下：评《癸巳元夕述怀次前韵》云："此诗气象极伟，而情事太繁，乃转似有受韵驱迫之苦。若加改易，足成名篇。"（陈正宏：《新发现的陈三立早年诗稿及黄遵宪手书批语》，《文学遗产》，2007年第2期。）评《饮刘观察高楼，看月上》一诗是："胸次高旷，意境奇雅，有商榷万古之情，具睥睨一切之概。"在《诗录》卷三首叶天头黄遵宪批云："公论仆诗，宽假过当。而仆于公诗，断断持论，如作迫狭之状。公当改称伯宽先生，仆则可谓公无度矣。"（陈正宏：《新发现的陈三立早年诗稿及黄遵宪手书批语》，《文学遗产》，2007年第2期。）陈三立也有赠黄遵宪诗："千年治乱余今日，四海苍茫到异人。欲挈颓流还孔墨，可怜此意在埃尘。劳劳歌哭昏连晓，历历肝肠久更新。同倚斜阳看雁去，天回地动一沾巾。"（马卫中、董俊珏：《陈三立年谱》，第176页，苏州大学出版社2010年版。）

四月二十三（5月17日），吴德潇跋《人境庐诗草》，称赞黄遵宪于诗中辟一境界:"'并世无二尊,独立绝依傍。'集中《登巴黎铁塔》诗也。作者于诗世界中,颇具此等魄力,可谓雄矣!乙未四月廿三日,德潚识。"(《诗草笺注》下,第1083页。)

吴德潚,字筱村,又字季清,四川达县人,性至孝,与黄遵宪乃同年拔贡。在此前后双方来往密切,有诗《为同年吴德潚寿其母夫人》。诗序云:"罗太恭人,渠县人。归澄江知府吴公笏丞,道光己丑进士。"

诗曰:"郁郁龙象山,松柏森苍苍。中有丹山鸟,哀鸣复回翔。树下即方池,池旁多鸳鸯。封缸有美酒,罗列东西厢。新妇厨下来,徐徐捧羹汤。长孙华花冠,幼孙明月珰。再拜拜寿母,愿母举一觞。呼潚汝来前,未言泪盈眶。瞿瞿心目中,曷尝须臾忘。汝父初闻丧,星奔去澄江。露宿衣鸡斯,雨泣铃郎当。沉沉永宁城,凄风摇阴房。切脉雾乱丝,背面歆空床。病名我不知,何由知医方?回头看我面,眼语诸儿郎。复指白衣冠,当作收敛装。汝时口哜饼,学哭嬉柩旁。为汝换锦袍,随兄爇炉香。朝发沪州头,丹旌魂飞扬。暮宿巴江尾,白鸡鸣悽怆。体夫罥重棺,骑奴嘲空囊。家有垂白母,犹待儿治丧。遥遥二千里,如何到家乡?明年汝兄归,捧棺交汝兄。逝者遂已矣,存者称未亡。我今七十三,忽忽四十霜。食梅难得甜,哜蔗难得浆。何图见孙曾,欢笑同此堂。潚也奉母言,手书告其朋。同年黄遵宪,曾历各海邦。西俗重妇女,安居如天堂。一簪值十万,一衣百万强。登楼客持裾,试马夫引缰。梦中不识役,矧乃身手当。虽则同女身,苦乐何参商?吁嗟三代后,女学将毋忘。执业只箕帚,论功惟酒浆。所托或寒微,持身备嫔嫱。拳拳事女君,缩缩足循墙。人权绌已甚,世情习为常。周婆欲制礼,胡儿惟有娘。将此语人人,人人疑荒唐。人生于父母,犹戴日月光。同是鞠育恩,谁能忍分张?当时黔蜀交,塞道嗥豺狼。驱儿就兄学,虎口儿勿惊。黄巾动地来,捉人锁琅珰。弃家匿深山,视盦无宿粮。蜀姜与蜀锦,殷勤远寄将。口书勉儿学,儿学毋怠荒。山中多黄蘖,甘苦母自尝。母苦儿则知,不知母何望。潚今富学行,非母曷有成。斯实备父德,岂徒慰姑嫜。作妇甘卑屈,为亲宜显扬。显扬万分一,恩义终难详。盘龙恭人诰,雕螭节孝坊。悠悠《鹿鸣》诗,并坐歌笙簧。歌我《述德篇》,彤管何芬芳。持谢有母人,念兹永勿忘!"(《诗草笺注》下,第668—675页。)

四月二十八(5月22日),黄遵宪与缪荃孙、吴德潚、陈三立、夏曾佑、叶浩如在自强学堂小饮。(马卫中、董俊珏:《陈三立年谱》,第175页,苏州大学出版社2010年版。)

本月，袁昶来江宁见张之洞，行箧中携《日本国志》，曾与黄遵宪"煮酒论时事"，谓黄遵宪曰："《日本国志》书，可抵银二万万。"黄遵宪怪问其故，昶云："此书稿本，关在总署，久束高阁，除余外，无人翻阅。甲午之役，力劝翁常熟主战者为文廷式、张謇二人，此书若早布，令彼二人见之，必不敢轻于言战，二人不言战，则战机可免，而偿银二万万可省矣。"(吴天任：《黄公度先生传稿》，第368页，香港中文大学1972年版。)后黄遵宪有《三哀诗·哀袁爽秋京卿》纪其事。内云："马关定约后，公来谒大吏。青梅雨鯈鯈，煮酒论时事。公言行箧中，携有《日本志》。此书早流布，直可省岁币。我已外史达，人实高阁置。我笑不任咎，公更发深喟。"(《诗草笺注》下，第1000页。)袁昶亦有诗简黄遵宪云："白璧雄谈致一双，指扐夷隶历诸邦。南庭都护治红海，西使高輈拥碧幢。头白虞衡新作志，足音蓬蘲喜闻跫。于今夅拯资方略，不独骚材赋涉江。"(袁昶：《于湖小集》第一册，第93页，中华书局1985年版。)

五月初一(5月24日)，黄遵宪招缪荃孙、陈三立、张伯纯、吴德潇、汪康年、叶浩如、邹代钧、吴铁樵宴饮。(马卫中、董俊珏：《陈三立年谱》，第175页，苏州大学出版社2010年版。)

五月初二(5月25日)，清前台湾巡抚唐景崧发表"台湾民主国独立宣言"，宣告"台湾民主国"成立，并担任首任大总统。《清史稿·唐景崧传》："割台议起，主事丘逢甲建议自主，台民争赞之。乃建'民国'，设议院，推景崧为总统。和议成，抗疏援畹辽先例，请免割，不报，命内渡。台民愤，乃决自主，制蓝旗，上印绶于景崧，鼓吹前导，绅民数千人诣抚署。景崧朝服出，望阙谢罪，旋北面受任，大哭而入。电告中外，有'遥奉正朔，永作屏藩'语，置内部、外部、军部以下各大臣。命陈季同介法人求各国承认，无应者。无何，日军攻基隆，分统李文忠败溃。景崧命黄义德顿八堵，遽驰归，诡言狮球岭已失，八堵不能军，且日人悬金六十万购总统头，故还防内乱，景崧不敢诘也。是夜，义德所部哗变。平旦，日军果占狮球岭，溃兵争入城，城中大惊扰乱，客勇、土勇互仇杀，尸遍地。总统府火发，景崧微服挈子遁，附英轮至厦门，时立国方七日也。"闰五月初六，台南地方绅民推举刘永福继任大总统，刘永福仍以帮办之职领导义军抗日保台。《清史稿·刘永福传》："二十年，中日衅起，命守台湾，增募兵，仍号黑旗。景崧署巡抚，徙其军驻台南。及台北陷，景崧走，台民以总统印绶上永福，永福不受，仍称帮办。日舰驶入安平口，击沉之。攻新竹，相持月余，兵疲粮绝，永福使使如厦门告急，并电缘海督抚乞助饷，无应者。而台南土寇为内间，引日军深入，破新化，陷云林，掇苗栗，轰嘉义，孤城危棘，永福犹死守。日台湾总督桦山资纪贻书永福劝其去,峻拒之。日军乃大攻城,城陷,永福亡匿德国商轮,日军大搜不获。内渡后,诏仍守钦州边境。后卒于家。"九月初二,刘永福亦兵败内渡,两日后台南遭日军攻陷,台湾民主国亡,国祚仅一百五十天。黄遵宪有《台湾行》诗纪之。后来补作。诗中对清廷割让台湾表示极大愤慨,歌颂了台湾人民英勇抗日的事迹。诗曰:"城头逢逢雷大鼓,苍天苍天泪如雨。倭人竟割台湾去,当初版图入天府。天威远及日出处,我高我曾我祖父。艾杀蓬蒿来此土,糖霜茗雪千亿树。岁课金钱无万数,天胡弃我天何怒。取我脂膏供仇房,眈眈无厌彼硕鼠。民则何辜罹此苦?亡秦者谁三户楚,何况闽粤百万户。成败利钝非所睹,人人效死誓死拒。万众一心谁敢侮,一声拔剑起击柱。今日之事无他语,有不从者手刃汝。堂堂蓝旗立黄虎,倾城拥观空巷舞。黄金斗大印系组,直将总统呼巡抚。今日之政民为主,台南台北固吾圉。不许雷池越一步,海城五月风怒号。飞来金翅三百艘,追逐巨舰来如潮。前者上岸雄虎彪,后者夺关飞猿猱。村田之铳备前刀,当辄披靡血杵漂。神焦鬼烂城门烧,谁与战守谁能逃?一轮红日当空高,千家白旗随风飘。搢绅耆老相招邀,夹跪道旁俯折腰。红缨竹冠盘锦绦,青丝辫发垂云髾。跪捧银盘茶与糕,绿沉之瓜紫蒲桃。将军远来无乃劳,降民敬为将军犒。将军曰来呼汝曹,汝我黄种原同胞。延平郡王人中豪,实辟此土来分茅,今日还我天所教。国家仁圣如唐尧,抚汝育汝殊黎苗,安汝家室毋诮诮。将军徐行尘不嚣,万马入城风萧萧。呜呼将军非我骄,王师威德无不包。我辈生死将军操,敢不归依明圣朝。噫嚱吁!悲乎哉!汝全台,昨何忠勇今何怯,万事反覆随转睫。平时战守无豫备,曰忠曰义何所恃?"(《诗草笺注》下,第687—693页。)

五月初十(6月2日),黄遵宪致陈宝箴电,请其代奏为保台湾献策。电文曰:"台既自主,亟宜杜彼借口,似应即将唐抚军革职。一面告倭以台人背畔,巡抚为民劫留,现已将其革职,按约交割需时,现正设法劝谕云云。一以明中朝守约之意,一以缓日本攻台之师。可否密商北洋,言之政府。"(《全集》上,第351页。)

五月十一(6月3日),王文韶致电总署,转述黄遵宪保台湾策。其电云:"前新加坡领事黄遵宪电云【中略】等因,由陈藩司宝箴转呈前来。文韶悉心查核,所论不为无见。惟现在劝谕云云,似未妥协,恐揽在身上也。是否可行,不敢壅蔽,谨请钧度。文韶。真。"(《全集》上,第351页。)

五月十二(6月4日),芜湖徽宁池太道袁昶致电黄遵宪:"洋务局黄道台鉴:蒸、真电敬悉。法兵轮昨午到,候提督信,乃上驶。皖、浔皆小停,如水浅,即不赴鄂,仍回沪云。昶。文。"(《张之洞存来往电稿原件》,第14函,所藏档号:甲182—385。本书所引此件材料均引自茅海建:《戊戌变法的另面:"张之洞档案"阅读笔记》,第236—298页,上海古籍出版社2014年版。)

五月十三(6月5日),夜,黄遵宪坐船行江中,望月有感台湾事,有《五月十三夜江行望月》纪之:"洒泪填东海,而今月一圆。江流仍此水,世界竟何年。横折山河影,谁攀阊阖天?增城高赤嵌,应照血痕殷。"(《诗草笺注》下,第686页。)此诗与上海图书馆所藏手稿有所不同:"洒泪填东海,而今月一圆。蕃情宁此水,世界忽今年。横拆山河影,难攀阊阖天?层城高赤嵌,应照血痕殷。"(《全集》上,第352页。)

本月,黄遵宪至湖北。时方与友人游览黄鹤楼,"忽闻台湾溃弃之报,遂兴尽而返"。后有《上黄鹤楼》后来补作,张堂锜列此诗于1887年,但该年黄遵宪在嘉应乡居写作《日本国志》。诗纪之:"矶头黄鹄日东流,又此阑干又此秋。(乙未五月客鄂,方与客登楼,忽闻台湾溃弃之报,遂兴尽而返。)鼾睡他人同卧榻,婆娑老子自登楼。能言鹦鹉悲名士,折翼天鹏概督州。洒尽新亭楚囚泪,烟波风景总生愁。"(《诗草笺注》下,第763页。)

五月十六(6月8日),芜湖徽宁池太道袁昶来电:"南京洋务局黄大人鉴:法兵船探上游水浅,今晨仍下驶。昶。铣。"(《张之洞存来往电稿原件》,第14函,所藏档号:甲182 385。)

五月十八(6月10日),黄遵宪致函陈三立,约与他面谈"一二要事"。函称:"遵宪到武昌来,屡承大教,卓识挚爱,平生得此于人盖寡,是以惓惓不能自已。明日即东下矣,胸中无数言语,实非一时所能倾泻。惟尚有一二要事欲就公面商,晚间幸勿他出。(即当趋话。)①抑或以自强学堂作承天寺,吾辈偕作半夕之谈,如何?候示。伯严先生。遵宪顿。十八。"(《全集》上,第351—352页。)

五月十九(6月11日),黄遵宪自汉口返江宁。《郑孝胥日记》载:五月二十三日(6月15日),"入署,晤宝子年,初自湖北回……又言,文芸阁、于晦若、梁星海自上海电致志仲鲁、陈伯严、黄公度,令来江宁会晤,三人者复电,令文等至湖北。既而志仲鲁称事繁不来,陈伯严言,于乃李幕,难于谈

---

① 原件为旁注。

论,亦不至,独黄公度以奉差至汉口,遂归江宁。"(《郑孝胥日记》第一册,第498页。)

文廷式乞假出都,回籍修墓。黄遵宪在江宁,与文廷式、梁鼎芬等饮集吴船,各拈《贺新郎》词,题为《五月饮集吴船送芸阁南归》,词极苍凉。今案:文廷式之祖文晟,曾任嘉应州知州,死于太平天国之乱(见本谱前记),朝廷旨准在州城建文壮烈公祠,廷式在乱中逃生。廷式与于式枚、梁鼎芬均为岭南大儒陈澧的入室弟子,渊源有自,文、梁关系尤为特殊。黄遵宪词曰:"凤泊鸾飘也,况眼中苍凉烟水,此茫茫者!一片平芜飞絮乱,无复寻春试马。又渐渐夕阳西下。水软山温留扇底,展冰奁试照桃花写,影如此,泪重洒。 寻思罗袖临行把,竟明明蛟绡分剪,公然割舍。天到无情何可诉,只合埋忧地下!但何处得开酒社?相约须臾。毋死去,尽丁歌甲舞,今宵且。看招展,花枝惹。"(《全集》上,第229页;《集外诗辑》,第67页。)黄遵宪在《新民丛报》1902年8月发表《论学笺》的署名"水苍雁红馆主人"即源于此。

席中,文廷式有词赠黄遵宪,《贺新郎·赠黄公度观察》:"辽东归来鹤,翔千仞、徘徊欲下,故乡城郭。旷览山川方圆势,不道人民非昨。便海水、尽成枯涸。留取荆轲心一片,化虫沙、不羡钧天乐。九州铁,铸今错。 平生尽有青松约,好布被、横担椰栗,万山行脚。阊阖无端长风起,吹老芳洲杜若,抚剑脊、苔花漠漠。吾与重华游元圃,遵回车、日色崦嵫薄。歌慷慨,南飞鹊。"(文廷式:《云起轩词钞》,陆有富:《文廷式词学年稿初编》,《古籍研究整理学刊》,2010年第3期。)

五月二十五(6月17日),黄遵宪在署内,邀郑孝胥明日饮,郑却之。"俄,黄以柬来,示所作五言古诗,伯严甚推许之。"(《郑孝胥日记》第一册,第499页。)

闰五月(6月—7月),黄遵宪等又饮集钟山,送文廷式南归,有《闰月饮集钟山送文芸阁学士廷式假归兼怀陈伯严吏部三立》。诗曰:"泼海红霞照我杯,江山如此故雄哉!马蹄蹴踏西江水,相约扶桑濯足来。"(《诗草笺注》下,第703页。)

叶损轩就任上海同知,黄遵宪有诗《用写经斋体送叶损轩之申江》送行:"几日萧疏雨滴檐,送君一舫水新添。闰余桐叶闲来数,去后桃花笑复拈。索和诗笺停玉版,判依文稿阁牙签。扶余立国今何似,为我探询海外髯。"(《诗草笺注》下,第704页。)又有《损轩同年权上海同知赋诗见示依韵奉和》:"半年从事贤劳后,抽得哦诗自在身。冷冗一官还自笑,婆婆二老最相亲。纸烦钳尾消长日,酒趁遨头及早春。流水游龙车滚滚,看人捷足走红尘。"(《全集》上,第219—220页。)

五月(6月),日本派林董任驻华公使,其任务之一为商订中日通商行船条约,指导日本领事在沙市、苏州等新开口岸建立租界,落实《马关条约》第六款的有关规定。《马关条约》第六条规定开放沙市、重庆、苏州、杭州为商埠。

上半年某月二十六,黄遵宪致函王秉恩。王秉恩,字雪澂、雪澄,华阳(今四川省成都市双流区)人。同治十二年(1873年)中举。两度入张之洞幕。张之洞于光绪二十五年(1899年)设立汉口商务局,王秉恩、程仪洛总理其事。时黄遵宪主持江宁洋务局,与其业务往来频繁。函曰:"顷得手示,欢慰无已。昔胡文忠语左文襄云:'以公兼人精力,足足可支二十年。'此语可移赠也。公此来贤劳极矣。书云:'五十始衰。'又云:'此次来宁,并未作一整片事。'此乃邹湛对叔羊子语,谓湛辈乃如此耳。《北山》之诗曰:'或栖迟偃仰,或王事鞅掌。'三复斯言,为之惭愧。敬复数语,聊当面谭。雪澂长兄同年。遵宪顿首。廿六。"(《全集》上,第352页。)

六月初四(7月25日),黄遵宪送诗二册给郑孝胥,"并借郑子尹诗"。郑评黄遵宪诗曰:"其诗骨俗才粗,非雅音也。"(《郑孝胥日记》第一册,第507页。)

六月初五(7月26日),宝子年来署与郑孝胥谈,送《巢经巢诗》与黄遵宪。(《郑孝胥日记》第一册,第507页。)同日,总理衙门发电张之洞,促派员办理五省未结法国教案:"五省未结法国教案,闰月廿三日谘请派员与上海法总领事秉公商结。顷法使催询,特电请速办。歌。"初八日再发电:"语申悉。查五省未结法国教案:江南徐州、常州、泰州,江西赣州,湖南澧州属界溪桥,湖北利川、荆门,浙江孝丰县属宋坑,均系旧案。望速结。此外有无遗漏,希分谘确查,一并了结,并先电覆。庚。"(《张之洞存北京来电稿·光绪二十一年一月至八月》,所藏档号:甲182—407。本书此件材料均引自茅海建《戊戌变法的另面:"张之洞档案"阅读笔记》,第236—298页,上海古籍出版社2014年版。)

六月初七(7月28日),张之洞就苏州开埠划界事致电苏州巡抚奎俊:"苏州将设租界,通商制造。我宜急筹取益防损之道,早占先着……请公督饬藩司速委妥员会同首府县,将拟设租界及附近处所详细履勘,速即绘图具说,以便商酌一切办法。"(吴剑杰编著:《张之洞年谱长编》上册,第438页。)

六月十四(8月4日),张之洞致电宁绍台道吴引孙,索宁波开埠章程:

"闻洋人在宁波并无租界,谓之洋人寄居之处,中国官出款为雇巡捕弹压保护,办法较他口为妥。祈迅速将此事全案并详细章程录寄来宁,拟于苏、杭新开等处仿照办理。"(吴剑杰编著:《张之洞年谱长编》上册,第440页。)

本月,为减少《马关条约》第六款添设内地四城市为通商口岸所带来的对"国家税厘、华民生计"的冲击,清廷命江苏、浙江、四川、湖北四省督抚"预筹善策",上谕称:"凡此次所许利益,皆不使溢出泰西各国章程之外,庶可保我利权。谅该大臣等已将应议各条熟思审处。李鸿章为原定新约之人,尤当惩前毖后,力图补救。总期争得一分,即有一分之益。"(王彦威:王亮辑编:《清季外交史料》第5册,第2299页,湖南师范大学出版社2015年版。)十六日又谕令李鸿章、王文韶二人为议约全权大臣,研究"补救"办法。时黄遵宪主持江宁洋务局,曾就"内地通商"事宜向张之洞提出了十条补救意见。光绪二十二年(1896)三月二十日,黄遵宪致朱之榛函:"去年奉旨垂询补救新约,弟有上香帅条陈十条,虽不免策士蹈空之习,然比之今之论时务者,犹觉卑近而易行。"(《全集》上,第369页。)

六月十七(8月7日),黄遵宪致函梁鼎芬。函未记年,据"难觅一干净土"语,似反映甲午战败后的心情;又信笺所印光绪二十一年,据此推定写于是年六月十七日。函曰:"节庵同年左右:难觅一干净土可以供我辈住足者。然公若有他事惠然肯来,固所愿也。匆匆迟复,惟珍摄。不宣。遵宪顿。六月十七。"(《全集》上,第352页。)

六月十八(8月8日),黄遵宪访龙阳易实甫观察,遂偕游秦淮,易顺鼎,字实甫,龙阳人,光绪乙亥举人,历官广东钦廉道。马关条约签订后,上书请罢和议,未被采纳,投河自尽,被人救起,痛哭流涕。曾两去台湾,帮助刘永福抗战。有诗《立秋日访易实甫顺鼎遂偕游秦淮和实甫作》:"袖里《魂南》一束诗,茫茫相对两情痴。看扬玉海尘千斛,喜剩青溪橹一枝。鹣首赐人天亦醉,龙泉伴我世谁知?死亡无日难相见,况又相逢便说离。"(《诗草笺注》下,第705页。)《饮冰室诗话》云此诗作《乙未秋偕实甫同泛秦淮实甫出魂南北集嘱题成此》,诗凡二首,韵相同,《人境庐诗草》中删去第二首。

《又和实甫》:"九州莽莽匆匆走,两鬓萧萧渐渐枯。欲访蓬莱难附鹤,暂攀杨柳可藏乌。笔留白石飞仙语,袖有青溪小妹图。犹是人间干净土,莫将乐国当穷途。"(《诗草笺注》下,第706页。)

又与临桂龙松岑继栋主事、唐春卿侍郎、侯官沈蔼苍瑜庆观察、华阳王雪澄秉恩观察、道州何诗孙维朴太守游江宁玄武湖,作《玄武湖歌和龙松岑继栋》。陈衍曰:"甲午中日之役,君方为新嘉坡总领事,张广雅督部,由湖广移督两江,以筹防需人檄调回,又置之闲散,公度甚不乐。《玄武湖歌》有云:'天风浩浩三万里,吹我犯斗星槎回。河山不异风景好,今者不乐何为哉?'即指此也。抑塞之情,溢于楮墨矣!"(陈衍:《石遗室诗话》卷八,第133页,人民文学出版社2004年版。)诗云:"大江滚滚流日夜,降幡屡竖石头下。别有苍茫一片湖,山势周遭潮不打。湖光十里擎风荷,游人竞说安乐窝。船头箫管驴背酒,吴娘楚客时经过。城南暑郁蒸如瓮,汗雨横流湿衣缝。笳鼓欣停战伐声,篷船合作清凉梦。一客新自天边来,(唐春卿侍郎。)一客卧起丛书堆。(龙松岑户部。)承平公子文章伯,(同坐有沈蔼苍、王雪澄两观察、何诗孙太守。)酒龙诗虎争崔嵬。天风浩浩三万里,吹我犯斗星槎回。河山不异风景好,今者不乐何为哉?江城明媚雨新霁,菱叶莲蓬送香气。井阑莫问燕支山,钟声尚认鸡鸣埭。闲闲十亩逍遥游,莽莽六朝兴废事。珠楼绮阁未渠央,青盖黄龙奈何帝。盛衰漫唱《百年歌》,哀乐且图今日醉。酒波光溢金叵罗,银鲈锦鸭甘芳多。强颜作欢攒眉饮,茫茫对此如愁何。夕阳映郭空波明,柳丝漾绿芦芽青。平生旧游在吾眼,仿佛上野湖心亭。(上野西湖,为日本东京游宴佳处。)美酒肥牛酣大嚼,头冠腰箭恣欢谑。遥想将军渡海归,相从凯唱从军乐。"(《诗草笺注》下,第707—710页。)

同日,黄遵宪致函王秉恩。函谓:"题易实甫《魂北集》:'一卷先生自挽诗,神枯心死剩情痴。杜鹃再拜无穷泪,乌鹊三飞何处枝。生入玉门虽不愿,上穷碧落究难知。尺书地下君先问,只恐回书谈暂离。'实甫复以《魂南集》索题:'江山如此魂安往,天地无情眼久枯。咄咄千年真怪事,茫茫四海竟穷途。分明清酒黄龙约,颠倒天吴紫凤图。望子妇来愿母死,声声君听墓门乌。'……雪澂同年老兄,以题易实甫《魂北》《魂南集》诗见示,因录此乞正。遵宪未定草。"(《全集》上,第353页。)

六月二十(8月10日)晚,黄遵宪邀郑孝胥饮。郑在《日记》中说,他曾与黄遵宪论李鸿章之祸国。郑谓:"余尝言,合肥之病国已见矣,其部下号为通晓洋务者必将复用事。夫各国所谓交涉,盖为能守界限言之。国家有界限,条约有界限,而此曹专毁界限以媚他族,国亡无日矣。因以语张季直、黄公度。"(《郑孝胥日记》第一册,第510页。)

六月二十一(8月11日),黄遵宪向郑孝胥借王安石、姚鼐诗,并约其次日晚宴。(《郑孝胥日记》第一册,第510页。)

六月二十二(8月12日),午后,郑孝胥辞黄遵宪晚宴之约,以王、姚诗相借。(《郑孝胥日记》第一册,第510页。)

六月二十七(8月17日),维新派创办的《万国公报》①在北京创刊,为双日刊,康有为、陈炽等负责筹募经费,梁启超、麦孟华担任编辑,这是我国资产阶级维新派出版的第一份报刊。共出四十五号。

六月二十八(8月18日),黄遵宪致函王秉恩,谈及洋务局诸事务,函中云耶松厂银两事,当在光绪二十一年。函谓:"日来想一切复元矣。本欲趋访,又恐贤劳鲜暇,今有应商数事奉渎,谨条举如左:

"一、应解上海耶松厂六万两,弟意以为筹防局可汇交义昌成代交,故欲筹防局径汇,以省周折。昨承手示,知此款仍须解运,自宜仍交商局轮装运。惟弟意此银到沪,或文托招商局转交耶松,或此间派一人到沪面交耶松。(因与义昌成不熟,不悉其光景如何;又该店在虹口,未知耶松在何处,近便与否,其中颇多转折,似不如将银径存商局栈房,或由耶松取,或送往该行校便。)二者祈指示遵行。电文一纸并缄,乞阅过送松生兄代发为感。

"一、前接良济洋行一函,自言比国郭克里厂代造俄国西比利亚铁路,于铁路各事,甚为熟悉,现作一《中国铁路说》,译就邮寄云云。昨日寄到说帖一件,请阅转呈督宪是祷。

"一、鄂工局经费,今拟开折报消一次。弟前次赴鄂,来往盘费,并内留两月支用各款,共贰百余两,当时未奉札文,自不应照章支领,拟约略开报一百廿两或一百两,以冀稍为减累。是否可行,敬乞示遵。

"一、蔡委员乃煜一款,前承手示,并户部新章,谅未必允收。此人现在沪候信,云将北上。祈告筹饷局,如定议不收,应将银单交由钧处掷还,以便交回前途,了此公案。以上四事,统希察鉴。雪澂长兄同年。遵宪顿首。六月廿八。"(《全集》上,第353页。)

六月二十九(8月19日),黄遵宪致王秉恩函,谈耶松解款事等,函末云"龙松岑诗送阅",该诗作于光绪二十一年六月十八日立秋游南京玄武湖后,当系写于六月廿九日。函云:"耶松一款,由'威靖'轮船装运(商局每千两收费二两,此款应收百二十两,保险及驳费尚不在内,不设银行,累赘如此。)往沪,极为妥协,忻感

---

① 刊名与广学会编的《万国公报》相同,因广学会编的《万国公报》在政府中行销有年,故袭用其名,以利推广。

何已。

"傅都戎来,既见,经与订定,俟军装卸完后,即由该都司到筹防局领运(初二方能办理。)到沪交义昌成转交。弟与义昌成素不认识,拟请筹防局缮一公函,托为照料。(此函并交傅君带去,弟处于解批外,亦拟作一函托办。)此款弟奉札后即念筹防局在沪,素有交涉,办事较易,好在吾兄兼办两局,呼应较灵,俾弟奉行不至竭蹶。谢谢。

"赵鄂川资各项,敬录雅爱,即开报一百二十两,(撰缮清折送阅。)得此弥补,亦非初意所及。至弟洋务一差,加意节啬,未必不敷,幸勿劳念也。

"宝子年处送到公牍并请折,(弟之川资一款,见其折稿乃念及也。)弟既函询此款,如欲鄂公局代报,应于禀中增入此语,得复再办。(此禀顷间子年着人取去。)雪澂老兄同年。遵宪顿首。廿九。

"承示近服丽参,(参是无用之物,气亦无补益之法,然此物虽无益,亦无害也。)自疑气虚,弟意颇不谓然。疲困之由,或由湿滞,或尚有暑耶,以公平常矍铄如此,偶尔小极,何至遂尔屡弱。幸留意斟酌珍摄为恳。弟宪顿首。

"龙松岑诗送阅,阅后掷还。"(《全集》上,第354页。)

本年中,黄遵宪与王秉恩之间通信甚多,多为江宁洋务局中工作报告,亦有私人交往函,其中多件月份时间难于确定,大致时间是六月至九月,姑于此处,将其汇总,加以引述。

黄遵宪致王秉恩函,据函中云筹防局、购煤等事,此函当写于光绪二十一年(1895年)某月初一日。函曰:"傅都司札今晨既发交。昨日面嘱其赶起军装,准于明早下银。渠言军装卸完,即来知照,而至今未来,请由筹防局饬人一催,呼应较灵。筹防局司账者言,银现存,而局务忙,惟此事催逼甚紧,请饬令司账准于明午交带,勿迟勿延,至为感祷。沈蔼翁函问萍乡煤款,此事未奉札,想系江南购煤之款,故不必由鄂局转解。惟函称楚材运往,自应照行,乞核示遵办。义昌成处欲发一电,另寄一公函。时勋是樊君别号否?祈示。手叩雪澂老兄同年大安。宪顿首。初一日。"(《全集》上,第360页。)

黄遵宪致王秉恩函,函中所云"铁局经费",当指张之洞开办湖北铁政局经费。该局于光绪二十二年改为铁政洋务局。函曰:"今日既全愈否?甚念。清暑之剂,不宜杂益气之品。城中病甚多,证候略同,通行观音丹甚效,(局中病者之人,服之均愈。)请试验之。容再走候。手叩大安。雪澂老兄同年。宪顿首。十一。铁局经费,奉札转解,拟发一电,阅后乞送松生大令之处。共一纸,乞押章发还。又及。"(《全集》上,第360页。)

黄遵宪致王秉恩函:"顷见春卿阁学,言定于十八日首途,十六日辞行。派船护送一事,乞公预为料理,派定后即求告知。辞行时必向帅宪述谢,容届时再行请派。诚恐迟延,再三叮嘱,求公留意。今日当复元矣。何时回署,甚念!手叩道安。雪澂同年老兄。宪顿首。十四。铁局经费,既函商蔼翁,未审能即放否。"(《全集》上,第361页。)

黄遵宪致王秉恩函,函中云"洋务局规模宽敞""洋务事较清简"等。黄遵宪于1895年初由新加坡回国后,被张之洞委为江宁洋务局总办。此函当写于光绪二十一年(1895年)某月十四日。"燮臣大公祖大人同年阁下:日昨邂逅相遇,稍慰渴悃,忻幸奚似。承述现欲觅地作营务处,未审定否?查洋务局规模宽敞,近靠节署,可饬人一看。如果合式,便可移让。洋务事较清简,尽可从容再行觅地也。手此布启。即请勋安。治年愚弟遵宪顿首。十四日。"(《全集》上,第361页。)

黄遵宪致王秉恩函:"顷又有潮州同乡送一席来,客中不能自办,今并送诣尊处,即刻渡江,傍晚当偕五弟趋诣,即在高宅晚饭,可并约少竹、毅若(不审能来否。)入座。如有可谈之友,(顾印伯在鄂否?纪香聪时往来否?)亦可邀约作半夕谭也。(节庵仍不能出门,昨病增剧,今小愈云。)余晤罄。手上雪澂兄长同年。弟宪顿首。十七。"(《全集》上,第361—362页。)

黄遵宪致王秉恩函:"数日未晤,想早占勿药矣。蔡君所托之报效银两,兹将禀并银票赍呈,若能明日给予收据尤感。渠欲即往沪也。雪澂老兄同年。宪顿首。十九。"据函中提及"蔡君",与光绪二十一年六月二十八日函中所说"蔡委员乃煜"似为同一人,姑且推定为同年某日。(《全集》上,第362页。)

黄遵宪致王秉恩函:"硕甫一缄送呈,外电并呈密览,阅毕掷还为幸。浏阳近日举动殊异于他人,更异于往日,谓非香帅陶铸之效乎。手上雪澂兄长同年。宪顿首。十九。"(《全集》上,第362页。)

黄遵宪致王秉恩函:"知公今日既销假,慰甚!慰甚!书四本照收。抄电读悉奉缴。蔡款不收,只好给还矣。耶松六万,奉札汇沪,询松生兄或知交沪何处。如不能悉,即问毅公。此款当托筹防局代汇,不必转鄂局矣。手上雪澂兄长同年。弟宪顿首。二十五。"函云筹防局款事,约在光绪二十一年(1895年)。(《全集》上,第363页。)

黄遵宪致王秉恩函:"弟熟思公疾,系略受暑热为雨湿濡滞,减食由滞,喜睡由热，(疲怠亦因此故。)耳鸣亦因热气内逼之故。(如人行烈日中，极易耳鸣，因外热逼人，内热不能外泄之故也。)服参蓍桂附有效者，能行气消滞也；未即愈者，寒热不对证也。此刻似宜服行散宜导之品，参以一二清解内热者，即不服药，亦可复元。西人有草酒、(即麦酒，内用一种草名葎，味微苦，能解热。)舍利酒、(亦蒲萄制。)槐花酒，(清热行气。)均可多饮；如熟地、白芍凝滞之药，断不可服。公再思之，必以为然。宪素不敢作妄语，此语不诬也。再上雪澂老兄。宪顿首。廿九。"(《全集》上，第363页。)

  黄遵宪致王秉恩函："耶松一电送阅，因来电言银由汇丰汇，故以此答之，亦拟复毅公电，因其逾时失信，焦急万状，应有以慰之，且俾令有辞以对耶松也。(耶松电仍可求松生兄代发否，幸示知。)江南拨款，户部竟议不准行，实有心作难也。为之太息！雪澂同年兄。宪顿首。廿九日。"(《全集》上，第364页。)

  七月初一(8月20日)，张之洞致电总署，已派黄遵宪办理江南教案："至江南教案，已委候补道黄遵宪驰赴上海会同上海道与该国领事议办。"(赵德馨主编：《张之洞全集》第九卷，第1页，武汉出版社2008年版。)张又于光绪二十二年正月初四日《黄遵宪调鄂差委仍办南洋教案片》中奏称："嗣接总署函电，法使屡请南洋派员，将江苏、江西、浙江、湖北、湖南五省历年教案办结。当即派该员赴沪，专办此事。先将江苏本省历年五案办结，已谘总署在案。其它各省之案，已谘各该省督抚饬各地方官将案情证据查讯详确，谘明南洋，再与上海法总领事商办。今各案尚未谘覆，已与法总领事议明：以后随到随办；如在沪难了者，该总领事亦允由黄遵宪前赴沿江各省，就近与本省领事商办。"(《张之洞奏折原件》，第13函，所藏档号：甲182 314；抄件又见《张之洞督江奏稿初稿》十，所藏档号：甲182—190。本书此件引文均引自茅海建：《戊戌变法的另面："张之洞档案"阅读笔记》，上海古籍出版社2014年版。)

  夏秋间，黄遵宪负责处理江南五省堆积之教案，成绩斐然。黄遵宪与法国驻沪总领事谈判，首先着手解决江苏省的教案问题。在谈判交涉中，黄遵宪充分展示其过人的外交才能，坚持以法律手段来解决问题，"一以遵守约章，检查证据"，考求事实，斟酌情理，对对方的无理讹诈"应斥则斥"，对其合理要求"应予则予"，"披隙导窾，势如破竹，数日之间既定三案"。(《全集》上，第357页。)至年底，江南五省堆积多年的教案得到各方满意的解决。黄遵楷《先兄公度先生事实述略》云："驻京法使施柯兰照会总署，以前商江南、江西、浙江、湖南、湖北各省未结教案，由南洋大臣派员与法国驻沪总领事商办了结，应请速行。南洋准咨，仍限于本省教案，委诸先兄；其他各省，分咨自办。而法总领事往来照会，对于先兄，则称为总署委员。迨江南教案就绪,各省相继踵来。不及数月,举大江以南,数十年悬而未结之教案,无赔偿,无谢罪,无牵涉正绅,无波及平民,一律清结。领事感其神速,主教服其公平。从前地方官吏,于条约章程素未寓目;理所应许,靳而不予。一遇有事,辄仓皇失措,视教士为外国所派之官,教民如本国化外之民,种种谬误,因而演出。教士之把持,教民之恃势,平民之积怨者,固不能为外人咎;而教士之横行图赖,伪造契据,藉端恐吓,甚至擅用平移总督之官封文套者,亦未尝无人。(当时住江阴教士彭安多,即用此封套。)先兄一以遵守约章,检查证据,应予则予,应斥则斥,如庖丁屠牛,迎刃而解。法总领事犹以私人交谊,赠之以拿破仑铜像,以作纪念。"(《全集》下,第1578页。)吴天任著《黄公度先生传稿》记五省教案事,也引用了黄遵楷的《事实述略》:"法总领事往来照会……领事感其神速,主教服其公平……先兄一以遵守约章,检查证据,应予则予,应斥则斥,如庖丁屠牛,迎刃而解,法总领事犹以私人交谊,赠以拿破仑铜像,以作纪念。(按据季伟丈言,法人虽失败,而深佩先生之才识,赠以凯撒铜像,未知孰是……)"黄延缵对此持异议,认为拿破仑在十九世纪之末已不为人们看重,视为"破轮",法总领事应不会送其铜像给黄遵宪。黄季伟(黄遵宪四子)更不懂凯撒为德意志皇帝威廉一世之称号,法国官员应不会把德国皇帝之像为礼送黄遵宪。吴天任以"未知孰是"便引以为据似不妥。(黄延缵:《与〈人境庐诗草〉研究有关的黄遵宪家族部分史实述评》,《岭南文史》,1986年第2期。)

七月初二(8月21日),黄遵宪致王秉恩函,函曰:"耶松六万既交妥,咸清矣。云明日方启行也。电一,乞送松生兄代发。雪澂老兄同年。宪顿首。二日。有《和龙松岑游玄武湖》诗,在徐次翁①处,可取阅。阅后再并龙诗掷下。"光绪二十一年六月十八日立秋日,黄遵宪与龙松岑、王秉恩等游南京玄武湖并作诗,函云《和龙松岑游玄武湖》,推断当写于七月初二日。(《全集》上,第355页。)

七月初六(8月25日),张之洞致电武昌道台蔡锡勇,筹日本新约第六条补救办法:"日本新约第六条专论通商,现正议详约,奉旨饬筹补救之法。阁下可取约细阅,其中应如何预为防范,或防流弊,酌拟数条,即日电复。如能抽暇速来宁面商,尤佳。此外,应商办事件尚多。"初七日,"蔡拟倭约第六款补救共十多条"。(吴剑杰编著:《张之洞年谱长编》上册,第441—442页。)

本月,文廷式主倡之京师强学会开会,以"思开风气、开知识,非合大

---

① 徐次翁,指徐次舟(赓陛)。

群不可",列名会籍的有康有为、梁启超、沈曾植、文廷式、陈炽、丁立钧、杨锐等。强学会正式成立是在十月初,以强学书局开设为标志。(汤志钧:《戊戌变法史》,第132页,人民出版社1984年版。)梁启超认为,"盖强学会的性质,实兼学校和政党而一之焉。"(汤志钧:《戊戌变法史》,第141页,人民出版社1984年版。)以报事为主,改《万国公报》为《中外纪闻》。《中外纪闻》于十一月初一(12月16日)出版,以梁启超、汪大燮为主笔。该报发行仅一月零五日,即遭封禁。戈公振《中国报学史》云:"时北方由文廷式之主倡,亦有强学会之组织。已而改为强学会书局,其目的在改良政治。"(戈公振:《中国报学史》,第115页,生活·读书·新知三联书店2011年版。)

本月,袁昶再至江宁,与黄遵宪会于秦淮酒舫。同座有乌程徐次洲赓升观察、满洲志仲鲁锐编修、合肥蒯礼卿光典检讨等共七人。袁昶《于湖小集》卷四《秦淮酒舫词》自注:"与会者七人,公度、次洲、仲鲁、礼卿皆在座。"袁昶将去宁,偕黄遵宪游灵谷寺,礼志公塔。袁昶《于湖小集》卷四《灵谷寺题注》云:"偕公度往游。"有《礼志公塔》诗。又有诗留别黄遵宪云:"岭表崟崎白下辀,木犀花发喜重逢。登临不负丹邱兴,感慨频倾绿酒浓。三品料姑侪仗马,千金技久蓄屠龙。明朝挂席方山别,黄海清游约柱笻。"(见袁昶:《于湖小集》第一册,第101—104页,中华书局1985年版。)

七月初七(8月26日),署两江总督张之洞综合了黄遵宪等人的意见,向朝廷提出十九条补救办法。(《张之洞年谱》,第442—443页。)要求在新增的通商口岸采取"宁波模式"。内称:"宁波口岸并无租界名目,洋商所居地名江北岸,即名曰洋人寄居之地,其巡捕一切由浙海关道出费,雇洋人充当。今日新开苏、杭、沙市三处口岸系在内地,与海口不同,应照宁波章程,不设租界名目,但指定地段纵横四至,名为通商场。其地方人民管辖之权仍归中国。其巡捕、缉匪、修路一切,俱由该地方出资募人办理。另官须力任诸事,必为妥办,不准日本人自设巡捕,以免侵我辖地之权。"(吴剑杰编著:《张之洞年谱长编》上册,第44页。)"正因为黄遵宪的'十条'深合张之洞之意,又积极关心此事,张后来才命黄遵宪主持苏州开埠交涉。"(杨天石:《黄遵宪与苏州开埠交涉》,中国史学会、中国社会科学院近代史研究所编:《黄遵宪研究新论》,第264页,社会科学文献出版社2007年版。)

七月十四(9月2日),黄遵宪致函王秉恩,从书信内容看,当是黄遵宪任南京洋务局总办时的光绪二十一年(1895年)所写。函曰:"银元局银元,现已送往支应局矣。鄂局来电,船到后始见,未及预备。昨已天晚,在下关无从觅役,故今日始运到也。良济洋行所言铁路事,弟已告以此刻尚无开办信息。渠再三坚托,必欲转渎帅听,是以弟只照禀声叙,不下断语。然此事究非公事,容日由弟缮函托松生代禀可也。公病后尚未赴席,亦不敢勉强。此亦通常酬应,无甚意趣也。刻仍驻荫余善堂否? 得暇当再走谭,乞勿枉顾是祷。雪澂兄长同年。宪顿首。七月十四。"(《全集》上,第355—356页。)

七月二十四(9月12日),陈宝箴任湖南巡抚,"调德寿为江西巡抚,以陈宝箴为湖南巡抚"。(詹子庆、曲晓范主编:《新编中国历史大事年表》古代卷,第1114页,作家出版社2010年版。)

七月二十九(9月17日),黄遵宪致函王秉恩,谈洋务局事。光绪二十一年七月十四日函问"刻仍驻荫余善堂否",此函云听"吏役归言"此日"仍在荫余善堂将息",推断当写于同年同月二十九日。"手示均悉。义昌成信即由本局缮,并拟于后日发一电泰西银行,只较论两地银价,不收汇费。寻常见单兑银者,银行图得息银,(由此地达彼地三十日程,银行即得此三十日息银也。)电汇即算入此项路程几日之息,几日之息,他无有也。子年一事,昨与函商,令其禀请本局代报。(自行开报一语,弟曾告子年,渠谓不便。)本局即可代为转报,(亦转而已。)并嘱其禀中声明,系于未设鄂局前领到之银,与公所见均同。顷子年既取回禀去,想即补入此数语也。汪委员在子年手领过四个月薪俸,弟意不可分歧各报,故嘱子年处不开其既领之款,由弟支回子年。耶松一款,立即拟电分致,即送鉴。雪澂老兄同年。宪顿首。廿九。"(《全集》上,第356—357页。)

八月初一(9月19日),黄遵宪在徐赓陞次舟家议事。黄遵宪于本年十月十一日致梁鼎芬函称:"次舟闻将来沪,如未启程,乞告以道希来函言,八月朔日在其家所商事,已照行矣。"(《全集》上,第358页。)

八月二十一(10月9日)夜,郑孝胥来访,谈久之。(《郑孝胥日记》第一册,第518页。)

本月,丘逢甲内渡回祖籍后,曾在潮州小住,与阔别多年的温仲和相见,丘逢甲有诗四首记叙此事,诗中有云:"七载春明别,重逢五岭东,共惊须鬓改,暂喜笑言同。落叶人千里,寒芦雪满蓬。相看遽乖隔,归棹大匆匆。"(丘逢甲:《岭云海日楼诗钞》,第8页,上海古籍出版社1982年版。)丘回到祖籍地镇平后,境遇困顿。

九月初(10月),陈宝箴交卸直隶布政使印篆,入都陛见;旋以湖南旱饥严重,奉旨著毋庸入觐,遂取海道南下湖南赴巡抚任。(马卫中、董俊珏:《陈三立年谱》,第177页,苏州大学出版社2010年版。)

九月初三(10月20日)夜,黄遵宪招袁昶、梁鼎芬、武昌柯巽庵逢时编修、新城王晋卿树枏布政小饮青溪,有诗《九月初三夜招袁重黎柯巽庵梁节庵王晋卿诸君小饮和节庵韵》。诗曰:"袅袅风波又此秋,青溪几曲映清流。疏篷剪烛人重话,短鬓簪花老渐羞。杯影惊心倾海水,角声催晚逼城楼。蒹葭别有凄凄恨,不向中央怨阻修。"(《诗草笺注》下,第711页。)袁昶有《题黄公度集后》诗云:"金石叩清英,云霞撷奇彩。探碑天山顶,握节雷霱海。诗囊西货洲,弓挂扶桑外。囊括入灵府,洪涛泻灵籁。琱镂困万汇,剥落见真宰。理董夷夏论,廓清良可待。陋儒拘于方,不信龙可醢。瞢然失故步,抱鹄越鸡殆。谁知四极之外六经表,大有丹邱逸人在"。(袁昶:《于湖小集》第一册,第109页,中华书局1985年版。)

九月十一(10月28日),黄遵宪致函梁衍若询问梁鼎芬近况,函:"衍若仁兄同年大人鉴:数日不相见,近得金陵信否?确知节庵大哥行期否?手此奉询,即乞。弟遵宪顿。十一日。"原函未署年月,原编者云信笺印有"光绪二十一年人境庐主人制笺"。九月,张之洞代刘坤一署两江总督,聘梁鼎芬任南京钟山书院山长,故黄遵宪询问梁鼎芬行程。(《全集》上,第364页。)

本日,黄遵宪致王秉恩函:"义昌成复函送览。此银经汇丰公估,作五万九千六百五十九两收受,仍短三百四十两零八钱。查上海通行每库平百两伸一百零九两,而筹防局向章伸作一百零九两六钱,此数既差三百六十矣,故耶松不肯照收。此款是否仍于筹防局内找补,祈为核示,以便接到耶松来缄后,再修文支领。汇丰收单,俟译就再呈。手上雪澂老兄同年。宪顿。十一。节庵尚无启程消息,大约月底必来也。上海格致书院课题,闻大府前已命叶损轩、郑苏庵拟呈,而迟未发下。此系甲午秋季课,因来禀遗失,迟延至今,五月中已补禀矣。士林翘盼日久,(山长院绅,迭次催询。)恐其觖望,甚虑督宪事烦忘记,能托司其事者催请否?又及。"(《全集》上,第364—365页。)函中"山长院绅,迭次催询。"说明梁鼎芬未上任钟山书院山长,又"大约月底必来也",故为九月所写。

九月十二(10月29日),黄遵宪时在上海,康为有亦自金陵来游,开上海强学会。时,黄遵宪尚不识康,由梁鼎芬介绍,乃偕吴德潇往访之,黄遵宪"昂首加足于膝,纵谈天下事","自是朝夕过从,无所不语"。黄遵宪《己亥杂诗》怀梁鼎芬诗自注:"然乙未九月,余在上海。"(《全集》上,第 161 页。)康有为《人境庐诗草》序:"吾游上海,开强学会,公度以道员奏派办苏州通商事,挟吴明府德潇叩门来访。公度昂首加足于膝,纵谈天下事;吴双遭澹然旁坐,如枯木垂钓。之二人也,真人也,畸人也,今世寡有是也。自是朝夕过从,无所不语。"(《诗草笺注》上,康序第 1 页。)吴德潇《致汪康年》三:"康君自金陵来同寓,昨夜同公度往访,略谈刻许,南师极倾倒之。"(上海图书馆编:《汪康年师友书札》第一册,第 381 页,上海古籍出版社 1986 年版。)

九月十三(10 月 30 日),张之洞就苏州开埠划界事电复江苏巡抚赵舒翘:"租界断不能在附郭,总以宝带桥东南大斜港以南一段为妥。至条约所言任便者,谓各项工艺制造皆可作,非谓租界不论地势、有无窒碍、民情是否允协,皆随其意也。若彼便而民情不愿,将强占民居,逼令迁让乎。此事不能不争,即或彼固执,不过一时不定议而已,无所谓决裂。"(吴剑杰编著:《张之洞年谱长编》上册,第 455 页。)

九月十五(11 月 1 日),康有为来江宁,与张之洞商开强学会事,得到张之洞的支持。《康南海自编年谱》:"十五日入江宁,居二十余日,说张香涛开强学会,香涛颇以自任。隔日一谈,每至夜深。香涛不信孔子改制,颇劝勿言此学,必供养。又使星海来言。吾告以,孔子改制,大道也,岂为一两江总督供养易之哉……与黄仲弢、梁星海议章程,出上海刻之,而香涛以论学不合背盟,电来属勿办,则以'会章大行,不能中止'告。乃开会赁屋于张园旁,远近响应,而江宁一切不来,处处掣肘,即无杨崇伊之劾,亦必散矣。"(楼宇烈整理:《康南海自编年谱》,第 30 页,中华书局 1992 年版。)黄遵宪《己亥杂诗》注:"然乙未九月,余在上海,康有为往金陵谒南皮制府,欲开强学会。□力为周旋。"(《全集》上,第 161 页。)光绪二十六年(1900 年),避居海外的康有为致函张之洞,谈起此事:"昔者游秣陵,过承繁维,为平原十日之饮,效孟公投辖之雅,隔日张宴,申旦高谈,共开强学,窃附同心。"(中国史学会主编:《中国近代史资料丛刊·戊戌变法》第二册,第 522 页,上海人民出版社 1957 年版。)

张之洞捐上海强学会开办经费数目有不同的记载。梁启超《创办〈时务报〉原委记》:"乙未九月,康先生在上海办强学会,张南皮师首倡捐一千五百两为开办经费。沪上诸当道,亦有捐助者,遂在王家沙地方开办。"(梁启超:《创办〈时务报〉原委记》,《知新报》第六十六册。)张伯桢《南海康先生传》云:

"九月十五日,入江宁。张之洞督两江,欲说之洞开强学会,张勇自任。后张以论学不合,故翻前议。先师以会章已发行,不可中止告,乃赁屋设于上海张园之傍,远近响应,而张之洞所允供给之费不至,且多所掣肘。"《钱谱》:"文襄捐款事,梁记与张传互异,当以梁记为可信。"《诗草笺注》下,第1214页。)而吴德潇《致汪康年》三则说:"康君已承南师允拨三千金在沪立会……"(上海图书馆编:《汪康年师友书札》第一册,第381页,上海古籍出版社1986年版。)张之洞十月二十二日致电经元善,支付上海强学会款项,其中公款一千两,张之洞个人捐款五百两。(茅海建:《戊戌变法的另面:"张之洞档案"阅读笔记》,第14—15页,上海古籍出版社2014年版。)上海强学会散后,其剩余资金一千二百两成为黄遵宪与其同志创办《时务报》的重要来源之一。梁启超《三十自述》说:"京师之开强学会也,上海亦踵起,京师会禁,上海会亦废,而黄公度倡议续其余绪,开一报馆,以书见招。"(尹飞舟编:《湖南维新运动史料》,第895—896页,岳麓书社2013年版,下同。)尤炳圻《黄遵宪年谱》记:"九月,康有为在上海创办强学会,张之洞首倡捐一千五百两为开办费,沪上诸当道亦有捐助。然京师强学会为言者中止,沪会遂亦停办,尚余一千二百金,实为先生等创办《时务报》之嚆矢。"(尹飞舟编:《湖南维新运动史料》,第914页。)

时黄遵宪在上海,曾为番禺黄佐廷遗像题诗。诗云:"(佐廷,名季良,番禺人。光绪十年七月初三日,在闽江'扬武'船中殉难。诏以云骑尉承袭。方敌船围困马江,佐廷自以照像寄其父道平,自言能为忠臣,即是孝子,卒践其言,年仅二十五耳。)泼海旌旗爇血红,防秋诸将尽笼东。黄衫浅色靴刀备,年少翻能作鬼雄。""不如乌鸟《陈情表》,生属猴年寄母书。读到季良男百拜,泪痕点点照衣裾。""不将褒鄂画凌烟,飒爽英姿尚凛然。一语冲君冠上发,有人降表写龙笺。"(《诗草笺注》下,第714—715页。)《福建通志》:"(光绪十年)七月初三日,法以五大轮一鱼雷船合攻'扬武','扬武'为敌鱼雷所碎。"马尾海战清兵阵亡七百余名,其中有一位清朝水师"扬武"舰"练童"黄季良战前自画像寄给父亲。黄遵宪在上海见其自画像,为这幅自画像题诗三首。(张永芳:《说黄遵宪诗〈题黄佐廷赠尉遗像〉》,《古典文学知识》,2005年第3期。)

本月,中日苏州开埠交涉开始。日方代表为驻上海总领事珍田舍巳,中方代表为苏松督粮道陆元鼎等。谈判伊初,张之洞要求黄遵宪到苏州主持,时黄遵宪在上海与法国领事谈判,无法分身。中日苏州开埠交涉双方在租界问题上未能达成一致,珍田以回沪相威胁。

九月十六(11月2日)张之洞致电黄遵宪:"上海道转交黄公度观察遵

宪：苏州正在议租界地段，彼欲在阊门外，鄙人只许在宝带桥，彼尚未允。阁下速赴苏会商。此事为紧要关键，若此时不与议，日后到苏，无大益矣。教案可与法领事言明，回沪再议办不迟。两江。谏。"（《张之洞电稿乙编》，第45册，所藏档号：甲182—70。）

九月十九（11月5日），黄遵宪致电张之洞云："钧谕敬悉，应即往苏。惟教案业经开议，立告法领事，渠谓：两国政府委办之事，未便开议即停。电询苏局，复称：倭领日内回沪。职道窃思邀索不允，停议亦事理之常，但求总署坚持，将来可再将宝带桥续议，此事彼因而我应，似可坐以待之。如何办法，候示遵行。"（《黄道来电》，光绪二十一年九月十九日，《张之洞存各处来电》，未刊稿，中国社会科学院近代史研究所藏；杨天石：《黄遵宪与苏州开埠交涉》，《学术研究》，2006年第1期。）

本日，黄遵宪致王秉恩函曰："平安家书，珍装行箧中，到沪即送，勿念。开春始归，然今年必毕此公事，归来相见，为公诵'流年既似手中蓍'之句矣。匆匆亦不及走别，手扣雪澂同年大兄大安。弟宪顿首。十九。"（《全集》上，第357页。）函中云"匆匆亦不及走别"、"到沪即送"，当指光绪二十一年九月从南京赴上海事，该函似写于是年九月十九日（1895年11月5日）。

九月二十（11月6日），黄遵宪致电张之洞云："遵宪密禀：法领事云，九江有一法兵船接报称，该地遣散北勇，甚虑扰乱，拟再派吴淞法船前往。职道言，可请宪台电令地方官加意弹护，不必派船。渠已允行。恳求电饬，并请示复。"（《张之洞存来往电稿原件》，第21函，所藏档号：甲182—390；又见抄本《张之洞电稿》第10册，《上海来电八》，中国社会科学院经济研究所图书馆藏。）

本日，黄遵宪致电张之洞，谈教案事："遵宪密禀：教案现既议妥三事。徐州议定：一、将原房归教士；二、派中国教士住居料理，西士每岁巡察数次，并不久住；三、或将此房作义学、医馆。泰州议定：一、房归教会；二、教士无建堂之意，因泰州系通衢，专备教士来往偶然驻足之所；三、滋事时被毁房、物，由地方给价修复。又，阳湖朱姓抵产案，议将原地归教会管业，作为教会公产，可以租给华人，为住居、贸易、耕种各项之用，惟并不建堂传教，教士亦不住居此地。按：徐、泰均系原拟办法，惟阳湖一处殊非拟议所及，惟绅士所不愿只在建堂传教耳。今此地不住教士，于事无碍；而绅士筹出备赎之积谷公款四千余两，可以领还，尚属有益。统求宪台核示，以便遵照签押。号。"（《张之洞存来往电稿原件》，第21函，所藏档号：甲182—390。）张之洞对此回电:"上海黄道台公度:号电悉。徐州、泰州、阳湖朱姓三案,所议尚妥,即照此定议。两江。住何处,即电复。"(《张之洞电稿丙编》,第61册,所藏档号:甲182—92。)

九月二十一(11月7日),黄遵宪电张之洞,建议听任日本领事离开,"稍挫其气"。电云:"苏局函电言倭领即回沪,似不必挽留,听令回沪,稍挫其气,再告以黄道在沪,可以续议。如邀俯允,职即约杨道来,当禀承钧命,力任艰难。"(《黄道来电》,光绪二十一年九月二十一日,《张之洞存各处来电》,未刊稿,中国社会科学院近代史研究所藏;杨天石:《黄遵宪与苏州开埠交涉》,《学术研究》,2006年第1期。)

九月二十四(11月10日),陈三立赴上海,以迎候其父自京师南旋。至沪后,三日拜访黄遵宪未遇。(马卫中、董俊珏:《陈三立年谱》,第177页,苏州大学出版社2010年版。)黄遵宪有诗《上海喜晤陈伯严》记其事。诗曰:"飒飒秋风夜气深,照人寒月肯来临。矶头黄鹄重相见,海底鳗鱼未易寻。(伯严到沪,访我三日不值。)大地山河悲缺影,中年丝竹动欢心。横流何处安身好?从子商量抱膝吟。"(《诗草笺注》下,第712页)陈宝箴至沪,一晤黄遵宪,旋偕陈三立俱赴湘。(马卫中、董俊珏:《陈三立年谱》,第177页,苏州大学出版社2010年版。)黄遵宪于光绪二十二年致陈宝箴函中说:"遵宪上年在沪,幸承训诲,窃谓中兴名臣曾、胡诸老,气象犹可想见,私衷快慰,窃自增气。"(《陈宝箴友朋书札》四《黄遵宪致陈宝箴》一,《历史文献》第六辑;马卫中、董俊珏:《陈三立年谱》,第179页,苏州大学出版社2010年版。)

九月二十八(11月14日),午刻,吴德潇约黄遵宪、陈三立、邹、夏、叶诸君集于学堂前厅商议办报与强学会事,黄遵宪赞成先重办报,再重学会。吴德潇致汪康年函:"廿八日午刻得手书,欢喜无量,当时即约黄公度、陈伯严、邹、夏、叶诸君,集于学堂前厅,面酌此事。公度极佩公公会章程,惟定译报招股数目太多,难于到手,以少为贵。(十两一股)。五元尤妙,先将译报事兴办。章程以办法为主,或请公将议论略节。公会事,俟风气渐转时再说,伯严意亦相同。沪上同人踊跃如此,安知春梦不从此大醒,愤闷之余,为之一乐。"(上海图书馆编:《汪康年师友书札》第一册,第382—383页,上海古籍出版社1986年版。)邹代钧致函汪康年也说:"昨日读君信并电,知报事大有人相助,不禁狂喜。(君信到,伯严、小山、小邨、公度齐集学堂。)窃观黄公议论,重学会,轻报事,(大旨如是,亦未明言。)盖学会空而报事实。伯严谓当以报为主,却是不错,鄙意亦然。"(上海图书馆编:《汪康年师友书札》第三册,第2639页,上海古籍出版社1986年版。)邹代钧与吴德潇函关于黄遵宪于公会和报事孰轻孰重恰好相反,邹之转述似误。

本月,黄遵宪与福建侯官陈衍相识,陈衍,字叔伊,号石遗,福建侯官人,是清末同光体诗派的重要诗人和理论代表。集于酒楼谈诗,黄遵宪极言谢翱之诗。陈衍《石遗室诗话》卷八记其事:"人境庐诗,惊才绝艳,人谓其濡染定盦,实则宗仰《晞发集》甚至。十九年前,与余集于沪上酒楼,极喜言谢翱。当时只见其和损轩一二诗而已。近始读其全集,则固甚似翱也。"(陈衍:《石遗室诗注》,第132页,人民文学出版社2004年版。)《钱谱》云:"询之石遗丈,云为本年事,相见不止一度云。"(《诗草笺注》下,第1214页。)

本月,张之洞聘梁鼎芬主讲钟山书院。(吴剑杰编著:《张之洞年谱长编》上册,第457页。)

本年秋,黄遵宪初识盛宣怀。光绪二十二年五月二十日(1896年6月30日),黄遵宪致盛宣怀函曰:"杏荪仁兄大人阁下:昔游海外,久想风采,去秋获侍,殊慰渴怀。"(《全集》上,第372页。)

十月十一(11月27日),黄遵宪得梁鼎芬函,即复函云:"别来遂一月矣。得书如面,以公之拳拳于我,可知彼此有同心也。此间初议教案,披隙导窾,势如破竹,数日之间既定三案。而忽接法使来电,横生波澜,尚须旬日,乃能毕议。议毕仍拟往苏一行。内地通商一事,昨上广雅尚书函,详陈其利害。此事惟广雅能主持之。将来或在金陵会议。宪归自海外,碌碌无所短长,或藉此一端,少报知遇也。钟山却聘,意不谓然。此后将安身何处?念甚。次舟闻将来沪,如未启程,乞告以道希来函言,八月朔日在其家所商事,已照行矣。手上节庵同年院长。遵宪顿首。十月十一日。"(《全集》上,第357—358页。)

本日,陈宝箴抵长沙,就湖南巡抚任。(陈宝箴:《奏报湘抚到任日期并谢恩折》,汪叔子、张求会编:《陈宝箴集》上,第28页,中华书局2003年版。)

十月十三(11月29日),张之洞致电黄遵宪,谈江南教案处理办法:"江南教案,该道已与法总领事议有眉目。其余四省地土产业词讼案件,向不归江南管理,且各教案头绪繁杂,均须就近提集人证,勘验契纸,访问族邻绅民,开导调停,衡情酌断,方得其平,岂能于数千里之外臆度强定。故拟仍由各本省办理,并非推诿。而法使屡告总署,请由南洋办理,即令该道商办。惟事属隔省,其案又皆系省外州县,何能逐处派员。若在沪商办,无卷据,无人证,如何开谈,故四省教案实难兼办。第念两国睦谊素敦,不得不勉从所请,兹拟即委该道一手经理。江西教案在九江商办,浙江教案在宁波商办,湖南澧州一案及湖北利川、荆门两案,均应在汉口商办。俟各省卷宗到齐,再派该道由近而远,次第前往,偕同各该省所派之员,会同该处领事官商办,俟此省议结,再议他省,总期陆续办理。惟是钞录卷宗并催各该州县各在本地传集人证,查讯拟议,调和民教,往返稽延,万不能速。且该道经手事繁,议结一省之案,尚须回宁料理局务,方能再往他省,更不能预定限期,然较之在沪办理,尚有可措手之处。此系本大臣衡情度势,意重友睦,曲从所请,舍此别无善法。该道可先将此意商之法总领事。望速复,再当另文照会。文。"(赵德馨主编:《张之洞全集》第九卷,第49页,武汉出版社2008年版。)

十月十五(12月1日),黄遵宪致电张之洞,谈教案事:"遵宪密禀:钧谕敬悉。面商法领事,据称仍愿照总署与公使所议,在沪会商,倘有难决之事,必须就近办理之处,届时再拟前往,或委就近领事与地方官会办等语。先此禀复,余俟详禀。咸。"(《张之洞存来往电稿原件》,第20函,所藏档号:甲182—391。)

十月十七(12月3日),张之洞致电黄遵宪:"咸电悉。商办教案,法领事愿在沪会商,究竟与该道前往各省商办,孰为便易?速筹覆。两江。筱。"十九日又发电:"上海黄道遵宪:筱电问五省教案,拟在何处为便?即刻速复。两江。效。"(《张之洞电稿丙编》第62册,所藏档号:甲182—92。)

十月十八(12月4日),上海强学会成立。黄遵宪列名其中,嘱梁鼎芬"代签名"。本年十一月十二日(12月27日),黄遵宪在致梁鼎芬函中,也极言强学会之设。见是日该条记事。黄遵宪己亥怀梁鼎芬诗自注:"康有为往金陵谒南皮制府,欲开强学会,口力为周旋。是时,余未识康,会中十六人有余名,即口所代签也。"(《全集》上,第161页)《钱谱》:"先生初未识长素,会中十六人有先生名,梁鼎芬所代签也。本《诗草》卷九《己亥杂诗》自注。注中梁鼎芬名代以空白。古直笺云指梁。"(《诗草笺注》下,第1214页)蔡尔康《上海强学会序后按语》:"既而公①定先从上海试办之议,名儒硕彦,噬肯来游……粤则有黄公度观察……此诚中国之盛举也。(林乐知:《中东战纪

---

①指陈三立。

本末》卷八。)

十月二十三(12月9日),黄遵宪致电张之洞,谈教案事:"遵宪密禀:靖江朦买基地,契内并无'天主堂'字,既照会不准管业。阳湖陈福盗卖案,系卖给华人,议归本国自办。各案俱结。现惟阳湖朱姓抵债案,领事翻议,后只愿申明不造欧洲教堂,职道告以请示遵行。俟禀到,请核示。漾。"(《张之洞存各处来电》,乙未第23册,所藏档号:甲182—134。)

十月二十五(12月11日),张之洞致电总署:"五省教案事,前奉钧函,当即咨催各省速结。旋派道员黄遵宪赴沪商办,江省五案均议有眉目。余四省教案率皆房产事,前因相距远,虽有案卷可查,无人证可询,臆断难结。且恐此端一开,不问本处民情地势,硬欲强结,故拟仍归各省。屡承钧电,已委黄道一手经理。现与沪法总领事商,据领事称,愿均在沪会商,倘有难决之事必须就近料理之处,届时再拟令黄道前往,或委就近领事与地方官会办等语。现已咨调各案卷。谨复。敬。"(赵德馨主编:《张之洞全集》第九册,第53页,武汉出版社2008年版。)

十月二十八(12月14日),张之洞致电黄遵宪:"上海黄道台遵宪:日来公事过繁,本部堂劳乏已甚。望婉阻法船官裴尔勿来为要。如来,实难拨冗接见也。两江。宥。"(《张之洞电稿丙编》,第63册,所藏档号:甲182—92。)

十一月初十(12月25日),黄遵宪致函梁鼎芬,曰:"讲席之辞,意不谓然者。许鲁斋言'士夫须知治生'。虑公无啖饭处耳。朋辈中受此累者多矣,惟遵宪颇舒卷自,如一日挂冠,便可归去,即杜门不出,永不求人,亦无不可。百事不如我公,此一节差足傲人也。作书至此,乃得初二日手书,不审何事,心殊悬之,亟欲就公一谭矣。又及。十一月十日。"(《全集》上,第358页。)因张之洞即将回任湖广总督,梁鼎芬辞去钟山书院山长,随张赴湘。

十一月十二(12月27日),黄遵宪致函梁鼎芬,赞康有为,对梁鼎芬代签强学会名表认可,并对强学会的发展提出一些看法。函谓:"不意别来竟两月不归去。今之上海为士夫所走集,诚有如广雅尚书所谓汉之汝南、唐之东郡、宋之洛阳。然怀刺往还,杯酒接欢,欲求一心所敬爱如我节庵者,实不能再得一人。强学会之设,为平生志事所在,深愿附名其末。长素聪明绝特,其才调足以鼓舞一世,然更事尚少,比日时相过从。昨示大函,为之骇诧,延致诸君,遵宪居海外日久,多不悉其本末。惟此会之设,若志在译书刻报,则招罗名流十数人,逐渐扩充,足以集事;乃欲设大书藏、开博物馆,不能不集款,即不能不兼收并蓄。遵宪以为,当局者当慎简,入会者当博取,固不能如康公之所自出,亦不能如梁子之不因人热。遵宪居间其中,为岭南二妙作一调人,君意何如? 季清于十月中北上。雪丞于近日南归,稍迟二三日即附登瀛洲船,同舟而归。相见不远,手此达意,即叩节庵同年院长道安。遵宪顿首。长至后五日。邓石言今日始见,竟不知其与长素偕居也。既送三十元供游学之资,闻关季华在此,既嘱令往见,催索其所作行状。铁老文集分存公与长素处,如可付刊,必力为襄助,此吾辈未了事。石言之三弟,为宪妹夫,长素言聪颖不凡,并告公一喜。宪又及。"(《全集》上,第358—359页。)

十一月十三(12月28日),黄遵宪因筹办晋边赈捐,暨查灾放赈出力而受嘉奖。"以筹办晋边赈捐,暨查灾放赈出力,分省补用道黄遵宪、福建候补道何成浩、户部郎中李士铭、山东平度州知州潘民表,传旨嘉奖,余议叙有差。"(《清实录》第56册,第964—965页,中华书局1987年版。)

十一月十八(1896年1月2日),谕张之洞、刘坤一各回本任。

十一月二十四(1月8日),因办理的江南教案在年底基本结束,黄遵宪致电张之洞:"金陵洋务局总办黄遵宪谨呈:窃查江南教案现均议结,日内再分案详叙,禀请宪台分饬各地方官遵办。内泰州一案,职道照会内声明,即饬知地方官加意保护等语。诚虑教士不时来往,该州尚未知悉。又阳湖朱致尧案,既由职道札询阳湖李令,应电催该令速禀,以凭核办。谨分别酌拟两电,缮呈钧核。"附有黄遵宪起草的给泰州赵知府、阳湖李县令的电报,张之洞批示"两电皆速发";并于光绪二十一年十一月二十四日丑刻发出。(《张之洞存来往电稿原件》,第5函,所藏档号:甲182—376。)

十一月二十五(1月9日),张之洞致电总署:"江南教案五起,铜山一案、泰州一案、靖江一案、阳湖一盗卖案、一将地抵给教堂欠债案,均经道员黄遵宪与上海法总领事议结。其余各省教案,俟将案情谘到,再与议办。详情谘呈。之洞肃。有。"(《张文襄公电稿墨迹》第2函第9册,所藏档号:甲182—219。)

黄遵宪回国后的首次办案就表现不俗,由此引起各方注目。北洋大臣王文韶盛称"五省教案、四省通商,实交涉大关目,得台端一手议结,亦所深慰"。(王文韶语,见黄遵宪:《致陈宝箴函》,《全集》上,第383页。)因而欲奏调黄遵宪北上,委以水师营务之职,并令随办。而张之洞在保荐人才奏折中称黄遵宪"学识赅通,心思沉细,洋务素能精心考求,近日委办五省教案,先办江省各案,皆系积年胶葛之件,与法领事精思力辩,批郄导窾,该领事颇就范围,挽回甚多",于是奏请"准将黄遵宪由臣调往湖北差委,并仍办理南洋五省教案"。南洋大臣刘坤一也电请将黄遵宪暂留两江,以兼办教案和商务。最后,廷旨准许将黄遵宪仍留在两江,负责对外交涉。

十一月二十八(1月12日),上海强学会所办《强学报》出版。共出版三号。

本月,范当世跋《人境庐诗草》,称:"公度先生授是诗,而即示以陈伯严诸所为评,曰:'蔑以加矣,子欲颂难矣!'余曰:'不然,子之诗诚众人所则,余亦云云以颂之耳,何难之有?如其不然,则吾将伏而诵之,句句而求之,而为之圈识焉,点识焉,旌别其高下而兼议其所可去者焉。此最吾之能事,又奚以徒颂为乎?'于是,君尚留沪,而余携是诗至江宁,颇竭数昼夜之力,既卒业,而得题下三圈识者六首,两圈识者七十七首,一圈识者百有八首。其他雅淡者,亦皆可存。而仅可删者,独少年风骨未成之作耳!君于是道盖至深,余亦终无以颂之。独吴挚父、陈伯严皆尝谬称吾诗,以为海内无两。及是,而知其信不然也。诗留我处再旬日,及君之沪,还而归之,谨识其读法如此,而私留稿者六十数篇。乙未仲冬,范当世顿首。"(《诗草笺注》下,第1084—1085页)《钱谱》记:通州范肯堂当世茂才来谒张之洞,竭数昼夜之力,读《人境庐诗》,有诗赠黄遵宪云:"谁谓君为异人者?(陈伯严赠公度诗,有"千年治乱余今日,四海苍茫到异人"之句,余故感于是而发端也。)我观君道得毋同?诗言迄一生事,眼有东西万国风。燕处危巢岂有命,龙游涸泽竟无功。便偕邹子论三乐,也让行歌带索翁。""愁来遍揽前人句,读至遗山兴亦阑。容有数声入清听,何曾一气作殊观。乾坤落落见君好,冰雪沉沉相对寒。剩恨杨云犹贱在,不虞千世少人看。"题其后曰:"诗意若曰,公度之人,处于今世则不能异人;而公度之诗,传之后世则诚异耳。"(《范伯子诗集》,卷十;《诗草笺注》下,第1214页。)

十二月初四(1月18日),直隶总督王文韶向清廷呈递了《奏为分省补用道黄遵宪,为守兼优,请准调赴北洋差委片》,内中称赞黄遵宪"体用兼资,声实相副",欲让其总办北洋水师营务处。该片曰:"再,北洋水师营务处为海防枢纽之地,是非为守兼优,才识并茂,而又熟谙洋务,不徒以语言文字见长,实不足与于斯选。就臣所知,查有分省补用道黄遵宪,籍隶广东。光绪初年,臣在总理各国事务衙门行走时,该员正由举人充出使日本参赞,就公牍中随时体察,早已心识其为人。十九年,臣在云贵总督任内,该员适充新嘉坡总领事。其时,英、法两国均有事于暹罗。该员以暹罗切近滇边,曾将该国山川形势,及英、法互相侵削胁勒和约情形,原原本本驰书相告,并为臣代筹防范机宜,预为之地,臣深德之。该员体用兼资,声实相副。近经署南洋大臣张之洞调赴江宁办理洋务,闻现在上海清理积案,非有一定差委。倘蒙恩旨,调赴北洋,臣即令总办北洋水师营务处,俾得展其生平,为国宣力。盖此后北洋海防,事同创始,微臣自问衰孱,实不足以副此重任,但得二三有志之士,左右维持,匡其不逮,庶几交相策励,冀以报效涓埃,仰酬高厚。是否有当,伏乞圣鉴训示。谨奏。"(中国第一历史档案馆藏:《录副奏折档·光绪二十一年职官类》。孔祥吉:《黄遵宪若干重要史实订证》,《清史研究》,2010年第2期。)

本日,张之洞致电武昌两湖书院山长汪穰卿康年,请速来宁商强学会事,并转催邹、叶诸人洋务书何时可纂成。(吴剑杰编著:《张之洞年谱长编》上册,第461页。)

十二月初六(1月20日)御史杨崇伊上疏弹劾强学会,请饬严禁。上谕查封北京强学会,张之洞随即关闭上海强学会和《强学报》。事发后日本公使林董向外务省报告此事说:"该书局乃翰林出身的青年们所建立的组织,如张之洞那样的该国有名望者也赞成之,捐献了大量的金钱,故其基础渐固,遂被视为清国改革之要素。英国传教士李提摩太(Richard Timothy)与美国传教士李佳白(Gilbert Reid)等也极力相助。在清之外国人将之称为'改革俱乐部'。正当对其寄予很大希望时,突然被命查封,该举措显得极其幼稚。且其机关报《中外纪闻》即原名《万国公报》之发行也被禁止。探其始末,据称为该会发起人的湖南人张孝谦的说法:传闻御史杨崇伊因不出会费而欲为会员被拒绝,怀恨在心,以种种理由构成其事,遂及弹劾。清帝御军机处时,以原奏示诸军机大臣咨询意见,大臣翁同龢与李鸿藻各持相反之论,却袒护该会。但由于该会有不许满洲人入会的规定,满洲人早就对该会不怀好感,故军机大臣中亦有以该奏为然者,彼此争论。结果先命步军统领衙门,即警视总监,实地调查。该衙门接到命令后,于上月二十二日终将该会封禁。"(《林董致西园寺公望》,本公第14号信,1896年2月5日,外务省记录,1—6—1—4—2第1册,引自茅海建、郑匡民:《日本政府对于戊戌变法的观察与反应》,《历史研究》,2004年第3期。)黄遵宪"愤学会之停散,谋再振之,亦以报馆为倡始"。汪康年此时正遵从张之洞之命从湖北来沪处理强学会解散善后事宜,与黄遵宪相遇,"谈及创办报纸事,意见相同",于是共同策划创办一份新报刊。黄遵宪早在日本时,就特别称赞"新闻纸以讲求时务,以周知四国,无不登载。五洲万国,如有新事,朝甫飞电,夕既上板,可谓不出户庭而能知天下事矣"。(钟叔河辑校:《日本杂事诗广注》,第95页,湖南人民出版社1981版。)

十二月初七(1月21日),奉朱批,黄遵宪调赴直隶差委,任北洋水师营务处总办。"十二月复经王文韶奏调赴北洋差委,奉旨准其调赴直隶差委。"(秦国经主编:《清代官员履历档案全编》第8册,第186页,华东师范大学出版社1997年版。又见孔祥吉:《黄遵宪若干重要史实订证》,《清史研究》,2010年第2期。)光绪二十一年春,马关议和前夕,军机大臣王文韶接替了李鸿章担任直隶总督兼北洋大臣。王文韶抵任后,曾一度考虑恢复北洋水师,着手挑选营务处总办。时任营务处总办的是罗丰禄,乃李鸿章亲信。经过多方物色,王文韶最后选中黄遵宪担任斯职。

十二月初八(1896年1月22日),黄遵宪致函梁鼎芬,拟设宴与友人聚会。函称:"用筹防局厨子,用自制西式盘大小各四,用巨碗三,多非例菜也。既约爱仓,宾主共十人,用长方桌尚可从容不迫,狭然左右各三,而上下各二,不能再约叶公矣。汪、徐来本欲与公同作东道。公见面即言之,乃至损轩、爱苍亦皆宪所欲邀订者,适与公意合,何其奇也。手上节庵同年。遵宪顿首。腊八日。"(《全集》上,第365页。)

本日,黄遵宪《日本国志》由广州羊城富文斋刻成出版。此为初刻本。上海图书馆藏署有"渐西村舍陈郡袁氏"的《日本国志》钞本,是袁昶所藏钞本。一八九七年九月袁昶致汪康年的信说,"公度日本志初稿,弟有三抄本"。此本内容与初刻本接近。华东师范大学藏《日本国志》初刻本有黄遵宪亲笔签云:"此为初刻未校之本。而吾友索观者甚众。伯严考功谓《无邪堂答问》与此均近世奇作。爽秋观察言,自有《职方外纪》以来第一书。善余大兄更推为国朝大著作,足与梅定九《历算全书》、顾宛溪《方舆纪要》鼎足而三。面乞函催,需之甚殷,辄先赠一部,并求为删校,再行刊定。遵宪以八年精力聚于此书,美恶不能自知,但能免诸君子阿好之讥,则幸甚矣。乙未腊月八日,遵宪自识。"(盛邦和:《黄遵宪史学研究》,第109页,江苏古籍出版社1987年版。)盛邦和指出,《日本国志》主要有五种版本,黄遵宪亲自改定的只有羊城富文斋本。光绪二十三年(1897年)广州羊城富文斋出版修订本,后再版十二次。此外,还有绍邯中西学堂刊本(1897年)、浙江官书局重刊本(1898年)、上海图书集成印书局本(1898年)、汇文书局本(1898年秋)、上海书局石印本(1901年秋)、丽泽学会石印本(1902年夏)。光绪二十四年至光绪二十七年(1898年—1901年),上海图书集成印书局在《申报》连续三年刊登《日本国志》广告。有评论曰:《日本国志》从一八九五年到一八九八年短短几年的时间内有刻本六种,反映了此书在社会上的巨大影响。当时许多思想家和学者,对它十分推崇。薛福成、陈三立称誉《日本国志》为"近世奇作",袁昶更把它推为"自有《职方外纪》以来第一书"。康有为认为黄遵宪"以其自有中国之学,采欧美之长,荟萃熔铸"而成《日本国志》,其书"所得于政治尤深浩"。翁同龢"览其《日本国志》爱其才"。梁启超序《日本国志》则指出"中国寡知日本",至《日本国志》出,"乃今知日本之所以强"。他并且把《日本国志》列入他所订的西学书目表附卷地志门,并列为必读书。戊戌变法前夕,光绪帝也几次向翁同龢等枢臣"索取《日本国志》",对照戊戌变法时所发的各项诏令及其革新措施,可以看出《日本国志》不仅为戊戌维新作了舆论的准备,并且直接为戊戌维新中的改革提供了内容。以后,它仍受到重视。《小方壶斋舆地丛钞》节选了《日本国志》有关内容。1902年广智书局编译的《日本维新三十年史》例言中,论及《日本维新三十年史》"国势民情,无一不具备","兼有资治通鉴、文献通考之长"时,特别提到《日本国志》,认为黄遵宪"学问博通,择言尤雅","所著《日本国志》""其体例颇与此书相类"。日本学者对《日本国志》也很重视,他们相继在《史潮》《茨城大学人文学部纪要》等发表专题论文,评论《日本国志》,给以好评。(陈宗海:《黄遵宪的〈日本国志〉》,《史学史研究》,1983年第3期。)

十二月初十(1896年1月24日),北洋大臣直隶总督王文韶致电湖广总督张之洞,解释急于奏调黄遵宪之原因:"北洋以合肥故,连累而及旧时在事之人,几为众矢之的。其中人才本少,不得不借助他山。昨奏调黄道遵宪来直,已奉旨允准。除备文知照外,合先电闻。两江、两湖人才济济,务求分润,俾资臂助,感荷实深。韶。"(《张之洞未刊电稿》,光绪二十一年各处来电,中国社科院近代史图书馆藏。孔祥吉:《黄遵宪若干重要史实订证》,《清史研究》,2010年第2期。)时黄遵宪正经手的江南诸省教案事宜尚未完竣,故无论是湖广总督张之洞,还是两江总督刘坤一,均上书朝廷,挽留黄遵宪继续办理教案事宜。因此,黄遵宪本年未能到北洋水师营务处任职。

十二月二十二(2月5日),黄遵宪受命密查受由台返大陆的唐景崧牵连的陈季同敬如。"爱苍言,有劾唐薇卿者,事连敬如,已派黄公度密查矣。"(《郑孝胥日记》第1册,第542页)台湾抗战期间,唐是台湾民主国的总统,陈则任外务大臣。或谓,甲午战后,台湾民主国内渡官绅明显受到排挤,内渡各员因此受到追究。(桑兵:《庚子勤王与晚清政局》,第222页,北京大学出版社2004年版。)

十二月二十三（2月6日）张之洞致电上海黄遵宪、容闳、叶大庄，"铁路屡奉旨，且有旨令刘岘帅按续办理，断无更变。今先办苏沪一段，洋员测量止二百里，估费约二百万两，今定议奏明，先办此一段。官款现有二百五十万存沪，鄙意本拟官办，因欲鼓舞商情，拟招商附股，至多不得过一百万，若止数十万亦可。官款、商款俱存汇丰、德华两银行，官商俱到，方能支用。商董入局，可稽核款目，经理工料，可查帐，管帐以洋员司之。此时修工之费，后日分利之数，俱由洋员主持。路工修法，行车章程，俱官主持。商有见解可与官局商酌，但不能专擅耳。委苏臬司吴廉访总办，黄道遵宪、容道闳会同总办。吴管地方交涉弹压，黄管工作，容管招商。但此事只招华商，不得暗招洋股，并请陆凤石祭酒督率绅商筹办，兼招商股。日内即出奏。上海道及黄、容两道，叶丞，可将此电宣布于众，有愿附股者，速赴该道该丞等报知。即刻电闻。养。"（赵德馨主编：《张之洞全集》第九卷，第88页，武汉出版社2008年版。）

十二月二十六（2月9日），黄遵宪致电张之洞："有电敬悉。遵谕补入，即行刊布。遵宪谨禀。"（《张之洞存来往电稿原件》，第19函，所藏档号：甲182—392；抄件出处同上，乙未第26册。）

十二月二十七（2月10日），张之洞致电上海黄遵宪、容闳、叶大庄，询铁路招商情形。（吴剑杰编著：《张之洞年谱长编》上册，第466页。）时张之洞命黄遵宪与容闳等人招商办理沪苏铁路等事。十二月二十九日致电黄遵宪等人："感电想已收到，华商究竟附股者几家？可集若干？务将大概情形即刻电覆。两江。勘。"

十二月二十九（2月12日），张之洞奉旨保荐黄遵宪与俞廉三、袁昶、恽祖祁、李廷箫、朱之榛、志钧、徐庆璋、钱恂、薛培榕等十员。（吴剑杰编著：《张之洞年谱长编》上册，第468页。）张对黄遵宪的评语称："奉调江南差委分省补用道黄遵宪。学识赅通，心思沉细，洋务素能精心考求，近日委办五省教案，先办江省各案，皆系积年胶葛之件，与法领事精思力辩，批郄导窾，该领事颇就范围，挽回甚多。已谘明总署有案。是其长于洋务，确有明征。堪胜海关道之任。"（赵德馨主编：《张之洞全集》第三卷，第340页，武汉出版社2008年版。）

本日，黄遵宪致函梁鼎芬。函曰："强学会事，顷语心莲甚详。公有何言语告心莲告我？康郎之堂堂乎张，乃殊觉酸楚可怜也。过芜湖如见爽秋，到鄂见汪穰卿、志仲鲁、缪小珊，均为我述近况，一一致意。公处所用笺，有集东坡、荆公、山谷字数种，板存何处？如易取，交心莲借我。虑公匆匆，不再走送。傍晚或一来，亦未定。节庵同年院长。宪顿首。廿九。"

《全集》上，第366页。)光绪二十一年十一月张之洞奉上谕回任湖广总督，翌年正月十七日启程，二十八日抵鄂。梁鼎芬亦回鄂。函嘱梁过芜湖向袁昶、到鄂向汪康年等致意，推断此函约写于梁离江宁前的光绪二十一年十二月或光绪二十二年一月之二十九日。而函中言"过芜湖如见爽秋，到鄂见汪穰卿……"则梁此时当仍未动身，则当在乙未年十二月。另外，黄遵宪送梁"饶州自制西式磁器"，黄遵宪与梁鼎芬函曰："遵宪在饶州自制西式磁器，虽椎轮荜路，规模粗具，而式既翻新，器亦不陋，颇足以供家用。今送上各种，乞为莞存。未申之交当走访，乞少待。手上节庵同年院长。遵宪顿首。并告穰卿，图一良晤。"(《全集》上，第365—366页。)原信未署时间。推断可能作于光绪二十一年夏上海强学会开办前后至二十二年夏奉旨晋京入觐见之时，姑且编于二十一年末。

本月，黄遵宪谒李鸿章于上海，时李鸿章充致贺俄国国王加冕头等专使大臣，并往德、法、英、美诸国访问，道经上海。李语黄遵宪曰："连络西洋，牵制东洋，是此行要策。"(《诗草笺注》下，第1062页。)

光绪二十一年(1895年)底至二十二年(1896年)初，黄遵宪致王秉恩函。"上谒，奉传谕于晚间赐见，明日即行。承念，感谢。尊恙稍加调摄，不日当可复元，日来气色较前腴润矣。手上雪丞老兄同年。宪顿首。十八。"(《全集》上，第366—367页。)函云"尊恙稍加调摄，不日当可复元"，与另函云"贵恙因改服桂附而愈"，又一函云"谂尊体既复元"，时间相近，故推定为光绪二十一年底至翌年初。

本年底，黄遵宪致王秉恩函。"贵恙因改服桂附而愈。近日城南流行病，均用温热之剂，想因积雨受湿，时势然也。大作雄健，可喜。实甫屡见，亦酬和数篇，录乞教正。年来颇欲以此自娱，然年近五十，技止与此，谅亦不能自立也。手上雪澂同年老兄。宪顿首。廿日。"(《全集》上，第367页。)函中云"年近五十"，据此推定该函写于光绪二十一年(1895年)。

本年底，黄遵宪致王秉恩函。"雪澂吾兄大人同年执事：自鄂归者，得读手书，并谂尊体既已复元。详询起居，又悉非良友相慰之语，为之忻跃无已。时局日棘，有蹙国百里之势，无填海一木之人，竟如一部《十七史》不知从何处说起，亦只好缄口已矣。《同治东华录》日间购就，即行邮寄。岁暮事冗，抽暇作数行。即叩大安，并贺待喜。弟遵宪顿首。伯母太夫人尊前乞为叩首。"(《全集》上，第367页。)函中云"谂尊体既已复元"。王秉恩病于光绪二十一年，又云"岁暮事冗"，推断此函写于是年十二月。

本年，黄遵宪作《为范肯堂当世题大桥遗照》："每过吾妻桥，便忆《吾妻镜》。微茫烟水寒,独照孤鸿影。"(《全集》上,第220页。)

又有《以桃兰二花赠节庵承惠诗索和依韵奉答》一诗:"种花须种忘忧草,怜材要怜不材木。感君独抱惜花心,不惜衔泥入君屋。自从采撷到幽栖,谓剪榛菅拔尘俗。奇香偶偷国士名,空华难入《群芳录》。飘茵堕溷各有缘,回黄转绿真难卜。胸怀终古蕴菲芳,目色随时判荣辱。未必捐弃君子心,颇耐褒讥俗流目。亭亭灯影素心人,恻恻弦声白头曲。江南春暮群莺飞,桥上声凄杜鹃哭。风狂雨横正离披,得安高阁庸非福。春寒萧瑟不可言,壹意从君媚幽独。烦君为写桃源图,相期携手赏箢筥。"(《全集》上,第220页。)

本年,黄遵宪有词五首。《中华文学史料》(一)(百家出版社1990年版)披露有赵慎修从易顺鼎《四魂外集·魂海集》中发现的黄遵宪的五首集外词。据赵慎修推断,这五首词大概写于1895年黄遵宪在南京之时。词中所言实甫,即易顺鼎,王木斋即王德楷。

其一,《天香》。(实甫以鹿港香见惠,言"比宋末龙涎何如",因抚此调志感。)黄熟仙乡,白光净域,金银与土同价。神丛一博,十斛珠玉,撒手公然割舍。沧波渺渺,烟断处、蓬莱干也。多少鲛人红泪,湿透临行冰帕。　天南采鸾谁跨?(香包上刻一跨鸾人。)认分明、鹭香长者。拉杂李僵唐湿,一齐捣麝。便有蜃楼云气,才过眼、还随海波泻。归去庐山,且分莲袍。(实甫有别业在庐山。)"

其二,《天香》。"(实甫购鹿港香,归作扶鸾清供,又抚此赠之,录乞拍正。)心字篆成,头香烧过,沉沉碧落今夜。呼云引鹤,倾海敕龙,邀取灵箫鸾驾。银屏珠箔,问老母、可□睡也?海外人间天上,絮絮家长细语。　几度断肠花谢。又天风、雨新好者。新归连环肠断,不曾放下。拈到手中密线,(此香又名线香。)教萨保、重寻锦袍罅。线灭香销,灰终不化。"

其三,《金缕曲》。"(实甫题《吴船听雨图》和韵奉答。破绮语戒,故作"畔离骚"以广其意。)海水随杯泻,剩残山、青溪几曲,丁奁如画。干尽桃花纨扇泪,莫论六朝宫瓦。又黑到、漫漫长夜。唤取花奴催羯鼓,便手如、白雨声声打。今不乐,休放下。　一年容易秋风也。听乌篷、凄凄戚戚,逼人惊怕。我欲逃禅君破戒,且作拈花情话。何苦要、龙痴羊哑。一味妇人醇酒乐,把百年、乐尽歌才罢。君莫管、酒灯炧。"

其四,《贺新凉》。"(实甫临别,再抚此调见寄,次韵奉答,即送其还湘。)滚滚波东泻。剩六朝、媚人残月,一钩如画。黑塞青林都照过,还照空梁屋瓦。真要听、秋坟子夜。魂北魂南归何处,看蛟螭、白昼龙堂打。斩马剑,仍放下。　鸱夷一舸君行也。展眉头、大千秋色,愁来莫怕。燕子板桥名士卿,付与柳生平话。听满坐、笑言哑哑。南部烟花东京梦,又承平、气象欢兵罢。嘻嘻乐,忘灯炧。"

其五,《贺新郎》。"(用前韵,题王木斋《吴船听雨图》。)乱雨跳珠泻。认王郎、乌衣年少,倚舷读画。生长六朝烟水地,久把乌篷当瓦。又听贯、吴娘子夜。烂熟江南肠断句,叠愁心、还任梅黄打。声声橹,丁帘下。　白头海客才归也。十九年、蛟宫鼍窟,风波吓怕。难得西窗红烛影,留作巴山雨话。看凫雁、随人哑哑,以水为家真乐境,便绿蓑、青笠归来罢。悄悄对,篆烟炧。"(《全集》上,第230—231页。)

本年,长媳张氏殁。

光绪二十二年丙申(1896年)　四十九岁

【国内外大事】三月底(5月),中国留学生唐宝锷等十三人抵日本。先是上年冬总署奏请遣人赴日留学,至是始成。是为近代中国政府首批派赴日本之留学生。四月二十二(6月3日),李鸿章在俄莫斯科签订《中俄密约》。黄遵宪反对李鸿章联俄抗日外交政策,后在德国侵占胶州事件中有诗纪之。五月十六(6月26日),《苏报》在上海创刊。七月初一(8月9日),《时务报》在上海刊行。九月十四(10月20日),清政府设铁路总公司。九月(10月),孙中山伦敦被难。本年,美国人林乐知主持、举人蔡尔康协助编辑之《中东战纪本末》由广学会刊行,是书收集有关中日甲午战争之上谕、奏疏、函牍、条约等文献资料,并译外国人对甲午战争之评论。出版后曾风行一时,对维新思潮涌动有一定影响。本年,马建忠出版《适可斋记言记行》。

正月初一(2月13日),黄遵宪等致电张之洞,谈铁路招股事:"感电谨悉。铁路招股,遵谕宣布,沪商尚无入股。电询粤商,亦无应者。察访商情,意谓官商颇难合办,虽蒙宪台鼓励保护,群情信服,然无一定之章,无共事之权,诚虑他人接办,弃信失利,如招商、电报局,皆官权重而商利轻,即其前车,以故各怀观望。职道等窃拟此事如专归商办,定能集股,若因官款现存,似可暂由官办,或先就官款先筑淞沪一段,商人见其章程善,利息厚,自必踊跃争附,将来再议官商合办,事权如一,将官存二百万,招商二百万,扩充苏沪及杭镇宁各路,谅可成事。是否有当,伏候钧裁。遵宪、闳、大庄同禀。"(赵德馨主编:《张之洞全集》第九卷,第93页,武汉出版社2008年版。)

正月初四(2月16日),张之洞得知王文韶调黄遵宪,立意决不放人,上奏朝廷:"兹准直隶督臣王文韶咨,奏调该员赴北洋差委,奉旨允准。窃思洋人性情,凡商办一事,已与何人议办者,即不愿更换他人,取其端绪清楚,易于商量。且凡交涉等事,不能徇人率准,亦不能逞臆强驳,必深明中外事理,则其言易入。今黄遵宪议办江苏教案,深悉外洋情状、法律,操纵兼施,准驳中肯,尚为顺手。法总领事似颇多就范之处。虽多驳正,而该领事意颇欣悦。若另委他员,断不能如此妥惬……合无仰恳天恩,俯念湖北商埠初开,准将黄遵宪由臣调往湖北差委,并仍办理南洋五省教案。江轮甚便,来往甚速,上海有事,仍可随时派令回江。如此办法,似于湖北荆、汉、宜三处通商事务及江南五省教案均有裨益。"光绪帝朱批:"著照所请。"故黄遵宪未到北洋任职,仍在江宁洋务局。(茅海建:《戊戌变法的另面:"张之洞档案"阅读笔记》,第248—249页,上海古籍出版社2014年版。)

本日,张之洞《黄遵宪调鄂差委仍办南洋教案片》中奏称:"嗣接总署函电,法使屡请南洋派员,将江苏、江西、浙江、湖北、湖南五省历年教案办结。当即派该员赴沪,专办此事。先将江苏本省历年五案办结,已咨总署在案。其它各省之案,已咨各该省督抚饬各地方官将案情证据查讯详确,咨明南洋,再与上海法总领事商办。今各案尚未咨覆,已与法总领事议明:以后随到随办;如在沪难了者,该总领事亦允由黄遵宪前赴沿江各省,就近与本省领事商办。"(《张之洞奏折原件》,第13函,所藏档号:甲182—314。)

正月初七(2月19日),张之洞致电黄遵宪:"铁路事,商既不愿与官合办,假如全归商办,真正华商能集成巨款否,即使有人承办,其言究可靠否,如商办,系何人为首承揽此事。速将实情确复。阳。"(赵德馨主编:《张之洞全集》第九卷,第96页,武汉出版社2008年版。)

正月初九(2月21日),郑孝胥得委充洋务局提调及商务局差委札,即入署谢委,黄遵宪未见。(《郑孝胥日记》第一册,第545页。)

正月初十(2月22日),郑孝胥谒桂嵩庆,其为商务局总办。午后,复诣洋务局拜诸同事,黄遵宪以母忌不见客。(《郑孝胥日记》第一册,第545页。)

正月十一(2月23日),郑孝胥诣洋务局,黄遵宪又未见。(《郑孝胥日记》第一册,第545页。)

正月十二(2月24日),午后,郑孝胥过洋务局,黄遵宪已入署,遂入署而返。(《郑孝胥日记》第一册,第545页。)

正月十三(2月25日),张之洞致总署电云:"江、浙、鄂、蜀新开各口,若逐处派员辩论,必延时日。不如请其派日领事在沪,予以议定章程之权,由南洋派黄道遵宪与议,或在苏议,或在沪议。"(赵德馨主编:《张之洞全集》第九卷,第101页,武汉出版社2008年版。)

本日,黄遵宪在洋务局,郑孝胥来见,黄谈王文韶奏调之疏,颇自喜。"南皮留疏有'天下人才须与天下共之'之语。王帅欲调为海军营务处,张则以教案及互市各事未毕也。"(《郑孝胥日记》第一册,第545页。)可见,黄遵宪此时调水师营务处之事已为众所知。

正月十四(2月26日),江苏巡抚赵舒翘就苏杭开埠谈判致电张之洞:"租界权归我管,宁波章程尚不足。应以内地通商非沿海沿江之比,中国应善保自主之权,握定内地二字设措。"(赵德馨主编:《张之洞全集》第九卷,第101页,武汉出版社2008年版。)赵舒翘当即电催黄遵宪先期到苏州商量。

正月十七(2月29日),刘坤一正式回归两江总督本任,张之洞卸署两江总督篆务。按照张之洞的成议,刘坤一委派黄遵宪主持对日领谈判。正月下旬,黄遵宪正式投入苏杭谈判,对手是日本新任命的驻沪领事荒川己次。

正月二十(3月3日),张之洞起程回归湖广总督本任。

正月二十八(3月11日),黄遵宪提出了苏杭交涉"第一案",即《酌拟苏州通商场与日本国会订章程》,共五条:"(一)中国允将苏州盘门外图中标明之地作为新开通商场。此通商场西界商务公司连界马路,北界运粮河河沿马路,东界水渌泾河沿马路,南界陆家桥小河,所画红色线以内作为日本人住居之界。(二)此住居界内,任许日本人侨寓贸易,所有日本商民开设行栈,建造住宅,某商某人需地多少,自向业主随时租赁,中国官场许为襄助。(三)此居住界内,除东西北以官路为界外,图中标明纵横交错中,有井沟各项之官路,系本国官道,留作该地方公用,不得租赁,以后遇有道路、桥渠一切地方公用之物,应行添□移改之处,日本人亦应让出。(四)此居住界内应纳中国地租,另有定章;应纳地方税及巡捕费等项,随时由工务局、巡捕局设立章程,所有租税事务及管理事宜,除查照中国旧章酌定外,应兼用日本国横滨、神户、长崎各通商口岸现行章程商办。(五)此居住界内日本人,照约应归日本人管理,如有无约之国及内地华人居住其中,自应由中国官管辖。"(杨天石:《黄遵宪与苏州开埠交涉》,中国史学会、中国社会科学院近代史研究所编:《黄遵宪新论》,第260—261页,社会科学文献出版社2007年版。)此材料名为《苏州通商场章程》,是黄遵宪与日本谈判时亲拟,由黄遵宪的曾孙黄敬昌寄送杨天石复印件一份,上有黄遵宪亲笔修改文字。

正月三十(3月13日),午后,郑孝胥过洋务局,晤黄遵宪,黄遵宪言初三四当往上海。(《郑孝胥日记》第一册,第549页。)

二月初一(3月14日),黄遵宪致电张之洞:"忻悉沿途安好,谨叩新喜。前由宪台接总署咸电后,岘帅复,约中丞联衔,电请总署,知照倭国简员,授以四处开埠商议暂行章程之权;亦由总署派员与商,拟即派黄道遵宪。总署宥电复开,已知照林董,得复再电饬黄道遵办。日内未有续电。职道拟即往苏、沪。江西教案,德帅派员已起程。奉谭督宪札,湖北有荆门州、湖南有澧州、武陵等案,请饬从速钞案。法领事三月间回国,趁其未归,将案办清,庶免另起炉灶,再生波澜。统求鉴核。职道遵宪谨禀。东。"(抄本《张之洞电稿》第23册,《江苏来电一》,中国社会科学院经济研究所图书馆藏。)张之洞回湖广本任之后,黄此时尚在南京,向张报告准备与日本开议苏州等四口事宜,并汇报江西、湖北、湖南等处的教案谈判的准备情况。"中丞",江苏巡抚赵舒翘;"德帅",江西巡抚德寿;"谭督",署理湖广总督、湖北巡抚谭继洵。

二月初四(3月17日),黄遵宪复以柬致郑孝胥,确定次日入洋务局办公。(《郑孝胥日记》第一册,第550页。)

二月初五(3月18日),午后,郑孝胥开始赴洋务局上班,见黄遵宪,其办公室在第三进之西屋。(《郑孝胥日记》第一册,第550页。)

二月初六(3月19日),晨,郑孝胥诣洋务局,黄遵宪先与其交谈,并交案件总目及局中器具清单共四折,有司事黄海楼司各什物。《郑孝胥日记》第一册,第550页。)

二月初七(3月20日),张之洞致电苏州洋务司转交黄遵宪,以沙市开埠为由,命黄"速来鄂":"昨日本已派领事赴沙市创设领事署,苏州通商办法大略已定,该道望速来鄂为盼。即电复。阳。"(赵德馨主编:《张之洞全集》第九卷,第104页,武汉出版社2008年版。)

本日,黄遵宪起程赴沪,郑孝胥等赴洋务局送行。(《郑孝胥日记》第一册,第550页。)

二月十三(3月26日)刘坤一电奏朝廷:"查江西教案,电经西抚,已委员携卷即日至沪,必须由该道商办,势难迁离。即其余各省之案,亦须该道接续办理。各口非驻有领事,仍须上海总领事、主教主持。该道既为法总领事信服,在沪与议,当易就范。且苏、浙、鄂、湘四口通商,曾商总署,拟均在沪由该道与商。四口之中,苏浙彼尤注意,是该道留苏,教案、商务皆得兼顾。恩恩准将黄遵宪暂留两江,俟各事大致商定,鄂有要事,再令往来其间。"(茅海建:《戊戌变法的另面:"张之洞档案"阅读笔记》,第249页,上海古籍出版社2014年版。)

二月十四(3月27日),黄遵宪被谕令留江苏办理教案、商务各事宜。"电寄刘坤一:道员黄遵宪著暂留江苏,办理教案、商务各事宜。"(《德宗实录》卷三百八十五。)刘坤一为此发电给张之洞,留黄遵宪在苏州,与日本领事荒川已次开议苏州开埠通商之事。有论者谓:"此后,黄遵宪以出色的才能,先后干练地办理了江西、湖北、湖南、安徽等省教案。他还克服种种阻力,与日本驻沪领事反复辩难,签署了关于苏州开埠通商的六条协议,并报经总理衙门'核准'。但是,黄遵宪在江南,只是办理教案与商务的临时差事,无论是张之洞还是刘坤一都没有给他一个正式的官职。而且,黄遵宪与日方议定的'六条',颇受湖广总督张之洞,及浙江巡抚廖寿丰的挑剔与责难,黄遵宪深感被人误解,于是萌生退意。"(孔祥吉:《黄遵宪若干重要史实订证》,《清史研究》,2010年第2期。)

二月十五(3月28日),张之洞致电黄遵宪:"永泷署沪领事,到沙市尚早,望即在沪一并将沙市开埠事议定,再行来鄂可也。掘口到沙亦无事。能讽渠暂勿来尤妙好。愿。"(赵德馨主编:《张之洞全集》第九卷,第107页,武汉出版社2008年版。)

二月十七(3月30日),晨,郑孝胥诣洋务局,晤黄遵宪之子黄鼎崇,见其"谈吐颇跌宕可喜"。黄鼎崇"自言在英国一年,在星架坡二年。在英学堂约一年,学英文未就,年二十四岁……仲雍出下关分局关委员来信,言德国兵船一艘抵下关,带船者乃水师游击,探问岘帅如往回拜,彼即择日来谒,请禀督宪等语"。(《郑孝胥日记》第一册,第552页。)

二月二十一(4月3日),张之洞致电荆州曹南英、余肇康,告知其沙市开埠通商章程应由黄遵宪在上海与日本领事议定。略谓:"沙市通商场须由该道妥酌禀定,再与领事商办,不能即照珍田所指之地。至其丈尺须禀明核定,万不得遽许。所索八百丈太多,难照办。各省新开日本口岸,通商章程昨已电总署派黄道遵宪在沪与日本领事会议,通行各省一律照办。此次日本领事到沙,可嘱听候沪议,切勿遽与开议为要。"(吴剑杰编著:《张之洞年谱长编》上册,第475页。)《张之洞年谱》中二月二十一日指为阳历"3月24日",误。

本月,黄遵宪"复经张之洞奏派办理江西、浙江、湖北、湖南、安徽五省未结教案,并调赴湖北差委,奉旨著照所请。又经南洋大臣两江总督刘坤一电奏,暂留江苏,奉电旨著暂留江苏办理教案、商务各事宜。旋与日本领事商办苏州开埠各事,又与法国总领事会商江西、湖南、安徽各省教案"。(中国第一历史档案馆藏:《清代官员履历档案全编》第6册,第186页;孔祥吉:《黄遵宪若干重要史实订证》《清史研究》2010年第2期。)

二、三月间(4月),黄遵宪有《寄女》诗:述自己身体和生活状况,描写江南景色和苏州所见外国人和天主教堂。"团团鸡子黄,滟滟花猪肉。双鸡日馈洎,毋许窃更鹜。饭蒸粳稻香,酒泼葡萄绿。庖丁日解牛,碎切煮烂熟。吹沫成白波,碾尘积红曲。罨以自然鼎,浓过留香粥。我日啜此汁,十载未餍足。勿告而翁知,知之恐眉蹙。牛旁侍阎罗,黄金狞四目。云欲取屠人,横叉入地狱。佛自爱众生,我自食天禄。嗟予患疟后,负风几欲伏。计臂小半分,量腰剩一束。两颊旋深涡,而今渐平复。须白一二茎,双鬓尚垂绿。朝朝软饱后,行行扪余腹。寄汝近时影,祝我他时福。"

"江南二三月,夹道花争妍。谁家女如云,各各扶婢肩。碧罗湖水媚,茜纱秋云娟。就中最骄诩,绣罗双行缠。一裙覆百金,一袜看千钱。婷婷复袅袅,纤步殊可怜。笑谓蛮方人,半是赤足仙。新样尖头鞋,略仿浮海船。上绣千鸳鸯,下刺十丈莲。指船大如许,伸脚笑欲颠。汝辈闻此语,当引扇障颜。父母谁不慈,忍将人雕镌。幸未一缸泪,买此双拘挛。迩闻西方人,设会同禁烟。意欲保天足,未忍伤人权。吁嗟复吁嗟,作俑今千年。"

"宝塔高十层,巍峨天主堂。蹇人欲上天,引手能扶将。指挥十字架,闪闪碧眼光。土人手执棰,驱之如虎狼。苏州大都会,新辟通商场。蜃气嘘作楼,马鬣化为墙。行有女欧丝,条条出空桑。载我金钱去,百帆复千箱。我奉大府檄,奔走吴之江。一月三往来,往来趁夜航。彼酋领事官,时时从商量。喜则轩眉笑,怒或虬髯张。岂免斗唇舌,时复撼肝肠。世人别颜色,或白亦或黄。黑奴汝所知,汝曾至南荒。昔有女王国,曾封亲魏王。

文身易断发,鳞介被冠裳。自我竖降幡,亦附强国强。汝弟捧地球,手指海中央。区区黑子大,胡为战则赢?汝母口诵经,佛国今何方?如何伏魔者,怒目无金刚?聪明汝胜母,书付汝参详。慎勿给人看,看则疑荒唐。"(《诗草笺注》下,第719—723页。)

三月初(4月),黄遵宪与日领事荒川己次就苏州开埠问题展开激烈而艰难的谈判。日方要求在苏州设立"专管租界",黄遵宪认为,遍查《马关条约》的中文、日文、英文各文本,"并无许以苏州让给一地,听日本政府自行管理之语"。(黄遵楷:《先兄公度先生事实述略》,《全集》下,第1579页。)黄遵宪向荒川己次提出六条新章程。其全文内容目前未发现。据黄遵楷称:该章程的特点是:"日商需地几何,许其随时分赁;则专管之界之语,暗为取消;道路各项,许其不纳地租,而实则为公共之物。租期十年以内,留给日人,实则还我业主之权。杂居华人,归我自管,则巡捕之权在我。道路公地,归我自筑,则工务局之权在我。凡所以暗破专界,撇开向章、补救《新约》之所穷,挽回自主之权利者,无孔不钻,无微不至。"(《全集》下,第1579页。)似与《酌拟苏州通商场与日本国会订章程》类同。

六条章程初稿拟订后,黄遵宪即与日本领事荒川交换照会,同时向各方请示,征求意见。黄遵宪对六条新章程很满意,自认为"此事必能办到,可为四省造福"。总署对黄遵宪所拟章程给了极高评价,评为"用意微妙,深合机宜"。直隶总督、北洋大臣、议约全权大臣王文韶评为"保我固有之权,不蹈各处租界流弊","委曲从权,仍操纵在我"。(《全集》上,第368、370页。)

三月初六(4月18日),湖广总督张之洞就新开四商埠章程分别致电总署和江苏巡抚赵舒翘,肯定黄遵宪所拟之开苏杭等商埠六条新章程"具见苦心力辩,先为其难"后,对黄遵宪所拟章程提出激烈批评。黄遵宪议定的"商埠章程"条款,受到前驻日本箱根副理事刘庆汾反对,刘庆汾发电张之洞对黄遵宪大加批评。张之洞对黄遵宪所拟章程的批评与此有关。略谓:"苏省委员黄道所拟商埠章程,具见苦心力辩,先为其难。惟日狡谋,不能不为指出再酌。查上海洋租界所以不惜修马路、设捕房工本者,为其可以收捐。先虽多费,后可抵还。如有盈余,兼可接路开河,故地方日旺,而地主无费。今如第四条云各项建筑费,由中国自办,俟商务盛,再捐岁修等语,明是推宕之词。筑本既归无着,岁修亦且缓议,受亏太甚。且第五条已言日商日盛,划作日本专管界,是不盛则不捐,既盛则道路已归专管矣。一国如此,各国效尤,是永无捐收一钱之望矣。似应将界内地全由官买转租,即与议明此项建筑工程费,应摊入界中地租之内。至岁修费,应按年分摊,由税务司经管,方昭平允。又第五条云如日商繁盛,将来商划专管界,并将道路编入界内等语。查历次所争,原欲除专管之弊。今许日后可以商令专管,各国亦必援例,是与原意大殊。此时既伏此根,恐将来商定时必致强我允许。明知日人注重于此,阻我收权之策,辩驳极非易事,然不可不尽办磋论,商务无论如何繁盛,所有街市道路均照彼国章程第五条为官民公共地,不得编入界内,方为妥善。第五条最为吃重,不可不争。又第三条无须输纳国税语,似应改无须输纳地税,免致与他税牵混。又第一条、第六条均有暂时二字,宜删。居住既称暂时,将来必归专管。虽有将来两国商定之说,恐难阻止。此文但云居住地,以示决不许专管之意。日人狡横,此事商办本难,惟此数条巧谲太过,不宜受其欺愚。委员照会虽换,声明俟政府各大宪核准,自可再为妥议。因苏事议定,沙市必将援照,不敢不抒鄙见。除电商苏抚外,祈钧署主持并裁示。"(吴剑杰编著:《张之洞年谱长编》上册,第476页。)又谓:"且马路、沟渠已费大功巨款,尽付他人,似乎无此情理。"(赵德馨主编:《张之洞全集》第九卷,第113页,武汉出版社2008年版。)

本日,湖广总督张之洞致电黄遵宪,批评其六条新章程之措辞。在说了一句"想见为难情形"之后,即称:"惟四、五两条多未妥处……未禀请督抚详酌,遽换照会,未免急率,补救恐非易事。"(赵德馨主编:《张之洞全集》第九卷,第114页,武汉出版社2008年版。)

鉴于总署已经批准黄遵宪所拟章程,张之洞在致赵舒翘和浙江巡抚廖寿丰的电文中特别表示,"总署虽许可,或一时未及深思,大利害所关,似仍应力争也"。(《张文襄公电稿乙编》第49册,未刊稿,中国社会科学院近代史研究所藏。)张之洞建议赵舒翘,命曾经参加早期会谈的道台朱之榛继续参与,又命苏州刘庆汾在谈判中"按切时势,设法补救"。(《致苏州刘守庆汾》,《张文襄公全集》卷一五〇,第6页,中国书店1990年影印本。)

三月十一(4月23日),黄遵宪致函参与谈判的同僚朱之榛,对张之洞的批评感委屈。函中还批评张之洞"能发而不能收,计利而不计败",函曰:"敬再启者:弟此次奉命开议商埠事宜,诸承指示,得无陨越,羊公之鹤,幸未以蒙戎不舞贻羞。知我感荷之情,非言可喻。香帅来电,昨奉中丞抄示,于允许将来一节极力翻腾,不知此系就现在推到将来,乃疑为弟所擅许条约,自必熟知,殆于各处通例,近日往来照会未及详察也。香帅生平作事,能发而不能收,计利而不计败,如近日宝带桥之商场、上海之铁路,当其发虑,若事在必成,未几而化为乌有。果于此事确有定见,应请其径电总署,以备考核。此议准驳之权在各大宪,一经驳斥,弟敢决彼国之必能允行。弟此议即系请示之稿,所以先换照会者,不能据口说为凭以请示。弟并非议约大臣,不得以往时约已签押,设法补救比论。此亦不达外交之语也。荒川来沪未见,俟询悉何时回苏,或与偕来。弟所拟地价岁租各事,能先与磋磨,将来较易就范。弟不能久住也。国势如此,空言何益?总署深历艰难,故称为'用意微妙'。夔帅乃云:'委曲从权,仍操纵在我。'真乃聪明人语。而公所见,与之略同,弟是以倾倒不已也。新安先集舟中展读,益知门有通德,家录赐书,钦仰钦仰。专肃布谢。再请勋安。惟鉴不宣。弟遵宪顿首。三月十一。春江先生仁兄均此致意。"(《全集》上,第368页。)《全集》将三月十一日转为阳历4月24日和26日,应误。

三月十四(4月26日),两江总督刘坤一致函黄遵宪,表示理解和同情,又要他在进一步讨论"地价""地租"时,"设法弥缝"。函称:"大凡言易行难,动辄从旁指摘,安知当局磋磨!执事会议苏省埠务,何尝不知第五条将来准作专界,编入桥道,不无语病,顾无此松动之笔,恐其不能就范,幸是后文兼系活着,未始不可挽回补救。续接台示云:'但期不至办到专界,便无大碍。'亦可见左右之用意矣。今香帅既不谓然,众论并多附和,仍仗鼎力,于续议地价地租时,设法弥缝,更为妥善。高明酌之。"(《致黄公度观察》,陈代湘校点:《刘坤一集》第五册,第77页,岳麓书社2018年版。)

三月二十(5月2日),黄遵宪致函朱之榛,感叹自己不被张之洞等理解,再诉委屈。函曰:"竹实先生大人执事:顷承枉谭,忻感何已。自来办事人多,成事人少;论事人多,解事人少。士衡《文赋》有云:'虽浚发于巧心,终受嗤于拙目。'可胜浩叹!国势如此,空言何补?弟辈惟自尽心力以冀少救时艰,毁誉得失,不必论也。去年奉旨垂询补救新约,弟有上香帅条陈十条,虽不免策士蹈空之习,然比之今之论时务者,犹觉卑近而易行。行箧中偶有此稿,今此呈教,或者有一二可采。阅后掷还为幸。容暇再趋承大教。手布,敬请勋安。教弟黄遵宪顿首。三月廿日。"(《全集》上,第369页。)

三月二十一(5月3日),张之洞致电黄遵宪:"日租界事,总署正月敬电有云不失管地之权,如日本租界办法,希密饬洋务局员妥办等语,岂有许其专管租界之理。必是日人捏造,该道勿为所愚。"(赵德馨主编:《张之洞全集》第九卷，第117页，武汉出版社2008年版。）

本日，黄遵宪致函梁鼎芬，谈及与日领事谈判苏州开埠事。函曰："节庵我师同年：顷奉教，快甚。帅谕饬办照复驻沪领事文稿草就，即行。明日傍晚出城也。宪顿。三月廿一。"（《全集》上，第369页。）

本月，黄遵宪与汪康年等在上海筹办《时务报》。受黄遵宪和汪康年之邀，梁启超由北京赴上海，梁启超二月二十五日有一封回复汪康年邀请的书信，信中说："二月初七日来书得读……兄在沪能创报馆，甚善。此吾兄数年之志，而中国一线之路，特天之所废，恐未必能有成也。若能成之，弟当惟命所适……弟三月决出京。"（上海图书馆编：《汪康年师友书札》第二册，第1831—1832页，上海古籍出版社1986年版。）始与黄遵宪交往。正先对黄遵宪初识梁启超事记载甚详："公度本不识任公，任公斯时在北京康有为门下，亦碌碌无所表现。公度读'公车上书'，悦其'明白晓畅'，人言出自任公手笔，乃电召之至沪。任公初谒公度，公度即与论天下大势，日本变法维新之经过，中国处境之危急，与乎本人办报之用意，宣传新学之要旨等，属任公归而记之，以观其才能。任公于夜十时许别公度，翌日，天未曙，即携文长四五万言之笔记来谒公度。公度惊起……检而阅之，大喜曰'子真吾理想中之主笔也'。遂加录用。"（正先：《黄公度——戊戌维新运动之领袖》，引自张永芳、李玲编：《黄遵宪研究资料选编》上，第83页，香港天马图书有限公司2002年版。）梁启超《三十自述》记："京师之开强学会也，上海亦踵起。京师会禁，上海会亦废。而黄公度倡议续其余绪，开一报馆，以书见招。三月去京师，至上海，始交公度。七月《时务报》开，余专任撰述之役，报馆生涯自兹始。"（梁启超：《三十自述》，洪治纲主编：《梁启超经典文存》，第303页，上海大学出版社2003年版。）梁启超《创办〈时务报〉原委记》则说："强学会停办之后，穰卿即在沪度岁。（穰卿已移家上海。）时启超方在京师，康先生并招至沪，改办报以续会务。同乡黄公度京卿遵宪在沪。公度固强学会同事之人，愤学会之停散，谋再振之，亦以报馆为倡始。"（丁文江、赵丰田编：《梁启超年谱长编》，第131页，上海人民出版社1983年版。）两人在上海一见如故，此后一直保持着密切的关系。《尤谱》："先生愤学会之停散，谋再振之，亦以报馆为倡始。三月乃以书招梁启超至上海，始与启超交。于是先生与汪穰卿、梁启超三人，日夜谋议办报事。"（尹飞舟编：《湖南维新运动史料》，第914页。）《钱谱》："先生愤学会之停散，谋再振之，以报馆为始倡。三月，乃以书招新会梁任公（启超）孝廉至上海，始与任公交，先生有诗赠之。"（《诗草笺注》下，第1215页。）黄遵宪给梁启超留下的最初印象是"简傲"："一见未及数语，即举茶逐客。又越三日，然后差片回拜，神情冷落异常。"

《时务报》的创办，主要人员是黄遵宪和汪穰卿等五人，及吴德潇、梁启超、邹凌瀚，开办经费主要是上海强学会解散后的一千二百余两余款和黄遵宪的一千元捐款。《梁启超年谱长编》记，《时务报》的成立以"南海上海强学会余款和黄公度先生遵宪首捐之千金为开办费，创办人是黄公度、吴季清、邹殿书、汪穰卿诸氏和先生五个人"。汪诒年记《时务报》创办情形则说："光绪二十二年七月，设《时务报》于上海。先生既决计设立报馆，则以为非广译东西文各报，无以通彼己之邮；非指陈利病，辨别同异，无以酌新旧之中。又见时机急迫，非急起直追不可。时方为两湖书院分教，乃亟向张尚书告辞，欲自至商埠集资设报社。尚书力尼其行，先生坚不从，比至上海，与嘉应黄公度观察（遵宪）相遇，谈及创办报社事，意见相同。时达县吴筱村大令（德潇），谒选南下，将至浙赴任，道经上海，吴大令固先生至交也。高安邹殿书部郎（凌瀚），亦自江西至上海。诸人商榷多次，而时务报馆遂成立。时新会梁卓如君启超方在京师，先生乃招之至馆，以撰述属之，而以筹款事自任，已亦时有所撰述，率以变法图存为宗旨。盖至是而吾国始有论政之杂志，通国士流，渐知改革政体之不可缓，争言变法矣。"（汪诒年：《汪穰卿先生传记》，第50—51页，中华书局2007年版。）有论者认为，黄遵宪在创办《时务报》中的贡献主要有："在正式出报之前，黄遵宪就报馆宗旨、管理方式、宣传策略都发表过重要见解；在聘人、募捐、销报等方面，更是做出极大的贡献。报纸出版以后，虽然黄遵宪很快就北上京城，但只要是与报馆有关的事情，无论巨细，黄遵宪必定一一过问。"（廖梅：《汪康年：从民权论到文化保守主义》，第192页，上海古籍出版社2002年版。）

　　《钱谱》记："时钱塘汪穰卿（康年）方辞两湖书院分教之职，来上海，与先生相遇，谈及创办报社事，意见相同。达县吴季清（德潇）大令，自京谒选南下，将至浙赴任，道经上海。高安邹殿书（凌瀚）部郎亦自江西至。诸人日夜谋议办报事。先生自捐金一千元为开办费，且语穰卿云：'吾辈办此事，当作为众人之事，不可作为一人之事，乃易有成。'故无所谓集款，不作为股份，不作为垫款，务期此事之成而已。创办时所印公启三十条，系由任公拟稿，而先生大加改定者。时穰卿力主办日报，先生及任公力主旬报之说，乃定议。署名公启者，先生暨吴季清、邹殿书、汪穰卿、梁任公凡五人。订成小册，四、五月间，分送各处。其后聘请英文翻译桐乡张少堂（坤德），系先生托□□郑瀚生□□司马代请者。东文翻译古城坦堂（贞吉），系由先生托日本驻上海总领事代请者。所立合同,亦出先生之手。其致函各处劝捐,托各处派报,亦均先生之力。数月之中,一切馆务,先生无不与闻。"(《诗草笺注》下,第1215—1216页。)

黄遵宪在《时务报》创办之初,"于筹款、用人、刊式发行等罔不涉及"。(汤志钧:《戊戌变法人物传稿》上,第417页,中华书局1982年版。)《时务报》最初的章程主要是由黄遵宪和梁启超共同拟定,梁启超记:"创办时所出印公启三十条,系由启超初拟草稿,而公度大加改定。其后聘请英文翻译张少塘,系公度托郑瀚生司马代请者;东文翻译古城贞吉,系由公度托日本驻上海总领事代请者;所立合同,亦出公度之手。其致函各处劝捐,托处派报,亦多公度之力。当时公度在上海,至九月始北行,数月之中,报馆一切事,公度无不与闻,其捐款之独多也如彼,其开办之出力也如此。"(梁启超:《创办〈时务报〉原委记》,中国史学会主编:《中国近代史资料丛刊·戊戌变法》第四册,第524页,上海人民出版社1957年版。)章程由黄遵宪、梁启超、汪康年、吴德潚、邹凌瀚五人共同签名后,印行数千份,散发给各地的同志友人。对报纸派送中如何包装才能省事省费等事情,黄遵宪亦提出许多改进的意见和建议。

《时务报》创办之初,黄遵宪与汪康年略有分歧,主要分歧在报馆是否设总董、《时务报》宗旨和用人等方面。汪康年本想将报纸办成日报,黄遵宪、梁启超则主张办成旬报,并得到邹代钧等人的支持,于是最终确定为旬报。汪康年提出《时务报》宗旨应以广译西报为主,黄遵宪认为应该将重点放在论政。汪大燮、邹代钧等人鉴于强学会因为议论时政而遭封禁,主张"专译西报、西电","以译西报、录西报为主"。黄遵宪从推动变法运动的要求出发,强调《时务报》"仍须多论政,此报本意,原为当路诸人发聋振聩也"。因报馆是否设总董问题,双方争议很大,几于反目。黄遵宪强调要照章办事,坚持在报馆内设置董事,实行议政、行政分开,规定"所有办事条款,应由总董议定,交馆中照行"。梁启超记:"当开办之始,公度恐穰卿应酬太繁,(盖穰卿宗旨谓必须吃花酒,乃能广通声气,故每日常有半日在应酬中,一面吃酒,一面办事。)不能兼办全局之事,因推铁樵,(名樵,四川人,季清先生之子,去年已即世矣。)为坐办。时铁樵方由蜀至湘,公度屡函电促之。又开办时所出公启内办事规条第九款云:本报除任报馆办事各人外,另举总董四人,所有办事条,应由总董拟定,交馆中照行云云。自丙申秋至丁酉夏,公度屡申此议,谓当举总董。以此两事之故,穰卿深衔公度,在沪日日向同人诋排之,日遍腾书各省同志,攻击无所不至,以至各同志中,有生平极敬公度,转而为极恶公度者。至去年八月,公度赴湘任,道经上海,因力持董事之议,几于翻脸,始勉强举数人,然此后遇事,未尝一公商如故也。"(丁文江、赵丰田编:《梁启超年谱长编》,第96页,上海人民出版社1983年版。)

四月初二(5月14日),吴德潇跋《人境庐诗草》,内谓:"性情深厚,识力坚卓,故能以雄直之气,达沉郁之思。在君为余事,然已为诗中辟一境界矣。君才识度越寻常万万,偶借此陶写可矣,不宜敝精神于此也。光绪二十二年四月二日,达县吴德潇敬识于江夏寓舍。"(《诗草笺注》下,第1083页。)

四月初九(5月21日),张之洞致电赵舒翘,肯定刘庆汾在谈判中的作用,电称:"刘守庆汾所议地价八条,均有裨益。所惜者黄道六条中'专管'一层,不知能否更正耳?"(《张文襄公电稿乙编》第49册,未刊稿,中国社会科学院近代史研究所藏。)

四月十六(5月28日),黄遵宪致函朱之榛,内谓:"昨日又得承快论,使人倾倒,意气无所惜。宪尝谓与晓人语可以却病,可以延年,信然信然。中丞俯照弟议,平心坚志,严为抵制,其刚明实不可及。士感知己,故乐于奔走也。条议容再抄呈,刻因他事,写书人手腕欲脱,实匆匆不暇。法遣兵船在皖,要挟教案,岘帅谕回沪商办,明日遂行。所借局轮,感谢何已。手请竹实先生道安。遵宪顿首。廿六。再,顷承面示,欲于所议地租等项添入'他日专管将道路工费收还'一语,甚善。惟'前议俟外部核准后欲将道路编入'一语删去,如彼国不允,再行添入此节。此为无须商议之件,随时可添。惟此刻切勿提出,以免两歧。至祷。手此密布,敬乞垂鉴。又及。"函中云"岘帅谕回沪商办"教案;又云所议地租条款添入事,推断写于光绪二十二年(1896年)上半年办理苏州开埠事期间。(《全集》上,第377页。)

四月二十二(6月3日),黄遵宪接梁鼎芬四月初二日函,并作回复。黄遵宪将所拟六条章程提交荒川后,荒川表示,将向政府报告,等候训令。期间黄遵宪既有不辱使命的自豪,亦为张之洞等人的不理解而苦恼,其函曰:"由皖回鄂,所递函既到。顷复奉四月二日手书,欢若面语。歇浦为醉饱欢娱之地,无可与语者。道希过此时,快晤数日,亦恨公不获与斯游。因事牵掣,句留在此,非所好也。所议吴事,总署函称'用意微妙,深合机宜'。夔帅亦称'保我固有之权,不蹈各处租界流弊。以议约大臣指为万做不到之事'。方窃喜其不辱,而广雅尚书不考本末,横生议论,殊为可惜。此事彼国尚未批准,允否实不可知,未敢遽将曲折宣告外人。雪澄同年过此,既洞悉一是,面询可得其详,亦有总署函电,可向索一阅。然仍乞公深藏之勿露也。匆匆,不多及,即叩节庵同年道安。遵宪顿首。四月廿二。"《全集》

上,第370页。)

四月二十七(6月8日),郑孝胥诣局,"过视罗少耕观察,始见南皮驳苏州通商界务六条,大抵惟谓第五条不合先明言他日允许划界一节耳。据图观之,则多指数百丈作为日人杂居之地,罗执为口实,诋黄甚至"。(《郑孝胥日记》第一册,第560页。)罗少耕,名嘉杰,江苏道。可见,在江宁洋务局中,对黄遵宪所拟之苏州开埠谈判方案亦有截然不同的评价。浙江巡抚廖寿丰亦不以黄遵宪所拟的六条新章为然,认为"日人狡展,毋受其欺,许以将来,即贻后患"。(《先兄公度先生事实述略》,《全集》下,第1579页。)甚至有人散布谣言,诬蔑黄遵宪接受日本贿赂而为日本人求方便。(梁启超:《嘉应黄先生墓志铭》,见《全集》下,第1571页。)

本月,黄遵宪有《赠梁任公同年》六首。诗云:"列国纵横六七帝,斯文兴废五千年。黄人捧日撑空起,要放光明照大千。""佉卢左字力横驰,台阁官书帖括诗。守此毛锥三寸管,丝柔绵薄谅难支。""白马东来更达摩,青牛西去越流沙。君看浮海乘槎语,倘有同文到一家?""寸寸河山寸寸金,瓜离分裂力谁任?杜鹃再拜忧天泪,精卫无穷填海心。""又天可汗又天朝,四表光辉颂帝尧。今古方圆等颠趾,如何下首让天骄?""青者皇穹黑劫灰,上忧天坠下山隤。三千六百钓鳌客,先看任公出手来。"(《诗草笺注》下,第715—718页。)黄遵宪曾手书此诗,亦云"戊戌四月作"。光绪二十八年十一月(1902年12月),黄遵宪于致梁启超函末附录"列国横纵六七帝"和"青者皇穹黑劫灰"二首,并说:"此丙申四月赠公诗六首之二。此纸未尽,仿《新民报》例,附识于末。"黄遵宪与梁非举人同年,题称同年,疑是从其季弟遵楷之称,遵楷与任公为举人同年。(《钱谱》,第716页。)黄遵宪对于青年梁启超之提携,亦有不认同者。"先生到沪后,始交黄公度先生。是年秋又交马相伯先生良、马眉叔先生建忠……马先生以任兄年尚少,宜习一种欧文,且不宜出世太早。其主张与吴小村先生相同,谓黄公度先生为贼夫人之子。自丙申秋至丁酉冬一年半之间,与马相伯先生几无日不相见。"(丁文江、赵丰田编:《梁启超年谱长编》,第56页,上海人民出版社1983年版。)

五月初三(6月13日),郑孝胥诣洋务局,作书与黄遵宪。(《郑孝胥日记》第一册,第561页。)

五月初四(6月14日),黄遵宪致函朱之榛:"竹实先生大人执事:别来匝月,久未奉书,实因料理江西、湖南积年教案,纷纭缪葛,茫如乱丝,匆匆少暇。而苏州所议,总署函复,已允照行,此刻惟有坐待,以致前奉教言,久稽裁答,想邀谅也。弟商办苏州开埠事宜,收回本国辖地之权,不蹈各处租界流弊,抚衷自问,差幸无负。然议成之后,条约具在,参观互勘,不难知其得失。而局外口说沸腾,尚不悉其用意所在,乃亦叹中丞始终主持,卓识定力实为难得。我公向来未办外交,而烛照数计于中外之利弊、当前之情势了然于心,口诵耳受,当机立断,所谓'运实于虚',所谓'妙于斡旋',所谓'虚文实政,相辅而行',乃与总署'身历艰难'之语,如一鼻孔出气,何其神也。弟是以顿首投地,佩服无已也。总署之意谓:'西人踵至,六条争回之利,藉后议证成;六条未画之事,藉后议补救。'诚为精论。将来意、法续议,如失利益,陇蜀将更无知足之心;如能照行,胡越亦可作一家之想。我公成算在胸,自无难措置裕如也。近日教案将次就绪,旬当完毕,或将他往。弟于倭议必终始其事。如月内得有复音,必拨冗前来,再聆雅教。手此布复,敬请勋安,惟鉴。不宣。弟遵宪顿首。五月四日。再,近阅上海各报,言苏州机房工人挟众滋事,传闻不一,竟有谓厘局被毁者。闻之极为驰念。韩非有言:'贤不敌势。'仓猝变生,不遭扰否? 便中幸示一二,以慰悬企。再请勋安。不尽欲言。弟又启。再,香帅前发电时尚未见弟函禀,嗣后更无续议。近有自鄂来者,述其颇悔前议,然其用意在力顾大局,要不失古大臣用心。迩闻蜀人侍御吴君密奏称:苏州开埠所议极善,请饬川督一律照行。已奉旨依议,密以奉告。又启。"(《全集》上,第 370—371 页。)

五月初七(6 月 17 日),黄遵宪致函王秉恩,谈及合股经营煤炭生意之事,函称:"雪澂兄长执事:近有自武昌来者,询悉善况,出奉板舆,入参帷幄,起居佳胜,闻望日隆,极以为慰。月之朔日,曾电请孙君留鄂候文,当已邀鉴。弟之初意,原欲俟孙君查询一切,再行定议。乃近接芸阁来函,又晤仲鲁面述,乃知铁政新旧交换之际,官商转移之间,业已定局。以现在计,每月煤二千吨,可溢息一千元,焦炭千吨,亦可溢息千元,每岁可得二万元左右,而纠集股本,约有二万,便可集事。惟急就之章,仓猝难以召募,稍一贻误,又虑捷足者争此先得,大力者负而趋。不得已有仲鲁、芸阁各出五千,先行开办,即用孙荫兰、文陶甫司其事,而公推仲鲁为总裁。计此贸易,将来扩充,可分售上海,他处必胜于开平。诸矿所难者用人耳。公如有意,请就近查询,各事商之仲鲁。将来于弟分股本,可以分让。而公住鄂,亦易于料理。前已与仲鲁言之,乞为转商详示,无任企盼。弟近办教案,易于就绪,惟苏州开埠,彼国尚无复音,得复后仍须往苏一行耳。匆匆手布,即叩侍安。弟遵宪顿首。五月七日。"(《全集》上,第 371—372 页。)

五月十二（6月22日），《时务报》报馆连续三天在《申报》上刊登告白，宣布"本馆拟专发明政学要理及翻各国报章，卷末附新书"，即将"择日开张"。黄遵宪出面聘请英文翻译张坤德，又托日本驻沪总领事代聘日文翻译古城贞吉，俄文翻译刘崇惠京师同文馆俄语课毕业，时为该馆教习。也是由黄遵宪聘请。法文翻译由张之洞手下办理洋务的郭家骥担任。期间，黄遵宪向黄幼农、黄承暄、朱之榛等人募得捐款数百元。

五月二十（6月30日），黄遵宪致函盛宣怀，请其关照《时务报》之发行。函曰："杏荪仁兄大人阁下：昔游海外，久想风采，去秋获侍，殊慰渴怀。时局艰难，风气闭塞，非有通识大力，不足起废箴盲。海内如公，复有几人，手挽狂澜，众所属望。闻铁路之举，将以阁下独任其劳，似此巨工，舍公谁属，一切鸿画，想已粲然。弟自商约粗定，接办教案，头绪纷繁，日罕暇晷，自顾绵薄，辄用兢兢。近与一二同志在此创一报馆，欲以裒集通人论说，记述各省新政，广译西报，周知时事，似于转移风气之道略有所裨。惟邮政未通，道里辽阻，分寄各省，其事颇难。顷同人集议，除托信局坐省邮递外，拟托各电局代任其劳，每局约分派十数本。局中素有送报人，易于集事，照章例有费用，亦不敢空劳。内地民气闭塞尤深，计惟此途可以遍及，阁下义拯饥溺，谅有同情。今谨将所拟办事章程呈上数纸，若以为可行，乞费清神传语各处电局，属为将伯之助，不胜感铭。可否之处，皆望示复为祷。专肃布臆，敬请勋安。诸惟鼎照不既。愚弟黄遵宪顿首。前书缮就，拟寄武昌，闻公乘舟东下，走询尊寓，知公又回珂里。弟因苏州开埠事复来此间，前议六条，总署以为用意□妙，深合机宜。夔帅□□保我固有之权，不蹈各处租界流弊，虽外间不知者颇滋诟病，而当道不为摇夺。不意彼族狡谲，竟全行废弃，国势屡弱至此，念之实为寒心。中国士夫暗于时势，真不啻十重云雾。现与同志数人捐资设一报馆，冀为发聋振聩之助，而苦于派送无人，欲托各电局分任其事，知□□□□谅必俯俯诺也。章程送阅，乞谂正之。亟欲趋谒，未审能少赐须臾之暇一领大教否？书不尽言，再叩勋安。遵宪再启。五月廿日。"（《全集》上，第372—373页。）

五、六月间（7月），黄遵宪致函王秉恩，谈及苏州与日谈判事："顷送呈一诗，当邀鉴，乞并致蔼仓观察。如乞赐和，尤为忻感。昨日一稿，请手评数字掷还。补中益气仍服否？想胜常矣。手上雪澂老兄同年。宪顿首。三日。有一要事，另折呈览。此事经营半载，赖大帅指挥，始克定议，然尚未与倭人订定。弟以为此事必能办到，可为四省造福。他人毁之，殊可惜也；他人成之，又殊不值也。久欲与公言，因公病未及，能有何法，俾大帅卒成其事否。又及。乡人张鹏，仆役之姻亲也，曾承赍荐于保军，而贫不能归，又虑遣散，则无唸饭处，欲求公安置之于李君先义营中，既屡言之，而弟忘举以相告。行且别，附书此，乞公留意。宪又顿首。"(《全集》上，第374页。）

五月二十一（7月1日），黄遵宪致函朱之榛，谈及设一时务报馆以开民智："暴雨郁闷，昨接快谭，使人神爽。弟尝谓：'与晓事人语，正如大暑中服清凉散。'公谓然否？日来调养，当可勿药必复元矣。近日粤中汉军亦有纠众哄官一事，朝威不尊，民气益嚣，恐伏莽之忧方起也。（本月十一日，徐州之丰砀一带有土寇滋事，旋即解散。）士夫不达时务，如契丹主所谓：'宋人视我隔十重云雾。'弟近约同志设一时务报馆，藉此大声疾呼，为发聋振聩之助。章程送阅，乞为弹正。时事实不可为，观于苏议，益灰心短气，行当屏弃百事，从事于空文耳。惟珍摄。不宣。竹实先生执事。弟宪顿首。五月廿一日。"(《全集》上，第378页。）

五月二十四（7月4日），黄遵宪致函汪康年、梁启超，谈及《时务报》事宜。函曰："穰卿、任父同年执事：得十八、廿二日手书，藉悉一是。应复各事，用杜征南所谓跳行文法，一一缕布。盛杏苏方伯又回上海，差池不见，前函已由盛太公收寄。顷拟再作一函，抄前书附去，匆匆不暇，明日再寄也。朱竹实观察见公启，愿助一百元。此公聪明绝伦，惜以目废，不然，一救时好封疆才也。陆春江亦愿襄助，多寡未可知，此外方伯诸公当可酌助。此间有坐省，一名陈德懋，一名吴成松，专理各府县文报，托令代办，诚为两便，即托人问商，或召之来可面议也。前嘱刊公启单张者一二千张，如出知单，可每人派一分。前装订成本者，可以贻同志，亦惜费法也。托代《万国公报》及格致书院代派，此法可行。其主笔蔡紫黻，攻（系）〔击〕之者多，然才调可爱，所译文亦可诵，可走访之，一联络也。嘱黄春芳联络各报，亦可行，可先出公启示之。此报别具面目，申沪各报，应不虑其搀夺也，何嫉妒之有？此报主义，在集捐资作公款，阅报风行以后，或不虑支绌。然惜费以期持久，亦名言也。不可不时时念之。凡销售、承揽、开张一切商业公家言，此报中不可用，望以时检点为嘱。为守旧党计，为言官计，所谓本馆论说，绝无讥刺，已立脚跟、踏实地矣。其他一切忧逸畏讥，伤禽恶弦，无怪其然也。谓穰卿勿视为性命身心之学，谓卓如当为敖前七伏，畏首畏尾不敢为,然以吾辈三人计,弟身在宦途,尤畏弹射,然公然明目张胆为之,见义则为,无所顾忌。上年强学会太过恢张,弟虽厕名,而意所不欲,然一蹶即不复振,弟实引以为耻。弟但虑其费少,不克久持耳,他非所恤也。刘某者,此间洋务局襄办,能通倭语,小有聪明。弟奉岘帅奏留专办此事,此辈不以不能为耻,反有市井争夺贸意之心。及其事议成,盖觉无颜。逮广雅主持异议,于是口说沸腾,从而附和,嚣嚣嗷嗷,至于不可听闻。所谓萋菲者,不过诬捏口语,增益其辞,谓弟攻击广雅耳,故有某某人鄂将生大波之言。弟于广雅,内感知己,外持公谊,无不可告人之事。弟保举监司十数年矣,并未请分发。近虽南北洋左提右挈,连章交荐,弟亦未就一官一职。平生不乐仕宦,于此思之烂熟矣。此岂宦海风波所能摇撼者,虽百刘秩,其如我何?同年梁节庵尝称我为'绛云在霄,舒卷自如'。彼等小人穿窬之盗,亦枉自作小人而已。此人熟次亮,当系陈言。将此告穰卿,嘱其宽怀,并嘱穰卿告节庵可也。吾辈事期必成,非阻力所能阻。谓此刻勿盛气、勿危言,不可以发扬蹈厉,言者是也。现布置一切,如事事已备,仍于七月望日刊布。否则敬俟李苾园先生奏议复定,奉旨后举行,亦无不可。是非同异之言,太多闷损。弟生平空空洞洞,自谓同时辈流中差有一日之长也。今日又见领事,复以专管界万难照行。此事在苏州恐不能结。顷又接岘帅电,以六安州教案一事,饬弟与领事妥议。二三日间,当仍来沪,凡百俟面谭。酷暑逼人,汗涔涔如雨,不能多及矣。惟珍摄。不宣。弟宪顿。五月廿四日。"(《全集》上,第375—376页;上海图书馆编:《汪康年师友书札》第三册,第2334—2336页,上海古籍出版社1986年版。)

上半年某月二十日,黄遵宪致函朱之榛,谈苏州开埠事,函云:"竹实先生大人阁下:承示过誉,惭感交集。上年奉寄谕垂询、大府札议,因上此塞责。中惟制土货就厂抽税一条可采。闻总署既据此立议,未审能否就范耳。租税各事,应由议约大臣商订,饬外省奉行,外间所应筹者,如何抽收、如何防弊耳。知公固有成算矣。积雨沉闷,不得出门,聊书数语,以当面谭,容暇再趋承大教,一豁积悃。手此,敬请勋安,惟鉴不宣。教弟黄遵宪顿首。廿日。"(《全集》上,第377—378页。)函中云租税事推断,该函写于光绪二十二年(1896年)上半年某月二十日。

六月初二(7月12日),黄遵宪致函汪康年,推荐亲兵王林到时务报馆谋一差使。"亲兵王林,易实甫荐来,曾随实甫奔走于炎风朔雪之地,谓其忠实可恃。惟此间人浮于事,无可位置,馆中杂役有可录用之处,乞为留意,或即令趋侍,统乞酌行。穰卿同年兄。宪顿首。初二。"(《全集》上,第378—379页。)

六月初六(7月16日),黄遵宪致函汪康年、梁启超:"日昨所言写字人刘君,已与商订,每日写字二千五百以上,月费八元,特嘱令前来叩谒,恳推情录用为盼。穰卿、卓如同年。弟宪顿首。六日。"(《全集》上,第379页。)

六月初十(7月20日),黄遵宪致函汪康年,为推荐亲兵王林到报馆事致歉:"荐兵役入报馆,易武为文,所习非所用,此弟之误也。(实甫来函亦称其人止可充亲兵云。)既不堪用,便可驱逐。前在伦敦用一女仆,洒扫应对,饮食浣濯,以一身兼数人之役。奴亦不如,何论其他。言及此,为之三叹!穰卿同年兄。宪顿首。十日。卓如病势似不轻,得汗自佳。然热病以通大便为第一要义,可服西人泻药。(此事问赵君。)穰卿幸善为调护,有疑幸见告。又及。"(《全集》上,第379页。)

本月上旬,黄遵宪致函汪康年、梁启超:"日来函商报馆各事,欲面议决行,而差池不遇,怅然怅然。今夕甚雨,又不能往,明午再函复矣。心绪恶劣不可言。(大儿之妇极婉顺,夫妇均极爱之。病经年甚重,近得南来消息极恶。)何时得从公等快谭乎!手上穰、任二同年。宪顿首。田合通知,其人在巴黎遇一妪,自称田家妇,乃似其母也。"(《全集》上,第380页。)

六月十五(7月25日),黄遵宪致函汪康年:"两日来得书稠叠,均悉。今日以事牵掣,不果行,明当走晤,并周视一切也。穰卿同年兄。弟宪顿首。十五。"(《全集》上,第380页。)

六月十六(7月26日),黄遵宪致函汪康年:"顷间所言仲约先生事,届时乞为代送银十四元,(称年愚侄。)乞察收。匆匆入吴,不再走别矣。手上穰卿仁兄大人鉴。弟黄遵宪顿首。十六。"(《全集》上,第380—381页。)

本日,黄遵宪复汪康年函,谈《时务报》事宜:"【上缺】是是,甚是,邹款他日再刻。吴款亦俟后再定。卓如作为撰述亦好,所聘韩君即可标为标订矣。所以刻出黄春芳名氏者,俾责成有归。他日报销时,即专标春芳名,加总理查核名耳。图书、矿务,即附入后幅可也。(捐款即须刻出,不可迟,以广招徕也。)'告白'如此款式,眉目清朗,自校易看。穰卿复阅,意亦必谓然也。本日又函托王雪澂募捐,湖北总可得千元。京师此电,乃似有生机。吾谓他日毁阻者,必转为誉叹。南京俟弟回去再募,必可得五六百元。穰卿同年兄。弟宪顿首。十六日。"(《全集》上,第373—374页;上海图书馆编:《汪康年师友书札》第三册,第2338—2339页,上海古籍出版社1986年版。)

本日,黄遵宪致函汪康年,此函与"十日"函云梁启超之病内容相同,当为同年同月。"卓如病如何?书数字告我。穰卿先生。宪顿首。十六日。"(《全集》上,第381页。)

六月十七(7月27日),黄遵宪致函汪康年,问梁启超病势,"问卓如昨夕病势如何?头痛、腰痛减否?小便通否?脚手发冷否?有无发寒,有时候否?乞公详举见告,公加意调护之。宪顿首。十七日。"(《全集》上,第381页;上海图书馆编:《汪康年师友书札》第三册,第2333—2334页,上海古籍出版社1986年版。)

六月二十六(8月5日),黄遵宪致函汪康年:"雨甚,不克出门,既约季清、卓如来此,晚间同赴一家春一饭,幸于三四点钟时枉过为感。穰卿先生。弟宪顿首。廿六。"(《全集》上,第381—382页。)

本日,黄遵宪致函汪康年:"示悉。既转告徐秋畦,令黄君即来。写书人昨亦发缄,约节前可到。需款当即送到。下午三四时间拟到馆一看,乞勿他出为嘱。穰卿仁兄大人惠鉴。弟宪顿首。廿六。"(《全集》上,第382页。)

本日,《时务报》报馆连续四天在《申报》上刊登告白,"本报定于七月初一出版,石印白纸,慎选精校,每本三十二页,实价一角五分,每月三本。定阅全年每月收回印资四角二分,先付报赀者每年收洋四元,本馆按期派人分送不误。如欲购者,请至本馆挂号可也。再本报在各省均有代派之处,倘有欲购本报,而就近无处可购,可即将报资信资寄交本馆,当即按次照寄不误。"并向读者预告内容:"本报并由新译各书附印报后,如《铁路章程》《造铁路书》《华盛顿传》《西国学校课程》《俄罗斯经营东方本末》等书,皆新出希见之本,于讲求实学裨益不浅。并此奉告。"(廖梅:《汪康年:从民权论到文化保守主义》,第48—49页,上海古籍出版社2001年版。)

本月,日本政府将荒川已次撤调回国,明确拒绝中方所议的六条新章。

本月,黄遵宪长媳在家中病故。黄遵宪于本年七月十四日(1896年8月22日)致王秉恩函:"眷属来沪,尚安好。惟长媳在家于六月中夭逝,夫妇皆最钟爱,遭此不如意事,益使人百念灰冷耳。"(《全集》上,第386页。)

七月初一(8月9日),《时务报》正式发刊,报馆在上海英租界四马路石路,今上海福州路福建路口。汪康年为报馆总理,梁启超任主笔,根据黄遵宪的提议,聘请有十二位董事。《时务报》为旬刊,月出三册,年出三十三册,终止于光绪二十四年六月二十一日,共计出版六十九册。《尤谱》:"七月,由汪康年经理,梁启超主笔下《时务报》出版。每旬一册,每册二十余页,以石版印连史纸上,极清晰而美观。"(尹飞舟编:《湖南维新运动史料》,第914页。)《钱谱》:"由汪穰卿为经理,梁任公主笔政。每旬一册,每册二十余页。以石版印连史纸上,极清晰而美观,分'论著''恭录谕旨''奏折录要''京外近事''域外报译''西电照译'诸栏。且附载各地学会章程,而'域外报译'独占篇幅至二分之一而强。成为宣传维新变法最著之工具。"(《诗草笺注》下,第1216页。)《时务报》发行风靡海内,梁启超这样描述:"甲午挫后,《时务报》起,一时风靡海内,数月之间销行至万余份,为中国有报以来所未有,举国趋之,如饮狂泉。"(丁文江、赵丰田编:《梁启超年谱长编》,第68页,上海人民出版社1983年版。)张之洞披阅《时务报》之后,大为赞赏,"具见该报识见正大,议论切要,足以增广见闻,激发志气。凡所采录,皆系有关宏旨,无取琐闻;所录外洋各报,皆系就本文译出,不比坊间各报讹传臆造;且系中国绅宦主持,不假外人,实为中国创始第一种有益之报"。于是饬令湖北全省"官销《时务报》"。(张之洞:《咨行全省官销〈时务报〉札》,《时务报》第六册,1896年9月27日。)湖南巡抚陈宝箴、陈三立父子读到《时务报》后,"心气舒豁,顿为之喜",对主笔梁启超深为激赏,相信报纸如能坚持办下去,"必能渐开风气,增光上国"。

七月(8月)前后,陈宝箴上书枢府,请行容闳借款修铁路之策。(马卫中、董俊珏:《陈三立年谱》,第191页,苏州大学出版社2010年版。)又致函荣禄提出:一开矿;一派容闳、黄遵宪借美债,集南洋股;一以三十万饷练湘兵五千。(汪叔子、张求会编:《陈宝箴集》下,第1654—1655页,中华书局2003年版;马卫中、董俊珏:《陈三立年谱》,第192页,苏州大学出版社2010年版。)

七月初二(8月10日),黄遵宪致函朱之榛,介绍《时务报》主笔梁启超:"竹实先生大人左右:违教又匝月矣。每月二三朋从抵掌谈天下事,辄推公为经济才,海内同志词章训诂、义理之学犹不乏人,而政事为独难,是以俯首下心倾服无已也。《时务报》第一期已印就,今寄呈乞正。主笔者为梁任甫孝廉,年甫廿二岁,博识通才,并世无两。公徐观之,必不责其标榜也。体例文章倘有未善,尚求谠正,自当遵命。手此,敬请勋安。弟遵宪顿首。七月二日。"(《全集》上,第382页。)

七月初三（8月11日），黄遵宪复函陈宝箴，谈及自己近况："右铭老伯大人座右：遵宪上年在沪，幸承训诲。窃谓中兴名臣曾、胡诸老，气象犹可想见，私衷快慰，窃自增气。三湘父老，闻荣莅遥临，先已欢跃。而大旱甘雨，劳来安集。果庆来苏，外腾众人之母之谣，内有子又生孙之喜，德音所被，闻者忻舞。正思上笺申敬，远承手教，感愧丛集。遵宪自夔帅奏调，即决意北行，不意江、鄂大吏交章争调。奉夔帅电示，有'五省教案、四省通商，实交涉大关目，得台端一手议结，亦所深慰'之语。遵宪私计，此事数月可毕。现在安徽、江西各省教案均已次第清结，惟苏州开埠一事，经与领事订定缮换照会，而彼国政府尽行翻异，横肆要求，不审何日乃得就范也。前议六条，施政之权在华官，管业之权在华民。夔帅称为保我固有之权，不蹈租界流弊。遵宪区区之愚，亦窃幸得保政权。而外间议者未悉其命意所在，反挑剔字句，横加口语。诚使国家受其利而一身被谤，亦复何害！何意彼族狡谲，坚执约中照向开口岸一体办理之言，遂欲依样葫芦，自划一界，归彼专管也。前奉总署电，有'黄道承办此事深合机宜'之谕。总署近函又有'仍饬黄道一手经理，力任其难'之言。是以岘帅、展帅争相引重，极力縻留。然更改彼议，领事无权；照依又万难曲允，进退维谷，徒深愤叹。夔帅生平未及谋面，其奖借之辞虽出于长者齿牙余论，然知之不可谓不深。北洋为外政枢纽，而大府又开敏周通，无予智自雄之习。遵宪既不能自立，将欲因人成事，舍此更将谁属。惟一时为要务羁绊，无术抽身，以何托词乃能引避？月来展转，乃欲晋京引觐，候旨分发，不知果能如愿否耳。时事日艰，年纪渐老，自分绵力薄材终恐无补于时，负长者期望。捧读温谕，感深次骨，引笔陈臆，惭悚而已。谨肃具禀，敬叩钧安，伏惟垂鉴。世愚侄遵宪谨禀。七月三日。"（《全集》上，第383页。）

七月初七（8月15日），黄遵宪致函盛宣怀，请其支持《时务报》发行："杏荪方伯大人左右：昨抠衣趋谒，未得良晤，殊深怅惘。《时务报》当已邀览，未审钧旨以谓何如。若蒙鼎力维持，为群流倡率，固所愿也抑非敢望也。宪于数日间拟回金陵，如少赐须臾之暇许以趋侍隅坐，重领教言，忻幸奚似。手请勋安，惟鉴不宣。教弟黄遵宪顿首。七月七日。大学堂章程乞赐一分，可否登报，并乞示悉。"（《全集》上，第384页。）

七月初九（8月17日），黄遵宪致函汪康年："今日天气殊未佳，又公事勾当未了，竟不能如约趋访，遣使驰白，以免差池。谓倘有俯商之语，敢请枉驾一谭,(今日不出门,晚间亦可。)宪当在寓拱候,否则明日午后四五点间再修谒也。手上穰卿先生。宪顿首。初九。"(《全集》上,第376—377页;上海图书馆编:《汪康年师友书札》第三册,第2339页,上海古籍出版社1986年版。)

本日,黄遵宪致函汪康年、梁启超,谈及《时务报》捐银事:"昨见盛杏翁,云已订嘱杨子萱缮公函,公寄各电局,凡有商局处,均有电局,不必两歧云云。既本日见杨君,乞订定一切,杏函附呈。杏翁亦如黄幼农观察例,每岁捐银一百元。顷见邹殿书,与之订定捐银一千元,先交五百。第三期报,拟先将捐银数目刊布,以广招徕。移交强学会余款,弟意欲缮作汪穰卿经手捐银若干,何如?星海云南皮不愿出名。舍弟幼达初寄去多少?顷得来函,云可销二十分,下次即照次数寄去。又寄到八元,祈为挂号:一潮州会馆黄幼达,一关道署幕友徐次泉。穰卿、卓如同年兄。期宪顿首。七月九日。"(《全集》上,第384—385页。)

七月十一(8月19日),黄遵宪致函汪康年,谈及《时务报》发行事:"昨见盛杏荪,云愿捐银五百两,分年清交。拟以此说告黄幼农,请其照办。公所言内地寄报酌加信资,(告白中照录章程所载报价外,加此一节。)此事似应照办,即祈草拟办法示愚酌行。似可与某信局订定,此报归伊转派,价从便宜。大约两三个月后,邮政开办,即较易办矣。专理邮递之事,须责成一人。所有捐款及挂号者,断不可漏。龚景张太史心铭,家豪富,甚有志趣,馆在八仙桥有庆里,可送一分去。各关道:镇江、芜湖、宁绍台,均有志此事者,似可每关送数本,他关道亦可送。昨日面商'本馆告白'各节,日内乞将清稿送阅。秋苹已借有法报,日内可以开译,其意决然不受奉金。其人甚耿介,姑如其意可也。穰卿同年兄。宪顿首。七月十一日。"(《全集》上,第385页。)

七月十三(8月21日),黄遵宪致函汪康年:"黄爱棠大令捐银百元,送到乞察收,并将收据掷下为嘱。穰卿同年兄。弟宪顿首。七月十三。"(《全集》上,第385—386页。)

本日,黄遵宪弟黄遵楷之长子黄伯权随母赴烟台省父。本年春夏间,遵楷前往烟台于潮州会馆任师爷职。黄伯权"由汕头搭太古轮船桂林号往上海,在上海住二洋泾桥长春栈,旋往跑马厅沪成桥参见大伯父母,时黄遵宪为洋务局负责人"。(郑海麟、黄延康编撰:《黄伯权传记》,第61页,培富印刷1997年版。)"随后由上海转搭招商局轮船海道赴烟台。"(郑海麟、黄延康编撰:

《黄伯权传记》，第 15 页，培富印刷 1997 年版。）黄遵宪"教导伯权说，海禁大开，洋务日重，不如多习英文。次年，伯权即在芝罘外国人所办之英文教授处始学英文。日后伯权因精通英文入中国银行任要职，实得力于公度伯父之指点。伯权先生晚年自署'赖伯陶'，即意自身的成长过程全赖伯父陶冶"。（郑海麟、黄延康编撰：《黄伯权传记》，第 39 页，培富印刷 1997 年版。）

七月十四（8 月 22 日），黄遵宪致函王秉恩，介绍自己近况，函云："雪澂吾兄大人同年：荫兰回沪，携到手书，敬悉一是。即维侍奉曼福，闻望日隆，至为企颂。斜桥空地，吴铁乔乃闻之胡仲巽者，见胡君询其事，为之言地主人他适，亦难于分购，而别开一纸，云可购之地甚多，公其有意乎？恐元龙湖海之士，未必遽能为求田问舍计也。织布局计日可收效，甚感甚感。近见钱念劬太守陈练军事，未审公管营务兼综其事否？念念！弟所议苏州开埠六条，彼族全行翻案，意谓前议并非照向开口岸章程办理，又非比各国一律优待，声明划一专界，归彼管辖。凡议中所有微妙之意，婉约之词，（总署云尔。）直抉其阃奥，而破其藩篱，总署仍有一手经理之电。然弟则何能为力矣。五省教案，均次第清结，顷已照会总领事，指明各案俱在，不日即回金陵。行止未定，意欲晋京办引见，候音旨分发，或依北风，或巢南枝，或食武昌之鱼，〔或〕饮建业之水，悉听彼苍苍者之位置，并不以人事参预其间也。半年以来，又苏又沪，奔走鲜暇，一事无成，苟使国家受其利，我任其咎，亦复何害！况议者弟未悉其本末耳。参观互较，久亦论定，今则但托空言，此弟所为绕床而行，抚膺长叹者也！眷属来沪，尚安好。惟长媳在家于六月中夭逝，夫妇皆最钟爱，遭此不如意事，益使人百念灰冷耳。何时何地，乃得握手，一倾胸臆。伸纸怅罔，即叩侍安，不尽欲言。弟遵宪顿首。七月十四日。寓沪数月，所极意经营者在《时务报》，以谓手无斧柯，此报可以作木铎。今已观其成，公见之谅不能不击节叹赏也。然经费支绌，非同志襄助，无以持久。现在捐款不过五千余元，知公同心，千万留意。又及。梁卓如真海内通材，年仅二十二岁。眼中得此人，平生一快事也。"（《全集》上，第 386 页。）

七月十七（8 月 25 日），黄遵宪致函汪康年，函云："示悉。卓如之疾，已汗已泻，不足为患，惟须加意调摄耳。楼上酷热不可住，能于楼下为设一榻否？第二次报照收，日间回宁，望将三次之报给卅本。（一期再给卅、二期再给十本。）缘前交之报，已送清矣。大约明日去，迟则后日，惟清理各事颇冗,尚须图一晤也。穰卿同年兄。宪顿首。十七日。"(《全集》上,第387页。)

本日,黄遵宪又致函汪康年:"今日既告范德盛支五百元入报馆数,明日可持折登记,其半数俟八月间可清交也。穰卿同年兄。宪顿首。七月十七日。秋睢昨来访,意为石印机器急于求售之故。弟告以索价太昂。渠谓可减。日间幸偕顾我,可以决此事也。日来事颇冗,如枉驾,必先告。又及。"(《全集》上,第387—388页。)

七月十九(8月27日),刘坤一致函江苏巡抚赵舒翘,让其放黄遵宪北上任职:"黄公度因闻北洋相需甚殷,将以津海关为之位置,故亟欲修谒。而以请咨引见为名。弟以该道既抱奢愿,默计此间无力相偿,朋友相与有成,不敢苦为维萦。"函中,刘坤一称黄遵宪系"奏留"办理埠务人员,现在事尚未完,难以用"销差"名义同意其离职,要赵舒翘衡量,如可行,请巡抚衙门发给咨文。(陈代湘校点:《刘坤一集》第五册,第84页,岳麓书社2018年版。杨天石:《黄遵宪与苏州开埠交涉》,《学术研究》,2006年第1期。)

七月二十一(8月29日),黄遵宪回宁销差。《郑孝胥日记》:"诣局。黄公度观察自沪回。午后,爱苍来,亦今日自上海至。"(《郑孝胥日记》第一册,第569页。)七月二十五日(9月2日),黄遵宪致陈三立函曰:"五省教案已一律清结,即于廿一日回宁销差,及请咨北上办引见,到津留住。"(《全集》上,第388页。)

七月二十二(8月30日),郑孝胥"诣局,以黄观察所寄公费还之"。(《郑孝胥日记》第一册,第570页。)

七月二十三(8月31日),黄遵宪致函江苏布政使邓华熙,请为帮助寻找苏城内外精确地图。邓华熙,字小赤,广东顺德人,咸丰元年(1851年)举人。"小赤老伯大人左右:昨抠衣修谒,得承清诲,惟感无已。侄现在亟欲觅一苏城内外精确地图,尊处如有善本,仍乞惠假一阅。或若书局中有十里、五里、二里半开方各图,如能发卖,自可饬人分别购取;如并非卖本,可否饬役代为索取一份?至感至祷!昨面陈要事,本非遵宪所应办,故未敢越俎多渎。惟商埠定议,一经开辟,必牵连及此。若预为筹定,俾遵宪奉作南针,庶随时因应,不生歧误。匆匆布愫,即请勋安,惟鉴达旦。愚侄黄遵宪顿。廿三。"(郭真义:《对〈黄遵宪集〉的补遗与正误》,《嘉应学院学报》2007年第1期。)

本日,郑孝胥诣局,"与黄观察谈久之"。(《郑孝胥日记》第一册,第570页。)

七月二十四(9月1日),黄遵宪再次致函邓华熙,请教日人地租地价等事。"小赤老伯大人阁下:昨奉惠示,敬悉一一。地租地价等事,侄前拟办法,禀请中丞交局员妥议。侄由泸再来,所议已略有头绪,是以仍请中臣饬刘守一手经理。现经议毕,与前议并无出入。惟侄意不分等第,概作每亩二百元,而洋务局以曾经行文,仍少三等,然亦无关紧要也。敬将缮折呈览。一二日间仍乞掷还。此非密议,又是定稿,本应早日由局抄呈尊处也。手肃,敬请勋安。"(郭真义:《对〈黄遵宪集〉的补遗与正误》,《嘉应学院学报》2007年第1期。)黄遵宪写给邓华熙的两封信,是黄遵宪从侄孙黄广昌于1960年新加坡王仲厚《追述黄公度之生平》一书的"照片之十三"中录出,并附有这两封信影印件。

本日,郑孝胥"诣局,黄观察邀谈"。(《郑孝胥日记》第一册,第570页。)

七月二十五(9月2日),黄遵宪致函陈三立,谈及近况。函曰:"月初旬上一缄,当邀鉴矣。五省教案已一律清结,即于廿一日回宁销差,及请咨北上办引见,到津留住。惟中丞赵公日来三次驰电催促赴苏,已恳岘帅电复,告以苏州一地如无局面,乞勿絷维等语。岘帅再三叮嘱必赴苏一行,明日即往,大约北上十之七八,留南亦仍十之一二也。奔走半年,举呕尽心血之六条善章,彼族概行翻案,实可痛惜。此半年中差自慰者,《时务报》耳。(能以吴铁乔让我作报馆总理否,亦可兼矿务。穰君恳勤可敬,惟办事究非所长也。)公亦必谓然矣。到苏后定期北行,再当驰报。手叩侍安。伯严大弟学长。遵宪顿首。七月廿五日。"(《全集》上,第388页。)

七月二十六(9月3日),郑孝胥"复至局,与黄观察谈久之,刘聚卿、况夔笙、陈善余皆在坐"。(《郑孝胥日记》第一册,第570页。)

七月二十七(9月4日),黄遵宪赴苏州见江苏巡抚赵舒翘。郑孝胥"诣局,送黄观察行"。(《郑孝胥日记》第一册,第570页。)

黄遵宪的六条章程已受到张之洞等人的严厉批评,而总署却要黄遵宪继续与日方谈判,"一手经理,力任其难"。黄遵宪已感此事难为,又正值王文韶要调黄遵宪到天津海关任职,遂萌去志。(孔祥吉:《黄遵宪若干重要史实订证》,《清史研究》,2010年第2期。)乃于二十七日动身北上。《钱谱》记:"马关条约许以苏州、杭州两处为租界予日本,政府以交涉属南洋大臣新宁刘岘庄(坤一)督部。坤一委先生为苏州开埠事宜委员,以全权畀先生,使与日领事珍田舍巳会议。珍田氏者,日本第一流外交家,后此曾任数国公使者也。先生以苏、杭腹地非江海口岸比,因议自营市政。凡所以便外旅者,纤悉备至,而独靳治外法权弗与。珍田氏竟莫能难。

议约时,先生奔走江宁、苏州、上海间,一月三往来。殆画诺矣,有以蜚语相中者,谓先生受外赂,为他人计便安;而日本政府亦怒珍田之辱命,乃撤回,而抗严议于我政府,我政府亦终屈也。先生所拟之约遂废。"(《诗草笺注》下,第1216—1217页。)

八月初三(9月9日),两江总督刘坤一再次致函江苏巡抚赵舒翘,劝赵尊重黄遵宪的意见,"听其自审"。(《复赵展如》,陈代湘校点:《刘坤一集》第五册,第85页,岳麓书社2018年版。)

八月初(9月),黄遵宪离苏赴沪,行前,他找朱之榛告别,未遇,留一函云:"少坐待驾未回,殊深怅罔,回舟即解维,回沪数日间当北上。教案已一概办结。商务事败垂成,甚以为惜。两省驰驱,半年奔走,而一事无成,惭无以对我知己,他日有缘再图良晤。手上竹实先生。教弟期宪顿首。外留《时务报》一包,乞饬人代送,因弟处无人又无暇送去也。又及。"(《全集》上,第390页。)

八月初(9月),黄遵宪致函陆元鼎,谈薪水事。黄遵宪因身兼数职,有多个衙门为其支薪,但其廉洁奉公,例不多取。函中□为原札文字污损,无法识别。"春江仁兄廉访大人执事:昨以星夜入吴,匆匆修谒,立谭俄顷,未布所怀,甚为歉仄。抵沪后,奉电示询弟分薪水汇寄何处,译诵之余,且感且愧。弟既未襄办苏州商务,实未便再领薪水。半年以来,两地驰驱,新议各条,承中丞电告,总署许以深合机宜,而彼族已允复翻,岂言无施,方且上惭大宪,下愧同寮,又益以虚糜廪禄,更□人无地自容,苟以循照局章,谓应行支领,第实未敢拜受。若特出于中丞厚意,敬求阁下善为婉辞;万一辞不获已,责以厚恩九百之粟,则力却转近□矫廉。一俟颁发到日,自当缮领缴呈备案。委员李君宝濂已承电及,即令缮具墨领寄呈。该项如不便汇寄,请函告上海道署划支送来,准可□收。弟准于初九十日附'海晏'北上,知念并及。手泐布复,即请勋安,惟鉴不宣。教弟期黄遵宪顿首。八月□。"(《全集》上,第390—391页。)

八月初六(9月12日),黄遵宪致函梁鼎芬,内谓:"节庵同年左右:在金陵时曾草一缄,托沈蔼仓赍呈,内有南皮尚书寿言,当邀鉴矣。前谒新宁,以苏州商务,总署有'仍饬黄道一手经理,力任其难'之电,故一再挚维,既知其不可,嘱往苏,苏亦同此意。然决计北行,遂变销差而为请假,不复须咨文。今既拔赵壁赤帜,而划分刘氏鸿沟矣。惟未获之楚拜辞,因是为耿耿耳。(到鄂恐复作句留,而时不可迟,故遂不来。)昨接葵帅复电,有'钦迟既久,忽奉好音,良深欣慰'之语,用意殊厚。初十日即由'海宴'北上矣。见南皮制府札,于《时务报》力加推奖,通饬各属购阅。此半年来一快心事也!公何时来沪?支月钱折子到日,可向范秉初取来,已缮存伊处。倚装作数行,启程时不再电,当于(栎)〔析〕津相见也。手叩道安。遵宪顿首。八月六日。"(《全集》上,第388—389页。)

八月初七(9月13日),黄遵宪有书寄郑孝胥。"黄观察来书。二鼓,复得黄观察自沪来电,托为领批准垫款。"(《郑孝胥日记》第一册,第571页。)

八月初九(9月15日),陈宝箴上《密旨荐人才折》,荐恽祖翼、赵尔巽、李有芬、黄遵宪等。内称:"奏调江南补用道黄遵宪,识量闳远,学有本原,尤能究习洋务,洞中机宜,精思大力,足任艰巨,洵为今日救时之伟才。"(汪叔子、张求会编:《陈宝箴集》上,第227—228页,中华书局2003年版;马卫中、董俊珏:《陈三立年谱》,第194页,苏州大学出版社2010年版。)

八月初十(9月16日),黄遵宪搭乘"海晏"轮船北上天津任职。《尤谱》曰:"九月,先生以总理衙门征召离沪赴京。"《钱谱》:"梁启超《创办〈时务报〉原委记》云:'公度在上海,至九月方北行。'又《饮冰室诗话》载何藻翔《挽公度诗》自注云:'丙申四月,公奉召入都。'二说不同,核之事实,当以九月北上为是。梁《志》云:'光绪二十一年,奉旨入觐。'相差一年,疑梁氏笔误。"两《谱》皆以九月离沪赴京,皆误。因其不知黄遵宪是赴津任职而北上,非因"奉旨入觐"。

本日,黄遵宪致函汪康年,告以:"匆匆北上,不及待公回沪,至为怅罔。《时务报》规模大定,必可风行。惟馆中各事尚有应随时损益者,条具别纸,乞为酌裁。其他任甫面述,不多及。手上穰卿同年兄。弟宪顿首。八月十日。"(《全集》上,第389页。)

八月十五(9月21日),黄遵宪向北洋大臣直隶总督衙门报到。黄遵宪给王文韶的禀文,直隶总督王文韶呈递《为陈明分省补用道黄遵宪,未敢以闲散之身自耽安逸现已抵津事》奏片。(孔祥吉:《黄遵宪若干重要史实订证》,《清史研究》,2010年第2期。)杨天石谓:八月十六日(9月22日),黄遵宪抵达天津,向王文韶报到。直隶督署在保定,而北洋大臣多在天津办直督事。(杨天石:《黄遵宪与苏州开埠交涉》,《学术研究》,2006年第1期。)

八月二十一(9月27日),黄遵宪致函汪康年、梁启超:"遵宪于十五日到津。启程时不及待穰卿东下,殊以为歉。然留交一纸,设董事、加月俸,谅可照行也。同舟张弻士言助银五百元。(可先登报,银随后交。伊言南洋可派百余分,俟十月底回去再办,须自第一期起云。)到烟台发电湘中,催铁乔早来。所携报已交慕韩,并见王莞生,言津郡可派至四百份,日新月盛,闻誉回驰,深为喜慰。初办此事时,弟谓生平办事多成就,未必此事独不成,然究竟无把鼻,赖二公心力思处议,相与维持,俾宪得袖手观成。此亦山谷于东坡所谓赞扬不尽者也。甫卸装,甚忙,先就报中数事言之,他不暇及。即问穰卿、卓如同年道安。弟遵宪顿首。八月廿一日。"(《全集》上,第389—390页。)

八月二十五(10月1日),黄遵宪自天津致函汪康年、梁启超,谈及《时务报》事:"宪于廿一草布一缄,是晚邓仲果到,携到手书,祗悉一一。条复如左,即希鉴察。

"一、颂榖专司校勘兼及稽查,(谓收发事宜。)仲策司润施兼编排,均属可行。二君月薪,即乞商定照办。

"一、秋苹志趣好,性又耿介,亦愿就此馆,与诸君子讨论,以期进益。在沪濒行时,已函邀之,或竟能来。月薪现拟五十元,后再酌加。或为别图一事,其平生不甚争此区区也。

"一、此间新调一俄文教习来,名刘清惠,字荔孙,年廿四岁,美材也。原籍山阴,其祖父以幕游京,今遂为宛平人,曾进学。现与之订每月三次,每次交二三千字来,照章送津贴银廿元。昨已托其向俄领事觅报。现有《珲春报》,(闻有满文、俄文合刊者。)将来拟嘱其专译东西毗连界内事及俄国东方政略也。

"一、吴铁乔既驰函邀约,到烟台时并发电湘中,促其早来。如竟肯来,到馆后拟请专理馆中庶务,至外面应酬及他处函信,则由穰卿主持也。

"一、少卿作如此举动,殊使人气短。苟安处一年,既名誉四驰,欲别求差使,似亦不难,亦可谓不善自谋矣。渠既欲他徙,自不必强留,请随时物色,以备任用可也。

"一、凤葵九与刘公不甚睦,在局不甚得意,即照制造局薪水或酌加多少,试探其意向如何。(托郑瀚生可也。)

"一、黄子元甚为美材,然不肯小就,能走访之,述弟意与之一商否?或转托其荐人,其他可问郑瀚生。(现充自强军提调,寓虹口仁智里第八弄第三家。)

"一、穰卿言派至五千份未必赢余,是也。年终核算,亦难计其赢余多少。弟意照章每六个月作一结,结算时如至六千份,加薪十分之一,余再递推。如总理、主笔不愿受此，此款似尚无多，仍由穰卿酌行可也。（叶损轩何以失官，幸详言之。）

"一、举董事一节，复函均未之及。弟意此馆已为公众之报，不能不定此法，为长久计。此刻吾辈同心协力，以期有成，事尚易办；如他日穰卿离馆，易一总理，又将如何？亦须一熟筹之。

"一、已经刊布章程，必须照行。不妥协处，可以酌改，然亦须由董事酌行。此项章程，可缮一份，挂之办事房，所谓办事时刻程度，可执此以责人，不然作事无度，又徇情不言，何以持久？

"一、用人中拟补一条，除本馆不用外，如各人自行辞出，必须于一月前声明，以谓何如？

"一、津郡能派至四百份，王宛生、孙慕韩之力也。王君初见，通才达识，殊不可及。此外则严有龄，真可爱，谭吐气韵，通西学之第一流也。

"一、弟现留津，一时未晋京。夔帅已派水师营务处及随办洋务，然弟一时未到差也。穰卿同年兄、卓如同年弟。遵宪顿首。八月廿五。"（《全集》上，第391—392页。）

八月二十九（10月5日），北洋大臣、直隶总督王文韶上《为陈明分省补用道黄遵宪，未敢以闲散之身自耽安逸现已抵津事》一片。该片称："再分省补用道黄遵宪，前经臣奏请，调赴北洋差委，钦奉朱批允准在案。嗣据刘坤一、张之洞先后奏请，暂留江苏并调赴湖北办理教案、商务，亦均奉旨咨行有案。兹据禀称：该员承办江西、湖北、湖南、安徽各教案，迭次与驻沪法国总领事往返商议，现已一律办结。惟奉委办理苏州商务，业与日本领事议定六条，互换照会，经南洋大臣咨由总理衙门核准照办，至今未据日本允准，以后不知何时何地，再行续议。因思北洋奏调在先，未敢以闲散之身，自耽安逸，遵谕八月十五日抵津，呈请奏明前来。臣复查无异。除查明奏案，委令总理北洋水师营务处并随同办理洋务外，谨附片陈明，伏乞圣鉴。谨奏。"（孔祥吉：《黄遵宪若干重要史实订证》，《清史研究》，2010年第2期。）

本日，出使英法义比国大臣龚照瑷奏保黄遵宪："出使英法义比国大臣龚照瑗奏保道员黄遵宪，办理交涉，保护商民，均能措置裕如，力持大体。"得旨："著交吏部带领引见。"（《德宗实录》卷三百九十四。）"八月经出使大臣龚照瑷，以前充新嘉坡总领事劳积奏保，奉旨著交吏部带领引见。"（中国第一历史档案馆藏：《清代官员履历档案全编》第6册，第186页；孔祥吉：《黄遵宪若干重要史实订证》，《清史研究》，2010年第2期。）

本月，李鸿章使俄回国，与俄订密约成，语黄遵宪曰："二十年无事，总可得也。"（《诗草笺注》下，第1062页。）

九月初一（10月7日），北洋大臣、直隶总督王文韶呈递《为陈明分省补用道黄遵宪，未敢以闲散之身自耽安逸现已抵津事》奏片获奉朱批："吏部知道，钦此。"黄遵宪于此时正式任职于北洋水师营务处，一直到次年五月二十一日被任命为湖南盐法长宝道为止。（孔祥吉：《黄遵宪若干重要史实订证》，《清史研究》，2010年第2期。）

九月初九（10月15日），总理衙门致电王文韶，"饬调黄遵宪进京商量，黄遵宪定于十二日进京"。"九月经王文韶奏明，遵调来津，并委总办水师营务处兼随办洋务，奉旨吏部知道。旋经总理各国事务衙门电调来京。"（中国第一历史档案馆藏：《清代官员履历档案全编》，第6册，第186页。孔祥吉：《黄遵宪若干重要史实订证》，《清史研究》，2010年第2期。）黄遵宪饬调入京，乃因日本指责清廷不认真履行《马关条约》关于准新开苏州、杭州、沙市、重庆四口租界之约定。日本政府拒绝中方所拟六条章程之后，继续向清政府施加压力。九月初五日，日使林董到总署，称："马关新约准新开苏、杭、沙市、重庆四口租界，应照向章办理，现中国自定行船章程，日本又不得专界专管及威海卫、山东驻兵之地，均与《马关约》不符，商催逾年，各省迄不遵守。"总署奉命妥协，乃于九月初九日饬调黄遵宪"进京商量"。（杨天石：《黄遵宪与苏州开埠交涉》，《学术研究》，2006年第1期。）《王文韶日记》初九日，"总理各国事务衙门致电王文韶，饬调黄遵宪进京商量，黄遵宪定于十二日进京"。（袁光英等整理：《王文韶日记》，第966—967页，中华书局1989年版。）黄遵宪在京之建议，或许并未有作用。十一日，林董照会总署，措辞更为严厉，要求清政府"以明日正子时为定"。（《总理各国事务衙门奏日本催行马关新约请互立文凭并商订制造税抵换利益折》，故宫博物院文献馆编印：《清光绪朝中日交涉史料》下册，卷五十，第4页，文海出版社1970年版。）在林董的压力下。奕䜣、奕劻等于九月十三向光绪皇帝上奏称："现各该口通商已久，别国本有租界，原难独拒日本，我虽全许，谅彼力亦尚不能同开。此次新约议定，日本武臣议士，以未得格外利益，颇多不满林董之词。林董来署，自言政府责其颟顸，撤调回国。刻当外部易人，意存反复，利害之间，不能不略权轻重，相应请旨，饬下南洋大臣，湖广总督，四川总督，山东、江苏、浙江各巡抚，遵照《马关条约》，饬属奉行，毋令启衅。"(《总理各国事务衙门奏日本催行马关新约请互立文凭并商订制造税抵换利益折》，故宫博物院文献馆编印：《清光绪朝中日交涉史料》下册，卷五十，第4页，文海出版社1970年版。)奏上，光绪皇帝批示："依议，钦此。"不久，清政府与林董议定，"照上海章程办理"。(《三月二十二日南洋大臣刘坤一等文》，《总理各国事务衙门清档》。)清政府既决定屈服，刘坤一等即不再坚持。光绪二十二年十月二十九日，刘坤一、赵舒翘致电总署称："苏埠事自日领珍田会议以来，多方要挟，办理较难。现正商办专界。"(《两江总督刘坤一来电》，故宫博物院文献馆编印：《清光绪朝中日交涉史料》下册，卷五十，第9页，文海出版社1970年版)。光绪二十三年二月，清政府江苏当局与珍田舍巳议定《苏州日本租界》十四条，决定在苏州盘门外、相王庙对岸一带树立"界石"，作为日本租界；界内桥梁道路以及巡捕之权，由日本领事官管理。这样，黄遵宪所精心设计的六条章程遂付之东流，而日方则得到完全的胜利。

《钱谱》：朱寿朋《光绪朝东华续录》云："九月乙巳，总理各国事务衙门奏：苏省初与领事荒川原订六款，日政府驳之。续与珍田商议，久而未定，遂贻日本寻衅之端。"又案当年九月十四日总理各国事务衙门章京顾肇新与俞钟颖手札云："苏界以黄公度所议为最善，日以限制过严，全然翻异。赵中丞于交涉酬应之间，又多隔膜，遂至各持一说，久而未决。杭界经聂方伯力争，与领事议立条款，内惟管界之权，声明仍候两国政府酌定，余均定议。方谓再与磋磨，便可就绪，乃本月初间林董迭次来署，言马关约新开各口，应照已开口岸优利一律享受，现与各省商议，颇多龃龉。辩论再三，词气坚执。十一日，送来照会，开具文凭四条。一、新开各口应准专界专管，中国或允或否，限十二日夜子时照覆，否则即将所定新约作为废纸。势成决裂。本署只得一面照覆，一面奏明请旨。十三日，奉旨依议。即于是日与林使互换凭单，署名盖印，各执为据。此在日本固属非理要求，然苏、杭租界，议论经年，迄未定妥，致成横决之势，缓急失宜，在我亦实难辞咎。现幸波浪暂平，新约已于本日互换。"又当年十一月初六日总理各国事务衙门章京吴景祺与俞钟颖手札云："日约互换时，所索四端，只租界内管理权，苏杭争持数月，一旦化为乌有，仍允其照沪章一律，深为可惜。然此本诸马关约，无可如何。"(《诗草笺注》下，第1217—1218页。)

黄遵楷《先兄公度先生事实述略》云："马关条约，战胜余威，其损失何可复言！该约有'添设通商口岸，以便日本臣民往来侨寓，从事商业工艺'

等语,苏州开埠,实居其一。其驻京日使,则曰'开设日本专管租界,合依《马关新约》而行';其外部告我驻日公使,则曰'总署既允,立饬在苏即行开设日本专管租界',并许以交收租地;其领事则曰'奉本国政府接收专管租地之命,但求按约指地,所有办法,悉照向章'。当时苏州洋务局拟即指定地址,由官购买,交给日本。先兄窃不谓然。旋由南洋大臣刘奏派专办苏州商埠事宜,遂通告日本领事,谓添设五口,应由苏埠开议,其余一律照办,并订期互换照会。几费唇舌,始能允从。乃告以约中所载'添设商埠,以便日本臣民往来侨寓,从事商业、工艺制作',是《新约》所许,只许通商;下文所云'照向开口岸办理,应得优例,及利益亦当一律享受',系紧承上文之'日本臣民从事商业工艺'者而言。遍查中文、日文、英文,并无许以苏州让给一地,听日本政府自行管理之语。于是乎草商埠议案,如日商需地几何,许其随时分赁;则专管租界之语,暗为取消。道路各项,许期不纳地租,而实则为公共之物。租期十年以内,留给日人,而实则还我业主之权。杂居华人,归我自管,则巡捕之权在我。道路公地,归我自筑,则工务局之权在我。凡所以暗破专界、撤开向章、补救《新约》之所穷,挽回自主之权利者,无孔不钻,无微不至。日领以所议各节,越乎本国训辞之外,未敢承受;则告以如必须自立专界,则严禁华人杂居,此为中国自有之主权。重索界内租价,亦不为约章之违反。否则总署所许之地,终不更许他人,专以留给日本;俟将来两国政府商定允行。唯现在日商需用多少,即可随时租赁多少。日领事终为之窘,许以禀候政府训令。其保护主权而伸国法者,实为各口租界之所未有。故凡条约所已许者,能挽回而补救之;条约所未许者,亦未尝授人之隙,妄增一字。其紧要关键,不过将实事变作虚辞,由现在推之他日;亦犹负债者约退后期,别立新单,谓他日家业兴隆,再行设法偿还云尔。总署谓其用意微妙,深合机宜;特虑彼国不能就我耳。乃鄂、浙当道,忽谓日人狡展,毋受其欺;许以将来,即贻后患。同时日本领事亦奉其本国政府之命撤回。其结果仍不出总署之所料,举数月以来,殚竭心力,欲图补救一分,以挽回一分之损失者,终归泡影矣。"又云:"读先兄上某星使论外交书,谓'外交家之能尽职办事者,大抵有挪展之法:如一事期效八成,则先以九成十成出之,以期退步;如一物需价百钱,先预以百二十、百三十,以待其驳减是也。有渐摩之法:如既切而复磋,既琢而复磨,以求精到,如得寸则一寸,得尺则一尺,以期渐进是也。有抵制之法:如此事不便于我,则兼及他事不便于彼者藉以牵制；如甲事有益于彼，则别寻乙事有益于我，以索其酬报是也。而所以行此法者，一以优游巽顺出之；以固执己见，则诿以彼国未明我意；于争执己权，则托于我国愿同协办；于要求己利，则谬谓两国均有利益。不斥彼之说为无理，而指为难行；不以我之说为必行，而请其酌度。不以彼不悦不怿而阻而不行。言语有时而互驳？而词气终不愤激；词色有时而受拒，而请谒终不惮烦；议论有时而改易，而主意终不游移。将之以诚恳，济之以坚贞，守之以含忍。幸而获济，则吾民受护商之益；不幸而不济，彼国亦必服其谋国之忠'云云。其生平所历外交，济与不济，每为内外人所敬服，良有以也。国势愈弱，外人之强迫愈甚。身当其冲者，辄曰'无兵力为人后盾'，固也。然如苏州开埠，实承战败之后；租界向章，如天津、上海等处，均系专管，卒能拆成片段，以折服之。然则当事者幸勿以后盾自馁，果能坚忍诚恳，以尽厥职，安见其无挽救之策哉！"（《全集》下，第1578—1580页。）

九月十二（10月18日），傍晚，黄遵宪登舟入京，有致汪康年函，谈及《时务报》发行与管理事，曰："穰卿我兄同年执事：弟到津后，前后布二缄，知邀鉴矣。比叠接八月廿四日、九月朔日、三日三缄，敬悉一是。兹将应复应告各事，条具如左，敬希察鉴：

"一、第六期报迟至月之二三日始到，七期报亦迟至重九日始到。（仲弢于六日到此，此报随其眷属之舟而来，故较迟。）同人悬盼甚切，以是揣度，各处皆然，故本馆应于邮递一事加意。昨见沈子梅观察，托其于各通商口岸凡招商局船能至之地，均由局船代带，渠忻然允诺，即向索得寄唐凤埗一缄，今以寄呈，请赍函面托，请其分饬各船照办，至祷。局船到岸，只交本局，由本局送到派报处所，每包似须给以多少酒钱，嘱其报到即送，较免迟误。以纸包裹，既费成本，又费工夫，仍虑损湿，能别用竹箧，或用木板，（专用两头以绳束紧，而露其四面，此西人运书之法，以免税关查验也。）或用铁匣（用洋铁匣，已托局船，即用轮递之法，船到时遣人到该船取回。）与否？试商之，并须问局船帐房，以何者为宜。局中各船已托其带，可送予一分，非特酬劳，兼以招来。盖舟中阅看者多，必销售更广也。附陈于此。

"一、存银在银号，事属可行。惟必须求其可靠者，公当任其责。收银单已阅，未知购报之款已收多少，亦欲知其数。凡经理收发银钱，必须将收款入存数，再行支用，方清眉目，至要至要。

"一、封河后,北边寄报甚难。昨与慕韩商,渠云清江淮军转运局,向例每月两发,可以托渠代带。已托慕韩作函,续即寄来。

"一、此报在报馆办事,实深慰感。惟扩充之法,尚须加意多觅显宦,凡藩臬有驿递之责者,展转相托,照鄂善后局意分发各州县,裨益不少。报中派报处所,总须设法增加。各省大书院必须分送一二分。此亦如卖药者送药招牌,好销路自广也。

"一、董事且缓议。用人之责,本在总理。弟意重在此次加薪及功课时刻二事办妥,再商其他。

"一、云涛已来,甚好。(薪水可廿元。)颂穀月俸廿元甚当,惟应令其专司校勘兼及他事。(校勘以上谕为最要,一有错误,易滋疑怪也。)敬塘不能校勘,虽慎密可喜,而读书太少。颂穀校沉静,司此最宜。

"一、卓如不愿仲策在馆襄助,其志趣可喜,应听其意。但出钱食饭则太琐琐,似不必也。

"一、少塘加至七十元可行,欲挂招牌翻译之件亦可行。苟不因此废时误事,应听其便。乞传请少塘。近悦远来章,有二要语,勿忘记也。

"一、刻书须刻有用书,不待言,又须求千人共赏之作,此校难耳。昨由龙君寄《聂军章程》,(可摘要入报。)又何思煌言茶利事,今又寄黄伯中《铁路章程》,均可酌用。

"一、刘君崇惠(前误作清。)所译,今以寄到,与之约,每月交四次,每次二千余字,后当托慕韩矣。

"事太多,又倚装匆匆,今夕即登舟,故不能详备。昨谒夔帅,言穰卿年少时每相过从,弱不胜衣,言呐呐然不能出诸口,而与人酬接,举止亦不佳,然勤恳专一,卒能有成,何意今日竟能作如许大事。宪谓诚然,此馆实非君不能成功。附书纸末,以博欢笑。

"铁乔不知何日来,以彼辅君,必能相与有成也。即请道安,不尽欲言。弟宪顿首。十二日未刻。

"前承垂询《日本国志》,此书久已在粤刊就,今寄九十余部来,惟尚有改刊者,具如别纸,求为照办。他日尚欲将《日本杂事诗》改本交馆印行。宪又顿首。"(《全集》上,第393—394页。)

九月二十六(11月1日),黄遵宪拜访翁同龢,翁记:"黄公度来。以所撰《日本国志》见赠。"(陈义杰整理:《翁同龢日记》第五册,第2947页,中华书局

2006年版。)

本月，黄遵宪奉旨入觐。《钱谱》："九月，先生奉旨入觐……至都甫卸装，即携《日本国志》《人境庐集》访顺德何翙高藻翔郎中，以梁任公之介也。(梁启超《饮冰室诗话》载何藻翔《挽公度诗》自注。)故事，道府以下官必先引见，乃得召见。先生因总理衙门征召至京，本有由吏部带领引见之旨，而部议尼之。乃奉特旨预备召见。"(《诗草笺注》下，第1219—1220页。)

十月十三(11月17日)，黄遵宪"旋经总理各国事务衙门电调来京，十月十三日奉旨预备召见"。(孔祥吉：《黄遵宪若干重要史实订证》，《清史研究》，2010年第2期。)

十月十六(11月20日)，黄遵宪"十月十六日蒙召见一次"。(中国第一历史档案馆藏：《清代官员履历档案全编》第6册，第186页；孔祥吉：《黄遵宪若干重要史实订证》，《清史研究》，2010年第2期。)召见时，光绪帝问："泰西政治何以胜中国？"黄遵宪奏："泰西之强，悉由变法。臣在伦敦，闻父老言，百年以前，尚不如中华。"光绪帝初甚惊讶，旋笑颔之。(《诗草笺注》下，第838—839页。)《尤谱》："奉特旨预备召见，盖异数也。召见时，上言泰西政治何以胜中国？先生答：'泰西之强，悉由变法。在伦敦闻父老言，百年以前，尚不如中华。'上初甚惊讶，旋笑颔之。"(尹飞舟编：《湖南维新运动史料》，第914页。)

十月十八(11月22日)，黄遵宪入觐后，朝廷有意派黄遵宪为出使英国大臣，英使阻之，改放德。《翁同龢日记》本日记：英使"说黄遵宪在新加坡有扣商人四万元欲入己，今留在新加坡总督署"。此事原委如下：先是中国总税务司赫德以新加坡华商将鸦片烟土大量走私进入中国，要求新加坡领事，饬令华商于烟土出口时，填具三联票据，以便在华入口时征税，谓之新章。英政府并未同意此新章之施行，而赫德催促甚力，黄遵宪与总督面商多次，虽然获其口头答应，但是华商一致抗命，并且抢购烟土，准备私运出口。时值南风，华船五六十艘，扬帆待发。领事府不预放行，华商议诉诸法律，经黄遵宪调解，商人同意预付烟土保证金每箱四十元，计八九百箱，约四万元，由黄遵宪指定琼商蔡文宝保管。(陈育崧：《黄遵宪使德遭拒始末》，见朱传誉主编：《黄遵宪传记资料》第四册，第262页，天一出版社1981年版。)黄遵宪于次年初有专札致新加坡总督辩明此事。

十月十九(11月23日)，黄遵宪奉命"以道员带卿衔授出使德国大臣。"(朱寿朋：《光绪朝东华录》。)上谕："命二品衔都察院左副都御史杨儒充出使俄奥和国大臣。二品顶戴记名海关道罗丰禄充出使英义比国大臣，并赏给四品卿衔。二品衔候补道黄遵宪充出使德国大臣，并赏给四品卿衔。二品衔候补道伍廷芳充出使美日秘国大臣。并赏给四品卿衔。"(《德宗实录》卷三百九十六。)"十九日奉旨二品衔候补道黄遵宪,著赏给四品卿衔派充出使德国大臣。"(中国第一历史档案馆藏:《清代官员履历档案全编》第6册,第186页;孔祥吉:《黄遵宪若干重要史实订证》,《清史研究》,2010年第2期。)

十月二十一(11月25日),黄遵宪再次被光绪帝召见。"二十一日蒙召见一次。"(中国第一历史档案馆藏:《清代官员履历档案全编》,第6册,第186页;孔祥吉:《黄遵宪若干重要史实订证》,《清史研究》,2010年第2期。)黄遵宪于十月十六日、二十一日分别两次被光绪帝召见。光绪帝召见黄遵宪的原因,是面谕有关派往德国公使事宜。后以德国不纳,此次派赴外洋未成行,黄遵宪也未到任北洋水师营务处总办,而是在京候旨。直至次年三月十一日黄遵宪致汪康年函中仍说:"弟现仍候旨,俟有明文,乃定行止。"

十月二十九(12月3日),黄遵宪因其任命被德国所拒,致电张之洞,"遵宪禀:密。宪定派往英,奉谕前日,或唆英使到署偶询,遂改德。德使谓,华预商英,不商德,英不愿接,德当照办。现据英使函,言明无预商事,亦无不接之言。已由署电许公,未得复。此次来京,召见两次,上垂意甚殷,廿五召见张侍郎,连称'好! 好!'惟国事过弱,终虑不堪驱策,孤负圣恩耳。艳。"(抄本《张之洞电稿》第19册,《北京来电一》,中国社会科学院经济研究所图书馆藏。)"许公",指清朝驻俄、驻德公使许景澄。"张侍郎",指户部侍郎、总理衙门大臣张荫桓。

十一月初一(12月5日),梁启超为黄遵宪《日本国志》作后序,文曰:"中国人寡知日本者也。黄子公度撰《日本国志》,梁启超读之,欣怿咏叹黄子:乃今知日本,乃今知日本之所以强,赖黄子也;又潸愤责黄子曰:乃今知中国,知中国之所以弱,在黄子成书十年,久谦让,不流通,令中国人寡知日本,不鉴不备,不患不悚,以至今日也;乃诵言曰:使千万里之外,若千万岁之后,读吾书者,若布眉目而列白黑,登庙虎而诵昭穆,入家人而数米盐也,则良史之才矣。使千万里之外,若千万岁之后,读吾书者,乃以知吾世、审吾志。其用吾言也,治焉者荣其国,言焉者辅其文;其不能用,则千万里之外,若千万岁之后,轻材讽说之徒,咨嗟之,太息之,夫是之谓经世,先王之志。斯义也,吾以示诸古史氏,则惟司马子长有取焉。虽然,道已家事者,苟非愚骏蒙崽之子,莫不靡靡能言之深周隐曲;若夫远方殊类,邈绝僲侏之域,则虽大智长老,闻言未解,游梦不及,况欲别闺阃、话子姓、数米盐哉?

此为尤难绝无之事矣。司马子长美矣，然其为《史记》也，是家人子之道其家事也。日本立国二千年无正史，私家纪述秽杂不可理。彼中学子能究澈本末、言之成物者已鲜，矧乃异域绝俗，殊文别语，正朔服色、器物名号、度律量衡，靡有同者，其孰从而通之？且夫日本古之弹丸，而今之雄国也。三十年间，以祸为福，以弱为强，一举而夺琉球，再举而割台湾。此土学子鼾睡未起，睹此异状，挢口纤舌，莫知其由，故政府宿昔靡得而戒焉。以吾所读《日本国志》者，其于日本之政事、人民、土地，及维新变政之由，若入其闺闼而数米盐，别白黑而诵昭穆也。其言，十年以前之言也，其于今日之事，若烛照而数计也，又宁惟今日之事而已！后之视今，犹今之视昔，顾犬补牢，未为迟矣。孟子不云乎："有王者起，必来取法。"斯书乎，岂可以史乎、史乎目之乎？虽然，古之史乎，皆有旨义。其志深，其旨远。启超于先生之学，匪敢曰深知，顾知其为学也，不肯苟焉附古人以自见。上自道术，中及国政，下逮文辞，冥冥乎入于渊微。敢告读是书者，论其遇，审其志，知所戒备，因以为治，无使后世咨嗟而累欷也。"(《全集》下，第1565—1566页。)

十一月初六(12月10日)，《叻报》载黄公度使德新闻一则云："港讯：黄公度现奉有简放中国驻扎德国大使之命。"(陈育崧：《黄遵宪使德遭拒始末》，见朱传誉主编：《黄遵宪传记资料》第四册，第261页，天一出版社1981年版。)

黄遵宪简出使德国大臣，梁启超五天内连发两电报给汪康年，表达强烈的出洋愿望，请汪代转给黄遵宪。"闻公度得英差，信否？前有一电，属转入都，想已代办。弟久蓄远游之志，即行，亦当兼撰报馆之文，必不至如此次之无信也。"(上海图书馆编：《汪康年师友书札》第二册，第1848页，上海古籍出版社1986年版。)随后，黄遵宪奏请调梁偕行，但受到了《时务报》同仁指责。"会公度使辍，不果。"(丁文江、赵丰田编：《梁启超年谱长编》，第51页，上海人民出版社1983年版。)后，"出使美日秘大臣伍廷芳，复奏派为参赞，力辞之。伍固请，许以来年往，既而终辞，专任报事"。梁启超在光绪二十三年(1897年)三月三日致康有为的书中言及辞伍廷芳邀请的原因说："伍使为人庸劣乖谬，待其僚属无人理，且绝非欲办事者。其觅超也，则实其不得已，盖彼中人无一通文义者也。然亦颇由负气，故有再三敦请之恭礼。公度来书言，伍虽邀超，与合肥言之。(殆合肥询彼奏章各事何恃而不恐，故彼言之)。合肥云：'汝何梦？卓如虽在公度处当学生，亦不愿当汝的参赞。'故被意极衔之必欲得而后已。果尔，则就彼后其礼貌之衰否，未可知也。且彼约超欲在使馆代笔墨之劳耳，终日闭在使馆中不能外出，从何处办事，故其席必不可就也。若云荐人,谈何容易!彼处条子数百,非王爷交来,即政府勒令,非一人之言所能入矣。顷超不行,而彼不谅,允以随后方来,彼已将船票送至,实难处置,行装千金,久已用尽矣,拟会试后再商耳。"(丁文江、赵丰田编:《梁启超年谱长编》,第55—56页,上海人民出版社1983年版。)

十一月十一(12月15日),《叻报》刊发黄遵宪使德遭拒新闻如下:"一八九六年十二月十五日,本坡实得力太唔士西报接初八日英京来电云:德廷现已电致中朝,言:中国新简黄遵宪为驻德使臣一事,敝朝廷不允为之承受,因黄君官阶衔小,不足以膺钦差大臣之重任云云。"(陈育崧:《黄遵宪使德遭拒始末》,见朱传誉主编:《黄遵宪传记资料》第四册,第261页,天一出版社1981年版。)

《钱谱》记:光绪丙申十一月初六日总理衙门章京吴景祺与俞钟颖手札云:"上月十九日,简放使英罗丰禄,使德黄遵宪。"黄由甫曰:"当时枢府确系拟先生使英,适总税务司赫德到总理衙门,询及此事,表示不满于先生,枢臣即随口改变黄非使英实使德。闻赫德之不满意先生者,因先生在新嘉坡总领事任时,曾对赫德命查之事,抗辩数次,赫德甚恶之云。"(《诗草笺注》下,第1220页。)《太常袁公行略》云:"丙丁之际,政府诸公,先后累次密谕,询公愿为槎使与否,将以衔命使德。并命人传谕,以抵议见推。公素以重内治立谕,尤不欲以营求自献,自揣于泰西交涉,未能悉当,再三力辞,请另选贤才。政府于是改请简黄公遵宪。""时德人方图胶州,惮先生来折其机牙。总理衙门照会去后,德使来照会,诬称使德者原为罗稷臣(丰禄),黄本使英,因英拒黄,改为英罗、德黄。以英拒受之员使德,德亦不接待云云。总理衙门即以此说诘英,英覆称并无此说。而德使仍辩难不已,力尼其行。"《诗草笺注》卷八《题樵野丈运甓斋话别图》自注云:"宪亦由候补道奉使德国,因德使误听,致生违言。"梁启超《饮冰室诗话》载何藻翔《挽公度诗》自注云:"丙申,将使英。赫德以星加坡领事赃污事诼之。"(《诗草笺注》下,第1220页。)

黄遵楷《先兄公度先生事实述略》云:"当世巨公亦颇知其外交之能,交章推荐,欲假以使英,筹商改约增税事,期为吾民护商之益。(观庚子以后,英国议约,专使马凯竟许以加税改约诸条;则当时赴英,或亦有济。惜哉!)无端以新驾坡征收洋药税事,我客卿欲停止华船贸易,尽归洋船装运,误触其忤。总署亦误会此意,辄恐英人之不怿,于是奉派使德。德人亦误传英不愿接而亦拒之。迨英使证明，并无不愿接待之事实，德遂借口三国抗日，交还辽东，德未酬报；能给一岛为屯煤地，使事无不可言。先兄乃亟恳收回成命，勿因微臣而受要胁。"（《全集》下，第1580页。）

十一月二十（12月24日），张之洞发电杨锐，命其转交黄遵宪："京。乔：转交黄公度。彼族误听传言，致阻乘槎，深为怅闷。译署必另筹位置。祈示。洞。号。"（茅海建：《戊戌变法的另面："张之洞档案"阅读笔记》，第251页，上海古籍出版社2014年版。）

十一月二十三（12月27日），汪大燮致函汪康年，透露了一些黄遵宪使德未果内幕："公度星使事，近日已转机，特将各情详下：前月十四五间黄、罗、伍有召见之信，某使馆筵宴，座有罗，德使海静亦在座。客询使事，罗云黄英、伍美、我则德也。十八英使臣以他事诣译署言及黄，合肥遽生疑，以为不愿黄往，传于枢臣。次日将揭晓，枢臣以合肥之疑词对，仓卒间黄、罗易位。海静初闻罗言已电其国，至是其政府诘之，海疑简使时进译署与英商而不与德商也，遽以闻英不接黄故易对。德廷遂怫然电海致词译署，海遽咨译有不接待之语，李意沮。张行文英使臣，诘其有无此意，咨复明晰，有当日晤会贵大臣并未告以黄将使英，本大臣亦绝无不愿接待之语。越日执此诘海，海赧于引咎执前言。两政府惧张，电许使婉商。许未复，张欲复电许，嘱亲诣德邸，意谓可即得复，无烦续电。嗣许复电，言德将询英。续又电言决意不接待。事几已矣，合肥电许使，有德廷既不接黄，未便因此失欢，但亦遽行改派，请许卸俄事，（并未奏明。）驻德半年，再行请派云云。及冬月廿二海复诣译署，言愿接待，自辞前探不实之咎，始有转机。其实当初海意以误意闻罗言，亦自知过，特一时无从转脸，开路使行，事实非难，而诸君皇皇几失国体。所争之事，乃新嘉坡之案，赫德微讼之而罗实构之，乘机作乱，窃英任不去。阴邪巧佞，倘得位乘时，殆不可问。而公老公事之老到，亦一时无两，倘非如此结实则败矣。可佩可佩。然遭此萋菲，去亦无味，谅必自辞，既全国体，当自占地步。"（上海图书馆编：《汪康年师友书札》第一册，第752—753页，上海古籍出版社1986年版。）函中"罗"为罗丰禄，"伍"指伍廷芳，"合肥"指李鸿章，"张"指张荫桓，"许"指许景澄，时为驻俄公使，"海"指海静，也作海靖，时为德国驻华公使。"两政府"似指军机大臣翁同龢与钱应溥，"公老"指黄遵宪。

十一月二十四（12月28日），黄遵宪收到张之洞电报后，立即回电："承温谕，感甚。初十，德使申给地（沽）〔泊〕舟之请，言华允所求，便可接黄。廿二,复来转圜。转署既以黄有别差,伊不愿往,辞之。至有无位置,自关国体,亦出自圣恩,宪未敢预闻。宪禀。敬。"(抄本《张之洞电稿》第19册,《北京来电一》,中国社会科学院经济研究所图书馆藏。茅海建:《戊戌变法的另面:"张之洞档案"阅读笔记》,第251页,上海古籍出版社2014年版。)

十二月初六(1897年1月8日),黄遵宪致函瞿鸿禨:"昨承折简召食,本应趋陪,惟弟事风波未定,日内托辞外感,杜门不出,凡百酬酢,概行谢却,乞公谅之。水泽腹坚,不复能南行,拟居此度岁,腊底当移居城外,相离不远,过从较易,自当时时趋承雅教,今则仆病未能也。手上子玖先生。弟宪顿首。初六。"(《全集》上,第394—395页。)总署拟派黄遵宪为使英大臣,遭英拒绝,又拟授出使德国,于光绪二十二年(1896年)十月十六日、二十一日分别两次被光绪皇帝召见。使德事后又被抵制。函中云"弟事风波未定",似指此事,故"杜门不出"。又"拟居此度岁,腊底当移居城外",则当写于年底的十二月。

十二月初十(1月12日)汪大燮致函汪康年,谈黄遵宪出使事:"公度事竟如此,可叹可叹!其实上意甚为眷笃,南海每入觐,必问其人。其余未必尽无。惟肯说好话者亦只南海,是以更调他国之说,决乎不行。上谓南海,言当放以道缺,然非枢廷着力,未必任以繁剧,则公度亦将翩然而去耳,甚为国家惜之。"(上海图书馆编:《汪康年师友书札》第一册,第755页,上海古籍出版社1986年版。)

十二月十四(1月16日),何藻翔跋《人境庐诗草》:"《人境庐》五古,奥衍盘礴,深得汉、魏人神髓。律诗纯以古诗为之,其瘦峭处,时类杜老入夔州后诸作。(卷一二律诗,酌存之可耳。)四五卷以下,境界日进,雄襟伟抱,横绝五洲,奇才奇才!丙申十二月十四日,大雪,何藻翔拜读。"(《诗草笺注》下,第1085页。)

本年冬,黄遵宪有书与盛宣怀:"杏孙京卿大人左右:顷趋送,未遇。明日遂展轮否?极念极念。辟寒□帽曾否购得?不克分赠,殊用歉然。阅之西人养生家言,鼻受冷气,呼吸往来不能,中人惟张口,所受外强而内弱,则入多而出少,停留肺府,易于生疾,故避寒以噤口为第一要义。(无日兔之时,鲜人迹之地,尤宜慎防。)并以奉告。在津或沪,可图良晤。凡百珍摄,不尽欲言。弟遵宪顿首。初二。张弼士欲先往之罘,公如往烟,潮州会馆来垱可住,馆主人为舍弟遵楷,(己丑乡榜。)汪柳门之所识拔,张樵丈亦赞誉之。如来谒公,或邀赏识,亦未可知。渠夙仰公名,必可安顿一切也。又及。"(《全集》上,第395—396页。)郑海麟认为,函中言"辟寒□帽曾否购得",故此函应作于本年冬。

又函:"杏荪京卿大人左右:彼此拜访,均劳燕相左,此京华通例,不足怪。所可恨者,未获一豁积悃耳!《日本国志》虽杀青已竟,仅寄样本十部来,早为当道诸公及二三同志索去。在沪时,承公函问,亦无以应命。刻已校定,属印五百部,留时务报馆中,他日必以十部乞正。刘太史请代询寄处,亦必不负约也。明日午前必趋谒,九点至十二点,何时为便?请示悉,庶得良晤。即请勋安,不庄。遵宪谨肃。廿八晚。报八册内有学堂章程,并送。"(《全集》上,第395页。)第一函向盛宣怀介绍在烟台任职的黄遵楷,函中还提到"张弼士欲先往之罘"。第二函则言《日本国志》的印刷。《日本国志》初刻于广州羊城富文斋,于1895年正式出版,次年改刻重刊,补入梁启超作于光绪二十二年(1896年)十一月的《后序》,印于次年春夏间,交《时务报》代为发售。函中提及改刻本已校定,但犹未印出。函末则提及赠送《时务报》八册事,该报为旬刊,于光绪二十二年(1896年)七月一日创刊,第八册出版当在九月底,可知此函大约作于本年冬。(郑海麟、黄延康编撰:《黄伯权传记》,第125页,培富印刷1997年版。)

本年底,黄遵宪有诗给张荫桓,题为《感怀呈樵野尚书丈即用话别图灵字韵》。倾述使德未成之郁闷心情。(张堂锜:《黄遵宪诗歌写作年表》。)诗云:"海南巨鳄顽不灵,非人非鬼绝睹聆。诎强弥隙百无策,罔两铸鼎谁能铭?方今五洲犹户庭,云帆飙舰来不停。海波漫漫槃不掩,天阙荡荡门无扃。突然太行扼井陉,欲上无梯驰无軨。守门猗猗黑犬吠,传书杳杳飞鸾青。背盟绝客出何经,更索巨岛屯飞艃。蛙蛤相呼只取闹,蛟螭攫人先染腥。我生遇合如径廷,累百感心万劳形。西逾万里大漠绝,东居三年蒙雨零。于今忽作闭口瓶,焚香依佛昼锁厅。平生踪迹默自数,将南忽北飘浮萍。故乡梅花今已馨,在山泉水催我听。归携片石问君平,客槎奈犯牵牛星。"(《诗草笺注》下,第726页。)

又有《放歌用前韵》:"归来归来兮穷鬼舍我揶揄鬼不灵,我目无睹耳无聆。迷阳迷阳伤吾足,岂能绝漠渡碛远勒《燕然铭》。平生履海如户庭,风轮逐地驰不停。忽然凤皇受诒鸩告绝,百灵闭门门昼扃。行趋太行越井陉,莫继马兮朝展軨。攀云观日俯视众山小,复走江南江北饱看青山青。不然痛饮读《骚经》,望衡九面浮湘舲。秋风袅袅一叶渡江去,金焦山下下探水窟蛟龙腥。噫吁乎!穷边瓯脱多王廷,尚有五岳留真形。我乡我土大有好山水,犹能令我颜丹鬓绿不复齿发嗟凋零。肩囊腰剑手钵瓶,归来归来兮左楼右阁中有旋马厅。二松五柳四围杂桃李，坐看风中飞絮波中萍。寒梅著花幽兰馨，《小山》《招隐》君其听。归来归来兮菜香饭熟茶余睡觉独自语，京华北望恋恋北斗星。"（《诗草笺注》下，第729—730页。）

光绪二十三年丁酉(1897年)　五十岁

【国内外大事】正月二十一(2月22日)，《知新报》在澳门创刊，创办人有康有为、康广仁、何廷光穗田、梁启超等，该报与上海之《时务报》相呼应，为维新变法运动时期维新派的重要报刊之一。二月(3月)，盛宣怀创办的南洋公学正式开学，先设师范学院，录取学生四十名。此为中国师范教育之始。春，谭嗣同完成《仁学》。十二月(1898年1月)，严复《天演论》出版。

正月初四(2月5日)，张荫桓六十一岁生日，黄遵宪有诗为寿。诗云："入丁出丙寿星祥，四国传夸天上张。冠冕南州想风度，枢机北斗在文昌。金城引马迎朝爽，银汉归槎照夜光。挥麈雄谭磨剑气，独因忧国鬓苍苍。"（《全集》上，第221页。）翁同龢光绪二十三年正月初四日(1897年2月5日)日记："张樵野生日，往祝未人。送一桌（四两），酒一坛（二两）。"（陈义杰整理：《翁同龢日记》第六册，第2972页，中华书局2006年版。）

黄遵宪寿张荫桓未久，张荫桓以诗作答，题为《丁酉生朝，公度赠诗为寿，奉答一首》。黄遵宪得诗后，复作《以诗寿樵丈尚书蒙赐诗和答依韵赋呈》："往迹云泥偶一论，喜公气海得常温。北山王事贤劳甚，南斗京华物望尊。横榻冰厅争问礼，（公不由进士而兼署礼部侍郎，实异数也。）鸣珂紫禁独承恩。（吾粤先辈赐朝马者无几，即庄滋圃、骆文忠两协揆亦未拜此赐。）玉缸酒暖朝回会，愿听春婆说梦痕。（赐诗有"海国春婆"之语。）"（《全集》上，第221页。）

黄遵宪因使德未成，居京无事，心中颇郁闷，有诗《题樵野丈运甓斋话别图》曰："（光绪丙戌，尚书奉使美国，道出广州，倪豹岑中丞为作此图。）四海复四海，九州更九州。既逾海西极，尚非天尽头。今之墨利坚，佛说牛贺洲。通商五十载，聚众千百俦。金椎南北道，铁耜东西畴。世族庾氏庾，专门輈人輈。吉莫制革履，蒙戎缝毣裘。下至洒削技，亦挟瓦墁售。人人辇金归，金山高瓯窶。初辟合众国，布告东诸侯。红黄黑白种，万族咸并收。无端画禹迹,不使隙地留。争食哄鸡虫,别味殊薰莸。横下逐客令,相率合力勠。丸泥封函关,划道分鸿沟。欲使越地舟,同歌筈国篌。公时秉英簜,御侮持干掫。逆阪善转丸,密室工藏驱。谓有百金产,当免南冠囚。(按约往美之华工,应往来自便。美人谓诡托者多,亦欲限禁。凡犯禁者,概加以囚絷。公与外部议,华工在美,苟有千金产者,即不许禁。已诺行,而华工不解此意,转以哄争废约。)凿山通蚕丛,筑台高环榴。拔帜已归汉,右祖翻为刘。(议此约时,上下议员,颇有袒护华工者。)岂图五丁力,竟招众楚咻。华言造蜚语,越调腾怨讴。我时居京都,逢人说因由。恨不后车从,参预前箸筹。(乙酉九月,遵宪归自美国。明年春,公由豹岑中丞驰檄召至广州,命仍充金山总领事。宪以限禁华工之例,祸争未已,虑不胜任,力辞。而争约出于华民,亦非意计所及也。)逮公唱刀环,我复随轩辀。契阔六七载,烟波杳悠悠。忽然地轴翻,东海嗟横流。黄尘滚滚来,蔽天森戈矛。辽东十万家,血染红髑髅。何物掉尾鲸,公然与龙仇。中有枳首蛇,飞飞从鸧鹙。盲云杂怪雨,波寒风飕飕。鲂鲌戒出入,蛟螭互蟠蟉。公复探虎穴,径驱车前驺。丝綮暗无华,云旌惨垂旒。谓我识涂马,召我来咨诹。檥我千里船,撝我百尺楼。战旗卷风急,腊鼓催年遒。竦立诵玺书,未语鲠在喉。皇帝问东皇,两国非寇仇。元元一家子,所愿兵革休。侧闻哀痛诏,泪珠荧双眸。何期尺一书,按剑明珠投。和戎盟已定,辟港事方稠。我奉大府檄,寻约毋效尤。夜郎挟天骄,自比黑面猴。鸮音不革响,马逸难维娄。定议法六条,未审然与不。喜公告典属,语妙言无邮。公亦定载书,气夺藩之酋。颇如云从龙,上下相应求。平生蹑公后,学步随沉浮,(公使美、日、秘三国,使日本国。宪初官日本参赞,继任美国总领事。)超擢出骖乘,(公由皖南道奉旨召见,授三品卿,充总理各国事务大臣。宪亦由候补道奉使德国。)误犯凌斗牛。(公使日本不纳。宪亦因德使误听,致生违言。)凡公所亲历,我亦穷追搜。古称绝域使,例比谭天邹。献环诩《盖地》,折棰夸防秋。《王会》征《职贡》,使父亲怀柔。今日渡西海,受节先包羞。紫凤短褐倒,黄龙清酒酬。与公共此役,积岁丛百忧。艰难比天险,嗟怨惟鬼谋。一灯话畴昔,累夕言咿嚘。宪也初识公,同客齐之罘。哦诗商旧学,漉酒酢新篘。抵掌当世务,时时摩蒯缑。尔时会秦赵,重狱穷共兜。(时以滇南苗人杀马嘉利事,合肥傅相与威妥玛会议于此。)吁嗟海大鱼,已如鱼中钩。尚能跋巨浪,展翼摩天游。指东覆蟠木,图南包小球。环顾四海波,依然完金瓯。即当绘图时,今亦一星周。二老话升平,一室何清幽。入门竹数竿,翠覆云油油。登盘献橙橘,绕屋围松楸。茫茫大瀛海,寸地才一沤。门前水只尺,便通浮海舟。海水绿摇天,中函今古愁。公自翔丹凤,我行从白鸥。再阅二十年,重对话绸缪。"(《诗草笺注》下,第733—746页。)

黄遵宪使德不成,沈曾植有《简黄公度》诗:"楚南大鸟不鸣飞,搔首青冥讵得知。昨梦偶垂龙伯钓,后书终复雁门踦。潭潭古屋高春景,肃肃山民燕处仪。无恙掉头烟雾路,任从剑首唝然吹。"(《海日楼诗》,卷一。钱仲联校注:《沈曾植集校注》上,第187—188页,中华书局2001年版。)黄遵宪有《和沈子培同年曾植》和《游仙词仍用沈乙庵韵》答之。《和沈子培同年曾植》诗云:"荡荡门开翼不飞,九天为正有天知。鸩媒绝我言何巧,猿臂封侯数本踦。缥缈三山信徐市,横纵六里听张仪。云中指点回车路,且任东风马耳吹。"(《诗草笺注》下,第747页。)沈曾植又有《游仙词仍用前韵和公度》云:"夕望高城鸟倦飞,手寒袖短漫相知。何人燕市悲歌泣,有客齐间对语踦。荡荡天门开霁景,悄悄手板萃公仪。山家信有藏风诀,不见呼噏万穷吹。""啄鼎鸡株白日飞,淹留桂树邈难知。长舒云锦衣无缝,妙转风轮毂已踦。药龟有时还葛令,神丹何处逐常仪。泰山治鬼原无俚,且于瑶笙鹤背吹。"(《海日楼诗》,卷一。钱仲联校注:《沈曾植集校注》上,第188—189页,中华书局2001年版。)黄遵宪有《游仙词仍用沈乙庵韵》诗答之:"玉宇扬尘海尽飞,丁宁无遣世人知。误移紫凤图难补,欲探青鸾足又踦。恶水叠经鬼罗刹,散仙犹诩汉官仪。《思归》《送远》天风曲,遥听红墙玉笛吹。"(《诗草笺注》下,第748页。)

黄遵宪见元代文物银槎饮酒器作《元朱碧山银槎歌》,陶宗仪《辍耕录》:"浙西银工之精于手艺表表有声者,屈指不多数也。朱碧山嘉兴魏塘,谢君、余君和平江,唐俊卿松江。"嘉兴府志:"朱华玉,字碧山,武塘人。与吴镇、盛懋生同时,居同里,不欲以书艺与二人争胜,乃独制银器,隐于姑苏皋桥,为一时绝技。天历间,始见赏于柯九思、虞集、揭奚斯,各令制槎杯为寿。世所传至正乙酉壬寅各槎杯是也。"诗曰:"(王阮亭《居易录》:"槎,元银工朱碧山制,吏部侍郎孙北海家物。"《苑西集》又云:"宋荔裳观察所藏,后归于余。"冯金宴《金石索》言:"近藏曾宾谷家。左镌'朱华玉造',右'至正壬寅',图书'碧山'二字,皆小篆也。"或仿其制,出以宴客。为作此歌。)华灯照夜张铜荷,酒池滟滟吹白波。主人醉客出奇器,错落绝胜银颇罗。玉芒锋杀巧削楮,珊枝盘屈纷交柯。中虚龙腹深兀兀,下锐凤尾飞莎莎。滑稽满注妙能转,浑脱安稳平不颇。拍浮凌波舞白鸟,蜿蜒张翅旋丹螺。槎头有人五铢服,挟书傲睨颜微酡。蓬莱三山在台盏,(《逢原记》:"李适之酒器有蓬莱盏,上有三山,象三岛。")靴尖一趯时来过。下镌"至正壬寅"字,朱华手艴无差讹。吁嗟大元起漠北,灭国五十挥天戈。大瓶升酒四白象,行幕鸣鼓千明驼。珠盘玉瓮鸦鹘石,万邦琛赆来求和。使星任指东西极,亦饮白鹄擎金鹅。承平日久文物盛,巧工亦复高巍峨。一杯流传六百载,急觞饮我忧益多。天乎平户覆舟后,寇来又见东海倭。玉尘百斛输不尽,黄龙十舰弃则那。绣衣使者虽四出,强颜媚敌还遭诃。即今回槎令逐客,竟隔上阗遮银河。(《居易录》:"杯有篆二十八字云:'欲度银河隔上阗,时人浪说贯银湾。如何不觅天孙锦,只带支机片石还?'")追思虞揭作高会,(《苑西集》:"元时虞、揭二公,各令碧山制槎为寿。")朝回花底恒鸣珂。清谈定穷星宿海,欢饮应赋《天马歌》。海鸥盗去杯羽化,尚窃形似工研磨。坐观桑田几兴废,如抚铜狄三摩挲。肆工述物亦苦窳,朝官退食无委蛇。攒眉对饮长太息,银槎银槎奈尔何!"(《诗草笺注》下,第749—757页。)

黄遵宪居京期间,致函前新加坡总督施密司,对在新加坡任职期间的烟土税一事作出说明。该文先在《上海西报》公开发表,后又发表于1897年2月24日的新加坡《叻报》。其函曰:"握别以来,瞬经三载。忆仆忝任新嘉坡之际,得以相识尊颜,及识英之善政,并见诸华民之蒸蒸日上,为实得力①各属所不及。然当仆解任回华之际,曾致公文与实得力国家,藉申谢悃,言凡诸外国之人,寄居叻中所受国家益荫,我华人等亦均一律同沾,而国家复设保良局,以保护中国被拐之妇女,更整顿华佣之事,以期无弊。是皆在公任内所行之事,仆五中感谢,不可胜言云云。迨仆回华后,会晤各省大吏及总署王大臣等,曾屡道及公为人之宽大,及为政甚属公平,而王大臣及大吏,莫不甚为欣慕。

"但回忆西历一千八百九十三年五月时,税务司总巡赫德君曾委派力劳君赴屿面谒足下,缘叻中常有私土甚多载往中国,求公复立新章,令诸人于寄土出口时,请领三联票据,方准其土出口。当时公曾经俯允,准其试办。惟此等办法,倘或英廷不准,抑实得力商民有不便之处,即可作为罢论云云。迨至六月三号,仆尝亲自奉谒,复蒙公亲与仆言,此事业经细查,此等烟土皆系华船之人所(斗)〔购?〕,而由商人具保税项,若是则不能准照所请,行此新章,经由敝督函致赫德,云此事不便举行之故。迨阅三日后,仆

---

①即海峡殖民地(Straits Settlement)简称。

再晤公，公复言中国总税务司再电来叨，求请将此事试办，并言此次若再推却，则情面甚为难过，今且为之试办等语。仆即经遵照台命，讵阅一月之久，并无一人至领事署中领此项三联单据，盖时诸华人因闻欲设立新章之故，纷纷争〔斗〕〔购？〕烟土，一时〔蒙〕〔购？〕至八九百箱之数。时有华船五六十艘预备载土出口，惟因此一事，遂不能准其行。船中人役共至千有余名，各人等乃共联禀到领事署及华民政务司，求将此事作为罢论。此禀未经核准时，有人语诸华人，谓此等新章，非由英京理藩院大臣及实得力国家所设，若控于案，此事可以即作罢论云云。诸船之人，一闻此说，即相与醵资，以谋抗拒。幸仆尽力经营，为之匡救，故此举遂搁而不行。迨后诸商共入公禀来称，诸船之众，已甘愿每土一箱先行寄存四十元，以保其偿税。此事仆经批饬，将此一项交琼商蔡文宝处暂行存贮，候禀以详总署大臣核办，遂准各船出口。迨至七月十号，仆曾偕同翻译那三到贵署拜候，业将公禀一事向公陈说。公言诸华人等若果出于本愿，亦无违英国之律云云。惟当时未有奉到新嘉坡国家来文询及，故仆亦不便向辅政司照知，不知仆与公当日所谈之事，公曾有注于日记册否？然想我公至今当尚能忆及此事也。至诸华人所递之公禀，仆已转详总署，今将总署所存之案稿抄录一纸，以呈台鉴。

"然不意自公锦旋之后，仆因公事致与华民政务司少有不合，而该司因无隙可乘于仆，故遂将存于蔡文宝处之项，提出交与库务司收贮。该司复向督署肆其颠倒是非，以致督署将情通知理藩院大臣，云仆此举乃强诸商人偿还税项。但是，此等存项乃系众商联禀甘愿偿交之件，而仆亦谕以此项不便擅收，务候我国之令，方可照行。然则此事果属强逼与否，请观以上情形，即能喻其一切矣。惟是叨地并非偿税之埠，其国家可以强行此新章与否，仆固不得越俎而谋，然当日仆意亦与公同，云欲强行此等新章，亦有甚难之处。但仆奉到总署之命以充总领事，今收到诸商之禀，自应详达总署，俾得知之。至于此项银元，自始至终并未到于仆手，不意谤者竟谓仆强逼诸人出此税项，以为私囊之计。窃念此事在公亦当梦想之所不及也。

"近者德国朝廷因闻此等无端之谤，故遂遽行辞却，不允仆充中国驻德大臣。夫仆固未尝有事令德国生嫌，亦并无事故与英国不合，所不甚能和洽者，惟在华民政务司一人而已。至赫德税务司之命，云将此新章强行一事，当日不过口谈，并无字据可为查核。至所云勒收此税一事，则今尚有公禀存案,可核而知。

"回忆仆任叻四年,公亦任于叻中,仆之行事,公当悉其一切,无待再言。但恐贵国外部不能详悉此中委曲情形,故再肃函奉告。余言不尽,专此敬颂升祺,不一。"(《全集》上,第398—399页。)

正月(2月),章太炎到上海任《时务报》主笔,与康门弟子不合。其自编年谱记:"春时在上海,梁卓如等倡言孔教,余甚非之。"(汤志钧:《章太炎年谱长编》增订本上,第22页,中华书局2013年版。)黄遵宪对章太炎评价很高,但是认为其文风不适合报纸宣传。而章太炎对此略有不满。正先《黄公度》称:"初公度未得任公,有人介绍章太炎。公度为文章,务取畅达,不苟为夸饰。太炎好用古语及涩字。太炎托人送文来,公度谓其文不合报章宣传之用,退还之。太炎大恚,由是常詈公度。"汪诒年《汪穰卿年谱》曰:"《时务报》先尝延章太炎君,后以与梁君意见不合,遂自行告退。"

正月至二月间(2月—3月),黄遵宪致函梁鼎芬,谈及出使不成事,胸中抑郁,函曰:"别仅五月,波澜变幻,至不可测度,可谓咄咄怪事。宪之北上,本因弓旌之招,简书之责,欲于北门管钥分一席耳。使车之出,殊非意计所及,而左提右挈,或推或轭,几欲以大权相属,赫赫客卿,素有嫌怨,遂出死力相挤排,一之不已,而又再焉。以中外数大臣之保荐、九重之垂注,(召见二次。南海侍郎晋接时,又垂询者再,命将所著书进呈。十九日降旨,时枢府以英使所言奏,上意不怿,云何以外人遽知之?词未毕,又言:黄遵宪即不往英,应改调一国。以臣遭际,可谓至荣,[孤][辜]负圣恩,殊自恨耳。)不敌一客卿之潛,国事尚可问乎?遵宪平生视富贵泹如,于进退亦绰绰。然而此刻胸中抑郁,为平昔所未经,乃知素无学问,遂失所主,假如昌黎之潮州、东坡之儋耳,又将何如?现在尚未奉明谕饬令勿行,有知交劝以引退者,宪意不谓然。诚以掉头不佳,有似怨怼,自为计则得矣,其如国体何耶!居此数月,益觉心灰。译署几作战场,狺狺之吠,直无休日。此事其小焉者也。借岛泊舟之低尾,将来省我一押。念此转自慰耳。酷冷,甚念。即叩节庵同年大弟道安。遵宪顿首。"(《全集》上,第400—401页。)

闲居京师期间,黄遵宪还拜访过顺德何藻翔。字翔高,总理各国事务衙门章京,官外务部郎中,参与组建强学会于京师,研究新学,著有《岭南诗存》等。有诗《为何翔高兵部藻翔题象山图》纪之:"裨瀛大海四围环,半在虚无缥缈间。天戴尧时州禹迹,分明认取自家山。""叩门海客偶谈瀛,发箧《阴符》或论兵。糜尽虫沙剩猿鹤,拭干残泪说闲情。""说教袄神方造塔,讹言王母又行筹。年来洗耳胸无事,一味贪眠看水鸥。""《十七史》从何处说?茫茫《六合》赋何愚。骑驴倒看云烟过,只好商量入画图。"(《诗草笺注》下,第759—760页。)何藻翔《岭南诗存》于此诗下注云:"时简放德使未就,道过谈东事,出图索题。"

黄遵宪作《酬曾重伯编修》诗,首次将他的诗作标榜为"新派诗"。《新民丛报》刊此诗时有自序云:"重伯序余诗,谓古今以诗名家者,无不变体,而称余善变,故诗意及之。"曾重伯,湖南湘乡人,进士,官广西知府。诗云:"诗笔韩黄万丈光,湘乡相国故堂堂。谁知东鲁传家学,竟异南丰一瓣香。上接孟荀骈论纵,旁通《骚》赋楚歌狂。澧兰沅芷无穷竟,况复哀时重自伤。""废君一月官书力,读我连篇新派诗。《风》《雅》不亡由善作,光丰之后益矜奇。文章巨蟹横行日,世变群龙见首时。手撷芙蓉策虬驷,出门悃悃更寻谁?"(《诗草笺注》下,第761—762页。)《钱谱》:"太仓唐尚书蔚芝师[①]谓予曰:'是此时所作。'"黄遵宪自张新派诗之旗帜始此。

二月十一(3月13日),黄遵宪致函汪康年,谈及《时务报》内部管理事,函曰:"所寄缄自十月廿七前,均次第照收。(不一列号,余第一至第九。)既经照复,以后则叔乔、(冬月十五来。)伯唐各交一缄。(漏书月日,正月廿九收到。)报则十五、十八九次均照收,十四次收一本,十六、十七次犹未见也。所有各事,条复如(右)〔左〕:

"一、馆中新聘章枚叔、麦孺博(任父盛推麦孺博,弟深信其言。)均高材生,大张吾军,使人增气。章君《学会论》甚雄丽,然稍嫌古雅。此文集之文,非报馆文,作文能使九品人读之而悉通,则善之善者矣。然如此,既难能可贵矣,才士也夫!都中论者仍多以报馆文为谤书。前刻某君来稿,(大僚阅者尚少,然有日新月盛之象。)语侵台谏,乃当世所敛手推服者,则以为犯不韪,弟言偶失检耳。照章程例不论人,非有意也。此后当力守此诫,其他泛论之语,有骂詈之辞,可省则省,愿与诸君子共勉之。至太史公上书院长,讥弹及此,既事寝,不足介意也。(又照章,外来之稿,应附卷末,此又误也。)

"一、卓如薪水可增至百元。(可与卓如商之。)既舍使事而羁馆务,其眷属又来,用度较繁,自不可令其以杂务纷心。若卓如于报馆有大功,此天下之公论,非弟之私言,公谓何如?至集资出洋事,未易言,昨与卓如函既详告之,弟必当为之竭力也。

[①] 即唐文治。

"一、少塘已就担文律师馆，自难兼顾，若使专理沪关一股之事，或尚可徼卷。如竟作担文之一切翻译，则断不能也。昨有函来，自愿仍就报馆，乞公酌度，或多延一人，仍留少塘何如？

"一、李虞琴在鄂时，曾屡访之，笃行君子也。就西学中，颇能言理致通西学者，如此等人甚少，弟甚佩之。惟在铁政局见其译文，则往往沓冗繁碎，又或不达意，盖其译文之法，专就西文一一摹仿之，故格格不吐也。弟谓此人延主校长为最上品，若在报馆则用违其才，将来必多繁难之处。至薪水亦似过多，然此事似尚可商办，一二年拓充后，总须以百金聘翻译也。若能有人与之对译则可行，然又须其人善于说辞，方易办也。虞琴之品可敬，然报馆专用其文，转失其所长矣。

"一、秋苹可促之早来。伊不愿出洋，自可专心报务也。

"一、美馆之周子仪、英馆之陈安生，均愿代译，甚善甚善。此法尚可拓充，惟津贴应比他处少减，以已领使馆厚薪故也。若已诺之，即不必言矣。

"一、报馆译书，自属要务，且既载之报馆章程中。惟有一要事，切须熟商然后行事也：第一问译何类之书；第二问何类之书、应用何本。此时讲求西学，尚如七八岁孩子甫经上学时，必须斟酌其简而要者。如或不论多寡，或过求美备，则南皮饬译之书其前车也。此事必须与傅兰雅、李提摩太之属确商购定，乃可与人讲定翻译事宜。此语甚要，幸三思之。《知新报》多论学，此报仍须多论政。此报本意，原为当路诸人发聋振聩也。本报取材已富有矣，每本三十余篇，彼诸公者匆匆少暇，已难遍阅，故编排此报，取舍之间，尤须留意，（浓淡相间、庄谐杂陈。）当为阅报者计其便否，不必专就刊报者诩其富有也。如夸多务得，细大不捐，转为非宜，幸告诸君熟商此意。

"一、时务课文可行，投赠函多，其尤者，可分别作答，时时附刊报尾。此即弟所谓以报馆为学会之意也。

"一、校对宜有人专司。如上谕尤须精审，前刻有遗漏，谕中名姓、官职者尤宜详慎。（似应专派一人司校对，弟以为颂縠最宜。）

"一、延耀如不可用，应听其辞去，本非我辈所素识，初意延一能司印刷兼管银钱者，故采访及之，公当记其事也。

"一、改租房屋，极是。但八月始移，甚不便。因去年酷热时，时时为寓馆诸人抱不安也。（弟意不愿在租界内，然不定住房，一切事不能办，故急切租定，然尔时已有移居意矣。)

"一、印报改鸿文书局亦好,但十八期后墨色枯淡,纸质亦不匀称,必货同而后谓之价平,如此则原经手人有词矣。此事姑勿论,必须改商照原墨原纸,庶阅报人无责备之辞,当精益求精,不可授人以隙也。年底刊出入帐甚好,尚须抄存一份详细帐,以便他人查阅。刊布帐尾即伸明此意,谓捐银百元者均可到馆查看。将来能另印铅版小字细帐分致捐助诸公,尤善。

"一、既刊布未收银者,应作函向问,如盛杏翁、张弼士皆所面订,此种阔人事繁,虑其忘记,故须问之。

"一、新刊申明章程甚善。初草有三十元一种,因先收现银,一切经手费、寄信费均不管也。此刻报资宜益加抽紧核实,至四月中便须刊布。谓七月后接阅者必须先交报费,否则停派。以后必须如此办法,方可持久。

"一、各书院、各学堂分送一份,甚好。

"一、既有邮局,以后信局留滞、关役扣阻之患可以免矣。以上十九事①统乞察鉴。公之它顿首。十一日。"(《全集》上,第396—398页。)

二月二十一(3月23日),《时务报》第二十一册载梁启超《日本国志后序》一文,高度评价《日本国志》"其于日本之政事、人民、土地,及维新变政之由,若入其闺闼而数米盐,别白黑而诵昭穆也。其言,十年以前之言也,其于今日之事,若烛照而数计也,又宁惟今日之事而已!"(《全集》下,第1565页。)

二月初一(4月2日),黄遵宪致函汪康年,谈及《日本国志》的出版和《时务报》事,函曰:"穰卿同年老兄执事:二月廿七日奉手书,知前呈两缄,均既邀鉴,甚慰甚慰。应告各事,仍条系如左,即希察览。

"一、改本《日本志》十数页已收到,即乞交书店换刻改装。粤省刻本,既嘱印五百部,将来以二百部留弟处送人,余三百部再寄报馆发售,如君意或以为尚少,即求函告,仍可增印。所定价值,将来尚拟少增,君谓可否?(与各处书坊换易之本,欲定价四元,发卖之本,欲定二两四钱,自收三元,余付经手人。)

"一、上海改刻本,一经刻就,乞印一份寄到,再要一份交卓如,寄广州

---

① 原文仅列十六事。

应元监院梁诗五收。(此间有一改刻抄本十数页,寄梁诗五代办,恐其在道或有遗失,或有耽阁,故将上海改刻之十数纸寄去备用。此书系托诗五监刻。诗五名居实,弟之三十年老友也,乙酉拔贡,己丑乡榜。张幼樵极赏叹其人,荐膺此席。渠于卓如倾倒之至,嘱弟为介绍,并告卓如知之。)

"一、卓如一时未成行,极慰海内士夫之望。京师知好咸谓苟往,亦必以乖午而归。弟劝其迟行,谓他日如失伍,则瓜期将届,梁上燕亦可自去自来也。

"一、秋苹来否?极念之。

"一、淮军转运之十六、十七期报,仍犹未到。

"一、铁乔事再商,如不愿来,前书所商外,君意中有他人否?

"一、函谓邮局每岁增费至一二千金。近见寄到二十期报,四面包裹,所费至四五角之多,寄书亦如此,此实误矣。邮局章程,寄新闻纸、寄书籍须露封一面,省费甚多,君应知此章,应请将章程译阅,亟亟改换。

"一、京师阅报者,以十八期后纸墨不如前,颇有违言,谓华人卖货畅销以后,货色必低,恐一二年后愈弄愈坏。弟谓黑边小,则黑白不能如前此之明朗,然实不能家喻户晓,宜急与鸿文妥商,令其照旧。如询之别家,照旧无利可图,则宁可加价,断不可因惜费而误事也。不拟定定式,但谓价减,遂与定二年之约,此实疏误。弟意谓宜多增一人,料简一切,正指如此事,不然以君之焦劳鞅掌,恳恳勤勤,日夕尽瘁,而不觉劳。眼中固无此人,天下亦难再觅,而尚烦渫渎为哉。人各有能不能,弟自问即多不能之事,安可虚相推重,当面输心哉。此直当局筹商之事,非特友朋规劝之义也,惟三思行之。顺候起居,不尽欲言。遵宪顿首。三月朔日。"(《全集》上,第401—402页。)

三月初十(4月11日),黄遵宪致函汪康年,对《时务报》发行成绩感到高兴,并提出建立报馆章程,因梁启超与汪康年之间的嫌隙,建议汪康年担任报馆董事,在联络馆外之友,伺察馆中之事。另聘吴樵或龙泽厚任总理,汪诒年改司校对:此函是因梁启超与汪康年之间矛盾而引发。《时务报》的日常运行和管理是以梁启超与汪康年为主,梁启超不满汪康年独揽报馆管理权,反对康有为的学问等,章太炎任职报馆后,矛盾冲突加剧,故梁启超在致黄遵宪函中对汪康年略有微词,故黄遵宪有此函。"穰卿吾兄大人左右:多日未修笺敬,因患痔凡数十日,不得亲几砚之故。当由沪来津,或为我占,得需之姤,曰'需于沙,小有言',

曰'臀无肤,其行次且',今皆验矣。弟近日遭际,既详于任父函中,都中知好咸以弟膺使命,为弃台之后,差强人意之事,而变幻出之意外,遂以为气运使然。然否姑勿论,然弟实不能引为己过也。《时务报》遂行风行,此实二三君子拮据经营之力。当商拟章程时,弟谓此事未必不成。然一年之间,印行至八九千份,则亦非始愿所及也。馆中百事,荷承垂询。每诵惠书,且感且悚。惟弟既难于媊度,即亦不敢为遥制,而事事皆悬于心目中,未尝敢忘,实愿与同志数人维持之而张大之也。大江南北知好多矣,弟独以公为堪任此事,其卓识坚力,实足以度越时流。然今日之报推行至十数省,刊印至八九千张,公自以为求详得琐、求慎得缓为生平长短,不可谓非自知之明。而弟更以为经画如此之远大,事务如此之繁重,欲求其纲目并举,细大不捐,诚未易才,盖本非一手一足所能任也。既为公众所鸠之赀,即为公众所设之馆,非有画一定章,不足以垂久远、昭耳目,故馆中章程为最要矣。此馆章程,即是法律。西人所谓立宪政体,谓上下同受治于法律中也。章程不善,可以酌改,断不可视章程为若有若无之物。公今日在馆,恪守章程,公他日苟离馆,继公而任此事者,亦必须守此章程,而后能相维相系,自立于不败之地。宪纵观东西洋各国,谓政体之善,在乎立法、行政歧分为二,窃意此馆当师其意。馆中仍聘请铁乔总司一切,(多言龙积之堪任此事,铁乔不来,即访求此人,何如?)而此公与弟辈为董事。公仍住沪,照支薪水,其任在联络馆外之友,伺察馆中之事。每遇更定章程,公详言其利弊、发其端,而弟熟商参议而决之,似乎较善。但如今日之遇事,俯询公之见,待可谓厚矣。然弟则有所疑难,或似未便于启齿,或曲相附和,又似乎非其本心,固无大益也。所商各节,别纸条复。复贡愚于左,幸三思垂察之。弟三月中总当来沪,见面再商一切。胸中所欲言,非楮墨所能罄也。即叩道安。遵宪顿首。十日。所云别纸条复,明日再寄,因昨书过多,而缄封又过厚故也。"(《全集》上,第402—403页。)

黄遵宪此函引发《时务报》内部人事危机。对此信,汪康年极端愤怒,认为是黄遵宪为其筹休息之方,双方矛盾加剧。汪诒年则要辞职。梁启超后来回忆,汪康年曾对他说:"公度欲以其官稍大,捐钱稍多,而挠我权利,我故抗之。"

暮春,梁启超致函汪诒年,以调解黄遵宪与汪康年的争论。函称:"来谕诚然。弟及孺博及舍弟昨见公度书,皆愤诧。兄之初来情节,岂待兄言?当时穰兄亦有迟疑,恐受外谤,以商于弟。弟彼时未深悉兄之为人,以为未必报馆中不能少之人也,故亦颇有引嫌之意。及今数月以来,则知馆中事务,一刻不能离公,内外上下,一切皆一人独任其劳,馆中非得公,则一日不能支矣。此事举馆人人共睹,公度徒知铁樵之才,而不知兄也。凡不相知之人,最难与言。岂惟公度不知兄?即弟去年未返粤以前,亦未知兄。公度亦岂惟初不知兄,即弟初与彼相见时,彼亦绝不知弟。故一见未及数语,即举茶逐客。又越三日,然后差片回拜,神情冷落异常,弟彼时愤极,穰兄知之。此亦不相知之故也。公度之为人,讲条理,主简易,少酬应。其为人与穰兄性最不近,故每有不以穰为然处。彼在此时,已屡为弟言之,大约谓穰兄在外面主联络一切,而馆中有铁樵主杂事最宜,亦略如兄,行总理,坐总理之说。彼盖恐馆中事无人照应也。彼未切有兄之任此也,且彼在此之时,兄固未来矣。彼时弟亦谓宜添一人如兄今日之职者也。彼至今日亦尚以为公专管校勘而此职犹未得人也,故有此言。超度其来由,公度简傲,然疑人盘踞等心,度未必有。彼云公管校勘云者,彼意殆以为公仅任此,宜仍其旧云耳。穰卿与彼信或有道及详细情形,弟则冰河以来与公度信极少,仅得两封,亦无暇多言报馆事,似惟及章麦之来耳。故彼无从知也。公度诚谬误,然馆中一刻不能离公,公幸顾全大局,暂受彼嫌疑,不久必能大白。公度到沪,当亦悔其言之躁率,弟亦当以此间情形告之,非为公辩也,为保全报馆计也。彼之着急欲觅一人者,正欲觅得能如公今日所为之事者一人,以襄综一切。彼见兄亦当倾折,弟可决其非有他肠,即不具论及彼。然馆为穰兄艰难创之,兄亦当念手足之情,力保大局,望无自疑。薪水之微薄,乃穰兄极避嫌疑,弟深切此意,故屡未议加。然馆中惟兄一人最劳,谁不知者。舍弟脾气最不好,昨夕与弟言及颂兄不加薪水实为无理,故弟昨午与穰言之,(前已言之,穰事忙搁下,弟亦事忙搁下。)遂并告帐房,故彼有此云。今兄五日之说,此何言也,即不念弟,亦念穰,即不念穰,亦念大局。为此,哀恳百拜万叩,写复数纸,亦不能已于言者也。顷因随同家君家母食大餐,暂未能到馆,少顷面罄一切。"(丁文江、赵丰田编:《梁启超年谱长编》,第96—97页,上海人民出版社1983年版。)

三月十一(4月12日),黄遵宪致函汪康年,谈及《日本国志》的修改出版和《时务报》事,函云:"穰卿吾兄同年执事:昨寄一缄,并附《日本志》改稿十数纸,计当收览。此书即请饬小儿将全数交到,其他已嘱粤省印刷五百分,将来仍有二三百部寄来。(如以此数为少,幸即告知。)成书十年矣,尚当作一后叙,叙其迟迟印发之故,弟固不任受咎也。附《时务报》而行,谅必消流,此时闻声相思者甚多也。今年新报,昨日获读,见縠似中丞、益吾院长手折,益为之色喜。此报如此风行,无负二三君子拮据经营之苦心矣。所复各条,具如别纸,不过自陈其所见,幸筹商之。他日过沪,再面罄一切。弟现仍候旨,俟有明文,乃定行止。彼国续来转圜,政府以另有差委辞之。辞绝之后,弟乞总署给予一文,便可将关防缴回,而译署不允,谓且俟后命。然今已数月矣。此事枢府译署以案据具在,信其无他。今则西人亦悉其本末,弟但诿之气运,无可怨尤,然解冻后南旋之心益亟矣。手叩文安,不宣。弟宪顿首。十一日。"(《全集》上,第403—404页。)

本日,黄遵宪致函陈宝箴,谈周汉案:"大人钧鉴:奉示敬悉。周汉上谭中丞函,既自供其造言生事矣。今以封呈。自此案拿办以来,前卷即取存内室,并未发房。附此禀呈,敬叩钧安。"(《全集》上,第404页。)

三月十三(4月14日),章太炎在上海被康有为弟子所殴,狼狈不堪,避走杭州。章太炎在《致谭献书》述及此事:"三月十三日,康党麇至,攘臂大哄。梁作霖复欲往殴仲华,昌言于众曰:昔在粤中,有某孝廉诋諆康氏,于广坐殴之,今复殴彼二人者,足以自信其学矣。噫嘻!长素有是数子,其果如仲尼得由,恶言不入于耳邪?遂与仲华先后归杭州,避蛊毒也。"(汤志钧编:《章太炎政论选集》上,第15页,中华书局1977年版。)孙宝瑄在光绪二十三年三月十四日日记中记:"章枚叔过谈。枚叔以酒醉失言,诋康长素教匪,为康党所闻,来与枚叔斗辨。至挥拳。"

三月二十一(4月22日),黄遵宪致函汪康年,谈及《日本国志》书的发售情况和《日本杂事诗》的修改,又谈到陆军参谋部木村为《日本国志》作地图被下狱之事。函中解释了《日本国志》书内无地图的原因,后来此地图由郑海麟在日本获得,此地图标明钓鱼岛是中国领土,是近代日本承认钓鱼岛是中国领土的有力证据。函中谈到"弟出京约在四月",说明黄遵宪将有新的任命:"穰卿吾兄同年执事:月朔日续布一书,当邀鉴矣。得小儿禀,知《日本志》概送尊处,应改之十数篇,已寄粤省梁诗五,催其速印。印就寄到,即请饬人改订,并撤去李批、张咨。(伯严、长素均云,然弟之初意,经用公牍文字义系于官,亦非《三都赋》序之比也。)补入卓如后序,即由报馆发售。现又属印七百份,除二百份自以送人外,余概存报馆,欲定一价,每部四元,凡京都、天津、上海、粤省交书坊换书,均照此数。惟报馆售现银则收三元,而弟自取回二两,君以为何如？再寄五百份不嫌多否？请察酌，速以告我。《日本杂事诗》为初到东瀛时作，印活字板，有总署本，有香港报馆本，有日本凤文坊坊本。惟此书寓意尚有与《国志》相乖者,(《诗》成于光绪五年,《志》成于光绪十三年,故所见不同也。)时有删改。近居萧寺中,清暇无事,辄复补改数十篇,当在沪仿最精板式付石印,他日亦付报馆也。所寄报已收到廿二册,(中惟十四册只一本,日内欲分数本致当道要人。邮递诚为过费,不审可设他法否？(当书籍计,用箱装付轮船,收水脚应省甚多。此非信函,邮局不得拦阻也。近日议邮政者甚多,侍御有○○○,督抚有谭文卿,极言其病国害民,弟意亦谓章程不善,必须改定也。)馆中诸务,日以繁衍,凡百偏劳,念之不安。弟出京约在四月,到沪面商一切也。手叩文安,不宣。弟黄遵宪顿首。三月廿一日。《日本国志》初属稿时,《地理志》附数图,(一、兵制分管之图；一、学校分区之图；一、裁判所分设之图；一、物产图。)既定体制、拟草稿,遂托陆军参谋部木村某以精铜刻板,与之订约,并交去百金。木村者,陆军绘图素出其手,忽为人告讦,谓其卖国,以险要形胜输之中国使署,邃锒铛下狱,扃禁甚严。数日后,其妻子始闻其实,来署哭诉。其时大山岩方官陆军卿,与弟素好,弟详言著书之故,并以约底送阅,乃邀释放,然其事遂作罢论矣。去岁托楢原陈政,(即井上陈政。)购通行地图,欲附《志》以行,而久无复音。乞兄商之梁卓如,告古城贞吉,择通行图之明爽者,(多阅数分,乃可择定。)嘱删易某店发卖之款识,定购数百分,他日存报馆中,附《志》而行,需图者别加图价。《志》中凡例有附图之语,自不能略而不备也。又,地学会所刻图,闻亦在日本刊刻,或即由公商之其人,不必托古城君亦可。此事酌定,即复告我。宪又白。三月廿一日。"(《全集》上,第404—405页；上海图书馆编：《汪康年师友书札》第三册,第2354—2356页,上海古籍出版社1986年版。)

本日,湖南学政江标于长沙创办《湘学报》,以唐才常、易鼐为主编。(马卫中、董俊珏：《陈三立年谱》,第200页,苏州大学出版社2010年版。)该报每十日出版一期,每期月三十页,两万字,每册售价一百文。初名《湘学新报》,第二十期开始改为《湘学报》。主要内容是介绍新学,鼓吹变法。于1898年8月8日(六月二十一日)停刊,共出四十五册。《梁启超年谱长编》称：黄遵宪、唐才常等创《湘学新报》(即《湘学报》)于长沙。(丁文江、赵丰田编：《梁启超年谱长编》,第67页,上海人民出版社1983年版。)似误,此时黄遵宪尚未至湖南。

三月二十二(4月23日),章太炎致函汪康年,要求离开《时务报》,"报馆一席,断难姑留。投我木桃,在他人或未忍此,况彼自谓久要乎？久要而犹不免于此,则复合之后何如也。凡事离之则双美,合之则两伤。常以笔墨相交,则纪念自生,恐又自此开衅,不如早离为妥"。(上海图书馆编:《汪康年师友书札》第二册,第1949页,上海古籍出版社1986年版。)

本月,黄遵宪在崇效寺①集京师名士看牡丹,始与太仓唐蔚芝文治、海盐张菊生元济等游。(《诗草笺注》下,第1222页。)

三、四月间(4月—5月),《日本国志》羊城富文斋改刻本出版。卷首抽去李鸿章的《禀批》和张之洞的《咨文》,补入梁启超的《后序》。此次修订,除文字润色外,有两方面内容:一是史论的阐发;二是史实的增补。修改几十处,近六千字,至第八卷为止。增补的内容包括:日本自由民权运动的发展,尤其是设立民选议院的争论;幕府末期与美、英等列强签订不平等约的过程;有关废除宗教禁令、派留学生、引进西学、派驻外使节、改兵制、练海军、修铁路等方面的改革措施。

四月初二(5月3日)傍晚,谭嗣同过访郑孝胥,"谈时务报馆中黄公度欲逐汪穰卿。汪所引章枚叔者与粤党麦孟华等不合,章颇诋康有为,康门人共驱章,狼狈而遁"。(《郑孝胥日记》第二册,第598页。)

四月十一(5月12日),黄遵宪致函汪康年,再次解释其对报馆的管理思想,函称:"穰卿吾兄同年执事:月初得环章,藉悉一是。往复各节,条具于左,敬希察鉴。

"一、书言弟为公筹休息之方,此语似误会弟意。弟以为此馆既为公众所设,当如合众国政体,将议政、(于馆中为董事。)行政(于馆中为理事。)分为二事,方可持久。此不仅为公言之。至于公则或为董事,(专司设章程兼馆外联络酬应。)或为总理,(守章程而行馆中一切事,皆归总理。)即或以董事而兼总理,(近与卓如书言及此。)均无不可。馆事烦重,必须得襄理之人,以为辅助。此事今且阁置,他日到沪再详陈之,谅公意必谓然也。

"一、邮费太重,前书曾言,仍交轮船当货寄,盖新报不比书信,不经邮局,于例无碍。如局船详知此意,即亦不必当货,可竟如从前办法,恳熟商之。(近有徐御史论邮政,言报费太重,语极中肯。)

---

①崇效寺位于北京市西城区白纸坊附近。旧时崇效寺以花卉闻名京城。清代初期以枣花出名,后以丁香花著称,再后又从山东曹州移来牡丹花,尤以绿、墨牡丹闻名京师。明吏部主事杨继盛曾来崇效寺游览,并为寺院题"无尘别境"。王士祯、林则徐、康有为、梁启超、鲁迅、许寿裳均曾到此领略寺院景致。

"一、纸价较昂,不能如旧墨色,能否更加光润,此事当可行。弟又思:如将边线增肥,将中间小行削瘦,则黑白分明,必较为好看。(匡廓不必如初印之肥,然尚可加增,已将行间之线改小,用墨较省,书局必乐为之。)

"一、秋苹现在何处?何以尚未来馆?甚念之。

"一、湘抚又札行各县,可为喜贺。近见李孟符,言及今年乡试,士子云集省会,似可每省酌寄一二百份,以期拓充。陕西一省,孟符即可代办,可即寄百余份托渠。如他省照行,又可增印二三千份也。

"一、梁诗五处如寄到《日本志》改本,乞即改订代售。所定价如何,速以复我。现已印七百部,拟京、津各存百份,余四百份概归报馆,君谓何如?

"一、非报馆自印及代售之书,似可不必溢及于告白中为之论此事,亦恐滋为难。廿五期所刊,弟意不敢谓然也。

"一、章君之文,亦颇惊警,一二月中亦可录一二篇。以上八事,统希查核,顺请著安。弟遵宪顿首。十一。"(《全集》上,第406—407页;上海图书馆编:《汪康年师友书札》第三册,第2356—2358页,上海古籍出版社1986年版。)

四月十九(5月20日),黄遵宪致函汪康年,谈及托购日本地图事宜,函曰:"前托购日本图,如能多购几样,(各样先购一本。)再择其善者印数百份,校为妥善。近日由日本使馆购得三百份,详载郡邑,过于繁密。弟意如有着色分画今之府县、古之藩国,并将镇台分管、学制分区、裁判分所附注者最善,可问古城君有无此本也。诗五所刻改本寄到否?极念。前所以欲在上海改印者,求其速也。新购之图有便当先寄来。弟六月初旬或可来沪,亟欲见面,一豁积悃。别来遂九月矣。弟又启。四月十九日。"(《全集》上,第407—408页。)

五月十六(6月15日),黄遵宪致函沈曾植,言唁吴铁樵事,函曰:"幼霞坐中散席回家,乃闻吴铁乔恶耗,今数日矣,愤郁悲悼,未尝一刻忘之也。昨发一电唁季清兄,内有子修、伯唐及公大名,复电当达尊处。如收到,望抄示。明日午后或当趋谭。"(《全集》上,第422页。)吴铁樵是吴季清长子,四月二十一日病逝。(丁文江、赵丰田编:《梁启超年谱长编》,第74页,上海人民出版社1983年版。)黄遵宪致电吴季清吊之。《全集》将此函时间定于1900年,认为是电唁吴季清,但吴季清死于1900年7月21日衢州教案,黄遵宪不能在五月吊之,故此函应是言唁吴铁樵事。

五月十九(6月18日),湖南盐法长宝道李经羲任湖南按察使。上谕:"以湖南盐法长宝道李经羲为湖南按察使。"(《清实录》第57册,第291页,中华书局1987年版。)

五月二十(6月19日),李经羲被任命后,湖南盐法长宝道空缺。《翁同龢日记》:"兵部记名,(军政)卓异单今日下,有湖南长宝道缺未请放。"(陈义杰整理:《翁同龢日记》第六册,第3007页,中华书局2006年版。)

五月二十一(6月20日),黄遵宪被任命湖南盐法长宝道,《翁同龢日记》:"今日有旨云改派黄绍第为福建副考官。黄遵宪放湖南盐法道。"(陈义杰整理:《翁同龢日记》第六册,第3008页,中华书局2006年版。)"本年本月二十一日奉旨,补授湖南盐法长宝道。"(孔祥吉:《黄遵宪若干重要史实订证》,《清史研究》,2010年第2期。)《知新报》载廿一日上谕:"湖南盐法长宝道员缺,著黄遵宪补授。"(《知新报》第二十五册,光绪二十三年六月二十一日。)黄遵宪的任命得翁同龢推荐,康有为《黄公度诗集序》:"闲居京师,翁常熟览其《日本国志》,爱其才,乃放湖南长宝道。"(《钱谱》。《诗草笺注》下,第1222页。)

黄遵宪前往吏部报到时所填"履历单"全文:"黄遵宪,现年四十九岁,系广东嘉应州人,由拔贡生中式光绪二年丙子科顺天乡试举人。三年,经前出使日本大臣奏调出洋,历充出使日本参赞官,出使美国驻扎旧金山总领事官,出使英国二等参赞官,驻扎新嘉坡兼辖海门等处总领事官,报捐知府,递保至二品衔,分发省分候补班前先补用道,并加随带一级,均奉旨允准。十年,经前鸿胪寺卿邓承修奏保使才,奉旨著交军机处存记;十九年以劝办晋边顺直赈款,奖叙花翎。二十年十月,在新嘉坡,经署南洋大臣两江总督张之洞电奏,调回两江差委,奉电旨准其调用。二十一年八月,经张之洞咨总理各国事务衙门委办江苏积年未结教案。十一月经北洋大臣直隶总督王文韶,以前在新嘉坡劝办晋边赈款出力保奏,奉旨嘉奖;十二月复经王文韶奏调赴北洋差委,奉旨准其调赴直隶差委。二十二年二月,复经张之洞奏派办理江西、浙江、湖北、湖南、安徽五省未结教案,并调赴湖北差委,奉旨著照所请。又经南洋大臣两江总督刘坤一电奏,暂留江苏,奉电旨著暂留江苏办理教案、商务各事宜。旋与日本领事商办苏州开埠各事,又与法国总领事会商江西、湖南、安徽各省教案。八月经出使大臣龚照瑗,以前充新嘉坡总领事劳积奏保,奉旨著交吏部带领引见。九月经王文韶奏明,遵调来津,并委总办水师营务处兼随办洋务,奉旨吏部知道。旋经总理各国事务衙门电调来京,十月十三日奉旨预备召见,十六日蒙召见一次,十九日奉旨二品衔候补道黄遵宪,著赏给四品卿衔派充出使德国大臣,二十一日蒙召见一次。本年本月二十一日奉旨,补授湖南盐法长宝道。"(孔祥吉:《黄遵宪若干重要史实订证》,《清史研究》,2010年第2期。)

本日,黄遵宪致电张之洞,告知新任命:"蒙恩补授湘盐道。夙荷恩知,重依仁宇,私衷感幸,敬谢垂厪。职道遵宪谨禀。"(抄本《张之洞电稿》,第19册,《北京来电一》,中国社会科学院经济研究所图书馆藏。茅海建:《戊戌变法的另面:"张之洞档案"阅读笔记》,第252页,上海古籍出版社2014年版。)

五月三十(6月29日),黄遵宪拜访翁同龢,《翁同龢日记》:"黄公度(遵宪,新授湖南盐道。)来长谈,重在延德人,练德法。"(陈义杰整理:《翁同龢日记》第六册,第3008页,中华书局2006年版。)《钱谱》记:"三十日,谒户部尚书翁同龢,谈第一开学堂;二缓海军,急陆军,重在延德人,练德法;三海军用守不用战。三大可虑:一教案,一流寇,一欧洲战事;有一于此,中国必有瓜分之势。先生论人材少许可,以为沈子培尚能办事,朱之榛、盛杏荪并好手。"今案:《钱谱》将本日事与六月十五日事混在一起,似误。

本日,湖广总督张之洞电贺黄遵宪。内称:"致京师,湖南盐道黄公度。简命大喜,欣贺。两湖同舟,尤深慰幸。湖南官绅正汲汲讲求洋务,而苦无精通洋务之人,阁下此来,大有益于湘也。何日出都,祈示。"(赵德馨主编:《张之洞全集》第九卷,第234页,武汉出版社2008年版。)

六月初二(7月1日),黄遵宪复电张之洞:"奉谕感奋。前在坡奉调,未及回粤。兹拟中旬南旋,准九月至湘。过鄂面求训诲,冀有遵循。遵宪禀。冬。"(抄本《张之洞电稿》,第19册,《北京来电一》,中国社会科学院经济研究所图书馆藏。茅海建:《戊戌变法的另面:"张之洞档案"阅读笔记》,第252页,上海古籍出版社2014年版。)

六月初六(7月5日),黄遵宪语日本驻华公使矢野文雄曰:"二十世纪之政体,其必法英之君民共主。"自谓胸中蓄此十数年,而未尝一对人言。矢野劝黄遵宪不要公开自己的观点。(《全集》上,第429页。)钱仲联案:"朱寿朋《光绪朝东华续录》,矢野于本年五月抵任。六月癸亥,上御文华殿,矢野觐见。癸亥为初五日,先生于初六日与之语,盖同在京师也。《尤谱》置在先生出都经上海之后,不合。"(《诗草笺注》下,第1222页。)

六月十五(7月14日),黄遵宪致函汪康年,谈及《时务报》印刷事,函曰:"'本馆告白'至连篇累牍,殊觉不便。弟意只好缩用一叶。本馆价目一节,另用铅版排小字,每本夹一张,既便于取阅,又便于传观,一印二万张,亦省费用,但用一单片毛边纸便可。此亦一法也,商之。'告白'最以简明为宜，不可多用虚文，以淆视听。请穰卿照此誊刊为便。见面再罄一切，弟已熟思，必不谬也。前所云奏稿全删，此断不可行！其中颇有可采者，且他报已刊与否，与我不相干涉。（他报亦未全刊。）又有一妙理，本报多至三十余篇，须费半日之力始能毕读。时文家句句着圈，必不能耐人寻索，正须有一二篇敷衍者，乃可精彩尽露，不致草草读过也。其他面告。手上穰卿同年兄。宪顿首。十五。"（《全集》上，第406页；上海图书馆编：《汪康年师友书札》第三册，第2338页，上海古籍出版社1986年版。）

本日晚，黄遵宪向户部尚书翁同龢辞行，长谈国事："第一事开学堂；二事缓海军，急陆军；（十五万人已足。）三事海军用守不用战。（合船无用，郎喊理①亦无用。）三大可虑：一教案，一流寇，一欧洲战事；有一于此，中国必有瓜分之势。论人材少许可。（于晦若、沈子培、姚子良尚能办事。朱之榛、盛杏荪、郑苏盦、梁〈启〉超、叶钖勇、杨文骏，并好才。）"（陈义杰整理：《翁同龢日记》第六册，第3015页，中华书局2006年版。）

六月十六（7月15日），黄遵宪离京，赴湖南长宝盐法道任。（《全集》上，第408页。）

六月二十六（7月25日），黄遵宪抵达上海，因主张《时务报》举董事，几与汪康年决裂。黄遵宪几个月来一直与汪书信往来，谈《时务报》之经营事。梁启超于戊戌六月二十四日所作《创办〈时务报〉原委记》，记黄遵宪在上海与汪之交涉事甚详，内云："当开办之始，公度恐穰卿应酬太繁，乃议推吴铁樵。又开办时所出公启内办事规条第九款云：'在报除住馆办事各人外，另举总董四人。所有办事规条，应由总董议定，交馆中照行'云云。自丙申秋至丁酉夏，公度屡申此议，谓当举总董。以此两事之故，穰卿深衔公度。在沪日，日向同人诋排之，且遍腾书各省同志，攻击无所不至。以致各同志中有生平极敬公度，转而为极恶公度者。至去年六月，公度赴湘任，道经上海，因力持董事之议，几乎翻脸，始勉强依议举数人，然此后遇事未尝一商如故也。"（梁启超：《创办〈时务报〉原委记》。）

六月二十九（7月28日），黄遵宪致函梁鼎芬，谈及出京赴湘事宜："节庵院长大弟执事：半载未通音讯，私计春回必出都，何意蹉跎。至于今日前发电，言中旬南旋，旋因佑丈一再电促，既决意不回家，即由沪赴湘，十六出

---

① 英国海军将领，长期在北洋水师任职。

京,廿六至沪,初六往宁,约十二三可过鄂,拟句留数日,既函雪澂觅一住处,多公祠足相寄否?(仆役厨子共四人,行李不过十数事耳。所有家具、箱箧,已分遣仆人另行携往矣。)相见不远,涉想已喜,先叩道安。六月廿九。遵宪顿首。"(《全集》上,第408页。)

七月初二(7月30日),黄遵宪在《时务报》馆,与汪康年谈报馆人事关系,郑孝胥记:"午后,过时务报馆,晤汪穰卿,言黄公度在此,欲令穰卿以总理事畀其弟汪颂阁,而身为董理。"(《郑孝胥日记》第二册,第610页。)汪显然极不赞成黄遵宪之主张。

七月初四(8月1日)郑孝胥记:"午后,梁卓如、汪穰卿、李一琴来,汪与黄公度有隙,余为排解久之,乃以明日大会报馆诸人以饯公度。"(《郑孝胥日记》第二册,第610页。)

七月初五(8月2日),黄遵宪在上海万年春饭馆与梁启超、郑孝胥、汪康年晚宴,宴毕,大家送黄遵宪登船往江宁。郑孝胥记:"午后,卓如来字,云晚间九点钟在万年春与公度叙别,邀余必往。夜往,梁、汪未至,公度已先在。余语之曰:'湖南者,人才学问之矿,国家遣公往开此矿耳。欲收罗人才者,必以持正论、容众人为主。众人所与,则才杰必归之矣。'众皆诣船送公度,余未往。"(《郑孝胥日记》第二册,第610页。)

七月初六(8月3日),黄遵宪抵江宁。(《郑孝胥日记》第二册,第610页。)六月二十九日(7月28日),黄遵宪《致梁鼎芬函》:"廿六至沪,初六往宁。"

七月初七(8月4日),黄遵宪致函陈三立,纵谈中国变法事。函曰:"俞恪士来,忽奉赐书,欢喜踊跃,出于意外。念我伯严怜其幽忧之疾,远馈此药,厚意何可言也。书言:'时方汹汹,贤者不改其乐。'遵宪和易实甫词云:'一味妇人醇酒乐,把百事乐尽歌才罢。'又《玄武湖歌》云:'河山不异风景好,今我不乐何为哉?'诚不愿日本之渡辽将军,独乐从军之乐耳,公必知之。以此时为大梦将醒,希夷先生倚枕呵欠之侯,诚然诚然。然尚晨鸡一鸣,大声疾呼,不然又为眠魔梦魇所牵引,恐遂长眠不醒矣。必如王仲任之坚执,张江陵之刚愎,诸葛武侯之拘谨,合而成一人,乃可以有为,顾何从而得此人哉!所希冀者,宸衷独断耳。天苟欲祚大清、保中国,安知不有此事耶?光绪乙酉,遵宪从美利坚归,尔时居海外十年矣,辄谓中国非除旧布新不能自立,妄草一规模,谓某事当因,某事当革,某事期以三年,某事期以五年,计二三十年可以有成,尝与二三友人纵谈极论。既而又自笑曰:此屠龙之技,竟安所施,遂拉杂废之。嗟乎!不意今日耳中竟闻此变法变法云云也,恨不得与吾伯严纵论其事也。月来无事,时复作诗兼又填词目,与节庵、芸阁、实甫游处,颇有名士气,乃虽作诗笺,刻印雕虫篆刻,无所不为。伯严怜之耶,美之耶?无论何等文字,究欲得伯严评数字以为快。季清座上所作之书已读之矣,谓欲知《贺新凉》词,恐属妄语,未敢信然。然他日者或竟有一纸翩然而下,亦未可定也。秋凉可读书。惟珍摄。不宣。书上伯严大弟我师。遵宪顿。七月七日。"(《全集》上,第417—418页。)此函《全集》订为戊戌七月七日发,但综考全文,应是此时黄遵宪在南京所作。盖函中对变法兴起异常兴奋,绝非戊戌七月湘绅反对变法之时。且函中称与梁鼎芬辈唱和,无所不为,亦非戊戌七月梁在武昌、黄遵宪正遭受种种打压的困难环境,故系于此。

七月初九(8月6日),黄遵宪与谭嗣同商议,将为《时务报》馆改订章程。(王夏刚:《戊戌军机四章京合谱》,第139页,中国社会科学出版社2009年版。)谭嗣同《致汪康年》:"公度昨来言,将为时务报馆改订章程,专为公省去许多烦劳,嗣同闻之,不胜其喜,想尊处必乐用新章也,嗣同当即画押矣。"(方行、蔡尚思编:《谭嗣同全集》,第508页,中华书局1981年版。)同日,汪康年等人来,与郑孝胥言,黄遵宪"举报馆董事十二人,余亦与焉"。(《郑孝胥日记》第二册,第611页。)

七月十二(8月9日),张之洞致电湖南学政江标,对《湘学报》中用公羊家新说表示异议:"湘学报宏通切实,弟拟发通省书院阅看,以广大君子教泽。惟有一事奉商:湘学报卷首,即有素王改制云云,嗣后又复两见。此说乃近日公羊家新说,创始于四川廖平,而大盛于广东康有为,其说过奇,甚骇人听。窃思孔子新周王鲁,为汉制作,乃汉代经生附会增出之说,传文并无此语,先儒已多议之,然尤仅就春秋本经言。近日廖、康之说……特议论与之相涉,恐有流弊。且湘报系阁下主持刊播,宗师立教为学校准的,与私家著述不同,窃恐或为世人指摘,不无过虑。方今时局多艰,横议渐作,似尤以发明为下不信之义为亟。不揣冒昧奉商,可否以后于湘报中勿陈此议。如报馆主笔之人有精思奥义,勿致骇俗者,似可藏之箧衍,存诸私集,勿入报章。"(赵德馨主编:《张之洞全集》第九册,第244页,武汉出版社2008年版。)

七月十四(8月11日),黄遵宪致函汪康年,希望有机会面谈。函曰:"实在心绪恶劣不可言,不能命笔及此事,请照依昨夕之言,别缮一清稿见示,至恳至感。平日与穰卿论事,其深识卓见,往往五体投地。而此种处事,乃未免相左,盖以为更事少、通情少之故。然不设成见,每商定辄改,仍使我佩服也。启程西上之先,仍当图一良晤。手上穰卿同年兄。宪顿首。十四。"(《全集》上,第408—409页;上海图书馆编:《汪康年师友书札》第三册,第2337页,上海古籍出版社1986年版。)

七月十九(8月16日),黄遵宪致函王秉恩,约其一谈,函曰:"明晨南皮尚书赐食,午后弟欲走辞各当道。公与毅老之局,如能移于廿二晚,弟即由彼登舟,更可畅谭。乞为酌示。手上雪澂兄长同年左右。弟宪顿首。十九。谒帅时先为禀呈,因前寄电系言九月到湘,八月过鄂,今径行赴湘,先后不符也。外节庵函又银元局函,乞饬送。弟又叩。"(《全集》上,第412页。)

七月二十(8月17日),黄遵宪与张之洞一起早餐。下午拜访有关官员。

七月二十一(8月18日),湖南巡抚陈宝箴致电张之洞,有意让黄遵宪署理湖南按察使。"新授臬司李经羲必须入觐,批折约八月初十外到湘,乃能交卸。实任道员,只但道一人,近颇重听,难署臬篆,且已派提调入闱。候补道亦无人。惟黄道遵宪为宜。闻拟日内由鄂来湘。如钧意谓然,乞迅饬黄道暂缓,俟八月十一、二日到省,以免悬候为便。伏乞核示。箴。个。"(抄本《张之洞电稿》,第35册,《各省来电二(湖广)》,中国社会科学院经济研究所图书馆藏。)

七月二十二(8月19日),张之洞回电陈宝箴:"个电悉。黄道遵宪署臬篆,极为相宜。当即将尊电录示黄道。黄意以台端初六日即须入闱,该道拟二十七日行,约初一日到湘,尚可谒见数次。至李臬司入觐批折,虽于初十日外方到,该道渥蒙优待,俾权臬事,到省后谨当静候数日。嘱代请示等语。鄙意黄道似以月初到湘为便,庶可早得晋谒。即候十余日,再委署臬似无妨。盖将委以重任,即无投闲之疑也。特此奉达。尊意究以如何为妥,祈速电示,以便饬遵。祃。"(《张之洞电稿》光绪三十四年,所藏档号:甲182—484。)

七月二十七(8月24日),黄遵宪致函汪康年、梁启超,安排报馆诸人薪酬,准备次日登程赴湘。函称:"近得梁诗五函,知所补《日本国志》既寄到报馆,请穰兄查照。三月间寄函,代为抽换装订。发售之价,每部三元,弟自收回二两。今寄到《杂事诗》草稿,请任父饬人清誊。序续寄来。报馆事拟自七月一日起,穰卿月支百元,颂谷月支四十元,卓如月支百廿元。卓如两函并诗五函既到,应酬无暇晷,明日登程,舟中再作详函论一切。匆匆不多及,即叩穰卿、任父同年文安。遵宪顿首。七月廿七日。"(《全集》上,第410页;上海图书馆编:《汪康年师友书札》第三册,第2359页,上海古籍出版社1986年版。)

七月二十八(8月25日),黄遵宪起程赴湘。途经武昌,登黄鹤楼;过岳州,登岳阳楼;抵长沙,吊贾谊宅,在戊戌后均有诗纪之。《上黄鹤楼》诗云:"矶头黄鹄日东流,又此阑干又此秋。(乙未五月客鄂,方与客登楼,忽闻台湾溃弃之报,遂兴尽而返。)鼾睡他人同卧榻,婆娑老子自登楼。能言鹦鹉悲名士,折翼天鹏概督州。洒尽新亭楚囚泪,烟波风景总生愁。"《上岳阳楼》云:"巍峨雄关据上游,重湖八百望中收。当心忽压秦头日,(近见西人势力范围图,竟将长江上下游及浙江、湖南指入英吉利属内矣。)画地难分禹迹州。从古荆蛮原小丑,即今砥柱孰中流。红髯碧眼知何意,挈镜来登最上头。(是日有西人登楼者。)"《长沙吊贾谊宅》云:"寒林日薄井波平,人去犹闻太息声。楚庙欲呼天再问,湘流空吊水无情。儒生首出通时务,年少群惊压老成。百世为君犹洒泪,奇才何况并时生。"(《诗草笺注》下,第763—766页。)

本月下旬,蒋德钧致函熊希龄、张祖同、王先谦,提出聘梁启超为时务学堂中文教习的设想:"我西教习聘李,中教习遂聘梁何如?虽程度过高,局面稍阔,必能开风气,造人才,有益于湘。卓如近有读书西湖之志,义宁以礼招延,又黄公度观察在湘,同气相求,必能就聘。"(蒋德钧:《复王益吾张雨珊熊秉三》,《求实斋类稿》卷九,第21—22页。)蒋德钧,字少穆,湖南湘乡人,曾任四川龙安府知府,光绪二十一年因守制归乡。陈宝箴任湖南巡抚后,奏请蒋德钧"在籍襄办新政",因此得以参与湖南维新,并对诸多新政出谋画策。

八月初一(8月28日),徐仁铸被任命为湖南学政。(王夏刚:《戊戌军机四章京合谱》,第140页,中国社会科学出版社2009年版。)

八月初七(9月3日),黄遵宪在与朋友聊天时谈中国问题所在,《郑孝胥日记》载:"许静山来,众皆散去。许问余'中国之病安在?'余曰:'自上及下,务以保护弊窦为主意,其能久乎!'问南皮,曰:'口学问而心未脱于流俗。'问公度、念劬,曰:'口西国之新说而身中国之旧习。'"(《郑孝胥日记》第二册,第616页。)

本月初,黄遵宪抵达长沙任湖南盐法长宝道。旋以原任长宝盐法道李经羲升湖南按察使进京,湖南巡抚陈宝箴奏请,由黄遵宪接署湖南按察使,并督办湘省铁路事务。(马卫中、董俊珏:《陈三立年谱》,第201页,苏州大学出版社2010年版。)陈宝箴《黄遵宪署理臬司篆务片》:"再,新任湖南按察使李经羲钦奉谕旨:'来京陛见',应即交卸,起程北上。所遗篆务,查有新授湖南盐法长宝道黄遵宪业已来湘,尚未到任,该员系钦奉谕旨简放实缺人员,堪以署理。除檄饬遵照外,谨会同湖广总督臣张之洞附片具陈,伏乞圣鉴。谨奏。"朱批:"知道了。"(《光绪朝朱批奏折》第12辑,第858页;汪叔子、张求会编:《陈宝箴集》上,第623页,中华书局2003年版。)《饮冰室文集》卷三《谭嗣同传》云:"丁酉六月,黄君遵宪适拜湖南按察使之命。"《尤谱》:"六月,先生以盐法道拜署湖南按察使。"(尹飞舟编:《湖南维新运动史料》,第914—915页。)均似误。黄遵宪署按察使乃其到湘后由湖南巡抚陈宝箴奏请,定非"六月"之事。黄遵宪致朱之榛函明确说:"弟八月到湘,旋权臬事,今已三月……"(《全集》上,第414页。)黄遵宪任职后,迅速成为湖南维新运动的主要领导之一,有论者曰:"1897年夏天起,他①任职湖南盐法道,随后并曾一度代理过按察使。他不仅仅是热心于在这些职掌范围内进行改革的斗士,他对于外部世界的第一手知识,特别是他对明治时期日本兴起的理解,也是1898年以后在湖南开始制度革新的灵感和思想的主要源泉之一。"(费正清、刘广京编:《剑桥中国晚清史》下,第353页,中国社会科学出版社1993年版。)

本月初,熊希龄发布《湖南时务学堂缘起》,阐明时务学堂培养维新人才的宗旨,提出广立学校,培植人才为自强本计。时务学堂是1897年初由岳麓书院山长王先谦领衔正式呈报,巡抚陈宝箴批准立案。陈宝箴发布了《时务学堂招考示》,宣布"本年议定暂租衡清试馆开办,延聘中西学教习,择期开学,先行招考六十名入堂肄业"。"诸生入学三四年后,中学既明,西文习熟,即由本部院考选数十名,支发川资,或咨送京师大学堂练习专门学问,考取文凭;或咨送外洋各国,分住水师、武备、化学、农学、矿学、商学、制造学等学堂肄业,俟确有专长,即分别擢用。"《时务学堂遵旨改定课程》:"抚宪昨接总理衙门行知,并录浙抚廖穀帅折稿,将来特科、岁举,皆由学堂选取。现在,时务学堂学生于经学已通大义,拟将课程改为特科六门。由教习择各学生性之相近者,分门教授,以备经济科之选。兹由总理黄廉访与各分教习商定详节,一面由抚宪电促总教习梁卓如来湘,振兴实学,酌改旧章云。"(尹飞舟编:《湖南维新运动史料》,第544—545页。原载《湘报》第八十九号。)委派黄遵宪和熊希龄具体负责学堂筹备事宜,并正式任

---

① 指黄遵宪。

命熊希龄为提调,即校长。主持一切行政事务。时务学堂房舍择定于省城北门外侯家槐兴建,在未兴建前,暂在长沙小东街今长沙市三贵街。刘权之邸宅开学。

八月十三(9月9日),黄遵宪致函汪康年,促其让梁启超、李维格来任湖南时务学堂总教习,函云:"穰卿我兄大人同年左右:在鄂匆匆草布一缄,谅邀鉴矣。宪甫经到湘,即闻湘中官绅有时务学堂之举,而中、西两院长咸属意于峄琴、任父二君子。此皆报馆中极为切要之人。以峄琴学行,弟所见通西学者凡数十辈,而求其操履笃实,志趣纯粹,颇有儒者气象者,实无其伦比,然屈于报馆,乃似乎用违其才。学堂人师,为天下模楷,关系尤重。故弟亦愿公为公谊计,勿复维絷之也。任父之来,为前议之所未及。然每月作文数篇付之公布,任父必能兼顾及此。此于报馆亦似无损碍,并乞公熟虑而允许之。报馆之开,今一年矣。赖公精心果力,凡百维持,得至今日,今规模既已大定,而西学堂之设、学会之开,亦公平日志意所在,轻重缓急,兼权综计,公幸熟思之。任父处弟另有函殷殷劝驾,拟并函致峄琴。而轮舟刻期展行,不能久候,乞以此函转达峄琴,代述鄙意,是所至祷。《日本国志》由粤中刻补后序各篇,知已收到,乞照前函装订发售为感。稍暇即有续函。匆匆不能多及。即请道安。惟鉴不宣。令弟颂穀兄均此致意。弟宪顿首。八月十三日。"(《全集》上,第410—411页;上海图书馆编:《汪康年师友书札》第三册,第2360页,上海古籍出版社1986年版。)

聘梁启超、李维格任时务学堂总教习,其起因多有说法。正先《黄公度——戊戌维新运动之领袖》记:"梁启超任时务学堂总教习,其离时务报而赴湘也,实公度商请陈右铭召之来。学堂而用'时务'二字,与'时务报'同名,亦公度之意也。"(张永芳、李玲编:《黄遵宪研究资料选编》上,第84页,香港天马图书有限公司2002年版。)《陈三立年谱》则曰:聘梁启超入湘之议,"陈寅恪云初发于陈三立,且谓乃亲闻于三立本人,而邹代钧致汪康年之信函与熊希龄上陈宝箴书,则曰黄遵宪首倡之,二者似有出入"。(《逸经》文史半月刊第十期,1936年上海版。马卫中、董俊珏:《陈三立年谱》,第204页,苏州大学出版社2010年版。)陈寅恪《读吴其昌撰梁启超传书后》:"新会先生居长沙时,余随宦巡署。时方童稚,懵无知识。后游学归国,而先君晚岁多病,未敢以旧事为问。丁丑春,余偶游故宫博物院,见清德宗所阅旧书中,有时务学堂章程一册,上有烛烬及油污之迹,盖崇陵乙夜披览之余所遗留者也。归寓举以奉告先君,先君因言聘新会至长沙主讲时务学堂本末。先是嘉应黄公度丈遵宪,力荐南海先生于先祖,请聘其主讲时务学堂。先祖以此询之先君,先君对以曾见新会之文,其所论说,似胜于其师,不如舍康而聘梁。先祖许之。因聘新会至长沙……而其所以至长沙者,实由先君之特荐。其后先君坐'招引奸邪'镌职,亦有由也。"(陈寅恪:《寒柳堂集》,第167—168页,生活·读书·新知三联书店2001年版。)张求会《陈寅恪的家族史》认为"三立晚年所忆略有失误"。时任时务学堂提调的熊希龄《上陈右铭中丞书》云:"查去年初立学堂,延聘梁卓如为教习,发端于公度观察,江建霞、邹沅帆及龄与伯严皆赞成之,继则张雨珊、王益吾师亦称美焉。"(中国史学会主编:《中国近代史资料丛刊·戊戌变法》第二册,第585页,上海人民出版社1957年版。)又熊希龄于光绪廿三年八月《致汪康年书》云:"湘学堂中文教习无人,初各绅议只立分教,而缓立总教,及公度到湘,力言总教无逾于梁卓如者,龄等谓'卓如乃报馆大局所关,穰兄岂肯轻放?'公度云:'无妨也,卓如在报馆作文,每册不过一篇,如来湘中,尚可按期寄文,于报馆并无所损。而在湘则兼受其益。'龄等闻此言,无不大喜过望,咸云'求之不可得'也。遂决聘卓如矣。"(上海图书馆编:《汪康年师友书札》第三册,第2827页,上海古籍出版社1986年版。)按熊希龄所述,聘请梁启超入湘主讲时务学堂之举,最早似发端于黄遵宪,后得陈三立及湘中官绅赞同。无论如何,经黄遵宪之主荐,众人都赞成聘梁、李入湘,所担心者为汪康年不同意放梁、李来湘。王先谦《葵园自定年谱》:"光绪二十四年戊戌,五十七岁。陈右铭中丞(宝箴)莅任湖南,余素识也。向以志节自负,于地方政务亦思有所振兴。会嘉应黄遵宪来为盐法长宝道,与中丞子三立、庶常熊希龄合谋,延有为弟子梁启超为新设学堂总教习。"(马卫中、董俊珏:《陈三立年谱》,第203—204页,苏州大学出版社2010年版。)

时湘中官绅纷纷致函汪康年,敦促梁启超一行从速入湘。邹代钧致《致汪康年》函称:"见在湘中开设学堂,西文、中文教习,均未觅得其人。公度已荐一琴为西文教习、卓如为中文教习。义宁父子及湘绅无不喜悦。惟均以此二人都报馆不可少之人,不便邀来。而公度以报馆译人颇多,而一琴之才长于教习,短于译事,(即来示所言嫌译人太多各节。)招之来湘甚妥。卓如在馆仅作论,若来湘,仍可作论寄沪,于报馆事毫无妨碍,且卓如不来湘,必为南皮强去云云。故义宁已下关聘两君矣。窃谓公度所言卓如各节,似不诬,当可来也。惟一琴之来否,仍望公酌之。如馆中可以放一琴,则不可强留。缘湘学堂之设,亦有关大局也。非湘学堂贤于天下各学堂,盖湘人士之气,校各省颇长。据公度云,一琴不过为公综核诸事,于译事仅总大略。果尔,则一琴尽可来湘,当不难觅一替人。湘学堂一时仓促,实难其人,乞公谅之。"(邹代钧:《致汪康年》,上海图书馆编:《汪康年师友书札》第三册,第2743页,上海古籍出版社1986年版。)熊希龄《就时务学堂聘教习等事致汪康年函》:"惟少穆前欲聘李峄琴,荐之右帅,帅急欲聘之。龄归言乃我兄所霸住,右帅笑而不以为然。及黄公度廉访到湘,右帅询之公度,极言峄琴品端学粹,为教习是其所长,足以师表群伦,而在报馆翻译,犹寻常耳,遂怂恿右帅延聘峄琴。龄思兄屡上保湘之策,今乃湘学堂发轫之始,兄必竭力助成,断不掣肘。兹已将关书送之峄琴矣,乞兄放行……湘学堂中文教习无人,初各绅议只立分教而缓立总教。及公度到湘,力言总教无逾于梁卓如者。龄等谓卓如乃报馆大局所关,穰兄岂肯轻放?公度云无妨也,卓如在报馆作文每册不过一篇,如来湘中,尚可按期寄文于报馆,并无所损,而在湘则兼受其益。龄等闻此言无不大喜过望,咸云求之不可得也。遂决聘卓如矣。又恐香帅截留,特将关书送呈卓如,乞兄劝驾。龄等非敢攘夺,实以湘中风气初开,各省皆无与比,亦出弟等意料之外,乘此机而入之,必有大获之一日。兄自谓办报馆非即以报终,迨别有深意也。然则湘其兄共事之所乎!则卓如此来,兄当三思,而不致留难。弟等久知延请卓如将为天下之所侧目,然欲办成此志此局,又非大有气魄之人不足以举重也。卓如到湘尚有无穷应办之事,须待共商而共成之。"(马卫中、董俊珏:《陈三立年谱》,第203页,苏州大学出版社2010年版;尹飞舟编:《湖南维新运动史料》,第657页。)

另据郑孝胥之日记,梁、李之入湘之事,张之洞也非常关心:"八月廿三日汪穰卿来,谈南皮忽使钱念劬作书与报馆,言欲使汤蛰仙(寿潜)来报馆主笔。湖南时务学堂欲强邀李一琴为教习。因言中国习气多是不恕。汤,绍兴人,安徽知县。湖南学堂即熊秉三、蒋少穆所经理也。"(《郑孝胥日记》第二册,第619页。)

八月十四(9月10日),张之洞致电黄遵宪:"前晤谈时,所举德文译员是何姓名?学业若何?现在何处?薪水约须若干?即望电覆。鄂督院。盐。"(《张之洞存来往电稿原件》,第14函,所藏档号:甲182—385。)

八月十五(9月11日),黄遵宪回电称:"谕敬悉。德文程遵尧,出于微族,学业极好,现在同文馆。钱守当知其人。遵宪禀。咸。"(抄本《张之洞电稿》,第35册,《各省来电二(湖广)》,中国社会科学院经济研究所图书馆藏。)"钱守"即钱恂。

八月十七(9月13日),黄遵宪致电张之洞:"奉札委署臬司,十八接篆。夙承知遇,敬谢恩施。职道遵宪敬禀。洽。"(抄本《张之洞电稿》,第35册,《各省来电二(湖广)》,中国社会科学院经济研究所图书馆藏。)

八月二十八(9月24日),时务学堂举行第一次考试,取录学生四十名。

八月二十九(9月25日),黄遵宪抵湘之时,湘鄂轮船公司、湘粤铁路已接连议办,湖南新政正如火如荼地进行中,皮锡瑞《师伏堂未刊日记》光绪二十三年八月廿九日(1897年9月25日):"莘田(乃桐轩明府之弟)①云湘鄂轮船公司将行,伊为鄂中总董之一。本拟作大轮浅水船,因闻粤东开铁路至湘鄂之议,黄公度已接臬印,督办铁路,此路若成,轮船又将废搁矣,故不敢大举。"(尹飞舟编:《湖南维新运动史料》,第674页。)

本月,黄遵宪于长沙发现《日本杂事诗》民间刻本,为第八次刊印本。黄遵宪自跋《日本杂事诗》云:"丁酉八月,余权臬长沙,见有悬标卖诗者,询之又一刻本。今此本为第九次刊印矣。"(《全集》上,第7页。)

九月初三(9月28日),张之洞致电黄遵宪:"权臬大喜,欣贺。贱辰蒙恩逾分,愧悚,远荷齿及,感谢。江。"(《张之洞电稿》光绪三十四年,所藏档号:甲182—484。)

九月初六(10月1日),谭嗣同致函汪康年,催促梁启超入湘:"熊秉三来书言湘中官绅决计聘请卓如、一琴两君为时务学堂总教习,黄公度尤极力赞成,诸绅皆谓卓如虽在湘,仍可寄文稿至贵馆,而特虑公不肯兼放两位俱去,因公恳嗣同亲到上海哀吁,我公如更不肯,将不恤与公迕而豪夺以去。嗣同窃计遽用霸道,似乎使公太难堪。今为公计,不如自劝两君往湘,则尚不失自主之权,而湘人亦铭感公之大德矣。嗣同为乡人所迫,万分无可如何,兹先与公婉商,不遽作赴沪之举,所以为公地,使此事若出于公自己情愿者,可作一完全之人情也。公即不令卓如往湘,渠亦必往西湖,宁能终绊之耶？一琴兄在馆,公度久即不以为然,谓屈抑其长才,仅得为翻译也。公即不令一琴往湘,公度及与公度知好者,亦必别为谋置一地,又宁能

---

① 王铭忠,字莘田,湖北江夏人,《湘报》创办时曾任董事。

终绊之耶？反复思之，终乞公勿强留之，之为愈也。"(尹飞舟编：《湖南维新运动史料》，第634页。)

本日，黄遵宪道遇同年湘绅皮锡瑞，答允以《日本国志》相赠。皮锡瑞《师伏堂未刊日记》曰："出门见黄公度廉访同年，相隔廿余岁矣，道故甚亲密。允以《日本国志》见赠，云此书早交总理衙门，而彼不刻，若早刊出，使道希、季直见之，或不至力主战矣。询粤东开铁路到湖南确否？云已有端倪……至王祭酒处赴饮……闻中西学堂招考已发案，山长，公度拟请梁卓如，不知肯来否？"(尹飞舟编：《湖南维新运动史料》，第675页。)

九月初八（10月3日），张之洞致电黄遵宪，要求查宝庆箭道副将刘胜国为建私祀侵占公地事："访闻宝庆箭道，相安年久。去冬副将刘胜国为建私祀，侵占公地，勒卖雷姓铺宇地基，另修箭道门户，并捏称是处左右毗连其址系乾隆年间官地，拆毁各铺墙垣，勒商缴契迁移，业经控县断令停工。该协突于本年立夏日兴工，拆毁街道铺宇，安置箭道门户，于本街绅商住宅均属不利等情。如果属实，于绅商住宅方向不利事小，勒令商民迁移拆毁事大。该副将在任未久，碌碌无闻，有何功德自建私祀，尤干例禁。该副将向来性情粗暴，本部堂所深知。该司即查明确情，迅令该协将私祀停建，民地退还，将箭道停工复旧，勿得违延干咎。如中有别情，并即确查实禀。"(赵德馨主编：《张之洞全集》第九册，第257—258页，武汉出版社2008年版。)

九月初十（10月5日），黄遵宪致电张之洞："谕敬悉。该副将与邵阳聂令互讦，正委朱守其懿查办。奉电即并札朱守迅究。除禀抚宪外，遵宪谨禀。"(抄本《张之洞电稿》，第35册，《各省来电二（湖广）》，中国社会科学院经济研究所图书馆藏。)

九月十三（10月8日），黄遵宪赠皮锡瑞《日本国志》一册。当日，皮锡瑞评论说："阅之体裁详密，议论亦通达可行。"(尹飞舟编：《湖南维新运动史料》，第676页。)到九月十五日（10月10日），他又详论说："《日本国志》阅一过，其以为中国取民太轻，而又无制，故国用不足，中饱私囊，每年又不定为出入之计，昭示中外，盖便污吏之欲壑，小民亦以此不信其上，莫肯出钱奉公。此等议论极通达，非迂儒所知。公度著此书时，尚以为倭人尽学西法非计，云流出金钱甚夥，所行新政，得不偿失，今乃富强如此，岂亦迟久乃有效耶？明治改元，今三十年，《志》并未言其主英武，似倭之强，非尽由其君所致。而其创议变法者，西乡隆盛以叛诛，大久保利通被刺，其能一变致富强者何人,岂皆井上馨、伊藤博文之力耶?他日见公度将询之。"(尹飞舟编:《湖南维新运动史料》,第677页。)黄遵宪著《日本杂事诗》时并不十分欣赏日本之效西法以维新,但在《日本国志》中,他已经明确日本维新之效成则且霸,到甲午战争时,黄遵宪更认定日本维新之效已成,因而不主战。

本日,张之洞致电黄遵宪:"湖南榜,两湖书院肄业生中式几名?元系何名?何处人?祈查明速电示。文。"(《张之洞电稿》光绪三十四年,所藏档号:甲182—484。)

九月十四(10月9日),黄遵宪回电称:"两湖肄业中,谭心休、杨仁俊、梁昌纸、易顺豫、李致桢。解元,安化黄运藩。遵宪禀。"(抄本《张之洞电稿》,第35册,《各省来电二(湖广)》,中国社会科学院经济研究所图书馆藏。)

九月十六(10月11日),张之洞致电陈宝箴和黄遵宪,批评《时务报》刊载梁启超之悖谬言论,内称:"《时务报》第四十册梁卓如所作《知耻学会叙》内,有'放巢流虺'一语,太悖谬,阅者人人惊骇,恐招大祸。'陵寝蹂躏'四字亦不实。第一段'越惟无耻'云云,语意亦有妨碍,若经言官指摘,恐有不测,《时务报》从此禁绝矣。报馆为今日开风气、广见闻、通经济之要端,不可不尽力匡救维持。望速告湘省送报之人,此册千万勿送。湘、鄂两省皆系由官檄行通省阅看,今报中忽有此等干名犯义之语,地方大吏亦与有责焉,似不能不速筹一补救之法。尊竟有何良策?祈速示。谏。"(吴剑杰编著:《张之洞年谱长编》下册,第516页;赵德馨主编:《张之洞全集》第九册,第259页,武汉出版社2008年版。)

九月十七(10月12日),黄遵宪复电张之洞,文曰:"密。电谕敬悉,具仰维持报务、护惜人材苦心。既嘱将此册①停派,并一面电卓如改换,或别作刊误,设法补救,如此不动声色,亦可消弭无形。前《知新报》述'俄使与上共食''百官郊迎'诸语,经言官纠参,幸枢府诸公亦知报有大益,且不愿居禁报之名,逼以报馆藉洋人为护符,故寄谕但令粤督传谕该馆'纪事务实'而已。卓如此种悖谬之语,若在从前,诚如宪谕,'恐招大祸'。前过沪时,以报论过纵,诋毁者多,已请龙积之专管编辑,力设限制,惟梁作非龙所能约束。八月初旬,此间官绅具聘延卓如为学堂总教,关聘到沪,而卓如来鄂,参差相左,现复电催从速来湘。所作报文,宪当随时检阅,以仰副宪台厚意。除禀抚宪外,遵宪谨禀。"(《全集》上,第411—412页。)

---

① 即《时务报》第四十册。

本日,陈宝箴致电张之洞:"咸电敬悉。《时务报》四十册尚未到,预饬停发,并嘱公度电致卓如,以副盛意。箴。筱。"(赵德馨主编:《张之洞全集》第九册,第259页,武汉出版社2008年版。)

十月中旬(11月),梁启超抵湘,就任时务学堂中学总教习。(丁文江、赵丰田编:《梁启超年谱长编》,第85页,上海人民出版社1983年版。)梁启超行前致书陈三立、熊希龄:"顷定以初七日偕行,约十五日前后必抵湘也。"梁启超记:"丁酉……十月,湖南陈中丞宝箴、江督学标聘主湖南时务学堂讲席,就之。时公度官湖南按察使,复生亦归湘,助乡治,湘中同志称极盛。"(丁文江、赵丰田编:《梁启超年谱长编》,第66页,上海人民出版社1983年版。)梁启勋《曼殊室戊辰笔记》记梁启超入湘事甚详:"先是达县吴小村(德潇)先生方署钱塘县令,拟在杭州西湖赁一屋,购书千金,并聘英、法文教员各一人,伏伯兄(启超)于湖上,三年而后纵之。同时陈右铭(宝箴)巡抚湖南,黄公度为臬司,办时学堂于长沙,聘伯兄主讲座。吴、黄二公当日以出处问题,为数月激烈之争论,黄获胜,(启超)乃于秋间入湖南。"梁启超就任后,制定《学约》十章:立志、养心、治身、读书、穷理、学文、乐群、摄生、经世、传教。

十月二十八(11月22日),黄遵宪招皮锡瑞等宴饮,席中批评汉阳铁厂之经营不得法。皮锡瑞该日日记载:"下午,赴黄公度廉访饮席,梁卓如、蒋少穆、熊秉三在,胡明蕴亦在。梁貌不甚扬,亦不善谈,已到馆。初六上学,额共百名,现取四十名,留三十名归山长调取,三十名归新学使调取。蒋、熊皆开化党,所言皆变法事。公度议论通达,云铁政局亏七百万,弊在不审近煤矿之地,贸然举办,又不用欧洲铁厂熟手,不多备紧要机器,以防损坏,今盛杏荪办,亦必不合法。伊亲到外国,较道听者自胜一筹。"(尹飞舟编:《湖南维新运动史料》,第680—681页。)

本月,山东曹州府巨野德两教士被杀,德国以此强占胶州湾,次年二月签订《胶澳租界条约》三章。列强掀起了在中国划分势力范围的狂潮,中国面临被瓜分的危机。黄遵宪在诗《书愤》纪之:"一自珠崖弃,(胶州。)纷纷各效尤。(旅顺、大连湾、威海卫、广州湾。)瓜分惟客听,薪尽向予求。秦楚纵横日,幽燕十六州。未闻南北海,处处扼咽喉。"(《诗草笺注》下,第767页。)陈衍评曰:"公度诗多纪时事,惜自注不详,阅者未能尽悉。如《书愤》有云:'一自珠崖弃,纷纷各效尤。'言失胶州,而旅顺、大连湾、威海卫、广南湾俱去也。"(陈衍:《石遗室诗话》,第107页,人民文学出版社2004年版。)"岂欲亲豺虎,联交约近攻。如何盟白马,无故卖卢龙?(光绪二十二年使俄密约,已以胶州许之。)一着棋全败,连环结不穷。(德取胶州，俄人不问。论者已知意在旅顺矣。)四邻墙有耳，言早泄诸戎。"陈衍评曰："又，'如何盟白马，无故卖卢龙'，言光绪二十二年使俄密约也。""扰扰无穷事，吁嗟景教行。乍闻祆庙火，已见德车旌。过重牵牛罚，横挑啮犬争。挟强图一逞，莫问出师名。(杀二教士，遂失胶州。)"陈衍评曰："又'乍闻祆庙火，已见德车旌'，言因杀二教士而失胶州也，'德车旌'，借用《曲礼》甚巧。""古有羁縻地，今称隃领州。竟闻秦失鹿，转使鲁无鸠。(各国势力范围图，独中国无分。)地动山移恐，天悬日坠忧。君看黑奴国，到此属何洲？"陈衍评曰："又'竟闻秦失鹿，转使鲁无鸠'，言各国势力范围图，独中国无分也。""弱肉供强食，人人虎口危。无边画瓯脱，有地尽华离。争问三分鼎，横张十字旗。波兰与天竺，后患更谁知？"黄遵宪又有《支离》诗云："举鼎䏌先绝，支离笑此身。穷途竟何世，余事且诗人。技悔屠龙拙，时惊叹蜡新。剖胸倾热血，恐化大千尘。"(《诗草笺注》下，第767—773页。)

十一月初四(11月27日)，黄遵宪拟与皮锡瑞、易顺鼎、梁启超等人相约游岳麓山，未果。(尹飞舟编：《湖南维新运动史料》，第681页。)

十一月初六(11月29日)，时务学堂正式开学。熊希龄任提调，梁启超任中文总教习，李维格任西文总教习，许奎垣任数学教习，首批学生四十名。时务学堂先后共招收三批两百多名学生。中文以《孟子》及《公羊春秋》为教本，宣扬民权主张。学堂还选编刊售学生札记、教习批语。时务学堂功课，分为两种：一曰普通学，其目有四：一曰经学，二曰诸子学，三曰公理学，四曰中外史志及格算诸学之粗浅者。二曰专门学，其目有三：一曰公法学，二曰掌故学，三曰格算学。入学六个月以前，读普通学；六个月以后，则各认专门，但普通学仍需兼习。(汤志钧：《戊戌变法史》，第273页，人民出版社1984年版。)

时务学堂在湖南产生重大影响，黄遵宪与梁启超功不可没。康有为认为："卓如与复生入湘，大倡民权，陈、黄、徐诸公听之，故南学会、《湘报》大行。"(康有为：《与赵曰生书》，尹飞舟编：《湖南维新运动史料》，第621页。)梁启超在时务学堂之地位和影响自不待言，黄遵宪不仅在聘梁启超任总教习问题上起到了关键作用，其日常工作等亦起了重大作用。王仲厚《黄公度诗草外遗著佚闻》："光绪二十三年丁酉岁，湖南巡抚陈宝箴中丞、按察使司黄遵宪廉访、提督学政徐仁铸编修，会同在籍庶常熊希龄、编修汪贻书、观察王铭忠诸绅，奏请开办湖南时务学堂，延聘梁启超、皮锡瑞为正副总教习，其他教习如谭嗣同、唐才常诸人，亦皆当时维新志士……此举乃发动于廉访黄公度氏一人,所有办学章程,授课科目,亦均由其参酌东西各国教育制度,一手订定……科目能并重乎中西,章程更适宜于新旧,且于学堂内附设南学会,公开讲学,又办《湘报》与《湘学报》,倡言改革,高瞻远瞩,规划周详,不数月而湘中风气丕变,骎骎乎驾凌京、津、沪、汉之上,而煌煌谕旨,且令各省督抚,效法仿行,谓非清末维新史上之可大书特书者乎!"(《诗草笺注》下,第1223—1224页。)

十一月初七(11月30日),湘绅议请黄遵宪总办湘粤铁路。皮锡瑞该日日记:"即到右帅处。萧希鲁、谭朴吾、谭复生已先到。复生乃香帅遣来促办铁路、轮船者。席间右帅出示电报,德人已占秦岛,设关税,以六事要中国:……香帅恐德人更窥南边铁路,复生云:德人已向香帅开口,法人亦有由龙州开铁路过湘到汉之议,故宜赶急自办。倭有十轮到内江开行之说,小轮亦宜赶办,今小轮初九借官轮先行,铁路亦即挂牌开局,徐议章程筹款。请黄公度总办。未终席,电报又至,复生即起身,到公度、少穆、秉三诸人处议,时事之急如此,岂吾辈宴饮时乎?而'长信'①又做寿,二百万修圆明园,宜为外人玩视,并非洲黑人不如也!"(尹飞舟编:《湖南维新运动史料》,第682—683页。)

十一月初八(12月1日),陈宝箴致电张之洞,奏请湘绅公请黄遵宪总办湘粤铁路事宜。电文曰:"顷据湘绅前山东布政使汤聘珍,翰林院编修汪诒书、赵启霖,庶吉士熊希龄、戴展诚,内阁中书黄忠浩,分部郎中曾广江,江苏候补道王澧、蒋德钧、谭嗣同,分省补用道朱恩绂,候选道左孝同,前甘肃宁夏府知府黄自元等,呈请创立湘粤铁路公司,集股开办,公举现署臬司长宝道黄遵宪为总办,以将事权而通湘、粤之气,并请转咨电奏,先行立案等因。宜如何会同谭敬宪、盛京堂并挈衔电奏,及电告南、北洋,俾得周知之处,伏候钧裁。该绅录原呈,容由驿递。"(汪叔子、张求会编:《陈宝箴集》下,第1517—1518页,中华书局2005年版。)

本日,陈宝箴致电盛宣怀,通报举黄遵宪为湘粤铁路总办事。(汪叔子、张求会编:《陈宝箴集》下,第1518页,中华书局2003年版。)

十一月初十(12月3日),黄遵宪与江标、梁启超、李一琴、熊希龄和皮锡瑞等共赴王先谦酒宴,席中黄遵宪赞皮锡瑞"通古学,不意兼通今学"。

①长信,汉宫名,为太后居所,此借称西太后那拉氏。

皮"愧谢之"。(尹飞舟编:《湖南维新运动史料》,第683页。)

湘绅热心于湘粤铁路,集股开办湘粤铁路公司,皆寄望于黄遵宪者,实寄黄遵宪招粤商财力,因粤商财大气粗,而湘人人才多多,都期望以粤财与湘才之结合。十一月十一(12月4日),皮锡瑞在日记中谈到湘粤铁路筹建:"谭复生、汪颂年来,询谭铁路事如何,云右帅已电咨香帅,彼已可以销差,其如何办法,看右帅与公度商酌。予云事蹈空,恐情见势绌,外夷又将生心,彼云既已电奏,或可杜其觊觎,惟中国事非一时能办,湖南不筹款,惟恃粤人耳……蒋少穆来,云香帅四日尚未回电,恐盛杏荪作梗,予谓即不作梗,事亦难行……湘、鄂无款可筹,粤人未必能独筹巨款,若盛作梗,不归公度办,则粤人更不肯出资矣。"(皮锡瑞:《师伏堂未刊日记》,尹飞舟编:《湖南维新运动史料》,第684页。)可见,湘官绅于黄遵宪筹建粤汉铁路之期望。梁启超曾对比戊戌前后湖南、广东情形:"中国人工作之勤,工价之廉,而善于经商,久为西人所侧目,他日黄种之能与白种抗衡者,殆恃此也。然于中国人之中,具此美质者,亦惟广东人为最,又其人言语与他省不同,凡经商于外国者,乡谊甚笃,联合之力甚大。"(梁启超:《戊戌政变记》卷八附录二,尹飞舟编:《湖南维新运动史料》,第3—4页。)当时,湖南维新派使命感和危机感非常强烈。

十一月十四(12月7日),黄遵宪欲留皮锡瑞在湖南任职。皮在日记中谈到自己的打算时,决定辞去江西之职务,因"公度欲留我在湖南,右帅乔梓,必欲我在江右,我反为所误,食禄有方,再看机会"。(尹飞舟编:《湖南维新运动史料》,第685页。)

十一月十五(12月8日),张之洞电复陈宝箴,就湘绅举黄遵宪总办粤汉铁路之条件提出看法。略谓:"湘绅呈请创立湘粤铁路公司,集股开办,公举黄道总办,具见湘绅卓识远虑,台端提倡宏力,欣慰之甚。惟湘绅尚未悉铁路甘苦曲折,朝廷于铁路一举,招商借债,绝不担肩,蒋德钧面奉邸谕,须自行筹款,乃可议准。去年设立总公司,总署原奏芦汉、粤汉南北干路合为一气,领帑千万,集股千万,余借洋债,陆续分还,互相挹注。现今芦汉以部款千万、官股三百万为底本,并借洋债四百万镑,由总公司订约,国家仅批准而不肯担保,各国以为难,比人利其制造,始首肯。粤汉大约亦需将及三千万,拟集商股七百万为底本,余借洋债。总公司现招粤、沪各商,闻已得四百余万,订定而未收。湘中集股尚无约数,粤商亦尚无着落,窃恐粤商股亦必请另设一总办。粤商力厚，未必肯附入湘商，而鄂中武昌以南一段亦未言及，似须将粤汉路程起讫，商股大约数目，洋债如何筹措、如何议还，议有大概主意，始能陈奏。大抵粤汉总办若能独任华股七百万，并担当洋债二千余万，自可另树一帜。否则，应由湘、粤、鄂三省各举一总办，仍照总署奏准原案，不脱总公司，方无窒碍，事亦轻而易举。总之，权可分，利可共，章程不可不贯通，纲领不可不画一。各省路权尽可各省分任，路利必须公溥均沾。而造路之本资、借款抵押之办法、通行之章程，必须芦汉、粤汉一大干路合为一气。递招递垫、递修递押、递借递招，辗转相生，则此三千万之路，有股数百万，即可一气衔接腾挪，辘轳周转，以底于成。不惟如此方与奏案相符，且非此必办不成也。昨与盛京堂熟商，大致似须如此，爵堂方伯意见亦同。如尊意谓然，请速嘱熊庶常、蒋观察来鄂，面商妥贴，再会奏。"（尹飞舟编：《湖南维新运动史料》，第193—194页；赵德馨主编：《张之洞全集》第九册，第269页，武汉出版社2008年版。）

十一月十七（12月10日），陈宝箴致电张之洞，解释举黄遵宪总办粤汉铁路之原因，内谓："湘省风气未开，知铁路宜修者甚少，今年盛京卿函询粤汉铁路经由之地，旋奉宪台往复电商委员勘路未果。近以山东要挟事起，"为防"外人觊觎"而议造粤汉铁路。"惟湘既设公司，湘事必有总办，蔡绅亦述盛京卿言：'断难一人统理，必拉帮手'，因公举公度，盖为取信湘中士民起见，且以粤人可与粤接耳。至盛之奉命总办铁路，人所共知，粤汉分局自在其中，其无脱去之理，所不待言。诸绅拟电时，其应如何奏咨，未暇深论，亦难臆度。箴据绅拟电达，听候钧裁，非欲另树一帜、妄希垄断也。其粤省官绅如何商办，度宪台与盛必已筹及，颇深悬念。拟请盛单衔请旨，饬两湖、广东督抚倡率，以日盼钧复，不果发。"（尹飞舟编：《湖南维新运动史料》，第195页。）

十一月二十（12月13日），谭嗣同受张之洞委派，到长沙劝陈宝箴速办铁路、轮船，并强调"请黄公度总办"。

本日，黄遵宪致函朱之榛，略谈近况，云："别来匆匆遂二年矣。南北奔驰，所见当世贤豪极多，而求其经世治事之才，仍于公首屈一指。然时局日难，韩非有言'贤不敌势'，况又未能膺大任而握大权乎！弟八月到湘，旋权臬事，今已三月，自问毫无裨补，惭对知己，言之增惭。同乡吴巡检从先刻由湘回苏，特作数行，令其趋候起居。此人素性笃实，兼通商务，本系弟约之来,而其人现因服阕,仍应回省听候差遣。倘有需驱策之处,必能效劳,不致孤恩也。清献内召,而前车复来,一切局面谅仍旧贯。东南财赋之区,亦有岌岌可危之象,念此为之三叹也。手叩竹石先生大安。弟宪顿首。廿日。《时务报》捐惠百元,饥溺之怀,昭然若揭。此款应由汪穰卿手收,弟亦可代交,他日再易收单可也。弟所求于公者,欲设法广派,非敢劳重惠也。又及。"(《全集》上,第413—414页。)

十一月二十一(12月14日),谭嗣同等人禀请开办南学会,获准。皮锡瑞在日记中说:"谭复生等禀请开学会,黄公度即以为议院,中丞已牌示,以孝廉堂为公所,开化可谓勇矣。"(皮锡瑞:《师伏堂未刊日记》,尹飞舟编:《湖南维新运动史料》,第686页。)谭嗣同、熊希龄、唐才常等面对德国侵占胶州及其带来的中国被瓜分危机,他们认为:"湖南之士可用,广东之商可用",因倡议联合湘粤,创建一个以湘、粤为中心的学会,因取名南学会,而不名湘学会。学会得到了黄遵宪和湖南巡抚陈宝箴的大力支持。黄遵宪则将学会提升为体现公众意志的议院。十二月初九日(1898年1月1日)梁启超《致汪康年函》中说:"此间新办南学会,右帅、公度、研父皆入会,诚盛典也。"(尹飞舟编:《湖南维新运动史料》,第628页。)

黄遵宪于八月初抵湘任后,公务繁忙,在应接不暇之日程中,黄遵宪甚受湘绅欢迎,应酬又多。十一月二十六(12月19日),皮锡瑞在日记中说:"右帅赠江学使诗,予未见,见公度诗,慷慨淋漓。"(尹飞舟编:《湖南维新运动史料》,第688页。)黄遵宪又以某月之十六晚,致梁鼎芬函,谈其在湘之署按察使公务:"节庵大弟学长左右:别后至湘,匆冗鲜暇,接宾僚,治文书,费日力十之八,加以酬应,便有日不暇给之势矣。此时亦未能有所树立,不及治狱舍。惟通饬各属,凡一案延至十数年,一事控及数十人,均分别省释。其户婚、田土、钱债之一切牵连干证人,概令取保,不许羁押。此则本公之德意而为之者也。闻归计遂决,为之怅怅。既已踪迹,不可合并,楚越亦何异?然相隔远则消息难,不能无介于怀也。时会日艰,外侮益肆,沧海横流,真不知何处可以安身,又不独为公忧也。由冯少竹手送到银五十元,薄助行装,乞为察存。行藏去留,望时以片纸见惠。他不多及。即叩道安。遵宪顿首。十六夕。"(《全集》上,第413页。)

黄遵宪署按察使期间,处理案件甚多,梁启超言:"黄遵宪为按察使,职司刑狱,故锐意整顿裁判监狱之事,删淫刑之陋俗,定作工之刑规,民甚感之。"(梁启超:《戊戌政变记》卷八附录二,尹飞舟编:《湖南维新运动史料》,第5页。)

兹摘录黄遵宪署按察使任之部分案件奏章：

一、《陈承祖年满甄别片》：清例，道府以至州县保归班候补人员，予限一年，察看甄别。候补知县陈承祖到省已一年，例应甄别。"再，查定例：'道府以至州县保归候补班人员，予限一年，察看甄别'等因，历经遵办在案。兹查有同……据湖南布政使何枢、署按察使黄遵宪会详前来，臣详加察看，该员陈承祖才具开敏，办事精详，堪以留省，照例补用。除咨吏部查照外，谨会同湖广总督臣张之洞附片具陈，伏乞圣鉴。谨奏。"朱批："吏部知道。"（《光绪朝朱批奏折》第9辑，第865页。）《奏折》将此片系于吴大澂名下，时间推断为"光绪二十年六月"。但该片既云"据湖南布政使何枢、署按察使黄遵宪会详前来"，由此推断，系陈宝箴奏片，时间约在光绪二十三年九月前后。（汪叔子、张求会编：《陈宝箴集》上，第624页，中华书局2003年版。）

二、《王余庆、刘燨分别调署东安、慈利令片》：湖南东安、慈利两县知县遗缺，调王余庆、刘燨分别署理。"据藩司何枢、署臬司黄遵宪会详前来，除批饬遵照外，谨会同湖广总督臣张之洞附片具陈，伏乞圣鉴。谨奏。"朱批："吏部知道。"（《光绪朝朱批奏折》第12辑，第859页；汪叔子、张求会编：《陈宝箴集》上，第625页，中华书局2003年版。）

三、《饶煚均调署沅江县片》：湖南沅江知县遗缺，调饶煚署理。"据藩司何枢、署臬司黄遵宪会详前来，除批饬遵照外，谨会同湖广总督臣张之洞附片具陈，伏乞圣鉴。谨奏。"朱批："吏部知道。"（《光绪朝朱批奏折》第12辑，第859页；汪叔子、张求会编：《陈宝箴集》上，第626页，中华书局2003年版。）

四、《周启鏿请斥某举人片（稿）》：长沙举人周启鏿葬父时与他人发生冲突，并且咆哮公堂，谕旨查明革职。"兹据湖南布政使何枢、署按察使黄遵宪，饬由长沙府知府钟英，查明周启鏿由附生中式光绪十七年辛卯科本省乡试第三十二名举人，其因讼在县，逞刁挟制，谩骂咆哮，系属实情，会详请参前来……谨附片具陈，伏乞圣鉴。谨奏。"（汪叔子、张求会编：《陈宝箴集》上，第626—627页，中华书局2003年版。）

五、《故员交待未清请予革职并勒令家属完解片》：已故前安乡知县汪文焕任内亏空，故员家属逾期不缴。"据湖南布政使何枢、署按察使黄遵宪会详前来，相应请旨将已故前安乡县知县汪文焕革职，勒限三个月，严追该故员家属迅将亏短钱粮如数完解。倘逾限不完，再行照例严参，以重库款。谨会同湖广总督臣张之洞附片具陈，伏乞圣鉴训示。谨奏。"朱批："著照所请，吏部知道。"(《光绪朝朱批奏折》第82辑,第751页;汪叔子、张求会编:《陈宝箴集》上,第636—637页,中华书局2003年版。)

六、《光绪廿三年春夏词讼月报片》:"再,湖南省向设词讼月报,令各府厅州县将每月审理上控、自理案件摘叙案由,造册通赍,由臬司考核勤惰,分记功过,用昭劝惩,按半年具奏一次,业经开报至光绪二十二年秋冬两季在案。兹据署按察使黄遵宪查明,光绪二十三年正月起至六月底止,各府厅州县审结上控及自理词讼三千五百四十七起,查核判断均尚平允,已逐月分别功过,照章注册存记,详请奏报前来。臣复核无异,相应附片具陈,伏乞圣鉴。谨奏。"朱批:"知道了。"(《光绪朝朱批奏折》第106辑,第174页;汪叔子、张求会编:《陈宝箴集》上,第638页,中华书局2003年版。)据《黄遵宪署理臬司篆务片》,此片上奏时间似在光绪二十三年九月之后。

七、《单家荣亏短钱粮请暂行革职并饬如数完缴片》:湖南通道县知县单家荣已经休致,其亏空公款不解缴。"据湖南布政使何枢、署按察使黄遵宪会详前来,相应请旨将已奉休致之通道县知县单家荣暂行革职,勒限两个月内,严追该员迅将亏短仓谷及钱粮、库杂银两分别如数买补完解。倘逾限不完或完不足数,另行从严参追,以重库款。谨会同湖广总督臣张之洞附片具陈,伏乞圣鉴。谨奏。"朱批:"著照所请,吏部知道。"(《光绪朝朱批奏折》第91辑,第254页;汪叔子、张求会编:《陈宝箴集》上,第641页,中华书局2003年版。)据推断,此片递奏时间约在光绪二十三年八月至二十四年闰三月之间。

本月,续娶长媳李氏。

十二月十二(1898年1月4日),皮锡瑞日记:"晚间,实甫约扶乩,蔡、黄两观察皆在坐。询熊、蒋电报,云铁路颇有成议,属湖南赶急练兵,俄、英、德、法四国兵船,大会于广南洋,议分中国,日本有两兵船到南洋,见岘帅,愿联络中国,有唇亡齿寒之惧,当日何苦首发难端,真鹬蚌相争,渔人得利也。"(尹飞舟编:《湖南维新运动史料》,第691—692页。)

十二月十三(1月5日),皮锡瑞日记:"闻黄公度改保甲局为保卫,仿设巡捕,如有实际,胜保甲远矣。"(尹飞舟编:《湖南维新运动史料》,第692页。)

十二月十八(1月10日),陈宝箴上《设立时务、武备学堂请拨常年经费折》,请朝廷拨款给时务、武备学堂:"臣自到任,迭与湘省绅士互商提倡振兴之法,电信渐次安设,小轮亦已举行,而绅士中复有联合公司以机器制造者,士民习见,不以为非。臣以为因势利导,宜及此时因材而造就之,当于本年秋冬之间,与绅士筹商,在省会设立时务学堂,讲授经史、掌故、公法、方言、格致、测算等实学。额设学生一百二十人,分次考选,而延聘学兼中西品端识卓之举人梁启超、候选州判李维格,为中学、西学总教习,另设分教习四人。现已开学数月,一切规模均已粗具。省城旧有求贤书院,现拟改为武务学堂,略仿天津、湖北新设规制,以备将才而肄武事……今湘省设立时务学堂、武备学堂,事同一律,拟请援照每年于正款项下拨银一万二千两,酌充两处常年经费。自光绪二十四年为始,由臣在藩库、粮库、厘金局三处筹措分拨。其京、协饷及一切应解各款,仍照解不误。总计两处学堂,每岁经费约需二万数千金,除指拨正款外,所有不敷之项及建造学堂房舍之资,即由臣督率绅士,另行设法筹措,就地支给,以期有成。"(尹飞舟编:《湖南维新运动史料》,第138—139页。)

十二月二十二(1月14日),梁启超跋《人境庐诗草》,曰:"古今之诗有两大种:一曰诗人之诗,一曰非诗人之诗。之二种者,其境界有反比例,其人或者相非或不相非,而要之未有能相兼者也。人境庐主人者,其诗人耶?彼其劬心营目憔形,以斟酌损益于古今中外之治法,以忧天下,其言用不用,而国之存亡,种之主奴,教之绝续,视此焉,吾未见古之诗人能如是也。其非诗人耶?彼其胎冥冥而息渊渊,而神味沉酣,而音节入微,友视《骚》、汉而奴畜唐、宋,吾未见古之非诗人能如是也。主人语余,庚、辛之交,愤天下之不可救,誓将自逃于诗忘天下。然而天卒不许主人之为诗人也。余语主人,即自逃于诗忘天下,然而子固不得为诗人。并世忧天下之士,必将有用子之诗以存吾国,主吾种,续吾教者,矧乃无可逃哉?虽然,主人固朝夕为诗不少衰,故吾卒无以名其为诗人之诗与非诗人之诗欤?丁酉腊不尽八日,启超跋。"(《诗草笺注》下,第1086页。)

十二月二十五(1月17日),江标交卸湖南学政印篆去湘,徐仁铸接任。陈三立《皇授光禄大夫头品顶戴花翎原任兵部侍郎都察院右副都御史湖南巡抚先府君行状》:"当是时,江君标为学政,徐君仁铸继之,黄君遵宪来任盐法道、署按察使,皆以变法开新治为己任。其士绅负才有志意者,复慷慨奋发,迭起相应和,风气几大变,外人至引日本萨摩、长门诸藩以相比。"(马卫中、董俊珏:《陈三立年谱》,第212—213页,苏州大学出版社2010年版。)

本年,嘉应商人黄又盛花萼居大宅落成,适其母许太夫人生辰荣庆,嘉应名流纷纷贺寿,黄遵宪以"钦差出使大臣花翎二品衔四品卿衔补用道愚弟遵宪"名义①致贺。(黄广昌:《黄遵宪晚年最后一次商业活动钩沉》,《侨乡月报》,2019年第1期。)

光绪二十四年戊戌(1898年)　五十一岁

【国内外大事】正月初三(1月24日),光绪帝命大臣延见康有为于总署。正月初五(1月26日),张之洞上《粤汉铁路紧要三省绅商吁请通力合作以保利权折》,一是说明"粤汉南路所当与北路同时并举者";二是"粤汉铁路之宜折而入湘者","粤汉南干自应仍照原议,与北路一气呵成"。(尹飞舟编:《湖南维新运动史料》,第140—141页。)正月初八(1月29日),康有为上清帝第六书,请速变法。春,康有为《孔子改制考》由上海大同译书局正式刊行。《孔子改制考》始纂于光绪十七年,由其门弟子协助撰写。是书为康有为之重要著作,向被视为康有为维新变法之理论基础。三月初五(3月26日),康有为发动公车百人上书,请求联英拒俄。三月十三(4月3日),康有为进呈《俄彼得变政记》,上清帝第七书。三月二十二(4月12日),康有为在北京发起成立保国会,以保国、保种、保教为宗旨。"士夫集者数百,投筹公举演说,举吾登座,楼上下人皆满,听者有泣下者。"(康有为:《我史》,第37页,江苏人民出版社1999年版。)三月(4月),张之洞撰《劝学篇》,书成即于四月在《湘学报》、五月在《国闻报》刊出。四月二十三(6月11日),光绪帝颁布明定国是之诏,百日维新开始。四月(5月—6月),严复译述之《天演论》正式出版。八月初六(9月21日),西太后从颐和园还宫,将光绪帝囚禁于瀛台,并以光绪帝的名义发布上谕,宣告"训政"。八月十三(9月28日),清廷在菜市口杀害谭嗣同、林旭、刘光第、杨锐、杨深秀、康广仁,史称"戊戌六君子"。

正月初二(1月23日)晚,黄遵宪招皮锡瑞、王先谦等饮,席间纵谈时事。《师伏堂未刊日记》:"晚赴公度廉访饮席,在座王壬老、江叔海、袁叔瑜、张伯纯、易实甫、梁卓如,纵谈时事及码头事。壬老云:'许开码头,不允保护。'所见亦是。客散后,公度、卓如云学会将开,必须留我在此讲学,湖

---

① 时黄遵宪被任命为驻德大使,因德人杯葛未能正式赴任。

南官绅同志,事必有成;江西风气难开,一人何能为力？恐右帅不允,当以此意告之。我踌躇未便固辞,候熊秉三询问伯严,看如何说,我再往见伯严商之,再定行止。"(尹飞舟编:《湖南维新运动史料》,第694页。)

本日,皮锡瑞在《师伏堂未刊日记》谈到自己行止打算:"以公度所云,加入芨舲函中发去,嘱干臣少村不必等候。予意于灯节后定行止,看学会诸公如何说,右帅乔梓如何说。若学会可入,即不入都,要到江西,迟迟到彼终局。学会不可入,即北上一行,此时我无成见,候见伯严商之。"(尹飞舟编:《湖南维新运动史料》,第694—695页。)

正月初六(1月27日),郑孝胥在日记中谈到湖南改革情况:"谢筠亭、李一琴来。一琴初归自湖南,言湖南设巡捕、立民会、开矿务,颇有条理。又闻康长素已赏卿衔,命出洋游历,且充弭兵会员。"(《郑孝胥日记》第二册,第639页。)

正月十一(2月1日),黄遵宪致函熊希龄,嘱其挽留汪颂年等,月薪资可达百金。《师伏堂未刊日记》:"下午,熊秉三饮席,适黄公度书至,嘱留颂年及鄙人,有月百金薪资之说。秉三云右帅总不允,有留我恐江西人骂之语。此老不知江西人但骂倡办学堂,断不骂留我,当自往见告之。"(尹飞舟编:《湖南维新运动史料》,第697页。)

正月十二(2月2日),黄遵宪招罗颂年等饮,《师伏堂未刊日记》:"饭后,往谒右帅……彼不欲居留我之名,必不允我辞馆,再三向说,总说不通……归作二书致颂年、秉三,二人今日赴公度廉访席,请以此意达之廉访,属其酌之。"(尹飞舟编:《湖南维新运动史料》,第697页。)

正月十三(2月3日),皮锡瑞《师伏堂未刊日记》记黄遵宪与罗颂年的谈话:"颂年至,云与公度谈至三鼓,公度必欲挽留,并留我。云右帅不允,即作我黄公度请,其意甚殷。再托邹沅帆与伯严说明。我询彼行止,云且出张罗,如可行,即改官,否则仍回湖南。公度约以两月为期。伊所请者惟我与彼,及王炳青、乔茂萱、康长素五人而已。要我再往见公度,我恐其公事烦,不得见,属以先致一函,约期再去。彼写信甚切实,当即送去。"(尹飞舟编:《湖南维新运动史料》,第697—698页。)

正月十四(2月4日),黄遵宪复函罗颂年。《师伏堂未刊日记》:"颂年来信,以公度复书见示,仍如前说,云俟梁任公、邹沅帆与伯严说明,再约我往。"(尹飞舟编:《湖南维新运动史料》,第698页。)

正月十五(2月5日),午后三点钟,黄遵宪约见皮锡瑞、罗颂年,谈聘请两人任南学会讲席事,并见示课吏馆、保卫局章程。《师伏堂未刊日记》:"到颂年处送行。约三点钟,同往见公度廉访,以廉访有函约彼,云已与伯严说通,可不往江西,午后三四点钟,请我同往一谈也……下午,颂年至,同往公度处。公度言已属沉帆等与伯严说明,可以不到江西,尽可退关,如右帅以留我为嫌,即作我公度聘请,先搬入署中暂住,俟开学会,再进去。问学会何时开,云须秉三向右帅说,先筹款数千金,即可开。我思彼虽留意甚坚,然此事究属右帅主政,即作彼请,亦属掩耳盗铃之计,右帅恐不谓然。伯严处虽云说通,究未见面,答以须见伯严面说,究应退关与否,退关如何立言,再行定局。颂年意亦须出外张办,俟张罗不行,再回答之。彼见示课吏馆、保卫局章程,条理精密,如能实力奉行,必有效验,但须陈、黄二公久在此乃可耳。"(《湖南历史资料》1985年第4期;尹飞舟编:《湖南维新运动史料》,第698—699页。)开办保卫局之议从1897年底开始,时湖南实行保甲制,团防局差役多至两三千人,但治安仍然混乱,1897年长沙发生盗窃案百余起,破获无几。黄遵宪到任后,奉陈宝箴之命,着手裁撤保甲团防局、改办保卫局的事宜。黄遵宪亲自起草《保卫局章程》,他非常仔细,每当想好一个条款,就写在一张两寸宽的纸条上,贴在自己衙署的墙壁上。贴了一个多月,积攒了四十多条后,他就开始汇总。他对人说:"我是用司马光选《资治通鉴》材料的方法,随时想得一条就写出来贴在壁上。已经写了一个多月了,不久就要结束,把壁上纸条揭下来,一归类,全部章程就成功了。"黄遵宪的警政思想早在日本任参赞职时就已经形成,在《日本杂事诗》中曾经介绍日本的警政经验:"警视之职,以备不虞,以检非为。总局以外,分区置署。大凡户数二万以上,设一分署。六十户巡以一人。司扑擞者,持棒巡行,计刻受代,皆有手札录报于局长。余考其职,盖兼《周官》司救、司市、司暴、匡人、撢人、禁杀戮、禁暴氏、野间氏、修闾氏数官之职。后世惟北魏时设候官,名曰白鹭,略类此官。西法之至善者也。"(钟叔河辑校:《日本杂事诗广注》,第85页,湖南人民出版社1981年版。)在《日本国志·职官志》中,黄遵宪介绍:"明治壬申五月,始于东京府下置逻卒三千人……甲戌一月,于内务省设警保寮,又于东京置警视厅,设警视长……乙亥三月,制定行政警察规则。十月,命各府县置警部……辛巳三月,又改称警视厅,仍于内务省中设警保局领其事……凡警察职务在保护人民:一去害,二卫生,三检非违,四索罪犯……凡地方有杀人放火者、斗殴伤者、强窃盗者,及反狱越槛者、伪造货币者、诓骗掏摸者、博弈者、奸淫者,见则捕之。有人民告发,则诉其事于长官,执票拘捕之。搜索不得,则状其年貌,或悬其人之镜写真以求之。凡行道之人,勿论天灾人事,逢急难者,则趋救之。醉人、疯癫人,则送致其家。老幼妇女及外国人,皆加意维护之。凡所辖区内大小往来之道路、市街村落之位置,必一一详知。所住人民,必熟知其身家品行。若无业人及异色人,常默察之。凡处士横议、聚党结社、诽谤朝政、煽惑人心者,禁之罚之。凡政府有新布政令,则潜察人民之信否以上闻。凡俳优游戏、巫舞歌唱、伤败风俗者禁之。凡市街喧杂之所、聚会扰攘之处,则弹压之。凡车马往来碍行旅者,伤人物者,禁。凡卖饮食物、赝造腐败者,禁之。凡疫兽狂犬,则杀而弃之。凡道途污秽、沟渠淤塞,则告之户长,使清理之。凡遗失物,则留存以还其人。凡公地官物有破损者,则以上闻。凡失火则敲钟以传警,齐集消防部以救其灾,并多派巡役,以防窃盗、卫灾户。凡巡查所司事,每日有报,上之警察署,警察署汇其事,每月有报,以上之长官。凡巡查,皆服西服,持短棍以自卫,携呼笛以集众,怀手帖以记事……在东京,于警视厅画方面,设分署,又置出张所,(犹言值宿所。)交番所。各府县皆设警部,亦画区置署。(大约户数二万以上,三万以下,设一出张所。)"(《全集》下,第1131—1132页。)蒲地典子评论说:"在湖南时,黄遵宪把最大的努力用于建立保卫局。事实证明,在湖南变法期间创立的机关持续最久的是保卫局。它是设在长沙市的一个近代警察制度。在长沙外各区县,一个由长沙保卫局指挥下的新式民军体制网被组织起来。当陈抚与黄讨论保护长沙安全问题时,黄建议设立保卫局。这种近代警察制度,黄认为,是日本从西方学到的最好的制度之一。"(蒲地典子著、郑海麟译:《黄遵宪与湖南变法》,《岭南文史》,1985年第1期。)

正月十九(2月9日),《师伏堂未刊日记》:"到秉三处,云已向右老说明,学会之事已定局,即当送关书来。略修房屋,即行开办……公度云将调外县人才入学会,仍是授徒办法。"(尹飞舟编:《湖南维新运动史料》,第700页。)

正月二十(2月10日),《师伏堂未刊日记》:"黄公度送保卫局章程至,已刻成。能如所言,是极善政,而其中不云裁并保甲团防局,岂防众口之嚣嚣,故不欲言耶?"(尹飞舟编:《湖南维新运动史料》,第701页。)

正月二十三(2月13日),光绪帝向翁同龢索《日本国志》。《翁文恭公日记》:"见起二刻余,上向臣索黄遵宪《日本国志》,臣对未洽,颇致诘难。"(陈义杰整理:《翁同龢日记》第六册,第3093页,中华书局2006年版。)

正月二十四(2月14日),翁同龢给光绪帝进呈《日本国志》两部,"是日以《日本国志》两部进呈"。(陈义杰整理:《翁同龢日记》第六册,第3093页,中华书局2006年版。)黄遵宪《己亥杂诗》自注:"戊戌二月,上命枢臣进《日本国志》,继再索一部。"(《诗草笺注》下,第840页。)后之论者皆以黄遵宪所言为是,如《尤谱》《钱谱》等,据上引《翁同龢日记》所载,黄遵宪所说似有误,当以翁说为准。

正月二十八(2月18日),黄遵宪邀皮锡瑞等于下午六时讨论课吏馆律例、学会宗旨等。《师伏堂未刊日记》:"本日,王、张、黄、杨请芝老与伯屏,属作陪。公度廉访来邀六点钟议话,乃辞彼而就此。在坐王炳青、乔茂萱、鹿泉、笠庵、姚石山、戴宣翘。炳青课吏堂事已允,廉访多言律例事,以乔、王皆比部。询问开讲事,云先言立学会宗旨。予谓大公祖开讲,彼云先请老师升堂。"(尹飞舟编:《湖南维新运动史料》,第705页。)

正月三十(2月20日)晚,黄遵宪与熊秉三、皮锡瑞等一起晚餐,并在梁启超房中谈禁妇女裹足。《师伏堂未刊日记》:"予问鹿泉,开保卫局何意?答云:'恐洋人至滋事,托巡捕保护,而不能明说,故章程不及。'予意亦以为然。前日廉访云开课吏馆,告以交涉之学,即以明交涉者,委之住扎各处教堂前后,保护教事,计不过数十处,虽每年费数千金,然较之赔款巨万,相去远矣。即此意也。下午,秉三约到时务学堂议开讲事,至则诸君未到,卓如病疟不出,见韩素枚、杨葵园,久谈,同吃晚饭。秉三共度廉访、沅帆、复生、唐黻丞先后至,即在卓如房中共谈,见卓如头名共数十人请南北洋、两湖总督及右帅出奏,为妇女裹足伤生,请旨禁革,立定分限。此举若行,功德无量矣。开讲仍无定章。"(尹飞舟编:《湖南维新运动史料》,第706页。)

本月,黄遵宪致力于开南学会、课吏馆等之筹备和改造工作。南学会由谭嗣同、唐才常等发起,得到湖南巡抚陈宝箴、署湖南按察使黄遵宪等的支持,是官绅合办的学会。学会的宗旨是:"专以开浚知识,恢张能力,拓充公益为主义";"本会以同心合力,振兴中国为务"。学会先后有三个章程,《南学会大概章程十二条》《南学会总会章程二十八条》《南学会入会章程十二条》。五月,南学会开讲仅三个月即告辍讲。

黄遵宪在南学会筹备期间即主持其事,谭嗣同有此记载:"嗣同方以议修湘粤铁路〔往〕来湘湖间,会同志诸君子倡为南学会益以缔固湘粤之气,而又得嘉应黄公度按察之硕学精诚主持其事。"(方行、蔡尚思编:《谭嗣同全集》,第445页,中华书局1981年版。)除人事安排外,黄遵宪还与谭嗣同等多有沟通,当时湖南官绅之积极向上及南学会之团结,黄遵宪于其中实多有影响。唐才常记曰:"伯兄言,南学会每开讲前数日,复生走访公度、鹿门、沅帆,就所以宣讲者切磋。鹿门、沅帆辄不怿,盖持中和而畏以棱厉滋物议也……"(唐才常:《戊戌闻见录》,转引自王夏刚:《戊戌军机四章京合谱》,第159页,中国社会科学出版社2009年版。)皮名振《皮鹿门年谱》:"光绪二十四年戊戌。德宗锐意行新政,湘省既设报馆,兴学堂,会嘉应黄公度(遵宪)任长宝道兼臬司,元和江建霞(标)、宛平徐研甫(仁铸)相继为学政。正月,更与陈右铭中丞及子伯严、熊秉三、谭复生、戴宣翘诸公,创设南学会于长沙。留公居湘,延任学长。"(皮名振:《皮鹿门年谱》,引自马卫中、董俊珏:《陈三立年谱》,第215

页,苏州大学出版社2010年版。)"正月。先生①和唐才常、熊希龄、戴宣翘在去冬所筹备的南学会,得陈宝箴、黄遵宪的赞助,遂于正月正式成立于长沙假孝廉堂为会所,由梁启超作《南学会叙》,订有大概章程十二条,总会章二十八条。"(杨廷福:《谭嗣同年谱》,引自马卫中、董俊珏:《陈三立年谱》,第215页,苏州大学出版社2010年版。)

湖南课吏馆是陈宝箴的前任吴大澂在抚湘期间(约1893年)开办的。课吏馆原本是各省为候补官员设立的学习机构,旨在帮助候补官员熟悉地方治理的各项业务,为日后正式出任官职早作准备。当时效果不好,《师伏堂未刊日记》正月二十二(2月12日)记:"课吏堂,官吏多不愿往,若有好处,未必不愿也。"陈宝箴接任后,对其进行改造。黄遵宪到任后,即受命主持此事。陈宝箴《札委黄遵宪总理课吏馆事务》:"照得课吏馆之设,欲使候补各员,讲求居官事理,研习吏治刑名诸书,而考其所得之浅深,用力之勤惰,第其等差,酌给奖赏,寓津贴于策励之中,其才识高下,亦因之可见,法诚至善。惟仅只每月一课,分给奖赏,候补各员藉资津贴,不无裨益;而于读书读律之道,未有当也。分人以财,谓之惠;教人以善,谓之忠。古者学而后从政,未闻以政学也。既有课吏之名,即应循名责实,必使候补正佐各员,皆知有向学之方,期得学问之益。日有所考,昼有所稽,学业有成,而后出而从政,不至茫无所知,徒假手于人,一听书吏提掇。且既已研究书籍,讲明义理,则志趣日正,神智日开,中材可成大器,实为造就人材、整饬法术之要。惟本部院事务繁多,不能常亲督饬,必须有大员总理其事,尤必先妥议章程,务求课吏之实。查该署臬司,学有本源,讲求经济,近来办理刑名案件,准理酌情,深得例意,非久将回本任,职事清简,堪以总理课吏事宜,合行札委。为此札仰该署司即使遵照,总理课吏馆一切事务,克日先将课吏切实章程,会同藩司及善后局各司道,妥为拟议,斟酌尽善,详候本部院核夺施行,一面将现行月课先行停止。毋违,切切。此札。"(汪叔子、张求会编:《陈宝箴集》中,第1182页,中华书局2003年版。)

黄遵宪不遗余力于署湖南按察使本任,兹摘录一批其相关案件处理记录:《钟英痰迷自缢并无别故折》,清例,文职自知县以上如有自尽案,必须由督抚专折奏闻。长沙知府钟英素有痰疾,正月初加剧,二十二日忽然迷痰加剧,在内署解带自缢。光绪二十四年正月二十八日。(汪叔子、张求会编:《陈宝箴集》上,第643页,中华书局2003年版。)《颜钟骥、朱其懿分别委署长沙、衡州府片》,长沙知府钟英故缺,由衡州知府颜钟骥调署。衡州知府缺由候补知府朱其懿署理。光绪二十四年正月二十八日。(汪叔子、张求会编:《陈宝箴集》上,第644页,中华书局2003年版。)《署

---

①指谭嗣同。

善化令陈吴萃拿获邻境要犯片稿》,湖南衡山县多次发生盗窃案,旋署善化令陈吴萃拿获盗犯多人,盗首供认其在衡山县盗窃案详情,有三盗斩立决。陈吴萃破案有功例得送部引见。光绪二十四年。(汪叔子、张求会编:《陈宝箴集》上,第656页,中华书局2003年版。)《汇陈光绪廿三年就地正法各犯片》,从光绪二十三年正月起至十二月止,湖南有一百三十五名罪犯被判就地正法。(汪叔子、张求会编:《陈宝箴集》上,第658页,中华书局2003年版。)

二月初一(2月21日),南学会于长沙开讲,标志其正式成立。"湖南巡抚陈宝箴、学政徐仁铸、按察使黄遵宪等官员及王先谦、谭嗣同等士绅三百多人参加。"(马卫中、董俊珏:《陈三立年谱》,第216页,苏州大学出版社2003年版。)皮锡瑞首讲学会宗旨,黄遵宪与乔树楠、谭嗣同各说一段①,黄遵宪讲"论政体公私必自任其事"。陈宝箴以知耻、有志之论殿末,闻者潜然动容。戊戌维新时期,湖南南学会共集会讲论十七次,而不是传统所说的十三次,其中主题演讲十三次,观看幻灯并"按图讲论"三次,临时召集的"聚晤讲论"即集体议事一次。在十三次主题演讲中,共有四十四人次进行了演讲。(彭平一:《戊戌南学会集会讲论活动若干史实的补正》,中南大学学报[社会科学版],2011年第4期。)

南学会会址设在长沙孝廉堂,今文经学家皮锡瑞为学长,黄膺、戴德成为佐办,主会者则为陈宝箴。梁启超自始即参与其筹办工作,草拟听讲章程,但因病未能参加二月初一、初七的演说,并于二月二十四日离开长沙到上海。筹办期间,梁启超作《南学会叙》,强调在民族危机空前严重的形势下,引欧洲各国历史上所设之各种"会"而洗刷国耻的许多实例,以说明建立学会而挽救危亡的重要性,突出了南学会御侮救亡的性质。

关于开会当日盛况,皮锡瑞日记中有详细记录:"到学会,官绅及士人听讲者,已到数十人。十二点钟尚未到齐。一点钟,右帅方到,即登堂宣讲。诸公必推予开台,只得先跳加官,将前日所拟之语,略述一遍。观者二百余人,幸不为人多吓倒,亦有称予说得好者。说完后,公度、茂萱、复生各说一段。中丞殿其末,说极切实。公度更透彻,人以为似天主传教者,彼在外国习见过,以后可仿效之。说既容易,且动人。讲后将散,中丞送席至,留饮。"(《湖南历史资料》,1985年第4期;尹飞舟编:《湖南维新运动史料》,第707页。)《湘报·开讲盛仪》记曰:"本年湘士大夫创设南学会,假孝廉堂为会所,每月以房、虚、星、昴之日为讲期。二月初一日为南学会开讲第一期,陈

---

①黄遵宪初一、初七的演说发表在本年二月二十九日的《湘报》,见本年二月二十九日条。

大中丞、徐学使、黄廉访咸会,官绅士民集者三百余人。堂上设讲座,下排横桌,听讲者环坐焉。初会时,舃履交错,士大夫周旋问答,言笑晏晏,在所不免。钟十二下,主讲诸公就坐,会者毕坐。堂上铃声作,执事者唱:'毋哗!'咸屏息敬听。首皮鹿门学长开讲,继之者黄廉访、乔茂萱比部、谭复生观察,最后陈大中丞宣讲。讲毕,堂上铃声作,众皆起,鱼贯趋出。于是士大夫啧啧称羡,以为贤长官用平等之仪,讲学会之旨,情比于家人,义笃于师友,此事为生平所未见,不图今日见三代盛仪也。闻湘省之风者,可以兴起矣!讲义列后。"(《湘报·开讲盛仪》第一号,附见汪叔子、张求会编:《陈宝箴集》下,第1934—1935页,中华书局2005年版;马卫中、董俊珏:《陈三立年谱》,第217页,苏州大学出版社2010年版。)

南学会是湖南维新的重要措施和成果。南学会实兼学会与地方议会之性质,故黄遵宪等皆非常重视,既视之为开民智之手段,亦兼养成地方自治之能力。黄遵宪谓此为凡百新政之根柢,若根柢不立,则无奉行之人,而新政皆成空言。梁启超曰:"南学会尤为全省新政之命脉,虽名为学会,实兼地方议会之规模。先由巡抚派选本地绅士十人为总会长,继由此十人各举所知,辗转汲引以为会员,每州每县皆必有会员三人至十人之数,选各州县好义爱国之人为之。会中每七日一演说,巡抚学政率官吏临会。黄遵宪、谭嗣同、梁启超及学长等,轮日演说中外大势、政治原理、行政学等,欲以激发保教爱国之热心,养成地方自治之气力。将以半年之后,选会员之高等,留为省会之会员;其次者则散归各州县,为一州一县之分会员。盖当时正德人侵夺胶州之时,列国分割中国之论大起,故湖南志士人人作亡后之图,思保湖南之独立。而独立之举,非可空言,必其人民习于政术,能有自治之实际然后可,故先为此会以讲习之,以为他日之基;且将由此而推诸于南部各省,则他日虽遇分割,而南中国犹可以不亡。此会之所以名为南学会也。当时所办各事,南学会实隐寓众议院之规模,课吏堂实隐寓贵族院之规模,新政局实隐寓中央政府之规模,巡抚陈宝箴、按察使黄遵宪皆务分权于绅士,如慈母之煦覆其赤子焉。各国民政之起,大率由民与官争权,民出死力以争之,官出死力以压之。若湖南之事势,则全与此相反。陈黄两公本自有无限之权,而务欲让之于民,民不自知其当有权,而官乃费尽心力以导之,此其盛德殆并世所希矣。今将黄遵宪在南学会演说之语,及谭嗣同在《湘报》中所撰之论说,照录于下,可以见当时之苦心矣。"(梁启超:

《戊戌政变记》,尹飞舟编:《湖南维新运动史料》,第4—5页。)南学会的性质,齐赫文斯基认为它"是一种特殊的地方性'维新派俱乐部'"。(齐赫文斯基著,张时裕、梁昭锡、吕式伦、姜振瀛译:《中国变法维新运动和康有为》,第324页,生活·读书·新知三联书店1962年版。)小野川秀美认为:"就现实言,南学会却是以启蒙官僚与士绅讲义或讲演为主,议院之事毫无表现。"(小野川秀美:"戊戌变法と湖南省",《清末政治思想研究》,时报文化出版事业有限公司1982年版。)汤志钧认为,南学会没有"兼地方议会之规模",亦没有"隐寓众议院之规模"。原因有二:一是当时有人提议废南学会而设议院,南学会主事者不同意。二是南学会主事人的政治态度不乏保守成分,对比较激进的言论,"亦以为骇俗"。故不可能使南学会真正成为"地方议院"的规模。(汤志钧:《戊戌变法史》,第291—293页,人民出版社1984年版。)郑海麟认为,南学会不同于当时一般的学会,它是一种具有地方议院雏形和政党雏形的学术兼政治的团体机构。原因有三:一,与当时由士大夫知识分子组成的纯属学术研究团体的学会不同,南学会具有很强的政治色彩,地方政府要员皆加入该会。二,南学会规定入会成员一律平等,对新政新学有疑问,均可随时提出质疑或函询,这多少体现了西方议院的民主精神,也就是梁启超所谓"隐寓众议院之规模"。三,南学会带有很强的地方自治色彩,与强学会只是空泛地议论全国性问题不同,南学会把注意重点放在地方政权的改革,由一县一府及至一省,特别是遇有地方重大兴革事项皆进行讨论,提出具体方案,供省政当局采纳这点,多少带有决策民主化的意味,从而体现了地方议会的精神。(郑海麟:《思想、历史与文化评论》,第129页,湖南人民出版社2010年版。)梁启超认为:"自时务学堂、南学会等既开后,湖南民智骤开,士气大昌,各县州府私立学校纷纷并起,小学会尤盛。人人皆能言政治之公理,以爱国相砥砺,以救亡为己任,其英俊沉毅之才,遍地皆是。其人皆在二三十岁之间,无科第、无官阶,声名未显著者,而其数不可算计。自此以往,虽守旧者日事遏抑,而野火烧不尽,春风吹又生,湖南之士之志不可夺矣。"(梁启超:《戊戌政变记》,尹飞舟编:《湖南维新运动史料》,第6页。)

  南学会每月以房、虚、星、昂之日为讲期,即每七日大集众而讲学,或曰"每逢星期天演讲"。讲论会友,以学问渊博、擅长言词者充任。当时所定讲演有所范围。公推黄遵宪主讲政教,皮锡瑞主讲学术,谭嗣同主讲天文,邹代钧主讲舆地。在第一次讲学时,陈宝箴、谭嗣同、皮锡瑞及黄遵宪俱曾讲演。皮名振《皮鹿门年谱》记:南学会"分学术、政教、天文、舆地四门,公主讲学术,黄公度讲政教,谭复生讲天文,邹沅帆讲舆地"。(皮名振:《皮鹿门年谱》,引自马卫中、董俊珏《陈三立年谱》,第215页,苏州大学出版社2010年版。)南学会于湖南新政影响颇巨,但是时间较短。光绪二十五年三月二十一日(1899年3月25日)《国闻报》载《湖南现状》:日本东亚同文会会员平山周到湖南考察,回去后谈观感，认为陈宝箴巡抚于湖南开风气，"南学会以讲救济支那于平和之方法为宗旨，依于陈宝箴、黄遵宪、谭嗣同、熊希龄、唐才常等诸氏之首唱，其会员当时一千二百余名，虽为甚盛，但今已与陈、黄、谭三氏之废亡俱解体，今者不留其形影。且新巡抚俞氏到任以来，守旧党首领王先谦、叶德辉之辈，再抬头地，暴横无不至，新党之士尽屏息，会员四散，杳焉无由知其消息"。(尹飞舟编：《湖南维新运动史料》，第616页。)

二月初七(2月27日)，黄遵宪在南学会讲政教，因将交卸署臬司职，故以官不能久任为憾。皮锡瑞日记："午刻，赴学会。听讲者更多，几无隙地……中丞、廉访到，遂开讲。予讲后，公度讲政教，以官不能久任为憾。彼将交卸，故为此言。谭复生略谈天文、舆地，杨葵园讲天文，邹沅帆讲舆地，闻者不解，多欲去，秉三不允启门，以致纷纷。堂设瓯使人献疑，启视之，亦无甚疑义，携归答之。"(尹飞舟编：《湖南维新运动史料》，第709页。)皮锡瑞二月十三日(3月5日)日记称："公度交卸在两月后。"(尹飞舟编：《湖南维新运动史料》，第711页。)三月初一日(3月22日)日记："招考时务学堂诸生于学会讲堂中。中丞齿痛不来，李廉访来……下午，廉访复至，熊秉三等备有饭，属予等陪坐，云保卫局请左子异办已定局，闰月开局，局中用人，惟左主持……"(尹飞舟编：《湖南维新运动史料》，第716—717页。)"李廉访"，即新提升之湖南按察使李经羲。李经羲入京觐见后已回长沙，并开始参与公务，黄遵宪自当卸署任，但李迟迟未接任。《钱谱》："三月，回长宝盐法道本任。"按皮锡瑞"交卸在两月后"之说，黄遵宪卸署按察使任当在本年之闰三月，而且他一直未卸长宝盐法道本任，因此并无所谓"回"。故三月十一日(4月1日)黄遵宪致陈宝琛函中便自称"职道"，当在长宝盐法道任内，又云"此案拿办"，当系指署按察使，可见他仍未卸任。此后一段时间里，皮锡瑞日记中仍以"廉访"称黄遵宪。三月初一日之"李廉访"乃特指，同日所记之"廉访"一词则指称黄遵宪。

本月上旬，黄遵宪听闻张之洞将入参大政，特电张致贺。二月二十一(3月13日)黄遵宪致王秉恩函曰："月之初旬，闻南皮尚书入觐，又发电志喜，谅俱邀鉴……香帅倘入参大政，公之行止奚若？仍回粤耶？国事诚不堪问，公之家事，不能不筹一善处耳。"(《全集》上，第414页。)

二月初九(3月1日)黄遵宪奉抚宪札，将保甲团防局裁撤，改办保卫局。黄遵宪任总办，回盐道本任后仍责成经理此事。

二月十一(3月3日)，梁启超与汪康年矛盾激化，其因病由长沙回上海时,梁启超三十自述:"春,大病几死,出就医上海。"(丁文江、赵丰田:《梁启超年谱长编》,第69页,上海人民出版社2009年版。)即致函汪康年,提出辞职,并指责汪康年管理不善导致报馆亏空:汤志钧记:"汪康年等既'在上海歌筵舞座中,日日以排挤侮辱、谣诼挖酷南海先生为事',又不许改良派称引'康学'。还利用梁启超赴湘时机,延用私人,梁启超忍无可忍。"(汤志钧:《戊戌变法史》,第186页,人民出版社1984年版。)"穰兄鉴:得与公度、伯严、沅帆书,悉一是。弟文虽劣下,而作文亦尚非难事,所以屡愆期无以应命者,窃以为汪氏一人一家所开之生意,每月以百数十元雇我作若干文字,实所不甘耳!既如此,便当早思辞职。到湘后即以此狷狭之意,陈于黄、陈、熊、谭诸君子之前,咸以为此究是大局之事,非一人一家之事,宁少安毋躁。数月以后,同心协力,必求所以整顿尽善之法,是以迁延及于今日。今我兄来湘,与诸君子会议,必有所以保全大局,不致为外人所笑者。今以公论言之,销报至万分,而犹不免亏空,固不得不思变计。以弟私意言之,同为经理之人,同居董事之列,而去年一年,报馆新来之人六七,未尝一告,乃至曾敬贻定两年合同,必不许弟略知消息。且以此市恩于重伯,是弟在报馆为雇工人久矣!而公等在上海歌筵舞座中,日日以排挤、侮弄、谣诼、挖酷南海先生为事。南海固不知有何仇于公等,而遭如此之形容刻画!然而弟犹靦然为君家生意出死力,是亦狗彘之不如矣!此等责弟,有意见诚不敢避也。要以此事一言以蔽之,非兄辞,则弟辞,非弟辞,则兄辞耳。弟此次到申,亦不能久留,请兄即与诸君子商定,下一断语,或愿辞,或不愿辞,于廿五前后与弟一电,(梅福里梁云云便得。)俾弟得自定主意。如兄愿辞,弟即接办。并非弟用私人阻挠,此间已千辛万苦,求人往接办,必不用康馆人也。如兄不愿辞,弟即告辞,再行设法另办此事。"(上海图书馆编:《汪康年师友书札》第二册,第1853—1854页,上海古籍出版社1986年版。)

本月,皮锡瑞赞黄遵宪《日本国志序》与其在南学会所讲宗旨合。《师伏堂未刊日记》:"阅公度《日本〔国〕志序》,与其所讲宗旨合。"(尹飞舟编:《湖南维新运动史料》,第711页。)

二月十四(3月6日),黄遵宪到南学会开讲,谈知觉①。皮锡瑞《师伏堂未刊日记》:"一点钟到学会,与徐研甫同行,至彼则公度已到,右帅以明

---

① 演说词全文未见。

日开吊,不到。予说后,徐、黄二公各演一段,黄说知觉不在心而在脑。此西人之说,予则自觉心有知而脑无知,俞理初谓西人之心不同,信其说者为无心肝之人,与予说合……如此寒天,听讲者犹几满,湘中人可谓好事。大抵一到不复来者,观剧者也;二三次不厌者,好学者也。"(尹飞舟编:《湖南维新运动史料》,第711页。)

二月十五(3月7日),《湘报》发刊。报馆有董事会,由蒋德钧、王铭忠、梁启超、李维格、谭嗣同、邹代钧、唐才常、熊希龄八人任董事,撰述则有戴德诚、梁启超、樊锥、何来保、谭嗣同、唐才常六人,李维格负责西文翻译。该报先由江标任督办,徐仁铸担任学政后,与黄遵宪共同担任督办。设"论说""奏疏""电旨""公牍""本省新政""各省新政""各国时事""杂事""商务"等栏目,宣传"爱国之理""救亡之法",倡导变法维新,尤注意介绍西方政治改革的历史和社会学说。至光绪二十四年九月初一被迫停刊,共刊出一百七十七号。《湘报》是官府补贴的报纸,同年八月,津贴停发,改为商办。是湖南第一份日报。周日停刊。《湘报》"与学堂、学会联为一气",成为湖南维新派的舆论阵地,亦为南学会主要言论园地。《湘报》立论大胆,常因措辞激烈而受攻击。戊戌变法失败后,清政府谕令各省督抚饬各报馆一律停办,《湘报》于光绪二十四年九月初一出版最后一号。

本日,《湘报》刊《臬辕呈词批示》(二件)。(《全集》上,第502页。)

二月十七(3月9日),陈宝箴面谕黄遵宪筹办保卫局,谓:"省城内外,户口繁盛,盗贼滋多,痞徒滋事,不免扰害。上年窃案,多至百余起,破获无几。而保甲团防局,力不足以弹压,事亦随而废弛,非扫除而更张之,不足以挽积习而卫民生。该署臬司所拟《保卫局章程》四十余条,深以为然,应饬令发刻,先行布告,一面筹办。"(《全集》上,第514页。)陈宝箴《批复职商蔡以谦等联名吁恳速办保卫局》:"保甲本向来善政,相沿既久,遂成具文。省城户口繁密,五方杂处,稽察尤难,该职商等所称'盗贼痞徒,商民多为所累'等语,均属实在情形。苟非改弦更张,不足以资整饬。是以拟将省城保甲局改为保卫总局,饬司会同诸绅另议章程,呈候核办。其各属及长、善乡间保甲册籍,仍并归该总局查核。业经本部院札委该署臬司悉心筹画,俟回盐法长宝道任后,政务较简,责成总办,并已刊刻关防,给领开用各在案。现今在事官绅,所见金同,偶有论议,系属互相参考、斟酌损益,期于折衷至当。立法之始,不厌求详,并无中止之说;抑正求经久可行,期此后不至有中止之事。该职商等身亲闾阎,情形为所深知,据禀词意恳切,自系为利害切身起见,候饬催该总局迅速筹办就绪,克日举行可也。著即知照。此批。"(尹飞舟编:《湖南维新运动史料》,第248—249页。原载《湘报》第十七号。)

本日，黄遵宪与皮锡瑞讨论迁善所章程。《师伏堂未刊日记》："廉访见示迁善所章程，秉三云，保甲局改迁善所。"（尹飞舟编：《湖南维新运动史料》，第713页。）

本日，杨先达等禀请速办保卫局，黄遵宪有批文，见《杨先达等禀请速办保卫局批》："据禀既悉。考三代盛时，君民上下，同心同德，相维相系；国有大政，必谋及卿士，谋及庶人，推之国人曰贤，国人曰杀，一刑一赏，未尝不与众共之。故立法至公，而政无不举。

"本署司屡衔使命，遍历泰西，觇其国，观其政，求其富强之故，实则设官多本乎《周礼》，行政多类乎《管子》。考之《管子》，五家为轨，十轨为里，四里为连，十连为乡，故人与人相保，家与家相爱，居处相乐，行作相和，其声相闻，足以无乱，其目相见，足以相识，此齐桓所以霸诸侯者也。而西人法之，邑有邑长，乡有乡长，合之而为府县会。考之《周礼》，有司救、有司市、有司虣、有禁暴氏、有野庐氏、有修闾氏，掌民之邪恶过失，市之治教刑政，而禁其斗嚣暴乱、矫诬犯禁者。此周公所以致太平者也。而西人法之，有工务局，有警察局，国无论小大，遍国中无不有巡捕者，故能官民一气，通力合作，互相保卫，事举令行。此实中国旧法而西人施之于香港、上海之华人，亦无不视为乐郊，归之如流水，耳闻目见，其效如此。

"本署司奉命来湘，蒙抚宪奏委署理臬篆。莅任以来，迭奉抚宪面谕，以省城内外户口繁盛，盗贼滋多，痞徒滋事，不免扰害。上年窃案多至百余起，破获无几，而保甲团防局力不足以弹压，事亦随而废弛。非扫除而更张之，不足以挽积习而卫民生。本署司以为，欲卫民生，必当视民事如己事；欲视民事如己事，必当使吾民咸与闻官事。当即酌拟《保卫局章程》四十余条，意在官民合办，使诸绅议事而官为行事。呈之抚宪，抚宪深以为然，饬令发刻，先行布告，一面筹办。兹据各绅商等百余户、职员等二百余名联名吁恳从速举办，具征众情踊跃，咸以为便。本月初九日既奉抚宪札，将保甲团防局裁撤，改办保卫局，委本署司为总办，回盐道本任后仍责成经理此事。上奉宪谕，下从舆情，自当刻日开办。现已分画地段，租赁房屋，购备器具，各事就绪，即日举行。

"惟念本署司初到湘中，风土人情，未能谙悉。除原议章程业经分布外，依附保卫局而行者，尚有迁善所五所，每所容留失业人四十名。又，保卫局开办后拿获犯人亦送此所，计额亦可容四十名。皆延聘工匠，教令工作,俾有以养生,不再犯法。此项章程现既付刊,容日再当分派各户。

"又,保卫局拟分三十局,统城内外以三万户计,每局约辖一千户。拟每二百户即举一户长,每千户共举五户长,以该处居民、商店充其选,遇事即邀集各户长为议事,绅士到局公议,照原拟章程第四十三条而行。所用巡查,即照依分局所辖各户,令户长公举,再照局章选用。

"以上二条,皆章程中未及详载者。此外或尚有未尽事宜及不无窒碍之处,尚须择期邀集众绅商会议,届期仍望各抒所见,匡我不逮,一俟议定,即行开局,用速成效而顺众情。切切此批。"(《全集》上,第502—504页。)

本日,马仲林等禀请速办保卫局,黄遵宪有批文。其文曰:"昨据杨先达等先后来司具禀,业经批示。所拟章程,士大夫之有识者、贤长官之实心者多以为然。初谓民情可与乐成,难与图始,未必询谋金同。今统阅各禀,催请举行,词极迫切。盖以盗窃之滋扰,地棍之讹索,无赖之强乞,以及在官之蠹役,外来之恶痞,均为汝等切身之害,噬脐之祸。彼安富尊荣者不尽知,而汝等均身受之,思所以辟害而免祸,故其词迫切如此也。念及此,盖为之恻然心动。上下之离散,官民之壅遏,乃至如此。父母斯民之谓何,诚不可无以通其情而去蔽。此局既奉抚宪札委本署司为总办,责令一手经理,自当尽心竭力,不避劳怨,刻日举行。前批及此批着即传抄共览,一体知照,以靖地方而慰民望。"(《全集》上,第504页。)

二月十八(3月10日),黄遵宪批商人公禀请办保卫局。皮锡瑞《师伏堂未刊日记》:"保卫局,商人打公禀请办,廉访所批详晰,不知何时举行?予前劝秉二,嘱廉访讲政教,不妨明言新政之益,似胜空谈,有人驳辨,尽可驳回,固无碍也。"(尹飞舟编:《湖南维新运动史料》,第713页。)

二月十九(3月11日),《湘报》第五号刊黄遵宪《衡阳县莫月亭上控僧听云词批》,黄遵宪任职后,审查了一起拖延了十二年之久的"游案",案情其实很简单,湖南衡阳县有一个听云和尚,与一个名叫莫月亭的人争夺山场,听云和尚挖了莫月亭家四百多年的祖坟,莫月亭到官府控告莫月亭,县官接到报案后,经勘查情况属实,责令听云和尚把莫月亭祖坟中的棺木和尸骸交出来,由于听云和尚交不出棺木和尸骸,案件一直拖延不能判决。黄遵宪接到此案后,认为县官处置不当。首先,县官勘查时,只发现有平坟的情形,没有发现毁棺掘骸的证据,可能听云和尚并没有莫月亭祖坟中的棺木和尸骸。其次,即使听云和尚有莫月亭祖坟中的棺木和尸骸,但是也会损坏变质,这是"造化至理",是没有办法保存的。第三,这些棺木和尸骸并无明显的标识,如果听云和尚以假乱真,也是没有办法辨认的。所以,黄遵宪认为,莫月亭要求听云和尚交出祖坟中的棺木和尸骸,是人之常情,县官要对其明白开喻,而关键是要对所争夺山场秉公处置,并把所毁坏的祖坟修复,这样案件就可以结案。(《全集》上,第504—505页。)《桑植县徐洸典一案签驳》,桑植县杨继典与刘道和二人有矛盾,杨继典探知刘道和要往朱家庄探亲,请徐洸典半道捉拿刘道和。一日下午,徐洸典在河边洗菜,看见刘道和,就上前扭打,刘道和推倒徐洸典,转身就跑。徐洸典追赶,并捡起石头,击中刘道和脑后左耳。刘道和跑到河边,凫水过河,至中流溺毙。县官认为,徐洸典有谋杀罪。黄遵宪经审核后认为,县官所判不当。因为虽然徐洸典石头击中刘道和脑后左耳,但是没有出血,伤势不重。刘道和渡河,本有危险。先斗后溺,应该是两件事情,根据《大清律例汇辑》和《刑法汇览》所载案例参考,不能把打斗的罪名定为谋杀。(《全集》上,第505—506页。)

本日,《湘报》载黄遵宪与皮锡瑞等人在南学会之第一、二次讲义。二月二十(3月12日),皮锡瑞《师伏堂未刊日记》:"《湘报》送来,见予二次所讲甚长。"(尹飞舟编:《湖南维新运动史料》,第713页。)此即黄遵宪于初一、初七日于南学会之讲稿,为政教内容。录黄遵宪第一、二次讲义全文:

"诸君,诸君,何以谓之人?人飞不如禽,走不如兽,而世界以人为贵,则以禽兽不能群,而人能合人之力以为力,以制伏禽兽也,故人必能群,而后能为人。何以谓之国?分之为一省一郡,又分之为一邑一乡,而世界之国只以数十计,则以郡邑不足以集事,必合众郡邑以为国,故国以合而后能为国。自周以前,国不一国,要之,可名为封建之世。封建之世,世爵、世禄、世官,即至愚不道,如所谓生于深宫之中,长于妇人之手,骄淫昏昧,至于不辨菽麦,亦靦然肆于民上,而举国受治焉。此宜其倾覆矣,而或传祀六百,传年八百!其大夫、士之与国同休戚者,无论矣;而农以耕稼世其官,工执艺事以谏其上,一商人耳,亦与国盟约,强邻出师,犒以乘韦而伐其谋。大国之卿,求一玉环而吝弗与。其上下亲爱,相维相系乃如此。此其故何也?盖国有大政,必谋及卿士及庶人。而国人曰贤,国人曰杀,一刑一赏,亦与众共之也。故封建之世,其传国极私,而政体乃极公也。自秦以后,国不一国,要之,可名为郡县之世。郡县之世,设官以治民。虑其不学也,先之以学校;虑其不才也,继之以科举;虑其不能也,于是有选法;虑其不法与不肖也,于是有处分之法,有大计之法。求官以治民,亦可谓至周至密,至纤至悉矣。然而,彼入坐堂皇、出则呵道者,吾民之疾病祸难,困苦颠连,问其所以,瞠目不能答也。即官之昏明贤否、勤惰清浊,询之于民,民亦不能知也。沟而分之，界而判之，曰此官事、此民事。积日既久，官与民无一相信，浸假而相怨相谤，相疑相诽，遂使离心离德，壅蔽否塞，泛泛然若不系之舟，听民之自生自杀，自教自养，官若不相与者，而不贤者复舞文以弄法，乘权以肆虐，以民为鱼肉，以己为刀砧。至于晚明，有破家县令之称，民反以官为扰，而乐于无官。此其故何也？官之权独揽，官之势独尊也。凡上下相交之政，如所谓亭长、三老、啬夫、里老、粮长，近于乡官者，皆无有也。举一府一县数十万人之命委之于二三官长之手，曰是则是，曰非则非；而此二三官长者又委之幕友书吏、家丁差役之手，而卧治焉，而画诺坐啸焉，国乌得而治！故郡县之世，其设官甚公，而政体则甚私也。诸君，诸君！诸君多有读《二十四史》者，名相良将，能吏功臣，可谓繁夥矣。惟读至《循吏传》，则不过半卷耳，数十篇耳，二三十人耳。无地无官，无时无官。汉、唐、宋、明，每朝数百年，所谓循吏者只有此数，岂人性殊哉，抑人材不古若欤？尝考其故，一则不相习也。本地之人不得为本地之官。自汉既有三互之法，如今之回避，至明而有南北互选之法，赴任之官，动数千里，土风不谙，山川不习，一切俗禁茫然昧然。余尝见一广东粮道，询其惯否？彼谓饮食衣服均不相同，嗜欲不通，言语不达，出都以后，天地异色，妻奴僮仆日夕怨叹，惟愿北归。以如此之人，而求其治民能乎不能？此不相习之弊也。一则不久任之弊也。今制以三年为一任，道府以下不离本省。是朝廷固知不久任之弊矣。然而，州县各官员多缺少，朝令附郭，夕治边地，或升或迁，或调或降，或调剂或署理，或代理或兼摄，甫知其利，甫知其弊，尚欲有所作为而舍此而他去矣。而贤长官，量其时之无几，力之所不能，亦遂敛手退缩而不敢动；又况筑台者一篑而九仞，移山者由子而逮孙，凡大政事、大兴革均非一朝一夕之所能为，虑其半涂而废也，中道而止也，前功之尽弃也，则亦惟置之度外，弃之不顾耳。明之循吏，昔推况钟，其治苏州凡十九年，闻辕门鼓乐嫁女，乃曰：'吾来此时，此女甫乳哺耳。'惟久于其在，乃以循吏称。今安得有十九年之知府耶！诸君试思之，不相习，与宴会时之生客何异？不久在，与逆旅中之过客何异？然而皆尊之为官矣！嗟乎，嗟乎！余粤人也，粤处边地，谚有之曰：天高帝远，皆不知有朝廷，只知有官长耳；亦不知官为谁何？何名字？但见入坐堂皇、出则呵道者，则骇而避之，曰：'官！官！'举吾民之身家性命，田园庐墓尽交给于其手，而受治焉。譬之家有家长，子孙数十人，家长能食我、衣我，妻室我、田宅我，为子弟者，将一切惰废，万事不治,尽仰给于家长耶,抑将进德修业以自期成立耶?诸君,诸君!此不烦言而决,不如子弟之自期成立明矣。委之于家长犹且不可,乃举吾之身家性命、田园庐墓委之于宴会之生客、逆旅之过客而名之为官者,则乌乎其可哉?然则如之何而后可?所求于诸君者,自治其身、自治其乡而已矣。某利当兴,某弊当革,学校当变,水利当筹,商务当兴,农事当修,工业当劝,捕盗当讲求,以闹教滋祸者为家难,以会匪结盟者为己忧,先事而经画,临事而绸缪,此皆诸君之事。孟子有言:"匹夫匹妇,不被其泽,若己推而纳之沟中。"况吾同乡共井之人,而不思援手耶?范文正做秀才时,便以天下为己任,况一乡一邑之事,而可诿其责耶?顾亭林言风教之事,匹夫与有责焉。曾文正公论才,亦以风俗为士大夫之责,愿与诸君子共勉之而已。诸君,诸君!能任此事,则官民上下,同心同德,以联合之力,收群谋之益。生于其乡,无不相习,不久任之患,得封建世家之利,而去郡县专政之弊。由一府一县推之一省,由一省推之天下,可以追共和之郅治,臻大同之盛轨。余之言略尽于此。而尚有极切要之语为诸君告者。余今日讲义,誉之者曰'启民智',毁之者曰'侵官权',欲断其得失,一言以蔽之曰:公与私而已。诸君能以公理求公益,则余此言不为无功;若以私心求私利,彼擅权恃势之官,必且以余为口实,责余为罪魁。乞诸君共鉴之,愿诸君共勉之而已。诸君,诸君!听者,听者!"(《全集》上,第280—282页。)

二月二十(3月12日),《湘报》第六号刊黄遵宪《张瑞林等禀请速办保卫局批》。(《全集》上,第507页。)

二月二十一(3月13日),黄遵宪致函王秉恩谈及近况:"雪澂吾兄大人左右:前者族兄桐甫回银元局当差,曾嘱敬候起居。(前询瑞记一事,又托张子遇观察面告,谅邀鉴矣。)月之初旬,闻南皮尚书入觐,又发电志喜,谅俱邀鉴。不审尊体近来何似?有自鄂来者,详询一切,则言康强逾于往昔,或者多行步少服药,竟有明效耶。香帅倘入参大政,公之行止奚若?仍回粤耶?国事诚不堪问,公之家事,不能不筹一善处耳。节庵同年仍住书院抑亦回乡?殊以为念。弟仍署臬篆,兼及保卫局、迁善所、课吏馆及学会、学堂各事,殊觉日不暇给,久疏笺敬,良以为歉。所托代寄书板,现已函托少竹料理。敝眷过鄂时,凡百照拂为感。即叩侍安。弟遵宪顿首。廿一。堂上曼福。"(《全集》上,第414页。)黄遵宪以所"署臬篆,兼及保卫局、迁善所、课吏馆及学会、学堂各事,殊觉日不暇给",所有这些机构之新置或改设,或延聘人才,或拟章程,或协调关系,用力甚多。

本日,第四次南学会开讲,黄遵宪及陈宝箴等与焉。皮锡瑞《师伏堂未刊日记》:"午后至学会,中丞、廉访旋至。节吾、秉三、予讲后,各讲一遍。秉三说时世,洋人不可与之开衅。中丞曲为譬喻,嘱湖南莫打洋人。学会之设,原为此事,至今日始点题。"(尹飞舟编:《湖南维新运动史料》,第713页。)

此次南学会会讲以如何对待来华洋人问题为主题。《陈三立年谱》:"二三月间,右铭公以宁乡已革道员周汉刊布揭帖、煽启教祸,恐列强藉而发难,乃下狱禁锢之,并于南学会会讲中告谕士民不可妄攻西教而致开祸端,贻害国家。然湘人多不能谅右铭公之苦心,且复造作蜚语而中伤之。"(马卫中、董俊珏:《陈三立年谱》,第219页,苏州大学出版社2010年版。)周汉一案的基本情况,据廖树蘅《自订年谱》说:"光绪二十四年戊戌,五十九岁。是岁在水口山银场。二月赴省吊陈中丞夫人之丧。县人周汉,恶外邦见凌,著书诋之。臬使黄遵宪言于巡抚陈公,将其二品衔道员咨革下狱。余为缓颊,公意已移。汉字铁真,人称为铁道人,性倔强,不愿出狱。道人以此蒙祸,诚属无谓,然当道怒此灌夫,亦未必成绝大交涉也。施者受者,所见各殊,无从解纷。"(马卫中、董俊珏:《陈三立年谱》,第220页,苏州大学出版社2010年版。)周汉案造成很大影响,"湘士之顽者乃造作蜚语,谤公①政变,而向之中立者亦人人挤公,必尽反其所为而后已"。(马卫中、董俊珏:《陈三立年谱》,第220页,苏州大学出版社2010年版。)

二月二十二(3月14日),《湘报》刊登黄遵宪起草的《湖南保卫局章程》。《保卫局章程》共四十四条,章程规定议事绅商(或称董事、议员)会议是保卫局的最高立法、议政机构。章程设议事绅商十数人。保卫局的职责是"去民害、卫民生、检非违、索罪犯"。包括清查户籍,巡查街巷,侦查探案,清疏交通,处理偶发事件,调解纠纷。保卫局的机构分为三级,第一级是总局。总局设总办一人、会办员、绅各一人、会办员、绅下又设委员和委绅各四人,以分掌文案、审理和器物钱银等事务。第二级是大分局。各大分局设局长和副局长各一人。小分局是保卫局的基层组织,原拟设三十个小分局,正式开局时实设三十二个小分局,分别隶属于六大分局,为第三级。每个小分局都有固定的辖地范围。每一小分局设理事委员和副理事

---

①指陈宝箴。

委绅各一人。从总局到小分局各级机构都按照"官绅合办"的原则,正职由官吏担任,一般举管拘传、讯问、发落案犯,副职由绅商担任,一般掌管内部事务、钱银器物等。(《全集》上,第510—514页。)郑海麟认为:黄遵宪所督办的保卫局,形式上是仿照日本的警视厅和西方国家的警察局而建立的。但是,保卫局又不完全等同于西方国家的警察局。而且,黄遵宪将资产阶级三权分立的思想注射其中,使保卫局兼有地方政权机构的性质。(郑海麟:《陈、黄之湖南新政试析》,《学术研究》,1997年第9期。)

二月二十二至二十三(3月14日—15日),《湘报》刊登《湖南迁善所章程》三十四条。于长沙府城内外共设迁善所五所,归保卫局管辖。迁善所性质属于官绅合办。"会办大员""提调""坐办委员""帮办委员"和"理事委员"等职由官员担任,"会办大绅"和"副理事委绅"由绅士充任。官员和绅士各司其责,"一切工役程课、督责看管,以及鞭挞拘锁用法之处,皆官主之";"一切起居饮食、稽查保护,以及疾病困苦用恩之处,皆绅主之"。另有教习、兵勇及杂役等数十人。各色人等均有薪资酬劳。迁善所收容对象分"流民"和"罪犯"两种。"流民"包括"年轻失教由其家长呈首者""游荡无依、时在街市扰累讹诈有人指控者"和"贫困异常及懒惰不堪由其族长姻戚引送者";"罪犯"指触犯禁令、由保卫局收审解送的涉案犯人。因房屋有限,流民、罪犯各收二百名,收满为止,有出所者方可依次递补。流民、罪犯应分别居住。罪犯入所之初须先加脚镣,循规蹈矩者一月后解除。每月朔望委员、绅士轮流宣讲《圣谕广训直解》和各种劝善书,令流民、罪犯聆听。不服教导者由委员视情节轻重,分别施以锁禁、罚作苦役等惩戒措施,特别恶劣者交官府重新发落。流民、罪犯应学习手工技艺,先从打麻绳、织草鞋等"易为之事"做起,文弱者从事抄写、裱糊等"细工",凡地方有通沟渠、修道路、筑城池等公共工程,亦可由流民、罪犯充任。每日工作时间和任务均有定制,个人生产所得,流民可得七成,罪犯可得五成,均由迁善所代其存储,待出所时发还,充作谋生之资。迁善所经费由官府调拨,每半年结算一次,将收支帐目粘贴于大门外,公布于众。(《全集》上,第507—510页。)《全集》将《湖南迁善所章程》排在先而《湖南保卫局章程》排在后,似误排。据《湘报》载,湖南迁善所成立后,曾邀集绅董参观,"见该所屋宇高敞清洁,犯民衣服、饮食、坐卧器具无不周备,观者大悦。并闻各项教习不日将到,从此犯民各有执业,可以改过自新"。(《湘报》第154号,第1508页。)

二月二十三(3月15日),《湘报》刊《商民请速办保卫局禀批》。(《全集》

上,第514页。)

二月二十四(3月16日),《湘报》刊《签驳辰溪县李银松一案》。辰溪县李银松与李麻氏是夫妇,与董元珍是邻居。一日,李麻氏与董元珍在山下相遇,董元珍意图强奸李麻氏,恰李银松代刀担经过,闻妻呼救命,持械赶来,将董元珍杀死,时有一目击证人郑齐发路过,其是董元珍妻兄,作证说目睹董元珍并未强奸李麻氏。县令判决董元珍无罪。黄遵宪认为,此案有九大疑点,大多巧合,要求县令重新审查。(《全集》上,第515—516页。)

二月二十六(3月18日),《湘报》刊由署按察使黄遵宪牵头,会同布政使、善后局各司道拟定的《会筹课吏馆详文》。课吏馆是一个集培训学习、考核和甄别为一体的官方非编制内机构,一般由两司总理,督抚直接督促。梁启超入湘后,建议陈宝箴"设课吏堂",陈宝箴在省城设馆课吏,命臬司黄遵宪总理其事。黄遵宪拟定,课吏馆设学校、农工、工程、刑名、缉捕和交涉等六大内容,以自学和辅导为主,时间以一年为期。三个月大考一次,半年由巡抚等官员汇考一次,分出等级,给予不同的物质奖励。其文曰:"为遵札会议详复事:案奉抚宪札开'……'等因。奉此,本署臬司查政治赖乎人材,人材成于学问。古者选士,升之司徒,论定后官,位定后禄。乡自比长党正以至乡大夫,国自小胥以至师氏保氏,其教于未用之先者,至详至密也。计吏统于太宰,旬正日成,月要岁会,廉善、廉正、廉敬以显其德,廉法、廉能、廉辨以察其材,其课于已仕之后者,至周至慎也。自选举变而士鲜实修,士途杂而官无实学。不独猥琐龌龊、脂韦巧黠之徒,以学制美锦为裳,存何必读书之念;即起自科目者,亦徒溺虚文而少实际,律例、兵农、簿书、钱谷均非平日所服习。一入仕途,心摇目弦,但惴惴然自顾考成,以有干吏议为惧,举一切事务,听命于吏胥,进退为谨。若其他计较锱铢,揣量肥瘠,行私罔上,无所不为,更无论矣。此其弊在于不学。惟不学而仕亦竟有侥幸肆志之时,于是举天下正途杂途充溢行省,咸争捷足,以官为市,以学为迂,遇有敦品力学之人,转从而非笑。贤者或毁方瓦合,中材则随俗波靡,轮班听鼓,退食委蛇,国计民生,教化风俗,均置之不问。是不学而从政,并未尝以政学也。赤芾三百,贻羞鹈梁,吏治之坏,伊于胡底。湘省向设课吏馆,使候补各员研习吏治,酌给奖赏,用意良厚。惟每月只一课,每课只一文,寻行数墨,以争一日之长短,而搜检夹袋,杜绝枪替,一切疏阔,又不能与试官考试比。故虽有课吏之名,仍于吏治无裨。且佐贰到省人员,恃有此每月数两之津贴,争捐分发,纷至沓来。上年冬间,报到者竟有三十余员,钻营奔竞,以求差使,亦势所必然。守此不变,非徒无益,抑且有损。湖南本天下望,国士大夫负教养斯民之责,不思勤求治理,新我大邦,以上纾宵旰之忧勤,下拯生民之饥溺,自顾车服,能无惭惧。幸逢抚宪整新百度,无旷庶官,札饬署臬司总理课吏事宜,并会同藩司职道等筹议章程,详候核夺。本司职道等遵即反复筹商,就现在时势及应尽职分,宜切实讲求,以见诸施行者,约分其类为六:风气习尚,士居民首,兴学育才,所以牖民智而开物成务也,故学校居首;农桑种植,工艺制作,食货之经,生命之源,所以利用厚生而收复利权也,故次农工;修城池以资保卫,治道路以便运输,通沟洫以救旱潦,而铁路轮舟尤为要务,故次工程;读律者贵知其意,援例者贵得其情,成案者贵通其变,而条约公法更相辅而行,故次刑名;清内捍外,安良除莠,寇盗奸宄,会匪棍恶,皆民贼也,故次缉捕;海禁既开,交涉日密,通商游历,立堂传教,保护失宜,化导无术,皆祸端也,故交涉殿焉。各类书籍,听习专门,质之馆长,登诸札记,辨其疑难,详为批答,俾日就月将,铢积寸累,复设为课格,填注分数。积分之法,亦有三类:曰勤业,曰善问,曰进益,分填合计,即仿日成月要之意,以九十分为合格。其已及格者,则以溢分之多寡为给奖之厚薄。每三个月大考一次,每半年各司道随同抚宪至馆汇考一次,核册列等,饬知令省各道、府、州、县,以资鼓励。分财即以教善征实,而非虚文。数年之后,人才日盛,可操券获也。伏查前抚宪吴创设斯馆,专课在省候补各员,其实缺及署理人员均不与焉。伏读抚宪札饬,既有课吏之名,即应循名责实,原可合全省官吏,共切讲求,课其论政之言,复课其行政之实。惟此项现任、实缺及署理人员,论其职事,虽不出六类之外,而课其政绩,自有两司计典,随时黜陟,此馆可毋庸兼及。如有志切向学,缮寄札问,馆长、总理自必一律批答。或有兴利除弊、切实求考者,亦应由馆中另禀抚宪察核办理。附陈二条,以备采择:伏读本年正月初六日上谕:'设经济特科,令三品以上京官及督抚、学政各举所知,无论已仕未仕,均得奏保殿试擢用,并督饬各新增书院学堂,切实经理,认真训迪'等因。时事当需才孔亟之秋,朝廷已深知不学无术之弊,若统全省官吏而课之,推科举之变格,宏课吏之规模,教于未用之先,询以方用之事。察吏之外兼以所学之浅深,课其政之殿最,用以贤制爵、以功诏禄、以能诏事之意,一劝之以学。此则抚宪自有权衡,亦为司道无须渎陈者矣。所有奉札拟改课吏馆章程各缘由,是否有当,理合将会同酌议新章,详请宪台,俯赐查核批示祇遵。"(《全集》上,第517—519页。)

本日,黄遵宪被请主办时务学堂。皮锡瑞《师伏堂未刊日记》:"鹿泉往抚署,看批王三先生禀。时务学堂请黄公度主办,非保卫局属此公也。又闻保卫局按招牌取钱,只取商家,不取民家,事或可行。"(尹飞舟:《湖南维新运动史料》,第715页。)梁启超《三十自述》:"春,大病几死,出就医上海。既痊,乃入京师。"(丁文江、赵丰田编:《梁启超年谱长编》,第106页,上海人民出版社1983年版。)梁于二月二十四日离开长沙到上海,或因其离湘,而由黄遵宪暂管时务学堂事。

二月二十七(3月19日),《湘报》刊《签驳醴陵县余洸恞等一案》。醴陵县邻县有二差役叫蔡云、刘明,到醴陵县勒索流民,流民承诺给钱一千五百文,蔡云、刘明嫌少,引发众怒,将蔡云、刘明打死。醴陵知县判处流民首领余洸恞绞刑。黄遵宪不同意此判决,认为,余洸恞是两足残废、一手不能运动的人,但指其是下手最重的人,非常牵强。余洸恞是流民首领,当时众怒之下,并无主谋。而且伤人最重的三个流民,一人在保病故,二人在逃。黄遵宪认为,当务之急应该是缉拿在逃嫌犯,传及见证,不能随意拿余洸恞顶罪。(《全集》上,第519—520页。)

二月二十八(3月20日),黄遵宪至南学会,谈论有关日本、台湾及印度等国际时事。皮锡瑞《师伏堂未刊日记》:"二点钟,登堂宣讲,秉三未说,复生、李一琴各说一遍。廉访至,说日本、台湾、印度极透彻痛切,云法人又有邀索两广利益、云南铁路之事。"(尹飞舟编:《湖南维新运动史料》,第716页。)

本月,黄遵宪仍署臬篆,兼及学会、学堂各事,又因建议巡抚陈宝箴办湖南保卫局及改设之课吏馆、迁善所,陈宝箴俱交黄遵宪总理筹办,至日不暇给。(马卫中、董俊珏:《陈三立年谱》,第217页,苏州大学出版社2010年版。)"又设保卫局,附迁善所,以盐法道黄君遵宪领之。又属黄君改设课吏馆,草定章程。"(陈三立:《皇授光禄大夫头品顶戴花翎原任兵部侍郎都察院右副都御史湖南巡抚先府君行状》,马卫中、董俊珏:《陈三立年谱》,第219页,苏州大学出版社2010年版。)黄遵宪所拟之《湖南保卫局备忘录》可见其工作之细心和复杂。(《全集》上,第501—502页。)《全集》将《备忘录》之时间定为光绪二十三年下半年。

保卫局之设立,涉及经费、人事及其宣传等问题尤多。其一,开办经费的解决。在保卫局筹备过程中,王先谦、张祖同、叶德辉、汪栗等守旧士绅经常"饮席"为名聚会,诋毁、攻击新政,特别是在保卫局"劝捐"问题上大作文章。皮锡瑞记载说:"诸公多不以讲学为然,保卫局尤不肯筹款。"(皮锡瑞:《师伏堂未刊日记》二月初五日,尹飞舟编:《湖南维新运动史料》,第708页。)二月初六(2月26日)又记,"保卫局中丞已力主其议,先垫公款开办,俟有效验，商人自肯出钱，予意未必能然"。(尹飞舟编:《湖南维新运动史料》，第708页。)二月二十五(3月17日)记:"与鹿泉谈保卫〔局〕事，以为户捐更难，且多弊，不如房捐、肉案、烟灯，尚有把握。"(尹飞舟编:《湖南维新运动史料》，第715页。)其二，社会关系之协调。保卫局之设立乃新鲜事物，百姓有理解接受之过程，在一些商人的支持和呼吁下，保卫局才最终创办。二月十一(3月3日)记:"熊云保卫局已有商人公禀请开办，势在必行。保甲局改迁善所，《湘报章程》已刻，条理尚好。"(尹飞舟编:《湖南维新运动史料》，第710页。)其三，领办人员的安排，黄遵宪颇多费心。二月十三(3月5日)记:"受明云，陶举邻来办保卫局。"(尹飞舟编:《湖南维新运动史料》，第711页。)二月二十五(3月17日)记:"叔方云乃翁已力辞不办，商人禀请，本人多不知，乃饶十三兄弟授意于诸商人者，有以打来截名，找为首人论理者。"(尹飞舟编:《湖南维新运动史料》，第715页。)二月二十九(3月21日)记:"汤孝常来，呈文一篇。云乃翁已辞退保卫局，有改派左子异事。前与颂年见廉访，彼曾问及左子异，颂年称其近日大起精神做人，事或然也。"(尹飞舟编:《湖南维新运动史料》，第716页。)

本月，由于人事等关系复杂，保卫局仍未正式对外办公。《师伏堂未刊日记》三月初一(3月22日)记:"熊秉三等备有饭，属予等陪坐，云保卫局请左子异办已定局，闰月开局，局中用人，惟左主持……"(尹飞舟编:《湖南维新运动史料》，第717页。)最终选定左孝同总办。闰三月二十五(5月15日)又记"左四先生来谈保卫〔局〕迁善〔所〕事，五月初开办，而把持者至不肯以房子佃作局，可谓奇矣！"(尹飞舟编:《湖南维新运动史料》，第738页。)光绪二十四年八月二十三日，陈宝箴在《致张之洞函》中详细叙述了湖南保卫局设立的缘由和经过，兹附录于下:"省城痞匪繁聚，动辄滋事，每遇西人过境，府县辄多方求恳，劝勿入城。上年德人谔尔福坚欲入城，几肇大衅;英人苏理文亦然。因思上海、天津商埠肃然不扰，皆由设有巡捕。曾游欧美各洲者，多言外国政治均以设巡捕为根本，与《周礼》'司救''司市'同义。湘省向设保甲总局，委道府正佐各员，及大小城绅数十人，合同办理，而统于臬司，岁糜金钱三万余串，久成虚设，痞匪、盗贼充斥市廛。现在西人往来络绎，倘被激成巨衅，必致贻误大局。乃与署臬司黄遵议，仿欧洲法设创巡捕。该司久历外洋，参酌中外情势，竭数月之力，议定章程数百条，至为精密。惟以臬司事繁，万难兼顾遵办，及交卸回任，乃令以长宝道专办此事。且预为岳州自行通商，设立巡捕，挑选备用之地。惟当积重难返、人情极玩之时，非改易观听不能有功，乃尽汰易向办员绅，改名'保卫局'，而谣谤起矣。所汰坐食委绅，多巨绅族戚，腾谤愈远，几格不行。箴力持决令,试行三四月再定行止。开办之日,痞匪竟聚众哄毁,城外三局亦坚不为动。布置既定,匪徒无可溷迹,相率散遁。甫一月,盘获拐带、窃盗甚众,交新设'迁善所'分别收管工艺。迄今三阅月,城市肃清,商民无不称便。向来城中乞丐日常数百,现在清查户口,拟由保卫局设法安置。统计保卫局、迁善所及教养乞丐,月须银圆万余,城中商贾三万户,其最上及上户约以万家,最上户每月捐钱不及三元,计每日不满百文,见此成效,当无一不乐从者。"(汪叔子、张求会编:《陈宝箴集》下,第1617—1618页,中华书局2003年版;马卫中、董俊珏:《陈三立年谱》,第218页,苏州大学出版社2010年版。)

黄遵宪以为警察一署乃新政之根柢。梁启超《戊戌政变记》:"盖当时湖南新政办有端绪者,在教育、警察、裁判三事,此保卫局即效警察署之规模也。黄遵宪以为警察一署,为凡百新政之根柢,若根柢不立,则无奉行之人,而新政皆成空言,故首注意于是,先在长沙试办。初办之时,旧党谤议,愚民惊疑,及开办数月,商民咸便之。此次政变以后,百举皆废,惟保卫局因绅民维持,得以不废,此亦兴民权之利益也。黄遵宪为按察使,职司刑狱,故锐意整顿裁判监狱之事,删淫刑之陋俗,定作工之罚规,民甚感之。"(尹飞舟编:《湖南维新运动史料》,第5页。)

三月初五(3月26日),《湘报》刊《签驳慈利县朱学攸被朱南斗勒死一案批》。慈利县朱学攸借朱南斗一千文,一日,二人相遇,朱南斗索欠,与朱学攸起口角。另外一人朱学元前来帮助朱南斗,与朱学攸相殴,结果朱学攸被绳索套颈勒死。事发后,朱学攸子朱方正报案,朱南斗在押期间监毙。县令判决,是三人打斗时,朱南斗将绳子打成活结套在朱学攸头上,朱学攸失足跌落山坡,被勒死。今主犯朱南斗已毙,意图销案。黄遵宪不同意此判决,认为此判不合情理,朱学元虽为从犯,从案发情况来分析,应该是两人各执绳头,勒死朱学攸,故应该判朱学元为同犯,罪应缳首。要求县令重审此案。(《全集》上,第520—522页。)

三月初六(3月27日),黄遵宪在南学会评讲和申述"保教"观点。皮锡瑞日记:"二点钟开讲,予讲保种保教,廉访说教旨略异,一琴说波兰事,娓娓可听。"(尹飞舟编:《湖南维新运动史料》,第721页。)黄遵宪此演说影响甚大,亦受到了攻击,晚年黄遵宪致梁启超函仍称"湖北之谭敬甫、梁节庵则谓吾推外教与孔子并尊,罪大不可逭也"。(《全集》上,第427页。)

三月初八(3月29日),《湘报》刊《详湘潭县迷窃匪犯刘豫林请正法一案》(《全集》上,第522—523页。)

本日,唐才常作《湖南设保卫局议》一文,分析设立保卫局之益:"今夫泰西、日本之有警察部也,长官主之,与凡议院章程不同。平心而论,此事本官权可了。而中丞、廉访必处处公之绅民者,盖恐后来官长视为具文,遂参以绅权,立吾湘永远不拔之基。"(中华书局编辑部编:《唐才常集》,第253—254页,中华书局2013年版。)

三月初九(3月30日),《湘报》刊《州同柳正勋等禀催开办保卫局批》(《全集》上,第523页。)

三月十一(4月1日),黄遵宪致函陈宝箴。函曰:"大人钧鉴:奉示敬悉。周汉上谭中丞函,既自供其造言生事矣。今以封呈。自此案拿办以来,前卷即取存内室,并未发房,附此禀呈。敬叩钧安。职道遵宪谨禀。三月十一日。"(《全集》上,第415页。)

本日,《湘报》刊《保卫局增改章程》五条。(《全集》上,第524页。)

三月十三(4月3日),黄遵宪在南学会辩述洋教事。皮锡瑞日记:"二点钟后开讲。廉访说天主教必无剖心挖眼睛事,其说始于《天下郡国利病书》,伊在东洋,考之最详。"(尹飞舟编:《湖南维新运动史料》,第721—722页。)

三月十六(4月6日),众人宴饮。皮锡瑞《师伏堂未刊日记》:"是日,中丞不来,廉访点名亦去。办有筵席,予与熊、谭、黄、戴诸人享之。"(尹飞舟编:《湖南维新运动史料》,第723页。)

三月十八(4月8日),《湘报》刊《改定湖南课吏馆章程》三十六条,详细介绍了组织架构、入馆条件、课目设置与规章制度。(《全集》上,第524—527页。)改造后的课吏馆,最高负责人为"总理","专司课吏一切事务",由巡抚札委黄遵宪担任;设"提调"一名,负责"撰拟文稿、支发银钱、管理器具各事";又设"理事委员"一名,归提调差遣;实质性的下设机构称为"问治堂",聘请"品学兼优、才识素著者二三人"作为"馆长","住居馆中,以襄助总理考课各事"。将入馆范围扩大到"在省候补现有差委人员""外府州县现任实缺人员"。同时又规定:"所有现任实缺各府州县"如对地方一切政务有所见解,也可以札记形式寄呈课吏馆总理,总理分别批答,重要者还可"由总理另禀抚宪察核办理"。馆中各课分为六类:一是"学校",凡兴学育才、移风易俗、开启民智等等,均归此类。二是"农工",内容包括农桑、种植、工艺、制作,不仅以此养育民众、丰富物产,还希望借此收复利权,亦即提高与日见增多的洋货的竞争能力。三是"工程","凡治道路、通沟洫、修城池之法,均归此类"。四是"刑名","凡考律例、清讼狱、处罪犯之法,均归此类"。五是"缉捕",除一般的盗贼恶棍外,缉拿的重点还包括所谓的"会匪"。六是"交涉","凡通商、游历、传教一切保护之法,均归此类"。汤志钧评价说,课吏馆"惟办理不善,来馆者少,时亦甚暂,未闻'实效'"。(汤志钧:《戊戌变法人物传稿》[增订本]上册,第413页,中华书局1982年版。)

三月二十(4月10日),黄遵宪在南学会批评易鼐在报刊发表激进言论。皮锡瑞《师伏堂未刊日记》:"二点钟开讲……公度未讲,而讲毕谈易鼐事,亦以为骇俗,谓日本有渐进、顿进二党,今即顿进,亦难求速效,不若用渐进法,报文勿太激烈。彼官府且不免畏首畏尾,况吾辈耶!"(尹飞舟编:《湖南维新运动史料》,第726页。)

易鼐,戊戌后改名易宗夔,字蔚儒,又字味腴,湖南湘潭人。他与樊锥、谭嗣同等是戊戌时期激进分子,甚至被誉为"全盘西化论鼻祖"。参与创立南学会,任《湘学报》史学编辑。其代表作《中国宜以弱为强说》等。他在《湘学报》发表的《五洲风俗异同考》批驳"夷夏之辨":"中土之谈风俗者,于同洲各国,率鄙之曰四夷,或曰裔,或曰异域,侈然以华夏自居。小者以藩属待之,大者以夷狄视之。懵然不知《春秋》之义,夷狄不以地而以人。风俗不善,无礼无义,乃曰夷狄。是故中国而类乎夷狄,则降而夷狄之;夷狄而合乎中国,则进而中国之。"(贾小叶:《1840—1900年间国人"夷夏之辨"观念的演变》,《史学月刊》,2007年第10期。)黄遵宪第一个感知易鼐之激进,并且给予指正。黄遵宪晚年给梁启超信函中便明确讨论过并不赞成激进的革命手段。

三月二十二(4月12日),康有为在北京成立保国会,以保国、保种、保教为宗旨。在北京、上海设总会,各省、府、县设分会。(汤志钧:《戊戌变法史》,第320—324页,人民出版社1984年版。)

三月二十四(4月14日),《湘报》刊《呈复新宁县李得有捆殴杨姓窃贼致令冻饿身死一案》。新宁县有一杨姓窃贼,到李得有家行窃被擒,李得有将窃贼捆绑并殴打,并所窃棉衣脱回,抬到凉亭,放开绳索而散。不料是晚大雪,杨姓窃贼在凉亭冻饿而死。县官判李得有"擅杀拟绞"。黄遵宪对此提出异议,认为要辨明杨姓窃贼是殴伤而死,或是冻饿而死,或是受伤后冻饿而死。从尸检结果看,杨姓窃贼受伤不重。如果是冻饿而死,《洗冤录》中有明确的症候记载,可惜的是新宁县作作业务不熟,没有加以检验,证据不足。所以黄遵宪认为,虽然李得有将饥寒交迫的窃贼弃置凉亭不顾,情属可恶。但是并非有意加害。棉衣本是李得有家财产,取回亦无不当,只是适逢严寒,导致杨姓窃贼冻饿而死,亦有责任,所以认为此案应该"量减拟流",以流刑代替死刑。(《全集》上,第527—529页。)

三月二十七(4月17日),保国会第一次集会,通过康有为起草的《保国会章程》。(汤志钧:《戊戌变法史》,第316—320页,人民出版社1984年版。)

本日,上海图书集成印书局在《申报》刊登广告,发布《日本国志》开印消息:"粤东黄公度廉访昔年参使日本,博考彼中掌故,著《日本国史》四十卷,付诸剞劂,以广流传。兹由书肆友人嘱本局印以铅版,俾工料节省,价可淀殷,刻已开工,俟告成时当再布告,世有驰情于十洲三岛者,当亦先睹为快乎?"(王宝平:《黄遵宪〈日本国志〉清季流传考》,《文献》,2010年第4期。)

三月二十八(4月18日),皮锡瑞日记:"到黄薏丞处拜寿,以所得廉访手书与看,伊云已见廉访,又与同席,委彼每团举议绅二人,人多不解此事,不肯出。总局左子异力荐徐小圃,恐不能胜任,然廉访信已云增置一席,仍属管帐矣。又云令弟昨来未见,课吏馆、时务学堂无他席,惟迁善所事极繁难,未审能耐此劳否?询之薏丞,去迁善所止一处,在曾公祠对门,起屋百间,容五百人,委绅止一人管理并银钱出入一切,故事极繁,但比保卫〔局〕委绅上街写捐略好耳。"(尹飞舟编:《湖南维新运动史料》,第727—728页。)"夜看光学①,薏丞至,小鹤与岱林同至,伊以为既出来谋事,而样样不能办,恐以后为难,欲姑试之。予谓公度本有晤时面商之语,初四必来宣讲,俟再问明情形,既归并一局,必不止一人,倘有数分理,亦不患其繁难矣。"(尹飞舟编:尹飞舟编:《湖南维新运动史料》,第728页。)

本月,湖南刘善涵等创办湖南不缠足总会,总会设在长沙小东街湘报馆中,于《湘报》刊登章程,号召革除缠足陋习,凡入会人所生女子,不得缠足,凡八岁以下已缠足者,一律解放。列名董事者,有黄遵宪、徐仁铸、熊希龄、梁启超、谭嗣同等。湖南各地设有分会。黄遵宪且通谕各府厅州县一体劝禁缠足。黄遵宪列名董事题名之首位。(《湖南不缠足总会董事题名》原载《湘报》第二十八号;尹飞舟编:《湖南维新运动史料》,第608页。)

本月,陈三立有书责黄遵宪爱护梁启超,黄遵宪复函表示虽不赞成康有为的一些观点,却为梁启超辩论。函称:"屡奉台示,忧虞皇惑,不知所措,更不知何以作答。与此君②交二年,渊雅温厚,远过其师③,亦不甚张呈其师说,其暧暧姝姝,守一家之言,与之深谈,每有更易。如主张民权,为之言不可,渠亦言民知未开,未可遽行。吾爱之重之。惟康郎琵琶嘈嘈切切,所来往又多五陵年少,遇事生风,或牵师而去,亦非所敢料。关东大汉、西游行者姑且勿论,惟学堂中所言民贼独夫与及《伪经考》《改制记》,诚非童稚所宜听受。鄙意亟欲聘一宋学先生,即意在匡救。然闻意见不合而去。

---
①指幻灯。
②指梁启超。
③指康有为。

(闻系用某名作关聘而某实未之知也。)所延分校阳君某,亦不知其事。自此君北上,久未到学堂,未阅札记。今欲筹别由鹿门聘一分校。如此转移,是否可行,敬乞酌夺。久未晤,何日乃得相见,一吐其胸中所欲言也。一转移之法,似宜以留皮鹿门充时务学堂,谓先生不来,难以久旷,即以南学会学长互调,俟其来时,再行商劝。欧阳子改作湘报馆主笔,乔茂萱舍课吏馆而去,遂出一枯窘题,令人无从措手。现在设法诱一友人来,待其入湘,当强令就此。此君在粤充粤秀监院,岁修千金,曾到海外,为乙酉拔贡、乙丑乡榜,《人境庐诗集》中所谓梁诗五居实者也。又及。再,得一王本卿,仍少一人。意欲以沈子培、梁卓如分任之。"(《全集》上,第415—416页。)今案:函中谓"自此君北上,久未到学堂,未阅札记",则黄遵宪写此信时梁启超已经由沪北上入京师了。

陈三立与康有为政见多有不合,甚恶其孔子改制等理论。康门大弟子梁启超亦不免被殃及,他虽已离湘,却仍未离职,因而也不免被提及。本月,康有为在北京大肆宣扬其言论,谭嗣同等人在《湘报》响应并褒赞康,这就引起了陈三立、邹代钧等的不满,甚至对谭师欧阳中鹄称谭等钻营康门,谭请欧阳"转语伯严吏部,远毋为梁星海所压,近毋为邹沅帆所惑,然后是非可出,忌妒之心亦自化"。(谭嗣同:《致欧阳中鹄》二十二,方行、蔡尚思编:《谭嗣同全集》,第475页,中华书局1981年版。)可见此时维新派内部已经意见不合。本年五月初六(6月24日),唐才常致函欧阳中鹄:"外间攻学堂事,三月即有所闻。或谓中丞已厌卓如,或谓日内将使祭酒公代秉三,叶奂彬为总教习。种种讹言,皆云出自中峰。韩、欧、叶三君闻之,即忿然欲去,经受业再三婉留,始安其位;然其愤懑之心,未尝一日释也。至中丞调阅札记,乃陈、杨二君自内学生收取,收齐后,始汇交受业一阅。受业深恐三教习闻之,致滋不悦,且戒秉三勿与三教习言,亦绝不料中丞已有疑心,果如外人所云也。"(中华书局编辑部编:《唐才常集》,第531—532页,中华书局2013年版。)

闰三月初三(4月23日),黄遵宪与左子异孝同定保卫局绅名次。皮锡瑞《师伏堂未刊日记》:"鹿泉昨在公度处,见与左子异定局绅名次,小鹤事已定局,未知能胜任否也?以此告知小鹤。公度明日来宣讲,当再面询一切。"(尹飞舟编:《湖南维新运动史料》,第730页。)

闰三月初四(4月24日),黄遵宪到南学会。皮锡瑞《师伏堂未刊日记》:"二点钟开讲……廉访未讲。询迁善所事,云有三数人较独当一面为易。"(尹飞舟编:《湖南维新运动史料》,第731页。)

闰三月初九(4月29日),《湘报》刊《辰溪县王道生大令禀请将减征地丁钱文拨充书院经费以资膏火禀批》。(《全集》上,第529—530页。)

本日,因清廷下旨召张之洞进京,黄遵宪电贺张之洞:"闻奉召入觐,此事关系中国安危,谨代通国志士叩贺。遵宪禀。"(茅海建:《戊戌变法的另面:"张之洞档案"阅读笔记》,第253页,上海古籍出版社2014年版。)

本日,《湘报》刊黄遵宪《禁止缠足告示》。告示胪举缠足之害:一曰废天理,二曰伤人伦,三曰削人权,四曰害家事,五曰损生命,六曰败风俗,七曰戕种族。(《全集》上,第530—532页。)

闰三月初十(4月30日),《湘报》刊《覃茂三等拦途抢劫颜正林案详文》。湖南永定知县报,覃茂三伙同李德顺、邹佐考、邹佐庆兄弟四人,拦途抢劫颜正林叔侄钱物,并打伤事主。永定知县判决覃茂三等就地正法,在被宪台要求再审时竟不回复。黄遵宪认为,此案疑点重重,一是覃茂三只有十六岁,说其是主犯证据不足,是否另有相同名字之人;二是抢劫过程不合理,从合谋到打斗过程,均不能合理解释;三是没有主犯覃茂三的供词,四名嫌犯中,邹佐考监毙,邹佐庆在逃,只有李德顺的供词。所以拟对草率审判的永定知县记大过两次的处分。(《全集》上,第532—535页。)

闰三月十二(5月2日),张之洞回电黄遵宪:"急。初四电愧悚。此行不过备顾问耳。尊意有何救时良策,祈详电指示,以便力陈。感祷。洞。文。"(《张之洞电稿乙编》,第55册,所藏档号:甲182—72。茅海建:《戊戌变法的另面:"张之洞档案"阅读笔记》,第253页,上海古籍出版社2014年版。)

闰三月十六(5月6日),黄遵宪参与时务学堂招生工作。皮锡瑞《师伏堂未刊日记》:"招复时务学堂考生……黄公度、熊秉三至,予出见,并看其点名。"(尹飞舟编:《湖南维新运动史料》,第735页。)

本日,《湘报》刊《士绅刘颂虞等公恳示禁幼女缠足禀批》(《全集》上,第535—536页。)

本日,黄遵宪致函王秉恩,谈办案之事,并对国事表示担忧:"雪澂吾兄大人执事:初到湘时,谓接篆后当详举近状以告,乃延僚属,治文书,尽日之力犹若不足,到文日七十件,行字五十个,平生官书稿未尝令他人捉刀,今万万不能。然书吏幕友不能如吾意,技痒辄又为之,而大府之衙趋绅士之宴会,又奔走无已时,官场积习,昏庸者概置之不理,贤智者耗精敝神,亦无甚益,则亦姑置之,其不能为也,势也。所惠《读律提纲》《律表》,既为刑名家仅见之作,窃欲仿离经辨志、属辞比事之法,分合律例,编排成表,使援引无失,而用法与法外之意,亦附之而见,而此时亦病未能也。闻毅若故后,各属总办概归之公,其劳瘁何如! 前得电言,尊体可复元,而鄂中来者又言方以时调摄,未遽勿药,使人眷念之甚,不审前所谓'多步行,少服药',能力行之否? 念念。时局日艰,外侮日亟,出京时曾以德事力言于庆邸、翁相、密老,谓无以厌其欲,祸变必不测。又言弃地之议,(谓祸之荆门岛。)清流羞道之,而我犯不韪言之,诚知其势之不容己也。诸公意似动,又因循至今,可叹也夫! 平生本无宦情,而牵帅至此,实则弃官而去,尚有啖饭处,其艰难有异于公,今则未易抽身去矣。公私各事,同一浩叹! 念公更郁郁,惟努力自爱。不尽欲言。弟宪顿首。十六夕。敬再启者:顷见法总领事言:'法人第扎丹为法国铸铁会中人,向办铁道工程事务,曾由公使函请总署代达大帅。本日赴鄂,嘱代为先容,俟上谒时,待以优礼'等语。谨此布达,求为代回,是所感祷。宪又笺。"(《全集》上,第409—410页)

本日,黄遵宪致电张之洞,详细说明其外交与内政的主张:"捧读文电,感悚无似。宪台此行,倘进枢府,必兼总署。自三国协谋还辽后,彼以索报、以争利、以均势之故,割我要害,横索无已,至今日已明明成瓜分之局。俄、法、德皆利在分我土地,惟英以商务广博,倭以地势毗连,均利我之存,不利我之亡。故中国是必以联络英、倭为第一要义。

"然联络英、倭,尚不足以保国;欲破瓜分之局,必须令中国境内断不再许某国以某事独专其利、独擅其权而后可;既不能理喻势格,何以阻其专利、擅权? 故必须设法预图,守我政权,将一切利益公分于众人而后可。彼欲争揽于我者——铁路,不如商立铁路条例,无论何人,均许其入股。彼所垂涎于我者——矿山,不如商立开矿条例,无论何人,均许其开采。彼素责我以不愿通商,今即与之设开通之法,无论何处,均许通商。彼责我以不愿传教,今即与之商保护之法,有法保护,任听传教。自订约五十年来,凡彼所求于我者、责于我者,譬如昨死今生,一切与之图谋更始。所有均利之法、保护之法,但使于政权无所侵损。凡力所能行者,均开诚布公,与之熟筹举行。如谓华官不能妥办,宁可由中国国家聘雇西人,委以事权,俾代襄办。举从前未弭之衅端及他日应杜之祸患,均与之约束分明。

"既许各国立〔入〕我内地筑路、开矿、通商、传教,应照万国公例,此均系各国子民自图之利益,不必由各国政府出头干预。不幸有进入内地亏产受害者,均照新议条例办理,专就商人、传教人本事,秉公妥办,不得于本事之外,牵涉他事,责偿于中国国家。倘再有无故侵我土地者,中国必以死拒。援大同之例,期附公法之列;藉牵制之势,以杜独占之谋;处卑屈之位,以求必伸之理。朝议一定,便邀约各国商办,并请各国公保不相侵占,务使中国有以图存。如此办理,英、倭必首先允诺,俄、法、德亦无辞固拒,或者瓜分之祸可以免乎?

"国势既定,乃能变法,以图自强。变法以开民智者为先。著先于京师广设报馆,以作消阻闭藏之气,博译日本新书,以收事半功倍之效;再令各省设学堂,开学会,以立格致明新之堂。而先务之急,尤在罢科举,废时文,其它非一时所能猝及也。

"窃为宪台熟计,如入参大政,必内结金吾,外和虞山,乃可以有为。倘若奉诏回任,不如留驻京师,专以主持风会、振新士气为己任,其补益较大。以遵宪之愚,何敢及军国至计,顾受知最深,辱承下问,敢倾臆缕陈,伏惟裁鉴。谨叩荣行,并贺公子捷音。遵宪谨禀。咸。"(抄本《张之洞电稿》,第36册,《各省来电三(湖广)》,中国社会科学院经济研究所图书馆藏。茅海建:《戊戌变法的另面"张之洞档案"阅读笔记》,第254页,上海古籍出版社2014年版。)

闰三月二十一日(5月11日),张之洞致电陈宝箴和黄遵宪,批评易鼐"直是十分悖谬,见者人人骇怒":"湘中人才极盛,进学极猛,年来风气大开,实为他省所不及。惟人才好奇,似亦间有流弊。《湘学报》中可议之处已时有之,至近日新出《湘报》其偏尤甚。近见刊有易鼐议论一篇,直是十分悖谬,见者人人骇怒。公政务殷繁,想未寓目,请速检查一阅,便知其谬。此等文字远近煽播,必致匪人邪士倡为乱阶。且海内哗然,有识之士必将起而摘弹击。亟宜谕导阻止,设法更正。公主持全湘,励精图治,忠国安民,海内仰望,事关学术人心,不敢不以奉闻,尤祈切嘱公度随时留心救正,至祷。妄言祈鉴。鄙人撰有《劝学篇》一卷,大意在正人心、开风气两义,日内送呈,并祈赐教。洽。"(赵德馨主编:《张之洞全集》第九卷,第315页,武汉出版社2008年版。)

本日,皮锡瑞《师伏堂未刊日记》:"到汪受明处……伊出所与公度廉访书,以为罗棠论周汉事,物议纷然,而绂丞为罗求事,如用其人,物议更甚,必以大吏好迎合报馆,为矢所集。立说甚善。"(尹飞舟编:《湖南维新运动史料》,第737页。)

本月,《时务报》和时务学堂内部显现出矛盾和冲突。谭嗣同、熊希龄与陈三立、邹代钧之间矛盾激烈,黄遵宪显然站在谭嗣同、熊希龄一方。邹代钧致汪康年信称:"报事鄙人与考功力量,万不能维持。现为湘中时务学堂,鄙人已与谭、熊树敌,公度助谭、熊,能挽回与否,尚不能必,又何能维持《时务报》?公或致书心海,托其转求南皮电告公度辈,必留公接办……湘事大坏,义宁有忌器之意,鄙人力量何能胜之,言之愤甚。谭猖狡过于熊,若早去谭,事犹可挽回。"(邹代钧:《致汪康年》,上海图书馆编:《汪康年师友书札》第三册,第2754—2756页,上海古籍出版社1986年版。)邹致汪康年的几封信皆提到他与谭、熊的"深仇"。(王夏刚:《戊戌军机四章京合谱》,第172页,中国社会科学出版社2009年版。)谭嗣同、熊希龄等人三月在《湘报》"赞康"事、时务学堂调阅课卷事,与倾向维新的陈三立、邹代钧、欧阳中鹄等人发生冲突,维新人士间的不和,导致"湘事大坏"。(王夏刚:《戊戌军机四章京合谱》,第173页,中国社会科学出版社2009年版。)光绪二十四年(1898年)五月三十日夜,邹代钧在致汪康年的信中亦提到:"《湘报》出事故甚多,大约以倡康教为宗旨,而擅操骂人之权。右丈属其停止,熊不愿也,再三言之,始允于明日停止。果停与否,尚难料也,即停止,渠必改换名目,另开报馆,将来不知作何狽狽也。"(尹飞舟编:《湖南维新运动史料》,第671页。)

闰三月二十三(5月13日),陈宝箴复张之洞:"奉洽电,眷爱勤至,感佩歉疚,匪可言喻。前睹易鼐所刻论,骇愕汗下,亟告秉三收回,复嘱其著论救正。此外所刻,亦常有矫激,迭经切实劝诫,近来始无大谬。然终虑难尽合辙,因属公度商令此后删去报首议论,但采录古今有关世道名言,效陈诗讽谏之旨。公度抱恙,尚未遽行,兹得钩电,当切属公度极力维持,仰副盛指。宝箴叩。"(尹飞舟编:《湖南维新运动史料》,第213—214页。)

本日,叶瀚于致信汪康年称:"闻公度居然打电驱逐,此吾兄日前太因循畏缩之故也。今既至此,不得不据理直争,表白于众,否则人必疑吾兄有私心病矣。心海甚不愤,善余与公函想详言之。公度等出此拙计,必不肯干休。公宜以坚忍之心,发勇猛之力,不可遽灰心,亦不可多顾虑……万不可作退守计。"(上海图书馆编:《汪康年师友书札》第三册,第2609页,上海古籍出版社1986年版。)闰三月,清朝驻日公使裕庚致函总理衙门,称:"孙文久未离日本,在日本开中西大同学校,专与《时务报》馆诸人通。"而汪康年恰于光绪二十三年冬有日本东京一行。康有为、梁启超欲将此归咎于汪。黄遵宪出面发电让汪康年交出《时务报》,梁鼎芬则出头致电湖南与黄相抗。时在张之洞幕中的陈庆年在闰三月二十日(1898年5月10日)日记称:"闻康长素弟子欲攘夺《时务报》馆,以倡康学。黄公度廉访复约多人,电逐汪穰卿,悍狠已极。梁节庵独出为鲁仲连,电达湘中,词气壮厉,其肝胆不可及也。"(陈庆年:《戊戌己亥见闻录》,《近代史资料》,总81号,第110—111页。)

闰三月二十四(5月14日),梁鼎芬致电黄遵宪,谓"兄欲挟湘人以行康学,我能知隐情,国危若此,祈兄上念国恩,下恤人言,勿从邪教,勿昌邪说。如不改,弟不复言"。(上海图书馆编:《汪康年师友书札》第二册,第1911页;上海古籍出版社1986年版;《诗草笺注》下,第1230页。)梁鼎芬又致书岳麓书院山长王先谦,谓黄遵宪与康梁、徐并为"三丑":"崇奉邪教之康有为、梁启超,乘机煽乱,昌言变教,恰有阴狡坚悍之黄遵宪、轻谬邪恶之徐仁铸,聚于一方,同恶相济,名为讲学,实与会匪无异……吾师主持湘学……多士攸赖……誓戮力同心,以灭此贼。"(《梁节庵太史与王祭酒书》,《翼教丛编》卷六,第154—155页。)

闰三月二十五(5月15日),黄遵宪赴南学会会讲,主题是保种保教,内容不详。这是南学会第十四次活动,是黄遵宪最后一次参加南学会并发表演讲,至此黄遵宪共参加学会活动八次,发表七次演讲,其中第四次参会未见发表演讲。皮锡瑞《师伏堂未刊日记》:"到学会……予与廉访讲毕,曾某①接讲保种、保教,人一闹而去者大半。左四先生来谈保卫〔局〕迁善〔所〕事,五月初开办,而把持者至不肯以房子佃作局,可谓奇矣!宣翘云:节吾力阻新政,非但时文一事,彼入幕由公度、卓如推毂,使为维新内应。彼到省并无异论,乃为维新党所援,复为守旧党所煽,绂丞本不愿其入,以此归咎复生,公度亦甚悔之,将赶卓如来一决此议,如不胜,则维新事成画饼矣,可叹可叹!"(尹飞舟编:《湖南维新运动史料》,第738页。)

闰三月二十六(5月16日),皮锡瑞《师伏堂未刊日记》:"下午,小鹤至,云廉访询问一切甚细心,为保卫〔局〕每日要上街,不如迁善所尚有暇日。"(尹飞舟编:《湖南维新运动史料》,第739页。)

四月初二(5月21日),《湘报》刊《常宁县土帮职员廖安邦等禀批》常宁县土帮职员廖安邦贩运烟土时绕越小路,途中失事,饬祁阳各县严拿惩办。和《职员刘德泰等以三官纵灭废捏附祖上控李兰陔等禀批》。此案控辩双方各利私图,任意争执,导致缠讼,饬长沙府派员赴湘潭县,会同县令审断。(《全集》上,第536页。)

四月初六(5月25日),湘抚陈宝箴遭湘绅抨击,黄遵宪亦受"牵连"。《国闻报》载《湘抚被劾》:"自陈右铭中丞莅湘以后,一意以开化风气为先

---

① 指曾广钧。

务,凡延见僚属绅商,无不剀切晓谕,因而如电报、轮舟、铁路、矿务、学堂、报馆诸事,得以先后举行。湖南士绅固不乏明体达用与中丞气求声应之人,而其中之守旧者,虽面从而心滋不悦,于是纠集多人,联名函告京中湖南同乡官,谓陈右帅紊乱旧章,不守祖宗成法,恐将来有不轨情事,不能不先事豫防。信中之语,并牵连署臬司黄公度廉访。湖南京官得信后,即敦请徐寿蘅总宪据情揭参,想朝廷明镜高悬,若右帅者,真今日督抚中忠荩爱国勇于任事之人,必不为此等谤言所惑也。"(尹飞舟编:《湖南维新运动史料》,第615页。)

四月十一(5月30日),皮锡瑞《师伏堂未刊日记》:"见左子异,云薏丞事难挽回,公度言太硬。"(尹飞舟编:《湖南维新运动史料》,第746页。)

本日,《湘报》刊《通饬各州县札》:"钦命二品衔署理湖南按察使司、盐法长宝道随带加一级黄,为通饬事:

"案奉抚部院陈批:临湘县申报监犯欧召善患病保外医调一案。奉批。'据申已悉。查应免罪囚,法司核复文到之日,即行释放。又应追埋葬银两,勒限一个月追完。如十分贫难,量追一半;若限满勘实,力不能完,取结清豁,定例各有专条。此案监犯欧召善,因戳伤王昌合身死,拟绞监侯。恭逢光绪二十年八月十六日恩诏援免,于二十二年四月十八日,奉准部复,行司转饬,遵照在案。该县于奉文后即应释放,何得因埋葬银未清,将其羁禁两年?自因不谙定例,以致错误。该县一处如此,其余各属亦恐不免。仰按察司饬承将各厅、州、县申赍监犯月报清册,逐一查核。如有应释未释人犯,即由司札饬提禁交保,以清囹圄而免淹滞,并饬该县知照。此缴'等因。奉此。

"查上年九月内,据湘潭县详报:钟俊才在保病故一案,曾奉抚宪指示:'徒罪以上人犯始行收监,律有明文。钟俊才奸所登时杀死奸夫,律得勿论。无罪之人,本不应收监,杖罪以下,例归外结,并不咨达,亦无部复可奉。此案前据桂前司议详,当经本部院批结。该县不将其省释,致监禁一年有余,今已病故,尚称未奉部复,大属不合。应饬各属清查,如有似此误监人犯,立即省释,毋使瘐毙'等因。当经本署司录批通饬在案,以为各州、县奉文之后,必自触目警心,将监管人犯逐一清查,分别省释,不至再有滥禁之人。兹奉前因,并据该县申报到司,检阅卷牍,殊为诧异。夫以逢恩赦免之因,而因埋葬银两未清,羁禁两年之久。该令既不勒限追完,又不查实请豁,提禁省释,殊不可解。足见各州、县平日于羁管人犯,全不留心。即各上司谆谆诰诫,亦复视为具文,慢上残下,殊可浩叹。

"本署司自莅湘省,权陈枭事,亲见拟罪招解之犯,囊头械足,鸠形鹄面,匍匐案下,无复人色。询及管禁几时,身受诸苦,无不浔浔泪下,甚则伏地痛哭,不能仰视。所有监禁羁管一切情状,大都圜扉短墙,蹐天局地,食饮不饱,坐卧无所;而污秽所积,蒸为灾沴,死亡枕藉,血肉狼戾,传染毒气,无不生疾。医方诊病,官已验尸;汤药未进,席裹继出。即在寻常,亦已十囚五死,若遇天灾,更不堪问。以此种监狱,而禁卒看役,反据为利薮。一人受押,凡随身之物,一钱尺布,搜括净尽。食宿之地,溲便之所,一举一动,无不多方抑勒,甚至置之溷秽,戴以溺器,擅用非刑,恣其凌虐。缚于短凳,中贯长杠,使不得转动,谓之'施榨方';系其肢体,半悬于空,使不得反复,谓之'吊半边猪';缚手足大指以悬空者,谓之'扳罾';反缚而悬者,谓之'倒扳罾';并有'烟薰火炙''踩刺筒''鹰衔鸡''打地雷''猴儿偷桃'等类名色。种种酷虐,甚于地狱。稍有人心,尚为之口不忍述,耳不忍闻,何况若辈身受其苦?古人有言:'画地为狱,议不入;刻木为吏,期不对。'盖狱吏之尊,罪囚之苦,古今同慨。而湘中讼狱之繁,人犯之多,其弊为尤甚;有滥控之犯,如藉故陷害,一纸牵诬,多至数十人者;有久羁之犯,如案情疑难,犯供游移,一押至十数年者;有牵连之犯,如命盗重案中之指作干证,曾经在场者,户婚、田土、钱债各案中之曾作中人媒妁及说事过钱者;有轻罪之犯,窃盗斗殴案中之形迹可疑,贫穷不堪,无人领归,无人取保者;又有前任未及办结释放,后任不加觉察者;有初审留作证佐,原拟再审,久而置之不理者;有始因人犯未齐,暂羁候审,久而忘其所以者;更有门丁书役,内外串通,或藉案弋致,挟嫌妄拿,私押差厅,肆其讹索;或案已审结,官许发放,族保未集,依旧淹留者。

"国家设狱,原所以禁暴止奸。果系大盗要凶,恶贯满盈,孽由自作,犹可言也。其市井鼠窃之徒,室家雀角之讼,或由于饥寒交迫,或出于伶仃无告,亦不问所犯轻重,动辄长羁永禁,虽在缧绁,非其罪也。蹊田夺斗,罚已重矣。若夫失火之殃余波之及,本为事外无辜之人,亦受牵连下狱之累,至使株连之罪,锢之终身,瓜蔓之抄,逮及十族。又如证人一项,实有益于问官,为民上者需之甚殷,本应优待,而亦夺其生理。豺虎是投,视作累囚,牛骥同皁,尤为无礼无义、不仁不智之甚者矣。牧令一官,为民父母,谁非人子,各有天良,而日坐堂皇,奄奄尸位,竟使无罪之民骈手絷足,横加禁锢,抚膺自问,能无悚怵?

"本署司莅任以来,留心察吏,僚属中虽有一二操守难信之辈,而剥削民膏,淫刑以逞,如已革之余良栋、吕汝钧者,似尚无其人。而六七十州、县,监禁羁管至数千人之多,烦怨抑郁。抚宪至谓人怨神怒,上干天和,其故何哉?人皆有不忍人之心,岂一行作吏,遂视民如仇雠草芥,竟性与人殊耶!反复以思,或亦有不得已之故焉。一事报官,获犯到案,有上司之督责,有彼造之指控,而供词各执,人证未齐,定谳则未能,释放则不敢,惟有姑且监禁之一法。此其故由于不明,不明则不能决断,而监系者不知几案,不知几年矣;亦有不及知之事焉。一人之身,百事丛胜,有家丁之朦蔽,有胥吏之舞文,而积牍丛压,深居简出,左右之人辄伺其间隙以售奸,于是有私押私拷之弊。此其故由于不勤,不勤则不能清查,而监羁者不知几处,不知几人矣。由前之说,其责不专属之各府、厅、州、县;由后之说,其责不能不属之各府、厅、州、县。"(《全集》上,第 537—539 页)。

四月十二(5月31日),黄遵宪设宴请皮锡瑞等议事,《师伏堂未刊日记》:"赴公度廉访席,在座蒋少穆、熊秉三、左子异、欧阳节吾、黄玉田。公度见面即云有事奉商,课吏堂五月开,乔茂萱回电不来,欲留我在此,勿往江西。我云已到右帅处辞行,不能不去。彼云将自往见右帅,看说得通否?劝再等两日。课吏事予固不敢应,以本地人教本地父母官,势不可行。江西此刻必须一往,有事早回尚可。右帅必不允我留湖南,恐公度亦空头人情,日内须等轮船,看彼如何说法?薏丞事略说,彼一笑置之,似以我为亲者讳。席间所说时事比素稔,惟公度以沅江开出新洲之地七十里,有七十万亩,若借洋款,先筑大堤,用机器开垦,讲求农学,乃湖南大利,此事极有把握。"(尹飞舟编:《湖南维新运动史料》,第 747 页。)

四月十三(6月1日),黄遵宪建议礼拜日休息。《王闿运日记》:"郑太耶言殿试不以闰月,得《春秋》之意。与康进士欲改正朔从耶稣者,同为历家言。黄盐道欲巡抚用礼拜日休息,则不知何意。"(尹飞舟编:《湖南维新运动史料》,第 844 页。)

本日,《湘报》刊黄遵宪《通饬各府厅州县札》:"为札饬事:准藩司咨:奉督部堂张札开:光绪二十四年三月二十日,准督办铁路总公司事务大臣、大理寺少堂盛咨开:窃照粤汉铁路紧要,前据粤、湘、鄂三省绅商呈请通力合作,以保中国利权而杜外人觊觎,业经本大臣据情会奏。奉旨允准原奏。造端之始,以勘路为第一要义,应由三省遴委员绅,公同测勘,使知便商卫国,事在必行。除已遴派洋工程司,并由湘、鄂两省及总公司各派译员导护前进外,合亟遴委熟谙详务明干大员,督同勘路。查有湖南候补蔡道乃煌,隶籍岭南,服官湘楚,堪以派委前往鄂省,禀商两广督部堂暨广东抚部院,并请粤省派员再行带领洋工程师,由广州勘起,至佛山、三水、韶州、乐昌,与湖南省之宜章县交界处为一大段,所有路经各该州、县,何处地势高低斜直,何处繁庶可设车站,有何物料足资工用,均应督同华洋各员,详审察看,周咨博访,笔记图绘,按日详注。遇有河渠山道,并须设法绕越,以省工料。勘验事毕,逐细具复,以凭会商核办。除饬蔡道遵照办理并分咨外,相应咨呈查照等因,到本部堂。准此。除分行外,合就札行。札到该司,即便查照等因。行司移道。准此。合行札饬。札到,该府即便转饬所属,一体查照。此札。"(《全集》上,第537页)。

四月十五(6月3日),黄遵宪约皮锡瑞到学会谈课吏等事。《师伏堂未刊日记》:"公度廉访约学会一叙,饭后到学会,公度旋来,云课吏事得一同乡暂开办,约我早归,以三个月为期,此刻不便强留。闻江西有信催去,中丞亦不允也。公度去后,鹿泉、宣翘谈及此事,课吏乃方伯责任,今俞公①快到,若不先与商,推彼为主,必又效李仲(璇)〔轩〕之阻挠保卫。公度喜事而不顾后,殊非所宜。"(尹飞舟编:《湖南维新运动史料》,第748—749页。)

四月十六(6月4日),《湘报》刊黄遵宪《饬长沙府行知月食札》。(《全集》上,第541—542页。)

四月十七(6月5日),皮锡瑞《师伏堂未刊日记》:"鹿泉〔来〕,云报馆移至学会,不成局面。黄公度急于兴办,恐将有东洋之行,彼去熊亦必去,此间事必不问矣……李仲(璇)〔轩〕来,与公度闹意见,乐祸者更众,保卫、迁善事何以不早出奏,以致为人牵持,蒙所不解!"(尹飞舟编:《湖南维新运动史料》,第749页。)

本日,《湘报》刊黄遵宪《湘潭县职妇丁周氏控谢之庆案札饬》。湘潭县职妇丁周氏控谢之庆殴毙其弟丁劲森,前控仅诉谢之庆,忽称谢妻黄氏共殴,显是任意株连。另丁劲森因病而死,丁周氏捏称批司委员已批验,可见其诉词失实。饬有关人

---

① 指新任布政使俞廉三。

员讯明禀复。(《全集》上,第542页。)

四月二十(6月8日),皮锡瑞往江西主经训书院讲席。皮名振《皮锡瑞年谱》:"湘绅固多守旧者,囿于门户之见,肆言诋毁。叶焕郴吏部,公旧交也,三次移书相訾议。公以时事方亟,不宜互争意气,答书解说。(叶书及公复书,是冬均载《翼教丛编》,平江苏舆厚康所撰也。)四月二十日仍赴江西主经训书院讲席。公既往赣,学会停讲,浮言更甚,公由南昌寄陈右铭中丞及熊秉三、黄鹿泉书,谓宜以坚忍镇定待之。"(尹飞舟编:《湖南维新运动史料》,第909页。)

四月二十三(6月11日),光绪帝明定国是之诏,百日维新开始,诏曰:"数年以来,中外臣工,讲求时务,多主变法自强。迩者诏书数下,如开特科,裁冗兵,改武科制度,立大小学堂,皆经再三审定,筹之至熟,甫议施行。惟是风气尚未大开,论说莫衷一是,或托于老成忧国,以为旧章必应墨守,新法必当摈除,众喙哓哓,空言无补。试问今日时局如此,国势如此,若仍以不练之兵,有限之饷,士无实学,工无良师,强弱相形,贫富悬绝,岂真能制梃以挞坚甲利兵乎?朕惟国是不定,则号令不行,极其流弊,必至门户纷争,互相水火,徒蹈宋明积习,于时政毫无裨益。即以中国大经大法而论,五帝三王,不相沿袭,譬之冬裘夏葛,势不两存。用特明白宣示,嗣后中外大小诸臣,自王公以及士庶,各宜努力向上,发愤为雄,以圣贤义理之学,植其根本,又须博采西学之切于时务者,实力讲求,以救空疏迂谬之弊。专心致志,精益求精,毋徒袭其皮毛,毋竞腾其口说,总期化无用为有用,以成通经济变之才。京师大学堂为各行省之倡,尤应首先举办,著军机大臣、总理各国事务王大臣,会同妥速议奏,所有翰林院编检、各部院司员、大门侍卫、候补候选道府州县以下官、大员子弟、八旗世职、各省武职后裔,其愿入学堂者,均准其入学肄业,以期人才辈出,共济时艰,不得敷衍因循,徇私援引,致负朝廷谆谆告诫之至意。将此通谕知之。钦此。"(《清实录》第57册,第482页,中华书局1987年版。)

四月二十四(6月12日),皮锡瑞《师伏堂未刊日记》:"拟函寄谭、熊诸君云:……湘中方伯已到,公度回任,保卫〔局〕、迁善〔所〕一切新政,有无阻碍?学会停讲,外间浮议何似?"(尹飞舟编:《湖南维新运动史料》,第751页。)

四月二十五(6月13日),翰林院侍读学士徐致靖子静上《保荐人才折》,奏荐康有为、黄遵宪、谭嗣同、张元济和梁启超。其对黄遵宪的荐语称:"湖南盐法长宝道黄遵宪,历充出使日本英美各国参赞官,游海外二十年,于各国政治之本原,无不穷究,器识远大,办事精细,其所言必求可行,其所行必求有效,近在湖南办理时务学堂、课吏馆、保卫局等事,规模宏远,成效已著。若能进诸政府参赞庶务,或畀以疆寄,资其敏历,必能不负主知,有补大局。"(中国史学会主编:《中国近代史资料丛刊·戊戌变法》第二册,第336页,上海人民出版社1957年版。)"查康有为、张元济现供职京曹,梁启超会试留京,可否特旨宣召奏对,若能称旨,然后不次提用。其黄遵宪、谭嗣同二员,可否特谕该省督抚送部引见,听候简任之处,出自圣裁,非臣所敢擅请。"(中国史学会主编:《中国近代史资料丛刊·戊戌变法》第二册,第337页,上海人民出版社1957年版。)

本日,御史黄均隆上《抚臣讲求时务有名无实请旨饬令核实办理折》参劾陈宝箴,抨击湖南新政,攻击黄遵宪设保卫局岁縻巨款,称:"窃湖南巡抚陈宝箴莅任之初,颇孚众望……查该抚设立时务学堂,自应择师授徒,将器械操防及一切有用之举,切实讲求。乃聘请广东举人梁启超为总教习。梁启超者,曾在上海刊刻《时务报》,力倡民主议院之说者也。该抚称其品端识卓、学通中西,延聘来湘,恣其横议。湘中人士,尤而效之,至有倡为改正朔、易服色之言,刊报传播,骇人听闻。又改建南学会,以为议院之权舆,每逢会讲,令翰林院庶吉士熊希龄,摇铃警众,前国子监祭酒王先谦、江苏候补知府谭嗣同等,登坛宣讲。该抚按照七日礼拜之期,从旁坐听,与平人齐立,准时刻到,时熊希龄复摇铃止讲。凡此皆无裨于实用,资人以口实者也。又听用盐法道黄遵宪之言,于城内设保卫局,雇用巡丁巡查街道,刊刻章程四十余条。自总办会办以至巡丁四百余人,月支公费四千数百元,而房屋火食及一切杂用,尚不在内。通盘计算,每年约需十万元,费无所出,拟摊派各铺家及各住户,其为扰累,已可概见。且巡丁沿街站立,执棒弹压,既不足御外侮,又不能清内奸,岁縻巨款,于国何益!伏思沿海各行省,俱与外洋交涉,或设制造商务等局以收利权,或延教习招生徒以资讲肄,未闻不求实际,徒事虚声,如湖南之甚者。相应请旨饬下湖南巡抚,另择实事求是之人,主持时务学堂,勿腾口说而乱是非,勿袭皮毛而忌实用,务求有用之学,以作富强之基。散南学会以息横议,撤保卫局以省虚縻,庶士习民风,不至嚣张决裂,则杜渐防微,所系良非浅鲜矣。"(尹飞舟编:《湖南维新运动史料》,第143—144页。)

本日，上谕黄遵宪等送部引见："翰林院侍读学士徐致靖奏保通达时务人材一折。工部主事康有为、刑部主事张元济，均著于本月二十八日，预备召见。湖南盐法长宝道黄遵宪、江苏候补知府谭嗣同，著该督抚送部引见。广东举人梁启超，著总理各国事务衙门，查看具奏。"(《清实录》第57册，第483—484页，中华书局1987年版。)梁启超记："国朝成例，四品以上乃能召见，召见小臣，自咸丰后四十余年未有之异数也。启超以布衣召见，尤为本朝数百年所未见，皇上之求才若渴，不拘成格如此。同日有御史黄均隆参劾黄遵宪、谭嗣同及启超，两疏并上，皇上于劾者置之不问，于荐者明发谕旨，其用人不惑又如此。"(梁启超：《戊戌政变记》，第38页，广西师范大学出版社2010年版。)

《德宗实录》与《光绪朝东华续录》于"上谕"日期有异。前者记于"丁未"（二十五日），后者则是"戊申"（二十六日）。《钱谱》采后者，即"戊申"（二十六日）。数年以来，黄遵宪被十数次奏保。《己亥杂诗》自注云："数年来以人才保荐，疆臣则陈右铭中丞二次，张香涛督部三次，刘岘庄督部、王夔石督部、荣仲华督部、廖毂似中丞，朝官则李苾园尚书、唐春卿侍郎、张野秋侍郎、徐子静侍郎各一次。而邓铁香鸿胪于光绪九年保奏使才，已有久困下僚之语。闻得旨交军机处记存，凡十数次云。"(《诗草笺注》下，第837页。)《钱谱》："案：诸人奏保，岁月无可考，类志于此。"

四月二十六（6月14日），《湘报》刊《县民王炳修误踢陈学敏身死案批》。县民王炳修黑夜因事与陈学敏互殴，踢毙陈学敏。陈学敏是天主教教民。陈妻陈熊氏报案时，此事并不因兮教起衅。后又改口，到天主教范主教处泣诉，范主教欲令王氏出钱贿和。黄遵宪认为，此事与传教士无关，地方官应以中国法律秉公判决。(《全集》上，第542—543页。)

四月二十七（6月15日），皮锡瑞《师伏堂未刊日记》："刘①云见报有许景澄、李经芳、黄遵宪三人出使事，不知确否？公度一去，湖南新政如何举行，大可虑也。"(尹飞舟编：《湖南维新运动史料》，第752页。)

本日，上谕著翁同龢开缺回籍。命王文韶来京，以荣禄署直隶总督兼北洋大臣（五月五日实授）。(中国史学会主编：《中国近代史资料丛刊·戊戌变法》第二册，第20—21页，上海人民出版社1957年版。)

四月二十九（6月17日），《湘报》刊《攸县客民张承德呈批》。安仁县发生抢劫案，赃物在攸县发现。有司办案时以赃物为凭，任意指控地邻，被黄遵宪驳回。

---

①指刘缪雨。

(《全集》上,第543页。)

本日,《湘报》刊《益阳县职员周万昌等呈批》。益阳县发生抢劫伤人大案,黄遵宪批复从速破案。(《全集》上,第544页。)

本月,用木版自刊《日本杂事诗》定本于长沙富文堂。黄遵宪自跋曰:"此诗光绪己卯上之译署,译署以同文馆聚珍板行之。继而香港循环报馆、日本凤文书坊,又复印行。继而中华印务局、日本东西京书肆,复争行翻刻,且有附以伊吕波及甲乙丙等字,衍为注释,以分句读者。乙酉之秋,余归自美国,家大人方榷税梧州,同僚索取者多,又重刻焉。丁酉八月,余权臬长沙,见有悬标卖诗者,询之又一刻本。今此本为第九次刊印矣。此乃定稿,有续刻者,当依此为据,其他皆拉杂摧烧之可也。戊戌四月。公度又识。"(《全集》上,第7页。)

《日本杂事诗》各种版本,尽记此跋中。王仲厚《黄公度诗草外遗著佚闻》记:"氏欲配合其所著《日本国志》,使能彼此相互印证起见,乃将原本诗篇,删去八首,另增五十四首,合为二百首,约略分为国势、天文、地理、政治、文学、风俗、服饰、技艺、物产等类,各标小目,仍附自注。诗之篇数虽增,而卷数不变,惟上卷三十九页,下卷四十八页,每页单面十一行,每行二十一字,较原刻本为稍异耳。此为长沙富文堂所承印者,称为第九版之定本……自后复有第十版之小方壶斋本,第十一版之西政丛书本,第十二版之作新社本,第十三版之日本生活社本,此本系日本昭和十七年(即民国三十二年癸未岁,亦即公元一九四三年)由日本早稻田大学教授实藤穗秀与东方文化学院研究员丰田穰两君所合译者,以定本与原本并列而对照之,每首附载氏之原注,并由译者再加日文注解,此于诸翻刻本中,堪称为最完善者,且其新加之译注,亦甚博洽,殆今日海内外之唯一善本已。惟查其译文中,缺载第三、第五、第八、第八十、第八十八等首,或亦别有所见欤?"案:王锡祺等取其纪事,辑为《日本杂事》一卷,收于《小方壶斋舆地丛钞》中者,无诗。(《诗草笺注》下,第1231页。)

本月,浙江官书局商得黄遵宪同意,重刻《日本国志》,全书分订十册,卷首列薛福成序,次自序及凡例。未几,上海图书集成印书局应需求用铅字翻印,末附梁启超跋语,分十册线装,是为《日本国志》之第三版。(《诗草笺注》下,第1232页。)

此时朝局变化甚大,新旧之争益烈。湖南维新领袖人物逐渐离开湖南而向京城聚集。"侍读学士徐致靖向光绪皇帝推荐黄遵宪等维新派志士,此事是经由康有为等人共同策划的结果。"(孔祥吉编著:《康有为变法奏章辑考》,第233页,北京图书馆出版社2008年版。)徐致靖保荐人才和上谕之回应,令维新派信心大振。唐才常在给欧阳中鹄的信中说:"黄谭奉旨敦促,新党之气益张,湘事虽小坏,不足为忧。合地球全局观之,变之自上者顺而易,变之自下者逆而难。今适得顺而易者,诚我四万万人无疆之幸也。"(尹飞舟编:《湖南维新运动史料》,前言第10页。中华书局编辑部编:《唐才常集》,第533页,中华书局2013年版。)但翁同龢开缺,王文韶及荣禄等中枢人员职位变化,让人感到不同寻常,外界亦议论纷纷。郑孝胥四月二十八(6月16日)记:"午后,诣公司。闻朝局大变,常熟被逐回籍,王夔石内召入枢府,荣仲华权直督……徐致靖保荐人才:康有为、张元济皆召见,黄遵宪、谭嗣同皆送部引见,梁启超着总理衙门察看。"(《郑孝胥日记》第二册,第661页。)对于湖南的局面,也开始有人感到担心。五月初二(6月20日),皮锡瑞日记:"子才①以电旨见示……夔帅入觐,大约将入枢廷;徐致靖保康有为、张元济,着引见。黄遵宪、谭嗣同着该省督抚送部引见。梁启超着总理衙门查看具奏。观此等旨意,意在维新,大有开通之象,然诸公皆去,湖南事将谁属,保卫〔局〕、迁善〔所〕、课吏〔馆〕初办,公度尤不可去也。"(尹飞舟编:《湖南维新运动史料》,第754页。)

五月初三(6月21日),皮锡瑞虽然认为黄遵宪"不可去"湖南,但依然向黄遵宪祝贺,并撰贺信,对黄遵宪在湖南新政中的地位,特别是在湖南任职期间所做的工作作了高度的肯定。皮锡瑞该日日记云:"拟贺公度书云:顷阅电报,知公以槃槃大才,受非常殊遇,东山重望,克副苍生;西贼寒心,先知小范。康梁奇士,谭君伟人,我戴子佩,同趋朝命;左提右挈,匡济时艰,甚盛事也。惟湖南新政初颁,保卫〔局〕、迁善〔所〕、课吏〔馆〕一切章程,皆烦经画,而仁风未遍,福曜速移,虽萧规曹随,不乏继起之守,而良法美意,究以创始为难,愿借寇君一年,忍听邓侯五鼓。公之入觐,弟将为天下贺,而不能不为湖南惜也。深观时局以及乡评,天下未必即能维新,而有维新之机,湖南未必能尽开通,而有开通之兆。凡事机兆既动,则其势必不可遏抑,今之所以嚣然不靖者,正以两党方争,国是未定。数年之后,风波自息,风气自开。开通之人,必多于锢蔽,守旧之党,必不敌维新。此是一定

---

① 指宋子才。

之理,断非一二妄庸巨子所能挠。公在湖南,为国为民,殚忠竭智。人心狃于旧习,未能仰测高深,是非不明,毁誉参半,将来成效可睹,必当去后见思。前歌孰杀,后歌谁嗣? 古之遗爱,非公而谁? 弟以不才,过推讲学,未能开通民智,不免胥动浮言,反致纷纭,深负委任! 公去后无人护法,中丞不能常至,讲学一事,未知能否复行? 江右弟亦不致久留,鹪鹩巢林,不过一枝,公垂念故人,有可安砚之处,望为留意。舍弟办保卫局,恐不胜任,如蒙调入迁善〔所〕,尤深铭感。久在江右,未能拜送行旌。"(尹飞舟编:《湖南维新运动史料》,第754—755页。)

五月初七(6月25日),《王闿运日记》记:"看《湘报》一月。有一分府官,正黄公度同里人,云保卫不成,臬请开缺,抚台慰留;抚亦被劾,朝廷慰留。爱惜人材如此。陈俊丞最讳言丁公密保,恐抚、臬亦讳言慰留也。"(尹飞舟编:《湖南维新运动史料》,第845页。)

五月初十(6月28日)陈宝箴委任黄遵宪总理时务学堂。陈宝箴《委黄遵宪总理时务学堂札》:"为札委事:照得上年钦奉谕旨,通饬设立学堂、讲求时务,湘省官绅业经协筹常年经费,聘请中、西学教习,暂先租赁舍宇开设,迭次考取学生,送往学堂肄业。本年二月间,各绅董等呈称:'学堂造端伊始,事务繁多,现署臬司盐法长宝道黄,博通今古,周历五洲,请委总理学堂事务,以专责成'等情前来。当以'该道现署臬司,为通省刑名总汇,于学堂暂难兼顾,应俟交卸臬篆仍回盐法长宝道本任后,再行札委'等因,批答并牌示在案。兹该道业已回任,亟应札委。为此札仰该道,即便遵照,总理时务学堂一切事务。除会同官绅将筹款建堂各项认真经理外,所有学堂教育规模,均应恭照近来特降谕旨:'以圣贤义理之学植其根本,又须博采西学之宜于时务者实力讲求,以救空疏迂腐之弊,成通经济变之才'各等因,敬谨遵行,永矢无渝。务使承学之士咸怀尊主庇民之志,力求精义致用之方,各以道义相勗、远大自许。志趣正,则义利之辨严;学业精,则聪明之用广。于以正心修身,致知格物,仰副朝廷策励富强、敦崇经济实学之至意。本部院将于该道拭目俟之。除饬善后局刊刻关防,另行札发外,仰即遵照办理。仍将筹议办理情形禀复核夺。切切。此札。"(尹飞舟编:《湖南维新运动史料》,第259—260页;汪叔子、张求会编:《陈宝箴集》中,第1152—1153页,中华书局2003年版。原载《湘报》第一百零一号。)

五月十一(6月29日),《知新报》转载了湖南《课吏馆改定章程》,前有编者所加案语:"各省大吏于候补人员向皆有月课,惟沿习日久,视为具文,已成告朔之饩久矣。迩来时局日艰,需才孔亟,湘抚陈右铭中丞锐意新政,振举一切,兹复将前抚吴清卿中丞所设课吏馆重复兴办,别将章程厘订妥当,饬藩、臬两司会商举行,盖即泰西政治学院之意也。兹得其章程三十六条,刊录如左,以供众览。"(张求会:《近代湖南课吏馆初论》,《岭南学刊》,2006年第2期。)

五月十五(7月3日),光绪帝召见梁启超。"五月十五日奉上谕:举人梁启超著赏给六品衔,办理译书局事务。钦此。"(丁文江、赵丰田:《梁启超年谱长编》,第126页,上海人民出版社1983年版。)

五月中旬(7月),湘绅对于时务学堂的看法,新旧交哄,矛盾愈演愈烈。岳麓书院学生宾凤阳、杨宣霖、黄兆枚、刘翊忠、彭祖尧、张砥中等,上书山长王先谦,称:"窃我省民风素朴,自去夏以前,固一安静世界也。自黄公度观察来,而有主张民权之说;自徐砚父学使到,而多推崇康学之人;自熊秉三庶常邀请梁启超主讲时务学堂,以康有为之弟子,大畅师说,而党与翕张,根基盘固。我省民心,顿为一变。"(尹飞舟编:《湖南维新运动史料》,第878—879页。)要求从严整顿时务学堂。

五月二十一(7月9日),因时务学堂课艺之争,黄遵宪发布《严禁冒刻时务学堂课艺告示》:"总理湖南时务学堂、盐法长宝道黄为出示严禁事:照得盗刻书籍,例有明条,而书坊射利恶习,辄敢冒名作伪,尤为舍利无耻。昨见府正街叔记新学书局刻有时务学堂课艺,本道与学堂各教习同加批览,深为骇异。其中所刊者,多非本学堂学生之真笔,即如中学叶教习,本广东东莞县人,该课艺刻为南海县人;西学王教习,本福建龙溪县人,该课艺又刻为上海县人,其为冒名伪作可知。本学堂创开风气,为四方观听所系,如有发刻课艺,自应由本学堂编撰。若任听书贾随意搜辑,杂以伪作,倘或谬种流传,于人心风俗所关非浅。前因三月间实学书局刻有此种课艺,曾经本学堂访知,将所雕板尽追缴在案,刻新学书局何得仍蹈覆辙,殊属可恶已极。除由本道饬差提讯、毁销伪板外,合行出示晓谕。为此,示仰各书坊人等知悉,此后遇有刊刻本学堂课艺书籍,必须呈由本学堂鉴别其伪,核准批示,方许翻刻,不得复有假冒等弊。倘敢故违,一经查出,定将该书坊封闭严究,以示惩戒。切切。特示。"(《全集》上,第545页。)

五月二十二(7月10日),王先谦等湖南绅士函告在京湘籍官吏,指责黄遵宪和陈宝箴等在湖南实行新政是"不守祖宗成法"，吁请整顿时务学堂。同日，他们向巡抚衙门投递《湘绅公呈》，攻击梁启超等人："广东举人梁启超，承其师康有为之学，倡为平等、平权之说，转相授受……梁启超及分教习广东韩叶诸人，自命西学通人，实皆康门谬种。"(《翼教丛编》，第149—150页)。湖南京官接到此函，即请徐树铭"据情揭参"，但为光绪帝所申斥。(《湖南省志》第一卷《湖南近百年大事纪述》；《诗草笺注》下，第1232页。)梁鼎芬在《与王祭酒书》中也激烈攻击新派新政："马关约定数年，又有胶州之事，四夷交侵，群奸放恣。于是崇奉邪教之康有为、梁启超，乘机煽乱，昌言变教，恰有阴狡坚悍之黄遵宪、轻谬邪恶之徐仁铸，聚于一方，同恶相济，名为讲学，实与会匪无异。"又称："近见湘省公启一首，严正平允，所驳超说，真足以卫学校、扶国家，惜所得尚少，不能遍散。"(尹飞舟编：《湖南维新运动史料》，第880—881页。)时务学堂学生不甘示弱，呈控宾凤阳，双方均上书陈宝箴和学政徐仁铸，相互辩明。获葆贤谓："于时王先谦、叶德辉辈，乃以课本为叛逆之据，谓时务学堂为革命造反之巢窟，力请于南皮。赖陈右铭中丞早已风闻，派人午夜告任公，嘱速将课本改换。不然不待戊戌政变，诸人已遭祸矣。"(丁文江、赵丰田：《梁启超年谱长编》，第88页，上海人民出版社1983年版。)民国十一年(1922年)，梁启超为熊希龄所藏的《时务学堂劄记残卷》刊印要作序，谓当时在湘，"吾侪方醉心民权革命论，日夕以此相鼓吹，答记及批语中盖屡宣其微言……新旧之哄，起于湘而波动于京师。御史某①刺录劄记全稿中触犯清廷忌讳者百余条，进呈严劾。戊戌当党祸之构成，此实一重要原因也"。(梁启超：《饮冰室文集》之三十七，第69—70页。)

五月二十五(7月13日)，熊希龄等上书陈宝箴，要求整顿通省书院。当月底，陈宝箴更换时务学堂提调熊希龄，同意三名中文分教习辞职。

五月二十七(7月15日)，陈宝箴上《请厘正学术造就人才折》，请特降谕旨，令康有为自行销毁《孔子改制考》一书板本，文中特别指出黄遵宪对梁启超思想之影响。折内称："独所撰《改制》一书，传播已久，其徒又类多英俊好奇之士，奉为学派，自成风气。即如现办译书局事务举人梁启超，经臣于上年聘为湖南学堂教习，以尝受学康有为之门，初亦间引师说，经其乡人盐法道黄遵宪规之，谓'何乃以康之短自蔽'，嗣是乃渐知去取。若其他才智不逮，诚恐囿于一隅之论，更因物议以相忿竞……"(尹飞舟编：《湖南维新运动史料》，第147页；马卫中、董俊珏：《陈三立年谱》，第227页，苏州大学出版社

---

① 指杨崇伊。

2010年版。)

湖南新旧之争严重影响陈宝箴与黄遵宪所主持之湖南新政。五月二十九日(7月17日)，皮锡瑞《师伏堂未刊日记》："邹殿书来见，云湖南争闹未已，新政未举行。公度一时未必入京，右帅将留之暂办事。右帅保人才亦未定，异常慎重。现在拟改书院章程。此间亦将更张，以经训改章告之，嘱转达廉访，天热可免自去。殿书将往日本，云迟数日即行。"(尹飞舟编：《湖南维新运动史料》，第757—758页。)

五月二十九(7月17日)，康有为通过御史宋伯鲁奏请将上海《时务报》改为官报，并明确提议由梁启超主持。宋伯鲁《请将上海〈时务报〉改为官报折》称："……臣窃见广东举人梁启超，尝在上海设一时务报局，一依西报体例，议论明达，翻译详博……两年以来，民间风气大开，通达时务之才渐渐间出，惟《时务报》之功为最多，此天下之公言也。闻自去岁九月，该举人应陈宝箴之聘为湖南学堂总教习，未遑兼顾，局中办事人办理不善，致经费不继，主笔告退，将就废歇，良可惋惜。臣恭读邸抄，该举人既蒙皇上破格召见，并著办理译书局事务，准其来往京沪，臣以为译书、译报事本一贯，其关系之重，二者不容偏畸，其措办之力，一身似可兼任。拟请明降谕旨，将上海《时务报》改为《时务官报》，责成该举人督同向来主笔人等实力办理，无得诿卸苟且塞责。"(孔祥吉编著：《康有为变法奏章辑考》，第297—299页，北京图书馆出版社2008年版。)"时《时务报》汪康年尽亏巨款，报日零落，恐其败也，请饬卓如办报，并选择各省报进呈，奉旨交孙家鼐议。"(康有为：《我史》，第46—47页，江苏人民出版社1999年版。)黄遵宪与汪康年就《时务报》的经营及权力分配等方面一直以来多有分歧。五月三十日夜，邹代钧在致汪康年的信中提到："课吏馆书价，敝处未经收到。公所言《日本国志》各节，鄙人亦未告公度，窃谓此事公不必与深较。《日本国志》既寄尊处发售，自必有价可抵，课吏书价即于《日本志》价内划还，无庸多言。至公度挪报款四百元，公尽可于《日本志》价取尝，不足者再向索，此时不须与言，何如？东游事，公之心鄙人与伯严都知之，惟若辈甚欲以此相陷。公度已将此电节庵，伯严极言公度不可如是，公度始改悔，而康党用心尚不可知。(徐勤屡缄言。)鄙人甚不愿闻有此事，若辈陷公固不可，若辈自陷亦不可，惟愿此后无事也。"(尹飞舟编：《湖南维新运动史料》，第671页。)

本月，黄遵宪与谭嗣同同观溧阳狄葆贤平子所藏《维摩说法图卷》，因亦相对说法，各数千言。(据狄葆贤：《平等阁诗话》卷二狄氏挽黄遵宪诗自注；《钱谱》)

六月初五(7月23日)，张之洞保举使才五人，陈宝琛、傅云龙、黄遵宪、钱恂、郑孝胥。其中对黄遵宪的评语称："该员学富才长，思虑精细，任事勇往，曾充日本及出使英、法大臣参赞及新嘉坡总领事等官,深悉外洋各国情形,著有成书,于中外约法、西国政事,均能透澈。"(赵德馨主编:《张之洞全集》第三册,第499页,武汉出版社2008年版。)

六月初六(7月24日),汪大燮《致汪康年书》云:"公度得湘盐,湘人气运总迥出十八省之上,一旦开化,竟得良师导之,真可羡也。"(上海图书馆编:《汪康年师友书札》第一册,765页,上海古籍出版社1986年版。)

六月初七(7月25日),上谕命将《劝学篇》四十部由军机处颁发各省,督抚、学政各一部。

六月初八(7月26日),孙家鼐上奏《遵议上海〈时务报〉改为官报折》,称:"……该御史请将《时务报》改为官报,进呈御览,拟请准如所奏。该御史请以梁启超督同向来主笔人等实力办理,查梁启超奉旨办理译书事务,现在学堂既开,急待译书,以供士子讲习,若兼办官报,恐分译书功课。可否以康有为督办官报之处,恭请圣裁。"(中国史学会主编:《中国近代史资料丛刊·戊戌变法》第二册,第432—433页,上海人民出版社1957年版。)当日,光绪帝召见军机大臣,命"改《时务报》为官办,派康有为督办其事,并著津、沪、湖北、广东凡有报章各地,督抚咨送当地报纸于都察院及大学堂,许其实言,不必忌讳"。(王夏刚:《戊戌军机四章京合谱》,第300页,中国社会科学出版社2009年版。)

本日,上海《时务报》以御史宋伯鲁之奏,奉旨改为官报,派康有为督办其事。上谕:"著照官书局之例,由两江总督按月筹拨经银一千两;并另拨开办经费六千两,以资布置。"(《德宗实录》卷四百二十二。)汪康年乃停办《时务报》,另办《昌言报》。康有为电两江总督刘坤一,称其抗旨不交。戈公振《中国报学史》:"汪康年乃改《时务报》为《昌言报》,延梁鼎芬为主笔,另行出版。于是《时务报》馆乃发生移交与否之问题,而大开笔战。"(戈公振:《中国报学史》,第118页,生活·读书·新知三联书店2011年版。)有论者曰:"小小一张报纸,牵动朝野上下,一时间物议沸腾,民间舆论大多偏向汪康年。"(廖梅:《汪康年:从民权论到文化保守主义》,第201页,上海古籍出版社2001年版。)

六月初九(7月27日),陈宝箴札委黄遵宪任保卫局总办,左孝同为会办,湖南保卫局正式开局。"省城绅商察请创办保卫局,经官绅合议,妥定章程,于昨初九日各局一律开办。"(《湘报》第120号第479页。)

六月十二(7月30日),上谕催黄遵宪与谭嗣同迅速到京:"谕军机大臣等：电寄刘坤一等，湖南盐法长宝道黄遵宪、江苏候补知府谭嗣同，前经谕令该督抚送部引见，著刘坤一、张之洞、陈宝箴，即行饬令该二员迅速来京，毋稍迟延。"(《德宗实录》卷四百二十一。《清实录》第57册，第523页，中华书局1987年版。)

本日，康有为致电汪康年："奉旨办报，一切依旧，望相助。有为叩。"又致函曰："昨日忽奉上谕，命弟督办报事，实出意外。殆由大臣相爱，虑其喜事太甚，故使之居外，以敛其气……报事本足下与公度、卓如承强学而起。弟连年在粤，一无所助，馆中诸事仍望足下相助为理，凡百皆拟仍旧。前经电达，想已洞鉴……闻卓如与足下曾小有意见，然我辈同舟共济，想足下必不因此而芥蒂也。顷因进呈书籍尚未告成，须十日外乃可成行，或先奏派一、二人出沪商办，到时望一切有以告之。"(上海图书馆编：《汪康年师友书札》第二册，第1664—1665页，上海古籍出版社1986年版。)

六月十三(7月31日)，张之洞致电陈宝箴、黄遵宪："总署来电，奉旨：湖南盐法长宝道黄遵宪、江苏候补知府谭嗣同，前经谕令改督抚送部引见，著刘坤一、张之洞、陈宝箴即行饬令该二员迅速来京，毋稍迟延。钦此。文。等因。洞转。元。"(赵德馨主编：《张之洞全集》第九册，第335页，武汉出版社2008年版。)

六月十四(8月1日)，黄遵宪致电张之洞："奉谕敬悉。职道自海外奉调，始屡邀荐举，感念恩知，愧难报称。过鄂重亲训诲，冀有秉承。启行定期，容再续禀。遵宪谨禀。"(《张之洞存各处来电》，戊戌第3册，所藏档号：甲182—136。茅海建：《戊戌变法的另面："张之洞档案"阅读笔记》，第256页，上海古籍出版社2014年版。)

六月十九日(8月6日)，湖广总督张之洞和湖南巡抚陈宝箴致总署："奉旨催黄遵宪、谭嗣同两员迅速来京。黄遵宪准于六月内交卸起程；谭嗣同正在鄂，已饬赴江宁领咨北上矣。谨奉达。应否具奏，请裁酌。之洞、宝箴同肃。效二。"(汪叔子、张求会编：《陈宝箴集》下，第1613页，中华书局2005年版。)

六月二十一(8月8日)，《时务报》终刊，从光绪二十二年七月初一(1896年8月9日)创刊至终刊整两年。

六月二十二(8月9日)，黄遵宪因感冒请假，而未能启程赴京。陈宝箴致总署电："惟黄道本拟月内起程，因本月二十二日感冒请假，现实未能就道,俟月初稍愈,即催令力疾趱行。"(尹飞舟编:《湖南维新运动史料》,第216页。)

六月二十三(8月10日),光绪帝谕内阁,勿阻挠新政改革,给陈宝箴等维新派改革大力支持。"时王先谦、欧阳节吾在湘猖獗,大攻新党新政,学会学堂一切皆败……上深别白黑,严责湖南旧党。"(康有为:《我史》,第48页,江苏人民出版社1999年版。)内称:"总之,无动为大,病在痿痹,积弊太深,诸臣所宜力戒。即如陈宝箴,自简任湖南巡抚以来,锐意整顿,即不免指摘纷乘。此等悠悠之口,属在缙绅;倘亦随声附和,则是有意阻挠,不顾大局,必当予以严惩,断难宽贷。"(尹飞舟编:《湖南维新运动史料》,第128页。)梁启超评论说:"我国此次改革,以湖南为先导,是时虽新政屡下,然因皇上无权,不敢多所兴举。然守旧诸臣,已腹诽色怒,群聚谤议。斯时湖南守旧党力与新政为难,先后参劾巡抚陈宝箴,学政江标、徐仁铸,按察使黄遵宪,学校教习梁启超,绅士谭嗣同、熊希龄等,妄造谣言,不可听闻。至是皇上下诏褒奖陈宝箴,而切责顽固党,自此浮议乃稍息,然任事之难,亦可想见矣,非身入其中者,不知甘苦也。"(尹飞舟编:《湖南维新运动史料》,第128页。)

六月二十四(8月11日),上谕命黄遵宪以三品京堂充出使日本大臣。"光绪二十四年戊戌六月丙午。命湖南长宝盐法道黄遵宪开缺,以三品京堂候补,充出使日本国大臣。赏翰林院编修张亨嘉四品衔,充驻扎朝鲜国四等公使。"(《德宗实录》卷四百二十二。)据时任总理衙门章京的李岳瑞回忆,"戊戌夏,联日议起,始命黄京卿遵宪为出使大臣。故事,实缺道员出使,皆以四品京堂候补,黄时官长宝道,独以三品卿用,盖重其事也。"(李岳瑞:《春冰室野乘》,《民国笔记小说大观》第一辑,第12—13页,山西古籍出版社1995年版。)

本日,光绪帝连下三道诏令,催促黄遵宪趱程赴京。"光绪二十四年戊戌六月丙午。谕军机大臣等,电寄张之洞等。前经降旨电催黄遵宪来京。现在计已启程。无论行抵何处,著张之洞、陈宝箴催令趱程迅速来见。电寄。"(《德宗实录》卷四百二十二。)《催黄遵宪速来京电》:"京师来电:奉旨,前经降旨电催黄遵宪来京,现在计已启程,无论行抵何处,著张之洞、陈宝箴催令趱程速来见。钦此。"(《全集》上,第416页)《己亥杂诗》自注:"奉使日本,由上特简,三诏敦促,有无论行抵何处,著张之洞、陈宝箴传令攒程迅速来京之谕。然余以久病,恨未能遽就道也。"(《诗草笺注》下,第840页。)

黄遵宪被任为出使日本大臣的时间有六月二十三和六月二十四两说。《钱谱》云:"六月二十三日,命以三品京堂充出使日本大臣。"当世学者多接受《钱谱》之"六月二十三日"说,如:黄升任《黄遵宪评传》第631页之表格:

"8月10日(六月二十三日),被命以三品京堂充出使日本大臣。"陈铮《黄遵宪全集》之解释是:"光绪二十四年六月二十三日(1898年8月10日)黄遵宪奉命以三品京堂充出使日本大臣。"(《全集》上,第416页。)《清史稿·德宗本纪》云:"光绪二十四年六月乙巳,命黄遵宪以三品京堂充驻朝鲜大臣。"而《交聘年表》曰:"光绪二十四年,出使日本大臣裕庚任满。六月丙午,黄遵宪自二品衔湖南盐法道以三品京堂候补为出使日本大臣,未任。甲申,李盛铎自江南道监察御史暂代。""六月丙午"当为"六月二十四日",而不是"六月二十三日"。茅海建记:"六月二十四日,光绪帝命曾任驻日参赞,并以《日本国志》一书闻名的湖南长宝盐法道黄遵宪为新任驻日公使。"(茅海建:《戊戌变法史事考初集》,第440页,生活·读书·新知三联书店2005年版。)

黄遵宪出使日本大臣之品级究竟是"二品"还是"三品"?《戊戌军机四章京合谱》记:六月二十四(8月11日)光绪召见军机大臣,"湖南盐法长宝道黄遵宪,著开缺以二品京堂候补,充出使日本公使,命迅来京"。(王夏刚:《戊戌军机四章京合谱》,第302页,中国社会科学出版社2009年版。)《德宗实录》六月二十四(8月11日)上谕明确强调是"以三品京堂候补",而非"二品"。《清史稿·交聘年表》"黄遵宪自二品衔湖南盐法道以三品京堂候补为出使日本大臣"最为完整,即"二品衔"乃"湖南盐法道","三品"则为"京堂"。七月二十二(9月7日),致日本国国书云:"特派二品衔候补三品京堂黄遵宪为出使驻扎贵国都城钦差大臣……"(中国第一历史档案馆藏《随手登记档》,光绪二十四年,秋季档;茅海建:《戊戌变法史事考初集》,第441页,生活·读书·新知三联书店2005年版。)

黄遵宪充出使日本公使的推荐人是李端棻。康有为《黄公度诗集序》云:"于是李公端棻奏荐之,上特拔之使日本。"即推荐人乃李端棻。而康广仁致何易一书则云李端棻奏荐康有为出使日本,其言曰:"弟旦夕力言,新旧水火,大权在后,决无成功,何必冒祸。伯兄亦非不深知,以为死生有命,非所能避。弟无如何,乃与卓如谋,令李苾老奏荐伯兄出使日本,以解此祸。乃皇上别放公度,而留伯兄,真无如何也。"(《诗草笺注》下,第1233页。)

黄遵宪充出使日本公使是由日本直接提议,获光绪帝认可。且光绪帝寄予高度期望,故任命过程非常紧急,三诏敦促。亦有人认为黄遵宪充日本使臣是为提高其政治地位,以回来主持改革。正先《黄公度》:"戊戌维新运动,在湖南成功,在北京失败。在湖南所以成功,因为陈宝箴、公度等都是政治家,资望才学为旧派所钦重。凡所措施,有条不紊,成效卓著。反对者虽叫嚣咒骂,而事实具在,不容抹杀。在北京所以失败,因康有为、梁任公等都是言论家,资望不足,口出大言,而无实际,轻举妄动,弱点毕呈,一百日间,竟为光绪下变法特旨三四百道。及光绪觉悟康有为之不足恃,以驻日本钦差大臣之职予公度,而不予有为,(康弟广仁为之失望。)三诏严催公度趱程赴京,以图挽救,而时机已失,京变作矣。"又曰:"光绪早有重用公度之意,戊戌年间,陈宝箴、公度等在湘推行新政已有成效,梁任公、谭嗣同等由湘入京活动,以待公度之来。光绪已以谭嗣同、杨锐、刘光第等为章京,军机大臣之职,则拟以公度任之,俾得总领中枢,实施新政。复虑公度官衔不高,不足以当军机大臣之任,特简公度出使日本所以提高其资格,兼使在外作外交上之联络。预计公度留日本半载,所办之事已有头绪。即调之返京也。"(张永芳、李玲编:《黄遵宪研究资料选编》上,第84—86页,香港天马图书有限公司2002年版。)

孔祥吉认为:光绪皇帝任命黄遵宪为出使日本大臣的直接原因,是日本方面提出的要求。据中岛雄所编的日本驻北京公使馆与总理衙门的《往复文信目录》称:第132号,明治31年8月9日(清历光绪二十四年六月二十二日)发信,8月18日有收文。为函称:"裕大臣期满伊迩,如前参赞黄君,为我国朝野所深契事。"(日本外务省外交史料馆藏:《在清我公使馆与总署往复文书目录》[中岛雄书类];孔祥吉:《黄遵宪若干重要史实订证》,《清史研究》,2010年第2期。)中岛雄的记载字数虽然不多,内涵却极为丰富。日本公使馆的信函认为黄遵宪曾为参赞,为日朝野上下所欢迎,故希望由他来代替"期满伊迩"的裕庚。

在接到日本驻京公使馆的信函之后,总署次日即采取行动。据军机处《随手登记档》记载:"光绪二十四年六月二十三日,朱批总理各国事务衙门折,《请简派出使日本大臣由》附单员名,《请派出使朝鲜大臣由》附单员名",军机奏片并注明将是日奏折"恭呈慈览"。(中国第一历史档案馆藏:《随手登记档》,光绪二十四年,夏季档。)军机章京对总署奏折及附片处理细节,又添记如下:"次日发下原折片,交总署,随事递上,另抄归籙;出使员名单二件,同单,朱圈发下。"又据军机处《随手登记档》记载,光绪二十四年六月二十四日,共发下谕旨三道:一是黄遵宪开缺以三品京堂候补,充出使日本大臣由;一是张亨嘉赏四品衔,充朝鲜出使由;一电张之洞、陈宝箴,黄遵宪计已起程,行抵何处,催令迅速来见由。由清档所记黄遵宪出使日本决定的程序来看,其出使日本的上谕,是光绪帝应日本方面的要求作出的决定。(孔祥吉:《黄遵宪若干重要史实订证》,《清史研究》,2010年第2期。)

光绪帝颁布上谕特命黄遵宪为出使日本公使。盖因清廷原派驻日本公使裕庚已任期届满，且因身体原因，希望尽快派人接替公使一职。光绪皇帝对任命黄遵宪为出使日本公使的谕旨，格外重视。据张荫桓六月二十四日之日记称："本日奉旨，公度使倭，以三品京堂候补，可喜也。"（任青、马忠文整理：《张荫桓日记》，第553页，上海书店出版社2004年版。）光绪帝对黄遵宪的任命刚刚发布后，接二连三地让总理衙门电报催促黄遵宪到京。据查，光绪帝还亲自书写朱谕，加封黄遵宪官衔。此朱谕书写时间，应在戊戌六月下旬至七月上旬。该朱谕称："黄遵宪可否赏加尚书衔以侍郎候补，作为头等公使，以示优异，著王文韶与张荫桓面商，明日复奏。"（中国第一历史档案馆藏：朱笔谕条原件；孔祥吉：《黄遵宪若干重要史实订证》，《清史研究》，2010年第2期。）从后续情况看，此议未成。

本日，汪康年于《国闻报》刊登广告说："康年于丙申秋创办《时务报》，延请新会梁卓如为主笔，至今二年……从七月初一日起，谨遵六月初八日据实昌言之谕，改为《昌言报》。"（光绪二十四年六月二十四日《国闻报》；丁文江、赵丰田：《梁启超年谱长编》，第131页，上海人民出版社1983年版。）汪康年在张之洞支持下，将《时务报》改为《昌言报》刊行，以梁鼎芬为总董，章太炎为主笔，并且在《昌言报》创刊号上，把《时务报》说成是他一人创办，引发一场关于《时务报》创办人和真相的大争论。

六月二十五（8月12日），张之洞致电陈宝箴、黄遵宪："总署来电，奉旨：前经降旨，电催黄遵宪来京，现在计已起程，无论行抵何处，著张之洞、陈宝箴催令趱程迅速来见。钦此。敬等因。洞转。"（赵德馨主编：《张之洞全集》第九卷，第337页，武汉出版社2008年版。）

六月二十七（8月14日），黄遵宪致电张之洞："武昌张制台：奉电传旨敬悉。职道以感冒故未启程，月初稍愈即行。遵宪谨禀。"（《全集》上，第416页。）

七月初一（8月17日），《昌言报》正式刊行，并在其后刊出汪康年所作的"跋语"："谨案：康年于丙申之春，倡设《时务报》，惟时南皮张制军提倡于先，中外通大吏振掖于后，各省同志复相应和，先后延请梁卓如、麦孺博、章枚叔、徐君勉、欧云樵诸君为主笔；张少塘、郭秋坪、古城坦堂、潘士裘、李一琴、曾敬诒诸君翻译东文、西文各报；复旁罗章奏要件，以备考求时事者之采择。方惧指斥稍过，不免干触忌讳。不意言官奏请，遽蒙优诏改为官报，复派康有为督办报务，实为草野之至荣。惟官报体裁，为国家所设，下动臣民之瞻瞩,外关万国之听闻,著论译文,偶有不慎,即生瑕衅,自断非草莽臣所敢擅拟。谨已暂时停止,俟康工部到申,再由其筹办。本报特改名《昌言报》,仍与从前《时务报》蝉联一线,既上承圣主旁罗之至意,复仰体同志扶掖之盛心。特谨跋于此。汪康年恭跋。"(《昌言报》,第4页,中华书局影印1991年版;汤志钧:《戊戌变法史》,第194—195页,人民出版社1984年版。)

本日,黄遵宪领衔与吴季清、邹殿书、汪康年及梁启超五人名义,在《国闻报》上登一广告,说明共同创办《时务报》之经过:"启者:丙申五月,遵宪、德潚,与邹君殿书、汪君穰卿、梁君卓如同创《时务报》于上海,因强学会余款开办,遵宪首捐千金为倡,当推汪君驻馆办事,梁君为主笔。"(丁文江、赵丰田:《梁启超年谱长编》,第132页,上海人民出版社1983年版。)

本日,时务学堂中文教习所批学生课艺有所外传,因有激烈言辞,舆论大哗。陈宝箴发《札饬查禁冒刻时务学堂课艺》札:"抚宪陈为札饬查禁事:本部院日前风闻省城书坊有售卖时务学堂课艺大字刻本,因遣人向学堂索观,旋据回称:'学堂并无此本',闻之颇为诧异。比向市肆购得一册,阅之,除字句讹舛不计外,其中荒谬可怪之语,不一而足,以为应课学生有此文艺,即应直加斥责,屏诸门墙之外,何反付之剞劂,致坏学规而滋流弊?随将购得刻本持诘学堂绅董及管堂委绅等,复据同称:'此等课艺,实非时务学堂发刻。今且无论文艺如何,即如中文叶分教觉迈,本系广东东莞县人,此册刻作'南海县'人;又西文王分教史,本系福建龙溪县人,此册刻作'上海县'人,是于分教里居尚属讹误失实,其他更不足具论'等语。复加查核,所称果为不谬,必系射利书贾所为,亟应札饬查禁。为此札仰总理时务学堂盐法道黄道,即便遵照,立将此种冒刻时务学堂课艺板片、刻本查出,一并销毁,严饬毋得再行刷印售卖,致干咎戾。并出示晓谕,一体严禁。此后如有书贾及刻字铺店人等,再敢冒刻书籍文字,希图射利,不顾误人,除将该坊店立行封闭外,并即从严究办,勿稍宽贷。毋违。切切。此札。"(尹飞舟编:《湖南维新运动史料》,第261—262页;汪叔子、张求会编:《陈宝箴集》中,第1156页,中华书局2005年版。原载《湘报》第一百三十号。)后附黄遵宪发布的《再行严禁冒刻时务学堂课艺告示》,销毁冒刻的时务学堂课艺:"盐宪黄为遵饬再行示禁事:案奉抚宪陈札开:'本部院日前风闻省城书坊云云,勿稍宽贷。切切。此札'等因。奉此,查冒刻时务学堂课艺,前经本道访闻,当即出示严禁在案。兹奉前因,除饬长、善二县查起板片、刻本销毁外,合再示禁。

为此,示仰省城书贾并刻字铺店暨士庶人等一体知悉,嗣后尔等不得再行冒刻时务学堂课艺,希图射利,不顾误人。倘敢故违,一经查觉,定即遵照宪札,从严究办,决不姑宽。其各懔遵毋违。特示。"(《全集》上,第546页。)

七月初二(8月18日),黄遵宪致函陈三立,告知其赴京启程时间等。函曰:"得示,扪悉堂上微恙遂已霍然,喜慰无已。宪今日如常服药,安适如昨日,此病可望渐痊,不足虑矣。明晨府趋可定期行。(拟电总署云:黄遵宪病略愈,以奉诏催速行,准于□日启程。惟见其体气未复痊,嘱令沿途止,善自保重,以图报效云云,并电香帅。)公谓电报起程,当何如?酷热至不可耐室中矣。暑针九十八度,平生所经未有也。伯毅大弟。宪顿。初二。"(《全集》上,第416—417页。)

本日,总署复函日本驻京公使,知会黄遵宪充出使日本大臣。

七月初三(8月19日),李端棻递《保举黄遵宪折》,奉旨存。(孔祥吉:《黄遵宪若干重要史实订证》,《清史研究》2010年第2期)

本日,日本驻京公使馆再度向总理衙门作出答复,中日两国关于黄遵宪出使日本之事达成一致意见。

七月初五(8月21日),两江总督刘坤一发电总署:"顷康有为电,奉旨改《时务报》为官报,汪康年私改为《昌言报》,抗旨不交,望禁发报云。应如何办理,请钧示。坤。歌。"(《总理各国事务衙门清档·收发电》,01—38/17—1,中研院近代史研究所档案馆藏。茅海建:《戊戌变法的另面:"张之洞档案"阅读笔记》,第274页,上海古籍出版社2014年版。)

七月初六(8月22日),光绪帝上谕令黄遵宪道经上海时查明汪康年改《时务报》为《昌言报》原委。"又谕,电寄黄遵宪,刘坤一电称:'康有为电,奉旨改《时务报》为官报。汪康年私改为《昌言报》,抗旨不交'等语。该报馆是否创自汪康年,及现在应如何交收之处,著黄遵宪道经上海时查明原委。秉公核议电奏。毋任彼此各执意见。致旷报务。电寄。"(《德宗实录》卷四百二十三。《清实录》第57册,第544页,中华书局1987年版。)

本日,黄遵宪致函陈三立,曰:"师曾服鱼肝油有效,喜慰之甚。此治肺圣药,吐痰咳嗽,无不宜之,信受奉行,甚获大益。既服之有效,病愈可稍停,或百十日中停半月,或月停数日,盖日日无间,虑其如瘾,则非增加不能收效,如增其不利于口,或似乎胃滞,当代以鱼油丸。以此意告师曾知之。宪又及。梁任父所寄各件,概以送览。定国是、废时文之举,皆公一手成之,徒以演习师说之故,受人弹射,可哀也已。昨送疏稿,先乞掷还,尚未一交秉三阅也。各件阅毕,仍当送秉三。宪服理中汤似有效,然极似大病后人,其形状正如西人所指为'东方病夫',殊有虑也。康所上折,先设制度局,即宪所谓三司条例司也,极为中肯。读此及《彼得变政》折,宪不能不爱之敬之。伯严大弟。学长宪顿。初六。"(《全集》上,第 419 页。)《全集》认为:函末云"康所上折,先设制度局",康有为上《请开制度局议行新政折》为光绪二十四年七月(1899 年 8 月)。据此推定此函写作时间为当年七月或八月(8 月或 9 月)间。黄遵宪于本月晦日抵上海,但据函中云"昨送疏稿,先乞掷还,尚未一交秉三阅也。各件阅毕,仍当送秉三"。似黄遵宪还在湖南,故本文当写于本日。

本日,黄遵宪与吴德潇在《申报》刊登《创办〈时务报〉总董告白》:"启者:遵宪、德潇于丙申五月,与邹君殿书、汪君穰卿、梁君卓如同创《时务报》于上海,因强学会余款千余金开办,遵宪首捐千金为倡,公推汪君驻馆办事,梁君为主笔。于今两年,荷承海内同志乐助至万余金赞成斯举。今恭曰邸钞,知已奉旨改为官报,以后一起事宜,即遵旨归京办理,谨此布闻。嘉应黄遵宪、达县吴德潇同启。"(《申报》光绪二十四年七月六日。)

七月初七(8 月 23 日),张之洞、陈宝箴致总署电:"黄遵宪病稍愈,已饬于初七交卸道篆,初八力疾起程。请代奏。之洞、宝箴同肃。阳。"(尹飞舟编:《湖南维新运动史料》,第 216 页。)

七月初八(8 月 24 日),黄遵宪致电张之洞:"武昌张制台:宪初七交印,即日启程,升任湖南盐道遵宪。庚。"(《全集》上,第 418 页。)黄遵宪自长沙启程赴京。临行,陈宝箴送黄遵宪上船,洒泪满袖,云相见无时。光绪二十七年,黄遵宪致陈三立书云:"别时于湘舟中洒泪满袖,云相见无时,宪视为甚易。"(《全集》上,第 424 页。)

七月初九(8 月 25 日),张之洞致电黄遵宪:"简命大喜,欣贺。知定于初十启程,已派'楚材'奉候。佳。"(赵德馨主编:《张之洞全集》第九册,第 339 页,武汉出版社 2008 年版。)皮锡瑞《师伏堂未刊日记》:"黄公度缺放多伦布,又大糟矣。"(尹飞舟编:《湖南维新运动史料》,第 769 页。)

七月初十(8 月 26 日),上谕令总署电张之洞、陈宝箴,催黄遵宪速即来京电。电文曰:"总署来电,转出使黄大臣。裕病足不能步,昨访晤大隈,竟不能上楼。九月间,日君寿,又大坂督大操,皆不能行,成何事体等语。查裕使久病,确系实情,使臣在外,以联络邦交为重,非能卧治。希速即来京请训,赶八月杪到东,勿迟为要。卦。"(据中国社会科学院近代史研究所藏:《张之洞未刊稿·各处来电本》;《全集》上,第418页。)

本日,张之洞致电陈宝箴、黄遵宪:"六月廿六日致总署电云:敬电谨悉。奉旨:饬催黄遵宪趱程迅速来京等因。钦此,遵即传谕饬催。惟黄道本拟月内起程,因本月二十日感冒请假,现实未能就道。俟月初稍愈,即催令力疾趱行。请代奏。之洞、宝箴同肃等语。又初七致署电云:黄遵宪病稍愈,已饬于初七交卸道篆,初八力疾起程。请代奏。之洞、宝箴同肃等语。特奉达,佳。"(赵德馨主编:《张之洞全集》第九册,第340页,武汉出版社2008年版。)

本日,黄遵宪致电张之洞,感谢张之洞派湖北军舰"楚材"往迎:"温谕感甚,蒙派'楚材',谨叩谢。遵宪。"(《张之洞存各处来电》,戊戌第4册,所藏档号:甲182—136。茅海建:《戊戌变法的另面:"张之洞档案"阅读笔记》,第276页,上海古籍出版社2014年版。)

本日,张之洞致电孙家鼐称:"查《时务报》乃汪康年募捐集赀所创开,未领官款,天下皆知,事同商办。兹奉旨交黄遵宪查明核议,自应听候黄议。康主事辄电致两江、湖广各省,请禁发《昌言报》,殊堪诧异。康自办官报,汪自办商报,自应另立名目,何得诬为抗旨?官报有开办经费,有常年经费,皆系巨款,岂有夺商报之款以办官报之理?况《时务报》馆并无存款。且近日谕旨令天津、上海、湖北、广东各报俱送钧处进呈,是朝廷正欲士民多设报馆,以副'明目达聪'之圣谕,岂有转行禁止之理?康主事所请禁发《昌言报》一节,碍难照办。"(赵德馨主编:《张之洞全集》第九册,第339页,武汉出版社2008年版。)

七月十一(8月27日),上谕令总署电张之洞、陈宝箴,催黄遵宪速来京请训。电文曰:"总署来电,转出使黄大臣。奉旨:前经有旨电催黄遵宪来京请训。兹据裕庚电称病难久待,恐误使事等语,黄遵宪著迅速来京,限于八月内驰赴日本接任,毋得稽延。钦此。"(据中国社会科学院近代史研究所藏:《张之洞未刊稿·各处来电本》;《全集》上,第418页。)

七月十三(8月29日),梁启超在《国闻报》发表《创办〈时务报〉原委记》,谈及《时务报》的创办人和经费由来:"强学会停办之后,穰卿即在沪度岁。(穰卿已移家上海。)时启超方在京师,康先生并招至沪,改办报以续会务。同乡黄公度京卿遵宪在沪。公度因强学会同事之人,愤学会之停散,谋再振之,亦以报馆为倡始。于是与穰卿、启超三人,日夜谋议此事,公度自捐金一千元为开办费……邹殿书部郎凌瀚,亦强学会同事之人,志愿与公度同,故首捐五百金开办。吴季清大令德潇与公度、穰卿、启超皆至交,当时又与启超同寓京师,故《时务报》开办,一切事无不共之。丙申五月,季清先生与其子亡友铁樵、石樵同到沪,即寓在报馆,朝夕商榷一切。故《时务报》公启,即以公度、季清、殿书、穰卿及启超五人出名,此人人所共见者。当时,公启订成一小本,自四五月间即分送各处同志,至第一期出版时,用单张夹在报内,想阅报诸君无不共见。四人之名,岂可剔去?"(《知新报》第六十六册;丁文江、赵丰田:《梁启超年谱长编》,第131—132页,上海人民出版社1983年版。)

本日,汪康年致电张之洞:"文电敬悉。丙夏起,戊六月止,共收七万四千余元,共享七万二千余元,实存二千数百元。另代派欠约八千余元,存货六千余元。康年亏六百余元,梁、麦、龙共亏一千四百元。均有据可查,不敢隐讳。康。文。"(《张之洞存来往电稿原件》,第14函,所藏档号:甲182—385。茅海建:《戊戌变法的另面:"张之洞档案"阅读笔记》,第278页,上海古籍出版社2014年版。)

本日,天津《国闻报》载北京通讯:"有人专折奏保黄京堂(公度)留京办事,盖以黄公学兼中西,为今日中国进化党领袖,若令其留京办事,必于新政大有裨益。"(中国史学会主编:《中国近代史资料丛刊·戊戌变法》第三册,第395页,上海人民出版社1957年版。)

七月十四(8月30日),汪康年在《中外日报》发表《上黄钦使呈稿》,为其将《时务报》改为《昌言报》之事辩解:"康年窃唯已前之时务报馆,系由众人集捐而成,即是官款商办。故款项出入,非康年所敢独专。伏读六月初二日特派康有为督办之谕,中有另给开办费六千两之旨。又检查协办大学士吏部大堂孙覆奏,第筹议开办常年各经费,亦未提及交收一字。名为开办,事实则创而非因;费有常年,责在官而无借商力。是朝旨既未令交代,而康年所办又系众人集捐之事,亦何能独自擅交。此康年难于交代之缘由也。康年于获见电传上谕后,遵即暂行停办《时务报》,一面电催康主政速行来沪,候其主持,以明不敢擅专之意。又读谕旨,令民间广开报馆以开风气,康年窃思时务报馆原有之款,本系公共纠集,以为办报之用,故即续办《昌言报》,上副圣天子广开言路之盛心,下答捐款人集资委托之重任。"(丁文江、赵丰田：《梁启超年谱长编》，第132页，上海人民出版社1983年版。）

七月十六日（9月1日），黄遵宪致电总署："宪到岳，因察看商地，略有沉搁。奉鄂督转奉电旨，饬查《时务报》事宜。查此馆章程皆宪手定，系宪所创办，作为公众之报，以汪康年充总理，梁启超充总撰。今公报改为官报，理正势顺，不知何以抗违不交？俟到沪，即议交收，毋令旷报。事定再电奏。请回堂宪。遵宪。"（《总理各国事务衙门清档·收发电》，01—38，中研院近代史研究所档案馆藏。茅海建：《戊戌变法的另面："张之洞档案"阅读笔记》，第280页，上海古籍出版社2014年版。）

本日，上海图书集成印书局刊印《日本国志》书成，在《申报》发布广告："是书为新简出使日本大臣粤东黄公度星使所著，星使博览群书，留心时务，昔年参理日东使节，穷数载之心力，冥搜默讨，惟日孜孜，成书四十卷，分为一十三门，首年表，以次而下曰国统、曰邻交、曰天文、曰地理、曰职官、曰食货、曰兵政、曰刑法、曰学术、曰礼俗、曰物产、曰工艺，每门各分一表，上下数千年，条分缕析。梁溪薛叔耘星使谓为奇作。识哉！月旦非诬也。今者中日言和，轺车互驻，封疆大吏选派学生前往彼都游学，得此书以互相印证，彼中时事尤了如掌上螺纹，然则有志外交者可不各置一帙乎？本馆遵照原书刊印，纸墨一切格外精工，刻已告成，每部十本，计码洋二元五角，售处仍在三马路申报馆申昌书室及各书坊，外埠亦皆寄致，以使人就近购求。此布。"（王宝平：《黄遵宪〈日本国志〉清季流传考》，《文献》，2010年第4期。）

七月二十（9月5日），光绪帝任命杨锐、刘光第、林旭、谭嗣同为四品军机章京参与新政。（汤志钧：《戊戌变法史》，第387页，人民出版社1984年版。）

本日，下午三时，王文韶、张荫桓奉谕旨访问日本驻京代理公使林权助，转达黄遵宪使日等重要使命。兹摘录林权助所撰《王文韶、张荫桓两大臣来访转达之报告》："其主旨是：最近以来，我国与贵国大加亲密，由此我大皇帝陛下，欲使此亲交愈加密切。如今希望将头等第一勋章，赠送给贵国大皇帝陛下，并命正在北上途中的新任公使黄遵宪，将其携带至日本，奉呈贵国大皇帝陛下。又此次黄遵宪携带的国书，其词句与以前同样奉呈者，有所不同。此次国书上大改字句，以示亲交相依之御意。其文句已由皇帝亲自拟定。新国书以'大清国大皇帝，敬问我同洲至亲至近友邦诞膺天佑、践万世一系帝祚之大日本国大皇帝好'之字句开头。现敬请电询贵国政府，以此清国大皇帝之御意，转达于贵国皇帝陛下。"（日本外务省外交史料馆藏:《日清两国国交亲善之件》——《王文韶、张荫桓两大臣来访转达之报告》。)

本日,皮锡瑞记黄遵宪出使日本及维新之纷纷状。《师伏堂未刊日记》:"阅《时务日报》,极称湖南学会、保卫〔局〕,若不再加整顿,何以对四方之人?报列保卫局示,又云李廉访不欲废保甲。黄公度以三品京堂候补出使日本,已见明文。各处纷纷,似有维新之机,将来必有效验,行患迟耳。若十年前能如此,局面断不致坏到此等田地!"(尹飞舟编:《湖南维新运动史料》,第772—773页。)

七月二十二(9月7日),光绪帝定黄遵宪出使日本国书。国书云:"大清国大皇帝,敬问我同洲至亲至近友邦诞膺天佑、践万世一系帝祚之大日本国大皇帝好。我两国同在亚洲,海程密迩。自各派使臣驻扎以来,诚信相孚,情谊弥挚。每念东方时局,益廑辅车唇齿之思。现在贵国驻京使臣矢野文雄到华以来,凡遇两国交涉之事,无不准情办理,归于公平,已征邻好。曩复贻书总理各国事务衙门,备述贵国政府关念中国需才孔亟,愿中国选派学生前赴贵国学堂,肄习各种学问,尤佩大皇帝休戚相关之意,曷胜感谢。朕已谕令总理各国事务王大臣与贵国驻京使臣商订章程,认真选派,以副大皇帝盛意。兹因出使大臣裕庚奉使期满,特派二品衔候补三品京堂黄遵宪为出使驻扎贵国都城钦差大臣,亲赍国书,表明朕意。该大臣托志贞亮、学识宏通,办理两国交涉事件,必能悉臻允当,尚望大皇帝优加接待,俾能尽职。从此两国信使往来,邦交益密,共相维持,以期保固东方大局。大皇帝谅有同情也。"(中国第一历史档案馆藏:《随手登记档》,光绪二十四年,秋季档;茅海建:《戊戌变法史事考初集》,第440—441页,生活·读书·新知三联书店2005年版。)《随手登记档》补记了对光绪帝墨笔谕旨的处理情况:"照缮,次日见面带上,墨笔恭交,抄交总署。"七月,清廷专门派军机大臣王文韶、总署大臣张荫桓,前往日本驻京公使馆协商有关交涉黄遵宪作为"特命全权公使"等有关事项。两个多月后,张荫桓回忆说:"七月间,皇上有朱笔谕条,令我向日使言,中国拟派头等钦差驻日本。又拟派康有为赴日,坐探变法事宜。我恐日廷不允接待,即至总署与廖仲山言论。正谈叙间,又奉皇上墨谕,内言告知日本,此后往来公牍,可将日皇徽号全行书写。我即往拜日本使臣,将先奉朱谕隐起,仅将墨笔谕宣示。因向该使臣谈及中朝欲遣头等钦差之意。日使喜甚,允电日廷政府。念余日并未见有回电,竟作罢论。"(王庆保、曹景郕:《驿舍探幽录》,中国史学会主编:《中国近代史资料丛刊·戊戌变法》第一册,第503—504页,上海人民出版社1957年版。)文中的军机大臣廖仲山,应为王文韶,张的回忆似有误。

本日,黄遵宪到达上海。黄遵宪离湘后所遗下之长宝盐法道职务荐黄玉田署。皮锡瑞《师伏堂未刊日记》:"公度缺黄玉田署,此必公度所荐,保卫局惟玉田肯任事,且闻此议发自玉田,故使接办,非必右帅之意。右帅已密保子新丈,殆以不得署事,特慰之。"(尹飞舟编:《湖南维新运动史料》,第774页。)

七月二十五(9月10日),张之洞致电黄遵宪:"致上海出使日本黄钦差。报事中外议论纷纭,弟不敢置议。在鄂所谈,作为勿庸议可也。惟《昌言报》,则鄙意以为万不宜禁耳。洞。有。"(《张之洞电稿乙编》,第56册,所藏档案号:甲182—72。茅海建:《戊戌变法的另面:"张之洞档案"阅读笔记》,第282页,上海古籍出版社2014年版。)

七月二十六(9月11日),湖南邵阳举人曾廉在《应诏上封事》中,提出一是要养圣德,二是要去邪慝,三是要留正学,四是要择将帅,五是慎财用。在其所附《康有为梁启超罪状片》中,摘录了梁启超等人在时务学堂的四条札记批语,加上案语"恭呈御览",此封事导致光绪帝对湖南变法人士的不满。(尹飞舟编:《湖南维新运动史料》,前言第10—11页。)

七月二十七(9月12日),光绪帝发布变法上谕:"国家振兴庶政,兼采西法,诚以为民立政,中西所同,而西人考求较勤,故可以补我所未及。今士大夫昧于域外之观者,几若彼中全无条教,不知西国政治之学,千端万绪,主于为民开其智慧,裕其身家,其精乃能美人性质,延人寿命。凡生人应得之利益,务令其推广无遗。朕夙夜孜孜,改图百度,岂为崇尚新奇,乃眷怀赤子,留上天之所畀,祖宗之所遗,非悉使之康乐和亲,朕躬未为尽职。加以各国环处,凌迫为忧,非取人之所长,不能全我之所有。朕用心之苦,而黎庶犹有未知,职由不肖官吏,与守旧之士夫,不能广宣朕意,乃反胥动浮言,使小民摇惑惊恐,山谷扶杖之民,有不获闻新政者,朕实为叹恨。今将变法之意,布告天下,始使百姓咸喻朕心。共知其君之可恃,上下同心,以成新政,以强中国,朕不胜厚望。著察照四月二十三日以后,所有关乎新政之谕旨,各省督抚,均迅速照录,刊刻誊黄,切实开导。著各州县教官详切宣讲,务令家喻户晓。各省藩臬道府,饬令上书言事,毋得隐默顾忌,其州县官应由督抚代递者,即由督抚将原封呈递,不得稍有阻格,总期民隐尽能上达,督抚无从营私作弊为要。此次谕旨,并著悬挂各省督抚衙大堂,俾众共观,庶无壅隔,钦此。"(七月二十九日《国闻报》;丁文江、赵丰田:《梁启超年谱长编》,第137页,上海人民出版社1983年版。)黄鸿寿在《清史纪事本末》第六十六卷《戊戌政变》中描述变法情形云:"时百日间,变法神速,几有一日千里之势。其尤为雷厉风行者:一令都中筑马路,二令办理国防,三命八旗人丁,如愿出京谋生计者,任其自由。于是满族诸人大哗,谣谤四起。"

七月二十八(9月13日),黄遵宪在上海致电张之洞:"宪廿三到沪,承派'楚材',感激无已。报事昨奉有电,言鄂议作罢论,惟《昌言报》不能禁等语,敬悉。宪到此,即持刺拜汪,汪未来见。初言将人欠馆款、馆欠人款,概交官报。昨廿六函称:必待南洋公文到日,商酌声覆,此馆系集捐而成,捐款诸公皆应与闻,断非康年一人所能擅行等语。汪前刊《告白》,称系己创,改作《昌言》,今又称馆系集捐,已难擅行,似交收尚无定议。遵宪所奉电旨,一曰:'是谁创办,查明原委。'查此馆开办,宪自捐一千元,复经手捐集一千余元,汪以强学会余款一千余元,合四千元,载明《公启》,作为公款,一切章程帖式,系宪手定。《公启》用宪及吴、邹、汪、梁五人名,刊印万份,布告于众。内言'此举为开风气、扩闻见,绝不为牟利起见'。又言'有愿捐赀相助扩充此报、维持此举者,刊报以表同志'。是此报实系公报。以公报改作官报,理应遵办。且宪系列名倡首之人,今查办此事,不遵议交收,宪即违旨,此宪所断断不敢者。旨又云:'秉公核议,如何交收。'昨由汪送到刊布结账存款:一,存现银;一,存新旧报;一,存自印书籍;一,存各种书籍;一,存器具,及代派处未缴书赀报赀,合共若干。宪以为,均应交出。其报馆应付人项及应派各报,官报亦应接办。如汪能照交,即行电奏,自可妥结。如汪不交,宪只得将核议各节,电奏请旨办理。宪自问所以尽友道而顾大局者,一则改为《昌言报》一事,绝口不提;二则所列结账,即有不实不尽之处,宪断不究问;三则所存各项,倘不能照刊报结账,如数交出,当为通融办理,或约展缓,或告接收之人,设法商量。此为宪心力所能尽者,若不议交收,非宪所敢出也。为汪计,理应交出,倘或不然,结局难料。再,宪有密陈者,汪在沪每对人言,此报改为《昌言报》,系宪台主持,惟宪实不愿此事牵涉及于宪台,流播中外。缕缕愚诚,伏求密鉴。又,《国闻报》所登有官民分办之说,宪以为倘系分办,即非遵旨。且前报系公报,非私报,不遵旨归官,将归谁手?又,两报分办,官报另起,旨中所谓"改作官报",如何著落?此亦汪、康两党意见之言,切望宪台勿为谣惑。总之,此事系将公报改作官报,非将汪报改作康报也。倘蒙宪台鉴宪微衷,求宪台将宪遵旨核议交收之法,电汪即行遵办,免旷报务而误程期。抑或别有办法,并求指示遵办。大局幸甚,私衷感甚。再,宪病到沪小变,医言因积疾成肺炎,必须调养。现在赶紧调理,焦急万状。遵宪。午。"(《张之洞存来往电稿原件》,第14函,所藏档号:甲182—385。茅海建:《戊戌变法的另面:"张之洞档案"阅读笔记》,第284—285页,上海古籍出版社2014年版。)

本日,邹代钧致汪康年信中称:"《时务报》改为《昌言报》,办法尚不错,惟康居然以抗旨入告,殊属无谓,且交公度查复,尤形鬼蜮。伯严已力言于公度,谓此事必须公允,万不可稍涉偏倚,公度即面允。昨闻子培言,公度到鄂已与南皮商妥,当不至离经也。云系欲公将旧账交与南皮,而南皮转交公度,《昌言报》则仍《时务》之旧,官报则另起炉灶。"(上海图书馆编:《汪康年师友书札》第三册,第2761—2762页,上海古籍出版社1986年版。)

本日,宋伯鲁上《请选通才以资顾问疏》,建议开懋勤殿,设立一个维新变法的咨询机构。康有为在《我史》中自称曾代宋伯鲁起草开懋勤殿的奏折,"故议请开懋勤殿以议制度,草折令宋芝栋上之,举黄公度、卓如二人"。(刘梦溪主编、朱维铮编校:《中国现代学术经典·康有为卷》,第867页,河北教育出版社1996年版。)但宋伯鲁《焚余草》所收此折,未提推荐黄遵宪与梁启超事。故黄遵宪入选懋勤殿只是其中一种传闻。(王夏刚:《戊戌军机四章京合谱》,第209—211页,中国社会科学出版社2009年版。)

七月二十九(9月14日),杨深秀上《裁缺大僚擢用宜缓、特保新进甄别宜严折》,请旨褒奖陈宝箴,内称:"又臣前奏湖南巡抚陈宝箴锐意整顿,为中华自强之嚆矢,遂奉温旨褒嘉,以励其余。讵该抚被人胁制,闻已将学堂及诸要举全行停止,仅存保卫一局,亦复无关新政,固由守旧者日事恫喝,气焰非常,而该抚之无真识定力,灼然可知矣。今其所保之人才,杨锐、刘光第、左孝同诸人,均尚素属知名,余多守旧中之猾吏……仍请严旨儆勉,以作其气,于其保举之人分别加以黜陟,万勿一概重用。"(尹飞舟编:《湖南维新运动史料》,第166—167页。)

本日,发布上谕致陈宝箴支持新政:"又谕,电寄陈宝箴,有人奏,'湖南巡抚陈宝箴被人胁制,闻已将学堂及诸要举,全行停止,仅存保卫一局'等语。新政关系自强要图,凡一切应办事宜,该抚务当坚持定见,实力举行,慎勿为浮言所动,稍涉游移。"(尹飞舟编:《湖南维新运动史料》,第129页。)

七月三十(9月15日),张之洞急电黄遵宪,并附一电给汪康年:"上海,出使日本大臣黄:急。廿八日电悉。报事与阁下在鄂晤谈后,曾劝汪交出,不必系恋。兹当更劝其速交,但不知肯听否耳。至此事恭绎电旨语意,并无偏重一面之词。阁下如何办法,自必能斟酌妥善,上孚圣心,下洽公论也。程期甚迫,似须早日北上。洞。艳。附致汪一电,请转交汪穰卿:报事速交,最为简净,千万不必纠缠。《昌言报》既可开,若办得好,亦可畅行,何必恋此残局,自生荆棘哉。洞。艳。"(《张之洞电稿墨迹》,第2函第10册,所藏档号:甲182—219。茅海建:《戊戌变法的另面:"张之洞档案"阅读笔记》,第285页,上海古籍出版社2014年版。)

黄遵宪抵达上海后,身体一直欠佳。据光绪二十七年黄遵宪致陈三立书云:"弟于戊戌七月晦日到沪后,又患脾泄,病困中一切如梦,并不知长安弈棋有许多变局。"又云:"到沪病忽增,日泻数次,气喘而短,足弱几不能小立。医生或虑其不治。然从此日见减轻,久而始知身本无病,直以长沙卑湿,日汲白沙井寒水,致生积冷。当时服公药,虽仅能支持一时,而不足以扫除积病。临别前一夕,忽然失音,则以服燥烈药太过之故。(至洞庭湖始复本音,旋服附桂一剂,音又失。)到沪后停药,因水土已易,即渐渐复原。九月到家,将养数月,即如常矣。"(《全集》上,第425页。)

黄遵宪受命以三品京堂充出使日本大臣,曾邀林旭同行。李宣龚有《闻暾谷将赴日本应黄公度之辟》诗。(王夏刚:《戊戌军机四章京合谱》,第246页,中国社会科学出版社2009年版。)黄遵宪因病而未能立即就道,留沪治疗。黄遵宪拟奏派梁国瑞为参随,因电召梁氏到上海相谈。梁国瑞,字辑五,广东嘉应州人。梁氏到上海后,与黄遵宪谈论家乡情况,"谓年来伏莽甚多,藉仇教为名目,蠢蠢思动,不设防,虑生巨变"。黄遵宪因"屈指缕述所探问事甚悉,又言梅故瘠土,于平时聚敛养兵,恐竭泽而渔,临事反鱼烂而溃"。(张继善:《梅县历代乡贤事略》。)

八月初一(9月16日),伊藤博文到总署,与奕劻、崇礼、廖寿恒、张荫桓交谈。(王复刚:《戊戌军机四章京合谱》,第217页,中国社会科学出版社2009年版。)

本日,黄遵宪致电张之洞,请转奏,因病拟在沪调养十数日:"武昌张制台:遵宪在湘积受寒泾,久患脾泄水蛊,六月复患感冒,一时未能进京,当时宪台代奏。七月初旬,感冒稍愈,因屡奉诏旨,催令趣程,力疾就道。过鄂谒宪台,过宁谒岘帅,见具病状,均蒙饬令调养。惟遵宪万分焦急,仍欲力疾至京。至京如未能请训,再拟在京请假暂养。乃到沪病犹未痊。医生言,因积病伤肺,故言语拜跪,均难如常。如勉强登舟,海风摇簸,病势益增,转虑负天恩而误国事。不得已,暂拟在沪调养十数日,一俟稍痊,即行迅速趱程,断不敢稍有迟误。即求岘帅会同宪台、湘抚代奏乞恩。敬恳俯允,感祷无已。除电湘宁外,遵宪谨肃。东。"(据中国社会科学院近代史研究所藏:《张之洞未刊稿·各处来电本》;《全集》上,第419—420页。)

张之洞当日收到此电,立即予以回拒。当晚复电称:"上海出使日本大臣黄:东电悉。尊恙极为驰系。承嘱会衔代奏一节,此时在沪调养,自应由南洋代奏,鄙人在鄂,未便列衔越俎。已电达岘帅。尚祈鉴原。洞。东。"(《张之洞电稿乙编》,第56册,所藏档号:甲182—72。)

八月初二(9月17日),黄遵宪又致张之洞电,告知总署已允其在沪养病,及将有关《时务报》转电交汪康年等事:"武昌张制台:东电敬悉。因过鄂小愈,曾电总署,遵旨趱程,故拟求会衔。现已有岘帅单衔代奏。又总署知宪病状。九月内日主诞辰,经电裕使照常庆贺,程限自可展缓。承注感极。报事转电已交汪。日内复奏,即抄稿电陈。遵宪。沃。"(据中国社会科学院近代史研究所藏:《张之洞未刊稿·各处来电本》;《全集》上,第420页。)

本日,陈宝箴复总署《遵旨坚持定见实力举行政复总署请代奏电》:"昨承钧署电:奉旨:'有人奏:湖南巡抚陈宝箴被人胁制,闻已将学堂及诸要举全行停散'各等因,仰蒙圣训周详,莫名钦感。窃湖南创办一切应兴事宜,并未停止。现复委绅蒋德钧往湘潭等处联络绅商,来省设立商务等局。前议派聪颖学生五十名至日本学习,近日来省求考选者千数百名,风气似可渐开。言者殆因学堂暂放假五十日,讹传停散所致。前七月十三日,学生均已来馆,续聘教习亦到。其余已办各新事,当另折具陈。现在亦无浮言,自当凛遵圣训,坚持定见,实力举行。请代奏。"(汪叔子、张求会编:《陈宝箴集》上,第827页,中华书局2003年版。)

八月初三(9月18日),黄遵宪致电张之洞、刘坤一、陈宝箴,汇报查明《时务报》原委情况:"武昌张制台、江宁刘制台、长沙陈抚台:密。新电奏查议《时务报》事,谨抄稿呈电。窃遵宪前奉电开:奉旨刘坤一电称:康有为电奉旨改《时务报》为官报,汪康年私改为《昌言报》,抗旨不交等语。该报馆是否创自汪康年,及现在应如何交收之处,著黄遵宪道经上海时,查明原委,秉公核议电奏。毋任彼此各执意见,致旷报务。钦此。伏查丙申春月,遵宪奉旨,暂留江苏办理教案、商务各事宜,因往上海。当时官书局复开,刊有官报。遵宪窃意,朝廷已有变法自强之意,而中国士夫闻见浅狭,守旧自封,非广刊报章,不足以发聋聩而祛意见。先是,康有为在上海开设强学会报,不久即停,尚存有两江总督捐助余款。进士汪康年因接受此款来沪,举人梁启超亦由官书局南来,均同此志,因同商报事。遵宪自捐一千元,复经手捐集一千余元,汪康年交出强学会余款一千余元,合共四千元,作为报馆公众之款。一切章程格式,皆遵宪撰定公商,以汪康年为总理,梁启超为总撰,刊布公启,播告于众。即用遵宪等名声明:此举在开风气,扩闻见,绝不为牟利起见。又称有愿捐赀襄助,拓充此报,维持此举者,当刊报以表同志。遵宪复与梁启超商榷论题,次第撰布。实赖梁启超之文之力,不数月间,风行海内外,而捐赀助报者,竟有一万数千元之多。是此报实为公报,此开设《时务报》之原委也。今以公报改为官报,理正势顺。遵宪行抵沪上,汪康年送到报馆本年六月结册,除收款、付款,各项业经收支销数,官报接收,毋庸追问外,据其所开存款各项:一、存现银;一、存新旧报;一、存自印书籍;一、存各种书籍;一、存器具;一、存未缴之书赀、报赀;共值确数约一万数千元。遵宪筹商核议,窃谓均应交与官报接受。所有派报处所及阅报姓名,亦应开列册单,交出官报接受,即接续公报,照常分派,以便接联而免旷误。如结册中有未付之款,派报处已经收钱,尚未期满之报,官报接受之后,亦应查照原册,一律接办。又公启称:将来报章盛行,所得报费,并不取分毫之利归入私囊,或加增报纸,或广招译人翻书,以贱价发行。又称:捐款在百元以上者,可以酌议成数,分别偿还。其不愿取回者,听官报接受之后,如果清算旧数,实有赢余,此二条似亦可酌量办理。如此接受,官报与公报联为一气派报,更易于推广,于报务实有裨益。所有遵宪遵旨查明开报原委及秉公核议交收之法,是否有当,理合请旨遵办。除将《时务报》公启,及时务报馆现在结册,另行赍呈总署、军机处备查外,伏乞代奏皇上圣鉴。遵宪。沃。"(《全集》上,第420—422页。)

本日,广西道监察御史杨崇伊上《吁请皇太后训政以遏乱萌折》,激烈批评新政和维新人士:"臣维皇上入承大统,兢兢业业二十余年,自东瀛发难,革员文廷式等倡言用兵,遂致割地偿款。兵祸甫息,文廷式假托忠愤,与工部主事康有为等,号召浮薄,创立南北强学会,幸先后奉旨封禁革逐,未见其害。乃文廷式不思悔过,又创大同学会,外奉广东叛民孙文为主,内奉康有为为主,得黄遵宪、陈三立标榜之呼,先在湖南省城开讲,抚臣陈宝箴倾信崇奉,专以讪谤朝廷为事,湘民莫不痛恨。"(尹飞舟编:《湖南维新运动史料》,第167页。)

八月初五(9月20日),光绪帝接见伊藤博文。(迟云飞:《清史编年》第十二卷,光绪朝、宣统朝,第114页,中国人民大学出版社2013年版。)

八月初六(9月21日),西太后从颐和园还宫,将光绪帝囚禁于瀛台,并以光绪帝的名义发布上谕,宣告"训政"。(丁文江、赵丰田:《梁启超年谱长编》,第138页,上海人民出版社1983年版。)黄遵宪于病困中除思考《时务报》事外,并未关注政局变化,所谓"不知长安弈棋有许多变局",至此日读慈禧太后的训政懿旨,始知京中政局大变。

八月初七(9月22日)张之洞致电孙家鼐:"康已得罪,上海官报万不可令梁启超接办。梁乃康死党,为害尤烈。方今朝野正论赖公主持,天下瞻仰,企祷企祷。窃思如有品学兼优之人,接办官报固好,否则不如暂停,从缓再议。至《时务报》本系捐款,似应仍归商办,即令汪康年照旧接续办理,不必改官报,较为平允。官报另作一事,自有巨款,岂藉区区捐凑余资哉?伏惟钧酌。阳。"(赵德馨主编:《张之洞全集》第九卷,第345页,武汉出版社2008年版。)

八月初八(9月23日),杨锐、刘光第、谭嗣同被捕。同日,御史蔡金台向李盛铎密报京师戊戌政变见闻:"十一日,略园到京,与莘伯期会于其第。莘伯亦以调停之说进。次日入见,先皇上,次慈宁,语秘莫能闻,大都两解之词……莘伯又论群凶以孙、康、黄、熊为四首领。黄不宜出使,免为首逆东道主人。奏入而恐见诘于外人,迟迟不发,而略园已告知仲虎。先是七月间,上朱笔予黄尚书衔候补侍郎全权头等,扃于匣。使王尚书与樵野送日本公使署,令寄其国政府。盖存此笔迹,以为后来一应训条,核对笔迹之用。"(《致李盛铎书》,邓之诚著、邓珂点校:《骨董琐记全编》,第602—604页,北京出版社1996年版。)

本日,梁启超到日本使馆寻求保护,说清政府已断然镇压改革派,与康有为一起从事改革之人,均不能免遭逮捕和刑戮,若日本公使馆能保护其安全,"实乃再生之德"。代理公使林权助向外相大隈发电报告说:"主张改革的梁启超因怕可能随时被捕而来到本馆,寻求保护。他住了一晚上。由于害怕清国会产生怀疑,我劝他在逮捕他的命令下达前离开北京。他剪掉了辫子,穿上欧式服装,于昨天离开北京。他尚未受到任何指控,而我允许他在本馆住一晚上也不致于给清国政府留下任何罪名。如果他在路上还没有被捕的话,几天后,他将乘玄海丸从天津赴日本。电汇电信费2000日元,我还恳求你再寄上1000日元作为津贴费或机动费。伊藤侯爵现是我的住客。当前的这种政治局势迫使我要求这么做。"(林权助致大隈重信,第171号电报,引自茅海建、郑匡民:《日本政府对于戊戌变法的观察与反应》,《历史研究》,2004年第3期。)10月12日,梁启超在日本帮助下安全抵达日本。

八月初九(9月24日),上谕:"张荫桓、徐致靖、杨深秀、杨锐、林旭、谭嗣同、刘光第均著先行革职,交步军统领衙门,拿解刑部治罪。"(清华大学历史系:《戊戌变法文献资料系日》,第1061页,上海书店出版社1998年版。)

八月十一(9月26日),福建道监察御史黄桂鋆攻击康党,称黄遵宪为康党在京外之同谋者。其折文称:"外间传说纷纷,皆谓康有为弟兄所犯案情重大,其党之同谋者,在内则张荫桓、徐致靖、谭嗣同、林旭为渠魁,而杨深秀、宋伯鲁等扶助之。在外则以黄遵宪、熊希龄为心腹,而陈宝箴、徐仁铸等附和之,此外尚有梁启超、麦孟华等数十百人,蔓延固结,党羽遍布,甚至有徐勤等赴日本,与叛贼孙文设立大同会。"(《福建道监察御史黄桂鋆折》,国家档案局明清档案馆编:《戊戌变法档案史料》,第467—468页,中华书局1958年版。下同。)

八月十二(9月27日),福建道监察御史黄桂鋆上《请旨立予罢斥陈宝箴、徐仁铸片》,称陈宝箴听因黄遵宪等而聘梁启超充时务学堂总教习。其折曰:"湖南巡抚陈宝箴,惑于黄遵宪、熊希龄之言,聘该员门人梁启超等,充时务学堂总教习。其所著学约,及批答之件,语多悖逆……拟请电旨饬下两江、两湖、两广各督抚,将黄遵宪、熊希龄、梁启超、徐勤、麦孟华等,一律拿问,照例治罪。"(国家档案局明清档案馆编:《戊戌变法档案史料》,第468页;马卫中、董俊珏:《陈三立年谱》,第234页,苏州大学出版社2010年版。)

八月十三(9月28日),"戊戌六君子"被杀。上谕:"康广仁、杨深秀、杨锐、林旭、谭嗣同、刘光第等大逆不道,著即处斩,派刚毅监视,步军统领衙门派兵弹压。"黄遵宪于该日"得杀士抄报,乃知有母子分党变故,然亦谓于己无与也"。(《全集》上,第425页。)

八月十五(9月30日)张之洞致电北京黄绍箕:"黄遵宪实是康党,都人有议者否?"(《张之洞存来往电稿原件》,第14函,所藏档号:甲182—385。)

八月十六(10月1日),工科给事中张仲炘上奏慈禧太后,说黄遵宪"与康有为、孙文同为日本兴亚会总董,现皆将来京,预备召见,不可不防"。(国家档案局明清档案馆编:《戊戌变法档案史料》,第471页,中华书局1958年版。)

本日,黄遵宪致电张之洞,称梁鼎芬对其发难:"宪病调理未痊,自揣万难成行,二三日当请总署代奏开去差使,有负恩培,实深惶悚,惟有矢诚图报将来耳。近有人言,汪接梁电云,首逆脱逃,逆某近状,逆超踪迹何若。闻之骇诧。宪生平无党,识康系梁介绍,强学会亦梁代列名。乙未十月在沪见康后,未通一信。卓如实宪至交,偶主张师说,辄力为谏阻。此语曾经佑帅奏闻。在湘每驳康学,曾在南学会中攻其孔子以元统天之说,至为樊锥所诉争。此实佑帅所深悉,湘人所共闻。不意廿年旧交之星海,反加以诬罔。宪不与深辩。伯严曾一再函电代鸣不平。至《时务》改为官报,彼此僻处湘鄂,均不可干涉。星海忽攘臂力争,借我泄忿,斥为预闻。过鄂往见,面言其故,并未绝交,乃腾播恶声,似有仇怨,殊不可解。当此危疑时局,遏冤杜祸,均惟宪台是赖。宪素荷恩知,不敢不告。伏求密察婉释,无任企祷。遵宪。铣。"(《张之洞存来往电稿原件》,第14函,所藏档号:甲182—385。)

八月十七(10月2日),黄遵宪得陈宝箴电,"有沦胥及溺之语。虽稍稍震惧,然犹谓过甚之辞"。(《全集》上,第425页。)此时,黄遵宪已因病乞归。《己亥杂诗》自注:"到沪病益亟,乃乞归,已奉旨俞允。"(《诗草笺注》下,第840页。)

本日,上谕革陈宝箴、陈三立、江标、熊希龄等职,并谕令张之洞裁撤南学会、保卫局等,谓:"湖南巡抚陈宝箴,以封疆大吏滥保匪人,实属有负委任。陈宝箴著即行革职,永不叙用。伊子吏部主事陈三立,招引奸邪,著一并革职。候补四品京堂江标、庶吉士熊希龄,护庇奸党,暗通消息,均著革职,永不叙用,并交地方官严加管束。"(《德宗实录》卷四百二十八。《清实录》第57册,第615页,中华书局1987年版。)又谕:"电寄张之洞:湖南省城新设南学会、保卫局等名目,迹近植党,应即一并裁撤。会中所有学约、界约、剳说、答问等书,一律销毁,以绝根株。著张之洞迅即遵照办理。"(《德宗实录》卷四百二十八。《清实录》第57册,第616页,中华书局1987年版。)光绪二十五年正月二十一日(1899年3月2日),湖广总督张之洞等奏,"遵旨裁撤湖南南学会,销毁会中各书,并撤保卫局,仍办保甲情形。得旨,即著严饬湖南保甲局认真办理,勿得有名无实"。

（尹飞舟编:《湖南维新运动史料》,第130页。）

八月十九（10月4日）,黄遵宪致电总署,以病要求"请开差使"。"宪病复发,热增剧。使事重要,断难延误。昨已电岘帅代奏,请开差使。乞回堂宪为感。遵宪。效。"(《总理各国事务衙门清档·收发电》,01—38,中研院近代史所档案馆藏。茅海建:《戊戌变法的另面:"张之洞档案"阅读笔记》,第292页,上海古籍出版社2014年版。)

八月二十一（10月6日）,黄遵宪因病被开去出使日本国大臣差使,改派李盛铎。上谕:"出使日本国大臣黄遵宪因病开去差使,赏江南道监察御史李盛铎三品卿衔,以四品京堂候补,充出使日本国大臣。"(《德宗实录》卷四百二十八。《清实录》第57册,第616页,中华书局1987年版。)朱寿朋《光绪朝东华续录》:"八月辛丑谕:出使大臣黄遵宪奏因病请开去差使。"《清史稿·德宗纪》:"八月壬寅,黄遵宪以疾免。"《钱谱》:"辛丑为十八日,壬寅为十九日。兹依实录。"但查《新编万年历》,八月壬寅为二十一日（10月6日）。

本日,掌陕西道监察御史黄均隆上《叛逆既诛奸党未殄后患宜防请旨惩办折》,奏称黄遵宪与熊希龄之奸恶乃与谭嗣同辈等者,故请旨饬拿,从严惩办,以杜后患而绝乱萌:"然臣窃有虑者,现在渠魁漏网,党类从宽,而其中奸恶与谭嗣同辈等者,其凶谋恐难遽戢,则候补三品京堂黄遵宪、庶吉士熊希龄也。黄遵宪、熊希龄,前经陈宝箴信任,行为乖谬,臣曾于四月二十五日据实参奏。查黄遵宪与张荫桓结为师生,曾充出使随员,在新嘉坡勒索洋药税入己,为德国所憾。是以上年派充德国使臣,德国不认接待,总理衙门不得已,请旨改派吕海寰前往接办。迨黄遵宪署湖南臬司,与汉口英领事,私通书信,英人索岳州通商一处,总署议允。而黄遵宪唆使英领事,并索长沙、湘潭、常德等埠通商。张之洞深以为忧,电询总署,并无其说,此黄遵宪勾结洋人,挟制督抚之实在劣迹也。陈宝箴开时务学堂,黄遵宪援引梁启超等为教习,著为《学约》《界说》诸篇,大抵皆非圣无法之言,湘人惑之。推崇西教,相与诋毁朝政,蔑裂圣贤,刻为《时务学堂答问札记课艺》等书。创为民主、民权之说,尊康有为曰'南海先生',风俗人心,因之大坏。熊希龄亲由上海招邀梁启超到湘,陈宝箴以熊希龄为时务学堂总理,为康梁扬波助焰。又开南学会、湘报馆,与已正法之谭嗣同,及拔贡樊锥、毕永年、唐才常,生员易鼐、何来保、训导蔡钟浚等,著为合种合教之论,渎伦伤化。此皆由陈宝箴听信其子吏部主事陈三立,招引奸邪,及学政江标、徐仁铸,庇护康、梁所致。而实黄遵宪、熊希龄为之助其恶而恣其毒也。黄遵宪、熊希龄与康、梁,常时密电往来,暗通消息,结党最深。若令其逍遥法外,难免不勾结外人,隐生祸变。近来中国罪人多以外洋为逋逃薮,实堪痛憾。拟请旨饬拿黄遵宪、熊希龄,从严惩办,以杜后患,而绝乱萌。"(国家档案局明清档案馆编:《戊戌变法档案史料》,第471页;尹飞舟编:《湖南维新运动史料》,第169—170页。)

本日,掌陕西道监察御史黄均隆上《请一并裁撤时务学堂、保卫局、南学会片》。"再:陈宝箴信任梁启超、黄遵宪、熊希龄等。在湖南创立时务学堂、南学会、保卫局,伤风败俗,流毒地方,屡保康有为、杨锐、刘光第等,其称康有为至有'千人诺诺,不如一士谔谔'等语,旋闻前数日内,又电保谭嗣同等,今逆党已明正典刑,陈宝箴应如何惩治之处,出自圣裁,其时务学堂、南学会、保卫局,应请旨一并裁撤,以端风化,而厚人心。"(尹飞舟编:《湖南维新运动史料》,第171页。)

八月二十二(10月7日),黄遵宪致电张之洞,告以回籍调理:"武昌督宪钧鉴:昨求岘帅奏请开差,既邀恩准,改派李木斋。宪日内即回籍调理。谨此叩谢。遵宪叩。养。"(据中国社会科学院近代史研究所藏:《张之洞未刊稿·各处来电本》;《全集》上,第422页。)

本日,福建道监察御史黄桂鋆上《为惩治奸党折》,提出,乱党列作四等,黄遵宪为其一等,谓:"为今之计,宜将乱党列作四等,分别惩治。何谓四等?其一则同恶相济,结为死党,如黄遵宪、熊希龄、徐勤、黄遵楷、韩文举等,率皆大倡邪说,与康有为、梁启超等,朋比为奸。在京在外,彼此代谋保举,其处心积虑,直欲天下大权,皆归若辈之掌握而后快。至其欲立民主,每谓中国之弱,由于纲常名教,拘牵束缚,使人无自主之权,若非废弃一切,不能转弱为强。此等狂悖议论,康有为倡于两广,黄遵宪、梁启超等倡于湖南。自《时务报》盛行,而中外宵小之徒,群相附和。及康有为、梁启超来京,又复肆其簧鼓,乘变法之际,隐行其作乱之谋,遂致酿成叛逆,几误大局。现在罪案既定,则黄遵宪等似应一律拿问治罪,以杜后患。"(尹飞舟编:《湖南维新运动史料》,第171—172页。)

本日,张之洞致电陈宝箴等,要求裁撤新政诸事:"总署来电:奉旨:'湖南省城新设南学会、保卫局等名目,迹近植党,应即一并裁撤。会中所有《学约》《界说》《札记》《答问》等书,一律销毁,以绝根株。著张之洞迅即遵照办理。钦此。'自应钦遵裁撤销毁。查南学会应即日停撤；保卫局详细情形，未据湖南臬司详晰禀报。该局意在仿照洋街巡捕，究竟有无植党情事？近日绅民议论若何？每年实需经费若干？筹款是否有着？今裁撤以后，应否改归保甲局？应如何另定章程？即请台端妥筹电示，并饬该司等妥筹速复。至会中《学约》《界说》《札记》等书，饬该司等务即密速查获，所有版本、印本，迅即解送鄂省，不得遗漏一件，以便在鄂销毁，俾昭核实。即候示复，该司等并即会衔电复。养。"（尹飞舟编：《湖南维新运动史料》，第218页。）

  本日，陈宝箴复电张之洞，就南学会及保卫局情形作了答复，肯定黄遵宪在创办保卫局中的实际作用，谓："养电恭悉。奉旨：'湖南省城新设南学会、保卫局等名目，迹近植党，应即一并裁撤等因。钦此。'自应敬谨遵行。查湖南伏莽甚多，去冬胶澳事起，讹言繁兴，匪徒愈以毁教攻洋借图煽乱，士民亦多为所惑。除示谕外，令士绅广为开导，诸人因议设学会，冀相讲明。箴即于讲堂宣讲为倡，嗣因拿周汉，复讲一次，皆申明此义；具登二月朔、三月廿一《湘报》，可以覆按。后因讲者不能常在，又中外相安，大旨粗已宣明，自以阅经史各书为主，至四月即已停讲，惟听人时往翻阅书籍。会中答问，只随刻《湘报》，并无《札记》《学约》《界说》等刊版，惟学堂有之，即饬司检呈。此南学会本末也。省城痞匪繁聚，动辄滋事，每遇西人过境，府县辄多方求恳，劝勿入城。上年德人谔尔福坚欲入城，几肇大衅；英人苏理文亦然。因思上海、天津商埠肃然不扰，皆由设有巡捕，曾游欧、美各洲者，多言外国政治均以设巡捕为根本，与《周礼》'司救''司市'同义。湘省向设保甲局，委道府正、佐各员，及大小城绅数十人，合同办理，而统于臬司，岁縻金钱三万余串，久成虚设，痞匪、盗贼充斥市廛。现在西人往来络绎，倘被激成巨衅，必致贻误大局。乃与署臬司黄遵宪议，仿欧洲法设创巡捕。该司久历外洋，参酌中外情势，竭数月之力，议定章程数百条，至为精密。惟以臬司事繁，万难兼顾遽办，及交卸回任，乃令以长宝道专办此事。且预为岳州自行通商，设立巡捕，挑选备用之地。惟当积重难返、人情极玩之时，非改易观听不能有功，乃尽汰易向办员绅，改名"保卫局"，而谣谤起矣。所汰坐食委绅，多巨绅族戚，腾谤愈远，几格不行，箴力持决令，试行三四月再定行止。开办之日，痞匪竟聚众哄毁，城外三局亦坚不为动。布置既定，匪徒无可溷迹，相率散逋。甫一月，盘获拐带、窃盗甚众，交新设'迁善所'

分别收管习艺。迄今三阅月,城市肃清,商民无不称便。向来城中乞丐日常数百,现在清查户口,拟由保卫局设法安置。统计保卫局、迁善所及教养乞丐,月须银圆万余,城中商贾三万户,其最上及上户约以万家,最上户每月捐钱不及三元,讲每日不满百文,见此成效,当无一不乐从者。揣目前人情,除痞匪外,惟以停罢为虑,拟至九月再行奏咨。如众情集费尚有为难,即行停止。事专稽查匪类,官绅会办,随时去留,似毫无'植党'之嫌。所有章程,即日呈报,惟裁鉴施行。"(尹飞舟编:《湖南维新运动史料》,第218—220页。)

八月二十三(10月8日),因御史黄桂鋆上奏,清廷密电两江总督刘坤一,将黄遵宪秘密看管。黄遵宪至此日才"知湘中官吏一网打尽,始有余波及我之恐"。(《全集》上,第425页。)

八月二十四(10月9日),晨,上海道蔡钧派兵包围黄遵宪住所,"未起,即已操戈入室,下钥锁门矣。当时上海道亦不知其奉何公文,初迫之入城,继增兵围守,擎枪环立,若临大敌,如是者三日"。(《全集》上,第425页。)黄遵宪于当日上海情形,多有表述。《己亥杂诗》自注:"到沪病益亟,乃乞归,已奉旨俞允。或奏称康、梁尚匿余处,盖因其藏匿日本使馆而误传也。有旨命两江总督查看。上海道蔡钧张大其事,派兵围守。然余之所居,本上海道公所,且当时康已在香港矣。"(《诗草笺注》下,第840页。)又《己亥杂诗》自注云:"外人不知为所犯何事,疑为大狱。险语惊人,遍海内外,知交探问,隔绝不通。"(《诗草笺注》下,第841页。)

正先《黄公度》记:"其实北京政变时,康有为已失意,正在南下途中。梁任公则逃匿日使馆。任公致密电与公度,公度接电(斯时尚未被围守),即为转知康氏门徒之在沪者,转折运动英领事,以军舰截迎康氏于吴淞口外,复以六百金予任公之父及妻,属即逃往日本。公度办理此事,极为慎密,知者甚鲜。惟任公之妻,民国以后常以此告人也。"(张永芳、李玲编:《黄遵宪研究资料选编》上,第87页,香港天马图书有限公司2002年版。)梁启超《嘉应黄公度先生墓志铭》:"光绪二十四年,复以三品京堂候补充出使日本大臣,时先生方解湖南按察使任,养疾上海,淹留未行,而党祸卒起,缇骑绕先生室者两日,几受罗织。事虽得白,使事亦解。先生遂归田里。"(《全集》下,第1571页。)

本日,刘坤一电总理衙门:"漾电谨悉。黄遵宪现住上海北洋务局,已饬沪道蔡钧派员妥为看管。惟洋务局密迩租界,深虑外人出而干预,转于政体有碍。黄遵宪系三品京堂,现未褫职,该道未敢径拘,应如何办理,请旨遵行。除饬该道严密防守外,请代奏。坤一。敬。"(《总理各国事务衙门清档·收发电》,01-38,中研院近代史所档案馆藏。)

本日,日本驻上海领事诸井六郎将黄遵宪被拘事电告日本驻华代理公使林权助,时伊藤博文在上海,要求诸井致电林权助。据黄遵庚言:当时黄遵宪随员何寿朋(学士梁,进士出身,何如璋长子)建议说:"此事,须急谋对付,我当设法外出,往找你的日本学生犹原陈政(系遵宪在日本时,跟遵宪学习汉文的学生,后随伊藤博文来华,留居上海虹口),请其急电伊藤博文援救。"黄遵宪同意。于是何化装为伙夫,混同公所大厨房出外采购,得安然跑至虹口谒犹原氏,犹原乃据情急电伊藤博文请援。(《全集》下,第1600页。)电文如下:"北京。林。伊藤侯爵要我发电如下:10月9日上午,上海兵备道奉诏派兵监守已被解职的清驻日本公使,以等待新的命令。形势对他已十分危险。我希望你采取直接的行动以解救他,如可能的话即提出抗议,因其曾是清驻日本公使。电复。诸井。"(《近代史资料》,总111号,第53页,中国社会科学出版社2005年版。)

八月二十五(10月10日),日本驻华代理公使林权助约见总理衙门王大臣,并向东京日本外相大隈重信报告事情的经过,电文如下:"东京。大隈。195。根据伊藤侯爵的要求,驻上海代理总领事电告,黄遵宪因朝廷之命而被监禁。侯爵忧惧其生命危险,希望我能解救他,如有可能的话,即抗议这种凶暴的方法,因其曾是清驻日本公使。我今天下午去见王大臣交涉此事。林。"(《近代史资料》,总111号,第54页,中国社会科学出版社2005年版。)

本日下午,林权助见过总理衙门王大臣后,再电大隈外相报告交涉经过:"东京。大隈。196。关于下官第195号电报一事,下官已向王大臣表明了黄遵宪曾任清国驻日本公使,而对黄遵宪的苛酷处置,将影响两国关系。王大臣回答说,并无黄遵宪被兵看管一事。然下官强烈要求其确认此事。王大臣已允诺。依密旨行事而不为总理衙门所知之事,往往有之。"(《近代史资料》,总111号,第54页,中国社会科学出版社2005年版。)事后林权助报告谈话内容称:"我谈起了清国政府先前宽大的上谕,并未能达到安定民心的目的,禁止报纸的发行尚且说得过去,像今日的公然逮捕处罚新闻记者的命令,只是一个狂暴政府的所为。且其若照这种样子走下去,内则扰乱人心,外则失信列国。清国今日之状况与三四百年前外交之情有所不同,不能重温以前盛世之梦。一有闪失则必遭外国干涉。特别又警告他们说,清国在外国尚有巨万外债,若有内政之乱,清国之公债必要出现价格上的重大损失,英、法等国之债主决不会默然处之,其政府也不会袖手旁观。因此,清国政府在处理今日之政变时,自应审视其地位,若逆时而动,失于暴戾,则必遭外邦干涉。对此不可以不深加警戒慎重。"林权助在劝告的同时,还提交了一份书面照会:"王爷、大人台启:径启者:刻准驻沪领事电称:十月九日即贵历八月二十四日。兵备道奉旨拘黄遵宪等语,查该前大臣因病久未愈,开去差使,其以三品京堂候补,派驻大日本国等因,贵王大臣前往照会本署大臣查照,转达本国政府在案。今乃如此,未免有关本国颜面。惟贵王大臣熟思而审处之。专此。顺颂时祉。名另具。十月初十日。林权助。"(茅海建、郑匡民:《日本政府对于戊戌变法的观察与反应》,《历史研究》,2004年第3期。)

本日夜,黄遵宪得以放归,有诗《放归》纪之:"绛帕焚香读道书,屡烦促报讯何如。佛前影怖栖枝鸽,海外波惊涸辙鱼。(上海道蔡钧,遽以兵二百名围守,捧枪鹄立,若临大敌。寓沪西人,惧余蹈不测,议聚众劫余他徙。而日本驻京公使亦请于总署。余虑其重滋余罪也,转为之慄惧。)此地可能容复壁,(廿五夜,得总署报云:"查康未匿黄处,上意业已释然,已有旨放归"云。)无人肯就问筱舆。玉关杨柳辽河月,却载春风到旧庐。"(《诗草笺注》下,第776页。)《己亥杂诗》自注作八月二十六日(10月11日)夜"乃得旨放归",与《放归》诗自注相差一日。黄遵宪致陈三立函亦曰:"廿六日,得总署报云:'查明康未匿黄处,上意释然,已有旨放归矣。'或言弹劾者多,终以事无佐证得脱于罪。或又言某某初匿于日本使馆,或传为初匿于出使日本之馆,致生歧误,至今尚未知所犯何事也。"(《全集》上,第425页。)

黄遵宪之得免放归之原因,有多种说法:一曰乃日本伊藤博文与清廷之交涉。康有为《黄公度诗集序》:"日故相伊藤博文救之,乃免。"(《全集》上,第68页。)二曰伊藤博文出面,英国遣兵保护。叶昌炽《缘督庐日记》:"使日大臣黄公度同年,先有密谕交两江督臣看管,因日本伊藤侯为之缓颊,英人又遣兵保护,遂得旨放归。"三曰总署章京袁昶力为剖白乃得救。《太常袁公行略》:"京卿黄公遵宪,以被疑饬羁于沪。公密言于枢部,力为剖白,且谓万不可再事钩求,致成党祸。会外人亦以为请,遂得释。"(《诗草笺注》下,第776页。)光绪二十四年八月二十八日(10月13日)《申报》称:上海道蔡钧将黄遵宪"看守于沪北洋务局中,嗣有某侍郎奏请从轻办理,由南洋大臣转电蔡使观察,蔡即至洋务局道喜,温慰再三,星使一笑置之"。蔡钧后被弹劾纵放黄遵宪,同年十月开缺。皮锡瑞九月二十五(11月8日)日记:"节吾云:前公度发看守,因有人奏康有为藏彼处,搜索无所获。人皆知康到外洋,而犹有此妄言,故朝廷亦厌之,以挟私攻讦为戒也。"(尹飞舟编:《湖南维新运动史料》，第792页。)据周孝怀《黄公度臬台》云，时正在中国"旅行"的前任日本首相伊藤博文往上海探望黄遵宪，"他①被押在英租界洋务局……我去看过他三次。第三次正碰着伊藤博文由北京到上海去拜访他。我在壁后，看见伊藤博文满面怒容，痛骂北京政府，最后说：你的事交给我。不用急。我心里正高兴，公度先生却极严肃地答复伊藤道：'这是中国内政，你不必干预。'真叫我又佩服又着急。结果，伊藤打个电话给北京总理衙门，进一步要求说：'这次日本公使非黄遵宪，我们不接待。'总理衙门吓倒了，才由李鸿章出来调停，改拿问为革职回籍。"(张永芳、李玲编：《黄遵宪研究资料选编》上，第107页，香港天马图书有限公司2002年版。)今案：周孝怀纪事多妄诞，聊备谈助而已。

本日，张之洞致电总署，奏报裁撤湖南南学会、保卫局情况："钧署电传二十一日奉旨：'湖南省城南学会、保卫局等名目，应即一并裁撤。会中《学约》《界说》《札记》《答问》等书，一律销毁等因。钦此。'当即电饬湖南藩、臬两司钦遵，将南学会、保卫局即日裁撤；《学约》等书，饬将版片、印本查齐，一律销毁。已据该两司电复，即日钦遵办理，并据称：'南学会自四月底即已停讲，现将在事人等即日裁撤'等语。谨先由电复奏。请代奏。有。"(尹飞舟编：《湖南维新运动史料》，第220—221页。)

本日，黄遵宪得梁鼎芬绝交信。黄遵宪《己亥杂诗》怀梁鼎芬诗自注："八月二十五日得一纸，曰□与□绝交。然乙未九月，余在上海，康有为往金陵谒南皮制府，欲开强学会，□力为周旋。是时余未识康，会中十六人有余名，即□所代签也。又闻□与康至交，所赠诗有南阳卧龙之语。及康罪发，乃取文悌参劾之折，汇刊布市，盖亦出于无奈也。"(《诗草笺注》下，第842页。)

八月二十六(10月11日)，日本外相大隈致电代理公使林权助，要求就黄遵宪事再次向总署施压："你应以我在第125号电报中提到的方式，强烈地再次向总理衙门施加压力；有必要抑制过分的举动，这不仅是对黄遵宪，而且包括其他改革派人士。"(《近代史资料》，总113号，第2页。)

本日，林权助致电日本外相大隈："黄遵宪之辞任(或罢免)并非为疾病，可能还是同一理由。政府一反当初公开宣称的持温和主义的态度，转持过激政策，反对改革派即满洲派的势力逐渐嚣张。即已施行的诸项改革几乎全部取消。清国政府发布敕令，禁止报纸发行，以'惑世莘民'之罪名逮捕新闻记者，对之进行严厉的处罚。下官昨日至总理衙门，对清国政府

---

① 指黄遵宪。

所采取的过激措施,用严厉的语言陈述了反对意见,当时只有下级官吏在场。明天庆亲王可能会见下官,彼时下官准备就此事对其提出警告。然而,庆亲王及其总署大臣势力极小,目前似乎西太后及总理衙门以外数名满洲大臣掌握着此次的运动。"(《近代史资料》,总113号,第3页。)

本日,刘坤一致电总理衙门:"有电敬悉,遵即转电沪道遵照。黄遵宪本未革职,惟系奉电旨看管之人,不得不格外慎重。是以该道亲自驻局,妥为看管。昨夜据电称,今日有英租界包探四人至局外马路上窥问,情形可疑。英人议论繁多。伯爵柏理旰面告川督奎俊,即事若不公,必当干预。又据电称,探得日本人今日会议,约同英人欲干预黄事各等语。上海洋人萃处,近来干预极多,该道所采自系实情。应请旨将黄遵宪迅赐发落,以免另生枝节。再,蔡钧叠次劝令黄遵宪入城住署,均以恐滋议论为辞。合并声明。除电饬该道妥慎防范,静候谕旨,不得稍涉张皇外,请代奏。坤一。宥。"(《总理各国事务衙门清档·收发电》,01-38,中研院近代史所档案馆藏。)

本日,军机大臣字寄两江总督刘坤一,奉上谕:"前据刘坤一奏称,出使日本大臣黄遵宪病请开缺等语。黄遵宪业已准其开去差使,著刘坤一饬令该员即行回籍。"(上谕档,光绪二十四年八月二十六日,中国第一历史档案馆藏。)

八月二十七(10月12日),张之洞致电俞廉三、李经羲、夏献铭,建议保留保卫局:"迴电悉,已由电复奏,言两事均即日裁撤矣。保卫局即是洋街巡捕,其详章敝处未能深悉,广询湘人,均言近来颇有成效,尚无植党情事。至兼办迁善习艺、教养穷民等事,乃地方应办之事。惟经费稍多,不易筹。窃谓若商民以为有益,自愿捐资,似可仍用旧日保甲局之名,而力扫冗滥縻费、敷衍具文之积习,采取保卫局章,参考民情,斟酌妥善。如保卫局章有不妥之处,尽可酌改,或将捐数酌减。总之,此事似当以能否筹款为断。明春岳州开埠,系我自设巡捕,此项章程,留为岳州开埠之用,亦甚有益。请详酌示复。当于复奏折内详陈。至原定章程数百条,敝处并未得见,望速寄。并转达陈中丞为感。感。"(尹飞舟编:《湖南维新运动史料》,第221页。)

本日,张之洞致陈宝箴,解释保卫局改保甲局事:"漾、有两电悉。保卫局似不能有植党情事,惟严旨令撤,不能不撤。已电饬两司,改归保甲局,筹酌款项,参考民情,妥议章程,认真整顿,以副化莠安良之盛意。他日复奏,当详晰上陈。余详致新旧两司电。感。"(赵德馨主编:《张之洞全集》第九册,第349页,武汉出版社2008年版。)

本日,总署照会林权助公使:"林大人台启:径启者:日前贵署大臣函称,准驻沪领事电,兵备道奉旨拘黄遵宪,请熟思审处等因。本衙门当即电询南洋大臣去后。昨据复称,前因传闻逃犯康有为隐匿黄遵宪处,是以饬令江海关道前往访查。嗣经查无其事,即作罢论,并无拘留黄遵宪之说。且已有旨令其回籍矣。相应函复贵署大臣查照可也。此复。即颂日祉。名另具。八月二十七日。王文韶、崇礼、廖寿恒、徐用仪、袁昶。"(总理衙门致林权助照会,光绪二十四年八月二十七日,外务省记录,1-6-1-4-2-2第1册。引自茅海建、郑匡民:《日本政府对于戊戌变法的观察与反应》,《历史研究》,2004年第3期。)

本日,林权助接到总署回复:黄已获自由。林权助即将此消息电告大隈外相,外务省官员还将此消息上奏日本总理大臣、各省大臣、参谋总长、军令部长。(《近代史资料》,总113号,第3页。)

本日,刘坤一致电总署:"宥电因黄遵宪已奉旨看管,外人欲出而干预,据情代奏,仰祈圣览。顷蔡钧电称昨夜两点半钟,洋务局忽来洋人数十名撞栅栏门不开,即有七人从西越进,手执军械,声称要劫夺黄遵宪父子二人。已起西兵团练接应。钧督同县委在局看管,闻警即出拦阻,并饬丁役分投抵御,一面赶召律法官担文来局作证,仍令婉言开导。辩论片时始去。据担文云,团兵再来恐不能御。现在沿路加派西捕,显系蓄意劫夺。如果将黄从轻发落,务请谕旨早降,以释群疑。即应治罪亦须阳示宽大,俟至原籍办理。在沪举支,恐于国体有碍。缘西人咸疑中国禁遏新政,即告以事不相涉,决不能信等语。钧恐再生枝节,既难力抵御,又难听其攫拿,伏候电示前来。查黄遵宪尚在待勘,经该道驻局看管,防范甚严,外人突谋攫夺,情迹昭著。况康犯确系英舰接去,梁犯闻由倭人挟逃,担文所言甚属可虑,不敢壅于上闻。应请旨迅赐定夺,以杜外侮而释群疑。请代奏。坤一。宥申。"(《总理各国事务衙门清档·收发电》,01-38,中研院近代史所档案馆藏。)

八月二十八(10月13日),黄遵宪致电张之洞:"武昌督宪钧鉴:奉旨,无事。即日回籍。遵宪叩。"(《张之洞存各处来电》,戊戌第6册,所藏档号:甲182—137。)

本日,日本上海领事诸井向东京的外务次官鸠山和夫详细报告了就黄遵宪事与清政府交涉的经过:"关于黄遵宪释放之事机密第52号根据北京政府的密令，黄遵宪自10月9日以来一直被拘禁在本地道台衙门内。对于此事，本地一般予以否认，但各国领事均不相信。据探听到的消息，如英国领事为释放黄遵宪试着进行了一些活动，卑职也立即致电北京林代理公使询问良策。昨日即12日，据可靠的密电，黄遵宪无事，被解除拘禁。当日下午，道台亲自来到本馆，频频向卑职解释道，黄遵宪的拘禁并非真的拘禁。目前，由于释放了黄遵宪，当地人心多少有些缓和之感……据说，黄遵宪现在尚暂时留在本地休养。特此报告，敬具。"(《近代史资料》，总113号，第8—9页。)

本日，林权助致大隈重信电函也谈到就黄遵宪事与清政府交涉的经过："东京。大隈。203。庆亲王昨日访问下官，代表清国政府对此次的暴行表示歉意，又谈到了清国政府准备在北京成立警察队一事，并希望外国军队尽可能早日从北京撤出。下官希望清国政府在恰当的时期请求列国公使同时撤兵。同时下官又告诉他，那时日本肯定会依照清国政府的意图尽力。关于黄遵宪被捕一事，清政府已作了回答，且查明其涉嫌包庇康有为一案纯属无根之谈，现已将其开释，令其回归故里。庆亲王也口头作了相同的回答。下官又对其进行了严厉的警告，大意是：清政府过激的措施十分失策，应保持诸事稳定等等，而且委托庆亲王将日本的警告转告给西太后和内阁成员。庆亲王对日本的告诫表示了谢意。"(《近代史资料》，总113号，第7—8页。)

八月二十九(10月14日)，黄遵宪得陈宝箴来电，云"将往庐山，以后野鹤闲云，相见较易"。(汪叔子、张求会编：《陈宝箴集》下，第1623页，中华书局2005年版。)

九月初一(10月15日)，黄遵宪自上海启程南归，有诗《九月朔日启程由上海归舟中作》纪之。诗云："月黑霜凝点客衣，寥天雁影乍南飞。一池水问千何事，万里风劳远送归。测镜回看星贯索，解装待问石支机。旁人莫误三能望，遥指银潢望紫微。"(《诗草笺注》下，第777页。)

本日，日本驻京公馆发出《林权助代理公使致大隈重信外相报告》，专门谈到黄遵宪被拘后日本公使馆与总署交涉的经过，内容如下："关于拘留黄遵宪一事与总署往复公文。机密第101号。关于上海兵备道拘留黄遵宪一事，诸井代理总领事有内容如甲号附件的电报。下官暂时作了电复，其内容如乙号附件。与此同时，又发了内容如丙号附件的电报。正如丁号附件所写的那样，下官向清政府递交了一份书面公文，内容是：黄氏以疾免去职务一事，发生在其以三品京堂候补充任驻日本大臣的照会已给我政府之后，今日却提出此种理由，不免关系本国的体面，请认真考虑，谨慎处理。而且下官前往总署详细地进行面谈。自给贵大臣如戊、己号附件所载的电报，诸井代理总领事庚号电报以后，接到如辛号附件所写总署大臣的通知：由于听到在逃犯康有为藏身黄氏处之传闻，虽命上海道台查访，但结查上述事纯属无根之谈，于是终止了调查，而且并无拘留黄氏一事，该人已遵谕旨回归乡里。翌日收到诸井总领事馆事务代理的壬号来电，如癸号附件所写的那样，下官已发给了贵大臣。谨呈。敬具。代理公使林权助（印）。"（《近代史资料》，总113号，第10—11页。）附件丁号："王爷大人台启：径启者。刻准驻沪领事电称：10月9日即贵历八日二十四日，兵备道奉旨拘黄遵宪等语。查该前大臣因病久未愈，开去差使，其以三品京堂候补派驻大日本国等因，贵王大臣前往照会本署大臣查照，转达本国政府在案。今乃如此，未免有关本国颜面。惟贵王大臣熟思而审处之。专此。顺颂时祉。名另具。十月初十日。林权助。"附件辛号："林大人台启：径启者。日前贵署大臣函称：准驻沪领事电，兵备道奉旨拘黄遵宪，请熟思审处等因。本衙门当即电询南洋大臣去后，昨据复称，前因传闻逃犯康有为隐匿黄遵宪处，是以饬令江海关道前往访查，嗣经查无其事，即作罢论，并无拘留黄遵宪之说，且已有旨令其回籍矣。相应函复贵署大臣查照可也。此复。即颂日祉。名另具。八月二十七日（我10月12日）。王文韶、崇礼、廖寿桓、徐用仪、袁昶。"（《近代史资料》，总113号，第10—11页。）

九月初五（10月19日），林权助在发给大隈重信的电报中却提到上述日方"严厉警告"的内容："本月6日会见总署官员之际，下官以上谕与事实大径相庭之事向其诘问。然而又继续接到黄遵宪被逮捕的飞报，其情况已在第101号机密信中具报。此外下官本月10日赴衙门试图进行忠告。下官谈起了清国政府先前宽大的上谕，并未能达到安定民心的目的，禁止报纸发行尚且说得过去，像今日的公然逮捕处罚新闻记者的命令，只是一个狂暴政府的行为。且其若照这样走下去，内则扰乱人心，外则失信列国。清国今日之状况与三四百年前外交之情形有所不同，不能重温以前盛世之梦，一有闪失则必遭外国干涉。特别又警告他们说，清国在外国尚有巨万外债，若有内政之乱，清国之公债必会有重大损失，英、法等国之债主决不会默然处之,其政府亦不会袖手旁观。因此,清国政府在处理今日之政变时,应就审时度势,若逆时而动,失于暴戾,则必遭外邦干涉。对此不可以不深加警戒慎重等等。过了两日,本月 12 日,庆亲王来访之际,下官将前言(即劝清朝对改革派与改革措施实行温和主义的政策)反复对其论说,向其传达了日本政府的忠告,并请其转告给西太后及各位军机大臣。"(《近代史资料》,总 113 号,第 18 页。)

九、十月间(10 月—11 月),黄遵宪回到久别的家乡,有诗。其《纪事》云:"贯索星连熠熠光,穹庐天盖暮苍苍。秋风鼓吹妃呼豨,夜雨铃声劬秃当。《十七史》从何处说,百年债看后来偿。森森画戟重围柝,坐觉今宵漏较长。《到家》云:"处处风波到日迟,病身憔悴尚能支。少眠易醒藏蕉梦,多难仍逢剪韭时。大海走鳗寻有迹,老翁失马卜难知。援琴欲鼓《拘幽操》,月在中天天四垂。"(《诗草笺注》下,第 775、778 页。)

九月十七(10 月 31 日),陈宝箴卸湖南巡抚任,上《沥陈悚感下忱并交卸湘抚日期折》。折曰:"谨于九月十七日将巡抚关防王命旗牌文卷等件,委长沙府知府颜钟骥、署抚标中军参将杨定得,赍送新任抚臣俞廉三祗领。臣即于是日交卸回籍。"十月初七日奉朱批:"知道了,钦此。"(尹飞舟编:《湖南维新运动史料》,第 173 页。)

九月二十(11 月 3 日),陈宝箴偕子陈三立离湘回籍。初拟移家庐山,旋欲赁居九江,以所托非人,又不果,乃徙南昌。新任湘抚俞廉三与湘中士绅多人往送行。(马卫中、董俊珏:《陈三立年谱》,第 236 页,苏州大学出版社 2010 年版。)黄遵宪听闻陈宝箴偕子举家往庐山,乃致信与陈三立,告知其在粤之通信住址。"戊戌九月,由沪回粤,闻公举家往庐山,乃由邮局寄一缄于九江探询,想此函必付浮沉矣。函中无他言,但有寄粤信住址耳。"(《全集》上,第 424 页。)

本月,黄遵宪回到家乡后,积极参与乡土政治和公益事业。首先是请办团练,"告之刺史,刺史关君遂约办团练事"。其次是与一批乡绅募勇储粮。(张继善:《梅县历代乡贤事略》。)

秋冬之际,黄遵宪购地扩建书房人境庐。时黄遵宪所居之邻,有废屋数间,黄遵宪以二百万钱购得,葺而新之,有楼岿然独立无壁。然纵横不过数丈,而邻居逼处,更无可展拓。偶有营造,便会受邻居之指责。(《诗草笺注》下,第 794 页。)

十月初二(11月15日),《申报》以"新印日本国志"为题,连年累月刊登广告,至光绪二十七年(1901年):"是书为粤东黄公度廉访所著,廉访前曾赞使日本,研求彼国数千年来礼、乐、兵、刑,而与明治维新力行新法,尤三致意焉。成书四十卷,原原本本,洽见殚闻。本局排行精良,分装十本,告成之后,购者如云,计每部码洋二元五角,世有先观为快者,请临申报馆申昌书室及各书坊购取可也。"(王宝平:《黄遵宪〈日本国志〉清季流传考》,《文献》,2010年第4期。)据统计,《申报》上的《日本国志》广告,1898年刊登二十一次,1899年四十六次,1900年六十四次,每次都出现在头版,直至1901年9月7日后才告一段落。

十月十四(11月27日),张荀鹤上《请裁湖南保卫局折》,请求在裁撤南学会、湘报馆撤除之时,将保卫局也一并撤除。折中强调:"现在仅将学会、报馆撤去,而保卫局余毒犹留。"(尹飞舟编:《湖南维新运动史料》,第174页。)

十二月十三(1899年1月24日),湖南巡抚俞廉三上《裁撤保卫局仍复保甲团练折》,就十月十四日张荀鹤有关"保卫局余毒犹留"问题作了阐述。他说:"光绪二十四年,前抚臣陈宝箴,因人心浮动,伏莽堪虞,兼以前此德国人谔尔福等游历至省,痞徒哄噪,几酿衅端,意欲别求善策;适前署臬司盐法道黄遵宪,以久在外洋,极言欧美诸洲政治,咸以设巡捕为根本。爰议改保甲局为保卫局,仿照上海等处租界巡捕成法,于省城内设保卫总局,城厢内外划分地段,设分局六所,小分局三十二所,分派员绅经理,召募巡查四百余名,巡查长等九十余名,轮班巡绰,手定章程数百条,陈宝箴深以为然。札委黄遵宪总司其事,并委在籍候选道左孝同会办,于六月初九日开局,其薪水口粮等项,所需洋银制钱,约共折合银八九万两。以保甲局原支经费拨抵,不敷之数尚多,遂议于城厢店铺,挨户劝捐,奈近年商贾利薄,不乐输将,筹捐之议一出,固已大拂众情,加之巡查衣幅形式窄狭,手携短杖,甚似洋装,以致群情疑怪,物议沸腾。嗣后巡查屡于街巷盘获拐窃匪徒,立将人赃给主认领,商民渐皆称便,怨詈因是渐平。然需费浩繁,无从筹措,其势万难持久。臣到任之日,即饬署臬司夏献铭,查照保甲旧章,认真整顿。其团练事务,仍由原委之前山东藩司汤聘珍经理兴办,与保甲相辅而行。惟省会五方杂处,巡查不尽良民,若骤然全撤,转恐勾匪滋事,反致扰累商民。是以先将总局撤换,分局裁并,巡查次第减汰,均归保甲局管辖,俟保甲团练办理就绪,再将巡查悉数撤退。现在保甲团练,渐有规模,业将分局员绅暨巡查勇等,全行裁竣。其黄遵宪原定章程繁琐难用,早经屏废,此湖南省开办保卫局及改复保甲团练旧章之始末也。又,原奏黄遵宪勾结英人来长沙,照料开局一节。查保卫局开办之先,黄遵宪在于汉口雇募曾充洋街华捕之人六名来湘,充当教习,维时适有法国考求格致人员何利雅等四人游历到省,经黄遵宪陪进抚署,外间讹传,遂有英人照料开局之说,实则何利雅等与陈宝箴接谈数语,旋即登程,黄遵宪所雇俱系华人非英人也。至左孝同,系原任大学士臣左宗棠之子,保卫局初拟派绅会办,在籍绅士,多因经费难筹,不肯与闻。左孝同经黄遵宪坚邀,遂受札入局会办。局中一切事务,皆黄遵宪一人主持。惟委绅多由左孝同选用,臣到任撤局改归臬司,即未令左孝同干预其事,切加访查,在局时亦无把持及依附奸邪实迹。"(尹飞舟编:《湖南维新运动史料》,第176—178页。)

十二月二十六(2月6日),张之洞上《裁撤南学会并裁并保卫局折》:"至保卫局之设,饬两司切实查覆,经升任湖南抚臣俞廉三前在布政使任内,会同署按察使夏献铭详称:'前署臬司黄遵宪以原设保甲局员绅懈驰,因参酌各通商马头捕房条规,添设大小各分局,派委员绅设立巡捕,更名保卫,拟定章程,均以缉捕盗贼,清查户口为主。其附于保卫局之迁善所,凡失业流氓犯有赌窃等事,即收入所内看管,延致工匠教习手艺,令其改过自新,艺成限满察看保释,与他省之自新所章程相同。惟湘省民情与洋教素不相能,开办之初,人以仿照洋场办法,不免惊异,浮议颇多。迨试办数月,城厢内外昼夜有人梭巡,凡宵小之徒皆为敛迹,廛市一清,商民翕然安之。惟与保甲名异实同,实属多立名目,且设局太多,经费过巨,劝令民捐,力有未逮。现拟裁归保甲局,撙节用款,核实办理'等情,详请核办前来。臣复于湘省来鄂官绅详加询考,据称:'保卫局系变保甲之名而行保甲之实,颇有成效,尚无植党情事'等语。臣查保卫局既系办理保甲局务,其兼办迁善习艺教养难民亦地方应办之事,原不必另立保卫之名;且办事期在核实,亦不必仿照洋场文饰之观,以示奇异,自应仍用旧日保甲局名,而力扫滥支敷衍之积习。现在迭次钦奉谕旨,整顿保甲,臣已严饬该司将所有局章参考民情斟酌妥善,酌减捐数,督饬员绅认真巡缉,期事有实效,款不虚糜,仰副朝廷绥靖闾阎之至意。"(尹飞舟编:《湖南维新运动史料》,第180—181页。)

本年,黄遵宪在家,有感戊戌政变,作《感事》八首。

"授受元辰纪上仪,帝尧训政典留贻。谁知高后垂帘事,又见成王负扆时。九鼎齐鸣惊雉雊,千金悬格购龙医。白头父老纷传说,上溯乾嘉泪欲垂。"

"上变飞腾赤白囊,两端首鼠疾奔忙。刚闻赤板连名奏,便召长枪第六郎。驰骑锁门谋大索,屯桥阻水伺非常。珠襦武帐诸臣侍,亟诏明晨幸未央。"

"推车弄顶看文康,变态真如傀儡场。五百控弦谋劫制,一丸进药失先尝。传书信口诃西母,改制称尊托素王。九死一生仍脱走,头颅声价重天亡。"

"金瓯亲卜比公卿,领取冰衔十日荣。东市朝衣真不测,南山铁案竟无名。芝焚蕙叹嗟僚友,李代桃僵泣弟兄。闻道诉天兼骂贼,好头谁斫未分明。"

"父子相从泣狱扉,老翁七十荷征衣。一家草索看生缚,三寸桐棺待死归。凿空虚槎疑汉使,涉江奇服怨湘妃。可怜时后才无几,瓜蔓抄来摘更稀。"

"下诏曾宣母子离,初闻逐谏后笞儿。心肝谁奉藏衣诏,骨肉难征对簿词。一网打余高鸟尽,九泉曲处蛰龙知。恩牛怨李原无与,莫误忠奸读党碑。"

"师未多鱼遂漏言,如何此事竟推袁?柏人谁白屠王罪,改子终伤慈母恩。金玦庋凉含隐痛,杯弓蛇影负奇冤。五洲变法都流血,先累维新案尽翻。"

"太白星芒月色寒,五云缥缈望长安。忍言赤县神州祸,更觉黄人捧日难。压己真忧天梦梦,穷途并哭海漫漫。是非新旧纷无定,君看寒蝉噪众官。"(《诗草笺注》下,第779—793页。)

陈衍评曰:"《感事》有云,言戊戌八月事也。"(陈衍:《石遗室诗话》,第107页,人民文学出版社2004年版。)

黄遵宪到家后,蛰居乡间,因地处偏僻,"所居地电报局①均不能通"。与外界多有隔阂。因党祸牵连,亲朋故旧亦多未敢登门拜访叙旧。生活平静,就在这种平静的日子里,黄遵宪身体逐渐复原。黄遵宪光绪二十七年

---

① "电报局",《人境庐杂文钞》作"电报邮局"。

(1901年)《致陈三立函》:"到沪后停药,因水土已易,即渐渐复原。九月到家,将养数月,即如常矣。"(《全集》上,第425页。)

　　本年冬,丘逢甲特从潮州赶到嘉应州拜见黄遵宪,受到了黄遵宪的盛情款待。两人畅谈时局,惺惺相惜。临别前,黄遵宪请丘逢甲为他刚刚修复的书房"无壁楼"题写对联,丘逢甲欣然命笔,借用屈原遭楚怀王放逐的典故,以黄遵宪之被"放归"如同屈原受楚怀王放逐。书一联曰:"陆沉欲借舟权住;天问翻无壁受呵。"(《诗草笺注》下,第794页。)黄遵宪甚是赞赏,因足成一诗:"半世浮槎梦里过,归来随处觅行窝。陆沉欲借舟权住,天问翻无壁受呵。偶引雏孙问初月,且容时辈量汪波。湾湾几曲清溪水,可有人寻到钓蓑?"(《诗草笺注》下,第794页。)

　　丘黄见面时间,有说在"本年秋",(丘铸昌:《丘逢甲交往录》,第5页,华中师范大学出版社2004年版。)有说在"本年冬"。(郭真义:《晚清粤东客籍诗人群体研究》,第159页,当代中国出版社2004年版。)黄遵宪秋间回乡,迨书房之新修成,或已入冬。而本诗编次在《寒夜独坐卧虹榭》及《己亥杂诗》之前,故知为1898年。(《钱谱》。)故丘黄见面时间当在"本年冬"。

　　本年,黄遵宪在家,有诗。寒冬,独自一个人坐在人境庐内的卧虹榭,心中彷徨,作《寒夜独坐卧虹榭》:"今时何时我非我,中夜起坐心旁皇。风声水声乌乌武,日出月出团团黄。层阴压屋天四盖,寒云入户山两当。回头下视九州窄,高飞黄鹄今何方?"(《诗草笺注》下,第795页。)偶尔小饮,微有醉意,黄遵宪在人境庐中亭内休息,作《小饮息亭醉后作》:"斜日江波听鹧鸪,鹧鸪啼处是吾庐。酒酣仍作思乡梦,径仄难为《益地图》。偶约故人同茗艼,居然丈室坐莲须。朝朝捧牍应官去,忽忆吴江老钓徒。"(《诗草笺注》下,第796页。)黄遵宪家居养病,回首戊戌政变,犹心有余悸,作《仰天》:"仰天击缶唱乌乌,拍遍阑干碎唾壶。病久忍摩新髀肉,劫余惊抚好头颅。箧藏名士株连籍,壁挂群雄豆剖图。敢托鸩媒从凤驾,自排阊阖拨云呼。"(《诗草笺注》下,第797页。)偶见大雁,亦觉惊弦,又梦海外故人书,作《雁》:"汝亦惊弦者,来归过我庐。可能沧海外,代寄故人书。四面犹张网,孤飞未定居。匆匆还不暇,他莫问何如。"(《诗草笺注》下,第798页。)

　　本年,黄遵楷在北京参加会试未中,但获大挑引见,得知县分发福建。(郑海麟、黄延康编撰:《黄伯权传记》,第15页,培富印刷1997年版。)

　　本年,宛平徐仁铸跋黄遵宪诗,谓其:"独莹心灵,浒潆万有,自成格调,洸洸大风。"(《诗草笺注》下,第1086页。)

本年冬,黄遵宪获严复《天演论》一卷,又为其大著作和好姻缘作诗。"戊戌之冬,曾奉惠书并《天演论》一卷。正当病归故庐,息交绝游之时,海内知己,均未有一字询问,益以契阔。嗣闻公在申江,因大著作而得一好姻缘,辄作诗奉怀,然未审其事之信否也。诗云:'一卷生花《天演论》,因缘巧作续弦胶。绛纱坐帐谈名理,似倩麻姑背痒搔。'"(《全集》上,第434页。)

本年,香港辅仁文社成员、广东开平人谢缵泰感慨时局,绘制《时局图》(全名为《东亚时局形势图》),最初版本,熊代表俄国,狗代表英国,太阳脸代表日本,香肠(一说是蛇)代表德国,鹰代表美国,青蛙代表法国。并附诗一首:"沉沉酣睡我中华,那知爱国即爱家。国民知醒宜今醒,莫待土分裂似瓜。"此图发表后,影响极大,广东一位爱国志士将此图加以修改,以虎代英,再添上刻画清廷昏聩形象。加上"不言而喻,一目了然"之句,并将谢诗改为广东话长诗。黄遵宪居家期间,人境庐中一直悬挂此图。

黄遵宪年谱长编卷四

(1899年—1905年)

说明:

本卷记述光绪二十五年至光绪三十一年(1899—1905年)黄遵宪五十二岁至五十八岁主要事迹。

黄遵宪解职归家后,赋闲在家乡前后八年,此时清政府内忧外患,历经1900年的自立军起义、惠州起义、义和团运动和八国联军的入侵,两宫西狩,清廷陷入空前的危机中。辛丑条约签订后,清政府推行新政。在家的黄遵宪已经对政治实践避而远之,他先是婉拒了李鸿章的邀请,不愿出山,对唐才常领导、丘逢甲积极参与的自立军起义也不与闻,对当时风云初起的反清革命运动也持漠视态度。但是,黄遵宪的爱国之心却始终如一,对光绪皇帝的知遇之恩念念不忘。他用诗歌来表达他的政治主张,怀念他所熟悉的人和事。特别是义和团运动时期,他对国家的安危和对光绪的关心跃然纸上。

光绪二十八年(1902年),他与梁启超恢复了通信联系,他的思想又一次被点燃,在他与梁启超的九封通信中,黄遵宪全面阐述了其变法的思想的形成和演变的过程,总结变法经验,提出今后中国变革的进步的主张,他猛烈批评专制制度,认为中国之进步,"必先以民族主义,继以立宪政体"。这些思想通过梁启超办的报刊得到传播。在与严复的通信中,黄遵宪提出造新字、变文体的文字改革思想,成为白话文改革的先声。

黄遵宪居乡期间,极力发展地方教育和地方文化事业。清政府学制改革后,把传统书院改成新式学堂。黄遵宪积极推动新式学堂的建立,选派赴日留学生,培养师资,使嘉应州的新式教育得到很快的发展。他对客家的源流进行了初步的梳理和研究,对客家文化、客家精神进行总结。他与温仲和联系密切,为温主编的《光绪嘉应州志》提供材料,共同兴办地方公益事业。与丘逢甲等客家诗人诗歌唱和,留下许多脍炙人口的诗篇。

光绪二十五年己亥(1899年)　五十二岁

【国内外大事】六月十三(7月20日),康有为在加拿大成立保皇会,又名"中国维新会""保救大清皇帝公司"。康有为为会长,梁启超、徐勤为副会长。是会以宣传变法、扶助光绪帝复位为宗旨。保皇会盛时,其分支机构遍布五大洲,会员近百万人。秋,朱红灯领导山东平原县义和团起义。八月初二(9月6日)美国宣布对中国实行"门户开放"政策。十月十四(11月16日),中法订立广州湾租界条约。十月十九(11月21日),清廷令各省督抚"同心协力"对外。十月二十二(11月24日),清廷任命李鸿章为商务大臣,前往通商各埠考察商务,"设法捕逆",镇压康梁保皇党。在刚毅推动下,清廷先派李鸿章为商务大臣,前往能商各埠考察商务,其实是"西后因各外埠华商电请归政之事,特命李赴南洋,借查察商务为名,欲以观商人之意向,设法劝诱,使向西后而背皇上"。继而改派李鸿章署理两广总督,暗中主持绑架暗杀康有为以及抓捕保皇会员亲属之事。另外,李督粤亦是为了试探各国对于废立光绪的态度。(桑兵:《庚子勤王与晚清政局》,第40页,北京大学出版社2004年版。)十一月初四(12月6日),清廷命毓贤来京陛见,山东巡抚由袁世凯署理。十二月二十五(1900年1月25日),兴中会于香港创刊《中国日报》,由陈少白任社长。《中国日报》系清末革命派初期之主要报刊。十二月二十七(1月27日),英、美、法、德、意公使照会总署,以清廷十二日诏文含混,再请严禁大刀会、义和团等。年底,汪康年、唐才常、丁惠康等组织正气会于上海。是会以救亡图存,忠君爱国为宗旨。

本年初,黄遵宪在家讲学。学生五人,为长子黄冕、次子黄鼎崇、嫡堂弟黄遵庚、从堂侄黄篑孙、外甥张亦权。学科分五门,为掌故、史学、经学、格致、生理卫生,各占一门。掌故由黄冕任之,史学由黄篑孙任之,经学由黄遵庚任之,格致由张亦权任之,生理卫生由黄鼎崇任之。各人将所任之科目,先预习,每日午前九时起至十一时半齐集讲座,黄遵宪执卷,各人即将所习提出讨论。黄遵宪静听后,指正其误,或引申而阐发之。每人各设札记一册,来复日缴一次,黄遵宪亲自改削之。黄遵庚记:"适公度兄因政变归里,翌年,在家讲学,命其子伯元、仲雍,及外甥张亦权,族侄篑孙与余共五人,每日在荣禄第二楼讲书二小时。分经学、史学、掌故学、格致、生理卫生五门。余讲礼记,簧孙讲通鉴,亦权讲格致,仲雍讲生理卫生,伯元讲吾学录。公度兄则执卷而听,并时时发问。每人每日写大楷一百,小楷二页,看新经世文编十页,并作札记,五日缴阅一次,如是者半年。"(黄遵庚:《六十年之我》,第3—4页,且斋藏本。)黄遵宪家居,常短衣楚制,独行山野间。(梁启超《饮冰室诗话》载廖叔度挽公度诗注。《诗草笺注》下,第1237页。)经常阅读西方科学著作,正先所撰《黄公度》称:"公度笃信科学,生活饮食,悉取法西人。解职乡居无事,常浏览汉译声光电化生物生理诸学。"(张永芳、李玲编:《黄遵宪研究资料选编》上,第88页,香港天马图书有限公司2002年版。)

二月(3月),丘逢甲客潮州,访和平里,有《和平里行》长诗给黄遵宪。黄遵宪后有诗和之。丘诗序云:"和平里三字碑为文丞相书,潮中志乘罕有载者。潮阳县志云:'景炎三年十月,文丞相率师驻潮阳之和平里,讨叛将刘兴、陈懿。懿败走,擒兴戮于和平之市。'按此即公《集杜诗·序》所谓稍平群盗、人心翕然时也。兴、懿故剧盗,归正复叛降元者,故公诗序及史皆书曰'盗',从其朔也。志曰'叛将',定其后罪也。惟志以为景炎三年十月则误。应从史作祥兴元年。是年五月已改元,十月不得复系景炎。志盖误以明年方改元也。是役也,邹㵽、刘子俊兵皆会,潮中人士亦多效忠赴义者。故曰'人心翕然也'。逆懿已走,遂引元师袭公。于是,有五坡岭之役。志云十二月二十日,与通鉴云闰十一月者不合,然事较详。志云:'时公吞脑子不死,复还潮阳见张弘正于和平里,大骂,求死不得。越七日,始见张弘范,不屈。弘范客礼之。时为岁除前三日。祥兴二年春正月,公遂发潮阳。陈懿后为其子所杀'云。谨按,公驻潮阳于双忠祠莲花峰外,事迹则在和平里为多。里中今有文忠过化坊,即为公作者。其先后驻此当较久,宜其得为里人作此书。县志则永乐、景泰、成化、弘治四志均佚,今志则云里旧名蚝墩,公始易今名,碑未载。又云:'公在军常不瘳,至此,始安寝信宿,以地气和平,故名之。'则父老传闻,恐非公当时意。此与里人所云镌公书于碑,树之里门,蚝遂徙去者,意皆非事实。虫介旧有今无者,亦事之常。蚝非鳄比,徙何为者?但里人以此增重公书,与韩公文作比例,意亦良厚,可姑存其说耳。书法厚重奇伟,非公不能作,审为真迹。碑连龟趺约高九尺许。大字三,曰'和平里'。字每高二尺许。小字九,曰'宋庐陵文山文天祥题',每字二寸许。碑阴亦有字,漫灭不可辨。光绪己亥春二月,逢甲来潮阳,过斯里,得拜观焉。谨赋长句传之,以告后人之凭吊忠节与志潮中金石者。"

诗云:"莲花峰头望帝舟,双忠祠前吟古愁。日星河岳浩然气,大笔更向蚝墩留。里人敬忠宝遗字,未入南中金石志。我来下马读残碑,吊古茫茫满襟泪。三闽四广何苍黄,胡尘上掩天无光。力支残局赖丞相,间关万里来潮阳。双髻峰高练江曲,长桥小市驻行纛。破碎河山小补完,警枕中宵睡初熟。于时人心方翕然,盗魁擒馘尸军前。四方响应大和会,祥兴天子平胡年。里改今名定斯义,岂为南中好天气!幕府流离半死生,可惜无人述公意。更取千秋名镇名,军中凤叔为留铭。(千秋镇铭邹沨作,镇旧属潮阳。)当时赤手扶天意,誓欲界勿东南倾。五坡岭边鼓声死,丞相北行残局已。复壁犹藏痛哭人,此邑民原多义士。(五坡之败,谢皋羽匿潮阳民间。)东山谁筑丞相祠?英风如见提师时。手酹睢阳守臣酒,口吟杜陵野老诗。残疆更祝和平福,自为里人书此幅。墨沉淋漓玉带生,镌上穿碑石痕绿。屡经劫火碑难烧,碑趺赑屃临虹桥。(虹桥今名和平桥,宣和年间僧大峰筑。)江流桥下天水碧,行客能言炎宋朝。大峰北宋公南宋,凄凉君国弥增恸。此桥曾过勤王师,斜日寒潮满桥洞。鲁戈回日难中天,潮生潮落穿碑前。粤潮有信杭无信,空嗟三日签降笺。南来未尽支天策,碧血丹心留片石。壮哉里门有此观,大书三字碑七尺。字高二尺奇而雄,笔力直迫颜鲁公。旁书九字庐陵某,过者千古怀孤忠。碑阴何人识何语?询之里人不能举。独有公书永不磨,卓立四朝阅风雨。蚝何为者避公书,帖然徙去如鳄鱼。尔虽么么识忠义,愧彼卖国降虏奴。安得石阑周四角,上覆以亭备榱桷。公书纵道神物护,亦恐年深或斑剥。平生我忝忠义,(《宋史》诏收恤流散忠义人,谓江淮来归国者。)浪萍还剩浮沉身。壶卢墩畔思故里,(壶卢墩在台湾县北,近予故居。)义师散尽哀孤臣。凌风楼头为公吊,(嘉应故梅州,有凌风楼,为公作,予丙申过此,有吊公诗。)振华楼头梦公召。(在韩山书院梦见公,振华楼,书院中楼也。)眼前突兀见公书,古道居然颜色照。斗牛下瞰风云扶,愿打千本归临摹。何时和平真慰愿,五洲一统胡尘无。"(广东省丘逢甲研究会编:《丘逢甲集》,第322—325页,岳麓书社2001年版。)

五月二十三(6月30日),上谕令湘抚俞廉三,查候选道左孝同是否交结黄遵宪等在湘主张民权。上谕曰:"又谕,有人奏'勋阀子弟怙恶不悛'一折。候选道左孝同,从前是否钻附革抚陈宝箴,交结黄遵宪、梁启超,有无主张民权,擅易冠服情事。该道现在出游江浙等处,是否与革员文廷式、宋伯鲁往来。"(《德宗实录》卷四百四十五。《清实录》第57册,第867页,中华书局1987年版。)

夏秋之际,丘逢甲曾计划在粤东组建"保商局",拟请黄遵宪出任主持。(赵春晨:《丘逢甲的己亥港澳行》,《学术研究》2001第2期;丘晨波:《丘逢甲文集》,第267—268页,花城出版社1994年版。下同。)或曰,1899年,丘逢甲、黄遵宪等人在粤筹组保商局,陈紫瀛参与其事,邱菽园与丘逢甲通信中,曾询问其足迹。不久,陈赴香港,与邱菽园订交,丘逢甲得报,庆幸"天下有心人,声气无不投者"。(丘晨波:《丘逢甲文集》,第269页。)

秋冬间,丘逢甲《与兰史》评价黄遵宪:"岭东诗人,鄙见当以黄公度首屈,胡晓岑名曦次之。公度海内知者尚多。"(丘晨波:《丘逢甲文集》,第273页。)

七月二十(8月25日),黄遵宪致函徐乃昌,感谢淑畹夫人为叶璧华题《古芗室诗集》句。函曰:"承示淑畹夫人赐题《古芗室诗集》句,羽宫移换,别出新声,箴线裁缝,莫寻迹象,灵心妙手,足上追瘔堂之《香屑》,竹垞之《蕃锦》,天台老人、南山诗叟何论焉! 婉仙女史,蕉萃可怜,蓬根无定。以进士之不栉,叹季女之斯饥。仆每怜其才而哀其遇。辱荷宠题,知应狂喜,即日抄寄,先代谢忱。匆匆草布,惟鉴。不宣。积余太守词长。宪顿首。七月廿日。"(《全集》上,第423页。)

七月二十一(8月26日),黄遵宪又致函徐乃昌,请其与夫人为嘉应女诗人叶璧华《古香阁诗集》题词。信曰:"承惠和词,清丽芊绵,不难蹑清真而追梦窗,爱玩不忍释手。《词律》及《校勘记》《拾遗》又稚黄词谱先行送璧。外古香室钞本诗二本,为乡人叶璧华所著,室人之姨辈也。一枝湘管,半死桐丝,饥驱四方,橐笔糊口,其境可悲,而其情可悯。如得君与夫人联句题词,华衮之荣,感谢何已。一年容易又是秋风,读易安居士寻寻觅觅之词,真觉一个愁字了不得也。匆匆手上积余太守词长,并谢淑畹夫人。宪顿首。七月廿一。"(《全集》上,第423页。)

本年,黄遵宪还有信与徐乃昌论文字之交与相互间之称呼问题。信曰:"吾辈文字之交,不可作世俗通称。昨与念劬言'卑职''大人',惟职制相临者可用,此外均泛而无当。施之于讲德论文之地,尤为不切之陈言矣。此后乞勿再施。如蒙不弃,称作公度大兄,或竟作先生,如何?遵宪又启。尊谦奉璧,千万幸勿再施。我辈以文字酬唱,乃用此官样文章,无论头衔不称,亦似觉体制不合也。考据家当讲求门户,乞留意是幸。又及。"(《全集》上,第424页。)

八月十六(9月20日),为左宗棠之子左孝同被参案,张之洞致电湖南巡抚俞廉三:"来函示及左孝同被参各节,深为骇异。去年湘省开保卫局,因保甲局有绅士大府委左随同办理,一切皆黄遵宪主持,通国皆知,至主民权、改服色等事,尤无影响……"(《张文襄公电稿墨迹》,第2函第11册,所藏档号:甲182—219。)

九月(10月),黄遵宪与刘瑛游。刘瑛,广东平远人,同治十二年拔贡,与黄遵宪为"文交"。黄遵宪有诗《酬刘子岩同年瑛》:"铁汉楼高天四垂,岭云愁护党人碑。看花每溅啼鹃泪,绕树难安飞鸟枝。何地可名清净土,思君忽到太平时。一家乐寿兼文福,呼聿吟书买写诗。"(《诗草笺注》下,第799页。)

本月,为刘瑛兄刘甑庵之《盆瓴诗集》作序,曰:"韩退之之铭樊宗师也,曰:'惟古于词必己出,降而不能乃剽窃。'其答李翊书又曰:'惟陈言之务去。'以昌黎之文起八代之衰,而摄其要,乃在去陈言而不袭成语,知此可与言诗矣。自《风》《雅》变而为《楚辞》,《骚》些变而为五七言诗。上溯汉魏,下逮有明,能以诗名家者,大抵率其性之所近,纵其才力聪明之所至。创意命辞,各不相师。倡之者二三巨子,和之者群儿。大张其徽帜,以号以众,曰某体,曰某派;沿其派者,近数十年,远至数百年,千余年,而其体不易。士生古人之后,欲于古人范围之外成一家言,固甚难;即求其无剿说、无雷同者,吾见亦罕。今读刘甑庵先生《盆瓴诗集》,其殆庶乎。

"先生于学,无所不窥。其于诗也,深嗜笃好,朝夕吟诵不少辍,积书稿至尺许。国朝诗人,流别至多,几至无体之可言,无派之可言。然百余年来,或矜神韵,或诩性灵,幕客游士,涉其藩而猎其华,上之供诗话之标榜,下则取于尺牍之应酬,其弊极于肤浅浮滑,人人能为诗,人人口异而声同。今先生之诗,尽弃糟粕,举近人集中所有宴集、赠答、游览、感遇一切陈陈相因之语,廓而清之,虽未知比古人何如,亦可谓卓然能自树立之士矣。

"往岁,曾重伯太史序吾诗,称其善变,谓世变无穷,公度之诗变亦无穷,余奚足语此?然证之先生之诗,亦可征所见之略同也。吾梅诗老,自芷湾、绣子、香铁诸先生没,大雅之作,寂寥绝响。庄生有云:'逃空虚者,闻人足音,跫然而喜。'余读先生诗,奚啻空谷之足音也乎!余未识先生,然先生之季紫岩广文,与余为文交,故久识其为人。他日者,邂逅相遇,尊酒论诗,其必有相视而笑、莫逆于心者欤!光绪二十五年九月,小弟黄遵宪序。"

(《全集》上,第283页。)

本月,丘逢甲有寄怀黄遵宪诗,对黄遵宪遭遇党祸表达同情,亦劝慰其以诗书自娱,保重身体。《寄怀黄公度遵宪》二首:"茫茫远道九秋思,渺渺凉波万顷陂。八月灵槎虚汉使,三闾奇服怨湘妃。醉倾沧海麻姑酒,劫入商山橘叟棋。铁汉楼高闲怅望,岭云南护党人碑。"该诗之第四句,或由黄遵宪《酬刘子岩同年瑛》之第一句相承而来。"万木萧森夜有霜,登高怀古客心伤。斜阳澹作昏黄色,残月遥分太白光。卧病梦持明主节,起居缄费远人珰。著书闲对秋灯影,独乐园中漏点长。"(丘逢甲:《岭云海日楼诗钞》卷六,第143页。)

十一月十七(12月19日),梁启超离日本,游美洲。二十九日抵檀香山。他在舟中有一篇诗论,论及黄遵宪之诗,亦言诗之志趣和见解:"二十五日风稍定,如初开船之日。数日来偃卧无一事,乃作诗以自遣。余素不能诗,所记诵古人之诗不及二百首,生平所为诗不及五十首。今次忽发异兴,两日内成十余首,可谓怪事。余虽不能诗,然尝好论诗,以为诗之境界,被千余年来鹦鹉名士(余尝戏名词章家为鹦鹉名士,自觉过于尖刻。)占尽矣,虽有佳章佳句,一读之,似在某集中曾相见者,是最可恨也。故今日不作诗则已,若作诗,必为诗界之哥仑布、玛赛郎然后可。犹欧洲之地力已尽,生产过度,不能不求新地于阿米利加及太平洋沿岸也。欲为诗界之哥仑布、玛赛郎,不可不备三长:第一要新意境,第二要新语句,而又须以古人之风格入之,然后成其为诗。不然,如移木星金星之动物以实美洲,瑰伟则瑰伟矣,其如不类何。若三者俱备则可以为二十世纪支那之诗王矣。宋、明人善以印度之意境语句入诗,有三长俱备者……然此境至今日又已成旧世界。今欲易之,不可不求之于欧洲。欧洲之意境语句,甚繁富而玮异,得之可以陵轹千古,涵盖一切,今尚未有其人也。时彦中能为诗人之诗而锐意欲造新国者,莫如黄公度。"(《合集·专集》之二十二第189—190页;丁文江、赵丰田:《梁启超年谱长编》,第188—189页,上海人民出版社1983年版。)

十一月十八(12月20日),清廷命海疆各督抚遵前谕,悬赏严拿康有为、梁启超。

十一月二十三(12月25日),黄遵宪《跋副岛沧海孔子诗》刊载于是日《亚东时报》第十八号。其跋文曰:"黄遵宪曰:孔北海之气,李伯纪之理,可以盖天地、涵万物。而醉饱悠悠之徒曰:'在其笼罩中,反为鸠鸮之笑也。'

可哭可歌！"(《全集》上,第284页。)

十二月二十四(1900年1月24日),慈禧太后召近支王公贝勒、御前大臣、内务府大臣、南上两书房、部院满汉尚书集于仪鸾殿,诏立端王载漪子溥儁为大阿哥。当时社会上讹传光绪帝已遇害,黄遵宪有诗《腊月二十四日诏立皇嗣感赋》:"汉家累叶子孙千,朱果祥占瓜瓞绵。十世忽遭阳九厄,再传失纪仲壬年。《千秋金鉴》惩储贰,九降纶音慎择贤。今日小宗承大统,典书岂忘帝尧篇。""先皇遗恨鼎湖弓,世及家传总大公。谁误礼经争继统,妄拚尸谏效孤忠。弟兄共托施生蔦,男子偏迟吉梦熊。片纸病中哀痛诏,前星翘首又移宫。""齐东野语尽荒唐,读诏人人泣数行。怪事闻呼奈何帝,俛诗敢唱厉怜王。袖中禅代谁经见,管外窥天妄测量。钩尽甘陵南北部,庶人横议亦刊章。""家居撞坏虑纤儿,天下膏粱百不知。朝贵预尊天子父,王骄甘作贼人魁。亢龙守蛰存身日,瘈狗相牙掷骨时。玉匣缄名黄带盛,承平重忆说雍熙。"(《诗草笺注》下,第866—871页。)陈衍评曰:"《腊月二十四日诏立皇嗣感赋》……言讹传景帝被害也。"(陈衍:《石遗室诗话》,第108页,人民文学出版社2014年版。)

十二月二十九(1月29日),黄遵庚二十岁生日,作诗一首:"老树生花喜欲狂,白头王父寿而康。乡人追道荒年谷,曾为贫人唱发裳。"据说黄遵庚出生前年岁饥,遵庚父亲黄鸾藻曾主持放赈事,乡人以其年已经四十五,老来得子是天报善人,故有此诗。黄遵宪评价此诗曰:"此诗沉着有意志。"(黄遵庚:《六十年之我》,第1—2页,且斋藏本。)

本年,黄遵宪成《己亥杂诗》八十九首,回顾往事。梁启超《饮冰室诗话》:"龚定盦有《己亥杂诗》三百六十首,言近世文学者喜诵之。近顷见人境庐主人亦有《己亥杂诗》数十首,盖主人一生历史之小影也。"(梁启超:《饮冰室诗话》第101页,人民文学出版社1959年版。)蒋英豪认为:"黄遵宪的《己亥杂诗》,也全面反映了黄氏的家世、师友交游、事业、思想、抱负以至于他在戊戌变法期间的经历。"(蒋英豪:《黄遵宪〈己亥杂诗〉中的新语词》,中国社会科学院近代史研究所、中国史学会:《黄遵宪研究新论——纪念黄遵宪逝世一百周年国际学术讨论会论文集》,第496页,社会科学文献出版社2007年版。)《己亥杂诗》的内容主要有以下几方面:

(一)回顾半生的风雨征程,深感世事无常,痛惜国事日非,归心老庄,证见佛理。有诗八首,包括第一至第八首。第一首概括了其奔波的一生:

"我是东西南北人,平生自号风波民。百年过半洲游四,留得家园五十春。"第二首说明此生曾经险象万生,而终于化险为夷:"亦曾忍死须臾坐,正用此时持事来。今午垂帘春睡起,拥炉拈箸拨寒灰。"第五首深感世事证见佛理:"云中水火界相争,相触相磨便作声。此是寻常推阻力,人间浪作震雷惊。(《起世经》言雷声:一、云中风界与地界相触著;二、风界与水界相触著;三、风界与火界相触著,譬如树枝相搭,即有火出。又谓虚空中生电光,以二电相触相对,相磨相打,故出光。此即西人干湿气相磨触成雷电之说,力学气学,已见于佛经矣。)"第八首发出人生感悟,归心老庄:"梦回小坐泪潸然,已误流光五十年。但有去来无现在,无穷生灭看香烟。"钱仲联笺注:"公度此语,虽有释典术语,而其意实本于《庄子·天下篇》:'日方中方睨,物方生方死。'章炳麟《国故论衡》释之曰:'凡言时者,有过去现在未来。过去已灭,未来未生,其无易知;而现在亦不可驻。时短者莫如刹那,而刹那非不可析,虽析之,势无留止,方念此时,则已为彼时也。'此论与公度无现在之说相合,盖谓流光不停,刚是现在,已成过去也。"

(二)描述了家居生活,在家建屋、种花、读书和思念故人等休闲生活,共有诗三十二首,包括第九至第二十三首、第三十七至第四十首、第七十七至第八十九首。家居生活分三段叙述,其意略有不同,第九至第二十三首叙事时常另有所指,寓意深刻,如第九首说明在家仍然受到守旧派的迫害,处境可危:"日光野马息相吹,夜气沉沉万籁微。真到无闻无见地,众虫仍着鼻端飞。"第十三首借描述书斋寓新政不行,"曲阑十步九徘徊,三面轩窗四扇开。夸道华严弹指现,只怜无地着楼台。"钱仲联笺注:"末二句感新政之不果行也。"第十七首借种竹种芭蕉刺后党对国事不作为:"秋淫天漏雨萧萧,展叶抽条各自骄。同作绿阴同蔽日,如何修竹肯弹蕉。(种竹种芭蕉。)"钱仲联笺注:"刺后党也。"第十四首表达自己对未来仍然充满信心:"墙外垂杨尽别家,平分水竹颇争差。万花烂漫他年事,第一安排旋复花。"钱仲联笺注:"末二句谓放逐回里,新政之行,期以他日也。"又借种花寓进化论,第二十首:"乱草删除绿几丛,旧花别换日新红。去留一一归天择,物自争存我大公。(种月季花。)"第十八首:"略买胭脂画折枝,明窗护以璧琉璃。物从中国名从主,绿比葰红荔支。(紫藤丹砂菊,皆德意志种,植之甚盛。余考中国花果,从海外来者,如葡萄、苜蓿,人所共知。此外名无定字,字从音译,如波罗蜜、波罗之类,大抵皆是。荔子或作离支,又作利支,知非华产。然今西南洋无此物,余询之西人,乃知本阿刺伯种也。今之玻璃,《汉书·西域传》作璧流离,《说文》作璧珊,亦译音之名。)"

黄遵宪是以病免回乡,时有英雄末路之叹,第十一首描述其闲居生活:"天下英雄聊种菜,山中高士爱锄瓜。无心我却如云懒,偶尔栽花偶看花。"乡里也时有争端,第十二首描述其建造书斋时的波折:"费尽黄金匝地铺,算来十笏只区区。无端尚被西邻责,何况商量《益地图》。(人境庐之邻有废屋,余以二百万钱购得之。然纵横不过数丈,而邻居逼处,更无可展拓,偶有营造,辄来责言。)"

　　在最后的诗篇中,黄遵宪更多描述自己在家读书和思念故人的生活,并且对嘉应文化教育的落后心有感概。第七十八首写其饮酒与读书:"菜佣酒保笑言欢,偶数江湖几谪官。瓜蔓环门兰在室,呼儿重检《汉书》看。"第八十三首表达其对梁启超深深的思念:"风雨鸡鸣守一庐,两年未得故人书。鸿离鱼网惊相避,无信凭谁寄与渠。"钱仲联笺注:"梁启超《饮冰室诗话》载此诗,题为《己亥岁暮怀梁任甫》。"第八十二首感叹嘉应教育仍未与时代潮流相契:"寒炉爆栗死灰然,酒冷灯昏倦欲眠。惊喜读书声到耳,细听仍是《八铭篇》。(《八铭篇》,乡塾时文课本也。)"最后两首觉英雄坐老,壮志未酬:"镜中岁岁换容仪,讳老无妨略镊髭。今日发旟悬不起,星星知剩几茎丝。""蜡余忽梦大同时,酒醒衾寒自叹衰。与我周旋最亲我,关门还读自家诗。"

　　(三)探索客家源流,客家意识的觉醒在乾隆嘉庆年间,宋湘为其代表,其《致徐旭曾书》中认为,"嘉应、汀州、韶州之客人,尚有自东晋后迁出来者,但为数不多也"。嘉庆年间,土客矛盾的积累在惠州等地演化为土客械斗,嘉庆二十年(1815年),徐旭曾在丰湖书院对学生讲述客家问题,成《丰湖杂记》,提出客家有特别的方言、以耕读为本、习武、妇女不缠足等特点。黄遵宪、温仲和等是第二阶段的客家研究的代表,率先开始了客家文化研究,包括客家方言、习俗和文化特点等的研究。描写客家习俗,有诗十三首,包括第二十四至第三十六首。第二十四首描述客家的来源:"筚路桃弧展转迁,南来远过一千年。方言足证中原韵,礼俗犹留三代前。(客人来州,多在元时,本河南人。五代时,有九族随王审知入闽,后散居八闽。今之州人,皆由宁化县之石壁乡迁来,颇有唐、魏俭啬之风,礼俗多存古意,世守乡音不改,故土人别之曰"客人"。方言多古语,尤多古音。陈兰甫先生云证之周德清《中原音韵》,多相符合。大埔林海岩太守则谓"客人"者,中原之旧族,三代之遗民,殆不诬也。)"古直笺:"案:温慕柳先生《光绪嘉应州志·方言》跋尾云:'今之土著,多来自元末明初。以余耳目所接之人,询其所自来,大抵多由汀州之宁化,其间亦有由赣州来者。其言语声音,皆与汀、赣相近,其传次亦不相上下,约在二十余世之间。父老相传,皆云未有梅州,先有杨、古、卜。杨、卜二姓,未知如何,询之古姓,则在三十余世四十世之间。据《舆地纪胜》,古成之,河源人。而梅州人物,又载古成之,端拱改元进士。今之古姓,皆其裔孙,岂其先在河源,后迁梅州欤?"第二十五首描述客家人在南宋末抗元的英雄事迹:"男执干戈女甲裳,八千子弟走勤王。崖山舟覆沙虫尽,重带天来再破荒。(梅州之土人,今惟存杨、古、卜三族。当南宋末,户口极盛,其后紧、昺播迁,文、陆号召,土人争从军勤王。崖山之覆,州人士死者十盖八九,井邑皆空,故客人从他邑来。今丰顺、大埔,妇人皆戴银髻,称孺人,相传为帝昺口敕,此亦足补史传之缺也。)"第二十七首描述客家人宗族祠堂:"宰相表行多谱牒,大宗法废变祠堂。犹存九两系民意,宗约家家法几章。(各姓皆聚族而居,皆有祠堂。纠赀设牌,视捐金之多寡,以别位置。初意以联宗族,通谱牒,而潮州、惠州流弊亦或滋讼狱,生械斗。故乾隆间,江西巡抚辅德有禁祠之奏。)"第二十八首描述客家妇女的勤劳:"世守先姑《德象》篇,人多《列女传》中贤。若倡男女同权论,合授周婆制礼权。(妇女皆勤俭,世家巨室,亦无不操井臼议酒食亲缝纫者。中人之家,则无役不从,甚至务农业商,持家教子,一切与男子等。盖客人家法,世传如此。五部洲中,最为贤劳矣。)"第二十九首描述客家人不缠足:"窅娘侧足跛行苦,楚国纤腰饿死多。说向妆台供媚妾,人人含笑看梨涡。(有耶稣教士语余:西人束腰,华人缠足,惟州人无此弊,于世界女人,最完全无憾云。)"第三十首描述客家童养媳的习俗:"反哺难期妇乳姑,系缨竟占女从夫。双双锦褓鸳鸯小,绝好朱陈嫁娶图。(多童养媳,有弥月即抱去,食其姑乳者。)"第三十一首描述客家山歌:"一声声道妹相思,夜月哀猿和《竹枝》。欢是团圆悲是别,总应肠断妃呼豨。(土人旧有《山歌》,多男女相思之辞,当系獠、蛋遗俗。今松口、松源各乡,尚相沿不改。每一辞毕,辄间以无辞之声,如妃呼豨,甚哀厉而长。)"第三十三首描述客家下南洋习俗:"海国能医山国贫,万夫荷臿转金轮。最怜一二虬髯客,手举扶余赠别人。(州为山国,土瘠产薄。海道既通,趋南洋谋生者,凡岁以万计,多业采锡,遇窖藏则暴富。近则荷兰之日里,英吉利之北蜡、槟榔屿,法兰西之西贡,皆有积赀至百数十万者。总计南洋华商,客人居十之三。同治年,有叶来事在吉隆,与土酋斗争,得其地。卒以无力割据,归之英人。此与坤甸罗大伯事略相类。)"钱仲联笺注:"叶来事在嘉庆末年,夺吉隆者别为一人,与公度自注互异。"第三十四首描述客家多神信仰:"秀孝都居弟子行,人人《阴骘》诵文昌。迩来《云笈》传抄贵,更写鸾经拜玉皇。(嘉、道以来,所谓学术,只诵《阴骘文》耳。尝谓国朝学案,应别编文昌一派,近更有玉皇教,以关帝、吕祖、文昌为三圣,所传经卷,均自降鸾来,如《明圣经》之类。大抵本道家名目,而附会以儒家仁孝、释氏因果之说,士大夫多崇信之。)"第三十五首描述客家人溺于风水的陋习:"枯骨如龟识吉凶,狐埋鸠占不相容。一年讼牒如山积,不为疑龙即撼龙。(溺于风水祸福之说,讼狱极多。)"

(四)回忆童时生活二首,包括出生和读书,第四十一至第四十二首。"五十年前事未忘,白头诸母说家常。指渠坠地呱呱处,老屋西头第四房。""一路春鸠啼落花,十龄学步语牙牙。锦袍曾赋小时月,月照恒河鬓已华。(十龄学为诗,塾师以梅州神童蔡蒙吉"一路春鸠啼落花"句命题。余有"春从何处去,鸠亦尽情啼"语,师大惊,次日令赋"一览众山小",余破题云:"天下犹为小,何论眼底山。"因是乡里甚推异之。"小时不识月",余进学时赋题也。)"

(五)回忆出使日本、美国、伦敦和新加坡的生活。有诗二十二首,包括第四十三至第六十四首。回忆出使日本生活的诗有六首,在日本的三年多,黄遵宪印象最深的有三:一是日本风景秀丽,第四十四首:"岁星十二遍周天,绕尽圆球剩半环。法界楼台米家画,总输三岛小神山。(余客海外十二年,环游地球,所未渡者大西洋海耳。山水明秀,日本最胜。)"二是明治维新,第四十六首:"乌呼碑下吊忠臣,蹈海人人耻帝秦。震地哭声涂地血,大东扶起一红轮。(德川氏之末,有处士高山九郎,见宫阙望山陵则痛哭。继而蒲生君平作《山陵志》,岩垣松苗修《国史略》,赖襄著《日本政纪》,世始知尊王。及美、英劫盟,举国复哗言攘夷,而将军主和,捕戮志士,前仆后起,则又唱尊王以攘夷。逮大藩连结,幕府倾覆,终知夷不可攘,再变而讲和戎之利。维新之业,成于二三豪俊,实基于在下之仁人君子之心力之为也。呜呼!)"三是自己思想的变化:"滔滔海水日趋东,万法从新要大同。后二十年言定验,手书《心史》井函中。(在日本时,与子峨星使言:中国必变从西法,其变法也,或如日本之自强,或如埃及之被逼,或如印度之受辖,或如波兰之瓜分,则吾不敢知,要之必变。将此藏之石函,三十年后,其言必验。)"

在美国旧金山任职的两年多,黄遵宪有诗三首,一是对美国民贵君轻的制度印象深刻,第四十八首:"一夫奋臂万人呼,欲废称臣等废奴。民贵遂忘皇帝贵,莫将让国比唐虞。(华盛顿。)"二是对美国禁制华工的政策深为不满,第四十九首:"当时传檄开荒令,今日关门逐客书。浪讶皇华夸汉大,请看黄种受人锄。(华盛顿之拒英也,布告各国,言美利坚土广人稀,无论红黄黑白各种,到美国者,均一律看视。而光绪八年,竟行禁制华工之例。)"三是对归国途中美丽的太平洋景色念念不忘,第五十首:"赫赫红轮上大空,摇天海绿化为虹。从今要约黄人捧,此是扶桑东海东。(归舟行太平洋,明日到日本矣,五更起坐舵楼中待日出,极目所际,惟见水耳。俄顷有万道虹光,上下照映,而日出矣;大如五车轮,顷刻已圆,势极迅疾。)"

在出使伦敦的一年又九个月中,黄遵宪不习惯英国气候,身体欠佳,馆务清简,在其八首诗中,描述途中景色的多达六首,如第五十一首描述锡兰卧佛:"四百由旬道路长,忽逢此老怨津梁。沉沉睡过三千岁,可识西天有教皇。(由香港至锡兰岛。岛有卧佛,长三丈余,佛灭度后即造此像云。)"第五十八首描述巴黎铁塔:"眼底尘惊世界微,天风浩浩吹人衣。便当御气乘球去,饱看环瀛跨海归。(巴黎铁塔,高一千尺。)"此外,他对伦敦的气候更为在意,第五十七首描述伦敦大雾:"长夜漫漫日不光,黑风吹我堕何方?苍天已死黄天立,惟见团团鸡子黄。(九十月之交,伦敦每有大雾,咫尺不辨。余居英时,白昼然灯凡二十三日,车马非铃铎不敢行。)"也描述了英皇即位的典礼,第五十四首:"琼阙丹房曜彩霞,烂红玫瑰雨天华。外孙鲁酒皇娥瑟,同醉西方阿母家。(英皇即位,今六十四年矣。普鲁斯王是其外孙,俄皇、丹主皆姻戚。贵寿福禄,世所希有。所居有五色宫殿。玫瑰花,皇族徽章也。)"

在新加坡任总领事的三年多,黄遵宪有诗四首,由于身体多病,养病成为其主要的回忆。第五十九首:"浮沉飘泊年年事,偶寄闲鸥安乐窝。急雨打窗浪摇壁,无端平地又风波。(到新嘉坡二年,因患疟久病。初养疴章园,园在小岛,屋据海石上,风定月明,洁无纤翳,惟狂风一吼,则飞浪往往溅入窗户间,如泛舟大海中也。)"第六十首:"云为四壁水为家,分付名山改姓余。瘦菊清莲艳桃李,一瓶同供四时花。(潮州富豪余家,于新嘉坡之潋水池边,筑一楼,三面皆水。余借居养疴。主人索楼名,余因江南有佘山,名之曰佘山楼。杂花满树,无冬无夏,余手摘莲菊桃李同供瓶中,亦奇观也。)"第六十一首:"上山如画重累人,结屋绝无东西邻。襟间海上一丸月,履底人间万斛尘。(余养疴至槟榔屿。有谢姓者,邀余住竹士居。居在万山顶,初用土人昇篮舆而往,至峻绝处,则引手攀援而上,如猿猱然。再用一人护余足到山顶。绝巘俯海,一无所见。惟月初出时,若在我襟带间矣。)"第六十二首:"甑蒸汗雨郁如珠,两腋清风习习俱。浴过凉波三百斛,才知灌顶妙醍醐。(客南洋群岛者,每晨起,辄灌顶,用水数十斛。考《北史·徐之才传》,曾以此法治伏热病,盖以水制汗,使不敢出,久之,则并所受郁热滂沛而出,觉竟体清凉矣。)"

(六)回国参与政治的回忆。光绪二十年(1894年)底,黄遵宪奉调回国,参与国内政治四年,有诗八首,包括第六十五至第七十二首。这段时间是他政治生活最辉煌的时期,但是他的回忆却显得平淡。印象深刻的事情有二:一是得到众多大臣的保荐,第六十八首:"御屏丹笔记名新,天语殷殷到小臣。九牧盛名吾岂敢,知非牛李党中人。(数年以来人才保荐,疆臣则陈右铭中丞二次,张香涛督部三次,刘岘庄督部、王夔石督部、荣仲华督部、廖毅似中丞,朝官则李苾园尚书、唐春卿侍郎、张野秋侍郎、徐子静侍郎各一次。而邓铁香鸿胪于光绪九年保奏使才,已有久困下僚之语。闻得旨交军机处记存,凡十数次云。)"光绪皇帝的召见也一直念念不忘,有诗三首,第六十九首:"丹楼彩日画中看,初上鸾坡举步难。劳动九重前席问,绣衣门外立天官。(故事道府以下官,必先行引见,乃得召见。余因总理衙门征召至京,本有由吏部带领引见之旨,而部议尼之,乃奉特旨预备召见,盖异数也。)"第七十首:"尧天到此日方中,万国强由法变通。惊喜天颜微一笑,百年前亦与华同。(召见时,上言"泰西政治何以胜中国?"臣奏:"泰西之强,悉由变法。臣在伦敦,闻父老言,百年以前,尚不如中华。"上初甚惊讶,旋笑颔之。)"第七十二首:"三诏严催倍道驰,《霸朝》一集感恩知。病中泣读维新诏,深恨锋车就召迟。(戊戌二月,上命枢臣进《日本国志》,继再索一部,奉使日本,由上特简,三诏敦促,有"无论行抵何处,著张之洞、陈宝箴传令趱程迅速来京"之谕。然余以久病,恨未能遽就道也。)"

(七)戊戌政变惊魂,有诗四首,包括第七十三至第七十六首。黄遵宪对上海道蔡钧派兵围守自己居所的时期倍感气愤,第七十三首:"冷月严霜照一灯,柝铃风送响腾腾。案头英簜门前戟,岂有籧篨覆庾冰。(到沪病益亟,乃乞归,已奉旨俞允。或奏称康、梁尚匿余处,盖因其藏匿日本使馆而误传也。有旨命两江总督查看。上海道蔡钧张大其事,派兵围守。然余之所居,本上海道公所,且当时康已在香港矣。)"第七十五首:"竟写《梅边》生祭祠,亦歌塞外送行诗。候人鹄立门如海,浪语风闻百不知。(围守之兵,擎枪环立,如设重围。外人不知为所犯何事,疑为大狱,险语惊人,遍海内外,知交探问,隔绝不通。然即问及余,余亦不知也。八月二十六夜,乃得旨放归。)"对梁鼎芬的绝交信甚觉悲凉,第七十六首:"怜君胆小累君惊,抄蔓何曾到友生。终识绝交非恶意,为曾代押党碑名。(八月二十五日得一纸曰:□与□绝交。然乙未九月,余在上海,康有为往金陵谒南皮制府,欲开强学会,□力为周旋。是时余未识康,会中十六人有余名,即□所代签也;又闻□与康至交,所赠诗有"南阳卧龙"之语。及康罪发,乃取文悌参劾之折,汇刊布市,盖亦出于无奈也。)"(以上所引《己亥杂诗》,见《诗草笺注》下,第800—847页。)

就在乡居的日子里,黄遵宪时时在回忆着过去,写下了《己亥续怀人诗》二十四首,怀念了二十九个故人,均为维新时期的同道,包括上司前辈、湖南新政的同仁、在京支持变法的维新同道、《时务报》同仁和时务学堂学生。其中有上司前辈三人,陈宝箴、举人出身,时任湖南巡抚,重用黄遵宪,在湖南推行新政,其曾两次保荐黄遵宪。徐致靖、进士,时任礼部侍郎,曾保荐黄遵宪。李端棻。进士,帝党,时任仓场侍郎,举荐康有为、黄遵宪、梁启超,支持变法。其诗曰:"白发沧江泪洒衣,别来商榷更寻谁?闲云野鹤今无事,可要篮舆共护持。(义宁陈右铭先生。)""纷纭国是定维新,一疏惊人泣鬼神。寻遍东林南北部,一家钩党古无人。(宛平徐子静。)""荐贤略似孔文举,下狱还因吕步舒。一编选佛科名录,便是司空城旦书。(贵筑李苾园先生。)"

在京支持变法的维新同道四人:张元济、进士,以刑部主事充总理衙门章京,光绪二十二年(1896年)黄遵宪在北京与之相识,其曾在京代派《时务报》。李岳瑞、进士,以工部员外郎充总理各国事务衙门章京,倡言变法,在京《时务报》收捐款。严复、留英学生,回国后任北洋水师学堂总教习、总办,光绪二十一年(1895年)在《直报》发表鼓吹变法文章,影响很大,其翻译出版的《天演论》成为变法的重要理论,光绪二十二年(1896年)与黄遵宪在天津相识。夏曾佑。进士,官礼部主事,治今文经学和佛学,支持变法,在天津与严复等创办《国闻报》。其诗曰:"金华讲殿共论思,圣祖文宗旧典贻。指问鸡栖庭下树,可容别筑凤凰池?(海盐张菊生。)""优孟衣冠笑沐猴,武灵胡服众人咻。问君剃发新王令,换却顽民多少头。(咸阳李孟符。)""一卷生花《天演论》,因缘巧作续弦胶。绛纱坐帐谈名理,胜似麻姑背痒搔。(福州严又陵。)""兼综九流能说佛,旁通四部善谈天。红灯夜雨围炉话,累我明朝似失眠。(仁和夏穗卿。)"

湖南新政的同仁十二人:熊希龄、进士,在湖南襄助陈宝箴、黄遵宪推行新政,是《湘报》主要负责人,任时务学堂总理。江标、进士,时任湖南学政,支持变法,支持谭嗣同办算学馆,与黄遵宪并任《湘学报》督办,又同创办时务学堂。陈三立、进士,吏部主事,助其父陈宝箴在湖南推广新政,光绪二十一年(1895年)在上海初识黄遵宪,与黄遵宪、梁启超俱有深交。俞明震、进士,官甘肃提学使,曾在台湾抗日,任台湾民主国内务大臣,陈三立是其妹婿。罗邲岘、陈三立妻舅,任湖南矿务总局汉口分局主事,在两湖经营矿务。徐仁铸、进士,光绪二十三年(1897年)以翰林院编修视学湖南,与黄遵宪同为《湘学新报》督办。皮锡瑞、举人,今文经学家,主讲南昌经训书院,湖南新政时期任南学会学长,主讲学术一门。欧阳中鹄、陈宝箴幕僚,曾任广西提法使,参与新政,在南学会发表过"论辨义利始自有耻"的演讲。曾广钧、进士,诗人,曾国藩嫡孙,在湖南助陈宝箴推行新政,负责湖南矿务局,在南学会发表过"论开矿当不惜工本"的演讲。陈庆年、优贡生,张之洞幕僚,管理两湖学务,曾为《时务报》撰文,黄遵宪很赏识他。唐才常、贡生,湖南新政时期任《湘学新报》撰述,是《湘报》主要负人,并在时务学堂任教习。韩交举。监生,康有为弟子,万木草堂学长,在《时务报》任撰述,并在时务学堂任中文分教习。其诗曰:"龙泉知我剑随身,三斗撑胸热血新。是我眼中神俊物,熊黑男子凤凰人。(凤凰熊秉三。)""南岳云开筜路初,归来秋雨卧相如。零星几卷《灵鹣阁》,只算江郎制锦余。(元和江建霞。)""文如腹中所欲语,诗是别后相思资。三载心头不曾去,有人白晢好须眉。(义宁陈伯严。)""念我平生同队鱼,又念丈人屋上乌。翩翩公孙才似舅,因君问讯今何如。(长沙俞恪士、南昌罗邲岘。伯严子衡恪,即其甥也。)""臣罪当诛父罪微,呼天呼父血沾衣。白头玄鬓《哀蝉曲》,减尽维摩旧带围。(宛平徐研父。)""平生著述老经师,绝妙文章幼妇词。今日皋皮谈改制,《黄书》以外录《明夷》。(善化皮鹿门。)""船山大隐师承远,东海搴冥学派新。编到《沅湘耆旧录》,难为君称作龙身。(浏阳欧阳瓣薑。)""屈指中兴六七公,论才考德首南丰。笼人意气谈天口,转似区区隘乃翁。(湘乡曾重伯。)""四壁青山乱叠书,蓬蒿没径闭门居。记曾元子坊边遇,手挈筠籃贯柳鱼。(丹徒陈善余。)""头颅碎掷哭浏阳,一凤而今剩楚狂。龟手正需洴澼药,语君珍重百金方。(浏阳唐绂臣。)"

《时务报》同仁五人:吴德潇、举人,大挑一等知县,参与创设上海强学会,与黄遵宪同办《时务报》。郑孝胥、举人,张之洞幕僚,时黄遵宪在江宁洋务局任总办,与其过从甚密,参与维新,曾在南京代《时务报》收捐款。王修植、进士,任北洋大学堂总办,光绪二十二年(1896年)与黄遵宪相识于天津,曾捐款资助《时务报》,并且大力推销《时务报》。麦孟华、举人,康有为弟子,参与公车上书,曾在《时务报》任撰述,黄遵宪称之为"高材生"。徐勤。邑庠生,康有为弟子,万木草堂学长,在《时务报》任撰述。其诗曰:"我歌乐府《寿人》曲,君作师儒绍圣篇。烂熳众雏环我拜,登堂公瑾是同年。(达县吴季清。)""闪电双眸略似嗔,知君龙性未能驯。同游莫学梁园客,自负山膏好骂人。(福州郑苏庵。)""自家家法自家妆,乡里传夸马粪王。花样时文笋尖脚,可容儿女再商量。(鄞县王菀生。)""背负灵囊欲大包,东西游说日谡谡。冶佣酒保相携去,幸免门生瓜蔓抄。(顺德麦孺博、南海韩树园、三水徐君勉。)"

维新同道朋友二人:易顺鼎、举人,诗人,官广东钦廉道,曾到台湾助刘永福抗日,内渡后主讲两湖书院,光绪二十一年(1895年)与黄遵宪相识,两人诗歌唱和、何藻翔。进士,兵部主事,总理衙门章京,参与组织强学会,研究新学,光绪二十二年(1896年)由梁启超介绍认识黄遵宪。其诗曰:"少年罪状在《金荃》,中岁骖鸾便学仙。《魂北》《魂南》今哭遍,再倾泪海哭桑田。(龙阳易实甫。)""相约乘槎万里遥,天风吹散各蓬飘。屋梁月黑思君梦,忽梦平生吴铁乔。(顺德何蔚高。)"

时务学堂学生三人。李炳寰、时务学堂高材生,文才出众。蔡锷,秀才,时务学堂年纪最小的高材生。唐才质。时务学堂高材生,唐才常三弟。其诗曰:"谬种千年《兔园册》,此中埋没几英豪。国方年少吾将老,青眼高歌望尔曹。(李炳寰、蔡艮寅、唐才质。)"(以上所引《己亥续怀人诗》,见《诗草笺注》下,第848—865页)

本年冬,丘逢甲辞去潮阳东山、景韩两书院教席,与温仲和一起创办岭东同文学堂。丘逢甲在《创设岭东同文学堂序》中说:"方今国势积弱,外人予取予求,视为可唾手得。二万里之广,无地不可为胶、旅、港、龙之续,即无人不在杀掳淫掠焚烧驱迫之中。后顾茫茫,危机岌岌,凶刑酷状,日悬目前:我躯壳将为人纳枪炮之丛,我血肉将为人擦刀刃之具;我子孙将为人奴隶,我妻女将为人姬妾;我祖宗坟墓将为人发掘,我经营财产将为人占据!"(广东丘逢甲研究会:《丘逢甲集》,第783—784页,岳麓书社2001年版。)

本年冬,丘逢甲复黄遵宪信:"穷冬闭塞,万化不张,三节郎当,蛰伏人海。极拟梅江信到,阳律吹春;或者枯荄怒萌,盎然生意。哀鸣二鸟,其知天地之心乎?乃者朵云飞降,喜展愁眉,而纸尽十番,阳春寡和。心之遐矣,何金玉尔音耶?复以前书妄论,等于寿长自矜,呵责不加,奖逾常分,非所望也;然私窃疑,未免吉利所云将着之炉上耳!楹语剧佳,早代腾报,惟某三甲劣等,十指如椎,速之使书,若等担粪!明知长者之命,义不宜辞,然君子用长,必遗其短,不以短见,当非所嫌。不然床头捉刀人在,惟有诡名应命,意决非公所许也。公之爱才,同□先辈。先师在日,说士常甘,遗稿尚存,推公甚至,非经手检零编,即公亦不知冥冥中尚有此知己。先师诸子,惟二三存,皆能读书,不愧名父。所编文集,先出十三,闻寄沪滨,已上石印。家藏故书,未尽散落。惟挈园花石,已非旧观,危楼故基,崇封三尺。安知华屋即作山丘,此情正不减过西州门矣!时事之感,楮墨难宣。俯仰人天,一时齐醉。爰性不饮,未免独醒。奈何!奈何!观察沈君,详询起居,屡嘱致意。"(广东丘逢甲研究会:《丘逢甲集》,第797—798页,岳麓书社2001年版。)

光绪二十六年庚子(1900年)　五十三岁

【国内外大事】正月初九(2月8日),先是,知府经元善联名一千二百三十人上书谏立嗣,至是下诏严捕治罪,寻籍其家。正月十五(2月14日),清廷命闽、浙、粤各省悬赏十万两,严拿康有为、梁启超,并命毁其所著书籍,购阅其报章者并罪之。二月初三(3月3日),清廷命地方官捕拿严办设厂练拳棒者。二月十三(3月13日),英美法俄四国舰队于大沽海面示威,以迫清政府镇压义和团。又谓中国政府"若于两月以内,不能镇抚,则各国联合以兵伐之"。二月二十七(3月27日),天津城南义和团击败清军。三月,京师出现义和团。三月初七(4月6日),英美德法四国公使照会总署,要求两月内剿灭义和团。五月初一(5月28日),团民袭击长辛店芦沟桥车站,芦保京津铁路中断。各国公使议定调兵来京,对义和团进行武装干涉。五月十八(6月14日),天津义和团焚毁城内教堂。五月十九(6月15日),各国舰队司令会议,议决出兵,发表宣言,助清剿义和团。五月二十(6月16日),北京团民进攻北堂。清廷命刚毅、董福祥募拳民精壮者成军,其余遣散。召王大臣六部九卿入见于仪鸾殿。召巡阅长江水师大臣李秉衡来京。大沽海口洋员面见守台提督罗荣光索让炮台。五月二十一(6月17日),清廷命荣禄派武卫中军前往东交民巷一带,保卫各国使馆。以"民教寻仇,京城内外,扰乱已极",命各省督抚迅速派军星夜驰赴来京。下午再召大臣商议,太后、载漪意见持战,遣徐用仪、立山、联元至使馆,劝下旗归国。八国联军陷大沽炮台。英驻汉口领事与湖广总督商议长江流域治安事。五月二十二(6月18日),董福祥军与团民败西摩尔军于廊坊,西摩尔退守落垡。袁昶奏局势危迫亟图补救。朝旨再传大臣入见,仍议和战。清廷电令李鸿章迅速来京。五月二十三(6月19日),大沽之战爆发,午后三点再召开第四次御前会议,决定宣战,命许景澄告各国公使二十四小时内出京。五月二十四(6月20日),清廷令各省督抚"联络一气共挽全局"。虎神营击毙德使克林德。义和团开始攻打公使馆。五月二十五(6月21日),宣布宣战谕旨。清廷令各省督抚招集义民成团御外侮。俄将率联军进犯天津。五月三十(6月26日)清廷命各督抚勿迟疑观望,迅速筹兵筹饷力保疆土。刘坤一、张之洞派上海道余联沅与上海各国领事商定中外互保条约,另订保护上海租界城厢内外章程。

正月初一(1月31日),庚子年元旦日,黄遵宪作《庚子元旦》《杜鹃》诗,感怀新的一年来临。

《庚子元旦》:"喔喔天鸡又一鸣,双悬两曜展光明。承天仰看金轮转,震地讹传玉斧声。汉厄愁看正月卯,代来几协大横庚。自歌太乙迎神曲,终望余年见太平。""乐奏钧天梦里过,瀛台缥缈隔星河。重华仍唱卿云烂,大地新添少海波。千九百年尘劫末,东西南国战场多。(南洋、非洲均有战事。)未知王母行筹乐,岁岁添筹到几何?"(《诗草笺注》下,第873页。)陈衍:"《庚子元旦》……言讹传景帝被害也。"(陈衍:《石遗室诗话》,第108页,人民文学出版社2014年版。)

又作《杜鹃》诗,怀念光绪及徐致靖等一批维新人士。诗曰:"杜鹃花下杜鹃啼,苦雨凄风梦亦迷。古庙衣冠人再拜,重楼关锁鸟无栖。幽囚白发哀蝉咽,久戍黄沙病马嘶。未抵闻鹃多少恨,况逢春暮草萋萋。"(《诗草笺注》下,第876页。)"重楼关锁鸟无栖",指光绪帝被幽囚瀛台,"幽囚白发哀蝉咽"指徐致靖,"久戍黄沙病马嘶"则指李端棻、张荫桓之被遣戍、发配新疆。

二月(3月),温仲和跋《人境庐诗草》,曰:"集中五古,渊源从汉、魏乐府而来,其言情似杜,其状景似韩。《拜墓》《今别离》诸诗,诚为绝诣。其余各体,皆有独至之处,而超轶绝尘,则尤在五古也。六七两卷,境皆为古人所未历之境,诗遂为古人所未有之诗。此皆关乎世变,而公救世之苦心,亦时时流露楮墨间。仆素不能诗,读之惟有汗流走且僵而已!此复。庚子二月,温仲和拜读。"(《诗草笺注》下,第1088页。)

本年春,李鸿章督粤,频频电促黄遵宪至穗见面。黄遵宪因庚子春党狱又作,遂至广州面见李。李有所咨询于黄遵宪,并力请其出山。黄遵宪建议"设巡警、免米厘二事",李鸿章从之议,拟行警察法于省城,业未竟而去。李欲以设警察、开矿产之事相委,黄遵宪认为事无可为,一意辞谢。黄遵楷《先兄公度先生事实述略》:"濒年李傅相鸿章督粤,一再函促,仅修参谒而即旋。"(《全集》下,第1583页。)黄遵宪致陈三立函曰:"平生故人以党祸未解,亦无敢寄书慰问者。庚子之春,党狱又作,沈鹏、陈鼎、吴式钊[①]相继斥逐。尔时合肥督

[①] 吴式钊,云南省永昌府保山县人,光绪二十年(1894年),参加光绪甲午科殿试,登进士三甲第六名。同年五月,改翰林院庶吉士。光绪二十一年四月,散馆,授翰林院检讨。(《德宗实录》卷三百四十,光绪二十年五月初一日。)

粤,迭次以函电召邀,颇疑与党事有涉,不能不冒险一行。及到省相见,乃以设警察、开矿产之事相委。然事无可为,一意辞谢。"(《全集》上,第 425 页。)

　　黄遵宪辞别粤督李鸿章,经香港回家。在香港,黄遵宪拜访《华字日报》总编番禺潘飞声,"论文竟日"。潘飞声《在山泉诗话》卷一:"庚子,李相(鸿章)督粤,屡聘黄公度京卿(遵宪)出山。而京卿自戊戌归里后,闭门著书,不预世事。以李相频频电促,乃谒帅辕。李相问治粤策,京卿答以莫先于设巡警、免米厘二事。盖京卿陈臬楚南时,创设保卫勇,最称得法也。未几辞归,过香港,枉驾寓楼,论文竟日。京卿谓:后人学艺,事事皆驾前人上,惟文字不然,以胸中笔下均有古人在。步步追摹,遂不能自成一家面目,是以宋不如唐,唐不如六朝,六朝不如汉、魏也。京卿巍然大宗,推诗界维新巨子,获聆伟论,书作座铭。京卿出示书册,中有《长相思》三巨篇(钱案:即《今别离》,凡四首,见本诗草卷六)。一言电线,一言轮车,一言照像,雄奇飘逸,恨未及录出,仅记三律:……三律皆戛戛独造。"(谢永芳等校:《在山泉诗话校笺》,第 17—18 页,人民文学出版社 2016 年版。)

　　《钱谱》:"秋,归过香港,访番禺潘兰史飞声征君于华字日报馆,谈三日。《在山泉诗话》又云:"庚子秋,先生三顾余寓楼。"黄遵宪为潘飞声题独立图云:"四亿万人黄种贵,二千余岁黑甜浓。君看独立山人侧,多少他人卧榻容。"(谢永芳等校:《在山泉诗话校笺》,第 72 页,人民文学出版社 2016 年版。)潘飞声《在山泉诗话》:"庚子秋,先生三顾余寓楼。"但黄遵宪谒见粤督李鸿章肯定不在秋天,而应在春夏之时,而"文字"之论亦应在此时。光绪二十五年十月二十二日(1899 年 11 月 24 日),清廷任命李鸿章为商务大臣;十一月十七日(12 月 19 日),李鸿章署理两广总督;十二月二十日(1900 年 1 月 20 日),李鸿章正式接署两广总督篆而视事。光绪二十六年四月二十六日(1900 年 5 月 24 日),李鸿章实授为粤督,六月二十一日(7 月 17 日)离粤北上。所以,本年黄遵宪应该是二次到香港,一是春夏之时,二是秋天。

　　四月十九(5 月 17 日),义和拳入京师。"光绪二十六年夏四月庚寅,义和拳入京师。"(《清史稿·德宗本纪》。)

　　本年三月,义和团始起于鲁、直,四月其势已盛。到五月便发生杀戮日使馆书记杉山彬的案子。以后毁教堂、杀教民等事,相继出现。

　　四月二十四(5 月 22 日),梁居实致黄遵宪信,略陈北方拳民之变梗概。《梁居实致梁国瑞书》:"北方拳匪之变,曾于上月廿四致度兄一书,略陈梗概,想邀鉴及,今又隔半月矣!"黄遵宪辞别粤督李鸿章,回到嘉应后,他不仅商办嘉应矿务事,还为乡绅办团练,以期保卫州城。黄遵宪成为当地社会的领袖,在办团练等地方事务中都被寄予极高的期望。另外,他开始接到有关义和团的消息。黄遵宪致陈三立函曰:"及归,而团匪之变作矣。"(《全集》上,第425页。)说明黄遵宪从广州回家后才得知义和团的情况,而此信息或由梁居实带来。

此后,在京同乡及有关人员都不时向黄遵宪通报消息,他通过在外地的嘉应乡绅和学者,了解中外局势发展,特别是有关义和团的情况。

初闻义和团入京城,黄遵宪对清廷的态度表示了深刻的不满,有诗《初闻京师义和团事感赋》三首纪之:"无端桴鼓扰京师,犹记昌陵鼎盛时。今日黄天传角道,非徒赤子弄潢池。冠缨且教宫人战,绣裾还充司隶仪。昼夜金吾曾不禁,未知盗首定何谁?""九百《虞初》小说流,神施鬼设诇兵谋。明知篝火均狐党,翻使衣冠习狗偷。养盗原由十常侍,诘奸惟赖外诸侯。竹筐麻瓣书团字,痛哭谁陈恤纬忧?""博带峨冠对旧臣,三年缄口讳维新。尽将儿戏尘羹事,付与尸居木偶人。绍述政行皆铁案,党人狱起又黄巾。即今刚赵来宣抚,犹信投戈是义民。"(《诗草笺注》下,第877—881页。)

黄遵宪关注义和团局势之进展,担心着京津友人如严复等人的安危,"团拳难作,深为公隐忧。及闻脱险南下,且欣且慰,然又未知踪迹之所在,末由敬候起居,怀怅而已"。(《全集》上,第434页。)

春夏间,丘逢甲结束洋考察归潮,儿子丘琰、丘球在潮州遭鼠疫而夭折。晴天霹雳,丘陷入极度的悲哀中。丘琮《仓海先生丘公逢甲年谱》:"庚子春,粤政府派往南洋调查侨民,兼事联络,历英法荷等属,讲教说义,人心翕然。此次南行,曾与保皇会、兴中会诸志士接洽。南游事毕回潮。""庚子南游,事毕回潮,则鼠疫流行,次男琰、四男球均遭疫夭折。"关于丘逢甲回国之时间有三种不同说法,丘铸昌《丘逢甲生平大事年表》(《华中师院学报》[哲学社会科学版],1984年第4期。)认为"是年阴历六月初,逢甲带着满意的心情离开新加坡回国"。丘铸昌《黄遵宪与丘逢甲的友谊》(《岭南文史》,1983年第2期。)则说:"庚子年五月,待丘逢甲从南洋回来,就先后收到黄遵宪写给他的三首诗……"赵春晨《丘逢甲在庚子"勤王"中何以蛰伏未动》(《学术研究》,2006年10期。)则说:"庚子(1900年)春夏间,丘逢甲又借奉命到南洋调查侨情之机……然而丘逢甲于当年7月上旬回到粤东之后……"

黄遵宪得知丘逢甲之家难,特寄诗《寄怀丘仲阏逢甲》,表达深切同情和安慰:"沧海归来鬓欲残,此身商榷到蒲团。哀弦怕听家山破,醇酒还愁来日难。绕树鸟寻谁屋好,衔雏燕喜旧巢安。朝朝曳杖看山去,看到斜阳莫倚栏。"(《诗草笺注》下,第883页。)

黄遵宪在《感事又寄丘仲阏》诗中向丘逢甲谈到了义和拳情况,并且认为,义和拳乱之祸将更甚于割台,诗曰:"万目眈眈大九州,神丛争博正探筹。何堪白刃张拳党,(大刀会、义和拳。)更扰黄花落地秋。(嘉庆癸酉,本于八月置闰,钦天监奏改为次年二月。而教匪所传经有"二八中秋,黄花落地"之语,贼党以为豫兆,定谋纠乱。及改闰,林清等乃于九月十五日作乱于京师。)石破真惊天压己,陆沉可有地埋忧。前番尚得安身处,莫说寒芜赤嵌愁。"钱仲联笺注:"割台湾时,丘逢甲曾主持独立事,兵败内渡,隐于嘉应州属之镇平山中。诗意谓今日祸变之巨,更甚于割台时也。""三边烽火照甘泉,闻道津桥泣杜鹃。帝释亦愁龙汉劫,天灾况值鼠妖年。流离苦语传黄蘖,盗窃迷香幻白莲。(嘉庆中,白莲教匪倡乱,凡九年。传习京畿者,又变为八卦、荣华、红阳、白易诸名。今之义和拳,即离卦教中徒党。见《那文毅公奏疏》。)漫写哀辞金鹿痛,人间何事不颠连。"(《诗草笺注》下,第884—885页。)

五月初十(6月6日),清廷加派刚毅前往保定一带察看,令教民拳民不准相仇,并于此谕后饬直隶各军实力镇压义和团。黄遵宪在家,义和团运动发生后,家乡嘉应动乱也加剧,他与梁国瑞等请惠潮嘉道派练勇百名来嘉应,平定暴乱,努力维护家乡的社会稳定。

五月二十五(6月21日),温仲和致函黄遵宪:"二十五日专足赍一函,想达典签矣。"(《温仲和致黄遵宪书》,郭真义:《晚清粤东客籍诗人群体研究》,第179页,当代中国出版社2004年版。)

五月二十九(6月25日),清廷赏虎神营、义和团各十万两,甘军武卫军亦有赏。载漪率众进宫,意图谋杀光绪帝,被慈禧太后阻止。(范文澜:《中国近代史》上,第373—374页,人民出版社1962年版。)

本月中下旬,梁居实致函梁国瑞:"拟请邀集潮嘉绅士,联名禀请道宪,公举度兄为潮嘉团练总局总办。"今案:据信中"北方拳匪之变,曾于上月廿四致度兄一书,略陈梗概,想邀鉴及,今又隔半月矣!"而黄遵宪有诗《初闻京师义和团事感赋》,义和拳入京师事发于光绪二十六年夏四月十九日庚寅(1900年5月17日),则《梁居实致梁国瑞书》当写于本年五月中旬。"顷得贵局公函,并密码一纸,具见关怀桑梓,区划周详,无任感佩。北方拳匪之变,曾于上月廿四致度兄一书,略陈梗概,想邀鉴及,今又隔半月矣!贼势洋情,瞬息万变,且内而政府之宗旨,外而疆臣之擘划,未能遽得其要领,故未有续函奉达。近日查阅报章,传抄局电,验之前书所述各节,除都门飘扬洋旗外,悉非子虚,且大局日益危逼,虽具无量法力,亦难挽回,其中扰乱情形,吏仆难数,大抵匪乱兵乱,不出两歧,内患外患,相承一气,至其原因,则先忧子所言,决非苛论矣!窃料不出旬月,将有洋兵十万,竟登津沽大陆,洋舰百艘,充塞黄海内湾,而所谓无拳无勇,职为乱阶者,伏于压力,将一战而即溃,或不战而自溃,甚且自相残杀,喋血京师,各挟一主,奔走号召,此其大局也。若前书所云,群狗争骨,起而相牙者。窃谓必无其事,盖各国之权力区域,早经圈定,非至今日始分疆划界,不能不相断争也。或者虑其乘此变故,将实行瓜分之事,窃又谓为不然,何则?有形之瓜分,利在而害亦随之,且又费力。无形之瓜分,害去而利不失焉!且又省力,两者相衡,吾知不为波兰而为埃及也明矣。特俄法德之意见,能否与英美日相合,未可知耳。此则大局结束之后一层也,今姑且勿论。但论吾粤。吾粤之安危,全视傅相之去留。今奉旨留粤,土匪必无足虞,所虑者,外患耳。然洋人兵力,专注北京,无暇分扰外者,亦无庸分扰外省。且东南各督抚,就经由盛京卿与上海各领事,订互相保护,两不相扰之约,则外患又无足虑矣,此又粤人之幸也。虽然,智者防患于未萌,明者远见于无形。况患之已萌已著者乎?侄愚昧之见,可虑亦有二端。一则实施瓜分之政策,吾粤将为台岛之续,则傅相恐难抗割地之师,而外患仍不免,其可虑者一。一则干预我国之内政,京师将有城下之盟,则傅相决难辞航海之行,而内患仍不免,其可虑者二。当此之时,洋旗翻于沿海,贼锋交于腹地,劫掠焚杀,波扰云涌,其糜烂何堪设想耶。吾州民风素弱,丁壮大半出洋,其境接壤界者,远而汀赣,近而惠潮,又近而长镇,皆强悍逾我十倍。无论何处,一有变故,其祸无不直中吾州者。况粮食缺乏,家无盖藏,汕头之口封,则外洋人之米船,不能飞渡。江西之涂梗,则内地之米源亦将中绝,其可忧可危,殆无逾此者矣。故侄去岁论团练一书。其抽换递练之法,非遽藉以御寇也,将以强民风也。创设米公司一启,其转运枲积之法,非止藉以救饥民。为以遏乱萌也。今缓不及此事矣!为今之计,今惟之有速速筹款项,募兵勇,储军火,备粮食,以四者为急务而已,并宜上联四县,下联潮汕,以厚势力而壮声援,拟请邀集潮嘉绅士,联名禀请道宪,公举度兄为潮嘉团练总局总办,陈观察晓山为会办,上以通督抚之声气,下以系绅民之纲领,开诚布公,广思集益,保卫乡里,共济时艰,庶几足以待天日之重见,而纾乱离之至惨乎!附禀廿九、三十、初一谕旨三道,督宪防务,牌示西关团局筹防议各一则,阅之凡政府之宗旨,疆臣之擘划,下及绅士之筹备,皆可以得其大略矣。其嘉应一州办法,谨抒管见,条议如下,统祈诸公卓裁。"(郭真义:《晚清粤东客籍诗人群体研究》,第200—202页,当代中国出版社2004年版。)

春夏间,黄遵宪在家静养。义和拳入京师后,清廷内部一片混乱,黄遵宪时刻惦记着国家和清廷的安危,有诗《述闻》八首纪之:"太阿倒授又移权,便到玄黄血战年。狂喝枭卢天一笑,怒诃狗脚帝三拳。垂虹上贯重轮日,泻海横分九点烟。毕竟图王图作贼,无端殿下比雷癫。""皇京一片变烟埃,二百年来第一回。荆棘铜驼心上泪,觚棱金爵劫余灰。螟蛉果蠃终谁抚,猿鹤沙虫总可哀。只望木兰仍出狩,銮舆无恙贼中来。""说有苍天不死方,盗泉一饮众皆狂。人言细柳都儿戏,我欲传芭哭国殇。鬼吏三官明作贼,神兵六甲解擒王。古今多少昏荒事,并付盲翁负鼓场。""一拳打碎旧山河,两手公然斗柄挼。鹳鹆往来谣语恸,鱼龙曼衍戏场多。火焚祆庙连烽燧,辙涸羁臣乞海波。至竟辽东多浪死,尚夸十万剑横磨。""拔帜先登径上台,炮声震地忽轰雷。一齐扰扰嗟鱼烂,万目眈眈看虎来。铁铸六州成大错,衣香七市付沉灰。联盟守约连名奏,赖有维持半壁才。""五月二十四日,清政府对外宣战。两江总督刘坤一、湖广总督张之洞、两广李鸿章互约,凡二十四日以后之上谕,概不奉行……六月初,由刘坤一出面,约请张之洞参加东南自保,盛宣怀代表刘、张与各国领事商定东南互保约款九条。"(范文澜:《中国近代史》上,第386页,人民出版社1962年版。)"禹迹芒芒画九州,到今沧海竟横流。合纵敢拒三天下,雪耻将寻九世仇。事势可如骑虎背,功名偏赏烂羊头。是谁画诺谁传诏,一纸明贻万国羞。""忽洒龙𩽾鳖太阴,臣夭主窳到于今。风轮坏劫天难补,磐石无人陆竟沉。揖盗开门终自误,虐臣崒鼓果何心。当时变政翻新案,早使忧臣泪满襟。"钱仲联笺注:"此首刺那拉后也。"(《诗草笺注》下,第896页。)"飞角侵边局早输,国家虽缺尚金瓯。剪分鹑首天何醉,再拜鹃声帝独忧。藉寇终除钩党祸,函图看送罪臣头。祖功宗德王明圣,岂有乾坤一掷休。"(《诗草笺注》下,第888—896页。)

六月初旬(6月—7月),温仲和致函黄遵宪,通报北京情况,担心家乡秩序,认为练兵较之团练,尤为得力。其书曰:"公度先生同年大人阁下:二十五日专足赍一函,想达典签矣。近日北京九门皆悬外国旗,并有不忍言之隐痛,亡国之祸不期于今见之。初闻李中堂得内召亟入京师之说,即欲交卸北上。近因粤中绅商挽留,拟暂缓行期,以现在权在各国,即前往亦无可说。昨得诗五与介侯电,谓中堂行期未定。洋务局接梁南轩信,(因中堂北上往省送行未回。)知中堂暂缓行期。兴中、保皇、三点、高老各会,皆跃跃欲动,诚恐玉石俱焚也。反复思之,若能趁中堂在粤具禀,请派一得力武员练四五营兵,以三营保潮,以两营保嘉,较之团练,尤为得力。已有信与诗五同年,嘱在省合同乡亟谋之。若仅靠现在所派之人,恐未得力也。质之吾公,以为何如?倘可上闻行之否?若能如此办,庶几人心不至遇事动摇也。手此。即请勋安。"(温仲和:《求在我斋集》卷五,第16—17页。)

本月中旬,温仲和再致函黄遵宪,谈商局、练勇及修志事。盖黄遵宪已嘱温仲和将南汉修慧寺千佛塔补入新修《嘉应州志》中,故温复信问有关情况。信曰:"公度我兄同年大人阁下:自上月廿五日发专函后,此间陆续发数函,何以竟无一到。大约为大水沮滞之故。此次水灾,自镇平河以下至三阳,所淹损田禾甚多。松口大水后,初七八日到米千余包,至十一日三日之间即已告罄。米商仍连翩来汕办米,闻上海只有一船米来汕,因长江戒严,芜米禁出口,来源已断,将来或藉暹越之米。然闻印度亦遭饥荒,南洋米能否到此尚未可知。已办商局,此事宜速筹之也。北京已成不可收拾之势,各国怒极,增兵舰未已,幸赖东南各省一气,与各国领事及各国政府商允订立互保章程,所以商务仍通者,全在于此。李中堂目下筹兵筹饷不遗余力,所出告示有仿照湖南警卫勇一事意者。湖南不行,或行于广东,公之志亦可慰也。惟闻孙文已回香港,内地各会多与相通。又保皇会所谓勤王之师者,似皆蹈瑕伺衅,咸欲乘机而发。公函所谓远者扬者,不难潜回。李中堂目下似专顾省城,外府未能及。汕头是通商之口,本在保护之列,公已办商局,似可与观察合禀中堂,或由观察招募一二营以资弹压,万一有事,方有征调之师。黄和亭镇军若常驻汕头,尚可坐镇,如要往省城,则潮嘉一路兵力单弱,道途倘有梗塞,外洋之饷何能接济,此鄙人所为耿耿者也。奉十一日手教,已见廿九日上谕,则京师决裂已见,然其确实消息,尚未得知也。汕头、潮州、潮阳,时症皆已廓清,钝夫等亦搬回潮阳矣。潮人甚望公来,每来询问,未知几时可来?便中示知也。辑五手书亦接到,催志稿甚紧,人物一门,草稿颇具,非不容易,惟目下心乱如麻,未能遽及。烈女稿亦未寄来。南汉乌金塔全完若几块?现存几块?俱望一一示知,不仅拓本而已也。下马石亦当开明所在,款式如何。近人所著笔记有关劝戒者,或可采入丛谈中。前订觅本寄来至今亦未到,徒然急急催我无益也,未另函,可转达之。手此奉复,即请勋安。"(温仲和:《求在我斋集》卷五,第19—20页。)

　　黄遵宪作《南汉修慧寺千佛塔歌》。此诗有木刻单行本,黄遵庚、黄之骏同注。黄遵庚记:"团匪事变发生后,公度兄忧心如焚,国恐亡无日,发为诗歌者颇多,命我及簉侄共注其所作之千佛塔歌,刊行问世。"(黄遵庚:《六十年之我》,第3页,且斋藏本。)诗序曰:"塔为南汉刘鋹时建,弟一层有铭文曰:'敬劝众缘,以乌金铸造(首行。)千佛塔七层于敬州修慧寺,(二行。)创塔亭,供养虔,繁归善土,望(三行。)皇躬玉历千春,(四行。)瑶图万岁,然愿郡坛□□,□□(五行。)康平,禾麦丰饶,军民宁□,□(六行。)雨顺调,□境歌咏。□□□□(七行。)方隅,次以九宥三涂,□□□自注:八行。乐,亡魂滞魄,咸证人天。□□(九行。)周围,常隆瞻敬。以大宝八年(十行。)乙丑岁大吕之月,设斋庆赞。'(十一行。)铭皆阴文。以光孝寺东西铁塔证之,其三面当尚有题名,如乾亨寺铜钟款,或并有众缘弟子名。然无从寻视矣。此塔创建至今九百余年,《广东通志》《嘉应州志》皆失载,即吴石华广文《南汉金石志》,搜罗极富,亦不之及。塔高约三四丈,上七层为铁铸,下垒土筑成,无从攀登,故不知塔顶有铭。乙丑兵燹以后,略毁而未坏。嗣为群儿毁伤,日久遂圮。余归里后求之邻家,得塔铭一方。续得弟五层全层,(由下而上塔铭在弟一层,余准此。)又得弟三、弟四层之三方,及弟二层之一方。考弟二层有七十七佛,(像分五层,每层小佛十六,大佛一,占小佛位四。)弟三层六十七佛,(亦五层,每层小佛十四,大佛如上式。)弟四层五十七佛,(亦五层,每层小佛十二,大佛如上式。)弟五层三十七佛。(分四层,每层小佛十,大佛如上式。)由是推知弟六层有十二佛,(当是两层,每层六佛。)每面二百五十佛,合计则千佛也。最高之七层为合尖顶,应无像。弟四层大佛旁有小字曰'东方善德佛''北方相德佛''西方无量寿佛',南方残缺,以释典考之,当是'南方栴檀德佛'。佛皆趺坐敛袖,乘以莲花。自弟二至弟六层,皆方隅。下有檐,宽约四寸,檐角有蟾蜍形,似以之系铃者。唯弟一层无檐,有立像二,在两隅,似是四天王,其数应不在佛中也。考敬州于南汉主刘晟乾和三年,即潮州之程乡县升为州,领县一。修慧寺不入志中,寺址亦未悉所在。塔距余家仅数牛鸣地,岿然立冈上,亦无塔亭。故老传言:乾隆初年,由前州牧王者辅于今之齐洲寺移来,寺去塔不远。然修慧寺何以易名,志既失载,又无碑可证矣。余所得残整各块,均置于人境庐。

其塔铭则供息亭中。已嘱温慕柳检讨补入新志中,复作此诗以志缘幸。"

其诗曰:"天龙不飞海蛟起,遥斥洛州为刺史,万事萧闲署大夫,仍世风流作天子。无愁天子安乐公,黄屋左纛夸豪雄。当时十国均佞佛,此国佞佛尤能工。八万四千塔何处?敕司特用乌金铸。石趺铁盖花四围,宫使沙门名列署。千家设供争饭僧,百姓烧指添然灯。一州政得如斗大,亦造窣堵高层层。此塔周围佛千位,十方弟子同瞻礼。宝林铜钟广劝缘,云华石室谁作记。坐花共数莲几枝,剔锈尚铭余百字。(铭文共一百十五字,完好者九十九字。)下言人鬼共安康,上祝国皇寿千岁。噫嘻刘氏五十年,一方岭蜑殊可怜。画地为牢聚蛇毒,杀人下酒垂蛟涎。离宫深处即地狱,铁床汤镬穷烹煎。兔丝吞骨龙作醢,诸刘遗种无一全。人人被发欲上诉,亡魂怨魄谁解冤?编玉为堂柱念四,媚川采珠人八千。垒山日输赎罪石,入城亦费导行钱。钱王媚佛善搜括,比此尚觉差安便。卖儿贴妇竭膏血,一塔岂有功德缘。尔时王此昏荒国,方诩极乐忉利天。红云张宴饱荔子,素馨如雪堆花田。朝出呼鸾引幢盖,暮归走马委珠钿。鱼英供壶甘露味,翠屏舞镜春风颠。大体双双学猪媚,微行侧侧携蟾仙。楼罗检历纵嬉戏,候窗设监酣醉眠。女巫霞裾坐决事,彼昏只倚常侍贤。自谓此乐千万岁,还丹不服贪流连。谁知执梃降王长,屈指造塔刚七年。星流雨至时事改,风轮转劫无不坏。铜壶滴漏几须臾,倏忽到今九百载。金蚕往往卖珠市,玉鱼时时出银海。康陵荒废马拉空,此塔金身尚然在。赐田补钵亦荒芜,废像模铜失光彩,人间理乱百不闻,菩萨低眉犹故态。吁嗟乎!佛虽无福亦无殃,而今宗教多荒唐。木铎广招诸弟子,(天主教之传教者,名曰主教,曰神父,曰司铎。)白绢妄说空家乡。(《啸亭杂录》:白莲教以道祖为重,有天魔女巫诸名位,所传经卷,以"真空家乡无生父母"八字为真言,书于白绢,暗室供之。)中西同异久积愤,一朝糜烂如蜩螗。谁人秉国竟养盗,坐引强敌侵畿疆?天魔纷扰修罗战,神兵六甲走且僵。大千破碎六种动,恐与佛国同沦亡。长安北望泪如泻,空亭徘徊夕阳下,问佛不言佛羊哑。赵佗窃号何真降,孰能保此一方者?"(《诗草笺注》下,第899—925页。)《南汉修慧寺千佛塔歌》编于《七月十五夜暑甚看月达晓》之后,或此诗当作于七月十五日之前。今案:民国间,建亭于东山原址,亭内置塔,黄遵宪所收存之塔铭及各块铸铁,镶入此塔中,仍称千佛塔。后在动乱中被毁。近年易地重建,已非旧观。自1990年始,明慧法师修建千佛塔寺,历经二十七年,千佛塔寺已成梅州市著名女众道场。千佛铁塔仍然保存完好,置于石塔之内。

诗成后,黄遵宪嘱丘逢甲作诗和之,丘逢甲后作《南汉敬州修慧寺千佛铁塔歌》并序:

诗序云:"庚子秋游梅口镇,温柳介同年示以黄公度京卿所寄南汉敬州修慧寺千佛铁塔铭拓本,矜为创获。及冬抵州谒京卿,得见塔残铁,其第七层一方即铭文,三方缺,故不知铸者铭者姓名。四层及六、七层之半俱佛像,以所得约之,知塔有千佛。惜缺者无从觅,不能见其全矣。塔盖南汉刘𬬮时州民募建以祝福者。与光孝寺东西铁塔奉敕造者先后同时,计大宝八年乙丑岁建,而始毁于同治四年乙丑,阅岁乙丑者已十有五。铭文词近尔雅,书亦具体颜平原。州中之金,此为最古,惜省志州志俱未载。吴石华先生南汉金石志搜罗甚广,亦失之眉睫,致久郁而不显,浸至残毁,无过问者。今京卿得焉,不可谓非此塔此铁之遭也。塔址在一小山上,梅江绕其下,去人境庐不半里,登璇楼可望见。惟修慧寺今不知何所。或云康熙间塔自齐州寺移建今址,然无可考证,亦第故老相传云尔。京卿已属柳介载入今州志,复作歌属予和焉。吊古慨今,遂有斯作。"

诗云:"五金之用铁为广,惜或竟付降王长。上供铸柱下铸床,更铸贪痴佞佛想。有铁不遣铸五兵,又不铸器资民生。峨峨两塔奉敕造,民间观者如风倾。梅水东来避灾地,上有先朝修慧寺。眼中突兀窣堵波,不惜乌金铸文字。谁欤铭者工祝词,贤劫千佛森威仪。皇图欲仗佛力固,安知天降香孩儿。一铁围山一世界,劫火中烧万法坏。巍然此塔九百年,相轮夜转罡风快。岂惟牛角难长延,眼看宋蹶元明颠。敬州遗事共谁说,塔端铃语缺不圆。塔铸何时岁乙丑,有大力者负以走。十五乙丑塔乃倾,敢信佛缘能不朽。自从象教嗟中衰,中分净土参耶回。竞假天堂地狱说,乘虚与佛争东来。东来明星张国焰,炮雨枪云铁飞舰。天经唪罢万灵噤,海旗飑处千官诣。与之抗者谈真空,白莲万朵开魔风。谁云此獠有佛性,妖腾怪踔巾何红?此亦当今一张角,满地黄花乱曾作。国成谁秉邪召邪,聚铁群惊铸此错。黄金台边铁血殷,六龙西幸趋函关。麻鞋何日见天子?小臣足茧哀荒山。梅山苍苍梅水碧,雄心陶写付金石。眼骇残铁南汉年,古锈斑斓铁花积。当时铸者知何人,寺荒塔坏朝屡新。小南强花空供养,即今诸佛无完身。铁不得用铁之辱,海风夜啸蛟涎浊。神州莽莽将陆沉,诸天应下金仙哭。谓佛不灵佛傥灵,睡狮一吼狞而醒。破敌神兵退六甲,开山力士驱五丁。五岭雄奇积煤铁,矿政未修民曷殖!地不爱宝资中兴,会须富国兼强国。吾国平等存佛心,纷纷种教休交侵。行看手铸新世界,采山有诏需南金。人天同庆回末劫,王气宁容霸气杂。神力永镇阎浮提,何须四万八千塔?"白莲万朵开魔风"以下十句,时清廷信拳匪排外,八国联军入京,两宫逃西安也。")(广东省丘逢甲研究会编:《丘逢甲集》,第481—483页,岳麓书社2001年版。)

  本月,联军进犯天津,聂士成战死,黄遵宪作《聂将军歌》,诗云:"聂将军,名高天下闻,虬髯虎眉面色赭,河朔将帅无人不爱君。燕南忽报妖民起,白昼横刀走都市。欲杀一龙二虎三百羊,是何鼠子乃敢尔?将军令解大小团,公然张拳出相抵。空拳冒刃口喃喃,炮声一到骈头死。忽来总督文,戒汝贪功勋。复传亲王令,责汝何暴横。明晨太后诏,不许无理闹。夕得相公书,问讯事何如?皆言此团忠义民,志灭番鬼扶清人。复言神拳斫不死,自天下降天之神。国人争道天魔舞,将军墨墨泪如雨,呼天欲诉天不闻,此身未知死谁手,又复死何所?

  "大沽昨报炮台失,诏令前军作前敌。不闻他军来,但见聂字军旗入复出。雷声耽耽起,起处无处觅。一炮空中来,敌人对案不能食。一炮足底轰,敌人绕床不得息。朝飞弹雨红,暮卷枪云黑。百马横冲刀雪色,周旋进退来夹击。黄龙旗下有此军,西人东人惊动色。敌军方诧督战谁,中旨翻疑战不力。此时众团民,方与将军仇。阿师黄马褂,车前鸣八驺。大兄翠雀翎,衣冠如沐猴。亦有红灯照,巾帼赢兜鍪。昨日拜赐金,满车高瓯窭。京中大官来,神前同叩头。懿旨五六行,许我为同仇。奖我兴甲兵,勉我修戈矛。将军顾轻我,将军知此不?军中流言各哗噪,作官不如作贼好。诸将窃语心胆寒,从贼容易从军难。人人趋叩将军辕,不愿操兵愿打拳。将军气涌遍传檄,从此杀敌先杀贼。

  "将军日午罢战归,红尘一骑乘风驰。跪称将军出战时,闱门众多偻罗儿。排墙击案拖旌旗,嘈嘈杂杂纷指挥。将军之母将军妻,芒笼绳缚兼鞭笞。驱迫泥行如犬鸡,此时生死未可知。恐遭毒手不可迟,将军将军宜急追。将军追贼正驰电,道旁一军路横贯。齐声大呼聂军反,火光已射将军面。将军左足方中箭,将军右臂几化弹。是兵是贼纷莫辨,黄尘滚滚酣野战。将军麾军方寸乱,将军部曲已云散。将军仰天泣数行,众狂仇我谓我狂。十年训练求自强,连珠之炮后门枪。秃襟小袖毾氍装,藩身汉心庸何伤!执此诬我谗口张,通天之罪死难偿。我何面目对我皇?

"外有虎豹内豺狼,警警犬吠牙强梁,一身众敌何可当?今日除死无可望,非战之罪乃天亡。天苍苍,野茫茫,八里台,作战场。赤日行空飞沙黄,今日被发归大荒。左右搀扶出裹疮,一弹掠肩血滂滂。一弹洞胸胸流肠,将军危坐死不僵。白衣素冠黑裲裆,几人泣送将军丧,从此津城无人防。将军母,年八十,白发萧骚何处泣?将军妻,是封君,其存其殁家莫闻。麻衣草屦色憔悴,路人道是将军子。欲将马革裹父尸,万骨如山堆战垒。"(《诗草笺注》下,第1035—1045页。)

六月十一(7月7日),清廷命李鸿章迅速来京,如海道难行,即由陆路兼程北上。清廷杀张荫桓于新疆乌鲁木齐戍所,黄遵宪后有诗纪之。

六月二十六(7月22日),前湖南巡抚义宁陈宝箴病殁于西山崝庐,享年七十。或传乃地方大吏奉密旨所杀。宗九奇《陈三立传略》:"陈宝箴之死,实乃至今尚未昭白的政治大冤案。据戴明震先父远传翁字普之《文录》手稿,有如下一段记载:'光绪二十六年(庚子)六月二十六日,先严千总公(名闳炯)率兵弁从巡抚松寿驻往西山崝庐,宣太后密旨,赐陈宝箴自尽。宝箴北面匍伏受诏,即自缢。巡抚令取其喉骨,奏报太后。'"(《江西文史资料》,1982年第3期;马卫中、童俊珏:《陈三立年谱》,第247页,苏州大学出版社2010年版)茅海建认为,此说过于离奇,似不可采信。(茅海建:《戊戌变法的另面:"张之洞档案"阅读笔记》,第387页,上海古籍出版社2014年版。)

本月下旬,温仲和致函黄遵宪,报告有关义和团运动的进展及中外情形,内称:"公度我兄同年大人阁下:一旬中未有作书,以大局似有转机也。阅近日各报,则自李秉衡入京以后,朝旨又变,总署大臣许竹篔、袁爽秋以主和议处以腰斩之极刑,盖所以示威于东南督抚也。外人亦恐长江督抚有所摇动,故吴淞口聚兵舰三十余艘。各国联军入京似不甚得手,为华军所阻,损伤颇多,故主战之臣愈为得意。尤可异者,联军进京则匪党攻使署,隐有挟以为质之意。庆、荣二人亦未见有何作用,意其联为一气耶。夫今日而议和,非函韩侂胄之首不能退金师,然景延广之十万横磨剑,其气尚雄,方当轻侮契丹,非为城下之盟,岂易言此事,然尤有可虑者,恐持之太急,必将用北地王之说,背城一战,父子兄弟同死社稷,则大事去矣。今虽小胜,必难支久,兵久不决,财匮饷竭,内溃之忧,亦可立俟。外人虽曰言保华,谓无瓜分之意,恐得一地即守一地,占一城即布置一城,则迟早之间耳,安在必瓜分哉。陈云秋于五月二十八日镖车出京,(三车价银七百元)前日到汕,所述京中五月情形,与各报所载京信及京官日记大略相同。曾刚甫诸人则避往京东平谷县。近日闻京师每面一斤值银一两,大有饿死之虑。天津居民受祸之惨已如此矣,将来如何结局,真不堪设想者。乍雨初凉,故为此书,即请勋安。"(温仲和:《求在我斋集》卷五,第12—13页。)

六月底七月初(7月),温仲和致函黄遵宪,通报有关义和团进展的传闻,"意在有闻即报,不敢决其真确与否也"。函称:"公度我兄同年大人阁下:本日甘牧师来,说西报言京师庆王荣中堂与端王相攻,惟庆王现在兵力不及端王云云。又言英使馆仍在,本缺粮食,因庆、荣潜令商人送足廿日粮食。太后与圣上避在夏垣。(我问是花园之园否,渠云是宫殿之意,以此言之,必是避暑山庄,又往热河矣。)此消息甚好。庆荣兵力虽弱,两江两湖兵力已上,日本之大兵已暂到。最苦京师兵匪不分,混成一片,则八国大兵至,将玉石俱焚。今已分左右袒,则事稍易着手,然将来之事,犹深可忧,何则?大兵已至,团匪必不能敌,势将逃溃,而叛溃将卒附之,或据山陕,或据河洛,此可意料,而知必为流寇。此内乱之可忧者也。匪逃之后。不与列强和,国不能独立。若与列强和,则所焚毁之教室、洋房、使署、租界之伤损,商务之所失,以及所杀教士、工匠、旅中之洋人,并八国平乱之兵费,不能不议赔偿。虽举中国现有财力,恐有不足,其余失政权、兵权、利权固不待言。如此,则中国将永无自立之日矣。质之我公,果何以为计乎?各报谣言甚多,恐未可尽信,惟东南各省督抚深知保全中国土地、人民、财产、必当先保商教,合同一气,方能保存也。前数日所发之函,必是为大水所阻,计今当次第收到矣。意在有闻即报,不敢决其真确与否也。谢益卿翁昭信股票贰千两,亦送入学堂,但经此次事变,恐此票无益耳。昨日张弼士到学堂,渠闻刚相有自尽之说,而港报则言徐相全家为团匪所杀云。手此。即请勋安。"(温仲和:《求在我斋集》卷五,第18—19页。)

七月十五(8月9日),黄遵宪有诗《七月十五夜暑甚看月达晓》:"空庭树静悄无鸦,太白光芒北斗斜。破碎山河犹照影,广寒宫阙定谁家?光残银烛谈偷药,热逼金瓯看剖瓜。满酌清尊聊一醉,漫愁秋尽落黄花。"(《诗草笺注》下,第898页。)

七月二十(8月14日),联军进攻北京。《钱谱》:"本年秋,八国联军入京,黄遵宪纪变之作甚多。又欲为一空前之长诗,名拳团篇,未成。"黄遵庚曰:"先生欲为此诗,长拟千韵,材料已搜集,后未成。"黄遵宪前已有相关诗句述有关听闻,后以作《再述》五首。诗一:"誓师仗钺大王雄,虐使连声詈宋聋。万国谈瀛惊创见,八方震电怒环攻。寇来直指齐云观,兵起谁张救日弓?况是黑龙江上月,旌旗光照血波红。"诗二:"玺书皇帝问东皇,亲爱从来昆弟行。岂有行人真坐罪,忍看邻国到唇亡。刚闻穷海通飞雁,翻又穹庐纵盗羊。五百岛民如并命,膏腴割尽可能偿。"诗三:"存亡危急上呼天,联乞皇天悔祸延。朝议正为刘氏祖,里优忽唱李公颠。主盟牛耳方推长,宾馆鸿胪竟首悬。误尽攘夷南宋论,况逢毒手又空拳。"钱仲联笺注:"谓徐用仪、许景澄、袁昶、联元等之死也。徐、许时为总理各国事务大臣,袁昶、联元在总理衙门行走。"(《诗草笺注》下,第937页。)诗四:"喔喔元老语踦间,沓沓群臣当殿趋。玉馨赂人终听客,翠华到处即迁都。预愁清酒黄龙约,尽倒天吴紫凤图。忍听王孙路旁泣,延秋月黑乱啼乌。"诗五:"羽檄飞驰四百州,先防狼角后髦头。两端首鼠盟吴楚,一国蒙戎党李牛。天意岂忘黄种贵,帝星犹幸紫微留。横流忍问安身处,北望徘徊漆室忧。"(《诗草笺注》下,第932—938页。)

七月二十一(8月15日)八国联军进入京师,《德宗实录》:"七月己未,是日各国联军进京师。"同日清晨,慈禧携光绪帝离京出走。黄遵宪有诗《七月二十一日外国联军入犯京师》:"压城云黑饿鸱鸣,齐作吹唇沸地声。莫问空拳殴市战,余闻扈跸六军惊。波臣守辙还无恙,日驭挥戈岂有名。闻道重臣方受节,料应城下再寻盟。"(《诗草笺注》下,第939页。)

七月二十三(8月17日),太后等逃至怀来县。黄遵宪闻讯,作《闻车驾西狩感赋》:"史臣新纪中兴年,应数西迁第一篇。嵩室刚呼千万岁,帝车同仰九重天。齐人野语纷多故,海客谈瀛每浪传。今日君颜亲咫尺,秋风箫鼓竞导前。"(《诗草笺注》下,第941页。)又作《有以守社稷为言者口号示之》,诗曰:"万一群胡竟合围,城危援绝势难支。要知四海为家日,终异诸侯失国时。夺使只如争虎穴,劳王非敢战鱼丽。溥天颂德三年久,请听回中鼓吹辞。"(《诗草笺注》下,第942页。)

七月二十六(8月20日),光绪下诏罪己,《清史稿·德宗纪》:"八月丁丑,次鸡鸣驿,下诏罪己,兼诫中外群臣。"黄遵宪有诗《读七月廿五日行在所发罪己诏书泣赋》纪之:"读诏人人泣数行,朕躬不德股肱良。三年久已祈群望,此罪明知在万方。表里山河故无害,转旋日月定重光。婆娑凤尾亲批诺,遥想天颜惨不扬。"钱仲联笺注:"案:诗谓罪不在载湉。"(《诗草笺注》下,第944页。)

七月二十七(8月21日),唐才常自立军汉口事泄失败,次日唐等就义。

七月三十(8月24日),清廷命李鸿章"便宜行事,将应办事宜迅速办理",朝廷不为遥制。

八月初六(8月30日),黄遵宪致函温仲和,探讨千佛塔文字等地方文史事,温仲和复信称:"接初六日手教,谓'依归'二字,典雅若汉碑,则确凿无疑,然不可谓五代时无此也,以匡圣宏明大师碑铭证之,其所用之字与今异者甚多,不当以不作'繋归'疑之。至'然愿'二字,拓本甚明,无可疑者。东铁塔未见拓本,未敢悬揣。弟以文论之,彼是南汉国主所造,故颂扬推开。说此是本郡众缘所造,故先颂国家如此,复愿本郡如此,以下皆指本郡言之也。'然愿'犹'乃愿',(经传释然,乃也。)亦犹今人言伏愿。疑当时有斋醮之事,故有郡坛及亡魂滞魄等语,即所谓设斋庆赞也。鄙见如此,质之于公,未审以为然否? 北事尚无确实消息,撤兵之事果施行,则和议当可速成也。手此奉复。"(温仲和:《求在我斋集》卷五,第12页。)

八月十四(9月7日),清廷命庆亲王奕劻、大学士李鸿章、荣禄授为全权大臣便宜行事,刘坤一、张之洞会办议约事宜,均准便宜行事。上谕"义和团实为肇祸之由,今欲拔本塞源,并痛加铲除不可"。(迟云飞:《清史编年》第十二卷,光绪朝、宣统朝,第288页,中国人民大学出版社2013年版。)黄遵宪有诗《谕剿义和团感赋》纪之。诗云:"是民是贼论纷歧,铸鼎图奸始共知。黄带亦编流寇传,绣衣重睹汉官仪。自天下降愚黔首,为帝驱除比赤眉。伏剑直臣犹未瞑,料应喜见中兴时。"(《诗草笺注》下,第945页。)

八月十五(9月8日)月夜,黄遵宪有诗《中秋夜月》:"曾闻太姆会群仙,霞缛云绚敞绮筵。齐唱《人间可哀曲》,却忘天上是何年。横争丛博拚孤注,醉掷陶轮碎大千。剩取山河月中影,不成沧海不成田。"钱仲联笺注:"此诗乃刺那拉后。"(《诗草笺注》下,第943页。)

八月十七(9月10日),慈禧太后等抵达太原,《清史稿·德宗纪》:"八月丙戌,次太原,御巡抚署为行宫。"黄遵宪有诗《闻驻跸太原》:"南海昆明付劫灰,西风汾水雁声哀。勤王莫肯倡先晋,乐祸人犹奉子颓。兵甲谁清君侧恶,衣冠各自贼中来。壶浆夹道民争献,愿祝桥从万里回。"(《诗草笺注》下,第946页。)

本月,黄遵宪于报中惊闻前湖南巡抚陈宝箴捐馆之耗。(《全集》上,第424页。)

闰八月初六(9月29日),西太后与光绪皇帝决定奔西安,《清史稿·德宗纪》:"闰八月乙巳,诏幸西安。丁未启跸,甲寅诏改陕西巡抚署为行宫。九月壬申,至西安府,御巡抚署为行宫。"罗惇曧《拳变余闻》:"鹿传霖谓联军将掠保定,追驾西来,太原不可居,力请幸西安。乃下诏闰八月初八日西行,江督刘坤一联东南督抚电阻,而太后终虑联军之逼,仍决西行。"(《诗草笺注》下,第948—949页。)黄遵宪有诗《闻车驾又幸西安》:"群公累月道旁谋,扰扰干戈未敢休。太白去天真一握,禅瀛环海更西流。河山形势成牛角,神鬼威灵尚虎头。(端王所统虎神营,仍随跸西行。)差喜长安今夜月,千年还照帝王州。"(《诗草笺注》下,第948页。)

闰八月二十三(10月16日),梁居实致函梁国瑞,谈义和团之后的和局难得,黄遵宪则显得更加乐观。函称:"顷奉手示,祗悉种种,并悉贵恙已愈,欲慰无似。前读初二日上谕,方谓罪人斯得,和议旋定,从此中国可望一大转机,即发电函驰报,以慰诸公。数月来,愤闷忧郁之怀,不意半月以来,所见之报纸者,与私心所窃料,又复时相刺谬。甚矣!料事不易,亦事实难料耳。初八日西宫竟启銮西幸长安,十八抵侯马,约廿八可抵西安云。此策不知建自何人,有谓鹿芝帅,有谓岑云帅,经庆邸及刘张袁数督抚电阻,而不从。殆因德皇复书,必欲得祸首而甘心,且有协力拿捕之意,又接延护督,联军进迫保定,促驾西幸之电,故仓皇出此也。实则主战则不得不再迁,言和则必不可再迁,于此见联军所要索之第一款,必办不到可知,皇上仍无大权可知,岑中丞当非其任可知,刻下命傅相用及军统帅,尚未抵京,北塘芦台山海关,东至满洲各属相沦陷,各国军士备棉衣储火食,方作过冬之计,开议尚未知何时,遑论定局,再迁延时日,窃恐人心惶惑,兵饷短绌,土匪乘机西起,将遍天下皆拳匪,即遍天下皆联军,外人即不欲瓜分,有迫之使不得不瓜分者矣。即以本省论,广州之教案已起于前矣,惠州之土匪复见于今矣。和局一日不定,内乱一日不息,自今以往,吾乌知其所终极耶,公度来书,谓我恐惧非常,笑为过虑。其实所谓恐惧,凡吾所云之事实皆势所必至,其不至者,亦幸而已矣。公度素称识微见远,何亦所见之晚耶,书又谓不审我意是惧外患,抑虑内乱。是惧本地之伏莽,抑惧外来之洋寇。夫联军之不暇外扰,州境之素无伏莽,人谁不知,岂知内乱即为外患之媒,外来洋寇即为本地伏莽之孽乎?至所询别有所闻者,亦不止檀香山一函也。特非面莫究耳!抑洋报犹有至奇极险之二说:一则谓政府仍持灭洋主义,将为收拾余烬背城借一之计,故董福祥有增募回兵之说,而长江一带抚藩皆易满人,此其说,吾未敢深信,一则谓傅相又与俄结密约,历历指沪在启节后踪迹,且传其约中大旨,此其说,吾虽不之信,而不能无疑。俄人外交素多巧诈,傅相处事常出坦率,岂前之欲以西洋牵制东洋者,今乃欲以北洋牵制西洋乎?一之谓甚,岂其可再。且恐因此碍和局也。凡此所料,皆不过据现今事势而言,究其变幻无常,千态万状,必有非人所能逆料者,作为我辈闲谈观可也。并前一切函牍,千万勿事示人,亦勿为外人道,但姑存吾说,试验之将来何如,亦吾辈阅历增长见识之一端也。敬请筹安。"(《梁居实致梁国瑞书》,郭真义:《晚清粤东客籍诗人群体研究》,第194—196页,当代中国出版社2004年版。)

八月,俄军进犯黑龙江、吉林,闰八月,入沈阳,黄遵宪闻之,夜不能寐,作《夜起》:"千声檐铁百淋铃,雨横风狂暂一停。正望鸡鸣天下白,又惊鹅击海东青。(元杨允孚《滦京杂咏》:"新腔翻得《凉州曲》,弹出天鹅避海青。"自注曰:"海青击天鹅,新声也。海东青者,出于女真,辽极重之。")沉阴曀曀何多日,残月晖晖尚几星。斗室苍茫吾独立,万家酣梦几人醒?"(《诗草笺注》下,第1046—1047页。)

九月十五(11月6日),立冬前二日,温仲和致函黄遵宪,谈向南洋客家侨商招股开办米公司事。函称:"公度我兄同年大人阁下:前接读公启,所计最为周密,旋与芙裳、芑田诸公商酌,欲在局先设二三席,择请各富老到场,或认定股数,或由本家先函知外洋认股,然后再由弟等或发公函,或各自为函,告急于南洋诸巨商。弟不免犹有疑者,所谓十三万之数,必凑足而后开办耶?不必此数皆可开办耶?如必足十三万之数然后开办,恐开办无期。若不必此数皆可开办,或约略有何数之处即可开办,似尚易为也。若有公款可先提出,先行试办。然后再陆续收股,尤易办。不则,有数巨商能先借款试办,亦易行。若零星集股,恐旷日持久,缓不济急。以松口见,有商贩本银计之,实有四万余元,占三股之一,然使之皆入股实有所不能。如有总公司由芜湖或他产米之处运至汕,其米价不大于他行家之价,则此等商人必咸趋公司无疑矣。若米价较之他行家无甚便宜之处。则人之趋利犹水之趋下,恐招之亦不来矣。尤有要者,须查汕头为此运来之大商有若干家,有若干本钱,若彼运米之家数多本钱多,而公司初起,尤虑其相倾也,此弟所为鳃鳃过虑者也。朱子云:圣贤办事,岂不望其可,望其成。然必事求可功求成,圣贤自不如此,所以然者,以断之义故也。公今日出而主持此事,正所谓见义勇为者,弟等安敢不相助乎。运米多则米价自平,人心自靖。米价平,人心靖,地方自安。防贼防饥两者皆不容稍懈。虽知其难,以今日保卫桑梓而论,无要于此,不敢不勉也。《日本志》由弟处转寄学堂最为便当。然大局苟无转机,则筹款为难,其成不成,尚未可知也。蛰仙已与牧庵同舟,计不日可见面矣。自到家后,非不欲来州晤商各事,然公私之事多,经手未清之件,俟稍清理然后能来也。于此奉覆。即请勋安。弟仲和顿首。立冬前二日。"(温仲和:《求在我斋集》卷五,第10—11页。)

此信讨论设立米公司事。论者皆谓黄遵宪等在州设立米公司乃因光绪二十八年州中发生米荒而米贵。《钱谱》:光绪二十八年,黄遵宪因嘉应州属米价日贵,发起运米公所,劝南洋富商集资向芜湖、安南、暹罗运米返州,照本发粜。而嘉应灾荒是在本年,时因嘉应州属米价日贵,黄遵宪发起运米公所,名为永丰公司,劝南洋富商集资向芜湖、安南、暹罗运米返州,照本发粜。总公司设在"下连潮郡,上达州城,水陆通衢"的松口,以芜湖、镇江等处为内地米源,暹罗、安南等地为外洋米源,由汕头、香港两埠入口。由于总公司所在地松口为温仲和之家乡,海外富商较多,黄遵宪将招股启事寄给温仲和协助募款。温仲和收到启事后,"旋与……诸公商酌,欲在局先设二三席,择请各富老到场……或由本家先函知外洋认股,然后再由弟等或发公函,或各自为函,告急于南洋诸巨商"。并表示"虽知其难,以今日保卫桑梓而论,无要于此,不敢不勉也"。最终,他们倡办永丰公司时的良好愿望终由于"商情涣散",人人"观望疑阻","竟无踊跃争先出巨款以为倡者",而不了了之。(郭真义:《晚清粤东客籍诗人群体研究》,第187页,当代中国出版社2004年版。)

其实,黄遵宪之所以设立米公司,在其面见粤督李鸿章时,"李相问治粤策,京卿答以莫先于设巡警、免米厘二事"。这两大事,前者乃办团练,后者则是与设立米公司有关。显然,此两者皆为嘉应州紧迫事,亦为常态之事,而非偶然的天灾促使黄遵宪倡此二事。故温信中特强调:"所谓十三万之数,必凑足而后开办耶?不必此数皆可开办耶?如必是十三万之数然后开办,恐开办无期。若不必此数皆可开,或约略有何数之处即可开办,似尚易为也。"若为救灾,决不可能有"如必是十三万之数然后开办"之语。拟办嘉应米公司招股,是黄遵宪考察本州及广东地方情形而欲办实业之举。此后,黄遵宪与州中一帮同志,努力操办此事。之所以有学者认定上信为本年,除因招股讨论外,还因信中强调"蛰仙已与牧庵同舟,不计日可见面矣"。显然,这是丘、黄在嘉应州见面前一段时间的来信。

九月二十四(11月15日),丘逢甲跋《人境庐诗草》,高度评价黄遵宪的诗歌成就。跋文如下:"四卷以前为旧世界诗,四卷以后乃为新世界诗。茫茫诗海,手辟新洲,此诗世界之哥伦布也。变旧诗国为新诗国,惨淡经营,不酬其志不已,是为诗人中嘉富洱;合众旧诗国为一大新诗国,纵横捭阖,卒告成功,是为诗人中俾思麦。为哥伦布,伟矣!足以豪矣!而究非作者所自安。第此世界,能为嘉富洱、为俾思麦。乃竟仅使为诗世界之嘉富洱、俾思麦。世界之国,惟诗国最足以消人雄心,磨人壮志,令人自歌自哭,自狂自圣,此而需嘉富洱、俾思麦胡为者?乃竟若迫之不能不仅为嘉富洱、俾思麦于诗国,天耶人耶?既念作者,行自悼耳!然在诗言诗,则已不妨前有古人,而我自为大宗;后有来者,而我自为初祖矣!开卷盖如入文明之国,至其境而耳目益新,抵其都市,游其宫廷,过其府舍,无一不新者。察之,则政政毕立,而创因见焉;事事毕举,而疏密见焉。即其治象,其国度之高下,可得而言也。故分体而论,则五律与四卷以前,可谓曰美。四卷后七古乃美而大;七绝大矣,而未尽化也。已大而化,其五古乎!七律乎!地球不坏,黄种不灭,诗教永存,有倡庙祀诗圣者,太牢之享,必有一席。信作者兼自信也!悬此言集中,二十世纪中人,必有圣其言者。庚子入冬后七日,逢甲跋。海内之能于诗中开新世界者,公外,偻指可尽。忽有自海外来与公共此土者,相去只三十西里耳!后贤推论,且将以此土为东方诗国之萨摩、长门,岂非快事?然开先之功,已日星河岳于此世界矣。逢甲又识。"(《诗草笺注》下,第1088—1089页。)九月十七(11月8日)立冬,则入冬后七日为九月二十四(11月15日)。

由秋入冬时节,丘逢甲由松口抵州,造访人境庐。丘逢甲《岭云海日楼诗钞》《南汉敬州修慧寺千佛塔歌序》:"庚子秋,游梅口镇,温柳介同年示以黄公度京卿所寄《南汉敬州修慧寺千佛塔铭》拓本,矜为创获。及冬抵州……"丘铸昌:"初冬时节,丘逢甲从阴那山回家途中,特地抵州"见黄遵宪。(丘铸昌:《黄遵宪与丘逢甲的友谊》,《岭南文史》,1983年第2期。)

两人相聚了几天,倾心交谈,讨论时事,诗酒唱和。丘逢甲有《南汉敬州修慧寺千佛塔歌》,其序中云:"谒京卿,得见塔残铁。京卿已嘱柳介载入今州志,复作歌,属予和焉。吊古慨今,遂有斯作。"两人又各自写了十多首唱和诗,表达了对八国联军入侵的强烈义愤和对义和团误国无知的批判。

丘逢甲作《久旱得雨初霁饮人境庐时闻和局初定》二首云:"忍把乾坤付醉乡,登楼休负好秋光。黄龙约改清钟酒,白雁声催故国霜。老树半凋开达目,鞠花无恙展重阳。美人消息来何暮,怅望秦云各尽觞。""得雨虽迟也胜无,东皋预计麦苗苏。青天转粟趋行在,黄海传烽迫上都。已叹鳌翻难立极,岂容龙醒更遗珠。至尊薪胆劳明诏,醉抚横腰玉鹿庐。"(广东丘逢甲研究会编:《丘逢甲集》,第484页,岳麓书社2001年版。)黄遵宪和诗《久旱雨霁丘仲阏过访饮人境庐仲阏有诗兼慨近事依韵和之》二首云:"生菱碎尽剩湖光,未落秋花半染霜。举目山河故无恙,惊心风雨既重阳。麻鞋衮衮趋天阙,华盖迟迟返帝乡。话到黄龙清酒约,唏嘘无语忍衔觞。""兼葭秋老卧江湖,有客敲门梦乍苏。海外瀛谈劳炙輠,电中天笑诧投壶。自循短发羞吹帽,相对新亭喜雨珠。太白孤云高两角,不知曾湿汉旄无?"在诗中表示丘到访后,自己的另一番心态。(《诗草笺注》下,第950—951页。)

再用前韵:丘逢甲作《用前韵赋答人境庐主见和之作》二首云:"无物消愁且举觞,自拚千日醉程乡。谁张仙乐迎金母,漫诧神兵下玉皇。竭井难医狂国病,剪灯空吊女宫殇。白莲飘尽黄莲死,惆怅尊前说酒王。(义和拳谓王、皇。)""百二河山未定都,金鳌戴主谶原诬。日回旧驭长安远,月送残更太白孤。钩党重翻十常侍,玺书新款五单于。群公休守偏安局,《推背》犹存一统图。"(广东丘逢甲研究会编:《丘逢甲集》,第485页,岳麓书社2001年版。)黄遵宪和诗《再用前韵酬仲阏》二首云:"夜雨红灯话《梦粱》,人言十事九荒唐。任移斗柄嗟王母,枉执干戈痛国殇。博戏几人朱果掷,劫灰遍地白莲香。残山一角携君看,差喜无须割地偿。""北望钧天帝所都,诏书昨拜执金吾。差言玉玺褒新事,凄绝霓旌《幸蜀图》。牛李尚寻钩党祸,晋秦能作一家无?尊王第一和戎策,谁唱迎銮作先驱?"(《诗草笺注》下,第952—954页。)

三用前韵:丘逢甲作《三用前韵奉答》二首云:"浮云西北郁苍苍,残角秋城泪万行。朋党祸仍流丑相,太平功竟录申王。眼中木槿花荣落,身后梧桐树短长。自把千秋付杯酒,湖山无恙胜尊香。""狼星妖焰压威弧,八部群龙护曼殊。朱果在天持剥运,黄花满地祸神都。入山我自手青主,(人境庐王自署公之它。)望海人谁鉴黑狐?汉德未衰豪杰出,不须重唱鼓咙胡。"

(广东丘逢甲研究会编:《丘逢甲集》,第485—486页,岳麓书社2001年版。)黄遵宪作《三用前韵》二首和之云:"秋草滦河辇路荒,牛车重又冒风霜。国人争看天魔舞,帝女难言神鹊祥。今尚拳拳持玺绶,人言籍籍扑缣囊。芜蒌豆粥艰辛处,应忆东朝乐未央。""无人伏阙谏青蒲,事误都由七尺孤。当璧咸尊十阿父,折棰思服小单于。黄襹拥护难为妇,宝玦凄凉乞作奴。同此王称同此祸,早知金狄谶非诬。"(《诗草笺注》下,第955—957页。)

四用前韵:丘逢甲作《四用前韵奉答》二首云:"沧海尘蒙镜殿光,公卿同哭牝朝亡。河阴兵问充华罪,乐府歌残斌媚章。往事数钱怜姹女,异邦传檄过宾王。枉祟圣母无生法,难遣神兵御列强。""延秋门冷夜啼乌,宝玦王孙泣路隅。已弃此身同腐鼠,有威平日假妖狐。北庭飞雪行头远,南半流星应象殊。待唱迎銮收野哭,五陵佳气未全无。"(广东丘逢甲研究会编:《丘逢甲集》,第484页,岳麓书社2001年版。)黄遵宪作《四用前韵》诗二首和之云:"撼门环哭呼高皇,钟虡何人奉太常。坠地金瓯成瓦注,在天贯索指银潢。归元缥箧催函送,计口缗钱责币偿。(索偿至四百五十兆两,以户口计之,是每人一缗钱也。)岂独汉唐无此祸,五洲惊怪国人狂。""聚语跼间二大夫,报书未服五单于。华离倘免分瓜苦,梦乱难迟蔓草图。借口岂徒征纪甗,空拳尚欲曜威弧。祷天莫作迁延役,早已荆榛万骨枯。"(《诗草笺注》下,第958—959页。)

丘逢甲作《雨中游祥云庵五用前韵》二首云:"九州谁土是吾乡,无地埋忧问佛忙。黯黯山容都入睡,冥冥云气果何祥。当关虎豹愁逢石,在水鼋鼍懒架梁。忽策青骡思蜀道,雨中铃语太郎当。""未解天心悔祸无,干戈满地客愁孤。分争净土魔何众,遁守荒山佛太愚。家法老僧惟托钵,人言群盗尚偷珠。西风泪洒山门柳,蚀尽秋虫守旧株。"(广东丘逢甲研究会编:《丘逢甲集》,第484页,岳麓书社2001年版。)黄遵宪作《五用前韵》二首和之云:"盗玺曾闻罪赞襄,如何在鼎九刑忘。君臣相顾如骑虎,父子难为隐攘羊。今日家居谁撞坏,老身社饭自思量。忽传罪己兴元诏,沾洒青霄泪万行。""掩抑鱼轩赋载驱,吞声在野鸲趎趎。扈行尚纵花门贼,入卫难征竹使符。旧梦百年仍锁港,残山半壁欲迁都。最怜黄鹤楼中客,西望长安泪眼枯。(奏称"臣等自五月以来,惊魂欲断,泪眼将枯"云。)"(《诗草笺注》下,第961—963页。)

丘逢甲作《六用前韵奉答》二首云:"秋色西来接太行,故都回首房尘黄。凄凉汾水沾衣泪,仓卒芜亭煮麦香。岁币桧伦迟款敌,军书操绍托勤王。斜阳万里桥边路,谁奉当归祝上皇。""纵不人诛亦鬼诛,生灵百万死何辜。断难大义容三叔,休遣清谈御五胡。行在《阳秋》书待著,广明庚子事原殊。中朝国法兼家法,遏必隆刀可在无?"(广东丘逢甲研究会编:《丘逢甲集》,第487页,岳麓书社2001年版。)黄遵宪作《六用前韵》二首和之云:"嘻嘻诸将敢连衡,传檄清奸告四方。狼角尽除尘尽埽,龙颜重奉日重光。到今北阙犹朝拱,岂有西邻妄责偿。汾水秋风太行雨,几人南望感勤王。""天何沉醉国何辜,横使诸华扰五胡。照海红灯迎圣母,惊人铜版踏耶稣。奇闻竟合诸天战,改色愁看《盖地图》。到此鹊喧鸠聚语,犹夸魔术诩神符。"(《诗草笺注》下,第964—965页。)

丘逢甲作《游西岩灵境院七用前韵》二首云:"七百年中电火忙,元城游处佛灵彰。后来鹦鹉新禅长,曾忤猢狲旧队王。山尚有神能迓客,僧关何党亦投荒。行人难解衰朝恨,黄叶空林话夕阳。""绿失榕阴老树枯,津梁疲后佛心孤。劫尘西起遮灵鹫,禅派东来出野狐。何事挥拳学僧耳?共惊遗教演鸿儒。登高欲写哀时意,十里残山叫蟪蛄。"(广东丘逢甲研究会编:《丘逢甲集》,第487—488页,岳麓书社2001年版。)黄遵宪作《七用前韵》二首和之云:"扰扰横开傀儡场,四方传笑国昏荒。梦鹦终悔临朝武,氏蜉应编异姓王。赐剑乍悲吴命短,执戈又吊《楚辞》殇。赖奸掩贼知难活,歼我良人孰索偿?(谓南北殉难遭害诸君子。)""落叶秋风怨帝梧,天寒谁为送寒襦。六宫亦写《零丁贴》,九牧旁观《罔两图》。列仗黄麾函促送,蒙头毡毲病应苏。转旋龙驭归何日,恨未前驱手执殳。"(《诗草笺注》下,第967—968页。)

丘逢甲作《闻歌有忆八用前韵》二首云:"碧落归来旧侍郎,钧天寻梦泪沾裳。皇娥倚瑟歌何艳,王母开筵乐未央。龙汉劫深愁魃舞,蚩尤兵迫罢娲簧。瑶池小队停仙俸,齐向西华祝吉祥。""渺渺瑶京帝所都,《霓裳》故部尚存无?九龙欲窃天公位,四象全翻《太极图》。此劫本来关运会,诸仙平日太嬉娱。可哀休唱人间曲,颠倒先将斗柄扶。"(广东丘逢甲研究会编:《丘逢甲集》,第488页,岳麓书社2001年版。)黄遵宪作《八用前韵》二首和之云:"惊天重鼓女娲簧,横逼君弦变履霜。跪地习闻提冒絮,夺门祸遂起萧墙。日中倾蜺何无忌,海外医龙竟有方。闻道八神齐警跸,人间早既唱《堂堂》。""鸾声夹道听欢呼,重睹官仪返上都。三月麈裘思德化,诸天龙节护曼殊。(崇德初年,西藏达赖禅师遣使驰贺,奏称为曼殊皇帝。)中央土复尊黄帝,十等人能免黑奴。赖我圣君还我土,人人流涕说康衢。"(《诗草笺注》下,第969—971页。)

丘逢甲还有九、十、十一用前韵：

其九用前韵云："满目狮章更鹜章，沉沉龙气不飞扬。秋风石马昭陵恸，夜雨金牛蜀道长。元老治军收白芳，中朝厄闰等黄杨。若教死殉论忠义，何止区区李侍郎。""金币全输玉并俘，止兵幡未下驺虞。六宫急作抛家髻，三界难飞召将符。殿下雷颠当大敌，军中风角走妖巫。即今神圣犹争颂，莫笑当时莽大夫。"

十用前韵云："一笑当时果灭洋，红巾白帽满朝堂。花门首出中兴将，米贼兼封异姓王。铜版令严诛异教，铁牌制毁奉权珰。可怜刻木牵丝拙，袍笏空登傀儡场。""竟难赤黑辨狐乌，眼底云成万变图。名士穷搜呼作贼，王孙苦道乞为奴。茝兰沉恸留湘水，禾黍余哀恋亳都。涕泪新亭果何益，有人江左薄夷吾。"

十一用韵云："不须复古但尊王，一旅终兴夏少康。菜叶西风今冷落，茄花满地旧披猖。传书漫遣三青鸟，贡品休征四白狼。马上黄尘犹眯目，早教帝撤圣神皇。""河山北戒郁盘纡，天险关门尽备胡。九庙未迁先世鼎，两京谁扫故宫芜。悲歌易水无豪侠，贾骨金台有钝驽。往事休谈元代史，曾收西域略忻都。"（广东丘逢甲研究会编：《丘逢甲集》，第488—490页，岳麓书社2001年版。）未见黄遵宪唱和，原因不详。

张应斌在《关于丘逢甲与黄遵宪"争雄"的问题》一文中认为："1900年秋，丘前往'人境庐'造访，二人各有唱和诗八韵或十一韵①，二人成为至交。""康有为耳闻二人'争雄'的时间，当在1900年秋冬之间。"（张应斌：《关于丘逢甲与黄遵宪"争雄"的问题》，《学术研究》，2003年第6期。）

丘逢甲在《岭云海日楼诗钞》中写给黄遵宪的诗有二十三首，黄遵宪在《人境庐诗草》中奉和、回赠给丘逢甲的诗也达二十一首之多。（丘铸昌：《黄遵宪与丘逢甲的友谊》，《岭南文史》，1983年第2期。）两人进行了频繁的赋诗唱和，不论是从频密的程度，还是从诗作的内容形式上看，都给人以一种斗才华炫技巧的感觉，以致当时广东文坛盛传丘黄斗诗，康有为还为此特地写了三首诗，分别寄给黄、丘两人，劝他们不要于国难方殷之时在诗坛争一日之短长。（钱仲联：《近代诗钞》，江苏古籍出版社1993年版。）康有为《闻邱仙根工部归里与黄公度京卿各争诗雄》："五岭峥嵘蠹两峰，诗坛滕薛日争雄。如斯蛮触原风雅，

---

① 今案：二人唱和诗共四十多首，有学者认为此唱和即是争雄，编者不敢苟同。

只恐山河在割中。""亡国原为好诗料,保身最好托词章。只愁种灭文同灭,佳集虽传亦不长。""回首故乡歌大风,飞扬猛士为谁雄?陆沉应作反招隐,可惜阆浮国土空。"邱菽园《挥麈拾遗》也有诗,题为《闻邱仙根工部归里与黄公度京卿各争诗雄致不睦文人结习别开蛮触国危矣尚如此二君皆吾旧交以诗托邱舍人致意问讯且调之》。"诗中真力,吾于谭君壮飞之后,求所谓龙象之才者,若黄公度、邱仲阏二君,殆其选乎!黄君落落大方,芒寒色正;邱君嘎嘎独造,骨老气苍。善月旦者,仍未敢轻为轩轾。乃仲阏牵气未除,高卧百尺楼上,目公度为第二流。公度不服,互有辨论,大生嫌隙。康更生水部时居海外,闻而嗤之,寄以诗云……通时务者如黄、邱二君,既不能得尺寸栖,内而竭尽启沃,外而取佐折冲,徒为废置散材,吟啸词章以自怡悦,又孰使之耶?乃二君者,平日后乐先忧,自待何许,讵料操戈于室,蹈古来文士相轻陋习,毋亦客气未平之过耶!得康君一言,当各返观自笑。"《菽园诗集・寄丘仙根黄公度》:"平分潮水笔情酬,苏子韩公隐共龛。等是宗风传岭表,独有雄直压江南。樵风终古东西楼,国志于今左右骖。我学唐贤图立客,惊天奇语素君谈。"(张应斌:《关于丘逢甲与黄遵宪"争雄"的问题》,《学术研究》,2003年第6期。)

本月,温仲和致黄遵宪书:"公度我兄同年大人阁下:初五圩接前月晦日手书,询及海外之信,弟止发谢、张、伍三函,据芙裳言,则大北圻吧城等处共发有十余函,想不久即有回信也。深思办理此事亦望大局早定,如久延时日,则南方未勉风波而人情观望,未肯多出资本。以公明达事理,料和议果能速结否?幸为示知。目下松口米商所办之米尚滞销,未免小有折阅,大概紧急当在明年春也。谢益卿封翁阅公启,深叹切实可行,惟家中亦不能从容筹措大股,已有信与谢领事矣。弼士前月十五日由松口到州,有见面否?闻诗公已回汕头,曾接有伊信否?手此奉复,敬请勋安。"(温仲和:《求在我斋集》卷五,第12—13页。)今案:本信问"以公明达事理,料和议果能速结否?""和议"当指《辛丑条约》签订。本文又讨论集股设立米公司事,特强调"大概紧急当在明年春也",则此信当在本年冬间。信中有关张弼士到嘉应州事,他处未载。诗公似指梁诗五。

十月(11月),黄遵宪作《李母钟太安人百龄寿序》。黄遵宪在《〈古香阁诗集序〉》中云:其祝《李母钟太安人百龄寿序》称妇女之贤劳"五大部洲各种族之所未有者",与本序意同。据此推断本序作于同年十月或此前。(《全集》上,第284页。)黄遵宪认为客民"其迁移约五六百年,其传世约廿六七代,其来自闽汀,而上溯其源,乃在河洛"。今案:故老传闻,州民以妇女从戎援助文天祥抗元,伤亡颇众,宋帝下诏,嗣后该州妇女死后谥孺人,老妇存者称安人、宜人,历代因之。此与广府妇女卒后上碑称"安人"不同。

其全文为:"五岭以南,介乎惠潮之间者为吾州。环州属而居者数十万户,而十之九为客民。其迁移约五六百年,其传世约廿六七代,其来自闽汀,而上溯其源,乃在河洛。其性温文,其俗俭朴,而妇女之贤劳,竟为天下各种类之所未有。大抵曳靸履,戴义髻,操作等男子。其下焉者,蓬头赤足,帕手裙身,挑者负者,提而挈者,闠溢于廛肆之间、田野之中。而窥其室,则男子多贸迁远出,或饱食逸居无所事。其中人之家,则耕而织,农而工,豚栅牛宫,鸭栏鸡架,午牙贯错,与人杂处。而篝灯砧杵,或针线以易屦,抽茧而贸丝,幅布而缝衣,日谋百十钱,以佐时需。男女钱布,无精粗剧易,即有无赢绌,率委之其手。至于豪家贵族,固稍暇豫矣,然亦井臼无不亲也,针管无不佩也,酒食无不习也。无论为人女,为人妇,为人母,为人太母,操作亦与少幼等。举史籍所称纯德懿行,人人优为之而习安之。黄遵宪曰:吾行天下者多矣,五部洲游其四,廿二行省历其九,未见其有妇女劳劳如此者,则尝敬告于人人,谓凡我客民,为人子孙,幸有老亲者,必思所以备致诸福,养其志,安其身,庶几慰其毕生之劳。顾求其膺福禄享期颐者不易觏,乃今得之于吾师伯陶先生之母钟太孺人。

"太孺人年二十一嫔于李,事笃生府君,家微甚,逮事王父母及其舅,皆笃老善病,又迭遭丧故。笃生公业课徒,力不支,太孺人则每事扶持之,先鸦啼而起,后虫吟而息,手龟足茧,以经以营,卒无废事、无失礼,其早岁之劳如此。

"笃生公素患羸,修脯所入,仅供药饵。捐馆时,伯陶先生年甫冠,弱弟仅数岁,负剑围绷,不得离左右,太孺人则柴骨含泪,馌亩而归织,举一家妇孺幼小啼号而索饭者,咸仰太孺人之十指。而土无隙旷,事无寸废,人无晷暇,其中年之劳又如此。

"及伯陶先生入学,太孺人年六十余矣,媳先后入门,诸孙次第成立。至于今,有孙男八,曾孙五。立吾举于乡,太孺人将九十,家亦饶裕矣。然犹日督孙媳及孙女六七辈以治事,入而负墙,则长者贩猪,少者饲鸡;出而倚门,则长者灌畦,少者锄圃。即有暇,辄舞弄诸孙,为之梳头,为之靧面濯足,或就襁褓中抱少孙,呱呱者泣,口呵呵拍之睡,声施施导之溺,其老年之劳又如此。

"伯陶先生曰：'吾子言客民劳，念吾母之劳，钦钦然五六十年七八十年而不倦，其尤为天下之至难乎！然神明聪强如昔，吾自视如童冠，视吾母则三四十许人也。'遵宪闻而叹羡之。往者林海岩先达尝言：'客民者，中原之旧族，三代之遗民。'余证之语言风俗，益信其不谬。豳岐忧勤之习，唐魏俭啬之风，凡历三四千年而不改，近者亦稍凌夷矣。成周盛时，喜称誉妇德，形之歌咏，一则曰'有齐季女'，再则曰'邦之媛兮'，而《彼都人士》之章，且曰'彼君子女，谓之尹姞'。女而有君子之德，诗人夸为至荣。余尝语梁辑五、温慕柳，谓州志中当仿刘子政、杜元凯之意，别编列女传，举二三世族，贤明贞顺，足为女宗者，志其概，以为世范。今太孺人之修德若波，获福若此，今日寿人之曲，异时彤管之光，俾人人悉其事，亦足令客民之妇女忘其劳、男子奋而兴矣。

"李氏故里与吾家有连，伯陶先生尝馆吾家，为遵宪开蒙。曾祖母李太夫人时八十，特钟爱余。晨餐毕，促吾母抱来；日可中，母又挈之去。太孺人每来馆视先生，辄引手摩吾顶，问儿饥否？冷否？书熟否？曾受挞否？太孺人视吾母犹侄也，邂逅相遇，即剌剌语不休。先生谓余曰：'此母四十年前事，犹在目前。'遵宪亦恍惚记之。嗟夫！吾母而生存，今仅七十余岁耳。遵宪不肖，东西南北，奔走海内外，王事靡盬，不遑将母。吾母墓上之草，离离色碧者，荣枯已十数次矣。今乃随诸君子之后，捧觞以寿太孺人，且悲且喜，又以叹先生之福为不可及已。备人世辛勤之福，受上天纯嘏之锡，客民之所瞻仰，为人子孙者之所希望，行将集大福于太孺人之身。立吾兄弟，其益勉之，以报祖德，以扩亲欢。异日者百有余岁，绵绵益算，遵宪更当诵'如山如河，象服是宜'之诗，为太夫人寿也。"（《全集》上，第284—286页。）

本月，叶璧华《古香阁诗集》付予刊印，诗集收入各体诗三百七十七首、词七十五首、赋六首。黄遵宪为之作序，其序文曰："有中原之旧族，三代之遗民，过江入闽，沿海而至粤。迄来已八九百年，传世已二十五六代，而岭东之人，犹别而名之曰客民。其性温文，其俗俭朴，其妇女之贤劳，竟甲于天下。予向者祝《李母钟太安人百龄寿序》，所谓五大部洲各种族之所未有者也。盖中人以上，类皆操井臼，亲缝纫；其下者焉，鞵履叉髻，帕首而身裙，往往与佣保杂操作，椎鲁少文，亦不能无憾焉。润生女士，曦初之女也，与予内子为姊妹行,长嫔于李。李故望族,与予家有连,所居又同里。予年十五六,即闻其能诗。逮予使海外,归自美利坚,始得一见,尽读其所为《古香阁诗集》,其诗清丽婉约,有雅人深致,固女流中仅见者也。予历使海邦,询英、法、美、德诸女子,不识字者百仅一二,而声名文物如中华,乃反异于是。嗟夫!三代以后,女学遂亡,唯以执箕帚、议酒食为业,贤而才者,间或能诗,他亦无所闻焉。而一孔之儒,或反持'女子无才是德'之论,以讽议之,而遏制之,坐使四百兆种中,不学者居其半,国胡以能立?近者风气甫开,深识之士,于海滨创设女学,联翩竞起,然求其能为女师者,猝不易得。宣文夫人绛纱受业,此风邈矣。近世如王照圆、梁端能为《列女传》注,以著书名者,亦不可复觏,仍不能不于诗人中求之。若润生者,殆其选欤?中国女学之陋,非独客人,而椎鲁少文之客人中,竟有以诗名者,士不贵自立乎?抑以予所闻,予族祖工部廷选,有妻曰黎玉贞,著有《柏香楼诗文集》三卷,志称其博通经史,诗文高洁,无闺阁气,因序此集,而并志之,以劝勉客人焉。光绪二十六年十月。黄遵宪公度序。"(《全集》上,第286页。)

叶璧华,号润生,别字婉仙,广东嘉应州白渡堡鸬鹚坑松树窝村今梅县区丙村镇庐陵村人。与黄遵宪有文字之交。见光绪十六年条。光绪二十四年冬,叶璧华结束在广州定园的讲学生涯返回嘉应州,得黄遵宪与梁居实的大力支持,先在城内办女子读书班,并着手筹办女校。懿德女校后于1906年创办,是粤东嘉应州第一间女子学校。黄遵宪亲为叶璧华之诗集《古香阁诗集》作序,且"在金陵遍征同人题咏,以章其节"。(叶大庄:《古香阁题词注》,《古香阁诗集》卷上。)《古香阁诗集》中众多名士之题咏,多由黄遵宪征集而来。如叶大庄云:"拔心不死号卷施,叫夜哀禽独自时。恤纬何关天下计,采风好补岭南诗。文明闺秀黄离卦,变征秋声寡女丝。传遍白门应纸贵,栖鸦流水纪家词。"丘逢甲亦有诗三首云:"修竹娟娟翠袖单,六铢衣薄不胜寒。新词一卷疏香阁,煮梦仙人叶小鸾。""福慧双修竺落宫,玉楼人去锦屏空。翩翩独立人间世,赢得香名饮越中。""滴粉搓酥意倍新,溶溶梅水写风神。桐花阁外论词笔,更遣香闺作替人。"(叶璧华:《古香阁诗集》,广东梅县诗社1999年版。)

十一月二十(1901年1月10日),辛丑议和条款草约订立。义和团事变后,北京损失惨重,《庚子国变记》:"京师盛时,居民殆三百万,自拳匪暴军之乱,劫盗乘之,所过一空,无免者,坊市萧条,狐狸昼出,向之摩肩毂击者,如行墟墓间矣。"(罗惇曧著,孙安邦、王开学点校:《罗瘿公笔记选》,第18页,山西古籍出版社1997年版。）

十二月初十（1月29日），清廷宣布预约变法，命中外臣工参酌中西政治，举凡朝章、国政、吏治、民生、学校、科举、军制等各抒所见。

本月，温仲和致黄遵宪书，谈及运米公司事，并忧国事："公度我兄同年大人阁下：昨接榕轩信，言运米公启条理精密，若集股有头绪，渠愿附骥尾云云。昨晤梁芑田，言接其弟映堂来函，大意亦略相同。诚恐人皆如此，竟无踊跃争先出巨款以为之倡者，则此事将成画饼。未审公处曾得有书否？近城人情何如？商情涣散，观望疑阻，以此言之，知办事之难也。近日各报皆言和局已定，唯十二条款尚有辨驳之处，未知各国能否允从，以天时人事卜之，必将更行新政，公不久将出而任事矣。弟经此次变故之后，较之前数年，必更难措手。然经此次变故之后，较之前数年，必皆知守旧之终不能徒存，皆有翻然思变之意，则沮力较少，是数年以来所以讲求设施之方者，不可谓其无功也。特恐财力匮乏，不能示大信于民，宦途杂而多端，深通古今中外之才仍不多得，各省大吏意旨参差，无一定之方针，虽变亦未易有效耳。若不讲求民事，不培养人材，不变科举吏治，但知练兵以制土匪，似仍敷衍之术，未足与言根本之道也。公所言新政当以警卫为根本，今愈知其不诬。盖必地方能保平安，然后士农工商能各安其业。士农工商能安其业，然后可图公益之事，差可去，绿营可裁，山利可兴也。而不然者，必多窒碍，以散漫而无线索也。所商出处之事，公于时事已见之极明矣，前书所言当事者条陈奖游学、奖游历，皆是急欲造成未成之人材。岂有现在已成之人材，闻见之通、资格之深，卓卓如公者，而忍舍之耶？抑其中或有忌之者耶？此则非鄙人之所敢知矣。恭读八月廿日之懿旨，似变法之宗旨已确实而不移，惟所与主持变法之人，其确知中外之故者颇觉寥寥。观于内外诸臣所条陈变法之奏折，除江鄂粤三督外，尚多游移两可之见，则天下之人才可知矣。此时而言救时济国，其不能舍公已明矣。以鄙人愚见，先行出省似亦无妨，若欲迟徊审顾，则俟两宫驻跸开封后再定行止。近阅各报皆言圣驾于冬至前先行回京，未必无因也。鄙人谓回京之后，其可以永为纪念者，莫如使馆隐然敌国，共处一域之中，必能减削顽固之阻力，然欲取外人之所长以补中国之所短，此非徒钻故纸者所能也，必亲身阅历又能深思其故者，乃能知之明而见之确，取其法而能知其法中法外之意，不为影响疑似之谈，始有切实下手之处。屈指而计，如此人材，海内恐不甚多，陶督能推縠公,此亦其公忠体国,以人事君之义。惟公计,必须自度此时果能行公之志与学否,想必思之烂熟,成竹在胸矣。前日仙根往潮阳,在敝处留宿二夜,颇言及公,此事不知何从闻之也。手此奉复,敬请勋安。"(温仲和:《求在我斋集》卷五,第24—25页。)

十二月十三(2月1日),清廷谕命各省文武大吏,遇有各国官民入境,务需切实照料保护。倘有凌虐戕害洋人者,必须立即驰往弹压。(迟云飞:《清史编年》第十二卷,光绪朝、宣统朝,第240页,中国人民大学出版社2013年版。)

本日,丘逢甲有寄怀黄遵宪诗。《岭云海日楼诗钞》卷七《寄怀公度》二首,时十二月立春前三日。诗云:"梅花消息最分明,已报山中岁欲更,野草初苏呼鹿友,江波微长受鸥盟。高门盘菜神京梦,伏枕炉香画省情。一卷公羊宜起疾,先春重与订王正。""北风吹雪画纷纷,盼得微晴日未曛。扫血故巢归蜀帝,招魂香草待湘君。惊回夜豹寒中吠,唤起春牛梦里文。无限登高赋诗意,况因八表怅停云。"(广东丘逢甲研究会编:《丘逢甲集》,第495页,岳麓书社2001年版。)

十二月二十七(2月15日),庚子岁除前三日,黄遵宪有诗《和平里行和丘仲阏》,诗序曰:"潮阳县有碑曰'和平里'。碑九尺许,每字高二尺许,小字九,曰'宋庐陵文山文天祥题'。'和平里'不见于《宋史》,惟邓光荐《丞相传》云:'公驻和平市,攻陈懿党,意后隔海港,步骑未能遽前。而陈懿乃迎导北师张弘正,潜具舟济,轻骑直造督帐。'刘岳申《传》云:'公方饭五坡岭,步骑奄至,公不得脱,服脑子不死。众拥之上马,见张弘正于和平,大骂求死。'和平盖即此地。初,潮之士民请公移行府于潮。公进潮阳,诛懿党刘兴,适邹㵑、刘子俊等,亦以民兵数千自江西至。《指南录》所谓'稍平群盗,人心翕然',即此时事。邓中甫云:'因潮之民,阻山海之险,使假以岁月,增兵峙粮,以立中兴之本,亦吾国之莒、即墨也。乃逆懿惧诛,潜师夜袭,卒陷绝地,谓非天乎!'公于祥兴元年十一月屯潮阳,即住和平市。十二月十五日,趋海丰,入南岭,二十日被执,越七日入虏营。讨逆寇于此,见虏帅亦于此,先后凡一月有奇。里人获公书,珍袭而摹刻之。以公忠义之气,感人之深也,百世之下犹兴起,况亲见公书者耶?固其宜也。仲阏归自台湾,客于潮,作诗寄余。岁暮感事,因追和之,距文山住此时六百二十四年矣。庚子岁除前三日。"诗曰:"丰碑巍巍土花碧,大书'和平'字深刻。此乡曾驻勤王师,下马来拜文信国。澄潭小渚风不波,奇卉美箭枝交柯。手携酒壶背钓蓑,彼是文山安乐窝。日气火气蒸湿暑,人声鬼声杂风雨。身倚穷墙立圜土,此乃南冠囚絷处。少日里居殊安康,中年国难多抢攘。最公一生所践履,大都惶恐滩与零丁洋。红尘蔽天走胡骑,海水群飞无立地。飘流绝岛君若臣,行在朝衣频拭泪。自从辛苦贼中来,万死一生艰险备。今夕何夕梦稍安,此身却在和平里。想见淋漓落笔时,满腔揽辔澄清志。八千子弟方募兵,欲倚即墨复齐城。有田有成众一旅,天若祚宋期中兴。摩崖上刻浯溪颂,安知不署臣结名。崖山一哭舟尽覆,公竟囚车随北征。吁嗟乎!从古未闻纯是夷虏世,(德佑即位太后诏中语。)剪分鹑首天何醉。拨乱无闻平贼功,劫盟莫讲和戎利。丘生丘生吾与汝,坐视金瓯缺复碎。想公驰檄召勤王,对我父老愧欲死。公魂归天在柴市,今日邻军犹设祭。矧公画日亲笔书,字字风霜留正气。孤城隐隐烟雾遮,大江溅沫飞春沙。(《指南录・集杜驻潮阳》云:"寒城朝烟淡,江沫拥春沙。")寒山片石月来照,中有光芒非公耶!"(《诗草笺注》下,第1022—1032页。)

本年,黄遵宪与丰顺丁日昌之子丁惠康亦多有书信往来。管学大臣张百熙推荐丁惠康为京师大学堂教习,但他未就职,而去上海。不久,他在给黄遵宪信《答黄公书》中解释说:"长沙张公,辱一日之知,过采虚声,赏其文采,谬举以充大学教习之选,康报之曰,人各有能有不能,至教习者,矻矻穷年,徐徐云尔,汗青无日,头白可期,无能为役也。若乃风举飚发,任重道远,一日千里,凌厉无前,虽以不才,犹能自勉。"他向黄遵宪进言:"近事以来,党禁稍懈,康窃欲竭其芼芼之愚,惟公所以自处者:择大吏之贤,依之幕府,凡天下之措注,皆吾之所设施,策之上也。否则,移寓上海,斟酌人才,内以联络大江三湘之志士,外以号召南洋各埠之巨商,厚集一中央最有势力之枢纽,策之中也。"(江村、蔡雪昭:《积极参与维新活动的丁惠康》,《梅州文史》第7辑,第60—61页。)

本年冬,温仲和致函黄遵宪,谈办学,论及西学与近年所得英才等事:"公度先生同年大人阁下:前墟芜湖函发后,接读十一手教,谓久居家中,使人儿女之情日长。弟亦觉得少游之志多,文渊之志少。学堂自弟回家后,不散自散。兼有不愿将医院永作学堂者,布煽谣言,殊骇听闻,其实皆子虚乌有之事也。唯新政不行,此事不倡之。在上科举不变,下之人纵有粲花之舌以神其鼓舞,而筹款一事终迟疑观望,未能使之踊跃也。今使和议成后,求无失保平安之责任,非使士子皆知外事,中外之界平,彼此融洽。不可,则非多开学堂不为功。故前书问公新政可行否,正为此事也。士果以全力谋金山一席,安有不得之理,然亦适有天幸。沈观察若不卸任,恐未必能如所谋也。鄙人自回家后,并未谋他处书院之事,若朝廷能决行新政,则学堂仍当续办,故迟回有待耳。承问近年所得英才,弟所心赏者,海阳有廪生黄桂荣,号翊成。揭阳有拔贡林枚,号子维。廪生姚梓芳,号君慇。潮阳有生员郭经,号醉云。生员陈钟毓,号秀生。大埔有敝本家温廷敬,号丹铭。此诸人于经史各门,皆有门径,西学亦能通其大意。其余天姿聪颖志趋向上者,亦颇不乏人,往往苦于言语不通,相见未能尽意为憾,因此所不知者尚多。承公问及,故略举以相告耳。至于易学者则甚少,间有之,又多涉及术数,罕有家法。缘弟在金山数年,多以诗礼为教,故治之者甚少也。算学决事,西人不特施之于声光电化诸学,凡论国家政事,无不有比例之法,或正比例,或反比例。其各国所施于中国,言均势,言平权,皆重学中语。《至决疑数》一书,则凡审案,于陪审人员中分别分数。某人平日言事,或有四事可信,一事可疑。某人或有四事可疑,一事可信,皆分其分数,取其可信多者而从之。故鄙人谓算学可以决事也。鄙人初学算学书,从西人算学理一书入手,近人所谓有'躐等'之弊者,兼看《学算笔谈》《数理精蕴》《白芙堂算学丛书》,遂看《通艺录》《代数术》等书,以通元代诸法,然苦无记性,开卷了然,掩卷茫然。老年方为此学,看书较易而未免'躐等',少下学衍算之功,弟为此时,其意亦不过欲得门径,俾后生有志学算者有路可寻,或可为先路之导而已。至欲其精深,则非年少专门不可。故今日欲与年少之人言西学,必当先学算。从切实处下手,然后为脚踏实地,由此可渐通西艺,则步步着实。若西政,近年以来,已多成书,但能通其意而已。若教学者从事于此,仍未免习为空谈,辗转抄袭也。鄙见如此,未审公以为何如?承询州志之事,所谓采访虚应故事者,良然,然亦无可,如何?若不本此,更将何本?巧妇不能为无米之炊,事迹固未可凭空臆造也。曩见采访底册,绝无尊公等事迹,后得诗五同年来稿,则有传也。弟同游夏,不敢赞一辞,何敢笔削哉。咸同以后,据诗五、芙裳来稿,凡有父子祖孙,多统为一传,阮通志体例亦颇如此。一家之中得入志者如此之多,亦可以见一门之盛,未尝以附传、专传分轻重也。查范蔚宗《后汉书》如《桓荣传》(附子郁孙焉。)《杨震传》(附子秉孙赐曾孙彪元孙修。)已如此,范书以后诸史尤多循此例,其实孟坚已如此,石庆,宰相也,而附《石奋传》;韦元成,宰相也,而附《韦贤传》。

似不必以此为疑也。唯事迹采访册已无,诗五何所据以成文,弟亦无由知之也。公既有行状等,请即见示,以便改正。此稿七月间弟在汕头时寄上志局,未知已付剞刻否？问辑五便可知之也。采访已不能认真,分纂、总纂又不能驻局办事,书之不能佳,早已自知之,但不及时修成,耽延岁月,益为论者之口实,但事虽未核,然苟有所知,亦不敢不详审旧事。所采较王志、文志为详。他时再有人修之,此亦可以备稿本耳。千佛塔层数,已将公开来一纸寄上志局,属为更易矣。岁暮天寒,伏维为国自爱。"(温仲和:《求在我斋集》卷五,第14—16页。)今案:上信中提及几个时间:"前墟芜湖函发后,接读十一手教。""学堂自弟回家后,不散自散。""今使和议成后……""士果以全力谋金山一席……""承询州志之事……此稿七月间弟在汕头时寄上志局……千佛塔层数,已将公开来一纸寄上志局,嘱为更易矣。""岁暮天寒。"据上推测,此信当写于本年冬。

本年冬,温仲和致函黄遵宪,谈订报事:"公度吾兄同年大人阁下:昨复一缄,想尘左右,当封函时,本拟缴回岭东馆所报开之单,旋念乡试诸君不日经由郡城,拟询明是否如此,以期核实。昨已问明,云是如此,则该报馆不特寄报多误,即开单亦不核实也。弟本年所阅之报,皆由郡城开智书局派送,虽不能快,而较妥当。公函所谓松口阅报所欲购各报,可由弟主之,无不可者。接京信,谓新旧不能融洽,且波及特科,此何等时尚如此耶。手此。即叩撰安。"(温仲和:《求在我斋集》卷五,第26页。)

本年,曾为黄遵宪医治肺病的林文庆博士在新加坡《自由西报》发表《关于中国维新之先导者》一文,对黄遵宪的《日本国志》及其思想进行评述,是第一篇介绍黄遵宪改革思想的文章。其文曰:"曾任新嘉坡总领事之黄遵宪,乃广东省之举人,他曾经到过日本,任参赞。也曾在美国居住过,任公使馆秘书。他写一部关于日本的维新运动历史的经典性的文献,精微地纪述日本由陈旧而蜕变为新的过程。法律、民政,以及海陆军的策划和设计,均详载此书之中。若谓此书与康氏的著作,对于中国所生的影响,正如福楼梯尔(Voltaire)的史论之于法国一样,乃是确切不移的说法。它们为康有为领导的折衷性的维新党人,开启道路。康有为大力强调效仿日本的必要,黄氏则以在日本进行的革新运动,促华人注意,并力劝华人以日人为模范。"(高维廉:《黄公度先生就任新嘉坡总领事考》,朱传誉主编:《黄遵宪传记资料》第一册,第42页,天一出版社1979年版。)

光绪二十七年辛丑(1901年)　五十四岁

【国内外大事】正月初九(2月27日),清廷命奕劻、李鸿章商请各国公使劝阻俄国不要强迫清廷签约。正月二十二(3月12日),俄再向中国驻俄公使杨儒提出十一条款,限二月初七(3月26日)画押。(吉林师范大学中国近代史教研室编:《中国近代史事记》,第271页,上海人民出版社1959年版。)三月初三(4月21日),清廷设督办政务处,派奕劻、李鸿章、荣禄、王文韶、昆冈、鹿传霖为督办政务大臣,刘坤一、张之洞遥为参预。三月十一(4月29日),清廷宣示惩办不尽力保护教士、教民之地方官五十六人。四月十八(6月4日),清廷授醇亲王载沣为头等专使前往德国,命前内阁侍读学士张翼、副都统荫昌随同前往。五月初十(6月25日),沈翔云、秦力山等出版《东京国民报月刊》,提倡革命。五月二十七(7月12日),刘坤一、张之洞会奏《变通政治人才为先遵旨筹议折》。六月初四(7月19日),清廷准御史陈秉崧奏请复开经济特科。刘坤一、张之洞会奏《遵旨筹议变法整顿中法十二条折》,次日会奏《遵旨筹议变法拟采用西法十一条折》。六月初九(7月24日),清廷设立外务部,班列六部之首,派奕劻总理事务,王文韶为会办大臣,瞿鸿禨为尚书,徐寿朋、联芳为左、右侍郎。七月初二(8月15日),北京城中外国侵略军,除留护使馆外,余俱撤净。七月十六(8月29日),诏改科举,废八股,试中国政治史事论,废武科。

正月(2月),清廷处斩一批纵匪肇乱首祸诸臣,《清史稿·德宗纪》:"庚午,赐载勋自尽。辛未,毓贤处斩。癸酉,英年、赵舒翘并赐自尽。刚毅、徐桐、李秉衡并论斩,以前没免。乙亥,启秀、徐承煜处斩。"(赵尔巽:《清史稿》第四册卷二十四,第938页,中华书局1976年版。)黄遵宪作《群公》叹之:"群公衮衮各名声,一死鸿毛等重轻。事事太阿权倒授,人人六等罪分明。兵威肯薄牵牛罚,党论犹嗟走狗烹。闻道谏臣归骨日,柳车迎拜极哀荣。""遁逃无地呼无天,到此惟余冒刃拳。(启秀、徐承煜,为联军所拘,卒见杀。廷雍亦被杀。)甲仗空迎回纥马,(联军入保定,廷雍出迎之。)血衣竟染汉臣鞭。操戈逼父心先死,(联军入城后,承煜托名保家全宗,逼乃父徐桐自经死。)按剑呵人目尚悬。(杀许侍郎、袁太常之诏,实出启秀手,监视行刑者,即徐承煜。)鹭立鹰瞵旗夹道,看君忍辱赴重泉。(启秀伏法时,八国各以兵押送,均闭目不视云。)""各戴头颅万里行,九州无处可偷生。上尊犹拜养牛赐,五鼎先看福鹿烹。(庄王在蒲州、赵舒翘及英年在西安,皆赐死。)断狱总应名国贼,犯颜犹记与天争。(有谕称"首祸诸臣,叫嚣躁突,患在肘腋"云云。)伤心祸首兼戎首,万骨虽枯恨未平。(毓贤戍新疆,行至兰州,伏诛。)""途穷日暮更何求,白首同拚一死休。衔刃尚希忠烈传,盖棺免索太师头。(刚毅、徐桐、李秉衡皆自尽。)彗星扫地应除旧,祸水滔天幸绝流。九庙有灵先诏在,朝衣趋谒定应羞。(嘉庆癸酉八月,上以遇变,下罪己诏,中有"教匪变生肘腋,实由诸臣酿成汉、唐、宋、明未有之变"云。)"《诗草笺注》下,第1047—1052页。)

七月二十五(9月7日),全权大臣奕劻、李鸿章与十一国公使订立议和条约十二款,《辛丑条约》成。清政府与各国订和约成,黄遵宪有诗《和议成志感》:"天乎叔带召戎来,举国倾危九庙哀。拳勇竟遭王室乱,首谋尚纵贼人魁。(谓革王载漪未死。)失民更为丛驱爵,毕世难偿债筑台。坐视陆沉谁任责,事平敢望救时才。"《诗草笺注》下,第1054页。)

七月(8月),温仲和致函黄遵宪,谈在嘉应州办学等事。"公度吾兄同年大人阁下:叠奉手教,敬悉一切。此间学堂遵钦颁章程,于小暑放假,立秋后六日销假,现已开学矣。前月初旬,炎威逼人,大雨之后,早晚渐有秋意,想彼此同之也。去年蒙公拨购各报,松口阅报所诸同事极为欣慰,惟承办购报者,殊不惬人意,所寄各报多不全不备,或匝月不至,或糜寄数十张一齐而来。自三月后,弟来潮州,有原乡来者,皆以各报无到啧有烦言,弟尝托人向该报馆言之,亦绝无回信,不知其何意也。今乃阅所开单据,弟所以略为注明,恐或有不实,候乡试诸君来再问也。观近日经济特科之考试,学堂之再定章程,防弊之意多而教育之意少,保护科举者愈有所藉口,将来至何地步尚未可逆料。本州学堂筹款,在外洋者或易,在本地者恐难。若在本地而能捐巨款者,必其在外洋发财者也。然亦不可逆料其难而不为,本州之公事,以本州人分任之,亦应有之义务矣。手复。即叩道安。"(温仲和:《求在我斋集》卷五,第21—22页。)今案:本书中言:"于小暑放假,立秋后六日销假,现已开学矣。"小暑在五月二十三日(7月8日),立秋在六月二十四日(8月8日)。故本信当作于七月初。

八月初二(9月14日),清廷令整顿京师大学堂,各省城设大学堂,各府厅直隶州均设中学堂,各州县均设小学堂,清末教育改革开始。(迟云飞:

《清史编年》第十二卷,光绪朝、宣统朝,第262页,中国人民大学出版社2013年版。)

八月初五(9月17日),清廷命各省选派留学生,如果学成,分别赏给进士、举人各项出身。

八月二十四(10月6日),慈禧太后等自西安启程回京。黄遵宪有诗《奉谕改于八月廿四日回銮感赋》:"翘首齐瞻辇路尘,又迟銮驾阻时巡。翠华望遍今天下,玉玺犹持一妇人。万里河难塞瓠子,(谕称"雨潦难行,且河决冲毁行宫,今方改造"云。)九霄星未转钩陈。三公一国狐裘赋,谁是安危社稷臣?"(《诗草笺注》下,第1053页。)在西太后等回京路上,车驾每驻一地黄遵宪都有诗作。《启銮喜赋》诗云:"千官万骑奉龙骧,跸路爻间扈从忙。罪首既诛昏墨贼,民心犹戴往黄皇。神灵拥护华舆稳,父老欢迎麦饭香。回首南山宫阙峻,定知在莒永无忘。"(《诗草笺注》下,第1055页。)《车驾驻开封府》诗云:"竿摩辙乱逼西迁,琐尾流离倏一年。奉母蒙尘犹在郑,迎王望雨待归燕。诸侯香草方毡幕,西母蟠桃又绮筵。举首长安知日近,肯留河上再迁延。"(《诗草笺注》下,第1056页。)

本月,嘉应匪乱,"兴宁土匪倡乱,仓猝攻城,城中留有分巡道所派勇,登埤固守,贼遂率群丑直扑县境",当时黄遵宪与梁国瑞等因事而身处省城,听到消息后,立即在广州筹饷募勇,"于一日间募乡勇二百名,请游击关在田率往扼南口,贼遂窜溃"。(张继善:《梅县历代乡贤事略》。)

九月初二(10月13日),刘燕勋跋《人境庐诗草》:"读君诗,无体不备,而五七古尤擅胜场。其音节之古,色泽之浓,气格之高,非将《离骚》、汉、魏古乐府诸作,咬出汁浆,灌入肺腑,不能有此古艳。而于古诗则愈艳愈幽,愈幽愈古,作者不自知其然,伶工歌之,直可使梁尘作三日绕也。噫,如此好才,安能十笏黄金以铸之耶!愚弟刘燕勋顿首。辛丑九月二日。"(《诗草笺注》下,第1089页。)

跋黄遵宪诗者凡十六家,多家皆无年月。如夏曾佑、俞明震、曾刚甫、冯少颜则题以诗,吴天任将无标明年月的各家汇录于刘跋之后。(《吴谱》,第153—154页。)

夏跋:"人境庐第一册读竟,九流之美,八代之文,此其钤键矣。历观文字所纪,四五千年,凡称为奇才者,必自辟门庭,为古人之所无,后人所不可废。诗特其中之一端。此诗殆以命世之资,而又适当世会之既至,天人相合,乃见此作,非偶然也。第二册,望假读。曾佑顿首。"

俞跋："公诗，七古沉博绝丽，然尚是古人门径。五古具汉、魏人神髓，生出汪洋诙诡之情，是能于杜、韩外别创一绝大局面者。七律纯用单气转折，又开一派，能多作，则妙境尚当层出不穷。集中此体，是开派之始，尚非大而化之之候。以为何如？震于公诗有神契，惜匆促不能手抄。尊处有抄书人，望抄寄集中最得意之作数首足矣。残年离别，倍觉凄然！明春当在鄂相见也。明震上。"

曾跋："黄诗以古诗饰今事，为诗世界中创境。《拜墓》一首，蔼然仁孝，信为绝作，倩某厂兄试参之。习经顿首。"

冯跋："《辜碧崖出示黄公度孝廉同年古体诸作读毕题后》：丈夫不能典校秘文侍天禄，太乙燃藜照夜读。亦当挂腹文字五千卷，嚼墨一挥三十幅。黄君意气豪迈伦，赤手径欲缚麒麟。天才卓荦世无匹，恍惚仙之人兮鞭鸾笞凤下凡尘。我羡君身有仙骨，我读君诗果奇色。似将蜿蜒千尺之游龙，屈作怀中一枝笔。龙之为灵兮屈伸变化而莫穷，笔之妙用兮亦波谲云诡纵横出没而莫测。想当经营惨淡时，胸中奇气勃勃欲从十指出。万象在旁供指挥，提笔四顾天地窄。及其淋漓濡染满纸蛟龙僵，千人色沮惊辟易。掷地岂但作金声，墨池十日犹尚飞霹雳。嗟君才思奇又奇，琼琚玉佩放厥词。千古辟径自行只此巨灵开山斧，卓然君以只手持。远游忽驰万里外，乘槎东瀛廓眼界。吟遍蜻京虾岛间，东瀛从此诗名大。良夜思君路迢迢，梦君魂逐天风飘。细把君诗盥薇读，光焰万丈烛斗杓。是时浓云正瀚郁，隐隐微闻清雷发。取君之诗入怀不敢吟，窃恐上界六丁空中来攫夺。琼山冯骥声少颜。"（《诗草笺注》下，第1084—1090页。）

本月初，温仲和致函黄遵宪，谈有关在嘉应州办学事及论晚清新政事："公度我兄同年大人阁下：月之初五日接奉上月初八日手教，相距不过百里，而沮滞将近匝月，想是兴宁土匪之故，亦是邮政不设之故也。所示学堂无教科之书，无师范之人，江鄂两省奏折已经言及，大概多取法于日本，将来由疏而密，由粗而精。中学之书有待于编定，西学之书有待于翻译，亦未能一蹴而几。窃谓由今日言之，只可先学图算，未审公以为然否？至于八股之改为策论，本是安顿三十岁以上之人，而归宿必在于学堂固无疑也。据今之新政，颇欲革除旧日之弊，如去书吏、差役、裁绿营等事，皆非先设巡捕不可，然后知公前所言以警卫为根本，良不诬也。此次举行新政阻力较少，读八月廿日懿旨，势在必行，将来取法多在日本，皆已有端倪可见，惟人才似乎不足,已知宜奖游学派游历。岂有阅历之广、资格之深如我公者,独寞然置之者耶?鄙意以为回銮之后,必有荐公者,可拭目而俟也。承示欲觅报馆主笔之人,未悉此报馆系在何处开设?其在本州耶?抑在潮州、汕头耶?须先示知其处,然后能定其人也。吾州若设中学堂,似宜合四县之力,而本州当另设一高等小学堂,似宜将培风、崇实、东山三书院改为之。以地势论,三书院之中,唯东山较宽敞,不知尚有余地可扩充否?以吾州产业之贵,欲筹足经费亦不易事,然八股既废,学堂不能不设,苟得实心任事之人为之提唱,亦可渐次为之也。然此等事公必先有成竹在胸,岂待鄙人言之者耶。盖欲先事绸缪不落人后耳。总之,无论如何,但使朝廷变法之方针既定,则不设学堂更无希冀,合众力而为之,自然易成也。谢双玉翁号益卿,诰封荣禄大夫,寿辰在十月初三日。梦池已于八月廿八日到香港,想近日可抵家也。仙根往潮阳,道出松口,现寓敝斋,约留一二日,即买舟东下。拉杂书此奉复,敬请勋安。"(温仲和:《求在我斋集》卷五,第20—21页。)本信言:"月之初五日接奉上月初八日手教,相距不过百里,而沮滞将近匝月,想是兴宁土匪之故……""据今之新政……读八月廿日懿旨,势在必行……""谢双玉翁号益卿,诰封荣禄大夫,寿辰在十月初三日。梦池已于八月廿八日到香港,想近日可抵家也。"作本信时当在"八月廿八日"之后不久,所谓"月之初五日"当是九月初五日,"上月初八日"则是八月初八日。

九月十三(10月24日),两广总督陶模致电张之洞,询问黄遵宪"获咎有何字样,曾否褫职?""武昌张制台:亥。恳转询梁星海,粤中何人可当总理教习之任,此间惟算学尚有人,黄公度究竟如何?其获咎有何字样,曾否褫职?拟奏明令伊办理学堂,未知可否?……模。元。"(《张之洞存各处来电》,辛丑第31册,所藏档号:甲182—151。茅海建:《张之洞与〈时务报〉〈昌言报〉——兼论张之洞与黄遵宪的关系》,《中华文史论丛》,2011年第2期。)

九月十五(10月26日),张之洞回电:"广州陶制台:急。元电悉。黄遵宪真正逆党,戊戌之变,有旨看管,为洋人胁释。湖南风气之坏,陈氏父子之受累,皆黄一人为之,其罪甚重。且其人钻营嗜利,险狠鄙伪,毫无可取,屡经新嘉坡华商控告。公万勿误听人言。忝在相知,不敢不以密告。名心泐。寒。"(《张文襄公电稿墨迹》,第3函第15册,所藏档号:甲182—219。)

九月十七(10月28日),黄遵宪致信温仲和,将其在湖南时期制定的保卫局各章程抄送温仲和。(温仲和:《求在我斋集》卷五,第23页。)

九月二十(10月31日),温仲和复黄遵宪信。高度评价保卫局各章程,并谈及改东山书院为小学堂事:"公度吾兄同年大人阁下:二十日奉十七日手教并保卫局各章程,读之知当日公办此事可谓苦心孤诣矣。干令升《晋纪总论》谓'进仕者以苟得为贵而鄙居正,当官者以望空为高而笑勤恪。刘颂每言治道,傅咸屡纠邪正,皆谓之俗吏。其倚杖虚旷、依阿无心者,皆名重海内。若夫文王日昃不暇食,仲山甫夙夜匪懈者,共嗤点以为灰尘而相诟病,毁誉乱于善恶之实,情愿奔于货欲之途'。往时读之,谓此即为五胡乱华之由,尚未觉其言之沉痛,今日再诵一遍,然后知与乱同道,古今一律也。梦池领事因其婿梁璧如丁内艰,仓猝告行,已于十七日起程前往槟榔屿矣。所拟东山改为高等小学堂章程,初办不外如此,此事当由公主持,谢、张二君无妨与之函商,弟等当左右之也。观梦池所注意,系与其婿梁璧如合办十二万金之机器所开之锡矿,谓机器已到,此一二月即可见验,若果矿旺,此事自易办成,或者敝处之学堂亦可仍如前议。近日芙裳与逸桥已到州,未审有晤面否?合肥已逝,大局何如?葡欲扩界,英法又欲于花埭开租界,论者谓八州都督因此棘手至于咯血,已再请假,外间有更动之谣言,以公卓见,此事毕竟如何,深虑。俄约牵动各肆蚕食之心,内外各思卸责,竟无法以却之也。尊联早已书就,以字体恶劣不敢呈政。今亦不能再匿,即便寄上,幸察收。报馆主笔之人,就往年金山书院高材生中数人另纸开出,维公裁之。闻幼琴得案首可贺。手此奉复,即叩勋安。"(温仲和:《求在我斋集》卷五,第22页。)据信的内容,黄遵宪于十七日致信温仲和当是对九月初五左右温之来信的回复,本信则是温之回复。

本日,黄遵宪致信温仲和,欲请温出任嘉应州高等小学教席。温仲和复信:"公度吾兄同年大人阁下:前日复一缄想达左右。本日接奉廿日手教,知时敏学堂已定,西江沈君此间未接佐才复书,尚未知也。公欲以本州高等小学一席相待,弟极愿就之,惟此时议甫萌芽,恐实力尚所未逮,不审公何以遽能如此。昨接仙根书,言汕头同文学堂因八股废后,来报名者甚众,明年似可仍前接办,鄙人若不为省城之行,或在汕在州,二者俱无不可,惟公图之。省城之行本非心之所愿,特以赋闲一年,未免支绌,其岁修较金山为优,为谋生计,故欲就之耳。今已属之他人,亦无可恋也。手此奉复,即请勋安。"(温仲和:《求在我斋集》卷五,第23页。)温与黄遵宪皆待业在家,松口到州城仅五十里而已,其信大概三日可达。温此信大概写于二十三日,故曰"前日复一缄想达左右"。

九月二十九（11月9日），李鸿章去世。清廷命王文韶署理全权大臣，袁世凯署理直隶总督兼北洋大臣。李鸿章卒后，梁启超为作一传，十一月书成，名《李鸿章》，又名《中国四十年来大事记》。（丁文江、赵丰田编：《梁启超年谱长编》，第266页，上海人民出版社1983年版。）

李鸿章殁，黄遵宪有诗挽之，深致讽刺，也对李鸿章的知遇之恩心存感激。《李肃毅侯挽诗》四首："骆胡曾左凋零尽，大政多公独主持。万里封侯由骨相，中书不死到期颐。橐弧卒挽周衰德，华衮优增汉旧仪。（赐方龙补服，历来汉官所未有。他如赏紫韂，赐三眼花翎，于京师建专祠，均异数也。）官牒牙牌书不尽，盖棺更拜帝王师。""连珠巨炮后门枪，天假勋臣事业昌。南国旌旗三捷报，北门管钥九边防。平生自诩杨无敌，诸将犹夸石敢当。何意马关盟会日，眼头铅水泪千行。""毕相伊侯久比肩，外交内政各操权。抚心国有兴亡感，量力天能左右旋。赤县神州纷割地，黑风罗刹任飘船。老来失计亲豺虎，却道支持二十年。（公之使俄罗斯也，遵宪谒于沪上，公见语曰："联络西洋，牵制东洋，是此行要策。"及胶州密约成归，又语遵宪曰："二十年无事，总可得也。"）""九州人士走求官，婢膝奴颜眼惯看。满箧谤书疑帝制，一床踞坐骂儒冠。总无死士能酬报，每驳言官更耐弹。人哭感恩我知己，廿年已慨霸才难。（光绪丙子，余初谒公，公语郑玉轩星使，许以霸才。）"（《诗草笺注》下，第1058—1062页。）

十月初三（11月13日），黄遵宪致函温仲和。旋得温仲和复信："公度仁兄同年大人阁下：接初三日手示，敬悉一切。梦池以未接渠到槟榔屿之信未尝与书。前与榕轩书，言公有意在州倡建高等小学堂，亦未将章程寄去。仙根于上月廿九日由松口回家，实未尝出省也。探悉时敏局面不如汕学，又中间消息参差，故辞彼就此，亦以就远不如就近，就生不如就熟也。手此布复，即叩勋安。"（温仲和：《求在我斋集》卷五，第23—24页。）

本月，黄遵宪致函温仲和，谈史学体例改革，"其后以语梁任父，任父谓不如用《日本国志》之体作中国史。然亦托之空言而已。今年始见日本人那珂通世所撰此书。其破尽崖岸，不受史家通例之缚束，所见乃胜于史佘。然所采疏略，于古今荦荦大事，亦有未厌人意之处。要之，中国通行之史未有过之者也。执此一编熟诵之，用力少而收效立易矣。辛丑十月书此以给和兄"。（李玲：《黄遵宪故居人境庐保存的日本汉籍》，《江西科技师范学院学报》，2006年第5期。）

十一月二十四（1902年1月3日），西太后自正定府乘火车至保定省城。8日自保定乘火车至马家堡,午刻入京还宫。

十二月初一(1月10日),派张百熙为管学大臣,经理大学堂一切事宜。

本年,嘉应知州吴宗焯倡修、温仲和总纂的《嘉应州志》编撰完成。是志于光绪十七年(1891年)筹款,次年开始分堡采访,光绪二十年(1894年)由温仲和总纂,历时十年始成书问世。

本年,黄遵宪在家修族谱。就有关史实,曾致书温仲和求证,温仲和复信给予答复,并探讨新修之《嘉应州志》。温仲和致黄遵宪书曰:"公度我兄同年大人阁下:昨奉手教,知方修族谱,所示各条,欲弟证之,凡此皆新志所已有,惟谓宁化来者,皆由侯安国介绍,则未有确证。侯以春秋教授,蔡蒙吉是其弟子,乃当时殉国之人,而今日客族之祖其来多在元初,恐不相及,斯则不敢附和耳。又谓乾隆中叶以前,无以商业致富者,亦恐不然,(阙里吴开仁公经商汉口,闻过山带二十余万。)但当时内地经商无若今番客之局面,然以其时产业言之,则当时十万抵今之百万也。李直简公名椅,人物有传,二何太史之侄。二何太史之田不下于直简公,闻父老说其子孙某某卖田,以写契为苦,用刊板誊之,至今松口犹有此说。松口卓姓勤王之事,亦是父老流传,有为人欺负者,至今犹有以我为卓满子之语,此亦可为殉国之证。方言初欲分为三类,一曰古音,二曰古语,三曰古事。后以丛杂难分,遂不能如意。又此书经时虽久,而每类所编,皆由忙迫而成,又随编随刊,未能各门互相参照,多重复之处。但古事有可考者则较旧志为详耳。公过奖以为出旧志之上,所不敢当也。余详仙根函中,兹不赘。手此奉复,叩请勋安。"(温仲和:《求在我斋集》卷五,第13—14页。)

本年,黄遵宪听闻梁居实诗五因境遇不顺,意气颓唐,特寄书劝解慰:"仲受先生左右:多日未通讯,想起居正常,为祝。比有自羊城归者,询及近况,言公意气颓唐,非复矍铄是翁,倔强此老故态,闻之闷郁。向来爱诗五,正以其儿女情短、风云气多。以处境论,此三十年中,可谓穷约拂逆矣。然诗五曾不以是撄其心,何以一旦遽失而故我?岂以身外傥来之物,是区区者不能忘怀得失耶?抑及其老也,戒得之心不克自持耶?甑既破矣,顾之何益?其危虞险厄有十百倍于此,区区一身,又安足道!宪年来颇以著述自娱。当抑郁谁语时,辄伸笔疾书,或挑灯自读,其浩浩落落,上下千古,使人飘飘然有凌云之意,觉天下之乐,无乐于此者。公何不试为之耶?迩得京华故人书，询某有出山之意否？宪以吾病未能婉答之。报中有肃王、袁督推荐之语，然某以为出处听之天，非人力所能推挽也。公谓然否？惟自爱不宣。遵宪顿。"(郭真义:《晚清粤东客籍诗人群体研究》，第166—167页，当代中国出版社2004年版。）

此信中提到"迭得京华故人书，询某有出山之志否？宪以吾病未能婉答之。报中有肃王、袁督推荐之语"这几句。据有关资料记载，黄遵宪罢官回乡后，先后有李鸿章（1900年任两广总督）、陶模（1902年任两广总督）"屡聘""欲荐"而出山，（吴天任：《黄公度先生传稿》，第56页，香港中文大学1972年版。）今案："肃王、袁督"，肃王指善耆（回銮后受命总司工巡局事，并充任崇文门税务监督），与袁世凯（时任直督北洋大臣，参预督办政务处）善。肃王、袁督推荐黄遵宪事不详。

本年冬，黄遵宪作《〈梅水诗传〉序》，黄遵宪序于次年十月初六刊于《岭东日报》，编辑序云："嘉应山水清奇，人文代出，乡先达著述极多。而张榕轩京卿独搜集其诗书稿，托张仙根明经选而刻之，名曰《梅水诗传》，黄公度京卿为之序，并其卷端。"内谓："语言者，文字之所从出也。语言与文字合，则通文者多；语言与文字离，则通文者少。余于日本《学术志》中，曾述其意，识者颇韪其言。吾部洲文字，以中国为最古。上下数千年，纵横数万里，语言或积世而变，或随地而变，而文字则亘古而今，一成而不易。父兄之教子弟，等于进象胥而设重译。盖语言文字扞格不相入，无怪乎通文字之难也。嘉应一州，占籍者十之九为客人。此客人者，来自河洛，由闽入粤，传世三十，历年七百，而守其语言不少变。有《方言》《尔雅》之字，训诂家失其意义，而客人犹识古义者；有沈约、刘渊之韵，词章家误其音，而客人犹存古音者。乃至市井诟谇之声，儿女噢咻之语，考其由来，无不可笔之于书。余闻之陈兰甫先生谓：'客人语言，证之周德清《中原音韵》，无不合。'余尝以为客人者，中原之旧族，三代之遗民，盖考之于语言文字，益自信其不诬也。里人张榕轩观察，少读书，喜为诗，钞存先辈诗甚富。近出其稿，托仙根明经广为搜集，重加编订。余受而读之，中如芷湾、绣子两太史，固卓然名家，其他亦雅驯可诵。嘉道之间，文物最盛，几于人人能为诗。置之吴、越、齐、鲁之间，实无愧色。岂非语言与文字合，易于通文之明效大验乎？自物竞天择、优胜劣败之说行，种族之存亡，关系益大。凡亚细亚洲古所称声明文物之邦，均为他族所逼处。微特蒙古族、鲜卑族、突厥族荼然不振，即轰轰然以文化著于五洲如吾辈华夏之族,亦叹式微矣！文章小技,于道未尊,是不足以争胜。凡我客人,诚念我祖若宗,悉出于神明之胄,当益骛其远者大者,以恢我先绪,以保我邦族,此则愿与吾党共勉之者也。"(《全集》上,第287页。)

黄遵宪早年所撰《日本国志》卷三十三《学术志》二《文字》中,即有改革文字之主张,其言曰："泰西论者,谓五部洲中以中国文字为最古,学中国文字为最难,亦谓语言文字之不相合也。然中国自虫鱼云鸟,屡变其体,而后为隶书,为草书。余乌知夫他日者不又变一字体,为愈趋于简,愈趋于便者乎？自《凡将》训纂,逮夫《广韵》《集韵》,增益之字,积世愈多,则文字出于后人创造者多矣。余又乌知夫他日者不有孳生之字为古所未见、今所未闻者乎？周秦以下,文体屡变,逮夫近世,章疏移檄,告谕批判,明白晓畅,务期达意。其文体绝为古人所无。若小说家言,更有直用方言以笔之于书者,则语言文字几几乎复合矣。余又乌知夫他日者不更变一文体,为适用于今、通行于俗者乎？嗟乎！欲令天下之农工商贾、妇女幼稚皆能通文字之用,其不得不于此求一简易之法哉？"(《全集》下,第1420页。)

戊戌政变后,黄遵宪时时牵挂义宁陈家。本年,自粤致陈三立函,问其戊戌以还景况,且告以别后心迹。这是黄遵宪与陈三立分手三年后的首次通信。陈三立于次年夏方收到此函,陈三立有诗纪之。《陈三立年谱》一九〇二年条记："案:吴振清等编校整理之《黄遵宪集》此函题下有注曰'光绪辛丑',可知当作于上年,即光绪二十七年(1901),而陈三立感赋黄遵宪寄书之诗,《散原精舍诗》编在本年,又罗香林《回忆陈寅恪师》一文所披露之陈三立寄给黄遵宪的诗笺中,本诗后有附记:'此为夏间得第一次寄书所偶题,聊附录之。'(见张杰等选编《追忆陈寅恪》第二辑)据此,则陈三立接获黄遵宪寄书,确在本年夏间。"(马卫中、董俊珏:《陈三立年谱》,第261页,苏州大学出版社2010年版。)

书云:"别三年矣,今日乃得公消息,此真临别握手时梦想所不到之事也。戊戌九月,由沪回粤,闻公举家往庐山,乃由邮局寄一缄于九江探询,想此函必付浮沉矣。函中无他言,但有寄粤信住址耳①。山县僻陋,见闻希阔。上年八月,于报中惊闻尊公老伯大人捐馆之耗,念苏子瞻祭司马温公文有云:'上为天下恸,下以哭其私。'抚膺悼心,不可言状。回忆丁戊之间,公居母丧时光景,恨不得插翼飞去,一伸慰唁,然犹冀其讹传也,久而知为确耗。又知公家已移居江城,同乡中有宦于江州者,因寄一缄,乃函到而

---

① "闻公举家往庐山"至"但有寄粤信住址耳",《人境庐杂文钞》无。

其人于十月间已奉差万安。来函述公景况,则云既于腊月往郑,且挈眷俱去,尔后益无从通问讯矣①。尊公究得何病?别时于湘舟中洒泪满袖,云相见无时,宪视为甚易。何意闲云野鹤竟不获再奉篮舆也。(是年八月廿九日得来电云:将往庐山,以后野鹤闲云,相见较易。)已安葬否?有葬齿诗传诵人口?系与太夫人合葬否?或言所卜墓在南昌山中,然否?生平奏疏、公牍并手著诗文有定稿否?想一时未付刊刻也②。公家今住何处?有恒产否?想未必能自赡给。于岁需几何?能支持否?师曾举操何业?赐复时望一一详之也。

"弟于戊戌七月晦日到沪后,又患脾泄,病困中一切如梦,并不知长安弈棋有许多变局。至八月六日读训政懿旨,十三日得杀士抄报,乃知有母子分党变故,然亦谓于己无与也。至十七日得湘电,有沦胥及溺之语,虽稍稍震惧,然犹谓过甚之辞。至廿三日,知湘中官吏一网打尽,始有余波及我之恐。明晨未起,即已操戈入室,下钥锁门矣。当时上海道亦不知其奉何公文,初迫之入城,继增兵围守,擎枪环立,若临大敌,如是者三日。至廿六日,得总署报云:'查明康未匿黄处,上意释然,已有旨放归矣。'或言弹劾者多,终以事无佐证得脱于罪。或又言某某初匿于日本使馆,或传为初匿于出使日本之馆,致生歧误,至今尚未知所犯何事也。

"到沪病忽增,日泻数次,气喘而短,足弱几不能小立。医生或虑其不治。然从此日见减轻,久而始知身本无病,直以长沙卑湿,日汲白沙井寒水,致生积冷。当时服公药,虽仅能支持一时,而不足以扫除积病。临别前一夕,忽然失音,则以服燥烈药太过之故。(至洞庭湖始复木音,旋服附桂一剂,音又失③。)到沪后停药,因水土已易,即渐渐复原。九月到家,将养数月,即如常矣。

"所居地电报局④均不能通。平生故人以党祸未解,亦无敢寄书慰问者。庚子之春,党狱又作,沈鹏、陈鼎、吴式钊相继斥逐。尔时合肥督粤,迭次以函电召邀,颇疑与党事有涉,不能不冒险一行。及到省相见,乃以设警察、开矿产之事相委。然事无可为,一意辞谢。及归,而团匪之变作矣。乱

---

① "回忆丁戊之间"至"无从通问讯矣",《人境庐杂文钞》无。
② "已安葬否?"至"未付刊刻也",《人境庐杂文钞》无。
③ "至洞庭湖"至"音又失"夹注,据钱仲联《人境庐杂文钞》补。
④ "电报局",《人境庐杂文钞》作"电报邮局"。

作以来，浮云苍狗，世态奇变，多出意外，而鄙人乃深山高卧，一切无干。追念三年中长沙之病，苟不奉使他往，迁延一二月，必死于楚。若使在楚无病，奉攒程来京之诏，迅速驰往，计到京之期，正在祸作之先，即幸而无事，浮沉在京，亦必与团拳之难，与直谏同死。当上海道看管，沪上西人义勇议定，苟有大变，即劫之出海，如听蔡钧入城之请，或亦死于道中乱刃。乃屡次濒死而卒不死，不知彼苍苍者生我之何用也？弟平生凭理而行，随遇而安，无党援，亦无趋避，以为心苟无瑕，何恤乎人言，故亦不知祸患之来。自经凶变，乃知孽不必己作，罪不必自犯，苟有他人之牵连，非类之诬陷，出于意外者。然自有此变，益以信死生之有命、祸福之相倚。弟未知将来死所何在！前尘影事，原不必再记，然死生亦大故，故不觉觊缕为公言之。相见何日？思之黯然。"（《全集》，上，第424—426页。）

本年，黄遵宪从弟黄遵庚，以州试第一入州学。黄遵宪非常喜悦，颇引起其旧日考试时之兴味。黄遵庚在嘉应州成立广智文社，"每月出时务课题，招人应考，并商得保安局绅允许，将原日局收之船牙捐，每年二百四十元，呈准州署拨为开变阅报所之用，即在学宫内之西厅，设阅报所一所，定购各种报纸，供人游览。梅城风气逐渐丕变。若陈天华著之《猛回头》、邹容著之《革命军》，是为吾人所鼓吹之书本，有时即根据书中言论而开演讲会。顽固者流，时有诽语，谓吾等欲造反也"。（黄遵庚：《六十年之我》，第4页，且斋藏本。）黄遵庚此回忆是广智文社在嘉应的多年活动情况综述，非仅本年之事，陈天华《猛回头》、邹容《革命军》的出版时间均在1903年。

光绪二十八年壬寅（1902年） 五十五岁

【国内外大事】二月初二（3月11日），清廷命各省亟立学堂及武备学堂。四月初六（5月13日），命沈家本、伍廷芳参订现行法律。七月十二（8月15日），清廷颁行学堂章程。九月初四（10月5日），清廷命各省督抚选派学生，筹给经费，派往西洋各国讲求专门学业。九月二十五（10月26日），命袁世凯充督办商务大臣，与张之洞会同办理，并会议各国商约事宜。

正月初六（2月13日），黄遵宪撰《攀桂坊黄氏家谱》既成，有序，述嘉应黄氏源流："黄以国为氏，或谓出于金天氏，自台骀封于邠川后，为沈、姒、蓼、黄诸国；或谓出于高阳氏，自伯翳赐姓嬴后，为江、黄诸国。三代以前，荒远难稽，其散居河北者，亦不可考。惟郑樵《通志》称黄氏嬴姓，陆终之后，封于黄。今光州定（域）〔城〕西有黄国故城，为楚所灭，子孙即氏黄。其说可信，此即吾宗之所自出也。汉尚书令香，居江夏，世之黄氏，咸以江夏为望，后衍为二支：一为隋开皇间，由江夏迁浙之金华，析为五大族，分居于丰城、剡、监利、分宁、弋阳，其裔孙有庭坚、有潜著于时；一于五代时，自光州固始从王潮入闽，家于邵武，散居于莆田城、福州、龙溪、漳州，其裔孙有伯思、有干，族益光大。嘉应一州，十之九为客人，皆于元初从闽之宁化县石壁乡迁来，虽历年六百，传世二十余，犹别土著，而名之曰客。吾始迁祖，初居镇平，亦来自宁化，其为金华之黄欤，为邵武之黄欤，则不可得而详也。昔山谷老人自序出于金华，而其谱止及于分宁，七世以上，皆略而弗著。至晋卿学士，祖其说，作族谱图序，亦断自九世祖以下。古者图谱有局，掌于史官。自局废而士大夫家自为谱，各以其所闻论著，不能旁搜广览，以征其实，故往往矛盾参差，至不可读。谱不过十世，详于近，略于远，盖慎之至也。吾宗自文蔚公迁至攀桂坊，及吾而八世，今亦师其意，以文蔚公为断。自始迁祖至文蔚公，凡十数世，邱垄之尚完、祭享之不废者，编为前编。始迁祖以上，则不得不付之阙如矣。既以世系绘为图，举名字生卒之概引为表，复举德行事业之可知者，述为传略，总名之曰家谱。吾闻之林海岩先生曰：'客人者，中原之旧族，三代之遗民。'今稽之吾族，来自光黄间，其语言与《中原音韵》相符合，益灼然知其不诬。自念得姓受氏，四千余岁，实为五部洲种族之最古者。始兴于汉，中衰于魏晋，以逮于唐，入宋而复盛。其入粤者，则明盛于元，入本朝而盛于明，中叶以来，又盛于国初。盛衰兴废，世族之常。若子孙无状，降为皂隶，辱我门楣，非吾之所忍言，如能保宗祊而承世禄，继继绳绳，不坠其业，抑亦庶几。若夫立德立功立言，以图不朽，俾嘉应之黄，与金华、邵武二族并称于世，是则作谱者所祷以求之者夫！光绪二十八年立春后八日。遵宪谨序。"（《全集》上，第287页。）

正月十一（2月18日），张之洞致电其妹夫、军机大臣鹿传霖："再，闻有人保黄遵宪，此人确系康党，又系张荫桓党，恶劣不堪，万不可用，务望阻之。祈电复。冰。真。"（《张文襄公电稿墨迹》，第3函第15册，所藏档号：甲182—219。茅海建：《张之洞与〈时务报〉〈昌言报〉——兼论张之洞与黄遵宪的关系》，《中华文史论丛》，2011年第2期。）

三月(4月)，黄遵宪作一词《双双燕·题兰史罗浮记游图》，词曰："罗浮睡了，试召鹤呼龙，凭谁唤醒。尘封丹灶，剩有星残月冷。欲问移家仙井。何处觅、风鬟雾鬓？只应独立苍茫，高唱万峰峰顶。　荒径，蓬蒿半隐。幸空谷无人，栖身应稳。危楼倚遍，看到云昏花暝。回首海波如镜。忽露出、飞来旧影。又愁风雨合离，化作他人仙境。（兰史所著《罗浮游记》，引陈兰甫先生"罗浮睡了"一语，便觉有对此茫茫、百端交集之感。先生真能移我情矣。辄续成之。狗尾之诮，不敢辞也。又兰史与其夫人，旧有偕隐罗浮之约，故"风鬟"句及之。）"（《全集》上，第229页；《集外诗辑》，第67页；梁启超：《饮冰室诗话》，第128页，人民文学出版社1959年版。）

四月(5月)，黄遵宪致函梁启超，戊戌变法后，梁启超至日本，黄遵宪回嘉应，音讯不通，此为双方的首次通信联系。该书信论康有为之学术与思想，不同意康有为孔教之说，并谈及对孔子的看法，认为孔子为人极，为师表，而非教主。《吴谱》："去年梁任公撰《南海康先生传》，刊发报端，函请先生评其为人。今年四月，先生复任公书，有论南海之为学及其思想云。"（《吴谱》，第158页。）《钱谱》："本年春，先生有书与梁任公，于康长素尊孔子为教主，谓以元统天，兼辖将来地球及无数星球之说，未能附和。"（《诗草笺注》下，第1241页。）附其书信全文：

"公所撰《南海传》，所谓教育家、思想家，先时之人物，均至当不易之论。吾所心佩者，在孔教复原，耶之路得，释之龙树，鼎足而三矣。儒教不灭，此说终大明于世，断可知也。（吾意增二条，曰博大主义，非高尚主义；变动主义，非执一主义。又欲易去儒字曰非柔巽主义。向读此条，深为敬服。意谓孔子没后二千余年，所谓得不传之学于遗经者，惟此足以当之。但所恨引证尚少，其重魂主义一条尤鲜依据，能张皇其说否？）

"吾年十六七始从事于学，谓宋人之义理、汉人之考据，均非孔门之学。《诗集》中开宗明义第一章，所谓'均之筐箧物，操此何施设'者也。而其时于孔子之道，实望而未之见，茫乎未有知也。及闻陋宋学、斥歆学、陋荀学之论，则大服，然其中亦略有异同。其尊孔子为教主，谓以元统天，兼辖将来地球及无数星球，则未敢附和也。往在湘中，曾举以语公，谓南海见二百年前天主教之盛，以为泰西富强由于行教，遂欲尊我孔子以敌之，不知崇教之说久成糟粕，近日欧洲，如德、如意、如法，（法之庚必达，抑教最力。）于教徒侵政之权，皆力加裁抑。居今日而袭人之唾余以张吾教，此实误矣！公言严又陵亦以此相规,然尔时公于此见固依违未定也。楚人素主排外,戊戌三四月间,保教之说盛行,吾又虑其因此而攻西教,因于南学会演说,意谓世界各教宗旨虽不同,而敬天爱人之说则无不同然。耶之言曰:'吾实天子。'回之言曰:'吾为天使。'佛之言曰:'天上地下,惟我独尊。'惟孔子独曰:'可与天地参,可以赞天地之化育,我不过参赞云尔。'实则'参赞'之说,兼三才而一之,真乃立人道之极,非各教之托空言者可比之。(孔子之天,异于佛而近于耶。佛之天多,故以己为尊,而以天为从。耶之天独,故尊天为父,而以己从之。今尊孔子而剿用佛说,曰以元统天,于理殊未安也。)人类不灭,吾教永存,他教断不得搀而夺也。且泰西诸国,政与教分,彼政之善,由于学之盛。我国则政与教合。分则可藉教以补政之所不及,合则舍政学以外无所谓教。今日但当采西人之政、西人之学,以弥缝我国政学之敝,不必复张吾教,与人争是非、校短长也。(演此说时,似公已离湘,不审闻之否?当时樊锥之徒颇不谓然,而湖北之谭敬甫、梁节庵则谓吾推外教与孔子并尊,罪大不可逭也。)

"年来复演此意成一论,言孔子为人极,为师表,而非教主。凡世界教主,无论大小,必嚣嚣然树一帜以告之人曰:'从我则吉,否则凶。'释迦令人出家,而从之入极乐国;耶稣教人去其父母、妻子、兄弟、姊妹之乐,而从之生于天国。(余谓此乃半出家。其后教徒变为教僧尼,不娶妻,不嫁人,亦本此也。)摩诃末操一经、一剑,以责人曰:'从我则升天堂,不从则入地狱。'此皆教主之言。而孔子第因人施教,未尝强人以必从也。耶稣出而变摩西之说,释迦兴而变婆罗门之说,摩诃末兴而变摩尼之说,皆从旧说中创新学,自立为教。而孔子则于伏羲、文周之卦,尧舜之典,禹汤之谟诰,未尝废之也。(此与改制之说不甚符。虽然,《公羊》改制之说吾信之,谓六经皆孔子自作,尧舜之圣为孔子托辞,吾不敢信也。)

"各教均言天堂、地狱,独孔子于事鬼神曰:'未能事人,焉能事鬼!'于明器曰:'人生而致死为不仁,之死而致生为不智。'而其教人则曰:'朝闻道,夕死可矣。'曰:'死而后已,不亦远乎!'天之生人,自古及今未有异也。谓将来秉赋胜于前人,竟能确知天堂、地狱之确有可凭,此未必然,均之不可知。古之人愚,非天堂不足以劝,非地狱不足以诫,故彼教以孔子为不知天道,而陋之为小。后之人智,知天堂之不可求,于耶稣冉冉升天之说,今既不之信,(西人以距离之远近求天,谓耶稣即如炮弹之速率,至今犹不及半也。)何况于后来。后来格致日精，教化日进，人人知吾为人身，当尽人道于一息尚存之时，犹未敢存君子止息之念，上不必问天堂，下不必畏地狱，人人而自尽人道，真足以参赞天地。（圣门中如子路之结缨，曾子之易箦，及启手启足、鸟死鸣哀二章，其了然去来，比禅门之坐化者，有过之无不及也。）世界至此，人理大行，势必舍一切虚无元妙之谈，专言日用饮食之事，而孔子之说胜矣。（佛言佛法有尽。尝为之反复推求，惟此时为佛法灭时也。）古之儒者言卫道，今之儒者言保教。夫必有仇敌之攻我，而后乃从而保卫。耶稣禁设一切偶像之禁，佛斥九十六外道之说，回回于异道如希腊、如波斯，拒之尤力，故他教皆有魔鬼。大哉孔子，包综万流，有党无仇，无所谓保卫也。且所谓保卫者，又必有科仪礼节独异于他教，乃从而保之卫之，俾不坠于地。赞美和华，千人唱和，耶之礼仪也；宝象庄严，香花绕拜，释之礼仪也；牛娄礼拜，豚犬不食，回之礼仪也。大哉孔子，修道得教，无所成名，又何从而保卫？既无教敌，又不设教规，保之卫之，于何下手？至孔子所言之理，具在千秋万世、人人之心。人类不灭，吾道必昌，何藉于保卫？今忧教之灭而唱保教，犹之忧天之堕、地之陷，而欲维持之，亦贤知之过矣。

"其大略如右，以之示弟侄辈。彼习闻演孔保教之说，未遽信也。

"近见《丛报》第二篇，乃惊喜相告，谓西海东海，心同理同，有如此者，仆自顾何人，安敢言学。然读公之论，于己有翻案进步之疑，于人有持矛挑战之说，故出其一二以相证。仆之于公，亦犹耶之保罗、释之迦叶、回之士丹而已。（"中国新民"当出公手。万一非公所作，别有撰著之人，亟欲闻其姓名，又欲叩公之意见也。）

"吾读《易》，至泰、否、同人、大有四卦，而谓圣人于今日世变，由君权而政党，由政党而民主，圣人不啻先知也。（以乾下坤上为泰，言可大可上之理也。以坤下乾上为否，则指未穷未变时之事矣。由否而同人，为离下乾上。由同人而大有，为乾下离上。序卦之意可见也。）而谓圣人之贵民、重文明、重大同，圣人不啻明示也。（大有一卦，当与比对看，坤下坎上为比☷☵，刚得尊位，五阴从之，君权极盛时也，而其卦不过曰比。大象明之曰：先王以建万国、亲诸侯，自天祐之。系辞曰"履信、思顺、尚贤"，非民主而何？俟乾下离上为大有☰☲，柔得尊位，而上下应之，此民权极盛时也，其卦乃为大有，于大象赞之曰："君子以遏恶扬善、顺天休命。"且比之上六曰："比之无首"。由坎之险陷来。大有之上六曰："自天祐之，吉，无不利"，由离之文明来。圣人之情见乎辞矣。）所尤奇者，孔子系辞曰：'方以类聚，物以群分，吉凶生矣。'此非生存竞争、优胜劣败之说乎？在天成象，在地成形，变化见矣。此非猴为人祖之说乎？试思此辞，在天地开辟之后，成男成女之前，有何吉凶变化之可言？而其辞如此。若谓品物既生，有类有群。此类此群，自生吉凶。由吉凶而生变化，而形象乃以成。达尔文悟此理于万物已成之后，孔子乃采此理于万物未成之前，不亦奇乎！往严又陵以乾之专直，坤之翕辟，佐天演家质力相推之理。吾今更以此辞为天演之祖。公闻之不当惊喜绝倒乎！二十年前客之粤，与李山农言及孔子乘桴浮海欲居九夷之奇。山农谓：'孔子虽大圣，然今之地圆，大圣亦容有不知。'余曰：'固然！然《大戴礼》已有四角不掩之语矣。且孔子即不知地圆，而考之群经，实未尝一言地方也。'山农大笑，今并举以博一粲。若谓以西学缘附中学，煽思想之奴性而滋益之，则吾必以公为《山海经》之山膏矣。

"凡上所云，公意苟有所指驳，或有所引申，请删润其文，而藏匿其名字，如纪年论之作〇〇〇曰为宜。至祷，勿忘。

"《清议报》胜《时务报》远矣。今之《新民丛报》又胜《清议报》百倍矣。（《清议报》所载，如《国家论》等篇，理精意博。然言之无文，行而不远。计此报三年，公在馆日少，此不能无憾也。）惊心动魄，一字千金。人人笔下所无，却为人人意中所有，虽铁石人亦应感动。从古至今，文字之力之大，无过于此者矣。罗浮山洞中一猴，一出而逞妖作怪，东游而后，又变为《西游记》之孙行者，七十二变，愈出愈奇。吾辈猪八戒，安所容置喙乎，惟有合掌膜拜而已。前言误矣。"（《全集》上，第426—429页。）此函所标时间据《梁任公先生年谱长编初稿》系于光绪二十八年四月，即1902年5月。

五月（6月），黄遵宪获读严复之译著《原富》。（《全集》上，第434—436页。）

本月，黄遵宪致函梁启超，叙述自己思想变化过程，提出其君主立宪的基本思想，对当时风行的革命言论提出批评。并论及办学校之法，提出先有教科书和师范学校的办学方法。《钱谱》："五月，先生与任公书论民权自由……又论学校。"（《诗草笺注》下，第1243页。）

录其书全文：

"二十世纪中国之政体，其必法英之君民共主乎。胸中蓄此十数年，而未尝一对人言。惟丁酉之六月初六日，对矢野公使言之。矢野力加禁诫。尔后益缄口结舌，虽朝夕从公游，犹以此大事，未尝一露，想公亦未知其深也。

"仆初抵日本,所与游者多旧学,多安井息轩之门。明治十二三年时,民权之说极盛。初闻颇惊怪,既而取卢梭、孟德斯鸠之说读之,志为之一变,以谓太平世必在民主,然无一人可与言也。及游美洲,见其官吏之贪诈,政治之秽浊,工党之横肆,每举总统,则两党力争,大几酿乱,小亦行刺,则又爽然自失,以为文明大国尚如此,况民智未开者乎?因于所著学术中《论墨子》略申其意。又历三四年,复往英伦,乃以为政体必当法英,而着手次第,则又取租税、讼狱、警察之权分之于四方百姓;欲取学校、武备、交通(谓电信、铁道、邮递之类。)之权归之于中央政府,尽废今之督抚藩臬等官,以分巡道为地方大吏,其职在行政,而不许议政。上自朝廷,下至府县,咸设民撰议院为出治之所。(初仿日本,后仿英国。)而又将二十一行省分画为五大部,各设总督,其体制如澳洲、加拿大总督;中央政府权如英主,共统辖本国五大部,如德意志帝之统率日耳曼全部,如合众国统领之统辖美利坚联邦,如此则内安民生,外联与国,或亦足以自立乎。

"近年以来,民权自由之说遍海内外,其势长驱直进,不可遏止;而或唱革命,或称类族,或主分治,亦嚣嚣然盈于耳矣。而仆仍欲奉主权以开民智,分官权以保民生,及其成功,则君权、民权两得其平。仆终守此说不变,未知公之意以为然否?己不能插翼奋飞,趋侍左右,一往复上下其议论,甚愿公考究而指正之也。

"天下哗然言学校矣,此岂非中国之幸。而所设施、所经营,乃皆与吾意相左;吾以为非有教科书,非有师范学堂为之先,则学校不能兴,而彼辈竟贸然为之,一也;吾以为所重在蒙学校、小学校、中学校,而彼辈弃而不讲,反重大学校,二也;吾以为所重在普通学,取东西学校通行之本,补入中国地理、中国史事,使人人能通普遍之学,然后乃能立国,乃能兴学,而彼辈反重专门学,三也;吾以为《五经》《四书》当择其切于日用、近于时务者,分类编辑为小学、中学书,其他训诂名物归入专门,听人自为之,而彼辈反以《四书》《五经》为重,四也;吾以为学校务求其有成,科举务责人以所难,此不能兼行之事。今变学校乃于《十三经》外更责以《九通》《通鉴》,毕世莫能究其业,此又束缚人才之法也,而彼辈乃兼行科举,五也;吾以为兴学所以教人,授官所以任人,此不能一贯之事,今学校乃专为翰林、部曹、知县而设,然则声、光、化、电、医、算诸学,将弃之如遗乎,抑教以各业,俟业成而用之治民莅事乎?而彼辈仍用取士官人之法施之于学校,六也。且吾意此朝廷大政,断非督抚所能画强而治者。如有用我,以是辞之。"(《全集》上,第429—430页。)

六月(7月),黄遵宪致函严复。《钱谱》:"六月,先生有与侯官严又陵复总办书。"《全集》收录的《致严复函》引自吴天任编著的《清黄公度先生遵宪年谱》,参考钱仲联编辑的《人境庐杂文钞》,但二者所收均非全本。而经整理点校的新版《严复集》,其卷末《附录三·师友来函》中收有《黄遵宪致严复书》一封,依据的是王蘧常先生所藏抄件,其内容文字均较吴、钱二家所录完整。郑海麟、张伟雄编校的《黄遵宪文集》已据《严复集》收录,吴振清等编校《黄遵宪集》亦同。高度评价《天演论》《原富》《名学》,由严复之译著论及译书,认为"译书一事以通彼我之怀,阐新旧之学,实为要务"。提出造新字、变文体两大要求和看法。其函曰:

"别五年矣!戊戌之冬,曾奉惠书,并《天演论》一卷。正当病归故庐,息交绝游之时,海内知己,均未有一字询问,益以契阔。嗣闻公在申江,因大著作而得一好姻缘,辄作诗奉怀,然未审其事之信否也。诗云:'一卷花生①《天演论》,因缘巧作续弦胶。绛纱坐帐谈名理,似倩麻姑背痒搔。'团拳难作,深为公隐忧。及闻脱险南下,且忻且慰,然又未知踪迹之所在,未由致候起居,怀怅而已。

"《天演论》供养案头,今三年矣。本年五月获读《原富》,近日又得读《名学》,隽永渊雅,疑出北魏人手。于古人书求其可以比拟者,略如王仲任之《论衡》,而精深博则远胜之。(此书不足观,然汉以前办学而能成家者,只此一书耳。)又如陆宣公之奏议,(以体貌论,全不相似,然切理厌心,则略同也。)而切实尚有过之也。《新民丛报》以为文笔太高,非多读古书之人,殆难索解,公又以为不然。弟妄参末议,以谓《名学》一书,苟欲以通俗之文,阐正名之义,诚不足以发挥其蕴。其审文度义,句斟字酌,盖非以艰深文之也,势不得不然也。(观于李之藻所译之《名理探》,索解更难,然后知译者之费尽苦心矣。)至于《原富》之篇,或者以流畅锐达之笔为之,能使人人同喻,亦未可定。此则弟居于局外中立,未敢于二说者遽分左右袒也。

"公谓正名定义,非亲治其学,通彻首尾,其甘苦未由共知,此真得失心知之言也。公又谓每译一名,当求一深浅广狭之相副者,其陈义甚高。然弟窃谓悬此格以求是,实恐求之不可得也。

---

① "花生",《人境庐诗草》卷九《己亥续怀人诗》作"生花"。

"以四千余岁以前创造之古文，所谓'六书'，又无衍声之变，孳生之法，即以书写中国中古以来之物之事之学，已不能敷用，况泰西各科学乎？华文之用，出于假借者，十之八九，无通行之文，亦无一定之义。即如《郑风》之忌，《齐诗》之止，《楚词》之些，此固方言而异者也。墨子之才，荀子之案，此随述作人而异者也。乃至人人共读如《论语》之仁，《中庸》之诚，皆无对待字，无并行字，与他书之仁与义并，诚与伪对者，其深浅广狭，已绝不相侔，况与之比较西文乎？

　　"今日已为二十世纪之世界矣，东西文明，两相接合，而译书一事，以通彼我之怀，阐新旧之学，实为要务。公于学界中又为第一流人物，一言而为天下法则，实众人之所归望者也。

　　"仆不自揣，窃亦有所求于公。第一为造新字，（中国学士视此为古圣古贤专断独行之事，于武曌之撰文、孙休之命子，坐之非圣无法之罪。殊不知《仓颉》一篇，只三千余文，至《集韵》《广韵》多至四五万，其积世而增益，因事而制造者多矣。即如僧字塔字，词章家用之，如十三经内之字矣，而岂知其由沙门、桑门而作僧，由鹘图、窣堵而作塔，晋魏以前无此字也。）次则假借；（金人入梦，丈六化身，华文之所无也，则假"佛时仔肩"之佛而为佛。三位一体，上升天堂，华文之所无也，则假"视天如父""七日复苏"之义而为耶稣。此假借之法也①。）次则附会；（塞之变为释，苾刍之变为比丘，字本还音，无意义也。择其音之相近者而附会之，此附会之法也。）次则谰语；（单足以喻则单，单不足以喻则兼，故不得不用谰语。佛经中论德如慈悲，论学如因明，述事如唐捐，本系不相比附之字，今则沿习而用之，忘为强凑矣。）次则还音；（凡译意则遗词，译表则失里，又往往径用译音，如波罗密、般若之类。）又次则两合。（无一洽合之音，如冒顿、墨特、阏氏、焉支，皆不合，则文与注兼举其音，俾就冒与墨、阏与焉之间两面夹出，而其音乃合。此为仆新获之义，无以名之，故名之曰两合。）荀子有言：'命不喻而后期，期不喻而后说，说不喻然后辨。'吾以为欲命之而喻，诚莫如造新字，其假借诸法，皆荀子所谓曲期者也。一切新撰之字，初定之名，于初见时，能包综其义，作为界说，系于小注，则人人共喻矣。

　　"第二为变文体。一曰跳行，一曰括弧，一曰最数，（一、二、三、四是也。）一曰夹注，一曰倒装语，一曰自问自答，一曰附表附图。此皆公之所已知已能也。公以为文界无革命，弟以为无革命而有维新。如《四十二章经》，旧

---

① 钱锺书认为，黄遵宪此说有误，此译名只有译音而无寓意，"识趣无以过于不通'洋务'之学究焉"。（钱锺书：《管锥编》第四册，第1462页，中华书局1986年版。）

体也,自鸠摩罗什辈出,而内典别成文体,佛教益盛行矣。本朝之文书,元明以后之演义,皆旧体所无也,而人人遵用之而乐观之。文字一道,至于人人遵用之乐观之,足矣。

"凡仆所言,皆公所优为,但未知公肯降心以从、降格以求之否?

"弟离群索居,杜门四年矣,几几乎以泥水自蔽,一若理乱不知也者。然新字新理,日发我聋而振吾聩,虽目不窥园,若日以海内贤豪相接,使耳目为之一舒,窃自忻幸。而浅学薄材,若河伯之见海,若望洋兴叹,茫无津涯,弥复自愧。加以老而补学,如炳烛之明,余光无几,又自恨也。爱我如公,何以教之。草草布臆,不尽所怀。"(吴振清、徐勇、王家祥编校:《黄遵宪集》上,第478—481页。)

夏,陈三立收到黄遵宪寄书,赋诗一首:"天荒地变吾仍在,花冷山深汝奈何?万里书疑随雁鹜,几年梦欲饱蛟鼍。孤吟自媚空阶夜,残泪犹翻大海波。谁信钟声隔人境,还分新月到岩阿。"(陈三立:《散原精舍诗文集》上,第48—49页,上海古籍出版社2014年版。)

七月(8月),黄遵宪致函梁启超,详细批驳了时人对孔学的曲解,并表示"吾欲著一书,曰《演孔》,以明此义"。函云:"报中近作,时于孔教有微辞。其精要之语,谓上天下泽之言,扶阳抑阴之义,乃为专制帝王假借孔子、依托孔子者,藉口以行其压制之术。此实协于公理,吾爱之重之,敬之服之。儒教不过九流之一,可议者尚多。公见之所及,昌言排击之,无害也。孟子亦尚有可疑者。"(《文集》,第196—197页。)

八月(9月),黄遵宪致函梁启超,讨论保存国粹问题。本年秋,梁启超有创办《国学报》的计划,与黄遵宪商量。黄遵宪赞成办报,但是不同意梁启超提出的保存国粹主张。录其函全文:"《国学报》纲目,体大思精,诚非率尔遽能操觚。仆以为当以此作一《国学史》,公谓何如?公言马鸣与公及仆足分任此事,此期许过当之言,诚不敢当。然遂谓无一编足任分撰之役者,亦推诿之语,非仆所敢出之。公谓养成国民,当以保国粹为主义,当取旧学磨洗而光大之。至哉斯言!恃此足以立国矣。虽然,持中国与日本校,规模稍有不同。日本无日本学,中古之慕隋唐,举国趋而东;近世之拜欧美,举国又趋而西。当其东奔西逐,神影并驰,如醉如梦。及立足稍稳,乃自觉己身在亡何有之乡,于是乎国粹之说起。若中国旧习,病在尊大,病在固蔽,非病不能保守也。今且大开门户,容纳新学,俟新学盛行,以中国固有之学，互相比校，互相竞争，而旧学之真精神乃愈出，真道理乃益明，届时而发挥之，彼新学者或弃或取，或招或拒，或调和，或并行，固在我不在人也。国力之弱，至于此极，吾非不虑他人之挽而夺之也。吾有所恃，恃四千年之历史，恃四百兆人之语言风俗，恃一圣人及十数明达之学识也。公之所志，略迟数年再为之，未为不可。此大事，后再往复，粗述所见，乞公教之。吾所谓不喜旧学，范围太广，公纠正之，是也。实则所指者，为道咸以来二三巨子所称考据之学、义理之学、词章之学耳。六月中复公书中，有时中孔子，固欲取旧学而光大之也。（公倘以此段刊入论学笺中，且将演孔字藏起；所论忠孝，乃犯天下之大不韪，亦暂秘之。凡书中有伤时过激语，亦乞随意删润。盖其中多对公语，非对普天下人语。且向来作函，随手缮写，未尝起草，故其文亦多粗率，公自改之，勿贻公羞。屡易名最妙。）近方拟《演孔》一书，书凡十六篇，约万数千言，其包涵甚广，未遂成书者，因其中有见之未真、审之未确者，尚待考求耳。今年倘能脱稿，必先驰乞公教，再布于世。公所著《黄梨洲》，仅见于扪虱之谭，然已略得大概。吾意书中于二千年来寡人专制政体，至于有明一代，其弊达于极点，必率意极思，尽发其覆，乃能达梨洲未言之隐、无穷之痛。梨洲之《原君》，固由其卓绝过人之识，然亦由遭遇世变，奇冤深愤，迫而出此也。每读其书，未尝不念环祭狱门锥刺狱卒时也。明中叶后，有一李贽者，所著之书，官书目中谓其人可杀，其书可焚，其板可毁，特列存目中以示戒。谅其论政必多大逆不道之语，论学必多非圣无法之言。公见之否？旧学中能精格致学者，推沈梦溪，声、光、化、电、力、气无一不有。其使辽时，私以蜡以泥模塑地图，即人里鸟里之说，亦其所创也。（前有《梦溪笔谈》一书存尊处，今必乌有矣。然此书尚可购觅，日本应亦有之。）他日必有人表而出之。（康熙间有刘献廷，亦颇通各科学。然寻其所言，当由西教士而来，不过讳言所自耳。非如梦溪之创见特识，无所凭藉，自抒心得也。）留学生事，吾意两国交涉，有同文、兴亚会诸君子调停其间，必有转圜。若彼国竟蔑弃之，则苍苍者有意倾我黄种矣。殆不然也。至于大龟果否曳尾而去，究未敢卜也。言至此，为学生惜，为国事痛，又重自伤悼矣！"（《全集》上，第 433—434 页。）《新民丛报》第二十号（光绪二十八年十月十五日）节载此函，署名"法时尚任斋主人"。《梁任公先生年谱长编初稿》此函系于是年八月，所标时间据此。有论者高度评价此函，认为"黄遵宪这封信，无疑是 20 世纪初年思想界探讨中国文化根本出路问题的极其宝贵的文献。一百年来中国社会所经历的文化论争和文化变迁，充分证明其论断的真理性和前瞻性"。(陈其泰:《黄遵宪文化思想的特点及其历史地位》,《学术研究》,2006年第1期。)

八月二十二(9月23日),黄遵宪致函梁启超,高度评价《新民报》,谈及养生保身之法。梁启超居日本期间,生活起居没有规律,晚睡晏起,黄遵宪担心梁启超身体,曾为之制定一作息时间表,然梁启超无法遵行,黄遵宪只好拟一弹性的生活日程,何时读书,何时作文,何时见客,皆一一加以规定,认为这是养生保身第一善法,希望梁启超遵行。《钱谱》:"八月,有书与梁任公论杂歌谣体。"(《诗草笺注》下,第1245页。)录其全函:

"前月之抄,草草发一缄,以待函不至,谬谓为邮政过渡时代,乃发缄。三日即奉七夕后一夕惠书,惊喜过望,一日三摩挲,不觉又四十五回矣。以发书论似乎密,待后函至而后复,又虑其过疏,辄将函中所既及者分条胪举,藉以娱公。

"所商日课,公未能依行,谓叩门无时,难以谢客,吾亦无以相难。今再为公酌一课程,除晨起阅报,晚间治学,日日不辍外,(就寝迟,则起必迟;见光少,则热亦少,而身弱矣。)于月、火、水、木四曜日草文,于金曜作函,于土曜见客,(见学生尤便,彼亦得半日闲也。且偕见比独见不特师逸而功倍,亦使仁人之言,其利更溥也。公自榜于门曰某日见客。此固泰西贤劳之通例也。过客不在此限,亦可。)于日曜游息。此实为养生保身第一善法,万望公勉强而行之,久则习惯矣。若兴居无节,至于不克支持,不幸而生疾,弃时失业为尤多,乃近于自暴自弃矣,乌得以自治力薄推诿哉!杀君马者,路旁儿,戒之戒之。

"公言《新民报》独力任之尚有余裕,闻之快慰。欲求副手,戛戛其难,此亦无怪其然。崔灏题诗,谪仙阁笔,此乃今日普天下才人、学人,万口一声认为公理者,况于亲炙之者乎?虽然,东学界中,故多秀异,即如宴花一出,不特无婢学夫人之诮,且几几乎有师不必贤于弟子之叹矣!公稍待之,必有继起者。(尤俊异者,乞标举其名,列其所长以示我,当记之箧中,以志歆慕。)怪哉!怪哉!快哉!快哉!雄哉!大哉!崔嵬哉!滂沛哉!何其神通,何其狡狯哉!彼中国唯一之文学之《新小说报》,从何而来哉?东游之孙行者,拔一毫毛,千变万态,吾固信之。此新小说、此新题目,遽陈于吾前,实非吾思议之所能及。未见其书,既使人目摇而神骇矣。吾辈钝根,即分一派出一话,已有举鼎绝膑之态。公乃竟有千手千眼,运此广长舌于中国学海中哉！具此本领，真可以造华严界矣。生平论文，以此为最难，故亟欲先睹为快。同力合作，共有几人，亦望示其大概。

"报中有韵之文，自不可少。然吾以为不必仿白香山之《新乐府》、尤西堂之《明史乐府》。（西堂以前，有李西涯乐府，甚伟。然实诗界中之异境，非小说家之枝流也。）当斟酌于弹词粤讴之间，或三、或九、或七、或五、或长短句，或壮如陇上陈安，或丽如河中莫愁，或浓至如《焦仲卿妻》，或古如《成相篇》，或俳如俳技辞。（即"骆驼无角，奋迅两耳"之辞也。）易乐府之名而曰杂歌谣，弃史籍而采近事。至其题目，如梁园客之得官，京兆尹之禁报，大宰相之求婚，奄人子之纳职，候选道之贡物，皆绝好题也。此固非仆之所能为，公试与能者商之。吾意海内名流，必有迭起而投稿者矣。

"广智初次寄书既到，以后由此间直接，不必公费神矣。托敬堂尤便。敬堂尚未接局信，然吾促之往，渠亦愿行也。今后日本板之书，请直寄汕头洋务局，可期速到，省我盼望。《新民报》一出板即寄汕，尤盼。香港恒茂所托人已他往，且多转折，故必迟迟。有要密函，照前函所开，寄港裕和泰转州在勤堂黄老爷[不必名]收，必到。）

"作书既至此，忽接八月初三日手书。所奉各函，以此为最速，殊惊喜也。闻哥伦比亚学校转延马鸣大师，极为欣慰，亟盼其成。此缄既甚长，不能再增益之，稍留俟异日再详复矣。

"吾有一物能令公长叹、令公伤心、令公下泪，然又能令公移情、令公怡魂、令公释憾。此物非竹非木，非书非画，然而亦竹亦木，亦书亦画。于人鬼间抚之可以还魂，于仙佛间宝之可以出尘，再历数十年，可以得千万人之赞赏，可以博千万金之价值。仆于近日，既用巨灵擘山之力，具孟子超海之能，歌《楚辞》送神之曲，缄縢什袭，设帐祖饯，复张长帆，碾疾轮，遣巨舶，载之以行矣！公之见此，其在九月、十月之交乎？

"迩来尊体安否？如何？阿龙必日益长大矣。惟珍重自爱，千万千万！布袋和南。中秋后七日。

"纸尚未尽，非吾辈作书通例。搁笔吸淡巴菰数口，忽念及演义，报得一题曰'饮冰室草《自由书》，烧炭党结秘密会'。公谓佳否？具此本领，足以作《小说报》、读《小说报》否？"（《全集》上，第431—432页。）

十月（11月），《新小说》出版。《新小说》创刊，梁启超接受黄遵宪的建议，特辟"杂歌谣"专栏，倡导创作通俗化的"新体诗"，丘逢甲也积极响应。

杨天石《黄遵宪》一书论及黄遵宪主张创作"杂歌谣"时，顺便提及丘逢甲："他①并且积极为之组稿，丘逢甲的一些采用了民间形式的'十七字诗'，就是在黄遵宪鼓励下寄去的。"(张永芳：《丘逢甲与诗界革命》，《辽宁师范大学学报》，1990年第1期。)黄遵宪对粤讴和广东民歌十分熟悉，又是一位热爱民间文艺的诗人。在此基础上，他提出了一种"新体诗"，名曰"杂歌谣"，篇幅长短不一，句式、字数多少不等，艺术风格多种多样。在内容上，他要求"弃史籍而就近事"，也就是要反映现实生活，其批判重点，则指向清王朝上层官僚社会。在他的建议下，梁启超果然于他创办的《新小说》上特辟"杂歌谣"一栏，专门发表这种"新体诗"。黄遵宪不仅从理论上提出了这种"新体诗"，而且他还亲自实践。他先后写了《军歌》二十四章、《幼稚园上学歌》十章、《小学校学生相和歌》十九章，自称它们为"新体诗"，并希望梁启超能"拓充之，光大之"。(《全集》上，第438页。)梁启超不仅把黄遵宪的《出军歌》四章、《幼稚园上学歌》十章刊登在《新小说》上，而且他自己也模仿《出军歌》四章写了《爱国歌》四章，并给予这种"杂歌谣"的"新体诗"以很高的评价。他评黄遵宪的《军歌》："其精神之雄壮活泼、沉浑深远不必论，即文藻亦二千年所未有也。诗界革命之能事，至斯而极矣。"(梁启超：《饮冰室诗话》，第43页，人民文学出版社1982年版。)

　　十一月初一(11月30日)，黄遵宪有书与梁启超，评曾国藩其人，批评曾国藩对太平天国"忘其为赤子，为吾民也"。并述近况，念念不忘为国效力，表示"一有机会，投袂起矣！"《新民丛报》第二十四号(光绪二十八年十二月十五日出版)节载此件，题为《法时尚任斋主人复简》，署"壬寅十月"。今据函末所署"十一月朔日发"，定为光绪二十八年十一月初一日(1902年11月30日)。《全集》将之合为一信，《钱谱》则分为十月和十一月朔日两函。函称："公欲作曾文正传，索仆评其为人。仆以为国朝二百余年，应推为第一流，即求之古人，若诸葛武侯，若陆敬舆，若司马温公，若王阳明，置之伯仲之间，亦无愧色，可谓名儒矣，可谓名臣矣。虽然，仆以为天生此人，实使之结从古迄今名儒、名臣之局者也。其学问能兼综考据、词章、义理三种之长。(旧学界中卓然独立，古文为本朝第一。)然此皆破碎陈腐、迂疏无用之学，于今日泰西之科学、之哲学未梦见也。(郭筠老渐知此意。彼见日本坊肆所卖书目，惊骇叹诧，谓此皆《四库》目中所未有，曾贻一函，询日本学问勃兴之状何如。)其功业比汉之皇甫嵩，唐之郭子仪、李光弼为尤盛。然彼视洪杨之徒，张(总愚)陈(玉成)之辈，犹僭窃盗贼，而忘其为赤子，为吾民也。(仁宗之治川楚教匪也，诏曰："自古只闻用兵于外国，未闻

---

①指黄遵宪。

用兵于吾民。蔓延日久,多所杀戮。是兵是贼,均吾赤子。"故教匪不行献俘礼,不立太学纪功之碑。文正乃见不及也。)此其所尽忠以报国者,在上则朝廷之命,在下则疆吏之职耳。于现在民族之强弱,将来世界之治乱,未一措意也。所学皆儒术,而善处功名之际,乃专用黄老,取已成之功而分其名于鄂督官文;遣百战之勇而授其权于淮军李鸿章,是皆人所难能。生平所尤兢兢者,党援之祸,种族之争,于穆腾额(忘其名,不甚确。)之参劾湘军也,亟引为己过;于曾忠襄之弹纠满人也,即逼使告退。今后世界文明大国,政党之争,愈争愈烈,愈益进步。为党魁者甘为退让,必无事能成矣。其外交政略,务以保守为义,尔时内乱丝棼,无暇御外,无足怪也。然欧美之政体,英法之学术,其所以富强之由,曾未考求。毋乃华夷中外之界未尽泯乎?甚至围攻金陵,专用地窖,而不愿购求轮船、巨炮。比外人之通商为行盐,以条约比盐引,谓当给人之求,令推行于内地各省,则尤为可笑者矣。一生笃志守旧,然有二事甚奇。以长江水师立功,而所作《水师诏忠祠记》,乃以为不变即无用,(视彭刚直胜百倍矣。)遣留学生百人于美国,期之于二十三十前归为国用。苟此公在今日,或亦注意变法者与,未可知也。然不能以未来之事概其生平也。凡吾所云云,原不可以责备三四十年前之人物。然窃以为史家之传其人,愿后来者之师其人耳。曾文正者,论其两庑之先贤牌位中,应增其木主,其他亦事事足敬,然事事皆不可师。而今而后,苟学其人,非特误国,且不得成名。文正之卒在同治末年,尔时三藩未亡,要地未割,无偿款,无国债,轨道、矿山、沿海线之权未授之他人。上有励精图治之名相,(文祥)。下多奉公守法之疆臣,固俨然一大帝国也。文正逝而大变矣。吾故曰:'天之生文正,所以结前此名臣、名儒之局者也。'佛言:'谤我者死,学我者死。'若文正者,不可谤又不可学者也,不亦奇乎?

"作此段毕,自读一过,颇许为名论,知公之读之,共击节叹赏也必矣。继又念望公之意见,或者即与我同,亦未可知。本此意以作一传,可以期国势之进步,可以破乡俗之陋见,(湘人尤甚,湘之士大夫尤甚。)其价值决不在《李鸿章》一传之下也。

"公所述狄梁公之言,其意则是,而时固未可,吾不能为梁公也。自吾少时,绝无求富贵之心,而颇有树勋名之念。游东西洋十年,归以告诗五曰:'已矣!吾所学屠龙之技,无所可用也。'盖其志在变法、在民权,谓非宰相不可,为宰相又必乘时之会,得君之专,而后可也。既而游欧洲,历南洋,又四五年归,见当道者之顽固如此,吾民之聋聩如此,又欲以先知先觉为己任,藉报纸以启发之,以拯救之。而伯严苦劝之作官,既而幸识公,则驰告伯严曰:'吾所谓以言救世之责,今悉卸其肩于某君矣!'然自顾官卑职陋,又欲凭借政府一二人,或南北洋大臣以发摅之,又苦无其人。而吴季清又谓:'与其假借他人之权,不如自入政府,自膺疆吏之为愈。'吾笑谢之。及戊戌新政,新机大动,吾又膺非常之知,遂欲捐其躯以报国矣!自是以来,愈益挫折,愈益艰危,而吾志乃益坚。盖蒿目时艰,横揽人材,有无佛称尊之想,益有舍我其谁之叹!(公读至此,必骇诧曰:不意此我老乃发此言。然公之所见急于求退者,乃旧日之我。盖尔时所怀抱,一则无所凭借;二则国势之艰危未至此极;三则未知人材之消耗如此其甚也。今且问公,仆作是语,公有以易之否?)

"数年闭门读书以广智,习劳以养生。早夜奋励,务养无畏之精神,求舍生之学术,一有机会,投袂起矣!尽吾力为之,成败利钝不计也。虽然,吾仰视天俯画地,仍守以待之而已。求而得之,是吾丧我,吾不为也。苟终无可为之时,是天厌之,吾亦不受咎也。吾之不欲明与公等往来者,以为使公等头颅无可评之价,盗贼无可指之名。昭雪襃示,或者终在吾手,故姑且濡忍以待时。虽然,弃而不可留者,年也;流而不知所届者,时势也。再阅数年,加富尔变而为玛志尼,吾亦不敢知也。公忍待之。

"鼓勇同行之歌,公以为妙。今将廿四篇概以抄呈。如上篇之敢战,中篇之死战,下篇之旋张我权,吾亦自谓绝妙也。此新体,择韵难,选声难,着色难。(日本所谓新体诗何如?吾意其于旧和歌,更易其词理耳,未必创调也。便以复我。)虽然,愿公等之拓充之、光大之也。诗由《军国民篇》来,转以示奋翮生。

"小说中之杂歌谣,公征取之至再至三,吾何忍固拒?此体以嬉笑怒骂为宜,然此四字乃非我所长,试为之,手滑又虑伤品,故不欲为。《军歌》以外有《幼稚园上学歌》十首、《五禽言》五章,(庚子五月为杜鹃也。)即当录寄,渐可敷衍,余且听下回分解矣。

"征诗必有佳作,吾代征之仓海君,即忻然诺我,闻已有《新乐府》二三十寄去。事征之十年以来,体略仿十七字诗云,收到否?此公又以《汨罗沉》四篇附寄,乞察存。

"戊己庚辛汇抄近体诗凡八九十首,并附以跋,以《清议报》之时代之体裁最相宜也。(分卷与否,听编者自主,不必拘也。)诗藏箧中,不肯示人。然既已矢诸口,形诸歌咏矣。即以诗论,吾谓杜、李(玉溪)、苏、陆足并驾齐驱。然恐公读之,又诧为近体所未有也。技痒难熬,故难终秘。虽然,此诗布于世,于世界诗界或不无小补。使人知为仆诗,则于仆有妨碍也。愿公深讳其名。讳之之法,于诗勿置一词,但云不知何许人,于同居至好中亦秘之,庶几可也。三年以前,君平草报,有'赫赫宗周,褒姒灭之,几丧其元,霍子孟云',使我至今心悸。

"公欲将浏阳砚之拓本征诗,此砚之赠者、受者、铭者,会合之奇,遭遇之艰,乃古所未有,吾谓将来有千金万金之价值者此也。公之它之名偶一用之,而用之于此者,因取友必端之语也。既已补铭而刊刻之矣,若于拓本中讳此三字,使世人妄相推测,转为不宜。公之自序,但云由武昌或京师不知为何如人寄来,殆古之伤心人也。再过二三年乃实征之,更有味也。张君处已达意,渠感喜至极,是乃吾甥,砚非其手藏,补铭乃其手刻耳。

"重伯昔誉吾书,谓'当世足与抗行者,惟任老耳,张廉卿、李仲约不足道也'。吾告以平生未尝习书,坚不肯信。既谂知其语实,乃叹曰:'唐以下无此笔法。沛公殆天授,非人力也。'天下嗜痂之癖有如此者,吾不敢述以告人云,今又证明之,益使我颜汗矣!公书高秀渊雅,吾所最爱。《人境庐诗》有一序,公所自书,平生所宝墨妙,以此为最。

"每作公书,则下笔飒飒有声,滔滔汩汩,无少休歇。然作他人之书,万万不能尔意者。公之精魂相感召,即有足跳、手擎、奇丑之物来襄助我耶!公以寄我书为纵欲之具,吾亦觉吾所大欲节之太苦,忽发一大愿,每日作公书四千言,以一月为期,袭《左传》铸刑书之月、之名,书于日记,曰寄任书之月。此十万言出于吾手,入于公目,何乐如之!此事不必有,然此愿不可无也。

"将搁笔矣,忽念及一解颐语。伯严近有书,语及公,称为'输入文明第一祖'。又云:'君平尝语人云:"某公理想、学识为吾所不及。惟吾所著述,较有娘家耳。"今此公亦有娘家矣!君平又作何语耶?'仆复之曰:'诚然。然将来产育宁馨儿,将似舅耶,抑绳祖耶?刻犹未敢知也。'吾前函君平论译事,请其造新字、变文体。后得一信片云:'来书妙义环生,所以相期者甚厚,岂固欲相发乎?复书不宜草草,然又不能不需时'云云。今三月矣,公倘有函,语之曰有人见此明信,今复之否?若得其允诺,将二书抄示,亦近日学界中一大观也。

"尚有一事奉托者，明春来日本留学者，一为小儿，十五岁，汉文有文气矣。一小孙，年十岁，仅识字。当令大小儿携之来，饮食起居有人照料，但乞公为谋一学堂，以何为宜耳。一堂弟，年二十三四，颇开通，但其意欲兼谋可供旅费之一席。仲雍则往东往西未定也。公得此函，为我一商，先以复我。公往美后，到横滨当觅何人，并乞订定。余容续布。即叩道安。"（《全集》上，第436—439页。）函中所言谭嗣同的菊花砚有一段往事：在长沙时务学堂时，梁启超由谭嗣同介绍，初识唐才常，订交时，唐才常赠一方菊花砚给梁启超为信物，谭嗣同在砚上题了一道铭文："空花了无真实相，用造蒴偈起众信。任公之砚佛尘赠，两君石交我作证。"戊戌党祸期间，此砚散佚，梁启超极为痛惜。特别是自立军失败，唐才常死难后，梁启超更是耿耿于怀。1902年，黄遵宪致函梁启超，说找到了此砚，并且在此砚加一铭："杀汝亡璧，况此片石。石到磨穿，花终得实。"梁启超得信欣喜异常，及砚至，却是一方端砚，乃黄遵宪补赠之物，梁启超当时颇为失望。三年后，黄遵宪去世，梁启超方意识到此砚亦以瑰宝，叹曰："自是人间有两菊花砚。"

本日，黄遵宪致函丘菽园，自评是"独立风雪中清教徒之一人"，函称："菽园仁兄大人左右：二月中由甫弟由坡归，赍到集《千字文》大著三篇，惭感交集。久欲依韵奉和，而今年以来，时患寒喘，心绪恶劣，往往伸纸而又阁笔，忽忽遂半年矣，如诗竟不成，既虑执事有束之高阁之责，又恐寄书人有付之浮沉之疑，重滋罪戾，益抱不安。

"迩来道体何似？时有所著述否？前由兰史征君递到《五百石洞天挥麈》，谨拜登熟读矣。拾遗续卷，想日以增加。弟之以著述自娱，亦无聊之极。思少日喜为诗，谬有别创诗界之论。然才力薄弱，终不克自践其言。譬之西半球新国，弟不过独立风雪中清教徒之一人耳。若华盛顿、哲非逊、富兰克林，不能不属望于诸君子也。诗虽小道，然欧洲诗人，出其鼓吹文明之笔，竟有左右世界之力。仆老且病，无能为役矣，执事其有意乎？

"时事日亟，一部十七史从何处说起？不言之隐，公鉴之，当益哀矣。

"张亦权茂才，弟之外甥，彦高先生之曾孙也，顷有南岛之行，因便草布数行，到日趋谒，进而教之，可以悉仆之近况也。手叩道安不宣。弟遵宪顿首。十一月朔。"（《全集》上，第440页。）

十一月十一（12月10日），黄遵宪致函梁启超，高度评价《新小说》，并请梁启超筹画小辈到日本留学事，函称："上月廿八日作函甫千余言，得公箱根两书，当即作复，于月朔发，并附抄戊己、庚辛诗八九十首，想邀览矣。日来复缮前函，书不过六千余言，计费小时十一时之久，间以他事，二日乃卒业。而公日草稿万言，何其敏速惊人如此。记长沙时，一夕由义宁座中偕归，既丙夜矣，凌晨披衣起，公遣人以上义宁书见示，凡万余言，七小时耳。人之度量相越不可以道里计，固如此哉！

"昨初七日，又得箱根第三书。十日之间贻书者三，仆之感喜何如矣。此种不长不短之函，不十分累公，我得之增十分喜慰，感谢何已！

"菊花砚近必收到矣。仆前言将'公之它'三字一一拓出，但云不知为何许人。今公意欲将三字藏过，仆复视字在纸末，藏过亦无迹，未审近已拓出否？仆必作一歌，但不能立限，须俟兴到时为之耳。吾意既表于铭中也。顷已将拓本示仓海君。渠甚高兴。（此君诗真天下健者，渠自负曰："二十世纪中必有刻黄丘合稿者。"又曰："十年之后，与公代兴。"论其才调，可达此境，应不诬也。）吾集中固有与公交涉之诗，丙申四月有赠诗六首，（似曾录以示公，或是时公意不属，忘之矣。）己亥有《怀人诗》一首，容再录上之。前寄《聂将军歌》，其中涂乙之字，欲以空格代之。（明晨太后诏懿旨六七行。）吾之五古诗，自谓凌跨千古；若七古诗，不过比白香山、吴梅村略高一筹，犹未出杜、韩范围。公所见既多，异日再下一评语，极乐闻之。《幼稚园上学歌》以呈鉴，或可供《小说报》一回之材料也。所谓恩物者尚未叙入，因孩儿口中难达此情状耳，后再改补。

"《新小说报》初八日已见之，（仅二旬余得报，以此为最速，缘汕头之洋务局中每有专人飞递故也。）果然大佳，其感人处竟越《新民报》而上之矣。仆所最赏者，为公之《关系群治论》及《世界末日记》。读至'爱之花尚开'一语，如闻海上琴声，叹先生之移我情也。《新中国未来记》表明政见，与我同者十之六七，他日再细评之，与公往复。此卷所短者，小说中之神采、（必以透切为佳。）之趣味耳。（必以曲折为佳。）俟陆续见书，乃能言之，刻未能妄测也。仆意小说所以难作者，非举今日社会中所有情态一一饱尝烂熟出于纸上，而又将方言谚语一一驱遣，无不如意，未足以称绝妙之文。前者须富阅历，后者须积材料。阅历不能袭而取之，若材料则分属一人。将《水浒》《石头记》《醒世姻缘》以及泰西小说，至于通行俗谚，所有警喻语、形容语、解颐语，分别钞出，以供驱使，亦一法也。公谓何如？《东欧女豪杰》，笔墨极为优胜，于体裁最合。总之，努力为之，空前绝构之评，必受之无愧色。

"《新罗马传奇》又得读'铸党''纬忧'二出，乐极乐极。公不草此稿，吾不忍请人督责，公肯出此稿，吾当率普天下才人感谢公。

"公往泰东,何时首涂？每念及此,若与公作远别者,殊可笑也。所谓生计上基础是某会所纠资否？公所询支那,支那当以五十万元作根据,多多则益善也。(厂应在芜湖,因转运便,所用之白泥,又去芜湖近而去九江远也。前寄雏形数件,公收到否？胜此任者,意中尚无其人。)此外以支木作圆台及各式几,以摹本假蒙坐几,作窗帘、作内车帷,(内假尤佳。)以象牙作一切妇女儿童玩具。总而言之,则以华人美丽之物,仿西人通行之式,以上等手工制造之耳。(于粤人尤宜。)公今新到地为吾旧游地,今近二十年矣。各工人犹能识吾名,其上等之豪商老店,兼能述吾政事。一领事无权之官,仆在任四年,自问无一事如吾意者,而吾民乃讴思若此。仆从前答复铁香先生函曰:'观此知循吏亦大易为。'因念中国之民正如失母断乳之婴儿,有人噢咻之、哺字之,不论何食,即啼声止而笑颜开矣。吾所经历如美之领事官,湘之保卫局,其感戴皆出吾意外也。可怜可哀,搁笔三叹！

"留学生事,每念之心伤。监督必代公使任,其有无,无关系,彼国举动如此,使人增长自立心,无如今日孩童国,不能不依赖人耳。曲徇政府,不如优待学生。与其缴一时之利,不如计将来大益,图全局幸福。公何不作一文以儆醒之？此刻为学生计,仍以东游为便。吾一幼儿年十五岁,能通汉文矣,一小孙年十岁,上学已五六年,既识字,亦略通文义。公为我筹画入何校为便。吾令小儿率之来,其饮食起居有人照料,公但为我择地择师耳。又有一弟进学矣,颇开通,意欲游学而兼一可省旅费之馆。小儿失学,年长而不中用,使之东游,欲以游历拓其学识耳。公速复我。东行后问何人,并指示之。惟自爱。不宣。"(《全集》上,第441—442页。)此件未署年份。函中说及《新小说》刊载梁启超的《新中国未来记》小说,事在光绪二十八年,此函当写于是年十一月十一(1902年12月10日)。

本月,黄遵宪致函梁启超,论政治之程序,合群之道,和警察制度之根本。此件《梁任公先生年谱长编初稿》及《钱谱》均系于光绪二十八年十一月(1902年12月)。今据《新民丛报》第二十四号节载此函,题为《水苍雁红馆主人来简》,注时间为"壬寅十一月",与上系时间一致。函称:"今日乃洒泪雪涕为公言一事,即保卫局之事也。自吾随使东西,略窥各国政学之要,以为国之文野,必以民之智愚为程度。苟欲张国力、伸国权,非民族之强,则皮之不存毛将焉傅？国何以自立？苟欲保民生、厚民气,非地方自治,则秦人视越人之肥瘠,漠不相关,民何由而强？早夜以思府县会会议,其先务之亟矣。既而又思,今之地方官受之于大吏,大吏又受之于政府,其心思耳目,惟高爵权要者之言是听。即开府县会,即会员皆贤,昌言正论,至于舌敝唇焦,而彼辈充耳如不闻,又如何?则又爽然自失,以为府县会亦空言无益。既而念警察一局,为万政万事根本。诚使官民合力,听民之筹费,许民之襄办,则地方自治之规模隐寓于其中,而民智从此而开,民权亦从此而伸。此管子作内政、寄军令之意也。怀此有年而未能达,入湘以后,私以官绅合办之说告之义宁,幸而获允,则大喜。开局以来,舆论翕然无异辞,则又大喜,谓此后可以扩充如吾之所大欲矣!乃不幸而政变遂作,虽以成效大著,群情悦服之故,(鄂督入告之言云尔。)不能昧良心而废众论,此局岿然独存,然既已名存而实亡矣!

"团拳乱起,乘舆播迁,警察之说盛行于国中。近日奉旨,饬各省照袁世凯所奏,不准不办,岂非幸事。以经济家所许为要需,政治学所认为公益,以及中外商民,同心希望之善政,似宜大用大效,小用小效矣。而湖北一局啧有烦言,乃至京僚联名会请裁撤,则又何故?盖警察者,治民之最有实力者也。苟无保民之意贯注于其中,则以百数十辈,啸聚成群之虎狼,助民贼之威,纵民贼之欲。苛政之猛,必且驱天下于大乱。仆以为警察善政不归于乡官区长之手,而归于行政官,此亦泰西文明美犹有憾之证也。仆以为以民卫民,以民保民,此局昉之于中国,他日大同之盛,太平之治,必且推行于东西各国也。而今之中国遂无望矣。悲夫!悲夫!(仆怀此意,未对人言。无端为复生窥破,仆为之一惊,恐此说明而挠阻之者多耳。今密以告公,然仍望公勿布之于世。一息尚存,万一犹得,藉乎以报我国民亦未可定。苟不幸,事终不成。仆遂赍志殁,愿公作一传,详述此意以告天下,或者东西大国采而行之,仆虽死亦必瞑目矣。仆告义宁父子曰:"今者时势,即将古今名臣传、循吏传中之善政一一举办,亦无补于民,无补于国。"伯严愕然问故,仆徐告之曰:"今之督抚,易一人则尽取前政而废之,三十年来所谓新法,比比然矣。必官民合办,费筹之于民,权分之于民,民食其利、任其责,不依赖于官局,乃可不撤,此内政也。万一此地割隶于人,民气团结,或犹可支持。即不幸,力不能拒,吾民之自治略有体制,扰攘之时祸患较少,民之奴隶于人者,或不至久困重儓,阶级亦较易升。譬之为家长者,令子若孙,衣食婚嫁之资,一一仰给于父兄,力又不能给,不如子若孙之能自成立明矣。"议遂定,然仆于此寓民权,终未明言也。此段上三纸勿刊布为恳①。)

"自尧舜以来逮于今日,生长于吾国之民,咸以受治于人为独一无二之

---

① 自函首至此,《新民丛报》第二十四号不载,从下文"自尧舜以来"始载。

主义。其对于政府不知有权利,实由对于人群不知有义务也。以绝无政治思想之民,分之以权,授之以政,非特不能受,或且造邪说而肆谤诬,出死力以相抗拒。以如此至愚极陋之民,欲望其作新民,以新吾国,其可得乎?合群之道,始以独立,继以群治,其中有公德,《新民说·公德篇》云:"吾辈生于此群之今日,当发明一种新道德,求所以固吾群、善吾群、进吾群之道,未可以前王先哲所罕言,遂自画而不敢进也。"至哉言乎!)有实力,有善法,前王先圣所以谆谆教人者,于一人一身自修之道尽矣,于群学尚阙,然其未备也。吾考中国合群之法,惟族制稍有规模,古所谓"宗以族得民"是也。然仁至而义未尽,思谊明而法制少,且今日无论何乡何村,其聚族而居者并不止一族,讲画太明,必又树党相争,其流弊极于闽、粤械斗而犹未已。故族制之法,施之今日,殊不切于用。(吾又尝思之,中西风俗同异者多,将来保吾国粹以拒彼教者,必在敬祖宗一事。今姑不具论,附识于此。)其他有所谓同乡者、同寮者、同年者,更有所谓相连之姻戚;通谱之弟兄者,太抵势利之场,酬酢之会,以此通人情而已,卑卑无足道也。其稍有意识者为商会、(即某某会馆,潮州人最有规模,会馆馆长颇近于领事。)为业联,(吾粤省最多,如玉工、缝工、纸花工之类,近颇有力,有欧洲工党举动。)然亦不足自立。其合群之最有力量,一唱而十和,小试而辄效者,莫如会党。自张陵创立五斗米教以来,竟以黄巾扰破季汉。其后如宋之方腊,明之徐鸿儒,近日之洪秀全,皆愚妄无识之徒,而振臂一呼,云合响应,其贻害遍天下,其流毒至数世而犹未已。彼果操何术以致此哉?其名义在平等,其主义在利益均分、忧患相救而已。法可谓良,而挟之仅以作贼,则殊可痛也!吾以为讲求合群之道,当有族制相维相系之情,会党相友相助之法,再参以西人群学以及伦理学之公理,生计学之两利,政治学之自治,使群治明而民智开、民气昌,然后可进以民权之说。仆愿公于此二三年之《新民报》中,巽语忠言,婉譬曲喻。三年之后,吾民脑筋必为一变,人人能独立、能自治、能群治,导之使行,效可计日待矣。即曰未能人人知独立、知自治、知群治,授之以权而能受,授之以政而能达,亦庶几可以有为。至于议院之开设,仆仍袭用加藤弘之之说,以为今日尚早,今日尚早也!

"公之所唱民权、自由之说皆是也。公言中国政体,征之前此之历史,考之今日之程度,必以英吉利为师,是我辈所见略同矣。风会所趋,时势所激,其鼓荡推移之力,再历十数年、百余年,或且胥天下而变民主,或且合天下而戴一共主,皆未可知。然而中国之进步,必先以民族主义,继以立宪政体,可断言也。

"公所草《新民说》,若权利,若自由,若自尊,若自治,若进步,若合群,皆腹中之所欲言、舌底笔下之所不能言。其精思伟论,吾敢宣布于众曰:贾、董无此识,韩、苏无此文也。然读至冒险、进取、破坏主义,窃以为中国之民不可无此理想,然未可见诸行事也。二百余年,政略以防弊为主,学术以无用为尚。有明中叶以后,直臣之死谏诤,党人之议朝政,最为盛事。逮于国初,余风未沫,矫其弊者,极力划削,渐次销除,间有二三骨鲠强项之臣,必再三磨折,其今夕前席、明夕下狱,今日西市、明日南面者,踵趾相接,务催抑其可杀不可辱之气,束缚之,驰骤之,鞭笞之,执乾纲独断之说,俾一切士夫习为奴隶而后心安。其文字之祸,诽谤之禁,穷古所未有。由是愚懦成风,以明哲保身为要,以无事自扰为戒,父兄之教子弟,师长之训后进,兢兢然伸明此意,浸淫于民心者至深。故上至士夫、长吏、官幕、军人,乃至吏胥、走卒、市侩、方技、盗贼、偷窃,其才调意识,见于汉唐历史、宋明小说者,今乃荡然乌有。总而言之,胥天下皆憒憒无知、碌碌无能之辈而已。以如此无权利思想、无政治思想、无国家思想之民,而率之以冒险进取,耸之以破坏主义,譬之八九岁幼童授以利刃,其不至引刀自戕者几希!

"公又以为英国查理士第一国会之争,法国路易弟十六革命之祸终不能免。非不知此事之惨酷,而欲以一时之苦痛,易千万年之和平。吾之以民权、自由之说鼓荡末学,非欲以快口舌。吾每一念及,鼻酸胆战,吾含泪而道也。嗟夫!至矣哉仁人之言。吾诵公言,亦为之鼻酸胆战也。虽然,欧洲中古以来,其政治之酷,压制之力,极天下古今之所未见。赋敛之重,刑罚之毒,不待言矣。动辄设制立限,某政某事为某种人不应为,某权利为某种人不应享。至于宗教之争,社会之禁,往往株连瓜蔓,死于缧绁,死于囹圄,死于焚戮者,盈千累万,数至不可胜计。校之中国,惟兴王之待胜朝,霸者之戮功臣,奸雄之锄异己,叔季之兴党狱,间有此祸,他无有也?教化大行,民智已开。固压力愈甚,专制力愈甚,其反动力亦愈甚。彼其卢骚《民约》之论入脑中,深根固蒂,不可拔矣。一旦乘时之会,遂如列风猛雨、惊雷怒涛之奋激迅疾,其立海水而垂天云,固其宜也。

"吾不敢谓中国压制之不力,然特别之事恒有之,普通之力不如此其甚。吾非不知中国专制之害,然专制政体之完美巧妙,诚如公语。苟时非今日,地无他国、无立宪共和之比校,乃至专制之名习而安之亦淡焉。忘今以中国麻木不仁、痛痒不知之世界,其风俗之敝,政体之坏,学说之陋,积渐之久,至于三四千年,绝不知民义、民权之为何物。无论何事,皆低首下心,忍而不辞;虽十卢骚、百卢骚、千万卢骚至口瘏手疲,亦断不能立之立、导之行也。日本之开国会也,享其利而未受其害,东人以为幸事。然吾考其原因,将军主政六七百年,及德川氏之季,诸藩联合,以尊王讨幕为名,王室尊矣,幕府覆矣,而一切大政,仍出于二三阀阅之手。于是,浮浪之士,失职之徒,乘间抵隙,本万机决于公论之誓,以法国主义为民倡,深识远虑者从而和之,当局者无说以易此,迁延展转,国会终不得不开。其事之成也,有相因而至之机会也。然其得免于祸也,亦足见断头之台,长期之会,非必不能免之,阶级不可逃之天孽也。

"二十世纪之中国,必改而为立宪政体。今日有识之士,敢断然决之,无疑义也。虽然,或以渐进,或以急进,或授之自上,或争之自民,何涂之从而达此目的,则吾不敢知也。吾辈今日报国之义务,或尊主权以导民权,或唱民权以争官权,一致而百虑,殊途而同归,迹若相非,而事未尝不相成。嗟夫!吾读公'以乙为鹄,指甲趋乙'之函,吾读公'不习则骇,变骇为习'之说,有以窥公之心矣。以公往往过信吾言,怀此半年未与公往复者,虑或阻公之锐气,损公之高论也。而今日又进一言者,以无智不学之民,愿公教导之、诱掖之、劝勉之,以底于成,不愿公以非常可骇之义,破腐儒之胆汁,授民贼以口实也。公之目的固与我同,可无待多言,愿公纵笔放论时,少加之意而已。天祚中国,或六五年,或四三年,民智渐开,民气渐昌,民力渐壮,以吾君之明,得贤相良佐为之辅弼,因势而利导之,分民以权,授民以事,以养成地方自治之精神。征论英法,即日本二十年来政党相争之情①。况吾亦乌有焉,真天下万国绝无仅有之事也。

"踔厉奋发,忧勤兢惕,以冀同心协力,联合大力,以抗拒外敌。即向来官民之界,种族之界,久存于吾人心目间者,尚当消畛域,泯成见,调和融合,以新民命而立国本。而反纷纷然为蛮触之争、鸡虫之斗,何其量之狭而谋之浅也。彼之横纵交错,布其势力范围于我之各行省、各属地、各外藩者,既俨然以地主人自命,其视吾政府犹奴隶,视吾民人犹奴隶之奴隶,有识之士所为痛心疾首者也。今不自困为奴隶之奴隶,又未能养成地主人之

---

① 《新民丛报》第二十四号所载至此,以下不录。

资格，学为地主人之本领，乃务与奴隶争彼，或者左袒奴隶，以攻击奴隶之奴隶，抑摧灭奴隶之奴隶而并驱奴隶，患不可胜言也。譬之一家舆台皂隶，日喧呶于左右者之侧，有不勃然大怒，挥而斥之乎？有能默尔而息，置之不问者乎？

"日本当明治二十七八年，政党互讧，上下交争，几酿大祸。及与我开战，乃并力一向，忽变阋墙而为御外。初不愿过取之民，舌剑唇枪，两肆攻击。马关会议，反责成国民力筹二万万银元，以充战费，众无异辞。诚知今日大势，在外患不在内忧也。今五大洲之环而伺我者，协而攻我者，不独日本日夜伺吾隙，以徼吾利。而爱国之士反唱革命分治之说，授之隙而予之柄，计亦左矣。今之二三当道，嚣嚣然以识时务自命者，绝不知为国民，由国民之为何义，天赋人权之为何物，民约之为何语，谬以为唱民权必废君主，唱民权必改民主。积其科名官职，富贵门第，腐败不堪之想，一意恢张官权，裁抑民权，举一切政事，沟而画之，别而白之曰：此官之权，于民无与也。果若人倘若不幸，彼政府诸公顽固如故，守此不变，勒固不予；而民智既开，民力既壮，或争之而后得，或夺之而后得，民气日张，民权亦必日伸。以物竞天择、优胜劣败之理，推之其变态，吾不知其结果，吾敢断言也。公以播此理想，图报效于国民，冀以其说为消弭祸患之良药。仆以为由此理想而得事实，祸患因而不作，此民之幸，即公之功也。又虑其说为制造祸患之毒药。仆以为民已有智，民既有力，而政府固勒之权，祸患末由而弭，此政府之责，非公之咎也。吾辈唯自尽国民一分子之义务而已。

"若夫后生新进爱国之士有唱革命者、唱类族者、主分治者，公亦疑其非矣。吾姑无论理之是非、议之当否，然决其事之必幸无成也。西乡隆盛之起师也，斩竿木、荷耰锄而从者数万人，全国之民响应者十之二三，归向者十至七八。而以一少将扼守熊本，卒不能越雷池一步，展转而困毙，是何也？政府有轮船、有铁轨、有枪炮，而彼皆无之也。故论今日政府之弱可谓极矣！而以之防家贼、治内忧，犹绰有余裕也。事无幸成，徒使百数十英豪，万数千良儒，血涂原野，骸积山谷，非吾之所忍闻，反诸爱国者之初心，亦必悔其策之愚拙、事之孟浪也。即幸而事成，而取一家之物，而又与一家；畏一路之哭，而别行一路。以今日之愚族，亦万不能遽跻于强台。以暴易暴，不知其非，吾恐扰攘争夺，未知其所底止也。且吾辈处此物竞天择至剧至烈之时，亟亟然图所以自存，所以自立者，固不在内患而在外攘。今日之时,今日之势,诚宜合君臣上下、华夷内外,(此四字用古代名词。)言势必所谓官者,绝不取之于民族,如上古封建制之世卿、欧洲中叶之贵族、印度四种之刹帝利而后可。果若人言,又必今日为民听其愚昧,明日入官,即化为神圣而后可。果若人言,又必以二三千神圣之官,率此四百兆愚昧之民,驱之出生入死,安内排外,无所不能而后可。果使普天下之胥变为牛马世界、犬鸡世界、虫蚁世界也,彼其说可行也。若犹是人民世界也,吾知此蚩蚩无知之民,始居于无民之国,继变为无国之民,是不啻为渊驱鱼、为丛驱雀也,是直为天下列强之虎之伥、之鬼之魔也,是中华之罪人,是大清国之乱臣贼子也。虽然,今之新进后生、爱国之士,知彼辈之必误天下。恶彼辈之说,矫彼辈之论,铤而走险,急何能择?乃唱为革命、类族分治诸说,其志可哀,其事可悲。然以今日之民,操此术也以往,吾恐唱革命者,变为石敬瑭之赂外,吴三桂之请兵也;唱类族者,不愿汉族、鲜卑族、蒙古族之杂居共治,转不免受治于条顿民族、斯拉夫民族、拉丁民族之下也;唱分治者,忽变为犹太之灭,波兰之分,印度、越南之受辖于人也。吾非不知时危事迫,无可迁延,持缓进之说者,将恐议论未定,而兵既渡河,揖让救火,而火既燎原。虽然,此坏劫、此厄运,由四五千年积压而来,由六七大国驱迫而成,实无可如何也。公以为由君权而民政,一度之破坏终不可免,与其迟发而祸大,不如速发而祸小。仆以为由蛮野而文明,世界之进步,必积渐而至,实不能躐等而进,一蹴而几也。吾不征往事,征之近日,神拳之神,义民之义,火教堂、戮教民、攻使馆之愚,其肇祸也如此;顺民之旗,都统之伞,通事之讹索,士夫之献媚,京师破城之歌舞,联军撤退之挽留,其遭难也如彼;和议告成,赔款贻累,而直隶之广宗,湖南之辰州,四川之成都、夔州,又相继而起,且蔓延于一省,其怙恶也复如此。以如此之民,能用之行革命、类族分治乎?每念中国二千年来专制政体,素主帝天无可逃、神圣不可犯之说,平生所最希望专欲尊主权,以导民权,以为其势校顺,其事稍易。戊戌新政,新机动矣,忽而变政,仍以为此推沮力寻常所有也。既而团拳祸作,六飞播迁,危急存亡,幸延一发,卒下决意变法、母子一心之诏,既而设政务处,改科举,兴学校,联翩下招,私谓我辈目的庶几可达乎。今回銮将一年,所用之人、所治之事、所搜括之款、所娱乐之具、所敷衍之策,比前又甚焉!展转迁延,卒归于绝望,然后乃知变法之诏,第为辟祸全生,徒以之媚外人而骗吾民也。设有诘于我者,谓公之所志,尚能望政府死灰之复然乎?抑将坐视国家舟流而不知所届乎？仆亦无辞可答也。茫茫后路，耿耿寸衷，忍泪吞声，郁郁谁语！而何意公之《新民说》遂陈于吾前也，罄吾心之所欲言、吾口之所不能言，公尽取而发挥之。公试代仆设身处地，其惊喜为何如矣！已布之说，若公德、若自由、若自尊、若自治、若进步、若权利、若合群，既有以入吾民之脑，作吾民之气矣；未布之说，吾尚未知鼓舞奋发之何如也。此半年中，中国四五十家之报，无一非助公之舌战，拾公之牙慧者，乃至新译之名词，杜撰之语言，大吏之奏折，试官之题目，亦剿袭而用之。精神吾不知，形式既大变矣；实事吾不知，议论既大变矣。嗟夫！我公努力，努力本爱国之心，绞爱国之脑，滴爱国之泪，洒爱国之血，掉爱国之舌，举西东文明大国国权、民权之说输入于中国，以为新民倡，以为中国光，此列祖列宗之所阴助，四万万人之所托命也。以公今日之学说、之政论布之于世，有所向前之能，有惟我独尊之概，其所以震惊一世，鼓动群伦者，力可谓雄，效可谓速矣。然正以此故，其责任更重，其关系乃更巨。举一国材智之心思、耳目专注于公，举足左右，便分轻重。彼之恢张官权，裁抑民权者，公驳击之、指斥之可也。听其自消自灭、自腐自朽、自溃自烂，亦无不可也。公所唱自由，或故为矫枉过直之。然使彼等唱自由者，拾其唾余，如罗兰夫人所谓天下许多罪恶，假汝自由以行，大不可也。公所唱民权，或故示以加倍可骇之说。然使彼等唱民权者得所借口，如近世虚无党，以无君、无政府为归宿，大不可也。一言兴邦，一言丧邦，芒芒禹域，惟公是赖。公加之意而已。

"吾草此函，将敛笔矣。吾哀泪滂沱，栖集笔端。恍若汉唐宋明之往事，毕陈于吾前，举凡尽忠殉国、仗义兴师，无数之故鬼新鬼、亡魂毅魄，乃至亡国之君、亡国之君之妃后、亡国之君之宗族，呜呜而哭，一齐号咷，若曰：'吾辈何不幸，居于专制之国，遭此革命之祸也！'吾热血喷涌，洋溢纸上；又若英德日意之新政，毕陈于吾前，举凡上下议院、新开国会，无数之老者少者，含哺鼓腹，乃至吾国万岁、吾民万岁、吾君万岁之声，熙熙而来，一片升平，若曰：'吾辈何幸，而生于立宪之国，享此自治之福也！'吾亦不自知若何而感泣，忽辍笔而叹也；若何而蹈舞，遂投笔而起也。嗟夫！孰使我哀哀至于此？吾憾公；孰使我喜喜至于此？吾又德公。书不尽言，吾复何言？新民师函丈。老少年国之老少年百拜！

"列国横纵六七帝，斯文兴废五千年。黄人捧日撑空起，要放光明照大千。

"青者皇穹黑劫灰,上忧天堕下山隤①。三千六百钓鳌客,先看任公出手来。

"此丙申四月赠公诗六首之二。此纸未尽,仿《新民报》例,附识于末。"（《全集》上,第443—450页。）此函《全集》所录与《文集》所录文字次序有所不同。

本年,黄遵宪拟为演孔篇一书。书凡十六篇,约万数千言。其参考书目,有培根、达尔文等书。（正先:《黄公度——戊戌维新运动之领袖》,引自张永芳、李玲编:《黄遵宪研究资料选编》上,香港天马图书有限公司2002年版。）包涵甚广,未遽成书。

黄遵楷《先兄公度先生事实述略》云:"儒者为世诟病,洵不足讳。然儒教不过九流之一；其服儒服、言儒言者,又比比皆是。若孔子,则不当以儒为限也。刘歆《七略》,不能出孔子于儒教之外,窃已叹其识力之未充。吾尝胸中悬一孔子,其圣在时中。所以时中,在用权；所以能权,在无适无莫、毋固毋我。无论何教,有张彼教之长以隘孔子者,吾能举孔子之语拒之、正之。无论何人,有抉孔子之短以疑孔子者,吾能举孔子之语以解之、驳之。此吾所以欲著一书,名曰《演孔》以明之,或有以成吾说也。"（《全集》下,第1581—1582页。）

本年,黄遵宪对其生平诗作进行了最后一次整理,或删或改,编成定本,共计十一卷,收诗六百余首。黄遵宪去世后,其堂弟黄遵庚与梁启超据其手定本,再补上其去世前所作二题五首,于1911年在日本刊行。此即《人境庐诗草》初印本,又称辛亥本,凡十一卷,收同治三年(1864年)至光绪三十年(1904)年间古今体诗六百四十一首。比黄遵宪自编的写定本多了《寄题陈氏靖庐》和《病中纪梦述寄梁任父》二题五首。据黄延缵说,这两首是黄遵庚由于"没有发现黄遵宪定稿安排的真义"而增入的。黄延缵认为,讥讽李鸿章劣迹的《李肃毅侯挽诗》四首,按时间虽在《寄题陈氏靖庐》及《病中纪梦述寄梁任父》两诗之前,但黄遵宪以《人境庐诗草》为诗史,并拟待慈禧死后才发表《人境庐诗草》中有痛刺慈禧和李的诗篇多首）,定稿时有意以"此为最终篇",表示李鸿章既死,腐败的清室也该终结了。黄遵庚没有发现黄遵宪定稿安排的真义,却发现了时间安排失序,把《寄题》《纪梦》两诗抽了出来,特作尾巴,着力注上"为由甫增入"。黄延缵对《人境庐诗草》初印本的出版情况介绍甚详:黄遵宪次子黄鼎崇多年获其父身教,对黄遵宪生前手订各诗稿、文稿正副钞本均知其详。黄遵宪去世后,《人境庐诗草》定稿正副钞本一直为黄鼎崇保管。1909年,黄鼎崇因患风湿性心脏病,

---

①《全集》字误,据《饮冰室诗话》128页改。

(在家管理银溪树山区时一次遇大雨三天,困在山区患病。)病情转恶,遵医嘱离开山区至澳门养病,无法亲自从事有关黄遵宪诗稿的出版事宜。1911年黄鼎崇便以黄遵宪生前手订诗稿、文稿、《自序》等正钞本交黄遵庚赴日给梁启超主持出版。当时在日本神户当领事的黄遵楷将《人境庐诗草》黄遵宪的《自序》抽去,而后又塞进他的一篇《跋》。至于出版过程的"校""注",都可以在梁启超致黄遵庚的两信中看出来:"由甫老弟:示敬悉。谨手校一过寄还。此中讹误尚二三十字,大约所校必不谬,即与原文不合,亦钞者笔误耳。其余数处,未敢自信者,一一批列眉端,请再一查原文为盼。每卷末写初校复校名极宜,吾侪既附骥,且当负责任也。朱古翁所校之纸,别批缴。其中有商及韵脚者,吾侪万无奋笔搜改之理,听之,又有所不安。适欲在此句下用一注云,□□按某字疑误姑从钞本字样,公谓何如?此按语,或用尊名,或用贱名,皆可。款式尚可观,惟书本之广袤大小,当略仿范伯子集,所留纸头纸尾宜加长,若如近日上海各教科书式样,用不中不西之小册,则大不雅观也。又四周拟不用复线,改用稍粗之单黑线,请照第一叶所改之式何如?墓志拟将铭辞再改,改日当寄上。题签当照写。匆匆敬复,即请大安。启超顿首。八月十九日。""由甫老弟:风云日急,不得不行。校稿未完,遗憾无极。所余部分,望公留心复勘一次,代我负责。大抵钞本不免讹误,以意逆志,字字研磨,亦可以寡过矣,题签缴上,铭辞尚未改作,今更无余日,即可用原文可也。次序则首遗像,次墓志,目足矣。今晚若得寸暇,终当草一跋耳。倚装匆匆,不尽所怀。启超顿首。九月十五。"在日本出版的最初版本《人境庐诗草》名为"遵庚初校、启超复校",其实是梁启超"手校一过寄还",后又"校稿未完"在"风云日急"的辛亥革命爆发的前二十几天"不得不"匆匆离日回国。(黄延缵:《与〈人境庐诗草〉研究有关的黄遵宪家族部分史实述评》,《岭南文史》,1986年第2期。)另据黄延缵称,辛亥本出版时,黄遵宪的《自序》和康有为1908年为《人境庐诗草》所作的序黄遵楷亦未交梁启超,直至1926年黄鼎崇长子黄延凯将祖父黄遵宪定稿副本中的《自序》交吴宓登于《学衡》60期,黄遵宪《自序》才面世。1930年,黄遵宪之孙黄能立(延豫)据辛亥本再加校勘,于1931年由上海商务印书馆刊行。黄遵宪晚年家居时,曾将自己此前在伦敦编定的四卷本诗稿请人抄写数份,分赠友好评阅。最终删定《人境庐诗草》时,黄遵宪对原四卷本中的一些诗作多有改动,而且还从中删除了九十四首诗。《人境庐诗草》的辛亥初印本并没有这些被删除的诗作,其后据此重刻、翻印的各本也都如此。20世纪30年代,时任北京大学教授的周作人无意中在当时北平厂甸的书摊上购得《人境庐诗草》四卷钞本,欣喜异常,撰文详加介绍。经过比较,周作人发现,《人境庐诗草》四卷钞本中收录的作品与刻本卷一至卷六大体相当,但"四卷本有而被删者有九十四首,皆黄君集外诗也"。(周作人:《读人境庐诗草》,《逸经》第25期,1937年3月。)20世纪50年代末,北京大学中文系近代诗研究小组开始对黄遵宪诗作进行辑佚。他们根据北大图书馆发现的周作人旧藏《人境庐诗草》四卷钞本,将当年黄遵宪定稿时删去的九十四首诗全部辑出,并将少数当时改动较大的诗作也酌加收录,同时还与《新民晚报》《新小说》等晚清报刊所发表的和梁启超《饮冰室诗话》中所收集的作品,以及黄遵庚钞寄的黄遵宪青年时代的诗作,一并编成《人境庐集外诗辑》,收诗二百六十余首,由中华书局于1960年出版。

  黄遵宪晚年对自己诗作期许颇高,尝说:"吾之五古诗,自谓凌跨千古;若七古诗,不过比白香山、吴梅村略高一等,犹未出杜、韩范围。"梁启超在《饮冰室诗话》盛赞黄遵宪:"近世诗人能熔铸新理想入旧风格者,当推黄公度。"陈衍称人境庐诗惊才绝艳,《石遗室诗话》论曰:"公度之诗,独辟境界,卓然自立于二十世纪诗界中,群推为大家。"有论者曰:在《人境庐诗草》中,黄遵宪忠实地践履着"吾身之所遇,吾目之所见,吾耳之所闻,吾愿笔之于诗"的宏愿,以诗言志,以诗为史,"上感国变,中伤种族,下哀生民,博以环球之游历",为风云变幻的时代、为命运多舛的中国留此存照,同时也真实地记录了一位"无师无友,踽踽独行"的乡村书生,蓦然间走出国门,见识世界,成为有着"百年过半洲游四"丰富阅历和"吟到中华以外天"豪迈气概的"东西南北人"的心路历程。(关爱和:《别创诗界的黄遵宪》,《文学遗产》,2005年第4期。)在梁启超、胡适之后,几乎所有的研究者都把黄遵宪看作"诗界革命"的一面旗帜,钱锺书认为"近人论诗维新,必推黄公度"。有论者认为黄遵宪:"中岁以后,肆力为诗,探源乐府,旁采民谣,无难显之情,含不尽之意。又以习于欧西文学,以长篇事,见重艺林,时时效之,叙壮烈则绘影模声,言燕昵则极妍尽态。其运陈入新,不囿于古,不泥于今,故当时有诗体革新之目。曾重伯、梁卓如尤推重之,虽誉违其实,固一时巨手也。"(汪国垣:《近代诗派与地域》,《汪辟疆文集》,第315—316页,上海古籍出版社1988年版。)黄遵宪在诗歌方面的贡献主要有:第一、提出"我手写我口"与"诗无古今"的"别创诗界"的诗歌改革主张。黄遵宪自言其诗是:"新派诗","古人未有之物,未辟之境,耳目所历,皆笔而书之"。第二、海外诗描述异国风物,选择国外的名胜古迹、人物、风俗为写作的题材,"吟到中华以外天",介绍了中华文明之外的其它文明。海外诗表现中西文化接触带来的新事物、新哲理与运用传统手法的和谐,成功地为诗坛注入新思想、开拓新意境。第三、慷慨激昂,充满着忧国忧民的爱国主义情怀。如为日本爱国志士作《近世爱国志士歌》《赤穗四十七义士歌》,意在砥砺前仆后起、踵趾相接、视死如归的精神。《逐客篇》控诉了美国排斥华工的罪恶行径。第四、"诗史",选择当时国内所发生的重大事件和人物为写作的题材。诗人以史家笔法记录了甲午战争的主要战事,描画了战事中的若干军事人物。有论者曰:"公度的诗,对于中法战争、中日战争、戊戌变法、义和团事件,都有感慨淋漓的长编记事。琉球、台湾、朝鲜、越南的沦陷,也都有沉痛的记事诗。历史的追溯,现状的分析,人物的臧否,舆情的观感,都充分表现出来。"(梁容若:《黄遵宪评传》,引自朱传誉主编:《黄遵宪传记资料》第一册,第25页,天一出版社1979年版。)第五、以新事物、新名词入诗。据刘冰冰统计,在黄遵宪一千一百二十八首诗歌中,有"新语句"的有一百四十七首,占13%,有"新名词"二百〇一个。其中社会科学类七十四个,自然科学类五个,人、物专名一百二十二个。(刘冰冰:《试论黄遵宪诗歌中新名词的运用》,《齐鲁学刊》,2006年第5期。)如民权、平等、民主、人权、独立、国家、爱国、革命、立宪、专制、国会、议员、国民、监督、领事、留学生、殖民地、共和、世纪、维新、法律、外交、传统、演说、假面具、炮台、地球、赤道、汽球、同盟国、红十字、十字架、十字军、动物、植物、几何,还有一些外国译名,如"欧罗巴""美利坚""鄂罗斯""格兰脱""亚细亚""伦敦""巴黎""哥伦比亚""苏彝士河"等。其脍炙人口的《今别离》四首,是对轮船、火车、电信等新兴工业文明的赞歌。第六、融化民歌格调、学习民歌精神。第七、深刻揭示出中国学习日本、变从西法的历史趋势。第八、认为中日两国唇齿相依,应当睦邻友好。钱锺书对黄遵宪的诗有不同评价,他认为,黄遵宪在诗歌中所使用的西方"制度名物""声光电化"等一新时人耳目的名词术语事物,不过是一种创作上的表面点缀,此类之诗,在本质上与西学并无深刻的关联,倒是与中国古已有之的诗歌作法、文化观念相近,或者说是这一古老传统在近代中西交通之际的新发展;从对西方文化的态度这一角度考察,黄遵宪实际上只是在很外在、很浅显的层面上了解和接受了西学,而对西方学术文化的深层内容、精髓真谛"实少解会"。他论黄遵宪诗的取径说:"《人境庐诗》奇才大句,自为作手。五古议论纵横,近随园、欧北;歌行铺比翻腾处似舒铁云;七绝则龚定庵。取径实不甚高;枪气尚存,每成俗艳。尹师鲁论王胜之文曰:'赡而不流';公度其不免于流者乎。大胆为文处,亦无以过其乡宋芷湾。"在把黄遵宪与严复、王国维进行比较之后钱锺书指出:黄遵宪"差能说西洋制度名物,掎摭声光化电诸学,以为点缀,而于西人风雅之妙,性理之微,实少解会。故其诗有新事物,而无新理致。"(钱锺书:《谈艺录》,第23—24页,中华书局1984年版。)钱对黄遵宪的"新派诗"颇有微词。其批评主要有三点:一是黄遵宪的"新派诗"有新事物而无新理致;二是黄遵宪的《番客篇》《以莲菊桃杂供一瓶作歌》不过是因袭了前人的作品;三是黄遵宪在诗中运用新名词"亦犹参军蛮语作诗,仍是用佛典梵语之结习而已"。钱仲联对黄遵宪诗的总体评价是:"人境庐诗,论者毁誉参半,如梁任公、胡适之辈,则推之为大家。如胡步曾及吾友徐澄宇,以为疵累百出,谬戾乖张。予以为论公度诗,当着眼大处,不当于小节处作吹毛之求。其天骨开张,大气包举者,真能于古人外独辟町畦。抚时感事之作,悲壮激越,传之他年,足当诗史。至论功力之深浅,则晚清做宋人一派,尽有胜之者。公度之长处,固不在此也。""今日浅学妄人,无不知称黄公度诗,无不喜谈诗体革命。不知公度诗全从万卷中酝酿而来,无公度之才之学,决不许谈诗体革命。"(钱仲联:《梦苕庵诗话》,第161—162页,齐鲁书社1986年版。)梁容若也认为黄遵宪晚年的诗炫弄技巧,说:"公度晚年的感时诗,实在走上了用典代言,沉郁隐晦的路子。"(梁容若:《黄遵宪评传》,引自朱传誉主编:《黄遵宪传记资料》第一册,第27页,天一出版社1979年版。)

次孙黄延凯生,黄鼎崇出。(据《钱谱》。)

本年,梁居实致函陈元焯,感叹黄遵宪英雄坐老,函称:"公度一槎两膺使命,骏骏有大阔之势,乃星槎未泛,辄挫博望,春梦方酣,忽惊内翰,间其家居,只以诗歌度日,英雄坐老,亦可惜矣。慕柳、仙根、士果不事潮,辑五抛汕头讲席,皆相率为遁世之举,岭东人物,寂无为颂声,得毋时势使然耶,弟宦想如水,国魂似火,纵漆叹婺忧之无益,岂耶救佛度之俱穷,腾念时局,如何可言。"(郭真义:《晚清粤东客籍诗人群体研究》,第215页,当代中国出版社2004年版。)

本年,温仲和致函黄遵宪,谈论学术:"公度京卿尊兄同年大人阁下:接教,过蒙奖藉,愧不敢当。弟之稍有所知,皆由公之《日本志》启之,继阅《时务报》《知新报》《湘学报》《岭学报》。《劝学篇》体例虽不同,然皆在公范围之中。昔顾亭林著书,谓后有王者起,必来取法。盖不能无所待于异世,至于当吾世而行其言,自古以来,实无其比。深察全球大势,风气已开,必不能终闷。从此以后,学术政治,必另开一门户,淹有汉宋之精而去其弊,转与三代孔孟为近者,必自此始矣。数年以来,究心几何、代数之学,由其公论,界说公法,而悟一切公理。其精意在于比例,而长短大小不能遁其形,以能决然舍旧图新者,以两相形,而优劣立见也。区区久怀此意,与人言往往貌合而神离,故书此以质之,公倘能以为可教,则貌不必其相接,而所以神交者自在也。属以事牵竟不能使两鸟相合,不无愧于韩孟;然即相合,而一能鸣一不能鸣,亦殊自惭矣。既不能承命,颇欲以此自解。伏祈终不以为门外汉,而赐之教言,幸甚!幸甚!手此奉复,即请勋安。"(温仲和:《求在我斋集》卷五,第17—18页。)

本年,黄遵宪有《出军歌》等二十四首。梁启超其从《新小说》第一号见全文,《新小说》出版于1902年底。又黄遵宪本年十一月初一致梁启超函称,"鼓勇同行之歌,公以为妙。今将廿四篇概以抄呈。"可知此歌作于1902年。梁启超评论此歌言:"中国人无尚武精神,其原因甚多,而音乐靡曼亦其一端,此近世识者所同道也……往见黄公度《出军歌》四首,读之狂喜……其精神之雄壮活泼沉浑深远不必论,即文藻亦二千年所未有也,诗界革命之能事至斯而极矣。吾为一言以蔽之曰,读此诗而不起舞者必非男子。"(梁启超:《饮冰室诗话》,第42—43页,人民文学出版社1959年版。)其中《出军歌》八首,《军中歌》八首,《旋军歌》八首。《出军歌》后选入"学堂乐歌",由近代音乐家李叔同选曲配歌,在当时颇有影响。

《出军歌》八首:"四千余岁古国古,是我完全土。二十世纪谁为主?是我神明胄。君看黄龙万旗舞,鼓鼓鼓!""一轮红日东方涌,约我黄人捧。感生帝降天神种,今有亿万众。地球蹴踏六种动,勇勇勇!""南蛮北狄复西戎,泱泱大国风。蜿蜒海水环其东,拱护中央中。称天可汗万国雄,同同同!""绵绵翼翼万里城,中有五岳撑。黄河浩浩流水声,能令海若惊。东西禹步横庚庚,行行行!""怒搅海翻喜山撼,万鬼同一胆。弱肉磨牙急欲啖,四邻虎眈眈。今日死生求出险,敢敢敢!""剖我心肝挖我眼,勒我供贡献。计口缗钱四万万,民实何仇怨!国势衰微人种贱,战战战!""国轨海王权尽失,无地画禹迹。病夫睡汉不成国,却要供奴役。雪耻报仇在今日,必必必!""一战再战曳兵遁,三战无余烬。八国旗扬箫鼓竞,张拳空冒刃。打破天荒决人胜,胜胜胜!"(《全集》上,第221—222页。)

《军中歌》八首:"堂堂堂堂好男子,最好沙场死。艾炙眉头瓜喷鼻,谁实能逃死?死只一回毋浪死,死死死!""阿娘牵裾密缝线,语我毋恋恋。我妻拥髻代盘辫,濒行手指面:败归何颜再相见,战战战!""戟门午开雷鼓响,杀贼神先王。前敌鸣箫呼斩将,擒王手更痒。千人万人吾直往,向向向!""探穴直探虎穴先,何物是险艰!攻城直攻金城坚,谁能漫俄延!马磨马耳人靡肩:前前前!""弹丸激雨刃旋风,血溅征衣红。敌军昨屯千罴熊,今日空营空。黄旗一色盘黄龙,纵纵纵!""层台高筑受降城,诸将咸膝行。降奴脱剑鞠躬迎,单于颈系缨。四围鼓吹铙歌声,横横横!""秃发万头缠黑索,多少戎奴缚。绯红十字张油幕,处处夷伤药。军令如山禁残虐,莫莫莫!""不喜封侯虎头相,铸作功臣像。不喜燕然碑百丈,表示某家将。所喜军威莫敢抗,抗抗抗!"(《全集》上,第222—223页。)

《旋军歌》八首:"金瓯既缺完复完,全收掌管权。胭脂失色还复还,一扫势力圈。海又东环天右旋,旋旋旋!""辇金如山铜作池,债台高巍巍。青蚨子母今来归,偿我民膏脂。民膏民脂天鉴兹,师师师!""玺书谢罪载书更,城下盟重订。今日之羊我为政,一切权平等。白马拜天天作证,定定定!""鸷翼横骞鹰眼恶,变作虏头落。盖海艨艟炮声作,和我凯旋乐。更谁敢背和亲约,约约约!""秦肥越瘠同一乡,并做长城长。岛夷索虏同一堂,并作强军强。全球看我黄种黄,张张张!""五洲大同一统大,于今时未可。黑鬼红番遭白堕,白也忧黄祸。黄祸者谁亚洲我,我我我!""黑山绿林赤眉赤,乱民不冥贼。镵羌破胡复灭狄,虽勇亦小敌。当敌要当诸大国,国国国!""诸王诸帝会涂山,我执牛耳先。何洲何地争触蛮,看余马首旋。万邦和战奉我权,权权权!"(《全集》上,第223—224页。)《出军歌》每首最后一个字联起来,是"鼓勇同行,敢战必胜"。《军中歌》每首最后一个字联起来,是"死战向前,纵横莫抗"。《旋军歌》每首最后一个字联起来,是"旋师定约,张我国权"。

本年,黄遵宪有《幼稚园上学歌》十首。黄遵宪此歌应作于1902年,与《出军歌》等都曾在梁启超编的刊物发表,《饮冰室诗话》云其"既行于世",而《出军歌》等发表于《新小说》第一期,于1902年底出版,《幼稚园上学歌》发表于后,应发表于1903年。

诗云:"春风来,花满枝,儿手牵娘衣。儿今断乳儿不啼,娘去买枣梨,待儿读书归。上学去,莫迟迟。""儿口脱娘乳,牙牙教儿语。儿眼照娘面,娘又教字母。黑者龙,白者虎,红者羊,黄者鼠。一一图,一一谱,某某某某儿能数。去上学,上学去。""天上星,参又商。地中水,海又江。人种如何不尽黄?地球如何不成方?昨归问我娘,娘不肯语说商量。上学去,莫徜徉。""大鱼语小鱼:世间有江湖。小鱼不肯信,自偕同队鱼,三三两两俱。可怜一尺水,一生困沟渠。大鱼化鹏鸟,小鱼饱鹈鹕。上学去,莫踟蹰。""摇钱树,乞儿婆,打鼗鼓,货郎哥。人不学,不如他。上学去,莫蹉跎。""邻儿饥,菜羹稀;邻儿饱,食肉糜:饱饥我不知。邻儿寒,衣裤单;邻儿暖,袍重襺:寒暖我不管。阿爷昨教儿,不要图饱暖。上学去,莫贪懒。""阿师抚我,抚我又怒我;阿师詈我,詈我又媚我。怒詈犹可,弃我无奈。上学去,莫游惰。""打栗凿,痛呼暑;痛呼暑,要逃学。而今先生不鞭扑,乐莫乐兮读书乐!上学去,去上学。""儿上学,娘莫愁;春风吹花开,娘好花下游。白花好靧面,红花好插头,嘱娘摘花为儿留。上学去,娘莫愁。""上学去,莫停留。明日联袂同嬉游:姊骑羊,弟跨牛;此拍板,彼藏钩。邻儿昨懒受师罚。不许同队羞羞羞! 上学去,莫停留。"(《全集》上,第224—225页。)有论者对《出军歌》《幼稚园上学歌》评价甚高:"在黄遵宪《出军歌》《幼稚园上学歌》的示范下,随着新式学堂教育的发展,又出现了'学堂乐歌',恢复了古代诗歌与音乐相结合的传统,并在一定程度上冲破了旧体诗格律的束缚。在沈心工(1870—1947)、曾志忞(1879—1929)、李叔同的努力下,掀起了'学堂乐歌'的创作热潮,编辑出版了《学校唱歌集》三集(1904—1907)、《民国唱歌集》(1912)、《心工唱歌集》、《教育唱歌集》《中文名歌五十曲》,以及金松岑编的《新中国唱歌》、《女子新歌初集》(1914)、叶中泠编的《小学唱歌》、胡君复编的《新撰唱歌集初编》等。"(郭延礼:《关于黄遵宪"新派诗"的评价问题——读〈谈艺录〉对公度诗的评论》,《文史哲》,2007年第5期。)

光绪二十九年癸卯(1903年)　五十六岁

【国内外大事】四月二十(5月16日),章士钊任上海《苏报》主笔,揭反清言论,发表《中国当道者皆革命党》。闰五月初五(6月29日),《苏报》刊登章太炎《驳康有为论革命书》,认为革命非排满不可,流血是不可避免的。次日,《苏报》案发生,章太炎被捕下狱。闰五月(7月),因钦定学堂章程很不完善,清政府命张之洞同张百熙、荣庆重新厘定学堂章程。八月末,孙中山在日本秘密组建军事学校。十一月二十六(1904年1月13日),张百熙、荣庆、张之洞复奏重订学堂章程,重定的章程规定:"立学宗旨,无论何等学堂,均以忠孝为本,以中国经史之学为基","而后以西学瀹其知识,练其艺能,务期他日成才,各适实用"。重订章程包括各类学堂的章程及译学馆、进士馆章程。另附有学务纲要、各学堂管理通则、各学堂考试章程、奖励章程等,是一份更全面的教育体系及管理的规定。清政府于当日即颁布该章程,谕即次第推行。该章程遂被称为《奏定学堂章程》,亦称为"癸卯学制"。十二月(2月),孙中山在《檀山新报》上发表了《驳保皇党报》《敬告同乡书》两篇著名文章,揭露梁启超"名为保皇,实则革命"是欺骗。指出:"革命、保皇二事决分两途,如黑白之不能混淆,如东西之不能易位。革命者志在扑满而兴汉,保皇者志在扶满而臣清,事理相反,背道而驰,互相冲突,互相水火。"号召侨胞"大倡革命,毋惑保皇"。《新中国报》撰文反击,从而开始了两派之间的大论战。十二月二十三(2月8日),日俄战争爆发,十二月二十七(2月12日),清政府宣布"局外中立",划辽河以东地区为日俄两军"交战区"。十二月三十(2月15日),华兴会在长沙成立,黄兴被推为会长。

三月(4月),李兴锐署闽浙总督,督闽后欲延黄遵宪入幕府。黄遵宪感其知谊,不忍再却。然积忧成疾,已难就道。(《全集》下,第1583页。)

本月,黄遵宪在家,大力提倡教育,设嘉应兴学会议所,自任所长。又自献资金,筹办东山初级师范学堂(公办高等小学校),派门人杨徽五、从堂侄黄簣孙二人往日本弘文学校习速成师范,准备任东山师范学堂教师,同时资助嫡堂弟黄遵庚,并派四子黄璇泰、长孙黄延璆,往日本留学,是梅州新教育的开始。黄遵楷《先兄公度先生事实述略》："家居数载,不复与闻外事,惟从事教育。设兴学会,修东山书院为师范学堂。择乡人之优秀者,派赴日本,学师范及管理法。谓先有师范,而后有蒙小学教员也。又虑年稍长者,无地就学,则设补习学堂;虑僻处下邑,闻见锢蔽,则设讲习所。惟其时因办学务而争公产者,时有所闻;在上者又不明公立私立各校之性质为何若,徒滋纷扰,无裨学业耳。"(《全集》下,第1581页。)

三月十二(4月9日),《岭东日报》有消息刊登,黄遵宪之子黄冕到上海读书:"嘉应黄京卿之哲嗣伯元茂才,于昨日抵汕。挈一弟一子,将赴上海,入爱国学校肄业。而伯元茂才自己则拟入新设震旦学校,习拉丁文。游学群兴,不禁为嘉属人士额手称庆矣。"(《岭东日报》,光绪二十九年三月十二日。)

三月十六(4月13日),《岭东日报》刊登黄遵宪为丘逢甲之父丘龙章祝寿的寿联:"黄公度京卿为现在文界之雄、诗界之雄已久,为海内外所同认。兹得其寿邱潜斋先生联云:'家聚德星无惭太邱长;身生乐国不忘毗舍耶。'按台湾为古毗舍耶国,先生生长是邦,今已内渡,故云。"(《岭东日报》,光绪二十九年三月十六日。)

三月二十四(4月21日),日本原口闻一到汕头考察商务,询问黄遵宪之志,"前日有东亚同文会员原口闻一君,自香港到汕考察商务,访同文总教何君于学堂,笔谈三时之久。本馆将其问答数纸,摘要录登,以供众览。原口问:黄京卿大人现在嘉应否,闻北京有复用之意,是否?何君答:黄大人在家,以著述自娱。大员屡有推荐出山者,若朝廷不能以大权相畀,俾得径行其志,京卿未必肯再问世"。(《岭东日报》,光绪二十九年三月二十四日。)

四月初三(4月29日)《岭东日报》刊登黄遵宪办学的情况,第三版《潮嘉新闻》以《梅学将兴》的标题登载一条消息:"嘉应州旧有书院三区,一为培风书院,一为崇实书院,一为东山书院,皆经费未充,地亦不甚宽敞。惟东山书院地据东厢堡之状元桥,背负东山,面瞰大河,而周溪环之,颇占胜概,离城约三里之遥。州人士议于书院暂改为公办高等小学校,谢绅梦池观察慨然倡捐,先以一千五百元为改建学舍之资。黄绅公度京卿爱草创《章程》八条,经于三月间集议,大约额设学生七十二名,而以三十六名为捐助诸君子弟之额,以三十六名为考选学生之额,其堂中周年经费大约以四千元为率云。又:李广文倬汉在琼假旋,劝办学堂,现已由南洋筹款。想州中人士热心教育,当亦踊跃以从者也。"(《岭东日报》,光绪二十九年四月初三日。)

四月初六(5月2日),《岭东日报》以节略的形式登载黄遵宪起草《学校章程》的具体内容:"嘉应州东山书院拟改为公办高等小学校,已略登昨报。兹将黄公度京卿所拟,节略八条登览:一,学生额数。约以七十二名为额,内三十六名系捐赀开校之子弟,余三十六名则招考聪敏通文之子弟。二,学生年纪。至幼者十二三岁,长者十六七岁。三,在学期限。四年或五年。四,教师。聘有学识通时务者作总教习一人,又日本教师一人,英文教师一人,习东西文外兼习各科学。五,课程。专用东西洋普通课之书,参以改正科举各项章程。六,费用。每岁约以四千元为则,各堡约以三千元为延师之费,余充杂用。七,基本金。约以四万元为则,弟辈在本州捐一万元,拟在海外捐三万元。其海外所捐者,在南洋等处或购产,或生息,但将息银付回应用,作为周岁一分。八,捐集法。无独力任此之人,只持捐集。凡捐一千元,永远有一子弟在校肄业;捐四百元,许其子弟四次入校;(入校以四年卒业,一人卒业作为一次)捐二百元,许其子弟一次入校。所有创办此举捐赀集事之人,或奏请奖励。其捐二千元以上,或于院中三楼上设禄位;其捐一千元者;或于门旁树碑题名。俟事定会众妥议。"(《岭东日报》,光绪二十九年四月初六日。)

四月二十二(5月18日),《岭东日报》第三版《潮嘉新闻》中以《兴筑学校》为题刊黄遵宪办学消息称:"嘉应黄公度京卿与各绅士议改城东东山书院为高等小学校,迭纪前报。该书院旧有黄孝廉骥仙倡捐修复之三堂,其左右皆荒地,刻拟扩充改建,务大其规模,文其程度,州人士咸相率以助其发达,已于本月十九日兴工修造矣。"在这次扩建过程中,黄遵宪也捐资两千两。(张永芳、李玲编:《黄遵宪研究资料选编》上,第66页,香港天马图书有限公司2002年版。)

晚春,广东学政归安朱古微祖谋,过人境庐话旧,有《烛影摇红》词云:"春暝钩帘,柳条西北轻云蔽。博劳千啭不成晴,烟约游丝坠。狼藉繁樱划地,傍楼阴、东风又起。千红沉损,鸭鹅声中,残阳谁系。 容易消凝,楚兰多少伤心事。等闲寻到酒边来,滴滴沧洲泪。袖手危栏独倚,翠蓬翻、冥冥海气。鱼龙风恶,半折芳馨,愁心难寄。"(朱祖谋:《彊村丛书》,第7251页,上海古籍出版社1989年版。)

五月二十四(6月19日)，新任两广总督岑春煊有意请黄遵宪襄办粤省新政，《岭东日报》载："新任督宪岑云帅，于近日抵省。闻云帅带来幕府二十余人，皆开通明达之士。又风闻云帅此次务延嘉应黄公度京卿出山，以资襄办粤省新政。惟京卿方杜门著述，山水自娱。迭经前督李文忠公、今抚李中丞，以礼为罗，亦婉言谢却。然斯人不出，其奈苍生何。不知云帅到省，应若何礼币，以资临人境庐中也。"(《岭东日报》，光绪二十九年五月二十四日。)

七月十七(9月8日)，黄遵宪堂妹新玉病逝，新玉是黄遵宪三叔鸾藻长女，婚后二年，丈夫张寿轩(张榕轩的幼弟)患精神病，虽经求神问卜不见有效。新玉曾生一子，不数月夭折，遭此打击，呕血病故。黄遵宪对堂妹的不幸十分悲痛，作一挽联："最不幸中国作女子身，绝无半点人权，玉折兰颓，哀死只应论命运；亦颇疑汝躯非寿者相，洒尽一腔热血，香消膏烬，戕生毕竟误聪明。"(张永芳、李玲编：《黄遵宪研究资料选编》上，第417页，香港天马图书有限公司2002年版。)

十月二十三(12月11日)，因总办两粤商务事张弼士与张榕轩有分歧，两广总督岑春煊致电黄遵宪调解。"潮嘉人近为南洋巨商者，皆以报效为当道所重，如张弼士侍郎、张榕轩京卿，其尤著名也。闻部尚书振贝子本拟请张榕轩京卿在北京开办银行，嗣因京卿承办汕潮铁路，急须赴汕，故银行之举，尚拟缓办。岑督宪日前方邀张弼士侍郎总办两粤商务，兹闻张侍郎复荐嘉应谢梦池观察协同办理，昨已由岑帅电致黄公度京卿代为劝驾云。"(《岭东日报》，光绪二十九年十月二十三日。)

本月，黄遵宪命黄鼎崇等人往新加坡清理商务，黄遵庚因欲往日本留学，苦无经费，乃决先往南洋向亲友告贷，故三人同行。黄遵庚与黄鼎崇在香港乘法国邮轮先行。

十一月(12月)，温仲和致函黄遵宪，谈及岭东同文学堂事："公度吾兄同年大人阁下：久未奉讯，伏维起居胜常为慰。岭东同文学堂冲突一事，想早有所闻，自前月上峰派陈、刘二委员查办，学务处督办深以学生聚久，总理教习未定，恐一旦溃散，则学堂不能保全，因请弟暂行维持，风潮至今未息。弟本承乏，府中学堂本难兼顾，然为大局起见，又不能不出，今拟部署略定，即行辞退，请学务处另派人接办，以弟客籍，土人不免嫌疑也。二委员办事，一秉至公，不为所挠。目下稍有头绪。刘铭伯同年奉札到州查办务本学堂，平日倾慕公，嘱弟因书为介绍，并欲索公赠诗，以无虚此行，其人诚恳真挚,想公亦不能固却也。陈太守谈次亦极佩服公诗,尤佩服《今别离》诸作,谓公五古并世,无人能及,不可谓非知己也。手此。敬叩道安。"(温仲和:《求在我斋集》卷五,第25—26页。)

黄遵宪三孙黄延毓生,黄鼎崇出。(据《钱谱》。)

黄遵宪四孙黄延绰生,黄冕出。(据《钱谱》。)

黄遵宪在家,理论兴趣浓厚,有研究孔子思想体系的想法,又有研究客家源流的打算。黄遵楷《先兄公度先生事实述略》云:"从事著述拟著《演孔》一书。外此,则欲有所著述,以养天年。尝曰:'近人每见二百年前天主教之盛,以为泰西富强,由于行教,遂欲尊我孔子以敌之。又闻彼教有讥孔子为不知天道,而陋之为小者,辄倡言保教以卫之。是以贤知者之过虑耳。夫西人崇教之说,久成糟粕;袭人唾余而张吾教,甚无谓也。况孔子实为人极、为师表,而非教主。凡世界教主,无论大小,必嚣嚣然自树一帜而告人曰:"从我则吉,否则凶。"孔子因人施教,未尝强人以必从也。故耶之言曰:"吾实天子!"回之言曰:"吾为天使!"佛之言曰:"上天下地,惟我独尊!"孔子则曰:"可与天地参,可以赞化育。"实则参赞之说,兼三才而一之,真乃立人道之极,非各教之托空言者可比。人类不灭,吾教永存;他教断不得搀而夺之。'又曰:'儒者为世诟病,洵不足讳。然儒教不过九流之一;其服儒服、言儒言者,又比比皆是。若孔子,则不当以儒为限也。刘歆《七略》,不能出孔子于儒教之外,窃已叹其识力之未充。吾尝胸中悬一孔子,其圣在时中。所以时中,在用权;所以能权,在无适无莫、毋固毋我。无论何教,有张彼教之长以隘孔子者,吾能举孔子之语以拒之、正之。无论何人,有抉孔子之短以疑孔子者,吾能举孔子之语以解之、驳之。此吾所以欲著一书,名曰《演孔》以明之,或有以成吾说也。'又尝编辑家谱,以明客籍之由来。"(《全集》下,第1581—1582页。)

本年,黄遵宪有诗《寄题陈氏崝庐》二首。怀念陈宝箴。张堂锜列此诗于光绪二十九年(1903年)。第一首诗从崝庐的前后主人与黄遵宪的关系谈起,说到崝庐的景物和世事人情的变化,慨叹忠贤祈死、受生患始的时世;第二首诗由黄遵宪放归后的生活,说到崝庐主人在湘推行新政被斥,慨叹国弱民穷,无人救治。诗曰:"前者主人翁,我曾侍杖履。后者继主人,雁行我兄弟。滔滔大江流,前水复后水。一息不停留,百川互输委。翁昔笑倚栏,早识生灭理。蓬蓬马鬣高,万古藏于是。一官甫归来,乃无托足地。生当大乱时,忠贤或祈死。人至以死祈,世事可知矣！嗟嗟我华种，受生即患始。尽是无父人，呼天失怙恃。弱肉供强食，谁能保没齿？翁今顺化去，万事责可已。呼龙下大荒，倘作神游戏。屋后《瘗鹤铭》，是翁记默示。阶前红杜鹃，是子所染泪。鹤家鹃巢间，乃我寄题字。揣翁垂爱心，万一肯留视。""负墙一病叟，吞声几欲哭。居此三四世，手执茅衣屋。作犬不守门，作猱不升木。坐令田荒芜，万事付手束。自官教我耕，暂学种蔬蓛。横纵济尽通，方整帛有幅。门前桑竹茶，坐我树阴绿。携儿哺鸡雏，反益有余粥。倘官遂设施，庶几一年蓄。何期麦尝新，不及今兹孰。炭船溯湘来，篙工偶托足。称官老陈米，意比凶年谷。长沙露行客，肩挑笑歌逐。城中诸娄罗，莫敢侵半菽。沉沉石墨缘，穷搜到地轴。家家易金归，乐祸天雨粟。人人他不知，只知小人腹。帝清爱下民，赖官锡民福。官胡弃民归，世亦嫌薄禄。江神夹海若，蹴我国日蹙。无人救饥溺，听我饱荼毒。社时操豚蹄，待向墓前祝。"（《诗草笺注》下，第1065—1069页。）

本年，黄遵宪有《小学校学生相和歌》十九首。梁启超是见黄遵宪的《军歌》二十四章和《幼稚园上学歌》后，才见此歌，《幼稚园上学歌》应发表于1903年，故见此歌时应在本年。《饮冰室诗话》录有此歌全文，梁启超言此歌以一人唱，章末三句，诸生合唱。（梁启超：《饮冰室诗话》，第60页，人民文学出版社1959年版。）"来来汝小生，汝看汝面何种族？芒砀五洲几大陆，红苗蜷伏黑蛮辱。虬髯碧眼独横行，虎视眈眈欲逐逐。於戏我小生，全球半黄人，以何保面目？""来来汝小生，汝所践土是何国？身毒沦亡犹太灭，天父悲啼佛祖默。四千余岁国仅存，盖地旧图愁改色。於戏我小生，胸中日芥蒂。芒芒此禹域。""来来汝小生，人于太仓稊米身。人非群力奚自存，裸虫三百不能群。菹龙柙虎人独尊，非众生恩其谁恩？於戏我小生，人不顾同群，世界人非人。""来来汝小生，汝之司牧为汝君。尊如天帝如鬼神，伏地谒拜称主臣。汝看东西立宪国，如一家子尊复亲。於戏我小生，三月麇裘歌，亦曾歌维新。""来来汝小生，汝身莫作瓶器盛。牛儿马儿堕地鸣，能饮能食能步行。三年鞠我出入腹，须臾失母难生成。於戏我小生，佛亦报亲恩，忘亲乃畜生。""听听汝小生，人各有身即天职。一身之外皆汝敌，一身之内皆汝责。人不若人吾丧吾，怙父倚天总无益。於戏吾小生，绝去奴隶心，堂堂要独立。""听听汝小生，天赋良能毋自弃。谁能三头与六臂？谁不一心辖百体？听人束缚制于人，是犬縶尾牛穿鼻。於戏我小生，汝非狼疾人，奈何不自治？""听听汝小生，汝辈即是小团体。相亲相爱如兄弟，如友相助如盟会。一群苟败羊尽亡,敢惮为牺私断尾。余戏我小生,六经新注脚,要补合群谊。""听听汝小生,人不可无谋生资。嘴短懒飞雀啼饥,游手坐食民流离。黄金世界正在手,人出只手能维持。於戏我小生,而今廿世纪,便是工战期。""听听汝小生,人人要求普通学。不愿白鸟出一鹗,不愿牛毛变麟角。空谈高论不中书,一任代薪束高阁。於戏我小生,三年几巍科,何补国昏弱?""听听汝小生,我爱我书莫如史。此一块肉抟抟地,轩顼传来百余世。先公先祖几经营,长在我侬心子里。於戏我小生,开卷爱国心,掩卷忧国泪。""听听汝小生,人言汝国多文辞。彼尖尖笔毛之锥,此点点墨染于丝。何物蟹行肆蚕食,努力努力争相持。於戏我小生。世无文弱国,今非偃武时。""听听汝小生,欲求国强先自强。食案以外即战场。剑影之下即天堂。偕行偕行若赴敌,朝歌夕舞黑裲裆。於戏我小生,生当作铁汉,死当化金刚。""听听汝小生。雪汝国耻鼓汝勇。芙蓉熏天天梦梦。鬼幽地狱随地涌。吸我脂膏扼我吭,使我健儿不留种。於戏我小生,谁甘鱼烂亡,忍此饮鸩痛!""勉勉汝小生,同生吾国胄吾民。南音北音同华言,左行右行同汉文。索头椎髻古异族,久合炉冶归陶甄。於戏我小生,愿合同化力,抟我诸色人。""勉勉汝小生,既为国民忍作贼! 国民贵保民资格,国民要有民特色。任锄非种任瓜分,心肝直比黑奴黑。於戏我小生,焚尽白降幡,有我无他国。""勉勉汝小生,汝读何书学何事? 佛经耶约能救世? 宗教神权今半废。莫问某甲圣贤书,我所信从只公理。於戏我小生,口唱汉儿歌,手点《尧典》字。""勉勉汝小生,汝当尽职务民义。嬴颠刘蹶几兴废,蚩蚩不问官家事。栋折榱崩汝所知,天坠难逃天压己。於戏我小生,誓竭黔首愚,同救苍天死。""勉勉汝小生,汝当发愿造世界。太平升平虽有待,此责此任在汝辈。华胥极乐华严庄,更赋六合更赋海。於戏我小生,世运方日新,日进日日改。(《全集》上,第225—227页。)

  本年,丁日昌之子丁惠康拟与黄遵宪、梁启超、熊希龄等在上海经营瓷业公司,集资五十万,以作维新党务经费,后因黄遵宪病逝而未成。(蒋英豪:《黄遵宪师友记》,第33页,上海书店出版社2002年版。)

  本年,黄遵宪在家读书,眉批李商隐《锦瑟》一诗云:《锦瑟》笺释文书于黄遵宪之藏书《七言今体诗钞》中。该书藏于人境庐管理所,编号6(119)。四针眼,刻印本,灰色软封皮上无书名题字,书前后各有红白二页作衬。墨迹为黄遵宪亲笔所书,具体位置在《七言今体诗钞五·李义山三十二首》第六页《锦瑟》条及随后的第七、八页的页眉之上。"《锦瑟》一篇,说者纷如聚讼。遗山《论诗绝句》谓无人作笺,新城尚书亦有'一篇《锦瑟》解人难'之句。余谓此诗托始篇首,即以当序。盖自伤身世,悲哀危苦,惟其身如蝴蝶,不得不心托杜鹃。今集中诸诗,洒泪如珠,生烟似玉,将来追忆,或识此情。而身在当时,竟不能明言其情隐。义山又有句云:'楚雨含情俱有托。'又曰:'夫君自有恨,惟藉此中传。'即此诗注脚也。刘贡父诗话以锦瑟为贵人爱姬之名,《缃素杂记》所载东坡适、怨、清、和之说,固属谬论。即朱氏以为悼亡之诗,冯浩比之无题之作,亦未得解也。"(《七言今体诗钞》,人境庐管理所,编号6[119]。)标点为编者所加。黄遵宪读书,没有批书的习惯。但在李商隐《锦瑟》一诗上,有难得的黄遵宪眉批。本文写作时间不可考,鉴于黄遵宪1904年后身体日衰,无暇读诗,故置于1903年底。

光绪三十年甲辰(1904年)　五十七岁

【国内外大事】正月(2月),保皇会在香港集会,主要讨论商会事宜,康有为、梁启超、徐勤和各地保皇分会的代表参加。十月十四(11月20日),光复会在上海成立,蔡元培任会长,宗旨是"光复汉族,还我山河,以身许国,功成身退",以暗杀和武装暴动为革命的主要手段。十一月二十七(1905年1月2日),旅顺俄军正式签订投降文书,旅顺战役以日军胜利结束。

二月初一(3月17日),松口人梁少慎、饶逸梅二人前往日本习速成师范,黄遵宪亦准备派三人到日本学习。"嘉应松口之蒙学堂,由张榕轩京卿、谢梦池观察及绅商捐金建设,尝纪闻前报。其校舍由梅东书院地,殃及狭隘,议将邻右之宁丰寺迁改始适于用,闻有从中阻挠者,至今尚未妥协。惟现在公认提款若干,拟派梁君少慎、饶君逸梅二人前往日本习速成师范,迨卒业后授以教习之任。闻梅、饶二君,不日即束装东渡矣。○又闻梅州城亦拟派师范生三人东渡,其款由黄京卿公度先行挪出云。"(《岭东日报》,光绪三十年二月初一日。)

二月十四(3月30日),梁国瑞去世,黄遵宪作挽联:"赤眉盗党频岁弄兵相对每绸缪,从今细雨檐花公谊私衷向谁说;白头弟兄同居共灶新迁方颂祷,何言明朝薤露哀辞吉语竟齐来。"丘逢甲亦作一联:"韩江话雨曾井评泉旧约尚重寻,双鲤迢迢何意尺书成绝笔;桂水传烽辽河闻警故人谁共舞,荒鸡喔喔空挥雄泪满征衣。"(《岭东日报》,光绪三十年二月十四日。)

本月,黄遵宪创办东山师范学堂。关于师范学堂的开办时间,《梅州中学校史》记载,"东山初级师范学堂创办于清光绪三十年(1904年)冬,为黄公度创办,李悼汉、张凤诏等监督。"(梅州中学校史编委会:《梅州中学校史》,政协梅州文史委员会:《梅州文史》,第65页,1995年版。)师范学堂1903年筹办,1904年正式开办,而正式招生则是在1905年黄遵宪去世之后。具体招生过程可见《岭东日报》光绪三十一年(1905年)十一月初八日和二十日的消息:"嘉应师范学堂收纳报名填册费。嘉应东山师范学堂,经学务公所议禀请州尊,示期招考。其报名填册者,照黄京卿原定章程,收册费银一元。闻州人士以各处学堂报名招考,无此办法,而寒士更不易为力,一时为之哗然。近日各城门遍贴揭帖,咸集矢于学务公所。闻该公所员绅,则以前此到所报名、照缴册费者,已逾百人。今再行核减,转觉参差不齐,且学堂已免收学费,酌纳册费,正所以坚向学之心,决议仍照旧章收费一元,已将此意宣布,不知能息士论否也。""嘉应师范学堂定期招考。嘉应东山师范学堂,业经陈牧伯于本月十三日出示招考,略谓准于十一月二十八日,会同丘主政在学院考试,额取一百二十名。自示之后,阖属士子如有自恃合格,务宜早日到学务公所报名,毋稍观延致误之云。"由上两则新闻可知,黄遵宪去世后,东山师范学堂执行的仍然是黄遵宪所制订的办学章程,并因按章程规定收取报名费还引起了一场风波。该校于光绪三十一年(1905年)十一月二十八日第一次招生,由接替黄遵宪的学务公所所长丘逢甲主考,面向嘉应五属共招收师范生一百二十名。

三月初四(4月19日),黄遵宪邀集地方人士召开会议,成立"嘉应兴学会议所",制订了《嘉应兴学会议所之章程》。在这次会议中,黄遵宪被推举为会长,同时推举各地士绅四十人为会员,以共同筹划推动嘉应州教育事业为目标。黄遵庚言,兴学会议所之创设是光绪二十九年(1903年)十一月,黄遵宪上书两广总督岑春煊,请在嘉应设中学及学务分处。其时广州设有学务处,由张鸣岐主持。返里后,即在附城设义兴学会议所,请黄遵宪出面主持。(黄遵庚:《六十年之我》,第5页,且斋藏本。)

嘉应从惊蛰至立夏,积阴雨凡六十日。黄遵宪肺疾增剧,肺管微丝泡舒缩之力,不能完全。四月以后,才渐有起色。(《诗草笺注》下,第1251页。)

三月初十(4月25日),《岭东日报》载嘉应学子东渡日本消息:"梅州人士今年赴日本游学者,已有温君静侯、梁君少慎、谢君良牧、饶君一梅,日昨由汕东渡。兹悉尚有杨君徽五、黄君篑孙、黄君幼岑、李君竹琴等十余人,不日束装前往。黄杨三君,为黄公度京卿拨款派遣,余皆自备资斧云。"(《岭东日报》,光绪三十年三月初十日。)

三月十三(4月28日),黄遵庚、黄璇泰等一行八人从汕头出发,东渡日本留学。(黄遵庚:《六十年之我》,第5页,且斋藏本。)东渡前,黄遵宪函托梁启超关照,梁启超待之极厚。

三月十七(5月2日),《岭东日报》刊载《嘉应兴学会议所之章程》:

"第一条,本会所名为兴学会,所系专为预备兴学筹商办法而设。

"第二条,凡有关系兴办本州各堡公立学堂事务,本会所均可与闻其事。

"第三条,所有兴办学务,除遵照迭次上谕及钦定章程外,或奉管学大臣通饬公文,或奉本省地方官长札令举办,虽或为时势所限,或因物力不足,未能一时举行,亦必斟酌时宜,以期循序渐进,择要施行。

"第四条,本会所公举会长一人,一切事务咸归总理。

"第五条,设会员约三四十人,遇有兴办要事,均邀请会议,准从众公例以多寡定从违,其有议论两歧,未归划一者,由会长裁决。

"第六条,本会所于会员中举三四名为干事,凡事经会员会长议定后,所有禀牍函启,即用干事之名为本会所代表人。(此项干事拟每年更换,更换后仍充本会所会员。)"(《岭东日报》,光绪三十年三月十七日。)

三月十八(5月3日),《岭东日报》继续刊载《嘉应兴学会议所之章程》:

"第七条,将来兴办各事,或择地,或筹款,或延聘师范,或购买各项教科书及各科学仪器,再由会长商请干事分任其事。现在兴办之初,由各干事会同办理,暂不分任。

"第八条,凡我州人,或游学在外,或经商远出,有热心兴学,愿襄助本会所事务者,如经函告,应列为本会所名誉成员。

"第九条,本会所设书记生一名,月支津贴银五元,所有函牍起草及银钱簿记等事,交伊管理。设杂务生一名,月支津贴三元,以便襄办一切杂务。

"第十条,本会所设文稿簿一本,凡有发出函牍,应将已定之清稿录入簿内,经会长干事标阅后,再行誊发。设办事簿一本,将所办各事随时札记,以便稽查。又设记数簿一本,将支用各款,逐款登记,以便会长、干事、会员各位查阅。

"第十一条，本会所用丁役二名，以供送稿、请人，一切奔走趋使之用。

"第十二条，本会所暂用上年阅报所所用公款，该款由保安局代收，交本所支用。

"第十三条，现在暂借南门外黄氏荣禄第铺店为会议所，一俟所请官地拨出后，再行搬迁。

"第十四条，本会所开办之初，所有章程暂举大略，以后逐渐扩充。此项章程，即可随时更改。"（《岭东日报》，光绪三十年三月十八日。）

春，黄伯权到广州应考留学生试，获备取第一名，致函黄遵宪，问应赴何国，就学何科，三月二十五（5月10日），黄遵宪复函称："通侄阅悉：昨得汝函，知已考得游学正取，举家忻喜，余尤为喜慰。余意以为，学校中多一吾家子弟，他日门闾之大，乡里之荣，皆于是卜之。后起之秀，尤属望在汝，汝宜不负期望也。汝询问将来专门之业何项为宜，汝所答云'俟普通学卒业再定'。此语甚是。余念学务中所询，不过以此二项，看汝志趣何如耳。实则官费学生，以学政治学、法律学为便也。出洋在何时，派何国，能自主否？汝习英文，可派往欧洲，但汝于普通小学未卒业，如往欧美，无学校可入，因年纪与学业程度不相合故也。（西人普通小学大约八岁至十三四岁，汝今年二十，故不便也。）能往东洋，学伴较多，又可兼汉文、和文，余以为往日本最好，但不知能自主否耳？汝家均安好。余病近日有起色，然复元则尚需时也。出门起居，汝自检点。手此，为君道喜。公度手书。三月二十五日。"（《全集》上，第450页。）

本年，黄遵楷权厦防同知，在任内主办警察以保民，函商于黄遵宪。又遵楷长子黄伯权往广州考留学生试，获备取第一名，以此事相商于黄遵宪。四月二十（6月3日）、四月二十八（6月11日）黄遵宪二次复函。录黄遵宪致黄遵楷函如下：

"今日甫能执笔作弟复函，深自愧恨。然今日犹能执笔述吾近况，又窃自欣幸。兄自前岁在汕得寒喘疾，时作时止，去年七八月，渐觉增剧，加意调理，入冬以后，竟尔安好，以为复元矣。开春以后，旧疾复作，遇阴雨则甚，乃惊蛰以前闻雷，自正月十八至三月初八，凡五十日，不见白日，兄并未下楼一步，坐书椅一刻，抑郁沉闷，如坐愁城中，稍一劳力，作一急步，则喘起，甚至安坐时，亦或气涌，所幸历时不久，仅十数分钟便止。然日渐羸瘦，饮食亦无滋味。继而睡眠亦不安稳,杂病日增,精神日惫。服陈丰治痰药无效。西医则谓年老肺弱,如天气清和,可望渐愈,服其治痰药又无效。惟三月中旬,天复放晴,始觉略愈,而骤增热度至八十余度。间日辄酿雨,郁闷异常,病有增无减。至本月初间,得雨甫见顺境,近乃日有起色,以后当竭力调养。西医劝其往无雨之地,明春或往芝罘一游也。

"勉帅于兄甚为殷拳。弟函谓兄如来闽,当邀入幕府,闻之感喜。兄于勉帅颇有知己之感,盖声气相求,其质直好义之处,颇有一二近似之处,故心心相印也。兄于数年前,经由内外大僚保荐,得旨存记凡十五次,中惟唐春卿侍郎一折,保其办理银行、铁路、一切财政,称其忠实廉直,近所罕觏,为吾所最喜。此外多赞称学问才调,并及阅历,半属皮相之言。春卿为兄三十年旧交,知之最详,若勉帅止见一二次耳,而知其品行,故兄尤心感也。前在江西时,承其邀约,本欲以游客前往,看有可以效力之处,再行留驻。嗣闻柯巽庵中丞略有意见,勉帅旋移节来粤,因而中止。陈再芗告徐观察,谓如果奏调,兄必能来,系属误会,以三品京员处司道之间,殊难位置。兄以为指定某席,专治某事,犹觉不便,况奏派某事乎?且廷旨苟不谓然,不更窒碍乎?今闽省事权归一,并无同城掣肘之人,勉帅又不拘以某事,尽可竭其驽钝,襄助一切,尽吾力之所能,以资一臂之助,即藉以稍表寸心。

"读弟来书,旁皇不释者数日,然病躯若此,万难出门,惟呼负负而已。

"弟办警察,比兄在湘时,我用我法,权自己操,自有不能如意之处,然以实心实力行之,必有效可观。年来警察谤议纷然,而兄于群疑众谤之交,孤行己意,本使持异议者称为成效大著,舆情悦服,(俞廉三详鄂督,鄂督据以入奏云尔。)何也?吾实以保民之意行之,非藉以行官权也。(以上为四月廿日作。继以淫雨三日,又复病作,盖因肺弱,所食湿气,转输不灵故也。不知如何调摄乃能复元,虑此后不能再出任事矣。)

"通侄从槟榔屿归,精神耿耿,殊有蒸蒸日上之势。此次考游学,吾以为必得,不意既得而复失,然亦无关要紧也。吾以为不如自费直往日本为便。询熙侄意向,亦甚有志自爱,亦欲游学。然看其聪明,似逊于其兄,先往汕头,亦未为不可。此外,后起天资,以源侄为最,然成就与否,则视教育耳。延豫一变,颇有英气,此年来稍慰之事。但使吾家子弟在学校中者有数人,门闾之昌,总可计日而待也。庚弟不往日本,吾所遣清侄及杨徽五往学师范者,亦与偕行,到神户后,丰、豫亦随往东京。端兄所捐县丞,已办妥矣。年来所亟亟以求者，意欲以普及之教育，使人人受教，法在先开师范学堂，二年后师范卒业生已多，通州可遍设蒙小矣。东山书院两横屋已修好，惟扩充之屋，明年乃能毕工，第未知吾身体强弱何如耳！

"吾秉赋不强，少时又受早慧之累，在坡在湘，二次大病，虽善自调摄，已日见老羸矣。平生怀抱，一事无成，惟古今体诗能自立耳。然亦无用之物，到此已无甚可望矣。惟望弟侄辈各自努力，以期立德立功耳。"（《全集》上，第451—452页。）

五月十五（6月28日）黄遵宪派两名学生到学务处学习。"学务处开设之练习所，各府州县多派人前往练习，迭纪本报。嘉应一州现经黄公度京卿保送二人，为张茂才慎三、李茂才叔范，均由秦牧伯发给川资，约本月望后，即启程前往矣。"（《岭东日报》，光绪三十年五月十五日。）

本月，嘉应筹建嘉应官立中学堂，由于工程庞大且涉及巨额经费，兴学会议所曾就此事反复讨论。"廿二日，复开议会，会长黄公度京卿议将培风书院拍卖得款后，以北冈义仓、先农坛为改建中学堂之基址，众议员皆以为然，不日即照议举行矣。"（《岭东日报》，光绪三十年五月二十八日。）

六月十一（7月23日），黄遵宪在兴学会所发表演说。《岭东日报》消息："上月廿三日午后，嘉应黄京卿与各议员会于学务所，到坐者十余人，京卿当众演说曰，目下教育急务，惟多设学堂哉，然学堂之设，必以蒙学为始基。登高自卑，行远自迩，不易之理也。然蒙学易设，师范难求，有蒙学而无师范，谬种流传，难期效果。不敏本年派数人到东洋学速成师范，正虑此也。迨明年后，师范生回来，东山改造之学堂亦已竣工。从此先开师范学堂，可容百余师范学生。迨年半后，则师范济济，吾梅五属，不患无师，而蒙学可多设矣，但教科书之善本，则尚费搜寻耳。众皆拍掌。"（《岭东日报》，光绪三十年七月十四日。）

六月二十（8月1日），黄遵宪买下嘉应商人黄又盛格隆泰商行名下的聚昌当铺的一半资产，另外一半卖给海源商号的黄达夫，改名为信安当，与其弟黄遵模、黄遵楷合伙经营。买卖合同字据内容如下："立按生字人侄又盛同男聪昌，今向得公度叔大人按生过足重边五仟大元，柒佰贰拾伍伸重叁仟陆佰贰拾伍两正，言明每月每两供息捌厘正，期限于本年底母息一足完清。倘或过期不还，即将上市铸锅巷口自己份下聚昌当货一半作抵清。并任凭公度叔管业发卖。恐口无凭，立按生字付执为据。"（黄广昌：《黄遵宪晚年最后一次商业活动钩沉》，《侨乡月报》，2019年第1期。）

七月初四（8月14日），黄遵宪致函梁启超，谈及身体近况并陈述政治、文化主张："自今年惊蛰至立夏，积阴雨凡六十日。仆肺疾增剧，日坐愁困中，几不能凭几案亲笔砚。（寻常肺病畏寒患喘，仆则畏雨，盖呼吸湿气，转输不灵也。此患得于伦敦蒙务中，经星坡、湖南二次病而增甚，今则老而益弱矣。然苟得空气干燥之地住居一二年，或犹可望治。）四月以后，渐有起色。

"得公上海所递书，循环捧读十数次。往时见公函，每惊喜踊跃，如杜陵手提骷髅之诗，可以愈疟。而此次转增我愁闷，盖以公失意之事多，忏悔之心切，亦使我怅惘而不知所措也。函中语长心重，诚非仆所敢当，所商榷云云，亦未易作答。坐是之故，忽忽又逾两月。比又得公南旋不见之诗，益知爱我之切，若一一按照前函而复，诚非数万言所能罄。今姑仿前约三百字之例，每一相思，辄作数十行商一二事，意倦兴尽，亦听其中止，藉以慰公之情，亦良胜于无也。

"公之归自美利坚而作俄罗斯之梦也，何其与仆相似也。当明治十三四年，初见卢骚、孟德斯鸠之书，辄心醉其说，谓太平世必在民主国无疑也。既留美三载，乃知共和政体万不可施于今日之吾国。自是以往，守渐进主义，以立宪为归宿，至于今未改。仆自愧无公之才、之识、之文笔耳。如有之，以当时政见宣布于人间，亦必如公今日之悔矣！仆前者于立宪之说，且缄闷而不敢妄言。然于他人之提唱革命，主持类族，闻之而不以为妄，谓必有此数说者各持戈矛，互相簧鼓，而宪政乃得成立。（仆所最不谓然者，于学堂中唱革命耳。此造就人才之地，非鼓舞民气之所。自上海某社主张其说，徒使反动之力破坏一切，至于新学之输入、童稚之上进，亦大受其阻力，其影响及于各学堂、各书坊，有何益矣？若章、邹诸君之舍命而口革，有类儿戏，又泰西诸国之所未闻也。）公之所唱未为不善，然往往逞口舌之锋，造极端之论，使一时风靡而不可收拾。此则公聪明太高、才名太盛之误也。东西诸国距离太远，所造因不同而分枝滋蔓，递相沿袭者，益因而歧异，乃欲以依样葫芦收其效果，此必不可之事。如见日本浪士之侠，遂欲以待井伊者警告执政；见泰西景教之盛，亦欲奉孔子而尊为教皇，此亦南海往日之误也。

"公自悔功利之说、破坏之说之足以误国也，乃一意返而守旧，欲以讲学为救中国不二法门。公见今日之新进小生，造孽流毒，现身说法，自陈己过，以匡救其失，维持其弊可也。谓保国粹即能固国本，此非其时，仆未敢附和也。如近日《私德篇》之胪陈阳明学说，遂能感人，亦不过二三上等士夫耳。言屡易端，难于见信，人苟不信，曷贵多言！仆为公熟思而审处之，诚不如编教科书之为愈也。于修身伦理，多采先秦诸子书，而益以爱国、合群、自治、尚武诸条，以及理化、实业各科，以制时宜，以定趋向。斯宾塞有言：'民德不进，弊或屡易其端，而末由杜绝。'至哉斯言。仆近者见日本人之以爱国心、团结力，摧克大敌也。专以普及教育为目的，既发端于一乡，并欲运动大吏，使遍及全省。虽责效过缓，然窃谓此乃救中国之不二法门也。当道能提挈之、辅助之固善，否则乡之士夫，相应相求，亦或可造此规模。不幸而吾民之知、德、力未及建立，而吾国遂亡。然人格略高，求所以保种，而兴灭或亦稍易。往日《时务报》盛行，以后仆即欲以编辑大业责成于公，而展转未获所愿。今日仍愿公专精于此事，其收效实远且大也。

"前读《管子传》，近见《墨子学说》，多有出人思想外者。益叹智愚之相去何啻三十里哉！仆尝谓自周以后，尊崇君权，调柔民气，多设仪文阶级，以保一家之封建，致贻累世之文弱，召异族之欺凌者，实周公之过也。至周末而文胜之弊尽见矣。于学术首唱反对者为老子，然老子有破坏而无建设。（其所企慕者，乃在太古无为之治耳。）至墨子而尚同、尚贤，乃尽反周道，别立一宗矣。于政治首立异说者为管子，然管子多补苴而少更革。（以《管子》《周礼》互相参校，大概可睹。）至商鞅而教战教耕，乃尽废周制，而一扫刮绝矣。是四子者，皆指周公为的而迭攻之。而孔子则介乎四子之间者也。曰通三统，曰张三世。于文献也，有征杞征宋之言；于礼之损益也，有继周之想；其于周公不必尽反，亦不必尽从，（尝疑梦见周公，盖因有不合者，抑而思之，乃征于梦也。若不过于墙见舜，弹琴见文，此思古幽情，虽衰老亦能为之，何必兴叹哉！）盖一协于时中而已。

"自周以后，始有儒称，实成周时庠序中教师之名耳。《周礼·太宰》四曰："儒以道得民。"注曰："儒，诸侯保民有六艺以教民者。"又《大司徒》四曰："联师儒。"注曰："师儒，教以道艺者。"）其道在优柔和顺，以教民服从为主义，是周公创垂之教也。《礼记·儒行》释文："儒之言，优也，和也。"言能安人能服人也。《说文》："儒，柔也。"《广雅·释诂》："儒，柔也。"《素问》名曰："枢儒。"注："儒，顺也。"是皆历世相传之古训。甚至《广雅·释诂》："一儒愚也。"《荀子·修身》偷儒，注儒谓"儒弱畏事"。《礼记·玉藻》："儒者所畏"注："儒，弱也。"则儒字益不堪问矣。）若我孔子，则综九流，冠百家，不得以儒术限。（儒乃孔子之履历，非孔子之道术，汉儒亦多未明白。然汉以前训诂家,尚无以儒为孔子道者。惟《淮南子·俶真训》,儒墨乃始列道而议。高诱注:"儒谓孔子道。"然此注乃为此语而发,非通论也。闻南海有儒为孔子所建国号之语。是亦见释迦之创佛教,耶稣之创天主教,摩诃末之创回教,误以为儒教亦孔子所创也。)世以周孔并称,误矣!误矣!公之《变迁论》以南北分学派,以空间说。(此论不甚确,盖论地理而证以学派则可,论学派而系以地理则窒碍多矣!)仆之此论,由周初以逮战国,以时间说。公谓此有当于万一否?幸纠正之。"(《全集》上,第453—455页。)

本月,温仲和回家乡松口养病,在家乡提倡新学。八月十三(9月22日)温仲和去世,黄遵宪亲临吊唁,挽联云:"少年同志,卅载故交,寥落数晨星,伤哉梁木材颓,又弱一个;旧学商量,新知培养,评论公月旦,算到松江名德,同列二何。"(《梅县志》,第1106页,广东人民出版社1994年版。)

八月二十六(10月5日)潮州金山书院议请黄遵宪为总教习。"金山总教习温慕柳太史逝世后,郡中绅士以斯席关系全潮学界,责任匪轻,群议明年延聘黄京卿公度为总教习,特金商道府。闻褚观察即于昨日函致京卿矣,以京卿经济文章久为中外人士所钦佩,苟得延之以主教务,则岭东学界必焕然可观也。"(《岭东日报》,光绪三十年八月二十六日。)

本月,黄遵宪筹办嘉应犹兴会,作为成人教育机构。《岭东日报》载:"近日新学萌芽,年少者可以入学堂,其年纪长大者于新学不免有向隅之叹。嘉应黄京卿公度近创一犹兴会,专结集年纪长大者与会其中,分科研究。现立章程十二条,愿入会者限十月底在兴学会议所报名汇齐,其经费由会友公摊云。"(《岭东日报》,光绪三十年八月二十六日。)

八月二十八(10月7日),《岭东日报》载黄遵宪《嘉应犹兴会章程》,提出成人教育的设想十二条:"鄙人兴学之意,专重普及小学校,业已缮启公告。惟念我同志诸友,年既长成,不复能循序渐进以求普通之学,负笈远游,固未易言。而商量新学,难得良师。补习各科,亦无余暇。玩时废业,良为可惜。现拟设一讲习会,以期有志诸君,互收良友切磋之益。所有章程,分条具下,乞共商之。

"第一,此会名曰犹兴会,以时务期知今,以新学求切用,以专门定趋向,以分科求速效,以自治为精神,以合群求公益。

"第二,拟分各科:一曰政治(兼法律);二曰修身(兼伦理);三曰卫生(兼身体);四曰生计(兼实业);五曰教育(兼管理学校法);六曰历史(兼地理);七曰算术；八曰格致(兼动物、植物、力学、汽学等类)。

"第三，以上各科拟购齐应用各书以备阅看，每人自占一科或二科，编定功课，自行评点。

"第四，每人设一札记，于评点之余，自所见引伸，道攻驳，或有疑义；随时札记录，以便汇请名师评议。如一时无良师，暂以鄙人承乏，亦愿诸君子赏奇析疑，冀收教学相长之益。

"第五，设一听课所，每日定以一二时由专科学友演说所习，以告于众。其余各科环坐听讲，将本会各科，轮流演说，周而复始。

"第六，赁一馆公同食宿，本会并未延师，无须束脩。惟食宿各费，应由会友自备。

"第七，本会设有规条，一切起居饮食，均有定则。务须整齐敬肃，不能随意自便。

"第八，本会既有规条，于众友中公举二人为监课，公举二人为监仪，会中诸友应听其稽察。有不合者，先密为谏止，如不悛改，即公告于众，应责令出会。

"第九，此项监仪、监课，应轮流选举，每半月即行更易，如再经众友公推，亦可接办。

"第十，有愿入此会者，祈将名姓籍贯年岁住址开具，函送兴学会议所。务于本年十一月底送到，以便酌度人数，租赁地方及购办一切器具。

"第十一，本会应用书籍，由会友自备。一切灯烛杂费，由会友公摊。

"第十二，本会尚拟聘一教习英文兼教体操，大约每年束修约费五佰元。如各有愿习此二项者，请于开名入会之函中声明，以便汇计人数，照数分摊。譬如入会者有五十人愿习此二项，每人应分摊十元，多寡准此。兴学会议所会长黄遵宪启。"(《岭东日报》，光绪三十年八月二十八日。)

九月(10月)，朱祖谋舟过香港，有《夜飞鹊》词寄黄遵宪云："沧波放愁地，游棹轻回，风叶乱点行杯。惊秋客枕，酒醒后，登临倦眼重开。蛮烟荡无霁，飐天香花木，海气楼台。冰夷漫舞，唤痴龙、直视蓬莱。　多少红桑如拱，筹笔问何年，真割珠崖。不信秋江睡稳，掣鲸身手，终古徘徊。大旗落日，照千山、劫墨成灰。又西风鹤唳。惊箭夜引，百折涛来。"潘飞声在《山泉诗话》卷二载此词，题为《甲辰九月舟过香港倚船晚眺寄公度》。(朱祖谋：《香港秋眺怀公度》，《彊村丛书》，第7253页，上海古籍出版社1989年版)。

本月，岑春煊任两广总督，周善培致函黄遵宪，请教治粤的方法，黄遵宪回信，大意是"经过六年，你该相信我在上海说的'未来的局面要仔细观察'吧！以后未来局面还多得很，我可预言这十年内顶要紧。这十年之内，不是每变愈好，就是一败不可收拾"。并让周善培劝岑春煊，要他"收拾人心，须知道总督是不足重的东西，只要二指宽的一道上谕来，三天之内就得交卸。如果人心不归服你，不但马上卷铺盖，以前即使费尽许多心力，作了许多事，一卷铺盖都一齐完事，卷起来了"。周说："我当时把这封信转给云帅看，云帅也立刻写封信去问候他，谢谢他。但对他说的话，云帅却没有做到。"（张永芳、李玲编：《黄遵宪研究资料选编》上，第108页，香港天马图书有限公司2002年版。）

十一月二十二（12月28日），黄遵宪致函杨徽五、黄篑孙，嘱学费事宜，并嘱预谋在日聘教师[①]。函称："上月底由诗五先生转递一函，当已收阅。本月十一日接到徽五十月十日函，藉悉一切。所云诗五先生处汇银，兹于本初五日将银元三百元交给诗五先生之夫人，并取有收条。付来诗五一信，烦即转交。此项三百元，即是二君学费，除前借丰儿一百元即抵还诗五手外，余银二百元，可以按月向诗五支取。此项用完外，祈约计学费并盘川，撙节而用，共需多少，早为告知，以便筹划。前于上月底芬弟往港时，即函嘱裕和泰汇寄四百元，不意其迁延至于倒闭，此为吾存寄裕隆泰之款，然款未支出，欠债中多此四百元，至今尚无着落也。以后在港托潘祥初亦可，但略费事耳。师范学堂中事，意欲将拟定办法函告侄台，惟刻下尚未能酌定。余病虽未增加而未能复元。大约天气不佳，胸中有饮食停滞，或事不如意，或劳苦不节，则数日为之不快。已成废物，惟躯壳仅存耳。在东洋应预谋者，为延聘东人一事，（其束脩比照汕头之熊泽纯，大约订约二年并来去盘费，以二千元为度。声明系教速成师范生，此项系小学师范，以一年卒业者。）前函所云古城贞吉，试一询问能来与否？其它后再函商。"（《全集》上，第455页。）

十二月十三（1905年1月18日），嘉应松源按黄遵宪办学章程创办蒙学堂一所。"嘉应松源刘氏，近创办蒙学堂一所，已经筹有经费五千余元以资开办，每年常款，拟就地方上一切规费提拔。学舍亦已定有基础，学生额数现已有四十余人，其章程则照黄公度京卿所定办理，现已托王君蕴延聘

[①] 函云"余病虽未增加而未能复元"，据此知为光绪三十年十一月二十二日（1904年12月28日）。

教习三人，以便分科教授云。"(《岭东日报》，光绪三十年十二月十三日。)

十二月十四(1月19日)，《岭东日报》载嘉应办学进展："东山书院改造学堂，将次竣工。黄京卿公度以所派留学日本师范生杨、黄二人，明年冬可以卒业回梅，即于是处开设师范学堂。目下各乡人士愿就学报名者，已有七八十人矣。梅州各学堂之设势将日盛，惟正音学堂倘未有之。近来林仪卿司马与杨君子韶，均在城内设馆，专教正音，就学者均有十余人云。黄京卿热心兴学而苦于公款支绌，前月在学务所集会议，将文庙左旁隙地变卖，得款二千元，于学费不无小补云。梅州府城一带，经志士提倡，风气日新。"(《岭东日报》，光绪三十年十二月十四日。)

本月，黄遵宪议将东山书院改建师范学堂之工程，左右旁舍已经竣工，拟加造两旁舍，其正面三堂，则将地基升高，以避淤湿。其房舍均取宽敞光明，每室可容二人，楼上楼下共二十二间，以四房舍合计之，有八十余间，可容学生百六七十人。(《岭东日报》，光绪三十年十二月二十一日。)

本月，黄遵宪目睹"各乡则锢闭依然，看报纸、志新学者，寥如晨星……因派蓝伯通、钟季通二茂才同往各乡演说新理，启迪愚蒙。各乡人士初闻其说，咸相惊怪。久之，始暂有感动者"。(《岭东日报》，光绪三十年十二月十四日。)

十二月二十六(1月31日)，黄遵宪订立《信安当章程》九条，第一条云："此当店公度、采汀、幼达各出贰仟五百元，实为余兄弟三人伙开之当。"第二条云："度份、采份，先既交出贰仟贰百元顶接原当货架。现由幼达交出贰仟贰百元，又三份，各再津银叁百元(合三仟壹百元。)，出以应当。"第三条云："原当货物点架，计存四千八百五十四两四钱，约值六千九百元，合上条叁千壹百元，共银壹万元，作为此当成本。"第四条云："此当作壹百股，每股壹百元计。度份廿五股、采份廿五股、达份廿五股外，思恩公尝拾股，吴太夫人尝拾股，荣禄公尝五股。"后三者股份，是用作祭祀祖先的资费，每年所生利息，作为子孙扫墓费用。(黄广昌：《黄遵宪晚年最后一次商业活动钩沉》，《侨乡月报》，2019年第1期。)

本月，(1905年1月)黄遵宪作《敬告同乡诸君子》一文，提倡教育。本文首次发表于《东浙杂志》甲辰年第二期，文中有"近日，日本战胜俄罗斯"，日俄战争发生在1904年—1905年间，日大胜俄的旅顺争夺战发生在1904年底，故系于此。

文曰："鄙人环游海外，历十数年，深知东西诸大国之富强由于兴学，而以小学校为尤重,名之曰普及教育,谓无地无学,无人不学也。又名之曰义务教育,谓乡之士夫、族之尊长,各有教子弟之职,各负兴学之责也。又名之曰强迫教育,谓子弟既至学年,而不就学,即当施罚于父兄也。昔德意志攻法,既破法都,德皇大会诸将论功行赏。大将毛奇手执教师指挥之杖而进曰:'今日之役,非将士之力,实学校教师之功也。'近日,日本战胜俄罗斯,论者谓日本之地仅占俄罗斯五十四分之一,日本人民仅占俄罗斯三分之一,而日本反胜者,由于日本小学校学生之数,转于俄罗斯也。兴国之策,莫善于兴学,其效如此。

"兴学之诏,始于戊戌,迨西狩还京之后,迭奉旨催办。既设管学大臣,又钦颁大学、中学、小学、蒙学各章程。然各省大吏,三令五申,卒督责而罔应者,非特无地无款,实无办法、无章程,怅怅乎莫知何所适从也。其误由于科第旧习,以为在京在省,应设大学堂,府治直隶州治,应设中学堂,而不知所谓大中小学堂者,必须循序渐进,历级而升。今小学未开,并无小学卒业生,而遽设中学,其草率举事、粉饰图名者,但将旧日书馆改题办学堂,无一定课程,无递升学级,无卒业年限,而学生又年纪参差,学业歧异,朝来而暮去,此作而彼辍,故年来官立私立学校虽多,然卒以陵节而施,欲速不达,未有尺寸之效,坐不知教育之理、教育之法故也。所幸上年腊底,管学大臣改良章程,声明各地学堂应从蒙、小学、师范学堂着手。而两广学务处,立定期限,亦谓本期专以预筹兴办各蒙、小学堂为宗旨,风声所树,志士响应,歧趋既正,知所导向,此实兴学之机会,亦即学界之幸福也。

"凡兴办学务,必须有师范生,有教科书,有地方,有款项,四者缺一,不能兴学。而师范生非教育不能成。故鄙人之意,必须先开师范学堂。现在修理将竣之东山书院,即拟作师范学堂。鄙人已拣派二人往日本弘文学院学师范,(前商之温慕柳太史,松口亦派二人。)明年夏间可以卒业回国。(又拟聘一日本人能通华语者,或他省人学小学师范已卒业者,与之偕来,作为教师。)所望吾乡诸君子,各就己乡中拣择端谨有志、聪颖自爱之士二三人,开具名单,缄送兴学会议所,(此事关系极要,务祈加意拣择,必求文理明通,品行俱优者,方可录送。如不得其人,将来膺教师之任,谬种流传,贻误不小。)准于今年年底截止,(过期不收。)俟明岁开学时,传集就学,以一年卒业。(现拟章程,来学之师范生不收学费,惟在堂食宿,每月应备饮食费约计三四元之间耳。又新修学堂,约计寄宿寝室可容六十余人。学生之自修室,约可容一百五六十人。如报名人数过多,尚须挑选方可收录。)教科书者,准人生必需之知识,定为普通之学,而又考核学生年龄之大小,度其脑力、精力之所能受,分时分课,分年分级,采择各书籍中之精要,编为一定之书,以施教者也。中国向无此名,(即如史书一类,若《廿四史》,若《通鉴》,若《纲目》,卷帙太繁,以之施教,即不切于用,其他类此。)近年有志之士,始从事编辑。现在虽无十分完善之本,如南洋公学、澄衷蒙学、文明书局、大同学校,各处新刻本,比之旧本,已为远胜。(此类书以新刻者为佳。)拟俟今年年底,集购各本,精心选择。俟择定后,将书目普告于众,即由上海等处购回,以应诸君子之求取。

"有师范矣,有教科书矣,于兴学一事知所措手,即易于施行矣。今所求于诸君子者:第一、先设办事之地,就各村乡中公地暂行借用,名曰"兴学公所"。公举乡中有声望者若干人,每月聚会一二次,以从事筹议;第二、调查学生之数,凡幼童十四岁以下,六岁以上,均为入小学年纪。由各姓族长、各族房长,调查应入小学者若干人,(大约每一学堂多数容一百一二十人,少数容五六十人。)准度人数,以为分分设学堂地步;第三、拣择开学处所。儿童年小,于离隔二三里之地就学,则往来不便,故当择适中之地设学。吾州人稠地狭,虽各大姓聚族而处,而余地空房绝少,故不得不借各庵堂寺观以设学。前奉学务处札饬酌提庙产以充学费,当经会员迭议,议定嘉应一州所有各神庙佛寺,均留作各村乡设立小学之用。业经禀覆大宪在案,诸君兴办小学,自可择地酌借。如因距离之远近,内容之大小,不合于用,即当集款,另行兴筑。

"开学之地果能酌定,所应筹者款而已矣。约计蒙学、小学并为一学堂,(初入塾者名为蒙学。所认之字取简易者。所读之书取浅显明白者。进则为小学矣。日本亦无蒙学,定小学年岁为四年,高等小学为二年。中国所谓蒙学,取旧有之名以名之耳。今酌定蒙学、小学卒业年限合作五年。)岁约需费四百元内外。开办之初,购书籍、备桌椅及教科各器具,约费二百余元。聘一师,束脩约百廿元,(教师功课循常教育有效,岁脩当增,增至二百元内外为度。)至次年,器用之费较省,应加聘一师以助教,(亦脩金百廿元,因开学一二年后,每年有新增学生,应分级教授,故须多聘一师,以后准此。)费用约亦相当。以每学六十人计,上等收束脩六元,(约二十人,合一百二十元。)中等收束脩四元,(亦二十人计,合八十元。)次等收束脩二元。(亦以二十人计,合四十元。尤其贫者,可公议酌减或免收。)每岁本塾约可得二百四十元,所应筹津贴者,约二百元耳。一为绅富捐题,二为地方公款，三为寺庙公产，四为祖尝学谷学租。以诸君子热心提倡，苦心劝办，一乡开至三四学堂，计数当亦不难也。

"东西各国小学校中，普通应有之学，曰修身，曰伦理，曰国文，曰算术，曰历史，曰舆地，曰理科，(以天然物及自然现象启诱儿童，凡动物、植物、矿物曰天然物，一切地文学中各事为自然现象，又有人身生理之学等类。)曰体操。(务使儿童健全无病，俾易于发荣滋长。又有手艺一科，英、法、美等国均重之，日本初行而中止，今复编入学制，别有附加二科曰画图、曰唱歌，则习与不习，听其自便者也。)综其大纲，曰德育，曰智育，曰体育。今以之比较中国旧时教法，旧法第令读书，然以高深之理，施之稚昧之年，或怖其言，如河汉之无极，或塞其心，如冰炭之相容。而今则事事有图，明白易晓，使儿童欢喜信受，其益一也；所学皆切实有用之事，无用非所习、习非所用之弊，其益二也；既略知己国历史，又兼通五洲之今事，无不达时宜、不识世务之急，其益三也；分年月日时而授课，必使编定之书次第通晓，乃为卒业，无卤莽耕耘、灭裂收实之消，其益四也；统贫富贵贱之子弟于一堂，而一同施教，俾人人得以自奋，无上品无贱族、下品无高门之嘲，其益五也；无智与愚，无过与不及，自就学逮于毕业，人人均能有成，无学者牛毛、成者麟角之忧，其益六也。至于教师授业，有循序渐进之阶段，有举一反三之问答，有相观而善之比较，皆有章程，有次第，其法由心理学考求而得，学者试验而来，尽美尽善，非吾今日所能殚述。以鄙人之所期望，小学卒业而后，其上焉者，由此而入中学，入大学，精进奋发，卓然树立，可以增邦家之光，闾里之荣；其次焉者，亦能通算术，能作书函，挟有谋生之资，粗知涉世之道，亦可以立身，可以保家，此固势有必至，理有固然者。鄙人深知东西洋各国小学校学务之重、学制之善，用敢殚竭其平日之所知所能，披肝沥胆，一一陈献于我同乡、我同胞诸君子之前，愿诸君子同心协力，亟起而图之也。

"鄙人怀此有年，有志未逮，深愧未能普及各地。然我同州之兴宁、长乐、镇平、平远，有志兴学之诸君子，如以为然，愿送师范生来此就学，亦必一律收录。惟限于地方，多寡之数未能确定，亦望诸君子各设一兴学公所，非公所函送，即未敢滥收也。

"普及小学校，系专为大局计，专为将来计。惟有心向学之士，现在年既长成者，无地就学，非特向隅，亦深惜其玩时而弃日。鄙人尚拟设一学堂，名曰补习学堂，兼综各科而择行之。又拟设一讲习会，略仿专门学校，俾分科肄业,以期速成,容后再与诸君子妥商举行。嘉应兴学会议所会长黄遵宪谨启。"(《全集》上,第547—555页。根据左鹏军:《〈黄遵宪集〉商兑匡补》,《中国图书评论》,2005年第5期校正。)杂志编者在文后加有案语:"此广东黄公度先生拟为其桑梓各属广兴蒙小学之宣言也。先生学贯中西,前出使东西洋各国十余年,故于泰西学校制度,缕悉无遗;又审度中国现在程度,斟酌为之。篇中发表之事,皆易知易行。今人多有志兴学,然或诿之经费难筹。若据此豫算,开一蒙小学殊为易事。而就师范,尤为蒙小学之根本。我乡人亦宜急急则效兴办也。篇末所言为年长者设立学会、研究新学一节,即本志第一期'国闻选纂学界志闻'栏所记'嘉应犹兴会'一则是也。阅者可参观之。"

本月,丁惠康在上海作《再复黄公度书》:"康尝综观中外士大夫,甲午以前与甲午以后为两人,而甲午以后与庚子以后又为两人。近自极寻常之督抚,皆知西政之当仿,故练洋操、聘东人、遣学生,接迹而起,而独不敢露一言公于上者,恐为忌者所不悦,于己利禄有妨故也。"又言:"康行年三十有五矣,日暮途远,人间何世,自以名公之后,不能与草木同腐,其志节卓然,又不屑随俗俯仰,博乡里善人之称。"他表示"一意与官场决绝,昂藏事业,由吾做出",他叙述自己的活动是"四方奔走,自忖精思果力,都不让人。至于函牍往返,指切事情,摇笔如飞,斯须脱稿,不假思索,略无凝滞"。(江村、蔡雪昭:《积极参与维新活动的丁惠康》,《梅州文史》第7辑,第60—61页。)丁惠康出生于1868年,故言"行年三十有五矣"。

冬,黄遵宪有《病中纪梦述寄梁任父》诗。《人境庐诗草》存诗止此。诗以病中纪梦形式,担心梁启超的安危,梁启超居日期间,清廷悬赏十万元购其头颅,传闻清廷曾派刺客前往日本刺梁。诗中回顾二人友情,抒发对变法失败和对时局的焦虑。诗云:"阴风飒然来,君提君头颅。自言逆旅中,倏遇狙击狙。闪电刃一挥,忽如绛市苏。道逢两神人,排云上天衢。此掊塞民袖,彼裹烈士襦。邂逅哭复歌,互讯今何如。君言今少年,大骂余非夫。当服九世仇,折箠笞东胡。逐逐挥日戈,弯弯射天弧。孰能张纲罗,尽杀革命徒①。汝辈主立宪,宁非愚欲迂。我方欹枕听,鸣鸡乱惊呼。残日挂危檐,犹照君眉须。遥知白日光,明明耀子躯。子魂渡海来,道有风波无?蛟螭日擢人,子行犹坦途。悬金购君头,彼又安蔽辜。在在神护持,天固弗忍诛。君头倚我壁,满壁红模

---

①黄遵宪去世后,《新民丛报》在发表此诗时,将"孰能张纲罗,尽杀革命徒"二句删除。

糊。起起拭眼看,噫呼瓜分图!""我生托此国,举国重科第。记昔持墨卷,出应群儿试。梦谒文宣王,旁立朱衣吏。手指平头宪,云是汝名字。尔时意气盛,年少矜爪嘴。谓彼牛医儿,徒一唐名士。不如《党锢传》,人人主清议。汪汪千顷波,陋比涔蹄水。捧龟诟天呼,区区竟余畀。乌知当是时,东海波腾沸。攘夷复尊王,佥议以法治。立宪定公名,君民同一体。果遵此道行,日儿大平世。我随使槎来,见此发深喟。呜呼专制国,今既四千岁。岂谓及余身,竟能见国会。以此名我名,苍苍果何意。人言廿世纪,无复容帝制。举世趋大同,度势有必至。怀刺久磨灭,惜哉吾老矣!日去不可追,河清究难俟。倘见德化成,愿缓须臾死。""子今归自美,云梦俄罗斯。愤作颠倒想,故非痴人痴。中原今逐鹿,此角复彼觭。此鹿竟谁得,梦境犹迷离。辽东百万家,战黄血淋漓。不特薄福龙,重重围铁围。哀彼金翅鸟,毛羽咸离披。方图食小龙,展翼漫天池。鼓衰气三竭,遍体成疮痍。吁嗟自专主,(中俄条约中之称。)天鉴明在兹。人人自为战,人人公忘私。人人心头血,濡染红日旗。我今托中立,竟忘当局危。散作枪炮声,能无惊睡狮。睡狮果惊起,牙爪将何为?将下布宪诏,太阿知在谁?我惭嘉富洱,子慕玛志尼。与子平生愿,终难偿所期。何时睡君榻,同话梦境迷。即今不识路,梦亦徒相思。"(《诗草笺注》下,第1071—1078页。)梁启超《饮冰室诗话》云:"公度五古三章,乃甲辰冬病中纪梦述寄者。"(梁启超:《饮冰室诗话》,第138页,人民文学出版社1959年版。)

冬,黄遵宪撰联语云:"药是当归,花宜旋复;虫还无恙,乌莫奈何。"又云:"万象函归方丈室;四围环列自家山。"属潘飞声书以刊木,置人境庐中。(潘飞声:《在山泉诗话》卷一。)黄遵宪病剧时,尚手作论学书万言。

本年,廖道传有书给黄遵宪,即《与黄公度京卿书》。廖道传(1874年—1931年),字叔度,嘉应州人,光绪十九年(1893年)秀才,曾任广东高等师范学校校长,嘉应大学创办人之一。函称:"久仰大贤,又以年家之谊、里居之近,未获谒龙门聆伟论,固缘学志薄弱,而五六年来橐笔奔走,回家之日亦暂也。然尝思之,人与人之暌隔者,官体耳。若其精神,则固贯古今、绝中外,无几微间者也。吾读释迦、苏格拉第之书,则吾与印度、希腊之古哲交;吾研究东西洋之文明政学,则吾与欧美、日本现世之伟人交;况其在同时同国同省同邑同里者乎。仆睹先生之设施、读先生之著作十余年矣,私淑之志,精神之交,怀之久矣。

"仆幼时于经史百氏虽曾涉历,然皆嚼古人之糟粕而已。自游目五洲,而后知赤县神州外有人世;谓共和立宪之治,而后知官礼之外有政书;涉名数质力诸科之藩樊,而后知孔墨汉宋之外有学术;探达尔文、赫胥黎天演之旨,而后知人类之外有同体;衍歌白尼、奈端之论,而后知地球之外有世界,而后知吾国旧时之经史百氏其皆可焚弃也,而后信吾国旧时之经史百氏其皆宜珍守也。盖若以旧学读经史百氏,则糟粕耳,食之皆腐脑筋、窒血管,即其治东西洋科学,必无新之非旧;若以新学之慧眼观之,则其相证印、相引申者触处皆是,又何旧之非新哉!欧洲百年来古学复兴,日本初崇欧化、后重国粹,近饮冰氏之立论亦渐趋于国粹,非其说之屡迁,其学之愈进也。然仆才力已后于人,仅图治高等学业,未尝稍涉专门,又不能负笈海外,吸高尚之学想,抚心自疚,恐遂泊没,极欲通一国文言,藉资深讨。而东英二种俱未大成,学堂所授名学、心理、法律等科尚需译本,吁其难哉,悔不十年前早致力也。先生识贯百世,足遍五洲,政学精意,深抉蕴奥,不我屏弃,导以迷针,幸甚幸甚。

"东山小学堂闻已完备,想开学在迩。又犹兴会、师范学堂之设,皆先生发起之,听于下风,距跃三百。近日兴学大中欲速之弊,大学堂师范馆一年毕普通业,今年即课高等,犹觉大骤。其人已多未经过普通,而年限又轻,根柢厚者少,按其资级则应课高等,学譬为高埔,其基不立,能无蹠乎?当道者苟慕全国大学堂成立之名,而不究实,遂至于此。嗟夫,教育之事可无学哉!先生为吾州倡学,独亟亟从小学、师范著手,此等见识虽推之天下,犹反掌也。抑吾州当改良之事甚多,如破神权之迷信、灭风水之拘忌,而后糜费可省,森林、矿业诸利可兴。其扼要则在兴学堂、广阅报,输入普通浅近新知识,则不攻自破。是在先生励志士,倡之而已。"(张永芳、李玲编:《黄遵宪研究资料选编》上,第125—126页,香港天马图书有限公司2002年版。)

光绪三十一年乙巳(1905年) 五十八岁

【国内外大事】正月初九(2月12日),清廷以劝募赈款,予实业家张振勋头品顶戴。二月初一(3月6日),日俄奉天会战,俄军大败。四月二十四(5月27日),日本海军与俄国舰队在对马海峡决战,俄军惨败。七月二十(8月20日)中国同盟会成立,举孙中山为总理。

正月十二(2月15日),由于办学经费不足,嘉应东山书院拟派员出洋劝捐。"东山书院经黄公度京卿改建师范学堂,现将竣工。惟当年经费不敷尚巨,拟公派学务公所办事员黄明经东尹出洋劝捐,将来按捐款多寡酌量酬劳。至现年学务公所事务,拟以李叔范茂才承其乏云。"(《岭东日报》,光绪三十一年正月十二日。)

正月十八(2月21日),因熊希龄以"吾党方针,将来大计"函商于黄遵宪,黄遵宪致梁启超函,提出政治变革策略,仍以开民智为先,鼓励梁启超努力,并谈及自己身体近况。此为黄遵宪致梁启超最后一函,据函称梁启超"公今年甫三十有三"推断,当写于光绪三十一年正月十八日。梁启超居日期间,诸事不顺,意兴萧索,与几个朋友合影一张寄黄遵宪,黄遵宪感慨其"神采乃不如人,面庞亦似差瘦也"。函称:"腊八日聚数友啖粥,得士果函,中有公书外,有阿龙造象,又时务学堂留学诸君公赠撮影。为我致谢。(前有诗云:"国方年少吾将老,青眼高歌望汝曹。"为我诵之。)今腊不尽只三日矣。又得公书及秉三西京所发函,爆竹声中,屠苏酒畔,挟此展读,半年岑寂,豁然释矣。前方函告由甫,讯公所以疏阔之故,得此札已喜又忧。喜则喜吾之病中《纪梦诗》既入公耳,且与秉三促膝读之。(《己亥杂诗》,公以为"成连之琴,足移我情",此数字直入吾心坎中,安得尽发箧中诗,博公赞辞,作我良药也!)忧则忧公意兴萧索,杂坐于秉三、晳子之间,神采乃不如人,面庞亦似差瘦也。

"熊黑男子,最赏其神骏,戊戌别后,竟能超然事外,如申屠蟠之不罹党祸,可谓智矣。汉口之役,吾日日为渠忧,继见党碑所刻,刊章所索,并无其名,乃始心安。渠欲于汕头会我,亦拟得电后,天晴日暖,当力疾买舟一行。今尚未得电,知必以其家催归,径由沪返湘矣。顷草一函,托狄楚卿转寄,以慰其相思之殷。至见面筹商各节,弟之一身,如此痼疾,不堪世用,此可无庸议。若论及吾党方针、将来大局,渠意盖颇以革命为不然者。然今日当道实既绝望,吾辈终不能视死不救。吾以为当避其名而行其实,其宗旨曰阴谋、曰柔道,其方法曰潜移、曰缓进、曰蚕食,其权术曰得寸则寸、曰辟首击尾、曰远交近攻。今之府县官所图者,一己之黜陟耳,一家之温饱耳。吾饵之饲之,牢之笼之,羁縻之,左右之,务使彼无内顾之忧,无长官之责,彼等偷安无事,受代而去,必无有沮吾事者。继任者便沿袭为例,拱手以事权让人矣。其尤不肖者,搜索其劣迹以要挟之,控诉于大吏以摘去之。总之,二百余年,朝廷所以驭官之法,官长上求保位,下图省事之习,吾承其弊,采其隐,迎其机而利用之。一二年间吾之羽翼既成,彼地方官必受吾指挥而唯命是听矣。异日相见,再倾筐倒箧而出之。公先抄此纸,藏其名而密告之,何如?

"近得南海落机山中所发书,嘱以寄公。今递来一阅,他日仍以还我。前岁获一书,言事事物物与吾同,无丝毫异者。所著《官制考》,屡索品题,如所谓保国当中央集权,保民当地方自治,此真所见略同者。(二十年来,吾论政体即坚持此见,壬寅所寄缄曾略表之。)即圣贤复起,亦必不易此语。惟此函所云:"中国能精物质之学,即霸于大地。"以之箴空谭则可,以此为定论则未敢附和也。渠谓民主革命之说,在今日为刍狗,在欧洲则然,今之中国原不必遽争民权。苟使吾民无政治思想,无国家思想,无公德,无团体,皮之不存毛将焉傅?物质之学虽精,亦奚以为哉?

"所惠《中国之武士道》、(杨序极精博,为吾致意。)《中国国债考》,均得捧读。以公之才识,无论著何书,必能风靡一世。吾有一三十年故友,谓公之文有大吸力,今日作此语,吾之脑丝筋随之而去;明日翻此案,吾之脑丝筋又随之而转,盖如牵傀儡之丝,左之右之,惟公言是听。吾极赞其言。(吾论诗以言志为体,以感人为用。孔子所谓兴于诗,伯牙所谓移情,即吸力之说也。)此二书皆救世良药,然更望公降心抑志,编定小学教科书,以惠我中国,牖我小民也。

"公二年来所谋多不遂,公自疑才短,又疑于时未可。吾以为所任过重,所愿过奢也。当公往美洲时,吾屡语由甫,事未必成。但以吾离美日久,或者近年华商其见识力量能卓然自立,则非所敢知耳。今读公《新大陆游记》,则与弟在美时无大异,所凭借者不足以有为,咎固不在公,公之咎在出言轻而视事易耳。公今年甫三十有三,年来磨折,苟深识老谋,精心毅力随而增长,未始非福。(七年来所经患难不足以挫公,盖祸患发之自外,公所持之理足以胜之。惟年来期望不遂,则真恐损公豪气,耗公精心矣。)

"公学识之高,事理之明,并世无敌。若论处事,则阅历尚浅,襄助又乏人。公今甫三十有三,欧美名家由报馆而躐居政府者所时有,公勉之矣!公勉之矣!

"弟所患为肺管微丝泡,舒缩之力不能完全,此在今日医术中,尚无治疗之方。然诚能善于摄养,或好天时,或善地时,自调停,亦不至遽患伤生,惟不能任事矣。余之生死观略异于公,谓一死则泯然澌灭耳;然一息尚存,尚有生人应尽之义务，于此而不能自尽其职，无益于群，则顽然七尺，虽躯壳犹存，亦无异于死人。无辟死之法而有不虚生之责，孔子所谓'君子息焉，死而后已'。未死则无息已时也。公谓何如？

"此缄初作在腊底，雷雨时行，继以积阴，凡二十日，无一日晴。此在去岁时，必阁笔枯坐矣。今犹能作此数纸，可知稍愈于前矣。犹有病间时，公读此亦可稍慰。各努力自爱。不布所怀。"（《全集》上，第456—458页。）

正月二十二（2月25日），黄遵宪造楼船一只，时泛舟遨游，据载，"嘉应黄公度京卿，屡经当道礼聘，不出。闻近日造楼船一只，每逢春秋佳日，风月清时，与二三同志泛舟遨游各地，以寻山水之乐。时或泊于东山学堂前状元桥下，赋诗遣兴，名卿韵事，不让米家书画船矣"。（《岭东日报》，光绪三十一年正月二十二日。）

二月初八（3月13日），嘉应丙村三堡小学堂批准开办。三堡小学堂由练习员江秉乾等集款开办，章程仿黄遵宪所制定。（《岭东日报》，光绪三十一年二月初八日。）

二月十三（3月18日），嘉应州中学拟发行彩票筹集办学资金。"嘉应州中学，拟将北冈废营仓建筑，学务公所长黄京卿于二月初三日集绅会议。谓现已奉到学务处宪札，准将培风书院变价，藉充经费，欲仿省垣菊坡精舍，招售彩票之法。权情变通，拟定每票售银半元，限至学宪按临试毕后截止，即行开彩云，是亦筹款兴学之特别新法也，至限收票若干，尚未探悉。"（《岭东日报》，光绪三十一年二月十三日。）

本月，黄遵宪致函狄平子葆贤，狄平子《平等阁诗话》云"近得先生正月粤中书云"，又云"不意意成谶语"，此函当写于光绪三十一年正月（1905年2月）。函称："自顾弱质残驱，不堪为世用矣。负此身世，感我知交。"（《全集》上，第458页。）时黄遵宪制一艇方成，曰"安乐行窝"，并题其额云："尚欲乘长风破万里浪，不妨处南海弄明月珠。"这是黄遵宪最后的文字。（《全集》下，第1603页。）

二月二十三（3月28日），卒于家。案潘飞声《在山泉诗话》卷一云："黄公度先生骑箕尾于二月二十二日。"《岭东日报》载："嘉应黄公度京卿，归田以来，组织学务公所，创办东山学堂，备极苦心，现东山学堂，已庆落成，不日将开学矣。而京卿一病不起，竟于本月廿三逝世，昊天不吊，竟不遗一慭，学界中人，不禁同为惋惜矣。"（《岭东日报》，光绪三十一年二月二十七日。）

黄遵宪临终遗嘱家事后，并嘱其弟黄遵楷曰："州中学堂，办理未就，殊为抱憾,今乃藉弟实心接办。倘钱银不敷,先行支出,总期成立。克承兄志,九原之下,定当心感。"(《岭东日报》,光绪三十一年三月八日。)

梁启超得黄遵宪逝世噩耗,痛悼异常,于《饮冰室诗话》记其事云:"二月二十八日,忽得噩电,嘉应黄公度先生遵宪既归道山,呜呼痛哉!今日时局,遽失斯人,普天同恨,非特鄙人私痛云尔。吾友某君尝论先生云:有加富尔之才,乃仅于诗界辟一新国土,天乎?人乎?深知先生者,必能信此言之非阿好也……先生治事,文理密察之才,以吾所见国人多矣,未有一能比也。天祸中国,蹉跌之数十年,抑亦甚矣,乃更于其存亡绝续之顷,遽夺斯人,呜呼!何一酷至此极耶?先生著述百余万言,其数年来与鄙人通信则亦十数。壬寅本报中所载师友论学笺,题东海公、法时尚任斋主人、水苍雁红馆主人者,皆先生之文也。其他述作,或演国学,或箴时局,一皆经世大业,不朽盛事,鄙人屡请布之,先生以未编定,不之许也。呜呼!先生所以贻中国者,乃仅此区区而已耶?天道无知,夫复何言!先生平生所为诗不下数千首,其赠余诗仅二,畴昔以自居嫌疑之地,不欲布之,今者先生已矣,仇先生者亦可以息矣,平生风谊兼师友,不敢同君哭寝门,呜呼!吾安得不屑涕记之。"(梁启超:《饮冰室诗话》,第104—106页,人民文学出版社1959年版。)

黄遵宪既卒,海内外同声哀恸,纷致挽章,兹摘录部分于后:

何翙高挽诗:"一场恩怨蝻蝗录,半世功名薏苡车。(丙申将使英,赫德以星加坡领事赃污事谮之。)身后未除钩党籍,狱中宁有自陈书。(戊戌上海逮捕鞫狱未成,遂废弃终身。)""他年尚为苍生起,今日益伤吾道孤。地下若逢杨侍读,除书曾到九京无?(四川杨叔峤侍读死后,余屡梦见之,相持痛哭而醒。)""入都三日三访予,自言介绍梁任甫。(丙申四月,公奉召入都,为余识公之始,甫卸装,即携《人境庐集》来访,颇怪公何勤勤如此,既自言,任甫所介绍也。)北海风流今寂寥,死抱幽兰泪如雨。(庚子后,余服阕再入都,当道诸公求以虚声取士于孤寂中者亦无人矣。翁常熟、张樵野亦不可再见,每下愈况矣。)""潜焉出涕眷同舟,橐笔东瀛抱隐忧。《日本国志》已见及今日东亚大势。)《汉志》十篇谁纂续,(明治十五年后史尚阙然。)可怜无命作谯周!""牖下寻思亦国恩,逋臣况有未招魂。飘零海外无归日,赢得中原七尺坟。""汰弱难逃《天演论》,涅槃未了众生缘。灵魂不死转轮去,又作人间新少年。"(见何藻翔《邹崖诗集》;《诗草笺注》下,第1269—1270页。)

狄平子挽诗:"竟作人间不用身,尺书重展泪沾巾。政坛法界俱沉寂,岂仅词场少一人。(近得先生正月粤中书云:"自顾弱质残躯,不堪为世用矣,负此身世,感我知交。"不意竟成谶语。)悲愤年年合问谁,空余血泪化新诗。微吟踏遍伤心地,不见黄龙上国旗。(庚子秋,余夜过威海卫,见英国兵舰云屯,电光灿烂,口占《志感诗》,有"灵风彻夜翻银电,不见黄龙上国旗"句。嗣见先生《游香港诗》,亦有"不见黄龙上大旗"一语。)雁泪随红涨秋水,法时尚任意何如。遥怜病榻传遗札,更胜当年论学书。(水苍雁红馆及法时尚任斋之论学书,久为海内传诵,不知皆先生作也。顷有友自粤东来,言先生病剧时,更手作《论学书》万言。)无端重话旧因缘,说法维摩等化烟。何处身心现离合,天华来去自年年。(先生此次来函,追述七年前病榻说法事,时在湘中,同人皆病,先生与复生同观余所藏之《维摩说法图卷》,因亦相对说法,各数千言。)奇才天遣此沉沦,湘水愁予咽旧声。莫问伤心南学会,风吹雨打更何人。(先生官湘臬时,与陈右铭中丞,江建霞、徐研父两学使,皆为南学会领袖,今诸君俱下世矣。)"(见狄葆贤:《平等阁诗话》,第 38 页,凤凰出版社 2016 年版。)

蒋智由挽诗:"公才不世出,潦倒以诗名。往往作奇语,跨海斩长鲸。寂寥《风骚》国,陡令时人惊。公志岂在此,未足尽神明。屈原思张楚,不幸以《骚》鸣。使公宰一国,小鲜真可烹。才大世不用,此意谁能平。而公独萧散,心与泉石清。惟于歌啸间,志未忘苍生。与公未识面,(公与南海,余至今皆未识面。)烟波隔沧瀛。公云有书至,竟未遗瑶琼。(公致饮冰主人书云,有书致余,然书竟不至。)俄闻《鹏鸟赋》,悲泪满衿缨。正为天下痛,非关交际情。"(《诗草笺注》下,第 1270 页。)

何士果挽联:"五千年罕见奇才,著演孔篇,是哲学巨儒,创保卫局,是政治大家,至于画策朝鲜,参议琉球,是外交舞台屠龙妙技,此老为硕果仅存,归养故乡,曾筑精庐在人境;一万里谣传噩耗,览公遗书,有日本国志,诵公遗草,有新民诗话,追忆送客长亭,赌棋别墅,有东晋名士挥麈风流,暮春正樱花齐放,怆怀景物,不堪洒泪向梅州。"(张永芳、李玲编:《黄遵宪研究资料选编》上,第 127 页,香港天马图书有限公司 2002 年版。)

廖道传挽诗:"亚陆漫兵气,乾坤失霸才。山河国破后,党锢网开才。圣主恩非薄,峨眉逐可哀。墓门飞大鸟,空忆栋梁材。""册载文明入,惟公凿禹源。思潮欧海水,史笔大和魂。有血洒亡种,无人省《罪言》。至今西域士,流涕道张骞。(琉球之案,朝鲜开港,及苏、杭开租界,先生皆力持强硬手段,惜政府不用也。其任旧金山总领事时,于美禁华工事,对付尤力云。)""百日乾坤变,三湘事业空。魔争诸佛妒，天鉴逐臣忠。生死各行志，山河壮几公。国魂苏续日，遗像铸青铜。""信美东山色，(东山嘉应城东，先生家焉。)龙眠七载余。哀时寄风雅，披发辱樵渔。(闻先生喜短衣楚制，独行山野间。)黄祸声方烈，苍生望竟虚。夕阳人境外，千古此精庐。""尺书一万里，肝胆九原期。以我鲜民泪，重为天下悲。龙蛇伤在已，儒雅怅无师。泡影观如是，茫茫末劫思。(犹忆先生及温慕柳太史皆与先君同岁补博士弟子，太史热心新界，前先生一月卒，而仆忧居三年矣，感此益泫然耳。)"(《诗草笺注》下，第1271页。)

蓬伊挽诗："人境百年公竟逝，诗潮千变世方惊。微闻庙议除钩党，初有江湖托死生。丹凤人间留片羽，白榆天上变秋声。怜才不尽悲才尽，六合苍茫意未平。""哭抚嵩阳百辈心，花间泉底剩哀吟。瘁身家国衰还在，嫉世文章死可寻。岭表烽高犹照梦，海天绝调欲摧琴。临丘一恸知何日，挂剑归来宿草深。""文字沉沉无再笔，氛埃黯黯有余悲。九州行哭魂犹接，一海填功力已微。天地飘危成故老，星云江汉失流晖。诗人争作招魂诔，胜却香花满素帏。(饮冰室主人谋镌先生诗文集，且广征哀挽诗文。)""沧海啼鹃晓更哀，悽音一夕入蓬莱。人间冷语销今日，天上修文证过来。入世无情皆巨敌，盖棺赍恨作诗才。是谁照我临江哭，撩乱樱云信雪开。"(《诗草笺注》下，第1271—1272页。)

丘逢甲挽联："论文章经济，均足千秋，从今凭吊孤城，落日登楼，讵竟骑鲸哀铁汉；合公义私情，来伸一恸，剩我眷怀祖国，临风洒泪，更同钩党哭林宗。"(吴天任：《黄公度先生传稿》，第619页，香港中文大学1972年版。)

黄遵宪去世后，嘉应新学由后继者继续推进。

三月初八(4月12日)，《岭东日报》刊嘉应成立学堂的进展："嘉应东山学堂经黄公度京卿修整，虽将落成，而学堂经费尚待筹办，京卿遽尔骑鲸，不无遗憾。兹闻其临终遗嘱家事后，并嘱伊弟采汀太守云，'州中学堂，办理未就，殊为抱憾，今仍藉弟实心接办，倘钱银不敷，先行支出，总期成立，克承兄志，九原之下，定当心感'。故前月廿八日州人士开会集议，拟聘邱仙根工部为嘉应学务公所长，而东山学堂经费，采汀太守一力任担，以继京卿未了之志，果尔，则嘉应学务之幸也，又闻邱工部近接省学务处宪函请到处办公，未识邱工部果能主此席否。"(《岭东日报》，光绪三十一年三月初八日。)

三月十三(4月17日)，嘉应聘请丘逢甲为学务公所长。"梅州人士，聘请邱仙根工部为学务公所长,已志前报。兹闻工部先应省学务处聘为省城花埭新建高等小学堂总办,现定初八九先往嘉应,料理一切后,即起程往省,大约月半前后可到汕云。"(《岭东日报》,光绪三十一年三月十三日。)

四月初二(5月5日),《岭东日报》以《嘉应教育普及之前途》为题发表评论:"嘉应自黄公度京卿提倡学务,与同乡好义诸君首捐巨款,是为嘉应建筑学堂之权舆,去年设立学务公所,公举京卿为所长,以实行普及教育为宗旨,其决议办法,首以建设师范学堂,招考州属各堡及各县学生,先习师范为第一着;派员调查各乡入小学人数,及拣择开学处所,以其普设小学为第二着;于北冈割地建筑中学堂为第三着;其规模之宏远,计划之周密,条理秩然,实事求是,诚为学界中人所推服。现师范学堂已将落成,中学地基亦经测绘,而黄京卿遽返道山,凡我同人,同声一哭。幸继其后者,为邱蛰仙水部,水部为岭东办学之初祖,学识宏通,热心教育,夙与黄京卿、温大史并负重望,专以输入文明开通后学为义务,本月初来州,由州牧伯照会水部为所长,所以黄京卿议决办法,依议照行,时与共所诸同人,上下其议论,更有扩充之。现闻公派前往日本学习师范生杨君徽五、黄君簀孙,于本年夏间可以卒业回国,并订聘日本教员一人,均充师范学堂教习,定期本年秋间开学,现各处师范生到公所填册者,极形踊跃,将来师范生散布各乡,嘉属学界,必骤形发达,虽建筑中学工程浩大,用款自必不资,然海内外同乡诸君,闻水部接任所长,同声称赞,咸颇倾囊,公襄义举,不禁为嘉应学界之前途贺也。"(《岭东日报》,光绪三十一年四月初二日。)

六月初六(7月8日),《岭东日报》以《嘉应学务公所之现象》为题报道嘉应办学情况:"隐居放言子来函云,嘉应学务公所,先时人物黄公度京卿手创者也,章程大备,条理井然,此非一人之私言,实为学界中所公认。当时所组织员绅,多新学后生,倾心学界,无一毫官场习气,且从不出入公门,故每遇与州牧伯面商事件,皆委保安局绅代谭,积日累月,习以为常,保安局遂为学务公所与州署之机关部,但此时公度京卿,尚屹立公所,保安局对学务公所,实无异战场中之通气卒也。自本年公度京卿大去,学界中人,失所依傍,自不待言,而公所诸君,尤形狼狈。州署中人,每视学界人物若寇仇,非自有大名望之人,及与彼有密切关系者,所有言论,每不针对,而保安局诸公,亦与署中人一鼻孔出气,且有节制公所之意、蔑视公所之意、破坏公所之意,层见迭出,竟不为怪,公所诸君亦俯首帖耳,吞声忍气,不敢放言。噫！公所诸君，其热心办学，不以此为辱乎？抑公所诸君无保安局保护，不能自立乎？或公所诸君概皆未经事件，不敢向保安局划清权限乎？抑保安局诸公实欲包揽公所诸事乎？热心忍辱，吾为诸君寿；依局成立，吾为诸君羞；少不经事，吾为诸君耻；事权归人，吾实不能百口为诸君回护矣。诸君诸君，其各认明权限，努力前进，勿负重托，庶几哉，黄京卿含笑于九原，而学界幸甚。"（《岭东日报》，光绪三十一年六月初六日。）

六月初十（7月12日），嘉应学务公所内部发生人事纠纷："嘉应学务公所所长，自黄公度京卿去世后，选举副所长邱仙根工部继之，用人行事，具照旧章。近日工部应学务处聘，督办惠潮嘉学务，乃保安局绅，竟擅自与州署中人，拟定某明经为所长，然后分发传单，集各议员认定，不料初三日各议员齐集后，议论哗然，有谓不合格者；有谓人本合格，出于私授不能再认者。一时风起潮涌，左冲右撞，保安局绅，竟至拍案对众怒骂，此刻情形，颇有两不相下之势。"（《岭东日报》，光绪三十一年六月初十日。）

七月初四（8月4日），黄遵宪长子黄冕在家去世，黄遵宪去世时，黄冕在日本神户领事署任随员，奔丧乡里，旋亦哀毁卒于家。"嘉应黄京卿之长哲嗣，现充日本公使随员，因京卿作古，奔丧旋里，忧郁成疾，于本初四日在家逝世，闻京卿经手东山师范学堂之公款，迄今尚未核算清楚，交出公办，今京卿之子又去世，州人士颇以为憾。"（《岭东日报》，光绪三十一年七月十二日。）

七月二十一（8月21日），黄遵宪所派日本留学生黄篑孙、杨徽五回国，"黄公度京卿拟创东山师范学堂，特于去岁派黄君篑孙、杨君徽五二人，至日本习速成师范，现已由日本卒业回国，于昨日抵汕，随即搭民船返嘉应矣。黄杨二君，皆热心教育之人也，今挟东洋之新文明而归，尤以京卿逝后，当先定学务所长，为办事标本云"。（《岭东日报》，光绪三十一年七月二十一日。）

十月初三（10月30日），《岭东日报》刊《嘉应东山师范学堂将开办》新闻："东山师范学堂，现因开学期迫，公推杨君徽五驻堂，督率改造，以期早日竣工。其堂中应需一切，亦陆续制备。学堂章程，由黄、杨二君会商酌订。业经迭次集议，缮禀呈明州宪在案，一俟查学专员邱工部到州，即行拟定日期，禀请出示招考，克日开学，现报名者既有百余人之多云。"（《岭东日报》，光绪三十一年十月初三日。）

十月初八（11月4日），嘉应学务公所迁至城内学宫兴文祠。"嘉应学务公所前赁黄京卿当店为开办地,屋宇狭窄,原属权宜之计,今科举停废,学务益繁,非宽敞地方,不足以资办公,前经禀请秦州牧借考院为公所,未蒙批准,后议定以城内学宫兴文祠为所地,既于本月初一日迁往,并闻杨孝廉瑛、彭孝廉炜瑛二人,亦搬入学务公所会办一切。"(《岭东日报》,光绪三十一年十月初八日。)

宣统元年三月(1909年4月),黄遵宪次子黄鼎崇、四子黄璇泰,始奉其丧葬于梅南黄居坪之原。梁启超志其墓。墓志铭云:"国家自甲午丧师以后,势益不竞。谋国者尚泄泄未知改图,独德宗皇帝大奋神断,明诏天下,改变百度。而是时各行省大吏奉行诏书最力者,惟湖南巡抚义宁陈公宝箴。而相与助其成者,则嘉应黄先生公度也。先生时方以湖南盐法道署理按察使,与陈公戮力殚精,朝设而夕施,纲举而目张。而其尤为先生精心所措注者,则曰保卫局。保卫局者,略仿外国警察之制,而凡与民利民瘼相丽,为一方民力所能自举者,悉统焉。择其乡邑之望分任之,而吏董其成。创布之初,民颇疑骇,后乃大欢。先生方欲推布一切,以图久远,而朝局变,党祸起,先生与陈公得罪而去,而天下事益不可为。嗟乎!古有以一人之用舍系一国之兴亡者,观于先生,其信之矣。

"先生讳遵宪,世为嘉应州人。曾祖讳学诗。祖讳际升。父讳鸿藻,官广西知府。皆以先生贵,封赠荣禄大夫。先生以拔贡生中式光绪二年顺天乡试举人。旋随使日本。历官四十年,有大小久暂之不同,而皆举其职。尝为日本使馆参赞也。日本方县我琉球,且觊及朝鲜。先生告使者,乘彼谋未定,先发制之。具牍数千言,陈利害甚悉。东人至今诵之,而当事不省。不二十年,二属遂相继不保。又为英之新嘉坡、美之旧金山总领事矣,美人嫉吾民之侨彼境者,蓄志摈之,先生既以先事御之之谋告其上而不用,乃尽其力所能及以为捍卫。美政府尝藉口卫生,系吾民数千,先生数语捭阖而脱之,且责偿焉。吾尝游美洲,去先生为领事时且二十余年矣,而吾民尚称道此事不容口。先生居外国久,于其上下情形,内外形势,洞幽察隐,故凡有所应付,莫不迎刃而解。而大吏亦稍稍知先生能外交,故每以事相属。江、鄂二省,教案积数十起,连十数年,文牍盈尺,莫能断结。及先生受委,则浃月而决之,教士挢舌而不敢争。异时沿江沿海,划地为市,租借外旅,命曰租界。始事者昧于国际法,于界内界以治外法权,丧威失权,悔不可追。先生恫之。值甲午之役,约以苏州、杭州两处为租界予日本。授受之际，先生适主其事，乃曰：'苏杭腹地，非江海口岸比。'因议自营市政，凡所以便外旅者，纤悉备至，而独于治外法权则靳焉。日本主者莫能难也。殆画诺矣，适有以蜚语相中者，谓先生受外赂，为它人计便安。约遂废。而日本亦撤其使归。两国同以此事谴其使，而天下万国，则谓日本之举为计独得也。先生虽以外交知名当世，然受两使命皆中沮。

"光绪二十一年，奉旨入觐，以道员带卿衔授出使大臣驻德国。时德人方图胶州，惮先生来折其机牙，乃设词以撼我政府，卒尼其行。光绪二十四年，复以三品京堂候补充出使日本大臣。时先生方解湖南按察使任，养疾上海，淹留未行，而党祸卒起，缇骑绕先生室者两日，几受罗织。事虽得白，使事亦解，先生遂归田里。光绪三十一年二月二十三日，以疾卒于家。

"呜呼！以先生之明于识，练于事，忠于国，使稍得藉手，其所措施，岂可限量。而乃使之浮沉于群吏之间者且数十年；晚遭际会，似可稍展其所蕴矣，而事变忽起，所志不终遂，且乃忧谗畏讥，流离失职而死，此岂天之所为耶！先生读书有精识远见，不囿于古，不徇于今，尝思成一家言曰《演孔篇》，未成。而所成之《日本国志》四十卷，当吾国二十年以前，群未知日本之可畏，而先生此书则已言日本维新之效成则且霸，而首受其冲者为吾中国。及后而先生之言尽验，以是人尤服其先见。

"先生为文章，务取畅达，不苟为夸饰。至其为诗，则精思渺虑，盘礴而莫测其际，平生所作逾千首，自帙集得六百余首，曰《人境庐诗草》。自其少年，稽古学道，以及中年阅历世事，暨国内外名山水，与其风俗政治形势土物，至于放废而后，忧时感事，悲愤伊郁之情，悉托之于诗。故先生之诗，阳开阴阖，千变万化，不可端倪。于古诗人中，独具境界。

"先生娶叶氏，诰封夫人。子四人：曰冕、曰鼎崇、曰履刚、曰璇泰。履刚早殇。女子二：适钟、适梁。先生之卒也，冕方随节日本，左丧归，旋以毁卒。今上皇帝纪元之三月，鼎崇、璇泰始奉其丧，葬于梅南黄居坪之原。先生之从弟曰遵庚，以状请铭，且曰先兄志也。启超以弱龄得侍先生，惟道惟义，以诲以教。获罪而后，交亲相弃，亦惟先生咻噢振厉，拳拳恳恳，有同畴昔。先生前卒之一岁，诒书启超曰：'国中知君者无若我，知我者无若君。'然则启超虽不文，又安敢辞。铭曰：士失职者多矣，而独于斯人焉奚悲？悲其一身之进退死生，与一国荣悴兮相依。谓天不欲平治天下，曷为笃生此才槃魄而权奇？谓天欲平治天下，曷为挫铄窘辱拂乱之不已，又中道而夺之？其所志所学,蟠天际地,曾不得以百一自见于时;若夫事业文章之在人耳目者,则乃其平生之所不屑为,然且举九州之骏足,十驾焉而莫之能追。则夫其所磅礴郁积而未发者,又安得而测知？而今也,悉随其形神精魄,灰化蜕委,万劫不复为永闳于兹。白日堕兮露滋,杨萧萧兮蔓离离。九原不作兮吾道谁与归？仪型先民兮视此辞。"(《全集》下,第1570—1572页。)

征引书目

（一）黄遵宪著作

[1] 北京大学中文系近代诗研究小组编：《人境庐集外诗辑》，中华书局，1960年版。

[2] 陈铮编：《黄遵宪全集》，中华书局，2005年版。

[3] 黄遵宪著：《日本杂事诗》，光绪五年（1879年）北京同文馆本。

[4] 钱仲联辑：《人境庐文钞》，载《文献》第7辑、第8辑，书目文献出版社1981年版。

[5] 钱仲联笺注：《人境庐诗草笺注》（全二册），上海古籍出版社，1981年版。

[6] 实藤惠秀、郑子瑜编校：《黄遵宪与日本友人笔谈遗稿》，日本早稻田大学东洋文学研究会，1968年版。

[7] 吴振清、徐勇、王家祥编校：《黄遵宪集》，天津人民出版社，2003年版。

[8] 吴振清、徐勇、王家祥点校整理：《日本国志》，天津人民出版社，2005年版。

[9] 郑海麟、张伟雄编：《黄遵宪文集》，日本京都中文出版社，1991年版。

[10] 郑海麟辑录：《黄遵宪遗墨》，载丁日初主编：《近代中国》第9辑，上海社会科学出版社，1999年版。

[11] 钟叔河辑校：《日本杂事诗广注》，湖南人民出版社，1981年版。

（二）黄遵宪传记、年谱

[1] 黄升任著：《黄遵宪评传》，南京大学出版社，2006年版。

[2] 黄遵庚、黄干甫著：《黄遵宪生平事迹》，收入《黄遵宪全集》。

[3] 黄遵楷著：《先兄公度先生事实述略》，收入《黄遵宪全集》。

[4] 梁启超著：《嘉应黄先生墓志铭》，收入《黄遵宪全集》。

[5] 麦若鹏著：《黄遵宪传》，古典文学出版社，1957年版。

[6]牛仰山著:《黄遵宪》,中华书局,1961年版。

[7]盛邦和著:《黄遵宪史学研究》,江苏古籍出版社,1987年版。

[8]宋邵青著:《黄遵宪传》,作家出版社,2005年版。

[9]吴天任编:《清黄公度先生遵宪年谱》,台湾商务印书馆,1985年版。

[10]吴天任著:《黄公度先生传稿》,香港中文大学,1972年版。

[11]杨天石著:《黄遵宪》,上海人民出版社,1979年版。

[12]张堂锜著:《黄遵宪及其诗研究》,文史哲出版社,1991年版。

[13]张永芳、李玲编:《黄遵宪研究资料选编》,香港天马图书有限公司2002年版。

[14]张永芳著:《黄遵宪新论》,中国文联出版社、中国社会科学出版社,2004年版。

[15]赵尔巽等撰:《清史稿·黄遵宪》,中华书局,1998年版。

[16]郑海麟著:《黄遵宪传》,中华书局,2006年版。

(三)相关外文论著

[1]Noriko Kamachi:*Reform In China-Huang Tsun-hsien and the Japanese Model*. Council On Asian Studies, Harvard University. 1981.

[2]冈本隆司、箱田惠子、青山治世著:《出使日记的时代——清末的中国与外交》,名古屋大学出版会,2014年版。

[3]金宏集著:《修信使日记》,韩国文教部国史编纂委员会,探求堂,1971年版。

[4]梁丽芳著:《黄遵宪、康有为、梁启超与加拿大华人文学》,《华文文学》,2013年第3期。

[5]娄向哲著:《近代中国的政治家与日本:从黄遵宪到周恩来》,《中国研究月报》,1989年12月。

[6]日本外交文书,第13—22卷,明治十三年至二十二年(1880年—1889年)。

[7]石原道博著:《黄遵宪的〈日本国志〉与〈日本杂事诗〉:清代的日本研究》,《人文研究》,茨城大学人文学部,1974年2月。

[8]首藤美香子著:《黄遵宪所描述的明治儿童——以〈日本杂事诗〉中的〈幼稚园〉〈正月游玩〉为线索》(上、下),《幼儿的教育》,1994年12月。

[9]藤川正数著:《关于黄遵宪的〈日本国志〉:以国际文化的意义为中心》(上、下),《国际文化》,1987年8月。

[10]小川恒男著:《家族的物语:黄遵宪描写家族的诗》,《中世纪中国文学研究》,2003年7月。

[11]小川恒男著:《关于黄遵宪〈人境庐杂诗〉》,《中世纪中国文学研究》,2006年3月。

[12]小川恒男著:《关于黄遵宪〈游丰湖〉》,《中世纪中国文学研究》,2004年10月。

[13]小川恒男著:《近代前夜的诗人:黄遵宪》,广岛大学出版会,2008年版。

[14]源光国编撰:《大日本史》,昭和四年(1929年)刊本,东洋文库藏。

[15]佐藤保著:《关于黄遵宪的日本残存资料初探》,《御茶水女子大学中国文学学报》,1987年第4期。

(四)相关中文论著

[1]《清实录》,中华书局,1987年版。

[2]陈桦编:《清史编年》,第八卷《道光朝》,中国人民大学出版社,2000年版。

[3]陈三立著、李开军校点:《散原精舍诗文集》,上海古籍出版社,2003年版。

[4]陈锡祺主编:《孙中山年谱长编》,中华书局,1991年版。

[5]陈义杰整理:《翁同龢日记》,中华书局,1998年版。

[6]陈志华、李秋香著:《梅县三村》,清华大学出版社,2007年版。

[7]程志远等整理:《程乡县志》,广东省中山图书馆,1993年版。

[8]程志远等整理:《乾隆嘉应州志》,广东省中山图书馆古籍部,1991年版。

[9]丁文江、赵丰田编:《梁启超年谱长编》,上海人民出版社,1983年版。

[10]丁文江、赵丰田编:《梁任公先生年谱长编(初稿)》,中华书局,2010年版。

[11]范文澜著:《中国近代史》,人民出版社,1962年版。

[12]方豪著:《中西方交通史》,华冈出版有限公司,1977年版。

[13] 费正清、刘广京编:《剑桥中国晚清史》,中国社会科学出版社,1985年版。
[14] 冯桂芬著、戴扬本评注:《校邠庐抗议》,中州古籍出版社,1998年版。
[15] 戈公振著:《中国报学史》,中国新闻出版社,1985年版。
[16] 辜鸿铭著:《辜鸿铭文集》,岳麓书社,1985年版。
[17] 故宫博物院明清档案部编:《清代档案史料丛编》,中华书局,1978年版。
[18] 故宫博物院文献馆编印:《清光绪朝中日交涉史料》,文海出版社,1970年版。
[19] 顾长声著:《传教士与近代中国》,上海人民出版社,1981年版。
[20] 广东梅州客家联谊办办公室、梅州市地方志编委会办公室编:《客家姓氏渊源》第1集,1989年版。
[21] 广东丘逢甲研究会编:《丘逢甲集》,岳麓书社,2001年版。
[22] 广东省地方史志办公室辑:《广东历代方志集成》潮州府襄阳(三六)《(光绪)嘉应州志》,岭南美术出版社,2009年版。
[23] 广东省兴宁县政协文史委员会编:《兴宁文史》第17辑,1993年版。
[24] 郭真义著:《晚清粤东客籍诗人群体研究》,当代中国出版社,2004年版。
[25] 何如璋著:《使东述略》,收入王晓秋点、史鹏校:《早期日本游记五种》,湖南人民出版社,1983年版。
[26] 赫胥黎著、严复译:《天演论》,收入王栻主编:《严复集》,中华书局,1986年版。
[27] 胡绳著:《从鸦片战争到五四运动》,人民出版社,1981年版。
[28] 胡曦著:《湛此心斋诗集》,1935年刻本。
[29] 黄鸿藻著:《思恩杂著》,梅县图书馆藏本。
[30] 黄鸿藻著:《退思书屋诗文稿》,梅县图书馆藏本。
[31] 黄鸿藻著:《逸农随笔》,梅县图书馆藏本。
[32] 黄伟经著:《客家名人录》,花城出版社,1992年版。
[33] 蒋英豪编著:《黄遵宪师友记》,上海书店出版社,2002年版。
[34] 井上清著、闫伯纬译:《日本历史》,人民出版社,2013年版。
[35] 康有为著:《康有为自订年谱》,文海出版社,1966年版。

[36]孔祥吉编著:《康有为变法奏章辑考》,北京图书馆出版社,2008年版。

[37]孔祥吉著:《戊戌维新运动新探》,湖南人民出版社,1988年版。

[38]劳祖德整理:《郑孝胥日记》,中华书局,1993年版。

[39]李东海著:《加拿大华侨史》,加拿大自由出版社,1966年版。

[40]李鸿章著:《李鸿章全集》,时代文艺出版社,1998年版。

[41]李吉奎著:《晚清名臣张荫桓》,广东人民出版社,2005年版。

[42]梁启超著:《清代学术概论》,人民出版社,2008年版。

[43]梁启超著:《戊戌变法记》,中华书局,1954年版。

[44]梁启超著:《新大陆游记》,湖南人民出版社,1981年版。

[45]梁启超著:《饮冰室合集》,中华书局,1989年版。

[46]梁诗五编:《梁诗五先生遗稿集》,梁筠端自刊本,原本藏梅县图书馆。

[47]廖梅著:《汪康年:从民权论到文化保守主义》,上海古籍出版社,2001年版。

[48]刘晴波主编:《杨度集》,湖南人民出版社,1986年版。

[49]刘奕宏、黄智编著:《寻韵攀桂坊:品读客都人文胜地的前世今生》,广东高等教育出版社,2012年版。

[50]刘佑平著:《中华姓氏通书·黄姓》,海南出版社,1993年版。

[51]卢梭著、何兆武译:《社会契约论》,商务印书馆,1982年版。

[52]罗惇曧著:《中日兵事本末》,载《庸言》一卷六号,收入杨松、邓力群原编,荣孟源重编:《中国近代史资料选辑》,生活读书新知三联书店香港分店,1979年版。

[53]罗尔纲著:《李秀成自述原稿注(增补本)》,中国社会科学出版社,1995年版。

[54]罗尔纲著:《太平天国史稿》,中华书局,1955年版。

[55]罗香林著:《客家研究导论》,1933年广东兴宁希山书藏印本。

[56]马士著、张汇文译:《中华帝国对外关系史》,上海书店出版社,2000年版。

[57]马卫中、董俊珏著:《陈三立年谱》,苏州大学出版社,2010年版。

[58]茅海建著:《戊戌变法史事考初集》,生活·读书·新知三联书店,2012年版。

[59]茅海建著:《戊戌变法史事考二集》,生活·读书·新知三联书店,2011

年版。

[60] 茅海建著:《戊戌变法的另面:"张之洞档案"阅读笔记》,上海古籍出版社,2014年版。

[61] 梅县地方志办公室、梅县地方志学会编:《梅县客家杰出人物》,2007年版。

[62] 潘向明编:《清史编年》,第十一卷《光绪朝》,中国人民大学出版社,2000年版。

[63] 皮锡瑞著:《师伏堂未刊日记》,《湖南历史资料》,1958年第4期。

[64] 齐思和等整理:《筹办夷务始末》道光朝,中华书局,1964年版。

[65] 丘晨波等编:《丘逢甲文集》,花城出版社,1994年版。

[66] 丘逢甲著:《岭云海日楼诗钞》,上海古籍出版社,2009年版。

[67] 任青、马忠文整理:《张荫桓日记》,上海书店出版社,2004年版。

[68] 上海社会科学院历史研究所编:《上海小刀会起义史料汇编》,上海人民出版社,1958年版。

[69] 上海图书馆编:《汪康年师友书札》,上海古籍出版社,1986年版。

[70] 沈已尧著:《海外排华百年史》,中国社会科学出版社,1985年版。

[71] 施吉瑞著、孙洛丹译:《人境庐内:黄遵宪其人其诗考》,上海古籍出版社,2010年版。

[72] 实藤惠秀著,谭汝谦、林启彦译:《中国人留学日本史》,生活·读书·新知三联书店,1983年版。

[73] 司徒美堂著:《我痛恨美帝》,光明日报社,1951年版。

[74] 宋李瑞芳著、朱永涛译:《美国华人的历史和现状》,商务印书馆,1984年版。

[75] 苏舆编:《翼教丛编》,上海书店出版社,2002年版。

[76] 太平天国历史博物馆编:《太平天国文书汇编》,中华书局,1979年版。

[77] 谭元亨主编:《客家经典读本》,华南理工大学出版社,2010年版。

[78] 汤志钧著:《戊戌变法人物传稿》(增订本),中华书局,1982年版。

[79] 汪叔子、张求会编:《陈宝箴集》,中华书局,2005年版。

[80] 汪向荣、夏应元编:《中日关系史资料汇编》,中华书局,1984年版。

[81] 汪诒年著:《汪穰卿先生传记》,中华书局,2007年版。

[82] 王闿运著:《湘绮楼诗文集》,岳麓书社,1996年版。

[83]王栻主编:《严复集》,中华书局,1986年版。

[84]王韬著,汪北平、刘林整理:《弢园文录外编》,中华书局,1959年版。

[85]王韬著:《扶桑游记》,湖南人民出版社,1982年版。

[86]王晓秋、陈应年主编:《黄遵宪与近代中日文化交流》,辽宁师范大学出版社,2007年版。

[87]王晓秋著:《近代中日文化交流史》,中华书局,2000年版。

[88]王彦威辑:《清季外交史料》,北平清季外交史料编纂处,1931年版。

[89]王彦威纂辑、王亮编:《清季外交史料》,书目文献出版社,1987年版。

[90]王芸生著:《六十年来中国与日本》,生活·读书·新知三联书店,1980年版。

[91]温廷敬编:《茶阳三家文钞》,补读书庐1925年刻本。

[92]温仲和著:《求在我斋集》,1927年本,原本藏梅县图书馆。

[93]吴剑杰编著:《张之洞年谱长编》,上海交通大学出版社,2009年版。

[94]夏东元编:《郑观应集》,上海人民出版社,1982年版。

[95]夏东元编著:《郑观应年谱长编》,上海交通大学出版社,2009年版。

[96]萧一山著:《清代通史》,中华书局,1986年版。

[97]谢俊美著:《翁同龢传》,中华书局,1994年版。

[98]信夫清三郎编:《日本外交史》,商务印书馆,1980年版。

[99]熊月之著:《西学东渐与晚清社会》,上海人民出版社,1994年版。

[100]徐继畬著:《瀛寰志略》,华文书局,1968年版。

[101]薛福成著:《出使英、法、义、比四国日记》,沈云龙主编:《近代中国史料丛刊初编》,第12辑,第117册,文海出版社,1966年版。

[102]薛福成著:《庸庵文别集》,上海古籍出版社,1985年版。

[103]薛福成著:《庸庵文外编》,光绪二十三年(1897年)上海醉六堂印本。

[104]杨东梁等:《清史编年》,第十卷《同治朝》,中国人民大学出版社,2000年版。

[105]杨天石著:《海外访史录》,社会科学文献出版社,1998年版。

[106]杨廷福著:《谭嗣同年谱》,人民出版社,1957年版。

[107]叶璧华著、李景纲注释:《古香阁全集》,香港天马图书有限公司出版,2010年版。

[108]伊原泽周著:《近代朝鲜的开港:以中美日三国关系为中心》,社会科

学文献出版社,2008年版。

[109]伊原泽周著:《从"笔谈外交"到"以史为鉴"——中日近代关系史探研》,中华书局,2003年版。

[110]佚名辑:《清季中外使领年表》,沈云龙主编:《近代中国史料丛刊三编》,第16辑,第153册,文海出版社,1986年版。

[111]尹福廷编:《清史编年》,第九卷《咸丰朝》,中国人民大学出版社,2000年版。

[112]余绳武等编:《沙俄侵华史》,人民出版社,1978年版。

[113]袁英光、胡逢祥整理:《王文韶日记》,中华书局,1989年版。

[114]曾国藩著:《曾国藩全集》,岳麓书社,1994年版。

[115]张继善著:《梅县历代乡贤事略》,1935年梅县县立图书馆本,原本藏梅县图书馆。

[116]张人羽著:《美国排华史》,文化供应社,1951年版。

[117]赵德馨主编:《张之洞全集》,武汉出版社,2008年版。

[118]郑海麟、黄延康编撰:《黄伯权传记》,OSCAR Printing Ltd.(培富印刷),1997年版。

[119]郑海麟著:《黄遵楷研究》,日本京都中文出版社,1996年版。

[120]郑子瑜编著:《人境庐丛考》,新加坡商务印书馆,1959年版。

[121]中国史学会主编:《中国近代史资料丛刊·第二次鸦片战争》,上海人民出版社,1978年版。

[122]中国史学会主编:《中国近代史资料丛刊·太平天国》,中华书局,1996年版。

[123]中国史学会主编:《中国近代史资料丛刊·洋务运动》,上海人民出版社,2000年版。

[124]中国史学会主编:《中国近代史资料丛刊·戊戌变法》,上海人民出版社、上海书店出版社,2000年版。

[125]中国史学会主编:《中国近代史资料丛刊·义和团》,上海人民出版社、上海书店出版社,2000年版。

[126]中国史学会主编:《中国近代史资料丛刊·中法战争》,上海人民出版社、上海书店出版社,2000年版。

[127]中国史学会主编:《中国近代史资料丛刊·中日战争》,上海人民出版

社、上海书店出版社,2000年版。

[128]中华书局编辑部、李书源整理:《筹办夷务始末》同治朝,中华书局,2008年版。

[129]中研院近代史研究所编:《清季中日韩关系史料》,中研院近代史研究所,1972年版。

[130]钟培贤等编:《黄遵宪诗选》,广东人民出版社,1994年版。

[131]钟叔河著:《走向世界》,中华书局,1985年版。

[132]朱传誉主编:《黄遵宪传记资料》,天一出版社,1981年版。

[133]朱杰勤著:《华侨史》,广西师范大学出版社,2011年版。

[134]朱寿朋编、张静庐校点:《光绪朝东华录》,中华书局,1958年版。

(五)重要论文

[1]陈其泰著:《近代文化觉醒与〈人境庐诗草〉》,《学术研究》,1987年第5期。

[2]陈正宏著:《新发现的陈三立早年诗稿及黄遵宪手书批语》,《文学遗产》,2007年第2期。

[3]代华著:《黄遵宪与清末华工问题》,《武汉理工大学学报》(社会科学版),2008年第1期。

[4]管林著:《黄遵宪与陈三立的交往》,《学术研究》,1995年第3期。

[5]郭延礼著:《关于黄遵宪"新派诗"的评价问题——读〈谈艺录〉对公度诗的评论》,《文史哲》,2007年第5期。

[6]黄爱平著:《评新编〈黄遵宪全集〉》,《社会科学战线》,2006年第5期。

[7]贾小叶著:《梁启超出任湖南时务学堂总教习首荐人考》,《历史档案》,2013年第2期。

[8]江村、蔡雪昭著:《积极参与维新活动的丁惠康》,《梅州文史》,1994年第7辑。

[9]柯木林著:《黄遵宪领事笔下的新加坡》,《亚洲文化》,第7期。

[10]孔祥吉著:《黄遵宪若干重要史实订证》,《清史研究》,2010年第2期。

[11]柳垠在著:《黄遵宪的〈朝鲜策略〉对旧韩末政局的影响》,《韩国学论文集》,第九辑。

[12]茅海建、郑匡民著:《日本政府对于戊戌变法的观察与反应》,《历史研

究》,2004 年第 3 期。

[13] 茅海建著:《戊戌政变前后张之洞与京、津、沪的密电往来》,《中华文史论丛》,2011 年第 1 期。

[14] 茅海建著:《张之洞与〈时务报〉〈昌言报〉——兼论张之洞与黄遵宪的关系》,《中华文史论丛》,2011 年第 2 期。

[15] 彭平一著:《戊戌南学会集会讲论活动若干史实的补正》,《中南大学学报》(社会科学版),2011 年第 4 期。

[16] 蒲地典子著、郑海麟译:《黄遵宪与湖南变法》,《岭南文史》,1985 年第 1 期。

[17] 丘铸昌著:《丘逢甲生平大事年表》,《华中师院学报》(哲学社会科学版),1984 年第 4 期。

[18] 权赫秀著:《关于黄遵宪〈朝鲜策略〉版本及其原文校勘》,《韩国研究论丛》,第十七辑。

[19] 王宝平著:《黄遵宪〈日本国志〉清季流传考》,《文献》,2010 年第 4 期。

[20] 王宝平著:《黄遵宪与〈艺苑日涉〉——〈日本国志〉源流考》,《世界历史》,2001 年第 4 期。

[21] 夏晓虹著:《黄遵宪与日本明治文化》,《学术界》,2000 年第 1 期。

[22] 冼心强著:《"诗界革命"中的黄遵宪和梁启超》,《客家研究辑刊》,1996 年第 1 期。

[23] 肖朗著:《论黄遵宪的教育改革思想及其影响》,《南京大学学报》(哲学·人文·社会科学版),1999 年第 1 期。

[24] 杨天石著:《黄遵宪与宫岛诚一郎》,收入氏著:《海外访史录》,社会科学文献出版社,1998 年版。

[25] 张海元著:《黄遵宪改良主义思想的形成及时限质疑》,《中山大学学报》(哲学社会科学版),1987 年第 3 期。

[26] 张静、吴振清著:《黄遵宪〈朝鲜策略〉与近代朝鲜的开放》,《南开学报》(哲学社会科学版),2007 年第 2 期。

[27] 张礼恒著:《金允植、鱼允中与"壬午兵变"的善后处理》,《近代史研究》,2016 年第 5 期。

[28] 张求会著:《近代湖南课吏馆初论》,《岭南学刊》,2006 年第 2 期。

[29] 张应斌著:《关于丘逢甲与黄遵宪"争雄"的问题》,《学术研究》,2003

年第6期。
[30]张永春著:《黄遵宪与晚清"西学墨源"论》,《江汉论坛》,2009年第7期。
[31]赵春晨著:《丘逢甲的己亥港澳行》,《学术研究》,2001第2期。
[32]赵春晨著:《丘逢甲在庚子"勤王"中何以蛰伏未动》,《学术研究》,2006年10期。
[33]郑海麟著:《〈日本国志〉与〈日本变政考〉的关系试探》,《暨南学报》(哲学社会科学版),1986年第2期。
[34]郑海麟著:《黄遵宪晚年的思想及其影响——〈黄遵宪致梁启超书〉读后》,《近代史研究》,1987年第5期。
[35]郑海麟著:《黄遵宪与新、马华侨》,《文史知识》,2006年第3期。
[36]周作人著:《论人境庐诗草》,《逸经》,第25期。
[37]左鹏军著:《新见黄遵宪、丁日昌集外诗及考订》,《松辽学刊》(哲学社会科学版),2000年第2期。

附录：黄遵宪之生平事迹

黄遵宪是晚清的一位著名诗人、外交家、维新思想家，戊戌变法的重要领导者，也是中日友好的标志性人物和客家研究的先驱。在中国近代史上，黄遵宪是一位走在时代前面，对我国近代化进程产生过一定影响的著名爱国者。他的诗饱含着强烈的爱国精神，对于唤醒长期处于列强和封建主义压迫的中国人民，起着不可低估的启蒙作用，至今还激励着为建设繁荣富强的现代化国家而不懈努力的中国人民。为拯救祖国的危亡，黄遵宪曾积极地为中国的改革和进步寻求救国救民的真理，最早认识到日本人向西方学习有成效，中国人应该向日本人学习的道理；其"日本模式"为近代中国的改革者提出一条仿效日本明治维新以变法的路径。作为职业外交家，黄遵宪曾出任晚清驻外使馆官员达十四五年之久，足迹遍及亚、美、欧、非四大洲。在长期的外交生涯中，黄遵宪不但能在自己职权范围内，尽量做一些有益于我国人民及维护国家主权和民族尊严的工作，而且还非常注意考察日本和西方近代国家的政治、经济、军事、法律和教育制度，以及历史文化和民情风俗，写下《日本杂事诗》《日本国志》和《人境庐诗草》等巨著，为中国人了解日本和西方、为中国的维新变法事业、为中日文化交流做出杰出的贡献，同时也为我们留下了极为宝贵的文化遗产。

一、出身与家世

黄遵宪，字公度，别署观日道人、公之它、拜鹃人等字号。清朝道光二十八年戊申（1848年）四月二十七日生于广东嘉应州城东攀桂坊黄屋（今梅州市梅江区下市黄屋）。

黄遵宪的祖上是一个开当铺的商人。他的祖父黄际升，继承祖业经商。父亲黄鸿藻在黄遵宪九岁那年（1856年）中举，先后做过户部主事、广西思恩府知府等官。黄鸿藻交际很广，与京中的官僚士大夫如邓铁香、钟遇宾、何如璋、龚蔼人等皆友善，这些人对黄遵宪日后的求仕道路产生过一定的影响。

　　黄遵宪从小就受到严格的传统礼教的家庭教育。当他三岁咿呀学语时,曾祖母李氏就对他口授《千家诗》,进行文学的启蒙教育。四岁那年,黄遵宪入读家族内的私塾,与族内兄长们一起读书。因他天资聪颖,颇受塾师喜爱。十八岁与同乡叶氏结婚,婚后数日,即遇太平军汪海洋部由福建入广东,攻陷嘉应州城。黄氏全家乘舟沿大埔三河坝逃至潮州。清朝左宗棠部随之而来,与汪海洋部在嘉应州一带展开激战,最终太平军全军覆没,黄遵宪一家遂回到嘉应州故里。黄遵宪就是在农民运动风暴冲击下结束他的少年时代,步入了人生征途。

二、青年诗人

　　黄遵宪从少年时代起,便怀有远大的理想和抱负,想做一番惊天动地的事业。他不愿过那种"皓首穷经"的儒士生活,主张"经世致用",立志"要抟扶摇羊角直上九万里",求得青史留名。但是,在封建时代,青年学子不通过科举这条途径,是不可能得到施展抱负的机会的。因此,如当时大部分青年士子一样,他也积极参加科举考试,希求有飞黄腾达的一天。

　　在二十岁那年(1867年)春天,黄遵宪参加院试,考中了秀才。同年夏天,他又风尘仆仆地赶来广州参加乡试,结果名落孙山。在封建时代,乡试三年一次,在省城举行,考中的便是举人,有了举人的头衔,就可以跻身于官场。因此,中举是封建时代读书人登上仕途的第一步。黄遵宪在首次落第后的第三年,再到广州省城应乡试,这次仍然落第,扫兴而归。在归家途中,他经由香港,第一次领略了西方资本主义的近代文明:"弹指楼台观,飞来何处峰。"在《香港感怀》诗中,黄遵宪对清廷表露了不满情绪。

　　同治十二年(1873年),他考取了"拔贡生"。所谓"拔贡生",也即是在众多的生员(秀才)中挑选出最优秀者"贡献"给皇帝之意。州、府、县的生员属地方人材,而贡生则属于国家人材,有资格到京师读书和参加乡试。由于父亲黄鸿藻当时恰好在京师户部任主事,黄遵宪在省城乡试三次落第后,选择了北上应顺天(北京)乡试这条路。终于在光绪二年(1876年)中举,使黄遵宪的人生道路出现转折。

　　尽管青年时代的黄遵宪在科场上频频失意,三试不第,但他仍不坠青云之志。他广交朋友,激浊扬清;博览群书,究心时务,为日后的事业打下基础。在整个青少年时期,黄遵宪无时不持积极入世的态度。在放眼高歌的同时,努力磨砺自己。作为青年诗人的黄遵宪,最值得称颂的诗是收在《人境庐诗草》卷一的《感怀》和《杂感》两首。这两首诗很能反映黄遵宪青少年时期的思想。

《感怀》被置于《人境庐诗草》的第一篇,它实际是一篇批判旧文化的战斗檄文。该诗为黄遵宪十六、七岁时作,表明黄氏从少年时代起就孕育着反传统的思想。诗中写道:"世儒诵《诗》《书》,往往矜爪嘴。昂头道皇古,抵掌说平治。上言三代隆,下言百世俟。中言今日乱,痛苦继流涕。"(《全集》上,第70页。)黄遵宪不满传统儒生那种厚古薄今、崇古抑今的思想,亦不愿走他们那种"埋头破屋""皓首穷经"的道路。他认为应当走出书斋,面对社会。由于时代不断向前发展变化,要适应时代,了解时代,就必须接触现实,勇于实践。黄遵宪的这些观点,与从顾炎武、黄宗羲到龚自珍、魏源以来优秀的知识分子提倡"经世致用"的思想是一脉相承的。在二十一岁时写的《杂感》诗中,黄遵宪进一步发挥这种思想。从整首诗的前后联系来理解,我们不难看出作者力图说明这样一个道理:从历史发展的角度来看,不是今人不如古人,而是今人胜于古人。于是,诗人对那些"六经字所无,不敢入诗篇"的腐儒做了辛辣的讽刺。无疑是要人们大胆地摆脱封建传统思想的束缚,独立地、自由地思考和表达自己的思想,这实际上也可以说是近代启蒙思潮中主张个性解放的先声。因此,黄遵宪的"我手写我口,古岂能拘牵"的诗句,不仅"可以算是诗界革命的一种宣言",而且也是改良主义者在近代思想启蒙运动中提出的第一个思想解放的口号。在后来的变法运动中,黄遵宪公开标榜自己的诗是"新派诗",把诗歌作为他表达爱国主义思想和宣传变法维新的思想工具。

三、随使日本

黄遵宪于光绪二年(1876年)应顺天乡试中举后,恰值清廷任命何如璋为驻日钦差大臣。何早就听闻黄遵宪通晓时务,因而邀之同行。黄遵宪从此踏上新的人生旅途,开始了他那历时十四、五年,足迹遍及日本、美国、加拿大、英国、新加坡等国的外交生涯。

作为参赞，黄遵宪在使馆中起了极为重要的作用，他专门负责替何如璋草拟奏折，上书总署和李鸿章。何如璋的很多外交策略和主张，大都出自黄遵宪或经黄参画。于是，黄遵宪成了何如璋的得力助手。

何如璋、黄遵宪等是以清朝和平友好的使者身份使日的。但是，到任伊始，即碰到近代中日关系启衅之端——琉球问题的交涉。早在同治十三年（1874年），明治政府便以一些琉球渔民被台湾高山族人误杀为借口，派西乡从道率兵三千进犯台湾，迫使清朝签署了《台事专条》，向清廷索得补偿银五十万两，并迫使清廷默认琉球人是日本人，使日本吞并琉球合法化。次年，日本政府派遣熊本镇台之兵进驻琉球，同时向琉球王国发布命令：禁止入贡中国；不准接受中国册封；撤销福州琉球馆；琉球今后与中国的贸易和交涉概由日本外务省管辖。日本政府这一加强琉球属国化的命令，揭开了近代中日琉球争端的序幕。

日本企图吞并琉球和侵略台湾，杀机毕露，作为驻日参赞官的黄遵宪，鉴于日本的这种扩张政策，就曾警示中国的当政者："日本维新之效成则且霸，而首先受其冲者为吾中国。"指出日本阻贡的意图是要将琉球属国化然后置为郡县，进而利用琉球与中国南部疆土地理上的接近，作为向中国进犯的桥梁。在黄遵宪替何如璋起草的上总理衙门的《论朝鲜事及日本国情书》一文中，分析了日本国内形势，认为此时的日本，国力犹未达强盛，无论在经济或军事方面，与中国目前的力量相较，"其不能用兵者，更甚于我"。如我能坚持强硬手段，彼必为我所屈。并且还进一步从整个亚洲的战略意义上来考虑这一问题，文中指出："论亚细亚大局，日本与我原当联为一气。乃我让彼，彼益轻我。不特缓急不足恃，且将日长其侵夺之心，不如乘其国势未固而持之，尚可折其谋，挫其气，以渐合同洲唇齿之交，而弥无穷之隐患。"（吴振清编：《何如璋集》，第103页，天津人民出版社2010年版。）继而又向总署指出，琉球与台湾迫近，日本如占有琉球，必扰我边陲和侵占台湾，使我东南沿海不得安宁。因此，争琉球即是保台湾，同时就是保我东南海防。有鉴于此，公文提出解决琉球问题的上中下三策。其中上策为对日强硬，派遣兵舰责问琉球，示日本以必争；中策为联合琉球本国力量以对抗日本，内外夹攻，以抗东人；下策为援引国际公法，邀请各国公使评理，希望借国际舆论迫日本收手，使琉球侥幸图存。

但是，清朝统治者根本没有认识到琉球在军事战略上的重要性。李鸿章在复何如璋函中说:"中国受琉球朝贡,本无大利……若再以威力相角,争小国区区之贡,务虚名而勤远略,非惟不暇,亦且无谓。"(《李鸿章全集》第七册,第4370页,时代文艺出版社1998年版。)可见李鸿章根本不同意《论朝鲜事及日本国情书》一文提出的上中二策。最后,清廷采用了文中提出的下策,并且要何如璋根据《中日修好条规》与日方交涉。日本政府知道中国方面无意力争琉球,遂于光绪五年(1879年)三月派兵接管了琉球藩王居住的首里城,掳国王和王子至东京,改琉球为冲绳县。清廷坐视不救,听日灭之,断送了隶属中国五百年的琉球国。日本在琉球问题上得逞,随后即把刺刀直指朝鲜,进而揭开甲午战争的序幕,侵占我国领土台湾,步步进迫中国大陆。

早在光绪元年(1875年)九月,日本军舰"云扬号"以测量海口为名,闯进朝鲜江华岛附近,与江华岛的朝鲜守军发生武装冲突,挑起江华岛事件。结果,朝鲜被迫于光绪二年(1876年)二月与日本签订了《朝日江华条约》十二款,确定了日本在朝鲜享有治外法权。条约签订后,引起了朝鲜国内外的一系列变化。首先,日本乘机将商品大量输入朝鲜,严重地冲击朝鲜的国内市场,使闭关时代的自给自足的自然经济在新的商品货币经济冲击下趋于崩溃;其次,条约改变了中日朝三国之间的传统关系。缔约前,朝鲜形式上还是清朝的属国;缔约后,朝鲜名义上被称为"自由之邦",摆脱清朝的宗藩关系,实际上则成为了帝国列强激烈争夺的商品市场和战略要地。面对朝鲜新的国际国内形势,黄遵宪受何如璋的委托,草拟《朝鲜策略》,替朝鲜筹划对付日、俄威胁和列强前来要求结约之策。《朝鲜策略》的中心思想是劝朝鲜奉行"亲中国,结日本,联美国"的国策,同时亦向英、法、德开放,与其结约通商,使朝鲜在列强的均势下求得生存。争取时间练兵,改革内政,发展经济以图自强。黄遵宪反复向朝鲜君臣提出:朝鲜只有实行这一"开国、均势、自强之策",才能抵抗俄国、日本的侵略,挽救自身的危亡。因此,《朝鲜策略》中"亲中国、结日本、联美国"诸策,落脚点是要提醒朝鲜君臣,应当及时调整自己的对外政策,以便有利于对内实行改革,走发展经济与充实国防的自强道路,改变长期以来闭关自守造成的愚昧落后状态。黄遵宪希望朝鲜君臣同心合力,共谋国事,发奋兴起,取得国民的支持,努力改革以图自强,实行开放以图自救。谋求自身的生存,同时亦有利于维护亚洲的和平大局。

四、近代中日文化交流的先驱

在驻日使馆的四年余,黄遵宪在使馆中除协助何如璋公使处理外交事务外,公务之余,对日本的历史和现状极感兴趣,并且结交了许多日本朋友,其中包括诗人、学者、政治家、民间艺人、医生等。这些日本友人大都懂汉文,黄遵宪不懂日语,只能通过笔谈与他们交流思想文化。这些笔谈的片纸只字,日本友人皆视为珍宝,将它装裱珍藏。其中最著名的有源桂阁(大河内辉声)保存在东京都埼玉县新座市野火止平林寺的大量"笔谈遗稿",以及《宫岛诚一郎文书》中收藏的有关宫岛诚一郎与黄遵宪、何如璋等人的"笔谈资料";此外,东洋文库还藏有不少黄遵宪与冈千仞等日本友人交往的信札,以及黄遵宪为冈千仞、宫岛诚一郎、蒲生重章等人的诗文集写的序跋或评论,这些文字记载了黄遵宪与日本友人的交谊、思想见解和文学主张,是近代中日文化交流史上的一份珍贵遗产。

从"笔谈遗稿"中,我们可以看到,黄遵宪与日本友人交往,都是抱着平等相待、相互尊重的态度。中日友人这种友好相敬的态度,为双方交流思想文化沟通了门径。他们在发表自己的见解时,往往直抒胸臆,毫不讳言。黄遵宪对日本友人的诗文,优点则充分肯定,力加推重,虚心学习;对其缺点则直言指出,态度非常诚恳。为明治时代的中日文化交流写下了绚灿的篇章。

作为清朝首批驻日使团成员,黄遵宪表现出很强的使命感和责任心。他将参赞官比作"《周礼》小行人之职",负有"采风问俗",供朝廷咨询的责任。为了深入了解日本社会,他不仅仅限于书本和向日本友人询问请教,还时常走出使馆,涉足街头巷里做实地考察,《日本杂事诗》便是黄遵宪任驻日参赞的最初两年内对日本社会进行认真考察和系统研究的产物。该书起草于光绪四年(1878年)秋,经四易其稿,于次年春誊清,并交由北京同文馆出版。

《日本杂事诗》涉及的范围极为广泛,它对日本的历史和现状,也即是对日本社会从纵、横的角度进行了较全面的考察与研究。从纵的方面来看,《杂事诗》对日本的社会发展史、汉学史、西学史、中日关系史、西日(西方国家与日本)关系史等方面都有所涉及;从横的方面来看,《杂事诗》对日本的地理天文、民情风俗、音乐舞蹈、医、农、工、商，特别是日本经由明治维新后在政治、经济、军事和文化教育等方面发生的变化，皆作了概要的叙述和介绍。可以说是中国人较全面地研究日本和系统地介绍日本的一部不可多得的著作。黄遵宪应日本友人源桂阁之求，将《日本杂事诗》初稿葬于东京都墨江源氏家族园林中，立碑以志，碑面由黄氏亲题"《日本杂事诗》最初稿冢"，碑阴载源桂阁撰《葬诗冢碑阴志》（此碑后迁至东京都埼玉县野火止平林寺），至今保存完好，象征着明治初期中日两国友人真挚的友谊。

除《日本杂事诗》外，黄遵宪在日本期间还写了许多反映日本人民的爱国精神，强调中日两国和平友好，介绍日本风土人情的诗篇。这些诗后来由黄氏自己整理辑集在《人境庐诗草》第三卷。内中最为感人的是反映日本人民的爱国精神的《近世爱国志士歌》《赤穗四十七义士歌》等诗篇。黄遵宪在诗作中高度赞扬幕末维新志士为民族利益不顾个人安危的斗争精神，欲借此激发中国的有志之士，希望中国也能出现一些勇于为改革封建制度而献身的维新志士，所谓"以兴起吾党爱国之士"是也。因此他在诗中有"祝君生支那"之句，表达了他强烈要求改革的愿望。

五、黄遵宪在旧金山

光绪八年（1882年）春，黄遵宪结束日本使馆参赞生涯，奉命往美国旧金山任总领事，由日本乘轮船横渡太平洋至新大陆。

早在同治七年（1868年），美国为加紧修建横贯大陆的中央太平洋铁路，急切需要大量劳工。美国派遣使者蒲安臣来华，与清政府签订《蒲安臣条约》，《条约》的目的是为了招募华工赴美，以解决美国国内劳力不足的问题。《条约》签订后，美方在香港设立招工公司，专门招收入美的中国劳工。此后，大量华工流入美国。据美国旧金山海关统计，仅同治八年（1869年），入境华人就有一万八千九百九十人。及至光绪六年（1880年）美国遣使来华商订限制华工条约之际，华人在美人数已达十万五千四百六十五名。美国中央太平洋铁路筑成后，大量的华工便遭铁路公司辞退，连做养路工的资格都没有。大批华工的失业，引发出许多社会问题，随后即酿成美国发展史上最可耻的一页——排华运动。

光绪六年（1880年）八月，美国政府派遣安吉尔为首的代表团来华，与清政府全权代表宝鋆、李鸿藻商议修改《蒲安臣条约》。美方提出："华工分往各口。不下十万人,于本国平安有损,请整理限制禁止。"随后,美国国会根据这一修订条约,于光绪八年(1882年)年通过了一个停止华工入美二十年(后改期为十年)的《排华法案》,亦叫《新例》。该《法案》意味着美国进入一个以国家权力从事排华时期的开始。种族主义势力叫嚷要以最大的速度,尽一切力量,全部清除国内廉价的中国劳动力,随即在美国掀起了一个排华的浪潮。

作为清朝驻旧金山总领事,黄遵宪到任后,立即开展抵制排华运动、保护华侨的工作。具有种族主义思想的美国官员根据《排华法案》第六条:"华商需凭执照方准入境"的字样,常常借此留难华商。如光绪八年(1882年)七月,有一名叫阿胜的巴拿马华商路经旧金山换船回国,海关不准其登岸,原因是"该商未领有华官执照,殊难确信为商人"。黄遵宪得知此事后,立即电告公使郑藻如,要求与美方交涉,指出《新例》乃禁华工而非华商。后经美方派巡察使费卢前来查办,费卢为一正直官员,对海关留难华商举理辩驳,指出海关此举违反《新例》,最后海关只得准许华商上岸。接着,以此案为契机,黄遵宪立即向美国当局提出诉讼,指出《新例》第六条"华商需凭执照方准入境"此则,不符合《中美续修条约》精神和内容。黄遵宪争取到美国正直官员费卢和哈门的支持,与旧金山海关官吏进行反复辩驳。指出"《新例》背国例,违条约。妨商务",并指责海关官吏留难来美华商为"不公、无理、苛刻、残虐"。经法院裁决。终于判定"华商由他国来者,均无须执照","曾居美国之人来美亦无须执照"。海关必须按约行事,不得借故留难入境华商。

在黄遵宪的努力下,这场控驳《新例》的诉讼终于获胜。黄遵宪把判词刊印后分交各轮船公司寄与各国,以便各处船主搭载华商,然后又将其译成汉文,函告各处华商,令其知悉。黄遵宪控驳《新例》一举,有力地抵制了美国种族主义势力的排华行为,保护了华商的部分正当权益。诚如他在致函郑藻如时所说:"自《新例》以来所蒙之耻辱,赖以一洒,差强人意。"(《全集》上,第471页。)

黄遵宪在美国亦以研究美国华人社会、治理华人会馆为己任。在他看来,总领事一职,即是朝廷派驻海外的"父母官",理应起到保护所在地百姓,尽量减少海外华人所受不平等待遇的作用。这种"父母官"的责任感,使黄遵宪替旅美侨胞做了不少有益的工作。如整顿华人会馆，替各会馆拟订章程，责成各会馆董事按章程秉公办事。黄遵宪向华人会馆会员解释说：章程即是法律，会馆办事绅董，必须依法行事，方能服众。而会馆即如西方的国家，必须依靠法治，才能完善管理。为此，黄遵宪还经常教育会馆董事必须为华侨办事。如资助贫病老民、延聘律师等。此外，他又责成会馆董事，必须将收支账目公开，避免侵吞亏空之弊。考虑到华人正处美国排华浪潮到来之际，而华人会馆和堂口众多兼极为分散，遇事亦多不便且易生矛盾，黄遵宪平日除积极调解各会馆和堂口之间的矛盾外，还力促华人会馆合并，组成统一的中华总会馆，联合华人在美的力量，抵御种族主义势力对华人的攻击和骚扰。

由于黄遵宪的积极努力，旧金山中华会馆与总会馆合为一馆，并于光绪八年（1882年）十月初十举行合馆仪式。接着，黄遵宪又替中华总会馆草订章程，并要求郑藻如公使将章程代为照会美国国务院，请发给准照，以求得到法律保护。此外，黄氏还替会馆聘请常年律师麦嘉利，为拿办凶犯和按当地法律进行诉讼保护华侨利益之需。这些都是对旅美华侨十分有益的护侨工作。

六、著述《日本国志》

黄遵宪于光绪十一年（1885年）秋由旧金山返国，随即闭门谢客，潜心著述《日本国志》。《日本国志》是反映黄遵宪的学术和思想的最有代表性和最重要的著作。黄遵宪萌发著述《日本国志》并着手准备资料。是从他到日本后的第二年开始的。他在《日本国志·自序》中提到："既居东二年，稍稍习其文，读其书，与其士大夫交游，遂发凡起例，创为《日本国志》一书。"（《全集》下，第819页。）但是，由于《日本国志》卷帙繁浩，颇费时日，直至光绪八年（1882年）初，黄遵宪经前后四年的努力，终于完成《日本国志》初稿。随后，黄遵宪奉命调任美国旧金山总领事，在美国的三年余，因公事繁忙，无暇修改《日本国志》初稿。光绪十一年（1885年）秋，黄遵宪由美国乞假回乡，决心要完成《日本国志》编纂工作。因此相继谢绝了使美大臣张荫桓和两广总督张之洞之邀。"家居有暇，乃闭门发箧，重事编纂，又几阅两载，而后书成。"前后费了八九年的时间，参考的书籍达二百多种，终于在光绪十三年(1887年)五月间完成了这部为类十二、为卷四十,多达五十万字的鸿篇巨著。书成后,黄氏曾作《日本国志书成志感》一诗抒发自己的喜悦心情。把《日本国志》与日本的史书《吾妻镜》及清初王船山的《黄书》相比,希望自己的书能够成为为未来中国的变法改革提供参考的有用之书。

光绪六年(1890年),《日本国志》书稿交广州富文斋付刻,但当年并没有刻成出版。光绪二十年(1894年)初,黄遵宪又将书稿邮寄巴黎,请出使英法义比四国大臣薛福成作序,薛读后大为赞赏,认为"此奇作也,数百年来鲜有为之者"。(《全集》下,第818页。)给予高度评价。光绪二十一年(1895年)冬,《日本国志》由广州富文斋正式出版面世。

《日本国志》是近代中国人写的第一部综合性研究日本的巨著,它取材范围广博、涉及内容丰富而又比较准确和充实地向中国人介绍了日本的明治维新;并且通过介绍和评论日本的明治维新而形成一套系统的变法思想,其中涉及政治制度、司法、国家经济制度、军事、文教及语言文体等方面的改革内容。第一次把明治维新的制度改革及其建立资产阶级立宪政体的经验全面介绍到中国来。书中强烈表现出仿效日本的明治维新以变革封建专制体制,建立资产阶级立宪政体的改革思想,对于九十年代康、梁等领导的戊戌维新运动起着重要的理论桥梁作用。由于它为中国的改革者树立了一个现实的榜样,向中国人揭示了日本经维新变法由弱变强的道路,因而促使了中国的维新运动由理论向实践的转化。《日本国志》在中国近代思想史上的地位和作用是不可低估的。

《日本国志》在朝野中引起广泛影响。光绪二十一年(1895年)九月,维新派的领袖康有为在上海和黄遵宪相交,纵谈天下事,在黄的影响下,康有为亦认真研究日本的明治维新,并于光绪二十四年(1898年)维新变法之际,撰写了十二卷本的《日本变政考》为光绪皇帝提供变法改革的蓝本,书中大量参考了《日本国志》内容。光绪二十二年(1896年)三月,梁启超初识黄遵宪,并读到《日本国志》,梁于该年十一月写了一篇《日本国志后序》,谈到此书对他的影响说:"中国人寡知日本者也。黄子公度撰《日本国志》,梁启超读之,欣怿咏叹黄子;乃今知日本,乃今知日本之所以强,赖黄子也。"(《全集》下,第1565页。)并且告诫国人不能把它当成一般的历史书看待。梁启超把这篇《后序》发表在光绪二十三年(1897年)初出版的《时务报》第二十一册中,这对《日本国志》的传播起了极好的促进作用。

《日本国志》也引起了光绪皇帝的重视。戊戌变法前夕,光绪曾两次催其亲信大臣翁同龢进呈《日本国志》。光绪读了《日本国志》后,大受启发,"遂为后言,徒练兵制械,不足以图强,治国之道,宜重根本"。显然,光绪已从明治维新的改革中,领悟到从前洋务派的"练兵制械"根本不能治国图强,因而接受了《日本国志》提出的仿效日本改革的变法主张。不久又读到康有为的《日本变政考》,更加坚定了他效法明治改革的决心,而戊戌变法实际上就是一场仿效日本明治维新的改革运动,黄遵宪、康有为的"日本模式"变法论思想,不仅影响了光绪,也在维新派中引起了颇大的反响,并且通过《时务报》《湘报》等向全国散播,指导着整个变法维新运动的方向。黄遵宪的《日本国志》是维新派中第一部集中地反映了"想向日本人学"的思想的代表作,它对戊戌变法运动的影响应该引起近代史研究者的足够重视。这也是《日本国志》的最重要的价值所在。

七、从伦敦到新加坡

光绪十五年(1889年)四月,薛福成被任命为出使英法义比四国大臣。由于当时任总理各国事务衙门章京袁昶的举荐,黄遵宪被任命为驻英使馆二等参赞。次年一月十一日,薛福成一行由上海放洋西渡。黄遵宪则相约在香港守候,十六日随使船出港。

薛福成、黄遵宪一行于同年三月十七日进英国首都伦敦的温则行宫朝见英王,向英女王递交国书。在朝会期间,黄遵宪目睹温则行宫的壮丽豪华,加上近日来对英伦三岛的亲身体察,觉得英国的资本主义文明又远胜于日本。随后的使馆岁月里,黄遵宪对英国的君主立宪政体做了认真的考察,并与美国的民主共和政体作了比较,认为中国的改革应以英国为模式。他后来写信给梁启超说,中国之变法,其政体当学法英国的君主立宪。在英国,可以说使黄遵宪找到了自己的政治思想的最后归宿,"自是以往,守渐进主义,以立宪为归宿,至于今未改"。

黄遵宪在伦敦使馆任职约一年半时间,使馆中凡上行之文奏疏,薛使自任之;下行之文批札及例行分牍,为黄氏业务范围;另"平行之文,总理各国事务衙门及南北洋沿海督抚书函分牍,则许静山任之"。海外公事大抵平行者多,因此黄遵宪的事务较清简,闲暇无事,颇有无聊之感,加上其身体不适合伦敦气候,健康状况不好,故甚至有东归之意。如他在题为《重雾》诗中写道:"碌碌成何事,有船吾欲东。百忧增况瘁,独坐屡书空。"(《诗草笺注》上,第508页。)可见黄遵宪在伦敦的使馆岁月里,是不得意的。在伦敦的一年半里,重订《日本杂事诗》和编辑《人境庐诗草》是黄遵宪在伦敦使署做的两件有意义的事。

(一)重订《日本杂事诗》。《日本杂事诗》自同文馆初刻本面世后,中日两国书肆争布翻刻。不过,这些版本都是根据同文馆初刻本翻印的,其中对明治维新的看法,"新旧同异之见,时露于诗中"。随着岁月的推移和时势的变化,"及阅历日深,闻见日拓,颇悉穷变通久之理;乃信其改从西法,革故取新,卓然能自树立……久而游美洲,见欧人,其政治学术,竟与日本无大异。今年日本已开议院矣,进步之速,为古今万国所未有。"(《全集》上,第6页。)于是,黄氏认为,早年所作"新旧同异"互见的《杂事诗》有改订之必要。

基于黄遵宪的思想转变,在修订《杂事诗》时,黄氏删去了以前对日本改从西法、废弃汉学持存疑的部分,增加了赞美新政新法的内容,使要求变革的愿望表现得更为鲜明突出。因此,《杂事诗》也由原来的一百五十四首增订为定本的二百首。

(二)编辑《人境庐诗草》。在伦敦使署常觉闲暇无事,黄遵宪只得将郁郁孤怀寄托于诗,正所谓"余事且诗人"是也,正如他后来对梁启超说:"四十以前所作诗多随手散佚。庚辛之交,随使欧洲,愤时势之不可为,感身世之不遇,乃始荟萃成编,借以自娱。"此次编辑的诗稿,据黄氏自己说约有二三百篇。时间载至光绪十七年(1891年)八月。同年六月,黄氏写有《人境庐诗草序》,论其作诗要旨,提出了自己有关诗歌创作的指导思想和创作方法。

通读《人境庐诗草》,我们不难看出,黄遵宪的诗歌理论和创作实践,基本上是要贯彻他早年提出反对摹拟古人,提倡"我手写吾口"和用"流俗语"入诗的主张。由于"游美洲,见欧人",使黄遵宪"闻见日拓",在采用"流俗语"的同时,黄氏的诗又增加了许多"新事物"和"新名词",言"古人之未有之物",开古人"未辟之境",对于把诗歌从传统士大夫文人的书斋里解放出来,起到一定的进步作用,对近代以来的"诗界革命"乃至"五四"时期的白话文运动产生过一定的影响。正因如此,黄遵宪才赢得晚清"诗界革命"旗手的称号,并且为"五四"时期白话文运动的旗手胡适等人所推崇。

黄遵宪任驻英使馆参赞的第二年(1891年)五月,时任北洋海军提督的丁汝昌奏请总署说:去冬奉令巡视南洋,见新加坡各岛流寓华民日增,惟未设领事之处,多受洋人欺凌剥削,故环求保护。拟请以新加坡领事改为总领事。总署准丁汝昌之请,于五月十四日责成驻英法义比四国大臣薛福成与英国外部商议。八月十二日,由英文参赞马格理建议先办文照会英外部,照会获英政府允准。薛福成建议总署,将原新加坡领事左秉隆调任驻香港领事,派黄遵宪为新加坡总领事,兼辖槟榔屿、麻六甲及附近各岛。薛福成在奏文中称赞黄"历练有胆。持己谨严,接物和平,允堪胜任"。总署准薛之请。于是,黄遵宪于该年八月底离英赴任。十一月一日抵达新加坡,就任总领事。

黄遵宪就任总领事后,随即详察南洋各岛情形,查访华侨疾苦,并着手从事改善侨胞待遇的工作。在南洋各岛经商的一些华侨,稍积有点财产,往往被当地流氓恶棍勾结英殖民地贪腐官员,"或诬为贩卖猪仔者,或诬为曾犯奸盗者,对其勒索敲诈"。黄遵宪了解到这种情况后,一面与殖民地政府交涉,一面要求总督施密司,在白蜡、石兰莪等处华侨聚居的地方,将《大清律例》中有关财产各条抄出,并译成英文交各处承审官,一体遵办,以保护华侨的财产。在帝国主义的殖民地内,采用中国法律保护华人,这在当时是绝无仅有的创举。

奏开海禁及严禁虐待归侨,是黄遵宪在新加坡总领事任内值得纪念的政绩。早在康熙年间,清朝统治者为了巩固其政权,鉴于清初郑成功据台抗清的教训,康熙下令禁止南洋贸易,康熙五十六年(1717年)发布禁海条例,禁止汉人出外贸易,居留外国。清廷禁海令颁布后,出洋谋生的侨民,多不敢回国。直至十九世纪后半叶,海禁逐渐放宽,但由于清廷还没有明确下令撤销海禁令。国内官吏劣绅,仍倚仗"禁海令"借以勒索归侨。因此,南洋闽籍侨民,相率以归国为戒,真正陷入有家归不得之境。有鉴于此,黄遵宪上书薛福成,请代为奏开海禁,保护归侨。经黄遵宪多方努力和薛福成公使的反复上奏,清政府终在光绪九年(1893年)九月十三日下谕"准华侨归国,并严禁唆扰勒索等弊"。施行近二百年的"禁海令"终于废止,可以想见海外华侨对黄氏此举的感激之情。有些南洋学者认为,此举"乃中国保护归侨之首倡",是"公度先生在总领事任内最值得纪念的政绩"。

黄遵宪初到新加坡，即以提倡学术为己任，认为发展当地的华文教育是作为总领事分内应做的工作，也是中国在海外设置总领事的主要目的之一。他把会贤社加以改组，易名图南社。图南社成立以后，黄遵宪亲任督学，拟定该社学规，按月课题，奖励学人，一时文风丕振。黄遵宪通过创立图南社，奖励南洋诸生努力学习中国文化，了解时事政治，研究地方礼俗，关心民事民瘼，这对于丕振南洋文风，弘扬中华文化，推行圣道教育，培养爱国爱乡精神，发挥了一定的积极作用。黄遵宪亦因此举与当地士人建立密切联系，及至光绪二十年（1894年）底卸任归国之际，图南社诸生为感念其教育之恩，特制万民伞一柄、德政牌四面，馈赠黄遵宪。

　　光绪二十年（1894年）底，黄遵宪被时任湖广总督的张之洞以"筹防需人"为由，奏调返国。黄氏结束了为期三年的新加坡总领事任，于十二月初回到上海，旋即投身于变法维新的政治活动。

八、回国后的社会政治活动

　　黄遵宪在光绪二十一年初到南京见张之洞时，以才识自负，目无权贵，"昂首足加膝，摇头而大语"，所以没被张之洞所重用，只是派他主持江宁洋务局，办理江南五省堆积教案。黄遵宪接办江南五省教案后，数月内便将这些多年纠缠不清的教案，"无赔偿，无谢罪，无牵涉正绅，无波及平民，一律清结"。（《全集》下，第1578页。）就连张之洞也不得不承认，黄氏"学识赅通，心思沉细。洋务素能精心考求。近日委办五省教案，先办江省各案，皆系积年胶葛之件，与法领事精思办辩，批郤导窾，该领事颇就范围，挽回甚多"。

　　《马关条约》签订后，准开沙市、重庆、苏州、杭州为通商口岸，中日双方进行具体的交涉。黄遵宪刚办完五省教案，随即被南洋大臣刘坤一委派他主持苏杭两地谈判事宜。黄氏谈判的对手是日本著名外交家珍田舍巳。珍田恃其战胜余威，摆出一副盛气凌人的架势，要求在苏杭两地开埠，专界专管，并且要求按约指地。黄遵宪一面拒绝珍田的无理要求，一面援引《马关条约》条文，提出"新约所评，只许通商，遍查中文、日文、英文，并无许以苏州让给一地，听日本政府自行管理之语"。有力地驳斥了珍田所谓专界专管的无理要求。苏杭一局的谈判，在黄遵宪的主持下，"日领事终为之窘,许以禀候政府训令"。气焰嚣张一时的珍田,被日本政府以"有辱国命"召回。黄氏在谈判中能做到有理有利有节,在自己职权范围内维护了国家民族的尊严,在国家民族危亡的情势下为中国争了一口气。

然而,在腐朽的清朝统治者的投降主义路线指导下,黄氏个人再努力也是徒劳的。日本政府得知在苏杭与黄遵宪谈判不可能达到目的,要求清廷将谈判移至北京。清政府经不起日本方面的武力威胁,终于屈服。最后于十月十九日签订了协议,中国政府承认日本在苏州有租界专管权、拥有警察和控制道路。因此,黄遵宪几个月来的努力最终变成泡影。对此,梁启超后来不无感慨地评论道:"先生时持苏杭为内地,与畴昔沿江沿海之口岸有别,乃草新约,刻意收回治外法权,珍田竟莫能难。草约已画押,议达日政府。日政府怒珍田之辱命,乃撤回而抗严议于我政府。我政府亦终屈也,而先生所拟之约遂废。使先生之志得行,则此后中国虽实行门户开放主义可也。"(梁启超:《饮冰室诗话》,第105页,人民文学出版社1959年版。)

光绪二十一年(1895年)九月,黄遵宪由南京往上海,时康有为亦赴上海办强学会,黄遵宪列名参加。会员有黄体芳、梁鼎芬、汪康年、陈三立、邹代钧等十六人。上海强学会为资产阶级改良派与洋务派相结合的一个政治团体,并且得到洋务派大员张之洞在经济上的支助。参加上海强学会是黄遵宪卷入维新变法运动之始,并且在那里与康有为结交。此后,两位维新志士为挽救民族危亡而积极从事变法维新的各种活动。

十一月,强学会被慈禧太后为首的顽固派下令封闭,维新变法运动暂处于低潮,朝野士夫"渐讳新政",部分维新人士产生了某种消极情绪。但是,黄遵宪却知难而进。他"愤学会之停散,谋再振之,亦以报馆为倡始"。时上海强学会被迫关闭后,尚有余银一千二百两,是为《时务报》创办的第一笔基金。接着,黄遵宪又"自捐金一千元,为开办费"。正好强学会的另一位成员汪康年亦有办报的设想,黄与汪相遇,谈及创办报社一事,意见相合。黄旋即又写信招邀梁启超,委梁担任《时务报》主笔,于是黄与汪康年、梁启超三人,日夜谋议办报事。

由于黄遵宪把办《时务报》看作自己从事变法事业之始,在开办之初,以筹款、用人、刊式,发布等具体事务无不一一过问,亲力亲为。针对汪康年提出的《时务报》的宗旨应"以广译西报为主",黄遵宪则认为,《时务报》应有别于《知新报》,该报重在论学,而《时务报》则应将重点放在论政,因

"此报本意,原为当路诸人发聋振聩也"。对于报馆的管理,黄遵宪提出应订立章程(即立法),实行议政、行政分离和设董事以分任其事的制度。他对汪康年说:"此馆既为公众所设,当如合众国政体,将议政(于馆中为董事)、行政(于馆中为理事)分为二事,方可持久。"并且反复向汪康年解释订立馆中章程的重要性:"此馆章程,即是法律,西人所谓立宪政体,谓上下同受治于法律中也。章程不善,可以酌改,断不可视章程为若有若无之物……宪纵观东西洋各国,谓政体之善,在乎立法、行政歧分为二,窃意此馆当师其意。"

光绪二十二年(1896 年)七月初一日,在黄遵宪的主持和筹划下,以汪康年为总经理,梁启超为主笔,《时务报》在上海正式刊行。该报为旬刊,年出三十三册,每册二十余页,分"论说""谕折""京外近事""域外报译"诸栏。维新派以它为主要喉舌,大力宣传西方资产阶级思想和维新变法的理论,在全国产生了很大的影响。一时风靡海内,数月之间行销至万余份,对戊戌时期士大夫知识分子的思想解放运动产生巨大的影响。在《时务报》的宣传鼓动下,变法维新运动以上海、湖南、广东等地为中心得到迅速发展。据有关资料统计,各地维新派的"学堂""学会""报刊"犹如雨后春笋般地增长起来,仅在光绪二十二年(1896 年)至光绪二十三年(1897 年)的一年间,维新派在各地创办的"学会"团体就有二十余个,报刊多达二十七家。

光绪二十二年(1896 年)九月,黄遵宪由总署引见光绪皇帝。在召见时,光绪问黄遵宪,"泰西政治何以胜中国?"黄遵宪回答说:"泰西之强,悉由变法。臣在伦敦,闻父老言,百年以前,尚不如中华。"光绪听后初觉惊讶,随后表示理解并点头微笑。显然,光绪已听出黄遵宪应答中要求变法图强的玄机。光绪召见后,觉得黄遵宪是个难得的外交人才,随即派黄为出使德国大臣。时德国方面正图谋山东胶州湾,害怕黄遵宪使德后拆穿其图谋,拒绝接受黄。光绪只得改派黄为湖南盐法道。

九、湖南新政与黄遵宪

历史上的湖南新政,是近代维新史中的一个重要组成部分。它发生在戊戌前一年(1897 年),对日后康有为、谭嗣同等在北京领导的"百日维新"运动起了很大的影响和推动作用。19 世纪 90 年代资产阶级改良派掀起的变法维新运动,如果说以康有为的"公车上书"为先导,替整个维新运动开创了局面,那么真正赋予维新运动以实践意义的,应是湖南新政。

光绪二十一年(1895年)闰七月,江西义宁人陈宝箴被任命为湖南巡抚,江标为学政。陈、江皆属颇为开明的新派人物,到湖南后,积极推行维新变法主张。光绪二十三年(1897年)七月,黄遵宪被派任湖南长宝盐法道,兼署理湖南按察使。不久,江标学政任满,由徐仁铸接任。徐是谭嗣同的好友,维新派中坚分子。黄、徐的任命,无疑加强了具有改革思想的湖南官员的队伍,预示着一场有声有色的改革运动将在湖南展开。

湖南新政的改革内容涉及经济、政治、文教、军事(警察)等各方面,其中卓有成效的是创设时务学堂、组织南学会、督办保卫局、创刊《湘学报》等等。以上各项新政措施大都与黄遵宪有关,梁启超在谈及黄遵宪对湖南变法的贡献时说:"湖南一切新政,皆赖其力。"

(一)创设时务学堂。当时的维新派一致认为,变法必先兴民权,兴民权必先开民智,开民智必先育人才,育人才必先变科举、兴学校,兴学校又必须改课时务、提倡新学。早在光绪二十三年(1897年)初,湖南绅士便有设立学校之议。不过直至黄遵宪到任后的九月,才正式确定设立时务学堂。据说学堂用"时务"二字,与《时务报》同名,也是出自黄遵宪的建议。无疑,黄遵宪对时务学堂的创办是起过一定作用的。最先提议延请梁启超为中文总教习、李维格为西文总教习的就是黄遵宪。创办时务学堂的计划很快便得到陈宝箴的支持。陈"札委黄公度观察为总理官",负责学堂的草创工作。九月,发布《湖南时务学堂缘起》,提出设立学堂的宗旨是为了开民智,"培植人材为自强本计"。十月,梁启超入湘接任学堂总教习,时任江苏候补知府的谭嗣同,也回湘参加变法活动,与唐才常、欧榘甲、韩文举、叶觉迈等负责时务学堂分教习的任务。

(二)组织南学会。如果说时务学堂的目的在于为开民智而育人才,那么南学会的创立便是为了开绅智和合大群(组织群众)。梁启超在解释为什么要设立南学会时说:"欲兴民权,宜先兴绅权,欲兴绅权,宜以学会为之起点。"(梁启超:《戊戌政变记》,第211页,广西师范大学出版社2010年版。)因此,开绅智之举,莫过于设南学会,借此以"发明中国危亡之故,西方强盛之由,考政治之本原,讲办事之条理"。南学会不仅是一个学术团体,而且是新政的议事机关,大概是一种用中国的书院与西方议院相混合的产物,在新政中多少起着地方议院的作用。最初提议应将南学会办成具有地方议会性质的就是黄遵宪。据维新派的另一位骨干皮锡瑞披露："谭嗣同等禀请开学会,黄公度即以为议院,中丞已牌示,以孝廉堂为公所,开化可谓勇矣。"黄遵宪欲将南学会办成具地方议院的初级形式的设想,得到陈宝箴的支持,并委命他主持其事。

（三）创刊《湘学报》。在湖南新政诸措施中,与学会相呼应的是《湘学报》。该报创刊于光绪二十三年(1897年)四月二十三日,旬刊。由江标、黄遵宪等先后担任挂名督办,实际编辑工作主要由唐才常、蔡钟浚、杨毓麟等负责。内容分史学、时务、舆地、算学、商学、交涉六门。向湖南士绅系统地"讲求中西有用诸学",宣传维新派的政治主张。之后,随着湖南维新变法运动的日益发展,以及为了适应国际国内形势急剧变化的需要,维新派有感于旬刊《湘学报》周期过长,决定另外创办日刊《湘报》,由唐才常任主笔。该报创刊于光绪二十四年(1898年)三月七日。内容除《湘学报》所具之外,还增加格致浅例各门,及国内外政治、学术、宗教、法律等。黄遵宪、谭嗣同等人在南学会的演讲稿,皆由《湘报》刊出,广为传播。维新派借《湘报》作鼓吹宣传维新思想之用。《湘报》出版后,湖南风气为之一变,国内"读者咸仰湘才若在天上",对湖南知识分子和青年一代的思想解放产生了极大的影响。

（四）督办保卫局。湖南新政除时务学堂、南学会、湘报馆等取得较大成功外,在政治改革方面还有黄遵宪一手督办的保卫局、迁善所、课吏堂及整顿刑狱诸项,其中保卫局尤为新政中最卓著的政绩和最重要的内容。

黄遵宪督办的保卫局,形式上是仿照日本的警视厅和西方国家的警察局而建立的。但是,保卫局又不完全等同于西方国家的警察局。值得注意的是,黄遵宪将资产阶级三权分立的思想注射其中,使保卫局兼有地方政权机构的性质。一方面,保卫局是一种由绅民出资、官方督办（官民合办）的机构。它有别于西方国家的警察局,直接隶属于政府行政管辖。黄遵宪将西方资产阶级立宪政体的立法、议政、行政三权分立的政治原则用于创办保卫局。他把保卫局看作是"万政万事根本",如办成功,"则地方自治之规模,隐寓于其中,而民智从此而伸"。因此,保卫局首先是一种保证新政得以推行的地方政权机构,并且还兼有如下两种职能：甲,维持社会治安。这是保卫局与西方的警察局相类似之处。乙,抵抗外来侵略。保卫局巡查平时担负着维持社会治安的作用,战时则用于抵抗外来侵略。

概括地说,湖南新政在陈宝箴、黄遵宪、梁启超、谭嗣同、唐才常等维新派主持下,取得了较大的成功,使湖南成了当时全国最富于朝气的一省,其中南学会、时务学堂集结了一大批维新志士,培养了不少维新人才,为日后的湖南自立军起义和资产阶级民主革命锻造了一支生力军,"其人皆在二三十岁之间,无科举,无官阶,声名未显著者,而其数不可算计",如蔡锷、林圭、李炳寰等皆为时务学堂的高才生。由资产阶级维新运动到资产阶级民主革命,湖南都涌现出一大批杰出的优秀人才,而且是站在时代的前头,引导着历史潮流的前进。这些与维新派在湖南厉行新政时进行思想启蒙运动、传播民主民权学说是分不开的。

十、戊戌政变遭革职放归

由于黄遵宪在湖南新政中发挥了重要作用,得到新派人士的推崇和朝中大臣的保荐,受到光绪皇帝的重用,光绪二十四年(1898年)六月,黄遵宪被授予出使日本大臣。然而,黄遵宪此时病滞上海,未能就道进京。光绪二十四年(1898年)八月初六日政变事发,顽固派杀谭嗣同等六君子,穷逮维新党人。黄遵宪亦受到顽固派的参劾,遭清廷革职处分,放归故里嘉应州。他虽息影政坛,偏外粤东一隅,但这位忧国忧民的爱国主义者、忠实的改良派政治家并没有止息自己的政治生命。他时常以"一息尚存,尚有生人应尽之义务"自勉,冷静地注视着国际国内的政治形势的变化。

十一、晚年在家乡的理论思考和文化教育活动

戊戌"六君子"血洗市曹,湖南自立军起义又于光绪二十六年(1900年)遭惨痛失败,接着是八国联军攻破北京,清廷被迫签订丧权辱国的《辛丑条约》。这一幕幕的历史悲剧,使这位"志在变法"的爱国主义者极受震动。国势之艰危至极,人材之消耗如此。一种强烈的责任感使黄遵宪决心继续为国家的独立、民族的自强而奋斗,而献身。一方面,黄遵宪对光绪还抱有希望,期待光绪有朝一日重掌朝廷大权,起用维新人才,再次掀起一场变法维新运动;另一方面,黄遵宪对流亡海外的梁启超寄予莫大的期望,觉

得梁年纪轻，有理想，有抱负，假以时日，必能大有作为，实现自己多年来所怀抱的维新救国愿望。然而，黄遵宪的现实处境又如何呢？作为受朝廷革职处分的官员，黄遵宪在居家期间，一直受到地方政府官员的监视。面对现实，黄遵宪除读书明志之外，只能将自己满腔的报国热情倾注于发展地方教育。

光绪二十七年（1901年）一月，清廷因签订丧权辱国的《辛丑条约》带来巨额的赔款，引发全国上下的震荡，慈禧太后迫于压力，不得不下诏宣布实行新政。其中改革教育制度，兴办新式学堂又为新政中之重要内容，一时之间，举国上下大办国民教育，新式学堂如雨后春笋般兴起。黄遵宪也觉得发展新式学堂、普及国民教育是救中国的不二法门。但他认为教育改革首先要注重中小学堂和师范学校等基础教育，教学的内容主要应学习近代的自然科学如声、光、电、化及医学等有用的知识，唯有如此才能立国兴学。因此，黄遵宪还身体力行，在家乡着手办学，致力发展地方教育。

光绪二十九年（1903年），黄遵宪邀集地方人士设立犹兴会，作为讲习新学的场所；又设嘉应兴学会议所，自任会长，并亲撰《敬告同乡诸君子》一文，阐述改革教育和学制的必要性，号召地方绅士共同致力振兴本地教育事业。为此，黄遵宪将东山书院修葺后改为东山初级师范学堂，又派自己的学生和子侄往日本学习速成师范，准备任东山初级师范学堂教师。考虑到年龄偏大的青年无地就学，亦不适合入读小学校，黄遵宪又设立补习学堂，替他们补习文化知识。为鼓励青少年入读新式学校，黄遵宪还撰有《小学校学生相和歌》十九首，除教本地学生传唱外，并将该诗发表于梁启超主编的《新民丛报》，在当年影响很大。此外，值得一提的是，为配合方兴未艾的教育改革浪潮，黄遵宪曾规劝梁启超"降心抑志"编教科书，他说："仆为公熟思而审处之，诚不如编教科书之为愈。"因为"日本人之以爱国心、团结力，摧克大敌也，专以普及教育为目的"。所以，他希望梁启超切实地从事编教科书以普及国民教育的维新事业。认为此"虽责效过缓，然窃谓此乃救中国之不二法门……今日仍愿公专精于此事，其收效实远且大也"。黄遵宪一方面劝梁启超编教科书，另一方面，出于编写普及性教材的想法和提高学子爱国尚武精神之目的，他还写有《军中歌》《旋军歌》《幼稚园上学歌》，与前面提到的《小学校学生相和歌》一样，都是当年脍炙人口、鼓舞人心的著名歌谣。黄遵宪对发展地方教育，乃至清末的教育改革可谓功不可没。

最后，值得重视的是，黄遵宪晚年的思想及其对梁启超的影响。黄与梁自光绪二十八年（1902年）四月恢复联系至黄于光绪三十一年（1905年）二月二十三日病逝，前后通信不下十数封。这批信札讨论的内容涉及面甚广，有讨论维新派今后的方针大计者，有讨论周公孔子、汉学宋学乃至中学西学者，有讨论当前的时势政治、阐述自己的政治抱负者，有赞扬和规劝梁启超者。从这些信札中可以看出黄遵宪与梁启超相互理解之深和影响之大。梁启超敬重黄遵宪的识见高远，思想深沉，办事精密，敬黄为"平生风谊兼师友"；黄遵宪欣赏梁的才华横溢，奋发有为，对他寄以极大的期望："三千六百钧鳌客，先看任公出手来。"黄在临终前一年致函梁启超说："国中知君者无若我，知我者无若君。"由此可见黄、梁不仅思想见解一致，甚至心灵上也是息息相通的。诚如《梁启超年谱长编》作者指出："黄遵宪在维新派里面占极重要的地位……他的思想见解和主张，以及给维新派的赞助和鼓舞，在当时都起了重要作用。在赞助鼓舞和规正先生和他的事业上实与梁颇多共通之处，有很大的力量和功绩。"黄遵宪在家乡病逝后，他的理想和事业由梁启超继续推动和完成。

后 记

梅州号为文化之乡,治所被国务院颁为历史文化名城,世以客都称之。数百年间,梅州域内之文化名人辈出,著作传世。然而,此地史上兵燹祸乱频仍,文献散失严重,地方名人之行迹大多渐渐模糊。近数十年来,致力于地方文献挖掘抢救之学者虽不乏其人,特别是嘉应学院作为梅州地方院校,长期以客家研究为其学术特色,成果颇丰。然与百年文化盛况而言,总体亦难称人意。吾等作为其中之一员,本当以记叙前贤事功,昭示后人为帜志。面对梅州至今仍乏域内文化名人年谱长编善本之现状,静言思之,无以对前贤,不免惭怍。

癸巳五月,郑海麟教授有撰客家名人年谱长编系列丛书之议,主事者以为然,乃有丛书编委会之成立,且定以编撰《黄遵宪年谱长编》为嚆矢。于是,学校拨以启动之赀,郑海麟规划其框架,社科部林振武、政法学院魏明枢、文学院郭真义分工执笔,侯聪玲担任项目资金管理与后勤工作,编撰工作,有序展开。其中,与事诸人虽时有难以明言之甘苦,然为弘扬乡贤荣光、传承乡邦文献计,仍坚持以严谨之态度完成编撰任务。个中点滴,与事诸人自知矣。

年谱之作,始于宋代,年谱长编体裁之盛,则当以丁文江、赵丰田之《梁启超年谱长编》为发端。吾等所以亦采年谱长编之体者,系基于如下诸端:其一,便于充分容纳谱主与他人、地方新出之史料(诗文、著述、函札等);其二,便于就相关史料史事记其异同,或略加考订,并将学界研究成果,相应记入谱中;其三,便于表达编撰者之个人意见。凡此,皆是一般年谱所不能入谱作正文,而仅可作为附记挂靠者。本书书稿完成后,承蒙中华书局推荐,获国家社科基金后期资助。

本书编撰分工如下:谱前、1848年—1876年初稿、1903年—1905年初稿,林振武;1877年—1894年初稿,郭真义;1895年—1902年初稿,魏明枢;全书统稿,林振武;附录,郑海麟。

本书之编撰,始于癸巳五月。本书之成,有赖诸多单位、个人之襄助。

中国社会科学院学部委员、原中国史学会会长、原中国社会科学院近代史研究所所长张海鹏教授拨冗作序，中山大学历史系李吉奎教授详校书稿，并为之作序。梅州日报社刘奕宏先生，嘉应学院客家研究院罗鑫助理研究员，嘉应学院图书馆，梅州市剑英图书馆，嘉应学院黄遵宪与客籍作家研究所、客家研究院等，为本书提供了史料支持。中华书局近代史编辑部欧阳红主任、责任编辑李闻辛先生为本书出版付出了辛勤劳动。本书行将付梓之际，编撰同仁谨向给予关心与支持之人士表示诚挚谢意。然编撰者学力不足，书中纰漏在所不免，望读者鉴别指正。

编撰者

2019 年 6 月